2017年
全国高校社科统计
资料汇编

2017 Nian
Quanguo Gaoxiao Sheke Tongji
Ziliao Huibian

教育部社会科学司　编

高等教育出版社·北京

图书在版编目（CIP）数据

2017年全国高校社科统计资料汇编 / 教育部社会科学司编. -- 北京：高等教育出版社，2019.7
ISBN 978-7-04-051888-7

Ⅰ. ①2… Ⅱ. ①教… Ⅲ. ①高等学校-社会科学-统计资料-汇编-中国-2017 Ⅳ. ①G649.28-66

中国版本图书馆CIP数据核字(2019)第081033号

策划编辑 王建强　　责任编辑 王建强　　封面设计 李卫青　　版式设计 张 杰
责任校对 刘娟娟　　责任印制 赵义民

出版发行 高等教育出版社
社　　址 北京市西城区德外大街4号
邮政编码 100120
印　　刷 固安县铭成印刷有限公司
开　　本 787 mm×1092 mm 1/16
印　　张 72.75
字　　数 1800千字
购书热线 010-58581118
咨询电话 400-810-0598
网　　址 http://www.hep.edu.cn
　　　　 http://www.hep.com.cn
网上订购 http://www.hepmall.com.cn
　　　　 http://www.hepmall.com
　　　　 http://www.hepmall.cn
版　　次 2019年7月第1版
印　　次 2019年7月第1次印刷
定　　价 112.00元

物 料 号 51888-00

出版说明

本资料汇编的统计范围是：截止到2017年12月31日按国家规定审批程序批准的全日制普通高校学校中的社会科学、综合、师范、体育类院校（包括大学、专门学院和高等专科学校），以及工、农、林、医、本科院校的数据。其中，学校的名称和分类是以教育部2017年12月底公布的数据为依据。

教育部社会科学司

2018年10月

目　录

一、2017 年全国高等学校人文、社会科学学校分布表

省市自治区名称	合计	按规格划分		按隶属关系划分			按类型划分								
		本科院校	专科院校	教育部直属院校	部委院校	地方院校	综合大学	理工农医院校	师范院校	语言院校	财经院校	政法院校	艺术院校	民族院校	体育院校
合计	2 322	1 180	1 142	73	41	2 208	562	1 055	215	49	242	65	87	17	30
北京市	89	64	25	23	12	54	5	37	2	9	16	8	8	1	3
天津市	53	30	23	2	1	50	15	21	2	2	5	1	5	0	2
河北省	121	61	60	0	4	117	22	64	14	4	7	5	4	0	1
山西省	65	26	39	0	0	65	14	25	8	4	10	1	2	0	1
内蒙古自治区	45	16	29	0	0	45	19	16	3	1	2	1	2	0	1
辽宁省	103	60	43	2	3	98	13	62	10	2	7	3	4	1	1
吉林省	54	37	17	2	0	52	5	30	7	2	5	2	2	0	1
黑龙江省	80	39	41	1	2	77	21	35	7	1	8	2	3	1	2
上海市	61	38	23	8	2	51	4	26	2	2	17	3	5	0	2
江苏省	165	77	88	7	3	155	23	105	15	0	14	2	5	0	1
浙江省	102	58	44	1	1	100	39	33	7	3	13	2	4	0	1
安徽省	112	44	68	1	1	110	10	61	18	2	16	2	2	0	1
福建省	86	38	48	1	1	84	25	38	8	2	8	1	3	0	1
江西省	82	41	41	0	0	82	28	35	9	0	6	2	2	0	0
山东省	121	63	58	2	0	119	57	46	5	0	7	2	3	0	1
河南省	123	55	68	0	1	122	11	76	13	0	16	4	2	0	1
湖北省	87	61	26	7	1	79	8	50	7	1	10	3	4	2	2
湖南省	90	39	51	2	1	87	34	34	5	2	8	2	2	2	1
广东省	150	63	87	2	3	145	70	46	7	2	13	3	6	0	3
广西壮族自治区	70	35	35	0	0	70	20	29	7	1	7	1	3	1	1
海南省	16	7	9	0	0	16	4	4	2	1	4	1	0	0	0
重庆市	65	25	40	2	0	63	16	29	4	2	9	2	3	0	0
四川省	100	50	50	4	2	94	32	40	11	2	6	1	5	2	1
贵州省	47	20	27	0	0	47	14	16	12	0	3	1	0	1	0
云南省	62	32	30	0	0	62	10	24	9	1	10	2	4	1	1
西藏自治区	3	3	0	0	0	3	1	1	0	0	0	0	0	1	0
陕西省	75	52	23	5	1	69	20	30	8	2	9	2	3	0	1
甘肃省	40	21	19	1	1	38	7	20	6	1	3	2	0	1	0
青海省	11	3	8	0	0	11	4	4	1	0	0	1	0	1	0
宁夏回族自治区	14	8	6	0	1	13	3	4	2	0	2	1	0	2	0
新疆维吾尔自治区	30	14	16	0	0	30	8	14	4	0	1	2	1	0	0

1. 各省、市、自治区高等学校人文、社会科学研究与发展概况表(一)

省市自治区名称	社科活动人员(人)																	
	合计		按职称划分								其他人员		合计		按职称划分			
			小计		高级		中级		初级						高级		中级	
合计	731 023		727 527		263 017		338 106		126 404		3 496		498 616		206 183		194 123	
北京市	36 551	5	36 530	5	18 105	2	15 224	7	3 201	20	21	13	43 464	1	18 479	1	10 932	5
天津市	15 336	23	15 319	23	5 825	22	7 152	23	2 342	23	17	16	12 354	20	4 890	20	4 521	20
河北省	32 366	8	32 318	8	12 297	8	15 395	6	4 626	13	48	8	21 703	8	9 216	8	9 721	8
山西省	17 595	22	17 595	22	4 784	24	8 137	21	4 674	10	0	29	8 313	23	3 100	24	3 416	23
内蒙古自治区	11 270	25	11 259	25	4 415	26	4 947	25	1 897	26	11	17	4 577	27	2 046	27	1 892	27
辽宁省	31 367	9	30 318	10	12 732	6	14 269	9	3 317	19	1 049	2	18 074	12	8 404	10	7 029	12
吉林省	19 310	20	19 262	20	7 702	16	7 920	22	3 640	17	48	8	14 865	16	5 815	16	5 833	14
黑龙江省	21 099	18	21 078	17	9 517	13	9 447	18	2 114	24	21	13	8 458	22	4 162	21	3 607	22
上海市	23 072	15	23 068	15	9 733	12	10 620	15	2 715	22	4	21	16 102	15	7 688	12	4 552	19
江苏省	46 028	2	46 027	2	18 679	1	22 690	2	4 658	11	1	27	37 927	2	16 647	2	15 537	1
浙江省	35 805	6	35 801	6	12 625	7	17 303	5	5 873	7	4	21	36 280	3	14 096	4	15 507	2
安徽省	26 825	12	26 730	12	7 806	15	12 499	12	6 425	5	95	6	12 739	19	4 941	19	5 290	16
福建省	23 756	14	23 754	14	7 688	17	10 929	14	5 137	8	2	26	19 331	11	7 881	11	8 736	9
江西省	22 043	16	22 043	16	7 263	18	9 982	16	4 798	9	0	29	9 029	21	3 799	22	3 926	21
山东省	45 438	3	45 438	3	15 583	4	21 754	3	8 101	3	0	29	22 375	6	9 460	6	10 012	6
河南省	43 422	4	43 418	4	12 214	9	21 107	4	10 097	1	4	21	19 801	10	6 353	15	9 978	7
湖北省	31 125	10	30 929	9	12 855	5	13 788	10	4 286	14	196	3	20 687	9	9 059	9	6 617	13
湖南省	29 742	11	29 578	11	10 448	11	13 122	11	6 008	6	164	5	22 288	7	9 344	7	8 275	10
广东省	52 461	1	52 458	1	16 030	3	27 110	1	9 318	2	3	24	35 093	4	14 513	3	14 955	3
广西壮族自治区	21 198	17	19 783	19	6 233	21	9 517	17	4 033	15	1 415	1	16 432	13	6 385	14	7 083	11
海南省	6 044	28	6 002	28	1 687	28	2 633	28	1 682	27	42	10	2 846	28	1 154	28	1 167	28
重庆市	19 805	19	19 795	18	6 741	19	9 419	19	3 635	18	10	18	16 356	14	6 908	13	5 525	15
四川省	33 658	7	33 621	7	10 917	10	15 044	8	7 660	4	37	11	27 748	5	10 763	5	11 274	4
贵州省	14 012	24	13 991	24	5 371	23	5 788	24	2 832	21	21	13	7 595	24	3 757	23	2 706	24
云南省	18 441	21	18 438	21	6 433	20	8 309	20	3 696	16	3	24	13 905	18	5 077	17	5 103	17
西藏自治区	1 282	31	1 281	31	503	31	580	30	198	31	1	27	1 254	30	516	31	525	29
陕西省	26 154	13	26 081	13	9 176	14	12 263	13	4 642	12	73	7	13 919	17	4 947	18	4 974	18
甘肃省	10 598	26	10 590	26	4 698	25	4 695	26	1 197	29	8	19	6 623	25	3 082	25	2 113	26
青海省	1 916	30	1 892	30	978	30	508	31	406	30	24	12	1 061	31	704	29	261	31
宁夏回族自治区	3 960	29	3 791	29	1 279	29	1 306	29	1 206	28	169	4	1 481	29	602	30	494	30
新疆维吾尔自治区	9 344	27	9 339	27	2 700	27	4 649	27	1 990	25	5	20	5 936	26	2 395	26	2 562	25

研究发展人员(人)														R&D 经费情况(千元)					
		按学历学位划分								其他人员		折合全时人员(人年)		当年经费收入合计				当年经费支出合计	
初级		博士毕业		硕士毕业		本科毕业		其他学历								其中:科研事业费			
44 136		125 273		237 897		126 945		8 501		4 359		105 654.70		17 973 198.94		7 529 572.81		16 186 808.02	
1 785	9	17 058	1	15 137	4	10 976	1	293	12	235	7	7 911.6	2	2 612 519.6	1	1 444 812.11	1	2 071 266.74	1
1 203	17	3 877	13	5 548	19	2 868	20	61	23	45	23	2 915.4	20	359 957.32	18	150 183.32	17	316 016.73	19
1 651	13	3 030	16	12 338	6	6 217	7	118	17	71	17	4 584.5	9	373 274.2	15	77 206.96	22	364 926.84	15
897	22	2 132	20	4 151	23	1 937	24	93	19	0	30	1 654.8	23	180 002.81	24	69 276.48	24	160 012.7	24
444	26	821	27	2 389	27	1 343	27	24	25	8	28	1 091.2	27	75 042.8	27	39 325.46	27	68 728.82	27
866	23	4 716	12	8 687	12	4 593	12	78	21	333	4	3 664.7	11	367 333.48	17	148 043.1	18	331 068.67	18
1 645	14	3 622	15	7 529	14	3 286	18	428	9	258	6	3 075.6	15	370 863.47	16	159 660.69	14	355 485.15	16
463	25	1 789	23	4 808	21	1 861	25	0	31	0	30	3 001.5	18	167 947.56	25	54 935.91	25	151 427.3	25
921	21	7 206	5	5 501	20	3 280	19	115	18	138	11	4 561.1	10	1 647 036.77	3	971 292.02	2	1 477 468.25	3
1 754	10	10 178	2	18 661	1	9 032	2	56	24	4	29	7 480.6	3	1 103 060.2	5	469 581.91	4	1 000 544.31	5
3 835	1	8 512	4	18 551	2	8 733	3	484	7	485	2	7 979.9	1	1 615 163.28	4	466 319.38	5	1 418 448.71	4
1 736	11	2 076	21	6 887	15	3 562	17	214	15	58	18	3 042.6	16	474 937.12	13	203 223.64	10	420 974.74	14
2 231	5	4 762	11	9 771	10	4 403	14	395	11	93	16	3 635.1	12	568 265.27	11	233 199.38	8	523 577.22	10
1 145	18	1 868	22	4 769	22	2 310	22	82	20	51	21	1 718	22	241 431.27	22	76 404.05	23	231 099.38	22
1 985	8	5 133	8	11 964	7	4 824	9	454	8	122	12	5 379.7	6	594 424.03	10	192 568.71	12	515 052.57	11
3 275	2	3 750	14	10 739	8	4 708	11	604	4	108	14	3 451.9	14	484 212.69	12	150 382.41	16	452 498.28	12
1 336	16	7 036	6	8 088	13	5 486	8	77	22	118	13	4 891.9	8	783 133.95	6	347 028.01	6	732 573.82	6
2 050	7	4 992	9	10 455	9	6 421	6	420	10	361	3	4 971.4	7	619 876.03	9	263 684.66	7	557 139.07	9
2 880	4	9 701	3	17 032	3	7 589	5	771	2	173	9	7 028	4	1 987 560.49	2	822 586.7	3	1 916 279.65	2
2 073	6	2 540	19	9 079	11	4 593	12	220	14	714	1	3 016.6	17	349 034.54	20	158 202.41	15	309 589.23	20
363	27	607	28	1 453	28	765	28	21	26	54	20	510.3	28	51 120.7	28	17 276.2	29	49 228.11	28
1 363	15	4 850	10	6 240	17	4 176	15	1 090	1	156	10	3 498.7	13	674 349.54	8	200 953	11	655 251.7	8
3 083	3	5 607	7	13 468	5	7 905	4	768	3	306	5	6 003.1	5	748 115.47	7	218 638.23	9	701 074.67	7
977	20	1 122	24	3 637	24	2 255	23	581	6	29	25	1 463.7	25	315 876.77	21	118 718.18	20	287 941.69	21
1 711	12	2 778	18	6 223	18	4 766	10	138	16	178	8	2 956	19	355 985.64	19	119 271.55	19	331 816.08	17
145	30	244	29	692	30	307	30	11	29	58	18	178.5	31	18 787.68	31	8 681.78	31	18 073.63	31
1 118	19	3 009	17	6 787	16	3 845	16	278	13	46	22	2 658.9	21	470 586.4	14	173 023.67	13	440 601.43	13
337	28	942	25	3 113	25	2 553	21	15	28	10	27	1 515.7	24	200 470.91	23	89 639.66	21	181 917.23	23
69	31	203	31	585	31	271	31	2	30	15	26	307.6	30	23 752.4	30	14 051.6	30	22 494.35	30
312	29	233	30	818	29	414	29	16	27	36	24	355.5	29	34 920.37	29	20 491.75	28	35 378.72	29
483	24	879	26	2 797	26	1 666	26	594	5	96	15	1 150.6	26	104 156.18	26	50 909.88	26	88 852.23	26

2. 各省、市、自治区高等学校人文、社会科学研究与发展概况表(二)

省市自治区名称	研究与发展课题											
	课题总数(项)		当年新开课题数(项)		当年完成课题数(项)		当年新开课题批准经费(千元)		当年投入人数(人年)		当年拨入经费(千元)	
合计	450 028		138 150		97 643		13 635 851.78		105 472.9		9 630 172.75	
北京市	40 307	1	10 256	3	7 095	4	2 172 044.91	2	7 901.8	2	1 796 759.61	1
天津市	9 875	20	2 475	20	1 952	18	202 745.98	18	2 910.3	20	195 258.95	17
河北省	14 256	14	5 432	12	4 255	10	91 406.63	23	4 577.3	9	90 767.97	23
山西省	5 138	23	1 657	24	1 323	22	61 737.06	26	1 654	23	61 101.88	26
内蒙古自治区	3 571	27	1 254	26	655	27	49 536.77	27	1 090.7	27	50 901.7	27
辽宁省	15 696	13	4 269	15	3 766	11	205 772.83	17	3 664.8	11	199 630.98	16
吉林省	11 135	18	2 952	18	2 620	16	216 448.41	16	3 072.1	15	213 789.48	14
黑龙江省	4 743	25	1 574	25	1 155	25	66 084.29	24	3 001.5	18	64 341.61	25
上海市	23 477	6	6 725	7	4 664	8	3 142 586.58	1	4 547.3	10	809 616.45	3
江苏省	33 113	4	12 905	1	9 734	1	803 770.98	5	7 473	3	724 673.02	5
浙江省	36 891	2	10 071	4	7 213	2	889 393.91	4	7 969.7	1	792 954.97	4
安徽省	12 666	16	3 526	16	2 359	17	169 836.58	19	3 037.8	16	157 538.36	19
福建省	17 676	11	5 446	11	3 758	12	344 657.31	9	3 631.7	12	302 089.48	11
江西省	12 418	17	3 028	17	1 365	21	160 406.23	20	1 700.3	22	139 546.69	20
山东省	20 189	9	6 536	8	4 582	9	313 988.33	12	5 376.5	6	302 704.1	10
河南省	18 134	10	7 964	5	6 536	5	227 780.58	14	3 447	14	228 847.72	13
湖北省	21 547	7	6 480	9	4 842	7	537 492.22	7	4 883.8	8	527 105.38	6
湖南省	21 192	8	5 746	10	3 064	15	308 871.45	13	4 941.6	7	263 070.94	12
广东省	35 301	3	10 868	2	7 130	3	1 321 589.81	3	7 007.1	4	996 756.23	2
广西壮族自治区	10 345	19	2 820	19	1 929	19	681 919.74	6	3 016.7	17	175 166.55	18
海南省	1 882	29	544	29	480	29	25 743.6	29	510.1	28	24 895.2	29
重庆市	12 881	15	4 746	14	3 178	14	330 028.33	11	3 494.7	13	312 318.99	8
四川省	23 588	5	7 661	6	4 947	6	395 768.64	8	5 996	5	360 693.83	7
贵州省	6 303	22	2 204	21	1 433	20	115 698.84	21	1 463.4	25	107 874.07	21
云南省	8 024	21	2 023	22	1 206	24	218 372.3	15	2 948.2	19	201 634.21	15
西藏自治区	830	30	206	31	205	30	13 747.5	31	177.3	31	13 075.28	31
陕西省	17 231	12	5 254	13	3 315	13	340 625.88	10	2 653.8	21	305 545.69	9
甘肃省	4 891	24	1 859	23	1 312	23	114 251.56	22	1 514.9	24	103 827.78	22
青海省	563	31	217	30	176	31	15 979.9	30	307.6	30	15 717.5	30
宁夏回族自治区	2 093	28	584	28	504	28	33 871.82	28	354.6	29	26 048.37	28
新疆维吾尔自治区	4 072	26	868	27	890	26	63 692.81	25	1 147.3	26	65 919.76	24

其中:当年新开课题拨入经费(千元)		当年支出经费(千元)		研究与发展成果										获奖成果数(项)			
				著作(部)		学术论文(篇)				研究与咨询报告(篇)				合计		其中:国家级和部级	
						合计		其中:国外学术刊物发表数		提交有关部门数		其中:被采纳数					
7 698 819.01		7 872 766.11		31 767		350 769		13 399		17 749		8 613		2 471		116	
1 268 424.69	1	1 281 228.45	1	3 898	1	30 923	1	1 897	1	822	10	321	10	195	8	27	1
139 927.91	18	159 821.15	16	616	21	7 278	21	593	8	231	18	128	13	0	26	0	22
81 387.37	23	78 525.51	23	1 024	13	11 590	13	180	19	390	14	117	14	0	26	0	22
55 736.68	25	55 005.89	24	629	20	5 530	24	55	23	81	22	40	21	0	26	0	22
42 068.91	27	44 743.36	27	512	24	4 375	26	141	21	69	25	57	19	197	6	1	18
166 281.65	16	163 064.38	15	1 543	7	14 578	10	476	11	517	13	58	18	193	9	2	14
174 959.27	15	176 984.43	14	639	18	8 831	18	260	16	365	15	175	11	263	1	1	18
58 370.08	24	48 545.85	26	698	16	6 325	23	77	22	49	27	23	26	0	26	0	22
606 706.6	5	636 174.49	3	2 150	2	17 366	7	1 621	2	1 059	5	688	5	55	13	16	3
620 077.78	4	623 786.77	5	1 845	6	29 044	2	1 007	4	2 499	1	1 228	2	5	19	5	6
649 963.43	3	630 049.23	4	1 535	8	16 214	8	845	5	1 597	3	627	8	197	6	17	2
122 225.15	20	122 806.83	20	600	22	10 146	16	167	20	197	19	129	12	3	20	3	11
242 038.69	11	274 391.14	9	630	19	10 624	15	515	9	928	8	718	4	3	20	3	11
129 907.94	19	132 051.51	19	680	17	8 111	19	241	17	135	20	98	15	255	2	4	7
258 419.12	9	226 830.72	11	1 393	10	12 193	12	475	12	1 004	7	391	9	231	4	4	7
206 054.84	13	197 100.96	12	1 864	5	17 902	5	267	15	727	11	14	27	240	3	1	18
398 511.87	6	446 247.88	6	1 902	3	18 241	4	732	7	841	9	661	7	10	15	4	7
214 447.76	12	191 336.02	13	1 526	9	17 607	6	380	13	78	23	49	20	94	11	0	22
798 167.3	2	890 886.82	2	1 898	4	25 210	3	1 470	3	2 287	2	1 259	1	228	5	8	4
157 824.59	17	159 453.07	17	560	23	7 776	20	54	24	43	28	32	25	7	17	4	7
22 557	29	20 835.06	29	303	27	3 074	28	50	25	55	26	33	24	83	12	0	22
254 145.91	10	278 296.21	8	985	14	10 771	14	297	14	1 265	4	872	3	3	20	2	14
304 256.35	7	320 953.81	7	1 213	11	15 207	9	744	6	1 056	6	666	6	20	14	6	5
101 334.37	21	95 070.36	21	491	25	7 023	22	42	26	260	16	59	17	2	23	2	14
177 394.67	14	153 104.39	18	762	15	9 621	17	208	18	257	17	64	16	169	10	0	22
11 290	31	13 818.24	31	26	31	356	30	3	30	3	31	3	31	9	16	0	22
262 714.31	8	267 763.32	10	1 083	12	14 416	11	511	10	707	12	38	22	1	25	1	18
83 426.54	22	94 628.59	22	429	26	5 114	25	39	27	70	24	38	22	0	26	0	22
15 197.9	30	13 960.85	30	40	30	324	31	2	31	9	30	4	30	0	26	0	22
24 923.87	28	25 866.72	28	161	28	1 551	29	29	28	128	21	14	27	6	18	3	11
50 076.46	26	49 434.1	25	132	29	3 448	27	21	29	20	29	9	29	2	23	2	14

3. 本科学校人文、社会科学研究与发展概况表(一)

学校名称	社科活动人员(人)								
	合计	按职称划分				其他人员	合计	按职称划分	
		小计	高级	中级	初级			高级	中级
北京大学	1 456 15	1 456 15	1 139 2	290 311	27 856	0 180	1 314 63	509 78	84 620
中国人民大学	1 721 5	1 721 5	1 263 1	435 114	23 895	0 180	2 397 12	1 631 2	460 53
清华大学	1 453 16	1 453 16	876 12	555 41	22 911	0 180	2 272 15	725 33	267 165
北京交通大学	929 120	929 120	474 87	396 151	59 543	0 180	1 295 64	475 90	275 156
北京工业大学	731 217	731 216	303 204	382 174	46 660	0 180	1 441 45	463 94	388 73
北京航空航天大学	506 448	506 447	286 228	188 597	32 794	0 180	321 424	190 314	80 638
北京理工大学	302 758	302 756	161 512	122 820	19 952	0 180	298 456	75 613	66 701
北京科技大学	431 560	431 556	232 329	199 562	0 1 162	0 180	556 235	270 198	145 393
北方工业大学	366 663	364 663	162 508	197 569	5 1 118	2 114	178 658	103 508	72 658
北京化工大学	391 619	391 614	166 492	209 526	16 988	0 180	298 456	126 454	73 656
北京工商大学	626 295	626 292	300 210	265 375	61 522	0 180	580 214	277 194	157 364
北京服装学院	407 596	407 593	167 490	199 562	41 705	0 180	489 278	196 304	159 358
北京邮电大学	398 609	398 606	236 316	133 785	29 838	0 180	642 183	308 166	175 312
北京印刷学院	361 674	361 669	163 504	166 675	32 794	0 180	224 573	119 463	72 658
北京建筑大学	229 870	229 868	109 674	104 883	16 988	0 180	133 736	41 755	38 863
北京石油化工学院	223 878	223 875	94 741	115 848	14 1 013	0 180	129 744	71 629	50 789
北京电子科技学院	63 1 129	63 1 128	24 981	37 1 109	2 1 142	0 180	35 1 004	12 930	22 978
中国农业大学	366 663	366 659	247 293	102 888	17 974	0 180	1 455 44	459 96	102 536
北京农学院	226 873	226 871	110 667	95 923	21 928	0 180	124 752	70 631	34 885
北京林业大学	515 435	515 432	324 182	190 587	1 1 153	0 180	915 115	265 202	66 701
北京协和医学院	28 1 165	28 1 165	15 1 027	12 1 164	1 1 153	0 180	19 1 075	6 1 015	12 1 051
首都医科大学	240 843	240 841	106 689	103 884	31 817	0 180	269 503	131 442	56 753
北京中医药大学	195 922	195 919	106 689	82 968	7 1 093	0 180	331 414	118 468	55 760
北京师范大学	1 196 53	1 196 51	780 20	409 135	7 1 093	0 180	3 517 2	1 578 4	696 12
首都师范大学	1 033 87	1 033 86	591 45	407 138	35 762	0 180	2 950 4	1 214 9	654 17
首都体育学院	290 773	290 770	168 489	105 881	17 974	0 180	136 729	94 541	35 879
北京外国语大学	823 169	823 169	393 138	406 141	24 885	0 180	492 272	286 187	137 424
北京第二外国语学院	521 429	521 426	295 218	205 542	21 928	0 180	935 110	440 99	337 104
北京语言大学	841 158	841 157	353 167	394 154	94 306	0 180	702 162	383 120	172 318
中国传媒大学	1 311 33	1 311 31	626 38	608 24	77 411	0 180	2 601 7	874 19	743 8
中央财经大学	1 191 55	1 191 53	741 25	382 174	68 469	0 180	1 590 37	785 24	276 153
对外经济贸易大学	1 032 88	1 032 87	554 58	426 121	52 597	0 180	1 523 40	621 51	446 57
北京物资学院	338 712	338 709	206 392	132 789	0 1 162	0 180	335 411	97 529	64 710
首都经济贸易大学	617 302	617 299	433 110	174 639	10 1 060	0 180	580 214	224 264	140 413
外交学院	256 827	256 825	142 572	98 906	16 988	0 180	339 409	176 342	105 523

研究发展人员(人)																R&D 经费情况(千元)			
		按学历学位划分								其他人员		折合全时人员(人年)		当年经费收入合计		其中:科研事业费		当年经费支出合计	
初级		博士毕业		硕士毕业		本科毕业		其他学历											
2	968	509	53	640	29	156	188	9	95	2	187	319.6	44	336 587.66	2	178 885.92	3	243 969.68	3
45	253	1 911	2	181	376	305	66	0	454	0	322	590.8	8	273 345.81	6	183 729.27	2	196 283.16	8
1	1 014	807	23	834	10	630	15	1	333	0	322	324.2	43	280 874.02	4	118 309.12	6	198 817.31	7
32	354	451	65	338	149	505	29	1	333	0	322	215.7	104	74 019.46	43	33 772.92	51	74 216.84	36
45	253	434	72	437	80	570	20	0	454	0	322	265.8	70	41 919.59	90	24 911.94	70	34 085.08	103
7	784	215	168	63	797	43	597	0	454	1	235	76.7	390	24 036.95	173	19 455.68	90	25 845.39	142
7	784	98	308	66	781	134	230	0	454	0	322	131.7	212	21 359.24	200	14 394.6	122	22 272.4	165
4	883	308	111	165	424	83	376	0	454	0	322	93.1	330	29 968.19	136	17 905.92	98	17 628.66	211
1	1 014	119	269	51	853	6	947	2	255	0	322	48.3	557	14 561	291	3 411	359	12 814.45	294
7	784	130	253	64	792	104	311	0	454	0	322	71	417	9 719.63	389	4 652.63	286	10 144.45	363
5	838	288	122	129	547	163	174	0	454	0	322	123.9	236	54 830.51	72	35 703.25	46	51 416.89	63
31	367	60	404	250	248	166	169	13	70	3	149	88.2	354	17 637.91	241	8 219	187	18 235.41	201
70	143	197	181	257	234	187	143	1	333	0	322	130.7	215	13 965.8	302	2 165.4	459	11 181.62	329
8	747	98	308	78	731	46	582	2	255	5	113	38.6	630	8 617.21	416	4 356	299	9 036.41	387
5	838	37	517	40	912	56	521	0	454	0	322	68	425	5 475	544	1 890	484	5 219.9	524
2	968	48	450	63	797	18	797	0	454	0	322	36.3	649	6 854.33	483	2 756.22	411	6 728.97	460
1	1 014	11	732	22	1 016	2	1 045	0	454	0	322	9.7	949	400	1 013	80	966	434	987
54	206	435	71	574	46	446	36	0	454	0	322	243.2	85	47 084.49	84	21 865.15	81	40 497.97	88
0	1 076	56	421	26	996	40	624	2	255	0	322	24.3	753	11 675.74	339	6 370.34	233	12 906.81	289
9	721	220	164	173	400	522	26	0	454	0	322	151	167	22 198.26	191	13 638.55	124	20 999.16	174
1	1 014	12	716	7	1 108	0	1 107	0	454	0	322	2.2	1 109	1 480	822	610	705	924.8	862
3	922	103	297	82	722	82	380	2	255	0	322	67.5	426	7 220.23	466	3 849.12	330	6 018.45	488
3	922	101	302	88	694	142	213	0	454	1	235	47.1	569	5 421.68	549	3 710.85	338	5 132.75	529
110	50	1 867	3	1 388	3	180	148	82	17	0	322	419.8	20	233 759.5	7	98 304.04	10	165 579.19	11
62	166	7	790	1 741	1	1 126	1	76	19	24	31	419.3	21	61 328.78	59	38 934.2	42	49 224.27	67
2	968	77	360	52	846	7	930	0	454	0	322	31.6	693	15 206.5	281	13 000	129	15 882.37	244
9	721	310	109	120	567	62	478	0	454	0	322	74.3	402	15 717.08	275	12 826.32	130	14 602.21	266
50	220	417	79	303	185	201	129	14	65	0	322	173	144	29 182.48	137	21 777.35	82	12 946.8	287
27	417	426	75	160	442	116	280	0	454	0	322	127.5	222	37 743.55	100	24 676.48	72	40 356.46	89
107	55	958	12	769	14	847	10	27	36	94	7	427.7	18	77 123.43	39	27 758.17	63	48 118.18	71
40	295	623	43	672	26	295	70	0	454	0	322	286.5	58	77 295.97	38	42 481.33	34	82 269.3	33
39	302	908	15	335	154	280	78	0	454	0	322	287.5	57	81 202.01	36	52 900.71	25	73 172.35	37
6	814	104	294	50	857	181	147	0	454	0	322	47.8	566	35 223.15	111	28 188.55	62	27 895.88	130
14	602	289	121	111	603	179	150	1	333	0	322	117.3	248	51 587.92	77	38 364.88	43	44 307.67	81
12	644	228	158	74	747	36	644	1	333	2	187	46.8	573	4 601	586	2 326	443	4 712	556

学校名称	社科活动人员(人)																	
	合计		按职称划分								其他人员		合计		按职称划分			
			小计		高级		中级		初级						高级		中级	
中国人民公安大学	502	458	502	456	260	265	186	605	56	557	0	180	1 070	84	439	100	278	151
国际关系学院	264	815	264	812	115	656	119	833	30	828	0	180	319	428	160	372	119	468
北京体育大学	609	311	609	309	211	376	207	531	191	58	0	180	819	134	232	251	239	208
中央音乐学院	402	606	401	603	214	368	150	733	37	743	1	140	150	699	97	529	21	986
中国音乐学院	297	762	297	761	146	558	137	773	14	1 013	0	180	118	769	74	619	29	927
中央美术学院	416	578	416	575	242	301	142	757	32	794	0	180	146	707	70	631	29	927
中央戏剧学院	342	707	342	704	158	518	131	793	53	587	0	180	249	530	97	529	52	776
中国戏曲学院	290	773	290	770	113	660	139	766	38	734	0	180	32	1 019	20	873	11	1 058
北京电影学院	407	596	407	593	169	484	208	529	30	828	0	180	158	681	60	663	44	818
北京舞蹈学院	647	273	647	272	234	321	355	211	58	549	0	180	96	817	37	777	17	1 011
中央民族大学	1 110	72	1 110	71	496	75	510	64	104	263	0	180	1 693	33	645	47	439	59
中国政法大学	998	100	998	98	714	27	265	375	19	952	0	180	1 346	57	898	16	239	208
华北电力大学	565	368	563	367	254	275	266	371	43	691	2	114	395	352	216	273	145	393
南开大学	1 326	30	1 326	28	951	9	346	222	29	838	0	180	2 103	19	1 032	11	268	163
天津大学	530	422	530	420	271	250	259	386	0	1 162	0	180	432	312	241	238	138	420
天津科技大学	513	438	513	435	240	306	257	390	16	988	0	180	296	464	148	400	143	401
天津工业大学	620	301	620	298	290	226	328	249	2	1 142	0	180	555	237	251	225	240	206
中国民航大学	513	438	513	435	130	614	244	422	139	146	0	180	689	165	150	398	231	222
天津理工大学	503	453	503	450	204	397	244	422	55	568	0	180	244	539	106	500	70	667
天津农学院	344	704	343	702	121	639	192	579	30	828	1	140	270	500	107	495	153	376
天津医科大学	190	931	188	931	58	848	120	832	10	1 060	2	114	120	765	42	747	69	677
天津中医药大学	174	956	174	954	53	865	85	957	36	751	0	180	113	778	54	699	43	826
天津师范大学	1 073	78	1 073	77	364	161	529	52	180	75	0	180	1 325	60	410	112	605	20
天津职业技术师范大学	334	718	334	715	140	575	162	689	32	794	0	180	229	564	109	490	101	540
天津外国语大学	899	133	899	133	316	191	440	109	143	134	0	180	389	359	193	309	168	328
天津商业大学	798	188	796	190	293	222	449	100	54	577	2	114	948	104	437	102	456	54
天津财经大学	978	112	978	109	327	179	474	86	177	79	0	180	1 184	72	356	135	388	73
天津体育学院	384	632	384	628	180	457	188	597	16	988	0	180	427	315	151	393	97	566
天津音乐学院	335	716	335	713	102	713	136	778	97	294	0	180	58	926	24	846	20	997
天津美术学院	344	704	344	701	123	632	139	766	82	381	0	180	229	564	81	591	94	580
河北大学	1 432	19	1 432	19	751	22	565	36	116	218	0	180	1 653	34	740	29	492	45
河北工程大学	563	371	563	367	261	264	278	340	24	885	0	180	778	146	319	159	369	85
河北地质大学	626	295	626	292	300	210	291	310	35	762	0	180	568	229	291	179	244	201
华北水利水电大学	238	849	238	847	55	861	111	860	72	440	0	180	200	622	57	687	101	540

续表

研究发展人员(人)																R&D 经费情况(千元)					
		按学历学位划分								其他人员		折合全时人员(人年)		当年经费收入合计		其中:科研事业费		当年经费支出合计	
初级		博士毕业		硕士毕业		本科毕业		其他学历											
103	63	334	98	367	124	369	46	0	454	0	322	198.2	115	20 325.94	210	10 274.12	161	15 197.48	253
30	383	154	222	127	552	34	662	4	186	0	322	47.9	565	33 841.83	117	28 412.15	61	27 587.7	131
104	62	180	192	333	156	306	64	0	454	0	322	170.9	146	39 781.04	97	15 691.3	114	35 875.64	98
5	838	58	410	61	810	31	688	0	454	1	235	56.6	504	11 423.16	346	8 696	180	11 035.26	334
1	1 014	37	517	49	867	32	675	0	454	0	322	15.1	864	8 023.2	433	7 584.8	204	8 203.2	412
5	838	41	485	59	818	46	582	0	454	1	235	62.1	461	22 755.08	183	10 444	157	20 004.81	182
32	354	35	530	131	538	79	396	4	186	0	322	42	605	10 143.32	374	8 783	178	10 201.18	360
0	1 076	10	748	15	1 057	6	947	1	333	0	322	3.5	1 077	6 560	492	6 450	229	8 465	401
19	515	43	473	66	781	49	558	0	454	0	322	32	690	56 315.36	70	55 479	23	25 136.62	147
4	883	13	697	20	1 031	63	472	0	454	0	322	15.9	853	6 160	513	5 460	259	3 471.55	632
129	28	806	24	449	73	438	38	0	454	0	322	268.6	69	37 729.9	101	23 160.48	78	17 209.78	217
15	585	918	14	249	249	179	150	0	454	9	79	259.5	79	123 556.2	20	65 471.25	19	116 504.8	19
4	883	184	189	150	471	56	521	5	160	6	103	88.8	351	31 301.43	128	7 260.75	210	17 553.71	212
5	838	1 119	9	701	21	283	76	0	454	1	235	618.4	5	120 138.17	22	67 548.75	17	81 675.21	34
10	691	251	146	104	631	69	443	8	106	0	322	139.1	198	32 991	121	11 574	143	37 771	94
5	838	54	430	152	459	88	353	2	255	0	322	97.2	315	6 337.84	503	1 439.2	537	7 555.35	437
2	968	202	177	218	296	135	224	0	454	0	322	148.5	175	11 229.3	350	3 981	324	11 393.3	322
77	116	80	349	293	199	299	69	17	57	3	149	148	177	18 939.29	222	4 503	293	14 669.49	264
25	441	77	360	107	616	60	491	0	454	1	235	80.8	379	14 477.49	295	3 308.5	367	14 456.69	269
10	691	54	430	165	424	51	548	0	454	0	322	83.1	369	5 109.5	568	1 757.5	498	5 103.83	534
5	838	33	540	72	754	14	836	1	333	0	322	28.6	717	3 154.8	685	1 977.3	473	2 559.9	697
15	585	38	511	67	775	7	930	1	333	1	235	31.3	695	3 468	658	2 068	465	2 587.36	695
257	5	441	69	610	40	259	89	15	60	4	127	252	81	33 038.64	120	11 566.05	144	31 969.32	112
18	528	65	390	116	582	48	565	0	454	1	235	48.2	560	3 400.6	660	860.7	653	3 650.19	615
23	463	239	151	129	547	21	766	0	454	0	322	55.5	512	8 519	417	2 795.5	405	8 429	402
39	302	304	112	394	103	250	94	0	454	7	99	184.4	129	14 232.28	298	2 117	462	13 986.54	275
192	8	630	39	343	141	207	123	4	186	0	322	182.8	131	24 808.6	172	14 700.46	121	16 990.94	219
32	354	106	289	133	531	188	139	0	454	4	127	84.2	366	14 625.46	290	9 854.16	166	19 592.18	190
14	602	5	827	30	969	21	766	2	255	0	322	9.9	944	2 154.3	749	193.4	866	2 243.85	724
52	213	9	766	136	515	84	372	0	454	0	322	111.2	264	10 853	356	6 280	237	10 607.7	347
80	106	502	56	634	30	516	28	1	333	0	322	409.8	23	72 188.7	46	14 086.78	123	68 690.05	43
58	181	70	374	342	142	359	48	7	119	0	322	226.6	95	10 915.85	355	1 705.6	503	10 009.47	367
23	463	117	272	318	171	133	233	0	454	0	322	117.6	246	9 605.57	391	2 322.95	444	9 646.57	375
39	302	70	374	110	607	20	778	0	454	0	322	72	413	5 816.4	531	2 807.4	403	6 682.7	463

学校名称	社科活动人员(人)																	
	合计		按职称划分								其他人员		合计		按职称划分			
			小计		高级		中级		初级						高级		中级	
河北工业大学	729	220	724	225	257	270	422	125	45	668	5	63	769	147	344	144	348	97
华北理工大学	500	461	495	466	233	326	245	418	17	974	5	63	582	213	223	265	261	172
河北科技大学	682	249	682	248	344	172	329	244	9	1 068	0	180	455	298	257	211	178	305
河北建筑工程学院	221	881	221	878	98	729	90	942	33	782	0	180	66	896	39	766	22	978
河北水利电力学院	170	962	170	959	56	857	62	1 037	52	597	0	180	61	915	30	819	28	936
河北农业大学	564	370	564	366	233	326	258	388	73	432	0	180	266	506	131	442	90	595
河北医科大学	224	876	223	875	62	836	141	759	20	940	1	140	102	804	23	854	67	694
河北北方学院	451	530	449	529	196	415	190	587	63	505	2	114	331	414	141	414	135	428
承德医学院	195	922	195	919	67	824	73	994	55	568	0	180	94	824	19	878	50	789
河北师范大学	1 439	18	1 439	17	816	16	605	25	18	962	0	180	1 280	66	610	53	290	140
保定学院	580	341	580	339	212	373	253	395	115	221	0	180	529	246	221	268	225	230
河北民族师范学院	367	662	367	658	160	514	194	575	13	1 028	0	180	351	399	179	336	164	339
唐山师范学院	594	324	594	322	241	303	305	285	48	641	0	180	393	356	185	326	173	314
廊坊师范学院	818	172	818	172	330	177	435	114	53	587	0	180	570	225	248	228	269	161
衡水学院	494	470	494	470	160	514	268	362	66	482	0	180	506	260	183	327	300	132
石家庄学院	540	408	540	404	294	221	230	460	16	988	0	180	199	624	84	575	105	523
邯郸学院	513	438	513	435	193	422	250	403	70	459	0	180	541	244	240	239	262	170
邢台学院	605	314	605	311	241	303	329	244	35	762	0	180	467	286	201	295	248	189
沧州师范学院	504	451	504	449	188	435	167	673	149	116	0	180	433	311	208	284	164	339
石家庄铁道大学	306	752	306	750	153	532	153	725	0	1 162	0	180	324	420	154	386	170	322
山西大学	1 115	70	1 115	69	438	106	528	53	149	116	0	180	1 565	38	522	73	578	25
太原科技大学	458	521	458	520	137	587	225	478	96	298	0	180	303	452	83	579	97	566
中北大学	560	378	560	375	174	470	325	251	61	522	0	180	378	370	166	361	184	287
太原理工大学	735	213	735	213	213	372	427	119	95	304	0	180	811	139	290	180	407	65
山西农业大学	316	741	316	740	104	701	108	870	104	263	0	180	130	743	59	671	45	814
山西医科大学	283	782	283	780	70	815	132	789	81	387	0	180	224	573	49	718	97	566
长治医学院	169	963	169	960	24	981	84	962	61	522	0	180	12	1 106	8	977	3	1 129
山西师范大学	824	167	824	167	280	237	386	168	158	102	0	180	960	101	478	89	360	91
太原师范学院	703	239	703	238	248	286	308	278	147	123	0	180	163	675	82	586	58	740
山西大同大学	913	128	913	128	248	286	378	179	287	10	0	180	491	273	202	291	183	291
晋中学院	551	388	551	387	145	560	358	206	48	641	0	180	114	776	46	731	62	723
长治学院	388	625	388	620	105	696	160	696	123	196	0	180	215	597	83	579	105	523
运城学院	541	406	541	403	129	617	255	394	157	104	0	180	67	892	37	777	26	948
忻州师范学院	572	350	572	349	190	432	216	507	166	94	0	180	293	468	143	413	107	514
山西财经大学	1 163	61	1 163	60	467	93	618	23	78	405	0	180	1 011	95	383	120	293	137

续表

研究发展人员（人）														R&D经费情况（千元）					
		按学历学位划分								其他人员		折合全时人员（人年）		当年经费收入				当年经费支出	
初级		博士毕业		硕士毕业		本科毕业		其他学历						合计		其中:科研事业费		合计	
30	383	324	104	322	168	116	280	7	119	19	38	244	83	12 446.4	326	3 881.4	328	11 663.3	313
57	191	83	336	338	149	156	188	5	160	2	187	114.6	257	6 022.6	523	629.1	698	5 986.37	490
2	968	87	327	221	290	141	215	6	136	0	322	73.9	404	6 953.3	477	1 291.3	557	6 926.5	455
5	838	2	917	41	906	23	750	0	454	0	322	17.9	827	1 982	763	993	623	2 057.7	742
3	922	3	876	37	927	19	783	2	255	0	322	12.8	902	940	886	306	816	579.84	940
18	528	26	581	176	391	64	464	0	454	0	322	89	349	4 030	617	919	636	3 579	620
11	666	3	876	39	916	59	504	1	333	1	235	23.5	762	1 369	838	489	749	1 519	801
55	200	14	685	269	220	42	605	6	136	0	322	60.5	478	3 525	654	583	712	2 333.3	720
25	441	2	917	77	735	15	826	0	454	0	322	13.7	886	523.5	982	139.9	910	476.35	974
26	429	322	105	530	56	428	39	0	454	5	113	244	83	35 574.15	110	23 392.8	75	27 560.32	132
77	116	29	560	314	175	183	146	3	218	6	103	82.7	371	11 075.14	351	2 616.5	419	10 813.93	343
8	747	57	417	224	284	70	436	0	454	0	322	57.7	498	4 038.9	615	162.9	895	3 728.9	606
35	329	41	485	212	304	135	224	5	160	0	322	131	213	12 108.7	331	790.4	664	12 135.4	302
53	208	72	370	353	132	145	204	0	454	0	322	158.8	158	10 005.3	382	1 022.7	612	9 936.3	368
23	463	24	595	418	87	62	478	2	255	0	322	85.2	365	3 690	642	135	914	3 678	609
9	721	40	493	122	563	37	639	0	454	1	235	30.2	705	1 442	828	696	683	1 192.2	834
39	302	61	400	351	134	129	247	0	454	0	322	110.3	267	7 681.2	449	674.9	687	7 687.09	432
18	528	22	613	197	339	247	95	1	333	0	322	89.3	347	4 617.97	584	192.85	867	4 012.25	590
58	181	12	716	243	258	173	160	5	160	3	149	98	311	3 693.9	641	109	938	3 624.4	616
0	1 076	67	386	216	298	41	612	0	454	0	322	49.1	548	2 020.8	759	431.8	768	1 954.6	752
41	289	685	32	405	95	426	40	49	28	0	322	262.2	77	46 234.97	86	25 173.24	69	45 002.58	80
32	354	26	581	152	459	125	260	0	454	0	322	64.5	446	3 949.4	622	820.5	660	4 750.64	555
28	408	70	374	254	237	54	531	0	454	0	322	61.7	467	4 062	610	1 073	603	5 109.2	533
92	73	241	150	364	127	197	134	9	95	0	322	180.3	133	8 468	420	3 306	368	7 224.03	447
26	429	27	573	87	700	16	815	0	454	0	322	35	662	4 028.79	618	3 184.79	375	4 214.93	582
66	154	32	545	151	463	41	612	0	454	0	322	63.2	457	4 389.46	594	1 660	510	5 426.53	514
1	1 014	3	876	7	1 108	2	1 045	0	454	0	322	2.3	1 108	115	1 114	40	1 012	108	1 115
73	133	463	64	341	145	142	213	14	65	0	322	204.5	110	26 563.67	155	13 527.82	126	28 652.92	124
23	463	47	452	92	686	23	750	1	333	0	322	29	712	7 498.5	455	3 712	337	4 244.5	580
106	58	73	368	337	152	81	388	0	454	0	322	112.8	262	5 433	547	1 045	606	5 115.65	531
6	814	22	613	84	713	8	912	0	454	0	322	13.1	898	3 209.5	676	763.5	669	3 608.82	619
27	417	13	697	136	515	65	460	1	333	0	322	41.1	612	1 555.6	812	316	811	852.2	878
4	883	21	621	30	969	16	815	0	454	0	322	14	881	1 314	842	894	644	1 630.53	787
43	269	13	697	241	260	39	632	0	454	0	322	56.3	507	2 189	743	714	678	2 380.5	715
33	345	325	103	341	145	344	52	1	333	0	322	270.6	66	16 629.38	256	5 853.68	251	15 867.08	245

学校名称	社科活动人员(人)																	
	合计		按职称划分								其他人员		合计		按职称划分			
			小计		高级		中级		初级						高级		中级	
	合计	合计（续）	小计	小计（续）	高级	高级（续）	中级	中级（续）	初级	初级（续）	其他人员	其他人员（续）	合计	合计（续）	高级	高级（续）	中级	中级（续）
内蒙古大学	730	219	730	217	377	154	326	250	27	856	0	180	527	248	265	202	163	343
内蒙古科技大学	495	468	495	466	199	410	226	473	70	459	0	180	663	175	284	190	269	161
内蒙古农业大学	615	303	615	300	214	368	339	230	62	515	0	180	233	554	112	482	108	511
内蒙古医科大学	253	832	253	830	78	791	127	807	48	641	0	180	153	691	44	737	70	667
内蒙古师范大学	992	104	992	102	481	82	441	108	70	459	0	180	397	350	195	306	138	420
内蒙古民族大学	436	550	436	548	239	309	158	702	39	728	0	180	272	497	164	365	85	615
赤峰学院	706	237	706	236	301	208	361	202	44	680	0	180	227	569	148	400	72	658
内蒙古财经大学	1 073	78	1 073	77	428	116	472	87	173	84	0	180	462	291	216	273	191	276
辽宁大学	1 379	23	1 354	25	663	33	584	29	107	250	25	20	1 433	47	717	34	499	42
大连理工大学	716	231	701	240	300	210	370	189	31	817	15	29	311	437	119	463	180	300
沈阳工业大学	485	489	485	488	178	463	243	425	64	496	0	180	142	719	75	613	62	723
沈阳航空航天大学	326	732	324	731	139	582	171	651	14	1 013	2	114	166	668	75	613	76	647
沈阳理工大学	475	501	470	507	169	484	259	386	42	697	5	63	217	591	110	489	98	560
东北大学	951	118	946	118	436	107	421	128	89	343	5	63	593	206	308	166	191	276
辽宁科技大学	446	537	445	534	144	563	252	399	49	624	1	140	182	652	60	663	82	630
辽宁工程技术大学	581	339	580	339	273	244	294	303	13	1 028	1	140	108	787	52	706	56	753
辽宁石油化工大学	394	615	374	644	126	627	236	446	12	1 038	20	25	44	974	19	878	25	958
沈阳化工大学	259	825	259	822	91	748	146	746	22	911	0	180	157	684	60	663	87	605
大连交通大学	362	670	357	678	106	689	187	603	64	496	5	63	115	774	41	755	66	701
大连海事大学	471	507	468	511	264	259	189	590	15	1 006	3	90	732	153	299	177	142	406
大连工业大学	582	337	581	337	197	412	306	283	78	405	1	140	521	252	233	249	248	189
沈阳建筑大学	490	475	490	475	155	525	221	490	114	224	0	180	56	939	34	793	21	986
辽宁工业大学	296	766	295	766	166	492	122	820	7	1 093	1	140	76	859	40	762	33	892
沈阳农业大学	266	811	258	824	101	718	137	773	20	940	8	46	135	733	61	661	57	745
大连海洋大学	281	786	277	790	108	679	145	749	24	885	4	76	326	419	146	405	132	436
中国医科大学	185	940	183	942	57	852	92	932	34	771	2	114	207	610	57	687	64	710
锦州医科大学	255	828	255	826	78	791	176	628	1	1 153	0	180	51	949	10	953	28	936
大连医科大学	189	933	189	929	95	738	91	938	3	1 135	0	180	139	726	56	692	42	835
辽宁中医药大学	126	1 038	126	1 035	70	815	44	1 094	12	1 038	0	180	32	1 019	26	843	5	1 108
沈阳药科大学	208	904	208	901	85	760	117	839	6	1 105	0	180	23	1 055	14	910	4	1 118
沈阳医学院	116	1 053	116	1 050	54	863	58	1 050	4	1 127	0	180	0	1 154	0	1 134	0	1 150
辽宁师范大学	1 078	77	1 016	94	480	83	475	85	61	522	62	8	1 195	71	609	54	497	44
沈阳师范大学	1 354	27	1 088	73	559	54	480	82	49	624	266	1	1 626	35	620	52	532	33
渤海大学	810	177	799	185	381	150	366	193	52	597	11	34	844	130	356	135	324	115
鞍山师范学院	445	539	444	539	230	332	206	538	8	1 082	1	140	169	666	94	541	68	685

续表

研究发展人员(人)														R&D 经费情况(千元)					
		按学历学位划分								其他人员		折合全时人员(人年)		当年经费收入合计				当年经费支出合计	
初级		博士毕业		硕士毕业		本科毕业		其他学历								其中:科研事业费			
1	1 014	283	123	114	589	130	240	0	454	0	322	177.4	137	16 317.73	264	10 864.96	150	9 180.05	384
77	116	69	377	396	101	186	145	12	74	0	322	149	172	6 262.07	506	1 643.5	512	7 563.91	435
13	622	47	452	116	582	70	436	0	454	0	322	54.7	516	4 834.6	579	3 208	373	4 580.9	562
39	302	6	808	113	593	34	662	0	454	0	322	45.8	576	2 004.8	762	249	844	1 832.8	762
23	463	110	283	200	330	82	380	5	160	3	149	94.5	323	9 322.2	401	6 019.7	246	11 492	319
11	666	80	349	131	538	60	491	1	333	0	322	59.9	483	4 644	583	2 943	392	4 678	559
7	784	30	554	131	538	66	453	0	454	0	322	81.7	375	4 485.2	591	2 318	445	4 388.9	573
49	228	83	336	296	193	83	376	0	454	0	322	113.9	260	10 925	354	4 631	290	10 959	339
58	181	552	49	606	41	266	83	9	95	0	322	285.4	59	22 222.39	189	7 679.19	202	23 555.41	160
8	747	176	196	126	554	9	897	0	454	4	127	43.1	595	7 089	472	5 793	252	9 389	380
5	838	40	493	87	700	14	836	1	333	0	322	34.2	677	2 881	700	1 884	486	3 239	646
15	585	35	530	102	641	29	705	0	454	0	322	36.8	645	2 167.5	747	937	632	2 528.31	699
9	721	22	613	97	667	96	327	2	255	0	322	30.3	702	2 389.63	733	280	825	2 591.47	694
21	491	283	123	203	324	105	308	2	255	0	322	114	259	59 480.77	62	30 768.67	59	60 544.67	54
26	429	20	629	101	645	58	510	3	218	1	235	29.9	707	3 227.5	672	544	723	3 214.66	651
0	1 076	28	570	73	751	7	930	0	454	0	322	22.4	775	1 544	813	498	745	1 734.64	774
0	1 076	25	586	19	1 040	0	1 107	0	454	0	322	16.6	841	878.4	895	480	752	547.41	949
10	691	11	732	45	886	96	327	5	160	0	322	25.2	748	1 199.8	858	490	748	1 065.6	842
8	747	19	633	75	741	21	766	0	454	0	322	23.8	759	755	919	235	850	854.2	876
5	838	293	119	173	400	266	83	0	454	8	88	168.7	149	8 775.1	408	4 303.6	303	8 092.22	416
39	302	54	430	394	103	73	419	0	454	1	235	105.3	290	5 191.15	560	2 002.15	470	4 586.15	561
1	1 014	23	602	27	989	6	947	0	454	0	322	26	734	1 796.5	782	899	642	1 796.5	766
3	922	22	613	44	892	10	880	0	454	0	322	13.4	891	1 160	863	700	681	982.8	857
4	883	57	417	58	819	20	778	0	454	1	235	25.5	742	2 919	697	2 009	469	2 649.75	687
5	838	120	267	146	488	60	491	0	454	1	235	62.9	459	5 455.11	545	664.98	689	5 014.11	539
24	454	30	554	103	635	64	464	10	88	8	88	43.5	591	5 425.06	548	1 389.5	541	5 466.65	511
1	1 014	1	972	24	1 008	26	725	0	454	0	322	25.3	746	460	994	90	956	520	962
5	838	27	573	65	788	47	569	0	454	0	322	34.8	667	1 520.75	816	455.1	760	1 281.45	824
1	1 014	3	876	24	1 008	5	981	0	454	0	322	7.4	990	200.5	1 080	31.5	1 031	307.5	1 032
0	1 076	7	790	10	1 093	6	947	0	454	0	322	5.4	1 033	2 269	738	15	1 063	2 455.35	705
0	1 076	0	1 031	0	1 149	0	1 107	0	454	0	322	0	1 154	0	1 158	0	1 101	0	1 158
49	228	439	70	478	62	267	80	11	81	40	16	234.9	90	15 346.4	279	7 144	212	11 911.7	307
54	206	381	87	691	23	539	24	15	60	93	8	311.4	50	26 771.9	152	16 463.3	108	17 631.24	210
66	154	255	142	313	177	266	83	10	88	19	38	137.3	202	18 004.11	236	4 154	312	12 828.74	293
7	784	24	595	97	667	47	569	1	333	0	322	24	757	2 587.5	717	152.5	899	2 031.45	744

学校名称	社科活动人员（人）																	
	合计		按职称划分								其他人员		合计		按职称划分			
			小计		高级		中级		初级						高级		中级	
大连外国语大学	577	346	576	345	283	233	267	366	26	865	1	140	157	684	101	513	56	753
东北财经大学	1 009	98	991	103	555	57	410	133	26	865	18	27	936	109	563	64	284	144
中国刑事警察学院	447	534	444	539	223	347	198	565	23	895	3	90	179	656	90	557	87	605
沈阳体育学院	534	415	534	413	251	282	240	431	43	691	0	180	616	193	261	208	171	320
沈阳音乐学院	1 380	22	1 379	22	441	104	713	10	225	29	1	140	165	670	93	548	68	685
鲁迅美术学院	561	377	554	381	286	228	238	438	30	828	7	53	311	437	102	511	111	497
吉林大学	1 925	2	1 925	2	1 119	4	692	11	114	224	0	180	2 430	11	708	36	529	34
延边大学	912	129	912	129	386	147	506	67	20	940	0	180	610	195	277	194	208	251
长春理工大学	563	371	563	367	291	225	222	488	50	616	0	180	695	163	391	119	246	195
东北电力大学	361	674	361	669	136	592	191	583	34	771	0	180	142	719	58	677	65	706
长春工业大学	626	295	626	292	215	364	303	289	108	245	0	180	406	339	153	387	172	318
吉林建筑大学	340	709	340	706	179	461	148	739	13	1 028	0	180	239	544	134	434	101	540
吉林化工学院	245	837	245	835	70	815	103	884	72	440	0	180	353	397	112	482	157	364
吉林农业大学	372	653	372	649	194	420	116	844	62	515	0	180	228	567	134	434	60	730
长春中医药大学	347	697	347	694	118	648	129	797	100	281	0	180	232	558	76	609	97	566
东北师范大学	1 228	44	1 228	41	713	28	466	91	49	624	0	180	2 338	13	1 117	10	969	4
北华大学	900	132	900	132	498	74	337	238	65	491	0	180	812	137	294	178	355	92
通化师范学院	486	485	485	488	169	484	169	661	147	123	1	140	651	179	285	188	243	202
吉林师范大学	1 025	90	1 022	91	409	127	443	104	170	88	3	90	942	108	318	160	480	48
吉林工程技术师范学院	388	625	388	620	149	547	207	531	32	794	0	180	277	490	119	463	140	413
长春师范大学	886	137	886	137	230	332	390	160	266	16	0	180	970	99	283	191	510	39
白城师范学院	412	584	411	583	140	575	166	675	105	257	1	140	139	726	58	677	58	740
吉林财经大学	371	656	371	652	162	508	175	635	34	771	0	180	585	211	229	256	212	241
吉林体育学院	209	903	206	904	74	804	97	913	35	762	3	90	78	856	39	766	31	914
吉林艺术学院	615	303	615	300	151	538	126	812	338	4	0	180	74	865	28	831	12	1 051
黑龙江大学	1 369	24	1 369	23	670	32	577	31	122	200	0	180	1 102	81	660	43	367	86
哈尔滨工业大学	571	353	571	352	382	149	189	590	0	1 162	0	180	364	385	253	224	111	497
哈尔滨理工大学	499	464	499	462	305	202	194	575	0	1 162	0	180	224	573	136	429	83	626
燕山大学	817	173	817	173	317	189	388	164	112	232	0	180	755	151	306	169	293	137
哈尔滨工程大学	557	381	557	378	260	265	297	297	0	1 162	0	180	389	359	182	330	204	255
黑龙江科技大学	490	475	490	475	265	257	218	504	7	1 093	0	180	356	395	155	384	145	393
东北石油大学	430	561	430	559	250	284	154	719	26	865	0	180	123	756	70	631	47	806
佳木斯大学	989	108	989	106	390	139	551	44	48	641	0	180	633	187	256	214	351	94
黑龙江八一农垦大学	327	730	327	727	147	555	164	683	16	988	0	180	152	696	66	650	81	634

续表

研究发展人员(人)														R&D 经费情况(千元)					
		按学历学位划分								其他人员		折合全时人员(人年)		当年经费收入合计				当年经费支出合计	
初级		博士毕业		硕士毕业		本科毕业		其他学历								其中:科研事业费			
0	1 076	42	477	107	616	8	912	0	454	0	322	61.8	465	9 142.75	403	2 762	409	3 293.24	644
16	567	652	36	199	332	85	366	0	454	28	23	242.6	87	31 212.06	129	15 145.2	119	35 310.23	101
2	968	61	400	95	674	23	750	0	454	0	322	34.9	665	15 871.53	271	3 791.02	333	7 831.54	425
8	747	111	281	280	213	222	108	3	218	0	322	151	167	8 495.07	418	4 020.27	320	7 542.24	438
3	922	11	732	93	682	60	491	1	333	1	235	54.7	516	7 035.17	476	2 400	438	8 362.38	403
6	814	18	642	160	442	132	235	1	333	4	127	50.6	542	3 791	631	2 531	427	2 499	701
83	96	871	17	853	9	662	13	44	29	208	2	359.1	34	125 819.13	18	63 859.7	22	130 029	16
7	784	312	107	170	407	128	249	0	454	0	322	90.9	339	7 342.4	459	4 518	292	5 272.68	523
45	253	192	185	431	85	72	424	0	454	3	149	194.9	118	7 930.1	438	1 257	563	8 074.97	417
7	784	23	602	63	797	52	546	4	186	0	322	37.9	637	3 870.7	630	1 565.8	523	3 504.7	627
78	115	47	452	146	488	57	515	156	11	0	322	106.8	283	10 674.04	359	7 747.77	199	11 261.68	327
4	883	41	485	144	495	54	531	0	454	0	322	104.4	292	5 640	538	1 930	476	5 201.6	526
84	90	13	697	267	222	71	431	2	255	0	322	66.6	428	1 634.17	802	178.5	880	1 579.11	792
34	339	34	537	129	547	61	486	4	186	0	322	53.7	524	2 938.8	696	1 598.8	517	2 657.11	686
58	181	10	748	148	479	72	424	2	255	1	235	29.2	710	633	951	291	819	670.9	920
144	17	1 064	10	1 060	5	188	139	26	39	3	149	464.9	12	87 059.43	33	39 840.63	39	83 521.12	32
126	30	0	1 031	169	410	502	30	141	13	0	322	116.4	252	4 518.9	589	1 252.5	564	4 825.4	551
112	48	82	342	349	136	210	119	10	88	11	72	127.1	226	12 375.2	328	6 487.5	227	12 512.45	297
143	18	273	133	625	34	43	597	1	333	1	235	262.6	76	21 507.5	198	6 181	241	19 031.43	194
18	528	14	685	203	324	58	510	2	255	0	322	72.4	411	12 911.84	317	890	647	11 345.19	324
141	20	180	192	606	41	180	148	4	186	11	72	215.6	105	9 630.5	390	5 529.5	257	8 698	392
23	463	12	716	101	645	25	731	1	333	0	322	37.5	639	1 405.8	832	380.5	790	1 262.42	825
39	302	200	179	220	294	164	172	1	333	4	127	145.8	179	12 621	323	3 141	380	12 080.2	304
8	747	18	642	60	816	0	1 107	0	454	0	322	11.9	913	745.9	921	535	727	548.26	948
34	339	1	972	39	916	31	688	3	218	0	322	18.4	822	2 145	750	530	729	822	883
56	195	469	63	435	83	198	133	0	454	0	322	402	24	25 787.8	165	11 543.5	145	19 593.08	189
0	1 076	210	169	132	533	22	762	0	454	0	322	134.1	207	18 469.5	231	9 099	175	16 371.4	233
0	1 076	38	511	130	545	56	521	0	454	0	322	70.5	418	3 584	650	1 040	607	3 491.55	631
77	116	209	170	405	95	130	240	11	81	0	322	116.9	250	14 844.55	287	2 787.81	407	14 405.4	270
0	1 076	121	265	202	327	66	453	0	454	0	322	190.7	122	17 537	242	9 995	164	16 479	231
2	968	42	477	197	339	117	277	0	454	0	322	165.2	151	5 242.8	555	807	662	5 196.8	527
6	814	15	675	76	738	32	675	0	454	0	322	28.4	719	852.2	902	184	874	997.41	853
26	429	22	613	294	198	317	58	0	454	0	322	204.2	111	3 742.94	636	997.5	622	3 498.24	628
5	838	24	595	86	704	42	605	0	454	0	322	40.6	616	3 001.4	694	1 216	570	2 611.8	691

学校名称	社科活动人员(人)																	
	合计		按职称划分								其他人员		合计		按职称划分			
			小计		高级		中级		初级						高级		中级	
东北农业大学	856	149	856	149	523	67	288	317	45	668	0	180	424	319	264	204	140	413
东北林业大学	525	427	525	424	224	346	263	379	38	734	0	180	306	446	116	475	93	584
哈尔滨医科大学	361	674	361	669	137	587	137	773	87	351	0	180	242	543	80	596	79	641
黑龙江中医药大学	155	988	155	987	99	726	31	1 121	25	880	0	180	18	1 079	11	941	5	1 108
牡丹江医学院	174	956	174	954	83	767	69	1 010	22	911	0	180	26	1 046	9	966	14	1 034
哈尔滨师范大学	1 616	7	1 616	7	820	15	774	3	22	911	0	180	865	126	480	87	376	81
齐齐哈尔大学	925	123	925	123	436	107	388	164	101	277	0	180	605	198	317	161	212	241
牡丹江师范学院	662	265	662	263	292	224	315	267	55	568	0	180	324	420	173	348	132	436
哈尔滨学院	568	359	568	356	274	242	258	388	36	751	0	180	169	666	81	591	85	615
大庆师范学院	430	561	430	559	144	563	233	457	53	587	0	180	77	858	36	786	35	879
绥化学院	449	532	449	529	127	620	251	401	71	453	0	180	308	444	84	575	193	272
哈尔滨商业大学	804	182	804	181	431	113	356	209	17	974	0	180	457	295	236	244	206	254
哈尔滨体育学院	531	419	531	416	154	529	214	510	163	97	0	180	194	632	71	629	70	667
哈尔滨金融学院	374	649	374	644	171	477	183	617	20	940	0	180	212	605	87	567	116	479
复旦大学	1 386	20	1 386	20	896	10	415	129	75	422	0	180	2 019	20	401	5	388	73
同济大学	1 013	95	1 013	95	468	92	514	61	31	817	0	180	886	121	536	69	318	119
上海交通大学	835	161	835	160	537	63	295	301	3	1 135	0	180	483	281	260	210	130	444
华东理工大学	578	343	578	342	327	179	236	446	15	1 006	0	180	475	284	289	182	125	451
上海理工大学	819	171	819	170	236	316	468	89	115	221	0	180	148	705	73	623	68	685
上海海事大学	472	505	472	503	176	468	237	442	59	543	0	180	498	268	227	259	211	245
东华大学	662	265	662	263	302	207	268	362	92	322	0	180	342	407	177	340	72	658
上海电力学院	380	636	380	632	104	701	238	438	38	734	0	180	70	883	34	793	32	900
上海应用技术大学	500	461	500	459	137	587	235	452	128	177	0	180	275	493	114	478	114	485
上海健康医学院	185	940	185	937	39	919	123	817	23	895	0	180	16	1 089	3	1 072	8	1 084
上海海洋大学	319	737	319	736	132	606	176	628	11	1 053	0	180	233	554	105	504	124	454
上海中医药大学	316	741	316	740	79	785	200	561	37	743	0	180	271	498	91	553	142	406
华东师范大学	1 467	14	1 467	14	978	7	485	76	4	1 127	0	180	2 480	9	635	49	274	157
上海师范大学	1 047	84	1 047	83	581	47	415	129	51	607	0	180	1 127	75	653	46	350	96
上海外国语大学	755	206	755	206	410	126	289	315	56	557	0	180	527	248	348	140	150	379
上海财经大学	1 021	93	1 021	92	575	50	442	106	4	1 127	0	180	864	128	465	92	155	370
上海对外经贸大学	832	162	832	162	404	131	375	184	53	587	0	180	503	263	308	166	131	440
上海海关学院	172	959	172	957	53	865	119	833	0	1 162	0	180	207	610	60	663	97	566
华东政法大学	676	250	676	249	331	176	345	224	0	1 162	0	180	572	223	314	163	234	217
上海体育学院	385	630	385	626	208	386	157	706	20	940	0	180	584	212	160	372	68	685
上海音乐学院	354	686	354	682	169	484	140	765	45	668	0	180	97	814	42	747	37	869

续表

研究发展人员（人）														R&D经费情况（千元）					
		按学历学位划分								其他人员		折合全时人员（人年）		当年经费收入合计		其中：科研事业费		当年经费支出合计	
初级		博士毕业		硕士毕业		本科毕业		其他学历											
20	508	117	272	226	279	81	388	0	454	0	322	170	147	6 579.2	491	1 396.7	540	6 524.74	467
11	666	81	344	164	427	61	486	0	454	0	322	108	275	4 050.7	613	1 229	567	5 521	510
43	269	37	517	162	435	43	597	0	454	0	322	73.7	405	5 054	571	2 805	404	5 079.96	536
2	968	3	876	8	1 103	7	930	0	454	0	322	6.8	1 005	244	1 064	40	1 012	256.25	1 050
3	922	0	1 031	13	1 066	13	844	0	454	0	322	6.2	1 019	175	1 092	20	1 046	169.5	1 090
9	721	227	159	543	52	95	334	0	454	0	322	292.4	53	13 111	315	3 459	357	12 041.23	305
67	150	65	390	434	84	106	303	0	454	0	322	212.1	106	10 046	380	1 574	522	9 758.6	372
19	515	53	435	178	386	93	337	0	454	0	322	116	253	5 063	569	1 229	567	4 754.2	554
3	922	26	581	81	724	62	478	0	454	0	322	45.7	577	2 560.5	719	439.5	766	2 065	741
6	814	5	827	55	830	17	808	0	454	0	322	23.7	760	755.7	918	129.5	920	906.2	867
31	367	4	850	199	332	105	308	0	454	0	322	107.4	282	4 857	577	506.5	739	4 992.06	542
5	838	152	224	276	218	29	705	0	454	0	322	186.8	127	8 166.02	428	2 935.62	393	8 523.45	399
53	208	15	675	100	650	79	396	0	454	0	322	74.4	401	5 585.69	540	1 588.69	519	4 938.3	544
9	721	10	748	190	358	12	862	0	454	0	322	63.3	456	3 036	691	580	713	2 711.05	679
30	383	635	38	822	11	562	21	0	454	6	103	845.5	1	366 477.35	1	234 428.11	1	282 748.42	2
12	644	582	45	227	277	72	424	5	160	2	187	273.2	64	57 441.2	68	31 702.52	58	58 065.2	55
7	784	337	97	102	641	44	591	0	454	11	72	143.9	187	159 758.97	13	87 044.25	12	137 377.45	13
5	838	271	136	148	479	54	531	2	255	3	149	148.1	176	37 286.22	104	20 225.37	88	22 892.31	164
7	784	96	311	42	900	10	880	0	454	0	322	52.7	530	16 175.4	265	4 904.4	272	16 395.4	232
29	393	265	138	170	407	53	541	10	88	23	33	164.1	154	16 831.7	251	3 555	345	16 833.7	223
5	838	113	278	113	593	116	280	0	454	0	322	206.2	109	27 971.62	144	8 167.6	188	23 591.98	159
4	883	43	473	22	1 016	5	981	0	454	0	322	10.9	925	2 694.72	710	1 017.5	613	2 413.88	710
47	244	78	356	145	491	51	548	1	333	0	322	82.1	373	10 467.89	369	4 643.62	288	10 874.18	342
5	838	5	827	11	1 082	0	1 107	0	454	0	322	5.8	1 026	518	983	100	945	447.27	980
2	968	137	247	81	724	13	844	2	255	2	187	36.5	647	9 527.5	395	6 580.5	223	5 754.92	499
13	622	55	425	155	455	57	515	4	186	4	127	56.5	506	15 125.7	283	13 602.2	125	13 190.66	285
10	691	727	26	740	17	1 010	3	3	218	0	322	556.6	10	202 109.88	8	132 828.42	5	217 211.63	5
64	163	719	28	280	213	128	249	0	454	0	322	187.3	125	75 293.1	40	40 439.07	38	67 288.25	46
29	393	383	85	125	558	19	783	0	454	0	322	143.3	188	58 315.58	66	17 585.48	101	46 044.81	76
0	1 076	549	50	209	308	75	411	31	31	0	322	268.8	67	157 186.43	14	113 502.12	7	132 905.57	15
17	543	274	131	142	503	79	396	8	106	5	113	136.7	204	48 994.67	81	27 236.79	65	45 932.08	77
22	483	79	352	104	631	24	741	0	454	25	28	34.5	672	1 755.22	788	250	843	5 033.9	538
21	491	383	85	152	459	32	675	5	160	1	235	105.7	286	36 898.3	106	32 870.3	55	42 456.8	83
11	666	145	234	135	524	301	68	3	218	0	322	121.2	243	17 995.47	237	7 459.33	207	18 766.44	196
14	602	40	493	44	892	13	844	0	454	0	322	43	596	66 517.8	54	65 187.1	20	54 859.01	59

学校名称	社科活动人员(人)																	
	合计		按职称划分								其他人员		合计		按职称划分			
			小计		高级		中级		初级						高级		中级	
上海戏剧学院	351	691	351	688	112	661	175	635	64	496	0	180	75	861	33	798	32	900
上海大学	1 311	33	1 311	31	588	46	649	19	74	427	0	180	907	119	523	72	306	127
上海公安学院	270	801	270	799	82	771	142	757	46	660	0	180	281	483	31	813	136	425
南京大学	1 060	81	1 060	80	749	23	298	294	13	1 028	0	180	935	110	592	58	210	247
苏州大学	1 215	46	1 215	43	709	29	440	109	66	482	0	180	619	191	404	114	107	514
东南大学	850	153	850	153	442	102	391	159	17	974	0	180	1 882	26	726	32	435	61
南京航空航天大学	474	503	474	501	240	306	214	510	20	940	0	180	312	434	171	352	87	605
南京理工大学	459	519	459	518	228	337	214	510	17	974	0	180	464	287	242	237	143	401
江苏科技大学	635	286	635	284	226	343	379	178	30	828	0	180	357	393	131	442	148	386
中国矿业大学	503	453	503	450	272	248	223	487	8	1 082	0	180	1 108	77	524	70	453	55
南京工业大学	602	319	602	316	296	216	278	340	28	849	0	180	398	349	193	309	144	399
常州大学	495	468	495	466	165	499	280	337	50	616	0	180	576	219	218	271	326	114
南京邮电大学	484	493	484	493	284	232	191	583	9	1 068	0	180	703	161	334	153	214	238
河海大学	547	394	547	393	318	188	219	502	10	1 060	0	180	1 041	90	285	188	207	252
江南大学	736	212	736	212	377	154	337	238	22	911	0	180	873	125	282	193	181	298
南京林业大学	403	604	403	601	133	604	257	390	13	1 028	0	180	278	488	111	487	166	334
江苏大学	786	195	786	195	372	158	376	182	38	734	0	180	948	104	257	211	216	234
南京信息工程大学	709	236	709	235	295	218	388	164	26	865	0	180	819	134	357	134	436	60
南通大学	998	100	998	98	606	42	383	172	9	1 068	0	180	760	149	465	92	268	163
盐城工学院	584	336	584	334	303	204	247	410	34	771	0	180	267	504	159	374	97	566
南京农业大学	628	294	628	291	299	215	289	315	40	718	0	180	1 478	42	506	79	330	108
南京医科大学	184	942	184	939	57	852	118	835	9	1 068	0	180	97	814	32	806	64	710
徐州医科大学	259	825	259	822	71	812	162	689	26	865	0	180	93	825	22	862	65	706
南京中医药大学	355	685	355	681	125	628	230	460	0	1 162	0	180	405	343	161	368	229	225
中国药科大学	266	811	266	809	75	801	160	696	31	817	0	180	223	577	74	619	112	495
南京师范大学	1 344	28	1 344	26	822	13	462	92	60	534	0	180	1 499	41	882	18	396	69
江苏师范大学	855	150	855	150	465	94	382	174	8	1 082	0	180	1 104	79	666	42	327	112
淮阴师范学院	824	167	824	167	349	170	452	97	23	895	0	180	503	263	288	185	213	239
盐城师范学院	613	305	613	302	251	282	302	290	60	534	0	180	493	271	211	278	248	189
南京财经大学	958	115	958	115	472	90	482	80	4	1 127	0	180	479	282	209	283	189	281
江苏警官学院	379	639	379	634	158	518	156	710	65	491	0	180	378	370	204	289	116	479
南京体育学院	332	722	332	719	110	667	165	678	57	553	0	180	126	750	52	706	50	789
南京艺术学院	566	365	566	361	314	193	240	431	12	1 038	0	180	455	298	247	229	184	287
苏州科技大学	632	288	632	287	246	297	293	307	93	315	0	180	794	140	341	148	280	147
常熟理工学院	372	653	372	649	187	441	168	667	17	974	0	180	310	439	175	344	124	454

续表

研究发展人员（人）																R&D 经费情况（千元）					
		按学历学位划分								其他人员		折合全时人员（人年）		当年经费收入合计		其中:科研事业费		当年经费支出合计	
初级		博士毕业		硕士毕业		本科毕业		其他学历											
10	691	29	560	41	906	4	1 003	1	333	0	322	43	596	21 862.78	195	18 789.29	93	28 794.55	123
11	666	626	42	190	358	74	417	17	57	25	28	221.3	97	68 604.83	51	28 951.71	60	67 760.73	45
114	46	4	850	87	700	169	163	21	45	0	322	54.1	521	3 288.92	667	435.67	767	3 493.56	629
1	1 014	677	34	197	339	60	491	1	333	0	322	155.6	163	110 740.3	25	65 048.9	21	106 707.1	23
16	567	309	110	182	371	128	249	0	454	0	322	117.5	247	27 439.48	146	15 790.48	113	24 828.68	149
15	585	772	25	794	13	314	60	2	255	0	322	391.2	27	40 847.8	93	32 251.6	56	41 699.94	86
7	784	162	213	100	650	50	552	0	454	0	322	79.2	383	16 149.3	268	9 006.3	177	15 907.24	243
2	968	254	143	129	547	81	388	0	454	0	322	115.2	256	18 382.54	233	10 970.37	149	14 913.32	260
1	1 014	86	331	160	442	111	293	0	454	0	322	122.9	239	10 531.53	367	3 044	386	11 004.62	337
40	295	554	48	406	94	148	203	0	454	0	322	216.5	103	23 173.17	178	8 159.29	189	19 955.66	185
4	883	167	209	166	420	65	460	0	454	0	322	74.3	402	11 732.6	338	6 163.6	243	16 003.49	241
30	383	181	191	283	210	112	290	0	454	0	322	132.7	210	13 931.3	304	6 445.8	231	12 126.5	303
12	644	235	154	253	242	215	115	0	454	0	322	144.1	186	15 696.31	276	5 357	264	14 911.25	261
12	644	404	82	461	71	176	154	0	454	0	322	219.2	101	61 286.61	60	34 977.11	49	61 370.43	52
10	691	216	167	253	242	404	42	0	454	0	322	263.8	75	26 128.2	162	7 300.5	209	25 757.85	143
1	1 014	89	322	162	435	27	717	0	454	0	322	37	643	4 209.08	603	2 063.08	466	3 893	600
24	454	171	202	230	271	547	22	0	454	0	322	128.3	219	13 968.2	301	5 871	250	13 968.2	276
11	666	374	88	315	174	130	240	0	454	0	322	179.2	135	13 619.4	312	6 296.4	236	13 560.06	281
10	691	249	147	399	100	112	290	0	454	0	322	124.5	235	14 422.1	296	7 956.8	194	14 978.44	259
11	666	38	511	216	298	13	844	0	454	0	322	37.4	640	4 907	573	1 201	573	4 824.48	552
50	220	508	54	382	112	588	19	0	454	0	322	260.9	78	56 172.39	71	42 098.54	36	54 325.77	60
1	1 014	36	525	51	853	10	880	0	454	0	322	20.3	800	4 098.48	607	1 346.98	548	3 988.62	591
6	814	11	732	64	792	18	797	0	454	0	322	23.3	764	850.9	903	315	813	763.4	900
0	1 076	169	203	195	350	40	624	1	333	0	322	89	349	7 282.66	462	3 063.16	385	6 523.63	469
24	454	58	410	119	571	44	591	2	255	0	322	64.8	441	11 560	343	3 801	332	10 576.06	348
42	278	865	18	443	77	187	143	4	186	0	322	206.7	108	48 461.82	83	17 048.45	105	38 555.08	92
17	543	470	62	390	106	242	100	2	255	0	322	345.2	38	61 200.8	61	33 625.8	52	35 347.34	100
2	968	144	237	252	244	89	351	18	52	0	322	86.3	362	16 645.87	255	4 958	271	15 964.12	242
34	339	136	248	279	215	78	401	0	454	0	322	186.8	127	37 647.62	102	4 707	282	33 899.14	105
3	922	259	140	83	716	137	221	0	454	0	322	73.5	406	34 787.31	114	16 662.52	107	30 713.32	118
58	181	96	311	197	339	79	396	6	136	0	322	62	463	6 011.8	525	2 833.8	400	2 723.48	678
13	622	19	633	71	758	36	644	0	454	0	322	17.2	835	1 473.4	824	756.4	671	1 059.07	843
10	691	127	256	269	220	53	541	6	136	0	322	93.7	329	26 468.66	157	19 017.56	92	24 921.62	148
75	129	237	152	356	130	201	129	0	454	0	322	114.2	258	16 557.07	257	5 984.6	249	15 727.07	248
11	666	117	272	161	441	32	675	0	454	0	322	73.3	407	20 841.94	202	6 340.27	235	18 218.95	202

学校名称	社科活动人员（人）																	
	合计		按职称划分								其他人员		合计		按职称划分			
			小计		高级		中级		初级						高级		中级	
浙江大学	1 130	68	1 130	67	784	18	346	222	0	1 162	0	180	1 382	54	728	31	192	273
杭州电子科技大学	594	324	594	322	223	347	323	255	48	641	0	180	1 075	83	383	120	580	24
浙江工业大学	1 334	29	1 334	27	532	65	651	17	151	113	0	180	1 105	78	423	108	393	70
浙江理工大学	810	177	810	176	349	170	422	125	39	728	0	180	1 431	48	544	67	468	50
浙江海洋大学	342	707	342	704	146	558	152	727	44	680	0	180	419	329	246	230	120	465
浙江农林大学	475	501	475	500	187	441	203	547	85	363	0	180	570	225	134	434	273	158
温州医科大学	254	829	254	827	62	836	158	702	34	771	0	180	266	506	96	533	162	347
浙江中医药大学	415	579	415	576	110	667	203	547	102	274	0	180	276	492	82	586	118	475
浙江师范大学	1 212	48	1 212	46	620	41	507	66	85	363	0	180	2 236	16	789	23	646	18
杭州师范大学	784	198	784	198	440	105	310	274	34	771	0	180	960	101	539	68	363	87
湖州师范学院	632	288	632	287	185	445	282	334	165	95	0	180	563	231	158	376	276	153
绍兴文理学院	701	241	701	240	295	218	339	230	67	477	0	180	599	201	272	196	237	213
台州学院	511	443	511	442	171	477	307	281	33	782	0	180	409	337	188	319	212	241
温州大学	798	188	798	187	337	174	389	163	72	440	0	180	1 405	51	668	41	591	22
丽水学院	575	347	575	346	200	406	268	362	107	250	0	180	955	103	428	106	397	68
浙江工商大学	1 132	67	1 132	66	580	48	442	106	110	239	0	180	1 103	80	428	106	279	149
嘉兴学院	647	273	647	272	214	368	341	229	92	322	0	180	478	283	235	247	232	220
中国美术学院	799	187	799	185	287	227	354	213	158	102	0	180	588	208	190	314	259	174
中国计量大学	513	438	513	435	180	457	236	446	97	294	0	180	513	256	193	309	238	210
安徽大学	1 025	90	1 025	88	415	123	520	59	90	338	0	180	623	189	338	150	258	178
中国科学技术大学	198	915	198	912	101	718	97	913	0	1 162	0	180	266	506	47	724	16	1 020
合肥工业大学	612	306	612	303	313	194	292	309	7	1 093	0	180	391	357	159	374	74	653
安徽工业大学	715	232	712	233	227	340	375	184	110	239	3	90	712	156	235	247	308	125
安徽理工大学	361	674	361	669	119	646	197	569	45	668	0	180	278	488	78	604	132	436
安徽工程大学	485	489	485	488	117	652	279	339	89	343	0	180	329	416	111	487	142	406
安徽农业大学	421	571	421	569	132	606	155	716	134	155	0	180	300	455	134	434	91	590
安徽医科大学	278	793	278	789	104	701	131	793	43	691	0	180	197	625	44	737	52	776
蚌埠医学院	215	891	213	891	50	876	107	873	56	557	2	114	127	748	24	846	71	663
皖南医学院	303	756	303	754	48	882	146	746	109	242	0	180	98	813	24	846	57	745
安徽中医药大学	195	922	195	919	81	775	102	888	12	1 038	0	180	138	728	73	623	60	730
安徽师范大学	1 197	52	1 197	50	541	62	557	40	99	284	0	180	727	154	411	111	251	186
阜阳师范学院	550	391	550	390	195	417	236	446	119	208	0	180	249	530	99	521	110	503
安庆师范大学	781	199	781	199	320	186	386	168	75	422	0	180	414	333	216	273	188	284
淮北师范大学	752	207	752	207	310	198	358	206	84	370	0	180	186	648	127	449	57	745

续表

研究发展人员（人）														R&D 经费情况（千元）					
		按学历学位划分								其他人员		折合全时人员（人年）		当年经费收入合计		其中:科研事业费		当年经费支出合计	
初级		博士毕业		硕士毕业		本科毕业		其他学历											
1	1 014	839	22	331	159	207	123	5	160	3	149	316.2	47	299 581.62	3	69 494.16	15	296 510.89	1
80	106	358	92	517	58	161	177	39	30	9	79	376.5	32	26 805.9	151	7 963.4	193	21 602.1	168
120	39	448	67	405	95	245	97	7	119	18	46	450.1	13	57 653.93	67	11 765.24	140	49 247.6	66
22	483	421	77	471	66	533	25	6	136	29	21	305.4	51	43 790.45	87	9 392.92	171	36 283.22	96
37	319	69	377	166	420	176	154	8	106	0	322	110.8	265	17 268.4	245	3 506	352	16 611.19	227
122	34	58	410	262	228	228	105	22	42	0	322	106.5	285	17 132.25	248	3 624.25	341	12 810.45	295
8	747	78	356	178	386	10	880	0	454	0	322	43.6	589	9 772.49	388	3 156.5	377	10 244.79	358
71	140	31	548	173	400	67	450	5	160	0	322	71.6	416	7 850.33	445	4 646.33	287	7 164.25	448
79	113	684	33	668	27	881	9	3	218	2	187	610.7	6	122 198.84	21	67 929.2	16	93 089.1	27
36	325	362	90	372	120	217	113	9	95	12	67	157.4	162	58 404.94	64	12 805.64	132	27 147.33	136
128	29	140	242	263	226	153	192	7	119	1	235	81.6	376	16 556.77	258	2 625.4	418	15 204.47	252
67	150	88	325	290	206	208	121	13	70	3	149	92.4	332	12 472.8	325	1 119	589	12 407.83	298
9	721	118	271	229	273	62	478	0	454	0	322	106.8	283	19 321.48	218	2 581.4	424	17 865.93	208
56	195	409	81	568	47	353	50	75	20	28	23	225.3	96	63 319.01	57	5 448.2	260	63 266.28	47
116	44	159	215	462	70	312	61	22	42	14	56	188	123	20 473.02	208	3 082	383	17 552.88	213
72	136	362	90	331	159	404	42	6	136	1	235	327.5	42	116 759.58	23	72 029.14	14	114 400.74	21
10	691	159	215	209	308	104	311	6	136	1	235	66.2	430	16 872.67	250	4 366.19	298	16 843.09	222
108	52	59	408	334	155	191	136	4	186	2	187	127.4	224	71 972.66	47	43 891.5	30	48 476.45	68
40	295	140	242	259	230	96	327	18	52	5	113	127.5	222	32 450.68	122	9 544.8	169	29 143.25	122
15	585	320	106	209	308	93	337	1	333	0	322	200.1	114	67 355.98	53	26 670.5	66	56 351.74	56
0	1 076	39	506	62	806	19	783	146	12	2	187	100.1	304	14 247.82	297	11 332.82	147	13 641.38	279
1	1 014	126	258	108	612	157	185	0	454	0	322	109	270	12 033.48	334	6 649	221	10 757.64	344
81	102	93	314	326	165	286	74	7	119	0	322	230.6	92	20 608.88	204	3 260	370	16 084.33	240
29	393	50	445	141	505	87	356	0	454	0	322	59.5	487	11 282.5	348	7 100.5	213	10 882.4	341
32	354	28	570	156	452	145	204	0	454	0	322	54.2	520	6 079	517	3 325	366	5 413.8	517
75	129	89	322	141	505	70	436	0	454	0	322	58.4	496	9 342	400	3 072	384	9 096.7	386
11	666	31	548	70	765	96	327	0	454	6	103	42.1	604	1 918	770	1 206	572	2 085.5	740
32	354	6	808	105	625	16	815	0	454	0	322	36.1	652	3 388.5	661	1 169	580	3 340.7	641
17	543	12	716	77	735	9	897	0	454	0	322	11.4	920	1 513.52	818	791	663	1 055.58	845
5	838	26	581	94	679	18	797	0	454	0	322	23.3	764	2 052	753	986.5	624	1 819.55	764
44	262	280	128	336	153	110	294	1	333	0	322	183.7	130	37 975.18	99	15 908	111	31 992.88	111
38	314	44	467	144	495	60	491	1	333	2	187	59.8	485	22 202	190	18 309	96	23 202	162
10	691	115	276	196	346	103	315	0	454	0	322	91.9	334	11 861	336	6 519	225	11 020	335
2	968	63	396	75	741	46	582	2	255	0	322	50.1	543	15 631	277	5 066	268	10 357	354

学校名称	社科活动人员(人)																	
	合计		按职称划分								其他人员		合计		按职称划分			
			小计		高级		中级		初级						高级		中级	
黄山学院	503	453	503	450	132	606	225	478	146	127	0	180	329	416	119	463	150	379
皖西学院	503	453	503	450	159	517	184	611	160	101	0	180	257	519	89	558	84	620
滁州学院	527	423	527	421	108	679	169	661	250	20	0	180	156	687	46	731	40	853
安徽财经大学	1 024	92	1 024	89	379	152	459	94	186	66	0	180	849	129	402	115	322	117
宿州学院	538	411	538	408	130	614	260	384	148	121	0	180	207	610	69	637	95	576
巢湖学院	546	397	546	396	171	477	243	425	132	160	0	180	230	562	88	560	92	587
淮南师范学院	507	446	507	445	134	598	226	473	147	123	0	180	227	569	82	586	69	677
铜陵学院	689	246	689	246	188	435	339	230	162	99	0	180	424	319	198	301	200	260
厦门大学	1 440	17	1 438	18	783	19	559	39	96	298	2	114	1 746	30	975	13	524	35
华侨大学	1 164	60	1 164	59	429	114	681	14	54	577	0	180	1 225	69	589	59	601	21
福州大学	870	142	870	142	416	121	405	143	49	624	0	180	909	117	439	100	379	79
福建工程学院	489	478	489	478	204	397	231	459	54	577	0	180	704	159	256	214	400	67
福建农林大学	827	166	827	166	262	263	434	116	131	162	0	180	464	287	181	331	240	206
集美大学	869	144	869	144	405	129	352	215	112	232	0	180	555	237	323	157	184	287
福建医科大学	220	882	220	879	56	857	111	860	53	587	0	180	118	769	22	862	68	685
福建中医药大学	287	778	287	776	81	775	157	706	49	624	0	180	525	251	172	350	257	180
福建师范大学	1 275	36	1 275	34	605	43	569	33	101	277	0	180	1 436	46	746	27	499	42
闽江学院	612	306	612	303	256	272	262	381	94	306	0	180	345	403	179	336	135	428
武夷学院	414	581	414	578	125	628	215	508	74	427	0	180	454	300	153	387	241	203
宁德师范学院	408	591	408	589	95	738	266	371	47	649	0	180	243	542	60	663	168	328
泉州师范学院	659	268	659	266	226	343	249	405	184	70	0	180	537	245	223	265	189	281
福建师范大学福清分校	271	800	271	798	112	661	131	793	28	849	0	180	382	364	183	327	169	326
闽南师范大学	919	125	919	125	210	378	362	201	347	3	0	180	552	241	153	387	229	225
南昌大学	1 200	51	1 200	49	447	99	512	63	241	23	0	180	511	257	254	220	209	248
华东交通大学	547	394	547	393	218	360	267	366	62	515	0	180	67	892	20	873	42	835
东华理工大学	505	449	505	448	214	368	235	452	56	557	0	180	315	431	141	414	139	418
南昌航空大学	527	423	527	421	184	449	277	343	66	482	0	180	381	365	138	424	191	276
江西理工大学	604	315	604	312	183	451	309	276	112	232	0	180	214	599	107	495	91	590
景德镇陶瓷大学	487	483	487	483	187	441	186	605	114	224	0	180	457	295	210	281	155	370
江西农业大学	372	653	372	649	151	538	210	521	11	1 053	0	180	214	599	104	506	106	520
江西中医药大学	195	922	195	919	44	900	81	974	70	459	0	180	74	865	21	866	30	921
赣南医学院	162	978	162	976	38	924	51	1 076	73	432	0	180	62	913	13	920	20	997
江西师范大学	854	151	854	151	390	139	405	143	59	543	0	180	510	258	228	258	209	248
上饶师范学院	485	489	485	488	154	529	206	538	125	188	0	180	613	194	256	214	216	234
宜春学院	572	350	572	349	238	311	284	330	50	616	0	180	297	460	165	362	124	454

续表

研究发展人员(人)														R&D 经费情况(千元)					
		按学历学位划分								其他人员		折合全时人员(人年)		当年经费收入合计		其中:科研事业费		当年经费支出合计	
初级		博士毕业		硕士毕业		本科毕业		其他学历											
59	176	40	493	241	260	33	671	15	60	1	235	74.8	399	6 113.8	515	2 027.4	467	4 371.44	574
72	136	30	554	138	513	86	361	3	218	12	67	86.5	361	14 036.25	300	2 264.6	448	13 511.25	283
69	146	12	716	85	709	59	504	0	454	1	235	36.5	647	7 378	458	1 001	620	7 801.12	427
60	172	334	98	372	120	136	223	7	119	11	72	194.2	120	63 220.1	58	34 542.1	50	62 401.33	50
43	269	25	586	141	505	41	612	0	454	0	322	32.5	688	12 036	333	1 103	594	11 664.65	312
50	220	18	642	186	369	26	725	0	454	0	322	77.7	387	3 773	634	478	753	3 955.95	595
76	126	11	732	131	538	83	376	2	255	0	322	89.8	344	4 304	598	1 297	556	4 193.3	584
26	429	46	460	257	234	121	270	0	454	0	322	75.5	397	13 456.5	314	2 131.5	461	7 559.5	436
70	143	1 244	7	371	122	128	249	3	218	32	19	448.4	14	170 540.8	11	99 464.95	9	153 675.41	12
11	666	713	30	387	108	123	266	2	255	0	322	265.2	72	30 485.75	132	7 693	200	27 942.8	129
25	441	301	113	385	110	214	116	9	95	0	322	138.1	201	21 616.63	197	11 826.13	138	18 295.8	200
48	236	55	425	157	449	208	121	284	7	0	322	148.7	173	6 537.6	493	2 669	415	5 685.55	501
38	314	219	165	198	336	43	597	4	186	0	322	93.9	327	26 338.65	159	17 198.2	104	26 825.65	138
35	329	157	218	241	260	151	194	6	136	0	322	94.4	325	16 501.59	260	4 091.34	316	12 936.55	288
13	622	10	748	86	704	22	762	0	454	0	322	39.6	622	3 324.66	662	1 267.5	560	2 402.31	711
92	73	20	629	279	215	218	111	8	106	0	322	74.8	399	3 411.2	659	80	966	3 615	618
77	116	714	29	474	63	245	97	3	218	0	322	291.2	54	81 749.82	35	42 309.34	35	87 029.34	29
28	408	104	294	180	378	60	491	1	333	3	149	56.8	501	10 555	366	5 418.5	261	8 843.6	389
60	172	40	493	342	142	72	424	0	454	0	322	116.7	251	10 136.9	376	2 216	452	11 632.5	315
15	585	18	642	151	463	72	424	2	255	0	322	33.2	685	3 716	639	1 335	549	2 256.24	723
117	43	107	288	210	305	212	117	8	106	6	103	91.4	337	13 905.18	305	4 125.1	315	11 892.99	308
30	383	38	511	284	209	60	491	0	454	0	322	78.1	386	9 437.43	397	1 093.35	597	7 959.02	420
170	10	112	280	305	184	135	224	0	454	0	322	90.1	343	27 942.9	145	4 863.6	277	28 588.5	126
48	236	259	140	164	427	87	356	1	333	0	322	81.2	378	22 050	193	10 620	155	20 535	179
5	838	0	1 031	12	1 071	36	644	19	50	0	322	9.7	949	10 658.8	360	2 649.5	417	10 226.3	359
35	329	87	327	153	456	75	411	0	454	0	322	59	490	6 186.15	511	2 184.95	456	6 157.7	481
48	236	105	292	194	353	56	521	26	39	4	127	55.8	510	3 985.4	620	1 798.5	494	4 136.45	587
16	567	44	467	135	524	35	650	0	454	0	322	37.3	641	5 187.6	561	3 369	363	4 566.6	564
92	73	83	336	251	245	122	268	1	333	0	322	97.3	314	9 534	393	3 527	349	7 727.69	430
4	883	79	352	116	582	15	826	4	186	0	322	30.4	700	6 272.6	505	1 646	511	6 515.5	470
23	463	8	779	55	830	11	870	0	454	0	322	22.6	771	1 137.2	868	549.2	721	1 995.41	749
29	393	2	917	39	916	19	783	2	255	0	322	13.3	893	417	1 008	21	1 042	565.9	944
37	319	295	116	132	533	82	380	1	333	0	322	108.9	271	17 864.3	238	8 252.5	186	18 098.3	204
122	34	104	294	338	149	163	174	8	106	19	38	99.3	306	30 415.1	133	1 805	493	31 537.87	115
8	747	84	335	162	435	51	548	0	454	0	322	43.7	587	6 357.8	502	1 874	487	8 041.83	418

学校名称	社科活动人员(人)																	
	合计		按职称划分								其他人员		合计		按职称划分			
			小计		高级		中级		初级						高级		中级	
赣南师范大学	909	130	909	130	371	159	382	174	156	105	0	180	434	310	212	276	171	320
井冈山大学	578	343	578	342	234	321	283	333	61	522	0	180	224	573	103	508	107	514
江西财经大学	1 101	73	1 101	72	543	59	495	73	63	505	0	180	878	124	482	84	289	141
山东大学	1 866	4	1 866	4	1 045	5	687	13	134	155	0	180	1 025	93	636	48	284	144
中国海洋大学	535	414	535	412	253	278	235	452	47	649	0	180	410	334	205	288	162	347
山东科技大学	852	152	852	152	259	267	443	104	150	114	0	180	594	205	229	256	296	134
中国石油大学(华东)	580	341	580	339	254	275	275	345	51	607	0	180	380	368	198	301	160	354
青岛科技大学	661	267	661	265	252	279	399	150	10	1 060	0	180	410	334	196	304	183	291
济南大学	1 179	57	1 179	56	515	71	534	51	130	169	0	180	494	270	283	191	194	269
青岛理工大学	586	333	586	331	222	350	287	318	77	411	0	180	158	681	67	643	69	677
山东建筑大学	572	350	572	349	252	279	308	278	12	1 038	0	180	515	254	233	249	232	220
齐鲁工业大学	521	429	521	426	258	269	256	393	7	1 093	0	180	264	511	135	432	108	511
山东理工大学	807	179	807	178	322	183	322	257	163	97	0	180	403	346	151	393	163	343
山东农业大学	465	514	465	513	177	466	241	430	47	649	0	180	201	620	81	591	86	611
青岛农业大学	539	410	539	407	160	514	332	243	47	649	0	180	123	756	70	631	51	781
潍坊医学院	350	693	350	690	107	686	171	651	72	440	0	180	266	506	125	456	104	529
泰山医学院	352	689	352	684	134	598	202	552	16	988	0	180	403	346	106	500	248	189
滨州医学院	300	759	300	757	93	743	127	807	80	391	0	180	83	847	17	890	40	853
山东中医药大学	176	953	176	951	53	865	93	929	30	828	0	180	27	1 043	17	890	8	1 084
济宁医学院	238	849	238	847	97	730	122	820	19	952	0	180	110	782	41	755	53	768
山东师范大学	1 085	74	1 085	74	485	80	567	35	33	782	0	180	643	182	356	135	259	174
曲阜师范大学	1 259	41	1 259	38	542	61	587	27	130	169	0	180	654	177	346	142	192	273
聊城大学	995	103	995	101	387	146	461	93	147	123	0	180	675	169	302	175	297	133
德州学院	608	312	608	310	248	286	309	276	51	607	0	180	506	260	255	219	233	218
滨州学院	587	332	587	330	155	525	314	268	118	211	0	180	238	546	91	553	105	523
鲁东大学	990	106	990	104	351	168	585	28	54	577	0	180	334	412	139	422	157	364
临沂大学	1 167	59	1 167	58	442	102	537	50	188	64	0	180	782	143	371	127	304	128
泰山学院	676	250	676	249	227	340	307	281	142	136	0	180	639	185	289	182	279	149
济宁学院	527	423	527	421	210	378	295	301	22	911	0	180	309	441	121	460	174	313
菏泽学院	722	228	722	228	212	373	478	84	32	794	0	180	399	348	146	405	252	183
山东财经大学	2 111	1	2 111	1	1 134	3	905	1	72	440	0	180	1 616	36	885	17	467	52
山东体育学院	489	478	489	478	166	492	242	427	81	387	0	180	88	837	46	731	23	970
山东艺术学院	409	589	409	586	215	364	170	656	24	885	0	180	83	847	38	770	36	875
郑州大学	1 621	6	1 621	6	709	29	763	6	149	116	0	180	1 150	73	468	91	657	16

研究发展人员(人)														R&D经费情况(千元)					
		按学历学位划分								其他人员		折合全时人员(人年)		当年经费收入合计		其中:科研事业费		当年经费支出合计	
初级		博士毕业		硕士毕业		本科毕业		其他学历											
50	220	93	314	208	311	124	264	9	95	0	322	133.6	208	16 699	254	5 046	269	16 714.15	226
11	666	66	388	97	667	61	486	0	454	2	187	40.6	616	2 888.6	698	1 885	485	3 492	630
42	278	282	127	321	169	275	79	0	454	0	322	169.6	148	25 500.7	167	16 037.5	110	24 780.39	150
27	417	725	27	190	358	110	294	0	454	0	322	317.1	46	87 900.97	31	49 911.34	27	56 259.42	58
18	528	262	139	113	593	35	650	0	454	0	322	139.2	197	20 369.5	209	7 626	203	20 464.85	180
41	289	154	222	309	181	122	268	9	95	2	187	115.5	255	7 812.4	446	1 973.4	474	7 124.97	450
13	622	140	242	174	396	65	460	1	333	0	322	66.1	432	12 404.8	327	2 390.5	440	12 167.28	301
6	814	145	234	215	300	49	558	1	333	0	322	79.1	384	9 433.59	398	2 878	397	7 841.3	424
17	543	252	145	196	346	44	591	2	255	0	322	194.6	119	15 771	273	6 901	216	8 212.3	411
11	666	56	421	71	758	31	688	0	454	0	322	64	449	3 788	632	1 013	616	3 749	605
3	922	130	253	221	290	158	183	6	136	7	99	110.1	268	5 257.04	554	1 357.2	544	5 462.94	512
5	838	52	437	151	463	61	486	0	454	0	322	56	508	7 098.8	471	882	650	5 664.75	506
26	429	100	304	134	527	168	165	1	333	0	322	90.9	339	23 723.72	174	6 259.45	238	16 260.29	237
19	515	75	364	98	659	28	711	0	454	0	322	40.7	615	3 303	664	1 103	594	3 618	617
2	968	31	548	67	775	25	731	0	454	0	322	39	627	4 301	599	1 577	521	5 544	509
13	622	41	485	166	420	57	515	2	255	0	322	47.7	567	2 409.9	729	171.4	889	2 425.65	707
49	228	14	685	231	270	137	221	21	45	0	322	126.4	227	1 632	803	242	847	1 638	785
26	429	11	732	49	867	21	766	2	255	0	322	20.4	798	2 162.8	748	653	690	2 238.8	725
2	968	10	748	15	1 057	2	1 045	0	454	0	322	8.7	966	159	1 101	68	976	194	1 075
16	567	2	917	63	797	45	589	0	454	0	322	22.5	774	540	978	0	1 101	592.2	935
25	441	354	93	236	265	53	541	0	454	3	149	175.7	140	21 382.32	199	9 829.4	167	17 973.41	206
34	339	290	120	188	364	173	160	3	218	0	322	204	112	14 814.03	288	6 448.67	230	15 049.71	256
72	136	207	172	346	139	118	274	4	186	1	235	268.8	67	18 517.2	230	6 627.2	222	18 447.2	198
18	528	111	281	285	208	107	300	3	218	0	322	145.3	181	28 780.38	141	761.4	670	27 445	134
42	278	24	595	160	442	47	569	7	119	0	322	63.4	454	16 492.77	261	1 431.6	538	16 485.62	230
3	922	139	245	113	593	82	380	0	454	0	322	51.8	537	9 438.2	396	5 572	255	8 741.62	390
107	55	155	221	504	61	121	270	2	255	0	322	105.4	289	15 185.39	282	4 175.5	309	12 198.99	300
66	154	110	283	373	118	145	204	11	81	4	127	105.7	286	6 503	494	498	745	7 240.44	446
14	602	13	697	182	371	114	286	0	454	0	322	68.6	423	2 959	695	577	714	3 342.19	640
1	1 014	42	477	240	263	109	296	8	106	0	322	60.7	476	3 665	644	825	659	3 418.4	636
23	463	563	47	448	75	424	41	181	9	56	13	313.1	49	37 512.27	103	11 651.6	141	36 068.52	97
4	883	23	602	46	882	19	783	0	454	1	235	43.6	589	5 280.7	553	840.7	656	3 905.6	599
4	883	12	716	30	969	40	624	1	333	0	322	11.5	918	22 253.53	188	12 532.03	134	14 854.28	263
21	491	428	73	180	378	84	372	458	5	4	127	157.6	161	53 340.44	76	15 861	112	62 783.63	48

学校名称	社科活动人员(人)																	
	合计		按职称划分								其他人员		合计		按职称划分			
			小计		高级		中级		初级						高级		中级	
河南理工大学	776	201	776	201	254	275	470	88	52	597	0	180	374	375	165	362	194	269
郑州轻工业学院	594	324	594	322	173	475	409	135	12	1 038	0	180	595	204	180	333	327	112
河南工业大学	690	244	690	244	246	297	372	187	72	440	0	180	248	532	117	473	115	483
河南科技大学	672	254	672	254	200	406	366	193	106	253	0	180	454	300	171	352	235	215
中原工学院	715	232	715	231	217	362	436	113	62	515	0	180	308	444	103	508	152	378
河南农业大学	333	719	333	716	127	620	196	571	10	1 060	0	180	121	761	41	755	69	677
河南科技学院	578	343	578	342	191	427	314	268	73	432	0	180	117	771	52	706	57	745
河南牧业经济学院	558	380	558	377	165	499	266	371	127	180	0	180	87	840	46	731	32	900
河南中医药大学	276	794	276	792	101	718	128	802	47	649	0	180	129	744	52	706	65	706
新乡医学院	283	782	283	780	102	713	173	645	8	1 082	0	180	58	926	36	786	22	978
河南大学	1 582	8	1 582	8	771	21	662	16	149	116	0	180	1 234	68	587	60	540	31
河南师范大学	1 255	42	1 255	39	537	63	674	15	44	680	0	180	669	173	338	150	296	134
信阳师范学院	860	147	860	147	301	208	445	102	114	224	0	180	251	527	118	468	102	536
周口师范学院	844	156	844	155	247	293	404	147	193	56	0	180	159	679	67	643	59	735
安阳师范学院	785	197	785	197	259	267	424	123	102	274	0	180	707	158	237	242	384	76
许昌学院	726	225	726	223	210	378	371	188	145	129	0	180	289	476	99	521	161	351
南阳师范学院	727	224	727	222	129	617	426	121	172	86	0	180	233	554	43	743	157	364
洛阳师范学院	857	148	857	148	312	195	422	125	123	196	0	180	1 017	94	340	149	522	36
商丘师范学院	865	146	865	146	271	250	402	148	192	57	0	180	264	511	137	426	91	590
河南财经政法大学	1 179	57	1 179	56	493	77	574	32	112	232	0	180	559	233	254	220	246	195
郑州航空工业管理学院	1 082	75	1 082	75	269	253	593	26	220	32	0	180	931	112	202	291	446	57
武汉大学	1 500	13	1 500	13	990	6	487	75	23	895	0	180	2 276	14	1 229	8	484	46
华中科技大学	813	175	809	177	522	68	275	345	12	1 038	4	76	781	144	402	115	100	548
武汉科技大学	688	247	688	247	350	169	278	340	60	534	0	180	312	434	201	295	74	653
长江大学	675	252	675	251	312	195	286	322	77	411	0	180	189	641	88	560	54	766
武汉工程大学	546	397	546	396	278	240	237	442	31	817	0	180	238	546	139	422	82	630
中国地质大学(武汉)	593	328	593	325	279	239	270	355	44	680	0	180	290	471	158	376	80	638
武汉纺织大学	440	546	437	547	239	309	181	621	17	974	3	90	151	697	72	628	58	740
武汉轻工大学	390	621	390	616	181	454	176	628	33	782	0	180	254	522	122	459	121	463
武汉理工大学	923	124	921	124	564	53	339	230	18	962	2	114	422	324	238	240	84	620
湖北工业大学	485	489	485	488	264	259	201	555	20	940	0	180	779	145	246	230	228	228
华中农业大学	463	515	463	514	230	332	213	514	20	940	0	180	634	186	325	155	183	291
湖北中医药大学	148	1 003	148	1 001	50	876	97	913	1	1 153	0	180	122	759	51	714	56	753
华中师范大学	1 317	32	1 317	30	721	26	545	48	51	607	0	180	1 888	25	561	65	254	181
湖北大学	759	204	757	204	433	110	286	322	38	734	2	114	687	166	305	171	246	195

续表

研究发展人员（人）														R&D经费情况（千元）					
		按学历学位划分								其他人员		折合全时人员（人年）		当年经费收入合计				当年经费支出合计	
初级		博士毕业		硕士毕业		本科毕业		其他学历								其中:科研事业费			
15	585	169	203	157	449	48	565	0	454	0	322	53.8	523	11 361.5	347	2 997	388	10 642.75	346
88	83	161	214	254	237	174	157	6	136	0	322	126	229	14 935.65	285	4 430.5	296	15 006.65	258
16	567	88	325	114	589	46	582	0	454	0	322	65.1	436	7 148.23	469	2 700	412	7 733.23	429
46	250	194	183	189	362	70	436	1	333	2	187	79.4	382	8 721.96	411	4 283	304	13 613.58	280
48	236	79	352	162	435	60	491	7	119	5	113	38	636	5 884	528	3 120	381	5 415	516
5	838	47	452	62	806	12	862	0	454	0	322	30.3	702	2 235.5	739	787.5	665	2 570.7	696
8	747	29	560	63	797	25	731	0	454	0	322	14.5	873	2 327	737	1 329	552	2 683.8	684
9	721	11	732	52	846	24	741	0	454	0	322	23	768	2 472.8	722	716	676	2 171.8	734
12	644	19	633	83	716	25	731	2	255	0	322	15.2	862	845	905	418	774	837	880
0	1 076	18	642	28	984	11	870	1	333	0	322	7	998	1 284.6	846	1 034.6	610	1 081.6	839
91	78	629	41	438	79	149	199	18	52	5	113	176.2	139	74 721.2	42	33 434	53	70 204.55	40
35	329	207	172	381	113	27	717	54	27	0	322	103.7	296	41 724.6	91	18 330.9	95	36 447.5	95
31	367	87	327	136	515	28	711	0	454	0	322	83.6	367	32 058.2	125	4 335.8	301	19 035.2	193
33	345	26	581	120	567	13	844	0	454	0	322	28	721	2 646	713	1 348	547	2 873	671
86	87	175	198	340	147	190	138	2	255	0	322	123.6	237	8 990	405	1 785	495	9 179.98	385
29	393	69	377	173	400	47	569	0	454	0	322	88.1	355	13 088.5	316	1 582.7	520	11 315.6	326
33	345	57	417	111	603	65	460	0	454	0	322	34.3	676	3 037.7	690	2 139	460	1 787.7	768
150	14	225	161	630	32	154	190	8	106	1	235	174.3	142	37 044.7	105	17 685.71	100	33 277.35	108
36	325	68	383	105	625	91	342	0	454	0	322	58.9	492	9 096	404	1 156	582	8 645.5	394
24	454	254	143	205	318	96	327	4	186	3	149	58.2	497	49 218	80	8 760	179	40 568	87
252	6	156	220	628	33	145	204	2	255	0	322	264.5	74	8 197.1	427	1 365	542	7 460.91	441
89	81	1 407	6	613	38	256	90	0	454	0	322	765.3	3	167 102.01	12	93 087.09	11	176 998.87	10
0	1 076	418	78	115	586	247	95	1	333	1	235	254.4	80	36 221.29	108	15 288.3	117	33 530.17	106
5	838	122	263	144	495	46	582	0	454	0	322	88	356	10 845.19	357	4 874.6	275	9 296.92	381
8	747	49	447	91	687	49	558	0	454	0	322	36.2	651	7 076.81	473	3 151	379	5 669.4	505
3	922	2	917	98	659	117	277	21	45	0	322	59	490	6 212.8	510	2 761.2	410	6 106.14	482
28	408	175	198	73	751	40	624	2	255	7	99	98.1	310	35 880.52	109	25 461.28	68	25 440.85	144
8	747	44	467	76	738	31	688	0	454	1	235	20	804	10 410	370	1 710	502	10 173.2	362
10	691	85	332	134	527	34	662	1	333	1	235	38.3	633	5 836	530	2 849	399	5 674	502
1	1 014	183	190	116	582	123	266	0	454	0	322	117.3	248	18 811.5	225	11 836	137	24 125.96	153
23	463	209	170	264	224	306	64	0	454	0	322	220.2	98	18 668.25	226	5 132	267	16 186.7	239
48	236	283	123	259	230	92	340	0	454	0	322	95.3	320	26 158.4	161	21 230.7	85	18 093.52	205
5	838	28	570	86	704	8	912	0	454	10	77	48	564	3 028	692	623	699	2 931	669
11	666	630	39	319	170	939	4	0	454	0	322	610.1	7	97 430.56	27	43 450.67	31	101 996.29	24
41	289	273	133	292	202	119	273	3	218	1	235	137	203	34 010.24	116	10 353.26	159	32 555.95	109

学校名称	社科活动人员(人)																	
	合计		按职称划分								其他人员		合计		按职称划分			
			小计		高级		中级		初级						高级		中级	
湖北师范大学	644	275	644	274	247	293	271	354	126	181	0	180	144	713	54	699	61	728
黄冈师范学院	567	361	567	358	191	427	290	311	86	355	0	180	55	944	28	831	22	978
湖北民族学院	406	599	406	597	120	644	202	552	84	370	0	180	273	495	85	570	143	401
汉江师范学院	438	548	438	545	166	492	189	590	83	377	0	180	96	817	40	762	48	803
湖北文理学院	638	281	634	285	234	321	325	251	75	422	4	76	183	651	85	570	81	634
中南财经政法大学	1 582	8	1 582	8	786	17	748	7	48	641	0	180	1 921	24	677	39	519	37
武汉体育学院	565	368	543	399	274	242	176	628	93	315	22	22	246	535	144	411	50	789
湖北美术学院	400	607	398	606	152	535	178	626	68	469	2	114	231	559	89	558	103	533
中南民族大学	842	157	842	156	476	86	335	240	31	817	0	180	1 743	31	929	14	567	27
湖北汽车工业学院	280	788	277	790	83	767	114	853	80	391	3	90	231	559	85	570	83	626
湖北工程学院	598	321	593	325	185	445	285	325	123	196	5	63	394	354	161	368	167	332
湘潭大学	958	115	958	115	443	101	438	112	77	411	0	180	1 878	27	657	45	511	38
吉首大学	722	228	722	228	321	184	270	355	131	162	0	180	357	393	156	382	159	358
湖南大学	1 133	66	1 133	65	574	51	424	123	135	153	0	180	1 274	67	567	62	301	131
中南大学	1 082	75	1 081	76	480	83	498	72	103	268	1	140	1 139	74	713	35	323	116
湖南科技大学	1 027	89	1 023	90	420	119	550	45	53	587	4	76	1 315	62	683	37	567	27
长沙理工大学	731	217	728	219	327	179	311	272	90	338	3	90	569	227	331	154	176	311
湖南农业大学	567	361	566	361	221	352	282	334	63	505	1	140	816	136	365	129	354	93
中南林业科技大学	832	162	832	162	307	201	352	215	173	84	0	180	988	97	347	141	328	110
湖南中医药大学	176	953	176	951	47	886	90	942	39	728	0	180	48	958	20	873	22	978
湖南师范大学	1 113	71	1 113	70	595	44	457	95	61	522	0	180	2 574	8	853	20	537	32
湖南理工学院	608	312	597	320	164	502	266	371	167	92	11	34	192	636	55	694	63	720
湘南学院	537	413	537	410	202	404	229	463	106	253	0	180	290	471	86	569	133	431
衡阳师范学院	636	284	636	282	245	299	272	351	119	208	0	180	463	289	178	338	194	269
邵阳学院	594	324	591	328	204	397	253	395	134	155	3	90	288	477	140	419	119	468
怀化学院	732	216	723	227	227	340	357	208	139	146	9	42	485	280	203	290	235	215
湖南文理学院	611	309	611	306	206	392	285	325	120	205	0	180	316	429	127	449	146	392
湖南科技学院	703	239	703	238	208	386	304	286	191	58	0	180	440	306	147	402	158	363
湖南人文科技学院	517	433	513	435	186	444	211	517	116	218	4	76	263	515	121	460	102	536
湖南商学院	841	158	837	159	361	163	344	225	132	160	4	76	1 045	89	518	75	407	65
南华大学	505	449	500	459	248	286	211	517	41	705	5	63	461	292	232	251	180	300
中山大学	1 544	10	1 544	10	963	8	579	30	2	1 142	0	180	3 210	3	1 294	7	735	10
暨南大学	1 544	10	1 544	10	630	36	729	8	185	68	0	180	1 331	59	730	30	475	49
汕头大学	533	417	533	414	178	463	170	656	185	68	0	180	395	352	195	306	81	634
华南理工大学	802	184	802	183	402	132	393	155	7	1 093	0	180	1 342	58	484	83	422	63

研究发展人员(人)														R&D 经费情况(千元)					
		按学历学位划分								其他人员		折合全时人员(人年)		当年经费收入				当年经费支出	
初级		博士毕业		硕士毕业		本科毕业		其他学历						合计		其中:科研事业费		合计	
11	666	29	560	75	741	40	624	0	454	0	322	19.6	809	5 057.38	570	1 525.6	527	4 389.98	572
5	838	8	779	39	916	8	912	0	454	0	322	13.4	891	1 608.1	806	1 005.5	617	1 435.1	811
29	393	83	336	101	645	86	361	3	218	0	322	43	596	8 146.9	431	2 202.5	453	9 713.19	374
8	747	2	917	44	892	50	552	0	454	0	322	24.8	749	1 616	805	420	773	1 577	793
17	543	35	530	127	552	20	778	1	333	0	322	33.4	682	6 136.1	514	1 130.5	586	4 981.6	543
20	508	860	20	564	49	497	32	0	454	0	322	475.4	11	80 861.05	37	42 850	32	62 558.14	49
16	567	103	297	86	704	55	527	2	255	8	88	64.6	445	10 643.4	361	4 338.8	300	11 038.6	333
10	691	21	621	151	463	59	504	0	454	0	322	43.4	592	17 532.14	243	2 276	447	16 874.14	221
91	78	856	21	624	35	263	87	0	454	60	12	290.2	56	21 634.08	196	15 374.85	116	19 897.66	187
63	165	13	697	136	515	73	419	9	95	0	322	60.4	479	5 210	558	906	641	5 063	537
66	154	61	400	233	268	99	320	1	333	0	322	63.9	452	5 141.2	564	815	661	4 146.6	586
31	367	577	46	535	54	766	12	0	454	0	322	332.6	40	51 565.58	78	24 778.1	71	47 453.49	73
42	278	82	342	196	346	78	401	1	333	0	322	52.1	535	15 854	272	7 885	196	11 638.69	314
31	367	69	377	623	36	447	34	135	14	27	26	399.4	25	70 204.38	49	35 460.3	48	69 360.52	41
59	176	540	51	387	108	192	135	20	49	3	149	438.3	15	58 317.35	65	26 287.83	67	43 439.57	82
32	354	495	57	575	45	238	103	7	119	1	235	418.4	22	29 131.49	138	10 762.79	153	27 943.98	128
59	176	174	201	229	273	160	178	6	136	3	149	145	183	10 584.7	364	3 465	355	10 070.3	365
83	96	230	156	420	86	164	172	2	255	0	322	150.6	169	14 539.7	292	6 725	218	14 139.49	273
158	11	145	234	360	129	317	58	166	10	0	322	179.8	134	20 020.97	214	3 280	369	19 515.74	191
5	838	13	697	30	969	5	981	0	454	1	235	6.7	1 007	902	892	637	694	983.9	856
93	72	1 051	11	611	39	911	7	1	333	190	3	433.9	17	65 132.6	56	39 094	41	69 180.38	42
44	262	32	545	87	700	73	419	0	454	4	127	41.6	609	16 750.17	252	6 465.75	228	10 131.6	364
71	140	29	560	203	324	58	510	0	454	0	322	45.2	579	6 744.3	487	1 946.4	475	2 987.72	663
89	81	143	239	254	237	66	453	0	454	2	187	141.6	192	26 812.35	150	9 360.13	172	23 993.35	156
26	429	49	447	166	420	73	419	0	454	3	149	107.7	280	10 142.3	375	1 246	565	10 474.31	349
39	302	101	302	297	191	85	366	2	255	8	88	145.6	180	19 656.61	215	2 288	446	14 895.07	262
43	269	65	390	169	410	82	380	0	454	0	322	125.1	232	8 746.75	409	1 493.2	531	7 656.02	434
134	22	36	525	329	163	74	417	1	333	0	322	60.3	480	5 547	542	2 496	430	4 933.4	545
40	295	18	642	141	505	98	322	6	136	0	322	60	482	7 164.82	468	1 590	518	5 671.85	503
77	116	373	89	437	80	224	107	11	81	19	38	187	126	22 863.49	180	10 794	152	17 960.56	207
31	367	85	332	225	283	141	215	10	88	3	149	139.6	196	7 333	460	2 433	435	6 732.5	459
0	1 076	1 934	1	545	51	616	17	115	15	0	322	578.2	9	280 739.54	5	165 642.72	4	227 969.08	4
79	113	864	19	375	117	86	361	6	136	12	67	350.1	37	190 231.27	9	77 632.82	13	181 850.83	9
77	116	201	178	112	600	80	393	2	255	0	322	159.5	157	26 451.43	158	5 472.25	258	21 036.86	173
108	52	349	95	413	88	520	27	60	26	15	50	243	86	112 509.03	24	42 571.56	33	112 932.6	22

学校名称	社科活动人员(人)																	
	合计		按职称划分								其他人员		合计		按职称划分			
			小计		高级		中级		初级						高级		中级	
华南农业大学	1 201	50	1 201	48	429	114	622	22	150	114	0	180	1 320	61	607	55	584	23
广东海洋大学	598	321	598	318	190	432	366	193	42	697	0	180	610	195	188	319	351	94
广州医科大学	197	916	197	914	78	791	101	896	18	962	0	180	114	776	56	692	42	835
广东医科大学	319	737	319	736	79	785	191	583	49	624	0	180	254	522	88	560	136	425
广州中医药大学	350	693	350	690	136	592	165	678	49	624	0	180	285	480	133	439	114	485
广东药科大学	318	739	318	738	108	679	194	575	16	988	0	180	290	471	101	513	165	336
华南师范大学	1 923	3	1 923	3	880	11	770	4	273	15	0	180	374	375	257	211	98	560
韶关学院	551	388	551	387	185	445	325	251	41	705	0	180	651	179	314	163	280	147
惠州学院	435	553	435	550	150	544	224	482	61	522	0	180	573	222	254	220	272	160
韩山师范学院	733	215	733	215	233	326	385	170	115	221	0	180	321	424	169	358	124	454
岭南师范学院	792	194	792	193	240	306	369	190	183	71	0	180	556	235	245	233	196	267
肇庆学院	694	243	694	242	300	210	378	179	16	988	0	180	716	155	306	169	389	71
嘉应学院	629	292	629	290	232	329	273	349	124	191	0	180	324	420	146	405	127	448
广州体育学院	429	564	429	562	182	453	176	628	71	453	0	180	1 118	76	406	113	342	101
广州美术学院	540	408	540	404	234	321	220	496	86	355	0	180	669	173	268	200	261	172
星海音乐学院	551	388	551	387	194	420	201	555	156	105	0	180	184	649	88	560	69	677
广东技术师范学院	797	190	797	188	269	253	366	193	162	99	0	180	461	292	188	319	197	265
海南大学	1 129	69	1 124	68	395	134	444	103	285	11	5	63	909	117	429	105	285	143
深圳大学	1 070	80	1 070	79	470	91	549	47	51	607	0	180	911	116	261	208	278	151
广东财经大学	1 143	65	1 143	64	543	59	527	54	73	432	0	180	1 815	29	899	15	659	15
广西大学	1 263	40	1 182	55	557	56	485	76	140	143	81	6	623	189	434	103	135	428
广西科技大学	573	349	573	348	220	355	268	362	85	363	0	180	387	362	174	346	157	364
桂林电子科技大学	466	513	456	522	212	373	192	579	52	597	10	36	381	365	207	286	149	382
桂林理工大学	581	339	581	337	241	303	274	347	66	482	0	180	373	378	186	323	157	364
广西医科大学	216	888	213	891	63	831	136	778	14	1 013	3	90	149	701	31	813	62	723
右江民族医学院	240	843	239	845	75	801	111	860	53	587	1	140	0	1 154	0	1 134	0	1 150
广西中医药大学	74	1 112	74	1 112	74	804	0	1 182	0	1 162	0	180	72	874	27	838	24	964
桂林医学院	135	1 021	110	1 061	34	945	58	1 050	18	962	25	20	49	954	24	846	17	1 011
广西师范大学	1 365	25	1 215	43	578	49	554	42	83	377	150	3	2 674	6	1 299	6	858	6
广西师范学院	622	299	621	297	271	250	298	294	52	597	1	140	1 030	92	500	80	417	64
广西民族师范学院	434	557	434	554	138	583	187	603	109	242	0	180	378	370	145	409	166	334
河池学院	418	575	409	586	107	686	184	611	118	211	9	42	247	533	95	534	99	555
玉林师范学院	700	242	692	243	185	445	377	181	130	169	8	46	764	148	321	158	374	83
广西艺术学院	665	262	554	381	222	350	227	470	105	257	111	4	491	273	157	380	203	257

续表

研究发展人员(人)														R&D经费情况(千元)					
		按学历学位划分								其他人员		折合全时人员(人年)		当年经费收入合计		其中:科研事业费		当年经费支出合计	
初级		博士毕业		硕士毕业		本科毕业		其他学历											
123	33	389	84	727	19	199	132	5	160	6	103	247.3	82	43 345.59	89	22 331	79	42 198.53	84
62	166	115	276	314	175	169	163	12	74	9	79	95.5	319	15 475.1	278	4 727.76	281	14 616.94	265
13	622	42	477	67	775	5	981	0	454	0	322	16.6	841	2 704.91	709	2 001.28	471	2 195.84	729
30	383	56	421	157	449	41	612	0	454	0	322	65.4	434	3 687.55	643	1 911	479	3 366.01	638
33	345	59	408	185	370	34	662	7	119	3	149	43	596	5 356.99	552	3 545.99	347	4 365.02	575
12	644	29	560	179	385	78	401	4	186	8	88	47.4	568	1 707	793	609	706	2 228.51	726
18	528	41	485	208	311	97	324	28	34	1	235	72.6	410	175 323	10	109 483	8	209 057	6
42	278	131	251	376	115	141	215	3	218	14	56	108.7	272	22 394.72	186	14 837	120	22 923.95	163
33	345	75	364	141	505	62	478	295	6	14	56	112.5	263	15 214.44	280	4 174.22	310	16 366.96	234
28	408	60	404	190	358	69	443	2	255	0	322	48.9	551	17 841.43	239	1 506.9	530	15 520	250
106	58	146	232	299	188	93	337	18	52	9	79	100.8	302	33 305.39	119	2 886.1	396	21 489.19	169
21	491	217	166	311	179	179	150	9	95	0	322	108	275	19 201	220	7 461.4	206	20 791.54	176
51	218	55	425	194	353	72	424	3	218	0	322	78.7	385	13 640.7	310	3 916.7	327	14 136.54	274
125	31	169	203	443	77	498	31	8	106	0	322	201.3	113	7 570.2	453	1 263.2	562	7 534.07	439
80	106	63	396	449	73	144	210	13	70	24	31	154.7	164	94 266.08	28	36 498.45	45	85 154.62	30
25	441	12	716	61	810	36	644	75	20	0	322	34.5	672	6 799.7	484	2 599.7	422	5 180.15	528
76	126	120	267	251	245	89	351	1	333	0	322	174.7	141	17 680.8	240	6 224	239	19 503.96	192
77	116	297	115	349	136	252	92	11	81	15	50	129.6	216	19 607.5	216	8 020	191	17 013.98	218
46	250	203	175	351	134	351	51	6	136	3	149	318.6	45	125 307.18	19	66 785.05	18	126 257.88	17
95	70	932	13	527	57	356	49	0	454	0	322	389.9	28	65 557.72	55	7 547.9	205	70 401.41	39
39	302	247	148	258	233	116	280	2	255	15	50	110.8	265	24 901.75	171	19 434.07	91	21 106.02	171
46	250	73	368	246	254	67	450	1	333	5	113	64.5	446	8 152.82	429	3 616.8	342	7 894.14	423
19	515	78	356	169	410	128	249	6	136	1	235	94.5	323	12 507.37	324	1 682.18	508	10 325.66	356
25	441	100	304	204	321	68	448	1	333	5	113	101.6	301	8 452	421	3 614.5	343	8 503	400
21	491	12	716	98	659	39	632	0	454	0	322	36.7	646	1 980.4	764	598	708	1 375.6	817
0	1 076	0	1 031	0	1 149	0	1 107	0	454	0	322	0	1 154	412	1 011	412	776	267.3	1 048
5	838	16	666	38	923	16	815	2	255	16	48	16.4	846	596.9	959	210.96	858	608.57	931
2	968	15	675	29	979	5	981	0	454	6	103	13	899	676	941	280	825	604	933
154	12	880	16	1 429	2	342	54	23	41	283	1	331.4	41	30 185.38	135	21 430	84	38 379.23	93
47	244	269	137	534	55	200	131	27	36	30	20	182.6	132	23 677.63	175	3 973.25	325	23 236.05	161
65	161	34	537	266	223	78	401	0	454	2	187	60.8	472	8 708.7	413	2 776	408	9 007.6	388
49	228	10	748	112	600	125	260	0	454	4	127	82.1	373	6 907.7	479	3 107	382	6 236.53	478
68	149	151	226	369	123	240	101	4	186	1	235	128.9	217	28 970.96	139	16 350.5	109	29 413.79	121
47	244	46	460	325	166	118	274	2	255	76	10	100.7	303	23 503.4	177	9 598.5	168	23 657.59	158

学校名称	社科活动人员(人)																	
	合计		按职称划分								其他人员		合计		按职称划分			
			小计		高级		中级		初级						高级		中级	
广西民族大学	1 002	99	973	114	388	144	482	80	103	268	29	18	879	123	423	108	329	109
百色学院	476	498	471	504	111	665	226	473	134	155	5	63	194	632	42	747	66	701
四川大学	1 298	35	1 298	33	749	23	527	54	22	911	0	180	4 553	1	1 658	1	1 355	1
重庆大学	870	142	870	142	493	77	368	192	9	1 068	0	180	1 398	53	479	88	282	146
西南交通大学	744	211	744	211	367	160	355	211	22	911	0	180	571	224	343	145	212	241
电子科技大学	490	475	490	475	230	332	244	422	16	988	0	180	373	378	192	312	173	314
西南石油大学	425	568	425	566	174	470	227	470	24	885	0	180	442	304	152	392	199	262
成都理工大学	749	208	749	208	276	241	410	133	63	505	0	180	580	214	226	260	221	233
重庆邮电大学	604	315	604	312	210	378	300	292	94	306	0	180	881	122	358	133	384	76
重庆交通大学	538	411	538	408	174	470	238	438	126	181	0	180	569	227	245	233	201	259
西南科技大学	832	162	832	162	272	248	514	61	46	660	0	180	1 835	28	571	61	974	3
成都信息工程大学	489	478	489	478	181	454	257	390	51	607	0	180	347	402	158	376	160	354
四川理工学院	845	155	835	160	330	177	409	135	96	298	10	36	836	132	379	123	335	105
西华大学	894	136	894	136	398	133	429	117	67	477	0	180	710	157	343	145	245	198
中国民用航空飞行学院	234	860	234	858	71	812	116	844	47	649	0	180	31	1 023	6	1 015	16	1 020
四川农业大学	429	564	427	564	166	492	229	463	32	794	2	114	576	219	270	198	230	224
西昌学院	387	628	387	623	131	610	101	896	155	108	0	180	146	707	88	560	29	927
重庆医科大学	204	909	204	906	77	794	122	820	5	1 118	0	180	93	825	33	798	35	879
西南医科大学	446	537	446	533	103	709	294	303	49	624	0	180	812	137	211	278	501	41
成都中医药大学	345	700	345	697	101	718	156	710	88	346	0	180	257	519	74	619	89	598
川北医学院	412	584	412	581	85	760	132	789	195	55	0	180	215	597	40	762	73	656
西南大学	1 385	21	1 385	21	821	14	523	57	41	705	0	180	2 929	5	1 591	3	849	7
四川师范大学	1 274	38	1 274	36	464	95	565	36	245	21	0	180	372	380	219	270	127	448
重庆师范大学	1 011	96	1 011	96	454	98	521	58	36	751	0	180	1 065	86	607	55	389	71
西华师范大学	983	109	983	107	417	120	392	158	174	82	0	180	1 357	56	595	57	483	47
绵阳师范学院	667	257	666	258	263	261	311	272	92	322	1	140	362	387	170	354	155	370
内江师范学院	665	262	664	261	263	261	310	274	91	330	1	140	297	460	147	402	122	460
宜宾学院	562	375	562	373	206	392	220	496	136	152	0	180	306	446	190	314	105	523
重庆文理学院	651	269	651	268	235	319	285	325	131	162	0	180	496	269	189	317	222	232
重庆三峡学院	570	358	570	355	204	397	245	418	121	202	0	180	503	263	230	253	173	314
四川文理学院	585	335	585	333	134	598	247	410	204	46	0	180	964	100	272	196	425	62
阿坝师范学院	354	686	352	684	137	587	137	773	78	405	2	114	410	334	189	317	161	351
长江师范学院	735	213	735	213	308	199	285	325	142	136	0	180	758	150	359	132	262	170
乐山师范学院	611	309	611	306	248	286	225	478	138	149	0	180	404	344	194	308	141	410
四川外国语大学	800	186	800	184	375	156	406	141	19	952	0	180	704	159	375	125	162	347

研究发展人员(人)														R&D 经费情况(千元)					
		按学历学位划分								其他人员		折合全时人员(人年)		当年经费收入合计		其中:科研事业费		当年经费支出合计	
初级		博士毕业		硕士毕业		本科毕业		其他学历											
55	200	274	131	403	99	191	136	11	81	66	11	158.8	158	26 252.4	160	15 529	115	26 324.95	140
84	90	14	685	144	495	36	644	0	454	2	187	65	438	5 583.6	541	2 909	395	4 880.85	548
316	2	1 771	4	1 376	4	919	5	487	4	185	4	840.3	2	142 675.4	15	47 180.92	29	115 443.42	20
15	585	486	60	465	69	447	34	0	454	0	322	393.5	26	93 854.84	29	40 691.01	37	95 968.61	26
7	784	311	108	207	314	53	541	0	454	0	322	141.4	194	35 126.85	112	12 194.5	136	35 402.8	99
8	747	196	182	103	635	71	431	3	218	0	322	83.6	367	14 487	294	11 404	146	14 601	267
14	602	77	360	197	339	167	167	1	333	0	322	107.9	278	12 064	332	2 501.5	429	10 707.56	345
30	383	89	322	246	254	245	97	0	454	1	235	119.7	244	16 149.95	267	6 140.15	244	14 494.99	268
83	96	230	156	467	68	116	280	68	25	0	322	150.2	170	18 618.39	227	4 322	302	17 851.35	209
59	176	157	218	254	237	144	210	14	65	22	36	135.2	206	13 704	309	4 679	283	15 019	257
84	90	168	206	1 060	5	607	18	0	454	0	322	342.6	39	12 690.35	322	2 974.5	390	12 828.95	292
27	417	64	394	174	396	106	303	3	218	0	322	86	363	13 590.42	313	6 135.84	245	12 860.7	291
45	253	123	262	332	158	360	47	21	45	12	67	143.2	189	22 171.4	192	3 531.1	348	16 607.6	228
35	329	146	232	300	186	261	88	3	218	0	322	208.9	107	19 218.16	219	3 210.5	372	18 215.99	203
9	721	1	972	19	1 040	11	870	0	454	0	322	13.3	893	573	970	225	856	552	947
67	150	275	130	215	300	82	380	4	186	2	187	99.1	307	18 327.15	234	2 555	426	16 832.63	224
28	408	10	748	64	792	72	424	0	454	0	322	45.6	578	3 133	686	632	697	3 109.86	658
10	691	13	697	52	846	28	711	0	454	0	322	23.1	767	7 655.9	451	2 401.8	437	6 856.26	457
100	67	19	633	345	140	444	37	4	186	0	322	127.8	221	5 685	537	1 484.5	533	6 506	472
80	106	40	493	169	410	48	565	0	454	0	322	55.7	511	4 748.4	581	2 688.4	413	4 117.55	589
102	65	17	653	133	531	61	486	4	186	0	322	61.4	468	2 450.8	724	381	789	2 022.4	746
116	44	1 451	5	205	318	308	63	965	1	87	9	629.5	4	105 090.12	26	35 645.05	47	98 611.31	25
21	491	147	230	141	505	82	380	2	255	2	187	125	233	33 324	118	10 439	158	33 482	107
32	354	489	59	411	89	150	195	15	60	2	187	236.1	89	48 799.23	82	11 640.2	142	45 765.02	78
106	58	235	154	737	18	385	45	0	454	1	235	281.5	60	92 592.4	30	6 665	220	87 374.4	28
37	319	57	417	170	407	130	240	5	160	0	322	89.4	346	6 755.3	486	1 333.8	551	5 987.3	489
28	408	29	560	177	388	84	372	7	119	0	322	88	356	12 217.02	330	1 557	524	9 602.54	376
11	666	39	506	118	575	149	199	0	454	0	322	76.2	395	7 929.9	439	710.8	679	7 898.9	422
85	88	72	370	330	162	91	342	3	218	0	322	108	275	26 832.86	149	8 276	185	24 036.33	155
74	132	61	400	227	277	207	123	8	106	0	322	127.4	224	28 069.7	143	4 142.7	314	25 305.6	145
267	4	21	621	634	30	294	71	15	60	0	322	227.7	93	8 413.82	422	888	648	8 299.61	407
60	172	8	779	240	263	131	237	31	31	0	322	58.8	494	9 958.2	385	725	675	9 875.75	369
132	26	198	180	404	98	154	190	2	255	5	113	132	211	49 578.73	79	4 779.44	280	50 772.09	64
56	195	43	473	249	249	105	308	7	119	0	322	145.3	181	16 741.3	253	882.5	649	16 366.8	235
21	491	295	116	234	266	175	156	0	454	0	322	165	152	31 772.95	126	3 650	340	29 657.09	120

学校名称	社科活动人员(人)												合计		按职称划分			
	合计		按职称划分								其他人员				高级		中级	
			小计		高级		中级		初级									
	(数值)	(位次)	(数值)	(位次)	(数值)	(位次)	(数值)	(位次)	(数值)	(位次)	(数值)	(位次)	(数值)	(位次)	(数值)	(位次)	(数值)	(位次)
西南财经大学	975	114	975	112	626	38	320	260	29	838	0	180	1 543	39	823	21	302	129
西南政法大学	1 056	82	1 056	81	511	72	489	74	56	557	0	180	904	120	419	110	266	167
成都体育学院	511	443	511	442	175	469	228	466	108	245	0	180	463	289	199	300	144	399
四川音乐学院	886	137	886	137	305	202	393	155	188	64	0	180	576	219	206	287	248	189
四川美术学院	571	353	568	356	209	384	246	415	113	229	3	90	295	466	107	495	81	634
西南民族大学	1 275	36	1 275	34	516	70	725	9	34	771	0	180	1 950	21	765	25	904	5
贵州大学	1 254	43	1 254	40	636	34	550	45	68	469	0	180	1 055	87	634	50	362	89
贵州医科大学	164	975	164	972	33	950	87	951	44	680	0	180	67	892	14	910	33	892
遵义医学院	352	689	352	684	158	518	103	884	91	330	0	180	223	577	117	473	49	799
贵阳中医学院	212	897	212	895	68	822	89	946	55	568	0	180	99	810	33	798	43	826
贵州师范大学	1 215	46	1 215	43	415	123	692	11	108	245	0	180	1 080	82	493	81	453	55
遵义师范学院	574	348	574	347	281	235	221	490	72	440	0	180	264	511	170	354	75	649
铜仁学院	515	435	514	433	221	352	222	488	71	453	1	140	457	295	211	278	184	287
兴义民族师范学院	370	658	366	659	110	667	212	515	44	680	4	76	74	865	29	826	37	869
安顺学院	476	498	476	498	215	364	207	531	54	577	0	180	314	433	176	342	111	497
贵州工程应用技术学院	332	722	332	719	152	535	150	733	30	828	0	180	229	564	114	478	98	560
凯里学院	493	473	493	472	156	521	324	254	13	1 028	0	180	217	591	87	567	119	468
黔南民族师范学院	543	402	543	399	248	286	228	466	67	477	0	180	306	446	201	295	84	620
贵州财经大学	918	126	918	126	413	125	319	262	186	66	0	180	560	232	400	117	95	576
贵州民族大学	1 011	96	1 011	96	633	35	247	410	131	162	0	180	337	410	175	344	58	740
云南大学	983	109	983	107	473	88	366	193	144	132	0	180	2 473	10	1 017	12	707	11
昆明理工大学	927	121	927	121	388	144	503	69	36	751	0	180	502	266	178	338	113	489
云南农业大学	673	253	673	252	286	228	318	263	69	464	0	180	197	625	106	500	82	630
西南林业大学	463	515	463	514	170	482	249	405	44	680	0	180	197	625	118	468	70	667
昆明医科大学	112	1 056	112	1 054	47	886	56	1 058	9	1 068	0	180	18	1 079	11	941	6	1 097
大理大学	556	382	556	379	183	451	236	446	137	151	0	180	600	200	221	268	238	210
云南中医学院	157	984	157	983	69	819	66	1 019	22	911	0	180	79	852	31	813	43	826
云南师范大学	1 365	25	1 365	24	483	81	764	5	118	211	0	180	2 139	17	491	82	669	13
昭通学院	357	683	357	678	121	639	159	699	77	411	0	180	112	780	49	718	56	753
曲靖师范学院	666	259	666	258	252	279	284	330	130	169	0	180	602	199	266	201	252	183
普洱学院	254	829	254	827	100	723	88	949	66	482	0	180	141	723	59	671	45	814
保山学院	283	782	283	780	135	595	116	844	32	794	0	180	144	713	83	579	53	768
红河学院	531	419	531	416	180	457	269	358	82	381	0	180	219	585	98	525	94	580
云南财经大学	990	106	990	104	428	116	449	100	113	229	0	180	1 289	65	514	77	376	81

续表

研究发展人员(人)														R&D 经费情况(千元)					
		按学历学位划分								其他人员		折合全时人员(人年)		当年经费收入合计		其中:科研事业费		当年经费支出合计	
初级		博士毕业		硕士毕业		本科毕业		其他学历											
12	644	616	44	682	25	174	157	71	24	13	62	381.3	31	83 005.04	34	53 651.15	24	84 038.89	31
28	408	514	52	222	286	168	165	0	454	0	322	295.1	52	54 110.04	75	20 455.7	87	53 942.5	61
101	66	51	442	299	188	99	320	14	65	3	149	97.5	313	14 538.96	293	5 695.18	253	12 604.88	296
122	34	18	642	342	142	212	117	4	186	0	322	227.5	94	11 044.5	352	1 520.5	528	19 011.77	195
38	314	41	485	121	565	131	237	2	255	0	322	105	291	20 193.2	212	6 185	240	17 541.2	214
135	21	641	37	985	8	302	67	22	42	40	16	362.7	33	27 002.65	148	15 171.7	118	24 342.91	151
31	367	354	93	473	64	228	105	0	454	2	187	353.9	35	41 594.82	92	9 156.3	173	42 013.82	85
20	508	9	766	32	958	23	750	3	218	0	322	19.1	813	384	1 021	84	961	489.8	971
44	262	34	537	126	554	63	472	0	454	0	322	28	721	2 541.5	720	956.5	629	2 600.12	693
23	463	15	675	47	876	35	650	2	255	0	322	10.8	926	1 149	865	644	693	1 201.59	833
73	133	221	162	567	48	290	73	2	255	4	127	187.6	124	40 384.74	94	21 700.8	83	38 921.06	91
19	515	45	465	113	593	104	311	2	255	0	322	37.1	642	5 121.25	567	2 454	434	3 520.04	623
61	168	40	493	207	314	206	126	4	186	1	235	96.5	317	40 239.83	95	17 215	103	33 937.13	104
8	747	11	732	54	835	9	897	0	454	0	322	22.4	775	3 089.4	687	1 015.4	614	2 932.03	668
27	417	29	560	195	350	90	349	0	454	0	322	55.5	512	6 605.9	490	1 112.5	591	6 597.9	464
14	602	18	642	136	515	71	431	4	186	3	149	76.1	396	7 854.5	444	4 897	273	7 043.9	452
9	721	36	525	117	578	64	464	0	454	2	187	28.9	715	4 053.76	611	1 093	598	3 505.36	626
21	491	41	485	151	463	112	290	2	255	0	322	39.3	625	17 150.7	247	6 859	217	15 107.53	254
52	213	0	1 031	0	1 149	13	844	547	3	0	322	80.7	380	54 678.7	73	18 456	94	47 850.2	72
87	85	81	344	173	400	81	388	2	255	0	322	35.1	660	54 235.48	74	17 862	99	51 729.48	62
119	41	152	8	701	21	546	23	74	22	127	6	424.5	19	39 887.35	96	11 090.09	148	49 795.08	65
8	747	119	269	167	418	216	114	0	454	0	322	151.3	166	18 898.53	223	8 468.3	183	18 728.49	197
9	721	33	540	105	625	58	510	1	333	0	322	39.7	621	7 174.4	467	3 463	356	5 641.4	507
8	747	53	435	113	593	31	688	0	454	0	322	27.8	723	4 855.21	578	1 860.36	489	2 196.42	728
1	1 014	4	850	12	1 071	2	1 045	0	454	0	322	6.9	1 001	605	956	260	836	830.5	881
133	24	99	306	264	224	209	120	28	34	0	322	125.6	231	10 115.99	377	4 251.49	307	9 468.89	377
5	838	9	766	52	846	18	797	0	454	0	322	22.6	771	1 390	835	460	759	1 788.23	767
108	52	416	80	687	24	1 036	2	0	454	0	322	437	16	32 280.98	123	12 529.19	135	30 783.55	117
7	784	0	1 031	76	738	35	650	1	333	0	322	28.5	718	1 648	800	121	922	1 664.6	783
84	90	75	364	376	115	150	195	1	333	0	322	264.9	73	25 393.5	168	6 174.5	242	24 292.86	152
33	345	6	808	77	735	53	541	5	160	4	127	30.3	702	4 011	619	777	668	3 966.4	594
8	747	2	917	74	747	67	450	1	333	0	322	28.9	715	4 570.8	588	737	673	5 275.6	522
27	417	23	602	109	611	85	366	2	255	0	322	44.8	580	14 985.46	284	10 350	160	7 959.26	419
178	9	401	83	410	92	478	33	0	454	0	322	195	117	87 294.5	32	17 443.42	102	46 225.26	75

学校名称	社科活动人员(人)																	
	合计		按职称划分								其他人员		合计		按职称划分			
			小计		高级		中级		初级						高级		中级	
云南艺术学院	442	545	442	543	188	435	239	435	15	1 006	0	180	132	739	43	743	55	760
云南民族大学	850	153	850	153	385	148	360	204	105	257	0	180	578	217	249	227	209	248
西藏大学	666	259	666	258	265	257	267	366	134	155	0	180	590	207	264	204	229	225
西藏民族大学	596	323	596	321	228	337	304	286	64	496	0	180	657	176	246	230	295	136
西藏藏医学院	20	1 172	19	1 173	10	1 075	9	1 169	0	1 162	1	140	7	1 128	6	1 015	1	1 144
西北大学	868	145	868	145	432	112	407	138	29	838	0	180	1 039	91	372	126	334	106
西安交通大学	977	113	975	112	565	52	376	182	34	771	2	114	1 941	22	430	104	211	245
西北工业大学	436	550	426	565	220	355	188	597	18	962	10	36	218	587	135	432	67	694
西安理工大学	471	507	471	504	180	457	242	427	49	624	0	180	452	302	158	376	164	339
西安电子科技大学	444	544	444	539	225	345	184	611	35	762	0	180	305	449	116	475	71	663
西安工业大学	467	512	467	512	177	466	234	456	56	557	0	180	301	454	112	482	109	505
西安建筑科技大学	651	269	651	268	205	396	233	457	213	42	0	180	359	392	126	454	101	540
西安科技大学	457	522	457	521	167	490	264	378	26	865	0	180	350	400	91	553	108	511
西安石油大学	447	534	443	542	147	555	247	410	49	624	4	76	275	493	108	491	91	590
陕西科技大学	408	591	407	593	118	648	136	778	153	111	1	140	170	665	66	650	62	723
西安工程大学	637	283	637	281	198	411	290	311	149	116	0	180	490	277	161	368	177	309
长安大学	568	359	565	365	237	313	301	291	27	856	3	90	290	471	94	541	50	789
西北农林科技大学	544	399	531	416	191	427	290	311	50	616	13	31	234	552	75	613	89	598
陕西中医药大学	253	832	248	833	80	780	137	773	31	817	5	63	47	963	23	854	24	964
陕西师范大学	1 265	39	1 265	37	629	37	568	34	68	469	0	180	791	141	363	130	287	142
延安大学	649	272	649	271	236	316	267	366	146	127	0	180	394	354	138	424	161	351
陕西理工大学	478	495	478	495	206	392	251	401	21	928	0	180	230	562	107	495	115	483
宝鸡文理学院	599	320	598	318	220	355	347	221	31	817	1	140	213	601	108	491	99	555
咸阳师范学院	622	299	622	296	151	538	246	415	225	29	0	180	312	434	60	663	131	440
渭南师范学院	593	328	593	325	317	189	229	463	47	649	0	180	450	303	256	214	165	336
西安外国语大学	979	111	976	111	381	150	453	96	142	136	3	90	491	273	210	281	183	291
西北政法大学	955	117	953	117	462	96	396	151	95	304	2	114	438	307	290	180	142	406
西安体育学院	552	384	552	383	269	253	196	571	87	351	0	180	381	365	202	291	72	658
西安音乐学院	347	697	347	694	108	679	143	753	96	298	0	180	17	1 085	5	1 038	9	1 075
西安美术学院	590	330	582	335	232	329	265	375	85	363	8	46	235	549	82	586	85	615
兰州大学	797	190	797	188	416	121	366	193	15	1 006	0	180	1 207	70	324	156	147	389
兰州理工大学	364	667	364	663	150	544	207	531	7	1 093	0	180	92	829	47	724	43	826
兰州交通大学	496	467	496	465	193	422	263	379	40	718	0	180	420	326	127	449	178	305
甘肃农业大学	281	786	281	784	137	587	139	766	5	1 118	0	180	132	739	75	613	55	760
甘肃中医药大学	86	1 097	86	1 096	42	905	43	1 098	1	1 153	0	180	26	1 046	10	953	15	1 028
西北师范大学	904	131	904	131	526	66	361	202	17	974	0	180	741	152	395	118	181	298

研究发展人员(人)														R&D 经费情况(千元)					
		按学历学位划分								其他人员		折合全时人员(人年)		当年经费收入合计		其中:科研事业费		当年经费支出合计	
初级		博士毕业		硕士毕业		本科毕业		其他学历											
17	543	9	766	69	769	54	531	0	454	0	322	36.1	652	7 913.78	440	5 385	263	6 793.3	458
106	58	204	174	282	211	87	356	5	160	3	149	232.5	91	20 527.07	207	10 739.5	154	17 316.26	215
84	90	60	404	366	126	157	185	7	119	9	79	76.5	392	6 679.48	488	4 794.98	279	9 732.6	373
61	168	180	192	324	167	149	199	4	186	49	14	98.3	309	11 939.2	335	3 756.8	335	8 171.21	414
0	1 076	4	850	2	1 138	1	1 076	0	454	0	322	3.7	1 072	169	1 095	130	919	169.82	1 089
16	567	475	61	300	186	252	92	12	74	0	322	128.7	218	18 231.2	235	9 030	176	16 298.6	236
4	883	330	101	988	7	621	16	2	255	0	322	278.9	62	69 365.14	50	39 679.4	40	60 845.4	53
1	1 014	121	265	80	726	17	808	0	454	2	187	39	627	32 250.56	124	23 910.66	74	31 812.11	113
17	543	132	250	222	286	98	322	0	454	0	322	104.4	292	12 272.72	329	5 397.94	262	11 013.07	336
7	784	105	292	68	771	131	237	1	333	0	322	98.8	308	8 322.54	424	1 868.38	488	8 252.7	408
6	814	81	344	134	527	86	361	0	454	0	322	48.3	557	6 869.2	482	2 968.3	391	6 077.43	486
84	90	58	410	195	350	101	318	5	160	0	322	77	388	10 483.78	368	4 456.67	295	15 836.63	246
12	644	0	1 031	0	1 149	139	219	211	8	0	322	54.9	515	6 393.95	500	1 354.25	545	6 691.22	461
1	1 014	49	447	91	687	135	224	0	454	0	322	46.5	575	6 060.31	521	1 929.71	477	5 670.06	504
42	278	17	653	65	788	87	356	1	333	0	322	22.4	775	2 730.95	707	2 010.35	468	3 945.03	596
66	154	69	377	249	249	172	162	0	454	2	187	107.9	278	22 807.6	181	1 491	532	22 035.99	167
3	922	83	336	74	747	133	233	0	454	1	235	76.5	392	20 311.32	211	6 999.25	214	19 900.45	186
8	747	93	314	72	754	69	443	0	454	0	322	76.3	394	11 578.5	341	5 555	256	11 749.93	310
0	1 076	3	876	39	916	5	981	0	454	0	322	16.1	852	1 587.4	808	645.6	692	968.46	859
21	491	428	73	206	316	150	195	7	119	1	235	141.9	191	43 508.29	88	27 608	64	45 709.92	79
76	126	31	548	199	332	158	183	6	136	1	235	65	438	10 172	373	3 696	339	9 853.13	370
8	747	42	477	149	473	35	650	4	186	0	322	31.5	694	7 378.4	457	1 750	499	12 355.48	299
6	814	51	442	99	654	63	472	0	454	0	322	68.2	424	11 500.2	345	1 780	496	17 227.15	216
121	37	45	465	137	514	126	258	4	186	0	322	48.1	562	9 960.5	384	1 354	546	1 327.79	821
29	393	47	452	318	171	85	366	0	454	0	322	104.3	294	19 357.18	217	1 910	480	6 202.68	480
45	253	185	188	199	332	106	303	1	333	2	187	91.5	336	13 622.33	311	2 981.91	389	11 057.05	332
6	814	166	211	177	388	91	342	4	186	0	322	138.6	199	30 346.95	134	5 576	254	31 399.25	116
12	644	58	410	182	371	138	220	3	218	9	79	90.7	341	6 438.5	497	2 503	428	5 781.5	498
3	922	1	972	10	1 093	6	947	0	454	0	322	12	910	1 771.3	786	350	796	1 949.3	753
44	262	19	633	153	456	63	472	0	454	1	235	48.1	562	4 685.5	582	2 085	464	3 915.8	598
9	721	280	128	147	487	779	11	1	333	1	235	276.6	63	46 663.84	85	23 292.5	77	48 242.14	69
2	968	17	653	56	827	18	797	1	333	0	322	14.9	868	3 522.4	655	2 829.7	401	3 427.7	635
14	602	36	525	196	346	188	139	0	454	0	322	64	449	6 023.7	522	3 329.9	365	4 570.2	563
0	1 076	7	790	98	659	27	717	0	454	0	322	25.8	736	2 736.75	705	1 453	536	2 144.71	737
0	1 076	4	850	18	1 043	4	1 003	0	454	0	322	8.8	964	607.6	955	292	818	544.1	951
3	922	152	224	299	188	284	75	6	136	0	322	279.3	61	68 161.59	52	31 736.36	57	61 490.74	51

学校名称	社科活动人员(人)																	
	合计		按职称划分								其他人员		合计		按职称划分			
			小计		高级		中级		初级						高级		中级	
兰州城市学院	486	485	486	485	229	336	207	531	50	616	0	180	328	418	188	319	114	485
陇东学院	447	534	447	532	138	583	224	482	85	363	0	180	360	390	141	414	162	347
天水师范学院	532	418	532	415	321	184	188	597	23	895	0	180	432	312	254	220	147	389
河西学院	451	530	451	528	179	461	207	531	65	491	0	180	406	339	157	380	199	262
兰州财经大学	804	182	804	181	496	75	262	381	46	660	0	180	510	258	363	130	122	460
西北民族大学	877	140	877	140	473	88	314	268	90	338	0	180	971	98	564	63	293	137
青海大学	409	589	409	586	243	300	117	839	49	624	0	180	180	655	131	442	44	818
青海师范大学	666	259	659	266	389	141	163	685	107	250	7	53	505	262	343	145	113	489
青海民族大学	432	559	431	556	221	352	127	807	83	377	1	140	376	374	230	253	104	529
宁夏大学	991	105	978	109	394	136	369	190	215	37	13	31	164	671	67	643	57	745
宁夏医科大学	208	904	206	904	105	696	75	989	26	865	2	114	190	638	95	534	64	710
宁夏师范学院	279	790	279	786	102	713	91	938	86	355	0	180	79	852	18	887	30	921
新疆大学	1 208	49	1 208	47	394	136	518	60	296	9	0	180	1 051	88	453	97	382	78
塔里木大学	393	616	393	612	72	809	224	482	97	294	0	180	184	649	37	777	107	514
新疆农业大学	316	741	316	740	103	709	156	710	57	553	0	180	143	717	69	637	53	768
石河子大学	807	179	807	178	311	197	480	82	16	988	0	180	829	133	302	175	317	120
新疆医科大学	236	854	236	852	90	751	121	828	25	880	0	180	97	814	55	694	38	863
新疆师范大学	1 196	53	1 195	52	354	165	623	20	218	34	1	140	923	113	337	152	468	50
喀什大学	501	460	501	458	149	547	204	543	148	121	0	180	406	339	169	358	159	358
伊犁师范学院	445	539	445	534	122	635	224	482	99	284	0	180	378	370	153	387	179	304
新疆财经大学	815	174	815	174	362	162	350	218	103	268	0	180	619	191	352	139	216	234
新疆艺术学院	339	711	339	708	71	812	176	628	92	322	0	180	100	809	42	747	39	857
天津城建大学	337	714	337	711	127	620	177	627	33	782	0	180	379	369	151	393	145	393
河北科技师范学院	690	244	690	244	247	293	373	186	70	459	0	180	519	253	164	365	264	169
吕梁学院	295	769	295	766	77	794	113	855	105	257	0	180	63	905	17	890	21	986
呼伦贝尔学院	453	524	453	524	188	435	219	502	46	660	0	180	74	865	37	777	35	879
广东白云学院	340	709	340	706	44	900	168	667	128	177	0	180	181	653	38	770	100	548
长沙医学院	230	867	230	865	43	903	105	881	82	381	0	180	217	591	54	699	116	479
齐鲁医药学院	195	922	195	919	53	865	98	906	44	680	0	180	96	817	38	770	47	806
公安海警学院	112	1 056	112	1 054	36	938	69	1 010	7	1 093	0	180	20	1 071	10	953	10	1 069
辽宁对外经贸学院	486	485	486	485	281	235	169	661	36	751	0	180	920	114	554	66	310	124
江西科技学院	897	135	897	135	210	378	366	193	321	7	0	180	404	344	98	525	215	237
上海工程技术大学	552	384	552	383	153	532	294	303	105	257	0	180	233	554	91	553	91	590
天津天狮学院	192	929	192	926	30	961	117	839	45	668	0	180	104	797	25	845	71	663
青岛滨海学院	729	220	729	218	220	355	390	160	119	208	0	180	374	375	155	384	192	273
浙江万里学院	813	175	813	175	315	192	405	143	93	315	0	180	558	234	256	214	250	187
安徽建筑大学	449	532	449	529	133	604	206	538	110	239	0	180	273	495	94	541	124	454

研究发展人员(人)														R&D经费情况(千元)					
		按学历学位划分								其他人员		折合全时人员(人年)		当年经费收入合计		其中:科研事业费		当年经费支出合计	
初级		博士毕业		硕士毕业		本科毕业		其他学历											
25	441	47	452	210	305	70	436	1	333	1	235	64.4	448	9 602.2	392	4 997.2	270	8 702.8	391
53	208	11	732	222	286	125	260	2	255	4	127	88.8	351	3 217.64	673	388	786	2 870.7	672
15	585	21	621	244	257	166	169	1	333	0	322	126	229	10 086	379	1 684	507	11 382.89	323
50	220	13	697	261	229	130	240	2	255	0	322	65.9	433	1 229.5	854	859.5	654	890.91	869
14	602	113	278	282	211	114	286	1	333	1	235	141	195	17 194.46	246	4 640.5	289	14 237.81	271
52	213	176	196	514	59	281	77	0	454	0	322	193.3	121	16 961	249	6 708	219	13 724.11	278
5	838	33	540	105	625	41	612	1	333	0	322	56.6	504	5 597	539	3 468	354	6 938.85	453
26	429	79	352	292	202	134	230	0	454	13	62	147.3	178	8 152.4	430	4 006	322	7 811	426
38	314	91	318	188	364	96	327	1	333	2	187	103.7	296	10 003	383	6 577.6	224	7 744.5	428
21	491	54	430	78	731	27	717	5	160	0	322	71.7	415	17 485	244	12 825	131	16 251	238
13	622	23	602	99	654	60	491	8	106	0	322	61.4	468	2 175.25	745	1 127.25	587	1 865.65	759
31	367	2	917	48	871	29	705	0	454	0	322	10.7	927	1 179	860	575	716	1 139	837
18	528	283	123	445	76	320	57	3	218	22	36	161	156	22 035.04	194	13 488.94	127	20 264.21	181
32	354	10	748	110	607	62	478	2	255	0	322	43.8	585	2 463	723	1 115	590	2 613.7	690
14	602	55	425	66	781	21	766	1	333	0	322	19	815	4 265.8	601	2 607.8	420	4 411.8	570
17	543	131	251	361	128	337	55	0	454	8	88	218.5	102	15 876.8	270	8 605.8	181	14 228.66	272
3	922	14	685	54	835	28	711	1	333	0	322	16.3	849	998	880	611	704	994.05	854
80	106	193	184	550	50	174	157	6	136	19	38	142.9	190	22 695.5	184	7 926.5	195	15 272.14	251
57	191	40	493	219	295	144	210	3	218	19	38	83.1	369	4 072.2	608	1 812.5	491	3 227.51	648
42	278	39	506	230	271	109	296	0	454	2	187	53	529	3 881	629	1 891	483	3 438.95	633
48	236	24	595	12	1 071	11	870	572	2	3	149	172.2	145	16 451.93	262	8 060.68	190	11 334.12	325
19	515	9	766	54	835	35	650	2	255	0	322	17.3	833	2 817.5	703	2 193	455	3 675.8	610
22	483	67	386	148	479	159	181	5	160	0	322	102.7	299	6 902.6	481	1 726.6	500	6 394.73	475
83	96	48	450	248	252	220	109	3	218	0	322	105.7	286	5 131.7	565	912.4	638	5 092.38	535
25	441	0	1 031	53	843	10	880	0	454	0	322	8.1	980	360.4	1 030	93	954	395.7	998
2	968	10	748	40	912	24	741	0	454	0	322	27.7	724	4 035	616	3 194	374	3 560	621
42	278	13	697	120	567	46	582	2	255	1	235	22	783	1 697.7	796	184	874	1 524.32	800
47	244	19	633	163	430	35	650	0	454	0	322	72.7	408	3 058.5	689	190	871	2 667.7	685
11	666	0	1 031	63	797	33	671	0	454	0	322	22.3	778	690.7	938	8	1 083	736	906
0	1 076	6	808	12	1 071	2	1 045	0	454	0	322	10	942	272	1 052	10	1 072	310.75	1 030
42	278	124	261	543	52	253	91	0	454	14	56	161.6	155	18 451.49	232	271	830	15 053.78	255
87	85	21	621	306	183	75	411	2	255	4	127	61.3	470	20 188.3	213	1 135.7	585	16 904.31	220
12	644	108	287	71	758	54	531	0	454	0	322	63.1	458	25 953.37	163	7 788.5	198	26 648.59	139
8	747	6	808	80	726	18	797	0	454	0	322	15	866	669.9	943	30.5	1 034	620.63	929
27	417	23	602	287	207	64	464	0	454	0	322	52.1	535	3 214.8	674	1 032.2	611	2 695.2	682
43	269	126	258	333	156	97	324	2	255	3	149	133.4	209	18 581.26	228	4 020.63	319	16 513.3	229
55	200	44	467	151	463	77	409	1	333	0	322	66.2	430	7 773.6	447	2 178.6	457	7 111.49	451

学校名称	社科活动人员(人)																	
	合计		按职称划分								其他人员		合计		按职称划分			
			小计		高级		中级		初级						高级		中级	
安徽科技学院	369	660	369	657	103	709	172	649	94	306	0	180	188	646	77	608	64	710
景德镇学院	274	798	274	795	116	654	102	888	56	557	0	180	31	1 023	8	977	17	1 011
萍乡学院	362	670	362	667	121	639	165	678	76	416	0	180	193	635	78	604	96	573
枣庄学院	571	353	571	352	135	595	203	547	233	24	0	180	172	662	80	596	64	710
山东工艺美术学院	407	596	407	593	207	390	164	683	36	751	0	180	189	641	100	518	77	644
黄淮学院	633	287	633	286	197	412	296	298	140	143	0	180	425	318	130	446	213	239
平顶山学院	724	227	724	225	202	404	308	278	214	40	0	180	223	577	81	591	93	584
湖北理工学院	345	700	345	697	91	748	155	716	99	284	0	180	253	525	85	570	113	489
湖北科技学院	542	404	536	411	200	406	276	344	60	534	6	57	527	248	236	244	241	203
湖北医药学院	267	807	267	805	53	865	123	817	91	330	0	180	96	817	29	826	38	863
安徽三联学院	499	464	499	462	58	848	335	240	106	253	0	180	309	441	59	671	173	314
吉林华桥外国语学院	526	426	520	428	191	427	184	611	145	129	6	57	428	314	180	333	164	339
贵阳学院	398	609	398	606	134	598	248	409	16	988	0	180	298	456	106	500	182	296
六盘水师范学院	331	724	331	721	123	632	143	753	65	491	0	180	133	736	57	687	53	768
新疆工程学院	152	999	152	998	39	919	98	906	15	1 006	0	180	70	883	27	838	38	863
唐山学院	567	361	567	358	210	378	349	219	8	1 082	0	180	239	544	92	550	140	413
沈阳大学	802	184	789	194	406	128	304	286	79	398	13	31	231	559	132	440	83	626
上海立信会计金融学院	1 145	64	1 145	63	434	109	623	20	88	346	0	180	220	583	97	529	99	555
淮阴工学院	445	539	445	534	193	422	240	431	12	1 038	0	180	587	209	264	204	315	121
常州工学院	471	507	471	504	162	508	269	358	40	718	0	180	424	319	162	367	237	213
浙江科技学院	552	384	552	383	147	555	342	227	63	505	0	180	354	396	116	475	207	252
宁波工程学院	411	587	411	583	131	610	228	466	52	597	0	180	528	247	236	244	252	183
合肥学院	514	437	514	433	169	484	269	358	76	416	0	180	491	273	201	295	254	181
厦门理工学院	650	271	650	270	235	319	306	283	109	242	0	180	675	169	314	163	313	122
青岛大学	1 188	56	1 188	54	445	100	651	17	92	322	0	180	418	331	140	419	145	393
烟台大学	728	222	728	219	255	273	450	98	23	895	0	180	343	405	180	333	159	358
潍坊学院	838	160	838	158	308	199	450	98	80	391	0	180	187	647	80	596	100	548
郑州工程技术学院	567	361	567	358	151	538	286	322	130	169	0	180	78	856	23	854	32	900
洛阳理工学院	644	275	644	274	193	422	322	257	129	175	0	180	146	707	69	637	59	735
新乡学院	728	222	728	219	208	386	323	255	197	52	0	180	211	606	69	637	101	540
江汉大学	796	192	796	190	389	141	351	217	56	557	0	180	596	203	346	142	191	276
三峡大学	706	237	706	236	389	141	249	405	68	469	0	180	567	230	304	173	149	382
长沙学院	393	616	393	612	148	550	192	579	53	587	0	180	121	761	49	718	68	685
广州大学	1 146	63	1 146	62	623	40	501	70	22	911	0	180	945	107	515	76	379	79
成都学院	1 017	94	1 017	93	255	273	499	71	263	17	0	180	1 010	96	353	138	507	40
西安文理学院	518	431	518	429	209	384	253	395	56	557	0	180	172	662	83	579	66	701
海南热带海洋学院	571	353	563	367	223	347	226	473	114	224	8	46	205	615	114	478	77	644

续表

研究发展人员(人)														R&D经费情况(千元)					
		按学历学位划分								其他人员		折合全时人员(人年)		当年经费收入合计		其中:科研事业费		当年经费支出合计	
初级		博士毕业		硕士毕业		本科毕业		其他学历											
35	329	10	748	117	578	60	491	1	333	1	235	59.7	486	10 958.5	353	7 445	208	11 215.5	328
6	814	1	972	20	1 031	10	880	0	454	0	322	10.4	934	721	930	298	817	761.3	902
19	515	6	808	94	679	92	340	1	333	0	322	33.6	680	1 216	856	208	860	1 216	831
28	408	16	666	101	645	55	527	0	454	0	322	52.4	533	2 398	732	426	771	2 396.6	712
5	838	15	675	98	659	75	411	1	333	0	322	46.9	572	8 316.5	425	632.4	696	8 346.9	404
82	100	25	586	243	258	157	185	0	454	0	322	60.8	472	4 262.6	602	1 335	549	3 967.1	593
49	228	40	493	160	442	23	750	0	454	0	322	32	690	4 895	574	577	714	2 994	662
52	213	40	493	111	603	96	327	6	136	3	149	64.9	440	4 612.64	585	1 093	598	2 966.37	665
42	278	97	310	293	199	130	240	7	119	6	103	115.8	254	5 224.84	557	1 000	621	5 360.44	519
29	393	17	653	61	810	17	808	1	333	0	322	14.4	875	787	912	211	857	796.2	891
77	116	1	972	180	378	126	258	2	255	0	322	49.7	546	2 341.5	736	308.4	815	2 341.5	718
80	106	37	517	349	136	40	624	2	255	4	127	87.2	359	8 880.9	407	6 003	247	8 315.55	405
8	747	46	460	169	410	82	380	1	333	2	187	42.9	600	6 758.9	485	4 883.2	274	4 478.32	567
23	463	6	808	71	758	47	569	9	95	0	322	18.8	819	3 501.38	657	685.5	684	3 356.28	639
5	838	4	850	37	927	29	705	0	454	0	322	10.7	927	317	1 039	0	1 101	351.05	1 016
7	784	11	732	119	571	107	300	2	255	0	322	39.2	626	4 593.5	587	151	900	4 507.16	566
16	567	40	493	156	452	35	650	0	454	0	322	44.8	580	1 827	778	320	809	1 626	788
11	666	81	344	126	554	13	844	0	454	13	62	95.8	318	31 006.38	130	19 523	89	30 543.91	119
8	747	138	246	388	107	59	504	2	255	0	322	96.7	316	25 943.5	164	4 271	305	27 176.31	135
25	441	76	363	221	290	127	255	0	454	0	322	60.8	472	7 536.7	454	1 209.2	571	5 422.43	515
23	463	85	332	194	353	70	436	5	160	8	88	91.7	335	10 728	358	2 222.6	451	9 438.6	378
40	295	203	175	234	266	91	342	0	454	0	322	108.3	273	13 713.08	308	1 280.3	558	12 872.22	290
36	325	75	364	297	191	118	274	1	333	0	322	95.2	322	12 870.9	318	6 507.5	226	10 412.94	352
45	253	242	149	328	164	103	315	2	255	3	149	157.8	160	22 360.53	187	3 248.9	371	16 794.13	225
7	784	158	217	112	600	47	569	101	16	2	187	149.6	171	15 739.9	274	10 853.4	151	15 686.5	249
3	922	102	300	158	448	80	393	3	218	1	235	128	220	10 233	372	1 985	472	10 357.4	353
7	784	44	467	100	650	42	605	1	333	0	322	124.9	234	20 529.5	206	909	639	20 000.5	183
23	463	3	876	62	806	13	844	0	454	0	322	24.3	753	1 401.5	833	525.1	733	1 482.7	807
18	528	46	460	82	722	18	797	0	454	0	322	24	757	1 877.25	773	1 178	577	1 776	770
41	289	31	548	148	479	32	675	0	454	0	322	32.7	687	2 734	706	866	652	1 514.8	802
31	367	149	228	223	285	220	109	4	186	6	103	121.3	241	23 132.4	179	8 579	182	24 058.15	154
12	644	226	160	177	388	163	174	1	333	0	322	107.5	281	19 046.4	221	4 528.7	291	20 720.45	178
4	883	42	477	71	758	8	912	0	454	0	322	18.9	818	5 176.8	562	2 790	406	3 775.35	603
12	644	505	55	293	199	145	204	2	255	0	322	148.6	174	134 368.16	16	50 854.5	26	135 635.98	14
150	14	168	206	505	60	323	56	14	65	0	322	220	99	25 685.2	166	4 201.74	308	26 874.47	137
23	463	25	586	103	635	42	605	2	255	0	322	33.3	683	16 159.22	266	1 173.75	579	9 842.68	371
14	602	47	452	98	659	59	504	1	333	0	322	41.2	611	3 902.6	625	1 141	583	3 658.6	613

学校名称	社科活动人员(人)																	
	合计		按职称划分								其他人员		合计		按职称划分			
			小计		高级		中级		初级						高级		中级	
华北科技学院	376	645	376	641	181	454	144	752	51	607	0	180	153	691	68	642	76	647
中国人民武装警察部队学院	417	577	417	573	195	417	209	526	13	1 028	0	180	345	403	174	346	153	376
广州航海学院	311	747	311	745	96	732	189	590	26	865	0	180	190	638	83	579	99	555
广东警官学院	265	814	265	811	109	674	92	932	64	496	0	180	320	427	186	323	98	560
成都工业学院	263	817	263	814	80	780	143	753	40	718	0	180	159	679	58	677	79	641
扬州大学	916	127	916	127	493	77	405	143	18	962	0	180	679	167	377	124	248	189
三江学院	290	773	290	770	108	679	166	675	16	988	0	180	206	613	99	521	100	548
中华女子学院	282	785	282	783	114	658	145	749	23	895	0	180	259	517	107	495	132	436
齐齐哈尔医学院	270	801	270	799	112	661	114	853	44	680	0	180	164	671	74	619	69	677
北京信息科技大学	386	629	386	624	79	785	214	510	93	315	0	180	426	316	170	354	180	300
河北体育学院	310	749	310	747	130	614	159	699	21	928	0	180	64	902	29	826	29	927
太原学院	562	375	562	373	122	635	242	427	198	49	0	180	49	954	17	890	23	970
大连大学	612	306	611	306	319	187	274	347	18	962	1	140	844	130	460	95	307	126
吉林工商学院	504	451	503	450	238	311	220	496	45	668	1	140	88	837	46	731	41	846
南京工程学院	566	365	566	361	184	449	338	236	44	680	0	180	174	661	63	657	103	533
南京审计大学	876	141	876	141	405	129	385	170	86	355	0	180	470	285	288	185	167	332
蚌埠学院	438	548	438	545	111	665	201	555	126	181	0	180	302	453	94	541	139	418
池州学院	472	505	470	507	105	696	245	418	120	205	2	114	254	522	55	694	133	431
三明学院	497	466	497	464	151	538	211	517	135	153	0	180	409	337	150	398	189	281
龙岩学院	359	679	359	675	121	639	158	702	80	391	0	180	343	405	136	429	119	468
福建商学院	445	539	445	534	166	492	198	565	81	387	0	180	164	671	69	637	79	641
江西科技师范大学	996	102	996	100	356	164	427	119	213	42	0	180	626	188	225	262	259	174
南昌工程学院	589	331	589	329	166	492	344	225	79	398	0	180	245	537	94	541	133	431
山东警察学院	374	649	374	644	152	535	171	651	51	607	0	180	92	829	39	766	48	803
信阳农林学院	327	730	327	727	67	824	129	797	131	162	0	180	310	439	53	703	150	379
河南工学院	321	735	321	734	104	701	133	785	84	370	0	180	108	787	32	806	68	685
安阳工学院	385	630	385	626	118	648	174	639	93	315	0	180	235	549	52	706	133	431
湖北警官学院	196	920	194	924	79	785	86	955	29	838	2	114	68	891	27	838	41	846
荆楚理工学院	544	399	540	404	195	417	296	298	49	624	4	76	140	724	76	609	59	735
湖南工程学院	293	771	290	770	102	713	156	710	32	794	3	90	104	797	44	737	50	789
仲恺农业工程学院	473	504	473	502	171	477	211	517	91	330	0	180	438	307	201	295	186	286
五邑大学	408	591	408	589	134	598	182	619	92	322	0	180	396	351	145	409	195	268
梧州学院	380	636	370	655	131	610	175	635	64	496	10	36	153	691	78	604	52	776
攀枝花学院	544	399	544	398	196	415	237	442	111	237	0	180	271	498	144	411	95	576
玉溪师范学院	404	601	404	599	165	499	167	673	72	440	0	180	211	606	95	534	98	560

续表

研究发展人员(人)														R&D 经费情况(千元)					
		按学历学位划分								其他人员		折合全时人员(人年)		当年经费收入合计		其中:科研事业费		当年经费支出合计	
初级		博士毕业		硕士毕业		本科毕业		其他学历											
9	721	44	467	96	672	13	844	0	454	0	322	26.4	730	3 178	679	1 555	525	2 480.93	704
2	968	39	506	198	336	108	299	0	454	0	322	87.2	359	9 920	387	1 359	543	9 229	383
8	747	40	493	118	575	30	699	2	255	0	322	42.4	603	3 002.6	693	871.8	651	3 202.97	652
23	463	62	399	148	479	109	296	1	333	13	62	51.5	538	5 850.2	529	3 548	346	7 342.78	444
22	483	9	766	106	619	44	591	0	454	0	322	34.7	669	1 636	801	516	736	1 399.44	815
14	602	295	116	257	234	127	255	0	454	0	322	138.3	200	26 603.1	154	9 103.8	174	26 246.24	141
7	784	16	666	156	452	34	662	0	454	0	322	35	662	3 261.35	670	1 052.8	604	2 701.46	680
11	666	122	263	111	603	26	725	0	454	0	322	42.5	602	6 067.41	520	3 817	331	7 670.7	433
21	491	13	697	117	578	34	662	0	454	0	322	66.8	427	2 113.9	751	99.9	948	2 141.95	738
58	181	141	240	201	328	78	401	6	136	15	50	55.4	514	10 259.51	371	4 268.51	306	10 435.96	350
6	814	7	790	37	927	20	778	0	454	0	322	12	910	646	949	50	1 000	667.1	922
9	721	2	917	35	945	12	862	0	454	0	322	9.1	959	198	1 081	78	968	207.33	1 069
6	814	331	100	353	132	160	178	0	454	28	23	144.8	184	5 160.61	563	1 167	581	5 754.61	500
1	1 014	12	716	57	823	19	783	0	454	0	322	9.8	947	721.2	929	192	868	818.7	884
8	747	47	452	106	619	21	766	0	454	0	322	23.3	764	4 497.7	590	1 414.4	539	3 513.92	624
8	747	299	114	148	479	23	750	0	454	0	322	151.7	165	34 830.68	113	11 782.58	139	28 202.83	127
69	146	10	748	180	378	102	317	10	88	0	322	85.7	364	3 639	646	908	640	3 695.5	608
66	154	5	827	217	297	31	688	1	333	0	322	53.1	527	3 164	682	986	625	3 331	642
70	143	41	485	291	204	77	409	0	454	0	322	99.4	305	13 935.73	303	2 193.5	454	13 066.68	286
88	83	35	530	187	368	117	277	4	186	0	322	53.3	525	11 234.05	349	3 399.5	360	10 173.58	361
15	585	12	716	122	563	30	699	0	454	0	322	21.9	787	2 442.16	726	787.16	666	1 697.86	780
142	19	109	286	340	147	177	153	0	454	0	322	121.3	241	5 702.9	535	1 609.5	515	6 299.73	476
16	567	35	530	143	499	62	478	5	160	2	187	26.9	728	4 047.04	614	1 678.5	509	3 859.66	601
5	838	6	808	50	857	36	644	0	454	0	322	18	826	1 260.5	850	570.5	717	1 013.25	851
107	55	1	972	229	273	79	396	1	333	0	322	40	620	432	1 000	132	917	432	989
8	747	8	779	85	709	15	826	0	454	0	322	15.7	857	688	939	238	849	669.4	921
48	236	2	917	148	479	85	366	0	454	2	187	39	627	1 791	784	392	784	1 503.9	806
0	1 076	9	766	49	867	10	880	0	454	0	322	10.7	927	762.5	915	124	921	729.88	908
5	838	8	779	85	709	47	569	0	454	0	322	16.7	838	2 029.1	757	520	734	1 940.2	754
3	922	35	530	66	781	3	1 028	0	454	7	99	29	712	2 220.5	740	929.5	633	2 027.8	745
51	218	87	327	295	194	48	565	8	106	0	322	60.3	480	5 193.55	559	2 823.55	402	5 344.75	520
56	195	69	377	246	254	78	401	3	218	0	322	54.4	518	28 906.76	140	1 769	497	34 182.69	102
22	483	16	666	99	654	38	635	0	454	1	235	34.9	665	25 388.55	169	4 671.25	284	8 231.29	409
32	354	17	653	124	560	127	255	3	218	0	322	53.9	522	2 096.1	752	497.5	747	1 713.68	778
17	543	27	573	142	503	42	605	0	454	1	235	63.4	454	5 765.16	534	3 037.3	387	11 460.51	320

学校名称	社科活动人员(人)																	
	合计		按职称划分								其他人员		合计		按职称划分			
			小计		高级		中级		初级						高级		中级	
楚雄师范学院	484	493	484	493	174	470	217	505	93	315	0	180	175	660	84	575	67	694
云南警官学院	364	667	364	663	164	502	135	782	65	491	0	180	101	806	52	706	37	869
昆明学院	636	284	636	282	285	231	293	307	58	549	0	180	544	243	305	171	200	260
榆林学院	476	498	476	498	163	504	210	521	103	268	0	180	196	628	85	570	82	630
商洛学院	378	642	378	637	97	730	209	526	72	440	0	180	125	751	50	717	68	685
安康学院	452	527	452	526	118	648	230	460	104	263	0	180	109	784	53	703	43	826
西安培华学院	642	278	641	277	149	547	316	266	176	80	1	140	189	641	32	806	141	410
甘肃政法学院	563	371	563	367	257	270	238	438	68	469	0	180	277	490	151	393	92	587
北方民族大学	713	234	713	232	300	210	239	435	174	82	0	180	372	380	226	260	120	465
中国矿业大学(北京)	289	777	289	775	86	758	168	667	35	762	0	180	85	844	40	762	41	846
中国石油大学(北京)	225	874	225	872	87	756	113	855	25	880	0	180	204	617	55	694	103	533
中国地质大学(北京)	210	899	210	898	96	732	97	913	17	974	0	180	213	601	80	596	83	626
北京联合大学	1 501	12	1 501	12	503	73	831	2	167	92	0	180	1 426	50	524	70	741	9
北京城市学院	502	458	502	456	143	568	228	466	131	162	0	180	76	859	23	854	29	927
河北金融学院	548	393	548	392	203	402	203	547	142	136	0	180	251	527	100	518	101	540
集宁师范学院	452	527	452	526	145	560	181	621	126	181	0	180	426	316	183	327	182	296
辽宁科技学院	398	609	398	606	148	550	201	555	49	624	0	180	438	307	192	312	199	262
辽宁警察学院	333	719	333	716	138	583	175	635	20	940	0	180	129	744	80	596	49	799
长春工程学院	363	669	363	666	156	521	180	623	27	856	0	180	218	587	73	623	128	447
吉林农业科技学院	238	849	237	851	89	752	106	878	42	697	1	140	166	668	58	677	61	728
吉林警察学院	330	725	328	725	108	679	109	868	111	237	2	114	64	902	19	878	21	986
黑龙江工业学院	217	886	217	883	80	780	110	867	27	856	0	180	0	1 154	0	1 134	0	1 150
黑龙江东方学院	186	936	186	933	80	780	101	896	5	1 118	0	180	72	874	37	777	34	885
上海电机学院	371	656	371	652	104	701	203	547	64	496	0	180	143	717	59	671	70	667
南京晓庄学院	560	378	560	375	237	313	313	271	10	1 060	0	180	261	516	132	440	125	451
江苏理工学院	489	478	489	478	237	313	220	496	32	794	0	180	791	141	366	128	344	99
浙江水利水电学院	182	947	182	945	72	809	82	968	28	849	0	180	153	691	62	659	70	667
浙江财经大学	1 047	84	1 046	84	421	118	407	138	218	34	1	140	1 402	52	682	38	545	29
浙江警察学院	338	712	338	709	96	732	148	739	94	306	0	180	366	384	137	426	187	285
衢州学院	197	916	197	914	57	852	111	860	29	838	0	180	149	701	54	699	80	638
福建警察学院	243	841	243	839	100	723	88	949	55	568	0	180	121	761	47	724	51	781
莆田学院	566	365	566	361	249	285	245	418	72	440	0	180	644	181	315	162	250	187
江西警察学院	350	693	350	690	155	525	163	685	32	794	0	180	247	533	95	534	117	477
新余学院	408	591	408	589	102	713	162	689	144	132	0	180	54	945	13	920	19	1 004
山东交通学院	346	699	346	696	144	563	170	656	32	794	0	180	219	585	114	478	99	555

续表

研究发展人员（人）														R&D 经费情况（千元）					
		按学历学位划分								其他人员		折合全时人员（人年）		当年经费收入合计				当年经费支出合计	
初级		博士毕业		硕士毕业		本科毕业		其他学历								其中：科研事业费			
24	454	12	716	106	619	57	515	0	454	0	322	38.6	630	6 214.2	509	3 863	329	6 535.8	466
9	721	4	850	57	823	40	624	0	454	3	149	15.4	860	1 199	859	543	724	2 608	692
39	302	68	383	310	180	166	169	0	454	0	322	102	300	14 747	289	7 685	201	13 950.83	277
29	393	6	808	143	499	47	569	0	454	0	322	25.4	743	3 065	688	974	626	2 805.15	676
7	784	17	653	67	775	41	612	0	454	0	322	21.6	790	2 215.95	741	541	725	1 896	757
13	622	6	808	72	754	31	688	0	454	0	322	15.7	857	2 885.4	699	741	672	2 391.8	713
16	567	6	808	164	427	19	783	0	454	0	322	35.3	657	3 897.5	627	180	878	3 656.3	614
33	345	52	437	188	364	37	639	0	454	0	322	32.9	686	6 068	519	3 520	351	2 534.45	698
26	429	149	228	168	415	54	531	1	333	0	322	59.2	488	9 429.82	399	3 999	323	11 506.89	318
4	883	52	437	32	958	1	1 076	0	454	0	322	38.1	634	4 292	600	1 905	481	2 697.66	681
6	814	117	272	50	857	37	639	0	454	0	322	25.7	737	10 039.01	381	4 873.06	276	10 430.04	351
3	922	83	336	83	716	47	569	0	454	0	322	41.4	610	5 125.26	566	2 469.87	432	6 021.88	487
120	39	424	76	709	20	293	72	0	454	0	322	238	88	59 227.99	63	33 127.57	54	48 191.13	70
13	622	25	586	36	934	15	826	0	454	0	322	15	866	9 921.96	386	4 060.64	318	7 935.7	421
50	220	31	548	204	321	16	815	0	454	0	322	49.8	545	5 896.92	527	481.1	751	4 663.45	560
61	168	25	586	182	371	218	111	1	333	0	322	89.1	348	2 405.3	730	519.8	735	1 473.04	808
45	253	19	633	295	194	124	264	0	454	2	187	118.7	245	4 859.74	576	207.4	861	4 765.74	553
0	1 076	16	666	99	654	14	836	0	454	0	322	25.6	739	1 851.25	775	1 181.25	575	1 860.3	760
17	543	13	697	151	463	51	548	3	218	0	322	41.1	612	3 641	645	1 005	618	2 807.13	674
47	244	3	876	89	692	73	419	1	333	0	322	26.2	732	796	911	138	911	773.2	896
24	454	17	653	34	954	12	862	1	333	0	322	24.5	752	1 811	780	1 091	601	746	904
0	1 076	0	1 031	0	1 149	0	1 107	0	454	0	322	0	1 154	0	1 158	0	1 101	0	1 158
1	1 014	7	790	61	810	4	1 003	0	454	0	322	8.3	971	415.4	1 009	11	1 070	339.25	1 022
14	602	54	430	70	765	19	783	0	454	0	322	35.7	656	6 902.61	480	1 318.44	553	5 311.13	521
4	883	80	349	131	538	50	552	0	454	0	322	64	449	7 893.5	441	3 523.5	350	5 873.5	493
81	102	130	253	395	102	264	86	2	255	0	322	135.3	205	26 561.71	156	3 973	326	28 595.27	125
20	508	23	602	88	694	41	612	1	333	1	235	22.8	770	2 496.9	721	189	873	2 182.84	732
132	26	700	31	469	67	229	104	4	186	0	322	271.3	65	73 481.14	45	24 145.08	73	46 551.79	74
41	289	103	297	206	316	56	521	1	333	1	235	56.8	501	2 821.6	701	510	738	3 197.3	653
15	585	22	613	103	635	24	741	0	454	0	322	36	654	3 600.78	649	1 074.18	602	2 390.53	714
23	463	4	850	93	682	24	741	0	454	0	322	14.3	878	600.2	958	269	834	604.1	932
71	140	110	283	393	105	135	224	6	136	8	88	94.2	326	13 725.83	307	3 602	344	11 181	330
24	454	13	697	126	554	107	300	1	333	11	72	29.6	708	2 400	731	1 110	593	2 424.3	708
22	483	0	1 031	26	996	28	711	0	454	0	322	6.8	1 005	935	887	622	700	939	861
6	814	33	540	136	515	50	552	0	454	0	322	35.1	660	3 197.9	678	554.4	719	3 321.89	643

学校名称	社科活动人员(人)								
	合计	按职称划分				其他人员	合计	按职称划分	
		小计	高级	中级	初级			高级	中级
河南工程学院	439 547	439 544	122 635	191 583	126 181	0 180	216 596	76 609	111 497
武汉音乐学院	390 621	386 624	121 639	161 692	104 263	4 76	83 847	38 770	32 900
湖南城市学院	641 279	641 277	191 427	270 355	180 75	0 180	423 323	105 504	197 265
湖南工学院	494 470	493 472	100 723	204 543	189 61	1 140	386 363	84 575	183 291
湖南财政经济学院	543 402	543 399	208 386	195 573	140 143	0 180	324 420	167 360	112 495
湖南警察学院	297 762	297 761	144 563	135 782	18 962	0 180	203 619	101 513	87 605
湖南工业大学	898 134	898 134	374 157	402 148	122 200	0 180	947 106	481 85	363 87
湖南女子学院	500 461	495 466	220 355	220 496	55 568	5 63	282 482	147 402	118 475
广东金融学院	829 165	829 165	341 173	414 131	74 427	0 180	865 126	481 85	332 107
电子科技大学中山学院	267 807	267 805	83 767	161 692	23 895	0 180	222 581	99 521	109 505
广西科技师范学院	397 612	389 618	110 667	155 716	124 191	8 46	305 449	128 447	109 505
广西财经学院	1 225 45	1 225 42	395 134	505 68	325 5	0 180	1 068 85	447 98	372 84
南宁学院	147 1 005	147 1 003	20 1 003	98 906	29 838	0 180	150 699	21 866	109 505
重庆科技学院	434 557	434 554	148 550	253 395	33 782	0 180	244 539	88 560	138 420
四川旅游学院	290 773	290 770	103 709	121 828	66 482	0 180	206 613	104 506	85 615
文山学院	300 759	300 757	92 746	102 888	106 253	0 180	292 469	108 491	102 536
西安财经学院	807 179	807 178	280 237	396 151	131 162	0 180	552 241	202 291	238 210
甘肃民族师范学院	404 601	404 599	156 521	173 645	75 422	0 180	84 845	47 724	33 892
兰州文理学院	412 584	412 581	143 568	206 538	63 505	0 180	27 1 043	19 878	6 1 097
湖北经济学院	946 119	946 118	462 96	388 164	96 298	0 180	652 178	289 182	273 158
钦州学院	503 453	500 459	171 477	221 490	108 245	3 90	692 164	217 272	340 102
中国青年政治学院	115 1 054	115 1 051	58 848	55 1 064	2 1 142	0 180	281 483	92 550	84 620
北华航天工业学院	296 766	296 764	122 635	156 710	18 962	0 180	420 326	127 449	258 178
河套学院	359 679	359 675	140 575	161 692	58 549	0 180	228 567	63 657	104 529
沈阳工程学院	308 750	308 748	124 630	141 759	43 691	0 180	360 390	127 449	178 305
哈尔滨信息工程学院	59 1 132	59 1 131	10 1 075	43 1 098	6 1 105	0 180	0 1 154	0 1 134	0 1 150
淮海工学院	478 495	478 495	189 434	284 330	5 1 118	0 180	288 477	124 458	160 354
宁波大学	1 046 86	1 046 84	480 83	510 64	56 557	0 180	1 694 32	743 28	643 19
浙江传媒学院	748 209	748 209	303 204	359 205	86 355	0 180	674 171	262 207	312 123
河南财政金融学院	626 295	626 292	248 286	287 318	91 330	0 180	608 197	170 354	328 110
南阳理工学院	641 279	641 277	218 360	329 244	94 306	0 180	316 429	137 426	129 446
武汉商学院	388 625	382 629	109 674	109 868	164 96	6 57	367 383	125 456	107 514
广东石油化工学院	315 744	315 743	107 686	174 639	34 771	0 180	315 431	118 468	160 354
海南师范大学	822 170	819 170	332 175	298 294	189 61	3 90	361 388	212 276	113 489

研究发展人员(人)														R&D 经费情况(千元)					
		按学历学位划分								其他人员		折合全时人员(人年)		当年经费收入合计		其中:科研事业费		当年经费支出合计	
初级	排名	博士毕业	排名	硕士毕业	排名	本科毕业	排名	其他学历	排名		排名		排名		排名		排名		排名
29	393	7	790	174	396	35	650	0	454	0	322	64.7	443	5 375	550	1 903	482	5 113.18	532
10	691	10	748	55	830	16	815	2	255	0	322	26	734	8 348	423	1 810	492	3 192.6	654
121	37	71	372	312	178	35	650	5	160	0	322	53.1	527	18 817.5	224	9 880	165	18 411	199
119	41	46	460	263	226	75	411	2	255	0	322	59.1	489	8 483.8	419	4 820.8	278	6 509.61	471
42	278	64	394	204	321	52	546	4	186	1	235	69.6	420	12 714.17	320	5 321.42	265	11 074.07	331
13	622	9	766	108	612	85	366	1	333	2	187	35.2	659	2 607.8	716	353	795	2 414.5	709
72	136	186	187	411	89	344	52	6	136	15	50	173.8	143	10 103.01	378	4 472.51	294	10 030.76	366
13	622	37	517	163	430	70	436	12	74	4	127	69.4	421	6 375	501	2 382	441	6 090.3	485
35	329	326	102	451	72	87	356	1	333	2	187	167.9	150	34 592.2	115	16 946.6	106	31 809	114
14	602	56	421	151	463	15	826	0	454	0	322	58.8	494	6 451.11	496	4 663.41	285	6 223.5	479
58	181	8	779	145	491	149	199	3	218	10	77	71.8	414	3 572.5	651	2 116.5	463	2 173.94	733
249	7	127	256	667	28	267	80	7	119	0	322	219.8	100	36 395.6	107	23 340.2	76	20 968.75	175
20	508	2	917	88	694	60	491	0	454	0	322	24.8	749	1 707	793	470	758	1 237.4	828
18	528	38	511	143	499	63	472	0	454	0	322	61.9	464	6 452.5	495	1 642.5	513	6 091.82	484
17	543	9	766	149	473	47	569	1	333	0	322	48.5	554	3 551	652	1 816.5	490	2 640.83	688
77	116	13	697	149	473	129	247	1	333	5	113	56	508	3 893	628	2 175	458	3 400.9	637
49	228	126	258	214	302	206	126	6	136	0	322	126.2	228	12 776.96	319	3 374	361	13 259.21	284
4	883	1	972	49	867	34	662	0	454	0	322	18.3	824	1 060.7	875	683	685	1 040.7	849
2	968	7	790	14	1 063	6	947	0	454	0	322	9	961	864	898	549	722	909.79	865
35	329	347	96	197	339	106	303	2	255	0	322	103.8	295	38 356.72	98	9 438.4	170	22 266.38	166
134	22	37	517	377	114	206	126	72	23	1	235	164.5	153	6 429.5	498	2 597.1	423	5 219.44	525
4	883	29	560	106	619	134	230	12	74	0	322	65.2	435	13 811.03	306	8 285.8	184	11 598.59	317
35	329	15	675	309	181	91	342	5	160	0	322	72.2	412	5 777.38	533	1 230	566	5 825.2	497
61	168	11	732	129	547	88	353	0	454	0	322	41	614	1 738.2	790	502	742	1 505.06	805
55	200	51	442	221	290	88	353	0	454	0	322	43.8	585	3 727.86	637	560	718	3 706.86	607
0	1 076	0	1 031	0	1 149	0	1 107	0	454	0	322	0	1 154	0	1 158	0	1 101	0	1 158
4	883	52	437	153	456	83	376	0	454	0	322	53.2	526	7 986.7	434	2 601.2	421	5 840.55	496
152	13	672	35	744	16	267	80	11	81	130	5	352.5	36	73 518.27	44	21 156.25	86	71 652.73	38
81	102	221	162	367	124	84	372	2	255	1	235	195.1	116	70 746.5	48	5 298.51	266	68 308.34	44
110	50	102	300	356	130	150	195	0	454	0	322	87.4	358	2 375	734	477	755	2 496.23	702
48	236	14	685	162	435	130	240	10	88	2	187	49	550	2 021	758	430	769	1 720	777
133	24	25	586	181	376	160	178	1	333	2	187	61.8	465	6 234.36	508	896	643	5 548.76	508
37	319	30	554	163	430	115	285	7	119	0	322	44.5	582	6 408.4	499	4 088.5	317	4 355.52	576
27	417	164	212	132	533	63	472	2	255	4	127	82.2	372	8 059	432	3 371	362	7 255.06	445

学校名称	社科活动人员(人)																	
	合计		按职称划分								其他人员		合计		按职称划分			
			小计		高级		中级		初级						高级		中级	
重庆理工大学	667	257	667	257	273	244	348	220	46	660	0	180	554	239	237	242	147	389
四川民族学院	317	740	317	739	132	606	154	719	31	817	0	180	221	582	94	541	94	580
西安邮电大学	375	647	371	652	161	512	111	860	99	284	4	76	63	905	38	770	11	1 058
山东工商学院	719	230	719	230	282	234	413	132	24	885	0	180	586	210	222	267	338	103
呼和浩特民族学院	358	682	358	677	140	575	145	749	73	432	0	180	124	752	73	623	47	806
长春大学	603	317	603	314	215	364	300	292	88	346	0	180	284	481	134	434	133	431
贵州商学院	486	485	486	485	156	521	174	639	156	105	0	180	196	628	93	548	51	781
西安航空学院	184	942	184	939	33	950	118	835	33	782	0	180	56	939	14	910	36	875
河南城建学院	389	624	389	618	105	696	168	667	116	218	0	180	270	500	65	654	111	497
防灾科技学院	109	1 064	109	1 063	42	905	64	1 026	3	1 135	0	180	63	905	30	819	32	900
辽东学院	683	248	673	252	296	216	356	209	21	928	10	36	461	292	197	303	245	198
仰恩大学	280	788	280	785	45	897	151	729	84	370	0	180	74	865	17	890	44	818
河南警察学院	403	604	403	601	138	583	189	590	76	416	0	180	105	796	37	777	55	760
武汉东湖学院	353	688	353	683	48	882	221	490	84	370	0	180	154	689	43	743	88	601
重庆工商大学	1 152	62	1 152	61	520	69	560	38	72	440	0	180	2 111	18	676	40	568	26
汉口学院	183	945	183	942	73	806	78	982	32	794	0	180	59	920	29	826	27	939
黑龙江工程学院	349	696	349	693	174	470	169	661	6	1 105	0	180	205	615	81	591	122	460
兰州工业学院	145	1 008	143	1 008	73	806	65	1 024	5	1 118	2	114	17	1 085	7	994	10	1 069
海南医学院	157	984	154	991	56	857	76	986	22	911	3	90	142	719	51	714	70	667
东莞理工学院	445	539	445	534	143	568	246	415	56	557	0	180	361	388	172	350	163	343
桂林航天工业学院	276	794	273	796	77	794	125	814	71	453	3	90	89	834	31	813	42	835
首钢工学院	59	1 132	56	1 133	15	1 027	24	1 137	17	974	3	90	3	1 146	0	1 134	2	1 137
河北经贸大学	1 050	83	1 050	82	558	55	428	118	64	496	0	180	1 458	43	761	26	542	30
上海杉达学院	329	727	329	723	59	847	180	623	90	338	0	180	131	742	36	786	56	753
黄河科技学院	786	195	786	195	242	301	329	244	215	37	0	180	499	267	173	348	266	167
上海政法学院	420	573	420	571	211	376	186	605	23	895	0	180	418	331	238	240	159	358
桂林旅游学院	629	292	600	317	203	402	267	366	130	169	29	18	442	304	161	368	140	413
贺州学院	541	406	503	450	135	595	226	473	142	136	38	14	369	382	146	405	155	370
西安医学院	174	956	174	954	46	893	107	873	21	928	0	180	46	966	21	866	25	958
浙江树人学院	493	473	493	472	155	525	239	435	99	284	0	180	211	606	98	525	96	573
九江学院	927	121	927	121	379	152	467	90	81	387	0	180	281	483	119	463	125	451
广东工业大学	881	139	881	139	293	222	485	76	103	268	0	180	598	202	251	225	276	153
广东外语外贸大学	1 325	31	1 325	29	689	31	554	42	82	381	0	180	1 428	49	813	22	347	98
佛山科学技术学院	343	706	343	702	127	620	189	590	27	856	0	180	554	239	244	236	267	165
中央司法警官学院	306	752	306	750	207	390	83	967	16	988	0	180	280	486	186	323	85	615

研究发展人员(人)														R&D经费情况(千元)					
		按学历学位划分								其他人员		折合全时人员(人年)		当年经费收入				当年经费支出	
初级		博士毕业		硕士毕业		本科毕业		其他学历						合计		其中:科研事业费		合计	
4	883	175	198	139	511	239	102	1	333	0	322	179	136	31 723.7	127	6 348.8	234	32 058.2	110
32	354	3	876	78	731	128	249	12	74	1	235	64.7	443	2 414.65	727	344	802	2 503.35	700
14	602	27	573	22	1 016	14	836	0	454	0	322	11	923	6 018	524	3 363	364	5 120	530
16	567	91	318	316	173	167	167	12	74	2	187	177.2	138	12 692	321	3 759	334	11 434	321
2	968	19	633	70	765	35	650	0	454	2	187	23.5	762	1 960	765	1 228	569	1 984	750
13	622	63	396	175	394	41	612	5	160	3	149	48.6	553	3 612.49	647	917.49	637	3 428.84	634
52	213	14	685	113	593	69	443	0	454	0	322	39.4	624	5 362	551	3 152	378	4 293	578
6	814	5	827	43	898	8	912	0	454	0	322	10.5	931	321	1 038	113	933	324.3	1 027
94	71	5	827	168	415	97	324	0	454	0	322	41.8	608	5 699.97	536	665.6	688	4 927.2	546
1	1 014	7	790	46	882	10	880	0	454	0	322	20.1	801	941	885	260	836	812	886
11	666	24	595	331	159	106	303	0	454	8	88	91.2	338	5 454.5	546	416	775	4 689.1	558
13	622	3	876	55	830	16	815	0	454	0	322	8.1	980	374.1	1 024	106	940	240.3	1 058
13	622	12	716	79	728	14	836	0	454	0	322	16.9	836	1 940.9	768	536	726	1 044.9	846
21	491	21	621	107	616	26	725	0	454	2	187	27.5	725	4 789.74	580	398	781	4 897.36	547
92	73	449	66	748	15	910	8	4	186	25	28	315.6	48	74 930.75	41	37 858.1	44	80 413.39	35
3	922	3	876	50	857	6	947	0	454	0	322	23.7	760	1 725.73	791	54	998	1 748.4	772
2	968	25	586	149	473	31	688	0	454	0	322	69	422	3 761.27	635	339	805	3 227.52	647
0	1 076	0	1 031	11	1 082	6	947	0	454	0	322	5.1	1 038	178.9	1 089	72	972	140.9	1 103
19	515	17	653	93	682	32	675	0	454	2	187	22.1	780	1 245.6	853	231.5	851	1 397.77	816
22	483	150	227	134	527	75	411	2	255	4	127	58.9	492	20 559.62	205	4 156.34	311	21 041.81	172
16	567	5	827	70	765	13	844	1	333	0	322	14.4	875	1 559.39	811	551	720	1 438.69	810
1	1 014	0	1 031	2	1 138	1	1 076	0	454	0	322	0.6	1 143	112	1 117	0	1 101	107	1 116
58	181	448	67	583	44	400	44	27	36	19	38	291	55	26 605.5	153	5 986	248	39 766.25	90
39	302	16	666	100	650	15	826	0	454	0	322	48.5	554	6 274	504	1 610	514	4 831.2	550
59	176	22	613	373	118	104	311	0	454	1	235	50.8	541	7 955.1	436	412	776	6 104.1	483
12	644	236	153	150	471	32	675	0	454	5	113	93.9	327	23 622.17	176	13 444	128	23 670.13	157
125	31	17	653	279	215	145	204	1	333	15	50	75.5	397	9 530.5	394	1 179.5	576	8 538.83	398
66	154	42	477	182	371	141	215	4	186	2	187	72.7	408	20 892.75	201	7 171	211	21 177.8	170
0	1 076	3	876	36	934	7	930	0	454	0	322	13.2	895	537	980	178	881	418.63	990
17	543	50	445	130	545	30	699	1	333	0	322	48.4	556	14 929.9	286	4 016	321	13 515.36	282
37	319	37	517	119	571	125	260	0	454	0	322	89.7	345	8 746.2	410	2 495.2	431	4 703.8	557
64	163	273	133	259	230	66	453	0	454	0	322	144.4	185	56 617.8	69	21 894.26	80	56 308.69	57
114	46	493	58	606	41	310	62	19	50	0	322	384	30	128 823.69	17	49 660	28	125 035.75	18
43	269	168	206	295	194	91	342	0	454	0	322	122.2	240	20 775.47	203	10 479.9	156	20 774.58	177
5	838	58	410	198	336	23	750	1	333	0	322	50	544	3 712.47	640	1 189.5	574	3 760.97	604

学校名称	社科活动人员(人)																	
	合计		按职称划分								其他人员		合计		按职称划分			
			小计		高级		中级		初级						高级		中级	
徐州工程学院	793	193	793	192	354	165	393	155	46	660	0	180	1 358	55	659	44	668	14
大连民族大学	453	524	431	556	170	482	220	496	41	705	22	22	487	279	208	284	233	218
湖南第一师范学院	747	210	747	210	273	244	335	240	139	146	0	180	420	326	225	262	170	322
上海第二工业大学	477	497	477	497	144	563	261	383	72	440	0	180	99	810	51	714	33	892
南京特殊教育师范学院	236	854	236	852	117	652	106	878	13	1 028	0	180	84	845	44	737	40	853
上海商学院	333	719	333	716	127	620	186	605	20	940	0	180	39	989	14	910	23	970
南通理工学院	145	1 008	145	1 006	40	916	72	999	33	782	0	180	71	881	21	866	43	826
广东培正学院	643	277	643	276	96	732	524	56	23	895	0	180	194	632	22	862	169	326
天津中德应用技术大学	261	823	261	820	70	815	118	835	73	432	0	180	171	664	58	677	64	710
贵州警察学院	172	959	172	957	95	738	59	1 048	18	962	0	180	133	736	62	659	44	818
南方医科大学	244	840	244	838	89	752	108	870	47	649	0	180	218	587	118	468	71	663
四川警察学院	261	823	261	820	114	658	107	873	40	718	0	180	157	684	82	586	55	760
南京森林警察学院	208	904	208	901	85	760	73	994	50	616	0	180	111	781	66	650	29	927
湖南医药学院	128	1 035	125	1 036	29	966	58	1 050	38	734	3	90	19	1 075	11	941	4	1 118
安徽新华学院	632	288	632	287	116	654	287	318	229	26	0	180	304	451	76	609	143	401
湖南涉外经济学院	711	235	711	234	228	337	260	384	223	31	0	180	181	653	47	724	100	548
海口经济学院	663	264	663	262	127	620	338	236	198	49	0	180	218	587	67	643	131	440
武昌首义学院	234	860	234	858	45	897	168	667	21	928	0	180	110	782	33	798	70	667
武昌理工学院	404	601	401	603	143	568	169	661	89	343	3	90	37	996	28	831	7	1 092
山东女子学院	379	639	379	634	93	743	207	531	79	398	0	180	226	571	66	650	120	465
烟台南山学院	552	384	552	383	109	674	225	478	218	34	0	180	390	358	156	382	178	305
中国劳动关系学院	374	649	374	644	110	667	188	597	76	416	0	180	363	386	141	414	168	328
宁夏理工学院	65	1 127	65	1 126	5	1 133	33	1 114	27	856	0	180	31	1 023	3	1 072	16	1 020
云南经济管理学院	507	446	507	445	72	809	252	399	183	71	0	180	191	637	48	722	105	523
广东东软学院	263	817	263	814	35	940	183	617	45	668	0	180	34	1 009	6	1 015	26	948
重庆工程学院	77	1 109	77	1 109	14	1 034	55	1 064	8	1 082	0	180	20	1 071	6	1 015	13	1 040
重庆大学城市科技学院	186	936	186	933	13	1 043	154	719	19	952	0	180	46	966	1	1 110	42	835
华南理工大学广州学院	224	876	224	874	19	1 011	186	605	19	952	0	180	8	1 123	3	1 072	5	1 108
广州大学华软软件学院	351	691	351	688	39	919	287	318	25	880	0	180	106	792	16	897	88	601
中山大学南方学院	454	523	454	523	65	827	318	263	71	453	0	180	145	710	30	819	114	485
广东外语外贸大学南国商学院	328	729	328	725	69	819	87	951	172	86	0	180	217	591	95	534	67	694
广东财经大学华商学院	542	404	542	402	48	882	339	230	155	108	0	180	93	825	28	831	62	723
广东海洋大学寸金学院	517	433	517	431	148	550	285	325	84	370	0	180	86	841	19	878	53	768
华南农业大学珠江学院	325	733	325	730	42	905	204	543	79	398	0	180	28	1 038	0	1 134	27	939
厦门医学院	89	1 092	89	1 092	20	1 003	48	1 085	21	928	0	180	99	810	32	806	50	789

续表

研究发展人员(人)														R&D 经费情况(千元)					
		按学历学位划分								其他人员		折合全时人员(人年)		当年经费收入合计		其中:科研事业费		当年经费支出合计	
初级		博士毕业		硕士毕业		本科毕业		其他学历											
31	367	99	306	618	37	641	14	0	454	0	322	265.6	71	7 868	443	2 224.5	450	7 709.71	431
40	295	192	185	205	318	90	349	0	454	6	103	141.6	192	22 539	185	18 246	97	19 962.29	184
25	441	78	356	251	245	91	342	0	454	0	322	110.1	268	25 239.37	170	12 797.45	133	19 841.21	188
12	644	30	554	38	923	31	688	0	454	3	149	38.1	634	8 895.79	406	1 599.04	516	7 455.41	442
0	1 076	21	621	47	876	16	815	0	454	0	322	16.3	849	3 213.5	675	1 513.5	529	2 755.38	677
2	968	29	560	8	1 103	2	1 045	0	454	0	322	7.4	990	7 383	456	737	673	8 230.13	410
7	784	2	917	46	882	23	750	0	454	0	322	11	923	877	896	440.5	764	524.05	960
3	922	10	748	160	442	24	741	0	454	0	322	22.3	778	1 205.7	857	106	940	1 080.65	840
49	228	24	595	115	586	32	675	0	454	0	322	47.1	569	2 716	708	621	701	2 159.7	735
25	441	9	766	69	769	55	527	0	454	2	187	17.8	829	1 707	793	33.5	1 027	1 731.2	775
21	491	94	313	114	589	10	880	0	454	0	322	76.7	390	6 082.5	516	3 168	376	4 447.39	569
20	508	4	850	97	667	54	531	2	255	0	322	33.3	683	3 901.25	626	682	686	3 917.25	597
16	567	22	613	54	835	35	650	0	454	0	322	22.9	769	1 511	819	500	743	1 779.26	769
3	922	1	972	13	1 066	5	981	0	454	1	235	4.3	1 061	473	991	365	792	212	1 066
85	88	4	850	165	424	132	235	3	218	0	322	92.2	333	4 118	606	478	753	3 978.79	592
31	367	8	779	132	533	41	612	0	454	3	149	22	783	2 819	702	1 456	535	2 225	727
17	543	7	790	145	491	66	453	0	454	3	149	34.5	672	5 001.1	572	620.2	703	4 874.1	549
7	784	9	766	88	694	13	844	0	454	0	322	20	804	853	901	60	986	556.5	946
2	968	2	917	27	989	8	912	0	454	0	322	17.3	833	386.5	1 019	66	978	339.75	1 021
40	295	23	602	163	430	40	624	0	454	0	322	54.3	519	1 928.4	769	1 306.4	555	1 928.4	755
56	195	20	629	291	204	78	401	1	333	0	322	81.3	377	5 225	556	108	939	4 532.53	565
43	269	141	240	171	406	42	605	9	95	9	79	65.1	436	11 636.5	340	2 666.5	416	11 623.9	316
12	644	2	917	20	1 031	9	897	0	454	0	322	7.4	990	166	1 098	66	978	161.5	1 094
38	314	2	917	125	558	64	464	0	454	0	322	34.5	672	4 316	597	528	730	2 910	670
1	1 014	5	827	24	1 008	5	981	0	454	1	235	6.6	1 009	1 287.8	845	323.2	808	1 203.26	832
1	1 014	0	1 031	17	1 050	2	1 045	1	333	0	322	2.2	1 109	340	1 036	150	902	327	1 025
3	922	1	972	42	900	3	1 028	0	454	0	322	5.4	1 033	700.2	934	130.2	918	525.92	959
0	1 076	0	1 031	6	1 114	2	1 045	0	454	0	322	1	1 137	71	1 133	40	1 012	176	1 083
2	968	5	827	75	741	26	725	0	454	0	322	13.6	888	4 319.5	596	2 469.5	433	2 807	675
1	1 014	65	390	78	731	2	1 045	0	454	0	322	27	727	4 353	595	230	852	4 157.63	585
55	200	35	530	136	515	46	582	0	454	0	322	26.3	731	4 875.9	575	287	821	5 013.22	540
3	922	7	790	53	843	33	671	0	454	0	322	18.4	822	2 450.42	725	1 542.53	526	1 461.95	809
13	622	3	876	54	835	29	705	0	454	1	235	19.1	813	738.6	924	191	870	695.9	915
1	1 014	2	917	22	1 016	4	1 003	0	454	0	322	3	1 094	355	1 032	175	882	305.11	1 034
17	543	14	685	50	857	34	662	1	333	0	322	22.6	771	1 149.4	864	117	928	1 043.61	848

学校名称	社科活动人员(人)																	
	合计		按职称划分								其他人员		合计		按职称划分			
			小计		高级		中级		初级						高级		中级	
成都东软学院	20	1 172	20	1 172	15	1 027	5	1 177	0	1 162	0	180	9	1 116	3	1 072	6	1 097
湖南商学院北津学院	28	1 165	28	1 165	0	1 177	17	1 156	11	1 053	0	180	0	1 154	0	1 134	0	1 150
湖南农业大学东方科技学院	95	1 085	95	1 083	10	1 075	71	1 003	14	1 013	0	180	70	883	13	920	56	753
湖南文理学院芙蓉学院	81	1 106	81	1 106	10	1 075	40	1 106	31	817	0	180	16	1 089	2	1 087	11	1 058
广东技术师范学院天河学院	239	848	239	845	23	985	204	543	12	1 038	0	180	47	963	8	977	38	863
东南大学成贤学院	42	1 150	42	1 149	9	1 090	30	1 124	3	1 135	0	180	41	984	8	977	32	900
厦门华厦学院	143	1 012	143	1 008	38	924	73	994	32	794	0	180	57	937	19	878	34	885
闽南理工学院	337	714	337	711	33	950	150	733	154	110	0	180	58	926	4	1 057	41	846
西安欧亚学院	275	796	275	793	45	897	180	623	50	616	0	180	69	888	19	878	47	806
西安外事学院	396	613	395	610	105	696	235	452	55	568	1	140	120	765	43	743	67	694
西安翻译学院	460	517	460	516	64	828	318	263	78	405	0	180	160	678	21	866	124	454
西京学院	210	899	209	900	57	852	128	802	24	885	1	140	128	747	31	813	89	598
齐齐哈尔工程学院	102	1 078	102	1 077	30	961	63	1 033	9	1 068	0	180	25	1 050	7	994	15	1 028
新疆警察学院	269	803	269	801	77	794	169	661	23	895	0	180	158	681	70	631	75	649
铁道警察学院	311	747	311	745	120	644	150	733	41	705	0	180	321	424	141	414	148	386
郑州科技学院	453	524	453	524	18	1 016	156	710	279	12	0	180	577	218	44	737	259	174
郑州工业应用技术学院	376	645	376	641	34	945	174	639	168	90	0	180	66	896	9	966	35	879
重庆警察学院	219	884	219	881	75	801	135	782	9	1 068	0	180	109	784	38	770	70	667
江西工程学院	167	968	167	964	19	1 011	96	919	52	597	0	180	43	975	14	910	27	939
山西应用科技学院	345	700	345	697	11	1 062	37	1 109	297	8	0	180	24	1 053	0	1 134	7	1 092
河北传媒学院	238	849	238	847	41	913	125	814	72	440	0	180	234	552	64	655	136	425
浙江越秀外国语学院	756	205	756	205	267	256	390	160	99	284	0	180	642	183	230	253	362	89
南昌理工学院	430	561	430	559	63	831	280	337	87	351	0	180	60	918	12	930	46	812
河北工程技术学院	139	1 015	139	1 011	30	961	54	1 067	55	568	0	180	145	710	57	687	75	649
上海建桥学院	381	634	381	630	47	886	152	727	182	73	0	180	33	1 011	6	1 015	10	1 069
北京吉利学院	163	977	163	975	31	959	50	1 079	82	381	0	180	0	1 154	0	1 134	0	1 150
安徽文达信息工程学院	154	992	136	1 018	4	1 144	47	1 088	85	363	18	27	23	1 055	0	1 134	12	1 051
潍坊科技学院	134	1 022	134	1 020	23	985	100	900	11	1 053	0	180	38	994	7	994	31	914
上海兴伟学院	9	1 180	9	1 180	2	1 161	4	1 179	3	1 135	0	180	0	1 154	0	1 134	0	1 150
泰州学院	356	684	356	680	151	538	184	611	21	928	0	180	286	479	151	393	121	463
亳州学院	297	762	297	761	87	756	118	835	92	322	0	180	124	752	58	677	36	875
江西应用科技学院	133	1 024	133	1 022	9	1 090	57	1 053	67	477	0	180	0	1 154	0	1 134	0	1 150
郑州师范学院	563	371	563	367	178	463	247	410	138	149	0	180	265	510	112	482	93	584
福建师范大学闽南科技学院	196	920	196	918	11	1 062	87	951	98	290	0	180	60	918	14	910	39	857
福建农林大学东方学院	108	1 066	108	1 065	6	1 121	62	1 037	40	718	0	180	47	963	3	1 072	27	939
宁波大红鹰学院	603	317	603	314	140	575	339	230	124	191	0	180	1 940	23	519	74	999	2

续表

研究发展人员(人)														R&D 经费情况(千元)					
		按学历学位划分								其他人员		折合全时人员(人年)		当年经费收入合计				当年经费支出合计	
初级		博士毕业		硕士毕业		本科毕业		其他学历								其中:科研事业费			
0	1 076	0	1 031	7	1 108	2	1 045	0	454	0	322	2.9	1 096	58.5	1 141	14.5	1 065	59.5	1 138
0	1 076	0	1 031	0	1 149	0	1 107	0	454	0	322	0	1 154	0	1 158	0	1 101	0	1 158
1	1 014	0	1 031	68	771	2	1 045	0	454	0	322	9.7	949	620	954	243.5	846	363.36	1 009
3	922	0	1 031	15	1 057	1	1 076	0	454	0	322	3.6	1 075	261	1 055	0	1 101	280.7	1 041
1	1 014	4	850	36	934	7	930	0	454	0	322	5.8	1 026	3 278	669	90	956	3 156.5	655
1	1 014	2	917	30	969	9	897	0	454	0	322	5.2	1 035	566.8	971	259.8	839	507.72	964
4	883	3	876	41	906	13	844	0	454	0	322	7	998	760	917	157	897	517.49	963
13	622	0	1 031	26	996	32	675	0	454	0	322	7.2	995	698.2	936	120	923	413.69	992
3	922	4	850	65	788	0	1 107	0	454	0	322	12.2	908	418	1 007	174	886	532.2	958
9	721	5	827	106	619	9	897	0	454	1	235	14.1	879	3 722	638	190	871	3 143.48	657
13	622	4	850	149	473	7	930	0	454	2	187	30.2	705	3 516.25	656	635	695	3 219.93	650
7	784	15	675	88	694	25	731	0	454	1	235	25.3	746	11 552.7	344	270	831	11 701.3	311
3	922	0	1 031	16	1 054	9	897	0	454	0	322	3.1	1 088	219	1 072	12	1 068	199.3	1 072
9	721	12	716	96	672	50	552	0	454	4	127	25.7	737	1 794.6	783	920.6	635	1 912.6	756
31	367	27	573	208	311	86	361	0	454	1	235	52.4	533	2 694	711	704	680	2 021.9	747
270	3	4	850	410	92	159	181	4	186	4	127	88.3	353	2 661	712	270	831	2 621.6	689
17	543	0	1 031	53	843	13	844	0	454	5	113	8.4	970	1 722	792	0	1 101	1 722	776
1	1 014	33	540	56	827	19	783	1	333	0	322	13.5	889	1 360	840	505	741	1 698.68	779
2	968	2	917	36	934	5	981	0	454	0	322	5.1	1 038	419	1 005	102	943	447.2	981
17	543	0	1 031	16	1 054	8	912	0	454	0	322	5	1 041	113	1 116	20	1 046	109.3	1 114
32	354	3	876	174	396	55	527	2	255	2	187	42.7	601	6 240.28	507	13	1 067	6 240.28	477
50	220	134	249	411	89	95	334	2	255	0	322	130.9	214	16 521.82	259	2 671.73	414	10 963.22	338
2	968	2	917	45	886	13	844	0	454	0	322	21.7	789	1 811.1	779	532.5	728	1 811.1	765
13	622	0	1 031	88	694	57	515	0	454	0	322	29	712	400	1 013	9	1 080	403	997
17	543	2	917	30	969	1	1 076	0	454	0	322	3.9	1 066	2 568.62	718	1 045.5	605	2 336.06	719
0	1 076	0	1 031	0	1 149	0	1 107	0	454	0	322	0	1 154	0	1 158	0	1 101	0	1 158
10	691	0	1 031	16	1 054	7	930	0	454	1	235	3.9	1 066	216.5	1 074	60	986	179.5	1 082
0	1 076	1	972	31	962	6	947	0	454	0	322	9.5	952	2 040	754	970	627	2 041	743
0	1 076	0	1 031	0	1 149	0	1 107	0	454	0	322	0	1 154	184.64	1 086	0	1 101	184.64	1 081
14	602	55	425	131	538	100	319	0	454	0	322	57.4	499	3 302	665	585	711	2 692.93	683
30	383	8	779	86	704	30	699	0	454	0	322	16.7	838	1 502	821	698	682	1 337.4	820
0	1 076	0	1 031	0	1 149	0	1 107	0	454	0	322	0	1 154	0	1 158	0	1 101	0	1 158
27	417	68	383	143	499	38	635	16	59	33	18	34.1	678	1 413.42	831	381.1	788	1 568.92	794
7	784	2	917	33	955	25	731	0	454	0	322	8.3	971	628.5	952	175	882	434.73	986
17	543	0	1 031	24	1 008	23	750	0	454	0	322	6.9	1 001	369.5	1 026	110	936	352.84	1 014
393	1	180	192	815	12	914	6	31	31	29	21	389.2	29	27 137.94	147	3 491.28	353	25 142.68	146

学校名称	社科活动人员(人)																	
	合计		按职称划分								其他人员		合计		按职称划分			
			小计		高级		中级		初级						高级		中级	
山东英才学院	582	337	582	335	200	406	342	227	40	718	0	180	350	400	140	419	204	255
青岛恒星科技学院	284	781	284	779	11	1 062	54	1 067	219	33	0	180	73	872	5	1 038	23	970
浙江大学城市学院	269	803	269	801	99	726	141	759	29	838	0	180	424	319	165	362	225	230
浙江大学宁波理工学院	251	835	251	832	85	760	147	743	19	952	0	180	164	671	67	643	90	595
杭州医学院	56	1 135	56	1 133	18	1 016	31	1 121	7	1 093	0	180	53	947	19	878	31	914
安徽外国语学院	369	660	360	674	6	1 121	212	515	142	136	9	42	56	939	4	1 057	37	869
河北美术学院	534	415	513	435	162	508	282	334	69	464	21	24	253	525	136	429	106	520
厦门工学院	168	964	168	961	8	1 101	72	999	88	346	0	180	64	902	11	941	43	826
西安思源学院	383	633	381	630	57	852	199	562	125	188	2	114	149	701	30	819	104	529
陕西国际商贸学院	267	807	267	805	11	1 062	170	656	86	355	0	180	135	733	5	1 038	97	566
陕西服装工程学院	34	1 159	34	1 158	7	1 111	26	1 132	1	1 153	0	180	12	1 106	1	1 110	11	1 058
北京师范大学珠海分校	518	431	518	429	163	504	329	244	26	865	0	180	419	329	177	340	228	228
武汉晴川学院	52	1 141	52	1 140	13	1 043	28	1 127	11	1 053	0	180	22	1 062	5	1 038	13	1 040
大连理工大学城市学院	142	1 013	139	1 011	91	748	42	1 101	6	1 105	3	90	43	975	30	819	13	1 040
沈阳工学院	279	790	279	786	108	679	141	759	30	828	0	180	16	1 089	12	930	4	1 118
大连工业大学艺术与信息工程学院	121	1 045	114	1 053	9	1 090	69	1 010	36	751	7	53	0	1 154	0	1 134	0	1 150
大连科技学院	297	762	267	805	82	771	98	906	87	351	30	16	58	926	34	793	21	986
沈阳城市建设学院	168	964	162	976	7	1 111	64	1 026	91	330	6	57	9	1 116	1	1 110	7	1 092
大连医科大学中山学院	74	1 112	74	1 112	15	1 027	47	1 088	12	1 038	0	180	0	1 154	0	1 134	0	1 150
锦州医科大学医疗学院	20	1 172	16	1 175	1	1 167	8	1 172	7	1 093	4	76	0	1 154	0	1 134	0	1 150
辽宁师范大学海华学院	103	1 074	103	1 073	11	1 062	56	1 058	36	751	0	180	123	756	24	846	59	735
辽宁理工学院	99	1 081	95	1 083	34	945	41	1 103	20	940	4	76	63	905	23	854	25	958
大连财经学院	223	878	222	877	76	800	80	979	66	482	1	140	42	979	29	826	9	1 075
沈阳城市学院	359	679	327	727	69	819	133	785	125	188	32	15	26	1 046	11	941	8	1 084
湖北大学知行学院	111	1 060	111	1 058	20	1 003	62	1 037	29	838	0	180	0	1 154	0	1 134	0	1 150
武汉科技大学城市学院	153	996	153	995	33	950	79	981	41	705	0	180	6	1 132	2	1 087	4	1 118
三峡大学科技学院	70	1 119	69	1 119	14	1 034	43	1 098	12	1 038	1	140	6	1 132	2	1 087	4	1 118
江汉大学文理学院	73	1 116	73	1 115	11	1 062	51	1 076	11	1 053	0	180	31	1 023	4	1 057	23	970
湖北工业大学工程技术学院	42	1 150	42	1 149	14	1 034	26	1 132	2	1 142	0	180	39	989	12	930	25	958
武昌工学院	230	867	230	865	63	831	123	817	44	680	0	180	82	850	37	777	42	835
武汉工商学院	393	616	378	637	47	886	161	692	170	88	15	29	41	984	9	966	13	1 040
长江大学工程技术学院	75	1 111	75	1 111	13	1 043	61	1 045	1	1 153	0	180	9	1 116	2	1 087	7	1 092
长江大学文理学院	103	1 074	103	1 073	23	985	66	1 019	14	1 013	0	180	1	1 153	0	1 134	1	1 144
湖北商贸学院	133	1 024	133	1 022	41	913	69	1 010	23	895	0	180	63	905	22	862	35	879
湖北民族学院科技学院	28	1 165	28	1 165	3	1 149	8	1 172	17	974	0	180	5	1 139	1	1 110	3	1 129
湖北经济学院法商学院	122	1 044	122	1 042	38	924	52	1 073	32	794	0	180	45	972	7	994	24	964
武汉体育学院体育科技学院	14	1 178	14	1 178	3	1 149	11	1 165	0	1 162	0	180	12	1 106	3	1 072	9	1 075
湖北文理学院理工学院	74	1 112	73	1 115	1	1 167	42	1 101	30	828	1	140	2	1 149	1	1 110	0	1 150
文华学院	245	837	245	835	42	905	143	753	60	534	0	180	66	896	15	904	44	818
浙江工业大学之江学院	287	778	287	776	79	785	130	796	78	405	0	180	149	701	53	703	53	768
浙江师范大学行知学院	118	1 051	118	1 048	46	893	56	1 058	16	988	0	180	140	724	64	655	52	776

续表

研究发展人员(人)														R&D经费情况(千元)					
		按学历学位划分								其他人员		折合全时人员(人年)		当年经费收入合计		其中:科研事业费		当年经费支出合计	
初级		博士毕业		硕士毕业		本科毕业		其他学历											
6	814	14	685	295	194	41	612	0	454	0	322	63.5	453	16 098.92	269	80.32	965	5 447.67	513
45	253	0	1 031	45	886	27	717	1	333	0	322	9	961	222	1 071	0	1 101	159	1 096
31	367	144	237	163	430	39	632	78	18	3	149	95.3	320	28 423	142	6 382.18	232	27 524.5	133
7	784	106	289	54	835	4	1 003	0	454	0	322	47.1	569	22 793.95	182	8 004.45	192	8 652.87	393
3	922	3	876	41	906	9	897	0	454	0	322	6.3	1 017	1 080.22	874	0	1 101	507.19	965
15	585	2	917	40	912	14	836	0	454	0	322	6.5	1 010	494	989	45	1 006	506.85	966
10	691	4	850	167	418	81	388	1	333	1	235	79.7	381	4 459.9	592	0	1 101	4 459.9	568
10	691	4	850	50	857	10	880	0	454	0	322	10	942	1 504.8	820	115	930	1 427.61	814
14	602	2	917	120	567	26	725	1	333	1	235	51.3	539	3 163.22	683	105	942	2 986.89	664
33	345	3	876	123	562	9	897	0	454	0	322	15.3	861	752.76	920	350	796	269.51	1 046
0	1 076	0	1 031	5	1 125	7	930	0	454	0	322	1.3	1 133	56	1 142	0	1 101	56	1 140
11	666	147	230	226	279	41	612	5	160	3	149	92.7	331	16 421.07	263	1 919	478	11 844.69	309
4	883	1	972	20	1 031	1	1 076	0	454	0	322	7.6	988	718.84	932	35	1 020	467.82	975
0	1 076	4	850	36	934	3	1 028	0	454	0	322	7.1	996	288	1 048	75	971	213	1 065
0	1 076	7	790	9	1 098	0	1 107	0	454	0	322	3.9	1 066	268	1 054	151	900	269	1 047
0	1 076	0	1 031	0	1 149	0	1 107	0	454	0	322	0	1 154	0	1 158	0	1 101	0	1 158
3	922	3	876	47	876	8	912	0	454	0	322	18.1	825	584.9	963	5	1 090	679.04	919
1	1 014	0	1 031	6	1 114	3	1 028	0	454	0	322	3.4	1 080	100.2	1 120	0	1 101	114.2	1 112
0	1 076	0	1 031	0	1 149	0	1 107	0	454	0	322	0	1 154	0	1 158	0	1 101	0	1 158
0	1 076	0	1 031	0	1 149	0	1 107	0	454	0	322	0	1 154	0	1 158	0	1 101	0	1 158
17	543	4	850	95	674	24	741	0	454	23	33	20.1	801	876.29	897	42	1 010	887.23	871
15	585	1	972	44	892	18	797	0	454	0	322	12.3	907	1 039.2	877	10	1 072	506	967
4	883	8	779	33	955	1	1 076	0	454	0	322	8.2	977	553	976	115	930	616	930
7	784	0	1 031	21	1 025	5	981	0	454	0	322	7.7	987	1 090	873	10	1 072	966.9	860
0	1 076	0	1 031	0	1 149	0	1 107	0	454	0	322	0	1 154	0	1 158	0	1 101	0	1 158
0	1 076	0	1 031	6	1 114	0	1 107	0	454	0	322	1	1 137	60	1 138	10	1 072	65	1 134
0	1 076	0	1 031	6	1 114	0	1 107	0	454	0	322	1.4	1 129	42	1 146	0	1 101	44.25	1 144
4	883	3	876	27	989	1	1 076	0	454	0	322	6	1 023	406.78	1 012	9	1 080	354.78	1 013
2	968	2	917	35	945	2	1 045	0	454	0	322	4.5	1 054	51	1 144	1	1 100	60	1 137
2	968	7	790	61	810	14	836	0	454	1	235	13.9	882	574.85	969	69.8	974	540.46	952
18	528	4	850	32	958	5	981	0	454	1	235	7.1	996	2 615.9	715	716	676	4 393.95	571
0	1 076	0	1 031	9	1 098	0	1 107	0	454	0	322	1.9	1 114	93	1 122	8	1 083	95	1 121
0	1 076	0	1 031	1	1 145	0	1 107	0	454	0	322	0.3	1 149	17	1 155	0	1 101	17	1 152
6	814	3	876	57	823	3	1 028	0	454	0	322	15.2	862	824.4	908	0	1 101	824.4	882
1	1 014	0	1 031	5	1 125	0	1 107	0	454	0	322	0.9	1 141	46	1 145	6	1 088	47	1 143
14	602	3	876	42	900	0	1 107	0	454	0	322	5.5	1 031	307.6	1 042	6.4	1 087	308.2	1 031
0	1 076	2	917	10	1 093	0	1 107	0	454	0	322	1.7	1 121	135	1 108	20	1 046	105.33	1 117
1	1 014	0	1 031	1	1 145	1	1 076	0	454	0	322	1	1 137	126.3	1 110	0	1 101	126.3	1 105
7	784	14	685	48	871	4	1 003	0	454	0	322	16.4	846	1 270.52	848	201.56	862	1 000.17	852
43	269	16	666	117	578	15	826	1	333	0	322	24.6	751	7 930.74	437	192	868	4 233.61	581
24	454	13	697	102	641	25	731	0	454	0	322	40.3	619	1 578.25	809	77	970	1 767.33	771

学校名称	社科活动人员(人)																	
	合计		按职称划分								其他人员		合计		按职称划分			
			小计		高级		中级		初级						高级		中级	
宁波大学科学技术学院	216	888	216	886	41	913	138	769	37	743	0	180	106	792	44	737	51	781
杭州电子科技大学信息工程学院	84	1 102	84	1 101	24	981	46	1 090	14	1 013	0	180	6	1 132	4	1 057	2	1 137
浙江理工大学科技与艺术学院	191	930	191	927	21	999	121	828	49	624	0	180	145	710	23	854	92	587
浙江海洋大学东海科学技术学院	86	1 097	86	1 096	20	1 003	33	1 114	33	782	0	180	50	952	15	904	13	1 040
浙江农林大学暨阳学院	154	992	154	991	38	924	71	1 003	45	668	0	180	109	784	39	766	47	806
温州医科大学仁济学院	55	1 137	55	1 136	3	1 149	26	1 132	26	865	0	180	23	1 055	6	1 015	12	1 051
杭州师范大学钱江学院	186	936	186	933	49	879	115	848	22	911	0	180	46	966	15	904	31	914
绍兴文理学院元培学院	149	1 000	149	999	29	966	85	957	35	762	0	180	67	892	5	1 038	39	857
温州大学瓯江学院	155	988	155	987	32	954	92	932	31	817	0	180	58	926	15	904	34	885
浙江工商大学杭州商学院	215	891	215	888	73	806	41	1 103	101	277	0	180	38	994	5	1 038	16	1 020
嘉兴学院南湖学院	189	933	189	929	28	973	92	932	69	464	0	180	37	996	14	910	14	1 034
中国计量大学现代科技学院	89	1 092	89	1 092	20	1 003	63	1 033	6	1 105	0	180	24	1 053	11	941	13	1 040
浙江财经大学东方学院	361	674	361	669	93	743	176	628	92	322	0	180	103	801	13	920	53	768
黑龙江外国语学院	236	854	236	852	61	841	163	685	12	1 038	0	180	106	792	33	798	69	677
黑龙江财经学院	162	978	162	976	80	780	66	1 019	16	988	0	180	10	1 113	6	1 015	4	1 118
哈尔滨石油学院	67	1 126	67	1 125	20	1 003	44	1 094	3	1 135	0	180	2	1 149	0	1 134	2	1 137
黑龙江工商学院	129	1 033	129	1 031	18	1 016	70	1 006	41	705	0	180	8	1 123	2	1 087	5	1 108
哈尔滨远东理工学院	268	805	268	803	106	689	149	737	13	1 028	0	180	0	1 154	0	1 134	0	1 150
哈尔滨剑桥学院	156	987	156	985	22	993	115	848	19	952	0	180	7	1 128	1	1 110	6	1 097
黑龙江工程学院昆仑旅游学院	89	1 092	89	1 092	29	966	28	1 127	32	794	0	180	0	1 154	0	1 134	0	1 150
哈尔滨广厦学院	104	1 072	104	1 071	13	1 043	59	1 048	32	794	0	180	0	1 154	0	1 134	0	1 150
哈尔滨华德学院	0	1 183	0	1 183	0	1 177	0	1 182	0	1 162	0	180	0	1 154	0	1 134	0	1 150
青岛黄海学院	378	642	378	637	79	785	154	719	145	129	0	180	28	1 038	9	966	14	1 034
山东现代学院	41	1 153	41	1 152	6	1 121	26	1 132	9	1 068	0	180	69	888	10	953	47	806
山东协和学院	531	419	531	416	104	701	165	678	262	18	0	180	264	511	102	511	65	706
宁夏大学新华学院	147	1 005	92	1 090	0	1 177	23	1 139	69	464	55	10	51	949	1	1 110	6	1 097
云南大学滇池学院	330	725	330	722	31	959	171	651	128	177	0	180	195	630	37	777	109	505
云南大学旅游文化学院	547	394	547	393	37	934	236	446	274	13	0	180	297	460	37	777	170	322
昆明理工大学津桥学院	133	1 024	133	1 022	38	924	81	974	14	1 013	0	180	39	989	12	930	26	948
云南师范大学商学院	268	805	268	803	53	865	163	685	52	597	0	180	58	926	27	838	26	948
云南师范大学文理学院	232	862	232	860	40	916	108	870	84	370	0	180	259	517	36	786	143	401
昆明医科大学海源学院	106	1 070	106	1 069	12	1 054	57	1 053	37	743	0	180	89	834	8	977	51	781
云南艺术学院文华学院	231	864	231	862	46	893	91	938	94	306	0	180	96	817	24	846	43	826
烟台大学文经学院	263	817	263	814	37	934	138	769	88	346	0	180	69	888	20	873	45	814

续表

研究发展人员(人)														R&D 经费情况(千元)					
		按学历学位划分								其他人员		折合全时人员(人年)		当年经费收入合计				当年经费支出合计	
初级		博士毕业		硕士毕业		本科毕业		其他学历								其中:科研事业费			
11	666	13	697	90	690	3	1 028	0	454	0	322	19.6	809	3 282.18	668	939	631	2 001.94	748
0	1 076	1	972	5	1 125	0	1 107	0	454	0	322	1.6	1 122	804.88	909	0	1 101	124.62	1 106
30	383	3	876	115	586	27	717	0	454	0	322	24.1	756	1 672.6	798	98	950	1 548.23	796
22	483	1	972	46	882	3	1 028	0	454	0	322	19.9	807	1 539.72	814	16	1 060	1 533.69	799
23	463	13	697	83	716	13	844	0	454	0	322	13.2	895	949.6	884	101	944	891.51	868
5	838	1	972	21	1 025	1	1 076	0	454	0	322	3.5	1 077	131	1 109	26	1 039	159.5	1 095
0	1 076	11	732	31	962	4	1 003	0	454	0	322	14.8	870	1 166.02	862	427	770	1 243.27	827
23	463	0	1 031	64	792	3	1 028	0	454	0	322	8.3	971	913.2	890	5	1 090	858.86	874
9	721	1	972	48	871	9	897	0	454	0	322	20.1	801	6 003.1	526	310	814	5 910.2	492
17	543	6	808	31	962	1	1 076	0	454	0	322	8.2	977	2 014.41	760	287	821	1 740.91	773
9	721	3	876	24	1 008	10	880	0	454	0	322	4.7	1 050	934.9	888	280	825	784.02	894
0	1 076	7	790	13	1 066	4	1 003	0	454	0	322	3.1	1 088	579	965	345.5	801	254.56	1 053
37	319	12	716	83	716	8	912	0	454	0	322	13	899	3 240.21	671	370	791	3 243.11	645
4	883	1	972	75	741	30	699	0	454	0	322	42	605	1 954	766	1 102	596	1 308.31	822
0	1 076	0	1 031	8	1 103	2	1 045	0	454	0	322	1	1 137	72	1 132	32	1 029	63.8	1 135
0	1 076	0	1 031	2	1 138	0	1 107	0	454	0	322	0.3	1 149	29	1 154	20	1 046	12	1 155
1	1 014	0	1 031	4	1 129	4	1 003	0	454	0	322	0.9	1 141	64	1 137	4	1 095	40.6	1 145
0	1 076	0	1 031	0	1 149	0	1 107	0	454	0	322	0	1 154	0	1 158	0	1 101	0	1 158
0	1 076	0	1 031	7	1 108	0	1 107	0	454	0	322	1.6	1 122	78.24	1 130	4	1 095	75.24	1 131
0	1 076	0	1 031	0	1 149	0	1 107	0	454	0	322	0	1 154	0	1 158	0	1 101	0	1 158
0	1 076	0	1 031	0	1 149	0	1 107	0	454	0	322	0	1 154	0	1 158	0	1 101	0	1 158
0	1 076	0	1 031	0	1 149	0	1 107	0	454	0	322	0	1 154	0	1 158	0	1 101	0	1 158
5	838	2	917	21	1 025	5	981	0	454	0	322	2.8	1 099	256	1 058	65	980	186	1 080
12	644	0	1 031	48	871	21	766	0	454	0	322	9.3	957	668.42	944	20	1 046	383.42	1 001
97	69	27	573	193	356	43	597	1	333	0	322	31.8	692	5 522.05	543	891.85	645	5 383.91	518
32	354	0	1 031	35	945	16	815	0	454	12	67	13.7	886	294	1 046	40	1 012	339.1	1 023
49	228	9	766	118	575	68	448	0	454	0	322	30.9	698	6 630.16	489	2 421.2	436	6 462.46	473
90	80	3	876	180	378	114	286	0	454	0	322	43.7	587	3 292.5	666	359.5	793	3 052.47	660
1	1 014	0	1 031	35	945	4	1 003	0	454	0	322	6.4	1 014	699.8	935	35	1 020	884.5	872
5	838	0	1 031	52	846	6	947	0	454	0	322	15.1	864	1 126.4	869	513.4	737	907.6	866
80	106	0	1 031	229	273	30	699	0	454	0	322	43.3	594	1 952.8	767	97.5	951	2 848.8	673
30	383	0	1 031	47	876	41	612	1	333	0	322	14.5	873	230.4	1 068	20.5	1 044	233.4	1 059
29	393	0	1 031	62	806	34	662	0	454	0	322	25.4	743	1 390	835	120	923	1 536.2	798
4	883	3	876	60	816	6	947	0	454	0	322	8.8	964	577	968	346	799	578.5	941

学校名称	社科活动人员(人)																	
	合计		按职称划分								其他人员		合计		按职称划分			
			小计		高级		中级		初级						高级		中级	
聊城大学东昌学院	197	916	197	914	49	879	94	925	54	577	0	180	121	761	42	747	63	720
青岛理工大学琴岛学院	459	519	459	518	92	746	154	719	213	42	0	180	79	852	49	718	26	948
山东师范大学历山学院	159	983	159	981	10	1 075	25	1 136	124	191	0	180	93	825	6	1 015	32	900
中国石油大学胜利学院	231	864	231	862	77	794	100	900	54	577	0	180	70	883	13	920	37	869
河北科技学院	123	1 043	123	1 041	10	1 075	55	1 064	58	549	0	180	15	1 096	10	953	5	1 108
河北外国语学院	291	772	291	769	47	886	101	896	143	134	0	180	201	620	41	755	86	611
河北大学工商学院	136	1 020	136	1 018	22	993	100	900	14	1 013	0	180	101	806	35	791	49	799
华北理工大学轻工学院	119	1 047	119	1 044	16	1 026	63	1 033	40	718	0	180	35	1 004	11	941	20	997
河北科技大学理工学院	73	1 116	73	1 115	15	1 027	48	1 085	10	1 060	0	180	11	1 111	0	1 134	11	1 058
河北师范大学汇华学院	153	996	153	995	10	1 075	84	962	59	543	0	180	107	790	8	977	70	667
河北经贸大学经济管理学院	56	1 135	56	1 133	23	985	29	1 126	4	1 127	0	180	22	1 062	16	897	6	1 097
河北医科大学临床学院	24	1 170	24	1 170	5	1 133	13	1 162	6	1 105	0	180	4	1 142	1	1 110	3	1 129
华北电力大学科技学院	132	1 027	132	1 025	7	1 111	93	929	32	794	0	180	14	1 101	2	1 087	11	1 058
江西服装学院	240	843	240	841	51	873	121	828	68	469	0	180	75	861	27	838	42	835
南昌工学院	725	226	725	224	61	841	237	442	427	1	0	180	117	771	17	890	68	685
南昌大学共青学院	119	1 047	119	1 044	5	1 133	82	968	32	794	0	180	18	1 079	5	1 038	10	1 069
华东交通大学理工学院	130	1 032	130	1 030	8	1 101	75	989	47	649	0	180	22	1 062	5	1 038	16	1 020
东华理工大学长江学院	57	1 134	57	1 132	12	1 054	8	1 172	37	743	0	180	15	1 096	4	1 057	1	1 144
江西理工大学应用科学学院	128	1 035	128	1 033	22	993	99	905	7	1 093	0	180	45	972	11	941	33	892
景德镇陶瓷大学科技艺术学院	165	973	165	970	25	978	73	994	67	477	0	180	0	1 154	0	1 134	0	1 150
江西农业大学南昌商学院	157	984	157	983	8	1 101	87	951	62	515	0	180	63	905	10	953	43	826
江西中医药大学科技学院	25	1 168	25	1 168	1	1 167	15	1 159	9	1 068	0	180	5	1 139	3	1 072	2	1 137
江西师范大学科学技术学院	64	1 128	64	1 127	9	1 090	32	1 118	23	895	0	180	16	1 089	2	1 087	11	1 058
赣南师范大学科技学院	104	1 072	104	1 071	13	1 043	81	974	10	1 060	0	180	37	996	6	1 015	30	921
江西科技师范大学理工学院	16	1 176	16	1 175	4	1 144	10	1 168	2	1 142	0	180	13	1 103	2	1 087	8	1 084
江西财经大学现代经济管理学院	108	1 066	108	1 065	13	1 043	62	1 037	33	782	0	180	0	1 154	0	1 134	0	1 150
阳光学院	184	942	184	939	29	966	127	807	28	849	0	180	161	677	38	770	113	489
厦门大学嘉庚学院	470	510	470	507	129	617	217	505	124	191	0	180	674	171	245	233	302	129
福州大学至诚学院	240	843	240	841	11	1 062	111	860	118	211	0	180	127	748	10	953	101	540
集美大学诚毅学院	306	752	306	750	61	841	182	619	63	505	0	180	113	778	34	793	75	649
福建师范大学协和学院	210	899	210	898	34	945	138	769	38	734	0	180	136	729	42	747	88	601
郑州财经学院	235	857	235	855	13	1 043	129	797	93	315	0	180	389	359	28	831	241	203
黄河交通学院	110	1 063	110	1 061	9	1 090	92	932	9	1 068	0	180	65	900	3	1 072	54	766
商丘工学院	217	886	217	883	12	1 054	115	848	90	338	0	180	21	1 068	5	1 038	12	1 051
河南大学民生学院	60	1 131	60	1 130	1	1 167	18	1 155	41	705	0	180	4	1 142	0	1 134	3	1 129
河南师范大学新联学院	179	952	179	950	10	1 075	100	900	69	464	0	180	80	851	7	994	57	745

续表

研究发展人员(人)														R&D 经费情况(千元)					
		按学历学位划分								其他人员		折合全时人员(人年)		当年经费收入合计				当年经费支出合计	
初级		博士毕业		硕士毕业		本科毕业		其他学历								其中:科研事业费			
16	567	1	972	105	625	15	826	0	454	0	322	21.5	793	847.55	904	56.2	996	790.05	893
4	883	4	850	68	771	7	930	0	454	0	322	13.5	889	1 265	849	65	980	1 592	791
55	200	1	972	84	713	8	912	0	454	0	322	19.2	812	1 617.15	804	49	1 001	1 017.16	850
20	508	0	1 031	63	797	7	930	0	454	0	322	8.7	966	643.49	950	41.59	1 011	643.49	925
0	1 076	0	1 031	11	1 082	4	1 003	0	454	0	322	4.5	1 054	257.6	1 057	2.6	1 098	257.6	1 049
73	133	4	850	114	589	80	393	3	218	1	235	62.1	461	8 624	415	0	1 101	8 624	396
4	883	12	716	68	771	21	766	0	454	1	235	11.7	916	1 833	777	342	804	1 681.5	781
4	883	0	1 031	33	955	2	1 045	0	454	0	322	10.2	938	372	1 025	44	1 009	369	1 007
0	1 076	0	1 031	11	1 082	0	1 107	0	454	0	322	1.5	1 128	39	1 147	0	1 101	39	1 146
29	393	0	1 031	103	635	4	1 003	0	454	0	322	15.8	855	414	1 010	44.5	1 008	348.09	1 018
0	1 076	6	808	15	1 057	1	1 076	0	454	0	322	4.2	1 064	251	1 060	0	1 101	371	1 005
0	1 076	0	1 031	4	1 129	0	1 107	0	454	0	322	0.4	1 146	14	1 156	0	1 101	14	1 154
1	1 014	0	1 031	12	1 071	2	1 045	0	454	0	322	3	1 094	90	1 123	0	1 101	243	1 057
5	838	1	972	66	781	8	912	0	454	1	235	9.5	952	3 773.1	633	183	876	3 830.83	602
31	367	2	917	83	716	31	688	1	333	1	235	19.3	811	7 258.3	464	393.5	783	6 932.9	454
3	922	2	917	11	1 082	5	981	0	454	0	322	2.4	1 105	106	1 119	34	1 026	87.57	1 125
1	1 014	1	972	10	1 093	11	870	0	454	0	322	4.9	1 042	98	1 121	0	1 101	102.7	1 118
10	691	1	972	12	1 071	2	1 045	0	454	0	322	2.5	1 103	146.1	1 105	21	1 042	148.7	1 100
1	1 014	0	1 031	39	916	6	947	0	454	0	322	12.1	909	801	910	471	757	718.4	911
0	1 076	0	1 031	0	1 149	0	1 107	0	454	0	322	0	1 154	210	1 076	0	1 101	210	1 068
10	691	0	1 031	58	819	5	981	0	454	0	322	8.3	971	514	985	85	960	521.95	961
0	1 076	1	972	2	1 138	2	1 045	0	454	0	322	0.5	1 145	36.2	1 148	20.2	1 045	36.2	1 147
3	922	1	972	12	1 071	3	1 028	0	454	0	322	3.2	1 087	174	1 094	10	1 072	80	1 129
1	1 014	0	1 031	37	927	0	1 107	0	454	0	322	7.5	989	157.6	1 103	0	1 101	157.6	1 097
3	922	0	1 031	11	1 082	2	1 045	0	454	0	322	3.4	1 080	177	1 090	67	977	169	1 091
0	1 076	0	1 031	0	1 149	0	1 107	0	454	0	322	0	1 154	0	1 158	0	1 101	0	1 158
10	691	8	779	148	479	5	981	0	454	0	322	31.3	695	1 419.6	830	316	811	1 505.32	804
100	67	167	209	436	82	69	443	2	255	26	27	108.2	274	9 290.95	402	853.1	655	8 194.3	413
16	567	1	972	104	631	22	762	0	454	0	322	21.9	787	661.5	948	61.5	983	681.57	918
4	883	10	748	93	682	10	880	0	454	0	322	13.8	884	950.55	883	317.66	810	582.91	937
6	814	19	633	98	659	19	783	0	454	0	322	16.3	849	1 379.36	837	425.5	772	1 072.03	841
112	48	0	1 031	254	237	135	224	0	454	8	88	98	311	2 210	742	16	1 060	2 194	730
8	747	0	1 031	28	984	37	639	0	454	0	322	8	984	256	1 058	0	1 101	256	1 051
4	883	0	1 031	11	1 082	9	897	1	333	0	322	4.9	1 042	331.6	1 037	58	993	162.7	1 093
1	1 014	0	1 031	3	1 136	1	1 076	0	454	0	322	1.1	1 136	33	1 149	0	1 101	33	1 148
16	567	1	972	75	741	4	1 003	0	454	0	322	14.4	875	294	1 046	114	932	281.78	1 040

学校名称	社科活动人员(人)																	
	合计		按职称划分								其他人员		合计		按职称划分			
			小计		高级		中级		初级						高级		中级	
信阳学院	436	550	436	548	14	1 034	148	739	274	13	0	180	86	841	3	1 072	49	799
安阳学院	219	884	219	881	5	1 133	128	802	86	355	0	180	46	966	2	1 087	41	846
新乡医学院三全学院	154	992	154	991	5	1 133	70	1 006	79	398	0	180	36	1 000	2	1 087	18	1 007
河南科技学院新科学院	107	1 068	107	1 067	3	1 149	61	1 045	43	691	0	180	122	759	1	1 110	77	644
郑州工商学院	190	931	190	928	8	1 101	84	962	98	290	0	180	21	1 068	0	1 134	14	1 034
中原工学院信息商务学院	230	867	230	865	37	934	96	919	97	294	0	180	46	966	8	977	29	927
西北师范大学知行学院	79	1 108	79	1 108	19	1 011	54	1 067	6	1 105	0	180	42	979	9	966	32	900
兰州财经大学陇桥学院	188	935	187	932	38	924	86	955	63	505	1	140	23	1 055	12	930	9	1 075
兰州财经大学长青学院	119	1 047	119	1 044	13	1 043	68	1 014	38	734	0	180	29	1 035	10	953	15	1 028
兰州交通大学博文学院	62	1 130	62	1 129	6	1 121	32	1 118	24	885	0	180	22	1 062	0	1 134	17	1 011
兰州理工大学技术工程学院	48	1 145	48	1 144	0	1 177	40	1 106	8	1 082	0	180	4	1 142	1	1 110	3	1 129
广西警察学院	263	817	217	883	83	767	92	932	42	697	46	11	154	689	70	631	60	730
北海艺术设计学院	315	744	211	897	47	886	122	820	42	697	104	5	103	801	23	854	51	781
山西大学商务学院	668	255	668	255	112	661	354	213	202	47	0	180	280	486	67	643	168	328
山西农业大学信息学院	415	579	415	576	13	1 043	173	645	229	26	0	180	61	915	4	1 057	34	885
山西师范大学现代文理学院	418	575	418	572	134	598	227	470	57	553	0	180	33	1 011	7	994	25	958
重庆人文科技学院	374	649	374	644	35	940	294	303	45	668	0	180	27	1 043	7	994	20	997
新疆大学科学技术学院	118	1 051	118	1 048	6	1 121	70	1 006	42	697	0	180	8	1 123	1	1 110	6	1 097
新疆农业大学科学技术学院	37	1 156	33	1 160	2	1 161	9	1 169	22	911	4	76	23	1 055	5	1 038	6	1 097
无锡太湖学院	395	614	395	610	42	905	173	645	180	75	0	180	296	464	52	706	177	309
金陵科技学院	435	553	435	550	197	412	202	552	36	751	0	180	190	638	120	462	64	710
河北工程大学科信学院	33	1 161	33	1 160	7	1 111	20	1 147	6	1 105	0	180	34	1 009	12	930	20	997
中国矿业大学徐海学院	76	1 110	76	1 110	5	1 133	57	1 053	14	1 013	0	180	17	1 085	1	1 110	15	1 028
河北工业大学城市学院	35	1 157	35	1 156	6	1 121	17	1 156	12	1 038	0	180	3	1 146	1	1 110	2	1 137
四川外国语大学重庆南方翻译学院	494	470	494	470	60	844	321	259	113	229	0	180	102	804	33	798	57	745
重庆师范大学涉外商贸学院	414	581	414	578	9	1 090	215	508	190	60	0	180	96	817	2	1 087	67	694
重庆工商大学融智学院	329	727	329	723	32	954	129	797	168	90	0	180	235	549	59	671	111	497
重庆工商大学派斯学院	216	888	216	886	3	1 149	96	919	117	217	0	180	18	1 079	5	1 038	11	1 058
燕山大学里仁学院	119	1 047	119	1 044	10	1 075	103	884	6	1 105	0	180	120	765	10	953	110	503
石家庄铁道大学四方学院	74	1 112	74	1 112	10	1 075	62	1 037	2	1 142	0	180	12	1 106	3	1 072	8	1 084
河北地质大学华信学院	101	1 079	101	1 078	7	1 111	46	1 090	48	641	0	180	48	958	6	1 015	25	958
河北农业大学现代科技学院	52	1 141	52	1 140	7	1 111	41	1 103	4	1 127	0	180	63	905	8	977	50	789

研究发展人员(人)														R&D 经费情况(千元)					
		按学历学位划分								其他人员		折合全时人员(人年)		当年经费收入合计		其中:科研事业费		当年经费支出合计	
初级		博士毕业		硕士毕业		本科毕业		其他学历											
34	339	1	972	74	747	11	870	0	454	0	322	12.5	906	772.2	913	180	878	726.2	909
3	922	0	1 031	45	886	1	1 076	0	454	0	322	10.5	931	314	1 040	20	1 046	342.31	1 019
14	602	2	917	26	996	8	912	0	454	2	187	9.9	944	593	960	83	963	569	943
44	262	0	1 031	95	674	27	717	0	454	0	322	17.4	832	538.5	979	142	908	538.5	953
7	784	0	1 031	20	1 031	1	1 076	0	454	0	322	2.5	1 103	175	1 092	120	923	198	1 074
9	721	1	972	45	886	0	1 107	0	454	0	322	4.9	1 042	157	1 104	100	945	157	1 099
1	1 014	0	1 031	27	989	15	826	0	454	0	322	10.2	938	564	973	156	898	493	970
2	968	1	972	21	1 025	1	1 076	0	454	0	322	6.1	1 020	588.6	962	247	845	407.6	994
2	968	2	917	26	996	1	1 076	0	454	2	187	4.5	1 054	393.03	1 017	175	882	349.33	1 017
5	838	0	1 031	18	1 043	4	1 003	0	454	0	322	6.9	1 001	294.8	1 045	111.5	934	191.3	1 077
0	1 076	0	1 031	4	1 129	0	1 107	0	454	0	322	0.4	1 146	30	1 152	20	1 046	10	1 157
10	691	4	850	106	619	44	591	0	454	14	56	21	795	1 747.4	789	275	829	1 547.56	797
10	691	2	917	50	857	49	558	2	255	19	38	20	804	1 577	810	227	853	1 623	789
45	253	9	766	226	279	42	605	3	218	0	322	34.6	671	4 419.32	593	831	657	4 209.32	583
23	463	2	917	58	819	1	1 076	0	454	0	322	8.1	980	177	1 090	22	1 041	173	1 086
1	1 014	18	642	13	1 066	2	1 045	0	454	0	322	3.5	1 077	835	907	260	836	805	889
0	1 076	1	972	17	1 050	9	897	0	454	0	322	4.9	1 042	2 361.2	735	141.2	909	2 265.6	722
1	1 014	1	972	7	1 108	0	1 107	0	454	0	322	1.4	1 129	77	1 131	45	1 006	59.5	1 138
12	644	3	876	15	1 057	5	981	0	454	0	322	2.4	1 105	80	1 128	12	1 068	96.9	1 120
67	150	14	685	226	279	56	521	0	454	0	322	49.3	547	3 306.5	663	783	667	2 378.2	716
6	814	58	410	105	625	27	717	0	454	0	322	36	654	8 719.95	412	2 250.8	449	8 312.56	406
2	968	3	876	31	962	0	1 107	0	454	0	322	4.6	1 051	169	1 095	31	1 032	147.5	1 101
1	1 014	1	972	14	1 063	2	1 045	0	454	0	322	2.9	1 096	166.7	1 097	0	1 101	69.44	1 132
0	1 076	1	972	2	1 138	0	1 107	0	454	0	322	0.4	1 146	12	1 157	0	1 101	12	1 155
12	644	3	876	67	775	32	675	0	454	0	322	12.8	902	881	894	90	956	811.9	887
27	417	0	1 031	58	819	38	635	0	454	0	322	13.9	882	719	931	195	865	639.7	926
60	172	32	545	180	378	23	750	0	454	5	113	44	584	5 814.8	532	440.9	763	5 864.3	494
2	968	0	1 031	12	1 071	6	947	0	454	0	322	2.4	1 105	137	1 107	40	1 012	91.4	1 123
0	1 076	0	1 031	102	641	18	797	0	454	0	322	21.1	794	517.4	984	0	1 101	546.35	950
1	1 014	0	1 031	11	1 082	1	1 076	0	454	0	322	1.8	1 116	55.2	1 143	0	1 101	60.4	1 136
17	543	0	1 031	42	900	6	947	0	454	0	322	10.4	934	297.2	1 043	6	1 088	305.2	1 033
5	838	0	1 031	56	827	7	930	0	454	0	322	9.4	955	288	1 048	18	1 058	270.3	1 045

学校名称	社科活动人员(人)																	
	合计		按职称划分								其他人员		合计		按职称划分			
			小计		高级		中级		初级						高级		中级	
华北理工大学冀唐学院	88	1 096	88	1 095	1	1 167	27	1 130	60	534	0	180	13	1 103	0	1 134	3	1 129
大连艺术学院	631	291	612	303	172	476	240	431	200	48	19	26	332	413	92	550	190	280
长春光华学院	204	909	202	909	39	919	102	888	61	522	2	114	46	966	9	966	33	892
长春工业大学人文信息学院	155	988	155	987	53	865	68	1 014	34	771	0	180	33	1 011	12	930	13	1 040
长春理工大学光电信息学院	124	1 041	124	1 038	23	985	62	1 037	39	728	0	180	4	1 142	2	1 087	1	1 144
长春财经学院	345	700	345	697	81	775	146	746	118	211	0	180	104	797	32	806	64	710
吉林建筑大学城建学院	149	1 000	149	999	38	924	64	1 026	47	649	0	180	151	697	58	677	52	776
长春建筑学院	273	799	273	796	58	848	111	860	104	263	0	180	33	1 011	6	1 015	17	1 011
长春科技学院	210	899	201	910	64	828	76	986	61	522	9	42	61	915	21	866	21	986
吉林动画学院	225	874	225	872	32	954	102	888	91	330	0	180	72	874	12	930	41	846
辽宁中医药大学杏林学院	21	1 171	21	1 171	3	1 149	6	1 176	12	1 038	0	180	0	1 154	0	1 134	0	1 150
辽宁何氏医学院	132	1 027	132	1 025	6	1 121	52	1 073	74	427	0	180	36	1 000	4	1 057	20	997
安徽财经大学商学院	101	1 079	96	1 081	25	978	50	1 079	21	928	5	63	63	905	18	887	36	875
安徽大学江淮学院	89	1 092	83	1 102	5	1 133	50	1 079	28	849	6	57	16	1 089	1	1 110	13	1 040
安徽信息工程学院	279	790	279	786	101	718	102	888	76	416	0	180	28	1 038	2	1 087	17	1 011
安徽工业大学工商学院	145	1 008	137	1 015	0	1 177	52	1 073	85	363	8	46	35	1 004	1	1 110	22	978
安徽建筑大学城市建设学院	25	1 168	25	1 168	3	1 149	16	1 158	6	1 105	0	180	7	1 128	0	1 134	4	1 118
安徽农业大学经济技术学院	82	1 105	82	1 105	2	1 161	62	1 037	18	962	0	180	29	1 035	7	994	20	997
安徽师范大学皖江学院	208	904	208	901	18	1 016	124	816	66	482	0	180	9	1 116	4	1 057	4	1 118
阜阳师范学院信息工程学院	111	1 060	111	1 058	29	966	50	1 079	32	794	0	180	74	865	3	1 072	39	857
淮北师范大学信息学院	154	992	154	991	55	861	97	913	2	1 142	0	180	58	926	18	887	39	857
沈阳科技学院	41	1 153	41	1 152	4	1 144	20	1 147	17	974	0	180	0	1 154	0	1 134	0	1 150
吉林师范大学博达学院	139	1 015	139	1 011	1	1 167	33	1 114	105	257	0	180	101	806	16	897	32	900
长春大学旅游学院	103	1 074	103	1 073	11	1 062	64	1 026	28	849	0	180	42	979	8	977	29	927
山东科技大学泰山科技学院	15	1 177	15	1 177	10	1 075	5	1 177	0	1 162	0	180	0	1 154	0	1 134	0	1 150
重庆邮电大学移通学院	166	970	166	966	19	1 011	106	878	41	705	0	180	23	1 055	7	994	15	1 028
首都师范大学科德学院	125	1 040	125	1 036	8	1 101	74	991	43	691	0	180	8	1 123	2	1 087	5	1 108
北京工商大学嘉华学院	161	981	160	979	19	1 011	68	1 014	73	432	1	140	15	1 096	8	977	6	1 097
大连东软信息学院	208	904	166	966	46	893	115	848	5	1 118	42	12	43	975	13	920	27	939
上海视觉艺术学院	168	964	168	961	30	961	89	946	49	624	0	180	58	926	19	878	27	939
武汉学院	267	807	262	818	82	771	154	719	26	865	5	63	6	1 132	1	1 110	5	1 108
上海外国语大学贤达经济人文学院	286	780	286	778	22	993	82	968	182	73	0	180	124	752	24	846	42	835
温州商学院	193	927	193	925	36	938	116	844	41	705	0	180	65	900	13	920	42	835
广西大学行健文理学院	149	1 000	146	1 004	8	1 101	117	839	21	928	3	90	49	954	6	1 015	38	863

研究发展人员(人)														R&D 经费情况(千元)					
		按学历学位划分								其他人员		折合全时人员(人年)		当年经费收入合计				当年经费支出合计	
初级		博士毕业		硕士毕业		本科毕业		其他学历								其中:科研事业费			
10	691	0	1 031	9	1 098	4	1 003	0	454	0	322	3.6	1 075	115	1 114	15	1 063	118.3	1 110
36	325	5	827	173	400	153	192	1	333	14	56	48.3	557	7 041.85	475	3 452	358	2 932.05	667
4	883	4	850	36	934	6	947	0	454	0	322	16.7	838	2 182	744	60	986	2 184.4	731
8	747	0	1 031	22	1 016	11	870	0	454	0	322	11.5	918	296	1 044	20	1 046	288.68	1 038
1	1 014	0	1 031	4	1 129	0	1 107	0	454	0	322	0.6	1 143	66	1 135	30	1 035	230	1 061
8	747	14	685	66	781	21	766	3	218	0	322	37.6	638	2 412.2	728	90	956	2 354.66	717
41	289	5	827	108	612	38	635	0	454	0	322	36.3	649	735	925	172	888	748.7	903
10	691	0	1 031	27	989	6	947	0	454	0	322	11.7	916	4 163.5	604	150	902	745.5	905
17	543	7	790	29	979	25	731	0	454	2	187	9.8	947	204	1 078	57	994	187	1 079
19	515	0	1 031	55	830	17	808	0	454	0	322	20.8	796	1 457.62	825	890.5	646	793.66	892
0	1 076	0	1 031	0	1 149	0	1 107	0	454	0	322	0	1 154	0	1 158	0	1 101	0	1 158
12	644	0	1 031	31	962	5	981	0	454	0	322	6.5	1 010	195	1 083	0	1 101	203.1	1 071
7	784	21	621	35	945	6	947	1	333	2	187	9.1	959	438	999	120	923	405.3	995
2	968	0	1 031	13	1 066	3	1 028	0	454	0	322	4.9	1 042	246	1 062	2	1 099	243.8	1 056
9	721	0	1 031	28	984	0	1 107	0	454	0	322	8.3	971	726	926	200	863	719	910
11	666	0	1 031	28	984	7	930	0	454	1	235	9.2	958	361.2	1 029	30	1 035	381.72	1 002
3	922	1	972	6	1 114	0	1 107	0	454	0	322	1.6	1 122	215	1 075	120	923	292.8	1 036
2	968	0	1 031	23	1 014	6	947	0	454	0	322	3.4	1 080	143	1 106	0	1 101	143	1 102
1	1 014	1	972	6	1 114	2	1 045	0	454	0	322	1.8	1 116	762	916	210	859	764.5	899
29	393	0	1 031	61	810	13	844	0	454	0	322	14.8	870	1 475	823	145	907	1 634.4	786
1	1 014	10	748	44	892	4	1 003	0	454	0	322	7.9	985	581.2	964	0	1 101	443.65	983
0	1 076	0	1 031	0	1 149	0	1 107	0	454	0	322	0	1 154	0	1 158	0	1 101	0	1 158
53	208	11	732	71	758	19	783	0	454	0	322	16.5	845	592.5	961	20	1 046	582.5	938
4	883	1	972	32	958	9	897	0	454	1	235	5.2	1 035	108	1 118	40	1 012	94.5	1 122
0	1 076	0	1 031	0	1 149	0	1 107	0	454	0	322	0	1 154	0	1 158	0	1 101	0	1 158
1	1 014	2	917	20	1 031	1	1 076	0	454	0	322	3.1	1 088	421	1 003	72	972	351.3	1 015
0	1 076	3	876	5	1 125	0	1 107	0	454	1	235	1.2	1 134	461.3	993	35	1 020	464.02	977
1	1 014	3	876	9	1 098	3	1 028	0	454	0	322	10.6	930	1 171	861	0	1 101	371	1 005
0	1 076	6	808	23	1 014	14	836	0	454	3	149	6	1 023	245	1 063	65	980	232.5	1 060
8	747	10	748	37	927	10	880	1	333	4	127	24.2	755	6 917.3	478	2 562	425	4 311.08	577
0	1 076	2	917	4	1 129	0	1 107	0	454	0	322	1.2	1 134	217	1 073	0	1 101	249	1 054
58	181	17	653	104	631	3	1 028	0	454	0	322	48.9	551	11 817	337	10 258.5	162	10 356.49	355
9	721	17	653	44	892	4	1 003	0	454	1	235	16.4	846	7 871.8	442	1 015	615	8 130.3	415
5	838	2	917	41	906	6	947	0	454	0	322	34.7	669	745.2	922	164.7	894	705.9	914

学校名称	社科活动人员(人)																	
	合计		按职称划分								其他人员		合计		按职称划分			
			小计		高级		中级		初级						高级		中级	
广西科技大学鹿山学院	162	978	156	985	7	1 111	90	942	59	543	6	57	144	713	16	897	88	601
广西民族大学相思湖学院	171	961	164	972	26	976	112	859	26	865	7	53	136	729	16	897	100	548
广西师范大学漓江学院	304	755	304	753	29	966	201	555	74	427	0	180	292	469	46	731	202	258
广西师范学院师园学院	146	1 007	146	1 004	12	1 054	74	991	60	534	0	180	18	1 079	4	1 057	12	1 051
广西中医药大学赛恩斯新医药学院	69	1 120	39	1 155	2	1 161	19	1 150	18	962	30	16	32	1 019	4	1 057	19	1 004
桂林电子科技大学信息科技学院	95	1 085	95	1 083	10	1 075	63	1 033	22	911	0	180	31	1 023	7	994	21	986
桂林理工大学博文管理学院	183	945	183	942	14	1 034	94	925	75	422	0	180	290	471	33	798	154	374
南京大学金陵学院	213	895	213	891	17	1 024	188	597	8	1 082	0	180	72	874	7	994	63	720
南京理工大学紫金学院	83	1 103	83	1 102	13	1 043	68	1 014	2	1 142	0	180	29	1 035	5	1 038	23	970
南京航空航天大学金城学院	197	916	197	914	12	1 054	132	789	53	587	0	180	58	926	14	910	37	869
广东工业大学华立学院	231	864	231	862	32	954	151	729	48	641	0	180	59	920	1	1 110	53	768
广州大学松田学院	266	811	266	809	22	993	194	575	50	616	0	180	35	1 004	5	1 038	30	921
天津外国语大学滨海外事学院	137	1 018	137	1 015	18	1 016	95	923	24	885	0	180	41	984	7	994	31	914
天津体育学院运动与文化艺术学院	262	822	262	818	21	999	33	1 114	208	45	0	180	54	945	2	1 087	8	1 084
天津商业大学宝德学院	95	1 085	95	1 083	20	1 003	71	1 003	4	1 127	0	180	36	1 000	6	1 015	27	939
天津医科大学临床医学院	48	1 145	48	1 144	0	1 177	22	1 141	26	865	0	180	0	1 154	0	1 134	0	1 150
东北师范大学人文学院	362	670	352	684	84	765	221	490	47	649	10	36	195	630	59	671	117	477
南开大学滨海学院	165	973	165	970	35	940	98	906	32	794	0	180	16	1 089	6	1 015	6	1 097
武汉工程科技学院	428	566	428	563	106	689	224	482	98	290	0	180	95	823	36	786	51	781
武汉华夏理工学院	193	927	185	937	35	940	129	797	21	928	8	46	59	920	14	910	41	846
广州商学院	524	428	524	425	104	701	365	200	55	568	0	180	245	537	55	694	180	300
成都理工大学工程技术学院	254	829	254	827	47	886	168	667	39	728	0	180	59	920	23	854	33	892
四川传媒学院	106	1 070	106	1 069	35	940	45	1 092	26	865	0	180	39	989	9	966	28	936
成都信息工程大学银杏酒店管理学院	214	894	214	890	15	1 027	81	974	118	211	0	180	90	833	5	1 038	69	677
成都文理学院	419	574	417	573	63	831	157	706	197	52	2	114	298	456	58	677	145	393
四川工商学院	413	583	413	580	14	1 034	184	611	215	37	0	180	223	577	11	941	154	374
四川外国语大学成都学院	571	353	571	352	56	857	272	351	243	22	0	180	104	797	24	846	67	694
北京理工大学珠海学院	435	553	435	550	82	771	273	349	80	391	0	180	244	539	78	604	148	386
西安交通大学城市学院	34	1 159	34	1 158	11	1 062	21	1 143	2	1 142	0	180	36	1 000	11	941	24	964
西北大学现代学院	405	600	405	598	96	732	81	974	228	28	0	180	31	1 023	7	994	18	1 007
西安建筑科技大学华清学院	85	1 100	85	1 099	1	1 167	23	1 139	61	522	0	180	16	1 089	1	1 110	10	1 069

续表

研究发展人员（人）																R&D 经费情况（千元）			
		按学历学位划分								其他人员		折合全时人员（人年）		当年经费收入合计		其中：科研事业费		当年经费支出合计	
初级		博士毕业		硕士毕业		本科毕业		其他学历											
39	302	2	917	95	674	47	569	0	454	1	235	26.2	732	1 515	817	254	841	1 339.87	819
11	666	0	1 031	79	728	54	531	3	218	9	79	20.8	796	1 276.5	847	357	794	1 505.4	803
44	262	11	732	210	305	71	431	0	454	0	322	44.3	583	2 037.5	755	256	840	2 156.14	736
2	968	0	1 031	14	1 063	4	1 003	0	454	0	322	2.7	1 102	196.4	1 082	56	997	277.5	1 042
7	784	0	1 031	17	1 050	15	826	0	454	2	187	4.6	1 051	60	1 138	10	1 072	85.85	1 126
3	922	0	1 031	22	1 016	9	897	0	454	0	322	5.9	1 025	426.1	1 002	138	911	364.2	1 008
103	63	0	1 031	176	391	113	289	1	333	0	322	61.1	471	1 908.8	771	270	831	1 652.2	784
2	968	3	876	65	788	3	1 028	1	333	0	322	19	815	683.4	940	59	992	536.12	954
0	1 076	1	972	28	984	0	1 107	0	454	1	235	5.1	1 038	420	1 004	0	1 101	378.5	1 004
7	784	4	850	50	857	4	1 003	0	454	0	322	11.4	920	600.77	957	267	835	449.67	979
5	838	0	1 031	47	876	12	862	0	454	0	322	7.3	994	1 314	842	1 040	607	273.9	1 043
0	1 076	0	1 031	27	989	8	912	0	454	0	322	3.7	1 072	2 174.88	746	168.5	890	2 441.04	706
3	922	3	876	36	934	2	1 045	0	454	0	322	14.1	879	723.1	928	30	1 035	686.9	917
44	262	2	917	35	945	17	808	0	454	0	322	10.3	937	361.9	1 028	0	1 101	361.9	1 010
3	922	0	1 031	35	945	1	1 076	0	454	0	322	16.9	836	742.4	923	3	1 097	762.3	901
0	1 076	0	1 031	0	1 149	0	1 107	0	454	0	322	0	1 154	0	1 158	0	1 101	0	1 158
16	567	25	586	152	459	12	862	6	136	3	149	57.3	500	3 960.6	621	452	761	3 668.8	611
1	1 014	6	808	10	1 093	0	1 107	0	454	3	149	1.8	1 116	125.5	1 111	35.5	1 019	213.69	1 064
8	747	7	790	71	758	17	808	0	454	0	322	19.9	807	577.5	967	0	1 101	649.3	924
1	1 014	2	917	51	853	6	947	0	454	3	149	12.6	905	885	893	47	1 004	801.32	890
9	721	8	779	189	362	47	569	1	333	1	235	33.9	679	3 164.5	681	620.5	702	1 849.4	761
3	922	0	1 031	54	835	5	981	0	454	0	322	9.9	944	559.56	975	78	968	533.2	957
2	968	1	972	36	934	2	1 045	0	454	0	322	12	910	1 096.55	871	398.55	780	811.61	888
16	567	2	917	63	797	25	731	0	454	0	322	20.4	798	963.5	881	115.5	929	918.6	863
82	100	15	675	214	302	64	464	5	160	8	88	59.9	483	2 035.63	756	46.5	1 005	2 305.04	721
58	181	1	972	162	435	60	491	0	454	0	322	41.9	607	930.08	889	68.75	975	856.74	875
13	622	3	876	72	754	29	705	0	454	0	322	22	783	1 533.96	815	0	1 101	816.4	885
18	528	38	511	175	394	31	688	0	454	0	322	43.4	592	7 586.18	452	586.7	710	6 524.07	468
1	1 014	3	876	26	996	7	930	0	454	0	322	4.9	1 042	271	1 053	135.5	913	244	1 055
6	814	2	917	22	1 016	6	947	1	333	0	322	7	998	355	1 032	60	986	733.58	907
5	838	1	972	15	1 057	0	1 107	0	454	0	322	6.1	1 020	165	1 099	5	1 090	189.1	1 078

学校名称	社科活动人员(人)																	
	合计		按职称划分								其他人员		合计		按职称划分			
			小计		高级		中级		初级						高级		中级	
西安财经学院行知学院	245	837	245	835	11	1 062	133	785	101	277	0	180	42	979	2	1 087	29	927
陕西科技大学镐京学院	33	1 161	33	1 160	1	1 167	28	1 127	4	1 127	0	180	0	1 154	0	1 134	0	1 150
西安工业大学北方信息工程学院	141	1 014	141	1 010	12	1 054	84	962	45	668	0	180	91	832	5	1 038	59	735
延安大学西安创新学院	111	1 060	111	1 058	18	1 016	73	994	20	940	0	180	48	958	8	977	30	921
吉林大学珠海学院	668	255	668	255	104	701	541	49	23	895	0	180	213	601	42	747	163	343
武汉传媒学院	243	841	243	839	32	954	113	855	98	290	0	180	33	1 011	8	977	23	970
中国传媒大学南广学院	238	849	238	847	62	836	141	759	35	762	0	180	73	872	30	819	42	835
山西工商学院	307	751	307	749	42	905	171	651	94	306	0	180	251	527	33	798	149	382
成都医学院	229	870	229	868	89	752	80	979	60	534	0	180	225	572	95	534	87	605
吉林医药学院	91	1 091	91	1 091	30	961	53	1 070	8	1 082	0	180	19	1 075	6	1 015	13	1 040
广州工商学院	765	203	765	203	204	397	440	109	121	202	0	180	422	324	80	596	322	117
广东科技学院	586	333	586	331	63	831	485	76	38	734	0	180	35	1 004	10	953	24	964
广东理工学院	295	769	295	766	18	1 016	151	729	126	181	0	180	43	975	2	1 087	32	900
黑河学院	555	383	555	380	192	426	269	358	94	306	0	180	200	622	58	677	107	514
福州外语外贸学院	460	517	460	516	110	667	198	565	152	112	0	180	270	500	98	525	138	420
福建江夏学院	549	392	549	391	273	244	250	403	26	865	0	180	676	168	304	173	344	99
泉州信息工程学院	166	970	166	966	49	879	57	1 053	60	534	0	180	86	841	9	966	51	781
福州理工学院	166	970	166	966	40	916	64	1 026	62	515	0	180	30	1 032	6	1 015	22	978
豫章师范学院	120	1 046	120	1 043	23	985	64	1 026	33	782	0	180	58	926	14	910	39	857
长沙师范学院	509	445	509	444	127	620	185	610	197	52	0	180	257	519	88	560	119	468
湖南应用技术学院	186	936	186	933	18	1 016	39	1 108	129	175	0	180	48	958	6	1 015	13	1 040
琼台师范学院	390	621	390	616	153	532	221	490	16	988	0	180	59	920	30	819	26	948
四川工业科技学院	97	1 083	97	1 080	7	1 111	36	1 113	54	577	0	180	92	829	11	941	55	760
银川能源学院	129	1 033	129	1 031	12	1 054	49	1 084	68	469	0	180	31	1 023	4	1 057	18	1 007
广西外国语学院	381	634	323	732	20	1 003	201	555	102	274	58	9	406	339	58	677	231	222
湖南信息学院	428	566	388	620	109	674	159	699	120	205	40	13	22	1 062	6	1 015	16	1 020
南京理工大学泰州科技学院	124	1 041	124	1 038	14	1 034	85	957	25	880	0	180	75	861	17	890	58	740
南京师范大学泰州学院	212	897	212	895	42	905	165	678	5	1 118	0	180	40	987	9	966	31	914
东莞理工学院城市学院	322	734	322	733	51	873	210	521	61	522	0	180	136	729	15	904	109	505
山东华宇工学院	204	909	204	906	6	1 121	72	999	126	181	0	180	72	874	7	994	44	818
中国地质大学长城学院	380	636	380	632	123	632	198	565	59	543	0	180	39	989	13	920	26	948
三亚学院	777	200	777	200	81	775	296	298	400	2	0	180	515	254	100	518	245	198
上海师范大学天华学院	215	891	215	888	27	974	122	820	66	482	0	180	30	1 032	7	994	8	1 084
西北工业大学明德学院	93	1 089	93	1 088	12	1 054	72	999	9	1 068	0	180	8	1 123	1	1 110	7	1 092

续表

研究发展人员(人)																R&D 经费情况(千元)			
		按学历学位划分								其他人员		折合全时人员(人年)		当年经费收入合计		其中:科研事业费		当年经费支出合计	
初级		博士毕业		硕士毕业		本科毕业		其他学历											
11	666	0	1 031	37	927	5	981	0	454	0	322	6.9	1 001	348	1 035	7	1 086	337.5	1 024
0	1 076	0	1 031	0	1 149	0	1 107	0	454	0	322	0	1 154	80	1 128	0	1 101	80	1 129
27	417	2	917	85	709	4	1 003	0	454	0	322	10.2	938	352.9	1 034	0	1 101	323.9	1 028
10	691	0	1 031	42	900	6	947	0	454	0	322	8.7	966	419	1 005	35	1 020	324.34	1 026
8	747	27	573	139	511	47	569	0	454	0	322	38.4	632	7 665.16	450	4 400.3	297	8 597.23	397
2	968	1	972	26	996	6	947	0	454	0	322	4.8	1 048	535.5	981	0	1 101	535.5	955
1	1 014	1	972	67	775	5	981	0	454	0	322	15.8	855	668.2	945	326.2	807	478.75	973
69	146	1	972	193	356	57	515	0	454	0	322	48.2	560	1 851	776	395	782	1 604.1	790
43	269	42	477	119	571	64	464	0	454	0	322	51	540	3 546.6	653	827.2	658	3 221.41	649
0	1 076	5	827	12	1 071	2	1 045	0	454	0	322	6.5	1 010	548	977	181.5	877	291.56	1 037
19	515	2	917	232	269	188	139	0	454	1	235	90.6	342	6 167.38	512	2 392.3	439	5 857.69	495
1	1 014	3	876	26	996	6	947	0	454	0	322	3.9	1 066	1 258.7	851	35	1 020	1 261.06	826
9	721	0	1 031	37	927	6	947	0	454	0	322	5.2	1 035	1 019	879	286	824	912	864
35	329	5	827	136	515	59	504	0	454	0	322	60.7	476	10 589.3	363	387.5	787	6 434.66	474
34	339	27	573	188	364	54	531	1	333	0	322	66.5	429	7 130.82	470	952.1	630	6 890.47	456
27	417	91	318	473	64	94	336	18	52	1	235	123.2	238	7 282.42	463	2 857	398	6 689.48	462
25	441	2	917	52	846	32	675	0	454	1	235	25.6	739	1 091	872	526	732	1 091.4	838
2	968	0	1 031	20	1 031	8	912	2	255	0	322	4.5	1 054	230.35	1 069	133.5	915	172.41	1 087
5	838	5	827	43	898	10	880	0	454	0	322	9.5	952	1 663.4	799	332	806	440.07	984
50	220	18	642	168	415	71	431	0	454	0	322	37	643	4 052.7	612	1 306.5	554	3 668.5	612
29	393	1	972	29	979	18	797	0	454	0	322	11.4	920	443	998	39.5	1 018	408.35	993
3	922	1	972	35	945	23	750	0	454	0	322	6.4	1 014	860	899	350	796	841	879
26	429	2	917	47	876	43	597	0	454	0	322	21.6	790	480	990	60.2	985	480.5	972
9	721	0	1 031	20	1 031	11	870	0	454	0	322	7.4	990	235	1 066	5	1 090	283.9	1 039
75	129	13	697	273	219	120	272	0	454	42	15	52.7	530	1 021	878	488	750	694.2	916
0	1 076	2	917	18	1 043	2	1 045	0	454	0	322	7.8	986	283.25	1 051	146	905	321.8	1 029
0	1 076	0	1 031	63	797	12	862	0	454	0	322	22.1	780	905.6	891	198	864	853.36	877
0	1 076	5	827	29	979	6	947	0	454	0	322	8.2	977	954.01	882	605.5	707	593.1	934
12	644	4	850	108	612	24	741	0	454	0	322	26.8	729	1 763.39	787	346	799	1 294.72	823
21	491	0	1 031	39	916	33	671	0	454	0	322	14.6	872	386	1 020	10	1 072	301.9	1 035
0	1 076	1	972	31	962	7	930	0	454	0	322	12.8	902	706.1	933	11	1 070	706.1	913
147	16	60	404	384	111	66	453	5	160	23	33	113.2	261	7 301	461	1 716.5	501	9 252	382
15	585	7	790	22	1 016	1	1 076	0	454	0	322	5.8	1 026	1 309	844	1 127	588	888.56	870
0	1 076	0	1 031	4	1 129	4	1 003	0	454	0	322	1.6	1 122	86	1 124	0	1 101	66	1 133

学校名称	社科活动人员(人)																	
	合计		按职称划分								其他人员		合计		按职称划分			
			小计		高级		中级		初级						高级		中级	
燕京理工学院	200	913	200	911	22	993	98	906	80	391	0	180	72	874	13	920	40	853
天津师范大学津沽学院	109	1 064	109	1 063	8	1 101	82	968	19	952	0	180	58	926	4	1 057	34	885
天津理工大学中环信息学院	54	1 139	54	1 138	9	1 090	31	1 121	14	1 013	0	180	33	1 011	2	1 087	21	986
北京科技大学天津学院	134	1 022	134	1 020	8	1 101	65	1 024	61	522	0	180	0	1 154	0	1 134	0	1 150
北京中医药大学东方学院	53	1 140	53	1 139	4	1 144	21	1 143	28	849	0	180	6	1 132	0	1 134	6	1 097
辽宁财贸学院	452	527	298	760	131	610	126	812	41	705	154	2	106	792	32	806	44	818
北京邮电大学世纪学院	115	1 054	115	1 051	21	999	61	1 045	33	782	0	180	2	1 149	1	1 110	0	1 150
中山大学新华学院	370	658	370	655	60	844	210	521	100	281	0	180	246	535	42	747	170	322
四川大学锦城学院	512	442	512	441	38	924	383	172	91	330	0	180	33	1 011	5	1 038	26	948
北京工业大学耿丹学院	126	1 038	124	1 038	37	934	51	1 076	36	751	2	114	0	1 154	0	1 134	0	1 150
南京工业大学浦江学院	107	1 068	107	1 067	10	1 075	21	1 143	76	416	0	180	49	954	4	1 057	14	1 034
南京师范大学中北学院	17	1 175	17	1 174	3	1 149	11	1 165	3	1 135	0	180	2	1 149	1	1 110	1	1 144
云南工商学院	167	968	167	964	51	873	107	873	9	1 068	0	180	148	705	47	724	98	560
湖南交通工程学院	42	1 150	42	1 149	7	1 111	27	1 130	8	1 082	0	180	50	952	10	953	32	900
辽宁传媒学院	223	878	158	982	42	905	94	925	22	911	65	7	51	949	16	897	30	921
南京医科大学康达学院	69	1 120	69	1 119	4	1 144	13	1 162	52	597	0	180	20	1 071	0	1 134	9	1 075
南京中医药大学翰林学院	72	1 118	72	1 118	2	1 161	70	1 006	0	1 162	0	180	23	1 055	3	1 072	17	1 011
南京信息工程大学滨江学院	93	1 089	93	1 088	14	1 034	66	1 019	13	1 028	0	180	48	958	15	904	33	892
苏州大学文正学院	139	1 015	139	1 011	34	945	78	982	27	856	0	180	32	1 019	6	1 015	23	970
苏州大学应用技术学院	52	1 141	52	1 140	8	1 101	20	1 147	24	885	0	180	25	1 050	7	994	15	1 028
苏州科技大学天平学院	68	1 123	68	1 122	3	1 149	50	1 079	15	1 006	0	180	26	1 046	1	1 110	17	1 011
江苏大学京江学院	31	1 163	31	1 163	0	1 177	14	1 160	17	974	0	180	0	1 154	0	1 134	0	1 150
扬州大学广陵学院	94	1 088	94	1 087	10	1 075	57	1 053	27	856	0	180	25	1 050	1	1 110	18	1 007
江苏师范大学科文学院	68	1 123	68	1 122	6	1 121	48	1 085	14	1 013	0	180	28	1 038	0	1 134	26	948
南京邮电大学通达学院	35	1 157	35	1 156	6	1 121	14	1 160	15	1 006	0	180	0	1 154	0	1 134	0	1 150
南京财经大学红山学院	99	1 081	99	1 079	1	1 167	19	1 150	79	398	0	180	18	1 079	0	1 134	5	1 108
江苏科技大学苏州理工学院	55	1 137	55	1 136	10	1 075	44	1 094	1	1 153	0	180	9	1 116	0	1 134	9	1 075
常州大学怀德学院	83	1 103	83	1 102	21	999	32	1 118	30	828	0	180	28	1 038	9	966	16	1 020
南通大学杏林学院	137	1 018	137	1 015	8	1 101	117	839	12	1 038	0	180	116	773	6	1 015	100	548
南京审计大学金审学院	112	1 056	112	1 054	24	981	56	1 058	32	794	0	180	42	979	12	930	22	978
青岛工学院	145	1 008	145	1 006	13	1 043	97	913	35	762	0	180	40	987	8	977	32	900
齐鲁理工学院	366	663	366	659	119	646	147	743	100	281	0	180	119	768	31	813	57	745
山东财经大学东方学院	153	996	153	995	27	974	89	946	37	743	0	180	153	691	34	793	101	540
济南大学泉城学院	168	964	168	961	5	1 133	67	1 018	96	298	0	180	30	1 032	1	1 110	21	986
商丘学院	421	571	421	569	89	752	76	986	256	19	0	180	103	801	12	930	44	818

续表

研究发展人员(人)														R&D经费情况(千元)					
		按学历学位划分								其他人员		折合全时人员(人年)		当年经费收入合计		其中:科研事业费		当年经费支出合计	
初级		博士毕业		硕士毕业		本科毕业		其他学历											
19	515	3	876	51	853	18	797	0	454	0	322	15.9	853	770.5	914	14	1 066	770.5	898
15	585	1	972	50	857	7	930	0	454	5	113	6.4	1 014	468	992	15.5	1 062	437.37	985
10	691	0	1 031	27	989	6	947	0	454	0	322	4.6	1 051	158.42	1 102	20	1 046	140.81	1 104
0	1 076	0	1 031	0	1 149	0	1 107	0	454	0	322	0	1 154	0	1 158	0	1 101	0	1 158
0	1 076	0	1 031	6	1 114	0	1 107	0	454	0	322	2.1	1 112	83.5	1 126	0	1 101	84	1 127
12	644	3	876	45	886	58	510	0	454	18	46	11.8	914	4 145	605	20	1 046	4 125	588
1	1 014	1	972	1	1 145	0	1 107	0	454	0	322	0.3	1 149	30.8	1 151	30.8	1 033	27	1 151
33	345	30	554	200	330	16	815	0	454	1	235	52.7	530	8 264.42	426	2 369	442	7 127.12	449
2	968	2	917	29	979	2	1 045	0	454	0	322	4.5	1 054	251	1 060	99	949	272	1 044
0	1 076	0	1 031	0	1 149	0	1 107	0	454	0	322	0	1 154	0	1 158	0	1 101	0	1 158
31	367	1	972	42	900	6	947	0	454	0	322	6.5	1 010	398	1 015	166	893	229	1 062
0	1 076	0	1 031	2	1 138	0	1 107	0	454	0	322	0.2	1 153	66	1 135	28	1 038	32	1 149
3	922	3	876	91	687	54	531	0	454	0	322	29.2	710	1 786.4	785	100	945	1 966.89	751
8	747	0	1 031	41	906	9	897	0	454	0	322	14.9	868	1 250	852	344	802	1 217.9	830
2	968	1	972	30	969	20	778	0	454	3	149	16.6	841	498	988	0	1 101	535.1	956
11	666	0	1 031	18	1 043	2	1 045	0	454	0	322	4.1	1 065	191	1 084	91	955	157.5	1 098
3	922	1	972	21	1 025	1	1 076	0	454	0	322	6.1	1 020	625.42	953	227	853	383.94	1 000
0	1 076	6	808	36	934	6	947	0	454	0	322	17.7	830	693	937	399	779	380.09	1 003
3	922	1	972	25	1 006	6	947	0	454	0	322	3.3	1 084	70	1 134	0	1 101	122	1 108
3	922	5	827	18	1 043	2	1 045	0	454	0	322	3.3	1 084	662.5	947	287	821	581.61	939
8	747	0	1 031	26	996	0	1 107	0	454	0	322	2.8	1 099	239	1 065	96	952	174	1 084
0	1 076	0	1 031	0	1 149	0	1 107	0	454	0	322	0	1 154	0	1 158	0	1 101	0	1 158
6	814	2	917	22	1 016	1	1 076	0	454	0	322	10.5	931	382	1 023	0	1 101	434	987
2	968	0	1 031	21	1 025	7	930	0	454	0	322	2.8	1 099	312.8	1 041	240	848	110	1 113
0	1 076	0	1 031	0	1 149	0	1 107	0	454	0	322	0	1 154	0	1 158	0	1 101	0	1 158
13	622	0	1 031	18	1 043	0	1 107	0	454	0	322	3.7	1 072	501	987	173	887	342	1 020
0	1 076	2	917	6	1 114	1	1 076	0	454	0	322	1.6	1 122	180	1 087	60	986	121.5	1 109
3	922	3	876	24	1 008	1	1 076	0	454	0	322	4.3	1 061	285.2	1 050	32	1 029	210.5	1 067
10	691	0	1 031	110	607	6	947	0	454	0	322	15.6	859	674.8	942	174.8	885	591.1	936
8	747	1	972	38	923	3	1 028	0	454	0	322	8.6	969	358.5	1 031	168.5	890	254.8	1 052
0	1 076	0	1 031	38	923	2	1 045	0	454	0	322	6.7	1 007	362.5	1 027	17	1 059	403.48	996
31	367	5	827	94	679	19	783	1	333	0	322	46.7	574	1 428	829	60	986	1 428	813
18	528	10	748	98	659	45	589	0	454	0	322	32.3	689	1 456	826	0	1 101	1 361.47	818
8	747	0	1 031	30	969	0	1 107	0	454	0	322	8.1	980	390.15	1 018	8	1 083	390.15	999
47	244	0	1 031	54	835	49	558	0	454	0	322	22	783	454	996	168	892	466.1	976

学校名称	社科活动人员(人)																	
	合计		按职称划分								其他人员		合计		按职称划分			
			小计		高级		中级		初级						高级		中级	
北京警察学院	176	953	176	951	60	844	102	888	14	1 013	0	180	213	601	67	643	119	468
长安大学兴华学院	8	1 182	7	1 182	3	1 149	2	1 181	2	1 142	1	140	6	1 132	2	1 087	2	1 137
武汉设计工程学院	213	895	213	891	38	924	136	778	39	728	0	180	142	719	41	755	95	576
西南财经大学天府学院	235	857	235	855	25	978	170	656	40	718	0	180	115	774	8	977	94	580
天津大学仁爱学院	180	950	180	948	17	1 024	127	807	36	751	0	180	66	896	6	1 015	46	812
四川大学锦江学院	321	735	321	734	23	985	122	820	176	80	0	180	75	861	7	994	42	835
郑州成功财经学院	422	570	422	568	15	1 027	174	639	233	24	0	180	179	656	8	977	90	595
西安科技大学高新学院	96	1 084	96	1 081	6	1 121	37	1 109	53	587	0	180	10	1 113	3	1 072	5	1 108
四川文化艺术学院	410	588	410	585	39	919	157	706	214	40	0	180	62	913	13	920	45	814
西南科技大学城市学院	181	948	181	946	53	865	77	984	51	607	0	180	9	1 116	2	1 087	4	1 118
福建农林大学金山学院	155	988	155	987	6	1 121	100	900	49	624	0	180	107	790	10	953	87	605
天津财经大学珠江学院	180	950	180	948	9	1 090	91	938	80	391	0	180	70	883	11	941	31	914
滇西科技师范学院	264	815	264	812	99	726	128	802	37	743	0	180	88	837	52	706	32	900
合肥师范学院	435	553	435	550	115	656	122	820	198	49	0	180	176	659	61	661	50	789
湖北第二师范学院	379	639	379	634	145	560	192	579	42	697	0	180	56	939	26	843	26	948
山东政法学院	408	591	408	589	163	504	208	529	37	743	0	180	211	606	73	623	119	468
太原工业学院	240	843	240	841	50	876	148	739	42	697	0	180	31	1 023	16	897	11	1 058
宿迁学院	253	832	253	830	86	758	153	725	14	1 013	0	180	132	739	47	724	84	620
内蒙古大学创业学院	69	1 120	69	1 119	7	1 111	21	1 143	41	705	0	180	10	1 113	4	1 057	3	1 129
中国矿业大学银川学院	200	913	198	912	5	1 133	85	957	108	245	2	114	22	1 062	0	1 134	16	1 020
北京第二外国语学院中瑞酒店管理学院	86	1 097	86	1 096	11	1 062	30	1 124	45	668	0	180	52	948	10	953	21	986
北京交通大学海滨学院	299	761	299	759	94	741	84	962	121	202	0	180	31	1 023	5	1 038	11	1 058
河海大学文天学院	103	1 074	103	1 073	5	1 133	53	1 070	45	668	0	180	19	1 075	0	1 134	14	1 034
内蒙古师范大学鸿德学院	296	766	296	764	77	794	96	919	123	196	0	180	12	1 106	3	1 072	4	1 118
同济大学浙江学院	148	1 003	148	1 001	29	966	62	1 037	57	553	0	180	74	865	21	866	34	885
上海财经大学浙江学院	204	909	204	906	48	882	94	925	62	515	0	180	89	834	8	977	60	730
贵州师范学院	375	647	375	643	136	592	160	696	79	398	0	180	340	408	153	387	130	444
河北东方学院	127	1 037	127	1 034	11	1 062	82	968	34	771	0	180	11	1 111	4	1 057	3	1 129
西南交通大学希望学院	251	835	248	833	3	1 149	56	1 058	189	61	3	90	21	1 068	2	1 087	10	1 069
浙江外国语学院	489	478	489	478	154	529	249	405	86	355	0	180	297	460	75	613	165	336
齐鲁师范学院	335	716	335	713	106	689	158	702	71	453	0	180	108	787	57	687	48	803

续表

研究发展人员(人)														R&D 经费情况(千元)					
		按学历学位划分								其他人员		折合全时人员(人年)		当年经费收入合计		其中:科研事业费		当年经费支出合计	
初级		博士毕业		硕士毕业		本科毕业		其他学历											
14	602	17	653	145	491	49	558	2	255	13	62	60.8	472	3 166.2	680	1 175	578	3 014.05	661
2	968	0	1 031	4	1 129	2	1 045	0	454	0	322	1.4	1 129	32	1 150	0	1 101	54.1	1 141
6	814	2	917	103	635	37	639	0	454	0	322	25.4	743	726	926	0	1 101	977.99	858
13	622	5	827	97	667	13	844	0	454	0	322	27.3	726	1 802.04	781	145.7	906	1 665.64	782
12	644	6	808	52	846	8	912	0	454	0	322	39.6	622	1 889.6	772	48.5	1 002	1 832.6	763
26	429	3	876	64	792	8	912	0	454	0	322	9.4	955	447.5	997	53.5	999	414.5	991
81	102	2	917	149	473	28	711	0	454	0	322	21.6	790	1 864	774	404	778	1 891.4	758
2	968	0	1 031	6	1 114	3	1 028	1	333	0	322	3.1	1 088	206.6	1 077	10	1 072	206.6	1 070
4	883	0	1 031	36	934	23	750	3	218	0	322	8.9	963	398	1 015	94	953	631.2	927
3	922	0	1 031	6	1 114	3	1 028	0	454	0	322	2.9	1 096	227	1 070	9	1 080	226	1 063
10	691	15	675	84	713	8	912	0	454	0	322	13.2	895	855.73	900	133	916	717.48	912
28	408	12	716	57	823	1	1 076	0	454	0	322	11.8	914	843.12	906	226.5	855	628.5	928
4	883	5	827	73	751	10	880	0	454	0	322	31.1	697	4 070	609	1 277	559	3 510	625
65	161	20	629	135	524	21	766	0	454	0	322	35	662	18 568	229	10 030	163	15 757	247
4	883	13	697	30	969	12	862	1	333	0	322	5.8	1 026	565.5	972	473	756	497.1	969
19	515	81	344	124	560	6	947	0	454	0	322	40.6	616	6 078	518	1 472	534	5 009	541
4	883	2	917	25	1 006	4	1 003	0	454	0	322	4.3	1 061	258	1 056	158	896	199.01	1 073
1	1 014	1	972	121	565	10	880	0	454	0	322	22.1	780	1 366.8	839	593.8	709	1 055.8	844
3	922	1	972	8	1 103	1	1 076	0	454	0	322	2.2	1 109	179	1 088	20	1 046	122.12	1 107
6	814	0	1 031	17	1 050	5	981	0	454	0	322	3.1	1 088	163.5	1 100	83.5	962	170.43	1 088
21	491	2	917	31	962	11	870	8	106	0	322	17.9	827	564	973	0	1 101	564	945
15	585	1	972	26	996	4	1 003	0	454	0	322	3.9	1 066	201.55	1 079	0	1 101	164.7	1 092
5	838	0	1 031	19	1 040	0	1 107	0	454	0	322	3.4	1 080	189	1 085	0	1 101	173.5	1 085
5	838	0	1 031	11	1 082	1	1 076	0	454	0	322	1.4	1 129	29.4	1 153	0	1 101	29.4	1 150
19	515	18	642	50	857	6	947	0	454	0	322	10.1	941	1 142.53	866	111	935	1 173.23	836
21	491	6	808	79	728	4	1 003	0	454	0	322	30.4	700	1 223.61	855	60.75	984	1 186.77	835
57	191	90	321	201	328	49	558	0	454	0	322	69.7	419	8 643.7	414	2 909.3	394	6 587.69	465
4	883	0	1 031	6	1 114	5	981	0	454	0	322	3.1	1 088	115.9	1 113	0	1 101	115.9	1 111
9	721	0	1 031	20	1 031	1	1 076	0	454	0	322	6.3	1 017	460	994	25	1 040	447	982
57	191	106	289	146	488	44	591	1	333	0	322	103.4	298	7 075.48	474	1 689	504	7 514.69	440
3	922	17	653	66	781	25	731	0	454	0	322	16.6	841	1 138.2	867	499	744	875.2	873

学校名称	社科活动人员(人)																	
	合计		按职称划分								其他人员		合计		按职称划分			
			小计		高级		中级		初级						高级		中级	
山东青年政治学院	399	608	399	605	140	575	147	743	112	232	0	180	155	688	80	596	60	730
广东第二师范学院	377	644	377	640	142	572	195	573	40	718	0	180	204	617	108	491	86	611
南方科技大学	50	1 144	50	1 143	23	985	19	1 150	8	1 082	0	180	6	1 132	2	1 087	4	1 118
郑州升达经贸管理学院	767	202	767	202	124	630	320	260	323	6	0	180	135	733	32	806	74	653
重庆第二师范学院	487	483	487	483	234	321	189	590	64	496	0	180	309	441	181	331	106	520
成都师范学院	470	510	470	507	217	362	190	587	63	505	0	180	294	467	128	447	141	410
陕西学前师范学院	638	281	638	280	188	435	272	351	178	78	0	180	353	397	112	482	149	382
四川电影电视学院	131	1 029	131	1 027	9	1 090	44	1 094	78	405	0	180	59	920	5	1 038	27	939
上海科技大学	31	1 163	31	1 163	14	1 034	11	1 165	6	1 105	0	180	0	1 154	0	1 134	0	1 150
浙江科贸职业技术学院(筹)	45	1 148	45	1 147	3	1 149	19	1 150	23	895	0	180	15	1 096	0	1 134	11	1 058
中国科学院大学	160	982	160	979	96	732	53	1 070	11	1 053	0	180	71	881	28	831	17	1 011
河北中医学院	232	862	232	860	66	826	93	929	73	432	0	180	267	504	101	513	113	489
山西传媒学院	423	569	423	567	148	550	172	649	103	268	0	180	189	641	101	513	64	710
营口理工学院	47	1 147	46	1 146	9	1 090	37	1 109	0	1 162	1	140	20	1 071	7	994	12	1 051
江苏第二师范学院	391	619	391	614	188	435	149	737	54	577	0	180	189	641	95	534	86	611
南昌师范学院	362	670	362	667	142	572	138	769	82	381	0	180	144	713	79	603	50	789
山东管理学院	263	817	263	814	68	822	141	759	54	577	0	180	237	548	83	579	131	440
山东农业工程学院	275	796	275	793	84	765	128	802	63	505	0	180	57	937	35	791	21	986
贵州理工学院	131	1 029	131	1 027	62	836	64	1 026	5	1 118	0	180	72	874	48	722	19	1 004
张家口学院	220	882	220	879	81	775	107	873	32	794	0	180	217	591	83	579	116	479
山西工程技术学院	131	1 029	131	1 027	43	903	66	1 019	22	911	0	180	15	1 096	9	966	5	1 108
内蒙古艺术学院	314	746	313	744	140	575	151	729	22	911	1	140	56	939	28	831	24	964
鄂尔多斯应用技术学院	40	1 155	40	1 154	9	1 090	22	1 141	9	1 068	0	180	13	1 103	3	1 072	9	1 075
浙江音乐学院	365	666	365	662	106	689	210	521	49	624	0	180	220	583	60	663	127	448
哈尔滨音乐学院	112	1 056	112	1 054	64	828	19	1 150	29	838	0	180	9	1 116	7	994	2	1 137
滇西应用技术大学	43	1 149	43	1 148	5	1 133	9	1 169	29	838	0	180	33	1 011	7	994	9	1 075
宁波诺丁汉大学	303	756	303	754	85	760	77	984	141	142	0	180	79	852	41	755	27	939
北京师范大学—香港浸会大学联合国际学院	235	857	235	855	150	544	85	957	0	1 162	0	180	5	1 139	5	1 038	0	1 150
西交利物浦大学	227	872	227	870	54	863	90	942	83	377	0	180	17	1 085	8	977	9	1 075
上海纽约大学	164	975	164	972	44	900	74	991	46	660	0	180	7	1 128	7	994	0	1 150
温州肯恩大学	85	1 100	85	1 099	26	976	45	1 092	14	1 013	0	180	14	1 101	6	1 015	8	1 084
昆山杜克大学	12	1 179	12	1 179	2	1 161	4	1 179	6	1 105	0	180	0	1 154	0	1 134	0	1 150
香港中文大学(深圳)	68	1 123	68	1 122	11	1 062	56	1 058	1	1 153	0	180	3	1 146	2	1 087	1	1 144
深圳北理莫斯科大学	9	1 180	9	1 180	1	1 167	8	1 172	0	1 162	0	180	0	1 154	0	1 134	0	1 150
山西能源学院	81	1 106	81	1 106	38	924	24	1 137	19	952	0	180	37	996	20	873	13	1 040
河北环境工程学院	181	948	181	946	62	836	113	855	6	1 105	0	180	163	675	60	663	96	573

续表

研究发展人员(人)														R&D 经费情况(千元)					
		按学历学位划分								其他人员		折合全时人员(人年)		当年经费收入合计		其中:科研事业费		当年经费支出合计	
初级		博士毕业		硕士毕业		本科毕业		其他学历											
15	585	39	506	95	674	21	766	0	454	0	322	25.6	739	2 753	704	961	628	1 562.54	795
10	691	92	317	90	690	22	762	0	454	0	322	35.3	657	11 566.4	342	7 812	197	10 952.6	340
0	1 076	5	827	1	1 145	0	1 107	0	454	0	322	4.4	1 060	3 156	684	926.68	634	3 156	656
29	393	4	850	99	654	32	675	0	454	0	322	19	815	3 201.9	677	648	691	3 079	659
21	491	37	517	222	286	50	552	0	454	1	235	56.8	501	14 171.26	299	1 091.7	600	9 418.21	379
25	441	52	437	176	391	66	453	0	454	0	322	76.9	389	7 235.96	465	1 037.27	609	5 926.95	491
92	73	40	493	248	252	62	478	3	218	0	322	49.1	548	3 946.5	623	1 003	619	3 558.39	622
18	528	0	1 031	48	871	11	870	0	454	9	79	13.8	884	382.8	1 022	34.8	1 025	355	1 012
0	1 076	0	1 031	0	1 149	0	1 107	0	454	0	322	0	1 154	0	1 158	0	1 101	0	1 158
4	883	0	1 031	11	1 082	4	1 003	0	454	0	322	2.1	1 112	80.28	1 127	0	1 101	83.78	1 128
0	1 076	43	473	9	1 098	19	783	0	454	0	322	18.5	821	7 727	448	6 997	215	2 939.06	666
53	208	23	602	180	378	64	464	0	454	0	322	64.8	441	2 634.8	714	251	842	2 493.73	703
24	454	23	602	110	607	43	597	13	70	0	322	33.6	680	30 618.98	131	4 143.8	313	11 912.94	306
0	1 076	5	827	12	1 071	3	1 028	0	454	1	235	3.3	1 084	233	1 067	57	994	193.56	1 076
8	747	71	372	101	645	17	808	0	454	0	322	62.2	460	7 970.85	435	1 687.4	506	4 290.92	579
14	602	23	602	89	692	32	675	0	454	1	235	17.7	830	1 401.2	834	1 265	561	570.48	942
23	463	16	666	197	339	24	741	0	454	0	322	34.8	667	2 006.4	761	1 110.4	592	2 113.4	739
0	1 076	2	917	36	934	19	783	0	454	1	235	10.4	934	432	1 000	147	904	459.82	978
2	968	16	666	40	912	16	815	0	454	3	149	12.9	901	1 049.5	876	527	731	773.9	895
18	528	7	790	132	533	78	401	0	454	0	322	30.9	698	1 683	797	506	740	1 228	829
1	1 014	1	972	8	1 103	6	947	0	454	0	322	1.8	1 116	60	1 138	5	1 090	100	1 119
2	968	10	748	35	945	10	880	1	333	2	187	8.3	971	663.9	946	390	785	663.9	923
1	1 014	1	972	12	1 071	0	1 107	0	454	0	322	1.6	1 122	120.4	1 112	82	964	88.4	1 124
17	543	36	525	136	515	43	597	5	160	16	48	28.3	720	3 606.7	648	1 688.7	505	7 394.81	443
0	1 076	2	917	7	1 108	0	1 107	0	454	0	322	1.8	1 116	86	1 124	48	1 003	47.4	1 142
17	543	2	917	30	969	1	1 076	0	454	0	322	5.6	1 030	513.6	986	290	820	358.6	1 011
10	691	66	388	11	1 082	2	1 045	0	454	0	322	18.6	820	10 572.58	365	3 738.7	336	8 630.61	395
0	1 076	5	827	0	1 149	0	1 107	0	454	0	322	1.9	1 114	1 096.6	870	439.6	765	992.2	855
0	1 076	15	675	2	1 138	0	1 107	0	454	0	322	5.5	1 031	1 602.84	807	1 141	583	771.87	897
0	1 076	7	790	0	1 149	0	1 107	0	454	0	322	4.8	1 048	10 594.07	362	452	761	10 308.42	357
0	1 076	11	732	3	1 136	0	1 107	0	454	0	322	3.8	1 071	1 451.4	827	0	1 101	1 431.2	812
0	1 076	0	1 031	0	1 149	0	1 107	0	454	0	322	0	1 154	0	1 158	0	1 101	0	1 158
0	1 076	3	876	0	1 149	0	1 107	0	454	0	322	0.3	1 149	3 925	624	110	936	16	1 153
0	1 076	0	1 031	0	1 149	0	1 107	0	454	0	322	0	1 154	0	1 158	0	1 101	0	1 158
4	883	6	808	18	1 043	13	844	0	454	0	322	4.5	1 054	578.76	966	33	1 028	501.31	968
7	784	11	732	131	538	21	766	0	454	0	322	29.3	709	1 314.5	841	280	825	1 043.93	847

4. 本科学校人文、社会科学研究与发展概况表(二)

学校名称	研究与发展课题											
	课题总数(项)		当年新开课题数(项)		当年完成课题数(项)		当年新开课题批准经费(千元)		当年投入人数(人年)		当年拨入经费(千元)	
北京大学	1 556	40	749	8	151	161	198 133.17	8	319.6	44	219 663.66	3
中国人民大学	5 014	1	913	3	891	4	178 609.52	9	588.7	8	199 680.81	5
清华大学	1 961	23	735	10	912	3	535 923.36	3	323.5	43	273 074.02	1
北京交通大学	1 417	48	338	57	308	35	59 379.62	34	215.4	105	63 441.46	25
北京工业大学	575	196	151	247	106	252	23 907.26	102	265.8	70	22 681.19	98
北京航空航天大学	368	335	92	419	68	389	31 902	73	76.6	389	21 444.45	106
北京理工大学	176	590	63	560	33	632	18 220	130	131.7	212	16 749.74	130
北京科技大学	552	205	215	140	173	132	24 978.37	98	93.1	330	20 727.19	111
北方工业大学	195	553	96	403	82	328	13 953.26	171	48.3	556	13 065.93	177
北京化工大学	243	485	85	459	91	295	7 831.28	283	71	417	7 396.63	287
北京工商大学	647	162	185	180	123	210	18 362.96	128	123.8	236	40 391.94	48
北京服装学院	261	463	73	514	38	578	17 536.32	135	88.2	353	14 257.11	156
北京邮电大学	362	346	88	440	67	391	9 259.1	248	130.7	215	10 697.4	213
北京印刷学院	167	605	58	588	40	558	6 398.5	325	38.4	631	6 427.01	315
北京建筑大学	159	619	38	744	37	585	5 143.5	366	68	424	3 450	435
北京石油化工学院	78	824	34	771	21	744	3 404.71	445	36.3	649	4 037.83	404
北京电子科技学院	16	1 065	3	1 104	6	943	60	1 034	9.7	949	80	995
中国农业大学	813	116	215	140	158	148	31 606.89	76	243.2	84	32 356.49	60
北京农学院	195	553	101	376	113	231	9 698.3	237	25	749	9 526.74	238
北京林业大学	592	185	152	243	126	206	15 648.87	154	150.9	168	19 068.26	116
北京协和医学院	10	1 099	2	1 122	1	1 056	400	829	2.2	1 109	610	757
首都医科大学	283	428	61	569	62	413	8 166.84	273	66.6	427	4 930.33	361
北京中医药大学	119	714	46	670	30	656	3 887.41	416	47.1	569	4 169.68	395
北京师范大学	3 384	7	754	7	430	16	227 395.26	7	419.3	20	201 349.5	4
首都师范大学	993	88	205	154	109	241	35 401.09	64	419.5	19	36 607.58	55
首都体育学院	195	553	55	614	22	733	8 801.8	258	31.6	693	6 701.8	305
北京外国语大学	529	216	181	185	50	484	16 507.33	146	74.3	402	10 952.94	209
北京第二外国语学院	652	160	159	226	82	328	20 687.73	118	172.4	143	12 420.48	183
北京语言大学	500	231	194	166	120	214	29 358.46	82	128.4	219	26 458.55	81
中国传媒大学	2 011	20	511	19	363	23	70 475.41	27	428.8	18	57 038.43	29
中央财经大学	2 014	19	311	68	188	109	54 363.1	38	286.4	58	48 725.97	35
对外经济贸易大学	978	89	243	113	149	166	51 737.54	42	287.5	57	56 029.21	30
北京物资学院	323	384	80	481	112	234	8 331.3	268	47.8	565	9 365.8	241
首都经济贸易大学	1 564	38	207	151	180	122	27 986.87	87	117.2	248	28 249.92	72
外交学院	141	650	21	881	43	531	1 370	638	45.9	574	1 481	609

其中:当年新开课题拨入经费(千元)		当年支出经费(千元)		著作(部)		研究与发展成果								获奖成果数(项)			
						学术论文(篇)				研究与咨询报告(篇)				合计		其中:国家级和部级	
						合计		其中:国外学术刊物发表数		提交有关部门数		其中:被采纳数					
188 927.49	2	191 569.68	2	383	3	3 054	2	80	36	48	83	10	136	27	21	0	50
121 958.53	6	92 618.16	10	512	1	3 851	1	323	2	79	49	40	44	23	26	1	27
163 636.94	4	191 017.31	3	189	10	1 724	12	158	17	143	21	27	63	19	32	4	4
36 678.81	38	63 638.84	17	30	271	316	273	57	54	8	291	7	175	3	156	0	50
18 052.05	100	13 980.88	138	44	163	529	125	16	166	0	538	0	375	2	177	0	50
17 689	102	20 689.19	85	26	311	245	380	59	50	0	538	0	375	0	291	0	50
13 184.9	136	16 439.9	108	16	463	250	361	36	85	21	173	5	194	0	291	0	50
11 615.57	159	9 107.69	206	20	401	268	334	45	69	7	307	0	375	1	218	0	50
9 644.46	199	12 812.45	147	43	170	280	320	14	184	0	538	0	375	0	291	0	50
5 456.29	312	7 925.81	230	31	262	264	341	26	115	12	221	0	375	0	291	0	50
13 899.26	129	37 229.21	45	31	262	560	111	13	201	22	166	0	375	4	129	0	50
13 017.39	141	14 420.41	131	23	348	184	507	6	304	10	252	10	136	0	291	0	50
7 613.7	234	7 814.1	234	12	562	131	663	13	201	4	371	0	375	0	291	0	50
4 806	338	6 846.21	256	50	134	215	433	5	336	0	538	0	375	0	291	0	50
2 320	475	2 896.4	425	27	301	179	523	5	336	0	538	0	375	0	291	0	50
3 070.71	417	4 017.27	365	13	537	52	921	5	336	1	468	1	312	0	291	0	50
60	993	114	930	2	924	23	1 052	0	640	0	538	0	375	0	291	0	50
22 026.15	79	25 451.03	63	32	250	839	47	68	45	25	148	0	375	4	129	3	8
8 652.94	221	11 886.81	160	14	508	32	1 011	0	640	0	538	0	375	2	177	0	50
14 018.07	127	18 095.51	100	48	140	178	530	0	640	9	265	0	375	0	291	0	50
380	797	54.8	992	1	969	34	996	2	465	0	538	0	375	0	291	0	50
3 100.34	413	3 728.55	379	15	486	100	770	1	534	8	291	5	194	0	291	0	50
2 721.68	439	3 780.75	374	13	537	64	873	0	640	0	538	0	375	0	291	0	50
175 899.27	3	146 319.19	5	423	2	2 333	5	0	640	115	28	66	23	21	27	1	27
22 390.83	74	23 725.47	73	77	67	705	70	40	77	0	538	0	375	14	50	3	8
6 231.8	285	7 377.67	247	32	250	235	392	0	640	0	538	0	375	0	291	0	50
8 542.74	223	7 397.99	246	103	37	901	36	57	54	16	199	12	121	3	156	0	50
8 326.73	225	5 316.89	306	81	60	283	317	3	413	7	307	5	194	2	177	1	27
13 830.96	130	12 927.66	146	88	49	483	147	43	71	27	142	17	105	2	177	0	50
44 935.46	28	29 451.91	55	118	30	880	41	16	166	29	136	27	63	3	156	1	27
36 073.7	39	42 141.22	36	165	14	1 216	17	152	18	5	342	5	194	12	58	6	3
32 979.3	46	31 278.58	53	84	54	1 111	23	167	13	78	50	34	55	9	74	1	27
6 096.3	292	8 168.64	224	46	151	414	195	12	212	1	468	1	312	2	177	0	50
22 967.32	71	25 422.97	64	107	34	507	134	40	77	6	327	0	375	7	85	0	50
390	794	2 212	480	44	163	225	413	14	184	9	265	8	163	1	218	0	50

学校名称	研究与发展课题											
	课题总数（项）		当年新开课题数（项）		当年完成课题数（项）		当年新开课题批准经费（千元）		当年投入人数（人年）		当年拨入经费（千元）	
中国人民公安大学	501	230	163	214	104	258	26 693.94	92	198.6	115	15 118.94	142
国际关系学院	181	577	69	531	41	548	3 175	455	47.9	564	5 033	355
北京体育大学	646	163	115	340	110	239	12 519.24	191	170.6	146	17 876.54	123
中央音乐学院	35	965	16	941	7	932	9 089.16	252	56.6	505	8 025.16	265
中国音乐学院	123	701	2	1 122	20	752	280	882	15.1	864	620	755
中央美术学院	138	662	42	707	15	821	22 532	108	61.8	464	17 250.78	126
中央戏剧学院	107	739	44	690	16	805	2 517	514	42	604	333	853
中国戏曲学院	42	941	14	968	15	821	2 560	509	3.5	1 076	2 110	538
北京电影学院	177	587	38	744	18	777	2 080	564	32	690	1 779	579
北京舞蹈学院	88	794	49	643	17	789	1 235	664	15.9	853	1 840	570
中央民族大学	774	126	366	46	83	323	45 794.47	49	268.6	68	31 814.7	62
中国政法大学	2 707	11	416	29	120	214	79 652.08	19	258.8	79	63 978.7	24
华北电力大学	1 014	84	136	278	62	413	35 396.03	65	88.1	354	28 744.43	69
南开大学	2 305	15	414	30	511	11	78 996.75	21	614.8	5	82 598.17	16
天津大学	579	193	137	276	43	531	23 002.6	104	138.5	198	19 979	114
天津科技大学	334	372	75	503	43	531	2 354.14	528	96.8	314	2 205.54	529
天津工业大学	374	325	125	315	108	247	7 781	284	148.5	175	7 385.3	288
中国民航大学	367	340	86	453	143	179	21 872.15	113	148	176	13 611.29	162
天津理工大学	528	217	113	341	114	227	10 228.39	225	80.6	380	10 549.89	217
天津农学院	185	572	49	643	39	568	2 476	516	83.1	369	2 616.5	485
天津医科大学	77	829	27	826	22	733	1 099	684	28.6	717	2 042.8	546
天津中医药大学	46	930	17	927	16	805	2 653	499	32.3	688	2 068	543
天津师范大学	1 315	55	297	76	175	130	16 924.9	141	252	81	16 458.64	132
天津职业技术师范大学	155	627	36	757	22	733	1 116.9	682	48.2	559	1 254.6	638
天津外国语大学	295	418	34	774	25	699	2 150	551	56.3	508	1 364.5	623
天津商业大学	620	172	116	335	53	462	3 793.4	423	184	128	3 544.6	428
天津财经大学	791	123	138	275	93	290	11 289.06	211	181.1	131	13 674.96	161
天津体育学院	234	500	59	575	144	177	6 474.6	320	84.2	366	5 683.54	333
天津音乐学院	65	864	23	859	5	968	1 896.39	575	9.9	944	1 825	572
天津美术学院	128	685	43	698	41	548	1 590	604	111.2	264	1 043	670
河北大学	1 080	75	404	33	428	17	17 834.7	134	407.7	23	16 687.7	131
河北工程大学	266	456	87	445	75	355	597	776	226.6	95	735.6	730
河北地质大学	522	218	184	181	115	223	2 537.57	512	117.5	246	3 349.27	439
华北水利水电大学	73	841	16	941	17	789	366	845	72	413	1 365.4	622

续表

其中：当年新开课题拨入经费（千元）		当年支出经费（千元）		研究与发展成果										获奖成果数（项）			
				著作（部）		学术论文（篇）				研究与咨询报告（篇）				合计		其中：国家级和部级	
						合计		其中：国外学术刊物发表数		提交有关部门数		其中：被采纳数					
5 720.38	302	8 275.22	221	71	82	481	148	0	640	13	213	0	375	1	218	0	50
2 694	445	5 779.54	291	19	415	167	565	4	368	0	538	0	375	1	218	0	50
10 934.24	173	15 138.49	120	57	110	640	80	17	157	0	538	0	375	0	291	0	50
5 825.16	300	8 002.84	228	17	446	114	726	0	640	0	538	0	375	2	177	0	50
260	864	332	786	9	640	128	671	0	640	0	538	0	375	1	218	0	50
14 352	124	14 274.31	134	42	174	134	655	4	368	0	538	0	375	1	218	0	50
333	824	210.03	852	6	735	253	359	1	534	0	538	0	375	0	291	0	50
1 560	563	1 075	626	9	640	34	996	0	640	3	402	0	375	0	291	0	50
1 034	642	857.2	661	19	415	174	543	0	640	4	371	0	375	1	218	0	50
1 085	634	1 088.19	624	11	591	97	779	1	534	8	291	1	312	0	291	0	50
27 863.42	55	11 250.07	168	121	28	888	38	31	105	27	142	24	73	7	85	4	4
53 012.05	19	36 065.86	47	107	34	796	55	91	33	10	252	10	136	8	78	0	50
8 677.4	220	14 893.71	124	37	215	549	115	136	20	0	538	0	375	0	291	0	50
51 650.4	21	56 632.23	21	132	23	1 611	14	57	54	103	33	97	17	0	291	0	50
19 115	94	24 759	67	58	107	512	132	124	22	16	199	8	163	0	291	0	50
1 401.34	583	1 721.89	529	7	699	150	603	2	465	6	327	5	194	0	291	0	50
6 579.3	273	7 429.3	245	36	226	106	752	1	534	0	538	0	375	0	291	0	50
11 211.01	169	9 309.49	202	8	668	284	315	0	640	6	327	3	243	0	291	0	50
8 957.39	211	10 302.09	182	12	562	272	327	2	465	0	538	0	375	0	291	0	50
2 412	466	2 531.73	452	3	872	236	391	17	157	0	538	0	375	0	291	0	50
580.8	732	1 447.9	558	14	508	103	760	18	151	0	538	0	375	0	291	0	50
1 574	561	1 187.36	605	0	1 022	78	826	2	465	1	468	1	312	0	291	0	50
10 600.4	181	15 389.32	116	44	163	616	86	32	98	4	371	4	219	0	291	0	50
651.9	717	1 040.89	630	6	735	123	688	6	304	0	538	0	375	0	291	0	50
979.5	652	714.58	695	17	446	346	245	0	640	6	327	6	185	0	291	0	50
2 585.1	456	2 768.97	430	38	208	220	422	7	279	1	468	1	312	0	291	0	50
8 075.56	228	5 857.3	287	40	191	534	121	315	3	0	538	0	375	0	291	0	50
4 783.71	339	10 650.26	177	16	463	103	760	2	465	0	538	0	375	0	291	0	50
1 821.6	528	1 914.55	511	0	1 022	62	886	0	640	0	538	0	375	0	291	0	50
984	650	387.4	766	37	215	114	726	0	640	0	538	0	375	0	291	0	50
16 687.7	106	17 721.05	105	110	32	783	56	20	143	45	90	15	109	0	291	0	50
473	768	721.73	692	20	401	182	513	0	640	4	371	2	272	0	291	0	50
2 535.57	458	3 390.27	393	28	292	182	513	0	640	0	538	0	375	0	291	0	50
272	857	2 218.1	477	81	60	211	437	0	640	0	538	0	375	8	78	0	50

学校名称	研究与发展课题											
	课题总数（项）		当年新开课题数（项）		当年完成课题数（项）		当年新开课题批准经费（千元）		当年投入人数（人年）		当年拨入经费（千元）	
河北工业大学	446	257	133	286	23	723	3 515	436	243	85	3 201.4	447
华北理工大学	344	362	128	304	170	136	1 727.1	588	111.7	263	1 700.6	588
河北科技大学	292	422	86	453	84	320	3 797	422	73.8	404	4 306.3	391
河北建筑工程学院	82	809	33	780	44	520	164	933	17.9	827	143	939
河北水利电力学院	61	877	39	731	14	837	309	866	12.8	902	306	865
河北农业大学	467	249	158	232	72	368	1 542	614	88.7	351	1 516	606
河北医科大学	41	944	29	809	12	858	217	907	23.5	761	344	849
河北北方学院	130	679	34	774	75	355	668	760	60.5	478	544	772
承德医学院	87	799	29	809	35	607	131.9	960	13.7	886	139.9	942
河北师范大学	865	106	228	125	134	191	15 791.6	151	243.5	83	16 798.1	129
保定学院	303	409	86	453	47	504	928.5	712	82.7	371	892.14	700
河北民族师范学院	237	494	89	435	70	379	412	826	57.7	497	412.9	819
唐山师范学院	190	565	67	544	67	391	883	718	131	213	820	712
廊坊师范学院	307	403	122	325	66	396	1 404	632	158.8	157	1 535.7	602
衡水学院	231	502	83	466	62	413	24	1 081	86.4	361	68.3	1 007
石家庄学院	167	605	62	563	34	621	654	762	30.2	704	416	818
邯郸学院	263	460	64	555	63	409	2 056.6	567	110.3	266	2 018.7	552
邢台学院	253	475	175	193	44	520	1 051.2	687	89.3	347	1 033.2	673
沧州师范学院	224	512	117	333	42	541	257	891	98	309	70	1 005
石家庄铁道大学	191	563	42	707	20	752	734	747	49.1	548	431.8	809
山西大学	1 065	76	349	51	367	21	25 815.88	96	261.6	77	25 363.97	89
太原科技大学	150	633	41	720	42	541	1 001.5	694	64.5	445	921.5	696
中北大学	329	379	53	621	31	649	1 663	597	61.6	466	1 103	660
太原理工大学	434	264	104	366	144	177	3 507.5	439	180.2	132	3 306	441
山西农业大学	228	504	42	707	30	656	685	756	35	662	685	743
山西医科大学	84	806	33	780	33	632	1 403	633	63.2	457	2 477	494
长治医学院	6	1 120	6	1 066	4	998	20	1 088	2.3	1 108	20	1 075
山西师范大学	478	246	90	430	72	368	6 236.49	331	204.3	109	6 476.01	312
太原师范学院	101	757	82	472	90	298	2 804.5	486	29	712	2 846.5	472
山西大同大学	321	385	76	500	17	789	1 183	675	112.8	262	1 183	651
晋中学院	93	783	10	1 008	0	1 079	231	902	13.1	898	163.5	926
长治学院	117	722	61	569	31	649	704	754	41.1	612	694	741
运城学院	47	928	16	941	9	901	622	768	14	881	594	760
忻州师范学院	116	725	22	872	55	452	859	725	56.2	509	853	705
山西财经大学	609	180	276	86	180	122	10 560.37	220	270.3	65	9 941.38	226

续表

其中:当年新开课题拨入经费(千元)		当年支出经费(千元)		研究与发展成果										获奖成果数(项)			
				著作(部)		学术论文(篇)				研究与咨询报告(篇)				合计		其中:国家级和部级	
						合计		其中:国外学术刊物发表数		提交有关部门数		其中:被采纳数					
3 007.5	421	1 963.8	505	12	562	234	396	8	263	4	371	4	219	0	291	0	50
1 440	577	2 662.37	440	19	415	205	451	6	304	5	342	2	272	0	291	0	50
3 729	383	4 279.5	350	34	237	208	441	1	534	13	213	0	375	0	291	0	50
114	945	199.6	865	7	699	139	641	1	534	0	538	0	375	0	291	0	50
306	838	42.28	1 018	5	774	98	777	4	368	0	538	0	375	0	291	0	50
1 516	568	1 065	628	17	446	135	651	6	304	3	402	3	243	0	291	0	50
217	880	344	781	2	924	17	1 081	0	640	0	538	0	375	0	291	0	50
544	746	259.15	827	12	562	51	927	0	640	0	538	0	375	0	291	0	50
125.9	933	92.75	949	1	969	97	779	3	413	0	538	0	375	0	291	0	50
15 347.1	113	11 074.41	171	76	70	582	102	21	133	7	307	2	272	0	291	0	50
601.02	728	630.93	713	15	486	91	793	1	534	0	538	0	375	0	291	0	50
346	815	342.9	782	17	446	161	576	0	640	7	307	4	219	0	291	0	50
820	685	846.7	663	16	463	143	629	5	336	5	342	2	272	0	291	0	50
1 374	587	1 466.7	555	11	591	179	523	13	201	45	90	20	91	0	291	0	50
24	1 046	0	1 117	0	1 022	189	495	0	640	0	538	0	375	0	291	0	50
415	788	218.6	847	32	250	61	890	2	465	0	538	0	375	0	291	0	50
1 844.8	524	945.32	643	8	668	138	645	3	413	5	342	5	194	0	291	0	50
973.2	653	886.25	652	27	301	183	509	0	640	6	327	5	194	0	291	0	50
60	993	34.2	1 036	22	364	238	389	0	640	0	538	0	375	0	291	0	50
331.8	825	365.6	772	11	591	78	826	0	640	3	402	1	312	0	291	0	50
23 670.47	70	22 785.58	77	102	39	829	50	5	336	51	78	36	52	0	291	0	50
921.5	666	1 258.87	591	9	640	139	641	1	534	7	307	0	375	0	291	0	50
1 103	629	910.9	647	21	387	46	941	0	640	0	538	0	375	0	291	0	50
3 094	415	2 062.03	492	17	446	208	441	3	413	0	538	0	375	0	291	0	50
685	714	894.78	650	7	699	21	1 062	1	534	0	538	0	375	0	291	0	50
1 343	591	3 498.49	389	2	924	118	713	0	640	0	538	0	375	0	291	0	50
20	1 054	15	1 072	5	774	9	1 115	0	640	0	538	0	375	0	291	0	50
5 673.4	306	5 116.17	313	47	145	330	261	9	246	0	538	0	375	0	291	0	50
2 590.5	453	2 512.5	454	46	151	335	258	3	413	7	307	0	375	0	291	0	50
1 163	622	865.65	658	32	250	248	374	0	640	0	538	0	375	0	291	0	50
163.5	905	545.82	730	15	486	189	495	0	640	0	538	0	375	0	291	0	50
694	712	232.2	841	19	415	24	1 049	0	640	0	538	0	375	0	291	0	50
487	759	219.53	845	5	774	180	521	0	640	0	538	0	375	0	291	0	50
765	698	728.5	691	13	537	192	484	0	640	0	538	0	375	0	291	0	50
9 441.38	203	9 179.08	205	26	311	285	312	22	129	0	538	0	375	0	291	0	50

学校名称	研究与发展课题											
	课题总数（项）		当年新开课题数（项）		当年完成课题数（项）		当年新开课题批准经费（千元）		当年投入人数（人年）		当年拨入经费（千元）	
内蒙古大学	691	147	99	385	7	932	12 383	195	177.4	136	13 261.73	171
内蒙古科技大学	298	416	160	222	172	133	2 528.37	513	149	172	3 192.37	448
内蒙古农业大学	162	617	49	643	53	462	2 935	476	54.7	516	3 850	412
内蒙古医科大学	55	896	35	765	7	932	814	730	45.8	576	814	715
内蒙古师范大学	561	202	169	200	61	421	9 088	253	94.5	323	7 514.7	277
内蒙古民族大学	177	587	48	657	28	666	3 030	467	59.9	483	2 943	466
赤峰学院	140	654	39	731	20	752	3 428	444	81.2	377	3 178	450
内蒙古财经大学	411	292	127	309	90	298	8 108	277	113.9	259	7 544	275
辽宁大学	1 488	44	313	67	353	27	14 066.41	168	285.4	59	11 450.39	202
大连理工大学	576	194	97	399	46	510	5 971	337	43.6	589	5 793	330
沈阳工业大学	326	381	59	575	179	125	2 329	533	34.2	676	2 013	553
沈阳航空航天大学	129	681	68	535	45	515	1 249	662	36.8	645	967.5	687
沈阳理工大学	89	793	53	621	36	593	1 301	649	30.3	701	1 301	629
东北大学	763	128	178	187	70	379	52 314.24	41	114.1	258	54 190.77	31
辽宁科技大学	167	605	67	544	52	470	3 562	432	29.9	706	2 369.5	507
辽宁工程技术大学	137	664	51	633	67	391	1 417	631	22.4	775	984	684
辽宁石油化工大学	51	910	26	835	15	821	484	809	16.6	840	480	794
沈阳化工大学	90	790	18	915	18	777	485	808	25.2	748	490	790
大连交通大学	64	868	17	927	22	733	245	896	23.8	759	245	889
大连海事大学	422	279	83	466	61	421	6 046.6	333	168.6	149	5 307.1	342
大连工业大学	160	618	81	474	76	353	2 098	561	105.4	288	2 122.15	536
沈阳建筑大学	71	846	33	780	20	752	923	713	26	733	899	698
辽宁工业大学	120	710	42	707	23	723	945	706	13.4	891	750	728
沈阳农业大学	121	707	48	657	45	515	2 662	497	25.5	742	2 409	500
大连海洋大学	409	296	87	445	64	403	4 543.75	392	62.9	458	3 026.91	460
中国医科大学	163	615	40	724	14	837	5 066	370	43.5	592	3 508.06	430
锦州医科大学	29	1 000	9	1 020	17	789	180	920	25.3	746	90	981
大连医科大学	111	732	40	724	22	733	933.55	710	34.8	666	701.75	739
辽宁中医药大学	37	958	13	978	16	805	61	1 032	7.4	990	52.5	1 028
沈阳药科大学	31	991	18	915	24	713	2 107	557	5.4	1 033	2 107	540
沈阳医学院	0	1 156	0	1 146	0	1 079	0	1 124	0	1 154	0	1 108
辽宁师范大学	505	226	208	148	132	193	7 041	307	234.7	90	7 144	295
沈阳师范大学	811	117	258	98	361	24	6 323	330	310.4	50	6 852.7	302
渤海大学	1 261	58	164	209	172	133	7 476.59	292	137.3	202	7 306.59	290
鞍山师范学院	260	465	44	690	48	494	1 961.5	573	24	757	2 035.5	550

续表

其中:当年新开课题拨入经费(千元)		当年支出经费(千元)		研究与发展成果										获奖成果数(项)			
				著作(部)		学术论文(篇)				研究与咨询报告(篇)				合计		其中:国家级和部级	
						合计		其中:国外学术刊物发表数		提交有关部门数		其中:被采纳数					
10 700.24	178	6 124.05	279	85	52	473	154	79	39	60	69	57	25	82	2	0	50
2 378.37	470	4 494.21	339	17	446	249	369	0	640	5	342	0	375	10	70	0	50
2 735	438	3 596.3	381	30	271	134	655	6	304	0	538	0	375	15	47	0	50
814	687	642	710	0	1 022	70	853	0	640	0	538	0	375	0	291	0	50
6 660.9	268	9 684.5	196	70	86	444	174	14	184	0	538	0	375	11	62	0	50
2 920	425	2 977	416	74	75	433	180	28	110	0	538	0	375	26	23	0	50
3 158	408	3 081.7	410	24	337	377	219	0	640	0	538	0	375	4	129	0	50
6 974	250	7 578	242	85	52	426	183	0	640	0	538	0	375	30	18	0	50
8 987.81	208	12 783.41	148	33	246	490	141	3	413	23	157	10	136	56	3	0	50
4 951	330	5 793	290	36	226	484	145	0	640	0	538	0	375	0	291	0	50
1 949	516	2 376	466	13	537	115	723	6	304	0	538	0	375	7	85	0	50
967.5	656	1 328.31	582	0	1 022	72	845	0	640	0	538	0	375	0	291	0	50
1 301	596	1 271.47	588	4	823	58	905	5	336	0	538	0	375	0	291	0	50
47 791.24	25	49 127.18	30	50	134	455	167	37	82	55	74	3	243	11	62	0	50
2 048.5	502	2 356.66	470	7	699	157	587	42	74	0	538	0	375	0	291	0	50
944	660	1 174.64	609	16	463	122	696	0	640	0	538	0	375	0	291	0	50
480	763	149.01	900	29	281	60	896	4	368	0	538	0	375	3	156	0	50
485	761	355.8	776	8	668	340	250	124	22	0	538	0	375	0	291	0	50
245	869	344.2	780	7	699	50	930	0	640	0	538	0	375	0	291	0	50
4 942.1	332	4 624.22	333	45	155	334	259	29	108	61	67	4	219	0	291	0	50
2 098	496	1 517.15	548	0	1 022	111	732	0	640	0	538	0	375	0	291	0	50
889	673	899	649	103	37	337	254	16	166	0	538	0	375	0	291	0	50
750	703	572.8	726	8	668	267	337	0	640	0	538	0	375	0	291	0	50
1 982	510	2 139.75	486	10	617	91	793	0	640	1	468	0	375	0	291	0	50
2 328.71	474	1 639.69	537	18	430	73	842	0	640	0	538	0	375	0	291	0	50
530	749	2 916.65	421	4	823	132	662	44	70	0	538	0	375	1	218	0	50
90	967	150	898	5	774	32	1 011	0	640	0	538	0	375	0	291	0	50
480.15	762	462.45	747	0	1 022	65	871	0	640	0	538	0	375	0	291	0	50
51	1 007	159.5	890	4	823	36	986	0	640	0	538	0	375	0	291	0	50
2 107	493	2 293.35	475	4	823	32	1 011	3	413	0	538	0	375	0	291	0	50
0	1 095	0	1 117	1	969	42	960	0	640	0	538	0	375	0	291	0	50
6 375	281	4 870.7	323	67	88	740	63	9	246	0	538	0	375	19	32	0	50
6 049	294	8 912.04	209	112	31	883	39	4	368	3	402	3	243	30	18	0	50
6 966.59	253	2 131.22	487	31	262	458	164	5	336	0	538	0	375	20	28	0	50
1 818.5	530	1 479.45	553	20	401	502	135	40	77	0	538	0	375	0	291	0	50

学校名称	研究与发展课题											
	课题总数（项）		当年新开课题数（项）		当年完成课题数（项）		当年新开课题批准经费（千元）		当年投入人数（人年）		当年拨入经费（千元）	
大连外国语大学	434	264	188	176	60	427	5 657	349	61.6	466	4 842	366
东北财经大学	2 127	18	293	79	265	46	19 971.56	123	243	85	21 915.06	103
中国刑事警察学院	279	439	100	380	37	585	9 783.51	233	34.8	666	7 756.53	270
沈阳体育学院	500	231	113	341	235	62	4 499.5	395	151	167	4 337.07	389
沈阳音乐学院	392	309	92	419	23	723	1 724	589	54.7	516	2 400	501
鲁迅美术学院	91	787	42	707	25	699	3 131	457	50.6	542	2 531	489
吉林大学	3 316	8	678	14	541	8	103 864.01	16	358.9	34	95 725.13	13
延边大学	244	483	81	474	69	386	5 274	360	90.9	338	4 979	358
长春理工大学	410	295	71	522	192	101	2 115.7	555	194.9	117	1 746.1	585
东北电力大学	67	858	27	826	12	858	938	708	37.9	636	928	692
长春工业大学	259	467	81	474	56	448	2 967	470	106.7	284	4 155.77	396
吉林建筑大学	120	710	45	677	0	1 079	2 750	493	103.9	294	1 850	568
吉林化工学院	203	546	64	555	45	515	498.74	800	66.6	427	464.74	799
吉林农业大学	134	673	49	643	52	470	2 108.8	556	53.7	524	2 028.8	551
长春中医药大学	59	884	20	893	16	805	291	875	29.2	710	291	872
东北师范大学	1 228	60	223	129	369	19	31 981.82	72	462.6	12	43 484.51	42
北华大学	609	180	246	111	166	139	2 266.9	543	115.6	253	2 330.9	512
通化师范学院	284	427	73	514	79	336	7 314.4	297	127.1	225	6 687.9	307
吉林师范大学	428	273	143	265	195	97	5 958	338	262.4	76	8 076	263
吉林工程技术师范学院	376	323	248	109	52	470	10 458.74	221	72.4	411	10 458.74	219
长春师范大学	538	214	116	335	106	252	5 358	355	215.6	104	5 157	350
白城师范学院	121	707	38	744	53	462	243.5	898	37.5	637	405.8	821
吉林财经大学	330	375	123	323	81	332	5 210	362	145.8	179	5 115	352
吉林体育学院	68	855	16	941	17	789	581	778	11.9	913	535	774
吉林艺术学院	221	515	27	826	12	858	1 485	621	18.4	822	1 485	608
黑龙江大学	916	97	243	113	174	131	11 133	213	402	24	11 883	196
哈尔滨工业大学	292	422	98	392	28	666	14 574	161	134.1	207	11 961.5	195
哈尔滨理工大学	118	718	48	657	32	642	1 379	637	70.5	418	1 439	613
燕山大学	623	170	231	122	150	162	8 236.17	271	115.4	255	8 784.91	252
哈尔滨工程大学	199	551	44	690	95	281	6 712	316	190.7	122	6 253	320
黑龙江科技大学	107	739	29	809	35	607	1 008	691	165.2	151	807	718
东北石油大学	52	904	10	1 008	16	805	164	933	28.4	719	184	912
佳木斯大学	334	372	68	535	77	346	997.5	696	204.2	110	987.5	683
黑龙江八一农垦大学	76	831	44	690	42	541	1 676	596	40.6	616	1 706	587

续表

其中:当年新开课题拨入经费(千元)		当年支出经费(千元)		研究与发展成果										获奖成果数(项)			
				著作(部)		学术论文(篇)				研究与咨询报告(篇)				合计		其中:国家级和部级	
						合计		其中:国外学术刊物发表数		提交有关部门数		其中:被采纳数					
4 660	343	1 770.82	525	74	75	238	389	5	336	0	538	0	375	16	41	0	50
14 554.12	122	18 899.42	95	73	77	550	113	27	113	90	41	9	155	24	25	0	50
6 164.51	286	1 846.54	521	27	301	576	104	32	98	0	538	0	375	2	177	2	18
3 366.5	400	3 833.85	372	29	281	379	217	0	640	109	30	4	219	4	129	0	50
0	1 095	3 166.21	402	22	364	172	546	0	640	0	538	0	375	0	291	0	50
2 531	460	1 239	594	18	430	192	484	2	465	0	538	0	375	0	291	0	50
84 425.97	12	80 327	11	163	16	1 843	11	59	50	157	15	156	9	90	1	0	50
4 979	326	2 909.28	423	37	215	457	165	67	46	3	402	3	243	19	32	0	50
1 538.1	565	1 890.97	513	25	321	194	478	7	279	0	538	0	375	5	111	0	50
928	663	464	746	17	446	41	963	5	336	0	538	0	375	0	291	0	50
2 588	454	4 181.64	359	11	591	49	933	2	465	1	468	1	312	4	129	0	50
1 850	522	1 601.6	542	6	735	165	569	3	413	2	433	2	272	1	218	0	50
448.74	776	409.68	761	3	872	246	379	17	157	0	538	0	375	1	218	0	50
2 028.8	507	1 747.11	527	5	774	150	603	0	640	0	538	0	375	6	98	0	50
291	847	328.9	789	3	872	64	873	0	640	0	538	0	375	0	291	0	50
22 234.82	75	39 946.2	39	95	43	1 158	19	21	133	8	291	8	163	48	9	1	27
2 030.9	505	2 212.4	479	60	101	134	655	0	640	108	31	0	375	15	47	0	50
6 687.9	265	6 825.15	258	20	401	220	422	0	640	0	538	0	375	4	129	0	50
5 682	305	5 599.93	300	25	321	585	100	8	263	0	538	0	375	20	28	0	50
10 458.74	183	8 892.09	210	5	774	153	599	3	413	24	153	0	375	1	218	0	50
4 992	324	3 896	370	13	537	372	223	7	279	0	538	0	375	11	62	0	50
197.5	888	262.42	825	6	735	303	293	6	304	0	538	0	375	0	291	0	50
4 404	352	4 574.2	337	29	281	171	548	11	226	3	402	3	243	16	41	0	50
470	769	335.5	785	5	774	34	996	0	640	0	538	0	375	1	218	0	50
1 485	571	162	885	1	969	34	996	0	640	0	538	0	375	3	156	0	50
10 743	177	5 688.28	298	55	115	521	129	1	534	11	232	0	375	0	291	0	50
11 821.5	153	9 863.4	193	27	301	153	599	23	125	0	538	0	375	0	291	0	50
1 179	617	1 346.55	576	14	508	80	819	0	640	5	342	1	312	0	291	0	50
5 972.38	297	7 945.2	229	27	301	455	167	14	184	28	140	25	67	0	291	0	50
4 933.29	333	6 164	274	29	281	182	513	13	201	27	142	22	80	0	291	0	50
711	707	761	680	12	562	219	425	8	263	0	538	0	375	0	291	0	50
164	903	329.21	788	0	1 022	46	941	2	465	0	538	0	375	0	291	0	50
987.5	648	752.8	682	53	126	407	197	0	640	0	538	0	375	0	291	0	50
1 656	548	1 316.4	583	11	591	195	474	3	413	0	538	0	375	0	291	0	50

学校名称	研究与发展课题											
	课题总数（项）		当年新开课题数（项）		当年完成课题数（项）		当年新开课题批准经费（千元）		当年投入人数（人年）		当年拨入经费(千元)	
东北农业大学	211	530	82	472	64	403	1 556.7	612	170	147	1 396.7	618
东北林业大学	149	635	29	809	42	541	1 162.5	676	108	275	1 533.7	603
哈尔滨医科大学	86	801	36	757	8	918	2 129	553	73.7	405	2 805	474
黑龙江中医药大学	9	1 105	3	1 104	5	968	40	1 054	6.8	1 005	40	1 042
牡丹江医学院	10	1 099	4	1 088	4	998	20	1 088	6.2	1 019	20	1 075
哈尔滨师范大学	506	224	146	258	80	334	3 831	421	292.4	53	3 459	434
齐齐哈尔大学	356	352	148	251	91	295	1 577	608	212.1	106	1 574	598
牡丹江师范学院	148	638	44	690	48	494	1 368	639	116	251	1 294	632
哈尔滨学院	108	736	59	575	35	607	771.5	738	45.7	577	769.5	724
大庆师范学院	34	969	8	1 038	12	858	109.5	977	23.7	760	139.5	943
绥化学院	167	605	55	614	36	593	467.5	813	107.4	281	513.5	783
哈尔滨商业大学	245	482	102	371	89	303	2 835	481	186.8	126	2 935.62	468
哈尔滨体育学院	104	748	39	731	43	531	1 657.69	599	74.4	401	1 823.69	573
哈尔滨金融学院	95	777	56	603	16	805	838	728	63.3	456	713	736
复旦大学	3 035	9	692	13	294	37	149 302.26	12	845.7	1	146 114.15	7
同济大学	1 397	49	311	68	239	58	54 226.92	39	270.2	66	39 643.5	50
上海交通大学	1 187	65	357	48	182	117	62 791.01	32	143	188	88 697.87	15
华东理工大学	715	141	256	99	114	227	30 626.3	79	147.2	178	31 552.42	64
上海理工大学	543	211	135	281	90	298	12 721.3	187	52.6	531	13 286.4	170
上海海事大学	433	267	51	633	115	223	14 565	162	163.1	154	10 890.5	211
东华大学	336	370	209	147	181	121	20 880.47	116	205.1	108	23 119.42	96
上海电力学院	140	654	42	707	22	733	3 334.9	450	10.9	925	2 113.21	537
上海应用技术大学	397	305	222	132	48	494	10 404.6	222	81.8	374	8 169.19	260
上海健康医学院	15	1 070	14	968	0	1 079	390	832	5.8	1 026	345	848
上海海洋大学	211	530	58	588	71	375	4 798	382	36.5	647	4 427.5	381
上海中医药大学	175	591	32	791	34	621	2 380	525	56.5	507	4 408.2	384
华东师范大学	3 405	5	1 190	2	1 316	1	162 468.81	10	552.3	10	145 196.88	8
上海师范大学	1 774	28	420	27	230	67	41 178.94	60	187	125	35 992.28	57
上海外国语大学	933	93	164	209	98	274	12 282.5	196	142.9	189	10 135.47	222
上海财经大学	1 102	72	390	40	138	186	72 950.38	26	268.8	67	74 606.43	18
上海对外经贸大学	617	174	171	197	46	510	13 695.1	173	136.7	204	13 595.01	163
上海海关学院	294	419	58	588	55	452	803 256	2	34	677	1 015.22	677
华东政法大学	1 206	63	162	217	83	323	1 515 521.28	1	105.1	290	9 186.3	243
上海体育学院	181	577	128	304	123	210	12 019.57	200	121.1	241	11 691.57	198
上海音乐学院	118	718	18	915	45	515	2 388	524	42.9	598	2 133.7	534

续表

其中：当年新开课题拨入经费（千元）		当年支出经费（千元）		研究与发展成果：著作（部）		学术论文（篇）：合计		学术论文（篇）：其中：国外学术刊物发表数		研究与咨询报告（篇）：提交有关部门数		研究与咨询报告（篇）：其中：被采纳数		获奖成果数（项）：合计		获奖成果数（项）：其中：国家级和部级	
1 396.7	584	1 342.24	578	15	486	141	635	0	640	0	538	0	375	0	291	0	50
1 065.5	637	2 990.5	415	7	699	190	491	10	232	0	538	0	375	0	291	0	50
1 434	579	2 830.96	428	0	1 022	106	752	0	640	0	538	0	375	0	291	0	50
40	1 017	52.25	1 000	2	924	36	986	0	640	0	538	0	375	0	291	0	50
20	1 054	14.5	1 077	0	1 022	26	1 039	0	640	0	538	0	375	0	291	0	50
3 301	403	2 389.23	465	45	155	424	185	4	368	0	538	0	375	0	291	0	50
1 457	575	1 286.6	586	40	191	364	228	0	640	4	371	0	375	0	291	0	50
1 201	614	883.7	656	41	180	235	392	2	465	1	468	0	375	0	291	0	50
761.5	699	274	817	30	271	157	587	4	368	0	538	0	375	0	291	0	50
109.5	949	290	809	26	311	139	641	0	640	0	538	0	375	0	291	0	50
467.5	770	516.06	734	9	640	181	518	4	368	0	538	0	375	0	291	0	50
2 630	450	3 293.05	395	25	321	514	131	0	640	0	538	0	375	0	291	0	50
1 629.69	551	1 176.3	608	0	1 022	121	703	0	640	0	538	0	375	0	291	0	50
709	709	388.05	765	30	271	130	666	0	640	0	538	0	375	0	291	0	50
90 614.14	11	62 385.22	19	356	4	2 608	4	275	7	236	7	218	4	5	111	1	27
34 260.91	42	40 267.5	38	73	77	543	116	0	640	34	116	9	155	3	156	0	50
47 925.71	24	65 609.3	16	216	8	1 033	28	130	21	156	17	81	19	7	85	0	50
21 886.83	82	17 992.4	104	42	174	490	141	53	58	0	538	0	375	0	291	0	50
9 785.9	193	14 656.4	128	63	95	877	42	101	29	0	538	0	375	0	291	0	50
9 865	192	10 892.5	176	37	215	264	341	34	90	0	538	0	375	0	291	0	50
18 424.72	97	19 684.78	93	38	208	377	219	0	640	0	538	0	375	0	291	0	50
1 696.31	541	1 832.37	522	13	537	200	460	0	640	2	433	0	375	0	291	0	50
5 360.68	314	7 900.78	231	3	872	107	748	0	640	0	538	0	375	0	291	0	50
345	817	256	829	0	1 022	34	996	1	534	0	538	0	375	0	291	0	50
4 314.5	357	4 004.92	366	15	486	129	668	7	279	15	203	10	136	0	291	0	50
970	654	2 473.16	456	22	364	89	800	0	640	0	538	0	375	0	291	0	50
138 150.12	5	160 298.63	4	278	5	2 245	6	212	10	103	33	74	21	8	78	3	8
31 936.64	50	22 940.53	75	162	17	1 221	16	60	48	67	58	27	63	2	177	0	50
6 849.61	256	5 341.02	305	92	46	676	75	80	36	157	15	157	8	0	291	0	50
51 954.89	20	50 325.69	28	98	41	1 022	29	232	9	156	17	22	80	20	28	12	1
9 701.1	198	10 322.42	181	23	348	403	201	21	133	11	232	11	129	0	291	0	50
230	875	4 293.9	349	14	508	112	730	3	413	2	433	2	272	0	291	0	50
6 618	269	11 361.5	166	144	20	756	62	59	50	0	538	0	375	0	291	0	50
11 471.57	164	12 433.95	154	22	364	226	408	16	166	9	265	9	155	0	291	0	50
1 777	534	1 719.7	531	25	321	90	798	4	368	0	538	0	375	0	291	0	50

学校名称	研究与发展课题											
	课题总数（项）		当年新开课题数（项）		当年完成课题数（项）		当年新开课题批准经费（千元）		当年投入人数（人年）		当年拨入经费(千元)	
上海戏剧学院	145	643	58	588	44	520	3 205.83	453	43	595	4 369.3	387
上海大学	1 712	29	399	36	198	92	63 788.05	31	220.8	97	64 012.83	23
上海公安学院	141	650	49	643	60	427	1 040	688	54.1	521	1 182.72	652
南京大学	1 232	59	275	87	300	36	73 058.21	25	154.6	163	71 144.3	21
苏州大学	808	118	267	91	237	61	27 740.08	89	117.4	247	24 991.48	91
东南大学	1 018	82	295	78	277	43	32 123.19	71	389.7	27	30 127.8	66
南京航空航天大学	299	415	80	481	85	316	13 555	176	79.2	383	11 701.3	197
南京理工大学	486	242	201	159	131	194	20 840.6	117	115.2	256	16 277.54	136
江苏科技大学	319	391	94	415	108	247	4 850.2	377	122.9	239	4 526.1	378
中国矿业大学	927	95	234	120	185	113	21 872.7	112	216.5	103	13 530.04	164
南京工业大学	485	243	202	157	190	105	8 388.5	266	74.3	402	7 752.6	271
常州大学	401	303	164	209	134	191	8 348.1	267	132.5	210	8 387.8	256
南京邮电大学	585	190	151	247	131	194	15 437.74	156	144.1	186	12 011.81	189
河海大学	672	150	292	80	222	74	56 213.6	37	219.2	101	53 548.61	32
江南大学	786	124	343	55	232	65	22 572.6	107	263.8	75	18 543.2	119
南京林业大学	330	375	75	503	39	568	2 595	504	37	643	2 529.08	490
江苏大学	781	125	158	232	162	143	11 849.2	201	128.3	220	11 252.2	205
南京信息工程大学	591	186	169	200	112	234	9 727.8	236	179.2	134	8 387.4	257
南通大学	640	166	236	118	198	92	12 622.4	190	124.5	235	11 966.1	194
盐城工学院	285	425	124	319	142	182	3 707	427	37.4	639	3 417	436
南京农业大学	1 646	34	393	38	243	55	53 566.55	40	260.5	78	41 014.39	46
南京医科大学	137	664	52	627	36	593	760	742	20.3	800	585	763
徐州医科大学	88	794	47	666	13	853	315	863	23.3	764	315	863
南京中医药大学	225	511	69	531	36	593	4 154	403	88.8	349	3 750.16	418
中国药科大学	359	349	131	291	184	114	14 189.71	167	64.8	441	9 860	228
南京师范大学	1 050	77	284	83	205	85	43 413.05	57	203.9	111	38 161.82	53
江苏师范大学	705	144	158	232	153	156	44 754	53	344.2	38	43 940.8	39
淮阴师范学院	562	201	302	73	127	202	24 459.37	100	86.1	363	12 613.87	180
盐城师范学院	510	221	255	102	176	127	32 297.62	69	186.8	126	31 879.62	61
南京财经大学	804	119	269	89	343	29	28 173.82	85	73.5	406	26 985.31	76
江苏警官学院	343	364	147	255	58	440	4 146.8	404	62	462	3 001.8	461
南京体育学院	92	785	29	809	12	858	1 213	669	17.2	834	811.4	717
南京艺术学院	385	317	69	531	70	379	5 095	369	93.7	328	4 111.56	399
苏州科技大学	456	252	156	237	124	207	7 155.5	301	114.2	257	13 209.87	174
常熟理工学院	337	368	231	122	180	122	13 629.47	174	73.2	407	12 568.94	181

续表

其中:当年新开课题拨入经费(千元)		当年支出经费(千元)		研究与发展成果										获奖成果数(项)			
				著作(部)		学术论文(篇)				研究与咨询报告(篇)				合计		其中:国家级和部级	
						合计		其中:国外学术刊物发表数		提交有关部门数		其中:被采纳数					
2 363.94	471	3 093.18	407	34	237	185	505	1	534	4	371	0	375	0	291	0	50
46 370.74	26	50 773.73	27	102	39	1 096	24	160	16	38	103	21	85	7	85	0	50
456.81	772	1 182.72	606	4	823	103	760	0	640	0	538	0	375	0	291	0	50
50 959.66	23	61 111.1	20	182	11	2 055	8	104	27	62	65	53	27	2	177	2	18
23 768.68	69	22 360.18	78	123	25	806	53	34	90	32	125	20	91	1	218	1	27
22 121.7	78	35 687.94	48	72	81	403	201	7	279	29	136	20	91	0	291	0	50
10 137.5	189	11 459.24	165	35	232	275	325	52	60	14	207	10	136	0	291	0	50
14 051.85	126	12 494.12	153	29	281	225	413	39	81	20	179	5	194	0	291	0	50
4 217.1	360	4 869.29	324	12	562	220	422	10	232	12	221	12	121	0	291	0	50
7 835.41	231	10 372.53	179	54	121	465	159	80	36	61	67	19	98	0	291	0	50
6 423.5	278	11 476.09	164	35	232	362	231	19	147	9	265	6	185	0	291	0	50
7 482.9	236	6 243.5	271	13	537	257	350	11	226	41	97	34	55	0	291	0	50
10 572.11	182	9 946.97	191	18	430	207	443	0	640	46	87	35	53	0	291	0	50
40 710.11	33	53 821.93	23	78	65	1 132	21	174	12	246	6	193	7	0	291	0	50
16 068.2	109	17 172.85	107	76	70	687	72	37	82	17	192	17	105	0	291	0	50
1 965	514	2 213	478	14	508	313	276	0	640	0	538	0	375	0	291	0	50
11 135.2	170	11 252.2	167	15	486	267	337	5	336	24	153	12	121	0	291	0	50
6 109	291	8 228.06	222	9	640	383	214	21	133	62	65	46	34	0	291	0	50
11 596.1	161	12 502.44	152	51	131	527	127	43	71	44	93	25	67	0	291	0	50
3 377	398	3 163.6	403	11	591	249	369	5	336	20	179	20	91	0	291	0	50
32 736.35	47	38 567.77	42	13	537	612	87	32	98	25	148	21	85	0	291	0	50
551	742	716.5	694	14	508	123	688	0	640	0	538	0	375	0	291	0	50
315	835	222.7	844	0	1 022	28	1 026	3	413	0	538	0	375	0	291	0	50
3 590	388	2 591.13	446	24	337	128	671	1	534	5	342	5	194	0	291	0	50
8 978	210	8 876.06	211	3	872	141	635	6	304	25	148	25	67	0	291	0	50
33 339.82	45	28 255.08	58	96	42	838	49	71	41	12	221	10	136	2	177	2	18
42 654	31	18 047.34	102	42	174	707	68	2	465	13	213	12	121	0	291	0	50
11 763.87	156	11 790.12	162	21	387	312	277	5	336	7	307	2	272	0	291	0	50
31 619.62	51	28 131.14	59	54	121	502	135	16	166	90	41	77	20	0	291	0	50
24 173.29	65	24 647.32	68	41	180	487	144	47	66	8	291	7	175	0	291	0	50
2 900.8	426	763.48	679	8	668	239	388	3	413	0	538	0	375	0	291	0	50
756.4	701	213.07	849	6	735	63	881	1	534	2	433	0	375	0	291	0	50
3 931	373	2 864.11	426	19	415	566	108	2	465	4	371	2	272	0	291	0	50
6 299.5	284	12 379.87	156	29	281	344	246	3	413	18	187	14	113	0	291	0	50
12 140.07	151	11 932.95	159	9	640	311	281	2	465	92	39	45	36	0	291	0	50

学校名称	研究与发展课题											
	课题总数（项）		当年新开课题数（项）		当年完成课题数（项）		当年新开课题批准经费（千元）		当年投入人数（人年）		当年拨入经费（千元）	
浙江大学	4 379	3	737	9	532	9	259 779.39	6	312.9	48	254 734.59	2
杭州电子科技大学	955	91	146	258	109	241	11 624.5	204	375.3	31	9 601.4	235
浙江工业大学	1 846	26	304	70	61	421	47 735.99	46	449.6	13	39 302.43	51
浙江理工大学	1 686	30	353	50	190	105	31 588.57	78	304.1	51	29 686.95	67
浙江海洋大学	411	292	100	380	100	269	4 643.66	388	110.6	265	3 696.11	420
浙江农林大学	372	328	130	298	176	127	10 562.6	219	106.5	285	10 400.25	220
温州医科大学	281	431	66	550	88	308	3 225.79	452	43.6	589	3 852.29	411
浙江中医药大学	183	574	53	621	41	548	5 191	364	71.6	415	1 341.47	627
浙江师范大学	1 479	45	404	33	226	71	65 145.59	29	610.1	6	42 930.74	44
杭州师范大学	1 559	39	316	66	283	40	32 279.22	70	157.1	162	24 021.22	94
湖州师范学院	373	326	216	139	158	148	7 142.6	302	81.6	375	6 571.77	310
绍兴文理学院	404	301	152	243	93	290	7 250.6	299	92.3	332	6 309.8	318
台州学院	228	504	98	392	34	621	6 849.67	313	106.8	283	4 826.94	367
温州大学	856	107	164	209	219	76	11 509.96	206	225.1	96	14 978.81	145
丽水学院	736	133	156	237	128	198	7 117.52	305	187.9	123	7 372.02	289
浙江工商大学	1 020	81	303	71	285	39	39 230.93	62	327.2	42	36 305.08	56
嘉兴学院	447	256	178	187	146	171	8 019.99	281	66.2	430	8 099.57	261
中国美术学院	517	219	127	309	79	336	42 312.8	59	126.9	226	27 689.66	74
中国计量大学	1 375	52	177	190	238	59	12 795.14	186	127.5	223	14 363.58	154
安徽大学	1 348	53	291	81	219	76	32 894.74	68	198.8	114	26 770.98	80
中国科学技术大学	189	567	49	643	15	821	7 116.1	306	99.3	304	12 355.82	186
合肥工业大学	656	157	161	219	75	355	10 387.6	223	109	270	9 293.48	242
安徽工业大学	625	168	169	200	35	607	15 654.87	153	229.8	92	12 008.88	190
安徽理工大学	104	748	55	614	42	541	2 818	484	59.5	486	3 138.5	455
安徽工程大学	280	435	72	519	34	621	5 341.5	356	54.2	520	3 142	454
安徽农业大学	433	267	111	348	37	585	6 102.49	332	58.4	495	5 842	327
安徽医科大学	105	743	31	798	22	733	980	700	42.1	603	906	697
蚌埠医学院	157	624	55	614	40	558	998	695	36	653	927	693
皖南医学院	104	748	39	731	36	593	717	750	11.4	920	698	740
安徽中医药大学	147	640	48	657	54	459	1 279.5	655	23.3	764	1 236.5	640
安徽师范大学	1 266	57	249	108	224	73	25 932.49	95	183.2	129	20 875.18	109
阜阳师范学院	355	353	80	481	45	515	2 562	508	58.9	490	2 292	519
安庆师范大学	368	335	73	514	33	632	3 477	442	91.9	334	3 261	443
淮北师范大学	239	489	94	415	36	593	7 032	308	50.1	543	6 563	311

续表

其中:当年新开课题拨入经费(千元)		当年支出经费(千元)		研究与发展成果										获奖成果数(项)			
				著作(部)		学术论文(篇)				研究与咨询报告(篇)				合计		其中:国家级和部级	
						合计		其中:国外学术刊物发表数		提交有关部门数		其中:被采纳数					
209 090.92	1	227 423.63	1	168	13	1 409	15	299	5	374	5	141	11	40	12	1	27
8 626.5	222	8 586.5	215	25	321	362	231	16	166	7	307	1	312	8	78	0	50
32 377.67	49	30 904.3	54	52	129	350	242	32	98	163	13	122	13	7	85	0	50
22 666.24	73	22 179.72	80	37	215	475	153	36	85	17	192	6	185	10	70	10	2
3 400.66	396	3 038.9	412	28	292	123	688	4	368	68	57	9	155	0	291	0	50
9 430.5	204	6 078.45	281	22	364	160	579	0	640	7	307	5	194	5	111	0	50
2 471.79	463	4 324.59	344	6	735	133	658	0	640	3	402	0	375	8	78	0	50
1 167	620	1 155.39	612	9	640	255	354	3	413	23	157	0	375	0	291	0	50
38 188.29	37	18 720.23	97	108	33	735	64	24	123	11	232	11	129	18	37	1	27
22 009.95	80	9 975.3	189	76	70	543	116	36	85	17	192	14	113	19	32	0	50
5 597.6	307	5 589.47	301	8	668	226	408	3	413	89	44	3	243	0	291	0	50
6 309.8	282	5 948.27	284	14	508	170	552	2	465	12	221	9	155	4	129	0	50
3 833.1	380	3 196.92	400	10	617	107	748	0	640	9	265	5	194	0	291	0	50
9 750.91	194	14 889.25	125	21	387	264	341	7	279	10	252	4	219	11	62	0	50
4 713.52	340	6 833.08	257	34	237	324	268	9	246	8	291	8	163	2	177	0	50
34 512.94	41	37 561.24	44	55	115	454	170	35	88	27	142	25	67	13	52	1	27
5 062.78	322	8 513.29	217	24	337	154	595	8	263	8	291	1	312	1	218	0	50
25 335.5	59	15 478.06	115	120	29	592	96	2	465	5	342	0	375	0	291	0	50
10 778.92	175	10 122.69	184	18	430	99	774	3	413	30	131	23	74	3	156	0	50
20 967.74	87	15 601.04	114	32	250	938	33	7	279	45	90	42	39	0	291	0	50
5 457.89	311	7 082.08	252	3	872	120	706	2	465	3	402	0	375	0	291	0	50
7 359.88	241	8 957.64	208	16	463	206	447	10	232	18	187	18	102	0	291	0	50
8 898.18	212	7 484.33	244	8	668	248	374	0	640	0	538	0	375	0	291	0	50
2 016	508	2 735.4	433	9	640	226	408	12	212	2	433	0	375	0	291	0	50
2 802	435	2 622.5	444	29	281	149	612	3	413	3	402	3	243	0	291	0	50
5 842	299	5 462.6	302	10	617	243	381	16	166	11	232	8	163	0	291	0	50
906	669	1 340.5	579	4	823	120	706	0	640	0	538	0	375	0	291	0	50
927	664	435.7	753	4	823	142	631	0	640	0	538	0	375	0	291	0	50
478	765	565.06	728	1	969	99	774	0	640	0	538	0	375	0	291	0	50
1 169.5	619	954.05	642	6	735	61	890	0	640	0	538	0	375	0	291	0	50
17 572.68	103	19 992.88	89	53	126	649	78	2	465	37	109	37	50	3	156	3	8
2 292	477	2 202	482	37	215	248	374	6	304	0	538	0	375	0	291	0	50
2 704	442	2 640	442	20	401	502	135	8	263	1	468	0	375	0	291	0	50
6 551	274	3 776	375	29	281	111	732	12	212	0	538	0	375	0	291	0	50

学校名称	研究与发展课题											
	课题总数（项）		当年新开课题数（项）		当年完成课题数（项）		当年新开课题批准经费（千元）		当年投入人数（人年）		当年拨入经费（千元）	
黄山学院	414	287	91	425	55	452	2 639.39	501	74.8	399	2 853.9	470
皖西学院	303	409	72	519	89	303	2 678.8	496	86.4	361	3 482.5	432
滁州学院	154	628	78	494	3	1 020	4 185	400	36.5	647	4 221	393
安徽财经大学	469	248	134	284	58	440	8 120.8	276	192.7	121	11 256	204
宿州学院	275	447	84	465	82	328	2 152	550	32.5	687	1 675	592
巢湖学院	261	463	45	677	32	642	705	753	77.6	387	583	765
淮南师范学院	207	541	89	435	60	427	1 472	623	89.5	345	1 209	646
铜陵学院	355	353	71	522	106	252	3 101.5	459	75.5	397	2 481.5	493
厦门大学	2 608	12	598	16	483	12	139 366.66	14	446.8	14	102 486.3	11
华侨大学	1 391	50	378	43	182	117	22 828.3	106	264.6	72	22 470.3	100
福州大学	1 108	71	281	85	441	14	19 828.93	125	138	200	12 941.13	178
福建工程学院	378	322	105	362	68	389	3 939	413	148.7	173	4 013	405
福建农林大学	543	211	254	104	162	143	23 421.5	103	93.9	327	22 614.5	99
集美大学	900	102	207	151	218	79	11 077.75	215	94.4	325	11 212.29	206
福建医科大学	142	647	32	791	27	674	688.66	755	40.3	619	688.66	742
福建中医药大学	265	458	53	621	87	312	508	797	74.7	400	376	837
福建师范大学	1 120	69	345	54	255	53	34 858.37	66	290.5	54	42 075.07	45
闽江学院	423	278	145	260	57	444	4 558	391	56.8	502	3 571	426
武夷学院	263	460	106	359	78	344	2 329.5	532	116.7	250	2 255.5	526
宁德师范学院	314	396	124	319	16	805	2 840	479	33.2	684	2 640	483
泉州师范学院	495	234	166	206	169	137	7 444.9	294	89.8	343	6 683.8	308
福建师范大学福清分校	337	368	103	368	52	470	4 437.79	397	78.1	386	5 714.83	331
闽南师范大学	547	210	147	255	65	399	4 568.4	390	90	342	4 420	382
南昌大学	2 010	21	225	127	38	578	25 768	97	81.2	377	19 620	115
华东交通大学	382	319	113	341	70	379	9 353.4	245	9.7	949	6 444	314
东华理工大学	406	298	96	403	95	281	3 311	451	58.9	490	3 236.15	444
南昌航空大学	329	379	97	399	30	656	2 785	488	57.4	499	2 059.5	544
江西理工大学	280	435	97	399	131	194	3 485	441	37.2	641	3 849	413
景德镇陶瓷大学	273	450	85	459	48	494	7 750	285	97.3	313	7 700	272
江西农业大学	260	465	96	403	72	368	2 103.5	559	30.4	699	1 403	617
江西中医药大学	36	963	33	780	0	1 079	464	814	22.6	771	549.2	770
赣南医学院	64	868	16	941	5	968	316	861	13.3	893	116	962
江西师范大学	2 467	14	285	82	79	336	13 538.3	177	108.9	271	11 588.3	200
上饶师范学院	302	413	139	271	38	578	21 049.2	115	99.3	304	21 502.1	105
宜春学院	416	285	95	412	48	494	2 972	469	43.7	587	2 984	462

续表

其中：当年新开课题拨入经费（千元）		当年支出经费（千元）		著作（部）		研究与发展成果 学术论文（篇） 合计		其中：国外学术刊物发表数		研究与咨询报告（篇） 提交有关部门数		其中：被采纳数		获奖成果数（项） 合计		其中：国家级和部级	
1 933	518	1 105.54	618	12	562	177	531	6	304	11	232	0	375	0	291	0	50
2 277.8	479	2 000.34	502	13	537	189	495	0	640	2	433	0	375	0	291	0	50
4 185	362	4 631	332	3	872	202	456	0	640	0	538	0	375	0	291	0	50
6 957	254	8 356.64	218	59	102	840	46	32	98	27	142	0	375	0	291	0	50
1 259	602	1 615	540	10	617	292	304	0	640	4	371	4	219	0	291	0	50
583	730	885.95	653	8	668	168	559	0	640	0	538	0	375	0	291	0	50
1 189	615	1 098.3	620	8	668	140	639	3	413	0	538	0	375	0	291	0	50
2 481.5	462	2 459.5	457	15	486	183	509	1	534	0	538	0	375	0	291	0	50
69 484.21	14	98 815.79	9	148	19	1 925	9	276	6	152	19	132	12	3	156	3	8
19 838.8	91	20 500.9	86	29	281	511	133	7	279	52	75	41	41	0	291	0	50
11 614.93	160	13 475.8	140	45	155	529	125	49	63	85	47	71	22	0	291	0	50
3 127.5	411	3 197.55	399	7	699	228	405	10	232	4	371	4	219	0	291	0	50
22 211.5	76	23 101.5	74	16	463	519	130	12	212	50	80	42	39	0	291	0	50
8 206.4	227	8 647.25	213	14	508	179	523	2	465	120	24	120	14	0	291	0	50
688.66	713	591.31	721	2	924	74	840	0	640	7	307	0	375	0	291	0	50
376	799	717.3	693	4	823	100	770	0	640	5	342	4	219	0	291	0	50
32 723.89	48	42 743.36	35	92	46	526	128	23	125	59	70	58	24	0	291	0	50
3 286.5	404	4 044.6	364	20	401	479	151	21	133	10	252	10	136	0	291	0	50
2 255.5	480	1 875.5	516	4	823	157	587	0	640	13	213	0	375	0	291	0	50
2 640	449	1 180.24	607	1	969	99	774	2	465	0	538	0	375	0	291	0	50
6 003.3	296	4 936.61	318	18	430	308	285	7	279	23	157	23	74	0	291	0	50
3 495.52	394	4 236.42	354	7	699	121	703	0	640	38	103	20	91	0	291	0	50
3 572	390	4 168.3	361	13	537	228	405	0	640	3	402	0	375	0	291	0	50
19 620	92	18 035	103	55	115	535	119	12	212	11	232	11	129	41	11	1	27
6 444	277	5 810.3	289	38	208	316	273	5	336	3	402	3	243	11	62	0	50
1 610.5	554	3 207.7	398	16	463	223	418	3	413	8	291	3	243	13	52	1	27
1 664	547	2 210.55	481	22	364	167	565	1	534	3	402	3	243	11	62	2	18
2 699	443	3 584.3	382	9	640	119	710	0	640	4	371	4	219	10	70	0	50
7 700	232	5 884.49	286	14	508	381	216	0	640	0	538	0	375	4	129	0	50
1 403	582	1 111	616	16	463	171	548	0	640	10	252	10	136	4	129	0	50
464	771	652.2	708	0	1 022	21	1 062	0	640	0	538	0	375	0	291	0	50
116	942	264.9	822	0	1 022	34	996	0	640	0	538	0	375	0	291	0	50
11 573.3	162	11 822.3	161	50	134	591	97	48	64	0	538	0	375	54	4	0	50
20 236.2	88	22 917.67	76	8	668	167	565	0	640	2	433	2	272	6	98	0	50
2 844	431	5 841.83	288	9	640	142	631	0	640	0	538	0	375	12	58	0	50

学校名称	研究与发展课题											
	课题总数（项）		当年新开课题数（项）		当年完成课题数（项）		当年新开课题批准经费（千元）		当年投入人数（人年）		当年拨入经费（千元）	
赣南师范大学	933	93	136	278	89	303	13 019.8	184	133.5	208	12 647	179
井冈山大学	129	681	50	640	5	968	2 738	494	40.5	618	2 036	549
江西财经大学	697	146	252	106	80	334	30 044.09	80	169.6	148	22 392.5	102
山东大学	2 174	17	543	17	179	125	76 093.96	24	316.3	46	78 400.97	17
中国海洋大学	445	259	126	314	142	182	16 016.6	149	139.1	197	16 348.2	135
山东科技大学	214	526	96	403	89	303	3 689	429	115.5	254	2 087.4	542
中国石油大学（华东）	652	160	168	203	49	490	10 563.2	218	66.1	432	8 329.4	258
青岛科技大学	549	207	171	197	72	368	4 517.06	394	79.1	384	4 419.19	383
济南大学	736	133	195	165	256	52	12 130	198	194.6	119	11 983	193
青岛理工大学	190	565	74	509	44	520	1 996	570	64	448	1 928	563
山东建筑大学	371	330	86	453	112	234	2 940.82	475	110.1	268	3 045.04	459
齐鲁工业大学	330	375	116	335	84	320	3 513.2	438	56	510	3 893.2	409
山东理工大学	388	313	190	172	94	284	12 636.25	189	90.9	338	12 526.05	182
山东农业大学	240	487	95	412	93	290	1 293	651	40.7	615	1 103	660
青岛农业大学	149	635	70	526	70	379	2 316	536	39	628	2 285	520
潍坊医学院	113	728	25	843	36	593	254	893	47.7	566	238.7	892
泰山医学院	331	374	76	500	21	744	254	893	126.4	227	242	890
滨州医学院	105	743	59	575	79	336	751	743	20.4	798	751	727
山东中医药大学	33	975	12	988	7	932	68	1 026	8.7	967	68	1 008
济宁医学院	93	783	20	893	18	777	128	961	22.5	774	0	1 108
山东师范大学	707	143	208	148	156	150	17 859.32	133	175.5	139	17 931.32	122
曲阜师范大学	541	213	99	385	128	198	10 286	224	203.7	112	10 044.03	224
聊城大学	462	251	99	385	93	290	4 826	379	268.5	69	3 942.6	407
德州学院	221	515	65	553	61	421	1 186	673	145.3	180	969.4	686
滨州学院	278	440	57	599	4	998	1 685.14	595	63.4	454	1 119.14	657
鲁东大学	416	285	152	243	197	95	7 635.8	288	51.8	538	7 449.8	281
临沂大学	1 046	78	400	35	286	38	8 530.89	263	105.4	288	7 907.39	267
泰山学院	420	282	91	425	137	187	2 785	488	105.7	287	2 888	469
济宁学院	154	628	77	498	37	585	511	796	68.6	423	511	785
菏泽学院	148	638	44	690	34	621	761	740	60.7	476	1 099	663
山东财经大学	683	149	234	120	265	46	24 051.7	101	312.8	49	21 378.3	107
山东体育学院	75	833	31	798	21	744	2 870	478	43.6	589	2 940.7	467
山东艺术学院	399	304	58	588	37	585	11 128	214	11.5	918	10 665.23	215
郑州大学	1 576	37	406	31	369	19	46 477.66	47	157.5	161	46 938.64	36

续表

其中:当年新开课题拨入经费(千元)		当年支出经费(千元)		著作(部)		研究与发展成果								获奖成果数(项)			
						学术论文(篇)				研究与咨询报告(篇)				合计		其中:国家级和部级	
						合计		其中:国外学术刊物发表数		提交有关部门数		其中:被采纳数					
12 647	145	12 647	149	55	115	441	175	19	147	0	538	0	375	9	74	0	50
2 036	504	2 639	443	26	311	200	460	6	304	0	538	0	375	7	85	0	50
21 954	81	21 672.19	83	137	21	634	83	93	32	76	52	51	29	50	7	0	50
51 273.79	22	46 726.11	32	181	12	959	32	99	30	59	70	27	63	51	6	0	50
13 301.8	133	16 204.55	110	6	735	158	583	16	166	4	371	1	312	5	111	0	50
1 967.4	512	1 399.97	566	25	321	291	306	24	123	0	538	0	375	2	177	2	18
6 764.84	260	8 091.88	226	24	337	268	334	19	147	40	99	21	85	3	156	0	50
3 896.06	375	2 956.9	418	39	201	197	465	8	263	0	538	0	375	4	129	0	50
11 011	171	3 534.84	384	28	292	328	263	15	178	35	114	28	62	12	58	0	50
1 881	520	1 889	514	21	387	104	757	1	534	18	187	4	219	0	291	0	50
2 520.84	461	3 250.94	397	8	668	76	834	4	368	46	87	40	44	5	111	0	50
3 273.2	405	3 488.19	390	25	321	83	810	0	640	5	342	5	194	1	218	0	50
12 106.25	152	5 144.55	311	18	430	432	181	1	534	0	538	0	375	13	52	0	50
1 063	638	1 418	565	13	537	224	417	1	534	7	307	3	243	4	129	0	50
2 156	492	3 528	386	6	735	190	491	0	640	8	291	2	272	1	218	0	50
194	890	254.45	831	0	1 022	154	595	2	465	0	538	0	375	1	218	0	50
242	870	238	839	27	301	20	1 070	0	640	18	187	0	375	0	291	0	50
751	702	827	668	23	348	145	624	1	534	0	538	0	375	0	291	0	50
68	986	98	944	0	1 022	45	949	0	640	0	538	0	375	0	291	0	50
0	1 095	20.2	1 060	3	872	60	896	0	640	0	538	0	375	0	291	0	50
16 889.32	105	14 521.41	129	76	70	550	113	33	95	11	232	10	136	36	14	0	50
9 710.67	196	10 015.71	187	54	121	423	186	22	129	0	538	0	375	18	37	0	50
3 872.6	379	3 872.6	371	36	226	307	288	2	465	0	538	0	375	16	41	0	50
898	671	832.31	665	12	562	116	722	4	368	22	166	0	375	4	129	0	50
1 056.14	639	773.8	676	22	364	150	603	9	246	0	538	0	375	0	291	0	50
6 737.8	262	6 753.22	261	34	237	349	244	23	125	3	402	3	243	10	70	0	50
6 803.09	259	4 920.99	320	78	65	197	465	58	53	223	9	56	26	6	98	0	50
2 705	441	2 443.94	462	41	180	154	595	14	184	1	468	0	375	1	218	0	50
511	755	272.35	818	0	1 022	50	930	1	534	0	538	0	375	0	291	0	50
633	720	713.4	696	4	823	150	603	0	640	0	538	0	375	0	291	0	50
21 017.8	86	19 934.55	91	39	201	421	188	23	125	48	83	47	33	13	52	2	18
2 847	430	1 765.6	526	3	872	63	881	0	640	10	252	1	312	0	291	0	50
10 621.95	179	11 590.14	163	71	82	354	240	0	640	0	538	0	375	1	218	0	50
45 245.64	27	56 338.83	22	83	55	634	83	0	640	17	192	0	375	31	16	0	50

学校名称	研究与发展课题											
	课题总数（项）		当年新开课题数（项）		当年完成课题数（项）		当年新开课题批准经费（千元）		当年投入人数（人年）		当年拨入经费(千元)	
河南理工大学	510	221	189	175	201	90	4 805	380	53.8	522	4 922	362
郑州轻工业学院	335	371	131	291	135	189	8 553.15	262	126	229	10 923.15	210
河南工业大学	368	335	183	184	94	284	4 879	375	65.1	436	4 458.23	380
河南科技大学	282	429	106	359	123	210	6 332.5	328	79.4	382	5 620.5	334
中原工学院	311	398	106	359	41	548	5 050	372	38	635	4 810	368
河南农业大学	143	645	74	509	59	433	767.5	739	30.3	701	710	738
河南科技学院	273	450	59	575	148	167	1 658	598	14.5	873	1 769	581
河南牧业经济学院	62	873	32	791	25	699	710	752	23	768	716	734
河南中医药大学	96	770	30	804	44	520	360	847	15.2	862	418	817
新乡医学院	69	853	41	720	23	723	1 320	646	7	998	1 034.6	672
河南大学	889	104	368	45	341	30	24 783.2	99	176.2	138	25 672.2	86
河南师范大学	1 001	86	346	53	220	75	10 049.4	230	103.7	296	14 928.9	146
信阳师范学院	288	424	135	281	75	355	28 282	84	83.6	367	28 277.8	71
周口师范学院	55	896	45	677	40	558	1 583	606	28	721	1 511	607
安阳师范学院	361	347	231	122	215	81	2 120	554	123.6	237	1 845	569
许昌学院	794	122	386	41	330	33	8 616.02	261	88.1	354	5 374.51	340
南阳师范学院	342	365	186	179	164	141	2 106	558	34.3	675	2 039	547
洛阳师范学院	396	306	235	119	94	284	5 625.65	350	174.3	141	5 222.11	345
商丘师范学院	83	808	27	826	20	752	6 960	310	58.9	490	6 896	301
河南财经政法大学	1 097	73	340	56	194	99	27 646	90	58.2	496	27 023	75
郑州航空工业管理学院	568	199	324	63	331	32	2 575	505	264.5	73	2 270	523
武汉大学	3 392	6	808	5	1 059	2	141 170.91	13	765.5	3	127 102.01	9
华中科技大学	964	90	219	135	107	250	22 133.39	110	253.1	80	26 208.09	83
武汉科技大学	595	184	158	232	65	399	9 559.05	239	88	356	7 037.79	299
长江大学	218	520	117	333	61	421	5 317.01	357	36.2	651	4 946.01	360
武汉工程大学	394	308	100	380	127	202	4 479.4	396	59	489	4 484.8	379
中国地质大学(武汉)	549	207	171	197	84	320	31 636.65	75	98	309	32 435.52	59
武汉纺织大学	211	530	87	445	35	607	9 630	238	20	804	9 430	239
武汉轻工大学	95	777	43	698	53	462	2 190	549	38.3	633	3 904	408
武汉理工大学	1 170	67	225	127	135	189	14 000	170	116.8	249	13 323.5	168
湖北工业大学	429	271	205	154	232	65	17 234.55	138	219.4	100	13 837.73	159
华中农业大学	371	330	88	440	103	262	18 220.11	129	95.3	320	21 515.4	104
湖北中医药大学	46	930	23	859	6	943	683	757	48	563	623	753
华中师范大学	1 620	36	495	20	205	85	58 836.26	36	606.7	7	57 857.18	28
湖北大学	728	137	354	49	162	143	28 685.39	83	137	203	25 860.24	84

续表

其中：当年新开课题拨入经费（千元）		当年支出经费（千元）		研究与发展成果：著作（部）		学术论文（篇）：合计		学术论文（篇）：其中：国外学术刊物发表数		研究与咨询报告（篇）：提交有关部门数		研究与咨询报告（篇）：其中：被采纳数		获奖成果数（项）：合计		获奖成果数（项）：其中：国家级和部级	
4 058	367	4 203.25	357	24	337	684	73	21	133	0	538	0	375	7	85	0	50
7 620.15	233	10 994.15	174	23	348	95	788	2	465	14	207	0	375	6	98	0	50
3 153.85	409	4 549.23	338	37	215	344	246	5	336	13	213	0	375	16	41	0	50
5 196.5	320	4 206.12	355	58	107	263	346	6	304	11	232	0	375	9	74	0	50
4 810	337	4 341	343	37	215	234	396	3	413	0	538	0	375	7	85	0	50
710	708	1 045.2	629	16	463	113	728	9	246	0	538	0	375	5	111	0	50
1 604	557	1 714.8	533	40	191	195	474	8	263	0	538	0	375	1	218	0	50
696	711	415	759	7	699	40	967	0	640	25	148	0	375	0	291	0	50
282	852	421	757	14	508	92	791	3	413	0	538	0	375	4	129	0	50
982	651	831.6	666	13	537	48	936	2	465	0	538	0	375	1	218	0	50
23 880.2	67	21 856.55	82	134	22	1 088	25	33	95	6	327	0	375	49	8	1	27
9 710.9	195	9 511.8	198	36	226	420	190	0	640	0	538	0	375	12	58	0	50
27 962	54	15 254.8	118	11	591	599	92	10	232	1	468	1	312	11	62	0	50
1 483	572	1 738	528	24	337	469	156	3	413	0	538	0	375	3	156	0	50
1 799	531	1 652.98	536	23	348	289	307	8	263	1	468	1	312	5	111	0	50
5 135.81	321	3 901.36	369	104	36	563	109	7	279	123	23	0	375	5	111	0	50
1 962	515	909	648	7	699	272	327	1	534	0	538	0	375	2	177	0	50
3 877.61	378	3 036.96	413	47	145	534	121	10	232	0	538	0	375	6	98	0	50
6 836	257	6 463.5	266	20	401	195	474	3	413	0	538	0	375	6	98	0	50
26 204	58	20 273	87	81	60	371	224	14	184	0	538	0	375	16	41	0	50
2 222	486	1 859.01	519	47	145	342	248	9	246	98	36	0	375	1	218	0	50
108 545.2	7	132 198.87	6	271	6	3 018	3	166	15	382	3	381	2	2	177	0	50
12 439.07	147	18 636.99	99	62	98	822	51	124	22	67	58	31	58	0	291	0	50
6 129.55	288	5 724.72	293	41	180	283	317	6	304	39	102	23	74	0	291	0	50
4 946.01	331	2 363.3	468	31	262	497	139	46	67	3	402	3	243	0	291	0	50
3 552.4	391	4 378.14	342	5	774	250	361	0	640	0	538	0	375	0	291	0	50
15 799.41	111	21 964.48	81	19	415	250	361	32	98	4	371	4	219	0	291	0	50
9 430	205	9 193.2	203	21	387	81	816	0	640	2	433	1	312	0	291	0	50
2 060	498	3 742	377	23	348	203	455	0	640	0	538	0	375	0	291	0	50
12 993.5	142	11 156.95	169	45	155	459	162	32	98	9	265	5	194	0	291	0	50
12 894.99	143	11 116.09	170	50	134	575	105	14	184	36	112	25	67	0	291	0	50
9 990.5	190	13 450.52	141	27	301	420	190	73	40	5	342	4	219	0	291	0	50
603	726	523	731	4	823	18	1 079	0	640	0	538	0	375	0	291	0	50
43 237.16	30	62 422.91	18	160	18	869	43	21	133	64	64	45	36	0	291	0	50
19 423.95	93	15 822.8	112	91	48	670	76	17	157	13	213	13	119	1	218	1	27

学校名称	研究与发展课题											
	课题总数（项）		当年新开课题数（项）		当年完成课题数（项）		当年新开课题批准经费（千元）		当年投入人数（人年）		当年拨入经费(千元)	
湖北师范大学	422	279	71	522	39	568	4 664.38	387	19.6	809	4 656.38	371
黄冈师范学院	842	111	59	575	16	805	1 626.5	601	13.4	891	1 422.5	614
湖北民族学院	219	519	73	514	47	504	3 998.2	410	43	595	3 490.2	431
汉江师范学院	104	748	9	1 020	49	490	420	824	24.8	750	420	816
湖北文理学院	262	462	152	243	32	642	5 949	339	33.4	681	5 169.5	348
中南财经政法大学	1 643	35	363	47	264	49	44 891.01	50	475.1	11	43 736.51	41
武汉体育学院	496	233	118	330	19	769	7 490.6	291	64.4	447	7 151.4	294
湖北美术学院	210	534	88	440	62	413	2 079	565	43.2	594	15 822.64	138
中南民族大学	994	87	303	71	182	117	17 199.5	139	289.5	56	15 246.08	140
湖北汽车工业学院	91	787	42	707	46	510	3 639	430	60.4	479	3 293	442
湖北工程学院	294	419	81	474	59	433	2 304	538	63.9	451	1 774.2	580
湘潭大学	1 510	43	385	42	187	111	21 508.8	114	332	40	18 019.38	121
吉首大学	821	114	74	509	21	744	4 805	380	52.1	535	4 395	386
湖南大学	1 384	51	322	64	322	34	43 334.98	58	393.8	25	40 161.98	49
中南大学	1 659	32	259	96	97	277	67 097.34	28	435.2	16	37 194.35	54
湖南科技大学	585	190	145	260	143	179	9 492.89	242	415.7	22	9 802.79	229
长沙理工大学	618	173	130	298	210	84	8 980	255	145	182	7 284.7	291
湖南农业大学	763	128	192	169	32	642	9 536.7	240	150	170	8 739.7	253
中南林业科技大学	576	194	131	291	24	713	10 101.09	229	179.8	133	10 510.97	218
湖南中医药大学	136	666	40	724	73	366	722	749	6.7	1 007	722	733
湖南师范大学	1 439	47	391	39	340	31	27 995.2	86	432.1	17	26 815.2	78
湖南理工学院	491	238	181	185	6	943	13 626.42	175	41.5	609	13 474.17	165
湘南学院	364	342	68	535	39	568	1 153.4	678	45.2	579	1 224.4	642
衡阳师范学院	731	136	196	162	128	198	5 842.5	344	141.3	192	6 307.31	319
邵阳学院	359	349	139	271	52	470	3 547.3	433	107.3	282	2 594.3	486
怀化学院	700	145	300	74	60	427	9 953.3	231	144.8	183	8 896.61	249
湖南文理学院	231	502	91	425	0	1 079	8 059.15	278	124.9	232	6 186.75	321
湖南科技学院	502	229	188	176	65	399	3 352	448	60.3	480	2 945	464
湖南人文科技学院	268	453	111	348	14	837	2 834.38	482	60	482	2 739.58	478
湖南商学院	671	151	56	603	83	323	6 777.35	314	172	144	9 060.92	246
南华大学	747	132	125	315	39	568	4 580	389	139.5	195	4 548	376
中山大学	4 474	2	880	4	513	10	150 332.53	11	576.6	9	146 325.76	6
暨南大学	1 657	33	704	12	433	15	363 326.34	5	351.6	37	109 455.42	10
汕头大学	658	156	136	278	67	391	11 032.18	216	158.2	159	12 016.18	187
华南理工大学	2 528	13	764	6	882	5	83 645.01	18	242.5	87	92 623.34	14

续表

其中：当年新开课题拨入经费（千元）		当年支出经费（千元）		研究与发展成果										获奖成果数（项）			
				著作（部）		学术论文（篇）				研究与咨询报告（篇）				合计		其中：国家级和部级	
						合计		其中：国外学术刊物发表数		提交有关部门数		其中：被采纳数					
4 606.38	345	4 169.98	360	33	246	293	301	2	465	0	538	0	375	0	291	0	50
1 351.5	590	1 249.5	593	13	537	488	143	7	279	0	538	0	375	0	291	0	50
3 390.2	397	2 949.57	419	19	415	44	951	0	640	16	199	11	129	1	218	0	50
420	785	381	768	1	969	120	706	0	640	0	538	0	375	0	291	0	50
4 967.5	328	3 787	373	28	292	191	487	3	413	0	538	0	375	0	291	0	50
35 173.49	40	25 636.8	62	77	67	779	57	87	35	30	131	23	74	0	291	0	50
7 095.6	245	7 526.6	243	25	321	110	737	4	368	0	538	0	375	3	156	0	50
1 819	529	14 797.64	126	28	292	158	583	0	640	0	538	0	375	0	291	0	50
10 610	180	10 457.08	178	67	88	534	121	6	304	11	232	10	136	3	156	3	8
3 021	419	3 146	404	10	617	158	583	18	151	5	342	0	375	0	291	0	50
1 774.2	535	1 689.6	534	26	311	216	431	5	336	0	538	0	375	0	291	0	50
14 916.8	119	13 907.29	139	69	87	696	71	16	166	9	265	7	175	9	74	0	50
4 295	358	1 816.69	523	35	232	193	479	3	413	0	538	0	375	6	98	0	50
30 990.07	52	39 131.62	40	63	95	1 114	22	187	11	5	342	5	194	13	52	0	50
26 442.19	57	22 316.57	79	53	126	571	106	6	304	11	232	0	375	0	291	0	50
8 837.89	217	9 940.42	192	40	191	337	254	0	640	0	538	0	375	7	85	0	50
5 551.1	308	6 503.3	264	26	311	225	413	6	304	1	468	1	312	8	78	0	50
6 612.7	271	7 839.49	233	41	180	472	155	3	413	0	538	0	375	5	111	0	50
9 525.47	200	5 695.74	297	12	562	176	535	4	368	4	371	1	312	3	156	0	50
722	704	631.4	711	8	668	91	793	6	304	0	538	0	375	0	291	0	50
21 287.2	85	9 445.22	200	122	26	979	31	33	95	9	265	5	194	15	47	0	50
13 232.42	135	7 229.6	251	43	170	205	451	0	640	0	538	0	375	1	218	0	50
1 033.4	643	448.16	751	6	735	242	383	6	304	1	468	1	312	0	291	0	50
3 710.78	384	4 648.14	331	65	93	422	187	4	368	2	433	0	375	4	129	0	50
1 966.3	513	2 849.31	427	48	140	465	159	11	226	0	538	0	375	0	291	0	50
8 851.61	214	6 235.07	272	24	337	328	263	0	640	0	538	0	375	1	218	0	50
6 126.75	289	4 676.02	330	43	170	400	203	3	413	0	538	0	375	2	177	0	50
2 859	429	2 331.4	471	55	115	467	158	1	534	0	538	0	375	0	291	0	50
1 686.38	543	2 113.2	491	14	508	302	295	1	534	0	538	0	375	0	291	0	50
6 487.35	276	4 958.06	316	47	145	360	236	14	184	20	179	15	109	4	129	0	50
4 398	354	3 732.5	378	12	562	219	425	1	534	0	538	0	375	2	177	0	50
107 303.66	8	99 145.23	8	242	7	2 202	7	307	4	381	4	151	10	53	5	4	4
100 416.32	9	101 074.98	7	59	102	920	35	67	46	117	26	10	136	28	20	0	50
8 723.86	219	9 637.43	197	11	591	148	617	0	640	0	538	0	375	2	177	0	50
56 567.19	17	70 674.95	14	71	82	901	36	143	19	764	1	711	1	20	28	0	50

学校名称	研究与发展课题											
	课题总数（项）		当年新开课题数（项）		当年完成课题数（项）		当年新开课题批准经费（千元）		当年投入人数（人年）		当年拨入经费（千元）	
华南农业大学	1 284	56	265	93	358	25	30 039.9	81	247.9	82	29 406.59	68
广东海洋大学	369	334	137	276	94	284	7 651.38	287	95.5	319	7 188.1	293
广州医科大学	127	688	28	819	14	837	839.06	727	16.6	840	1 278.09	635
广东医科大学	141	650	70	526	47	504	3 340.8	449	65.2	434	2 976	463
广州中医药大学	211	530	93	418	36	593	1 507	618	43	595	2 425.99	497
广东药科大学	108	736	21	881	35	607	750	744	47.4	568	653	750
华南师范大学	1 110	70	374	44	262	50	61 606.9	33	72.8	408	61 553	26
韶关学院	321	385	159	226	96	278	5 985	336	108.7	272	5 168	349
惠州学院	492	237	143	265	192	101	7 366.5	296	113.9	259	4 319.97	390
韩山师范学院	405	299	86	453	62	413	2 308	537	48.9	551	2 700.43	480
岭南师范学院	569	198	165	207	116	221	10 180.29	227	100.7	302	9 425.39	240
肇庆学院	503	227	213	144	155	153	7 134.1	303	108	275	9 143	245
嘉应学院	259	467	92	419	47	504	5 228	361	78.7	385	4 647.7	372
广州体育学院	612	176	99	385	36	593	3 045.6	466	199.4	113	263.5	885
广州美术学院	610	178	237	116	104	258	78 899.44	22	154.2	164	45 660.08	37
星海音乐学院	135	670	58	588	22	733	5 863	343	34.5	672	4 405.7	385
广东技术师范学院	371	330	193	168	61	421	11 783.6	202	174.6	140	11 409.6	203
海南大学	420	282	145	260	137	187	13 418.9	178	129.4	216	12 366.5	185
深圳大学	1 204	64	521	18	268	45	79 181.97	20	316.4	45	68 780.18	22
广东财经大学	1 214	62	223	129	115	223	26 639.05	93	386.9	29	25 717.46	85
广西大学	1 029	80	177	190	265	46	20 576.74	121	110.3	266	22 456.75	101
广西科技大学	258	469	78	494	88	308	1 708.27	590	64.5	445	1 677.07	591
桂林电子科技大学	851	108	94	415	116	221	8 154.6	274	94.5	323	8 471.37	255
桂林理工大学	209	536	56	603	39	568	2 957	472	101.6	301	2 680	481
广西医科大学	135	670	20	893	26	687	1 343	644	36.7	646	1 346	626
右江民族医学院	40	948	8	1 038	0	1 079	310	865	0	1 154	412	820
广西中医药大学	96	770	20	893	0	1 079	739.46	745	16.4	846	350.9	846
桂林医学院	18	1 057	4	1 088	0	1 079	245	896	13	899	235	895
广西师范大学	1 144	68	205	154	176	127	26 783.4	91	331.4	41	26 951.38	77
广西师范学院	669	152	159	226	124	207	514 567.21	4	182.6	130	14 585.63	150
广西民族师范学院	171	600	46	670	31	649	1 153.5	677	60.8	472	1 069.5	666
河池学院	110	733	48	657	26	687	2 461	517	82.1	373	1 553	600
玉林师范学院	418	284	102	371	114	227	22 078.26	111	128.9	217	20 519.66	112
广西艺术学院	608	182	219	135	103	262	16 552.9	145	100.7	302	13 233.4	172

续表

				研究与发展成果										获奖成果数(项)			
其中:当年新开课题拨入经费(千元)		当年支出经费(千元)		著作(部)		学术论文(篇)				研究与咨询报告(篇)				合计		其中:国家级和部级	
						合计		其中:国外学术刊物发表数		提交有关部门数		其中:被采纳数					
22 802	72	28 259.53	57	20	401	435	178	18	151	23	157	18	102	3	156	1	27
6 160.6	287	6 146.69	276	16	463	406	199	1	534	22	166	8	163	2	177	0	50
408.62	790	884.84	654	1	969	69	856	1	534	0	538	0	375	0	291	0	50
2 926	424	2 555.76	449	0	1 022	92	791	17	157	1	468	1	312	0	291	0	50
1 245	603	2 125.37	488	0	1 022	81	816	0	640	0	538	0	375	1	218	0	50
564	735	1 024.51	632	8	668	68	861	1	534	0	538	0	375	0	291	0	50
60 746	15	49 387	29	81	60	815	52	102	28	9	265	9	155	27	21	0	50
4 932	334	5 698.26	296	11	591	272	327	2	465	4	371	0	375	1	218	0	50
3 248.51	406	3 096.06	406	16	463	205	451	0	640	91	40	6	185	1	218	0	50
1 469.23	574	3 428	392	17	446	136	650	1	534	0	538	0	375	1	218	0	50
8 881.29	213	9 377.64	201	61	99	393	209	17	157	17	192	0	375	4	129	0	50
6 029	295	7 604.14	239	46	151	340	250	6	304	9	265	7	175	1	218	0	50
4 120	365	4 303.54	346	29	281	312	277	5	336	19	183	0	375	1	218	0	50
123.5	934	322.02	793	18	430	187	500	8	263	0	538	0	375	1	218	0	50
29 377.48	53	51 279.12	26	43	170	280	320	5	336	2	433	1	312	2	177	0	50
3 880	377	2 995.38	414	14	508	62	886	0	640	0	538	0	375	2	177	0	50
10 829.6	174	12 596.01	151	23	348	395	207	7	279	0	538	0	375	6	98	0	50
11 434.3	166	9 772.98	194	57	110	407	197	17	157	15	203	10	136	37	13	0	50
56 745.18	16	75 841.88	12	48	140	846	45	94	31	224	8	39	48	6	98	0	50
21 318.45	83	24 958.94	66	32	250	480	149	40	77	43	94	29	61	13	52	3	8
15 986.73	110	18 661.02	98	45	155	446	173	8	263	0	538	0	375	0	291	0	50
1 598.27	558	2 061.94	493	15	486	327	265	15	178	8	291	0	375	0	291	0	50
7 027.45	247	6 289.66	268	28	292	180	521	0	640	0	538	0	375	0	291	0	50
2 680	447	1 487	552	27	301	360	236	0	640	3	402	3	243	4	129	4	4
1 343	591	735.6	690	0	1 022	27	1 033	0	640	0	538	0	375	0	291	0	50
310	837	267.3	820	2	924	7	1 127	0	640	0	538	0	375	0	291	0	50
350.9	812	358.57	775	0	1 022	43	956	0	640	0	538	0	375	0	291	0	50
235	874	162	885	5	774	22	1 056	0	640	1	468	0	375	0	291	0	50
25 010.98	62	24 526.81	69	34	237	599	92	0	640	0	538	0	375	0	291	0	50
10 413.81	184	14 144.05	136	39	201	455	167	6	304	1	468	1	312	2	177	0	50
1 053.5	640	1 203.4	601	7	699	163	574	0	640	0	538	0	375	0	291	0	50
1 553	564	881.83	657	12	562	160	579	0	640	0	538	0	375	0	291	0	50
20 032.86	90	21 134.79	84	15	486	226	408	0	640	0	538	0	375	0	291	0	50
13 099.4	139	16 387.59	109	51	131	226	408	0	640	0	538	0	375	0	291	0	50

学校名称	研究与发展课题											
	课题总数（项）		当年新开课题数（项）		当年完成课题数（项）		当年新开课题批准经费（千元）		当年投入人数（人年）		当年拨入经费（千元）	
广西民族大学	465	250	192	169	18	777	12 155.9	197	158.8	157	9 722.4	230
百色学院	215	523	62	563	55	452	2 136	552	65	438	2 145	533
四川大学	3 856	4	1 209	1	652	6	136 995	15	838.3	2	96 652.02	12
重庆大学	917	96	320	65	358	25	44 329.62	54	389.9	26	60 450.44	27
西南交通大学	588	188	151	247	127	202	22 165.1	109	141.2	193	23 517.35	95
电子科技大学	313	397	63	560	48	494	9 324.45	246	83.5	368	9 664	232
西南石油大学	355	353	143	265	90	298	6 851	312	107.9	278	5 976.6	325
成都理工大学	371	330	135	281	188	109	11 291	210	119.7	244	12 013.35	188
重庆邮电大学	908	100	268	90	41	548	9 209.76	250	150.2	169	9 154.39	244
重庆交通大学	268	453	87	445	50	484	5 868	342	135.2	205	5 204	347
西南科技大学	888	105	417	28	235	62	9 733.82	235	342.6	39	5 010.82	357
成都信息工程大学	252	476	98	392	119	217	7 463.42	293	86	364	8 090.42	262
四川理工学院	687	148	202	157	199	91	16 333	147	143.2	187	14 221.4	157
西华大学	752	131	237	116	44	520	9 530.58	241	208.6	107	8 893.06	250
中国民用航空飞行学院	21	1 041	8	1 038	7	932	273	885	13.3	893	273	876
四川农业大学	303	409	160	222	154	154	12 435.26	193	99.1	307	10 683.31	214
西昌学院	188	569	45	677	43	531	932	711	45.4	578	922	695
重庆医科大学	51	910	19	904	12	858	1 384	636	23.1	767	2 778.8	476
西南医科大学	487	241	99	385	238	59	1 584	605	127.8	222	1 384.5	620
成都中医药大学	282	429	90	430	118	218	2 955.5	473	55.7	512	3 158.4	452
川北医学院	150	633	48	657	30	656	575	779	61.4	468	531	775
西南大学	2 742	10	660	15	633	7	49 652.42	43	630.9	4	49 001.27	34
四川师范大学	392	309	49	643	77	346	18 395	127	124.7	234	16 449	133
重庆师范大学	816	115	264	95	198	92	15 268.83	157	236.1	89	15 111.03	143
西华师范大学	1 665	31	726	11	271	44	40 001	61	281.1	60	43 840	40
绵阳师范学院	358	351	133	286	110	239	2 648	500	89.4	346	2 100.3	541
内江师范学院	385	317	127	309	105	255	2 438.02	520	88	356	2 345.02	510
宜宾学院	361	347	85	459	107	250	2 089.4	563	76.2	394	2 187.4	531
重庆文理学院	412	289	128	304	101	265	9 224	249	108	275	9 681	231
重庆三峡学院	274	449	162	217	77	346	11 276	212	127.4	224	10 755.7	212
四川文理学院	480	245	141	268	150	162	908	714	227	94	885	701
阿坝师范学院	368	335	87	445	44	520	935.5	709	58.8	493	859.5	703
长江师范学院	625	168	347	52	365	22	45 818.43	48	131.9	211	38 647.29	52
乐山师范学院	445	259	113	341	100	269	6 446.5	322	145.3	180	5 278.2	343
四川外国语大学	668	153	219	135	140	184	8 045	280	164.8	152	7 923	266

续表

其中:当年新开课题拨入经费(千元)		当年支出经费(千元)		研究与发展成果										获奖成果数(项)			
				著作(部)		学术论文(篇)				研究与咨询报告(篇)				合计		其中:国家级和部级	
						合计		其中:国外学术刊物发表数		提交有关部门数		其中:被采纳数					
9 702.4	197	6 895.6	254	44	163	484	145	1	534	10	252	10	136	1	218	0	50
2 057	499	1 721.25	530	13	537	296	298	1	534	1	468	0	375	0	291	0	50
93 683.21	10	67 325.39	15	132	23	1 924	10	233	8	399	2	365	3	1	218	1	27
26 952.05	56	51 821.74	25	73	77	990	30	71	41	208	12	50	30	0	291	0	50
16 897.75	104	23 786.3	72	59	102	601	91	60	48	9	265	2	272	0	291	0	50
6 832	258	9 699	195	16	463	229	403	46	67	2	433	2	272	0	291	0	50
4 272.5	359	4 620.16	334	39	201	219	425	0	640	12	221	12	121	0	291	0	50
10 232.6	188	10 358.39	180	30	271	262	347	12	212	29	136	19	98	0	291	0	50
8 846.76	215	10 103.19	185	25	321	286	309	5	336	5	342	5	194	0	291	0	50
4 958	329	4 619	335	22	364	196	469	15	178	3	402	3	243	0	291	0	50
4 970.82	327	5 149.42	310	12	562	293	301	9	246	40	99	20	91	0	291	0	50
7 250.42	244	7 360.7	248	21	387	168	559	14	184	24	153	22	80	0	291	0	50
11 420.4	167	13 217.6	142	39	201	170	552	14	184	111	29	110	15	0	291	0	50
7 433.28	237	7 751.39	236	32	250	207	443	0	640	9	265	8	163	0	291	0	50
273	855	252	832	0	1 022	7	1 127	0	640	5	342	0	375	0	291	0	50
10 267.31	187	9 188.79	204	30	271	125	684	4	368	6	327	6	185	0	291	0	50
922	665	681.14	703	8	668	53	920	0	640	1	468	1	312	0	291	0	50
1 224	608	2 694.26	438	11	591	150	603	0	640	5	342	5	194	0	291	0	50
1 364	588	2 155.5	485	48	140	190	491	0	640	0	538	0	375	0	291	0	50
2 891	427	2 502.55	455	2	924	118	713	0	640	5	342	0	375	2	177	0	50
515	752	308.6	797	17	446	175	539	0	640	0	538	0	375	0	291	0	50
44 099.22	29	53 232.68	24	82	57	938	33	88	34	213	11	211	6	0	291	0	50
16 239	108	14 702	127	20	401	277	324	0	640	12	221	12	121	0	291	0	50
14 284.83	125	12 037.42	157	38	208	638	82	2	465	48	83	39	48	0	291	0	50
39 496	35	38 622	41	45	155	1 055	27	51	61	36	112	17	105	0	291	0	50
2 100	495	1 332.3	581	22	364	182	513	0	640	0	538	0	375	1	218	0	50
2 217.02	488	1 906.64	512	24	337	303	293	13	201	0	538	0	375	4	129	0	50
2 053.4	501	2 156.4	484	17	446	206	447	12	212	27	142	10	136	0	291	0	50
8 729	218	6 820.15	259	22	364	273	326	15	178	23	157	18	102	0	291	0	50
10 396	186	7 759.1	235	22	364	419	192	0	640	31	129	25	67	0	291	0	50
704	710	745.6	685	9	640	209	440	7	279	2	433	2	272	0	291	0	50
859.5	678	777.05	674	9	640	278	323	0	640	0	538	0	375	0	291	0	50
38 286.85	36	35 588.49	49	38	208	429	182	6	304	222	10	215	5	1	218	1	27
4 990.2	325	4 903.7	322	28	292	357	239	29	108	30	131	6	185	0	291	0	50
7 538	235	5 710.18	295	48	140	336	257	9	246	51	78	19	98	0	291	0	50

学校名称	研究与发展课题											
	课题总数（项）		当年新开课题数（项）		当年完成课题数（项）		当年新开课题批准经费（千元）		当年投入人数（人年）		当年拨入经费（千元）	
西南财经大学	1 511	42	426	25	279	42	22 915.6	105	380.9	30	26 339.36	82
西南政法大学	1 015	83	452	22	241	57	31 588.69	77	293.1	52	25 536.37	87
成都体育学院	490	239	128	304	95	281	7 659.58	286	97.4	312	7 485.88	278
四川音乐学院	719	139	178	187	150	162	2 360	527	227.5	93	2 036.5	548
四川美术学院	342	365	184	181	64	403	16 653.62	142	106.5	285	13 317.5	169
西南民族大学	1 220	61	256	99	100	269	13 808.64	172	359.5	33	15 868.65	137
贵州大学	668	153	297	76	192	101	16 611.34	144	353.9	35	13 879.82	158
贵州医科大学	67	858	7	1 056	32	642	84	1 003	19.1	813	84	986
遵义医学院	226	509	58	588	28	666	1 282	653	28	721	1 066.5	668
贵阳中医学院	75	833	28	819	23	723	878	719	10.8	926	852	706
贵州师范大学	1 014	84	192	169	87	312	14 525.59	163	187.4	124	12 413.26	184
遵义师范学院	350	358	42	707	145	176	3 568.25	431	37.1	642	3 098.25	456
铜仁学院	354	356	207	151	203	88	20 324.74	122	96.5	316	20 815.74	110
兴义民族师范学院	71	846	37	751	34	621	1 095.4	685	22.4	775	1 095.4	664
安顺学院	129	681	45	677	43	531	2 967	470	55.5	513	1 475.6	611
贵州工程应用技术学院	172	599	65	553	33	632	4 955	373	76.1	396	5 130	351
凯里学院	186	571	58	588	46	510	2 092	562	28.9	714	1 938	562
黔南民族师范学院	341	367	104	366	33	632	3 099	460	39.3	625	3 079	458
贵州财经大学	942	92	242	115	105	255	17 315.6	137	80.7	379	17 578.6	125
贵州民族大学	227	507	134	284	90	298	13 312.48	181	35.1	660	13 365.48	167
云南大学	1 465	46	150	250	54	459	18 162.03	131	418.3	21	22 887.35	97
昆明理工大学	414	287	124	319	58	440	16 097.95	148	151.1	166	14 276.22	155
云南农业大学	250	479	87	445	98	274	5 805	346	39.7	622	5 828	329
西南林业大学	119	714	64	555	6	943	5 592.72	351	27.8	723	3 791.21	415
昆明医科大学	19	1 053	5	1 077	1	1 056	260	889	6.9	1 001	260	886
大理大学	278	440	107	356	85	316	5 949	339	125.6	231	5 049.49	354
云南中医学院	96	770	15	959	8	918	486	806	22.6	771	486	793
云南师范大学	823	113	190	172	94	284	13 363.07	179	436	15	14 628.18	149
昭通学院	32	980	8	1 038	21	744	121	967	28.5	718	121	956
曲靖师范学院	330	375	95	412	31	649	3 527	435	264.2	74	4 977.5	359
普洱学院	100	759	34	774	20	752	1 346	643	30.3	701	1 020.5	676
保山学院	165	612	59	575	11	874	556	784	28.9	714	556	769
红河学院	267	455	139	271	11	874	14 485.1	164	44.8	580	13 105.46	176
云南财经大学	796	121	85	459	163	142	91 370.6	17	194.9	117	73 980.7	19

续表

其中:当年新开课题拨入经费(千元)		当年支出经费(千元)		研究与发展成果										获奖成果数(项)			
				著作(部)		学术论文(篇)				研究与咨询报告(篇)				合计		其中:国家级和部级	
						合计		其中:国外学术刊物发表数		提交有关部门数		其中:被采纳数					
13 287.27	134	37 919.72	43	44	163	530	124	167	13	18	187	14	113	2	177	2	18
18 979.1	95	25 370.4	65	82	57	773	58	48	64	96	37	44	38	0	291	0	50
6 970.88	252	7 324.78	249	16	463	118	713	7	279	96	37	10	136	0	291	0	50
2 036.5	503	2 696.77	437	28	292	390	211	1	534	2	433	0	375	0	291	0	50
11 474.5	163	10 289.2	183	44	163	377	219	0	640	10	252	8	163	0	291	0	50
11 804.57	154	13 208.91	143	30	271	606	89	14	184	21	173	8	163	3	156	3	8
12 442.6	146	14 298.82	133	50	134	468	157	10	232	100	35	21	85	0	291	0	50
84	973	189.8	868	0	1 022	35	990	0	640	0	538	0	375	0	291	0	50
997.5	646	845.12	664	1	969	147	619	4	368	1	468	0	375	0	291	0	50
818	686	688.39	702	3	872	35	990	0	640	1	468	0	375	0	291	0	50
12 146.46	150	10 949.58	175	39	201	556	112	4	368	17	192	0	375	0	291	0	50
3 098.25	414	1 365.04	573	40	191	578	103	3	413	4	371	0	375	0	291	0	50
20 223.74	89	14 442.43	130	54	121	707	68	8	263	34	116	0	375	0	291	0	50
1 095.4	632	938.03	644	11	591	268	334	0	640	7	307	0	375	0	291	0	50
1 125.4	627	1 467.6	554	19	415	150	603	1	534	7	307	7	175	0	291	0	50
4 418	351	4 302.4	347	10	617	107	748	0	640	7	307	0	375	0	291	0	50
1 908	519	1 386.3	567	20	401	413	196	0	640	1	468	0	375	0	291	0	50
3 079	416	1 521.4	547	13	537	378	218	0	640	0	538	0	375	0	291	0	50
16 402.6	107	19 971.6	90	57	110	725	65	0	640	0	538	0	375	0	291	0	50
12 235.48	149	11 959.48	158	34	237	459	162	6	304	3	402	3	243	2	177	2	18
15 470.99	112	32 795.08	51	88	49	585	100	16	166	52	75	2	272	47	10	0	50
12 761.99	144	14 106.18	137	42	174	330	261	14	184	0	538	0	375	11	62	0	50
5 685	304	4 295	348	11	591	214	434	0	640	15	203	5	194	5	111	0	50
2 804.01	434	1 132.42	614	9	640	213	436	0	640	4	371	4	219	6	98	0	50
260	864	485.5	740	0	1 022	25	1 045	0	640	1	468	0	375	0	291	0	50
4 629.5	344	4 402.39	341	23	348	219	425	1	534	34	116	5	194	6	98	0	50
486	760	884.23	655	6	735	21	1 062	0	640	0	538	0	375	2	177	0	50
10 769.87	176	13 130.75	144	67	88	866	44	20	143	24	153	21	85	34	15	0	50
121	936	137.6	909	7	699	195	474	0	640	0	538	0	375	0	291	0	50
2 808.5	433	6 195.86	273	32	250	595	95	43	71	0	538	0	375	1	218	0	50
947	659	975.9	638	7	699	106	752	1	534	0	538	0	375	0	291	0	50
556	739	740.8	686	14	508	284	315	2	465	4	371	1	312	0	291	0	50
13 105.46	138	6 079.26	280	41	180	373	222	3	413	22	166	22	80	1	218	0	50
70 521.65	13	32 509.87	52	93	45	653	77	34	90	0	538	0	375	18	37	0	50

学校名称	研究与发展课题											
	课题总数（项）		当年新开课题数（项）		当年完成课题数（项）		当年新开课题批准经费（千元）		当年投入人数（人年）		当年拨入经费（千元）	
云南艺术学院	117	722	19	904	26	687	6 660	317	36.1	652	5 385	339
云南民族大学	363	344	88	440	22	733	11 522	205	231.9	91	10 961.5	208
西藏大学	349	359	71	522	101	265	4 784	383	76.5	390	5 498.98	337
西藏民族大学	470	247	130	298	103	262	8 773.5	260	96.1	317	7 446.3	282
西藏藏医学院	11	1 095	5	1 077	1	1 056	190	915	4.7	1 049	130	951
西北大学	830	112	223	129	168	138	12 905	185	128.8	218	10 040	225
西安交通大学	1 977	22	405	32	351	28	59 275.95	35	278.2	62	53 347.14	33
西北工业大学	379	321	168	203	62	413	44 767.33	52	39.1	627	24 504.86	92
西安理工大学	717	140	220	133	104	258	9 744.75	234	104.4	292	9 576.52	236
西安电子科技大学	301	414	53	621	77	346	3 845	418	98.5	308	4 357.94	388
西安工业大学	266	456	107	356	49	490	5 298.03	358	48.3	556	3 530.2	429
西安建筑科技大学	508	223	184	181	72	368	10 184.54	226	76.9	388	7 571.78	273
西安科技大学	422	279	116	335	118	218	6 323.6	329	54.9	514	4 612.25	373
西安石油大学	392	309	58	588	53	462	4 096.08	406	46.4	573	4 077.71	400
陕西科技大学	238	491	44	690	39	568	2 349.35	529	22.4	775	2 305.35	517
西安工程大学	396	306	266	92	166	139	15 441.6	155	107.9	278	20 904.6	108
长安大学	655	158	83	466	70	379	8 994.56	254	76.5	390	14 573.32	151
西北农林科技大学	317	393	92	419	85	316	7 900.3	282	76.2	394	8 977	247
陕西中医药大学	68	855	26	835	6	943	1 006	693	16.1	852	715.6	735
陕西师范大学	1 519	41	275	87	153	156	31 833.21	74	139.3	196	26 801.29	79
延安大学	344	362	103	368	131	194	8 320	269	65	438	7 426	284
陕西理工大学	310	399	79	490	57	444	6 458.4	321	31.4	694	6 468.4	313
宝鸡文理学院	321	385	111	348	77	346	3 838.2	420	67.9	425	3 601.2	425
咸阳师范学院	386	315	148	251	27	674	9 123.9	251	48.1	561	8 927.9	248
渭南师范学院	644	164	397	37	104	258	15 686.5	152	104.2	293	15 211.5	141
西安外国语大学	903	101	160	222	96	278	5 462.36	353	91.3	336	5 029.21	356
西北政法大学	561	202	119	329	160	146	9 271.15	247	138.5	198	9 615.15	234
西安体育学院	235	498	52	627	40	558	2 041.8	568	90.5	341	2 943.8	465
西安音乐学院	117	722	42	707	5	968	1 613.3	602	12.1	909	400	825
西安美术学院	228	504	80	481	71	375	3 494	440	48.1	561	2 313	516
兰州大学	803	120	493	21	453	13	47 879.59	44	276.4	63	31 601.64	63
兰州理工大学	237	494	57	599	35	607	2 816	485	14.9	868	3 180.7	449
兰州交通大学	227	507	70	526	63	409	2 456	518	64	448	3 462.9	433
甘肃农业大学	142	647	33	780	20	752	1 500.75	619	25.9	734	1 962.75	561
甘肃中医药大学	14	1 077	7	1 056	0	1 079	300	872	8.8	965	326	855
西北师范大学	622	171	156	237	233	64	19 836.73	124	279.3	61	24 038.79	93

续表

其中：当年新开课题拨入经费（千元）		当年支出经费（千元）		研究与发展成果：著作（部）		学术论文（篇）：合计		学术论文（篇）：其中：国外学术刊物发表数		研究与咨询报告（篇）：提交有关部门数		研究与咨询报告（篇）：其中：被采纳数		获奖成果数（项）：合计		获奖成果数（项）：其中：国家级和部级	
5 365	313	4 264.52	351	23	348	176	535	0	640	0	538	0	375	2	177	0	50
10 956.5	172	7 750.69	237	82	57	417	193	5	336	0	538	0	375	26	23	0	50
4 182	363	8 552.1	216	16	463	170	552	1	534	1	468	1	312	2	177	0	50
6 978	249	5 136.32	312	10	617	186	504	2	465	2	433	2	272	7	85	0	50
130	929	129.82	917	0	1 022	0	1 167	0	640	0	538	0	375	0	291	0	50
9 112	206	4 307.4	345	77	67	717	66	13	201	2	433	2	272	0	291	0	50
41 456.66	32	44 827.4	33	59	102	608	88	106	26	159	14	14	113	0	291	0	50
23 909.35	66	24 066.41	71	6	735	250	361	34	90	21	173	0	375	0	291	0	50
8 046.58	229	8 316.87	219	19	415	308	285	37	82	0	538	0	375	0	291	0	50
3 108.4	412	3 550.1	383	18	430	184	507	6	304	7	307	0	375	0	291	0	50
2 952.35	423	2 738.43	432	19	415	202	456	9	246	8	291	1	312	0	291	0	50
6 932.38	255	12 602.63	150	14	508	204	454	0	640	34	116	1	312	0	291	0	50
4 604.25	346	4 728.14	329	23	348	196	469	35	88	22	166	0	375	0	291	0	50
1 610.26	555	3 687.46	380	25	321	361	234	26	115	9	265	0	375	0	291	0	50
2 305.35	476	3 519.43	387	44	163	159	581	0	640	14	207	0	375	0	291	0	50
15 087.6	116	19 810.79	92	32	250	256	351	0	640	71	55	0	375	0	291	0	50
6 672.82	267	14 162.45	135	21	387	207	443	10	232	21	173	1	312	0	291	0	50
6 618	269	8 306.75	220	17	446	156	592	15	178	5	342	0	375	0	291	0	50
568.6	734	144.16	905	51	131	199	464	2	465	0	538	0	375	0	291	0	50
25 333.29	60	40 414.92	37	192	9	1 068	26	112	25	31	129	5	194	0	291	0	50
7 416	238	6 264.31	270	24	337	398	206	0	640	0	538	0	375	0	291	0	50
6 388.4	280	6 671.7	262	34	237	305	290	1	534	33	121	0	375	0	291	0	50
2 880.2	428	4 742.15	328	31	262	270	332	0	640	10	252	0	375	0	291	0	50
8 841.9	216	295.19	806	37	215	586	99	0	640	8	291	8	163	0	291	0	50
15 211.5	115	2 057	496	25	321	341	249	2	465	3	402	0	375	0	291	0	50
3 999.5	370	2 535.88	451	17	446	629	85	11	226	33	121	0	375	0	291	0	50
9 015.15	207	7 316.25	250	54	121	769	59	12	212	38	103	0	375	1	218	1	27
1 856.8	521	1 953.8	506	12	562	124	686	21	133	1	468	0	375	0	291	0	50
400	791	0	1 117	4	823	217	430	0	640	0	538	0	375	0	291	0	50
2 029	506	1 543.3	546	12	562	250	361	0	640	4	371	0	375	0	291	0	50
23 828.3	68	33 179.94	50	58	107	1 177	18	12	212	21	173	20	91	0	291	0	50
2 712	440	3 086	408	22	364	59	900	0	640	0	538	0	375	0	291	0	50
2 280	478	2 359.4	469	13	537	138	645	5	336	4	371	0	375	0	291	0	50
1 434.75	578	1 370.71	571	4	823	123	688	0	640	4	371	0	375	0	291	0	50
300	842	262.5	824	3	872	4	1 146	0	640	0	538	0	375	0	291	0	50
18 923.79	96	26 282.94	60	86	51	639	81	0	640	2	433	2	272	0	291	0	50

学校名称	研究与发展课题											
	课题总数（项）		当年新开课题数（项）		当年完成课题数（项）		当年新开课题批准经费（千元）		当年投入人数（人年）		当年拨入经费（千元）	
兰州城市学院	220	518	122	325	50	484	7 132.2	304	63.7	452	7 042.2	298
陇东学院	182	575	49	643	17	789	453	816	88.8	349	443	805
天水师范学院	256	470	98	392	60	427	1 980	571	126	229	1 892	565
河西学院	188	569	48	657	9	901	1 489	620	65.9	433	1 229.5	641
兰州财经大学	494	235	188	176	153	156	7 162	300	141	194	7 411.5	285
西北民族大学	644	164	161	219	120	214	11 496.79	207	193.3	120	12 001	191
青海大学	175	591	56	603	40	558	3 841	419	56.6	505	3 609	424
青海师范大学	170	601	62	563	27	674	4 524	393	147.3	177	4 206	394
青海民族大学	218	520	99	385	109	241	7 614.9	289	103.7	296	7 902.5	268
宁夏大学	573	197	125	315	44	520	20 635	119	71.3	416	14 535	152
宁夏医科大学	76	831	27	826	12	858	1 281	654	61.2	470	1 175.25	653
宁夏师范学院	237	494	80	481	52	470	872	721	10.7	927	869	702
新疆大学	636	167	173	196	172	133	14 938	158	160.7	156	17 157.04	127
塔里木大学	141	650	16	941	60	427	1 480	622	43.9	586	1 285	634
新疆农业大学	113	728	21	881	43	531	2 208	548	19	815	3 360.8	438
石河子大学	722	138	116	335	91	295	11 496.5	208	218.2	102	10 290.8	221
新疆医科大学	75	833	9	1 020	18	777	1 030	689	16.3	849	611	756
新疆师范大学	439	262	139	271	109	241	14 596	160	142.8	190	13 825.5	160
喀什大学	210	534	40	724	34	621	2 614	502	83.1	369	1 828.5	571
伊犁师范学院	194	556	33	780	57	444	2 100	560	52.9	528	1 981	557
新疆财经大学	661	155	64	555	74	363	6 399.81	324	171.5	145	10 051.93	223
新疆艺术学院	127	688	30	804	25	699	2 885	477	17.3	833	2 295.5	518
天津城建大学	153	630	66	550	41	548	4 228	399	102.5	299	4 040.6	403
河北科技师范学院	298	416	131	291	98	274	616	769	105	291	1 002.4	681
吕梁学院	65	864	4	1 088	34	621	30	1 068	8.1	980	51	1 029
呼伦贝尔学院	85	805	43	698	10	885	1 348	642	27.7	724	3 204	446
广东白云学院	143	645	46	670	11	874	602	774	22	783	420.3	815
长沙医学院	239	489	156	237	1	1 056	895	717	72.7	409	195	908
齐鲁医药学院	33	975	16	941	7	932	18.7	1 096	22.3	778	18.7	1 084
公安海警学院	4	1 134	2	1 122	0	1 079	20	1 088	10	942	10	1 096
辽宁对外经贸学院	485	243	157	236	147	169	7 032	308	161.6	155	6 716	303
江西科技学院	293	421	100	380	88	308	1 579.5	607	61.3	469	2 148.3	532
上海工程技术大学	581	192	212	145	115	223	20 614.1	120	62.7	459	19 995.24	113
天津天狮学院	57	887	39	731	5	968	87	1 001	15	866	77.5	999
青岛滨海学院	181	577	68	535	41	548	353.6	851	52.1	535	372.8	838

续表

其中:当年新开课题拨入经费(千元)		当年支出经费(千元)		研究与发展成果 著作(部)		学术论文(篇) 合计		其中:国外学术刊物发表数		研究与咨询报告(篇) 提交有关部门数		其中:被采纳数		获奖成果数(项) 合计		其中:国家级和部级	
7 032.2	246	6 142.8	278	24	337	233	399	7	279	5	342	5	194	0	291	0	50
443	778	619.7	714	11	591	221	421	8	263	0	538	0	375	0	291	0	50
1 755	537	1 974.4	504	15	486	191	487	0	640	13	213	0	375	0	291	0	50
1 139.5	625	890.91	651	20	401	170	552	0	640	0	538	0	375	0	291	0	50
5 461	310	5 203.45	309	22	364	256	351	5	336	11	232	10	136	0	291	0	50
9 461	202	8 814.11	212	55	115	383	214	0	640	0	538	0	375	0	291	0	50
3 577	389	4 950.85	317	0	1 022	71	849	1	534	0	538	0	375	0	291	0	50
4 206	361	3 966	367	12	562	146	621	0	640	0	538	0	375	0	291	0	50
7 414.9	239	5 044	315	23	348	59	900	1	534	9	265	4	219	0	291	0	50
13 985	128	13 101	145	63	95	605	90	17	157	11	232	11	129	0	291	0	50
1 163.25	621	765.65	678	6	735	69	856	0	640	0	538	0	375	0	291	0	50
869	676	819	670	11	591	125	684	0	640	0	538	0	375	0	291	0	50
13 610.5	131	15 139.21	119	16	463	339	253	1	534	3	402	3	243	0	291	0	50
1 285	600	1 382.7	568	0	1 022	59	900	0	640	0	538	0	375	0	291	0	50
1 689	542	3 506.8	388	5	774	77	830	0	640	1	468	1	312	1	218	1	27
8 987.2	209	8 642.66	214	40	191	536	118	2	465	1	468	0	375	0	291	0	50
602	727	594.05	720	3	872	68	861	0	640	2	433	2	272	0	291	0	50
13 084.5	140	6 882.14	255	26	311	326	267	5	336	12	221	2	272	1	218	1	27
1 427	580	977.51	637	1	969	193	479	1	534	0	538	0	375	0	291	0	50
1 581	559	1 438.95	561	9	640	340	250	7	279	0	538	0	375	0	291	0	50
3 958.49	372	4 834.12	326	6	735	363	230	0	640	0	538	0	375	0	291	0	50
1 273	601	2 123	489	7	699	157	587	0	640	0	538	0	375	0	291	0	50
3 756	381	3 532.73	385	0	1 022	79	823	0	640	9	265	0	375	0	291	0	50
548	744	963.08	640	18	430	200	460	3	413	11	232	4	219	0	291	0	50
30	1 033	117.5	927	6	735	46	941	0	640	0	538	0	375	0	291	0	50
1 204	613	2 729	434	16	463	157	587	9	246	0	538	0	375	6	98	0	50
420.3	784	200.08	862	14	508	196	469	0	640	0	538	0	375	0	291	0	50
195	889	123.2	923	7	699	83	810	0	640	0	538	0	375	0	291	0	50
18.7	1 062	78	966	0	1 022	52	921	0	640	7	307	0	375	0	291	0	50
10	1 076	47.75	1 010	0	1 022	0	1 167	0	640	0	538	0	375	0	291	0	50
6 390	279	3 318.29	394	22	364	763	60	12	212	22	166	11	129	0	291	0	50
1 574.5	560	912.31	646	0	1 022	58	905	3	413	4	371	4	219	0	291	0	50
17 777.24	101	19 027.31	94	38	208	480	149	54	57	37	109	37	50	1	218	0	50
77.5	981	28.23	1 049	11	591	94	790	4	368	0	538	0	375	0	291	0	50
342.6	818	290.84	808	7	699	112	730	1	534	0	538	0	375	0	291	0	50

学校名称	研究与发展课题											
	课题总数（项）		当年新开课题数（项）		当年完成课题数（项）		当年新开课题批准经费（千元）		当年投入人数（人年）		当年拨入经费（千元）	
浙江万里学院	709	142	177	190	109	241	8 143.7	275	133.4	209	6 691.67	306
安徽建筑大学	222	514	64	555	64	403	1 422	627	66.2	430	1 967.6	560
安徽科技学院	201	549	89	435	59	433	2 982	468	59.7	485	2 823	473
景德镇学院	106	741	26	835	36	593	306	868	10.4	934	298	869
萍乡学院	94	781	32	791	28	666	230	903	33.6	680	208	902
枣庄学院	115	726	56	603	11	874	872	721	52.4	533	832	710
山东工艺美术学院	226	509	51	633	79	336	5 940	341	45.9	574	5 348.4	341
黄淮学院	151	632	81	474	69	386	1 708	591	60.8	472	1 575	597
平顶山学院	363	344	282	84	124	207	4 045	408	32	690	3 971	406
湖北理工学院	264	459	133	286	48	494	2 553.54	510	64.9	440	2 412.64	499
湖北科技学院	278	440	159	226	183	115	1 571	610	115.7	252	1 393	619
湖北医药学院	122	705	22	872	39	568	491	805	14.4	875	321	858
安徽三联学院	173	597	51	633	73	366	624	767	49.7	546	748.5	729
吉林华桥外国语学院	278	440	67	544	17	789	6 374	326	87.1	360	6 313	317
贵阳学院	280	435	112	347	7	932	3 144	456	42.9	598	2 638.2	484
六盘水师范学院	75	833	51	633	35	607	2 346.74	530	18.8	818	2 346.74	509
新疆工程学院	32	980	8	1 038	6	943	65	1 029	10.7	927	65	1 014
唐山学院	179	582	99	385	96	278	1 697.5	594	39.2	626	1 652.5	594
沈阳大学	106	741	88	440	70	379	292	874	44.8	580	403	823
上海立信会计金融学院	610	178	118	330	66	396	8 457.5	265	95.8	318	5 552	336
淮阴工学院	563	200	336	58	374	18	18 482.9	126	96.7	315	18 168.7	120
常州工学院	368	335	148	251	92	294	4 846.6	378	60.8	472	4 532.3	377
浙江科技学院	551	206	75	503	11	874	4 760	385	91.7	335	4 112.6	398
宁波工程学院	411	292	200	160	214	82	13 037.15	183	108.3	273	8 799.68	251
合肥学院	373	326	96	403	105	255	2 300.5	539	95.2	321	2 386.5	504
厦门理工学院	736	133	214	143	227	69	14 196.8	166	157.8	160	14 909.77	147
青岛大学	757	130	246	111	128	198	12 392.4	194	149.6	171	11 999.9	192
烟台大学	194	556	56	603	8	918	3 871	417	128	221	3 793	414
潍坊学院	178	584	127	309	33	632	4 855	376	124.9	232	4 723	370
郑州工程技术学院	307	403	153	242	76	353	390	832	24.3	755	265	883
洛阳理工学院	175	591	89	435	100	269	1 526	617	24	757	1 368	621
新乡学院	138	662	56	603	40	558	1 472	623	32.7	686	1 586	596
江汉大学	455	254	160	222	81	332	14 353.6	165	121.1	241	14 517.4	153
三峡大学	456	252	196	162	212	83	10 760.9	217	107.5	280	13 229.4	173

续表

其中:当年新开课题拨入经费(千元)		当年支出经费(千元)		研究与发展成果										获奖成果数(项)			
				著作(部)		学术论文(篇)				研究与咨询报告(篇)				合计		其中:国家级和部级	
						合计		其中:国外学术刊物发表数		提交有关部门数		其中:被采纳数					
4 470.1	347	5 641.49	299	16	463	175	539	6	304	32	125	21	85	0	291	0	50
1 180.6	616	1 879.49	515	4	823	89	800	13	201	0	538	0	375	0	291	0	50
2 690	446	2 419.5	463	27	301	152	601	8	263	7	307	5	194	0	291	0	50
298	843	283.3	813	8	668	331	260	9	246	0	538	0	375	0	291	0	50
142	921	208	856	12	562	126	677	0	640	0	538	0	375	1	218	0	50
822	683	830.6	667	36	226	197	465	28	110	0	538	0	375	0	291	0	50
5 316.4	317	5 348.4	303	19	415	185	505	0	640	0	538	0	375	0	291	0	50
1 505	569	1 279.5	587	7	699	249	369	1	534	0	538	0	375	1	218	0	50
3 465	395	2 060	495	22	364	597	94	9	246	0	538	0	375	0	291	0	50
2 232.54	485	766.37	677	14	508	231	401	9	246	2	433	2	272	0	291	0	50
1 330	593	1 448.6	557	14	508	196	469	2	465	3	402	1	312	0	291	0	50
291	847	330.2	787	4	823	28	1 026	0	640	0	538	0	375	0	291	0	50
291.8	846	748.5	684	2	924	179	523	0	640	1	468	1	312	0	291	0	50
6 305	283	5 747.65	292	9	640	233	399	10	232	1	468	1	312	1	218	0	50
2 623.2	451	1 809.21	524	10	617	211	437	0	640	1	468	1	312	0	291	0	50
2 346.74	473	1 917.24	509	6	735	177	531	4	368	6	327	6	185	0	291	0	50
65	988	99.05	942	0	1 022	13	1 097	0	640	0	538	0	375	0	291	0	50
1 611.5	553	1 627.16	539	25	321	308	285	3	413	9	265	0	375	0	291	0	50
292	845	282	814	46	151	310	283	0	640	0	538	0	375	0	291	0	50
5 327	316	4 845.54	325	40	191	218	429	21	133	3	402	3	243	2	177	0	50
18 124.7	99	18 049.77	101	18	430	311	281	21	133	52	75	9	155	0	291	0	50
4 403.1	353	2 394.43	464	13	537	272	327	1	534	76	52	7	175	0	291	0	50
3 920	374	2 823.2	429	14	508	189	495	0	640	6	327	0	375	0	291	0	50
6 058.58	293	7 860.03	232	23	348	187	500	10	232	5	342	5	194	0	291	0	50
1 617.5	552	2 026.48	499	10	617	149	612	3	413	17	192	7	175	0	291	0	50
11 789.2	155	9 457.51	199	14	508	247	378	28	110	46	87	40	44	0	291	0	50
11 712.4	157	11 060.5	173	25	321	286	309	13	201	0	538	0	375	8	78	0	50
3 671	386	3 917.4	368	9	640	91	793	0	640	0	538	0	375	5	111	0	50
4 693	342	4 194	358	15	486	88	803	2	465	13	213	7	175	2	177	0	50
265	862	346.9	778	19	415	300	296	0	640	0	538	0	375	1	218	0	50
1 308	594	1 266.75	589	16	463	229	403	7	279	11	232	0	375	2	177	0	50
1 220	609	580.5	724	31	262	358	238	12	212	1	468	0	375	2	177	0	50
12 407.4	148	15 304.15	117	57	110	569	107	17	157	42	95	16	108	0	291	0	50
7 335.8	242	15 047.26	122	28	292	535	119	7	279	35	114	15	109	0	291	0	50

学校名称	研究与发展课题											
	课题总数（项）		当年新开课题数（项）		当年完成课题数（项）		当年新开课题批准经费（千元）		当年投入人数（人年）		当年拨入经费(千元)	
长沙学院	192	560	121	327	71	375	3 434.3	443	18.8	818	3 384.3	437
广州大学	913	98	329	61	192	101	64 734.15	30	148.6	174	72 233.16	20
成都学院	1 174	66	248	109	159	147	12 517	192	219.8	98	18 895.24	117
西安文理学院	281	431	144	263	64	403	13 145.82	182	33.3	682	13 135.82	175
海南热带海洋学院	149	635	49	643	46	510	2 321	535	41.2	611	2 131	535
华北科技学院	125	692	39	731	40	558	1 309	647	26.4	730	1 013	678
中国人民武装警察部队学院	412	289	159	226	77	346	2 440	519	87.2	359	2 390	502
广州航海学院	202	547	45	677	8	918	1 252	660	42.4	602	1 273.8	636
广东警官学院	246	481	14	968	18	777	180	920	50.9	540	233	897
成都工业学院	86	801	42	707	33	632	644	763	34.7	669	734	732
扬州大学	844	110	259	96	203	88	15 805.34	150	138	200	15 090.64	144
三江学院	133	675	59	575	40	558	2 432.5	521	35	662	1 790.55	576
中华女子学院	446	257	103	368	35	607	3 057.11	465	41.8	607	1 220.76	643
齐齐哈尔医学院	77	829	27	826	12	858	99.9	987	66.8	426	99.9	973
北京信息科技大学	535	215	76	500	72	368	8 823	257	54.9	514	7 563.51	274
河北体育学院	61	877	17	927	6	943	42	1 053	12	910	50	1 030
太原学院	43	937	8	1 038	10	885	77	1 019	9.1	961	78	997
大连大学	429	271	83	466	79	336	2 574.61	506	144.5	184	2 376.61	506
吉林工商学院	56	892	17	927	7	932	192	913	9.8	947	192	909
南京工程学院	213	527	96	403	62	413	3 903.8	414	23.3	764	3 693.7	421
南京审计大学	428	273	141	268	77	346	9 817	232	151.7	165	10 626.18	216
蚌埠学院	125	692	56	603	55	452	956	703	85.7	365	775	723
池州学院	280	435	77	498	43	531	992	698	53.1	526	1 031	675
三明学院	309	400	174	195	101	265	7 580	290	99.3	304	7 479.5	279
龙岩学院	600	183	198	161	58	440	9 378.96	244	53.3	525	8 668.05	254
福建商学院	175	591	61	569	52	470	843.5	726	21.9	787	786.16	722
江西科技师范大学	847	109	131	291	69	386	3 120	458	120.6	243	2 320.5	514
南昌工程学院	303	409	147	255	75	355	2 654.04	498	25.7	736	3 173.04	451
山东警察学院	173	597	32	791	24	713	508	797	18	826	680.5	746
信阳农林学院	315	395	140	270	127	202	640	764	40	621	432	808
河南工学院	127	688	59	575	67	391	238	900	15.7	857	238	893
安阳工学院	99	764	45	677	51	482	364	846	39	628	396	828
湖北警官学院	82	809	14	968	25	699	189	917	10.7	927	139	945
荆楚理工学院	96	770	43	698	15	821	1 343	644	16.7	838	1 220	644
湖南工程学院	103	755	29	809	13	853	730	748	28.9	714	1 290.5	633
仲恺农业工程学院	168	604	48	657	26	687	3 404.55	446	60.3	480	3 308.55	440

续表

其中：当年新开课题拨入经费（千元）		当年支出经费（千元）		研究与发展成果 著作（部）		学术论文（篇） 合计		其中：国外学术刊物发表数		研究与咨询报告（篇） 提交有关部门数		其中：被采纳数		获奖成果数（项） 合计		其中：国家级和部级	
3 354.3	401	2 751.15	431	6	735	84	807	4	368	1	468	1	312	1	218	0	50
53 435.62	18	73 500.98	13	122	26	804	54	42	74	33	121	31	58	19	32	0	50
10 396.9	185	20 050.9	88	71	82	493	140	14	184	88	45	0	375	0	291	0	50
13 135.82	137	8 174.28	223	15	486	388	212	0	640	23	157	0	375	0	291	0	50
2 106	494	1 857	520	22	364	240	386	13	201	0	538	0	375	4	129	0	50
634	718	663.73	705	22	364	70	853	0	640	3	402	0	375	0	291	0	50
2 390	467	1 939	507	33	246	254	356	0	640	23	157	2	272	0	291	0	50
846	679	1 505.9	550	14	508	118	713	0	640	1	468	1	312	0	291	0	50
150	912	236.52	840	8	668	123	688	3	413	0	538	0	375	1	218	0	50
634	718	459.44	748	3	872	96	785	2	465	1	468	0	375	2	177	0	50
14 442.34	123	14 419.02	132	64	94	643	79	1	534	65	62	46	34	0	291	0	50
1 451.5	576	1 442.46	559	3	872	147	619	0	640	21	173	0	375	0	291	0	50
789.21	692	1 714.91	532	17	446	138	645	2	465	11	232	0	375	0	291	0	50
99.9	958	127.95	919	21	387	181	518	1	534	0	538	0	375	0	291	0	50
6 692.62	264	6 807.16	260	22	364	234	396	9	246	0	538	0	375	2	177	0	50
0	1 095	87.1	955	5	774	40	967	0	640	1	468	1	312	0	291	0	50
77	982	81.33	962	14	508	100	770	1	534	0	538	0	375	0	291	0	50
2 165.61	491	2 970.61	417	34	237	399	205	6	304	12	221	12	121	0	291	0	50
192	891	289.5	810	0	1 022	120	706	12	212	0	538	0	375	1	218	0	50
2 564.3	457	2 709.92	435	11	591	151	602	4	368	14	207	13	119	0	291	0	50
6 727.2	263	5 342.33	304	4	823	305	290	1	534	30	131	5	194	0	291	0	50
558	738	796.9	671	6	735	149	612	1	534	0	538	0	375	0	291	0	50
968	655	1 223	596	5	774	126	677	0	640	3	402	0	375	0	291	0	50
7 402	240	6 290.45	267	6	735	183	509	0	640	67	58	8	163	0	291	0	50
8 412.83	224	7 607.58	238	10	617	279	322	2	465	14	207	14	113	0	291	0	50
782	693	207.86	857	12	562	176	535	0	640	0	538	0	375	0	291	0	50
1 671	546	2 675.73	439	1	969	43	956	0	640	0	538	0	375	6	98	0	50
1 786.04	533	2 577.56	447	13	537	252	360	8	263	9	265	4	219	4	129	0	50
508	756	373.25	770	5	774	48	936	2	465	0	538	0	375	0	291	0	50
346	815	432	754	5	774	197	465	2	465	0	538	0	375	1	218	0	50
238	872	219.4	846	3	872	128	671	9	246	0	538	0	375	0	291	0	50
358	808	137	910	11	591	97	779	0	640	9	265	3	243	0	291	0	50
139	925	106.38	936	5	774	123	688	0	640	0	538	0	375	0	291	0	50
1 215	610	1 188.2	604	27	301	243	381	0	640	8	291	8	163	0	291	0	50
354	811	1 097.8	621	4	823	113	728	1	534	0	538	0	375	0	291	0	50
3 308.55	402	3 469.75	391	10	617	126	677	0	640	0	538	0	375	0	291	0	50

学校名称	研究与发展课题											
	课题总数（项）		当年新开课题数（项）		当年完成课题数（项）		当年新开课题批准经费（千元）		当年投入人数（人年）		当年拨入经费（千元）	
五邑大学	305	407	129	302	182	117	26 473.66	94	54.4	518	25 166.76	90
梧州学院	221	515	36	757	28	666	2 076.85	566	34.9	665	2 056.85	545
攀枝花学院	270	452	102	371	6	943	667	761	53.8	522	502.1	787
玉溪师范学院	156	625	45	677	30	656	1 366	640	63.4	454	837.3	709
楚雄师范学院	156	625	47	666	33	632	5 135	367	38.6	630	4 593	374
云南警官学院	84	806	9	1 020	24	713	573	781	15.4	860	583	765
昆明学院	191	563	49	643	78	344	4 171	401	101.9	300	4 046	401
榆林学院	252	476	96	403	55	452	1 420	629	25.4	743	1 300	630
商洛学院	174	595	98	392	19	769	2 612.65	503	21.6	790	1 869.95	567
安康学院	196	552	75	503	54	459	2 538	511	15.7	857	2 443	496
西安培华学院	238	491	121	327	89	303	524	795	35.3	657	524	781
甘肃政法学院	204	543	97	399	16	805	5 122	368	32.9	685	4 880	364
北方民族大学	587	189	110	352	218	79	8 789.82	259	59.1	487	7 089.82	296
中国矿业大学(北京)	135	670	27	826	26	687	2 785	488	37.5	637	1 749	583
中国石油大学(北京)	185	572	38	744	20	752	6 420	323	25.7	736	7 536.41	276
中国地质大学(北京)	180	580	59	575	38	578	4 775	384	41.4	610	3 206.66	445
北京联合大学	612	176	251	107	148	167	78 467.51	23	238	88	30 388.49	65
北京城市学院	73	841	62	563	44	520	10 129.46	228	15	866	9 574.46	237
河北金融学院	424	277	159	226	280	41	2 208.8	547	49.8	545	2 334.3	511
集宁师范学院	277	445	110	352	75	355	1 191	672	89.1	348	1 068.8	667
辽宁科技学院	207	541	45	677	101	265	406.4	828	118.7	245	586.54	762
辽宁警察学院	114	727	46	670	38	578	1 101.25	683	25.6	739	1 206.25	647
长春工程学院	212	529	43	698	51	482	2 280	541	41.1	612	2 005	554
吉林农业科技学院	88	794	38	744	20	752	496	802	26.2	732	476	796
吉林警察学院	170	601	34	774	25	699	1 217	667	24.5	753	1 101	662
黑龙江工业学院	0	1 156	0	1 146	0	1 079	0	1 124	0	1 154	0	1 108
黑龙江东方学院	32	980	22	872	5	968	183	918	8.3	972	183	914
上海电机学院	130	679	81	474	48	494	5 292.61	359	35.7	656	5 831.61	328
南京晓庄学院	236	497	118	330	28	666	3 955	412	64	448	5 068.5	353
江苏理工学院	616	175	265	93	230	67	17 932.07	132	135.1	206	16 415.71	134
浙江水利水电学院	145	643	42	707	41	548	1 759	583	22.8	770	1 666.5	593
浙江财经大学	1 916	25	331	60	225	72	34 459.49	67	271.2	64	34 687.84	58
浙江警察学院	192	560	39	731	72	368	737	746	56.8	502	647	751
衢州学院	92	785	33	780	20	752	1 850.5	579	36	653	1 184.18	650
福建警察学院	80	816	17	927	6	943	142	952	14.3	878	269	880

续表

其中：当年新开课题拨入经费（千元）		当年支出经费（千元）		研究与发展成果										获奖成果数（项）			
				著作（部）		学术论文（篇）				研究与咨询报告（篇）				合计		其中：国家级和部级	
						合计		其中：国外学术刊物发表数		提交有关部门数		其中：被采纳数					
25 166.76	61	29 334.69	56	11	591	144	625	1	534	29	136	4	219	1	218	0	50
2 056.85	500	1 209.95	600	3	872	122	696	9	246	0	538	0	375	0	291	0	50
390.2	793	601.98	716	45	155	294	300	22	129	1	468	1	312	0	291	0	50
714.5	705	1 376.26	570	15	486	122	696	0	640	1	468	0	375	1	218	0	50
4 090	366	4 914.6	321	26	311	337	254	0	640	10	252	0	375	3	156	0	50
563	736	761	680	5	774	108	742	1	534	34	116	0	375	0	291	0	50
4 035	369	4 053.91	363	26	311	222	419	34	90	6	327	1	312	4	129	0	50
1 300	597	1 040.15	631	3	872	262	347	0	640	2	433	0	375	0	291	0	50
1 849.95	523	1 550	545	9	640	387	213	0	640	7	307	0	375	0	291	0	50
2 443	464	1 928.5	508	21	387	118	713	1	534	10	252	0	375	0	291	0	50
514	753	466	744	11	591	499	138	0	640	3	402	0	375	0	291	0	50
4 880	336	1 346.45	577	16	463	421	188	0	640	0	538	0	375	0	291	0	50
7 005.82	248	9 066.89	207	57	110	327	265	10	232	70	56	3	243	3	156	3	8
1 749	538	1 364.66	574	14	508	105	755	7	279	0	538	0	375	0	291	0	50
3 012	420	4 932.63	319	25	321	187	500	70	43	11	232	2	272	0	291	0	50
2 586.79	455	2 458.08	458	0	1 022	40	967	14	184	0	538	0	375	0	291	0	50
18 352.06	98	15 992.42	111	75	74	1 143	20	22	129	4	371	3	243	5	111	2	18
9 474.46	201	7 588.2	241	8	668	144	625	0	640	9	265	0	375	0	291	0	50
2 208.8	490	1 092.65	622	1	969	264	341	14	184	0	538	0	375	0	291	0	50
892	672	126.54	920	9	640	200	460	0	640	0	538	0	375	3	156	0	50
355.2	810	492.54	737	1	969	172	546	0	640	3	402	1	312	0	291	0	50
1 101.25	630	1 215.3	598	30	271	264	341	0	640	38	103	0	375	0	291	0	50
1 825	527	1 171.13	610	0	1 022	75	837	0	640	1	468	1	312	4	129	0	50
476	766	441.2	752	8	668	33	1 005	2	465	0	538	0	375	0	291	0	50
1 101	631	34	1 037	3	872	159	581	0	640	0	538	0	375	3	156	0	50
0	1 095	0	1 117	0	1 022	0	1 167	0	640	0	538	0	375	0	291	0	50
183	893	71.85	973	18	430	48	936	0	640	0	538	0	375	0	291	0	50
5 247.61	319	4 240.13	353	15	486	193	479	7	279	0	538	0	375	0	291	0	50
3 372	399	3 048.5	411	36	226	315	275	4	368	1	468	1	312	0	291	0	50
14 901.41	120	17 619.17	106	31	262	322	271	0	640	106	32	50	30	0	291	0	50
1 127	626	1 224.84	595	4	823	67	865	0	640	9	265	0	375	0	291	0	50
22 211	77	14 978.99	123	59	102	591	97	70	43	90	41	90	18	14	50	3	8
632	721	1 297.3	585	6	735	146	621	3	413	2	433	2	272	0	291	0	50
916.68	667	180.26	872	7	699	51	927	1	534	4	371	1	312	2	177	0	50
112	947	212.9	851	9	640	64	873	0	640	0	538	0	375	0	291	0	50

学校名称	研究与发展课题											
	课题总数（项）		当年新开课题数（项）		当年完成课题数（项）		当年新开课题批准经费（千元）		当年投入人数（人年）		当年拨入经费（千元）	
莆田学院	432	269	161	219	111	237	8 175.26	272	94.2	326	8 045.26	264
江西警察学院	124	698	24	852	25	699	1 420	629	29.6	707	1 420	615
新余学院	122	705	11	999	0	1 079	169	929	6.8	1 005	85	985
山东交通学院	194	556	85	459	65	399	1 730.5	587	35.1	660	1 747.9	584
河南工程学院	309	400	52	627	23	723	1 750	584	64.7	443	1 923	564
武汉音乐学院	80	816	28	819	1	1 056	1 008	691	25.9	734	978	685
湖南城市学院	441	261	133	286	43	531	2 570.5	507	53.1	526	2 717.5	479
湖南工学院	194	556	91	425	41	548	3 096	462	59.1	487	3 155.6	453
湖南财政经济学院	434	264	81	474	57	444	2 779	491	69.6	419	2 201.42	530
湖南警察学院	275	447	35	765	75	355	537	791	35.2	659	435	807
湖南工业大学	898	103	253	105	152	159	6 852.5	311	173.8	142	6 093.01	323
湖南女子学院	372	328	68	535	18	777	1 220	665	69.4	421	2 000	555
广东金融学院	392	309	105	362	140	184	13 328	180	167.6	150	9 652.2	233
电子科技大学中山学院	213	527	74	509	64	403	4 228.4	398	58.8	493	5 603.12	335
广西科技师范学院	96	770	31	798	12	858	463	815	71.8	414	449.5	803
广西财经学院	439	262	132	290	204	87	12 101.2	199	219.8	98	11 680.2	199
南宁学院	140	654	51	633	17	789	1 211	670	24.8	750	1 211	645
重庆科技学院	139	659	78	494	48	494	3 969.5	411	61.9	463	4 145.5	397
四川旅游学院	240	487	87	445	26	687	903.5	715	48.5	553	1 557.5	599
文山学院	105	743	16	941	5	968	2 288	540	56	510	2 213	528
西安财经学院	912	99	164	209	146	171	6 021.5	335	126.1	228	5 239.2	344
甘肃民族师范学院	118	718	18	915	10	885	803	733	18.3	824	713	736
兰州文理学院	129	681	27	826	5	968	549	785	9	962	549	771
湖北经济学院	561	202	217	138	123	210	27 800.29	88	103.8	295	28 506.3	70
钦州学院	278	440	96	403	15	821	3 182.5	454	164.5	153	4 294.6	392
中国青年政治学院	494	235	125	315	79	336	6 544.56	318	65.2	434	6 579.43	309
北华航天工业学院	304	408	129	302	183	115	2 830.71	483	72.2	412	2 747.72	477
河套学院	131	677	45	677	21	744	1 090	686	41	614	856.2	704
沈阳工程学院	95	777	90	430	25	699	2 400.86	523	44.7	582	2 386.86	503
哈尔滨信息工程学院	0	1 156	0	1 146	0	1 079	0	1 124	0	1 154	0	1 108
淮海工学院	515	220	256	99	196	96	8 502.5	264	52.9	528	6 399.7	316
宁波大学	1 923	24	434	23	242	56	44 827.94	51	352.4	36	40 641.12	47
浙江传媒学院	768	127	194	166	189	107	12 686.92	188	195.1	116	13 369.31	166
河南财政金融学院	325	382	155	241	109	241	606	773	87.4	358	477	795
南阳理工学院	182	575	61	569	63	409	547	787	49	550	430	811

续表

其中:当年新开课题拨入经费(千元)		当年支出经费(千元)		研究与发展成果										获奖成果数(项)			
				著作(部)		学术论文(篇)				研究与咨询报告(篇)				合计		其中:国家级和部级	
						合计		其中:国外学术刊物发表数		提交有关部门数		其中:被采纳数					
8 045.26	230	5 085.8	314	10	617	121	703	4	368	41	97	41	41	0	291	0	50
1 420	581	1 441.3	560	8	668	179	523	0	640	0	538	0	375	0	291	0	50
85	972	82	960	0	1 022	72	845	0	640	0	538	0	375	0	291	0	50
1 648.9	550	1 871.89	518	10	617	66	867	3	413	0	538	0	375	1	218	0	50
1 380	586	1 511.18	549	32	250	286	309	3	413	0	538	0	375	0	291	0	50
878	675	76.5	969	4	823	89	800	2	465	0	538	0	375	0	291	0	50
2 532.5	459	2 299	473	41	180	400	203	26	115	0	538	0	375	2	177	0	50
2 953	422	2 457.05	459	14	508	287	308	1	534	0	538	0	375	0	291	0	50
2 013	509	1 631.49	538	7	699	183	509	6	304	2	433	2	272	0	291	0	50
422	783	351.7	777	22	364	170	552	1	534	0	538	0	375	1	218	0	50
5 759.5	301	5 930.76	285	47	145	292	304	4	368	0	538	0	375	1	218	0	50
832	682	1 009.84	635	14	508	135	651	0	640	0	538	0	375	0	291	0	50
6 973	251	9 998.9	188	3	872	231	401	6	304	5	342	3	243	5	111	0	50
4 174.58	364	5 219.64	308	7	699	127	675	5	336	59	70	40	44	0	291	0	50
449.5	775	131.55	914	13	537	168	559	0	640	2	433	2	272	0	291	0	50
11 680.2	158	9 968.75	190	22	364	426	183	0	640	0	538	0	375	0	291	0	50
1 211	611	737.4	689	0	1 022	7	1 127	0	640	0	538	0	375	0	291	0	50
3 969.5	371	3 754.82	376	26	311	122	696	4	368	22	166	22	80	0	291	0	50
883	674	847.03	662	7	699	250	361	0	640	0	538	0	375	0	291	0	50
2 213	489	1 420.9	563	6	735	216	431	19	147	0	538	0	375	1	218	0	50
4 702.2	341	5 721.45	294	40	191	352	241	4	368	16	199	1	312	0	291	0	50
713	706	693	700	9	640	71	849	0	640	0	538	0	375	0	291	0	50
549	743	594.79	719	14	508	165	569	1	534	0	538	0	375	0	291	0	50
24 745.83	63	11 063.63	172	67	88	364	228	25	120	19	183	15	109	0	291	0	50
3 024	418	3 084.54	409	40	191	404	200	0	640	11	232	11	129	0	291	0	50
4 430.13	350	6 066.01	283	21	387	144	625	2	465	5	342	0	375	2	177	0	50
2 695.72	444	2 594.8	445	6	735	176	535	6	304	38	103	0	375	0	291	0	50
632	721	661.72	706	2	924	168	559	1	534	0	538	0	375	1	218	0	50
2 386.86	468	2 365.86	467	4	823	128	671	0	640	75	54	0	375	0	291	0	50
0	1 095	0	1 117	0	1 022	8	1 122	0	640	0	538	0	375	0	291	0	50
6 119	290	4 240.55	352	18	430	241	384	14	184	37	109	32	57	0	291	0	50
33 910.34	44	48 515.13	31	73	77	476	152	30	107	40	99	35	53	18	37	0	50
11 288.5	168	8 110.55	225	37	215	440	176	0	640	1	468	1	312	4	129	0	50
215	881	598.23	717	30	271	312	277	4	368	2	433	2	272	5	111	0	50
430	779	470	742	33	246	319	272	3	413	0	538	0	375	2	177	0	50

学校名称	研究与发展课题											
	课题总数（项）		当年新开课题数（项）		当年完成课题数（项）		当年新开课题批准经费（千元）		当年投入人数（人年）		当年拨入经费（千元）	
武汉商学院	256	470	80	481	152	159	2 019.46	569	61.8	464	2 274.96	522
广东石油化工学院	320	390	101	376	82	328	3 697.4	428	44.5	583	3 693.4	422
海南师范大学	307	403	67	544	71	375	3 888	415	82.2	372	3 779	416
重庆理工大学	454	255	210	146	146	171	17 439.16	136	178.7	135	17 116.7	128
四川民族学院	178	584	44	690	53	462	257	891	64.7	443	405	822
西安邮电大学	88	794	37	751	33	632	5 710	348	11	923	5 688	332
山东工商学院	241	486	74	509	44	520	7 439	295	177.2	137	7 409	286
呼和浩特民族学院	96	770	29	809	14	837	1 204	671	23.5	761	1 312	628
长春大学	324	383	37	751	26	687	1 773	581	47.6	567	1 187.49	649
贵州商学院	123	701	87	445	25	699	2 505	515	39.4	624	2 109	539
西安航空学院	41	944	17	927	9	901	191	914	10.5	931	191	910
河南城建学院	215	523	128	304	86	314	4 134.6	405	41.8	607	4 044.6	402
防灾科技学院	52	904	13	978	5	968	357	849	20.1	801	338	851
辽东学院	317	393	144	263	62	413	2 237.5	545	91.2	337	2 262.5	525
仰恩大学	81	813	39	731	24	713	119	971	8.1	980	119	961
河南警察学院	180	580	69	531	108	247	872	721	16.9	836	581	767
武汉东湖学院	217	522	102	371	113	231	3 071.5	464	27.5	725	3 093.7	457
重庆工商大学	1 085	74	421	26	227	69	44 194	55	315.1	47	27 846.5	73
汉口学院	78	824	26	835	24	713	5 466	352	23.5	761	400.9	824
黑龙江工程学院	105	743	35	765	24	713	1 604	603	69	422	1 649	595
兰州工业学院	8	1 112	3	1 104	0	1 079	72	1 021	5.1	1 039	72	1 002
海南医学院	64	868	14	968	14	837	400	829	22.1	780	200	907
东莞理工学院	319	391	92	419	113	231	14 060.26	169	57.6	498	18 784.62	118
桂林航天工业学院	97	767	29	809	25	699	946.39	705	14.4	875	1 059.39	669
首钢工学院	3	1 138	2	1 122	1	1 056	10	1 106	0.6	1 143	10	1 096
河北经贸大学	1 036	79	228	125	150	162	7 270.5	298	289.7	55	6 177.5	322
上海杉达学院	121	707	46	670	40	558	2 339	531	48.5	553	2 504	491
黄河科技学院	503	227	300	74	147	169	493.5	804	50.8	541	661.58	749
上海政法学院	405	299	124	319	195	97	6 534.5	319	93.5	329	6 972.39	300
桂林旅游学院	285	425	102	371	47	504	8 052.8	279	75.5	397	7 265.5	292
贺州学院	308	402	163	214	94	284	11 487.76	209	72.7	409	11 498.75	201
西安医学院	59	884	19	904	5	968	284.5	880	13.2	895	273	876
浙江树人学院	235	498	109	355	88	308	5 839.5	345	48.4	555	5 924	326
九江学院	208	539	80	481	52	470	5 208	363	89.6	344	6 055.2	324
广东工业大学	2 274	16	329	61	83	323	44 055.76	56	144.3	185	45 217.8	38
广东外语外贸大学	1 789	27	429	24	194	99	47 855.99	45	374.4	32	43 031.99	43

续表

其中：当年新开课题拨入经费（千元）	(序)	当年支出经费（千元）	(序)	研究与发展成果：著作（部）	(序)	学术论文（篇）：合计	(序)	学术论文（篇）：其中：国外学术刊物发表数	(序)	研究与咨询报告（篇）：提交有关部门数	(序)	研究与咨询报告（篇）：其中：被采纳数	(序)	获奖成果数（项）：合计	(序)	获奖成果数（项）：其中：国家级和部级	(序)
1 826.96	526	2 047.96	497	20	401	362	231	0	640	9	265	9	155	0	291	0	50
3 673.4	385	2 456.02	460	2	924	225	413	3	413	8	291	0	375	0	291	0	50
3 523	392	2 919.81	420	52	129	437	177	0	640	12	221	2	272	31	16	0	50
14 949.4	118	12 419.2	155	37	215	464	161	0	640	120	24	100	16	0	291	0	50
253	867	644.7	709	5	774	269	333	5	336	0	538	0	375	0	291	0	50
5 688	303	4 790	327	5	774	101	765	0	640	12	221	0	375	0	291	0	50
6 739	261	6 151	275	24	337	79	823	4	368	0	538	0	375	5	111	0	50
1 086	633	1 336	580	9	640	170	552	0	640	0	538	0	375	7	85	1	27
990	647	247.23	834	21	387	175	539	10	232	0	538	0	375	5	111	0	50
1 561	562	2 044	498	8	668	143	629	0	640	9	265	6	185	0	291	0	50
191	892	194.3	867	3	872	168	559	4	368	0	538	0	375	0	291	0	50
4 044.6	368	3 271.83	396	18	430	72	845	3	413	0	538	0	375	0	291	0	50
316	833	209	855	1	969	26	1 039	0	640	0	538	0	375	0	291	0	50
2 235.5	483	1 497.1	551	45	155	248	374	0	640	0	538	0	375	0	291	0	50
119	939	151.2	896	0	1 022	56	912	0	640	0	538	0	375	0	291	0	50
356	809	337	784	18	430	285	312	3	413	78	50	0	375	1	218	0	50
2 767.5	436	3 185.59	401	31	262	323	269	0	640	1	468	1	312	0	291	0	50
24 717.7	64	25 667.65	61	83	55	760	61	0	640	117	26	41	41	0	291	0	50
371	801	365.95	771	41	180	173	545	1	534	1	468	0	375	0	291	0	50
1 529	566	1 115.25	615	21	387	207	443	0	640	1	468	0	375	0	291	0	50
72	983	34	1 037	0	1 022	52	921	0	640	0	538	0	375	0	291	0	50
200	887	344.37	779	0	1 022	67	865	0	640	0	538	0	375	2	177	0	50
13 347.26	132	18 831.81	96	22	364	171	548	3	413	33	121	2	272	1	218	0	50
833.39	681	822.69	669	3	872	154	595	0	640	0	538	0	375	0	291	0	50
10	1 076	5	1 108	0	1 022	5	1 136	0	640	1	468	0	375	0	291	0	50
5 955.5	298	6 146.09	277	49	139	371	224	6	304	11	232	10	136	0	291	0	50
2 221.5	487	2 061.2	494	13	537	108	742	5	336	6	327	0	375	0	291	0	50
375.58	800	143.8	906	94	44	677	74	0	640	6	327	0	375	3	156	0	50
4 460.39	348	7 593.23	240	42	174	434	179	25	120	9	265	4	219	0	291	0	50
7 264	243	6 273.83	269	16	463	267	337	2	465	1	468	1	312	0	291	0	50
11 441.75	165	15 064.3	121	38	208	240	386	2	465	0	538	0	375	0	291	0	50
222.5	878	154.63	891	5	774	158	583	0	640	0	538	0	375	0	291	0	50
5 522.5	309	4 597.53	336	7	699	266	340	4	368	28	140	2	272	0	291	0	50
5 014	323	2 012.8	500	32	250	141	635	0	640	0	538	0	375	5	111	0	50
34 132.53	43	44 788.69	34	23	348	222	419	31	105	19	183	7	175	7	85	0	50
40 046.99	34	36 798.55	46	164	15	1 634	13	369	1	67	58	52	28	16	41	0	50

学校名称	研究与发展课题											
	课题总数（项）		当年新开课题数（项）		当年完成课题数（项）		当年新开课题批准经费（千元）		当年投入人数（人年）		当年拨入经费(千元)	
佛山科学技术学院	428	273	220	133	219	76	16 636.77	143	121.8	240	15 631.27	139
中央司法警官学院	215	523	52	627	83	323	194.9	912	50	544	264.4	884
徐州工程学院	653	159	255	102	244	54	3 085.5	463	265.6	71	2 797.5	475
大连民族大学	404	301	105	362	154	154	4 916	374	141.6	191	4 896	363
湖南第一师范学院	548	209	130	298	146	171	5 057	371	110	269	4 849.45	365
上海第二工业大学	321	385	79	490	50	484	3 791.65	424	38.1	634	4 566.04	375
南京特殊教育师范学院	94	781	39	731	9	901	1 396	634	16.3	849	1 463.5	612
上海商学院	49	918	17	927	9	901	1 215	668	7.4	990	1 087	665
南通理工学院	97	767	55	614	16	805	474.5	812	11	923	474.5	797
广东培正学院	223	513	35	765	26	687	387.2	836	22.3	778	110.5	965
天津中德应用技术大学	108	736	59	575	4	998	761	740	47.1	569	816	714
贵州警察学院	44	936	25	843	26	687	124.5	964	17.8	828	139.5	943
南方医科大学	142	647	58	588	32	642	2 777	492	76.4	393	2 551.5	488
四川警察学院	100	759	45	677	25	699	682	758	33.3	682	682	745
南京森林警察学院	98	766	38	744	28	666	1 151	679	22.9	769	818	713
湖南医药学院	19	1 053	13	978	0	1 079	375	840	4.3	1 062	365	841
安徽新华学院	125	692	50	640	36	593	875	720	92.2	333	812	716
湖南涉外经济学院	204	543	56	603	5	968	1 276	656	22	783	790	721
海口经济学院	254	473	83	466	52	470	1 237.2	663	34.5	672	1 267.2	637
武昌首义学院	55	896	23	859	10	885	442	821	19.9	806	424	813
武昌理工学院	97	767	28	819	17	789	325.5	858	17.2	834	211.5	901
山东女子学院	591	186	148	251	146	171	1 250	661	54.3	519	1 348.4	625
烟台南山学院	165	612	63	560	85	316	562	783	81.3	376	108	966
中国劳动关系学院	376	323	80	481	8	918	8 280.5	270	65.1	436	8 276.5	259
宁夏理工学院	14	1 077	4	1 088	2	1 037	35	1 062	7.4	990	66	1 013
云南经济管理学院	244	483	113	341	49	490	2 432	522	34.4	674	2 501	492
广东东软学院	29	1 000	20	893	5	968	548	786	6.6	1 009	512.8	784
重庆工程学院	23	1 031	8	1 038	15	821	150	941	2.2	1 109	150	934
重庆大学城市科技学院	20	1 046	9	1 020	2	1 037	107	979	5.4	1 033	130.2	950
华南理工大学广州学院	7	1 116	5	1 077	3	1 020	40	1 054	1	1 137	40	1 042
广州大学华软软件学院	120	710	53	621	56	448	1 745.5	586	13.6	888	1 750.5	582
中山大学南方学院	178	584	24	852	8	918	2 942.5	474	27	727	2 853	471
广东外语外贸大学南国商学院	209	536	66	550	35	607	944.15	707	26.3	731	1 031.15	674
广东财经大学华商学院	88	794	12	988	7	932	772	737	18.4	822	456.97	800
广东海洋大学寸金学院	23	1 031	9	1 020	3	1 020	94	994	19.1	813	82	990
华南农业大学珠江学院	29	1 000	13	978	0	1 079	115	973	3	1 093	175	917

其中:当年新开课题拨入经费(千元)		当年支出经费(千元)		研究与发展成果										获奖成果数(项)			
				著作(部)		学术论文(篇)				研究与咨询报告(篇)				合计		其中:国家级和部级	
						合计		其中:国外学术刊物发表数		提交有关部门数		其中:被采纳数					
15 251.77	114	15 630.38	113	15	486	190	491	2	465	38	103	2	272	0	291	0	50
116.9	941	304.9	800	12	562	105	755	0	640	0	538	0	375	0	291	0	50
2 736.5	437	2 697.27	436	39	201	456	166	3	413	134	22	2	272	0	291	0	50
4 896	335	2 319.29	472	8	668	108	742	4	368	0	538	0	375	0	291	0	50
4 352.1	355	4 469.44	340	35	232	361	234	7	279	1	468	1	312	5	111	0	50
2 660.14	448	3 125.66	405	16	463	108	742	13	201	1	468	1	312	0	291	0	50
1 232	606	967.68	639	4	823	123	688	1	534	0	538	0	375	0	291	0	50
1 071	636	485.53	739	8	668	100	770	4	368	0	538	0	375	0	291	0	50
474.5	767	224.05	843	2	924	97	779	0	640	0	538	0	375	0	291	0	50
106	951	144.65	904	9	640	142	631	0	640	0	538	0	375	0	291	0	50
761	700	259.7	826	10	617	189	495	0	640	0	538	0	375	0	291	0	50
114.5	944	169.7	878	2	924	69	856	0	640	25	148	12	121	0	291	0	50
2 066.5	497	1 916.48	510	4	823	62	886	2	465	0	538	0	375	0	291	0	50
682	715	698	698	5	774	81	816	0	640	0	538	0	375	0	291	0	50
778	697	1 079.26	625	3	872	141	635	18	151	2	433	0	375	0	291	0	50
365	806	104	940	1	969	38	977	0	640	0	538	0	375	0	291	0	50
582	731	688.79	701	5	774	193	479	11	226	4	371	3	243	0	291	0	50
780	695	573	725	7	699	47	940	0	640	0	538	0	375	0	291	0	50
1 207.2	612	1 217.2	597	41	180	296	298	9	246	2	433	1	312	1	218	0	50
418	787	196.5	866	15	486	119	710	1	534	0	538	0	375	0	291	0	50
210.5	882	164.75	882	34	237	126	677	0	640	0	538	0	375	0	291	0	50
1 161	623	1 348.4	575	29	281	118	713	2	465	0	538	0	375	1	218	0	50
87	970	179.1	874	35	232	250	361	5	336	9	265	0	375	0	291	0	50
8 256.5	226	8 046.3	227	14	508	297	297	0	640	0	538	0	375	0	291	0	50
23	1 049	51.5	1 002	7	699	21	1 062	0	640	0	538	0	375	0	291	0	50
2 431	465	1 875	517	12	562	709	67	0	640	0	538	0	375	0	291	0	50
512.8	754	464.91	745	5	774	148	617	0	640	0	538	0	375	0	291	0	50
150	912	137	910	3	872	22	1 056	0	640	0	538	0	375	0	291	0	50
107	950	50.67	1 004	4	823	66	867	0	640	2	433	0	375	0	291	0	50
40	1 017	145	902	5	774	78	826	2	465	0	538	0	375	0	291	0	50
1 725.5	540	1 438.25	562	15	486	146	621	0	640	2	433	0	375	0	291	0	50
2 843	432	2 657.63	441	7	699	87	805	7	279	0	538	0	375	0	291	0	50
861.15	677	1 214.62	599	5	774	250	361	41	76	0	538	0	375	0	291	0	50
412	789	275.07	816	6	735	109	739	1	534	0	538	0	375	0	291	0	50
82	976	52.8	997	4	823	187	500	0	640	0	538	0	375	0	291	0	50
115	943	125.11	921	1	969	3	1 150	0	640	0	538	0	375	0	291	0	50

学校名称	研究与发展课题											
	课题总数（项）		当年新开课题数（项）		当年完成课题数（项）		当年新开课题批准经费（千元）		当年投入人数（人年）		当年拨入经费（千元）	
厦门医学院	53	902	15	959	6	943	138.4	956	22.6	771	125.4	954
成都东软学院	9	1 105	9	1 020	0	1 079	91	997	2.9	1 095	29.5	1 063
湖南商学院北津学院	0	1 156	0	1 146	0	1 079	0	1 124	0	1 154	0	1 108
湖南农业大学东方科技学院	104	748	26	835	41	548	382	838	9.7	949	293	870
湖南文理学院芙蓉学院	25	1 022	4	1 088	5	968	27	1 077	3.6	1 074	0	1 108
广东技术师范学院天河学院	43	937	19	904	15	821	265	888	5.8	1 026	285	874
东南大学成贤学院	52	904	20	893	17	789	305	869	5.2	1 036	304	867
厦门华厦学院	64	868	26	835	16	805	452	817	7	998	452	801
闽南理工学院	100	759	68	535	9	901	347	856	7.2	995	165	924
西安欧亚学院	78	824	20	893	34	621	174	925	12.2	908	174	919
西安外事学院	174	595	90	430	38	578	1 886	576	14.1	879	1 780	578
西安翻译学院	177	587	83	466	75	355	975.3	701	30.2	704	949.3	690
西京学院	136	666	111	348	59	433	11 697.7	203	25.3	746	9 924.7	227
齐齐哈尔工程学院	6	1 120	6	1 066	0	1 079	26	1 078	3.1	1 087	26	1 067
新疆警察学院	72	845	23	859	25	699	1 030	689	25.7	736	989.6	682
铁道警察学院	124	698	42	707	40	558	809	731	52.4	533	544	772
郑州科技学院	364	342	163	214	189	107	290	876	88.3	352	270	878
郑州工业应用技术学院	75	833	75	503	15	821	100	984	8.4	970	0	1 108
重庆警察学院	136	666	33	780	42	541	547	787	13.5	889	585	763
江西工程学院	24	1 029	6	1 066	12	858	46	1 049	5.1	1 039	46	1 034
山西应用科技学院	13	1 082	9	1 020	3	1 020	18	1 097	5.4	1 033	29	1 064
河北传媒学院	158	622	100	380	25	699	8	1 115	42.7	600	0	1 108
浙江越秀外国语学院	321	385	131	291	79	336	4 010.89	409	130.9	214	3 566.22	427
南昌理工学院	99	764	52	627	6	943	351.1	853	21.7	789	631.1	752
河北工程技术学院	56	892	33	780	18	777	24	1 081	29	712	1	1 107
上海建桥学院	120	710	40	724	6	943	6 027	334	3.9	1 066	960.1	688
北京吉利学院	0	1 156	0	1 146	0	1 079	0	1 124	0	1 154	0	1 108
安徽文达信息工程学院	27	1 013	10	1 008	10	885	80	1 008	3.9	1 066	80	995
潍坊科技学院	41	944	35	765	3	1 020	150	941	9.5	952	150	934
上海兴伟学院	0	1 156	0	1 146	0	1 079	0	1 124	0	1 154	0	1 108
泰州学院	170	601	59	575	22	733	1 271	657	57.4	499	1 006	680
亳州学院	100	759	75	503	16	805	808	732	16.5	844	852	706
江西应用科技学院	0	1 156	0	1 146	0	1 079	0	1 124	0	1 154	0	1 108
郑州师范学院	249	480	25	843	14	837	587	777	29.4	708	379.6	836
福建师范大学闽南科技学院	62	873	26	835	9	901	355	850	8.3	972	334	852

续表

其中:当年新开课题拨入经费(千元)		当年支出经费(千元)		研究与发展成果										获奖成果数(项)			
				著作(部)		学术论文(篇)				研究与咨询报告(篇)				合计		其中:国家级和部级	
						合计		其中:国外学术刊物发表数		提交有关部门数		其中:被采纳数					
118.4	940	19.61	1 065	1	969	32	1 011	0	640	0	538	0	375	0	291	0	50
29.5	1 039	27.5	1 051	0	1 022	3	1 150	0	640	0	538	0	375	0	291	0	50
0	1 095	0	1 117	0	1 022	0	1 167	0	640	0	538	0	375	0	291	0	50
224.5	877	36.36	1 033	2	924	77	830	0	640	0	538	0	375	0	291	0	50
0	1 095	40.15	1 021	1	969	38	977	0	640	0	538	0	375	4	129	0	50
265	862	163.5	884	4	823	103	760	4	368	0	538	0	375	0	291	0	50
221	879	152.82	894	4	823	62	886	0	640	0	538	0	375	0	291	0	50
452	773	209.49	854	0	1 022	50	930	0	640	2	433	2	272	0	291	0	50
165	902	60.89	984	4	823	80	819	0	640	0	538	0	375	0	291	0	50
174	897	288.2	811	0	1 022	83	810	0	640	1	468	1	312	0	291	0	50
1 760	536	1 201.48	602	1	969	368	226	1	534	11	232	3	243	0	291	0	50
914.3	668	652.98	707	5	774	312	277	15	178	15	203	0	375	0	291	0	50
9 889.7	191	10 073.3	186	0	1 022	28	1 026	7	279	59	70	0	375	0	291	0	50
26	1 042	14.3	1 078	5	774	17	1 081	0	640	0	538	0	375	0	291	0	50
814	687	1 107.6	617	1	969	83	810	0	640	0	538	0	375	0	291	0	50
544	746	361.9	774	3	872	126	677	5	336	50	80	1	312	1	218	0	50
270	858	255	830	47	145	271	331	18	151	65	62	0	375	0	291	0	50
0	1 095	0	1 117	12	562	211	437	6	304	0	538	0	375	0	291	0	50
547	745	926.58	645	3	872	101	765	1	534	1	468	1	312	0	291	0	50
46	1 012	58.2	989	6	735	66	867	2	465	0	538	0	375	0	291	0	50
18	1 063	14.3	1 078	4	823	64	873	0	640	2	433	0	375	0	291	0	50
0	1 095	0	1 117	6	735	156	592	1	534	1	468	0	375	0	291	0	50
3 201.49	407	1 305.42	584	30	271	144	625	16	166	80	48	2	272	0	291	0	50
331.1	826	631.1	712	3	872	193	479	2	465	0	538	0	375	0	291	0	50
1	1 094	0	1 117	13	537	58	905	0	640	0	538	0	375	0	291	0	50
960.1	657	1 156.1	611	2	924	123	688	5	336	0	538	0	375	0	291	0	50
0	1 095	0	1 117	0	1 022	0	1 167	0	640	0	538	0	375	0	291	0	50
80	978	43	1 017	0	1 022	60	896	0	640	0	538	0	375	0	291	0	50
150	912	151	897	79	64	48	936	0	640	0	538	0	375	0	291	0	50
0	1 095	0	1 117	0	1 022	0	1 167	0	640	0	538	0	375	0	291	0	50
941	662	395.93	763	5	774	135	651	0	640	0	538	0	375	0	291	0	50
780	695	512.4	735	15	486	118	713	1	534	0	538	0	375	0	291	0	50
0	1 095	0	1 117	0	1 022	0	1 167	0	640	0	538	0	375	0	291	0	50
138.6	926	341.67	783	16	463	13	1 097	0	640	11	232	0	375	4	129	0	50
334	823	140.23	908	5	774	80	819	0	640	0	538	0	375	0	291	0	50

学校名称	研究与发展课题											
	课题总数（项）		当年新开课题数（项）		当年完成课题数（项）		当年新开课题批准经费（千元）		当年投入人数（人年）		当年拨入经费(千元)	
福建农林大学东方学院	57	887	22	872	17	789	80	1 008	6.9	1 001	82	990
宁波大红鹰学院	1 320	54	333	59	257	51	9 464.14	243	389.2	28	7 462.77	280
山东英才学院	251	478	98	392	59	433	14 869.59	159	63.5	453	14 654.92	148
青岛恒星科技学院	86	801	37	751	11	874	97	990	9	962	87	984
浙江大学城市学院	506	224	215	140	52	470	38 974.67	63	94.9	322	25 468.7	88
浙江大学宁波理工学院	347	361	168	203	34	621	17 016.16	140	46.9	571	17 750.45	124
杭州医学院	38	954	24	852	4	998	973.39	702	6.3	1 017	803.22	719
安徽外国语学院	59	884	21	881	8	918	144	950	6.5	1 010	94	978
河北美术学院	79	818	28	819	53	462	0	1 124	79.6	381	0	1 108
厦门工学院	30	995	12	988	3	1 020	150	941	10	942	115	963
西安思源学院	134	673	58	588	34	621	389	835	51	539	684.5	744
陕西国际商贸学院	147	640	68	535	24	713	536	792	15.3	861	531	775
陕西服装工程学院	8	1 112	8	1 038	0	1 079	80	1 008	1.3	1 133	0	1 108
北京师范大学珠海分校	425	276	190	172	143	179	8 969.15	256	92.9	331	11 063.94	207
武汉晴川学院	28	1 005	11	999	2	1 037	40	1 054	7.6	987	40	1 042
大连理工大学城市学院	12	1 089	6	1 066	0	1 079	25	1 080	7.1	996	75	1 000
沈阳工学院	17	1 062	5	1 077	8	918	151	940	3.9	1 066	151	933
大连工业大学艺术与信息工程学院	0	1 156	0	1 146	0	1 079	0	1 124	0	1 154	0	1 108
大连科技学院	70	852	18	915	14	837	308	867	18.1	825	60	1 019
沈阳城市建设学院	13	1 082	4	1 088	7	932	10	1 106	3.4	1 079	0	1 108
大连医科大学中山学院	0	1 156	0	1 146	0	1 079	0	1 124	0	1 154	0	1 108
锦州医科大学医疗学院	0	1 156	0	1 146	0	1 079	0	1 124	0	1 154	0	1 108
辽宁师范大学海华学院	47	928	42	707	3	1 020	140	953	20.1	801	144	938
辽宁理工学院	3	1 138	2	1 122	0	1 079	30	1 068	12.3	907	529.2	777
大连财经学院	32	980	4	1 088	21	744	45	1 051	8.2	977	45	1 036
沈阳城市学院	15	1 070	7	1 056	9	901	820.5	729	7.7	986	820.5	711
湖北大学知行学院	0	1 156	0	1 146	0	1 079	0	1 124	0	1 154	0	1 108
武汉科技大学城市学院	6	1 120	2	1 122	0	1 079	10	1 106	1	1 137	10	1 096
三峡大学科技学院	6	1 120	0	1 146	0	1 079	0	1 124	1.4	1 129	0	1 108
江汉大学文理学院	34	969	4	1 088	19	769	14	1 104	6	1 022	14	1 092
湖北工业大学工程技术学院	41	944	19	904	0	1 079	1	1 123	4.5	1 054	0	1 108
武昌工学院	52	904	13	978	27	674	146	948	13.9	882	160.2	929
武汉工商学院	179	582	49	643	2	1 037	1 908.5	574	7.1	996	1 476.5	610
长江大学工程技术学院	9	1 105	4	1 088	4	998	93	996	1.9	1 114	13	1 095
长江大学文理学院	1	1 150	1	1 138	0	1 079	8	1 115	0.3	1 149	0	1 108
湖北商贸学院	35	965	21	881	0	1 079	150	941	15.2	862	150	934
湖北民族学院科技学院	26	1 019	3	1 104	0	1 079	6	1 117	0.9	1 141	6	1 103
湖北经济学院法商学院	43	937	14	968	15	821	43	1 052	5.5	1 031	43.6	1 039
武汉体育学院体育科技学院	12	1 089	12	988	0	1 079	40	1 054	1.7	1 121	40	1 042
湖北文理学院理工学院	2	1 144	2	1 122	0	1 079	0	1 124	1	1 137	0	1 108
文华学院	100	759	39	731	30	656	778.12	736	16.4	846	762.68	725
浙江工业大学之江学院	158	622	98	392	52	470	6 337.16	327	24.6	752	5 221.32	346

续表

其中:当年新开课题拨入经费(千元)		当年支出经费(千元)		研究与发展成果 著作(部)		学术论文(篇) 合计		学术论文(篇) 其中:国外学术刊物发表数		研究与咨询报告(篇) 提交有关部门数		研究与咨询报告(篇) 其中:被采纳数		获奖成果数(项) 合计		获奖成果数(项) 其中:国家级和部级	
80	978	115.34	928	3	872	52	921	0	640	0	538	0	375	0	291	0	50
6 606.57	272	4 203.93	356	11	591	395	207	20	143	150	20	14	113	1	218	0	50
14 630.6	121	4 150.67	362	10	617	155	594	0	640	8	291	2	272	1	218	0	50
87	970	24	1 056	0	1 022	28	1 026	0	640	0	538	0	375	0	291	0	50
21 315.89	84	24 191.2	70	11	591	214	434	0	640	0	538	0	375	2	177	1	27
14 965.05	117	7 053.07	253	8	668	71	849	16	166	5	342	2	272	0	291	0	50
803.22	690	209.95	853	2	924	38	977	0	640	0	538	0	375	0	291	0	50
94	964	106.85	935	3	872	40	967	1	534	0	538	0	375	0	291	0	50
0	1 095	0	1 117	32	250	254	356	10	232	1	468	1	312	0	291	0	50
90	967	37.81	1 027	0	1 022	37	983	0	640	0	538	0	375	0	291	0	50
364	807	586.2	723	3	872	175	539	1	534	0	538	0	375	0	291	0	50
531	748	47.75	1 010	6	735	61	890	20	143	3	402	0	375	0	291	0	50
0	1 095	0	1 117	0	1 022	42	960	0	640	0	538	0	375	0	291	0	50
6 536.67	275	6 466.13	265	20	401	162	575	12	212	88	45	50	30	0	291	0	50
40	1 017	7.47	1 101	11	591	36	986	0	640	0	538	0	375	0	291	0	50
25	1 044	0	1 117	5	774	109	739	4	368	0	538	0	375	0	291	0	50
151	911	152	895	41	180	206	447	2	465	8	291	0	375	0	291	0	50
0	1 095	0	1 117	12	562	52	921	0	640	0	538	0	375	0	291	0	50
60	993	154.14	892	10	617	130	666	0	640	0	538	0	375	0	291	0	50
0	1 095	14	1 080	2	924	25	1 045	0	640	0	538	0	375	0	291	0	50
0	1 095	0	1 117	1	969	28	1 026	0	640	0	538	0	375	0	291	0	50
0	1 095	0	1 117	0	1 022	6	1 132	0	640	0	538	0	375	0	291	0	50
140	923	172	876	17	446	85	806	0	640	0	538	0	375	0	291	0	50
30	1 033	0	1 117	0	1 022	0	1 167	0	640	0	538	0	375	0	291	0	50
45	1 013	89	953	3	872	84	807	0	640	0	538	0	375	0	291	0	50
820.5	684	697.4	699	5	774	33	1 005	0	640	0	538	0	375	0	291	0	50
0	1 095	0	1 117	1	969	12	1 103	0	640	0	538	0	375	0	291	0	50
10	1 076	15	1 072	0	1 022	39	974	0	640	0	538	0	375	0	291	0	50
0	1 095	2.25	1 112	0	1 022	21	1 062	0	640	0	538	0	375	0	291	0	50
14	1 071	14	1 080	12	562	58	905	0	640	0	538	0	375	0	291	0	50
0	1 095	0	1 117	3	872	3	1 150	0	640	0	538	0	375	0	291	0	50
60.8	992	107.01	934	18	430	129	668	0	640	0	538	0	375	0	291	0	50
1 476.5	573	1 022.35	633	17	446	202	456	0	640	7	307	7	175	0	291	0	50
13	1 074	15	1 072	0	1 022	63	881	0	640	0	538	0	375	0	291	0	50
0	1 095	0	1 117	0	1 022	43	956	0	640	0	538	0	375	0	291	0	50
150	912	150	898	25	321	17	1 081	0	640	0	538	0	375	0	291	0	50
6	1 089	7	1 103	0	1 022	5	1 136	0	640	0	538	0	375	0	291	0	50
17.2	1 065	44.2	1 016	4	823	56	912	0	640	0	538	0	375	0	291	0	50
40	1 017	10.33	1 087	0	1 022	1	1 161	0	640	0	538	0	375	0	291	0	50
0	1 095	0	1 117	4	823	69	856	0	640	0	538	0	375	0	291	0	50
524.77	751	472.52	741	9	640	95	788	0	640	4	371	3	243	0	291	0	50
4 433.01	349	2 295.62	474	4	823	54	918	0	640	12	221	10	136	0	291	0	50

学校名称	研究与发展课题											
	课题总数（项）		当年新开课题数（项）		当年完成课题数（项）		当年新开课题批准经费（千元）		当年投入人数（人年）		当年拨入经费（千元）	
浙江师范大学行知学院	60	881	24	852	4	998	448.25	820	40.3	619	398.25	827
宁波大学科学技术学院	125	692	68	535	26	687	2 837.7	480	19.6	809	2 263.23	524
杭州电子科技大学信息工程学院	7	1 116	2	1 122	0	1 079	316	861	1.6	1 122	526	780
浙江理工大学科技与艺术学院	62	873	24	852	14	837	632.82	765	24.1	756	756.8	726
浙江海洋大学东海科学技术学院	19	1 053	9	1 020	6	943	10	1 106	19.9	806	16	1 087
浙江农林大学暨阳学院	56	892	23	859	18	777	497.6	801	13.2	895	360.6	842
温州医科大学仁济学院	32	980	2	1 122	9	901	0	1 124	3.5	1 076	26	1 067
杭州师范大学钱江学院	61	877	39	731	5	968	1 348.83	641	14.8	869	522.02	782
绍兴文理学院元培学院	67	858	33	780	14	837	371	843	8.3	972	321	858
温州大学瓯江学院	36	963	20	893	4	998	2 226	546	20.1	801	1 716	586
浙江工商大学杭州商学院	37	958	22	872	4	998	900	716	8.2	977	623	753
嘉兴学院南湖学院	25	1 022	17	927	9	901	612	772	4.7	1 049	598.6	759
中国计量大学现代科技学院	13	1 082	3	1 104	0	1 079	24	1 081	3.1	1 087	445.5	804
浙江财经大学东方学院	127	688	70	526	44	520	1 770	582	13	899	1 518.5	604
黑龙江外国语学院	32	980	11	999	14	837	1 132	681	42	604	1 112	658
黑龙江财经学院	4	1 134	3	1 104	0	1 079	32	1 067	1	1 137	32	1 058
哈尔滨石油学院	1	1 150	1	1 138	0	1 079	20	1 088	0.3	1 149	20	1 075
黑龙江工商学院	2	1 144	2	1 122	0	1 079	4	1 120	0.9	1 141	4	1 105
哈尔滨远东理工学院	0	1 156	0	1 146	0	1 079	0	1 124	0	1 154	0	1 108
哈尔滨剑桥学院	2	1 144	2	1 122	0	1 079	4	1 120	1.6	1 122	4	1 105
黑龙江工程学院昆仑旅游学院	0	1 156	0	1 146	0	1 079	0	1 124	0	1 154	0	1 108
哈尔滨广厦学院	0	1 156	0	1 146	0	1 079	0	1 124	0	1 154	0	1 108
哈尔滨华德学院	0	1 156	0	1 146	0	1 079	0	1 124	0	1 154	0	1 108
青岛黄海学院	28	1 005	16	941	4	998	126	963	2.8	1 098	126	953
山东现代学院	28	1 005	18	915	9	901	85	1 002	9.3	958	0	1 108
山东协和学院	349	359	131	291	63	409	1 303	648	31.8	692	923.85	694
宁夏大学新华学院	51	910	22	872	0	1 079	94	994	13.7	886	94	978
云南大学滇池学院	75	833	9	1 020	53	462	350	854	30.9	697	2 421.2	498
云南大学旅游文化学院	152	631	60	574	31	649	303	870	43.7	587	383	833
昆明理工大学津桥学院	28	1 005	4	1 088	4	998	35	1 062	6.4	1 014	0	1 108
云南师范大学商学院	49	918	8	1 038	1	1 056	160	938	15.1	864	526.4	779
云南师范大学文理学院	104	748	30	804	24	713	146	948	43.3	593	177.5	916

续表

				研究与发展成果										获奖成果数(项)			
其中:当年新开课题拨入经费(千元)		当年支出经费(千元)		著作(部)		学术论文(篇)				研究与咨询报告(篇)				合计		其中:国家级和部级	
						合计		其中:国外学术刊物发表数		提交有关部门数		其中:被采纳数					
398.25	792	587.33	722	3	872	56	912	0	640	0	538	0	375	0	291	0	50
1 948	517	990.79	636	5	774	27	1 033	1	534	14	207	1	312	1	218	0	50
316	833	29.32	1 045	0	1 022	3	1 150	0	640	0	538	0	375	0	291	0	50
555.8	740	612.22	715	2	924	26	1 039	0	640	3	402	0	375	0	291	0	50
5	1 091	9.97	1 092	1	969	8	1 122	0	640	0	538	0	375	0	291	0	50
334.6	822	301.84	801	3	872	76	834	0	640	1	468	1	312	0	291	0	50
0	1 095	53.5	995	0	1 022	9	1 115	0	640	0	538	0	375	0	291	0	50
478.02	764	376.47	769	6	735	61	890	2	465	6	327	6	185	0	291	0	50
321	828	313.1	795	1	969	37	983	0	640	2	433	0	375	0	291	0	50
1 684	544	1 578.1	544	1	969	14	1 093	2	465	1	468	0	375	0	291	0	50
623	723	298.93	802	5	774	13	1 097	3	413	2	433	2	272	0	291	0	50
555.6	741	457.32	749	5	774	10	1 112	0	640	0	538	0	375	0	291	0	50
24	1 046	121.06	925	2	924	3	1 150	0	640	0	538	0	375	0	291	0	50
1 146.5	624	1 613.4	541	3	872	133	658	11	226	1	468	1	312	0	291	0	50
1 112	628	466.31	743	9	640	46	941	0	640	0	538	0	375	0	291	0	50
32	1 029	23.8	1 057	7	699	119	710	0	640	0	538	0	375	0	291	0	50
20	1 054	3	1 110	0	1 022	0	1 167	0	640	0	538	0	375	0	291	0	50
4	1 092	0.6	1 114	1	969	29	1 022	0	640	0	538	0	375	0	291	0	50
0	1 095	0	1 117	3	872	49	933	0	640	0	538	0	375	0	291	0	50
4	1 092	1	1 113	13	537	88	803	0	640	0	538	0	375	0	291	0	50
0	1 095	0	1 117	0	1 022	9	1 115	0	640	0	538	0	375	0	291	0	50
0	1 095	0	1 117	0	1 022	58	905	0	640	0	538	0	375	0	291	0	50
0	1 095	0	1 117	0	1 022	0	1 167	0	640	0	538	0	375	0	291	0	50
126	932	56	991	0	1 022	150	603	0	640	6	327	0	375	0	291	0	50
0	1 095	0	1 117	8	668	38	977	0	640	4	371	0	375	0	291	0	50
425.5	781	565.52	727	3	872	350	242	5	336	42	95	0	375	0	291	0	50
94	964	89.1	952	7	699	44	951	0	640	0	538	0	375	0	291	0	50
340	819	2 253.5	476	10	617	227	407	0	640	0	538	0	375	0	291	0	50
303	839	325.05	792	5	774	165	569	0	640	0	538	0	375	0	291	0	50
0	1 095	109.9	933	11	591	115	723	4	368	0	538	0	375	0	291	0	50
95	963	307.6	798	6	735	46	941	0	640	9	265	1	312	0	291	0	50
143.5	920	326.2	790	1	969	249	369	0	640	0	538	0	375	0	291	0	50

学校名称	研究与发展课题											
	课题总数（项）		当年新开课题数（项）		当年完成课题数（项）		当年新开课题批准经费（千元）		当年投入人数（人年）		当年拨入经费（千元）	
昆明医科大学海源学院	40	948	14	968	12	858	61	1 032	14.5	873	66.4	1 012
云南艺术学院文华学院	30	995	8	1 038	4	998	110	976	25.4	743	120	957
烟台大学文经学院	81	813	37	751	16	805	371	843	8.8	965	371	839
聊城大学东昌学院	48	926	15	959	5	968	89	1 000	21.5	793	53.55	1 027
青岛理工大学琴岛学院	26	1 019	17	927	4	998	60	1 034	13.5	889	60	1 019
山东师范大学历山学院	30	995	9	1 020	20	752	49	1 046	19.2	812	49	1 032
中国石油大学胜利学院	159	619	59	575	27	674	59	1 039	8.7	967	41.59	1 041
河北科技学院	24	1 029	12	988	9	901	2	1 122	4.5	1 054	0	1 108
河北外国语学院	79	818	54	620	20	752	112	975	62.1	461	102	970
河北大学工商学院	32	980	16	941	20	752	1 529	616	11.7	916	1 518	605
华北理工大学轻工学院	20	1 046	9	1 020	5	968	12	1 105	10.2	938	46	1 034
河北科技大学理工学院	10	1 099	3	1 104	4	998	0	1 124	1.5	1 128	0	1 108
河北师范大学汇华学院	57	887	21	881	18	777	67	1 027	15.8	855	80.5	993
河北经贸大学经济管理学院	10	1 099	2	1 122	1	1 056	0	1 124	4.5	1 054	100	972
河北医科大学临床学院	2	1 144	1	1 138	0	1 079	0	1 124	0.4	1 146	0	1 108
华北电力大学科技学院	12	1 089	0	1 146	4	998	0	1 124	3	1 093	0	1 108
江西服装学院	95	777	61	569	15	821	784.5	735	9.5	952	353	843
南昌工学院	118	718	52	627	10	885	450.5	819	19.3	811	436.5	806
南昌大学共青学院	12	1 089	6	1 066	2	1 037	26	1 078	2.4	1 105	34	1 055
华东交通大学理工学院	35	965	19	904	2	1 037	133	959	4.9	1 042	0	1 108
东华理工大学长江学院	15	1 070	11	999	0	1 079	21	1 086	2.5	1 103	21	1 072
江西理工大学应用科学学院	25	1 022	7	1 056	0	1 079	70	1 024	12	910	0	1 108
景德镇陶瓷大学科技艺术学院	31	991	10	1 008	0	1 079	10	1 106	0	1 154	0	1 108
江西农业大学南昌商学院	38	954	16	941	12	858	97	990	8.3	972	97	976
江西中医药大学科技学院	8	1 112	5	1 077	1	1 056	20.2	1 087	0.5	1 145	20.2	1 074
江西师范大学科学技术学院	32	980	15	959	8	918	134	958	3.2	1 086	134	948
赣南师范大学科技学院	34	969	24	852	8	918	162.5	936	7.5	989	0	1 108
江西科技师范大学理工学院	13	1 082	8	1 038	0	1 079	78	1 018	3.4	1 079	67	1 010
江西财经大学现代经济管理学院	0	1 156	0	1 146	0	1 079	0	1 124	0	1 154	0	1 108
阳光学院	79	818	26	835	9	901	386	837	31.3	695	346	847
厦门大学嘉庚学院	204	543	86	453	56	448	3 361.16	447	108.2	274	2 560.24	487

续表

				研究与发展成果										获奖成果数(项)			
其中:当年新开课题拨入经费(千元)		当年支出经费(千元)		著作(部)		学术论文(篇)				研究与咨询报告(篇)				合计		其中:国家级和部级	
						合计		其中:国外学术刊物发表数		提交有关部门数		其中:被采纳数					
21.9	1 051	69.4	975	0	1 022	24	1 049	0	640	0	538	0	375	0	291	0	50
110	948	266.2	821	14	508	174	543	0	640	0	538	0	375	0	291	0	50
371	801	408.5	762	3	872	42	960	0	640	1	468	0	375	0	291	0	50
31	1 032	37.15	1 031	8	668	51	927	0	640	0	538	0	375	0	291	0	50
60	993	53	996	17	446	97	779	0	640	0	538	0	375	0	291	0	50
49	1 009	11.45	1 086	0	1 022	14	1 093	1	534	19	183	19	98	0	291	0	50
31.21	1 031	41.59	1 020	5	774	168	559	0	640	7	307	3	243	0	291	0	50
0	1 095	0	1 117	8	668	55	916	4	368	0	538	0	375	0	291	0	50
102	955	102	941	0	1 022	161	576	0	640	0	538	0	375	0	291	0	50
1 518	567	1 366.5	572	1	969	19	1 076	0	640	0	538	0	375	0	291	0	50
0	1 095	46	1 012	3	872	25	1 045	2	465	0	538	0	375	0	291	0	50
0	1 095	0	1 117	0	1 022	22	1 056	0	640	0	538	0	375	0	291	0	50
58	1 001	64.09	981	1	969	17	1 081	0	640	0	538	0	375	0	291	0	50
0	1 095	54.5	994	0	1 022	2	1 159	0	640	1	468	1	312	0	291	0	50
0	1 095	0	1 117	0	1 022	1	1 161	0	640	0	538	0	375	0	291	0	50
0	1 095	153	893	4	823	9	1 115	4	368	0	538	0	375	0	291	0	50
348	813	410.73	760	6	735	169	558	0	640	0	538	0	375	1	218	0	50
428.5	780	111.1	932	1	969	254	356	4	368	2	433	1	312	0	291	0	50
26	1 042	15.55	1 071	0	1 022	7	1 127	0	640	0	538	0	375	0	291	0	50
0	1 095	8.3	1 097	1	969	15	1 091	0	640	0	538	0	375	0	291	0	50
21	1 052	22.7	1 058	1	969	11	1 106	0	640	0	538	0	375	0	291	0	50
0	1 095	0	1 117	5	774	41	963	0	640	0	538	0	375	0	291	0	50
0	1 095	0	1 117	1	969	63	881	10	232	0	538	0	375	0	291	0	50
97	961	104.95	939	5	774	36	986	0	640	0	538	0	375	0	291	0	50
20.2	1 053	20.2	1 060	0	1 022	5	1 136	0	640	0	538	0	375	0	291	0	50
134	928	45	1 014	1	969	40	967	1	534	0	538	0	375	0	291	0	50
0	1 095	0	1 117	3	872	97	779	3	413	0	538	0	375	0	291	0	50
40	1 017	59	987	0	1 022	0	1 167	0	640	0	538	0	375	0	291	0	50
0	1 095	0	1 117	0	1 022	6	1 132	1	534	0	538	0	375	0	291	0	50
336	821	431.72	755	0	1 022	74	840	8	263	0	538	0	375	0	291	0	50
2 241.24	481	1 463.59	556	6	735	281	319	25	120	3	402	3	243	0	291	0	50

学校名称	研究与发展课题											
	课题总数（项）		当年新开课题数（项）		当年完成课题数（项）		当年新开课题批准经费（千元）		当年投入人数（人年）		当年拨入经费（千元）	
福州大学至诚学院	71	846	17	927	11	874	56.5	1 040	21.9	787	61.5	1 017
集美大学诚毅学院	136	666	50	640	13	853	452	817	13.8	884	427.08	812
福建师范大学协和学院	124	698	32	791	27	674	535	793	16.3	849	430.5	810
郑州财经学院	254	473	127	309	114	227	80	1 008	98	309	16	1 087
黄河交通学院	128	685	80	481	39	568	0	1 124	8	984	0	1 108
商丘工学院	21	1 041	12	988	9	901	50	1 043	4.9	1 042	58	1 024
河南大学民生学院	4	1 134	4	1 088	0	1 079	0	1 124	1.1	1 136	0	1 108
河南师范大学新联学院	86	801	47	666	25	699	120	968	14.4	875	114	964
信阳学院	90	790	43	698	47	504	293	873	12.4	906	293	870
安阳学院	39	951	13	978	15	821	80	1 008	10.5	931	20	1 075
新乡医学院三全学院	27	1 013	9	1 020	18	777	83	1 004	9.9	944	83	988
河南科技学院新科学院	26	1 019	21	881	5	968	164	933	17.4	832	170.5	921
郑州工商学院	28	1 005	13	978	14	837	100	984	2.5	1 103	120	957
中原工学院信息商务学院	49	918	24	852	15	821	80	1 008	4.9	1 042	20	1 075
西北师范大学知行学院	75	833	43	698	20	752	165	932	10.2	938	156	931
兰州财经大学陇桥学院	43	937	25	843	11	874	379	839	6.1	1 020	369	840
兰州财经大学长青学院	20	1 046	10	1 008	0	1 079	175	924	4.5	1 054	175	917
兰州交通大学博文学院	23	1 031	13	978	10	885	103.5	981	6.9	1 001	138.6	946
兰州理工大学技术工程学院	1	1 150	1	1 138	0	1 079	20	1 088	0.4	1 146	20	1 075
广西警察学院	140	654	23	859	1	1 056	410	827	21	795	275	875
北海艺术设计学院	23	1 031	6	1 066	3	1 020	120	968	20	804	227	899
山西大学商务学院	166	610	123	323	4	998	1 813.32	580	34.6	671	1 797.32	575
山西农业大学信息学院	23	1 031	16	941	0	1 079	22	1 085	8.1	980	22	1 071
山西师范大学现代文理学院	49	918	14	968	3	1 020	220	905	3.5	1 076	305	866
重庆人文科技学院	29	1 000	10	1 008	5	968	190	915	4.9	1 042	141.2	940
新疆大学科学技术学院	13	1 082	5	1 077	8	918	60	1 034	1.4	1 129	45	1 036
新疆农业大学科学技术学院	6	1 120	0	1 146	1	1 056	0	1 124	2.4	1 105	20.5	1 073
无锡太湖学院	164	614	79	490	27	674	1 698	592	49.3	547	1 678	590
金陵科技学院	238	491	101	376	99	273	5 721.14	347	36	653	7 079.95	297
河北工程大学科信学院	14	1 077	3	1 104	4	998	30	1 068	4.6	1 051	31	1 060
中国矿业大学徐海学院	17	1 062	10	1 008	0	1 079	0	1 124	2.9	1 095	0	1 108
河北工业大学城市学院	1	1 150	0	1 146	0	1 079	0	1 124	0.4	1 146	0	1 108
四川外国语大学重庆南方翻译学院	64	868	28	819	18	777	149	946	12.8	902	149	937
重庆师范大学涉外商贸学院	55	896	23	859	14	837	162	937	13.9	882	162	927
重庆工商大学融智学院	123	701	62	563	48	494	2 363	526	44	585	2 378.9	505

续表

其中:当年新开课题拨入经费(千元)		当年支出经费(千元)		研究与发展成果										获奖成果数(项)			
				著作(部)		学术论文(篇)				研究与咨询报告(篇)				合计		其中:国家级和部级	
						合计		其中:国外学术刊物发表数		提交有关部门数		其中:被采纳数					
53	1 006	81.57	961	0	1 022	64	873	1	534	0	538	0	375	0	291	0	50
366.5	805	133.65	913	4	823	101	765	0	640	1	468	0	375	0	291	0	50
419	786	123.17	924	2	924	71	849	0	640	0	538	0	375	0	291	0	50
0	1 095	0	1 117	5	774	306	289	2	465	0	538	0	375	0	291	0	50
0	1 095	0	1 117	0	1 022	35	990	0	640	5	342	0	375	0	291	0	50
50	1 008	27.7	1 050	0	1 022	38	977	0	640	0	538	0	375	0	291	0	50
0	1 095	0	1 117	2	924	3	1 150	0	640	0	538	0	375	0	291	0	50
114	945	91.58	951	7	699	35	990	1	534	0	538	0	375	0	291	0	50
293	844	247	835	6	735	138	645	6	304	0	538	0	375	0	291	0	50
0	1 095	47.81	1 009	2	924	21	1 062	2	465	0	538	0	375	0	291	0	50
83	974	59	987	3	872	82	814	0	640	0	538	0	375	0	291	0	50
164	903	170.5	877	5	774	46	941	0	640	3	402	0	375	0	291	0	50
100	957	143	907	0	1 022	14	1 093	0	640	1	468	0	375	0	291	0	50
0	1 095	20	1 062	2	924	61	890	0	640	0	538	0	375	0	291	0	50
156	909	85	958	0	1 022	34	996	0	640	0	538	0	375	0	291	0	50
369	803	188	869	5	774	34	996	1	534	0	538	0	375	0	291	0	50
175	896	131.3	915	1	969	76	834	0	640	0	538	0	375	0	291	0	50
103.5	954	35.1	1 035	0	1 022	32	1 011	0	640	0	538	0	375	0	291	0	50
20	1 054	0	1 117	0	1 022	0	1 167	0	640	0	538	0	375	0	291	0	50
275	854	244.4	836	2	924	59	900	0	640	1	468	0	375	0	291	0	50
36	1 025	311.3	796	0	1 022	28	1 026	0	640	0	538	0	375	0	291	0	50
1 797.32	532	1 591.32	543	40	191	449	172	7	279	0	538	0	375	0	291	0	50
22	1 050	8	1 099	12	562	165	569	0	640	0	538	0	375	0	291	0	50
0	1 095	305	799	0	1 022	12	1 103	1	534	0	538	0	375	0	291	0	50
130	929	45.6	1 013	0	1 022	11	1 106	0	640	0	538	0	375	0	291	0	50
45	1 013	24.5	1 054	0	1 022	3	1 150	0	640	0	538	0	375	0	291	0	50
0	1 095	33.4	1 040	0	1 022	11	1 106	0	640	0	538	0	375	0	291	0	50
1 678	545	749.7	683	10	617	249	369	0	640	0	538	0	375	0	291	0	50
5 308.15	318	6 671.56	263	8	668	117	721	2	465	47	86	2	272	0	291	0	50
30	1 033	9.5	1 094	0	1 022	5	1 136	0	640	0	538	0	375	0	291	0	50
0	1 095	2.74	1 111	3	872	25	1 045	0	640	0	538	0	375	0	291	0	50
0	1 095	0	1 117	0	1 022	1	1 161	0	640	0	538	0	375	0	291	0	50
149	917	91.9	950	13	537	165	569	7	279	0	538	0	375	0	291	0	50
162	906	97.7	945	15	486	167	565	2	465	0	538	0	375	0	291	0	50
2 363	472	2 122.3	490	17	446	181	518	6	304	23	157	23	74	0	291	0	50

学校名称	研究与发展课题											
	课题总数（项）		当年新开课题数（项）		当年完成课题数（项）		当年新开课题批准经费（千元）		当年投入人数（人年）		当年拨入经费（千元）	
重庆工商大学派斯学院	6	1 120	3	1 104	1	1 056	40	1 054	2.4	1 105	40	1 042
燕山大学里仁学院	49	918	10	1 008	14	837	0	1 124	21.1	794	0	1 108
石家庄铁道大学四方学院	17	1 062	9	1 020	6	943	5	1 119	1.8	1 116	0	1 108
河北地质大学华信学院	16	1 065	16	941	0	1 079	6	1 117	10.4	934	6	1 103
河北农业大学现代科技学院	20	1 046	11	999	6	943	18	1 097	9.4	956	18	1 085
华北理工大学冀唐学院	7	1 116	5	1 077	1	1 056	15	1 103	3.6	1 074	15	1 090
大连艺术学院	131	677	67	544	31	649	3 514	437	48.3	556	5 492.5	338
长春光华学院	51	910	40	724	5	968	5 152	365	16.7	838	120	957
长春工业大学人文信息学院	5	1 132	1	1 138	1	1 056	10	1 106	11.5	918	20	1 075
长春理工大学光电信息学院	30	995	4	1 088	0	1 079	0	1 124	0.6	1 143	0	1 108
长春财经学院	42	941	21	881	2	1 037	433.8	822	37.3	640	381.8	835
吉林建筑大学城建学院	67	858	22	872	15	821	182	919	36.3	649	186	911
长春建筑学院	49	918	43	698	6	943	3 740	425	11.7	916	3 740	419
长春科技学院	14	1 077	8	1 038	4	998	79	1 016	9.8	947	57	1 025
吉林动画学院	82	809	12	988	50	484	1 749.5	585	20.8	796	1 165.3	655
辽宁中医药大学杏林学院	0	1 156	0	1 146	0	1 079	0	1 124	0	1 154	0	1 108
辽宁何氏医学院	11	1 095	10	1 008	1	1 056	0	1 124	6.5	1 010	0	1 108
安徽财经大学商学院	25	1 022	6	1 066	0	1 079	120	968	8.4	970	120	957
安徽大学江淮学院	18	1 057	7	1 056	4	998	18	1 097	4.8	1 047	14	1 092
安徽信息工程学院	18	1 057	8	1 038	0	1 079	290	876	9.5	952	290	873
安徽工业大学工商学院	21	1 041	3	1 104	11	874	60	1 034	9.2	960	30	1 062
安徽建筑大学城市建设学院	6	1 120	3	1 104	0	1 079	60	1 034	1.6	1 122	60	1 019
安徽农业大学经济技术学院	6	1 120	3	1 104	0	1 079	0	1 124	3.4	1 079	0	1 108
安徽师范大学皖江学院	20	1 046	7	1 056	4	998	140	953	1.8	1 116	90	981
阜阳师范学院信息工程学院	78	824	17	927	4	998	375	840	14.8	869	0	1 108
淮北师范大学信息学院	23	1 031	9	1 020	3	1 020	210	909	7.9	985	0	1 108
沈阳科技学院	0	1 156	0	1 146	0	1 079	0	1 124	0	1 154	0	1 108
吉林师范大学博达学院	56	892	17	927	35	607	20	1 088	16.5	844	20	1 075
长春大学旅游学院	9	1 105	4	1 088	5	968	28	1 075	5.2	1 036	24	1 070
山东科技大学泰山科技学院	0	1 156	0	1 146	0	1 079	0	1 124	0	1 154	0	1 108

续表

其中:当年新开课题拨入经费(千元)		当年支出经费(千元)		著作(部)		研究与发展成果 学术论文(篇) 合计		其中:国外学术刊物发表数		研究与咨询报告(篇) 提交有关部门数		其中:被采纳数		获奖成果数(项) 合计		其中:国家级和部级	
40	1 017	24.4	1 055	0	1 022	12	1 103	0	640	0	538	0	375	0	291	0	50
0	1 095	28.95	1 048	0	1 022	40	967	0	640	0	538	0	375	0	291	0	50
0	1 095	5.1	1 107	0	1 022	4	1 146	0	640	2	433	2	272	0	291	0	50
6	1 089	6	1 105	2	924	3	1 150	0	640	0	538	0	375	0	291	0	50
18	1 063	0.3	1 116	0	1 022	10	1 112	1	534	0	538	0	375	0	291	0	50
15	1 067	9	1 096	0	1 022	31	1 016	0	640	0	538	0	375	0	291	0	50
3 514	393	1 382.7	568	23	348	179	523	1	534	0	538	0	375	0	291	0	50
120	937	120	926	2	924	192	484	1	534	0	538	0	375	0	291	0	50
10	1 076	12.68	1 085	0	1 022	65	871	0	640	0	538	0	375	0	291	0	50
0	1 095	0	1 117	0	1 022	13	1 097	0	640	0	538	0	375	0	291	0	50
376.8	798	204.66	858	7	699	131	663	2	465	0	538	0	375	0	291	0	50
172	899	199.7	864	1	969	118	713	1	534	0	538	0	375	0	291	0	50
3 740	382	200	863	0	1 022	98	777	0	640	0	538	0	375	2	177	0	50
57	1 002	40	1 022	22	364	182	513	4	368	0	538	0	375	0	291	0	50
984.5	649	501.34	736	9	640	111	732	0	640	50	80	0	375	0	291	0	50
0	1 095	0	1 117	3	872	5	1 136	0	640	0	538	0	375	0	291	0	50
0	1 095	8.1	1 098	1	969	26	1 039	1	534	0	538	0	375	0	291	0	50
120	937	86.8	956	0	1 022	23	1 052	1	534	0	538	0	375	0	291	0	50
9	1 085	15.8	1 070	0	1 022	20	1 070	0	640	0	538	0	375	0	291	0	50
290	849	145	902	7	699	66	867	0	640	0	538	0	375	0	291	0	50
30	1 033	50.52	1 005	0	1 022	24	1 049	0	640	0	538	0	375	0	291	0	50
60	993	60	985	0	1 022	11	1 106	0	640	0	538	0	375	0	291	0	50
0	1 095	0	1 117	0	1 022	1	1 161	0	640	0	538	0	375	0	291	0	50
20	1 054	67.2	978	0	1 022	10	1 112	0	640	0	538	0	375	0	291	0	50
0	1 095	0	1 117	2	924	37	983	0	640	0	538	0	375	0	291	0	50
0	1 095	181.65	871	1	969	33	1 005	0	640	0	538	0	375	0	291	0	50
0	1 095	0	1 117	0	1 022	0	1 167	0	640	0	538	0	375	0	291	0	50
20	1 054	10	1 089	0	1 022	79	823	0	640	0	538	0	375	0	291	0	50
24	1 046	13	1 084	4	823	29	1 022	1	534	0	538	0	375	0	291	0	50
0	1 095	0	1 117	0	1 022	0	1 167	0	640	0	538	0	375	0	291	0	50

学校名称	研究与发展课题											
	课题总数（项）		当年新开课题数（项）		当年完成课题数（项）		当年新开课题批准经费（千元）		当年投入人数（人年）		当年拨入经费（千元）	
重庆邮电大学移通学院	15	1 070	7	1 056	6	943	72	1 021	3.1	1 087	72	1 002
首都师范大学科德学院	3	1 138	1	1 138	0	1 079	50	1 043	1.2	1 134	35	1 052
北京工商大学嘉华学院	5	1 132	5	1 077	0	1 079	800	734	10.6	930	800	720
大连东软信息学院	22	1 038	5	1 077	0	1 079	115	973	6	1 022	65	1 014
上海视觉艺术学院	73	841	56	603	5	968	4 166	402	24.4	754	3 886	410
武汉学院	1	1 150	0	1 146	0	1 079	0	1 124	1.2	1 134	0	1 108
上海外国语大学贤达经济人文学院	139	659	37	751	66	396	1 421	628	48.9	551	2 322	513
温州商学院	75	833	46	670	10	885	1 137	680	16.4	846	1 040	671
广西大学行健文理学院	54	901	17	927	12	858	170	927	34.7	669	164.7	925
广西科技大学鹿山学院	71	846	41	720	16	805	288	878	26.8	728	329	854
广西民族大学相思湖学院	87	799	36	757	35	607	495	803	20.8	796	490	790
广西师范大学漓江学院	109	735	30	804	10	885	353	852	44.3	584	319	861
广西师范学院师园学院	20	1 046	2	1 122	5	968	20	1 088	2.7	1 102	56	1 026
广西中医药大学赛恩斯新医药学院	8	1 112	1	1 138	0	1 079	10	1 106	4.6	1 051	10	1 096
桂林电子科技大学信息科技学院	13	1 082	7	1 056	3	1 020	206	910	5.9	1 025	234	896
桂林理工大学博文管理学院	128	685	56	603	20	752	348	855	61.1	471	351	845
南京大学金陵学院	45	933	16	941	12	858	75	1 020	19	815	59	1 023
南京理工大学紫金学院	31	991	16	941	10	885	144	950	5.1	1 039	44	1 038
南京航空航天大学金城学院	51	910	23	859	16	805	149	946	11.4	920	267	881
广东工业大学华立学院	65	864	38	744	2	1 037	1 220	665	7.3	994	1 170	654
广州大学松田学院	37	958	6	1 066	1	1 056	30	1 068	3.7	1 072	183.5	913
天津外国语大学滨海外事学院	15	1 070	1	1 138	0	1 079	30	1 068	14.1	879	43.1	1 040
天津体育学院运动与文化艺术学院	34	969	20	893	17	789	34	1 066	10.3	937	38.2	1 050
天津商业大学宝德学院	38	954	5	1 077	19	769	10	1 106	16.9	836	69	1 006
天津医科大学临床医学院	0	1 156	0	1 146	0	1 079	0	1 124	0	1 154	0	1 108
东北师范大学人文学院	62	873	25	843	19	769	180	920	57.3	501	90	981
南开大学滨海学院	7	1 116	3	1 104	0	1 079	46	1 049	1.8	1 116	35.5	1 051
武汉工程科技学院	27	1 013	5	1 077	10	885	0	1 124	19.9	806	0	1 108
武汉华夏理工学院	73	841	35	765	20	752	392	831	12.6	905	400	825
广州商学院	140	654	49	643	14	837	717	750	33.9	678	676.5	748
成都理工大学工程技术学院	55	896	23	859	23	723	122.96	966	9.9	944	122.96	955
四川传媒学院	49	918	27	826	3	1 020	288	878	12	910	388.55	831

续表

其中:当年新开课题拨入经费(千元)		当年支出经费(千元)		研究与发展成果										获奖成果数(项)			
				著作(部)		学术论文(篇)				研究与咨询报告(篇)				合计		其中:国家级和部级	
						合计		其中:国外学术刊物发表数		提交有关部门数		其中:被采纳数					
72	983	32.3	1 042	16	463	35	990	0	640	0	538	0	375	0	291	0	50
35	1 026	37.72	1 028	2	924	31	1 016	0	640	0	538	0	375	0	291	0	50
800	691	0	1 117	4	823	21	1 062	2	465	0	538	0	375	0	291	0	50
65	988	52.5	998	0	1 022	129	668	1	534	0	538	0	375	0	291	0	50
3 886	376	2 909.72	422	6	735	27	1 033	0	640	0	538	0	375	0	291	0	50
0	1 095	32	1 043	5	774	20	1 070	1	534	0	538	0	375	0	291	0	50
1 391	585	861.49	659	8	668	73	842	1	534	0	538	0	375	0	291	0	50
1 017	644	1 100	619	4	823	104	757	12	212	0	538	0	375	0	291	0	50
160	907	65.76	980	1	969	69	856	0	640	0	538	0	375	0	291	0	50
284	851	147.87	901	10	617	135	651	0	640	0	538	0	375	0	291	0	50
490	758	364	773	0	1 022	111	732	0	640	0	538	0	375	0	291	0	50
303	839	262.64	823	6	735	124	686	0	640	0	538	0	375	0	291	0	50
10	1 076	57.18	990	0	1 022	22	1 056	0	640	0	538	0	375	0	291	0	50
10	1 076	14.65	1 076	0	1 022	6	1 132	0	640	0	538	0	375	0	291	0	50
204	884	105.2	938	7	699	31	1 016	5	336	0	538	0	375	0	291	0	50
348	813	114.4	929	1	969	90	798	0	640	0	538	0	375	0	291	0	50
59	1 000	10.1	1 088	10	617	64	873	0	640	0	538	0	375	0	291	0	50
44	1 015	20	1 062	0	1 022	102	764	0	640	0	538	0	375	0	291	0	50
149	917	168.73	879	1	969	61	890	4	368	0	538	0	375	0	291	0	50
1 170	618	129.9	916	4	823	44	951	0	640	0	538	0	375	0	291	0	50
30	1 033	67.5	977	5	774	77	830	0	640	0	538	0	375	0	291	0	50
30	1 033	29.3	1 046	0	1 022	16	1 089	0	640	0	538	0	375	0	291	0	50
10.2	1 075	38.2	1 026	0	1 022	28	1 026	0	640	9	265	0	375	0	291	0	50
10	1 076	62.65	982	6	735	33	1 005	0	640	0	538	0	375	0	291	0	50
0	1 095	0	1 117	0	1 022	9	1 115	0	640	0	538	0	375	0	291	0	50
90	967	179.81	873	12	562	108	742	1	534	4	371	0	375	0	291	0	50
28	1 040	123.69	922	4	823	46	941	0	640	0	538	0	375	0	291	0	50
0	1 095	7	1 103	20	401	64	873	2	465	0	538	0	375	0	291	0	50
368	804	297.32	805	21	387	77	830	1	534	0	538	0	375	0	291	0	50
587	729	161.4	887	0	1 022	122	696	3	413	0	538	0	375	0	291	0	50
122.96	935	80.6	964	4	823	122	696	0	640	0	538	0	375	0	291	0	50
288	850	168.61	880	2	924	52	921	0	640	0	538	0	375	0	291	0	50

学校名称	研究与发展课题											
	课题总数（项）		当年新开课题数（项）		当年完成课题数（项）		当年新开课题批准经费（千元）		当年投入人数（人年）		当年拨入经费（千元）	
成都信息工程大学银杏酒店管理学院	110	733	23	859	27	674	63.3	1 031	20.4	798	0	1 108
成都文理学院	139	659	51	633	37	585	128	961	59.8	484	132.9	949
四川工商学院	123	701	55	614	39	568	358.93	848	41.9	606	324.38	857
四川外国语大学成都学院	91	787	36	757	12	858	17.4	1 101	22	783	13.96	1 094
北京理工大学珠海学院	133	675	49	643	23	723	1 697.88	593	42.7	600	2 316.08	515
西安交通大学城市学院	49	918	15	959	13	853	115.5	972	4.9	1 042	105.5	968
西北大学现代学院	39	951	6	1 066	10	885	108	978	7	998	135	947
西安建筑科技大学华清学院	12	1 089	3	1 104	1	1 056	30	1 068	6	1 022	15	1 090
西安财经学院行知学院	57	887	25	843	27	674	52	1 042	6.9	1 001	80.5	993
陕西科技大学镐京学院	0	1 156	0	1 146	0	1 079	0	1 124	0	1 154	0	1 108
西安工业大学北方信息工程学院	50	916	21	881	6	943	18	1 097	10.2	938	34	1 055
延安大学西安创新学院	32	980	12	988	3	1 020	140	953	8.7	967	140	941
吉林大学珠海学院	189	567	113	341	86	314	4 686.5	386	38.4	631	4 758.41	369
武汉传媒学院	38	954	21	881	21	744	375	840	4.8	1 047	326	855
中国传媒大学南广学院	90	790	25	843	27	674	415	825	15.8	855	352.2	844
山西工商学院	112	730	45	677	59	433	311	864	48.2	559	311	864
成都医学院	166	610	70	526	38	578	1 261	659	52.1	535	1 107.2	659
吉林医药学院	34	969	11	999	16	805	246.5	895	6.5	1 010	181.5	915
广州工商学院	200	550	46	670	5	968	1 262	658	90.6	340	734.88	731
广东科技学院	13	1 082	7	1 056	2	1 037	67	1 027	3.9	1 066	67	1 010
广东理工学院	51	910	40	724	12	858	424	823	5.2	1 036	424	813
黑河学院	125	692	48	657	20	752	6 712.5	315	60.7	476	6 713.5	304
福州外语外贸学院	386	315	196	162	74	363	2 238.68	544	66.5	429	2 242.82	527
福建江夏学院	412	289	107	356	55	452	1 862	578	123.1	238	1 786.08	577
泉州信息工程学院	52	904	22	872	4	998	226	904	25.6	739	231	898
福州理工学院	31	991	14	968	8	918	149.5	945	4.5	1 054	153	932
豫章师范学院	68	855	30	804	8	918	598.5	775	9.5	952	216	900
长沙师范学院	366	341	90	430	59	433	1 571	610	37	643	1 007	679
湖南应用技术学院	27	1 013	8	1 038	5	968	50	1 043	11.4	920	39.5	1 048
琼台师范学院	66	862	31	798	24	713	270	886	6.4	1 014	270	878
四川工业科技学院	61	877	35	765	17	789	103	982	21.6	790	75	1 000
银川能源学院	37	958	3	1 104	17	789	20	1 088	7.4	990	20	1 075
广西外国语学院	81	813	29	809	15	821	280	882	52.7	530	494	789
湖南信息学院	29	1 000	21	881	2	1 037	200.05	911	7.6	987	200.05	906

续表

其中：当年新开课题拨入经费（千元）		当年支出经费（千元）		研究与发展成果：著作（部）		学术论文（篇）：合计		学术论文（篇）：其中：国外学术刊物发表数		研究与咨询报告（篇）：提交有关部门数		研究与咨询报告（篇）：其中：被采纳数		获奖成果数（项）：合计		获奖成果数（项）：其中：国家级和部级	
0	1 095	4	1 109	5	774	126	677	0	640	0	538	0	375	0	291	0	50
53.5	1 005	86.65	957	14	508	133	658	0	640	0	538	0	375	1	218	0	50
320.38	830	249.04	833	8	668	122	696	0	640	0	538	0	375	0	291	0	50
13.96	1 072	38.4	1 025	4	823	131	663	0	640	0	538	0	375	0	291	0	50
1 231.29	607	1 253.97	592	7	699	150	603	0	640	0	538	0	375	0	291	0	50
105.5	952	105.5	937	0	1 022	20	1 070	0	640	0	538	0	375	0	291	0	50
60	993	213	850	0	1 022	91	793	0	640	0	538	0	375	0	291	0	50
15	1 067	29.1	1 047	0	1 022	19	1 076	0	640	0	538	0	375	0	291	0	50
14.5	1 070	80.5	965	1	969	80	819	0	640	0	538	0	375	0	291	0	50
0	1 095	0	1 117	0	1 022	5	1 136	0	640	0	538	0	375	0	291	0	50
9	1 085	34	1 037	0	1 022	33	1 005	0	640	0	538	0	375	0	291	0	50
140	923	21.8	1 059	0	1 022	40	967	3	413	1	468	1	312	0	291	0	50
4 338.41	356	5 283.49	307	12	562	309	284	26	115	23	157	23	74	2	177	0	50
326	827	326	791	10	617	8	1 122	0	640	0	538	0	375	0	291	0	50
317.4	831	159.65	889	6	735	96	785	2	465	0	538	0	375	0	291	0	50
311	836	259.1	828	4	823	256	351	0	640	1	468	1	312	0	291	0	50
1 051.4	641	782.01	673	2	924	64	873	1	534	0	538	0	375	0	291	0	50
176.5	895	111.56	931	0	1 022	6	1 132	0	640	0	538	0	375	1	218	0	50
681.58	716	559.99	729	19	415	881	40	0	640	0	538	0	375	0	291	0	50
64	990	80.66	963	1	969	416	194	0	640	0	538	0	375	0	291	0	50
424	782	321	794	3	872	293	301	2	465	0	538	0	375	0	291	0	50
6 682.5	266	2 558.86	448	42	174	367	227	1	534	0	538	0	375	0	291	0	50
2 234.68	484	2 002.47	501	11	591	393	209	27	113	10	252	4	219	0	291	0	50
1 605.08	556	1 193.14	603	13	537	196	469	4	368	30	131	30	60	0	291	0	50
226	876	231.4	842	2	924	29	1 022	0	640	0	538	0	375	0	291	0	50
148	919	95.06	948	4	823	22	1 056	0	640	0	538	0	375	0	291	0	50
210	883	278.9	815	2	924	115	723	0	640	0	538	0	375	0	291	0	50
998	645	298.35	804	41	180	285	312	0	640	0	538	0	375	0	291	0	50
15	1 067	37.45	1 030	1	969	46	941	0	640	0	538	0	375	0	291	0	50
270	858	291	807	23	348	202	456	2	465	0	538	0	375	0	291	0	50
71.2	985	74.8	971	1	969	72	845	0	640	0	538	0	375	0	291	0	50
20	1 054	68.9	976	0	1 022	21	1 062	0	640	0	538	0	375	0	291	0	50
280	853	164.2	883	0	1 022	241	384	0	640	0	538	0	375	0	291	0	50
200.05	886	41.8	1 019	14	508	305	290	3	413	0	538	0	375	0	291	0	50

学校名称	研究与发展课题											
	课题总数（项）		当年新开课题数（项）		当年完成课题数（项）		当年新开课题批准经费（千元）		当年投入人数（人年）		当年拨入经费（千元）	
南京理工大学泰州科技学院	45	933	22	872	23	723	238	900	22.1	780	238	893
南京师范大学泰州学院	46	930	18	915	10	885	615.5	770	8.2	977	605.5	758
东莞理工学院城市学院	112	730	57	599	35	607	865.4	724	26.8	728	851.39	708
山东华宇工学院	21	1 041	9	1 020	6	943	24	1 081	14.6	872	10	1 096
中国地质大学长城学院	42	941	20	893	23	723	0	1 124	12.8	902	0	1 108
三亚学院	163	615	49	643	29	662	2 679.5	495	113.2	261	2 661	482
上海师范大学天华学院	25	1 022	8	1 038	3	1 020	240	899	5.8	1 026	1 132	656
西北工业大学明德学院	6	1 120	3	1 104	3	1 020	0	1 124	1.6	1 122	0	1 108
燕京理工学院	69	853	19	904	29	662	79	1 016	15.9	853	16	1 087
天津师范大学津沽学院	52	904	28	819	10	885	48	1 047	6.4	1 014	49.5	1 031
天津理工大学中环信息学院	10	1 099	4	1 088	5	968	29	1 074	4.6	1 051	32.42	1 057
北京科技大学天津学院	0	1 156	0	1 146	0	1 079	0	1 124	0	1 154	0	1 108
北京中医药大学东方学院	1	1 150	0	1 146	1	1 056	0	1 124	2.1	1 112	0	1 108
辽宁财贸学院	32	980	12	988	13	853	1 640	600	11.8	914	1 680	589
北京邮电大学世纪学院	3	1 138	0	1 146	2	1 037	0	1 124	0.3	1 149	30.8	1 061
中山大学新华学院	71	846	47	666	1	1 056	4 073	407	52.5	532	1 798.89	574
四川大学锦城学院	53	902	23	859	6	943	99	988	4.5	1 054	99	974
北京工业大学耿丹学院	0	1 156	0	1 146	0	1 079	0	1 124	0	1 154	0	1 108
南京工业大学浦江学院	50	916	36	757	11	874	258	890	6.5	1 010	258	887
南京师范大学中北学院	2	1 144	2	1 122	0	1 079	28	1 075	0.2	1 153	28	1 065
云南工商学院	78	824	23	859	2	1 037	570	782	29.2	710	560	768
湖南交通工程学院	57	887	21	881	1	1 056	138	957	14.8	869	128	952
辽宁传媒学院	40	948	31	798	0	1 079	0	1 124	16.6	840	0	1 108
南京医科大学康达学院	22	1 038	16	941	2	1 037	91	997	4.1	1 065	91	980
南京中医药大学翰林学院	27	1 013	20	893	6	943	317.38	860	6.1	1 020	317.38	862
南京信息工程大学滨江学院	65	864	32	791	19	769	575	779	17.7	829	506	786
苏州大学文正学院	33	975	10	1 008	22	733	100	984	3.3	1 083	0	1 108
苏州大学应用技术学院	33	975	18	915	17	789	542	790	3.3	1 083	487.5	792
苏州科技大学天平学院	28	1 005	18	915	2	1 037	96	992	2.8	1 098	96	977
江苏大学京江学院	0	1 156	0	1 146	0	1 079	0	1 124	0	1 154	0	1 108
扬州大学广陵学院	25	1 022	15	959	0	1 079	0	1 124	10.5	931	0	1 108
江苏师范大学科文学院	28	1 005	18	915	2	1 037	180	920	2.8	1 098	240	891
南京邮电大学通达学院	0	1 156	0	1 146	0	1 079	0	1 124	0	1 154	0	1 108
南京财经大学红山学院	18	1 057	18	915	0	1 079	173	926	3.7	1 072	173	920

续表

其中：当年新开课题拨入经费（千元）		当年支出经费（千元）		研究与发展成果										获奖成果数（项）			
				著作（部）		学术论文（篇）				研究与咨询报告（篇）				合计		其中：国家级和部级	
						合计		其中：国外学术刊物发表数		提交有关部门数		其中：被采纳数					
238	872	214.56	848	1	969	41	963	0	640	2	433	0	375	0	291	0	50
605.5	725	204.59	859	6	735	126	677	2	465	4	371	4	219	0	291	0	50
811.39	689	243.88	837	1	969	150	603	0	640	20	179	0	375	0	291	0	50
10	1 076	9.9	1 093	0	1 022	33	1 005	0	640	4	371	4	219	0	291	0	50
0	1 095	0	1 117	8	668	75	837	0	640	0	538	0	375	0	291	0	50
2 384.5	469	2 447.5	461	21	387	839	47	3	413	0	538	0	375	4	129	0	50
142	921	701.56	697	2	924	41	963	1	534	0	538	0	375	0	291	0	50
0	1 095	0	1 117	0	1 022	68	861	0	640	0	538	0	375	0	291	0	50
9	1 085	16	1 069	2	924	110	737	2	465	0	538	0	375	0	291	0	50
43.5	1 016	18.87	1 066	2	924	54	918	0	640	0	538	0	375	0	291	0	50
20	1 054	14.81	1 075	2	924	17	1 081	1	534	0	538	0	375	0	291	0	50
0	1 095	0	1 117	3	872	39	974	0	640	0	538	0	375	0	291	0	50
0	1 095	0.5	1 115	0	1 022	5	1 136	0	640	0	538	0	375	0	291	0	50
1 500	570	1 660	535	4	823	75	837	0	640	0	538	0	375	0	291	0	50
0	1 095	27	1 052	2	924	15	1 091	0	640	0	538	0	375	0	291	0	50
1 727.89	539	521.17	732	15	486	206	447	0	640	0	538	0	375	0	291	0	50
99	959	99	943	4	823	101	765	0	640	0	538	0	375	0	291	0	50
0	1 095	0	1 117	0	1 022	4	1 146	0	640	0	538	0	375	0	291	0	50
258	866	89	953	3	872	27	1 033	0	640	0	538	0	375	0	291	0	50
28	1 040	10	1 089	0	1 022	1	1 161	0	640	0	538	0	375	0	291	0	50
560	737	740.49	687	0	1 022	107	748	1	534	0	538	0	375	0	291	0	50
128	931	96	947	5	774	5	1 136	4	368	0	538	0	375	0	291	0	50
0	1 095	37.1	1 032	0	1 022	56	912	0	640	0	538	0	375	0	291	0	50
91	966	52.5	998	0	1 022	8	1 122	0	640	0	538	0	375	0	291	0	50
317.38	832	75.9	970	0	1 022	18	1 079	0	640	0	538	0	375	0	291	0	50
273	855	200.09	861	3	872	27	1 033	1	534	2	433	0	375	0	291	0	50
0	1 095	51	1 003	2	924	26	1 039	0	640	0	538	0	375	0	291	0	50
448	777	487.11	738	1	969	57	910	0	640	5	342	0	375	0	291	0	50
96	962	31	1 044	0	1 022	17	1 081	0	640	0	538	0	375	0	291	0	50
0	1 095	0	1 117	0	1 022	0	1 167	0	640	0	538	0	375	0	291	0	50
0	1 095	60	985	3	872	17	1 081	0	640	0	538	0	375	0	291	0	50
180	894	36	1 034	0	1 022	31	1 016	0	640	0	538	0	375	0	291	0	50
0	1 095	0	1 117	0	1 022	11	1 106	0	640	0	538	0	375	0	291	0	50
173	898	0	1 117	0	1 022	20	1 070	0	640	1	468	0	375	0	291	0	50

学校名称	研究与发展课题											
	课题总数（项）		当年新开课题数（项）		当年完成课题数（项）		当年新开课题批准经费（千元）		当年投入人数（人年）		当年拨入经费（千元）	
江苏科技大学苏州理工学院	9	1 105	9	1 020	0	1 079	90	999	1.6	1 122	60	1 019
常州大学怀德学院	15	1 070	15	959	0	1 079	80	1 008	4.3	1 062	32	1 058
南通大学杏林学院	119	714	41	720	14	837	284	881	15.6	859	206.8	903
南京审计大学金审学院	22	1 038	17	927	0	1 079	166	931	9.3	958	168.5	922
青岛工学院	16	1 065	8	1 038	3	1 020	17	1 102	6.7	1 007	17	1 086
齐鲁理工学院	34	969	11	999	3	1 020	40	1 054	46.7	572	78	997
山东财经大学东方学院	79	818	36	757	26	687	96	992	32.3	688	0	1 108
济南大学泉城学院	35	965	16	941	8	918	40	1 054	8.1	980	8	1 102
商丘学院	119	714	85	459	27	674	170	927	22	783	0	1 108
北京警察学院	281	431	67	544	156	150	1 297	650	60.8	472	202	904
长安大学兴华学院	2	1 144	0	1 146	0	1 079	0	1 124	1.4	1 129	0	1 108
武汉设计工程学院	101	757	19	904	28	666	98	989	25.4	743	98	975
西南财经大学天府学院	159	619	101	376	19	769	278.9	884	27.3	726	265.7	882
天津大学仁爱学院	27	1 013	18	915	19	769	614.7	771	39.6	623	680.2	747
四川大学锦江学院	37	958	25	843	9	901	69	1 025	9.4	956	71.5	1 004
郑州成功财经学院	208	539	208	148	52	470	318.5	859	21.6	790	202	904
西安科技大学高新学院	10	1 099	10	1 008	0	1 079	10	1 106	3.1	1 087	10	1 096
四川文化艺术学院	71	846	19	904	29	662	56	1 041	8.9	964	61	1 018
西南科技大学城市学院	9	1 105	9	1 020	5	968	81	1 007	2.9	1 095	68	1 008
福建农林大学金山学院	79	818	29	809	5	968	486	806	13.2	895	382	834
天津财经大学珠江学院	21	1 041	15	959	5	968	215	908	11.8	914	162	927
滇西科技师范学院	103	755	25	843	5	968	1 393	635	31	696	1 300	630
合肥师范学院	234	500	68	535	111	237	985	699	35	662	899	698
湖北第二师范学院	60	881	19	904	32	642	528	794	5.8	1 026	473	798
山东政法学院	209	536	96	403	50	484	1 532	615	40.6	616	1 538	601
太原工业学院	33	975	13	978	6	943	158	939	4.3	1 062	158	930
宿迁学院	167	605	91	425	56	448	679	759	22.1	780	593.8	761
内蒙古大学创业学院	9	1 105	0	1 146	9	901	0	1 124	2.2	1 109	65	1 014
中国矿业大学银川学院	19	1 053	6	1 066	10	885	80	1 008	3.1	1 087	83.5	987
北京第二外国语学院中瑞酒店管理学院	32	980	16	941	31	649	72	1 021	17.7	829	27	1 066
北京交通大学海滨学院	15	1 070	2	1 122	0	1 079	0	1 124	3.9	1 066	0	1 108
河海大学文天学院	20	1 046	11	999	9	901	39	1 061	3.4	1 079	39	1 049
内蒙古师范大学鸿德学院	3	1 138	3	1 104	0	1 079	0	1 124	1.4	1 129	0	1 108
同济大学浙江学院	28	1 005	19	904	11	874	269	887	10.1	941	387	832
上海财经大学浙江学院	105	743	36	757	42	541	123	965	30.4	699	105.75	967
贵州师范学院	256	470	92	419	37	585	2 328.7	534	69.6	419	2 275.3	521

续表

其中：当年新开课题拨入经费（千元）		当年支出经费（千元）		研究与发展成果										获奖成果数（项）			
				著作（部）		学术论文（篇）				研究与咨询报告（篇）				合计		其中：国家级和部级	
						合计		其中：国外学术刊物发表数		提交有关部门数		其中：被采纳数					
60	993	16.5	1 068	0	1 022	16	1 089	2	465	0	538	0	375	0	291	0	50
32	1 029	13.4	1 083	0	1 022	3	1 150	0	640	0	538	0	375	0	291	0	50
154.4	910	97.1	946	1	969	38	977	3	413	0	538	0	375	0	291	0	50
166	901	74.8	971	2	924	31	1 016	0	640	0	538	0	375	0	291	0	50
17	1 066	0	1 117	5	774	27	1 033	0	640	0	538	0	375	0	291	0	50
38	1 024	78	966	2	924	23	1 052	0	640	0	538	0	375	0	291	0	50
0	1 095	0	1 117	2	924	45	949	0	640	0	538	0	375	0	291	0	50
8	1 088	8	1 099	2	924	63	881	1	534	0	538	0	375	0	291	0	50
0	1 095	54.7	993	18	430	137	649	0	640	0	538	0	375	0	291	0	50
56	1 003	173.45	875	12	562	108	742	0	640	6	327	1	312	0	291	0	50
0	1 095	7.1	1 102	0	1 022	0	1 167	0	640	0	538	0	375	0	291	0	50
98	960	298.39	803	9	640	179	523	0	640	0	538	0	375	0	291	0	50
265.7	861	0	1 117	3	872	161	576	0	640	1	468	0	375	0	291	0	50
610.2	724	596.2	718	1	969	43	956	0	640	0	538	0	375	0	291	0	50
47.5	1 011	38.5	1 024	1	969	35	990	0	640	5	342	1	312	0	291	0	50
202	885	202	860	10	617	127	675	1	534	0	538	0	375	0	291	0	50
10	1 076	10	1 089	0	1 022	55	916	1	534	1	468	0	375	0	291	0	50
56	1 003	165.6	881	5	774	73	842	0	640	0	538	0	375	0	291	0	50
68	986	67	979	0	1 022	22	1 056	0	640	1	468	0	375	0	291	0	50
270	858	243.75	838	2	924	39	974	0	640	3	402	3	243	0	291	0	50
135.5	927	52.1	1 001	0	1 022	96	785	0	640	1	468	0	375	0	291	0	50
1 300	597	740	688	4	823	258	349	0	640	5	342	0	375	0	291	0	50
899	670	1 089	623	7	699	111	732	0	640	0	538	0	375	0	291	0	50
388	796	381.1	767	15	486	191	487	0	640	0	538	0	375	0	291	0	50
1 360	589	1 419	564	7	699	104	757	0	640	0	538	0	375	1	218	0	50
158	908	129.01	918	6	735	13	1 097	0	640	0	538	0	375	0	291	0	50
571	733	430.8	756	0	1 022	177	531	2	465	0	538	0	375	0	291	0	50
0	1 095	38.56	1 023	0	1 022	9	1 115	0	640	0	538	0	375	0	291	0	50
80	978	70.43	974	1	969	23	1 052	1	534	0	538	0	375	0	291	0	50
13.5	1 073	27	1 052	0	1 022	2	1 159	0	640	0	538	0	375	0	291	0	50
0	1 095	0	1 117	2	924	8	1 122	0	640	0	538	0	375	0	291	0	50
39	1 023	13.5	1 082	4	823	13	1 097	0	640	0	538	0	375	0	291	0	50
0	1 095	0	1 117	15	486	68	861	0	640	0	538	0	375	0	291	0	50
239	871	416.54	758	9	640	101	765	0	640	0	538	0	375	0	291	0	50
61.5	991	49.91	1 008	11	591	84	807	1	534	10	252	0	375	0	291	0	50
2 238.7	482	2 550.69	450	19	415	255	354	1	534	0	538	0	375	0	291	0	50

学校名称	研究与发展课题											
	课题总数（项）		当年新开课题数（项）		当年完成课题数（项）		当年新开课题批准经费（千元）		当年投入人数（人年）		当年拨入经费（千元）	
河北东方学院	4	1 134	2	1 122	1	1 056	0	1 124	3.1	1 087	0	1 108
西南交通大学希望学院	25	1 022	15	959	2	1 037	35	1 062	6.3	1 017	25	1 069
浙江外国语学院	431	270	57	599	27	674	2 794.4	487	103.2	298	3 766.68	417
齐鲁师范学院	125	692	35	765	10	885	499	799	16.6	840	499	788
山东青年政治学院	277	445	72	519	37	585	1 434	626	25.6	739	1 985	556
广东第二师范学院	353	357	34	774	27	674	1 555	613	35.3	657	1 976.4	559
南方科技大学	6	1 120	4	1 088	0	1 079	1 885	577	4.4	1 061	955	689
郑州升达经贸管理学院	407	297	105	362	187	111	220	905	19	815	393	829
重庆第二师范学院	380	320	165	207	36	593	3 739.7	426	56.8	502	3 639.7	423
成都师范学院	388	313	89	435	36	593	1 572.3	609	76.5	390	2 456.35	495
陕西学前师范学院	490	239	175	193	74	363	1 446	625	49.1	548	1 249	639
四川电影电视学院	60	881	45	677	6	943	34.8	1 065	13.8	884	34.8	1 054
上海科技大学	0	1 156	0	1 146	0	1 079	0	1 124	0	1 154	0	1 108
浙江科贸职业技术学院（筹）	16	1 065	8	1 038	6	943	0	1 124	2.1	1 112	0	1 108
中国科学院大学	48	926	39	731	2	1 037	5 433	354	18.5	821	7 427	283
河北中医学院	96	770	39	731	35	607	302	871	64.8	441	302	868
山西传媒学院	104	748	33	780	33	632	947	704	33.8	679	946	691
营口理工学院	30	995	13	978	7	932	101	983	3.3	1 083	101	971
江苏第二师范学院	202	547	79	490	36	593	2 267	542	62.2	460	2 346.85	508
南昌师范学院	192	560	78	494	15	821	1 290	652	17.7	829	1 349	624
山东管理学院	146	642	73	514	43	531	993	697	34.8	666	1 408.4	616
山东农业工程学院	66	862	31	798	17	789	167	930	10.4	934	167	923
贵州理工学院	45	933	8	1 038	26	687	547	787	12.9	901	527	778
张家口学院	307	403	110	352	118	218	346	857	30.9	697	250	888
山西工程技术学院	23	1 031	12	988	1	1 056	65	1 029	1.8	1 116	35	1 052
内蒙古艺术学院	39	951	23	859	0	1 079	630	766	8.3	972	390	830
鄂尔多斯应用技术学院	16	1 065	14	968	1	1 056	82	1 006	1.6	1 122	82	990
浙江音乐学院	281	431	62	563	156	150	3 097	461	28.3	720	1 874.7	566
哈尔滨音乐学院	12	1 089	12	988	0	1 079	48	1 047	1.8	1 116	48	1 033
滇西应用技术大学	11	1 095	11	999	0	1 079	390	832	5.6	1 030	340	850
宁波诺丁汉大学	79	818	35	765	6	943	3 542.4	434	18.6	820	7 810.28	269
北京师范大学—香港浸会大学联合国际学院	6	1 120	0	1 146	2	1 037	0	1 124	1.9	1 114	39.6	1 047
西交利物浦大学	18	1 057	7	1 056	0	1 079	1 183.58	674	5.5	1 031	1 190.26	648
上海纽约大学	6	1 120	6	1 066	0	1 079	480	811	2.8	1 098	452	801
温州肯恩大学	11	1 095	4	1 088	2	1 037	103.8	980	3.8	1 071	103.8	969
昆山杜克大学	0	1 156	0	1 146	0	1 079	0	1 124	0	1 154	0	1 108
香港中文大学（深圳）	3	1 138	3	1 104	0	1 079	1 980	571	0.3	1 149	1 980	558
深圳北理莫斯科大学	0	1 156	0	1 146	0	1 079	0	1 124	0	1 154	0	1 108
山西能源学院	14	1 077	10	1 008	0	1 079	83	1 004	4.5	1 054	83	988
河北环境工程学院	82	809	43	698	29	662	481	810	29.3	709	321	858

续表

其中：当年新开课题拨入经费（千元）		当年支出经费（千元）		研究与发展成果										获奖成果数（项）			
				著作（部）		学术论文（篇）				研究与咨询报告（篇）				合计		其中：国家级和部级	
						合计		其中：国外学术刊物发表数		提交有关部门数		其中：被采纳数					
0	1 095	0	1 117	0	1 022	5	1 136	0	640	0	538	0	375	0	291	0	50
25	1 044	20	1 062	3	872	59	900	0	640	0	538	0	375	0	291	0	50
2 612	452	2 905.89	424	23	348	139	641	18	151	5	342	5	194	0	291	0	50
499	757	136.6	912	7	699	82	814	5	336	0	538	0	375	0	291	0	50
1 295	599	794.54	672	12	562	171	548	3	413	32	125	2	272	0	291	0	50
1 074	635	2 164.8	483	19	415	235	392	0	640	0	538	0	375	0	291	0	50
955	658	955	641	4	823	11	1 106	0	640	4	371	4	219	0	291	0	50
150	912	287	812	61	99	450	171	2	465	0	538	0	375	1	218	0	50
3 639.7	387	1 020.98	634	13	537	149	612	4	368	1	468	0	375	0	291	0	50
1 307.85	595	1 137.27	613	22	364	133	658	1	534	0	538	0	375	0	291	0	50
1 244	604	860.89	660	25	321	561	110	2	465	0	538	0	375	0	291	0	50
34.8	1 028	18.4	1 067	7	699	109	739	0	640	0	538	0	375	0	291	0	50
0	1 095	0	1 117	0	1 022	9	1 115	8	263	0	538	0	375	0	291	0	50
0	1 095	0	1 117	0	1 022	7	1 127	0	640	1	468	0	375	0	291	0	50
5 357	315	2 513.31	453	5	774	44	951	5	336	1	468	0	375	0	291	0	50
302	841	160.93	888	3	872	57	910	0	640	0	538	0	375	0	291	0	50
944	660	677.24	704	67	88	323	269	0	640	3	402	2	272	0	291	0	50
101	956	61.56	983	2	924	30	1 021	0	640	0	538	0	375	0	291	0	50
1 649	549	1 262.95	590	10	617	149	612	0	640	1	468	1	312	0	291	0	50
1 236	605	518.18	733	31	262	235	392	1	534	0	538	0	375	4	129	0	50
841.4	680	1 073.4	627	12	562	142	631	4	368	0	538	0	375	0	291	0	50
167	900	269.02	819	3	872	60	896	0	640	0	538	0	375	0	291	0	50
527	750	773.9	675	5	774	34	996	1	534	1	468	0	375	0	291	0	50
250	868	33	1 041	5	774	177	531	1	534	32	125	0	375	0	291	0	50
35	1 026	45	1 014	4	823	44	951	0	640	0	538	0	375	0	291	0	50
390	794	390	764	8	668	140	639	0	640	0	538	0	375	1	218	0	50
82	976	50	1 007	1	969	26	1 039	1	534	0	538	0	375	0	291	0	50
1 830	525	1 987.58	503	0	1 022	191	487	0	640	0	538	0	375	0	291	0	50
48	1 010	9.4	1 095	0	1 022	20	1 070	0	640	0	538	0	375	0	291	0	50
340	819	185	870	4	823	5	1 136	0	640	0	538	0	375	0	291	0	50
3 148.5	410	6 069.61	282	6	735	78	826	53	58	0	538	0	375	1	218	0	50
0	1 095	37.66	1 029	9	640	19	1 076	13	201	0	538	0	375	0	291	0	50
781.16	694	450.62	750	11	591	70	853	50	62	0	538	0	375	0	291	0	50
452	773	78	966	3	872	29	1 022	26	115	0	538	0	375	0	291	0	50
103.8	953	83.6	959	0	1 022	14	1 093	14	184	0	538	0	375	0	291	0	50
0	1 095	0	1 117	2	924	1	1 161	0	640	0	538	0	375	0	291	0	50
1 980	511	0	1 117	6	735	4	1 146	1	534	0	538	0	375	0	291	0	50
0	1 095	0	1 117	0	1 022	0	1 167	0	640	0	538	0	375	0	291	0	50
83	974	5.55	1 106	0	1 022	17	1 081	0	640	0	538	0	375	0	291	0	50
321	828	50.43	1 006	12	562	49	933	0	640	5	342	0	375	0	291	0	50

5. 专科学校人文、社会科学研究与发展概况表(一)

学校名称	社科活动人员(人)																	
	合计		按职称划分								其他人员		合计		按职称划分			
			小计		高级		中级		初级						高级		中级	
阿克苏职业技术学院	209	268	209	261	18	775	78	373	113	48	0	151	21	649	4	710	9	657
阿拉善职业技术学院	93	742	93	736	29	595	25	887	39	420	0	151	27	587	6	642	9	657
安徽财贸职业学院	198	299	198	294	84	145	85	337	29	563	0	151	180	92	95	45	69	141
安徽城市管理职业学院	125	571	125	568	27	626	66	464	32	516	0	151	9	799	4	710	5	756
安徽电气工程职业技术学院	56	929	50	944	15	829	21	930	14	834	6	46	1	948	0	908	1	893
安徽电子信息职业技术学院	139	502	139	500	40	462	69	435	30	542	0	151	91	241	35	206	45	230
安徽工贸职业技术学院	126	566	125	568	27	626	59	533	39	420	1	100	17	698	8	590	7	713
安徽工商职业学院	241	216	241	210	61	276	118	182	62	228	0	151	33	529	18	381	12	594
安徽工业经济职业技术学院	173	366	172	367	27	626	116	190	29	563	1	100	49	415	10	514	38	268
安徽工业职业技术学院	61	901	61	896	11	897	31	824	19	745	0	151	6	853	1	846	4	790
安徽公安职业学院	101	695	101	691	30	580	43	707	28	581	0	151	0	960	0	908	0	929
安徽广播影视职业技术学院	137	511	137	510	37	502	60	523	40	409	0	151	42	471	21	339	19	491
安徽国防科技职业学院	98	707	98	704	25	657	57	552	16	799	0	151	26	601	12	485	12	594
安徽国际商务职业学院	213	261	212	259	68	231	92	297	52	297	1	100	239	49	105	38	103	70
安徽黄梅戏艺术职业学院	113	640	113	635	22	699	48	645	43	378	0	151	45	451	19	364	16	530
安徽机电职业技术学院	147	471	147	468	32	557	75	392	40	409	0	151	66	334	30	237	32	325
安徽交通职业技术学院	86	777	86	772	20	729	47	663	19	745	0	151	8	820	4	710	4	790
安徽警官职业学院	222	243	222	238	75	189	105	226	42	388	0	151	67	325	31	232	29	356
安徽矿业职业技术学院	64	887	58	912	12	874	28	855	18	767	6	46	14	737	1	846	11	616
安徽粮食工程职业学院	66	872	66	870	23	684	18	971	25	633	0	151	12	761	9	557	3	819
安徽林业职业技术学院	0	1 133	0	1 133	0	1 107	0	1 128	0	1 109	0	151	0	960	0	908	0	929
安徽绿海商务职业学院	43	985	43	983	1	1 088	27	865	15	818	0	151	38	493	6	642	23	431
安徽商贸职业技术学院	251	194	251	191	70	219	100	246	81	137	0	151	89	247	34	211	37	283
安徽涉外经济职业学院	82	797	81	799	3	1 045	56	558	22	688	1	100	27	587	7	618	14	557
安徽审计职业学院	60	910	60	904	34	539	23	911	3	1 045	0	151	9	799	6	642	3	819
安徽水利水电职业技术学院	111	650	111	645	24	666	46	674	41	399	0	151	28	575	10	514	13	575
安徽体育运动职业技术学院	68	864	68	863	30	580	31	824	7	973	0	151	29	564	8	590	18	504
安徽卫生健康职业学院	116	618	116	614	33	549	54	579	29	563	0	151	43	461	21	339	20	473
安徽新闻出版职业技术学院	58	917	58	912	17	790	24	895	17	781	0	151	11	770	6	642	5	756

研究发展人员(人)														R&D 经费情况(千元)					
		按学历学位划分								其他人员		折合全时人员(人年)		当年经费收入合计		其中:科研事业费		当年经费支出合计	
初级		博士毕业		硕士毕业		本科毕业		其他学历											
8	341	0	427	11	644	10	566	0	146	0	188	3	699	111	795	25	639	177.6	699
12	242	0	427	0	940	27	265	0	146	0	188	3.6	660	118	784	10	733	118	780
16	177	2	225	127	74	51	114	0	146	0	188	49.8	32	4 107	35	1 439	22	4 078	38
0	798	0	427	5	791	4	738	0	146	0	188	0.9	882	1 614.46	146	100	359	1 548.76	144
0	798	0	427	1	911	0	919	0	146	0	188	0.8	894	48	911	0	812	76.9	851
8	341	0	427	43	309	47	132	1	65	3	52	12.6	314	628	357	96	374	628	338
2	604	0	427	13	609	4	738	0	146	0	188	2.4	753	129	772	30	607	138.5	748
3	543	0	427	20	494	13	488	0	146	0	188	3.6	660	254	633	182	240	249.8	624
1	685	0	427	20	494	29	245	0	146	0	188	5	585	538	409	170	255	670	323
1	685	0	427	3	846	3	773	0	146	0	188	1.8	790	194	691	99	369	194	676
0	798	0	427	0	940	0	919	0	146	0	188	0	960	770	298	20	661	705.5	310
2	604	0	427	24	457	18	388	0	146	0	188	8.5	431	522	419	60	469	575.6	379
2	604	0	427	13	609	13	488	0	146	0	188	9.4	412	1 624	143	490	98	1 624	139
31	72	1	293	97	118	141	10	0	146	0	188	48	36	10 879.73	5	8 350	2	2 616.7	70
9	310	2	225	25	444	16	428	2	36	1	96	4.6	613	198	685	60	469	212	660
4	497	2	225	43	309	21	334	0	146	0	188	13.6	293	665.5	338	199	226	633.2	334
0	798	1	293	6	762	1	863	0	146	0	188	1.1	853	125	775	90	387	43.5	920
7	371	2	225	54	243	11	544	0	146	0	188	8.1	445	570	389	252	182	580	372
2	604	0	427	9	681	5	692	0	146	0	188	5.9	543	139.1	756	32.7	600	139.1	746
0	798	0	427	8	702	4	738	0	146	0	188	6.4	527	349	544	60	469	333	551
0	798	0	427	0	940	0	919	0	146	0	188	0	960	0	982	0	812	0	985
8	341	1	293	23	466	14	468	0	146	1	96	13.2	302	482.6	445	93	382	482.6	437
18	155	0	427	59	221	30	236	0	146	0	188	10.4	380	860.5	264	145	278	744	286
5	447	0	427	19	513	8	608	0	146	1	96	3	699	160	729	0	812	160	722
0	798	1	293	8	702	0	919	0	146	0	188	1.4	829	182	703	80	406	158.61	724
5	447	0	427	16	559	12	512	0	146	0	188	3	699	150	745	60	469	186.7	686
3	543	0	427	17	543	12	512	0	146	0	188	12.9	308	880	258	80	406	928	241
2	604	1	293	13	609	29	245	0	146	0	188	4.9	595	207	677	60	469	181.52	690
0	798	0	427	6	762	5	692	0	146	0	188	1.1	853	114.12	792	40.12	553	114.12	788

学校名称	社科活动人员(人)																	
	合计		按职称划分								其他人员		合计		按职称划分			
			小计		高级		中级		初级						高级		中级	
安徽冶金科技职业学院	97	714	97	710	17	790	55	567	25	633	0	151	5	870	0	908	4	790
安徽医学高等专科学校	63	891	62	890	16	810	22	916	24	658	1	100	16	714	10	514	3	819
安徽艺术职业学院	158	432	158	426	21	716	60	523	77	152	0	151	5	870	5	672	0	929
安徽邮电职业技术学院	61	901	61	896	8	954	44	693	9	941	0	151	6	853	1	846	5	756
安徽职业技术学院	185	331	185	326	69	226	86	330	30	542	0	151	45	451	24	309	20	473
安徽中澳科技职业学院	102	688	99	699	22	699	39	745	38	433	3	68	16	714	3	749	11	616
安徽中医药高等专科学校	170	380	170	375	24	666	88	318	58	249	0	151	47	432	11	497	30	346
安康职业技术学院	160	422	160	416	43	417	88	318	29	563	0	151	1	948	1	846	0	929
安庆医药高等专科学校	57	923	57	920	15	829	33	799	9	941	0	151	4	894	3	749	1	893
安庆职业技术学院	175	360	175	354	50	355	65	471	60	239	0	151	13	750	10	514	3	819
安顺职业技术学院	124	580	124	575	27	626	53	587	44	366	0	151	6	853	5	672	1	893
安阳幼儿师范高等专科学校	81	806	81	799	15	829	57	552	9	941	0	151	5	870	0	908	3	819
安阳职业技术学院	94	734	94	729	17	790	47	663	30	542	0	151	5	870	1	846	3	819
巴音郭楞职业技术学院	131	535	131	532	38	487	74	400	19	745	0	151	85	256	20	355	62	164
巴中职业技术学院	117	611	117	608	10	917	8	1 069	99	79	0	151	5	870	3	749	1	893
白城医学高等专科学校	43	985	43	983	19	754	14	1 020	10	918	0	151	0	960	0	908	0	929
白城职业技术学院	138	508	138	506	51	346	65	471	22	688	0	151	0	960	0	908	0	929
白银矿冶职业技术学院	37	1 020	37	1 017	8	954	20	942	9	941	0	151	25	610	9	557	16	530
百色职业学院	84	787	78	817	13	856	34	792	31	529	6	46	30	554	6	642	20	473
包头钢铁职业技术学院	43	985	43	983	11	897	24	895	8	952	0	151	1	948	1	846	0	929
包头轻工职业技术学院	180	342	180	336	36	517	89	312	55	277	0	151	27	587	13	467	9	657
包头铁道职业技术学院	89	764	89	760	38	487	32	814	19	745	0	151	46	441	27	272	11	616
包头职业技术学院	167	391	167	386	56	313	78	373	33	498	0	151	30	554	9	557	21	456
宝鸡职业技术学院	276	148	276	141	81	157	135	136	60	239	0	151	32	535	9	557	21	456
保定电力职业技术学院	90	759	90	752	20	729	41	722	29	563	0	151	65	337	34	211	27	385
保定幼儿师范高等专科学校	194	310	194	307	61	276	56	558	77	152	0	151	0	960	0	908	0	929
保定职业技术学院	293	124	293	121	78	175	172	66	43	378	0	151	84	260	25	299	52	203
保山中医药高等专科学校	37	1 020	37	1 017	10	917	19	963	8	952	0	151	10	784	1	846	9	657
保险职业学院	123	585	123	580	27	626	64	480	32	516	0	151	6	853	2	786	2	857
北海职业学院	286	131	204	277	31	570	117	187	56	272	82	1	79	275	14	442	61	171
北京北大方正软件职业技术学院	46	971	42	993	12	874	14	1 020	16	799	4	58	0	960	0	908	0	929
北京财贸职业学院	275	149	275	144	85	142	155	95	35	476	0	151	114	172	57	115	48	217
北京电子科技职业学院	270	157	270	153	83	150	146	108	41	399	0	151	573	4	226	3	267	4
北京工业职业技术学院	221	244	221	239	80	163	103	233	38	433	0	151	86	252	44	158	38	268
北京汇佳职业学院	73	844	73	841	28	613	30	835	15	818	0	151	0	960	0	908	0	929

续表

研究发展人员（人）														R&D 经费情况（千元）					
		按学历学位划分								其他人员		折合全时人员（人年）		当年经费收入合计				当年经费支出合计	
初级		博士毕业		硕士毕业		本科毕业		其他学历								其中：科研事业费			
1	685	0	427	4	816	1	863	0	146	0	188	1	863	70	875	0	812	70	863
3	543	3	183	13	609	0	919	0	146	0	188	2.7	721	232	655	151	275	232	640
0	798	0	427	0	940	5	692	0	146	0	188	0.5	931	215	675	200	223	215	654
0	798	0	427	5	791	1	863	0	146	0	188	1	863	92	834	33	597	92	829
1	685	0	427	27	430	18	388	0	146	0	188	11.4	337	2 026.5	105	190	231	2 022.3	98
0	798	0	427	14	590	1	863	1	65	2	64	2.4	753	580	387	260	171	590	362
5	447	2	225	36	361	9	585	0	146	1	96	6.4	527	456	475	200	223	557.5	389
0	798	0	427	0	940	1	863	0	146	0	188	0.1	956	11.6	972	10	733	8.6	979
0	798	0	427	1	911	3	773	0	146	0	188	1.3	839	252	634	200	223	191.5	678
0	798	1	293	5	791	7	635	0	146	0	188	3	699	120	778	30	607	136.12	753
0	798	0	427	4	816	2	813	0	146	0	188	1.5	819	94.5	830	13.5	715	115.5	782
2	604	0	427	3	846	2	813	0	146	0	188	3.1	693	53	901	0	812	53	899
1	685	0	427	2	882	3	773	0	146	0	188	0.5	931	18	968	0	812	18	969
3	543	0	427	49	265	36	193	0	146	0	188	24.9	151	626.46	360	30	607	606.46	354
1	685	0	427	0	940	5	692	0	146	0	188	1.6	811	195	689	0	812	225	644
0	798	0	427	0	940	0	919	0	146	0	188	0	960	0	982	0	812	0	985
0	798	0	427	0	940	0	919	0	146	0	188	0	960	0	982	0	812	0	985
0	798	0	427	5	791	20	351	0	146	0	188	4.2	631	71	873	0	812	61	875
4	497	0	427	10	662	20	351	0	146	0	188	4.3	626	135.3	761	20	661	180.3	692
0	798	0	427	0	940	1	863	0	146	0	188	0.1	956	2	981	0	812	2	984
5	447	0	427	20	494	7	635	0	146	0	188	4.7	608	155	733	50	520	155	728
8	341	1	293	19	513	26	276	0	146	0	188	8.4	436	463.6	467	120	313	505.6	419
0	798	0	427	19	513	11	544	0	146	0	188	6.9	508	478.9	452	56	493	478.9	440
2	604	0	427	13	609	19	375	0	146	0	188	7.8	467	265	626	110	334	265	608
4	497	0	427	26	436	37	189	2	36	0	188	10	388	489.7	439	0	812	489.7	431
0	798	0	427	0	940	0	919	0	146	0	188	0	960	192	694	0	812	191	680
7	371	0	427	55	237	29	245	0	146	0	188	21.2	179	830	276	0	812	830	270
0	798	0	427	2	882	8	608	0	146	0	188	1.7	801	33	939	19	691	39.3	931
2	604	0	427	5	791	1	863	0	146	0	188	1	863	324	572	87	394	324	563
0	798	3	183	40	328	36	193	0	146	4	44	15.4	257	391	508	140	285	395	498
0	798	0	427	0	940	0	919	0	146	0	188	0	960	0	982	0	812	0	985
9	310	18	28	76	166	20	351	0	146	0	188	20.5	184	5 004.78	27	324	136	1 228.4	182
55	22	22	22	195	28	351	1	5	17	25	4	99	7	4 786.96	30	1 735	18	4 606.77	29
4	497	9	71	59	221	18	388	0	146	0	188	15.8	250	1 264.08	194	470.5	101	1 183.83	191
0	798	0	427	0	940	0	919	0	146	0	188	0	960	0	982	0	812	0	985

学校名称	社科活动人员（人）																	
	合计		按职称划分								其他人员		合计		按职称划分			
			小计		高级		中级		初级						高级		中级	
北京交通运输职业学院	123	585	121	593	29	595	66	464	26	614	2	79	10	784	4	710	6	733
北京交通职业技术学院	26	1 076	26	1 073	5	1 007	14	1 020	7	973	0	151	0	960	0	908	0	929
北京京北职业技术学院	43	985	43	983	11	897	24	895	8	952	0	151	0	960	0	908	0	929
北京经济管理职业学院	307	108	307	106	76	183	142	116	89	109	0	151	317	27	115	31	139	33
北京经济技术职业学院	0	1 133	0	1 133	0	1 107	0	1 128	0	1 109	0	151	0	960	0	908	0	929
北京经贸职业学院	41	999	41	998	10	917	21	930	10	918	0	151	0	960	0	908	0	929
北京科技经营管理学院	9	1 121	9	1 121	1	1 088	6	1 085	2	1 061	0	151	0	960	0	908	0	929
北京科技职业学院	43	985	43	983	14	843	29	843	0	1 109	0	151	0	960	0	908	0	929
北京劳动保障职业学院	87	773	87	768	20	729	59	533	8	952	0	151	18	685	6	642	12	594
北京农业职业学院	251	194	248	195	81	157	138	126	29	563	3	68	122	159	54	124	67	145
北京培黎职业学院	75	837	75	834	13	856	22	916	40	409	0	151	28	575	6	642	12	594
北京青年政治学院	253	189	253	186	88	129	127	158	38	433	0	151	251	44	89	53	129	34
北京社会管理职业学院	200	290	200	286	39	470	88	318	73	166	0	151	148	121	36	203	62	164
北京体育职业学院	59	913	58	912	14	843	35	778	9	941	1	100	3	909	1	846	2	857
北京网络职业学院	10	1 117	10	1 117	7	975	3	1 113	0	1 109	0	151	10	784	7	618	3	819
北京卫生职业学院	81	806	81	799	19	754	45	685	17	781	0	151	0	960	0	908	0	929
北京戏曲艺术职业学院	166	395	166	390	26	643	70	427	70	186	0	151	38	493	10	514	18	504
北京信息职业技术学院	140	500	140	497	42	433	89	312	9	941	0	151	29	564	9	557	20	473
北京艺术传媒职业学院	66	872	66	870	22	699	3	1 113	41	399	0	151	0	960	0	908	0	929
北京政法职业学院	170	380	170	375	55	319	106	223	9	941	0	151	14	737	10	514	3	819
毕节医学高等专科学校	58	917	58	912	12	874	35	778	11	905	0	151	48	419	9	557	33	314
毕节幼儿师范高等专科学校	117	611	116	614	20	729	44	693	52	297	1	100	12	761	2	786	9	657
毕节职业技术学院	116	618	116	614	28	613	31	824	57	261	0	151	5	870	2	786	1	893
滨州职业学院	157	435	157	430	58	293	67	458	32	516	0	151	8	820	4	710	3	819
泊头职业学院	186	328	186	322	42	433	46	674	98	83	0	151	115	169	34	211	49	213
亳州职业技术学院	134	524	134	522	20	729	46	674	68	198	0	151	52	404	10	514	12	594
渤海船舶职业学院	75	837	75	834	39	470	30	835	6	996	0	151	0	960	0	908	0	929
渤海理工职业学院	39	1 014	39	1 012	0	1 107	10	1 051	29	563	0	151	19	677	0	908	5	756
渤海石油职业学院	164	403	164	398	54	331	97	260	13	863	0	151	8	820	3	749	5	756
沧州医学高等专科学校	91	755	91	748	29	595	52	599	10	918	0	151	16	714	8	590	5	756
沧州职业技术学院	143	482	143	480	71	210	70	427	2	1 061	0	151	212	62	79	68	128	36
曹妃甸职业技术学院	36	1 026	36	1 023	0	1 107	1	1 125	35	476	0	151	0	960	0	908	0	929
昌吉职业技术学院	107	669	107	664	26	643	61	510	20	725	0	151	72	300	21	339	46	226
长春金融高等专科学校	281	138	280	136	88	129	85	337	107	59	1	100	79	275	43	164	23	431
长春信息技术职业学院	153	449	153	445	30	580	17	980	106	63	0	151	0	960	0	908	0	929

续表

研究发展人员(人)														R&D 经费情况(千元)					
		按学历学位划分								其他人员		折合全时人员(人年)		当年经费收入合计		其中:科研事业费		当年经费支出合计	
初级		博士毕业		硕士毕业		本科毕业		其他学历											
0	798	0	427	9	681	1	863	0	146	0	188	1.7	801	1 846.31	118	1 767.6	17	1 548.08	145
0	798	0	427	0	940	0	919	0	146	0	188	0	960	0	982	0	812	0	985
0	798	0	427	0	940	0	919	0	146	0	188	0	960	0	982	0	812	0	985
47	35	40	5	191	30	86	40	0	146	16	9	42	58	2 727.4	74	1 170	30	2 153.92	89
0	798	0	427	0	940	0	919	0	146	0	188	0	960	0	982	0	812	0	985
0	798	0	427	0	940	0	919	0	146	0	188	0	960	0	982	0	812	0	985
0	798	0	427	0	940	0	919	0	146	0	188	0	960	0	982	0	812	0	985
0	798	0	427	0	940	0	919	0	146	0	188	0	960	0	982	0	812	0	985
0	798	4	144	14	590	0	919	0	146	0	188	8	450	680	332	0	812	680	318
1	685	14	43	75	171	33	212	0	146	0	188	23.3	159	1 726.3	134	426	109	2 000.8	103
10	279	0	427	17	543	11	544	0	146	0	188	7	501	235.15	651	19.5	690	233.65	639
33	64	36	8	161	45	54	105	0	146	0	188	73.8	15	7 259.49	12	3 860	5	5 987.76	17
43	42	26	14	100	113	19	375	3	29	7	22	19.7	195	3 682	40	636	72	4 549.11	30
0	798	0	427	2	882	1	863	0	146	0	188	2.4	753	72	869	0	812	87	836
0	798	0	427	3	846	7	635	0	146	0	188	1	863	48	911	0	812	48	910
0	798	0	427	0	940	0	919	0	146	0	188	0	960	0	982	0	812	0	985
10	279	4	144	28	425	6	658	0	146	0	188	7.9	456	1 759	130	1 264	28	1 699.98	133
0	798	0	427	21	484	8	608	0	146	0	188	3.8	652	366.62	530	0	812	304.28	573
0	798	0	427	0	940	0	919	0	146	0	188	0	960	0	982	0	812	0	985
1	685	7	87	6	762	1	863	0	146	0	188	1.6	811	308	582	80	406	539.5	400
6	406	0	427	33	387	15	447	0	146	0	188	9.5	406	445.3	477	50	520	474.4	445
0	798	0	427	7	736	5	692	0	146	1	96	2.3	761	108	798	46	533	99.19	812
2	604	0	427	0	940	5	692	0	146	0	188	0.8	894	75.8	863	20	661	71.8	858
1	685	0	427	7	736	1	863	0	146	0	188	0.8	894	95	827	44	541	95	824
32	69	0	427	35	367	80	48	0	146	0	188	25.6	143	3 015.7	63	2	807	2 969.7	55
30	81	0	427	23	466	28	255	1	65	0	188	14.6	275	718	316	52	511	726	299
0	798	0	427	0	940	0	919	0	146	0	188	0	960	0	982	0	812	0	985
14	211	0	427	7	736	12	512	0	146	0	188	6.2	533	172	716	0	812	172	707
0	798	0	427	3	846	5	692	0	146	0	188	1.4	829	532	414	0	812	532	403
2	604	0	427	13	609	3	773	0	146	1	96	2.4	753	106.6	801	5	779	106.6	803
5	447	2	225	131	69	79	49	0	146	0	188	48	36	1 441	166	1	809	1 441	155
0	798	0	427	0	940	0	919	0	146	0	188	0	960	15	970	0	812	15	972
5	447	0	427	33	387	39	172	0	146	0	188	16.5	243	368	529	14	712	380.5	513
12	242	13	47	41	323	25	292	0	146	1	96	11.3	342	480.85	449	155	271	930.35	240
0	798	0	427	0	940	0	919	0	146	0	188	0	960	0	982	0	812	0	985

学校名称	社科活动人员（人）																	
	合计		按职称划分								其他人员		合计		按职称划分			
			小计		高级		中级		初级						高级		中级	
长春医学高等专科学校	44	982	44	979	16	810	25	887	3	1 045	0	151	11	770	7	618	3	819
长春职业技术学院	347	66	339	71	132	35	104	230	103	71	8	38	195	74	91	48	62	164
长江职业学院	174	363	174	358	41	447	101	242	32	516	0	151	113	174	30	237	76	115
长沙电力职业技术学院	22	1 093	22	1 091	10	917	12	1 039	0	1 109	0	151	0	960	0	908	0	929
长沙航空职业技术学院	165	400	165	394	44	413	79	369	42	388	0	151	80	272	30	237	36	289
长沙民政职业技术学院	490	10	490	10	133	30	240	17	117	42	0	151	158	112	71	81	84	100
长沙南方职业学院	61	901	60	904	3	1 045	55	567	2	1 061	1	100	32	535	2	786	30	346
长沙商贸旅游职业技术学院	347	66	335	77	96	104	181	61	58	249	12	28	260	39	119	30	113	54
长沙职业技术学院	369	50	369	49	57	303	168	74	144	11	0	151	245	46	71	81	113	54
长垣烹饪职业技术学院	18	1 106	18	1 103	2	1 067	4	1 103	12	883	0	151	0	960	0	908	0	929
长治职业技术学院	131	535	131	532	26	643	68	445	37	450	0	151	0	960	0	908	0	929
常德职业技术学院	49	953	49	950	11	897	36	769	2	1 061	0	151	87	251	31	232	49	213
常州纺织服装职业技术学院	355	58	355	58	111	65	203	34	41	399	0	151	190	76	55	120	115	51
常州工程职业技术学院	136	516	136	514	36	517	93	292	7	973	0	151	134	141	47	146	83	103
常州机电职业技术学院	254	186	254	183	105	78	142	116	7	973	0	151	182	89	69	86	105	66
常州轻工职业技术学院	180	342	180	336	48	372	103	233	29	563	0	151	272	33	101	40	150	27
常州信息职业技术学院	247	202	247	198	72	206	133	142	42	388	0	151	155	115	60	109	82	105
朝阳师范高等专科学校	621	3	620	4	251	2	291	5	78	150	1	100	275	32	109	34	148	29
潮汕职业技术学院	88	771	88	766	9	940	9	1 059	70	186	0	151	2	929	2	786	0	929
郴州职业技术学院	146	473	146	470	51	346	57	552	38	433	0	151	32	535	7	618	15	540
成都纺织高等专科学校	283	134	283	131	80	163	156	92	47	339	0	151	75	289	37	195	33	314
成都工贸职业技术学院	19	1 101	18	1 103	4	1 027	7	1 079	7	973	1	100	34	522	14	442	11	616
成都工业职业技术学院	258	174	256	174	104	82	81	357	71	179	2	79	67	325	29	246	21	456
成都航空职业技术学院	249	197	249	193	61	276	96	272	92	102	0	151	134	141	38	189	63	160
成都农业科技职业学院	58	917	58	912	23	684	35	778	0	1 109	0	151	20	666	8	590	12	594
成都职业技术学院	134	524	134	522	39	470	69	435	26	614	0	151	55	389	17	391	29	356
承德护理职业学院	76	831	76	826	25	657	43	707	8	952	0	151	54	396	17	391	32	325
承德石油高等专科学校	128	554	128	552	56	313	56	558	16	799	0	151	54	396	31	232	21	456
池州职业技术学院	136	516	136	514	39	470	47	663	50	318	0	151	5	870	2	786	1	893
赤峰工业职业技术学院	126	566	126	564	74	195	34	792	18	767	0	151	56	379	25	299	21	456
滁州城市职业学院	82	797	82	792	12	874	53	587	17	781	0	151	21	649	10	514	10	642
滁州职业技术学院	207	274	207	268	51	346	75	392	81	137	0	151	73	295	26	284	31	334
川北幼儿师范高等专科学校	208	271	207	268	45	403	63	494	99	79	1	100	32	535	16	408	9	657
川南幼儿师范高等专科学校	167	391	167	386	20	729	88	318	59	245	0	151	136	137	22	328	64	153
达州职业技术学院	126	566	126	564	46	389	50	622	30	542	0	151	23	629	16	408	5	756
大理护理职业学院	37	1 020	37	1 017	13	856	21	930	3	1 045	0	151	16	714	10	514	5	756
大连枫叶职业技术学院	67	867	67	865	5	1 007	31	824	31	529	0	151	0	960	0	908	0	929
大连航运职业技术学院	51	947	48	957	1	1 088	22	916	25	633	3	68	0	960	0	908	0	929

续表

研究发展人员(人)														R&D 经费情况(千元)					
		按学历学位划分								其他人员		折合全时人员(人年)		当年经费收入合计		其中:科研事业费		当年经费支出合计	
初级		博士毕业		硕士毕业		本科毕业		其他学历											
1	685	0	427	6	762	5	692	0	146	0	188	1.7	801	50.2	907	0	812	50.2	907
41	46	4	144	74	177	115	18	2	36	1	96	35.1	77	820	277	13	716	847	265
7	371	0	427	72	182	39	172	2	36	0	188	13.5	295	1 095.94	208	277	159	957.07	235
0	798	0	427	0	940	0	919	0	146	0	188	0	960	426	491	400	118	426	478
14	211	1	293	40	328	39	172	0	146	0	188	11.2	344	812.9	278	504.6	92	677.6	319
3	543	4	144	135	66	19	375	0	146	0	188	20.7	183	1 618.8	145	501.5	94	1 639.9	138
0	798	0	427	20	494	12	512	0	146	0	188	4.4	620	783	288	586	78	782	282
24	109	16	38	163	41	76	58	5	17	4	44	34.2	81	2 660	75	998	39	1 904.26	112
60	15	8	76	90	131	141	10	6	11	1	96	38.5	68	1 388.5	172	413.5	114	1 230.41	181
0	798	0	427	0	940	0	919	0	146	0	188	0	960	0	982	0	812	0	985
0	798	0	427	0	940	0	919	0	146	0	188	0	960	0	982	0	812	0	985
1	685	0	427	50	260	35	198	2	36	6	30	16.7	238	704.5	322	53.5	507	611.53	348
20	138	5	118	110	97	75	61	0	146	0	188	33	84	1 867.5	115	113.5	325	1 894.05	113
3	543	8	76	68	190	57	95	1	65	1	96	21.2	179	2 204.8	90	569	79	1 743.25	126
8	341	3	183	147	56	32	220	0	146	0	188	38.9	66	1 554	154	272	162	1 655.49	136
21	127	4	144	159	49	109	21	0	146	0	188	61.3	27	2 049	103	74	424	2 126	91
13	226	17	33	97	118	41	158	0	146	0	188	25.3	147	3 022.78	61	915	46	2 835.48	60
16	177	0	427	167	38	106	24	2	36	2	64	45.2	46	1 656	140	0	812	1 695.3	134
0	798	0	427	0	940	2	813	0	146	0	188	1.4	829	200	681	80	406	160	722
10	279	0	427	12	628	20	351	0	146	0	188	3.6	660	788.5	286	48	528	736.1	292
5	447	2	225	48	272	25	292	0	146	0	188	16.1	247	808.5	279	138.5	291	801.54	276
8	341	1	293	17	543	16	428	0	146	1	96	3.8	652	99.6	815	6	775	90.63	832
10	279	1	293	43	309	23	312	0	146	7	22	15.1	261	3 860.5	38	1 430.5	24	2 522	75
30	81	4	144	93	125	36	193	1	65	1	96	26.3	139	800.8	284	143	281	2 174	87
0	798	1	293	14	590	5	692	0	146	0	188	2.7	721	220.25	668	182.25	239	92.84	828
9	310	3	183	28	425	24	303	0	146	0	188	7.3	489	335.1	561	46	533	312.52	567
5	447	0	427	33	387	21	334	0	146	0	188	9.3	413	358.1	535	6.4	774	358.1	526
2	604	0	427	45	292	9	585	0	146	0	188	10.5	374	457.5	474	32	601	461.1	454
2	604	0	427	3	846	2	813	0	146	0	188	1.1	853	90	837	60	469	91.8	830
10	279	0	427	14	590	42	154	0	146	0	188	6	538	370.6	526	134	297	290.6	586
1	685	0	427	13	609	8	608	0	146	0	188	7.8	467	933	241	130	302	881.6	250
16	177	2	225	37	351	34	207	0	146	0	188	12.7	311	664.7	339	133.7	298	656.85	327
7	371	0	427	16	559	16	428	0	146	0	188	12.2	323	242	646	23.5	648	357.38	528
49	31	0	427	49	265	87	38	0	146	1	96	22.4	168	646.1	347	186.1	234	540.7	396
2	604	0	427	11	644	12	512	0	146	0	188	8.9	419	526	418	138	292	447.2	463
1	685	0	427	4	816	12	512	0	146	0	188	2.6	732	180.6	705	0	812	171.6	708
0	798	0	427	0	940	0	919	0	146	0	188	0	960	0	982	0	812	0	985
0	798	0	427	0	940	0	919	0	146	0	188	0	960	0	982	0	812	0	985

学校名称	社科活动人员(人)																	
	合计		按职称划分								其他人员		合计		按职称划分			
			小计		高级		中级		初级						高级		中级	
大连汽车职业技术学院	30	1 055	30	1 052	5	1 007	11	1 042	14	834	0	151	0	960	0	908	0	929
大连软件职业学院	29	1 060	29	1 057	4	1 027	15	1 003	10	918	0	151	7	837	2	786	3	819
大连职业技术学院	334	81	321	95	144	18	161	86	16	799	13	27	74	292	42	167	29	356
大连装备制造职业技术学院	7	1 124	7	1 124	0	1 107	5	1 093	2	1 061	0	151	0	960	0	908	0	929
大庆医学高等专科学校	28	1 067	28	1 064	5	1 007	15	1 003	8	952	0	151	0	960	0	908	0	929
大庆职业学院	41	999	41	998	14	843	24	895	3	1 045	0	151	0	960	0	908	0	929
大同煤炭职业技术学院	67	867	67	865	9	940	20	942	38	433	0	151	3	909	1	846	2	857
大兴安岭职业学院	126	566	126	564	46	389	67	458	13	863	0	151	0	960	0	908	0	929
德宏师范高等专科学校	255	184	255	181	76	183	95	280	84	122	0	151	94	231	27	272	37	283
德宏职业学院	132	531	132	530	36	517	48	645	48	330	0	151	28	575	5	672	14	557
德州职业技术学院	282	137	282	134	95	109	119	178	68	198	0	151	56	379	15	425	29	356
定西师范高等专科学校	161	415	161	409	67	240	90	307	4	1 031	0	151	37	501	17	391	19	491
东莞职业技术学院	387	40	387	39	69	226	246	14	72	171	0	151	107	189	22	328	74	123
东营科技职业学院	84	787	84	783	3	1 045	35	778	46	347	0	151	12	761	0	908	12	594
东营职业学院	256	179	256	174	75	189	159	87	22	688	0	151	78	279	29	246	45	230
鄂尔多斯生态环境职业学院	27	1 071	27	1 068	9	940	11	1 042	7	973	0	151	5	870	1	846	2	857
鄂尔多斯职业学院	80	813	80	808	36	517	15	1 003	29	563	0	151	11	770	4	710	5	756
鄂州职业大学	342	70	337	75	93	114	163	83	81	137	5	54	237	51	73	80	116	50
佛山职业技术学院	178	350	178	344	46	389	79	369	53	288	0	151	170	102	61	106	71	134
福建船政交通职业学院	133	527	133	525	43	417	75	392	15	818	0	151	21	649	8	590	13	575
福建电力职业技术学院	40	1 005	40	1 004	10	917	22	916	8	952	0	151	30	554	12	485	15	540
福建华南女子职业学院	128	554	128	552	19	754	71	419	38	433	0	151	50	413	10	514	31	334
福建林业职业技术学院	92	746	92	740	22	699	26	874	44	366	0	151	41	478	14	442	15	540
福建农业职业技术学院	105	678	105	674	35	532	49	631	21	709	0	151	40	482	11	497	21	456
福建生物工程职业技术学院	89	764	89	760	22	699	29	843	38	433	0	151	77	285	18	381	21	456
福建水利电力职业技术学院	104	683	104	681	23	684	48	645	33	498	0	151	209	65	64	98	101	73
福建体育职业技术学院	94	734	94	729	31	570	34	792	29	563	0	151	55	389	21	339	28	372
福建卫生职业技术学院	155	440	155	437	36	517	62	498	57	261	0	151	114	172	42	167	40	259
福建信息职业技术学院	173	366	173	362	68	231	72	412	33	498	0	151	99	218	58	113	38	268
福建艺术职业学院	166	395	166	390	22	699	61	510	83	126	0	151	38	493	5	672	18	504
福建幼儿师范高等专科学校	209	268	209	261	78	175	80	362	51	307	0	151	234	54	80	66	95	84
福州科技职业技术学院	11	1 115	11	1 115	5	1 007	4	1 103	2	1 061	0	151	9	799	4	710	4	790
福州黎明职业技术学院	64	887	64	885	5	1 007	20	942	39	420	0	151	10	784	0	908	6	733
福州软件职业技术学院	84	787	84	783	16	810	26	874	42	388	0	151	9	799	2	786	5	756
福州英华职业学院	54	936	54	934	3	1 045	27	865	24	658	0	151	18	685	0	908	14	557

研究发展人员(人)														R&D 经费情况(千元)					
		按学历学位划分								其他人员		折合全时人员(人年)		当年经费收入合计		其中:科研事业费		当年经费支出合计	
初级		博士毕业		硕士毕业		本科毕业		其他学历											
0	798	0	427	0	940	0	919	0	146	0	188	0	960	0	982	0	812	0	985
2	604	0	427	4	816	3	773	0	146	0	188	1.7	801	51	906	0	812	54.2	896
3	543	1	293	61	213	12	512	0	146	0	188	14	282	606	375	40.5	549	606	355
0	798	0	427	0	940	0	919	0	146	0	188	0	960	0	982	0	812	0	985
0	798	0	427	0	940	0	919	0	146	0	188	0	960	0	982	0	812	0	985
0	798	0	427	0	940	0	919	0	146	0	188	0	960	0	982	0	812	0	985
0	798	0	427	1	911	2	813	0	146	0	188	0.3	947	610	370	0	812	607	353
0	798	0	427	0	940	0	919	0	146	0	188	0	960	0	982	0	812	0	985
30	81	0	427	74	177	19	375	1	65	0	188	13.7	292	1 693	138	385	122	1 374	160
9	310	0	427	14	590	14	468	0	146	0	188	4	638	161	727	20	661	165.5	717
12	242	0	427	40	328	16	428	0	146	0	188	35.5	76	2 180.16	92	808.56	54	2 176.16	86
1	685	0	427	14	590	23	312	0	146	0	188	4.9	595	184	701	86	398	179	697
11	259	3	183	87	137	17	408	0	146	0	188	14	282	5 216.81	24	2 721.91	11	4 762.75	27
0	798	0	427	2	882	10	566	0	146	0	188	4.7	608	276	612	12	721	276	596
4	497	1	293	72	182	5	692	0	146	0	188	13.9	285	616	367	60	469	586	367
2	604	0	427	2	882	3	773	0	146	0	188	0.7	909	34	933	20	661	14	973
2	604	0	427	8	702	3	773	0	146	0	188	2.1	773	83	851	20	661	108.45	796
48	33	2	225	65	198	168	7	2	36	0	188	41.3	61	1 771.4	127	30	607	1 893.33	114
38	50	3	183	145	59	22	323	0	146	0	188	37.9	69	5 010.24	26	614.7	74	4 900.05	25
0	798	0	427	13	609	8	608	0	146	0	188	2.6	732	172	716	34	594	81.5	845
3	543	2	225	10	662	18	388	0	146	0	188	4.8	601	442.1	480	27.3	634	442.1	467
9	310	0	427	41	323	9	585	0	146	0	188	10.7	367	680.6	331	52	511	453.8	458
12	242	0	427	17	543	24	303	0	146	0	188	7.4	484	335	562	35	589	327.26	558
8	341	0	427	35	367	5	692	0	146	0	188	10	388	440	481	17.5	696	442.6	465
38	50	4	144	46	282	27	265	0	146	0	188	9.5	406	509.2	428	54.2	501	469.19	448
44	39	0	427	94	124	115	18	0	146	0	188	28.8	119	1 264.64	193	180	244	1 155.04	199
6	406	2	225	35	367	18	388	0	146	0	188	7.3	489	102	807	20.5	660	127.5	767
32	69	3	183	73	180	36	193	2	36	0	188	18.6	206	839.8	271	104	347	734.64	296
3	543	2	225	76	166	20	351	1	65	0	188	14.9	266	491.6	437	185	235	449.85	461
15	191	2	225	20	494	16	428	0	146	0	188	8.8	423	507.31	430	35	589	492.72	429
58	18	6	96	153	52	75	61	0	146	1	96	43.8	52	2 115.2	95	222	201	2 206.23	84
1	685	0	427	4	816	5	692	0	146	0	188	4	638	64	886	6	775	58	886
4	497	0	427	5	791	5	692	0	146	0	188	4.8	601	222	666	30	607	201	669
2	604	0	427	6	762	3	773	0	146	0	188	2.3	761	86.34	846	40.17	552	89.34	834
4	497	0	427	4	816	14	468	0	146	0	188	2.2	765	96	824	15	704	116.58	781

学校名称	社科活动人员(人)																	
	合计		按职称划分								其他人员		合计		按职称划分			
			小计		高级		中级		初级						高级		中级	
福州职业技术学院	195	305	195	301	65	255	88	318	42	388	0	151	138	134	49	139	72	132
抚顺师范高等专科学校	32	1 048	32	1 045	32	557	0	1 128	0	1 109	0	151	0	960	0	908	0	929
抚顺职业技术学院	19	1 101	19	1 099	19	754	0	1 128	0	1 109	0	151	0	960	0	908	0	929
抚州职业技术学院	131	535	131	532	27	626	42	715	62	228	0	151	24	620	13	467	9	657
阜新高等专科学校	296	118	274	148	121	50	135	136	18	767	22	16	0	960	0	908	0	929
阜阳科技职业学院	6	1 127	6	1 127	2	1 067	4	1 103	0	1 109	0	151	0	960	0	908	0	929
阜阳幼儿师范高等专科学校	106	672	106	666	31	570	62	498	13	863	0	151	29	564	9	557	19	491
阜阳职业技术学院	139	502	139	500	47	382	49	631	43	378	0	151	22	639	13	467	7	713
甘肃钢铁职业技术学院	61	901	57	920	17	790	27	865	13	863	4	58	8	820	3	749	5	756
甘肃工业职业技术学院	110	656	110	649	41	447	49	631	20	725	0	151	14	737	6	642	7	713
甘肃机电职业技术学院	74	842	74	839	21	716	31	824	22	688	0	151	27	587	9	557	13	575
甘肃建筑职业技术学院	52	944	52	941	11	897	25	887	16	799	0	151	28	575	10	514	12	594
甘肃警察职业学院	106	672	106	666	57	303	26	874	23	676	0	151	40	482	28	260	9	657
甘肃林业职业技术学院	26	1 076	26	1 073	18	775	7	1 079	1	1 086	0	151	4	894	3	749	1	893
甘肃农业职业技术学院	15	1 109	15	1 108	7	975	7	1 079	1	1 086	0	151	6	853	2	786	4	790
甘肃卫生职业学院	32	1 048	32	1 045	10	917	16	992	6	996	0	151	0	960	0	908	0	929
甘肃畜牧工程职业技术学院	35	1 031	35	1 029	20	729	14	1 020	1	1 086	0	151	0	960	0	908	0	929
甘肃有色冶金职业技术学院	20	1 098	20	1 095	3	1 045	11	1 042	6	996	0	151	1	948	0	908	1	893
赣南卫生健康职业学院	95	729	95	724	33	549	54	579	8	952	0	151	69	310	22	328	43	243
赣州师范高等专科学校	130	545	130	542	47	382	59	533	24	658	0	151	43	461	25	299	17	519
公安边防部队高等专科学校	156	438	156	433	33	549	87	327	36	460	0	151	59	361	14	442	31	334
广安职业技术学院	244	209	244	204	86	138	99	250	59	245	0	151	57	371	24	309	25	409
广东碧桂园职业学院	46	971	46	969	10	917	15	1 003	21	709	0	151	18	685	2	786	9	657
广东创新科技职业学院	208	271	208	266	16	810	87	327	105	65	0	151	5	870	0	908	4	790
广东工程职业技术学院	203	284	203	279	56	313	134	139	13	863	0	151	51	409	21	339	30	346
广东工贸职业技术学院	348	65	348	65	78	175	202	36	68	198	0	151	102	204	46	152	48	217
广东工商职业学院	272	152	272	149	75	189	108	217	89	109	0	151	54	396	16	408	33	314
广东环境保护工程职业学院	122	592	122	586	10	917	48	645	64	217	0	151	14	737	3	749	10	642
广东机电职业技术学院	114	635	114	629	57	303	54	579	3	1 045	0	151	6	853	3	749	3	819
广东建设职业技术学院	161	415	161	409	37	502	82	352	42	388	0	151	55	389	22	328	28	372
广东江门中医药职业学院	26	1 076	26	1 073	16	810	9	1 059	1	1 086	0	151	0	960	0	908	0	929
广东交通职业技术学院	62	893	62	890	16	810	43	707	3	1 045	0	151	55	389	15	425	38	268
广东酒店管理职业技术学院	34	1 037	34	1 035	5	1 007	8	1 069	21	709	0	151	2	929	0	908	2	857

续表

研究发展人员(人)														R&D经费情况(千元)					
		按学历学位划分								其他人员		折合全时人员(人年)		当年经费收入合计				当年经费支出合计	
初级		博士毕业		硕士毕业		本科毕业		其他学历								其中:科研事业费			
17	168	2	225	95	122	41	158	0	146	0	188	15.7	252	3 388.2	49	2 237.5	14	1 043.64	214
0	798	0	427	0	940	0	919	0	146	0	188	0	960	0	982	0	812	0	985
0	798	0	427	0	940	0	919	0	146	0	188	0	960	0	982	0	812	0	985
2	604	0	427	17	543	7	635	0	146	0	188	4	638	3 391	48	41	545	3 256	47
0	798	0	427	0	940	0	919	0	146	0	188	0	960	0	982	0	812	0	985
0	798	0	427	0	940	0	919	0	146	0	188	0	960	0	982	0	812	0	985
1	685	0	427	8	702	21	334	0	146	0	188	3.6	660	294	595	126	308	294	581
2	604	0	427	7	736	15	447	0	146	0	188	3.3	682	187	698	80	406	187	685
0	798	0	427	3	846	5	692	0	146	0	188	1.1	853	92	834	70	429	48	910
1	685	0	427	9	681	5	692	0	146	0	188	1.4	829	264	627	160	268	138	751
5	447	0	427	10	662	17	408	0	146	0	188	4.9	595	196	686	0	812	185.75	687
5	447	0	427	7	736	21	334	0	146	1	96	3.3	682	166	725	100	359	166	716
3	543	1	293	19	513	20	351	0	146	0	188	6.7	515	965	230	565	80	687	315
0	798	0	427	0	940	4	738	0	146	0	188	0.6	919	73.8	866	51	518	29	952
0	798	0	427	4	816	2	813	0	146	0	188	1.2	842	28	951	10	733	21	964
0	798	0	427	0	940	0	919	0	146	0	188	0	960	0	982	0	812	0	985
0	798	0	427	0	940	0	919	0	146	0	188	0	960	245	641	0	812	245	628
0	798	0	427	1	911	0	919	0	146	0	188	0.1	956	22	964	20	661	7	981
4	497	2	225	41	323	26	276	0	146	0	188	8.3	438	541	407	124	311	510.6	415
1	685	1	293	25	444	17	408	0	146	0	188	8.2	443	345	550	180	244	226.8	642
13	226	6	96	29	416	24	303	0	146	1	96	10	388	403	502	190	231	113	791
8	341	0	427	17	543	40	164	0	146	0	188	13.3	300	850	270	0	812	850	263
7	371	1	293	8	702	4	738	5	17	0	188	2	781	1 496.5	163	205	214	1 222.9	184
1	685	0	427	4	816	1	863	0	146	0	188	2.7	721	2 544	80	0	812	2 554.8	73
0	798	0	427	42	314	9	585	0	146	0	188	8.6	427	771	295	300	149	739.4	289
8	341	5	118	81	152	16	428	0	146	0	188	14.8	270	408	499	236	194	1 456.36	151
5	447	0	427	25	444	29	245	0	146	0	188	7.6	477	743	308	140	285	743	287
1	685	1	293	10	662	3	773	0	146	0	188	2.7	721	232.2	654	93.2	380	184	688
0	798	0	427	5	791	1	863	0	146	0	188	1.8	790	5 310	22	30	607	5 430	19
5	447	2	225	40	328	13	488	0	146	0	188	11.2	344	1 692.43	139	613.43	75	1 325.58	169
0	798	0	427	0	940	0	919	0	146	0	188	0	960	0	982	0	812	0	985
2	604	5	118	45	292	5	692	0	146	0	188	7.9	456	401	504	90	387	303.44	575
0	798	0	427	2	882	0	919	0	146	0	188	0.2	950	225.18	664	10	733	218.83	650

学校名称	社科活动人员(人)																	
	合计		按职称划分								其他人员		合计		按职称划分			
			小计		高级		中级		初级						高级		中级	
广东科贸职业学院	142	487	142	486	43	417	93	292	6	996	0	151	24	620	14	442	8	687
广东科学技术职业学院	493	9	493	9	143	19	253	10	97	85	0	151	172	99	79	68	81	106
广东理工职业学院	208	271	208	266	71	210	117	187	20	725	0	151	75	289	28	260	37	283
广东岭南职业技术学院	288	129	288	127	32	557	172	66	84	122	0	151	98	219	21	339	64	153
广东茂名健康职业学院	25	1 082	25	1 080	9	940	11	1 042	5	1 013	0	151	0	960	0	908	0	929
广东茂名幼儿师范专科学校	227	237	227	233	21	716	137	128	69	193	0	151	116	167	28	260	74	123
广东南方职业学院	239	219	239	214	42	433	93	292	104	68	0	151	36	508	6	642	26	395
广东南华工商职业学院	196	304	196	300	28	613	139	122	29	563	0	151	164	105	29	246	119	46
广东农工商职业技术学院	396	35	396	34	127	41	213	28	56	272	0	151	206	69	91	48	99	76
广东女子职业技术学院	328	91	328	88	101	90	148	106	79	146	0	151	360	24	153	17	166	20
广东青年职业学院	111	650	111	645	20	729	53	587	38	433	0	151	37	501	10	514	22	445
广东轻工职业技术学院	457	19	457	19	129	39	231	20	97	85	0	151	101	208	46	152	48	217
广东生态工程职业学院	108	665	108	662	38	487	35	778	35	476	0	151	43	461	25	299	17	519
广东省外语艺术职业学院	435	24	435	24	133	30	231	20	71	179	0	151	222	59	100	41	93	91
广东食品药品职业学院	31	1 052	31	1 049	8	954	13	1 033	10	918	0	151	7	837	4	710	2	857
广东水利电力职业技术学院	177	355	177	350	34	539	80	362	63	223	0	151	185	84	64	98	96	83
广东司法警官职业学院	146	473	146	470	58	293	75	392	13	863	0	151	10	784	7	618	3	819
广东松山职业技术学院	160	422	160	416	8	954	86	330	66	208	0	151	53	401	4	710	33	314
广东体育职业技术学院	153	449	153	445	30	580	90	307	33	498	0	151	22	639	9	557	11	616
广东文理职业学院	88	771	88	766	11	897	20	942	57	261	0	151	8	820	2	786	3	819
广东文艺职业学院	105	678	105	674	26	643	65	471	14	834	0	151	126	155	27	272	73	129
广东舞蹈戏剧职业学院	130	545	130	542	32	557	27	865	71	179	0	151	0	960	0	908	0	929
广东新安职业技术学院	65	878	65	876	8	954	29	843	28	581	0	151	0	960	0	908	0	929
广东信息工程职业学院	86	777	86	772	16	810	17	980	53	288	0	151	0	960	0	908	0	929
广东行政职业学院	159	429	159	422	20	729	111	206	28	581	0	151	181	90	48	143	118	47
广东亚视演艺职业学院	102	688	102	685	18	775	26	874	58	249	0	151	15	730	5	672	7	713
广东邮电职业技术学院	76	831	76	826	18	775	18	971	40	409	0	151	1	948	1	846	0	929
广东职业技术学院	233	226	233	221	45	403	105	226	83	126	0	151	186	83	56	117	97	81
广西城市职业学院	415	30	358	54	121	50	94	287	143	12	57	5	40	482	9	557	25	409
广西电力职业技术学院	121	597	112	639	35	532	62	498	15	818	9	35	56	379	17	391	34	301
广西工程职业学院	111	650	64	885	33	549	6	1 085	25	633	47	7	2	929	0	908	1	893
广西工商职业技术学院	188	320	162	403	37	502	94	287	31	529	26	13	188	79	37	195	94	88
广西工业职业技术学院	216	255	174	358	53	334	100	246	21	709	42	8	41	478	17	391	22	445
广西国际商务职业技术学院	80	813	80	808	24	666	56	558	0	1 109	0	151	19	677	4	710	15	540
广西机电职业技术学院	279	142	229	230	73	201	131	145	25	633	50	6	73	295	39	183	32	325

续表

研究发展人员(人)														R&D经费情况(千元)					
		按学历学位划分								其他人员		折合全时人员(人年)		当年经费收入合计				当年经费支出合计	
初级		博士毕业		硕士毕业		本科毕业		其他学历								其中:科研事业费			
2	604	2	225	15	577	7	635	0	146	0	188	2.5	739	339	557	0	812	384	509
12	242	19	25	121	78	32	220	0	146	0	188	46	42	2 497.87	82	297.71	152	2 421.64	76
10	279	8	76	62	207	5	692	0	146	0	188	8.5	431	630.6	355	309	144	489	433
13	226	4	144	64	200	30	236	0	146	0	188	22.7	165	690.6	328	59.4	487	656	328
0	798	0	427	0	940	0	919	0	146	0	188	0	960	0	982	0	812	0	985
14	211	1	293	61	213	54	105	0	146	0	188	25.4	146	624	361	139	290	621	345
4	497	0	427	14	590	22	323	0	146	0	188	4.6	613	249.59	637	10	733	251.09	622
15	191	4	144	118	83	40	164	2	36	1	96	36.7	70	1 957.67	108	263.5	169	1 871.94	116
15	191	23	19	162	43	20	351	1	65	1	96	49.1	34	3 477.2	43	16	699	4 409.08	32
41	46	13	47	252	20	95	33	0	146	0	188	67.3	20	3 171.34	56	267	165	4 458.77	31
5	447	3	183	32	398	2	813	0	146	0	188	5.7	549	594.8	382	45	535	178.46	698
7	371	12	53	74	177	15	447	0	146	0	188	32.6	86	2 906	69	891	48	2 008.85	100
1	685	0	427	19	513	24	303	0	146	0	188	6.8	511	650.39	342	77.39	421	738.27	290
28	89	15	41	147	56	60	85	0	146	1	96	30.3	106	1 396.7	170	130	302	1 442.5	154
1	685	1	293	6	762	0	919	0	146	0	188	5.3	568	294	595	61	467	264.31	609
23	115	13	47	127	74	44	142	1	65	2	64	32.9	85	1 526.4	158	110	334	1 275.04	175
0	798	2	225	5	791	3	773	0	146	0	188	1	863	946	237	67	444	936.6	238
16	177	0	427	34	378	18	388	1	65	0	188	15.3	258	544.67	404	110	334	417.47	483
2	604	3	183	12	628	7	635	0	146	0	188	7.1	498	705.13	321	425.06	111	799.42	277
3	543	0	427	3	846	5	692	0	146	0	188	1.8	790	2 130	94	120	313	2 080	94
21	127	5	118	51	254	66	73	4	25	5	37	31.9	94	3 356.83	51	2 823.01	9	3 331.23	46
0	798	0	427	0	940	0	919	0	146	0	188	0	960	32.18	940	0	812	510.18	416
0	798	0	427	0	940	0	919	0	146	0	188	0	960	0	982	0	812	0	985
0	798	0	427	0	940	0	919	0	146	0	188	0	960	128	773	0	812	128	766
14	211	6	96	144	60	31	229	0	146	1	96	42.5	57	1 761	129	164	264	1 758.06	123
3	543	0	427	10	662	5	692	0	146	0	188	1.6	811	129.4	771	15	704	360.8	523
0	798	0	427	0	940	1	863	0	146	0	188	0.1	956	8.7	975	0	812	8.7	978
33	64	2	225	110	97	74	64	0	146	0	188	27.3	130	1 028.5	220	52.1	510	1 078.73	207
5	447	0	427	11	644	28	255	1	65	1	96	8.9	419	532.6	413	132.6	300	475.98	443
5	447	0	427	42	314	14	468	0	146	0	188	12.4	318	216	673	40	554	240.5	634
0	798	0	427	2	882	0	919	0	146	1	96	0.6	919	46	915	40	554	46	915
31	72	0	427	83	145	70	69	35	3	26	3	30.1	110	612.4	369	250	183	632.6	335
0	798	0	427	9	681	32	220	0	146	2	64	5.6	555	288	599	120	313	294	581
0	798	1	293	8	702	10	566	0	146	0	188	2.1	773	1 095.4	209	1 058	34	797.62	278
0	798	1	293	42	314	29	245	1	65	2	64	8.9	419	492	436	240	190	430.74	473

学校名称	社科活动人员(人)																	
	合计		按职称划分								其他人员		合计		按职称划分			
			小计		高级		中级		初级						高级		中级	
广西建设职业技术学院	187	322	180	336	24	666	72	412	84	122	7	42	129	152	32	222	74	123
广西交通职业技术学院	125	571	124	575	25	657	75	392	24	658	1	100	47	432	10	514	26	395
广西金融职业技术学院	143	482	142	486	33	549	62	498	47	339	1	100	52	404	11	497	31	334
广西经济职业学院	62	893	44	979	3	1 045	17	980	24	658	18	18	9	799	4	710	4	790
广西经贸职业技术学院	200	290	191	310	40	462	121	175	30	542	9	35	369	19	95	45	225	11
广西科技职业学院	37	1 020	30	1 052	0	1 107	8	1 069	22	688	7	42	34	522	0	908	9	657
广西蓝天航空职业学院	0	1 133	0	1 133	0	1 107	0	1 128	0	1 109	0	151	0	960	0	908	0	929
广西理工职业技术学院	245	208	173	362	64	259	64	480	45	354	72	3	14	737	3	749	6	733
广西农业职业技术学院	116	618	106	666	22	699	60	523	24	658	10	31	35	514	7	618	20	473
广西培贤国际职业学院	0	1 133	0	1 133	0	1 107	0	1 128	0	1 109	0	151	0	960	0	908	0	929
广西生态工程职业技术学院	155	440	153	445	38	487	78	373	37	450	2	79	79	275	35	206	41	255
广西水利电力职业技术学院	173	366	149	459	26	643	78	373	45	354	24	14	109	182	27	272	70	137
广西体育高等专科学校	123	585	109	659	30	580	51	610	28	581	14	24	144	128	50	138	55	190
广西卫生职业技术学院	89	764	73	841	17	790	49	631	7	973	16	20	34	522	7	618	23	431
广西现代职业技术学院	71	855	71	853	20	729	38	753	13	863	0	151	10	784	3	749	5	756
广西演艺职业学院	43	985	20	1 095	3	1 045	11	1 042	6	996	23	15	9	799	1	846	5	756
广西英华国际职业学院	102	688	73	841	2	1 067	48	645	23	676	29	11	38	493	1	846	30	346
广西幼儿师范高等专科学校	280	140	276	141	49	361	117	187	110	53	4	58	164	105	37	195	97	81
广西职业技术学院	343	68	343	66	66	248	209	30	68	198	0	151	465	8	147	23	270	3
广州城建职业学院	256	179	256	174	35	532	158	88	63	223	0	151	69	310	20	355	42	247
广州城市职业学院	330	86	330	83	100	92	182	58	48	330	0	151	447	10	138	24	209	13
广州东华职业学院	75	837	75	834	5	1 007	28	855	42	388	0	151	20	666	2	786	10	642
广州番禺职业技术学院	474	15	474	15	105	78	248	13	121	32	0	151	415	14	148	22	217	12
广州工程技术职业学院	133	527	133	525	24	666	94	287	15	818	0	151	94	231	27	272	61	171
广州华立科技职业学院	122	592	122	586	8	954	67	458	47	339	0	151	15	730	2	786	12	594
广州华南商贸职业学院	186	328	186	322	25	657	98	256	63	223	0	151	28	575	5	672	20	473
广州华商职业学院	277	146	277	140	66	248	76	389	135	18	0	151	49	415	5	672	25	409
广州华夏职业学院	397	34	397	33	63	265	108	217	226	1	0	151	42	471	6	642	23	431
广州康大职业技术学院	47	962	47	960	3	1 045	42	715	2	1 061	0	151	10	784	2	786	8	687
广州科技贸易职业学院	102	688	102	685	29	595	51	610	22	688	0	151	27	587	14	442	13	575
广州科技职业技术学院	203	284	203	279	15	829	124	170	64	217	0	151	9	799	3	749	6	733
广州民航职业技术学院	295	119	295	117	68	231	156	92	71	179	0	151	120	162	38	189	73	129
广州南洋理工职业学院	184	335	184	330	24	666	90	307	70	186	0	151	43	461	9	557	28	372
广州涉外经济职业技术学院	125	571	125	568	11	897	95	280	19	745	0	151	8	820	1	846	6	733

续表

研究发展人员(人)														R&D经费情况(千元)					
		按学历学位划分								其他人员		折合全时人员(人年)		当年经费收入合计		其中:科研事业费		当年经费支出合计	
初级		博士毕业		硕士毕业		本科毕业		其他学历											
22	118	0	427	80	154	48	125	1	65	1	96	22	170	730	311	70	429	846.28	266
10	279	0	427	22	478	24	303	1	65	0	188	8.6	427	381	519	170	255	388	505
10	279	2	225	40	328	10	566	0	146	0	188	13.5	295	390	511	140	285	257.24	616
0	798	0	427	4	816	5	692	0	146	1	96	3.4	673	89.7	842	0	812	153.8	731
29	86	0	427	191	30	177	6	1	65	20	5	68.4	18	771	295	87	394	860.73	258
18	155	0	427	3	846	30	236	1	65	7	22	4.4	620	340	555	210	208	340	544
0	798	0	427	0	940	0	919	0	146	0	188	0	960	0	982	0	812	0	985
5	447	0	427	4	816	10	566	0	146	0	188	2	781	100	808	0	812	98.8	816
5	447	0	427	15	577	20	351	0	146	3	52	6.6	519	186.6	699	12	721	210.2	661
0	798	0	427	0	940	0	919	0	146	0	188	0	960	0	982	0	812	0	985
3	543	7	87	48	272	24	303	0	146	0	188	11.7	328	3 449	45	2 774	10	3 113.88	49
12	242	0	427	53	247	56	98	0	146	0	188	25.6	143	512	425	0	812	633.62	333
31	72	2	225	68	190	73	65	1	65	8	17	22	170	638.6	351	167	259	574.18	381
3	543	0	427	14	590	20	351	0	146	1	96	7.9	456	240	647	35	589	290.96	585
2	604	0	427	5	791	5	692	0	146	0	188	1.5	819	218	671	40	554	208.7	665
2	604	0	427	2	882	7	635	0	146	1	96	1.8	790	120	778	20	661	129.7	764
5	447	0	427	3	846	35	198	0	146	2	64	5.9	543	202	679	10	733	213.84	656
29	86	10	67	114	90	40	164	0	146	1	96	36.3	72	749.3	305	350	130	519.86	407
48	33	4	144	239	22	221	2	1	65	0	188	76	12	2 320.24	86	923	44	1 710.73	130
7	371	7	87	44	303	18	388	0	146	0	188	13.1	305	616.8	366	258	175	589.9	363
100	4	51	2	302	11	92	37	2	36	0	188	65.6	22	4 538.23	32	362	128	4 219.82	37
8	341	0	427	11	644	9	585	0	146	0	188	2.6	732	476	455	0	812	473.6	446
50	29	25	15	287	14	102	26	1	65	0	188	60.6	28	7 311.08	11	1 373.4	25	7 717.07	8
6	406	5	118	76	166	13	488	0	146	0	188	12	325	1 199.5	197	555	82	855.48	261
1	685	0	427	8	702	7	635	0	146	0	188	2.5	739	522	419	166	260	494	427
3	543	0	427	17	543	11	544	0	146	0	188	3.2	688	229	658	0	812	298.1	577
18	155	1	293	26	436	21	334	1	65	1	96	7.1	498	1 515.5	159	104	347	1 485.8	150
13	226	0	427	20	494	22	323	0	146	0	188	10.8	359	1 394	171	0	812	1 373.58	161
0	798	0	427	9	681	1	863	0	146	0	188	1.1	853	234	652	20	661	234	638
0	798	4	144	23	466	0	919	0	146	0	188	3.8	652	950	235	650	67	672.2	321
0	798	0	427	6	762	3	773	0	146	0	188	2.5	739	550	401	310	142	551.5	392
4	497	17	33	72	182	30	236	1	65	5	37	30.1	110	1 780.9	125	970	41	932.2	239
6	406	2	225	23	466	17	408	1	65	0	188	4.9	595	776.4	293	93.2	380	686.4	316
1	685	0	427	8	702	0	919	0	146	0	188	0.9	882	166.38	724	5	779	166.38	715

学校名称	社科活动人员(人)																			
	合计		按职称划分								其他人员		合计		按职称划分					
			小计		高级		中级		初级						高级		中级			
广州松田职业学院	96	721	96	716	8	954	71	419	17	781	0	151	9	799	2	786	6	733		
广州体育职业技术学院	80	813	80	808	28	613	40	733	12	883	0	151	10	784	5	672	5	756		
广州铁路职业技术学院	136	516	136	514	39	470	68	445	29	563	0	151	102	204	65	94	34	301		
广州卫生职业技术学院	45	975	45	972	8	954	15	1 003	22	688	0	151	0	960	0	908	0	929		
广州现代信息工程职业技术学院	242	214	242	208	12	874	70	427	160	9	0	151	0	960	0	908	0	929		
广州珠江职业技术学院	93	742	90	752	7	975	37	761	46	347	3	68	0	960	0	908	0	929		
硅湖职业技术学院	125	571	125	568	29	595	52	599	44	366	0	151	44	459	9	557	30	346		
贵阳护理职业学院	93	742	93	736	28	613	46	674	19	745	0	151	56	379	24	309	30	346		
贵阳幼儿师范高等专科学校	264	165	264	161	42	433	46	674	176	6	0	151	278	31	63	101	55	190		
贵阳职业技术学院	215	258	215	252	71	210	110	210	34	488	0	151	27	587	11	497	12	594		
贵州城市职业学院	98	707	98	704	4	1 027	35	778	59	245	0	151	18	685	0	908	9	657		
贵州电子科技职业学院	90	759	90	752	13	856	15	1 003	62	228	0	151	0	960	0	908	0	929		
贵州电子商务职业技术学院	167	391	167	386	27	626	26	874	114	45	0	151	4	894	1	846	0	929		
贵州电子信息职业技术学院	115	629	115	624	27	626	55	567	33	498	0	151	19	677	11	497	7	713		
贵州工业职业技术学院	127	559	127	557	26	643	41	722	60	239	0	151	23	629	8	590	7	713		
贵州航天职业技术学院	134	524	134	522	14	843	49	631	71	179	0	151	4	894	1	846	1	893		
贵州健康职业学院	22	1 093	22	1 091	0	1 107	1	1 125	21	709	0	151	4	894	0	908	0	929		
贵州交通职业技术学院	100	698	100	694	24	666	40	733	36	460	0	151	31	546	10	514	19	491		
贵州轻工职业技术学院	147	471	145	475	70	219	29	843	46	347	2	79	21	649	10	514	5	756		
贵州水利水电职业技术学院	82	797	76	826	10	917	16	992	50	318	6	46	0	960	0	908	0	929		
贵州职业技术学院	177	355	177	350	74	195	58	541	45	354	0	151	93	233	49	139	26	395		
桂林山水职业学院	30	1 055	13	1 114	0	1 107	11	1 042	2	1 061	17	19	5	870	0	908	3	819		
桂林师范高等专科学校	272	152	262	163	103	84	139	122	20	725	10	31	98	219	38	189	53	199		
哈尔滨城市职业学院	10	1 117	10	1 117	1	1 088	9	1 059	0	1 109	0	151	0	960	0	908	0	929		
哈尔滨传媒职业学院	85	781	85	777	21	716	41	722	23	676	0	151	0	960	0	908	0	929		
哈尔滨电力职业技术学院	23	1 089	23	1 087	12	874	11	1 042	0	1 109	0	151	0	960	0	908	0	929		
哈尔滨科学技术职业学院	117	611	117	608	51	346	62	498	4	1 031	0	151	0	960	0	908	0	929		
哈尔滨铁道职业技术学院	33	1 043	33	1 041	12	874	20	942	1	1 086	0	151	0	960	0	908	0	929		
哈尔滨应用职业技术学院	29	1 060	29	1 057	0	1 107	15	1 003	14	834	0	151	0	960	0	908	0	929		
哈尔滨幼儿师范高等专科学校	148	469	148	466	62	269	55	567	31	529	0	151	0	960	0	908	0	929		
哈尔滨职业技术学院	189	316	189	314	117	55	50	622	22	688	0	151	0	960	0	908	0	929		
哈密职业技术学院	42	996	42	993	11	897	17	980	14	834	0	151	21	649	9	557	6	733		

续表

研究发展人员（人）														R&D 经费情况（千元）					
		按学历学位划分																	
初级		博士毕业		硕士毕业		本科毕业		其他学历		其他人员		折合全时人员（人年）		当年经费收入合计		其中：科研事业费		当年经费支出合计	
1	685	0	427	7	736	2	813	0	146	0	188	1	863	1 939.33	112	2	807	1 960.78	106
0	798	1	293	7	736	2	813	0	146	0	188	2.1	773	0	982	0	812	10	974
3	543	13	47	68	190	21	334	0	146	0	188	18.5	208	2 881.75	70	1 275	27	2 005.18	101
0	798	0	427	0	940	0	919	0	146	0	188	0	960	0	982	0	812	0	985
0	798	0	427	0	940	0	919	0	146	0	188	0	960	200	681	0	812	200	671
0	798	0	427	0	940	0	919	0	146	0	188	0	960	0	982	0	812	0	985
5	447	1	293	24	457	19	375	0	146	0	188	13	307	857.5	265	442.5	107	506	418
1	685	0	427	44	303	12	512	0	146	1	96	10.4	380	913.2	249	412	115	623.5	344
160	1	0	427	148	54	130	14	0	146	0	188	45.6	44	1 340.18	180	40.18	551	1 364.89	163
4	497	0	427	17	543	10	566	0	146	0	188	2.7	721	272	615	65	451	272	599
9	310	0	427	4	816	14	468	0	146	0	188	1.9	786	89.3	843	29.5	625	71.2	860
0	798	0	427	0	940	0	919	0	146	0	188	0	960	0	982	0	812	0	985
3	543	0	427	0	940	4	738	0	146	0	188	1.2	842	52.33	905	8	763	52.33	902
1	685	0	427	5	791	14	468	0	146	0	188	4.3	626	269	622	64	454	293	584
8	341	0	427	9	681	14	468	0	146	0	188	5	585	459.5	472	69	436	418.98	481
2	604	0	427	1	911	3	773	0	146	0	188	1.3	839	45	919	13	716	46	915
4	497	0	427	3	846	1	863	0	146	0	188	0.4	939	26.4	955	0	812	19.4	968
2	604	0	427	17	543	14	468	0	146	0	188	8	450	329	566	20	661	336.5	549
6	406	1	293	12	628	8	608	0	146	0	188	2.2	765	195.3	688	37.5	581	195.1	675
0	798	0	427	0	940	0	919	0	146	0	188	0	960	0	982	0	812	0	985
16	177	4	144	61	213	28	255	0	146	2	64	11.1	348	622.8	362	99.5	368	625.3	341
0	798	0	427	0	940	5	692	0	146	2	64	0.5	931	55.8	896	36	584	39.9	929
7	371	1	293	60	218	37	189	0	146	0	188	10.1	386	1 398	169	494	95	270	602
0	798	0	427	0	940	0	919	0	146	0	188	0	960	0	982	0	812	0	985
0	798	0	427	0	940	0	919	0	146	0	188	0	960	0	982	0	812	0	985
0	798	0	427	0	940	0	919	0	146	0	188	0	960	0	982	0	812	0	985
0	798	0	427	0	940	0	919	0	146	0	188	0	960	0	982	0	812	0	985
0	798	0	427	0	940	0	919	0	146	0	188	0	960	0	982	0	812	0	985
0	798	0	427	0	940	0	919	0	146	0	188	0	960	0	982	0	812	0	985
0	798	0	427	0	940	0	919	0	146	0	188	0	960	0	982	0	812	0	985
0	798	0	427	0	940	0	919	0	146	0	188	0	960	0	982	0	812	0	985
6	406	1	293	9	681	9	585	2	36	0	188	5.1	577	94.56	829	0	812	92.86	827

学校名称	社科活动人员(人)																	
	合计		按职称划分								其他人员		合计		按职称划分			
			小计		高级		中级		初级						高级		中级	
海南工商职业学院	113	640	109	659	9	940	45	685	55	277	4	58	6	853	0	908	2	857
海南经贸职业技术学院	334	81	327	89	99	94	183	57	45	354	7	42	76	286	32	222	41	255
海南科技职业学院	158	432	158	426	48	372	63	494	47	339	0	151	57	371	22	328	29	356
海南外国语职业学院	254	186	254	183	41	447	141	119	72	171	0	151	30	554	8	590	15	540
海南政法职业学院	177	355	175	354	57	303	85	337	33	498	2	79	95	227	46	152	38	268
海南职业技术学院	211	266	201	284	26	643	86	330	89	109	10	31	52	404	16	408	22	445
邯郸职业技术学院	197	302	197	297	95	109	96	272	6	996	0	151	48	419	32	222	14	557
汉中职业技术学院	82	797	82	792	21	716	33	799	28	581	0	151	0	960	0	908	0	929
杭州科技职业技术学院	262	167	262	163	68	231	147	107	47	339	0	151	239	49	87	58	114	52
杭州万向职业技术学院	115	629	115	624	37	502	73	406	5	1 013	0	151	129	152	47	146	61	171
杭州职业技术学院	170	380	170	375	39	470	95	280	36	460	0	151	17	698	5	672	9	657
合肥共达职业技术学院	10	1 117	10	1 117	3	1 045	3	1 113	4	1 031	0	151	3	909	1	846	2	857
合肥科技职业学院	27	1 071	27	1 068	0	1 107	17	980	10	918	0	151	17	698	0	908	11	616
合肥通用职业技术学院	78	822	78	817	3	1 045	39	745	36	460	0	151	23	629	1	846	12	594
合肥信息技术职业学院	121	597	120	596	10	917	39	745	71	179	1	100	0	960	0	908	0	929
合肥幼儿师范高等专科学校	160	422	160	416	42	433	60	523	58	249	0	151	23	629	13	467	10	642
合肥职业技术学院	166	395	165	394	45	403	68	445	52	297	1	100	47	432	14	442	26	395
河北对外经贸职业学院	355	58	355	58	138	23	196	41	21	709	0	151	131	147	44	158	85	98
河北工业职业技术学院	207	274	207	268	85	142	98	256	24	658	0	151	31	546	15	425	16	530
河北工艺美术职业学院	96	721	96	716	55	319	15	1 003	26	614	0	151	3	909	3	749	0	929
河北公安警察职业学院	131	535	130	542	58	293	49	631	23	676	1	100	40	482	21	339	13	575
河北轨道运输职业技术学院	93	742	93	736	59	289	25	887	9	941	0	151	26	601	15	425	9	657
河北化工医药职业技术学院	110	656	110	649	19	754	66	464	25	633	0	151	113	174	44	158	64	153
河北机电职业技术学院	149	463	149	459	41	447	70	427	38	433	0	151	100	212	34	211	62	164
河北建材职业技术学院	197	302	197	297	84	145	85	337	28	581	0	151	143	129	67	90	66	149
河北交通职业技术学院	150	460	150	456	78	175	60	523	12	883	0	151	84	260	37	195	45	230
河北劳动关系职业学院	14	1 113	14	1 112	5	1 007	6	1 085	3	1 045	0	151	2	929	1,	846	1	893
河北旅游职业学院	248	199	248	195	98	99	143	114	7	973	0	151	78	279	22	328	52	203
河北能源职业技术学院	113	640	113	635	46	389	60	523	7	973	0	151	46	441	23	320	20	473
河北女子职业技术学院	218	249	218	242	47	382	89	312	82	131	0	151	91	241	29	246	51	207
河北软件职业技术学院	76	831	76	826	37	502	37	761	2	1 061	0	151	48	419	21	339	26	395
河北省艺术职业学院	230	233	230	229	61	276	104	230	65	211	0	151	22	639	7	618	14	557
河北石油职业技术学院	34	1 037	34	1 035	17	790	17	980	0	1 109	0	151	0	960	0	908	0	929
河北司法警官职业学院	169	388	169	383	73	201	66	464	30	542	0	151	18	685	10	514	8	687
河北政法职业学院	388	38	388	37	172	8	164	82	52	297	0	151	79	275	40	176	38	268

研究发展人员(人)														R&D经费情况(千元)					
		按学历学位划分								其他人员		折合全时人员(人年)		当年经费收入合计		其中:科研事业费		当年经费支出合计	
初级		博士毕业		硕士毕业		本科毕业		其他学历											
4	497	0	427	4	816	2	813	0	146	0	188	2.5	739	100	808	30	607	123	774
3	543	0	427	38	345	38	181	0	146	0	188	17	230	1 218.4	195	293	153	1 189.4	190
6	406	4	144	25	444	28	255	0	146	0	188	8.7	425	432	486	119	318	412.75	486
4	497	1	293	12	628	16	428	1	65	3	52	4.4	620	473	458	282	156	471.6	447
10	279	5	118	61	213	29	245	0	146	1	96	21.7	176	1 707.5	137	641	71	1 316.5	170
13	226	4	144	21	484	26	276	1	65	1	96	8.1	445	567	395	246	186	535.4	402
2	604	1	293	21	484	26	276	0	146	0	188	5.4	565	1 028.29	221	777	57	814.09	272
0	798	0	427	0	940	0	919	0	146	0	188	0	960	33.8	937	0	812	33.8	942
38	50	14	43	166	39	59	89	0	146	0	188	41.6	59	3 470.64	44	312	140	2 934.29	56
4	497	8	76	98	117	22	323	1	65	17	8	20.1	191	805	280	166	260	1 017.79	220
3	543	1	293	16	559	0	919	0	146	0	188	7.3	489	1 363.7	175	250	183	1 210.5	185
0	798	1	293	2	882	0	919	0	146	0	188	0.9	882	30	943	0	812	30	947
6	406	0	427	8	702	9	585	0	146	0	188	3.1	693	152	741	45	535	152	732
9	310	0	427	6	762	17	408	0	146	1	96	2.4	753	200	681	56	493	200	671
0	798	0	427	0	940	0	919	0	146	0	188	0	960	97	822	0	812	103.7	806
0	798	1	293	12	628	10	566	0	146	0	188	8.6	427	659	340	245	187	659	325
6	406	1	293	29	416	17	408	0	146	1	96	19	203	650	343	60	469	671	322
2	604	4	144	90	131	37	189	0	146	0	188	22	170	932.92	243	0	812	968.59	231
0	798	3	183	21	484	7	635	0	146	0	188	3.5	667	355.2	540	77	422	355.2	530
0	798	0	427	1	911	2	813	0	146	0	188	0.7	909	21	966	0	812	21	964
6	406	0	427	25	444	15	447	0	146	0	188	10.8	359	494	435	0	812	494	427
1	685	0	427	14	590	12	512	0	146	1	96	3	699	88	845	0	812	86	837
5	447	0	427	86	139	27	265	0	146	0	188	17.7	222	776.73	292	38.2	579	792.17	279
4	497	0	427	84	141	16	428	0	146	0	188	24.3	154	915.43	248	62.5	459	870.33	253
9	310	3	183	100	113	39	172	1	65	1	96	22.7	165	693	327	55	497	630.02	336
2	604	0	427	55	237	26	276	3	29	0	188	13.3	300	568.38	391	23	649	568.38	386
0	798	0	427	2	882	0	919	0	146	0	188	1	863	40	927	0	812	40	925
4	497	0	427	37	351	41	158	0	146	0	188	11.5	334	356.5	538	11.5	727	358	527
3	543	0	427	12	628	33	212	1	65	0	188	5.3	568	168	722	0	812	168	712
10	279	2	225	68	190	20	351	1	65	0	188	19.3	199	383.5	515	4	789	385.5	507
1	685	0	427	30	411	17	408	1	65	0	188	14.5	276	630	356	26	637	630	337
1	685	2	225	15	577	5	692	0	146	0	188	3.1	693	98	818	8	763	98	818
0	798	0	427	0	940	0	919	0	146	0	188	0	960	0	982	0	812	0	985
0	798	0	427	12	628	6	658	0	146	0	188	3	699	138	757	56	493	126	769
0	798	2	225	65	198	12	512	0	146	1	96	32.5	87	1 710	136	12.5	718	1 745.4	125

学校名称	社科活动人员(人)																	
	合计		按职称划分								其他人员		合计		按职称划分			
			小计		高级		中级		初级						高级		中级	
河南工业和信息化职业学院	65	878	65	876	11	897	32	814	22	688	0	151	3	909	1	846	1	893
河南工业贸易职业学院	213	261	213	255	49	361	89	312	75	155	0	151	151	117	35	206	80	107
河南工业职业技术学院	187	322	187	318	56	313	90	307	41	399	0	151	42	471	13	467	24	423
河南护理职业学院	114	635	114	629	7	975	28	855	79	146	0	151	22	639	1	846	8	687
河南机电职业学院	55	931	55	929	13	856	30	835	12	883	0	151	46	441	6	642	29	356
河南检察职业学院	155	440	155	437	34	539	81	357	40	409	0	151	22	639	6	642	14	557
河南建筑职业技术学院	61	901	61	896	15	829	33	799	13	863	0	151	3	909	1	846	2	857
河南交通职业技术学院	94	734	94	729	28	613	44	693	22	688	0	151	11	770	4	710	5	756
河南经贸职业学院	243	212	243	207	84	145	94	287	65	211	0	151	89	247	43	164	32	325
河南林业职业学院	66	872	66	870	18	775	34	792	14	834	0	151	8	820	4	710	4	790
河南农业职业学院	315	99	315	97	53	334	123	174	139	15	0	151	33	529	4	710	19	491
河南水利与环境职业学院	41	999	41	998	10	917	26	874	5	1 013	0	151	3	909	1	846	2	857
河南司法警官职业学院	200	290	200	286	70	219	101	242	29	563	0	151	39	488	19	364	19	491
河南推拿职业学院	55	931	55	929	7	975	29	843	19	745	0	151	5	870	1	846	3	819
河南信息统计职业学院	113	640	113	635	29	595	51	610	33	498	0	151	1	948	1	846	0	929
河南医学高等专科学校	59	913	59	909	6	995	36	769	17	781	0	151	7	837	0	908	5	756
河南艺术职业学院	380	45	380	44	92	119	165	80	123	29	0	151	48	419	15	425	25	409
河南应用技术职业学院	233	226	233	221	36	517	98	256	99	79	0	151	25	610	9	557	8	687
河南职业技术学院	283	134	283	131	67	240	211	29	5	1 013	0	151	65	337	11	497	52	203
河南质量工程职业学院	329	89	329	86	63	265	169	72	97	85	0	151	45	451	5	672	31	334
河源职业技术学院	185	331	185	326	32	557	138	126	15	818	0	151	61	355	13	467	45	230
菏泽医学专科学校	75	837	75	834	10	917	40	733	25	633	0	151	29	564	5	672	15	540
菏泽职业学院	78	822	78	817	41	447	30	835	7	973	0	151	23	629	8	590	8	687
鹤壁能源化工职业学院	0	1 133	0	1 133	0	1 107	0	1 128	0	1 109	0	151	0	960	0	908	0	929
鹤壁汽车工程职业学院	91	755	91	748	9	940	25	887	57	261	0	151	23	629	8	590	11	616
鹤壁职业技术学院	275	149	275	144	86	138	145	110	44	366	0	151	83	263	26	284	39	263
鹤岗师范高等专科学校	127	559	127	557	59	289	49	631	19	745	0	151	0	960	0	908	0	929
黑龙江冰雪体育职业学院	50	948	50	944	10	917	26	874	14	834	0	151	12	761	3	749	4	790
黑龙江公安警官职业学院	141	494	121	593	37	502	48	645	36	460	20	17	0	960	0	908	0	929
黑龙江护理高等专科学校	140	500	140	497	43	417	64	480	33	498	0	151	0	960	0	908	0	929
黑龙江建筑职业技术学院	220	247	220	241	88	129	96	272	36	460	0	151	0	960	0	908	0	929
黑龙江交通职业技术学院	42	996	42	993	15	829	15	1 003	12	883	0	151	0	960	0	908	0	929
黑龙江林业职业技术学院	160	422	160	416	88	129	52	599	20	725	0	151	0	960	0	908	0	929
黑龙江旅游职业技术学院	60	910	60	904	37	502	18	971	5	1 013	0	151	0	960	0	908	0	929
黑龙江民族职业学院	141	494	141	494	64	259	58	541	19	745	0	151	13	750	10	514	3	819
黑龙江能源职业学院	50	948	50	944	19	754	15	1 003	16	799	0	151	0	960	0	908	0	929

续表

研究发展人员(人)														R&D 经费情况(千元)					
		按学历学位划分								其他人员		折合全时人员(人年)		当年经费收入合计		其中:科研事业费		当年经费支出合计	
初级		博士毕业		硕士毕业		本科毕业		其他学历											
1	685	0	427	2	882	1	863	0	146	0	188	0.8	894	5.2	978	0	812	5.2	982
34	62	1	293	93	125	57	95	0	146	2	64	26.8	135	1 384	173	268	164	1 338	168
5	447	0	427	16	559	26	276	0	146	0	188	6.7	515	514.1	423	116.6	322	514.1	411
13	226	0	427	18	530	4	738	0	146	0	188	4.6	613	103.2	805	0	812	103.2	807
11	259	2	225	34	378	10	566	0	146	0	188	6.3	532	212.3	676	0	812	212.3	658
1	685	3	183	18	530	1	863	0	146	1	96	9.7	401	247	639	0	812	247	627
0	798	0	427	3	846	0	919	0	146	0	188	0.6	919	25	957	0	812	25	961
2	604	0	427	7	736	4	738	0	146	0	188	1.2	842	70	875	40	554	70	863
14	211	1	293	62	207	26	276	0	146	0	188	10	388	720	313	70	429	720	302
0	798	0	427	7	736	1	863	0	146	0	188	1.2	842	22.96	963	0	812	22.96	962
10	279	1	293	16	559	16	428	0	146	0	188	5.4	565	268.6	623	80	406	268.6	605
0	798	0	427	3	846	0	919	0	146	0	188	0.3	947	9	974	0	812	9	977
1	685	2	225	23	466	14	468	0	146	0	188	4.8	601	171	719	55	497	171	709
1	685	0	427	4	816	1	863	0	146	0	188	1	863	29	949	0	812	29	952
0	798	1	293	0	940	0	919	0	146	0	188	0.4	939	6.5	977	0	812	45.25	918
2	604	0	427	6	762	1	863	0	146	0	188	2.7	721	80	859	0	812	75	853
8	341	4	144	30	411	14	468	0	146	0	188	11.1	348	434	485	114	324	1 454	152
7	371	0	427	15	577	10	566	0	146	1	96	4.3	626	218.7	670	80	406	118.7	779
2	604	1	293	49	265	15	447	0	146	0	188	11.1	348	497.4	434	81.4	404	497.8	424
9	310	0	427	27	430	18	388	0	146	0	188	5.9	543	270	620	0	812	270	602
3	543	0	427	47	279	14	468	0	146	0	188	8.6	427	1 056	213	41	545	999.2	226
9	310	0	427	23	466	6	658	0	146	0	188	5.6	555	227.35	661	66	445	205.75	668
6	406	0	427	10	662	13	488	0	146	1	96	5	585	155.2	732	0	812	155.2	727
0	798	0	427	0	940	0	919	0	146	0	188	0	960	0	982	0	812	0	985
4	497	2	225	17	543	4	738	0	146	0	188	7.8	467	134	764	4	789	139	747
18	155	0	427	40	328	43	148	0	146	0	188	10.7	367	536	410	130	302	597.2	359
0	798	0	427	0	940	0	919	0	146	0	188	0	960	0	982	0	812	0	985
5	447	0	427	5	791	7	635	0	146	0	188	4.8	601	430	487	0	812	430	474
0	798	0	427	0	940	0	919	0	146	0	188	0	960	0	982	0	812	0	985
0	798	0	427	0	940	0	919	0	146	0	188	0	960	0	982	0	812	0	985
0	798	0	427	0	940	0	919	0	146	0	188	0	960	0	982	0	812	0	985
0	798	0	427	0	940	0	919	0	146	0	188	0	960	0	982	0	812	0	985
0	798	0	427	0	940	0	919	0	146	0	188	0	960	0	982	0	812	0	985
0	798	0	427	0	940	0	919	0	146	0	188	0	960	0	982	0	812	0	985
0	798	0	427	7	736	6	658	0	146	0	188	2.1	773	115	789	52	511	99.1	813
0	798	0	427	0	940	0	919	0	146	0	188	0	960	0	982	0	812	0	985

学校名称	社科活动人员(人)																	
	合计		按职称划分								其他人员		合计		按职称划分			
			小计		高级		中级		初级						高级		中级	
黑龙江农垦科技职业学院	92	746	92	740	43	417	39	745	10	918	0	151	0	960	0	908	0	929
黑龙江农垦职业学院	121	597	121	593	74	195	46	674	1	1 086	0	151	0	960	0	908	0	929
黑龙江农业工程职业学院	73	844	73	841	29	595	32	814	12	883	0	151	0	960	0	908	0	929
黑龙江农业经济职业学院	186	328	186	322	57	303	97	260	32	516	0	151	7	837	4	710	3	819
黑龙江农业职业技术学院	94	734	94	729	32	557	36	769	26	614	0	151	0	960	0	908	0	929
黑龙江三江美术职业学院	40	1 005	40	1 004	8	954	20	942	12	883	0	151	0	960	0	908	0	929
黑龙江商业职业学院	139	502	139	500	52	344	61	510	26	614	0	151	0	960	0	908	0	929
黑龙江生态工程职业学院	129	547	129	545	53	334	58	541	18	767	0	151	0	960	0	908	0	929
黑龙江生物科技职业学院	35	1 031	35	1 029	18	775	16	992	1	1 086	0	151	0	960	0	908	0	929
黑龙江司法警官职业学院	124	580	123	580	82	154	31	824	10	918	1	100	0	960	0	908	0	929
黑龙江信息技术职业学院	40	1 005	40	1 004	17	790	20	942	3	1 045	0	151	0	960	0	908	0	929
黑龙江艺术职业学院	171	377	171	372	78	175	42	715	51	307	0	151	11	770	3	749	2	857
黑龙江幼儿师范高等专科学校	249	197	249	193	138	23	89	312	22	688	0	151	0	960	0	908	0	929
黑龙江职业学院	307	108	307	106	96	104	115	192	96	92	0	151	37	501	13	467	15	540
衡水职业技术学院	138	508	138	506	43	417	67	458	28	581	0	151	69	310	30	237	27	385
红河卫生职业学院	50	948	50	944	19	754	15	1 003	16	799	0	151	18	685	10	514	5	756
呼和浩特职业学院	325	94	325	92	106	76	157	90	62	228	0	151	0	960	0	908	0	929
呼伦贝尔职业技术学院	214	259	214	253	87	136	65	471	62	228	0	151	48	419	18	381	23	431
湖北财税职业学院	187	322	187	318	49	361	74	400	64	217	0	151	119	164	40	176	46	226
湖北城市建设职业技术学院	341	72	275	144	120	52	131	145	24	658	66	4	5	870	4	710	1	893
湖北交通职业技术学院	96	721	92	740	37	502	36	769	19	745	4	58	58	364	19	364	24	423
湖北科技职业学院	161	415	161	409	39	470	96	272	26	614	0	151	105	192	35	206	54	194
湖北青年职业学院	43	985	43	983	13	856	15	1 003	15	818	0	151	0	960	0	908	0	929
湖北三峡职业技术学院	300	115	300	114	124	46	121	175	55	277	0	151	82	267	34	211	39	263
湖北生物科技职业学院	34	1 037	34	1 035	11	897	20	942	3	1 045	0	151	0	960	0	908	0	929
湖北艺术职业学院	191	313	191	310	48	372	60	523	83	126	0	151	26	601	11	497	11	616
湖北幼儿师范高等专科学校	107	669	105	674	25	657	29	843	51	307	2	79	2	929	2	786	0	929
湖北职业技术学院	450	20	436	23	179	7	163	83	94	96	14	24	76	286	40	176	23	431
湖南安全技术职业学院	100	698	100	694	20	729	67	458	13	863	0	151	31	546	8	590	23	431
湖南大众传媒职业技术学院	439	23	437	22	136	27	258	9	43	378	2	79	156	113	76	74	69	141
湖南电子科技职业学院	85	781	85	777	4	1 027	44	693	37	450	0	151	3	909	0	908	3	819
湖南都市职业学院	156	438	156	433	8	954	29	843	119	36	0	151	9	799	1	846	5	756
湖南高尔夫旅游职业学院	83	791	83	786	10	917	35	778	38	433	0	151	16	714	2	786	13	575

研究发展人员(人)														R&D经费情况(千元)					
		按学历学位划分								其他人员		折合全时人员(人年)		当年经费收入合计				当年经费支出合计	
初级		博士毕业		硕士毕业		本科毕业		其他学历								其中:科研事业费			
0	798	0	427	0	940	0	919	0	146	0	188	0	960	0	982	0	812	0	985
0	798	0	427	0	940	0	919	0	146	0	188	0	960	0	982	0	812	0	985
0	798	0	427	0	940	0	919	0	146	0	188	0	960	0	982	0	812	0	985
0	798	0	427	5	791	2	813	0	146	0	188	1.5	819	45	919	0	812	46.1	914
0	798	0	427	0	940	0	919	0	146	0	188	0	960	0	982	0	812	0	985
0	798	0	427	0	940	0	919	0	146	0	188	0	960	0	982	0	812	0	985
0	798	0	427	0	940	0	919	0	146	0	188	0	960	0	982	0	812	0	985
0	798	0	427	0	940	0	919	0	146	0	188	0	960	0	982	0	812	0	985
0	798	0	427	0	940	0	919	0	146	0	188	0	960	0	982	0	812	0	985
0	798	0	427	0	940	0	919	0	146	0	188	0	960	0	982	0	812	0	985
0	798	0	427	0	940	0	919	0	146	0	188	0	960	0	982	0	812	0	985
6	406	0	427	3	846	8	608	0	146	0	188	5.1	577	155	733	0	812	156.5	725
0	798	0	427	0	940	0	919	0	146	0	188	0	960	0	982	0	812	0	985
9	310	0	427	25	444	12	512	0	146	0	188	10.3	383	319	574	10	733	324.75	562
12	242	0	427	23	466	46	136	0	146	0	188	7.7	473	346.42	547	8	763	348.42	535
2	604	0	427	7	736	11	544	0	146	1	96	2.6	732	156	731	41	545	139.2	745
0	798	0	427	0	940	0	919	0	146	0	188	0	960	0	982	0	812	0	985
7	371	1	293	29	416	16	428	2	36	0	188	6	538	195	689	105	341	114.77	786
33	64	2	225	64	200	53	108	0	146	0	188	26.9	133	1 290.5	189	9	757	1 367.2	162
0	798	1	293	3	846	1	863	0	146	0	188	0.6	919	73	867	27.5	632	60.5	877
13	226	4	144	39	339	15	447	0	146	2	64	7.9	456	359	532	95	377	475.97	444
15	191	6	96	80	154	19	375	0	146	1	96	17.1	229	940	239	256	179	870.21	254
0	798	0	427	0	940	0	919	0	146	0	188	0	960	0	982	0	812	0	985
9	310	0	427	39	339	43	148	0	146	0	188	12.3	321	564	396	185	235	577.11	377
0	798	0	427	0	940	0	919	0	146	0	188	0	960	0	982	0	812	0	985
4	497	0	427	19	513	7	635	0	146	0	188	7.4	484	430	487	6	775	433	471
0	798	0	427	1	911	1	863	0	146	0	188	0.4	939	34	933	10	733	34	939
11	259	1	293	35	367	39	172	1	65	2	64	11.2	344	1 360.6	176	193.5	228	1 340.6	167
0	798	1	293	23	466	7	635	0	146	0	188	5	585	280.8	608	140	285	242.3	631
11	259	6	96	82	147	67	72	1	65	0	188	40.7	63	2 958.6	64	707	62	4 283.49	35
0	798	0	427	1	911	2	813	0	146	0	188	0.7	909	90	837	50	520	54	897
3	543	1	293	5	791	3	773	0	146	0	188	2.2	765	458	473	201	219	457.6	455
1	685	0	427	10	662	6	658	0	146	0	188	4.8	601	226.26	662	36	584	217.46	653

学校名称	社科活动人员(人)														按职称划分			
	合计		按职称划分								其他人员		合计		高级		中级	
			小计		高级		中级		初级									
湖南高速铁路职业技术学院	189	316	189	314	34	539	85	337	70	186	0	151	39	488	14	442	24	423
湖南工程职业技术学院	77	828	77	823	45	403	32	814	0	1 109	0	151	71	305	38	189	21	456
湖南工业职业技术学院	383	43	383	42	94	112	222	25	67	202	0	151	115	169	49	139	64	153
湖南工艺美术职业学院	341	72	340	70	68	231	143	114	129	24	1	100	194	75	78	71	86	96
湖南国防工业职业技术学院	69	860	69	859	21	716	28	855	20	725	0	151	46	441	18	381	16	530
湖南化工职业技术学院	110	656	110	649	47	382	61	510	2	1 061	0	151	24	620	15	425	9	657
湖南机电职业技术学院	145	478	144	477	62	269	62	498	20	725	1	100	96	226	49	139	34	301
湖南交通职业技术学院	20	1 098	20	1 095	7	975	10	1 051	3	1 045	0	151	16	714	2	786	11	616
湖南九嶷职业技术学院	62	893	62	890	18	775	14	1 020	30	542	0	151	9	799	5	672	2	857
湖南劳动人事职业学院	36	1 026	36	1 023	8	954	10	1 051	18	767	0	151	19	677	5	672	8	687
湖南民族职业学院	244	209	244	204	46	389	107	221	91	104	0	151	17	698	7	618	10	642
湖南汽车工程职业学院	98	707	98	704	49	361	43	707	6	996	0	151	56	379	24	309	32	325
湖南软件职业学院	0	1 133	0	1 133	0	1 107	0	1 128	0	1 109	0	151	0	960	0	908	0	929
湖南三一工业职业技术学院	6	1 127	6	1 127	3	1 045	2	1 118	1	1 086	0	151	0	960	0	908	0	929
湖南商务职业技术学院	305	112	305	110	109	70	144	113	52	297	0	151	207	67	107	35	86	96
湖南生物机电职业技术学院	226	238	226	234	64	259	130	147	32	516	0	151	110	179	45	156	54	194
湖南食品药品职业学院	48	960	48	957	16	810	20	942	12	883	0	151	0	960	0	908	0	929
湖南水利水电职业技术学院	14	1 113	14	1 112	6	995	8	1 069	0	1 109	0	151	3	909	2	786	1	893
湖南司法警官职业学院	193	311	192	309	50	355	118	182	24	658	1	100	105	192	41	170	61	171
湖南体育职业学院	99	704	99	699	22	699	42	715	35	476	0	151	6	853	1	846	4	790
湖南铁道职业技术学院	112	646	112	639	43	417	68	445	1	1 086	0	151	24	620	8	590	15	540
湖南铁路科技职业技术学院	91	755	91	748	43	417	44	693	4	1 031	0	151	55	389	27	272	26	395
湖南外贸职业学院	281	138	281	135	63	265	124	170	94	96	0	151	125	157	39	183	71	134
湖南网络工程职业学院	272	152	272	149	113	61	77	381	82	131	0	151	82	267	41	170	32	325
湖南现代物流职业技术学院	50	948	50	944	19	754	19	963	12	883	0	151	24	620	19	364	5	756
湖南信息职业技术学院	247	202	247	198	80	163	110	210	57	261	0	151	92	235	34	211	51	207
湖南艺术职业学院	424	27	424	27	91	121	146	108	187	3	0	151	35	514	16	408	19	491
湖南邮电职业技术学院	24	1 086	24	1 084	2	1 067	11	1 042	11	905	0	151	9	799	0	908	4	790
湖南有色金属职业技术学院	49	953	47	960	11	897	19	963	17	781	2	79	10	784	2	786	7	713
湖南幼儿师范高等专科学校	188	320	159	422	65	255	77	381	17	781	29	11	120	162	37	195	55	190

研究发展人员（人）														R&D 经费情况（千元）					
		按学历学位划分								其他人员		折合全时人员（人年）		当年经费收入合计		其中：科研事业费		当年经费支出合计	
初级		博士毕业		硕士毕业		本科毕业		其他学历											
1	685	0	427	24	457	15	447	0	146	0	188	11.4	337	1 036	216	334	133	1 036	217
0	798	0	427	46	282	25	292	0	146	12	12	9.1	416	882	256	118	320	572.5	383
1	685	5	118	105	104	5	692	0	146	1	96	23.3	159	1 752.6	131	827.8	52	1 917.24	109
30	81	0	427	89	133	104	25	1	65	0	188	31.6	97	5 287.3	23	2 683	12	5 359.6	20
9	310	2	225	15	577	29	245	0	146	3	52	14.1	280	607.5	374	118.5	319	585.5	368
0	798	1	293	16	559	7	635	0	146	0	188	3.3	682	1 270	192	530	89	1 191	188
3	543	0	427	37	351	59	89	0	146	7	22	23	163	1 007.5	223	526	90	953.31	236
3	543	0	427	6	762	10	566	0	146	0	188	5.3	568	1 304	185	726	59	1 177.9	192
2	604	1	293	6	762	2	813	0	146	0	188	3.2	688	176.22	710	81.82	403	162.7	720
5	447	0	427	10	662	9	585	0	146	1	96	2.3	761	80	859	25	639	40	925
0	798	0	427	12	628	5	692	0	146	0	188	3.5	667	282	606	156	270	142	742
0	798	1	293	45	292	10	566	0	146	0	188	7.9	456	776	294	108	339	689.7	313
0	798	0	427	0	940	0	919	0	146	0	188	0	960	0	982	0	812	0	985
0	798	0	427	0	940	0	919	0	146	0	188	0	960	72	869	0	812	72	855
12	242	4	144	131	69	72	68	0	146	2	64	36.1	75	1 985	106	259	173	1 980	105
10	279	3	183	63	205	41	158	3	29	1	96	13.8	290	1 292.25	187	74	424	1 570.82	143
0	798	0	427	0	940	0	919	0	146	0	188	0	960	0	982	0	812	0	985
0	798	0	427	3	846	0	919	0	146	0	188	1	863	53	901	0	812	59	882
2	604	0	427	52	253	53	108	0	146	1	96	20.1	191	675.5	334	30	607	725.9	300
1	685	0	427	4	816	2	813	0	146	0	188	1.8	790	120	778	60	469	126	769
0	798	0	427	22	478	2	813	0	146	1	96	3	699	472	461	232	198	343	540
2	604	3	183	41	323	11	544	0	146	0	188	10.6	370	778	290	133	299	808	273
14	211	2	225	44	303	77	55	2	36	1	96	17.4	226	1 312.16	184	970.16	40	1 279.19	174
9	310	3	183	53	247	26	276	0	146	0	188	25.6	143	588	386	549	84	588	364
0	798	2	225	14	590	8	608	0	146	0	188	8.1	445	894.2	252	100	359	588	364
7	371	0	427	29	416	63	82	0	146	0	188	12.6	314	380	520	90	387	237.06	637
0	798	0	427	26	436	9	585	0	146	0	188	23.1	162	4 278	33	1 297	26	5 021.6	23
5	447	0	427	6	762	3	773	0	146	0	188	3.2	688	252	634	142	283	215	654
1	685	0	427	8	702	2	813	0	146	0	188	1.3	839	383.5	515	125.5	309	369.2	517
8	341	1	293	55	237	64	78	0	146	20	5	19.1	202	702	324	135	294	577.52	376

学校名称	社科活动人员(人)																	
	合计		按职称划分								其他人员		合计		按职称划分			
			小计		高级		中级		初级						高级		中级	
湖州职业技术学院	332	83	332	80	85	142	140	121	107	59	0	151	271	34	91	48	118	47
怀化职业技术学院	114	635	114	629	23	684	48	645	43	378	0	151	45	451	22	328	13	575
淮安信息职业技术学院	239	219	239	214	69	226	136	130	34	488	0	151	152	116	70	84	71	134
淮北职业技术学院	176	358	176	352	84	145	77	381	15	818	0	151	32	535	14	442	17	519
淮南联合大学	173	366	173	362	43	417	70	427	60	239	0	151	39	488	14	442	16	530
淮南职业技术学院	100	698	100	694	36	517	45	685	19	745	0	151	33	529	17	391	11	616
黄河水利职业技术学院	231	230	231	226	68	231	125	167	38	433	0	151	51	409	9	557	36	289
黄山职业技术学院	96	721	96	716	43	417	41	722	12	883	0	151	30	554	21	339	9	657
徽商职业学院	141	494	140	497	28	613	22	916	90	108	1	100	3	909	1	846	1	893
惠州城市职业学院	355	58	355	58	79	170	157	90	119	36	0	151	25	610	11	497	9	657
惠州工程职业学院	106	672	106	666	37	502	57	552	12	883	0	151	2	929	2	786	0	929
惠州经济职业技术学院	293	124	293	121	34	539	149	105	110	53	0	151	3	909	0	908	3	819
惠州卫生职业技术学院	49	953	49	950	11	897	21	930	17	781	0	151	1	948	0	908	1	893
吉安职业技术学院	0	1 133	0	1 133	0	1 107	0	1 128	0	1 109	0	151	5	870	2	786	3	819
吉林城市职业技术学院	66	872	66	870	1	1 088	2	1 118	63	223	0	151	0	960	0	908	0	929
吉林电子信息职业技术学院	24	1 086	24	1 084	3	1 045	20	942	1	1 086	0	151	0	960	0	908	0	929
吉林工程职业学院	98	707	98	704	30	580	26	874	42	388	0	151	22	639	7	618	12	594
吉林工业职业技术学院	80	813	80	808	34	539	44	693	2	1 061	0	151	13	750	6	642	7	713
吉林交通职业技术学院	139	502	139	500	58	293	57	552	24	658	0	151	42	471	20	355	17	519
吉林科技职业技术学院	28	1 067	28	1 064	2	1 067	13	1 033	13	863	0	151	4	894	0	908	3	819
吉林司法警官职业学院	111	650	111	645	58	293	30	835	23	676	0	151	9	799	4	710	0	929
吉林铁道职业技术学院	213	261	213	255	88	129	96	272	29	563	0	151	151	117	48	143	78	113
济南工程职业技术学院	255	184	255	181	109	70	71	419	75	155	0	151	59	361	39	183	18	504
济南护理职业学院	49	953	49	950	8	954	20	942	21	709	0	151	0	960	0	908	0	929
济南幼儿师范高等专科学校	206	279	206	273	68	231	86	330	52	297	0	151	14	737	6	642	5	756
济宁职业技术学院	272	152	272	149	57	303	171	68	44	366	0	151	63	345	27	272	36	289
济源职业技术学院	315	99	315	97	55	319	141	119	119	36	0	151	69	310	17	391	28	372
冀中职业学院	82	797	82	792	31	570	44	693	7	973	0	151	8	820	3	749	5	756
佳木斯职业学院	45	975	45	972	23	684	19	963	3	1 045	0	151	0	960	0	908	0	929
嘉兴南洋职业技术学院	95	729	95	724	10	917	64	480	21	709	0	151	29	564	2	786	26	395
嘉兴职业技术学院	229	234	229	230	55	319	142	116	32	516	0	151	57	371	24	309	23	431
建东职业技术学院	65	878	65	876	14	843	33	799	18	767	0	151	13	750	1	846	12	594
江海职业技术学院	117	611	117	608	25	657	82	352	10	918	0	151	103	201	44	158	56	188
江汉艺术职业学院	218	249	218	242	41	447	120	177	57	261	0	151	19	677	8	590	9	657
江门职业技术学院	395	36	395	35	75	189	208	32	112	49	0	151	183	87	68	89	95	84

续表

研究发展人员(人)														R&D经费情况(千元)					
		按学历学位划分								其他人员		折合全时人员(人年)		当年经费收入合计				当年经费支出合计	
初级		博士毕业		硕士毕业		本科毕业		其他学历								其中:科研事业费			
62	12	5	118	187	34	79	49	0	146	0	188	46.6	40	2 524.15	81	62.8	458	2 357.33	77
8	341	1	293	33	387	11	544	0	146	2	64	5.7	549	487.4	441	152.1	273	495.3	425
11	259	6	96	103	107	43	148	0	146	0	188	34.1	82	2 109	98	842	51	2 252.3	81
1	685	0	427	19	513	12	512	1	65	0	188	3.4	673	853	267	80	406	735	294
9	310	0	427	18	530	21	334	0	146	0	188	6	538	270	620	68	440	271	601
5	447	0	427	20	494	11	544	2	36	0	188	3.9	644	192	694	30	607	192.3	677
6	406	1	293	37	351	13	488	0	146	0	188	13.1	305	1 120	205	650	67	1 120	205
0	798	0	427	12	628	18	388	0	146	0	188	3.9	644	173	713	56	493	125.39	771
1	685	0	427	0	940	3	773	0	146	0	188	0.7	909	580	387	40	554	568.3	387
5	447	0	427	8	702	17	408	0	146	0	188	2.9	713	192.5	693	20	661	190.1	681
0	798	0	427	2	882	0	919	0	146	0	188	0.6	919	28	951	20	661	20	967
0	798	0	427	3	846	0	919	0	146	0	188	0.7	909	82.7	853	0	812	82.7	841
0	798	0	427	0	940	1	863	0	146	0	188	0.5	931	25	957	0	812	27	956
0	798	0	427	4	816	1	863	0	146	0	188	1.9	786	48	911	47.5	531	10	974
0	798	0	427	0	940	0	919	0	146	0	188	0	960	0	982	0	812	0	985
0	798	0	427	0	940	0	919	0	146	0	188	0	960	0	982	0	812	0	985
3	543	0	427	7	736	15	447	0	146	0	188	5.7	549	205	678	130	302	165	719
0	798	0	427	6	762	3	773	4	25	0	188	6	538	124	777	3	797	129.5	765
4	497	1	293	28	425	13	488	0	146	1	96	5.5	563	650	343	40	554	498.2	423
1	685	0	427	0	940	4	738	0	146	0	188	1	863	5	979	0	812	28	954
5	447	0	427	4	816	5	692	0	146	0	188	1	863	409	497	30	607	379.5	515
25	100	0	427	101	111	50	118	0	146	0	188	16.7	238	300	589	66	445	259.3	612
2	604	6	96	40	328	13	488	0	146	0	188	13.9	285	325	571	19	691	310	569
0	798	0	427	0	940	0	919	0	146	0	188	0	960	0	982	0	812	0	985
3	543	0	427	8	702	6	658	0	146	0	188	3.5	667	595	381	475	100	280	593
0	798	1	293	46	282	16	428	0	146	0	188	11	354	722	312	392	120	1 190	189
24	109	0	427	8	702	60	85	1	65	0	188	7.3	489	481	447	90	387	413	485
0	798	0	427	4	816	4	738	0	146	0	188	1.6	811	52.8	903	0	812	52.8	900
0	798	0	427	0	940	0	919	0	146	0	188	0	960	0	982	0	812	0	985
1	685	0	427	25	444	4	738	0	146	0	188	3.9	644	271	617	32	601	218.4	651
10	279	1	293	48	272	8	608	0	146	0	188	18.7	205	1 583	151	95	377	1 283.2	173
0	798	0	427	4	816	9	585	0	146	0	188	1.6	811	81	858	11	728	82.7	841
3	543	0	427	62	207	40	164	1	65	0	188	13.9	285	520.5	422	143	281	509.5	417
2	604	0	427	2	882	17	408	0	146	0	188	4.5	618	639.3	350	415	113	725.9	300
20	138	5	118	120	80	50	118	8	8	0	188	43.7	54	2 216.03	89	277	159	2 017	99

学校名称	社科活动人员(人)																	
	合计		按职称划分								其他人员		合计		按职称划分			
			小计		高级		中级		初级						高级		中级	
江南影视艺术职业学院	305	112	305	110	68	231	47	663	190	2	0	151	62	350	8	590	19	491
江苏安全技术职业学院	47	962	47	960	3	1 045	20	942	24	658	0	151	11	770	0	908	9	657
江苏财会职业学院	189	316	189	314	57	303	81	357	51	307	0	151	203	71	69	86	101	73
江苏财经职业技术学院	253	189	253	186	86	138	129	150	38	433	0	151	151	117	56	117	79	108
江苏城市职业学院	270	157	270	153	99	94	139	122	32	516	0	151	368	20	149	21	181	17
江苏城乡建设职业学院	162	411	162	403	49	361	88	318	25	633	0	151	126	155	43	164	61	171
江苏工程职业技术学院	178	350	178	344	63	265	115	192	0	1 109	0	151	146	124	66	93	79	108
江苏海事职业技术学院	193	311	193	308	55	319	128	154	10	918	0	151	166	104	55	120	104	68
江苏航空职业技术学院	35	1 031	35	1 029	2	1 067	17	980	16	799	0	151	0	960	0	908	0	929
江苏护理职业学院	143	482	143	480	38	487	65	471	40	409	0	151	60	357	20	355	21	456
江苏建筑职业技术学院	223	242	223	237	86	138	108	217	29	563	0	151	204	70	96	44	98	78
江苏经贸职业技术学院	353	63	353	63	133	30	184	54	36	460	0	151	265	37	120	29	127	39
江苏旅游职业学院	170	380	170	375	53	334	92	297	25	633	0	151	0	960	0	908	0	929
江苏农林职业技术学院	69	860	69	859	12	874	41	722	16	799	0	151	17	698	6	642	11	616
江苏农牧科技职业学院	45	975	45	972	20	729	22	916	3	1 045	0	151	23	629	9	557	12	594
江苏商贸职业学院	254	186	254	183	79	170	102	239	73	166	0	151	185	84	79	68	92	92
江苏食品药品职业技术学院	200	290	200	286	62	269	136	130	2	1 061	0	151	98	219	22	328	76	115
江苏卫生健康职业学院	84	787	84	783	24	666	44	693	16	799	0	151	100	212	24	309	54	194
江苏信息职业技术学院	221	244	221	239	66	248	125	167	30	542	0	151	110	179	44	158	57	184
江苏医药职业学院	106	672	106	666	21	716	54	579	31	529	0	151	136	137	26	284	85	98
江西财经职业学院	336	78	336	76	137	25	119	178	80	142	0	151	85	256	52	132	24	423
江西电力职业技术学院	18	1 106	18	1 103	13	856	4	1 103	1	1 086	0	151	4	894	2	786	1	893
江西工程职业学院	53	939	53	937	18	775	31	824	4	1 031	0	151	18	685	8	590	9	657
江西工商职业技术学院	34	1 037	34	1 035	1	1 088	2	1 118	31	529	0	151	0	960	0	908	0	929
江西工业工程职业技术学院	44	982	44	979	26	643	16	992	2	1 061	0	151	13	750	10	514	3	819
江西工业贸易职业技术学院	178	350	178	344	42	433	61	510	75	155	0	151	58	364	27	272	20	473
江西工业职业技术学院	22	1 093	22	1 091	13	856	7	1 079	2	1 061	0	151	14	737	10	514	3	819
江西航空职业技术学院	30	1 055	30	1 052	13	856	10	1 051	7	973	0	151	0	960	0	908	0	929
江西洪州职业学院	3	1 132	3	1 132	1	1 088	0	1 128	2	1 061	0	151	0	960	0	908	0	929
江西环境工程职业学院	123	585	123	580	46	389	72	412	5	1 013	0	151	10	784	1	846	9	657
江西机电职业技术学院	102	688	102	685	36	517	39	745	27	596	0	151	23	629	9	557	6	733
江西建设职业技术学院	97	714	97	710	20	729	26	874	51	307	0	151	20	666	10	514	7	713
江西科技职业学院	43	985	43	983	1	1 088	9	1 059	33	498	0	151	0	960	0	908	0	929
江西旅游商贸职业学院	246	205	246	201	71	210	100	246	75	155	0	151	22	639	12	485	9	657
江西农业工程职业学院	63	891	63	889	23	684	16	992	24	658	0	151	8	820	4	710	1	893

续表

研究发展人员(人)														R&D 经费情况(千元)					
		按学历学位划分								其他人员		折合全时人员(人年)		当年经费收入合计				当年经费支出合计	
初级		博士毕业		硕士毕业		本科毕业		其他学历								其中:科研事业费			
35	59	3	183	32	398	27	265	0	146	0	188	16.4	244	975.4	228	63.1	457	959.7	234
2	604	0	427	8	702	3	773	0	146	0	188	2.5	739	107	800	29	626	107	800
33	64	2	225	128	72	73	65	0	146	0	188	34.3	80	1 383	174	494	95	1 587	141
16	177	7	87	101	111	43	148	0	146	0	188	17.5	224	886.2	255	163	266	919.1	244
38	50	37	7	284	15	47	132	0	146	0	188	74.6	14	3 952.2	36	827	53	2 735.9	66
22	118	1	293	81	152	44	142	0	146	0	188	26.7	137	1 952	109	226	199	1 709.5	131
1	685	5	118	113	94	28	255	0	146	0	188	19.3	199	1 018	222	258	175	1 010	223
7	371	6	96	102	109	58	92	0	146	0	188	30.3	106	3 024.36	60	535.56	86	3 070.09	50
0	798	0	427	0	940	0	919	0	146	0	188	0	960	0	982	0	812	0	985
19	147	4	144	38	345	18	388	0	146	0	188	6.6	519	296.4	594	86.4	397	293.9	583
10	279	11	60	163	41	30	236	0	146	0	188	44.1	50	2 570	78	201	219	2 594.1	71
18	155	22	22	188	33	55	102	0	146	0	188	31.7	96	23 520.8	2	203	216	16 197.8	4
0	798	0	427	0	940	0	919	0	146	0	188	0	960	0	982	0	812	0	985
0	798	1	293	12	628	4	738	0	146	0	188	3.2	688	364	531	300	149	342.8	542
2	604	1	293	14	590	8	608	0	146	0	188	2.5	739	131	768	68	440	108	797
14	211	3	183	105	104	77	55	0	146	0	188	28.2	123	1 631.1	141	5	779	1 453.11	153
0	798	5	118	55	237	38	181	0	146	0	188	25.8	141	1 542	156	1 074	33	2 105.5	93
22	118	5	118	73	180	22	323	0	146	0	188	24.4	153	901.8	251	176	248	861.85	257
9	310	2	225	75	171	33	212	0	146	0	188	27.6	128	1 347.38	179	171.5	253	1 172.51	194
25	100	5	118	82	147	49	122	0	146	0	188	44.6	48	2 953.9	66	875	49	2 788.95	64
9	310	1	293	63	205	21	334	0	146	0	188	32.2	91	1 320	182	420	112	1 342	166
1	685	0	427	3	846	1	863	0	146	0	188	1.5	819	95	827	20	661	108	797
1	685	0	427	14	590	4	738	0	146	0	188	1.8	790	112	794	40	554	72	855
0	798	0	427	0	940	0	919	0	146	0	188	0	960	0	982	0	812	0	985
0	798	0	427	10	662	3	773	0	146	0	188	4	638	426.5	490	25	639	426.5	476
11	259	0	427	35	367	23	312	0	146	0	188	10.8	359	590	384	50	520	540	399
1	685	0	427	11	644	3	773	0	146	0	188	2	781	68	881	20	661	97	821
0	798	0	427	0	940	0	919	0	146	0	188	0	960	0	982	0	812	0	985
0	798	0	427	0	940	0	919	0	146	0	188	0	960	469	464	0	812	469	449
0	798	0	427	9	681	1	863	0	146	0	188	3	699	100	808	100	359	0	985
8	341	0	427	18	530	5	692	0	146	0	188	5.3	568	285	605	20	661	268	606
3	543	0	427	9	681	11	544	0	146	0	188	4.4	620	153.4	738	39	577	165.4	718
0	798	0	427	0	940	0	919	0	146	0	188	0	960	0	982	0	812	0	985
0	798	0	427	20	494	2	813	0	146	1	96	5.6	555	271	617	103	349	179.91	696
3	543	0	427	4	816	4	738	0	146	0	188	0.8	894	46	915	30	607	38	934

学校名称	社科活动人员(人)																	
	合计		按职称划分								其他人员		合计		按职称划分			
			小计		高级		中级		初级						高级		中级	
江西青年职业学院	120	600	120	596	43	417	58	541	19	745	0	151	0	960	0	908	0	929
江西生物科技职业学院	36	1 026	36	1 023	17	790	14	1 020	5	1 013	0	151	0	960	0	908	0	929
江西师范高等专科学校	40	1 005	40	1 004	7	975	22	916	11	905	0	151	14	737	3	749	11	616
江西水利职业学院	9	1 121	9	1 121	2	1 067	6	1 085	1	1 086	0	151	7	837	2	786	4	790
江西司法警官职业学院	180	342	180	336	113	61	51	610	16	799	0	151	0	960	0	908	0	929
江西陶瓷工艺美术职业技术学院	166	395	166	390	79	170	71	419	16	799	0	151	0	960	0	908	0	929
江西外语外贸职业学院	368	51	368	50	66	248	182	58	120	34	0	151	109	182	29	246	58	183
江西卫生职业学院	38	1 017	38	1 015	18	775	20	942	0	1 109	0	151	0	960	0	908	0	929
江西现代职业技术学院	270	157	270	153	76	183	92	297	102	74	0	151	15	730	9	557	6	733
江西信息应用职业技术学院	91	755	91	748	24	666	40	733	27	596	0	151	15	730	8	590	6	733
江西冶金职业技术学院	15	1 109	15	1 108	4	1 027	5	1 093	6	996	0	151	0	960	0	908	0	929
江西艺术职业学院	175	360	175	354	70	219	74	400	31	529	0	151	3	909	1	846	2	857
江西应用工程职业学院	49	953	49	950	3	1 045	39	745	7	973	0	151	27	587	17	391	10	642
江西应用技术职业学院	117	611	117	608	44	413	58	541	15	818	0	151	20	666	6	642	13	575
江西制造职业技术学院	103	686	103	683	36	517	31	824	36	460	0	151	47	432	21	339	18	504
江西中医药高等专科学校	62	893	62	890	16	810	21	930	25	633	0	151	31	546	9	557	6	733
江阴职业技术学院	180	342	180	336	89	127	77	381	14	834	0	151	35	514	22	328	13	575
焦作大学	338	77	338	74	104	82	186	51	48	330	0	151	38	493	10	514	26	395
焦作工贸职业学院	10	1 117	10	1 117	2	1 067	2	1 118	6	996	0	151	0	960	0	908	0	929
焦作师范高等专科学校	467	16	467	16	129	39	264	6	74	164	0	151	188	79	62	102	106	63
揭阳职业技术学院	246	205	246	201	48	372	145	110	53	288	0	151	122	159	39	183	73	129
金华职业技术学院	740	2	740	2	210	5	348	2	182	4	0	151	362	23	151	18	149	28
金肯职业技术学院	46	971	46	969	5	1 007	37	761	4	1 031	0	151	48	419	6	642	37	283
金山职业技术学院	25	1 082	25	1 080	4	1 027	7	1 079	14	834	0	151	5	870	3	749	2	857
锦州师范高等专科学校	323	96	323	94	140	21	169	72	14	834	0	151	82	267	40	176	39	263
晋城职业技术学院	253	189	253	186	68	231	118	182	67	202	0	151	68	322	21	339	38	268
晋中师范高等专科学校	236	224	236	219	64	259	103	233	69	193	0	151	17	698	4	710	12	594
晋中职业技术学院	181	339	181	333	29	595	99	250	53	288	0	151	32	535	11	497	18	504
荆门职业学院	29	1 060	29	1 057	17	790	4	1 103	8	952	0	151	0	960	0	908	0	929
景德镇陶瓷职业技术学院	71	855	71	853	13	856	28	855	30	542	0	151	40	482	13	467	14	557
九江职业大学	387	40	387	39	131	37	180	62	76	154	0	151	53	401	14	442	28	372
九江职业技术学院	207	274	207	268	98	99	78	373	31	529	0	151	85	256	51	135	31	334
九州职业技术学院	90	759	90	752	14	843	51	610	25	633	0	151	92	235	31	232	54	194
酒泉职业技术学院	122	592	122	586	40	462	68	445	14	834	0	151	9	799	2	786	7	713
开封大学	364	52	364	51	98	99	166	76	100	76	0	151	134	141	32	222	76	115

续表

研究发展人员（人）														R&D 经费情况（千元）					
		按学历学位划分								其他人员		折合全时人员（人年）		当年经费收入合计				当年经费支出合计	
初级		博士毕业		硕士毕业		本科毕业		其他学历								其中：科研事业费			
0	798	0	427	0	940	0	919	0	146	0	188	0	960	0	982	0	812	0	985
0	798	0	427	0	940	0	919	0	146	0	188	0	960	72	869	10	733	36	935
0	798	3	183	9	681	2	813	0	146	0	188	1.8	790	180	706	80	406	140	744
1	685	0	427	6	762	1	863	0	146	0	188	3.1	693	93	832	0	812	113	791
0	798	0	427	0	940	0	919	0	146	0	188	0	960	0	982	0	812	0	985
0	798	0	427	0	940	0	919	0	146	0	188	0	960	0	982	0	812	0	985
22	118	3	183	89	133	16	428	1	65	0	188	12.3	321	531	415	285	155	379	516
0	798	0	427	0	940	0	919	0	146	0	188	0	960	0	982	0	812	0	985
0	798	0	427	9	681	6	658	0	146	0	188	3	699	229	658	172	251	200.55	670
1	685	0	427	11	644	4	738	0	146	0	188	1.7	801	90	837	5	779	89	835
0	798	0	427	0	940	0	919	0	146	0	188	0	960	0	982	0	812	0	985
0	798	0	427	2	882	1	863	0	146	0	188	1	863	85	848	30	607	85	839
0	798	0	427	22	478	5	692	0	146	0	188	7.8	467	590	384	0	812	610	349
1	685	0	427	18	530	2	813	0	146	0	188	5.1	577	146.2	748	45	535	177.04	700
8	341	0	427	34	378	13	488	0	146	0	188	9	418	452.98	476	70	429	402.98	494
10	279	3	183	9	681	19	375	0	146	1	96	10.2	385	340.5	554	40.5	549	328.4	557
0	798	0	427	16	559	19	375	0	146	0	188	4.2	631	243	645	81	405	218	652
2	604	0	427	32	398	6	658	0	146	0	188	7	501	551.2	400	0	812	511.04	414
0	798	0	427	0	940	0	919	0	146	0	188	0	960	336	560	0	812	336	550
20	138	5	118	84	141	98	31	1	65	0	188	28.8	119	1 412	168	68	440	1 438	156
10	279	0	427	39	339	82	46	1	65	0	188	14.5	276	799.8	285	534	87	730.3	297
61	13	6	96	269	16	87	38	0	146	1	96	78.9	10	6 322.1	16	1 109	31	5 613.41	18
5	447	0	427	42	314	6	658	0	146	0	188	9.1	416	509	429	41	545	404	492
0	798	0	427	1	911	4	738	0	146	0	188	0.5	931	25	957	0	812	26.8	958
3	543	0	427	17	543	65	74	0	146	0	188	14.9	266	556.7	397	34.1	593	556.7	390
9	310	1	293	55	237	11	544	1	65	0	188	8.1	445	748.6	306	538	85	1 191.7	187
1	685	0	427	15	577	2	813	0	146	0	188	2.2	765	62	888	12	721	60.5	877
3	543	0	427	21	484	11	544	0	146	0	188	4.9	595	110.15	796	0	812	160.15	721
0	798	0	427	0	940	0	919	0	146	0	188	0	960	0	982	0	812	0	985
13	226	0	427	16	559	24	303	0	146	0	188	18.2	213	752	302	0	812	752	285
7	371	0	427	31	405	22	323	0	146	4	44	15.5	256	488	440	40	554	400	495
3	543	1	293	69	186	15	447	0	146	0	188	10.9	357	541.8	405	208.2	212	524.91	405
7	371	0	427	62	207	30	236	0	146	0	188	11.3	342	505	433	166	260	494.3	426
0	798	0	427	5	791	4	738	0	146	0	188	0.9	882	114.2	791	80	406	54.6	893
26	95	1	293	102	109	31	229	0	146	0	188	30.2	109	830.2	274	182	240	830.2	269

学校名称	社科活动人员(人)																	
	合计		按职称划分								其他人员		合计		按职称划分			
			小计		高级		中级		初级						高级		中级	
开封文化艺术职业学院	209	268	209	261	62	269	97	260	50	318	0	151	57	371	17	391	25	409
科尔沁艺术职业学院	157	435	157	430	31	570	62	498	64	217	0	151	3	909	2	786	1	893
克拉玛依职业技术学院	141	494	141	494	11	897	82	352	48	330	0	151	28	575	5	672	19	491
昆明卫生职业学院	57	923	57	920	0	1 107	20	942	37	450	0	151	14	737	0	908	8	687
昆明冶金高等专科学校	536	5	535	5	228	3	216	27	91	104	1	100	364	22	156	15	156	23
昆明艺术职业学院	172	372	171	372	8	954	54	579	109	56	1	100	27	587	2	786	23	431
昆山登云科技职业学院	131	535	131	532	4	1 027	69	435	58	249	0	151	24	620	3	749	16	530
莱芜职业技术学院	153	449	153	445	39	470	102	239	12	883	0	151	39	488	10	514	29	356
兰州石化职业技术学院	97	714	96	716	41	447	41	722	14	834	1	100	26	601	6	642	8	687
兰州外语职业学院	256	179	256	174	53	334	56	558	147	10	0	151	13	750	0	908	7	713
兰州职业技术学院	339	75	339	71	125	45	180	62	34	488	0	151	35	514	14	442	20	473
兰州资源环境职业技术学院	136	516	136	514	49	361	47	663	40	409	0	151	5	870	2	786	2	857
廊坊卫生职业学院	72	851	71	853	41	447	24	895	6	996	1	100	35	514	21	339	13	575
廊坊燕京职业技术学院	66	872	66	870	7	975	49	631	10	918	0	151	21	649	5	672	15	540
廊坊职业技术学院	294	120	293	121	105	78	158	88	30	542	1	100	65	337	9	557	50	211
乐山职业技术学院	152	454	152	451	61	276	58	541	33	498	0	151	66	334	29	246	27	385
黎明职业大学	272	152	272	149	114	59	96	272	62	228	0	151	355	26	199	7	114	52
丽江师范高等专科学校	294	120	294	118	107	75	106	223	81	137	0	151	207	67	82	61	79	108
丽水职业技术学院	216	255	216	250	71	210	102	239	43	378	0	151	187	81	61	106	94	88
连云港师范高等专科学校	326	93	326	91	227	4	79	369	20	725	0	151	175	95	100	41	64	153
连云港职业技术学院	253	189	253	186	112	64	114	196	27	596	0	151	142	131	77	73	61	171
辽宁城市建设职业技术学院	132	531	132	530	51	346	67	458	14	834	0	151	69	310	28	260	30	346
辽宁地质工程职业学院	125	571	123	580	46	389	64	480	13	863	2	79	46	441	19	364	22	445
辽宁工程职业学院	54	936	54	934	13	856	21	930	20	725	0	151	0	960	0	908	0	929
辽宁广告职业学院	277	146	195	301	71	210	71	419	53	288	82	1	0	960	0	908	0	929
辽宁轨道交通职业学院	67	867	67	865	22	699	29	843	16	799	0	151	0	960	0	908	0	929
辽宁机电职业技术学院	68	864	60	904	27	626	32	814	1	1 086	8	38	0	960	0	908	0	929
辽宁建筑职业学院	261	168	260	168	157	11	99	250	4	1 031	1	100	91	241	57	115	34	301
辽宁金融职业学院	116	618	116	614	49	361	66	464	1	1 086	0	151	15	730	5	672	8	687
辽宁经济职业技术学院	243	212	242	208	96	104	101	242	45	354	1	100	29	564	13	467	11	616
辽宁理工职业学院	90	759	81	799	26	643	35	778	20	725	9	35	45	451	16	408	24	423
辽宁林业职业技术学院	61	901	61	896	29	595	26	874	6	996	0	151	30	554	14	442	14	557
辽宁民族师范高等专科学校	165	400	165	394	99	94	52	599	14	834	0	151	0	960	0	908	0	929
辽宁农业职业技术学院	104	683	102	685	32	557	30	835	40	409	2	79	0	960	0	908	0	929
辽宁轻工职业学院	98	707	90	752	35	532	49	631	6	996	8	38	0	960	0	908	0	929

续表

研究发展人员(人)														R&D经费情况(千元)					
		按学历学位划分								其他人员		折合全时人员(人年)		当年经费收入合计				当年经费支出合计	
初级		博士毕业		硕士毕业		本科毕业		其他学历								其中:科研事业费			
15	191	0	427	33	387	24	303	0	146	0	188	6.2	533	305	586	92	383	306	572
0	798	0	427	1	911	2	813	0	146	0	188	0.7	909	33.3	938	0	812	38.7	933
4	497	0	427	18	530	10	566	0	146	0	188	3.5	667	100	808	12.5	718	132	757
6	406	0	427	6	762	8	608	0	146	0	188	1.5	819	64	886	0	812	54.5	894
50	29	3	183	161	45	200	3	0	146	2	64	44.9	47	1 860.5	116	145	278	1 923	107
2	604	0	427	7	736	20	351	0	146	0	188	7.2	494	540.6	408	42	543	478	442
5	447	0	427	18	530	6	658	0	146	0	188	7.9	456	165.4	726	40	554	151.5	733
0	798	0	427	30	411	9	585	0	146	0	188	21.7	176	1 349	178	376	124	1 264	177
12	242	0	427	21	484	5	692	0	146	0	188	7.2	494	371.8	525	40	554	303.8	574
6	406	0	427	5	791	8	608	0	146	0	188	1.4	829	97.2	821	0	812	113.1	790
1	685	0	427	10	662	25	292	0	146	0	188	4.2	631	470	463	328	134	436	470
1	685	0	427	3	846	2	813	0	146	0	188	1	863	104	804	65	451	46.6	913
1	685	0	427	7	736	28	255	0	146	0	188	4.2	631	280.2	609	0	812	280.2	592
1	685	0	427	19	513	2	813	0	146	0	188	6.9	508	266.6	625	39.6	576	266.6	607
6	406	3	183	17	543	43	148	2	36	0	188	11.6	332	483.6	443	7.6	770	483.6	436
10	279	3	183	40	328	23	312	0	146	0	188	13.9	285	359	532	171	254	393.1	499
42	44	12	53	259	18	84	43	0	146	0	188	62.6	25	4 808.39	29	426	109	4 953.53	24
46	36	7	87	140	64	60	85	0	146	0	188	45.7	43	2 433	83	220.3	202	2 689.73	69
31	72	0	427	103	107	83	44	1	65	1	96	30.7	104	3 878.03	37	1 040	35	3 374.99	45
11	259	4	144	140	64	31	229	0	146	0	188	21	181	1 106.2	206	102.2	354	1 172.6	193
4	497	11	60	80	154	51	114	0	146	0	188	27.2	132	864.5	263	27	635	874.95	252
11	259	2	225	39	339	28	255	0	146	0	188	16.7	238	803.6	281	503	93	806.61	275
4	497	0	427	29	416	17	408	0	146	1	96	10	388	310.84	578	10.84	732	310.84	568
0	798	0	427	0	940	0	919	0	146	0	188	0	960	0	982	0	812	0	985
0	798	0	427	0	940	0	919	0	146	0	188	0	960	0	982	0	812	0	985
0	798	0	427	0	940	0	919	0	146	0	188	0	960	0	982	0	812	0	985
0	798	0	427	0	940	0	919	0	146	0	188	0	960	0	982	0	812	0	985
0	798	0	427	57	229	34	207	0	146	0	188	18.1	214	378	522	0	812	390	503
2	604	2	225	11	644	2	813	0	146	0	188	2	781	114	793	54	503	254.6	620
5	447	0	427	24	457	5	692	0	146	0	188	6.6	519	598	380	70	429	486	434
4	497	1	293	26	436	18	388	0	146	1	96	9.6	403	333	563	0	812	368.6	518
2	604	1	293	24	457	5	692	0	146	0	188	8.3	438	305.5	585	15	704	306.53	571
0	798	0	427	0	940	0	919	0	146	0	188	0	960	0	982	0	812	0	985
0	798	0	427	0	940	0	919	0	146	0	188	0	960	0	982	0	812	0	985
0	798	0	427	0	940	0	919	0	146	0	188	0	960	0	982	0	812	0	985

学校名称	社科活动人员(人)																	
	合计		按职称划分								其他人员		合计		按职称划分			
			小计		高级		中级		初级						高级		中级	
辽宁省交通高等专科学校	0	1 133	0	1 133	0	1 107	0	1 128	0	1 109	0	151	0	960	0	908	0	929
辽宁石化职业技术学院	64	887	64	885	28	613	24	895	12	883	0	151	0	960	0	908	0	929
辽宁水利职业学院	78	822	76	826	27	626	41	722	8	952	2	79	0	960	0	908	0	929
辽宁特殊教育师范高等专科学校	131	535	131	532	20	729	75	392	36	460	0	151	0	960	0	908	0	929
辽宁铁道职业技术学院	47	962	46	969	15	829	22	916	9	941	1	100	0	960	0	908	0	929
辽宁现代服务职业技术学院	199	297	199	292	42	433	86	330	71	179	0	151	56	379	18	381	31	334
辽宁冶金职业技术学院	35	1 031	35	1 029	17	790	18	971	0	1 109	0	151	0	960	0	908	0	929
辽宁医药职业学院	53	939	49	950	14	843	34	792	1	1 086	4	58	0	960	0	908	0	929
辽宁政法职业学院	143	482	143	480	87	136	48	645	8	952	0	151	259	40	170	13	77	114
辽宁职业学院	19	1 101	19	1 099	14	843	5	1 093	0	1 109	0	151	0	960	0	908	0	929
辽宁装备制造职业技术学院	38	1 017	38	1 015	16	810	20	942	2	1 061	0	151	0	960	0	908	0	929
辽阳职业技术学院	198	299	198	294	55	319	88	318	55	277	0	151	25	610	4	710	15	540
聊城职业技术学院	432	25	432	25	82	154	170	71	180	5	0	151	101	208	19	364	42	247
临汾职业技术学院	124	580	124	575	22	699	51	610	51	307	0	151	22	639	13	467	6	733
临沂职业学院	65	878	65	876	26	643	22	916	17	781	0	151	0	960	0	908	0	929
柳州城市职业学院	179	347	178	344	46	389	104	230	28	581	1	100	52	404	13	467	35	296
柳州铁道职业技术学院	171	377	156	433	42	433	77	381	37	450	15	23	20	666	10	514	8	687
柳州职业技术学院	221	244	218	242	80	163	110	210	28	581	3	68	131	147	67	90	59	180
六安职业技术学院	104	683	104	681	46	389	53	587	5	1 013	0	151	28	575	17	391	11	616
六盘水职业技术学院	116	618	115	624	24	666	52	599	39	420	1	100	17	698	4	710	10	642
陇南师范高等专科学校	298	117	298	116	81	157	190	47	27	596	0	151	184	86	65	94	104	68
泸州职业技术学院	170	380	170	375	69	226	96	272	5	1 013	0	151	55	389	31	232	23	431
潞安职业技术学院	60	910	60	904	10	917	24	895	26	614	0	151	0	960	0	908	0	929
罗定职业技术学院	163	407	163	401	29	595	118	182	16	799	0	151	106	191	29	246	70	137
洛阳科技职业学院	87	773	87	768	2	1 067	5	1 093	80	142	0	151	0	960	0	908	0	929
洛阳职业技术学院	155	440	155	437	16	810	55	567	84	122	0	151	59	361	19	364	15	540
漯河食品职业学院	66	872	66	870	2	1 067	50	622	14	834	0	151	8	820	1	846	6	733
漯河医学高等专科学校	145	478	145	475	24	666	92	297	29	563	0	151	30	554	7	618	20	473
漯河职业技术学院	330	86	330	83	122	48	166	76	42	388	0	151	71	305	29	246	28	372
马鞍山师范高等专科学校	218	249	218	242	71	210	97	260	50	318	0	151	57	371	29	246	21	456
马鞍山职业技术学院	57	923	57	920	28	613	24	895	5	1 013	0	151	57	371	24	309	27	385
满洲里俄语职业学院	120	600	120	596	5	1 007	91	303	24	658	0	151	148	121	11	497	127	39
茂名职业技术学院	96	721	96	716	14	843	53	587	29	563	0	151	27	587	7	618	18	504
眉山职业技术学院	232	228	232	223	50	355	78	373	104	68	0	151	112	177	39	183	48	217
湄洲湾职业技术学院	195	305	195	301	38	487	92	297	65	211	0	151	25	610	9	557	12	594

续表

研究发展人员（人）														R&D经费情况（千元）					
		按学历学位划分								其他人员		折合全时人员（人年）		当年经费收入合计				当年经费支出合计	
初级		博士毕业		硕士毕业		本科毕业		其他学历								其中:科研事业费			
0	798	0	427	0	940	0	919	0	146	0	188	0	960	0	982	0	812	0	985
0	798	0	427	0	940	0	919	0	146	0	188	0	960	0	982	0	812	0	985
0	798	0	427	0	940	0	919	0	146	0	188	0	960	0	982	0	812	0	985
0	798	0	427	0	940	0	919	0	146	0	188	0	960	0	982	0	812	0	985
0	798	0	427	0	940	0	919	0	146	0	188	0	960	0	982	0	812	0	985
7	371	1	293	34	378	21	334	0	146	0	188	8	450	388.12	513	97.03	373	675.91	320
0	798	0	427	0	940	0	919	0	146	0	188	0	960	0	982	0	812	0	985
0	798	0	427	0	940	0	919	0	146	0	188	0	960	0	982	0	812	0	985
12	242	16	38	148	54	95	33	0	146	0	188	44	51	1 712.18	135	40	554	1 780.41	121
0	798	0	427	0	940	0	919	0	146	0	188	0	960	0	982	0	812	0	985
0	798	0	427	0	940	0	919	0	146	0	188	0	960	0	982	0	812	0	985
6	406	0	427	9	681	16	428	0	146	0	188	5.7	549	125	775	8	763	125	772
40	48	0	427	37	351	52	111	12	5	0	188	22.3	169	830.7	273	168.7	258	1 065.87	211
3	543	0	427	7	736	15	447	0	146	0	188	3.4	673	53.3	899	0	812	53.3	898
0	798	0	427	0	940	0	919	0	146	0	188	0	960	0	982	0	812	0	985
4	497	0	427	26	436	26	276	0	146	0	188	11.5	334	409	497	159	269	309.51	570
2	604	0	427	7	736	13	488	0	146	0	188	2.9	713	200.5	680	106	340	113.18	789
4	497	2	225	85	140	44	142	0	146	1	96	25.1	149	598.4	379	104.8	346	582.83	370
0	798	1	293	16	559	11	544	0	146	0	188	3.8	652	632	354	65	451	521.7	406
3	543	0	427	3	846	13	488	1	65	0	188	2.3	761	143	752	66	445	167	714
15	191	1	293	84	141	99	30	0	146	0	188	29.3	117	868.2	262	258.5	174	838.2	267
1	685	0	427	28	425	25	292	2	36	0	188	9.5	406	300	589	78	420	273.1	598
0	798	0	427	0	940	0	919	0	146	0	188	0	960	29.5	948	0	812	0	985
7	371	0	427	91	129	15	447	0	146	0	188	17.4	226	1 121.7	204	61	467	1 111.7	206
0	798	0	427	0	940	0	919	0	146	0	188	0	960	32	941	0	812	32	944
25	100	3	183	31	405	25	292	0	146	0	188	16.8	234	358.2	534	142	283	449	462
1	685	0	427	6	762	2	813	0	146	0	188	1.1	853	30	943	0	812	30	947
3	543	0	427	20	494	10	566	0	146	0	188	3.4	673	130	769	62	462	134	755
14	211	0	427	15	577	56	98	0	146	0	188	13.2	302	272	615	8	763	296	579
7	371	0	427	45	292	12	512	0	146	0	188	7.2	494	511.3	426	265	168	511.3	413
6	406	0	427	51	254	6	658	0	146	0	188	21.8	174	748	307	130	302	779	283
10	279	25	15	111	96	12	512	0	146	0	188	23.3	159	481	447	111.5	332	456.7	456
2	604	0	427	19	513	8	608	0	146	0	188	4.5	618	185	700	62.5	459	129.73	763
25	100	5	118	59	221	48	125	0	146	0	188	13.2	302	1 029.7	219	111	333	852.5	262
4	497	1	293	16	559	8	608	0	146	0	188	4.4	620	215.6	674	50	520	188	682

学校名称	社科活动人员(人)																	
	合计		按职称划分								其他人员		合计		按职称划分			
			小计		高级		中级		初级						高级		中级	
绵阳职业技术学院	136	516	133	525	47	382	51	610	35	476	3	68	75	289	19	364	31	334
民办合肥滨湖职业技术学院	108	665	105	674	12	874	36	769	57	261	3	68	0	960	0	908	0	929
民办合肥财经职业学院	135	523	135	519	30	580	71	419	34	488	0	151	0	960	0	908	0	929
民办合肥经济技术职业学院	62	893	56	927	2	1 067	24	895	30	542	6	46	0	960	0	908	0	929
民办四川天一学院	213	261	213	255	19	754	65	471	129	24	0	151	47	432	7	618	25	409
民办万博科技职业学院	160	422	158	426	22	699	74	400	62	228	2	79	31	546	8	590	17	519
闽北职业技术学院	81	806	81	799	22	699	33	799	26	614	0	151	67	325	23	320	34	301
闽江师范高等专科学校	95	729	95	724	24	666	45	685	26	614	0	151	115	169	28	260	60	178
闽西职业技术学院	259	173	259	170	79	170	124	170	56	272	0	151	58	364	21	339	34	301
明达职业技术学院	7	1 124	7	1 124	1	1 088	5	1 093	1	1 086	0	151	0	960	0	908	0	929
牡丹江大学	149	463	149	459	60	282	65	471	24	658	0	151	0	960	0	908	0	929
内江职业技术学院	187	322	186	322	66	248	55	567	65	211	1	100	76	286	29	246	29	356
内蒙古电子信息职业技术学院	73	844	73	841	20	729	37	761	16	799	0	151	17	698	7	618	7	713
内蒙古丰州职业学院	22	1 093	16	1 106	0	1 107	9	1 059	7	973	6	46	0	960	0	908	0	929
内蒙古化工职业学院	136	516	136	514	39	470	84	346	13	863	0	151	16	714	3	749	13	575
内蒙古机电职业技术学院	129	547	129	545	42	433	69	435	18	767	0	151	78	279	23	320	44	238
内蒙古建筑职业技术学院	113	640	113	635	30	580	62	498	21	709	0	151	34	522	15	425	18	504
内蒙古交通职业技术学院	33	1 043	33	1 041	11	897	16	992	6	996	0	151	0	960	0	908	0	929
内蒙古警察职业学院	96	721	96	716	53	334	27	865	16	799	0	151	1	948	1	846	0	929
内蒙古民族幼儿师范高等专科学校	115	629	115	624	12	874	33	799	70	186	0	151	11	770	0	908	4	790
内蒙古商贸职业学院	285	133	285	130	105	78	154	98	26	614	0	151	43	461	15	425	27	385
内蒙古体育职业学院	18	1 106	16	1 106	6	995	9	1 059	1	1 086	2	79	14	737	6	642	8	687
南昌职业学院	195	305	195	301	20	729	77	381	98	83	0	151	11	770	0	908	11	616
南充职业技术学院	206	279	206	273	43	417	80	362	83	126	0	151	25	610	15	425	7	713
南京城市职业学院	185	331	185	326	67	240	83	350	35	476	0	151	83	263	32	222	42	247
南京工业职业技术学院	331	84	331	81	108	72	182	58	41	399	0	151	437	11	134	27	258	5
南京机电职业技术学院	110	656	110	649	5	1 007	40	733	65	211	0	151	95	227	10	514	63	160
南京交通职业技术学院	149	463	149	459	55	319	86	330	8	952	0	151	151	117	80	66	69	141
南京科技职业学院	179	347	179	342	59	289	103	233	17	781	0	151	105	192	41	170	56	188
南京旅游职业学院	173	366	173	362	37	502	97	260	39	420	0	151	85	256	23	320	51	207
南京视觉艺术职业学院	79	819	79	814	5	1 007	48	645	26	614	0	151	52	404	2	786	35	296
南京铁道职业技术学院	199	297	199	292	45	403	132	144	22	688	0	151	146	124	33	219	98	78
南京信息职业技术学院	159	429	159	422	60	282	81	357	18	767	0	151	177	93	67	90	99	76
南宁职业技术学院	362	55	358	54	94	112	171	68	93	100	4	58	209	65	62	102	100	75

续表

研究发展人员(人)														R&D 经费情况(千元)					
		按学历学位划分								其他人员		折合全时人员(人年)		当年经费收入合计		其中:科研事业费		当年经费支出合计	
初级		博士毕业		硕士毕业		本科毕业		其他学历											
24	109	0	427	53	247	22	323	0	146	1	96	16.8	234	801.4	283	184.4	238	735.4	293
0	798	0	427	0	940	0	919	0	146	0	188	0	960	0	982	0	812	0	985
0	798	0	427	0	940	0	919	0	146	0	188	0	960	0	982	0	812	40	925
0	798	0	427	0	940	0	919	0	146	0	188	0	960	0	982	0	812	0	985
15	191	0	427	27	430	20	351	0	146	0	188	6.2	533	255	632	0	812	255	618
5	447	0	427	19	513	12	512	0	146	1	96	7.6	477	309	580	80	406	276.6	595
10	279	0	427	25	444	40	164	2	36	0	188	7.9	456	239.6	649	50	520	213.26	657
27	92	4	144	91	129	20	351	0	146	0	188	18.5	208	920	245	266	166	729.66	298
3	543	0	427	37	351	21	334	0	146	0	188	10.5	374	477.58	453	90.58	385	366.3	520
0	798	0	427	0	940	0	919	0	146	0	188	0	960	0	982	0	812	0	985
0	798	0	427	0	940	0	919	0	146	0	188	0	960	0	982	0	812	0	985
18	155	0	427	35	367	40	164	1	65	0	188	9.3	413	307	583	3	797	356.6	529
3	543	0	427	8	702	9	585	0	146	0	188	3	699	116	787	50	520	72	855
0	798	0	427	0	940	0	919	0	146	0	188	0	960	0	982	0	812	0	985
0	798	2	225	8	702	6	658	0	146	0	188	1.7	801	144.5	750	100	359	96.5	823
11	259	0	427	51	254	27	265	0	146	0	188	16.9	232	527.1	417	22	653	594.93	360
1	685	0	427	30	411	4	738	0	146	0	188	5	585	240	647	60	469	240	635
0	798	0	427	0	940	0	919	0	146	0	188	0	960	0	982	0	812	0	985
0	798	0	427	1	911	0	919	0	146	0	188	0.2	950	4	980	0	812	4	983
7	371	0	427	7	736	3	773	1	65	0	188	1.5	819	45	919	0	812	58.27	885
0	798	3	183	37	351	2	813	1	65	1	96	5.4	565	168	722	60	469	168	712
0	798	3	183	9	681	2	813	0	146	0	188	7	501	258	630	0	812	258	614
0	798	0	427	11	644	0	919	0	146	0	188	5.6	555	327.2	569	163.6	265	327.2	559
3	543	0	427	11	644	14	468	0	146	0	188	4.3	626	332	565	101	356	332	552
9	310	1	293	69	186	13	488	0	146	0	188	10	388	505.6	432	101.6	355	343.6	539
45	38	36	8	326	9	75	61	0	146	0	188	99.2	6	6 356.5	15	1 037.26	36	6 408.9	11
22	118	0	427	49	265	46	136	0	146	0	188	15.2	259	531	415	124	311	610	349
2	604	8	76	108	101	35	198	0	146	0	188	18.5	208	1 298.5	186	101	356	1 734.21	127
8	341	3	183	79	160	23	312	0	146	0	188	19.4	197	889	254	240	190	792	280
11	259	11	60	66	196	8	608	0	146	0	188	16.2	246	464.5	466	39	577	686.31	317
15	191	1	293	32	398	19	375	0	146	0	188	10.6	370	347	546	135	294	283.3	590
15	191	13	47	114	90	19	375	0	146	0	188	18.5	208	1 599	149	241	189	1 358.6	164
11	259	4	144	141	63	32	220	0	146	0	188	20.4	187	1 203.8	196	521	91	1 234.9	179
46	36	0	427	122	77	83	44	4	25	1	96	32.5	87	1 475	165	100	359	1 301	172

学校名称	社科活动人员(人)																	
	合计		按职称划分								其他人员		合计		按职称划分			
			小计		高级		中级		初级						高级		中级	
南通航运职业技术学院	313	103	313	102	101	90	200	39	12	883	0	151	163	108	53	128	106	63
南通科技职业学院	118	609	118	606	39	470	69	435	10	918	0	151	136	137	60	109	74	123
南通师范高等专科学校	329	89	329	86	118	54	191	45	20	725	0	151	10	784	8	590	2	857
南通职业大学	205	281	205	275	80	163	111	206	14	834	0	151	190	76	105	38	76	115
南阳农业职业学院	144	480	144	477	18	775	51	610	75	155	0	151	27	587	9	557	11	616
南阳医学高等专科学校	178	350	178	344	48	372	91	303	39	420	0	151	41	478	15	425	21	456
宁波城市职业技术学院	363	54	363	53	106	76	185	53	72	171	0	151	69	310	33	219	26	395
宁波卫生职业技术学院	144	480	144	477	32	557	63	494	49	327	0	151	604	3	201	6	257	6
宁波职业技术学院	257	177	257	172	67	240	126	162	64	217	0	151	243	48	88	55	117	49
宁德职业技术学院	120	600	120	596	32	557	49	631	39	420	0	151	214	61	61	106	106	63
宁夏财经职业技术学院	225	240	209	261	78	175	59	533	72	171	16	20	93	233	27	272	25	409
宁夏工商职业技术学院	220	247	209	261	80	163	74	400	55	277	11	30	187	81	87	58	70	137
宁夏警官职业学院	163	407	149	459	36	517	40	733	73	166	14	24	130	150	37	195	25	409
宁夏民族职业技术学院	229	234	217	248	43	417	40	733	134	20	12	28	42	471	14	442	12	594
宁夏幼儿师范高等专科学校	184	335	143	480	30	580	53	587	60	239	41	9	27	587	8	590	13	575
宁夏职业技术学院	207	274	204	277	89	127	76	389	39	420	3	68	62	350	15	425	22	445
盘锦职业技术学院	137	511	135	519	50	355	68	445	17	781	2	79	0	960	0	908	0	929
平顶山工业职业技术学院	311	105	311	104	58	293	171	68	82	131	0	151	113	174	28	260	74	123
濮阳职业技术学院	309	107	305	110	114	59	125	167	66	208	4	58	244	47	82	61	103	70
七台河职业学院	36	1 026	36	1 023	20	729	14	1 020	2	1 061	0	151	0	960	0	908	0	929
齐齐哈尔高等师范专科学校	214	259	214	253	103	84	70	427	41	399	0	151	0	960	0	908	0	929
齐齐哈尔理工职业学院	26	1 076	26	1 073	4	1 027	8	1 069	14	834	0	151	0	960	0	908	0	929
黔东南民族职业技术学院	201	289	201	284	72	206	73	406	56	272	0	151	34	522	25	299	7	713
黔南民族医学高等专科学校	122	592	122	586	39	470	72	412	11	905	0	151	44	459	25	299	17	519
黔南民族幼儿师范高等专科学校	242	214	241	210	61	276	69	435	111	51	1	100	72	300	29	246	24	423
黔南民族职业技术学院	112	646	112	639	51	346	28	855	33	498	0	151	23	629	19	364	3	819
黔西南民族职业技术学院	116	618	116	614	38	487	60	523	18	767	0	151	18	685	6	642	3	819
秦皇岛职业技术学院	355	58	355	58	135	28	187	50	33	498	0	151	62	350	26	284	30	346
青岛港湾职业技术学院	43	985	43	983	19	754	24	895	0	1 109	0	151	7	837	7	618	0	929
青岛酒店管理职业技术学院	238	222	238	217	66	248	128	154	44	366	0	151	65	337	20	355	38	268
青岛求实职业技术学院	26	1 076	26	1 073	4	1 027	15	1 003	7	973	0	151	0	960	0	908	0	929
青岛远洋船员职业学院	92	746	92	740	48	372	37	761	7	973	0	151	32	535	17	391	14	557
青岛职业技术学院	318	97	318	96	93	114	175	64	50	318	0	151	65	337	29	246	28	372

研究发展人员(人)														R&D 经费情况(千元)					
		按学历学位划分								其他人员		折合全时人员(人年)		当年经费收入合计				当年经费支出合计	
初级		博士毕业		硕士毕业		本科毕业		其他学历								其中:科研事业费			
4	497	4	144	129	71	30	236	0	146	0	188	33.1	83	1 560.2	152	698	64	1 124.72	201
2	604	2	225	89	133	45	139	0	146	0	188	30.3	106	2 598	77	226	199	2 564.25	72
0	798	0	427	6	762	4	738	0	146	0	188	3	699	135	762	57	490	131.6	758
8	341	12	53	109	100	68	70	1	65	1	96	23.6	157	1 157	202	233	197	1 157	198
7	371	0	427	10	662	17	408	0	146	0	188	3.4	673	109	797	1	809	99	814
5	447	1	293	14	590	26	276	0	146	0	188	13.9	285	346	548	52	511	360.5	524
10	279	1	293	57	229	11	544	0	146	0	188	23.8	156	1 559	153	462	102	914	245
99	5	38	6	370	6	158	9	38	1	47	1	103.2	5	5 425.82	20	935.92	42	4 876.66	26
32	69	18	28	161	45	64	78	0	146	6	30	49.3	33	5 080.24	25	2 000.63	15	4 240.2	36
43	42	1	293	115	88	96	32	2	36	4	44	35.1	77	1 765.9	128	35	589	1 507.91	147
37	55	1	293	68	190	24	303	0	146	4	44	31.2	101	600	378	116	323	585	369
22	118	2	225	105	104	78	54	2	36	8	17	36.3	72	881	257	208	213	965	233
59	16	0	427	92	127	38	181	0	146	9	14	25.8	141	1 497	162	1 192	29	1 226.65	183
15	191	0	427	13	609	29	245	0	146	1	96	13.5	295	244.8	643	54	503	244.8	629
5	447	0	427	13	609	14	468	0	146	1	96	4.2	631	132	765	36	584	124	773
24	109	0	427	42	314	20	351	0	146	1	96	9.9	396	438	482	165	263	515.8	409
0	798	0	427	0	940	0	919	0	146	0	188	0	960	66	885	0	812	66	870
11	259	5	118	46	282	62	84	0	146	0	188	23	163	712	319	112	328	690	312
52	27	1	293	78	161	159	8	6	11	7	22	27.8	125	411	494	19	691	420	480
0	798	0	427	0	940	0	919	0	146	0	188	0	960	0	982	0	812	0	985
0	798	0	427	0	940	0	919	0	146	0	188	0	960	0	982	0	812	0	985
0	798	0	427	0	940	0	919	0	146	0	188	0	960	0	982	0	812	0	985
2	604	1	293	22	478	11	544	0	146	0	188	4.7	608	712.5	318	308	145	443.6	464
2	604	0	427	17	543	27	265	0	146	0	188	7.6	477	221	667	69	436	172.75	705
16	177	0	427	23	466	48	125	1	65	3	52	10.8	359	287.8	600	48	528	230.3	641
1	685	0	427	3	846	20	351	0	146	0	188	2.8	716	765.6	299	703	63	867.2	256
9	310	0	427	13	609	5	692	0	146	0	188	7.2	494	280	610	21	658	270	602
6	406	2	225	46	282	14	468	0	146	0	188	7.9	456	286.5	603	25	639	261.06	611
0	798	0	427	5	791	2	813	0	146	0	188	0.9	882	61	891	21	658	61	875
7	371	5	118	58	227	2	813	0	146	0	188	12.4	318	350	543	0	812	350	534
0	798	0	427	0	940	0	919	0	146	0	188	0	960	16	969	3	797	16	971
1	685	1	293	26	436	5	692	0	146	0	188	5.3	568	259	629	7	771	226.5	643
8	341	2	225	50	260	13	488	0	146	0	188	8.5	431	182	703	69	436	182	689

学校名称	社科活动人员(人)																	
	合计		按职称划分								其他人员		合计		按职称划分			
			小计		高级		中级		初级						高级		中级	
青海柴达木职业技术学院	31	1 052	31	1 049	0	1 107	9	1 059	22	688	0	151	0	960	0	908	0	929
青海高等职业技术学院	40	1 005	37	1 017	0	1 107	4	1 103	33	498	3	68	0	960	0	908	0	929
青海建筑职业技术学院	33	1 043	26	1 073	12	874	5	1 093	9	941	7	42	0	960	0	908	0	929
青海交通职业技术学院	58	917	58	912	23	684	19	963	16	799	0	151	0	960	0	908	0	929
青海警官职业学院	149	463	143	480	57	303	39	745	47	339	6	46	0	960	0	908	0	929
青海卫生职业技术学院	25	1 082	25	1 080	13	856	9	1 059	3	1 045	0	151	0	960	0	908	0	929
青海畜牧兽医职业技术学院	45	975	45	972	20	729	10	1 051	15	818	0	151	0	960	0	908	0	929
清远职业技术学院	181	339	181	333	39	470	119	178	23	676	0	151	37	501	12	485	22	445
曲靖医学高等专科学校	43	985	43	983	13	856	20	942	10	918	0	151	47	432	10	514	25	409
衢州职业技术学院	128	554	128	552	35	532	57	552	36	460	0	151	147	123	53	128	62	164
泉州纺织服装职业学院	44	982	44	979	3	1 045	16	992	25	633	0	151	16	714	3	749	7	713
泉州工艺美术职业学院	117	611	117	608	23	684	47	663	47	339	0	151	49	415	10	514	22	445
泉州海洋职业学院	62	893	62	890	2	1 067	17	980	43	378	0	151	27	587	2	786	14	557
泉州华光职业学院	165	400	165	394	7	975	61	510	97	85	0	151	24	620	1	846	20	473
泉州经贸职业技术学院	164	403	164	398	58	293	85	337	21	709	0	151	66	334	18	381	37	283
泉州理工职业学院	153	449	153	445	14	843	52	599	87	115	0	151	100	212	17	391	59	180
泉州轻工职业学院	72	851	72	849	8	954	27	865	37	450	0	151	28	575	8	590	14	557
泉州医学高等专科学校	97	714	97	710	16	810	36	769	45	354	0	151	48	419	13	467	13	575
泉州幼儿师范高等专科学校	198	299	198	294	66	248	78	373	54	284	0	151	175	95	55	120	67	145
日照职业技术学院	621	3	621	3	131	37	353	1	137	16	0	151	656	2	138	24	382	1
三门峡社会管理职业学院	110	656	110	649	49	361	47	663	14	834	0	151	0	960	0	908	0	929
三门峡职业技术学院	378	46	378	45	96	104	237	19	45	354	0	151	145	126	28	260	105	66
三明医学科技职业学院	152	454	152	451	57	303	61	510	34	488	0	151	176	94	64	98	76	115
三峡旅游职业技术学院	128	554	128	552	53	334	48	645	27	596	0	151	100	212	36	203	33	314
三亚城市职业学院	102	688	102	685	24	666	21	930	57	261	0	151	30	554	5	672	11	616
三亚航空旅游职业学院	116	618	116	614	11	897	84	346	21	709	0	151	70	307	16	408	53	199
三亚理工职业学院	70	858	70	857	5	1 007	26	874	39	420	0	151	21	649	6	642	9	657
沙洲职业工学院	94	734	94	729	38	487	48	645	8	952	0	151	37	501	15	425	21	456
山东城市建设职业学院	65	878	65	876	26	643	19	963	20	725	0	151	67	325	26	284	23	431
山东电子职业技术学院	154	445	154	441	45	403	66	464	43	378	0	151	86	252	28	260	43	243
山东服装职业学院	162	411	162	403	44	413	72	412	46	347	0	151	92	235	32	222	39	263
山东工业职业学院	67	867	67	865	10	917	43	707	14	834	0	151	16	714	1	846	14	557
山东海事职业学院	45	975	45	972	0	1 107	10	1 051	35	476	0	151	0	960	0	908	0	929
山东交通职业学院	129	547	129	545	18	775	97	260	14	834	0	151	69	310	9	557	52	203
山东经贸职业学院	364	52	364	51	62	269	203	34	99	79	0	151	181	90	41	170	120	45

续表

研究发展人员(人)														R&D 经费情况(千元)					
		按学历学位划分								其他人员		折合全时人员(人年)		当年经费收入合计				当年经费支出合计	
初级		博士毕业		硕士毕业		本科毕业		其他学历								其中:科研事业费			
0	798	0	427	0	940	0	919	0	146	0	188	0	960	0	982	0	812	0	985
0	798	0	427	0	940	0	919	0	146	0	188	0	960	0	982	0	812	0	985
0	798	0	427	0	940	0	919	0	146	0	188	0	960	0	982	0	812	0	985
0	798	0	427	0	940	0	919	0	146	0	188	0	960	0	982	0	812	0	985
0	798	0	427	0	940	0	919	0	146	0	188	0	960	0	982	0	812	0	985
0	798	0	427	0	940	0	919	0	146	0	188	0	960	0	982	0	812	0	985
0	798	0	427	0	940	0	919	0	146	0	188	0	960	0	982	0	812	0	985
3	543	5	118	20	494	12	512	0	146	0	188	5.2	574	762.5	300	616	73	290.36	587
12	242	0	427	24	457	23	312	0	146	0	188	9.9	396	511	427	85	399	504.7	421
31	72	7	87	92	127	47	132	1	65	1	96	23.4	158	1 600.73	148	249.23	185	1 378.55	158
6	406	1	293	6	762	9	585	0	146	0	188	2.7	721	100	808	14	712	98.5	817
17	168	0	427	33	387	16	428	0	146	0	188	6.8	511	302	588	37.5	581	284.2	589
11	259	0	427	8	702	19	375	0	146	0	188	4.7	608	170.3	720	51.5	517	173	704
3	543	0	427	7	736	17	408	0	146	0	188	2.5	739	61.1	890	2.5	805	55.4	890
11	259	2	225	44	303	20	351	0	146	0	188	10.8	359	436.3	483	84.6	402	390.81	501
24	109	6	96	45	292	49	122	0	146	0	188	14.9	266	541.7	406	37.4	583	572.1	384
6	406	4	144	14	590	10	566	0	146	0	188	7.1	498	143.3	751	33.3	595	145.3	740
22	118	1	293	25	444	22	323	0	146	0	188	5.6	555	614.79	368	153.5	272	261.47	610
53	26	2	225	119	81	52	111	2	36	0	188	29.8	115	1 319.82	183	213	207	1 059.91	212
132	2	18	28	458	2	178	5	2	36	4	44	119.8	4	6 282.1	17	274.6	161	6 392.45	12
0	798	0	427	0	940	0	919	0	146	0	188	0	960	0	982	0	812	0	985
12	242	2	225	87	137	56	98	0	146	0	188	17.4	226	949.8	236	100	359	893.8	248
36	56	0	427	80	154	93	35	3	29	0	188	38.8	67	1 429	167	590	77	1 848.29	119
31	72	0	427	40	328	60	85	0	146	0	188	16.9	232	752	302	112	328	738	291
13	226	0	427	15	577	15	447	0	146	1	96	5	585	105	803	28	630	209.95	662
0	798	0	427	31	405	39	172	0	146	1	96	11.2	344	406	500	172	251	468	450
6	406	0	427	10	662	11	544	0	146	0	188	2.5	739	135	762	15	704	209	663
1	685	2	225	20	494	15	447	0	146	0	188	6.7	515	604	376	145	278	548.95	394
16	177	1	293	49	265	17	408	0	146	2	64	10.7	367	424.4	492	10	733	417.9	482
14	211	0	427	75	171	11	544	0	146	1	96	19.5	196	244	644	30	607	389.7	504
21	127	0	427	76	166	16	428	0	146	0	188	13.5	295	172	716	0	812	154.4	730
1	685	0	427	16	559	0	919	0	146	0	188	5.1	577	1 003	225	103	349	1 003	225
0	798	0	427	0	940	0	919	0	146	0	188	0	960	0	982	0	812	0	985
8	341	1	293	57	229	11	544	0	146	0	188	10.5	374	287	601	59	488	326.5	561
15	191	0	427	155	50	25	292	1	65	5	37	25.2	148	1 851.25	117	152	274	1 915.04	111

学校名称	社科活动人员（人）																	
	合计		按职称划分								其他人员		合计		按职称划分			
			小计		高级		中级		初级						高级		中级	
山东凯文科技职业学院	6	1 127	6	1 127	0	1 107	4	1 103	2	1 061	0	151	0	960	0	908	0	929
山东科技职业学院	181	339	181	333	26	643	85	337	70	186	0	151	129	152	28	260	74	123
山东劳动职业技术学院	313	103	313	102	67	240	136	130	110	53	0	151	34	522	17	391	16	530
山东理工职业学院	217	254	217	248	73	201	93	292	51	307	0	151	92	235	34	211	45	230
山东力明科技职业学院	142	487	142	486	8	954	38	753	96	92	0	151	0	960	0	908	0	929
山东铝业职业学院	35	1 031	35	1 029	19	754	13	1 033	3	1 045	0	151	24	620	9	557	11	616
山东轻工职业学院	161	415	161	409	29	595	71	419	61	237	0	151	9	799	1	846	5	756
山东商务职业学院	376	47	376	46	60	282	186	51	130	22	0	151	197	72	24	309	113	54
山东商业职业技术学院	278	144	278	139	99	94	128	154	51	307	0	151	143	129	54	124	62	164
山东水利职业学院	106	672	106	666	22	699	62	498	22	688	0	151	21	649	5	672	12	594
山东特殊教育职业学院	86	777	86	772	17	790	27	865	42	388	0	151	12	761	8	590	1	893
山东外贸职业学院	450	20	450	20	88	129	239	18	123	29	0	151	465	8	155	16	235	10
山东外事翻译职业学院	258	174	258	171	40	462	98	256	120	34	0	151	70	307	24	309	25	409
山东信息职业技术学院	65	878	65	876	15	829	22	916	28	581	0	151	0	960	0	908	0	929
山东畜牧兽医职业学院	114	635	114	629	19	754	44	693	51	307	0	151	14	737	6	642	8	687
山东药品食品职业学院	76	831	76	826	9	940	17	980	50	318	0	151	8	820	0	908	6	733
山东医学高等专科学校	96	721	96	716	25	657	44	693	27	596	0	151	21	649	8	590	11	616
山东艺术设计职业学院	174	363	174	358	31	570	25	887	118	39	0	151	2	929	1	846	0	929
山东中医药高等专科学校	101	695	101	691	19	754	38	753	44	366	0	151	95	227	26	284	51	207
山西财贸职业技术学院	118	609	118	606	42	433	59	533	17	781	0	151	26	601	10	514	14	557
山西电力职业技术学院	31	1 052	31	1 049	7	975	19	963	5	1 013	0	151	0	960	0	908	0	929
山西工程职业技术学院	94	734	94	729	17	790	48	645	29	563	0	151	8	820	2	786	5	756
山西管理职业学院	100	698	100	694	19	754	47	663	34	488	0	151	30	554	10	514	9	657
山西华澳商贸职业学院	151	457	151	453	10	917	19	963	122	31	0	151	0	960	0	908	0	929
山西机电职业技术学院	61	901	61	896	14	843	39	745	8	952	0	151	11	770	7	618	4	790
山西交通职业技术学院	83	791	83	786	22	699	45	685	16	799	0	151	15	730	7	618	8	687
山西金融职业学院	139	502	139	500	42	433	72	412	25	633	0	151	36	508	14	442	21	456
山西经贸职业学院	176	358	176	352	40	462	90	307	46	347	0	151	5	870	2	786	2	857
山西警官职业学院	40	1 005	40	1 004	18	775	10	1 051	12	883	0	151	6	853	4	710	1	893
山西老区职业技术学院	40	1 005	40	1 004	1	1 088	3	1 113	36	460	0	151	1	948	0	908	0	929
山西林业职业技术学院	61	901	61	896	12	874	24	895	25	633	0	151	6	853	3	749	2	857
山西旅游职业学院	180	342	180	336	44	413	78	373	58	249	0	151	28	575	5	672	18	504
山西煤炭职业技术学院	34	1 037	34	1 035	15	829	17	980	2	1 061	0	151	0	960	0	908	0	929
山西青年职业学院	83	791	83	786	21	716	32	814	30	542	0	151	32	535	12	485	14	557
山西轻工职业技术学院	85	781	85	777	19	754	47	663	19	745	0	151	0	960	0	908	0	929
山西省财政税务专科学校	235	225	235	220	102	89	106	223	27	596	0	151	3	909	2	786	1	893
山西水利职业技术学院	116	618	116	614	17	790	48	645	51	307	0	151	0	960	0	908	0	929

续表

研究发展人员(人)														R&D 经费情况(千元)					
		按学历学位划分								其他人员		折合全时人员(人年)		当年经费收入合计		其中:科研事业费		当年经费支出合计	
初级		博士毕业		硕士毕业		本科毕业		其他学历											
0	798	0	427	0	940	0	919	0	146	0	188	0	960	0	982	0	812	0	985
27	92	2	225	76	166	51	114	0	146	0	188	29.9	114	742.48	309	293	153	1 008	224
1	685	1	293	25	444	8	608	0	146	0	188	9.8	400	477	454	192	229	451	460
13	226	1	293	47	279	33	212	11	6	0	188	29.8	115	400.5	505	90.5	386	354.82	531
0	798	0	427	0	940	0	919	0	146	0	188	0	960	0	982	0	812	0	985
4	497	0	427	10	662	14	468	0	146	0	188	11.1	348	720	313	0	812	720	302
3	543	0	427	8	702	1	863	0	146	0	188	2.7	721	119	783	24	646	119	778
56	21	4	144	150	53	42	154	1	65	4	44	28.1	124	851.9	268	10	733	856.3	260
27	92	11	60	69	186	27	265	36	2	0	188	20.2	190	380	520	87	394	380	514
4	497	0	427	16	559	5	692	0	146	0	188	7.7	473	435	484	4	789	431	472
3	543	0	427	7	736	5	692	0	146	0	188	2.5	739	154	736	29	626	136.3	752
61	13	49	3	337	7	76	58	3	29	14	10	129.5	3	7 386	10	105	341	7 387	9
21	127	0	427	38	345	32	220	0	146	0	188	8.3	438	720	313	0	812	807	274
0	798	0	427	0	940	0	919	0	146	0	188	0	960	0	982	0	812	0	985
0	798	0	427	6	762	8	608	0	146	0	188	7	501	271	617	0	812	341	543
2	604	0	427	8	702	0	919	0	146	0	188	1.4	829	60	892	0	812	80.3	847
2	604	0	427	15	577	6	658	0	146	0	188	5.1	577	132	765	16	699	131.47	759
1	685	1	293	1	911	0	919	0	146	0	188	0.7	909	28	951	7	771	28	954
18	155	0	427	77	163	18	388	0	146	0	188	18	218	622	363	47	532	613	347
2	604	0	427	8	702	18	388	0	146	0	188	2.7	721	70	875	0	812	70	863
0	798	0	427	0	940	0	919	0	146	0	188	0	960	0	982	0	812	0	985
1	685	1	293	4	816	3	773	0	146	0	188	1.8	790	80	859	0	812	80	848
11	259	0	427	16	559	14	468	0	146	0	188	5	585	248.95	638	3	797	248.95	626
0	798	0	427	0	940	0	919	0	146	0	188	0	960	99.4	816	0	812	99.4	811
0	798	0	427	8	702	3	773	0	146	0	188	1.7	801	29	949	4	789	55	891
0	798	0	427	10	662	5	692	0	146	0	188	2.5	739	258	630	0	812	258	614
1	685	1	293	22	478	13	488	0	146	0	188	5.2	574	150.55	744	12	721	150.55	735
1	685	0	427	5	791	0	919	0	146	0	188	1.2	842	70	875	40	554	67.28	868
1	685	0	427	4	816	2	813	0	146	0	188	1.6	811	152.25	739	0	812	138.24	750
1	685	0	427	0	940	1	863	0	146	0	188	0.2	950	30	943	10	733	180	693
1	685	1	293	2	882	3	773	0	146	0	188	0.8	894	60	892	30	607	39.82	930
5	447	0	427	26	436	2	813	0	146	0	188	5.6	555	233.22	653	80	406	319.92	564
0	798	0	427	0	940	0	919	0	146	0	188	0	960	0	982	0	812	60	879
6	406	0	427	23	466	9	585	0	146	0	188	3.9	644	117.95	785	20	661	126.15	768
0	798	0	427	0	940	0	919	0	146	0	188	0	960	0	982	0	812	51.68	905
0	798	0	427	1	911	2	813	0	146	0	188	0.9	882	89.76	841	62	462	98.86	815
0	798	0	427	0	940	0	919	0	146	0	188	0	960	0	982	0	812	0	985

学校名称	社科活动人员(人)																	
	合计		按职称划分								其他人员		合计		按职称划分			
			小计		高级		中级		初级						高级		中级	
山西体育职业学院	41	999	41	998	7	975	21	930	13	863	0	151	0	960	0	908	0	929
山西同文职业技术学院	26	1 076	26	1 073	1	1 088	15	1 003	10	918	0	151	0	960	0	908	0	929
山西戏剧职业学院	153	449	153	445	45	403	61	510	47	339	0	151	3	909	2	786	1	893
山西艺术职业学院	127	559	127	557	38	487	41	722	48	330	0	151	9	799	2	786	7	713
山西运城农业职业技术学院	73	844	73	841	11	897	35	778	27	596	0	151	2	929	1	846	1	893
山西职业技术学院	195	305	195	301	48	372	61	510	86	120	0	151	0	960	0	908	0	929
陕西财经职业技术学院	253	189	253	186	98	99	107	221	48	330	0	151	18	685	12	485	5	756
陕西工商职业学院	81	806	81	799	29	595	32	814	20	725	0	151	45	451	13	467	18	504
陕西国防工业职业技术学院	119	607	119	604	41	447	59	533	19	745	0	151	13	750	5	672	8	687
陕西航空职业技术学院	99	704	99	699	32	557	53	587	14	834	0	151	0	960	0	908	0	929
陕西机电职业技术学院	25	1 082	25	1 080	16	810	4	1 103	5	1 013	0	151	0	960	0	908	0	929
陕西经济管理职业技术学院	27	1 071	27	1 068	12	874	12	1 039	3	1 045	0	151	7	837	3	749	4	790
陕西警官职业学院	148	469	148	466	60	282	58	541	30	542	0	151	105	192	40	176	36	289
陕西能源职业技术学院	132	531	122	586	37	502	50	622	35	476	10	31	17	698	5	672	8	687
陕西青年职业学院	116	618	116	614	27	626	52	599	37	450	0	151	9	799	5	672	4	790
陕西艺术职业学院	142	487	142	486	39	470	50	622	53	288	0	151	32	535	12	485	13	575
陕西职业技术学院	303	114	303	113	38	487	174	65	91	104	0	151	132	145	26	284	87	94
汕头职业技术学院	413	31	413	30	91	121	206	33	116	43	0	151	56	379	24	309	28	372
汕尾职业技术学院	172	372	172	367	18	775	129	150	25	633	0	151	33	529	2	786	28	372
商洛职业技术学院	95	729	95	724	24	666	32	814	39	420	0	151	10	784	10	514	0	929
商丘医学高等专科学校	141	494	141	494	23	684	91	303	27	596	0	151	118	166	16	408	83	103
商丘职业技术学院	375	49	375	48	146	16	201	38	28	581	0	151	217	60	75	76	128	36
上海邦德职业技术学院	65	878	65	876	8	954	23	911	34	488	0	151	8	820	1	846	1	893
上海城建职业学院	324	95	324	93	65	255	165	80	94	96	0	151	64	344	13	467	25	409
上海出版印刷高等专科学校	185	331	185	326	41	447	105	226	39	420	0	151	53	401	16	408	20	473
上海电影艺术职业学院	55	931	55	929	2	1 067	28	855	25	633	0	151	18	685	2	786	2	857
上海电子信息职业技术学院	59	913	59	909	15	829	33	799	11	905	0	151	27	587	10	514	12	594
上海东海职业技术学院	92	746	90	752	9	940	54	579	27	596	2	79	24	620	2	786	5	756
上海工商外国语职业学院	232	228	232	223	17	790	109	215	106	63	0	151	86	252	11	497	26	395
上海工商职业技术学院	125	571	123	580	3	1 045	33	799	87	115	2	79	22	639	0	908	3	819
上海工艺美术职业学院	154	445	154	441	42	433	60	523	52	297	0	151	69	310	20	355	29	356
上海海事职业技术学院	23	1 089	23	1 087	7	975	16	992	0	1 109	0	151	5	870	4	710	1	893
上海济光职业技术学院	53	939	53	937	8	954	38	753	7	973	0	151	16	714	4	710	9	657

续表

研究发展人员(人) 初级		按学历学位划分 博士毕业		硕士毕业		本科毕业		其他学历		其他人员		折合全时人员(人年)		R&D经费情况(千元) 当年经费收入合计		其中:科研事业费		当年经费支出合计	
0	798	0	427	0	940	0	919	0	146	0	188	0	960	43	923	43	542	43	921
0	798	0	427	0	940	0	919	0	146	0	188	0	960	0	982	0	812	0	985
0	798	0	427	2	882	1	863	0	146	0	188	0.3	947	34.5	932	8	763	34.5	938
0	798	0	427	8	702	1	863	0	146	0	188	0.9	882	154	736	64	454	97	821
0	798	1	293	1	911	0	919	0	146	0	188	1	863	22	964	0	812	22	963
0	798	0	427	0	940	0	919	0	146	0	188	0	960	0	982	0	812	0	985
1	685	0	427	13	609	5	692	0	146	0	188	6.5	524	137	759	20	661	146	739
14	211	2	225	37	351	6	658	0	146	0	188	4.7	608	473.82	457	0	812	385.62	506
0	798	0	427	9	681	4	738	0	146	0	188	1.5	819	69.5	880	20	661	63.5	873
0	798	0	427	0	940	0	919	0	146	0	188	0	960	0	982	0	812	0	985
0	798	0	427	0	940	0	919	0	146	0	188	0	960	0	982	0	812	0	985
0	798	1	293	3	846	3	773	0	146	0	188	0.7	909	115	789	80	406	115	783
9	310	8	76	69	186	27	265	1	65	20	5	19.3	199	1 775.9	126	30	607	1 713.9	129
4	497	0	427	11	644	6	658	0	146	0	188	2.8	716	54	898	17	697	56	889
0	798	1	293	8	702	0	919	0	146	0	188	0.9	882	82	854	19	691	68.5	867
5	447	0	427	18	530	13	488	1	65	2	64	11.6	332	474.4	456	40	554	478.12	441
19	147	1	293	95	122	35	198	1	65	0	188	20.3	189	427.4	489	22	653	407.3	491
4	497	5	118	39	339	12	512	0	146	0	188	7.4	484	1 587.17	150	324.46	135	834.03	268
3	543	0	427	21	484	12	512	0	146	0	188	7.5	482	339	557	20	661	414	484
0	798	0	427	6	762	4	738	0	146	0	188	1.8	790	176	711	20	661	130	761
19	147	0	427	18	530	100	27	0	146	0	188	12.7	311	297.5	593	52	511	337.26	548
14	211	2	225	115	88	100	27	0	146	0	188	25.1	149	332.51	564	4	789	331.3	553
6	406	0	427	7	736	1	863	0	146	0	188	1.5	819	75	865	45	535	30	947
25	100	3	183	46	282	15	447	0	146	1	96	20.5	184	1 482.6	164	255	180	1 166.03	195
17	168	12	53	35	367	6	658	0	146	0	188	14.1	280	2 348.8	84	779	56	2 350.8	78
14	211	0	427	11	644	7	635	0	146	0	188	10	388	286	604	16	699	411.73	488
3	543	4	144	18	530	5	692	0	146	2	64	9.5	406	521.5	421	62.5	459	609.7	352
17	168	0	427	14	590	10	566	0	146	0	188	5.9	543	472	461	105	341	484.28	435
49	31	0	427	75	171	11	544	0	146	0	188	8.8	423	618	364	210	208	1 708.4	132
19	147	0	427	21	484	1	863	0	146	0	188	4.8	601	5 385	21	258	175	5 230.52	21
18	155	1	293	32	398	36	193	0	146	2	64	12.2	323	3 276.65	54	204.98	215	983.48	228
0	798	0	427	5	791	0	919	0	146	0	188	1.6	811	58	895	0	812	94.38	825
3	543	1	293	12	628	3	773	0	146	0	188	2.2	765	2 799.3	73	2 612	13	1 144.02	200

学校名称	社科活动人员(人)																	
	合计		按职称划分								其他人员		合计		按职称划分			
			小计		高级		中级		初级						高级		中级	
上海交通职业技术学院	33	1 043	33	1 041	8	954	14	1 020	11	905	0	151	29	564	4	710	15	540
上海科学技术职业学院	29	1 060	29	1 057	11	897	18	971	0	1 109	0	151	2	929	2	786	0	929
上海立达职业技术学院	151	457	151	453	29	595	64	480	58	249	0	151	32	535	6	642	10	642
上海旅游高等专科学校	110	656	110	649	40	462	59	533	11	905	0	151	63	345	28	260	29	356
上海民航职业技术学院	82	797	82	792	20	729	36	769	26	614	0	151	5	870	1	846	1	893
上海民远职业技术学院	21	1 097	21	1 094	2	1 067	15	1 003	4	1 031	0	151	9	799	0	908	6	733
上海农林职业技术学院	55	931	55	929	7	975	37	761	11	905	0	151	17	698	8	590	8	687
上海思博职业技术学院	79	819	79	814	17	790	29	843	33	498	0	151	46	441	15	425	14	557
上海体育职业学院	47	962	47	960	4	1 027	23	911	20	725	0	151	6	853	1	846	3	819
上海行健职业学院	89	764	89	760	27	626	48	645	14	834	0	151	16	714	3	749	11	616
上海震旦职业学院	15	1 109	15	1 108	3	1 045	8	1 069	4	1 031	0	151	9	799	5	672	2	857
上海中侨职业技术学院	7	1 124	7	1 124	6	995	0	1 128	1	1 086	0	151	1	948	1	846	0	929
绍兴职业技术学院	200	290	197	297	41	447	126	162	30	542	3	68	227	58	81	63	126	42
深圳信息职业技术学院	269	161	269	157	60	282	113	201	96	92	0	151	108	187	35	206	46	226
深圳职业技术学院	792	1	792	1	336	1	314	3	142	13	0	151	828	1	436	1	309	2
沈阳职业技术学院	467	16	461	17	146	16	253	10	62	228	6	46	169	103	88	55	75	121
石家庄财经职业学院	146	473	146	470	9	940	82	352	55	277	0	151	100	212	15	425	57	184
石家庄城市经济职业学院	11	1 115	11	1 115	1	1 088	5	1 093	5	1 013	0	151	13	750	1	846	5	756
石家庄工程职业学院	103	686	103	683	5	1 007	84	346	14	834	0	151	2	929	0	908	2	857
石家庄工商职业学院	132	531	131	532	6	995	97	260	28	581	1	100	20	666	4	710	15	540
石家庄经济职业学院	200	290	200	286	13	856	69	435	118	39	0	151	3	909	0	908	0	929
石家庄科技工程职业学院	127	559	127	557	41	447	64	480	22	688	0	151	26	601	8	590	17	519
石家庄科技信息职业学院	37	1 020	36	1 023	0	1 107	17	980	19	745	1	100	2	929	0	908	2	857
石家庄科技职业学院	32	1 048	32	1 045	1	1 088	17	980	14	834	0	151	1	948	1	846	0	929
石家庄理工职业学院	151	457	151	453	15	829	61	510	75	155	0	151	10	784	3	749	6	733
石家庄人民医学高等专科学校	36	1 026	36	1 023	1	1 088	25	887	10	918	0	151	0	960	0	908	0	929
石家庄铁路职业技术学院	52	944	52	941	31	570	21	930	0	1 109	0	151	19	677	14	442	5	756
石家庄信息工程职业学院	485	13	485	13	153	12	202	36	130	22	0	151	390	16	176	10	159	22
石家庄医学高等专科学校	57	923	57	920	9	940	33	799	15	818	0	151	55	389	10	514	39	263
石家庄邮电职业技术学院	218	249	218	242	76	183	115	192	27	596	0	151	58	364	23	320	32	325
石家庄幼儿师范高等专科学校	327	92	327	89	83	150	130	147	114	45	0	151	196	73	78	71	103	70
石家庄职业技术学院	341	72	341	69	93	114	166	76	82	131	0	151	174	97	71	81	94	88
顺德职业技术学院	443	22	443	21	149	13	197	40	97	85	0	151	365	21	173	11	152	26
朔州师范高等专科学校	155	440	155	437	16	810	64	480	75	155	0	151	0	960	0	908	0	929
朔州职业技术学院	29	1 060	29	1 057	5	1 007	8	1 069	16	799	0	151	3	909	0	908	1	893

续表

研究发展人员(人)														R&D经费情况(千元)					
		按学历学位划分								其他人员		折合全时人员(人年)		当年经费收入合计				当年经费支出合计	
初级		博士毕业		硕士毕业		本科毕业		其他学历								其中:科研事业费			
10	279	1	293	20	494	8	608	0	146	0	188	3.6	660	150	745	16	699	122	775
0	798	0	427	2	882	0	919	0	146	0	188	0.2	950	317	576	313	139	208.96	664
16	177	2	225	26	436	4	738	0	146	0	188	6.2	533	648	346	300	149	354.5	532
6	406	6	96	48	272	9	585	0	146	0	188	24.1	155	2 104	100	40	554	2 233.2	82
3	543	0	427	3	846	1	863	1	65	0	188	0.8	894	24	961	0	812	58.8	883
3	543	0	427	8	702	1	863	0	146	0	188	3.2	688	276	612	180	244	174.15	703
1	685	3	183	11	644	3	773	0	146	0	188	2.8	716	876.42	260	711.81	60	988.12	227
16	177	1	293	33	387	12	512	0	146	1	96	7.5	482	784.5	287	592	76	1 232.74	180
2	604	0	427	6	762	0	919	0	146	0	188	2.2	765	71.5	872	27.5	632	66.04	869
2	604	0	427	16	559	0	919	0	146	0	188	3.9	644	320.4	573	130.5	301	625.67	340
2	604	0	427	8	702	1	863	0	146	0	188	4.2	631	912.4	250	912.4	47	441.76	468
0	798	0	427	1	911	0	919	0	146	0	188	0.2	950	702.5	323	550	83	540.52	397
15	191	4	144	154	51	65	74	4	25	5	37	44.6	48	2 107	99	103	349	2 044	97
19	147	42	4	54	243	12	512	0	146	8	17	22	170	2 135.5	93	340	131	2 060.96	95
83	6	175	1	516	1	131	13	6	11	0	188	129.8	2	26 428.74	1	3 809.4	6	28 289.28	1
6	406	6	96	114	90	48	125	1	65	0	188	31.4	99	1 036	216	88	393	1 036	217
25	100	0	427	61	213	39	172	0	146	3	52	15.1	261	641	349	0	812	641	331
7	371	0	427	8	702	5	692	0	146	0	188	4.6	613	327	570	0	812	327	560
0	798	0	427	1	911	1	863	0	146	0	188	0.8	894	300	589	10	733	299	576
1	685	0	427	13	609	7	635	0	146	0	188	3.1	693	140	755	3	797	141	743
3	543	0	427	1	911	2	813	0	146	0	188	0.9	882	188	697	0	812	188	682
1	685	1	293	9	681	16	428	0	146	0	188	3.7	658	120	778	10	733	120	776
0	798	0	427	1	911	1	863	0	146	0	188	1	863	180	706	0	812	180	693
0	798	0	427	0	940	1	863	0	146	0	188	0.6	919	108	798	0	812	115	783
1	685	0	427	8	702	2	813	0	146	0	188	2.1	773	131.5	767	0	812	111	794
0	798	0	427	0	940	0	919	0	146	0	188	0	960	0	982	0	812	0	985
0	798	2	225	13	609	4	738	0	146	0	188	2.6	732	68	881	36	584	71.44	859
55	22	0	427	305	10	85	41	0	146	0	188	57.6	30	2 091.7	102	180.22	243	1 869.2	117
4	497	4	144	19	513	32	220	0	146	2	64	10.1	386	376	524	0	812	367.2	519
3	543	6	96	43	309	9	585	0	146	0	188	12.5	317	917.7	246	24.7	645	1 161.78	197
15	191	0	427	132	68	64	78	0	146	0	188	41	62	2 100.45	101	3.6	796	2 127.82	90
7	371	8	76	128	72	38	181	0	146	0	188	32.2	91	1 098.85	207	452.35	105	1 068.69	210
39	49	34	11	239	22	81	47	11	6	1	96	62.6	25	7 706.67	8	1 566.86	20	6 319.63	14
0	798	0	427	0	940	0	919	0	146	0	188	0	960	0	982	0	812	0	985
2	604	0	427	2	882	1	863	0	146	0	188	0.7	909	30	943	0	812	30	947

学校名称	社科活动人员(人)																	
	合计		按职称划分								其他人员		合计		按职称划分			
			小计		高级		中级		初级						高级		中级	
私立华联学院	339	75	339	71	79	170	127	158	133	21	0	151	7	837	0	908	7	713
四川长江职业学院	174	363	174	358	13	856	70	427	91	104	0	151	49	415	10	514	29	356
四川城市职业学院	256	179	256	174	45	403	100	246	111	51	0	151	98	219	23	320	44	238
四川电子机械职业技术学院	81	806	81	799	7	975	2	1 118	72	171	0	151	0	960	0	908	0	929
四川工程职业技术学院	288	129	288	127	122	48	99	250	67	202	0	151	20	666	12	485	4	790
四川工商职业技术学院	170	380	170	375	60	282	75	392	35	476	0	151	100	212	47	146	41	255
四川管理职业学院	83	791	83	786	22	699	13	1 033	48	330	0	151	16	714	2	786	4	790
四川国际标榜职业学院	211	266	211	260	20	729	86	330	105	65	0	151	119	164	18	381	57	184
四川航天职业技术学院	49	953	49	950	10	917	33	799	6	996	0	151	0	960	0	908	0	929
四川护理职业学院	23	1 089	23	1 087	3	1 045	12	1 039	8	952	0	151	6	853	0	908	4	790
四川华新现代职业学院	62	893	61	896	12	874	37	761	12	883	1	100	51	409	11	497	33	314
四川化工职业技术学院	86	777	86	772	21	716	40	733	25	633	0	151	18	685	10	514	5	756
四川机电职业技术学院	111	650	110	649	64	259	41	722	5	1 013	1	100	2	929	0	908	2	857
四川建筑职业技术学院	105	678	105	674	12	874	68	445	25	633	0	151	68	322	8	590	33	314
四川交通职业技术学院	101	695	101	691	34	539	35	778	32	516	0	151	26	601	11	497	6	733
四川汽车职业技术学院	56	929	56	927	14	843	8	1 069	34	488	0	151	4	894	0	908	0	929
四川三河职业学院	58	917	58	912	2	1 067	20	942	36	460	0	151	60	357	5	672	27	385
四川商务职业学院	65	878	65	876	30	580	34	792	1	1 086	0	151	62	350	34	211	27	385
四川水利职业技术学院	100	698	99	699	22	699	64	480	13	863	1	100	80	272	29	246	42	247
四川托普信息技术职业学院	268	163	268	159	46	389	80	362	142	13	0	151	73	295	12	485	35	296
四川卫生康复职业学院	39	1 014	39	1 012	16	810	15	1 003	8	952	0	151	35	514	14	442	13	575
四川文化产业职业学院	131	535	131	532	36	517	55	567	40	409	0	151	43	461	14	442	25	409
四川文轩职业学院	124	580	124	575	2	1 067	72	412	50	318	0	151	60	357	14	442	43	243
四川西南航空职业学院	115	629	114	629	3	1 045	6	1 085	105	65	1	100	17	698	2	786	0	929
四川现代职业学院	172	372	172	367	10	917	81	357	81	137	0	151	51	409	5	672	36	289
四川信息职业技术学院	129	547	129	545	30	580	54	579	45	354	0	151	18	685	5	672	10	642
四川艺术职业学院	398	33	398	32	83	150	145	110	170	7	0	151	30	554	9	557	14	557
四川应用技术职业学院	133	527	133	525	21	716	33	799	79	146	0	151	20	666	2	786	8	687
四川邮电职业技术学院	53	939	53	937	10	917	24	895	19	745	0	151	21	649	3	749	10	642
四川幼儿师范高等专科学校	291	126	291	124	90	123	127	158	74	164	0	151	173	98	62	102	72	132
四川职业技术学院	416	29	416	29	120	52	192	44	104	68	0	151	107	189	48	143	45	230
四川中医药高等专科学校	54	936	54	934	18	775	24	895	12	883	0	151	7	837	4	710	3	819
四平职业大学	142	487	142	486	46	389	53	587	43	378	0	151	13	750	10	514	1	893
松原职业技术学院	82	797	82	792	39	470	29	843	14	834	0	151	0	960	0	908	0	929
嵩山少林武术职业学院	120	600	120	596	0	1 107	33	799	87	115	0	151	40	482	0	908	17	519

续表

研究发展人员(人)														R&D 经费情况(千元)					
		按学历学位划分								其他人员		折合全时人员(人年)		当年经费收入合计		其中:科研事业费		当年经费支出合计	
初级		博士毕业		硕士毕业		本科毕业		其他学历											
0	798	0	427	5	791	2	813	0	146	0	188	4.3	626	383.96	514	0	812	383.96	510
10	279	0	427	29	416	20	351	0	146	0	188	5.9	543	1 357.3	177	0	812	1 357.3	165
31	72	0	427	80	154	18	388	0	146	0	188	36.6	71	1 170	200	98	371	927	242
0	798	0	427	0	940	0	919	0	146	0	188	0	960	0	982	0	812	0	985
4	497	0	427	16	559	4	738	0	146	0	188	6.4	527	627	359	391	121	587.8	366
7	371	4	144	57	229	39	172	0	146	2	64	28.7	121	850.22	269	175.85	250	848.13	264
8	341	1	293	6	762	9	585	0	146	2	64	3.8	652	174.7	712	0	812	174.7	702
44	39	1	293	45	292	68	70	5	17	0	188	20.4	187	638.6	351	10	733	715.25	305
0	798	0	427	0	940	0	919	0	146	0	188	0	960	340	555	0	812	340	544
2	604	0	427	6	762	0	919	0	146	0	188	1	863	82	854	6	775	79	849
6	406	3	183	34	378	13	488	1	65	1	96	8	450	482	446	38	580	480.2	438
3	543	0	427	5	791	13	488	0	146	0	188	1.9	786	710.1	320	12.1	720	713.24	307
0	798	0	427	1	911	1	863	0	146	0	188	0.6	919	7.52	976	0	812	7.52	980
25	100	3	183	53	247	12	512	0	146	2	64	10.8	359	967	229	201	219	1 035.6	219
6	406	0	427	16	559	10	566	0	146	3	52	7	501	534.2	411	4	789	540.15	398
4	497	0	427	2	882	2	813	0	146	0	188	0.4	939	10	973	0	812	26	959
22	118	0	427	7	736	48	125	5	17	6	30	10.8	359	3 414	46	0	812	3 414	43
1	685	0	427	34	378	28	255	0	146	0	188	11.9	326	770.5	297	22.5	652	715.35	304
9	310	1	293	46	282	33	212	0	146	0	188	16.7	238	1 289.65	190	265.98	167	1 311.1	171
26	95	0	427	41	323	32	220	0	146	0	188	12.8	310	490	438	8.6	761	490	430
8	341	0	427	17	543	18	388	0	146	0	188	15.6	253	649.36	345	96	374	569.96	385
4	497	6	96	30	411	7	635	0	146	0	188	15.6	253	568.4	390	16	699	519.2	408
3	543	8	76	50	260	2	813	0	146	0	188	7.6	477	260	628	0	812	259	613
15	191	1	293	2	882	14	468	0	146	0	188	1.8	790	8 431.88	7	0	812	8 431.88	7
10	279	1	293	23	466	26	276	1	65	0	188	11	354	178	708	18	695	180	693
3	543	0	427	12	628	6	658	0	146	0	188	2.8	716	89	844	11	728	82	843
7	371	0	427	24	457	6	658	0	146	0	188	6	538	151.64	742	17	697	147.14	738
10	279	0	427	2	882	17	408	1	65	0	188	6.2	533	251.2	636	0	812	251.2	621
7	371	1	293	14	590	6	658	0	146	1	96	2.4	753	182.6	702	4	789	172.4	706
38	50	2	225	106	103	65	74	0	146	1	96	28.6	122	1 160.5	201	61.5	465	1 011.48	222
14	211	3	183	45	292	57	95	2	36	0	188	12.6	314	952	233	532	88	881.5	251
0	798	0	427	3	846	4	738	0	146	0	188	1.2	842	93	832	11	728	106.8	801
2	604	0	427	6	762	7	635	0	146	0	188	4.2	631	126	774	0	812	138.5	748
0	798	0	427	0	940	0	919	0	146	0	188	0	960	42	925	0	812	42	923
20	138	0	427	20	494	20	351	0	146	3	52	7	501	343	553	0	812	348	536

学校名称	社科活动人员(人)																	
	合计		按职称划分								其他人员		合计		按职称划分			
			小计		高级		中级		初级						高级		中级	
苏州百年职业学院	29	1 060	29	1 057	1	1 088	21	930	7	973	0	151	4	894	0	908	2	857
苏州高博软件技术职业学院	100	698	100	694	8	954	65	471	27	596	0	151	50	413	5	672	32	325
苏州工业园区服务外包职业学院	161	415	161	409	26	643	110	210	25	633	0	151	172	99	41	170	123	44
苏州工业园区职业技术学院	78	822	78	817	17	790	38	753	23	676	0	151	12	761	8	590	3	819
苏州工业职业技术学院	157	435	157	430	43	417	103	233	11	905	0	151	110	179	47	146	61	171
苏州工艺美术职业技术学院	343	68	343	66	147	15	155	95	41	399	0	151	109	182	74	78	33	314
苏州健雄职业技术学院	149	463	149	459	48	372	84	346	17	781	0	151	164	105	81	63	64	153
苏州经贸职业技术学院	231	230	231	226	84	145	133	142	14	834	0	151	385	17	125	28	250	7
苏州农业职业技术学院	163	407	163	401	73	201	82	352	8	952	0	151	48	419	27	272	18	504
苏州托普信息职业技术学院	110	656	110	649	6	995	46	674	58	249	0	151	6	853	1	846	4	790
苏州卫生职业技术学院	126	566	126	564	37	502	64	480	25	633	0	151	67	325	26	284	40	259
苏州信息职业技术学院	97	714	97	710	37	502	55	567	5	1 013	0	151	26	601	13	467	13	575
苏州幼儿师范高等专科学校	131	535	131	532	53	334	58	541	20	725	0	151	45	451	26	284	18	504
苏州职业大学	515	7	515	6	171	9	307	4	37	450	0	151	300	29	151	18	140	32
宿迁泽达职业技术学院	15	1 109	15	1 108	0	1 107	4	1 103	11	905	0	151	0	960	0	908	0	929
宿迁职业技术学院	28	1 067	28	1 064	0	1 107	9	1 059	19	745	0	151	4	894	0	908	3	819
宿州职业技术学院	73	844	72	849	24	666	36	769	12	883	1	100	7	837	1	846	6	733
台州科技职业学院	97	714	97	710	23	684	53	587	21	709	0	151	92	235	17	391	49	213
台州职业技术学院	187	322	187	318	55	319	114	196	18	767	0	151	134	141	54	124	65	151
太湖创意职业技术学院	23	1 089	23	1 087	6	995	5	1 093	12	883	0	151	4	894	1	846	2	857
太原旅游职业学院	160	422	160	416	36	517	99	250	25	633	0	151	131	147	32	222	84	100
泰山护理职业学院	39	1 014	39	1 012	4	1 027	22	916	13	863	0	151	11	770	4	710	6	733
泰山职业技术学院	168	390	168	385	53	334	85	337	30	542	0	151	47	432	19	364	23	431
泰州职业技术学院	116	618	116	614	49	361	65	471	2	1 061	0	151	80	272	37	195	43	243
唐山工业职业技术学院	280	140	279	137	97	103	95	280	87	115	1	100	102	204	53	128	48	217
唐山科技职业技术学院	38	1 017	37	1 017	12	874	24	895	1	1 086	1	100	5	870	2	786	3	819
唐山幼儿师范高等专科学校	139	502	139	500	46	389	80	362	13	863	0	151	16	714	10	514	5	756
唐山职业技术学院	335	79	335	77	135	28	195	42	5	1 013	0	151	162	109	74	78	87	94
天津滨海职业学院	173	366	173	362	70	219	77	381	26	614	0	151	123	158	30	237	65	151
天津渤海职业技术学院	74	842	74	839	38	487	24	895	12	883	0	151	54	396	27	272	22	445

续表

研究发展人员(人)														R&D 经费情况(千元)					
		按学历学位划分								其他人员		折合全时人员(人年)		当年经费收入合计				当年经费支出合计	
初级		博士毕业		硕士毕业		本科毕业		其他学历								其中:科研事业费			
1	685	1	293	3	846	0	919	0	146	1	96	1.8	790	137	759	42	543	115	783
13	226	0	427	31	405	19	375	0	146	0	188	9.6	403	403	502	5	779	398.5	497
8	341	17	33	147	56	8	608	0	146	0	188	27.7	126	3 674.71	42	405	117	3 580.76	42
1	685	0	427	12	628	0	919	0	146	0	188	2.1	773	337	559	45	535	254.65	619
2	604	12	53	56	234	42	154	0	146	0	188	21.3	178	3 392.1	47	923	44	2 926.41	57
2	604	1	293	82	147	26	276	0	146	0	188	30.1	110	1 836	120	279	158	1 916.44	110
19	147	9	71	96	120	59	89	0	146	0	188	22.7	165	1 181	198	368	126	1 075.5	208
10	279	16	38	261	17	108	22	0	146	0	188	76	12	4 731.5	31	1 468.5	21	4 350.5	33
3	543	3	183	36	361	9	585	0	146	0	188	5	585	345.9	549	147.2	277	344.7	537
1	685	1	293	3	846	2	813	0	146	0	188	1	863	45	919	20	661	32	944
1	685	1	293	51	254	15	447	0	146	0	188	9.7	401	759	301	462	102	455.8	457
0	798	0	427	20	494	6	658	0	146	0	188	3.4	673	173	713	66	445	134.7	754
1	685	3	183	39	339	3	773	0	146	0	188	6.9	508	1 497.8	161	934	43	624.66	343
9	310	29	12	192	29	79	49	0	146	0	188	59	29	2 815.5	71	669.8	65	2 695.23	68
0	798	0	427	0	940	0	919	0	146	0	188	0	960	0	982	0	812	0	985
1	685	0	427	4	816	0	919	0	146	0	188	0.9	882	26	956	3	797	26	959
0	798	0	427	1	911	6	658	0	146	0	188	0.8	894	96.8	823	68.8	439	106.7	802
26	95	3	183	82	147	7	635	0	146	0	188	18.1	214	777.6	291	40	554	740.54	288
6	406	10	67	89	133	35	198	0	146	9	14	26.7	137	2 199.3	91	92	383	1 873.92	115
1	685	0	427	3	846	1	863	0	146	0	188	0.9	882	27	954	5	779	27	956
15	191	2	225	108	101	20	351	1	65	0	188	19.4	197	643.8	348	75	423	707.28	308
1	685	0	427	7	736	4	738	0	146	0	188	3.5	667	160.8	728	64	454	58.3	884
5	447	2	225	38	345	7	635	0	146	0	188	15.6	253	670	335	400	118	4 623	28
0	798	2	225	49	265	29	245	0	146	0	188	11.4	337	929.7	244	135	294	579.62	374
1	685	2	225	78	161	22	323	0	146	0	188	17	230	1 132	203	22	653	1 121	202
0	798	0	427	2	882	3	773	0	146	0	188	1.2	842	36	931	0	812	36	935
1	685	0	427	7	736	8	608	1	65	0	188	3	699	115.4	788	9	757	110.4	795
1	685	1	293	117	84	44	142	0	146	0	188	27.3	130	546	403	0	812	551	393
28	89	0	427	83	145	40	164	0	146	0	188	14.4	279	553.5	399	3	797	554.5	391
5	447	1	293	40	328	13	488	0	146	0	188	7.9	456	472.4	460	30	607	442.4	466

学校名称	社科活动人员（人）																	
	合计		按职称划分								其他人员		合计		按职称划分			
			小计		高级		中级		初级						高级		中级	
天津城市建设管理职业技术学院	65	878	65	876	17	790	28	855	20	725	0	151	17	698	4	710	8	687
天津城市职业学院	142	487	142	486	56	313	69	435	17	781	0	151	74	292	32	222	29	356
天津电子信息职业技术学院	150	460	150	456	65	255	55	567	30	542	0	151	159	111	91	48	48	217
天津工程职业技术学院	92	746	92	740	41	447	51	610	0	1 109	0	151	9	799	5	672	4	790
天津工艺美术职业学院	79	819	79	814	27	626	41	722	11	905	0	151	0	960	0	908	0	929
天津公安警官职业学院	170	380	170	375	70	219	93	292	7	973	0	151	4	894	3	749	1	893
天津广播影视职业学院	46	971	42	993	4	1 027	8	1 069	30	542	4	58	0	960	0	908	0	929
天津国土资源和房屋职业学院	187	322	187	318	57	303	64	480	66	208	0	151	28	575	12	485	15	540
天津海运职业学院	128	554	128	552	50	355	48	645	30	542	0	151	140	133	51	135	67	145
天津机电职业技术学院	82	797	82	792	46	389	35	778	1	1 086	0	151	21	649	14	442	6	733
天津交通职业学院	286	131	286	129	108	72	119	178	59	245	0	151	160	110	70	84	70	137
天津轻工职业技术学院	110	656	110	649	55	319	45	685	10	918	0	151	17	698	10	514	7	713
天津商务职业学院	279	142	279	137	133	30	124	170	22	688	0	151	189	78	91	48	88	93
天津生物工程职业技术学院	35	1 031	35	1 029	15	829	18	971	2	1 061	0	151	0	960	0	908	0	929
天津石油职业技术学院	45	975	45	972	12	874	33	799	0	1 109	0	151	7	837	3	749	4	790
天津市职业大学	431	26	431	26	140	21	188	48	103	71	0	151	401	15	160	14	172	19
天津铁道职业技术学院	68	864	68	863	28	613	30	835	10	918	0	151	48	419	16	408	25	409
天津现代职业技术学院	120	600	120	596	45	403	44	693	31	529	0	151	105	192	47	146	40	259
天津冶金职业技术学院	108	665	108	662	40	462	56	558	12	883	0	151	54	396	19	364	34	301
天津医学高等专科学校	290	128	290	126	111	65	127	158	52	297	0	151	42	471	14	442	19	491
天津艺术职业学院	164	403	156	433	62	269	56	558	38	433	8	38	63	345	21	339	29	356
铁岭师范高等专科学校	81	806	81	799	46	389	33	799	2	1 061	0	151	0	960	0	908	0	929
铁岭卫生职业学院	41	999	41	998	21	716	16	992	4	1 031	0	151	0	960	0	908	0	929
通辽职业学院	316	98	314	99	117	55	105	226	92	102	2	79	48	419	17	391	26	395
桐城师范高等专科学校	146	473	146	470	43	417	46	674	57	261	0	151	67	325	20	355	27	385
铜川职业技术学院	89	764	89	760	16	810	46	674	27	596	0	151	8	820	2	786	5	756
铜陵职业技术学院	152	454	147	468	36	517	80	362	31	529	5	54	33	529	16	408	15	540
铜仁幼儿师范高等专科学校	342	70	342	68	72	206	156	92	114	45	0	151	271	34	65	94	145	30
皖北卫生职业学院	77	828	77	823	27	626	40	733	10	918	0	151	28	575	11	497	15	540
皖西卫生职业学院	47	962	47	960	16	810	21	930	10	918	0	151	12	761	2	786	8	687
威海海洋职业学院	72	851	72	849	4	1 027	23	911	45	354	0	151	47	432	3	749	23	431
威海职业学院	291	126	291	124	74	195	137	128	80	142	0	151	42	471	14	442	24	423
潍坊工商职业学院	131	535	131	532	30	580	71	419	30	542	0	151	5	870	3	749	0	929

续表

研究发展人员(人)														R&D 经费情况(千元)					
		按学历学位划分								其他人员		折合全时人员(人年)		当年经费收入合计				当年经费支出合计	
初级		博士毕业		硕士毕业		本科毕业		其他学历								其中:科研事业费			
5	447	0	427	11	644	6	658	0	146	0	188	10.9	357	466.8	465	0	812	466.8	452
13	226	0	427	60	218	14	468	0	146	0	188	11.7	328	377.8	523	0	812	382.8	511
13	226	5	118	117	84	35	198	2	36	7	22	30.4	105	1 324.24	181	0	812	1 274.18	176
0	798	0	427	4	816	5	692	0	146	0	188	3.3	682	231.2	656	31.8	606	219.1	649
0	798	0	427	0	940	0	919	0	146	0	188	0	960	0	982	0	812	0	985
0	798	0	427	2	882	2	813	0	146	0	188	2.5	739	98	818	0	812	98	818
0	798	0	427	0	940	0	919	0	146	0	188	0	960	0	982	0	812	0	985
1	685	1	293	20	494	7	635	0	146	0	188	5.2	574	315	577	0	812	340	544
21	127	2	225	82	147	55	102	1	65	1	96	24.6	152	891.74	253	0	812	908.29	247
0	798	0	427	19	513	2	813	0	146	1	96	4.6	613	290	598	30	607	288	588
20	138	0	427	96	120	64	78	0	146	0	188	48.4	35	2 285	88	0	812	2 285	80
0	798	0	427	17	543	0	919	0	146	0	188	1.7	801	98	818	0	812	93	826
10	279	8	76	142	62	39	172	0	146	0	188	31.4	99	1 814	121	112	328	1 759.34	122
0	798	0	427	0	940	0	919	0	146	0	188	0	960	0	982	0	812	0	985
0	798	0	427	1	911	6	658	0	146	0	188	0.8	894	20.8	967	0	812	20.8	966
69	10	22	22	254	19	124	15	1	65	0	188	64.8	24	3 308.8	52	353.5	129	3 037.24	52
7	371	0	427	34	378	14	468	0	146	0	188	9.9	396	513	424	25	639	513.19	412
18	155	3	183	54	243	48	125	0	146	0	188	36.2	74	1 843.83	119	0	812	1 848.93	118
1	685	0	427	36	361	18	388	0	146	0	188	8.5	431	348.3	545	5	779	338.3	547
4	497	1	293	28	425	13	488	0	146	5	37	13.6	293	1 093.4	211	252.9	181	1 162.8	196
12	242	0	427	33	387	28	255	2	36	1	96	11.1	348	533.7	412	58.5	489	503.08	422
0	798	0	427	0	940	0	919	0	146	0	188	0	960	0	982	0	812	0	985
0	798	0	427	0	940	0	919	0	146	0	188	0	960	0	982	0	812	0	985
5	447	0	427	17	543	31	229	0	146	0	188	8.7	425	399	506	10	733	399	496
17	168	0	427	29	416	38	181	0	146	3	52	8.2	443	460	469	110	334	452	459
1	685	0	427	6	762	2	813	0	146	0	188	2.2	765	53.2	900	0	812	56.2	888
2	604	1	293	19	513	12	512	1	65	0	188	9.6	403	665.9	337	335.9	132	429.9	475
59	16	0	427	134	67	136	12	1	65	2	64	45.5	45	1 922	113	805	55	1 922	108
2	604	0	427	20	494	8	608	0	146	0	188	4	638	310	579	90	387	329.44	555
2	604	0	427	8	702	4	738	0	146	0	188	2	781	100	808	20	661	100	810
21	127	1	293	34	378	12	512	0	146	0	188	17.5	224	751	304	210	208	735	294
4	497	1	293	36	361	5	692	0	146	0	188	7.7	473	370.5	527	22	653	250.28	623
1	685	0	427	2	882	3	773	0	146	1	96	3.1	693	298	592	0	812	238	636

学校名称	社科活动人员(人)														按职称划分			
	合计		按职称划分								其他人员		合计					
			小计		高级		中级		初级						高级		中级	
潍坊职业学院	294	120	294	118	103	84	136	130	55	277	0	151	62	350	19	364	33	314
渭南职业技术学院	82	797	82	792	29	595	31	824	22	688	0	151	29	564	9	557	9	657
温州科技职业学院	61	901	61	896	20	729	34	792	7	973	0	151	63	345	22	328	34	301
温州职业技术学院	251	194	251	191	92	119	114	196	45	354	0	151	297	30	111	32	156	23
乌海职业技术学院	57	923	57	920	19	754	21	930	17	781	0	151	0	960	0	908	0	929
乌兰察布医学高等专科学校	9	1 121	9	1 121	3	1 045	4	1 103	2	1 061	0	151	2	929	2	786	0	929
乌兰察布职业学院	129	547	129	545	60	282	51	610	18	767	0	151	7	837	4	710	3	819
乌鲁木齐职业大学	482	14	482	14	111	65	259	8	112	49	0	151	92	235	46	152	38	268
无锡城市职业技术学院	179	347	179	342	59	289	112	205	8	952	0	151	83	263	38	189	45	230
无锡工艺职业技术学院	261	168	261	165	58	293	116	190	87	115	0	151	122	159	42	167	63	160
无锡科技职业学院	183	337	183	331	47	382	95	280	41	399	0	151	88	249	30	237	48	217
无锡南洋职业技术学院	92	746	92	740	5	1 007	54	579	33	498	0	151	58	364	8	590	42	247
无锡商业职业技术学院	306	111	306	109	110	69	188	48	8	952	0	151	257	41	150	20	107	62
无锡职业技术学院	238	222	238	217	76	183	136	130	26	614	0	151	138	134	54	124	79	108
芜湖职业技术学院	247	202	247	198	67	240	126	162	54	284	0	151	69	310	28	260	31	334
梧州职业学院	123	585	92	740	10	917	37	761	45	354	31	10	34	522	5	672	22	445
武昌职业学院	72	851	72	849	7	975	58	541	7	973	0	151	4	894	2	786	2	857
武汉工程职业技术学院	120	600	120	596	47	382	69	435	4	1 031	0	151	9	799	6	642	2	857
武汉海事职业学院	27	1 071	27	1 068	0	1 107	0	1 128	27	596	0	151	0	960	0	908	0	929
武汉交通职业学院	161	415	161	409	53	334	64	480	44	366	0	151	48	419	12	485	21	456
武汉民政职业学院	92	746	90	752	20	729	44	693	26	614	2	79	91	241	26	284	44	238
武汉商贸职业学院	218	249	218	242	34	539	126	162	58	249	0	151	57	371	25	299	29	356
武汉铁路职业技术学院	182	338	182	332	42	433	88	318	52	297	0	151	67	325	26	284	26	395
武汉外语外事职业学院	83	791	83	786	19	754	30	835	34	488	0	151	1	948	1	846	0	929
武汉信息传播职业技术学院	85	781	85	777	20	729	41	722	24	658	0	151	36	508	7	618	28	372
武汉职业技术学院	486	12	486	12	126	44	225	23	135	18	0	151	360	24	171	12	160	21
武威职业学院	76	831	76	826	24	666	47	663	5	1 013	0	151	11	770	5	672	5	756
武夷山职业学院	40	1 005	40	1 004	7	975	14	1 020	19	745	0	151	7	837	3	749	2	857
西安海棠职业学院	29	1 060	29	1 057	2	1 067	16	992	11	905	0	151	8	820	1	846	6	733
西安职业技术学院	111	650	111	645	37	502	50	622	24	658	0	151	13	750	4	710	9	657
西宁城市职业技术学院	28	1 067	28	1 064	0	1 107	6	1 085	22	688	0	151	0	960	0	908	0	929
西双版纳职业技术学院	172	372	172	367	40	462	101	242	31	529	0	151	108	187	25	299	60	178
锡林郭勒职业学院	127	559	127	557	62	269	43	707	22	688	0	151	5	870	4	710	0	929
厦门安防科技职业学院	47	962	47	960	6	995	14	1 020	27	596	0	151	15	730	4	710	6	733
厦门城市职业学院	224	241	224	236	90	123	113	201	21	709	0	151	237	51	92	47	113	54

研究发展人员（人）														R&D 经费情况（千元）					
		按学历学位划分								其他人员		折合全时人员（人年）		当年经费收入合计		其中：科研事业费		当年经费支出合计	
初级		博士毕业		硕士毕业		本科毕业		其他学历											
9	310	2	225	42	314	18	388	0	146	1	96	10.6	370	987	226	180	244	860	259
11	259	5	118	16	559	8	608	0	146	0	188	3	699	117.5	786	10	733	107.4	799
7	371	4	144	56	234	3	773	0	146	0	188	30.9	103	1 095.2	210	308	145	925.24	243
30	81	8	76	246	21	41	158	2	36	0	188	46.4	41	6 603.31	13	1 658.95	19	6 121.4	16
0	798	0	427	0	940	0	919	0	146	0	188	0	960	0	982	0	812	0	985
0	798	0	427	0	940	2	813	0	146	0	188	1.2	842	96	824	60	469	71	861
0	798	0	427	2	882	5	692	0	146	0	188	0.8	894	46	915	20	661	34	939
8	341	12	53	46	282	33	212	1	65	0	188	15.1	261	717	317	103	349	975.92	229
0	798	15	41	53	247	15	447	0	146	0	188	14	282	608.4	372	112.4	327	577	378
17	168	3	183	75	171	44	142	0	146	0	188	18	218	2 042.5	104	301	148	1 992.5	104
10	279	4	144	51	254	33	212	0	146	0	188	27.4	129	1 086.4	212	110	334	1 075.4	209
8	341	0	427	33	387	25	292	0	146	0	188	15.9	249	555	398	15	704	529.3	404
0	798	3	183	169	37	85	41	0	146	0	188	28.9	118	1 941.55	111	372	125	1 244.7	178
5	447	25	15	100	113	13	488	0	146	0	188	26.9	133	3 284	53	1 032	38	2 729.37	67
7	371	0	427	43	309	26	276	0	146	3	52	10.8	359	1 007	224	380	123	816.75	271
6	406	0	427	13	609	21	334	0	146	1	96	7.9	456	196	686	40	554	170.71	710
0	798	0	427	3	846	1	863	0	146	0	188	0.4	939	219.5	669	0	812	80.5	846
1	685	0	427	3	846	6	658	0	146	0	188	1.1	853	61.5	889	23	649	54.3	895
0	798	0	427	0	940	0	919	0	146	0	188	0	960	0	982	0	812	0	985
15	191	0	427	31	405	17	408	0	146	0	188	6.5	524	287	601	0	812	207.44	667
21	127	2	225	51	254	38	181	0	146	0	188	15.8	250	839.3	272	8.5	762	1 038.7	216
3	543	1	293	31	405	25	292	0	146	0	188	18.8	204	1 032.72	218	27.8	631	1 043.2	215
15	191	3	183	47	279	17	408	0	146	0	188	11.7	328	480.4	450	240	190	242.2	632
0	798	0	427	1	911	0	919	0	146	0	188	0.2	950	13	971	5	779	10	974
1	685	0	427	25	444	11	544	0	146	0	188	6.8	511	225.25	663	0	812	224.3	646
29	86	6	96	227	25	124	15	3	29	0	188	65	23	1 959	107	60	469	2 122	92
1	685	0	427	8	702	3	773	0	146	0	188	1.1	853	90	837	62	462	52.3	903
1	685	0	427	5	791	1	863	1	65	1	96	1	863	31.7	942	2.5	805	31.7	946
1	685	0	427	7	736	1	863	0	146	0	188	1.4	829	70	875	10	733	69	866
0	798	0	427	9	681	4	738	0	146	0	188	1.4	829	75.2	864	29	626	75.2	852
0	798	0	427	0	940	0	919	0	146	0	188	0	960	0	982	0	812	0	985
21	127	3	183	55	237	50	118	0	146	2	64	26.8	135	1 507.6	160	55	497	1 376.86	159
1	685	1	293	1	911	3	773	0	146	0	188	0.8	894	460	469	444	106	150.92	734
5	447	0	427	8	702	7	635	0	146	0	188	1.5	819	40	927	10	733	45	919
31	72	24	18	162	43	49	122	2	36	1	96	31.8	95	1 629	142	242	188	1 789.76	120

学校名称	社科活动人员(人)																	
	合计		按职称划分								其他人员		合计		按职称划分			
			小计		高级		中级		初级						高级		中级	
厦门东海职业技术学院	81	806	81	799	6	995	43	707	32	516	0	151	29	564	5	672	20	473
厦门海洋职业技术学院	109	664	109	659	29	595	62	498	18	767	0	151	69	310	19	364	46	226
厦门华天涉外职业技术学院	124	580	124	575	19	754	49	631	56	272	0	151	103	201	47	146	38	268
厦门南洋职业学院	98	707	98	704	26	643	58	541	14	834	0	151	112	177	23	320	64	153
厦门软件职业技术学院	96	721	96	716	11	897	49	631	36	460	0	151	25	610	5	672	16	530
厦门兴才职业技术学院	119	607	119	604	12	874	83	350	24	658	0	151	46	441	7	618	31	334
厦门演艺职业学院	73	844	73	841	7	975	28	855	38	433	0	151	4	894	1	846	1	893
仙桃职业学院	163	407	162	403	56	313	75	392	31	529	1	100	2	929	1	846	1	893
咸阳职业技术学院	229	234	228	232	54	331	92	297	82	131	1	100	43	461	7	618	21	456
湘南幼儿师范高等专科学校	248	199	232	223	48	372	66	464	118	39	16	20	20	666	3	749	7	713
湘潭医卫职业技术学院	87	773	87	768	28	613	49	631	10	918	0	151	41	478	11	497	26	395
湘西民族职业技术学院	278	144	276	141	69	226	128	154	79	146	2	79	31	546	10	514	17	519
潇湘职业学院	0	1 133	0	1 133	0	1 107	0	1 128	0	1 109	0	151	0	960	0	908	0	929
忻州职业技术学院	154	445	154	441	39	470	46	674	69	193	0	151	0	960	0	908	0	929
新疆兵团警官高等专科学校	85	781	85	777	28	613	29	843	28	581	0	151	104	198	45	156	34	301
新疆交通职业技术学院	85	781	85	777	19	754	47	663	19	745	0	151	56	379	20	355	29	356
新疆农业职业技术学院	117	611	117	608	39	470	52	599	26	614	0	151	81	271	37	195	42	247
新疆轻工职业技术学院	98	707	98	704	25	657	48	645	25	633	0	151	8	820	5	672	3	819
新疆师范高等专科学校	388	38	388	37	99	94	226	22	63	223	0	151	271	34	75	76	155	25
新疆天山职业技术学院	203	284	203	279	12	874	55	567	136	17	0	151	31	546	4	710	10	642
新疆铁道职业技术学院	40	1 005	40	1 004	15	829	14	1 020	11	905	0	151	21	649	9	557	9	657
新疆应用职业技术学院	169	388	169	383	38	487	91	303	40	409	0	151	29	564	12	485	5	756
新疆职业大学	142	487	142	486	49	361	52	599	41	399	0	151	21	649	10	514	9	657
新乡职业技术学院	314	101	314	99	83	150	110	210	121	32	0	151	60	357	6	642	19	491
信阳职业技术学院	419	28	419	28	127	41	225	23	67	202	0	151	3	909	1	846	1	893
兴安职业技术学院	189	316	189	314	67	240	52	599	70	186	0	151	20	666	8	590	9	657
邢台医学高等专科学校	92	746	87	768	32	557	46	674	9	941	5	54	78	279	19	364	53	199
邢台职业技术学院	258	174	256	174	72	206	134	139	50	318	2	79	57	371	26	284	31	334
徐州工业职业技术学院	99	704	99	699	41	447	50	622	8	952	0	151	105	192	58	113	38	268
徐州生物工程职业技术学院	70	858	70	857	27	626	28	855	15	818	0	151	43	461	22	328	20	473
徐州幼儿师范高等专科学校	190	315	190	313	82	154	80	362	28	581	0	151	109	182	52	132	44	238
许昌电气职业学院	76	831	76	826	7	975	31	824	38	433	0	151	21	649	1	846	8	687
许昌职业技术学院	261	168	261	165	80	163	151	102	30	542	0	151	82	267	13	467	53	199

研究发展人员(人)														R&D经费情况(千元)					
		按学历学位划分								其他人员		折合全时人员(人年)		当年经费收入合计		其中:科研事业费		当年经费支出合计	
初级		博士毕业		硕士毕业		本科毕业		其他学历											
4	497	0	427	12	628	17	408	0	146	0	188	6.6	519	229	658	73	428	222	648
4	497	2	225	50	260	16	428	1	65	0	188	14.7	273	694.1	326	202.5	217	574.55	380
18	155	5	118	66	196	31	229	1	65	0	188	15.2	259	484.8	442	105	341	604.64	356
25	100	0	427	49	265	63	82	0	146	0	188	15	265	547	402	130	302	535.95	401
4	497	0	427	19	513	6	658	0	146	0	188	2.6	732	95.46	826	10	733	111.48	793
8	341	0	427	15	577	31	229	0	146	0	188	5.1	577	218	671	100	359	207.56	666
2	604	0	427	3	846	1	863	0	146	0	188	0.8	894	55	897	15	704	41	924
0	798	0	427	1	911	1	863	0	146	0	188	0.8	894	344	551	14	712	343	540
15	191	0	427	22	478	21	334	0	146	0	188	9.3	413	389.8	512	0	812	365.4	521
9	310	1	293	11	644	8	608	0	146	1	96	7.4	484	506.18	431	20	661	479.13	439
4	497	0	427	25	444	16	428	0	146	0	188	17.7	222	3 086.9	59	1 866	16	3 021.9	53
3	543	0	427	6	762	23	312	2	36	0	188	5.6	555	328	568	53	508	344	538
0	798	0	427	0	940	0	919	0	146	0	188	0	960	0	982	0	812	0	985
0	798	0	427	0	940	0	919	0	146	0	188	0	960	0	982	0	812	0	985
14	211	10	67	48	272	46	136	0	146	11	13	14.5	276	933	241	411	116	577.96	375
7	371	2	225	42	314	12	512	0	146	0	188	7.9	456	245	641	33	597	222.3	647
2	604	6	96	34	378	41	158	0	146	0	188	10.5	374	351.29	541	111.56	331	294.43	580
0	798	0	427	6	762	2	813	0	146	0	188	1.1	853	39	929	9	757	55	891
33	64	27	13	201	27	43	148	0	146	8	17	66.4	21	2 113.5	97	738	58	2 820.55	61
17	168	1	293	6	762	23	312	1	65	0	188	3.3	682	193.8	692	0	812	191.4	679
3	543	0	427	8	702	13	488	0	146	0	188	3.5	667	67	883	0	812	51.8	904
12	242	0	427	18	530	11	544	0	146	0	188	4.9	595	152.2	740	15	704	196.96	674
2	604	2	225	11	644	8	608	0	146	0	188	2.5	739	173	713	118	320	149.5	737
35	59	0	427	35	367	25	292	0	146	0	188	10.6	370	462	468	32	601	462	453
1	685	0	427	1	911	2	813	0	146	0	188	0.5	931	370	528	140	285	385	508
3	543	0	427	10	662	10	566	0	146	0	188	3.8	652	155	733	60	469	155	728
6	406	1	293	54	243	23	312	0	146	0	188	11.7	328	410.5	496	1	809	410.5	489
0	798	4	144	38	345	15	447	0	146	0	188	8.5	431	1 892	114	57	490	1 405.89	157
9	310	4	144	84	141	17	408	0	146	0	188	12.9	308	781	289	219	203	706	309
1	685	1	293	32	398	10	566	0	146	0	188	5	585	245.3	640	11	728	241.2	633
13	226	4	144	58	227	47	132	0	146	0	188	18.1	214	681	330	280	157	644.35	330
12	242	0	427	12	628	9	585	0	146	0	188	2.2	765	70.4	874	0	812	70.4	862
16	177	1	293	36	361	45	139	0	146	0	188	9.5	406	390.4	509	235.5	196	390.1	502

学校名称	社科活动人员(人)																	
	合计		按职称划分								其他人员		合计		按职称划分			
			小计		高级		中级		初级						高级		中级	
宣城职业技术学院	108	665	106	666	29	595	50	622	27	596	2	79	10	784	5	672	5	756
宣化科技职业学院	240	218	240	213	93	114	134	139	13	863	0	151	102	204	25	299	66	149
雅安职业技术学院	204	283	200	286	30	580	103	233	67	202	4	58	101	208	32	222	62	164
烟台工程职业技术学院	127	559	127	557	17	790	62	498	48	330	0	151	56	379	6	642	34	301
烟台黄金职业学院	30	1 055	30	1 052	0	1 107	9	1 059	21	709	0	151	4	894	0	908	2	857
烟台汽车工程职业学院	20	1 098	20	1 095	10	917	8	1 069	2	1 061	0	151	0	960	0	908	0	929
烟台职业学院	150	460	150	456	76	183	68	445	6	996	0	151	2	929	0	908	2	857
延安职业技术学院	195	305	195	301	64	259	95	280	36	460	0	151	17	698	5	672	12	594
延边职业技术学院	166	395	166	390	93	114	53	587	20	725	0	151	16	714	15	425	1	893
炎黄职业技术学院	59	913	59	909	5	1 007	31	824	23	676	0	151	0	960	0	908	0	929
盐城工业职业技术学院	172	372	172	367	81	157	68	445	23	676	0	151	156	113	76	74	59	180
盐城幼儿师范高等专科学校	331	84	331	81	116	57	126	162	89	109	0	151	29	564	18	381	10	642
扬州工业职业技术学院	164	403	164	398	49	361	73	406	42	388	0	151	132	145	60	109	63	160
扬州市职业大学	516	6	515	6	200	6	242	16	73	166	1	100	532	6	239	2	236	9
扬州中瑞酒店职业学院	48	960	48	957	5	1 007	10	1 051	33	498	0	151	0	960	0	908	0	929
阳江职业技术学院	202	288	202	283	33	549	118	182	51	307	0	151	74	292	13	467	48	217
阳泉师范高等专科学校	170	380	170	375	51	346	70	427	49	327	0	151	5	870	2	786	2	857
杨凌职业技术学院	129	547	129	545	58	293	58	541	13	863	0	151	21	649	9	557	11	616
伊春职业学院	146	473	146	470	54	331	73	406	19	745	0	151	0	960	0	908	0	929
伊犁职业技术学院	73	844	73	841	9	940	42	715	22	688	0	151	6	853	1	846	3	819
宜春幼儿师范高等专科学校	162	411	162	403	23	684	64	480	75	155	0	151	73	295	14	442	38	268
宜春职业技术学院	283	134	283	131	103	84	108	217	72	171	0	151	0	960	0	908	0	929
义乌工商职业技术学院	349	64	349	64	100	92	191	45	58	249	0	151	377	18	138	24	181	17
益阳医学高等专科学校	50	948	50	944	16	810	27	865	7	973	0	151	31	546	13	467	17	519
应天职业技术学院	30	1 055	30	1 052	0	1 107	26	874	4	1 031	0	151	11	770	0	908	11	616
营口职业技术学院	142	487	142	486	78	175	63	494	1	1 086	0	151	0	960	0	908	0	929
永城职业学院	105	678	105	674	24	666	61	510	20	725	0	151	65	337	10	514	38	268
榆林职业技术学院	55	931	55	929	4	1 027	14	1 020	37	450	0	151	14	737	1	846	8	687
玉溪农业职业技术学院	24	1 086	24	1 084	6	995	11	1 042	7	973	0	151	7	837	2	786	4	790
岳阳职业技术学院	58	917	58	912	28	613	29	843	1	1 086	0	151	5	870	3	749	2	857
云南财经职业学院	137	511	137	510	58	293	35	778	44	366	0	151	65	337	36	203	13	575

续表

研究发展人员（人）														R&D 经费情况（千元）					
		按学历学位划分								其他人员		折合全时人员（人年）		当年经费收入合计				当年经费支出合计	
初级		博士毕业		硕士毕业		本科毕业		其他学历								其中:科研事业费			
0	798	0	427	4	816	6	658	0	146	0	188	3.6	660	329	566	185	235	329	556
10	279	0	427	37	351	65	74	0	146	1	96	43.8	52	1 752	132	0	812	1 752	124
7	371	2	225	50	260	48	125	1	65	0	188	21	181	958.3	232	52.7	509	908.75	246
16	177	1	293	42	314	13	488	0	146	0	188	10.3	383	411	494	7	771	409.63	490
2	604	0	427	4	816	0	919	0	146	0	188	0.8	894	34	933	0	812	34	939
0	798	0	427	0	940	0	919	0	146	0	188	0	960	0	982	0	812	0	985
0	798	0	427	2	882	0	919	0	146	0	188	0.6	919	39	929	8	763	51	906
0	798	0	427	4	816	13	488	0	146	0	188	2.9	713	293	597	50	520	272	599
0	798	0	427	4	816	12	512	0	146	0	188	3.4	673	60	892	0	812	60	879
0	798	0	427	0	940	0	919	0	146	0	188	0	960	0	982	0	812	0	985
21	127	0	427	77	163	79	49	0	146	0	188	32.2	91	3 117.7	58	214.3	206	2 220.83	83
1	685	2	225	21	484	6	658	0	146	0	188	7.8	467	656	341	494	95	2 196	85
9	310	6	96	75	171	51	114	0	146	0	188	16.6	242	1 797.4	123	364	127	1 728.1	128
57	20	14	43	333	8	179	4	6	11	0	188	71.2	16	3 790.2	39	1 079	32	3 781.2	40
0	798	0	427	0	940	0	919	0	146	0	188	0	960	0	982	0	812	0	985
13	226	1	293	38	345	35	198	0	146	0	188	18.1	214	801.49	282	98.2	370	713.96	306
1	685	0	427	2	882	3	773	0	146	0	188	1.2	842	145	749	120	313	145	741
1	685	0	427	18	530	3	773	0	146	0	188	2.5	739	83	851	0	812	65	872
0	798	0	427	0	940	0	919	0	146	0	188	0	960	0	982	0	812	0	985
2	604	0	427	1	911	5	692	0	146	0	188	0.6	919	46	915	0	812	46	915
21	127	0	427	45	292	28	255	0	146	0	188	9.5	406	395	507	57	490	361.2	522
0	798	0	427	0	940	0	919	0	146	0	188	0	960	0	982	0	812	0	985
23	115	17	33	301	12	45	139	14	4	35	2	67.7	19	6 262.88	18	1 434.9	23	6 144.61	15
1	685	1	293	9	681	21	334	0	146	0	188	3.9	644	170	721	52	511	105	805
0	798	0	427	10	662	1	863	0	146	0	188	2.1	773	92	834	40	554	59.1	881
0	798	0	427	0	940	0	919	0	146	0	188	0	960	0	982	0	812	0	985
17	168	0	427	12	628	53	108	0	146	0	188	16.3	245	669	336	103	349	668	324
5	447	0	427	8	702	6	658	0	146	0	188	1.7	801	84	850	29	626	102.87	808
1	685	0	427	5	791	2	813	0	146	0	188	1.2	842	73	867	25	639	57.6	887
0	798	0	427	3	846	2	813	0	146	0	188	0.5	931	67	883	60	469	17	970
16	177	0	427	35	367	30	236	0	146	0	188	18.6	206	568	392	54	503	558.5	388

学校名称	社科活动人员(人)																	
	合计		按职称划分								其他人员		合计		按职称划分			
			小计		高级		中级		初级						高级		中级	
云南国防工业职业技术学院	203	284	203	279	73	201	94	287	36	460	0	151	37	501	11	497	21	456
云南国土资源职业学院	167	391	167	386	75	189	48	645	44	366	0	151	58	364	14	442	24	423
云南机电职业技术学院	87	773	86	772	31	570	38	753	17	781	1	100	21	649	7	618	11	616
云南交通运输职业学院	27	1 071	27	1 068	15	829	7	1 079	5	1 013	0	151	0	960	0	908	0	929
云南交通职业技术学院	264	165	264	161	55	319	114	196	95	95	0	151	90	246	39	183	30	346
云南经贸外事职业学院	42	996	42	993	3	1 045	13	1 033	26	614	0	151	33	529	2	786	23	431
云南林业职业技术学院	116	618	116	614	24	666	48	645	44	366	0	151	17	698	3	749	8	687
云南旅游职业学院	129	547	129	545	48	372	49	631	32	516	0	151	56	379	18	381	26	395
云南能源职业技术学院	75	837	75	834	25	657	35	778	15	818	0	151	63	345	16	408	28	372
云南商务职业学院	6	1 127	6	1 127	1	1 088	1	1 125	4	1 031	0	151	0	960	0	908	0	929
云南水利水电职业学院	0	1 133	0	1 133	0	1 107	0	1 128	0	1 109	0	151	0	960	0	908	0	929
云南司法警官职业学院	143	482	143	480	43	417	73	406	27	596	0	151	69	310	18	381	34	301
云南体育运动职业技术学院	138	508	138	506	51	346	55	567	32	516	0	151	72	300	21	339	32	325
云南外事外语职业学院	125	571	125	568	3	1 045	14	1 020	108	57	0	151	27	587	2	786	4	790
云南文化艺术职业学院	213	261	213	255	78	175	89	312	46	347	0	151	58	364	30	237	22	445
云南锡业职业技术学院	83	791	83	786	23	684	25	887	35	476	0	151	45	451	7	618	14	557
运城护理职业学院	6	1 127	6	1 127	0	1 107	2	1 118	4	1 031	0	151	0	960	0	908	0	929
运城师范高等专科学校	154	445	154	441	33	549	73	406	48	330	0	151	35	514	11	497	16	530
运城职业技术学院	97	714	97	710	2	1 067	20	942	75	155	0	151	6	853	0	908	4	790
枣庄职业学院	114	635	114	629	31	570	51	610	32	516	0	151	72	300	26	284	35	296
扎兰屯职业学院	161	415	161	409	88	129	42	715	31	529	0	151	2	929	2	786	0	929
湛江幼儿师范专科学校	266	164	266	160	37	502	151	102	78	150	0	151	13	750	3	749	8	687
张家口职业技术学院	92	746	92	740	50	355	32	814	10	918	0	151	16	714	6	642	10	642
漳州城市职业学院	261	168	261	165	67	240	114	196	80	142	0	151	95	227	32	222	48	217
漳州科技职业学院	53	939	53	937	4	1 027	43	707	6	996	0	151	25	610	2	786	20	473
漳州理工职业学院	137	511	137	510	34	539	53	587	50	318	0	151	38	493	7	618	13	575
漳州卫生职业学院	106	672	106	666	33	549	50	622	23	676	0	151	145	126	26	284	84	100
漳州职业技术学院	335	79	335	77	81	157	166	76	88	114	0	151	256	42	97	43	125	43
昭通卫生职业学院	52	944	52	941	19	754	6	1 085	27	596	0	151	16	714	10	514	4	790
肇庆医学高等专科学校	131	535	131	532	9	940	68	445	54	284	0	151	47	432	4	710	34	301
浙江安防职业技术学院	47	962	47	960	13	856	20	942	14	834	0	151	20	666	5	672	13	575
浙江东方职业技术学院	216	255	216	250	31	570	113	201	72	171	0	151	232	56	65	94	128	36

续表

研究发展人员(人)														R&D经费情况(千元)					
		按学历学位划分								其他人员		折合全时人员(人年)		当年经费收入				当年经费支出	
初级		博士毕业		硕士毕业		本科毕业		其他学历						合计		其中:科研事业费		合计	
5	447	4	144	27	430	6	658	0	146	0	188	5.9	543	567.8	393	96	374	597.8	358
20	138	1	293	37	351	20	351	0	146	0	188	13.4	299	381.2	518	40	554	256.58	617
0	798	0	427	14	590	6	658	1	65	2	64	7.3	489	390.03	510	40	554	403.13	493
0	798	0	427	0	940	0	919	0	146	0	188	0	960	0	982	0	812	0	985
20	138	6	96	32	398	52	111	0	146	1	96	11.5	334	442.5	479	40	554	438	469
2	604	0	427	13	609	20	351	0	146	6	30	8	450	592	383	12	721	580	372
6	406	0	427	8	702	9	585	0	146	0	188	4	638	275	614	70	429	175	701
12	242	0	427	27	430	29	245	0	146	0	188	10.5	374	937.5	240	270	163	582.36	371
12	242	0	427	14	590	42	154	7	9	7	22	11.1	348	483.5	444	20	661	489.4	432
0	798	0	427	0	940	0	919	0	146	0	188	0	960	0	982	0	812	20 000	2
0	798	0	427	0	940	0	919	0	146	0	188	0	960	0	982	0	812	0	985
9	310	0	427	35	367	34	207	0	146	8	17	14.9	266	917	247	237	193	869.94	255
19	147	1	293	48	272	20	351	3	29	0	188	8.9	419	357	536	0	812	505	420
15	191	0	427	13	609	14	468	0	146	6	30	3.9	644	191	696	60	469	188	682
6	406	0	427	29	416	23	312	6	11	0	188	12.7	311	567.44	394	80	406	1 120.64	203
24	109	0	427	7	736	38	181	0	146	0	188	10.4	380	638.58	353	40	554	638.88	332
0	798	0	427	0	940	0	919	0	146	0	188	0	960	0	982	0	812	0	985
8	341	0	427	20	494	15	447	0	146	0	188	7	501	239.15	650	33.15	596	131.3	760
2	604	0	427	3	846	3	773	0	146	0	188	0.9	882	279	611	0	812	281	591
11	259	0	427	64	200	8	608	0	146	0	188	10	388	444	478	94	379	412.4	487
0	798	0	427	1	911	1	863	0	146	0	188	1	863	43	923	0	812	43	921
2	604	0	427	10	662	3	773	0	146	0	188	5.6	555	159.5	730	36	584	106.45	804
0	798	1	293	8	702	7	635	0	146	0	188	6.4	527	224	665	0	812	224.4	645
15	191	1	293	59	221	35	198	0	146	0	188	20.5	184	676.5	333	61.5	465	624.85	342
3	543	0	427	5	791	20	351	0	146	0	188	2.8	716	102.05	806	23	649	97.25	820
18	155	0	427	19	513	19	375	0	146	0	188	3.9	644	151.3	743	26.8	636	155.5	726
35	59	0	427	45	292	93	35	7	9	0	188	26.2	140	695	325	74	424	619	346
28	89	11	60	164	40	76	58	5	17	6	30	32.4	90	1 039.6	215	67.6	443	1 052.1	213
2	604	0	427	5	791	11	544	0	146	0	188	1.6	811	85.8	847	0	812	85.8	838
9	310	0	427	21	484	26	276	0	146	0	188	7.4	484	460	469	125	310	296.8	578
2	604	0	427	19	513	1	863	0	146	0	188	2.7	721	137.1	758	26	637	100.83	809
36	56	9	71	186	35	32	220	5	17	3	52	27.7	126	1 784.1	124	137	293	2 002.58	102

学校名称	社科活动人员(人)																	
	合计		按职称划分								其他人员		合计		按职称划分			
			小计		高级		中级		初级						高级		中级	
浙江纺织服装职业技术学院	391	37	391	36	115	58	261	7	15	818	0	151	136	137	59	112	76	115
浙江工贸职业技术学院	246	205	246	201	70	219	115	192	61	237	0	151	235	53	88	55	111	61
浙江工商职业技术学院	307	108	307	106	96	104	139	122	72	171	0	151	421	13	181	9	182	16
浙江工业职业技术学院	89	764	89	760	21	716	53	587	15	818	0	151	109	182	17	391	79	108
浙江广厦建设职业技术学院	310	106	310	105	90	123	151	102	69	193	0	151	91	241	16	408	67	145
浙江国际海运职业技术学院	149	463	149	459	30	580	97	260	22	688	0	151	103	201	40	176	54	194
浙江横店影视职业学院	159	429	159	422	21	716	69	435	69	193	0	151	228	57	40	176	112	60
浙江机电职业技术学院	178	350	178	344	35	532	97	260	46	347	0	151	137	136	52	132	75	121
浙江建设职业技术学院	90	759	90	752	20	729	60	523	10	918	0	151	183	87	83	60	95	84
浙江交通职业技术学院	125	571	125	568	41	447	56	558	28	581	0	151	46	441	19	364	20	473
浙江金融职业学院	413	31	413	30	167	10	184	54	62	228	0	151	435	12	224	4	186	15
浙江经济职业技术学院	461	18	461	17	149	13	219	26	93	100	0	151	306	28	106	37	143	31
浙江经贸职业技术学院	376	47	376	46	103	84	184	54	89	109	0	151	475	7	207	5	198	14
浙江旅游职业学院	383	43	383	42	132	35	154	98	97	85	0	151	552	5	191	8	247	8
浙江农业商贸职业学院	260	172	260	168	35	532	97	260	128	27	0	151	263	38	55	120	127	39
浙江商业职业技术学院	354	62	354	62	133	30	168	74	53	288	0	151	172	99	81	63	69	141
浙江特殊教育职业学院	115	629	115	624	22	699	40	733	53	288	0	151	72	300	20	355	33	314
浙江体育职业技术学院	239	219	239	214	113	61	111	206	15	818	0	151	86	252	41	170	35	296
浙江同济科技职业学院	94	734	94	729	23	684	38	753	33	498	0	151	78	279	17	391	41	255
浙江医药高等专科学校	78	822	78	817	27	626	45	685	6	996	0	151	256	42	110	33	129	34
浙江艺术职业学院	299	116	299	115	111	65	130	147	58	249	0	151	246	45	89	53	113	54
浙江邮电职业技术学院	89	764	89	760	16	810	55	567	18	767	0	151	61	355	15	425	38	268
浙江育英职业技术学院	162	411	162	403	38	487	99	250	25	633	0	151	70	307	28	260	36	289
浙江舟山群岛新区旅游与健康职业学院	80	813	80	808	20	729	36	769	24	658	0	151	104	198	51	135	42	247
镇江市高等专科学校	314	101	314	99	137	25	154	98	23	676	0	151	97	224	62	102	30	346
正德职业技术学院	95	729	95	724	12	874	64	480	19	745	0	151	19	677	1	846	12	594
郑州财税金融职业学院	257	177	257	172	38	487	52	599	167	8	0	151	36	508	8	590	11	616
郑州城市职业学院	137	511	137	510	9	940	61	510	67	202	0	151	48	419	6	642	22	445
郑州电力高等专科学校	37	1 020	37	1 017	14	843	20	942	3	1 045	0	151	22	639	9	557	11	616
郑州电力职业技术学院	69	860	69	859	0	1 107	20	942	49	327	0	151	0	960	0	908	0	929
郑州电子信息职业技术学院	67	867	67	865	0	1 107	22	916	45	354	0	151	3	909	0	908	2	857

续表

研究发展人员(人)														R&D 经费情况(千元)					
		按学历学位划分								其他人员		折合全时人员(人年)		当年经费收入合计				当年经费支出合计	
初级		博士毕业		硕士毕业		本科毕业		其他学历								其中:科研事业费			
1	685	4	144	110	97	22	323	0	146	0	188	35.1	77	9 848.24	6	3 310	7	9 729.55	6
36	56	18	28	189	32	22	323	6	11	0	188	47.5	39	7 545.6	9	3 890	4	6 999.54	10
58	18	18	28	295	13	108	22	0	146	0	188	76.6	11	5 474.5	19	1 034	37	5 080.6	22
13	226	5	118	100	113	4	738	0	146	0	188	14.8	270	2 316.52	87	317	137	2 314.62	79
6	406	1	293	57	229	33	212	0	146	2	64	11.4	337	1 751.84	133	201	219	1 652.24	137
9	310	0	427	62	207	40	164	1	65	0	188	18	218	944	238	15	704	975.2	230
74	9	2	225	125	76	100	27	1	65	2	64	54.9	31	2 942.3	67	65.5	450	3 244.9	48
8	341	11	60	116	87	10	566	0	146	2	64	17.8	221	1 170.64	199	113.5	325	1 011.93	221
3	543	35	10	117	84	31	229	0	146	2	64	32.5	87	1 544	155	149	276	1 588.51	140
4	497	8	76	29	416	9	585	0	146	3	52	5	585	608	373	202	218	590.88	361
25	100	23	19	377	5	35	198	0	146	0	188	82.6	9	6 362.43	14	708.8	61	6 357.91	13
52	27	17	33	239	22	50	118	0	146	5	37	43	56	2 954.09	65	181	242	2 979.23	54
64	11	19	25	381	4	73	65	2	36	6	30	86.2	8	4 161.19	34	216	204	3 949.03	39
114	3	23	19	445	3	79	49	5	17	0	188	179.2	1	17 000.59	3	5 557.23	3	17 255.59	3
81	8	2	225	206	26	55	102	0	146	0	188	39	65	1 805	122	66	445	1 576.62	142
22	118	9	71	119	81	44	142	0	146	0	188	39.1	64	4 930.97	28	210	208	4 343.47	34
14	211	2	225	36	361	34	207	0	146	5	37	18.4	212	830.2	274	186.2	233	752.98	284
3	543	12	53	46	282	27	265	1	65	7	22	14.8	270	3 675.41	41	3 117.41	8	3 712.09	41
19	147	3	183	67	195	8	608	0	146	1	96	12.4	318	685.7	329	85	399	645.37	329
17	168	19	25	179	36	58	92	0	146	0	188	41.5	60	2 620.7	76	860.2	50	2 844.44	59
44	39	6	96	161	45	77	55	2	36	0	188	43.4	55	2 115.09	96	85	399	2 160.76	88
8	341	0	427	44	303	17	408	0	146	0	188	7.6	477	415.6	493	5	779	391.28	500
6	406	0	427	44	303	26	276	0	146	0	188	8	450	472.9	459	0	812	514.62	410
7	371	0	427	77	163	27	265	0	146	4	44	20.1	191	869.5	261	10	733	968.1	232
5	447	6	96	59	221	32	220	0	146	0	188	31	102	1 603.5	147	458	104	1 500.2	149
6	406	0	427	15	577	4	738	0	146	0	188	8.1	445	268.5	624	33	597	249.7	625
16	177	0	427	24	457	12	512	0	146	1	96	6.7	515	199.8	684	70	429	199.8	673
20	138	0	427	33	387	15	447	0	146	0	188	5.1	577	150	745	10	733	150	736
2	604	0	427	10	662	12	512	0	146	0	188	2.5	739	50	908	0	812	50	908
0	798	0	427	0	940	0	919	0	146	0	188	0	960	0	982	0	812	0	985
1	685	0	427	3	846	0	919	0	146	0	188	0.5	931	50	908	0	812	50	908

学校名称	社科活动人员(人)																	
	合计		按职称划分								其他人员		合计		按职称划分			
			小计		高级		中级		初级						高级		中级	
郑州黄河护理职业学院	41	999	41	998	0	1 107	5	1 093	36	460	0	151	6	853	0	908	2	857
郑州理工职业学院	47	962	47	960	1	1 088	13	1 033	33	498	0	151	8	820	0	908	3	819
郑州旅游职业学院	330	86	330	83	71	210	152	101	107	59	0	151	35	514	16	408	17	519
郑州澍青医学高等专科学校	244	209	244	204	7	975	155	95	82	131	0	151	43	461	4	710	33	314
郑州铁路职业技术学院	241	216	241	210	55	319	129	150	57	261	0	151	43	461	19	364	18	504
郑州信息工程职业学院	57	923	57	920	1	1 088	18	971	38	433	0	151	19	677	2	786	11	616
郑州信息科技职业学院	102	688	102	685	23	684	44	693	35	476	0	151	46	441	9	557	19	491
郑州幼儿师范高等专科学校	270	157	270	153	74	195	113	201	83	126	0	151	116	167	44	158	45	230
郑州职业技术学院	205	281	205	275	36	517	61	510	108	57	0	151	141	132	15	425	57	184
中山火炬职业技术学院	158	432	158	426	42	433	97	260	19	745	0	151	48	419	24	309	19	491
中山职业技术学院	200	290	200	286	51	346	129	150	20	725	0	151	68	322	30	237	31	334
钟山职业技术学院	45	975	45	972	27	626	18	971	0	1 109	0	151	11	770	6	642	3	819
重庆安全技术职业学院	43	985	43	983	12	874	23	911	8	952	0	151	12	761	0	908	8	687
重庆财经职业学院	226	238	226	234	45	403	74	400	107	59	0	151	83	263	21	339	28	372
重庆城市管理职业学院	256	179	256	174	108	72	109	215	39	420	0	151	97	224	56	117	36	289
重庆城市职业学院	141	494	138	506	17	790	56	558	65	211	3	68	46	441	9	557	27	385
重庆传媒职业学院	64	887	64	885	9	940	15	1 003	40	409	0	151	0	960	0	908	0	929
重庆电力高等专科学校	122	592	122	586	32	557	88	318	2	1 061	0	151	14	737	4	710	10	642
重庆电信职业学院	112	646	112	639	13	856	35	778	64	217	0	151	12	761	3	749	4	790
重庆电讯职业学院	107	669	107	664	6	995	62	498	39	420	0	151	26	601	1	846	18	504
重庆电子工程职业学院	488	11	488	11	142	20	246	14	100	76	0	151	67	325	27	272	29	356
重庆房地产职业学院	207	274	207	268	11	897	96	272	100	76	0	151	36	508	5	672	20	473
重庆工程职业技术学院	385	42	385	41	90	123	209	30	86	120	0	151	78	279	26	284	34	301
重庆工贸职业技术学院	160	422	160	416	74	195	51	610	35	476	0	151	32	535	16	408	16	530
重庆工商职业学院	358	56	358	54	127	41	193	43	38	433	0	151	212	62	107	35	95	84
重庆工业职业技术学院	269	161	269	157	71	210	95	280	103	71	0	151	233	55	53	128	98	78
重庆公共运输职业学院	62	893	62	890	6	995	26	874	30	542	0	151	17	698	7	618	7	713
重庆海联职业技术学院	105	678	105	674	8	954	24	895	73	166	0	151	23	629	2	786	10	642
重庆航天职业技术学院	120	600	120	596	30	580	38	753	52	297	0	151	25	610	10	514	9	657
重庆护理职业学院	19	1 101	19	1 099	1	1 088	5	1 093	13	863	0	151	7	837	1	846	3	819
重庆化工职业学院	123	585	123	580	29	595	68	445	26	614	0	151	36	508	16	408	18	504
重庆机电职业技术学院	71	855	71	853	12	874	45	685	14	834	0	151	7	837	2	786	4	790

续表

研究发展人员(人)														R&D 经费情况(千元)					
		按学历学位划分								其他人员		折合全时人员(人年)		当年经费收入合计		其中:科研事业费		当年经费支出合计	
初级		博士毕业		硕士毕业		本科毕业		其他学历											
4	497	0	427	3	846	3	773	0	146	0	188	0.6	919	30	943	0	812	30	947
5	447	0	427	4	816	4	738	0	146	0	188	1.5	819	52.5	904	0	812	52.5	901
2	604	0	427	23	466	12	512	0	146	0	188	6.5	524	480	451	260	171	426.2	477
6	406	0	427	27	430	15	447	1	65	0	188	5.5	563	130	769	0	812	130	761
6	406	0	427	18	530	25	292	0	146	0	188	5.1	577	350.8	542	170	255	360.3	525
6	406	0	427	13	609	6	658	0	146	0	188	2.4	753	81.6	857	0	812	81.6	844
18	155	0	427	40	328	6	658	0	146	0	188	9.9	396	628	357	310	142	628	338
26	95	14	43	64	200	38	181	0	146	1	96	20	194	1 530	157	192	229	1 520.52	146
55	22	0	427	121	78	20	351	0	146	14	10	48	36	3 384	50	661	66	3 384	44
5	447	5	118	35	367	8	608	0	146	0	188	5.7	549	382.4	517	257	178	467.45	451
7	371	7	87	56	234	5	692	0	146	0	188	7.8	467	951.9	234	643.6	70	658.46	326
2	604	0	427	10	662	1	863	0	146	0	188	3.3	682	25	957	5	779	39	932
4	497	0	427	9	681	3	773	0	146	0	188	2.6	732	406	500	24	646	382.5	512
34	62	1	293	48	272	34	207	0	146	0	188	16.8	234	2 940.5	68	312	140	2 875.43	58
5	447	7	87	59	221	30	236	1	65	0	188	15.1	261	3 170.2	57	647	69	2 820	62
10	279	1	293	24	457	21	334	0	146	0	188	5.7	549	962	231	196	227	784.6	281
0	798	0	427	0	940	0	919	0	146	0	188	0	960	0	982	0	812	0	985
0	798	0	427	7	736	6	658	1	65	0	188	2.1	773	357	536	120	313	277	594
5	447	0	427	3	846	9	585	0	146	0	188	1.2	842	143	752	60	469	114.46	787
7	371	0	427	11	644	15	447	0	146	0	188	3	699	617	365	74	424	600	357
9	310	5	118	45	292	17	408	0	146	2	64	11	354	3 208.9	55	558	81	3 065.9	51
11	259	0	427	20	494	16	428	0	146	0	188	6.8	511	853.4	266	60	469	572.7	382
18	155	4	144	53	247	21	334	0	146	0	188	8.3	438	1 622	144	89	392	1 503.91	148
0	798	0	427	5	791	27	265	0	146	0	188	3.4	673	178	708	32	601	212.2	659
10	279	10	67	144	60	58	92	0	146	0	188	30	113	3 022	62	262	170	2 806.5	63
82	7	9	71	112	95	112	20	0	146	0	188	31.6	97	2 808.35	72	105	341	2 775.83	65
3	543	1	293	11	644	5	692	0	146	0	188	2.7	721	281	607	51	518	275.5	597
11	259	0	427	11	644	12	512	0	146	0	188	2.4	753	120	778	48	528	89.5	833
6	406	1	293	15	577	9	585	0	146	0	188	3.4	673	229.73	657	10	733	181.4	691
1	685	0	427	3	846	4	738	0	146	2	64	1.4	829	82	854	20	661	61.5	874
2	604	4	144	20	494	12	512	0	146	0	188	6.6	519	308.4	581	32	601	318.98	565
1	685	0	427	4	816	3	773	0	146	0	188	1.4	829	106	802	20	661	119.27	777

学校名称	社科活动人员(人)																	
	合计		按职称划分								其他人员		合计		按职称划分			
			小计		高级		中级		初级						高级		中级	
重庆建筑工程职业学院	125	571	125	568	32	557	68	445	25	633	0	151	38	493	10	514	21	456
重庆交通职业学院	69	860	69	859	4	1 027	42	715	23	676	0	151	38	493	4	710	28	372
重庆经贸职业学院	34	1 037	34	1 035	5	1 007	3	1 113	26	614	0	151	6	853	3	749	1	893
重庆科创职业学院	94	734	93	736	13	856	59	533	21	709	1	100	39	488	9	557	25	409
重庆科技职业学院	32	1 048	32	1 045	2	1 067	18	971	12	883	0	151	3	909	2	786	1	893
重庆旅游职业学院	136	516	135	519	11	897	27	865	97	85	1	100	88	249	5	672	27	385
重庆能源职业学院	49	953	49	950	7	975	32	814	10	918	0	151	10	784	2	786	8	687
重庆青年职业技术学院	123	585	122	586	12	874	76	389	34	488	1	100	18	685	3	749	15	540
重庆轻工职业学院	33	1 043	33	1 041	2	1 067	6	1 085	25	633	0	151	5	870	0	908	2	857
重庆三峡医药高等专科学校	191	313	191	310	36	517	97	260	58	249	0	151	69	310	25	299	37	283
重庆三峡职业学院	127	559	127	557	39	470	68	445	20	725	0	151	21	649	6	642	14	557
重庆商务职业学院	231	230	231	226	52	344	85	337	94	96	0	151	130	150	38	189	50	211
重庆水利电力职业技术学院	80	813	80	808	23	684	40	733	17	781	0	151	28	575	14	442	12	594
重庆文化艺术职业学院	112	646	112	639	17	790	77	381	18	767	0	151	73	295	23	320	38	268
重庆信息技术职业学院	77	828	77	823	2	1 067	22	916	53	288	0	151	25	610	1	846	4	790
重庆医药高等专科学校	171	377	171	372	38	487	79	369	54	284	0	151	104	198	29	246	49	213
重庆艺术工程职业学院	113	640	112	639	8	954	44	693	60	239	1	100	0	960	0	908	0	929
重庆应用技术职业学院	47	962	47	960	4	1 027	22	916	21	709	0	151	9	799	2	786	6	733
重庆幼儿师范高等专科学校	294	120	294	118	81	157	111	206	102	74	0	151	98	219	33	219	42	247
重庆资源与环境保护职业学院	19	1 101	19	1 099	4	1 027	2	1 118	13	863	0	151	2	929	1	846	0	929
周口职业技术学院	133	527	133	525	29	595	87	327	17	781	0	151	37	501	9	557	20	473
珠海城市职业技术学院	275	149	275	144	55	319	163	83	57	261	0	151	84	260	19	364	55	190
珠海艺术职业学院	175	360	175	354	19	754	40	733	116	43	0	151	2	929	1	846	0	929
驻马店职业技术学院	248	199	248	195	75	189	136	130	37	450	0	151	67	325	16	408	44	238
淄博师范高等专科学校	357	57	357	57	95	109	135	136	127	28	0	151	101	208	30	237	40	259
淄博职业学院	502	8	502	8	124	46	249	12	129	24	0	151	212	62	69	86	113	54
遵义医药高等专科学校	78	822	78	817	18	775	16	992	44	366	0	151	2	929	1	846	0	929
遵义职业技术学院	115	629	110	649	34	539	33	799	43	378	5	54	11	770	4	710	2	857

续表

研究发展人员(人)														R&D 经费情况(千元)					
		按学历学位划分								其他人员		折合全时人员(人年)		当年经费收入合计				当年经费支出合计	
初级		博士毕业		硕士毕业		本科毕业		其他学历								其中:科研事业费			
5	447	0	427	25	444	12	512	1	65	2	64	7.7	473	307	583	100	359	426	478
6	406	1	293	33	387	4	738	0	146	0	188	4.4	620	356.5	538	54.2	501	352.2	533
2	604	0	427	2	882	4	738	0	146	0	188	0.7	909	99	817	22	653	78.4	850
5	447	1	293	19	513	18	388	1	65	0	188	4.8	601	344	551	20	661	330.8	554
0	798	0	427	1	911	2	813	0	146	0	188	0.4	939	41	926	0	812	32.9	943
55	22	4	144	72	182	12	512	0	146	1	96	16	248	1 950	110	314	138	1 691.9	135
0	798	0	427	9	681	1	863	0	146	0	188	1.1	853	94	831	30	607	91.5	831
0	798	1	293	16	559	1	863	0	146	0	188	5.3	568	1 054	214	176	248	888.6	249
2	604	0	427	2	882	3	773	0	146	1	96	0.6	919	142	754	20	661	134	755
7	371	1	293	45	292	23	312	0	146	0	188	8.3	438	736.27	310	236	194	548.92	395
1	685	0	427	9	681	11	544	1	65	0	188	6.4	527	982	227	215	205	951	237
42	44	3	183	114	90	13	488	0	146	0	188	21.8	174	2 323.5	85	480.5	99	2 045.3	96
2	604	7	87	15	577	6	658	0	146	0	188	3.7	658	604	376	55	497	688.6	314
11	259	6	96	46	282	21	334	0	146	1	96	14.7	273	1 284	191	305	147	1 204	186
20	138	0	427	6	762	18	388	1	65	0	188	3.6	660	303	587	54	503	244	630
26	95	5	118	62	207	37	189	0	146	0	188	11.8	327	1 290.92	188	430	108	1 120.42	204
0	798	0	427	0	940	0	919	0	146	0	188	0	960	48.5	910	0	812	40	925
1	685	0	427	4	816	5	692	0	146	0	188	1.9	786	85	848	40	554	73.2	854
23	115	0	427	42	314	56	98	0	146	0	188	13.8	290	2 563	79	98	371	2 523.6	74
1	685	0	427	1	911	1	863	0	146	0	188	0.6	919	34	933	10	733	65.4	871
8	341	2	225	14	590	21	334	0	146	0	188	8.4	436	100	808	0	812	170	711
10	279	6	96	60	218	18	388	0	146	0	188	10.5	374	878	259	163	266	705.18	311
1	685	0	427	0	940	2	813	0	146	0	188	0.4	939	48	911	9	757	48	910
7	371	0	427	13	609	54	105	0	146	0	188	11.4	337	318.8	575	45	535	318.8	566
31	72	11	60	64	200	26	276	0	146	0	188	16.8	234	610	370	101	356	610	349
21	127	13	47	80	154	118	17	1	65	9	14	70.4	17	15 181.35	4	11 638.3	1	14 683.24	5
1	685	0	427	0	940	2	813	0	146	0	188	0.4	939	24	961	12	721	35	937
4	497	1	293	3	846	7	635	0	146	1	96	1.7	801	77.2	862	3	797	84.4	840

6. 专科学校人文、社会科学研究与发展概况表(二)

学校名称	研究与发展课题											
	课题总数(项)		当年新开课题数(项)		当年完成课题数(项)		当年新开课题批准经费(千元)		当年投入人数(人年)		当年拨入经费(千元)	
阿克苏职业技术学院	20	555	3	759	5	485	14	770	3	699	36	611
阿拉善职业技术学院	7	781	6	626	0	755	10	783	3.6	659	10	772
安徽财贸职业学院	230	18	34	186	6	458	1 186	56	49.8	32	888	62
安徽城市管理职业学院	28	466	16	383	8	398	122	368	0.9	883	122	351
安徽电气工程职业技术学院	1	943	1	881	0	755	20	713	0.8	895	20	701
安徽电子信息职业技术学院	36	388	10	515	11	340	110	395	12.6	312	126	343
安徽工贸职业技术学院	14	648	3	759	8	398	30	664	2.4	754	30	638
安徽工商职业学院	33	416	9	545	4	521	180	286	3.6	659	182	274
安徽工业经济职业技术学院	50	308	24	276	6	458	238	235	5	585	238	223
安徽工业职业技术学院	6	811	3	759	0	755	60	512	1.8	792	39	600
安徽公安职业学院	5	836	1	881	0	755	20	713	0	961	0	846
安徽广播影视职业技术学院	32	429	8	565	7	428	160	311	8.5	430	60	503
安徽国防科技职业学院	33	416	18	354	6	458	280	206	9.4	410	200	258
安徽国际商务职业学院	82	181	17	370	5	485	61	508	48	36	61	500
安徽黄梅戏艺术职业学院	6	811	3	759	0	755	60	512	4.6	612	60	503
安徽机电职业技术学院	35	397	11	487	13	302	290	200	13.6	292	199	260
安徽交通职业技术学院	7	781	4	710	0	755	80	449	1.1	855	90	411
安徽警官职业学院	88	167	18	354	13	302	315	180	8.1	444	312	172
安徽矿业职业技术学院	15	627	9	545	4	521	66	492	5.9	543	32.7	631
安徽粮食工程职业学院	5	836	3	759	2	614	45	589	6.4	526	30	638
安徽林业职业技术学院	0	973	0	929	0	755	0	858	0	961	0	846
安徽绿海商务职业学院	6	811	3	759	3	572	52.5	558	13.2	301	46.5	560
安徽商贸职业技术学院	150	67	57	88	16	260	495	125	10.4	378	496.5	119
安徽涉外经济职业学院	8	757	3	759	2	614	0	858	3	699	0	846
安徽审计职业学院	15	627	4	710	0	755	80	449	1.4	831	80	431
安徽水利水电职业技术学院	15	627	3	759	1	671	60	512	3	699	60	503
安徽体育运动职业技术学院	8	757	4	710	0	755	40	607	12.9	307	40	581
安徽卫生健康职业学院	7	781	3	759	2	614	60	512	4.9	595	60	503
安徽新闻出版职业技术学院	11	690	6	626	0	755	60	512	1.1	855	40.12	580
安徽冶金科技职业学院	5	836	3	759	0	755	30	664	1	865	0	846
安徽医学高等专科学校	8	757	3	759	3	572	45	589	2.7	722	151	311
安徽艺术职业学院	40	364	5	667	0	755	100	407	0.5	933	100	386
安徽邮电职业技术学院	6	811	3	759	0	755	60	512	1	865	33	626
安徽职业技术学院	32	429	19	342	5	485	235.5	240	11.4	336	235.5	225
安徽中澳科技职业学院	6	811	3	759	2	614	60	512	2.4	754	60	503
安徽中医药高等专科学校	38	378	13	445	5	485	128	362	6.4	526	124	347

其中:当年新开课题拨入经费(千元)		当年支出经费(千元)		研究与发展成果										获奖成果数(项)			
				著作(部)		学术论文(篇)				研究与咨询报告(篇)				合计		其中:国家级和省部级	
						合计		其中:国外学术刊物发表数		提交有关部门数		其中:被采纳数					
11	712	102.6	327	0	660	38	487	0	139	0	231	0	113	0	25	0	2
10	716	0	850	0	660	0	1 020	0	139	0	231	0	113	0	25	0	2
421	122	914	45	12	96	126	131	0	139	0	231	0	113	0	25	0	2
122	301	56.3	469	3	364	43	447	0	139	0	231	0	113	0	25	0	2
20	636	20	668	0	660	4	952	0	139	0	231	0	113	0	25	0	2
110	317	126	287	3	364	50	398	0	139	0	231	0	113	0	25	0	2
30	569	68.55	429	0	660	48	412	0	139	0	231	0	113	0	25	0	2
180	234	177.8	237	4	294	52	381	0	139	0	231	0	113	0	25	0	2
238	192	370	131	0	660	69	303	0	139	0	231	0	113	0	25	0	2
9	741	39	551	0	660	6	910	0	139	0	231	0	113	0	25	0	2
0	796	0	850	0	660	37	499	0	139	0	231	0	113	0	25	0	2
40	516	57.5	467	6	210	35	524	0	139	0	231	0	113	0	25	0	2
135	282	200	218	12	96	68	307	2	34	0	231	0	113	0	25	0	2
61	435	105.3	322	2	459	96	191	0	139	0	231	0	113	0	25	0	2
60	437	74	404	0	660	29	592	0	139	0	231	0	113	0	25	0	2
90	351	166.7	245	3	364	91	207	1	64	0	231	0	113	0	25	0	2
80	371	8.5	769	1	554	10	851	0	139	0	231	0	113	0	25	0	2
70	399	322	146	2	459	91	207	1	64	0	231	0	113	0	25	0	2
27.4	596	32.7	588	0	660	9	867	0	139	0	231	0	113	0	25	0	2
30	569	30	600	0	660	4	952	0	139	0	231	0	113	0	25	0	2
0	796	0	850	0	660	0	1 020	0	139	0	231	0	113	0	25	0	2
28	589	46.5	516	0	660	23	670	0	139	0	231	0	113	0	25	0	2
495	102	280	170	21	38	109	158	0	139	0	231	0	113	0	25	0	2
0	796	0	850	0	660	2	993	0	139	0	231	0	113	0	25	0	2
80	371	44.76	528	3	364	4	952	1	64	0	231	0	113	0	25	0	2
60	437	46.7	515	0	660	11	827	0	139	0	231	0	113	0	25	0	2
40	516	64	442	2	459	10	851	0	139	0	231	0	113	0	25	0	2
60	437	17.26	691	0	660	8	884	0	139	0	231	0	113	0	25	0	2
21.38	631	40.12	543	0	660	3	980	0	139	0	231	0	113	0	25	0	2
0	796	0	850	0	660	11	827	0	139	0	231	0	113	0	25	0	2
17	664	151	260	0	660	10	851	0	139	0	231	0	113	0	25	0	2
100	331	100	334	0	660	40	470	0	139	0	231	0	113	0	25	0	2
14	695	33	585	0	660	21	691	0	139	0	231	0	113	0	25	0	2
235.5	195	211.3	210	1	554	36	515	0	139	0	231	0	113	0	25	0	2
60	437	60	458	0	660	27	613	0	139	0	231	0	113	0	25	0	2
124	297	114.5	303	1	554	45	435	2	34	0	231	0	113	0	25	0	2

学校名称	研究与发展课题											
	课题总数（项）		当年新开课题数（项）		当年完成课题数（项）		当年新开课题批准经费（千元）		当年投入人数（人年）		当年拨入经费（千元）	
安康职业技术学院	1	943	1	881	0	755	10	783	0.1	957	10	772
安庆医药高等专科学校	5	836	5	667	0	755	100	407	1.3	840	100	386
安庆职业技术学院	13	660	4	710	2	614	80	449	3	699	30	638
安顺职业技术学院	8	757	3	759	5	485	13	775	1.5	821	15.5	737
安阳幼儿师范高等专科学校	5	836	2	822	5	485	0	858	3.1	693	0	846
安阳职业技术学院	16	612	14	419	15	272	0	858	0.5	933	0	846
巴音郭楞职业技术学院	114	114	39	147	39	95	212	258	24.9	151	118.5	360
巴中职业技术学院	7	781	2	822	2	614	6	813	1.6	813	0	846
白城医学高等专科学校	0	973	0	929	0	755	0	858	0	961	0	846
白城职业技术学院	0	973	0	929	0	755	0	858	0	961	0	846
白银矿冶职业技术学院	8	757	4	710	3	572	0	858	4.2	629	3	835
百色职业学院	9	733	3	759	1	671	40	607	4.3	624	20	701
包头钢铁职业技术学院	1	943	0	929	0	755	0	858	0.1	957	0	846
包头轻工职业技术学院	13	660	13	445	1	671	50	566	4.7	607	50	539
包头铁道职业技术学院	29	456	26	253	0	755	220	255	8.4	435	220	243
包头职业技术学院	34	404	33	195	26	156	314.4	181	6.9	507	306.4	175
宝鸡职业技术学院	32	429	26	253	8	398	83	446	7.8	466	79	443
保定电力职业技术学院	16	612	6	626	7	428	4.8	836	10	387	7.7	804
保定幼儿师范高等专科学校	0	973	0	929	0	755	0	858	0	961	0	846
保定职业技术学院	49	315	19	342	21	197	45	589	21.2	179	25	672
保山中医药高等专科学校	7	781	5	667	0	755	24	697	1.7	802	24	678
保险职业学院	26	483	6	626	11	340	42	599	2.7	722	24	678
北海职业学院	41	356	14	419	7	428	155	318	15.4	257	121	353
北京北大方正软件职业技术学院	0	973	0	929	0	755	0	858	0	961	0	846
北京财贸职业学院	91	158	29	222	0	755	5 098.54	5	20.5	184	4 788.18	5
北京电子科技职业学院	576	1	112	15	147	3	1 943.5	32	99	7	637	90
北京工业职业技术学院	63	248	56	91	2	614	778	75	15.8	250	630.5	92
北京汇佳职业学院	0	973	0	929	0	755	0	858	0	961	0	846
北京交通运输职业学院	3	890	2	822	0	755	2 250	28	1.7	802	1 778.31	25
北京交通职业技术学院	0	973	0	929	0	755	0	858	0	961	0	846
北京京北职业技术学院	0	973	0	929	0	755	0	858	0	961	0	846
北京经济管理职业学院	120	104	37	162	23	175	889	69	42	58	374	152
北京经济技术职业学院	0	973	0	929	0	755	0	858	0	961	0	846
北京经贸职业学院	0	973	0	929	0	755	0	858	0	961	0	846
北京科技经营管理学院	0	973	0	929	0	755	0	858	0	961	0	846
北京科技职业学院	0	973	0	929	0	755	0	858	0	961	0	846

续表

其中：当年新开课题拨入经费（千元）		当年支出经费（千元）		研究与发展成果										获奖成果数（项）			
				著作（部）		学术论文（篇）				研究与咨询报告（篇）				合计		其中：国家级和省部级	
						合计		其中：国外学术刊物发表数		提交有关部门数		其中：被采纳数					
10	716	7	785	0	660	5	929	0	139	0	231	0	113	0	25	0	2
100	331	48.5	509	0	660	18	725	0	139	0	231	0	113	0	25	0	2
0	796	46.12	517	4	294	45	435	0	139	0	231	0	113	0	25	0	2
13	703	36.5	567	3	364	41	460	0	139	3	119	0	113	0	25	0	2
0	796	0	850	2	459	4	952	0	139	0	231	0	113	0	25	0	2
0	796	0	850	0	660	13	787	0	139	0	231	0	113	0	25	0	2
70.5	398	98.5	338	0	660	175	70	0	139	0	231	0	113	0	25	0	2
0	796	25	635	12	96	16	744	0	139	0	231	0	113	0	25	0	2
0	796	0	850	0	660	7	896	0	139	0	231	0	113	0	25	0	2
0	796	0	850	0	660	20	703	0	139	0	231	0	113	0	25	0	2
0	796	3	825	0	660	25	643	0	139	1	165	1	70	0	25	0	2
20	636	53	486	2	459	13	787	0	139	0	231	0	113	0	25	0	2
0	796	0	850	0	660	11	827	0	139	0	231	0	113	0	25	0	2
50	475	50	499	16	68	59	345	0	139	1	165	0	113	0	25	0	2
220	207	262	179	0	660	40	470	0	139	0	231	0	113	0	25	0	2
306.4	150	306.4	154	10	123	75	278	0	139	0	231	0	113	0	25	0	2
79	384	86	369	0	660	47	419	0	139	0	231	0	113	0	25	0	2
4.8	774	7.7	780	1	554	51	389	0	139	0	231	0	113	0	25	0	2
0	796	0	850	6	210	6	910	0	139	0	231	0	113	0	25	0	2
25	605	25	635	4	294	30	575	0	139	0	231	0	113	0	25	0	2
24	613	20.3	667	5	254	33	540	0	139	0	231	0	113	0	25	0	2
24	613	24	644	6	210	64	324	1	64	0	231	0	113	0	25	0	2
121	302	125	289	4	294	34	531	0	139	0	231	0	113	0	25	0	2
0	796	0	850	0	660	0	1 020	0	139	0	231	0	113	0	25	0	2
4 489.18	5	1 011.8	40	53	3	138	120	0	139	0	231	0	113	0	25	0	2
397	127	456.81	105	35	9	152	102	0	139	0	231	0	113	0	25	0	2
600.5	82	550.25	82	5	254	67	313	0	139	0	231	0	113	0	25	0	2
0	796	0	850	2	459	1	1 006	0	139	0	231	0	113	0	25	0	2
1 767.6	22	1 480.08	25	0	660	24	656	0	139	0	231	0	113	0	25	0	2
0	796	0	850	3	364	10	851	0	139	0	231	0	113	0	25	0	2
0	796	0	850	0	660	16	744	0	139	0	231	0	113	0	25	0	2
324	146	108.68	315	7	179	51	389	0	139	18	33	0	113	1	8	0	2
0	796	0	850	0	660	0	1 020	0	139	0	231	0	113	0	25	0	2
0	796	0	850	2	459	11	827	0	139	0	231	0	113	0	25	0	2
0	796	0	850	0	660	0	1 020	0	139	0	231	0	113	0	25	0	2
0	796	0	850	0	660	0	1 020	0	139	0	231	0	113	0	25	0	2

学校名称	研究与发展课题											
	课题总数（项）		当年新开课题数（项）		当年完成课题数（项）		当年新开课题批准经费（千元）		当年投入人数（人年）		当年拨入经费（千元）	
北京劳动保障职业学院	26	483	16	383	26	156	56	542	8	449	56	519
北京农业职业学院	43	347	20	328	5	485	426	144	23.3	159	426	137
北京培黎职业学院	14	648	5	667	6	458	23	702	7	500	21	694
北京青年政治学院	157	64	33	195	31	126	1 380.8	46	73.8	15	1 210.8	40
北京社会管理职业学院	181	49	92	32	72	28	2 850.38	18	19.7	195	2 894	11
北京体育职业学院	3	890	3	759	2	614	15	756	0	961	0	846
北京网络职业学院	2	919	2	822	0	755	18	744	1	865	18	724
北京卫生职业学院	0	973	0	929	0	755	0	858	0	961	0	846
北京戏曲艺术职业学院	13	660	4	710	3	572	773	76	7.9	455	1 297	36
北京信息职业技术学院	12	674	6	626	3	572	78.5	466	3.8	651	78.5	447
北京艺术传媒职业学院	0	973	0	929	0	755	0	858	0	961	0	846
北京政法职业学院	16	612	4	710	0	755	170	297	1.6	813	90	411
毕节医学高等专科学校	19	567	10	515	8	398	25	689	9.5	405	50	539
毕节幼儿师范高等专科学校	15	627	5	667	5	485	15	756	2.3	762	27	661
毕节职业技术学院	4	863	4	710	1	671	15	756	0.8	895	15	738
滨州职业学院	18	592	10	515	1	671	55	545	0.8	895	5	816
泊头职业学院	80	188	52	102	14	287	44	595	25.6	143	46	561
亳州职业技术学院	25	488	4	710	0	755	80	449	14.6	274	50	539
渤海船舶职业学院	0	973	0	929	0	755	0	858	0	961	0	846
渤海理工职业学院	20	555	10	515	0	755	0	858	6.2	532	6	809
渤海石油职业学院	2	919	2	822	2	614	500	122	1.4	831	500	118
沧州医学高等专科学校	6	811	2	822	1	671	0	858	2.4	754	5	816
沧州职业技术学院	114	114	70	59	38	99	1	853	48	36	1	842
曹妃甸职业技术学院	0	973	0	929	0	755	0	858	0	961	0	846
昌吉职业技术学院	30	448	11	487	24	168	38	632	16.5	242	38	603
长春金融高等专科学校	112	119	24	276	68	33	154	319	11.3	341	180	278
长春信息技术职业学院	0	973	0	929	0	755	0	858	0	961	0	846
长春医学高等专科学校	6	811	4	710	0	755	0	858	1.7	802	0	846
长春职业技术学院	203	35	28	232	87	18	2	844	37.1	70	13	754
长江职业学院	150	67	59	85	17	245	469	133	13.5	294	222	240
长沙电力职业技术学院	3	890	1	881	0	755	0	858	0	961	0	846
长沙航空职业技术学院	50	308	34	186	3	572	433	141	11.2	343	329.8	166
长沙民政职业技术学院	207	30	58	87	55	55	603.5	102	20.7	183	596.2	98
长沙南方职业学院	43	347	21	317	6	458	424	145	4.4	618	651	87
长沙商贸旅游职业技术学院	79	189	57	88	18	234	670	93	34.2	81	560	105
长沙职业技术学院	175	54	56	91	29	139	525	116	38.5	68	541.5	110

续表

其中:当年新开课题拨入经费(千元)		当年支出经费(千元)		研究与发展成果										获奖成果数(项)			
				著作(部)		学术论文(篇)				研究与咨询报告(篇)				合计		其中:国家级和省部级	
						合计		其中:国外学术刊物发表数		提交有关部门数		其中:被采纳数					
56	454	56	471	10	123	30	575	0	139	0	231	0	113	1	8	0	2
426	120	700.5	63	18	52	82	246	0	139	0	231	0	113	0	25	0	2
11.5	711	19.5	679	0	660	8	884	0	139	0	231	0	113	0	25	0	2
707.8	68	596.09	76	40	7	162	89	2	34	0	231	0	113	0	25	0	2
2 596	12	2 075.94	16	12	96	125	133	0	139	0	231	0	113	0	25	0	2
0	796	0	850	0	660	2	993	0	139	0	231	0	113	0	25	0	2
18	660	18	685	0	660	0	1 020	0	139	0	231	0	113	0	25	0	2
0	796	0	850	2	459	9	867	0	139	0	231	0	113	0	25	0	2
743	61	1 237.98	30	5	254	8	884	0	139	1	165	0	113	1	8	0	2
78.5	385	15.36	707	9	134	211	46	1	64	0	231	0	113	0	25	0	2
0	796	0	850	0	660	0	1 020	0	139	0	231	0	113	0	25	0	2
50	475	30	600	6	210	34	531	0	139	0	231	0	113	0	25	0	2
25	605	53.82	484	0	660	19	716	0	139	1	165	0	113	0	25	0	2
15	677	18.19	684	2	459	26	630	0	139	0	231	0	113	0	25	0	2
15	677	11	739	0	660	28	599	0	139	1	165	1	70	0	25	0	2
0	796	5	803	1	554	6	910	0	139	0	231	0	113	0	25	0	2
44	503	0	850	11	110	228	37	0	139	0	231	0	113	0	25	0	2
16	667	50	499	0	660	41	460	0	139	0	231	0	113	0	25	0	2
0	796	0	850	0	660	12	804	0	139	0	231	0	113	0	25	0	2
0	796	6	792	1	554	6	910	0	139	0	231	0	113	0	25	0	2
500	101	500	96	0	660	0	1 020	0	139	2	135	2	57	0	25	0	2
0	796	5	803	0	660	13	787	0	139	0	231	0	113	0	25	0	2
1	791	1	844	5	254	72	290	0	139	0	231	0	113	0	25	0	2
0	796	0	850	0	660	0	1 020	0	139	0	231	0	113	0	25	0	2
38	536	50.5	497	0	660	36	515	0	139	0	231	0	113	0	25	0	2
149	269	627.5	70	1	554	175	70	0	139	0	231	0	113	1	8	0	2
0	796	0	850	0	660	2	993	0	139	0	231	0	113	0	25	0	2
0	796	0	850	0	660	11	827	0	139	0	231	0	113	0	25	0	2
1	791	39.9	549	0	660	85	232	0	139	0	231	0	113	0	25	0	2
222	205	68.01	430	27	22	235	33	0	139	0	231	0	113	0	25	0	2
0	796	0	850	0	660	4	952	0	139	0	231	0	113	0	25	0	2
298	154	250.9	185	16	68	132	127	1	64	0	231	0	113	0	25	0	2
258.6	178	602.2	75	14	83	351	9	0	139	0	231	0	113	0	25	0	2
424	121	462.5	104	0	660	26	630	0	139	0	231	0	113	0	25	0	2
280	164	172.13	241	58	1	430	3	3	18	0	231	0	113	0	25	0	2
320	148	274.41	174	35	9	269	21	0	139	0	231	0	113	0	25	0	2

学校名称	研究与发展课题											
	课题总数（项）		当年新开课题数（项）		当年完成课题数（项）		当年新开课题批准经费（千元）		当年投入人数（人年）		当年拨入经费（千元）	
长垣烹饪职业技术学院	0	973	0	929	0	755	0	858	0	961	0	846
长治职业技术学院	0	973	0	929	0	755	0	858	0	961	0	846
常德职业技术学院	23	515	11	487	4	521	72	475	16.7	237	53.5	530
常州纺织服装职业技术学院	185	46	87	37	60	45	396	153	33	84	336.5	165
常州工程职业技术学院	111	121	66	67	30	132	1 587.3	40	21.2	179	1 587.3	28
常州机电职业技术学院	225	19	81	42	91	14	443	139	38.9	66	438	133
常州轻工职业技术学院	139	77	57	88	25	163	259	220	61.3	27	261	210
常州信息职业技术学院	57	274	38	155	19	222	644	97	25.3	147	451	130
朝阳师范高等专科学校	101	145	30	216	37	102	0	858	45.2	46	6	809
潮汕职业技术学院	3	890	3	759	0	755	80	449	1.4	831	80	431
郴州职业技术学院	23	515	15	400	0	755	38	632	3.6	659	38	603
成都纺织高等专科学校	69	228	33	195	8	398	260.5	217	16.1	247	260.5	211
成都工贸职业技术学院	8	757	3	759	0	755	6	813	3.8	651	6	809
成都工业职业技术学院	71	217	71	54	0	755	1 573.5	41	15.1	261	1 481.5	31
成都航空职业技术学院	177	51	34	186	22	185	493	126	26.3	139	438	133
成都农业科技职业学院	22	529	16	383	1	671	291.88	198	2.7	722	192.25	264
成都职业技术学院	36	388	16	383	11	340	73.1	474	7.3	488	110.1	374
承德护理职业学院	24	506	13	445	10	362	0	858	9.3	411	3.2	834
承德石油高等专科学校	34	404	15	400	17	245	33	651	10.5	372	32	632
池州职业技术学院	10	709	3	759	5	485	60	512	1.1	855	60	503
赤峰工业职业技术学院	49	315	26	253	23	175	134	350	6	537	134	333
滁州城市职业学院	24	506	18	354	3	572	157	315	7.8	466	157	302
滁州职业技术学院	92	156	25	268	29	139	156	316	12.3	319	189.7	267
川北幼儿师范高等专科学校	38	378	11	487	7	428	75.5	470	12.2	322	23.5	684
川南幼儿师范高等专科学校	46	331	11	487	9	376	151.1	325	22.4	168	151.1	310
达州职业技术学院	25	488	12	464	8	398	111	394	8.9	417	138	328
大理护理职业学院	7	781	7	598	1	671	49	578	2.6	735	29	652
大连枫叶职业技术学院	0	973	0	929	0	755	0	858	0	961	0	846
大连航运职业技术学院	0	973	0	929	0	755	0	858	0	961	0	846
大连汽车职业技术学院	0	973	0	929	0	755	0	858	0	961	0	846
大连软件职业学院	5	836	0	929	4	521	0	858	1.7	802	0	846
大连职业技术学院	147	72	52	102	69	31	224.5	250	14	281	186	271
大连装备制造职业技术学院	0	973	0	929	0	755	0	858	0	961	0	846
大庆医学高等专科学校	0	973	0	929	0	755	0	858	0	961	0	846
大庆职业学院	0	973	0	929	0	755	0	858	0	961	0	846
大同煤炭职业技术学院	3	890	3	759	0	755	15	756	0.3	949	15	738

续表

其中：当年新开课题拨入经费（千元）		当年支出经费（千元）		研究与发展成果										获奖成果数（项）			
				著作（部）		学术论文（篇）				研究与咨询报告（篇）				合计		其中：国家级和省部级	
						合计		其中：国外学术刊物发表数		提交有关部门数		其中：被采纳数					
0	796	0	850	0	660	0	1 020	0	139	0	231	0	113	0	25	0	2
0	796	0	850	0	660	2	993	0	139	0	231	0	113	0	25	0	2
30	569	91.53	351	1	554	48	412	0	139	2	135	1	70	0	25	0	2
336.5	141	301.42	157	4	294	242	29	2	34	2	135	1	70	0	25	0	2
1 587.3	27	1 343.25	29	5	254	240	30	0	139	15	40	0	113	0	25	0	2
438	116	501.49	95	0	660	167	81	0	139	14	48	0	113	0	25	0	2
259	177	255.5	183	16	68	118	141	0	139	4	105	0	113	0	25	0	2
451	112	517.1	87	4	294	148	103	0	139	3	119	0	113	0	25	0	2
0	796	45.3	522	2	459	87	224	0	139	1	165	0	113	0	25	0	2
80	371	40	544	0	660	12	804	0	139	0	231	0	113	0	25	0	2
38	536	15.4	706	2	459	35	524	0	139	0	231	0	113	0	25	0	2
260.5	175	160.74	254	3	364	38	487	1	64	0	231	0	113	0	25	0	2
6	756	3	825	0	660	14	773	0	139	0	231	0	113	0	25	0	2
1 481.5	28	143	269	19	49	121	138	0	139	12	57	12	15	1	8	0	2
389	130	433.2	112	14	83	58	351	0	139	3	119	3	52	0	25	0	2
192.25	225	44.84	527	0	660	6	910	0	139	0	231	0	113	0	25	0	2
73.1	395	91.52	352	3	364	62	331	0	139	0	231	0	113	0	25	0	2
0	796	3.2	823	4	294	25	643	0	139	0	231	0	113	0	25	0	2
32	559	25.1	634	2	459	90	211	0	139	2	135	1	70	0	25	0	2
60	437	60	458	0	660	5	929	0	139	1	165	1	70	0	25	0	2
134	287	54	480	0	660	47	419	0	139	0	231	0	113	0	25	0	2
157	255	101.6	331	0	660	12	804	0	139	0	231	0	113	0	25	0	2
156	257	125.85	288	1	554	87	224	0	139	0	231	0	113	0	25	0	2
23.5	620	63.69	447	4	294	106	166	0	139	0	231	0	113	0	25	0	2
151.1	261	74.7	402	0	660	39	479	0	139	0	231	0	113	0	25	0	2
111	315	90	354	0	660	79	259	0	139	0	231	0	113	0	25	0	2
29	585	20	668	0	660	39	479	0	139	1	165	0	113	0	25	0	2
0	796	0	850	5	254	21	691	0	139	0	231	0	113	0	25	0	2
0	796	0	850	0	660	8	884	0	139	0	231	0	113	0	25	0	2
0	796	0	850	6	210	20	703	0	139	0	231	0	113	0	25	0	2
0	796	3.2	823	0	660	5	929	0	139	0	231	0	113	0	25	0	2
107.5	321	186	232	18	52	84	240	4	11	0	231	0	113	0	25	0	2
0	796	0	850	0	660	3	980	0	139	0	231	0	113	0	25	0	2
0	796	0	850	0	660	0	1 020	0	139	0	231	0	113	0	25	0	2
0	796	0	850	0	660	0	1 020	0	139	0	231	0	113	0	25	0	2
15	677	12	728	0	660	6	910	0	139	0	231	0	113	0	25	0	2

学校名称	研究与发展课题											
	课题总数（项）		当年新开课题数（项）		当年完成课题数（项）		当年新开课题批准经费（千元）		当年投入人数（人年）		当年拨入经费（千元）	
大兴安岭职业学院	0	973	0	929	0	755	0	858	0	961	0	846
德宏师范高等专科学校	102	140	28	232	8	398	525	116	13.7	291	505	116
德宏职业学院	19	567	8	565	1	671	41	605	4	636	41	573
德州职业技术学院	11	690	8	565	8	398	31	659	35.5	77	21	694
定西师范高等专科学校	14	648	6	626	4	521	86	441	4.9	595	86	425
东莞职业技术学院	108	128	88	36	68	33	770	77	14	281	650	88
东营科技职业学院	17	602	8	565	7	428	16	749	4.7	607	16	729
东营职业学院	31	440	13	445	18	234	30	664	13.9	284	0	846
鄂尔多斯生态环境职业学院	5	836	4	710	0	755	16	749	0.7	910	20	701
鄂尔多斯职业学院	8	757	2	822	2	614	20	713	2.1	774	20	701
鄂州职业大学	127	89	28	232	69	31	120	372	41.3	61	90	411
佛山职业技术学院	125	96	52	102	17	245	867.34	71	37.9	69	938.04	56
福建船政交通职业学院	36	388	13	445	9	376	102	405	3.5	666	82	428
福建电力职业技术学院	25	488	16	383	13	302	224.1	251	4.8	600	122	351
福建华南女子职业学院	31	440	11	487	2	614	470.6	131	10.7	365	467.4	125
福建林业职业技术学院	41	356	11	487	12	324	35	640	7.4	482	35	615
福建农业职业技术学院	31	440	9	545	1	671	25.5	688	10	387	25.5	671
福建生物工程职业技术学院	54	283	22	306	8	398	180	286	9.5	405	187.2	269
福建水利电力职业技术学院	73	210	30	216	8	398	131.5	354	28.8	119	211.5	249
福建体育职业技术学院	73	210	4	710	1	671	32	653	7.3	488	22	688
福建卫生职业技术学院	128	87	37	162	14	287	224	252	18.6	206	224	237
福建信息职业技术学院	59	265	12	464	19	222	130	355	14.9	266	155	305
福建艺术职业学院	23	515	7	598	1	671	35	640	8.8	421	35	615
福建幼儿师范高等专科学校	149	71	30	216	21	197	229.2	245	43.8	52	229.2	233
福州科技职业技术学院	6	811	0	929	0	755	0	858	4	636	6	809
福州黎明职业技术学院	10	709	6	626	0	755	30	664	4.8	600	30	638
福州软件职业技术学院	13	660	5	667	4	521	12.5	777	2.3	762	27.67	659
福州英华职业学院	18	592	5	667	0	755	15	756	2.2	766	15	738
福州职业技术学院	122	100	36	169	14	287	261.5	216	15.7	252	383.5	149
抚顺师范高等专科学校	0	973	0	929	0	755	0	858	0	961	0	846
抚顺职业技术学院	0	973	0	929	0	755	0	858	0	961	0	846
抚州职业技术学院	11	690	5	667	0	755	41	605	4	636	41	573
阜新高等专科学校	0	973	0	929	0	755	0	858	0	961	0	846
阜阳科技职业学院	2	919	0	929	0	755	0	858	0	961	0	846
阜阳幼儿师范高等专科学校	17	602	14	419	0	755	142	337	3.6	659	93	405
阜阳职业技术学院	16	612	6	626	6	458	88	437	3.3	682	88	421

续表

其中:当年新开课题拨入经费(千元)		当年支出经费(千元)		研究与发展成果										获奖成果数(项)			
				著作(部)		学术论文(篇)				研究与咨询报告(篇)				合计		其中:国家级和省部级	
						合计		其中:国外学术刊物发表数		提交有关部门数		其中:被采纳数					
0	796	0	850	0	660	0	1 020	0	139	0	231	0	113	0	25	0	2
505	99	186	232	1	554	46	426	0	139	14	48	2	57	0	25	0	2
41	513	45.5	519	4	294	39	479	0	139	0	231	0	113	0	25	0	2
21	632	17	692	5	254	12	804	0	139	7	84	4	39	0	25	0	2
86	364	81	379	6	210	50	398	0	139	0	231	0	113	0	25	0	2
610	81	779.76	54	9	134	214	42	3	18	5	96	4	39	0	25	0	2
16	667	16	700	0	660	24	656	0	139	0	231	0	113	0	25	0	2
0	796	0	850	2	459	11	827	0	139	9	74	0	113	0	25	0	2
10	716	0	850	0	660	9	867	0	139	0	231	0	113	0	25	0	2
20	636	45.45	521	0	660	12	804	0	139	0	231	0	113	0	25	0	2
90	351	211.93	209	6	210	86	227	0	139	17	37	0	113	0	25	0	2
838.04	53	739.41	57	6	210	99	188	1	64	0	231	0	113	0	25	0	2
82	369	21.5	659	3	364	74	281	0	139	0	231	0	113	0	25	0	2
110.8	316	122	294	3	364	28	599	1	64	0	231	0	113	0	25	0	2
467.4	108	240.6	189	0	660	50	398	0	139	0	231	0	113	0	25	0	2
35	547	47.26	514	0	660	30	575	0	139	0	231	0	113	0	25	0	2
25.5	603	28.1	614	0	660	42	452	0	139	0	231	0	113	0	25	0	2
180	234	82.27	378	1	554	21	691	0	139	0	231	0	113	0	25	0	2
111.5	313	135.5	277	4	294	43	447	0	139	0	231	0	113	0	25	0	2
16	667	47.5	513	0	660	1	1 006	0	139	0	231	0	113	0	25	0	2
224	204	118.84	299	0	660	83	243	1	64	0	231	0	113	0	25	0	2
130	289	143.25	268	4	294	53	374	2	34	2	135	1	70	0	25	0	2
35	547	20.41	664	0	660	44	440	0	139	0	231	0	113	0	25	0	2
229.2	202	320.23	147	19	49	95	195	0	139	15	40	4	39	0	25	0	2
0	796	6	792	0	660	0	1 020	0	139	0	231	0	113	0	25	0	2
30	569	9	763	0	660	16	744	1	64	0	231	0	113	0	25	0	2
12.5	706	30.67	598	0	660	4	952	0	139	0	231	0	113	0	25	0	2
15	677	50.58	496	0	660	12	804	0	139	0	231	0	113	0	25	0	2
251	184	141.44	274	0	660	52	381	0	139	3	119	0	113	0	25	0	2
0	796	0	850	17	58	27	613	0	139	0	231	0	113	0	25	0	2
0	796	0	850	17	58	65	322	0	139	0	231	0	113	0	25	0	2
41	513	28	616	0	660	16	744	0	139	0	231	0	113	0	25	0	2
0	796	0	850	29	20	204	53	0	139	0	231	0	113	0	25	0	2
0	796	0	850	0	660	0	1 020	0	139	0	231	0	113	0	25	0	2
56	454	93	349	3	364	88	221	0	139	0	231	0	113	0	25	0	2
88	361	88	366	5	254	51	389	0	139	0	231	0	113	0	25	0	2

学校名称	研究与发展课题											
	课题总数（项）		当年新开课题数（项）		当年完成课题数（项）		当年新开课题批准经费（千元）		当年投入人数（人年）		当年拨入经费（千元）	
甘肃钢铁职业技术学院	4	863	4	710	0	755	70	481	1.1	855	70	463
甘肃工业职业技术学院	14	648	14	419	0	755	215	257	1.4	831	215	246
甘肃机电职业技术学院	10	709	10	515	0	755	30	664	4.9	595	30	638
甘肃建筑职业技术学院	5	836	5	667	0	755	100	407	3.3	682	100	386
甘肃警察职业学院	29	456	6	626	4	521	260	218	6.7	514	565	104
甘肃林业职业技术学院	4	863	4	710	0	755	60	512	0.6	920	51	537
甘肃农业职业技术学院	2	919	2	822	0	755	10	783	1.2	843	10	772
甘肃卫生职业学院	0	973	0	929	0	755	0	858	0	961	0	846
甘肃畜牧工程职业技术学院	0	973	0	929	0	755	0	858	0	961	0	846
甘肃有色冶金职业技术学院	1	943	1	881	0	755	20	713	0.1	957	20	701
赣南卫生健康职业学院	69	228	29	222	19	222	141	338	8.3	437	126	343
赣州师范高等专科学校	44	343	15	400	4	521	180	286	8.2	442	180	278
公安边防部队高等专科学校	19	567	19	342	0	755	300	189	10	387	290	184
广安职业技术学院	34	404	13	445	13	302	0	858	13.3	299	0	846
广东碧桂园职业学院	20	555	6	626	0	755	117	380	2	783	254	218
广东创新科技职业学院	5	836	5	667	0	755	0	858	2.7	722	0	846
广东工程职业技术学院	21	544	8	565	3	572	640	99	8.6	427	309	174
广东工贸职业技术学院	150	67	29	222	14	287	190	276	14.8	269	186	271
广东工商职业学院	67	236	27	245	44	74	80	449	7.6	476	199	260
广东环境保护工程职业学院	15	627	9	545	3	572	98	419	2.7	722	98.2	396
广东机电职业技术学院	6	811	6	626	0	755	161	310	1.8	792	30	638
广东建设职业技术学院	29	456	13	445	6	458	173	294	11.2	343	206.43	254
广东江门中医药职业学院	0	973	0	929	0	755	0	858	0	961	0	846
广东交通职业技术学院	58	272	24	276	21	197	230	243	7.9	455	230	231
广东酒店管理职业技术学院	2	919	1	881	1	671	10	783	0.2	952	10	772
广东科贸职业学院	25	488	11	487	5	485	230	243	2.5	741	234	227
广东科学技术职业学院	206	32	71	54	86	19	2 466.16	22	46	42	911.87	59
广东理工职业学院	83	179	34	186	40	87	278	207	8.5	430	283	191
广东岭南职业技术学院	71	217	32	204	22	185	123	365	22.7	165	179	281
广东茂名健康职业学院	0	973	0	929	0	755	0	858	0	961	0	846
广东茂名幼儿师范专科学校	36	388	24	276	6	458	79	464	25.4	146	39	600
广东南方职业学院	10	709	5	667	2	614	19	742	4.6	612	19	721
广东南华工商职业学院	96	151	37	162	40	87	438	140	36.7	71	630.77	91
广东农工商职业技术学院	214	24	110	16	13	302	134	350	49.1	34	155.2	304
广东女子职业技术学院	172	57	20	328	44	74	141	338	67.3	20	165	295
广东青年职业学院	54	283	40	141	9	376	1 824.2	35	5.7	549	492	121

续表

其中：当年新开课题拨入经费（千元）		当年支出经费（千元）		研究与发展成果：著作（部）		学术论文（篇）：合计		学术论文（篇）：其中：国外学术刊物发表数		研究与咨询报告（篇）：提交有关部门数		研究与咨询报告（篇）：其中：被采纳数		获奖成果数（项）：合计		获奖成果数（项）：其中：国家级和省部级	
70	399	26	628	0	660	6	910	0	139	0	231	0	113	0	25	0	2
215	210	89	363	2	459	18	725	0	139	2	135	0	113	0	25	0	2
30	569	19.75	677	0	660	22	680	0	139	0	231	0	113	0	25	0	2
100	331	100	334	3	364	16	744	0	139	0	231	0	113	0	25	0	2
250	185	287	164	0	660	17	731	0	139	0	231	0	113	0	25	0	2
51	473	6.2	791	0	660	6	910	0	139	0	231	0	113	0	25	0	2
10	716	3	825	0	660	0	1 020	0	139	0	231	0	113	0	25	0	2
0	796	0	850	0	660	2	993	0	139	0	231	0	113	0	25	0	2
0	796	0	850	1	554	5	929	0	139	0	231	0	113	0	25	0	2
20	636	5	803	0	660	1	1 006	0	139	0	231	0	113	0	25	0	2
75	391	95.6	342	7	179	90	211	0	139	0	231	0	113	0	25	0	2
180	234	2.8	833	1	554	104	172	0	139	0	231	0	113	0	25	0	2
290	156	0	850	17	58	85	232	1	64	0	231	0	113	0	25	0	2
0	796	0	850	0	660	108	161	0	139	0	231	0	113	0	25	0	2
97	342	80.2	381	0	660	22	680	0	139	0	231	0	113	0	25	0	2
0	796	0	850	0	660	105	168	0	139	0	231	0	113	0	25	0	2
285	160	71.3	416	0	660	100	182	0	139	0	231	0	113	0	25	0	2
186	227	73	406	17	58	102	177	2	34	8	78	0	113	0	25	0	2
50	475	199	221	4	294	104	172	0	139	18	33	17	12	0	25	0	2
93.2	348	90	354	3	364	68	307	0	139	0	231	0	113	0	25	0	2
30	569	30	600	0	660	4	952	0	139	0	231	0	113	0	25	0	2
143	273	105.08	323	5	254	75	278	0	139	0	231	0	113	0	25	0	2
0	796	0	850	0	660	0	1 020	0	139	0	231	0	113	0	25	0	2
230	198	218.44	203	7	179	30	575	0	139	0	231	0	113	0	25	0	2
10	716	3.65	821	2	459	12	804	1	64	0	231	0	113	0	25	0	2
230	198	279	171	0	660	2	993	0	139	4	105	0	113	0	25	0	2
796.16	56	795.64	50	0	660	116	147	0	139	7	84	1	70	0	25	0	2
278	165	229	192	6	210	100	182	0	139	0	231	0	113	0	25	0	2
103	326	136	275	2	459	36	515	0	139	0	231	0	113	0	25	0	2
0	796	0	850	0	660	0	1 020	0	139	0	231	0	113	0	25	0	2
39	534	39	551	4	294	46	426	0	139	0	231	0	113	0	25	0	2
19	658	20.5	663	4	294	62	331	0	139	0	231	0	113	0	25	0	2
326	145	627.17	71	6	210	172	75	3	18	0	231	0	113	0	25	0	2
99.7	339	407.7	120	31	18	321	13	1	64	0	231	0	113	0	25	0	2
65	422	333.36	143	11	110	143	111	0	139	9	74	0	113	0	25	0	2
458	110	78.63	391	6	210	72	290	1	64	0	231	0	113	0	25	0	2

学校名称	研究与发展课题											
	课题总数（项）		当年新开课题数（项）		当年完成课题数（项）		当年新开课题批准经费（千元）		当年投入人数（人年）		当年拨入经费（千元）	
广东轻工职业技术学院	114	114	91	33	9	376	2 417	24	32.6	86	2 417	15
广东生态工程职业学院	25	488	3	759	0	755	15	756	6.8	510	33	626
广东省外语艺术职业学院	145	75	26	253	82	25	606.7	100	30.3	106	576.7	101
广东食品药品职业学院	7	781	2	822	0	755	90	429	5.3	568	61	500
广东水利电力职业技术学院	68	234	29	222	1	671	945	66	32.9	85	945	54
广东司法警官职业学院	3	890	3	759	0	755	12	778	1	865	12	761
广东松山职业技术学院	46	331	18	354	7	428	91	428	15.3	258	77	449
广东体育职业技术学院	26	483	4	710	3	572	64.5	499	7.1	497	94.26	403
广东文理职业学院	10	709	2	822	0	755	0.02	857	1.8	792	120	356
广东文艺职业学院	84	175	16	383	11	340	146.6	334	31.9	94	151.6	309
广东舞蹈戏剧职业学院	0	973	0	929	0	755	0	858	0	961	0	846
广东新安职业技术学院	0	973	0	929	0	755	0	858	0	961	0	846
广东信息工程职业学院	0	973	0	929	0	755	0	858	0	961	0	846
广东行政职业学院	74	206	39	147	10	362	124	364	42.5	57	66	483
广东亚视演艺职业学院	15	627	15	400	4	521	15	756	1.6	813	0	846
广东邮电职业技术学院	1	943	1	881	0	755	3	840	0.1	957	0	846
广东职业技术学院	61	257	23	289	28	145	151.4	324	27.3	130	148.5	319
广西城市职业学院	22	529	6	626	3	572	115	383	8.9	417	132.6	336
广西电力职业技术学院	20	555	4	710	12	324	40	607	12.4	316	40	581
广西工程职业学院	2	919	1	881	1	671	20	713	0.6	920	40	581
广西工商职业技术学院	53	290	21	317	5	485	250	228	30.1	110	250	221
广西工业职业技术学院	13	660	3	759	3	572	60	512	5.6	555	60	503
广西国际商务职业技术学院	65	242	20	328	3	572	528	114	2.1	774	528	113
广西机电职业技术学院	78	193	28	232	28	145	278	207	8.9	417	278	198
广西建设职业技术学院	32	429	12	464	7	428	70	481	22	170	70	463
广西交通职业技术学院	21	544	9	545	1	671	135	346	8.6	427	185	273
广西金融职业技术学院	19	567	7	598	0	755	140	340	13.5	294	0	846
广西经济职业学院	4	863	0	929	4	521	0	858	3.4	673	0	846
广西经贸职业技术学院	147	72	10	515	21	197	87	439	68.4	18	87	424
广西科技职业学院	9	733	0	929	0	755	0	858	4.4	618	105	378
广西蓝天航空职业学院	0	973	0	929	0	755	0	858	0	961	0	846
广西理工职业技术学院	8	757	4	710	0	755	80	449	2	783	0	846
广西农业职业技术学院	14	648	4	710	3	572	50	566	6.6	518	13	754
广西培贤国际职业学院	0	973	0	929	0	755	0	858	0	961	0	846
广西生态工程职业技术学院	51	302	22	306	2	614	669	94	11.7	327	684	83
广西水利电力职业技术学院	69	228	27	245	7	428	199	272	25.6	143	0	846

续表

其中：当年新开课题拨入经费（千元）		当年支出经费（千元）		著作（部）		研究与发展成果 学术论文（篇） 合计		其中：国外学术刊物发表数		研究与咨询报告（篇） 提交有关部门数		其中：被采纳数		获奖成果数（项） 合计		其中：国家级和省部级	
2 417	14	976.85	41	14	83	237	32	3	18	0	231	0	113	0	25	0	2
15	677	103.5	326	4	294	37	499	0	139	0	231	0	113	0	25	0	2
566.7	87	742.5	56	10	123	213	45	5	6	2	135	0	113	0	25	0	2
0	796	43.78	532	1	554	33	540	0	139	0	231	0	113	0	25	0	2
945	47	383.66	128	2	459	73	282	0	139	0	231	0	113	0	25	0	2
12	707	2.6	835	1	554	50	398	1	64	2	135	0	113	0	25	0	2
77	389	10.35	743	1	554	61	337	0	139	0	231	0	113	0	25	0	2
52.9	466	66.24	437	3	364	20	703	0	139	0	231	0	113	0	25	0	2
0	796	70	423	1	554	14	773	0	139	0	231	0	113	0	25	0	2
141.6	274	209.41	213	8	151	57	356	2	34	0	231	0	113	0	25	0	2
0	796	0	850	0	660	4	952	0	139	0	231	0	113	0	25	0	2
0	796	0	850	0	660	0	1 020	0	139	0	231	0	113	0	25	0	2
0	796	0	850	0	660	12	804	0	139	0	231	0	113	0	25	0	2
66	415	70.06	422	3	364	76	275	0	139	10	67	0	113	0	25	0	2
0	796	0	850	2	459	9	867	0	139	4	105	0	113	0	25	0	2
0	796	0	850	0	660	5	929	0	139	0	231	0	113	0	25	0	2
139.5	279	141.73	272	9	134	108	161	3	18	0	231	0	113	0	25	0	2
115	307	65.98	439	0	660	36	515	0	139	0	231	0	113	0	25	0	2
40	516	41.5	538	0	660	13	787	0	139	0	231	0	113	0	25	0	2
20	636	40	544	0	660	0	1 020	0	139	0	231	0	113	0	25	0	2
250	185	30.52	599	0	660	51	389	1	64	0	231	0	113	0	25	0	2
60	437	64	442	0	660	36	515	0	139	0	231	0	113	0	25	0	2
528	94	383.31	129	9	134	130	128	0	139	0	231	0	113	0	25	0	2
278	165	265.24	177	5	254	47	419	2	34	0	231	0	113	0	25	0	2
70	399	186.28	231	0	660	21	691	0	139	0	231	0	113	0	25	0	2
135	282	143	269	0	660	41	460	0	139	0	231	0	113	0	25	0	2
0	796	5.24	802	0	660	39	479	0	139	0	231	0	113	0	25	0	2
0	796	32	590	1	554	4	952	0	139	0	231	0	113	0	25	0	2
87	363	40.73	542	0	660	34	531	1	64	0	231	0	113	0	25	0	2
0	796	105	324	0	660	0	1 020	0	139	0	231	0	113	0	25	0	2
0	796	0	850	0	660	0	1 020	0	139	0	231	0	113	0	25	0	2
0	796	27.2	621	1	554	29	592	0	139	0	231	0	113	0	25	0	2
13	703	37.2	563	3	364	8	884	0	139	0	231	0	113	0	25	0	2
0	796	0	850	0	660	0	1 020	0	139	0	231	0	113	0	25	0	2
669	76	274.48	173	6	210	19	716	1	64	4	105	4	39	0	25	0	2
0	796	113.62	308	5	254	57	356	0	139	0	231	0	113	0	25	0	2

学校名称	研究与发展课题											
	课题总数（项）		当年新开课题数（项）		当年完成课题数（项）		当年新开课题批准经费（千元）		当年投入人数（人年）		当年拨入经费（千元）	
广西体育高等专科学校	63	248	22	306	13	302	376	159	22	170	358.6	158
广西卫生职业技术学院	9	733	4	710	1	671	35	640	7.9	455	35	615
广西现代职业技术学院	7	781	3	759	1	671	40	607	1.5	821	40	581
广西演艺职业学院	10	709	1	881	2	614	20	713	1.8	792	20	701
广西英华国际职业学院	11	690	5	667	0	755	60	512	5.9	543	10	772
广西幼儿师范高等专科学校	103	138	27	245	0	755	350	164	36.3	73	350	162
广西职业技术学院	139	77	55	93	27	150	1 103	60	76	12	1 119	44
广州城建职业学院	60	260	24	276	9	376	333	170	13.1	304	312.8	171
广州城市职业学院	115	111	54	96	31	126	2 425.1	23	65.6	22	2 079.23	21
广州东华职业学院	12	674	11	487	5	485	415	148	2.6	735	424	138
广州番禺职业技术学院	299	12	114	13	59	48	2 930.9	17	60.6	28	2 641.04	14
广州工程技术职业学院	52	298	17	370	5	485	499.5	123	12	324	817.5	66
广州华立科技职业学院	13	660	8	565	0	755	156	316	2.5	741	163	298
广州华南商贸职业学院	31	440	20	328	8	398	47	581	3.2	688	0	846
广州华商职业学院	56	276	31	207	0	755	255	224	7.1	497	302.5	176
广州华夏职业学院	39	369	15	400	0	755	80	449	10.8	357	75	451
广州康大职业技术学院	10	709	0	929	9	376	0	858	1.1	855	54	525
广州科技贸易职业学院	23	515	9	545	1	671	375	160	3.8	651	590	99
广州科技职业技术学院	9	733	4	710	2	614	450	136	2.5	741	215	246
广州民航职业技术学院	33	416	15	400	1	671	1 628.9	39	30.1	110	1 178.9	42
广州南洋理工职业学院	36	388	21	317	10	362	119	378	4.9	595	74.7	453
广州涉外经济职业技术学院	8	757	6	626	1	671	18	744	0.9	883	12	761
广州松田职业学院	10	709	1	881	7	428	0	858	1	865	12	761
广州体育职业技术学院	5	836	1	881	0	755	0	858	2.1	774	0	846
广州铁路职业技术学院	98	149	34	186	4	521	2 390	25	18.6	206	675	84
广州卫生职业技术学院	0	973	0	929	0	755	0	858	0	961	0	846
广州现代信息工程职业技术学院	0	973	0	929	0	755	0	858	0	961	0	846
广州珠江职业技术学院	0	973	0	929	0	755	0	858	0	961	0	846
硅湖职业技术学院	64	245	50	105	14	287	532	113	13	306	570	103
贵阳护理职业学院	47	327	26	253	18	234	412	149	10.4	378	412	141
贵阳幼儿师范高等专科学校	169	58	84	39	35	106	663	96	45.6	44	40.18	579
贵阳职业技术学院	22	529	20	328	20	213	169	301	2.7	722	169	291
贵州城市职业学院	9	733	7	598	2	614	31	659	1.9	788	31	636
贵州电子科技职业学院	0	973	0	929	0	755	0	858	0	961	0	846
贵州电子商务职业技术学院	1	943	1	881	1	671	8	806	1.2	843	8	800
贵州电子信息职业技术学院	11	690	6	626	7	428	34	648	4.3	624	64	492

续表

其中:当年新开课题拨入经费(千元)		当年支出经费(千元)		研究与发展成果										获奖成果数(项)			
				著作(部)		学术论文(篇)				研究与咨询报告(篇)				合计		其中:国家级和省部级	
						合计		其中:国外学术刊物发表数		提交有关部门数		其中:被采纳数					
358.6	135	284.18	167	2	459	33	540	0	139	0	231	0	113	0	25	0	2
35	547	7.8	779	0	660	11	827	0	139	0	231	0	113	0	25	0	2
40	516	38.7	555	1	554	35	524	0	139	0	231	0	113	0	25	0	2
20	636	29.7	607	0	660	12	804	0	139	0	231	0	113	0	25	0	2
10	716	40.92	541	1	554	10	851	0	139	0	231	0	113	0	25	0	2
350	137	112.7	309	1	554	44	440	0	139	0	231	0	113	0	25	0	2
1 103	42	507.55	92	10	123	86	227	0	139	0	231	0	113	0	25	0	2
174	241	300.9	158	14	83	162	89	1	64	0	231	0	113	0	25	0	2
1 739.23	24	1 628.7	21	21	38	118	141	0	139	0	231	0	113	0	25	0	2
415	123	421.6	116	4	294	26	630	0	139	0	231	0	113	0	25	0	2
1 756.64	23	3 047.03	8	15	76	185	63	3	18	11	61	11	18	0	25	0	2
409.5	125	417.48	118	4	294	93	202	1	64	1	165	1	70	0	25	0	2
78	387	163	250	2	459	51	389	0	139	0	231	0	113	0	25	0	2
0	796	64	442	2	459	55	365	0	139	0	231	0	113	0	25	0	2
183	230	224.8	195	2	459	71	298	0	139	0	231	0	113	0	25	0	2
75	391	52.49	488	0	660	30	575	0	139	0	231	0	113	0	25	0	2
0	796	54	480	0	660	13	787	0	139	0	231	0	113	0	25	0	2
330	142	315.2	150	6	210	94	200	1	64	0	231	0	113	0	25	0	2
185	228	176.5	238	15	76	92	204	3	18	0	231	0	113	0	25	0	2
1 178.9	38	330.2	145	6	210	116	147	0	139	0	231	0	113	0	25	0	2
74.7	394	76.4	397	0	660	143	111	0	139	0	231	0	113	0	25	0	2
12	707	12	728	0	660	28	599	0	139	0	231	0	113	0	25	0	2
0	796	33.45	580	2	459	52	381	1	64	8	78	0	113	0	25	0	2
0	796	0	850	4	294	39	479	0	139	0	231	0	113	0	25	0	2
627	79	522.18	85	7	179	94	200	0	139	0	231	0	113	0	25	0	2
0	796	0	850	3	364	3	980	0	139	0	231	0	113	0	25	0	2
0	796	0	850	2	459	32	548	0	139	0	231	0	113	0	25	0	2
0	796	0	850	1	554	10	851	0	139	0	231	0	113	0	25	0	2
527	95	219.5	202	3	364	53	374	0	139	2	135	2	57	0	25	0	2
412	124	259.5	181	0	660	32	548	0	139	0	231	0	113	0	25	0	2
2.8	780	44.89	526	21	38	90	211	0	139	0	231	0	113	0	25	0	2
169	246	169	243	1	554	21	691	0	139	18	33	0	113	0	25	0	2
31	567	19.5	679	0	660	13	787	0	139	0	231	0	113	0	25	0	2
0	796	0	850	3	364	1	1 006	0	139	0	231	0	113	0	25	0	2
8	748	8	774	0	660	0	1 020	0	139	1	165	1	70	0	25	0	2
34	555	61	452	16	68	77	270	0	139	0	231	0	113	0	25	0	2

学校名称	研究与发展课题											
	课题总数（项）		当年新开课题数（项）		当年完成课题数（项）		当年新开课题批准经费（千元）		当年投入人数（人年）		当年拨入经费（千元）	
贵州工业职业技术学院	25	488	17	370	4	521	78.5	466	5	585	78.5	447
贵州航天职业技术学院	3	890	2	822	1	671	13	775	1.3	840	13	754
贵州健康职业学院	2	919	2	822	0	755	10	783	0.4	941	10	772
贵州交通职业技术学院	11	690	7	598	4	521	38	632	8	449	38	603
贵州轻工职业技术学院	22	529	13	445	2	614	78.5	466	2.2	766	68	476
贵州水利水电职业技术学院	0	973	0	929	0	755	0	858	0	961	0	846
贵州职业技术学院	32	429	21	317	11	340	99.5	417	11.1	347	99.5	394
桂林山水职业学院	2	919	0	929	0	755	0	858	0.5	933	20	701
桂林师范高等专科学校	45	336	15	400	0	755	300	189	10.1	385	228	235
哈尔滨城市职业学院	0	973	0	929	0	755	0	858	0	961	0	846
哈尔滨传媒职业学院	0	973	0	929	0	755	0	858	0	961	0	846
哈尔滨电力职业技术学院	0	973	0	929	0	755	0	858	0	961	0	846
哈尔滨科学技术职业学院	0	973	0	929	0	755	0	858	0	961	0	846
哈尔滨铁道职业技术学院	0	973	0	929	0	755	0	858	0	961	0	846
哈尔滨应用职业技术学院	0	973	0	929	0	755	0	858	0	961	0	846
哈尔滨幼儿师范高等专科学校	0	973	0	929	0	755	0	858	0	961	0	846
哈尔滨职业技术学院	0	973	0	929	0	755	0	858	0	961	0	846
哈密职业技术学院	11	690	5	667	4	521	15	756	5.1	577	15	738
海南工商职业学院	7	781	1	881	1	671	10	783	2.5	741	10	772
海南经贸职业技术学院	108	128	19	342	28	145	288	204	17	229	363	156
海南科技职业学院	34	404	12	464	7	428	59	538	8.7	424	143	324
海南外国语职业学院	114	114	28	232	21	197	347	167	4.4	618	347	164
海南政法职业学院	82	181	23	289	22	185	525	116	21.7	176	818.5	65
海南职业技术学院	45	336	11	487	11	340	120	372	8.1	444	324	168
邯郸职业技术学院	53	290	8	565	5	485	110	395	5.4	565	105	378
汉中职业技术学院	0	973	0	929	0	755	0	858	0	961	0	846
杭州科技职业技术学院	119	107	76	48	36	104	1 310.32	51	41.6	59	960.38	52
杭州万向职业技术学院	102	140	45	119	42	81	352	163	20.1	191	172	284
杭州职业技术学院	18	592	10	515	2	614	999	63	7.3	488	754	71
合肥共达职业技术学院	1	943	1	881	0	755	0	858	0.9	883	0	846
合肥科技职业学院	6	811	3	759	0	755	60	512	3.1	693	45	564
合肥通用职业技术学院	6	811	3	759	0	755	45	589	2.4	754	56	519
合肥信息技术职业学院	2	919	0	929	0	755	0	858	1.7	802	10	772
合肥幼儿师范高等专科学校	8	757	3	759	0	755	60	512	8.7	424	122.5	350
合肥职业技术学院	51	302	15	400	29	139	136	344	19	203	90	411
河北对外经贸职业学院	128	87	65	71	44	74	46	585	22	170	37	608

续表

其中:当年新开课题拨入经费(千元)		当年支出经费(千元)		研究与发展成果										获奖成果数(项)			
				著作(部)		学术论文(篇)				研究与咨询报告(篇)				合计		其中:国家级和省部级	
						合计		其中:国外学术刊物发表数		提交有关部门数		其中:被采纳数					
78.5	385	42.98	533	0	660	27	613	0	139	0	231	0	113	0	25	0	2
13	703	8	774	8	151	26	630	0	139	0	231	0	113	0	25	0	2
10	716	3	825	0	660	0	1 020	0	139	0	231	0	113	0	25	0	2
38	536	45.5	519	2	459	23	670	0	139	0	231	0	113	0	25	0	2
57	452	71.1	418	1	554	45	435	0	139	0	231	0	113	0	25	0	2
0	796	0	850	0	660	0	1 020	0	139	0	231	0	113	0	25	0	2
99.5	340	102	329	10	123	165	83	0	139	10	67	0	113	0	25	0	2
0	796	16.7	694	0	660	0	1 020	0	139	0	231	0	113	0	25	0	2
228	203	80	384	0	660	33	540	0	139	0	231	0	113	0	25	0	2
0	796	0	850	0	660	0	1 020	0	139	0	231	0	113	0	25	0	2
0	796	0	850	0	660	0	1 020	0	139	0	231	0	113	0	25	0	2
0	796	0	850	0	660	0	1 020	0	139	0	231	0	113	0	25	0	2
0	796	0	850	0	660	0	1 020	0	139	0	231	0	113	0	25	0	2
0	796	0	850	0	660	0	1 020	0	139	0	231	0	113	0	25	0	2
0	796	0	850	0	660	0	1 020	0	139	0	231	0	113	0	25	0	2
0	796	0	850	8	151	31	566	0	139	0	231	0	113	0	25	0	2
0	796	0	850	9	134	59	345	1	64	0	231	0	113	0	25	0	2
15	677	13.3	716	0	660	7	896	0	139	0	231	0	113	0	25	0	2
10	716	10	745	0	660	15	760	0	139	1	165	0	113	0	25	0	2
243	189	334	142	8	151	115	150	0	139	0	231	0	113	0	25	0	2
42	507	109.75	313	20	44	53	374	0	139	0	231	0	113	2	2	0	2
347	139	339.6	139	29	20	52	381	0	139	0	231	0	113	0	25	0	2
510	98	496.5	98	23	31	154	98	0	139	6	89	1	70	2	2	0	2
105	323	292.4	161	3	364	81	252	3	18	19	31	19	8	0	25	0	2
0	796	48	510	0	660	29	592	0	139	0	231	0	113	0	25	0	2
0	796	0	850	6	210	11	827	0	139	0	231	0	113	0	25	0	2
871.38	52	424.03	115	4	294	92	204	0	139	7	84	5	33	0	25	0	2
146	271	303.79	156	4	294	85	232	1	64	2	135	0	113	0	25	0	2
749	59	624.5	72	2	459	52	381	0	139	0	231	0	113	0	25	0	2
0	796	0	850	0	660	0	1 020	0	139	0	231	0	113	0	25	0	2
23	621	45	523	0	660	7	896	0	139	0	231	0	113	0	25	0	2
25	605	56	471	0	660	14	773	0	139	0	231	0	113	0	25	0	2
0	796	16.7	694	0	660	6	910	0	139	0	231	0	113	0	25	0	2
52.5	467	122.5	293	1	554	25	643	0	139	0	231	0	113	0	25	0	2
90	351	101	332	0	660	39	479	0	139	0	231	0	113	0	25	0	2
37	540	72.67	412	6	210	109	158	1	64	2	135	0	113	0	25	0	2

学校名称	研究与发展课题											
	课题总数（项）		当年新开课题数（项）		当年完成课题数（项）		当年新开课题批准经费（千元）		当年投入人数（人年）		当年拨入经费（千元）	
河北工业职业技术学院	34	404	20	328	8	398	164.2	306	3.5	666	164.2	296
河北工艺美术职业学院	3	890	1	881	1	671	0	858	0.7	910	0	846
河北公安警察职业学院	42	350	9	545	20	213	0.6	856	10.8	357	0	846
河北轨道运输职业技术学院	31	440	15	400	11	340	0	858	3	699	0	846
河北化工医药职业技术学院	68	234	23	289	26	156	71	478	17.7	221	68.2	475
河北机电职业技术学院	49	315	23	289	6	458	42	599	24.3	154	37	608
河北建材职业技术学院	76	198	39	147	23	175	74	473	22.7	165	63	495
河北交通职业技术学院	51	302	23	289	28	145	29	677	13.3	299	23	685
河北劳动关系职业学院	5	836	4	710	5	485	0	858	1	865	0	846
河北旅游职业学院	55	278	22	306	16	260	2.8	843	11.5	333	0	846
河北能源职业技术学院	19	567	8	565	10	362	10	783	5.3	568	0	846
河北女子职业技术学院	59	265	18	354	29	139	8	806	19.3	199	12	761
河北软件职业技术学院	27	474	23	289	5	485	80	449	14.5	275	79	443
河北省艺术职业学院	24	506	15	400	7	428	9	801	3.1	693	4	826
河北石油职业技术学院	0	973	0	929	0	755	0	858	0	961	0	846
河北司法警官职业学院	32	429	16	383	17	245	46	585	3	699	26	662
河北政法职业学院	101	145	42	135	44	74	1	853	32.5	87	12.5	759
河南工业和信息化职业学院	3	890	2	822	3	572	0	858	0.8	895	0	846
河南工业贸易职业学院	59	265	24	276	35	106	54	548	26.8	135	134	333
河南工业职业技术学院	21	544	14	419	14	287	114	388	6.7	514	116.6	366
河南护理职业学院	11	690	5	667	0	755	2	844	4.6	612	2	840
河南机电职业学院	14	648	14	419	0	755	200	268	6.3	531	0	846
河南检察职业学院	35	397	13	445	22	185	39	629	9.7	400	0	846
河南建筑职业技术学院	1	943	1	881	0	755	20	713	0.6	920	0	846
河南交通职业技术学院	9	733	5	667	4	521	40	607	1.2	843	40	581
河南经贸职业学院	35	397	16	383	19	222	130	355	10	387	70	463
河南林业职业学院	5	836	3	759	0	755	0	858	1.2	843	0	846
河南农业职业学院	12	674	5	667	7	428	0	858	5.4	565	40	581
河南水利与环境职业学院	1	943	1	881	0	755	0	858	0.3	949	0	846
河南司法警官职业学院	48	322	21	317	24	168	20	713	4.8	600	55	523
河南推拿职业学院	2	919	2	822	0	755	0	858	1	865	0	846
河南信息统计职业学院	1	943	0	929	0	755	0	858	0.4	941	0	846
河南医学高等专科学校	7	781	7	598	0	755	0	858	2.7	722	0	846
河南艺术职业学院	51	302	25	268	23	175	130	355	11.1	347	114	371
河南应用技术职业学院	5	836	4	710	1	671	80	449	4.3	624	80	431
河南职业技术学院	36	388	14	419	17	245	60	512	11.1	347	81.4	429

续表

其中:当年新开课题拨入经费(千元)		当年支出经费(千元)		研究与发展成果:著作(部)		学术论文(篇):合计		学术论文(篇):其中:国外学术刊物发表数		研究与咨询报告(篇):提交有关部门数		研究与咨询报告(篇):其中:被采纳数		获奖成果数(项):合计		获奖成果数(项):其中:国家级和省部级	
164.2	249	164.2	248	0	660	14	773	0	139	0	231	0	113	0	25	0	2
0	796	0	850	3	364	9	867	1	64	0	231	0	113	0	25	0	2
0	796	0	850	3	364	59	345	0	139	0	231	0	113	0	25	0	2
0	796	0	850	1	554	20	703	0	139	0	231	0	113	0	25	0	2
63	429	91.22	353	3	364	66	318	0	139	1	165	0	113	0	25	0	2
37	540	17.4	690	4	294	32	548	0	139	0	231	0	113	0	25	0	2
63	429	36.02	570	24	30	70	302	0	139	1	165	1	70	0	25	0	2
23	621	23	652	11	110	47	419	0	139	0	231	0	113	0	25	0	2
0	796	0	850	2	459	11	827	0	139	0	231	0	113	0	25	0	2
0	796	0	850	0	660	63	326	0	139	0	231	0	113	0	25	0	2
0	796	0	850	0	660	15	760	0	139	0	231	0	113	0	25	0	2
5	763	13	718	15	76	40	470	0	139	0	231	0	113	0	25	0	2
76	390	79	389	6	210	69	303	0	139	0	231	0	113	0	25	0	2
0	796	4	815	0	660	82	246	0	139	0	231	0	113	0	25	0	2
0	796	0	850	0	660	0	1 020	0	139	0	231	0	113	0	25	0	2
24	613	24	644	3	364	14	773	0	139	0	231	0	113	0	25	0	2
1	791	11.9	733	7	179	170	77	0	139	0	231	0	113	0	25	0	2
0	796	0	850	0	660	23	670	0	139	0	231	0	113	0	25	0	2
14	695	111	311	32	16	148	103	0	139	15	40	0	113	2	2	0	2
108.6	320	116.6	301	0	660	11	827	0	139	21	25	0	113	0	25	0	2
2	781	2	838	0	660	73	282	0	139	3	119	1	70	0	25	0	2
0	796	0	850	0	660	0	1 020	0	139	4	105	4	39	0	25	0	2
0	796	0	850	9	134	51	389	0	139	0	231	0	113	0	25	0	2
0	796	0	850	0	660	4	952	0	139	0	231	0	113	0	25	0	2
40	516	40	544	0	660	4	952	0	139	0	231	0	113	0	25	0	2
70	399	70	423	10	123	63	326	0	139	7	84	0	113	0	25	0	2
0	796	0	850	0	660	12	804	0	139	0	231	0	113	0	25	0	2
0	796	40	544	1	554	42	452	0	139	1	165	0	113	0	25	0	2
0	796	0	850	1	554	10	851	0	139	1	165	0	113	0	25	0	2
10	716	55	476	2	459	79	259	0	139	22	22	0	113	0	25	0	2
0	796	0	850	0	660	12	804	0	139	0	231	0	113	0	25	0	2
0	796	38.75	554	6	210	30	575	0	139	0	231	0	113	0	25	0	2
0	796	0	850	0	660	0	1 020	0	139	0	231	0	113	0	25	0	2
66	415	1 134	34	11	110	262	23	0	139	13	54	0	113	2	2	0	2
80	371	30	600	7	179	123	136	0	139	0	231	0	113	0	25	0	2
1.4	790	80	384	5	254	90	211	0	139	6	89	0	113	0	25	0	2

学校名称	研究与发展课题											
	课题总数（项）		当年新开课题数（项）		当年完成课题数（项）		当年新开课题批准经费（千元）		当年投入人数（人年）		当年拨入经费（千元）	
河南质量工程职业学院	46	331	9	545	38	99	0	858	5.9	543	0	846
河源职业技术学院	75	202	48	111	42	81	556	109	8.6	427	556	108
菏泽医学专科学校	35	397	9	545	4	521	52	559	5.6	555	91.4	408
菏泽职业学院	8	757	8	565	0	755	0	858	5	585	0	846
鹤壁能源化工职业学院	0	973	0	929	0	755	0	858	0	961	0	846
鹤壁汽车工程职业学院	23	515	18	354	5	485	20	713	7.8	466	4	826
鹤壁职业技术学院	106	132	48	111	39	95	433	141	10.7	365	369	154
鹤岗师范高等专科学校	0	973	0	929	0	755	0	858	0	961	0	846
黑龙江冰雪体育职业学院	5	836	5	667	0	755	150	327	4.8	600	150	313
黑龙江公安警官职业学院	0	973	0	929	0	755	0	858	0	961	0	846
黑龙江护理高等专科学校	0	973	0	929	0	755	0	858	0	961	0	846
黑龙江建筑职业技术学院	0	973	0	929	0	755	0	858	0	961	0	846
黑龙江交通职业技术学院	0	973	0	929	0	755	0	858	0	961	0	846
黑龙江林业职业技术学院	0	973	0	929	0	755	0	858	0	961	0	846
黑龙江旅游职业技术学院	0	973	0	929	0	755	0	858	0	961	0	846
黑龙江民族职业学院	8	757	4	710	1	671	52	559	2.1	774	52	532
黑龙江能源职业学院	0	973	0	929	0	755	0	858	0	961	0	846
黑龙江农垦科技职业学院	0	973	0	929	0	755	0	858	0	961	0	846
黑龙江农垦职业学院	0	973	0	929	0	755	0	858	0	961	0	846
黑龙江农业工程职业学院	0	973	0	929	0	755	0	858	0	961	0	846
黑龙江农业经济职业学院	1	943	0	929	1	671	0	858	1.5	821	0	846
黑龙江农业职业技术学院	0	973	0	929	0	755	0	858	0	961	0	846
黑龙江三江美术职业学院	0	973	0	929	0	755	0	858	0	961	0	846
黑龙江商业职业学院	0	973	0	929	0	755	0	858	0	961	0	846
黑龙江生态工程职业学院	0	973	0	929	0	755	0	858	0	961	0	846
黑龙江生物科技职业学院	0	973	0	929	0	755	0	858	0	961	0	846
黑龙江司法警官职业学院	0	973	0	929	0	755	0	858	0	961	0	846
黑龙江信息技术职业学院	0	973	0	929	0	755	0	858	0	961	0	846
黑龙江艺术职业学院	4	863	0	929	2	614	0	858	5.1	577	0	846
黑龙江幼儿师范高等专科学校	0	973	0	929	0	755	0	858	0	961	0	846
黑龙江职业学院	5	836	1	881	4	521	10	783	10.3	382	10	772
衡水职业技术学院	63	248	36	169	21	197	53	554	7.7	472	8	800
红河卫生职业学院	11	690	7	598	1	671	53.03	553	2.6	735	41	573
呼和浩特职业学院	0	973	0	929	0	755	0	858	0	961	0	846
呼伦贝尔职业技术学院	42	350	39	147	1	671	40	607	6	537	105	378
湖北财税职业学院	71	217	9	545	21	197	32	653	26.9	133	54	525

续表

其中:当年新开课题拨入经费(千元)		当年支出经费(千元)		研究与发展成果										获奖成果数(项)			
				著作(部)		学术论文(篇)				研究与咨询报告(篇)				合计		其中:国家级和省部级	
						合计		其中:国外学术刊物发表数		提交有关部门数		其中:被采纳数					
0	796	0	850	8	151	89	218	0	139	0	231	0	113	0	25	0	2
556	89	499.2	97	8	151	109	158	2	34	0	231	0	113	0	25	0	2
39	534	68.75	428	0	660	11	827	0	139	0	231	0	113	0	25	0	2
0	796	0	850	0	660	4	952	0	139	0	231	0	113	0	25	0	2
0	796	0	850	0	660	0	1 020	0	139	0	231	0	113	0	25	0	2
0	796	4	815	2	459	41	460	0	139	0	231	0	113	0	25	0	2
339	140	430.2	113	25	27	81	252	0	139	0	231	0	113	0	25	0	2
0	796	0	850	0	660	2	993	0	139	0	231	0	113	0	25	0	2
150	262	150	261	1	554	1	1 006	0	139	0	231	0	113	0	25	0	2
0	796	0	850	3	364	25	643	0	139	0	231	0	113	0	25	0	2
0	796	0	850	0	660	0	1 020	0	139	0	231	0	113	0	25	0	2
0	796	0	850	5	254	24	656	0	139	0	231	0	113	0	25	0	2
0	796	0	850	0	660	0	1 020	0	139	0	231	0	113	0	25	0	2
0	796	0	850	0	660	0	1 020	0	139	0	231	0	113	0	25	0	2
0	796	0	850	0	660	0	1 020	0	139	0	231	0	113	0	25	0	2
52	468	36.1	569	3	364	68	307	0	139	0	231	0	113	0	25	0	2
0	796	0	850	0	660	0	1 020	0	139	0	231	0	113	0	25	0	2
0	796	0	850	0	660	0	1 020	0	139	0	231	0	113	0	25	0	2
0	796	0	850	0	660	0	1 020	0	139	0	231	0	113	0	25	0	2
0	796	0	850	0	660	0	1 020	0	139	0	231	0	113	0	25	0	2
0	796	1.1	843	3	364	7	896	0	139	0	231	0	113	0	25	0	2
0	796	0	850	0	660	0	1 020	0	139	0	231	0	113	0	25	0	2
0	796	0	850	0	660	0	1 020	0	139	0	231	0	113	0	25	0	2
0	796	0	850	34	14	56	361	0	139	0	231	0	113	0	25	0	2
0	796	0	850	0	660	20	703	0	139	0	231	0	113	0	25	0	2
0	796	0	850	0	660	0	1 020	0	139	0	231	0	113	0	25	0	2
0	796	0	850	2	459	4	952	0	139	0	231	0	113	0	25	0	2
0	796	0	850	0	660	0	1 020	0	139	0	231	0	113	0	25	0	2
0	796	1.5	842	1	554	8	884	0	139	0	231	0	113	0	25	0	2
0	796	0	850	0	660	0	1 020	0	139	0	231	0	113	0	25	0	2
10	716	15.75	705	8	151	136	125	0	139	0	231	0	113	0	25	0	2
2	781	10	745	0	660	36	515	0	139	0	231	0	113	0	25	0	2
41	513	0	850	0	660	22	680	0	139	0	231	0	113	0	25	0	2
0	796	0	850	0	660	29	592	0	139	0	231	0	113	0	25	0	2
0	796	24.77	640	4	294	27	613	0	139	0	231	0	113	0	25	0	2
1.5	789	50	499	35	9	139	117	0	139	2	135	0	113	0	25	0	2

学校名称	研究与发展课题											
	课题总数（项）		当年新开课题数（项）		当年完成课题数（项）		当年新开课题批准经费（千元）		当年投入人数（人年）		当年拨入经费（千元）	
湖北城市建设职业技术学院	6	811	2	822	4	521	27.5	684	0.6	920	55	523
湖北交通职业技术学院	81	185	17	370	13	302	123	365	7.9	455	123	349
湖北科技职业学院	59	265	6	626	7	428	256	222	17.1	228	256	217
湖北青年职业学院	0	973	0	929	0	755	0	858	0	961	0	846
湖北三峡职业技术学院	102	140	73	51	84	20	374	161	12.3	319	374	152
湖北生物科技职业学院	3	890	0	929	0	755	0	858	0	961	0	846
湖北艺术职业学院	30	448	10	515	12	324	40	607	7.4	482	40	581
湖北幼儿师范高等专科学校	5	836	2	822	0	755	20	713	0.4	941	10	772
湖北职业技术学院	47	327	8	565	13	302	229	246	11.2	343	221.5	241
湖南安全技术职业学院	22	529	10	515	6	458	70	481	5	585	70	463
湖南大众传媒职业技术学院	188	42	37	162	35	106	815	74	40.7	63	707	79
湖南电子科技职业学院	3	890	2	822	0	755	30	664	0.7	910	30	638
湖南都市职业学院	9	733	7	598	0	755	15	756	2.2	766	15	738
湖南高尔夫旅游职业学院	24	506	18	354	0	755	35	640	4.8	600	26	662
湖南高速铁路职业技术学院	33	416	28	232	6	458	325	175	11.4	336	180	278
湖南工程职业技术学院	32	429	10	515	7	428	122	368	9.1	414	118	362
湖南工业职业技术学院	186	44	59	85	13	302	506.8	120	23.3	159	1 010.6	47
湖南工艺美术职业学院	127	89	43	130	17	245	3 154	13	31.6	97	2 378.4	16
湖南国防工业职业技术学院	18	592	7	598	4	521	53	554	14.1	279	118.5	360
湖南化工职业技术学院	30	448	30	216	13	302	560	107	3.3	682	530	112
湖南机电职业技术学院	39	369	14	419	10	362	129	361	23	162	209	252
湖南交通职业技术学院	30	448	29	222	1	671	236	239	5.3	568	226	236
湖南九嶷职业技术学院	7	781	2	822	2	614	20	713	3.2	688	46	561
湖南劳动人事职业学院	3	890	2	822	0	755	40	607	2.3	762	25	672
湖南民族职业学院	22	529	22	306	0	755	178	291	3.5	666	66	483
湖南汽车工程职业学院	60	260	43	130	24	168	116	382	7.9	455	116	367
湖南软件职业学院	0	973	0	929	0	755	0	858	0	961	0	846
湖南三一工业职业技术学院	1	943	0	929	1	671	0	858	0.6	920	0	846
湖南商务职业技术学院	96	151	35	176	50	58	497	124	36.1	76	442	132
湖南生物机电职业技术学院	61	257	11	487	11	340	79	464	13.8	289	83	427
湖南食品药品职业学院	0	973	0	929	0	755	0	858	0	961	0	846
湖南水利水电职业技术学院	1	943	0	929	0	755	0	858	1	865	0	846
湖南司法警官职业学院	41	356	12	464	4	521	40	607	20.1	191	30	638
湖南体育职业学院	7	781	7	598	0	755	70	481	1.8	792	70	463
湖南铁道职业技术学院	30	448	14	419	16	260	90	429	3	699	118	362
湖南铁路科技职业技术学院	20	555	15	400	17	245	170	297	10.6	368	133	335

续表

其中:当年新开课题拨入经费(千元)		当年支出经费(千元)		研究与发展成果										获奖成果数(项)			
				著作(部)		学术论文(篇)				研究与咨询报告(篇)				合计		其中:国家级和省部级	
						合计		其中:国外学术刊物发表数		提交有关部门数		其中:被采纳数					
27.5	593	42.5	536	6	210	47	419	0	139	0	231	0	113	0	25	0	2
123	298	238.97	190	6	210	38	487	1	64	0	231	0	113	0	25	0	2
256	179	108.28	318	0	660	47	419	0	139	0	231	0	113	0	25	0	2
0	796	0	850	2	459	5	929	0	139	0	231	0	113	0	25	0	2
374	133	387.11	126	2	459	208	50	0	139	0	231	0	113	0	25	0	2
0	796	0	850	0	660	0	1 020	0	139	0	231	0	113	0	25	0	2
40	516	42	537	0	660	43	447	0	139	0	231	0	113	0	25	0	2
10	716	10	745	0	660	0	1 020	0	139	0	231	0	113	0	25	0	2
101	329	221.5	199	3	364	182	66	0	139	0	231	0	113	0	25	0	2
70	399	53.5	485	2	459	139	117	0	139	0	231	0	113	0	25	0	2
691	71	2 031.89	17	20	44	358	8	0	139	0	231	0	113	0	25	0	2
30	569	12	728	0	660	23	670	0	139	1	165	0	113	0	25	0	2
15	677	5	803	26	25	26	630	0	139	0	231	0	113	0	25	0	2
15	677	11.2	738	0	660	37	499	0	139	0	231	0	113	0	25	0	2
176	238	180	236	17	58	110	156	0	139	0	231	0	113	0	25	0	2
80	371	72.5	413	3	364	38	487	0	139	0	231	0	113	0	25	0	2
369.8	134	955.24	43	35	9	255	26	1	64	0	231	0	113	0	25	0	2
2 257	15	2 408	12	18	52	1 810	1	2	34	8	78	8	22	0	25	0	2
53	463	96.5	340	2	459	24	656	0	139	0	231	0	113	0	25	0	2
530	93	451	107	6	210	44	440	0	139	0	231	0	113	0	25	0	2
126	295	117.2	300	3	364	85	232	1	64	0	231	0	113	0	25	0	2
216	209	73.9	405	13	92	187	62	2	34	0	231	0	113	0	25	0	2
10	716	36	571	3	364	27	613	0	139	0	231	0	113	0	25	0	2
20	636	5	803	1	554	7	896	0	139	0	231	0	113	0	25	0	2
66	415	36	571	3	364	46	426	0	139	0	231	0	113	0	25	0	2
116	306	39.7	550	7	179	63	326	0	139	0	231	0	113	0	25	0	2
0	796	0	850	0	660	0	1 020	0	139	0	231	0	113	0	25	0	2
0	796	0	850	0	660	0	1 020	0	139	0	231	0	113	0	25	0	2
437	117	506	93	11	110	141	115	1	64	0	231	0	113	0	25	0	2
9	741	71.04	419	16	68	37	499	0	139	0	231	0	113	0	25	0	2
0	796	0	850	0	660	0	1 020	0	139	0	231	0	113	0	25	0	2
0	796	6	792	0	660	1	1 006	0	139	0	231	0	113	0	25	0	2
30	569	70.3	421	2	459	90	211	1	64	0	231	0	113	0	25	0	2
70	399	6	792	3	364	26	630	0	139	0	231	0	113	0	25	0	2
90	351	73	406	4	294	160	93	0	139	0	231	0	113	0	25	0	2
130	289	163	250	4	294	14	773	2	34	0	231	0	113	0	25	0	2

学校名称	研究与发展课题											
	课题总数（项）		当年新开课题数（项）		当年完成课题数（项）		当年新开课题批准经费（千元）		当年投入人数（人年）		当年拨入经费（千元）	
湖南外贸职业学院	118	108	22	306	15	272	294	196	17.4	225	588.5	100
湖南网络工程职业学院	35	397	35	176	1	671	424	145	25.5	145	358	159
湖南现代物流职业技术学院	17	602	7	598	2	614	410	150	8.1	444	362	157
湖南信息职业技术学院	20	555	3	759	1	671	100	407	12.6	312	90	411
湖南艺术职业学院	41	356	17	370	2	614	1 720	37	23	162	0	846
湖南邮电职业技术学院	9	733	1	881	0	755	20	713	3.2	688	80	431
湖南有色金属职业技术学院	10	709	5	667	0	755	34	648	1.3	840	45.5	563
湖南幼儿师范高等专科学校	34	404	10	515	0	755	20	713	19.1	202	20	701
湖州职业技术学院	130	85	66	67	65	36	486	127	46.6	40	468	124
怀化职业技术学院	15	627	6	626	7	428	26	685	5.7	549	26	662
淮安信息职业技术学院	199	37	70	59	62	38	690	90	34.1	82	708	78
淮北职业技术学院	47	327	13	445	9	376	120	372	3.4	673	124	347
淮南联合大学	13	660	9	545	0	755	122	368	6	537	90	411
淮南职业技术学院	12	674	5	667	3	572	36	637	3.9	643	36	611
黄河水利职业技术学院	48	322	7	598	42	81	110	395	13.1	304	90	411
黄山职业技术学院	7	781	3	759	1	671	60	512	3.9	643	56	519
徽商职业学院	7	781	3	759	0	755	60	512	0.7	910	20	701
惠州城市职业学院	20	555	14	419	5	485	160	311	2.9	714	50	539
惠州工程职业学院	2	919	1	881	1	671	20	713	0.6	920	0	846
惠州经济职业技术学院	3	890	0	929	2	614	0	858	0.7	910	0	846
惠州卫生职业技术学院	1	943	0	929	1	671	0	858	0.5	933	0	846
吉安职业技术学院	19	567	10	515	4	521	89.5	434	1.9	788	48	553
吉林城市职业技术学院	0	973	0	929	0	755	0	858	0	961	0	846
吉林电子信息职业技术学院	0	973	0	929	0	755	0	858	0	961	0	846
吉林工程职业学院	23	515	13	445	0	755	130	355	5.7	549	130	339
吉林工业职业技术学院	9	733	2	822	3	572	2	844	6	537	4	826
吉林交通职业技术学院	64	245	42	135	12	324	247	232	5.5	563	232	229
吉林科技职业技术学院	2	919	0	929	0	755	0	858	1	865	0	846
吉林司法警官职业学院	12	674	5	667	0	755	30	664	1	865	0	846
吉林铁道职业技术学院	39	369	7	598	30	132	66	492	16.7	237	66	483
济南工程职业技术学院	24	506	6	626	5	485	19	742	13.9	284	19	721
济南护理职业学院	0	973	0	929	0	755	0	858	0	961	0	846
济南幼儿师范高等专科学校	31	440	14	419	3	572	475	130	3.5	666	475	123
济宁职业技术学院	32	429	13	445	8	398	85	442	11	353	0	846
济源职业技术学院	24	506	9	545	14	287	80	449	7.3	488	90	411
冀中职业学院	10	709	8	565	1	671	0	858	2.1	774	0	846

续表

其中:当年新开课题拨入经费(千元)		当年支出经费(千元)		研究与发展成果												获奖成果数(项)			
				著作(部)		学术论文(篇)				研究与咨询报告(篇)									
						合计		其中:国外学术刊物发表数		提交有关部门数		其中:被采纳数		合计		其中:国家级和省部级			
178	237	399.61	122	21	38	250	27	1	64	0	231	0	113	0	25	0	2		
358	136	358	133	19	49	209	48	0	139	1	165	1	70	0	25	0	2		
310	149	204	217	7	179	148	103	2	34	0	231	0	113	0	25	0	2		
40	516	27.06	623	6	210	146	107	0	139	0	231	0	113	0	25	0	2		
0	796	0	850	20	44	197	58	0	139	0	231	0	113	0	25	0	2		
20	636	38	560	1	554	11	827	0	139	0	231	0	113	0	25	0	2		
34	555	33.2	581	1	554	7	896	0	139	0	231	0	113	0	25	0	2		
20	636	28.52	613	7	179	73	282	0	139	0	231	0	113	0	25	0	2		
468	107	319	148	8	151	143	111	0	139	6	89	1	70	0	25	0	2		
26	597	26.8	625	6	210	30	575	0	139	0	231	0	113	0	25	0	2		
678	73	453	106	3	364	146	107	0	139	0	231	0	113	0	25	0	2		
84	366	124	290	4	294	96	191	0	139	0	231	0	113	0	25	0	2		
62	432	90	354	4	294	56	361	0	139	0	231	0	113	0	25	0	2		
36	543	36.3	568	0	660	28	599	0	139	0	231	0	113	0	25	0	2		
90	351	90	354	12	96	44	440	0	139	0	231	0	113	0	25	0	2		
30	569	8.39	771	0	660	17	731	0	139	0	231	0	113	0	25	0	2		
20	636	10	745	6	210	16	744	1	64	0	231	0	113	0	25	0	2		
50	475	50	499	8	151	32	548	0	139	0	231	0	113	0	25	0	2		
0	796	0	850	3	364	27	613	0	139	0	231	0	113	0	25	0	2		
0	796	0	850	1	554	8	884	0	139	0	231	0	113	0	25	0	2		
0	796	0	850	2	459	9	867	0	139	1	165	0	113	0	25	0	2		
47.5	490	10	745	0	660	6	910	1	64	0	231	0	113	0	25	0	2		
0	796	0	850	0	660	0	1 020	0	139	0	231	0	113	0	25	0	2		
0	796	0	850	0	660	0	1 020	0	139	0	231	0	113	0	25	0	2		
130	289	90	354	1	554	18	725	0	139	0	231	0	113	0	25	0	2		
1	791	9.5	759	0	660	37	499	0	139	0	231	0	113	0	25	0	2		
232	197	80.2	381	6	210	32	548	0	139	3	119	0	113	0	25	0	2		
0	796	10	745	0	660	0	1 020	0	139	0	231	0	113	0	25	0	2		
0	796	0	850	1	554	22	680	0	139	0	231	0	113	0	25	0	2		
66	415	25.3	632	3	364	33	540	0	139	0	231	0	113	0	25	0	2		
19	658	0	850	1	554	9	867	1	64	1	165	0	113	0	25	0	2		
0	796	0	850	0	660	5	929	0	139	0	231	0	113	0	25	0	2		
475	106	160	257	1	554	0	1 020	0	139	0	231	0	113	0	25	0	2		
0	796	0	850	0	660	0	1 020	0	139	19	31	19	8	0	25	0	2		
80	371	52	489	7	179	158	96	0	139	0	231	0	113	0	25	0	2		
0	796	0	850	0	660	27	613	0	139	0	231	0	113	0	25	0	2		

学校名称	研究与发展课题											
	课题总数（项）		当年新开课题数（项）		当年完成课题数（项）		当年新开课题批准经费（千元）		当年投入人数（人年）		当年拨入经费（千元）	
佳木斯职业学院	0	973	0	929	0	755	0	858	0	961	0	846
嘉兴南洋职业技术学院	27	474	8	565	6	458	16	749	3.9	643	16	729
嘉兴职业技术学院	51	302	35	176	19	222	1 378	47	18.7	205	922	57
建东职业技术学院	13	660	7	598	6	458	12	778	1.6	813	14	749
江海职业技术学院	54	283	45	119	41	84	173	294	13.9	284	173	283
江汉艺术职业学院	15	627	5	667	3	572	20	713	4.5	616	429	136
江门职业技术学院	219	21	62	81	70	30	1 155.2	57	43.7	54	782.72	68
江南影视艺术职业学院	70	224	33	195	3	572	64	500	16.4	243	69.5	470
江苏安全技术职业学院	6	811	3	759	4	521	32	653	2.5	741	41	573
江苏财会职业学院	82	181	46	118	32	123	303	187	34.3	80	291.5	183
江苏财经职业技术学院	165	61	64	75	61	43	349	165	17.5	223	349	163
江苏城市职业学院	207	30	79	44	26	156	2 105	29	74.6	14	1 177	43
江苏城乡建设职业学院	87	170	50	105	15	272	726	85	26.7	137	742	72
江苏工程职业技术学院	151	66	78	45	48	65	249	231	19.3	199	219	245
江苏海事职业技术学院	105	137	61	83	44	74	2 729.6	20	30.3	106	1 997.36	22
江苏航空职业技术学院	0	973	0	929	0	755	0	858	0	961	0	846
江苏护理职业学院	21	544	17	370	0	755	170	297	6.6	518	72.9	456
江苏建筑职业技术学院	221	20	99	26	84	20	744	81	44.1	50	774	70
江苏经贸职业技术学院	185	46	97	27	50	58	22 637	2	31.7	96	22 611	1
江苏旅游职业学院	0	973	0	929	0	755	0	858	0	961	0	846
江苏农林职业技术学院	17	602	15	400	0	755	150	327	3.2	688	150	313
江苏农牧科技职业学院	25	488	2	822	6	458	5	824	2.5	741	73	454
江苏商贸职业学院	83	179	40	141	32	123	188.98	279	28.2	123	169.7	290
江苏食品药品职业技术学院	112	119	65	71	40	87	745	80	25.8	141	725	76
江苏卫生健康职业学院	110	124	45	119	35	106	294.5	195	24.4	153	282.5	192
江苏信息职业技术学院	77	196	42	135	36	104	679.88	91	27.6	128	689.88	81
江苏医药职业学院	184	48	68	64	61	43	396	153	44.6	48	411	142
江西财经职业学院	28	466	15	400	6	458	340	169	32.1	93	210	250
江西电力职业技术学院	3	890	3	759	0	755	0	858	1.5	821	0	846
江西工程职业学院	4	863	4	710	0	755	40	607	1.8	792	40	581
江西工商职业技术学院	0	973	0	929	0	755	0	858	0	961	0	846
江西工业工程职业技术学院	4	863	3	759	1	671	60	512	4	636	25	672
江西工业贸易职业技术学院	16	612	7	598	0	755	50	566	10.8	357	50	539
江西工业职业技术学院	7	781	1	881	3	572	10	783	2	783	10	772
江西航空职业技术学院	0	973	0	929	0	755	0	858	0	961	0	846
江西洪州职业学院	0	973	0	929	0	755	0	858	0	961	0	846

续表

其中:当年新开课题拨入经费(千元)		当年支出经费(千元)		研究与发展成果										获奖成果数(项)			
				著作(部)		学术论文(篇)				研究与咨询报告(篇)				合计		其中:国家级和省部级	
						合计		其中:国外学术刊物发表数		提交有关部门数		其中:被采纳数					
0	796	0	850	2	459	5	929	0	139	0	231	0	113	0	25	0	2
16	667	89.2	362	2	459	61	337	0	139	0	231	0	113	0	25	0	2
922	50	591.2	77	0	660	28	599	0	139	0	231	0	113	0	25	0	2
2	781	14.7	713	0	660	28	599	0	139	0	231	0	113	0	25	0	2
173	242	162	252	0	660	79	259	0	139	0	231	0	113	0	25	0	2
11	712	526.8	84	1	554	122	137	0	139	0	231	0	113	0	25	0	2
742.72	62	620.29	73	7	179	100	182	0	139	0	231	0	113	0	25	0	2
32	559	64	442	3	364	49	406	0	139	0	231	0	113	0	25	0	2
17	664	41	539	0	660	28	599	0	139	0	231	0	113	0	25	0	2
249.5	187	445.5	109	1	554	153	99	6	3	3	119	1	70	0	25	0	2
349	138	352.97	134	4	294	170	77	0	139	6	89	3	52	0	25	0	2
1 137	40	870.9	46	6	210	230	36	0	139	2	135	0	113	0	25	0	2
662	78	729.5	59	3	364	113	152	0	139	8	78	5	33	0	25	0	2
219	208	215	206	4	294	224	39	0	139	0	231	0	113	0	25	0	2
1 907.76	18	2 009.59	18	0	660	118	141	0	139	13	54	4	39	0	25	0	2
0	796	0	850	0	660	0	1 020	0	139	0	231	0	113	0	25	0	2
51.7	472	72.9	409	5	254	209	48	3	18	0	231	0	113	0	25	0	2
744	60	784.1	52	12	96	226	38	2	34	6	89	6	28	0	25	0	2
22 581	1	15 288	2	25	27	166	82	0	139	36	11	36	3	0	25	0	2
0	796	0	850	2	459	44	440	0	139	0	231	0	113	0	25	0	2
150	262	135	278	0	660	45	435	0	139	0	231	0	113	0	25	0	2
5	763	52	489	0	660	13	787	0	139	0	231	0	113	0	25	0	2
163.7	250	160.35	256	3	364	198	57	0	139	1	165	1	70	0	25	0	2
725	65	703.1	61	7	179	56	361	0	139	16	38	1	70	0	25	0	2
282.5	162	199.05	220	0	660	62	331	0	139	3	119	2	57	0	25	0	2
669.88	75	509.71	91	8	151	159	95	0	139	0	231	0	113	0	25	0	2
396	128	280.65	168	3	364	106	166	0	139	3	119	3	52	0	25	0	2
210	213	221	200	0	660	311	16	0	139	0	231	0	113	0	25	0	2
0	796	0	850	0	660	0	1 020	0	139	0	231	0	113	0	25	0	2
40	516	0	850	2	459	6	910	0	139	0	231	0	113	0	25	0	2
0	796	0	850	0	660	0	1 020	0	139	0	231	0	113	0	25	0	2
15	677	25	635	0	660	0	1 020	0	139	0	231	0	113	0	25	0	2
50	475	0	850	0	660	0	1 020	0	139	0	231	0	113	0	25	0	2
10	716	24	644	0	660	0	1 020	0	139	0	231	0	113	0	25	0	2
0	796	0	850	0	660	0	1 020	0	139	0	231	0	113	0	25	0	2
0	796	0	850	0	660	0	1 020	0	139	0	231	0	113	0	25	0	2

学校名称	研究与发展课题											
	课题总数（项）		当年新开课题数（项）		当年完成课题数（项）		当年新开课题批准经费（千元）		当年投入人数（人年）		当年拨入经费（千元）	
江西环境工程职业学院	19	567	10	515	0	755	100	407	3	699	100	386
江西机电职业技术学院	7	781	6	626	1	671	60	512	5.3	568	20	701
江西建设职业技术学院	4	863	4	710	0	755	60	512	4.4	618	24	678
江西科技职业学院	0	973	0	929	0	755	0	858	0	961	0	846
江西旅游商贸职业学院	23	515	0	929	0	755	0	858	5.6	555	93	405
江西农业工程职业学院	2	919	2	822	0	755	30	664	0.8	895	30	638
江西青年职业学院	0	973	0	929	0	755	0	858	0	961	0	846
江西生物科技职业学院	8	757	5	667	0	755	36	637	0	961	36	611
江西师范高等专科学校	13	660	13	445	0	755	106	399	1.8	792	40	581
江西水利职业学院	4	863	0	929	0	755	0	858	3.1	693	0	846
江西司法警官职业学院	4	863	3	759	1	671	31	659	0	961	0	846
江西陶瓷工艺美术职业技术学院	0	973	0	929	0	755	0	858	0	961	0	846
江西外语外贸职业学院	29	456	23	289	2	614	270	215	12.3	319	285	190
江西卫生职业学院	0	973	0	929	0	755	0	858	0	961	0	846
江西现代职业技术学院	15	627	8	565	1	671	272	213	3	699	172	284
江西信息应用职业技术学院	4	863	1	881	0	755	5	824	1.7	802	0	846
江西冶金职业技术学院	0	973	0	929	0	755	0	858	0	961	0	846
江西艺术职业学院	3	890	2	822	0	755	20	713	1	865	15	738
江西应用工程职业学院	9	733	5	667	1	671	56	542	7.8	466	0	846
江西应用技术职业学院	22	529	12	464	4	521	123	365	5.1	577	45	564
江西制造职业技术学院	16	612	8	565	3	572	90	429	9	416	70	463
江西中医药高等专科学校	15	627	6	626	2	614	22.5	706	10.2	384	40.5	577
江阴职业技术学院	45	336	21	317	18	234	168	302	4.2	629	148	320
焦作大学	54	283	28	232	39	95	150	327	7	500	150	313
焦作工贸职业学院	0	973	0	929	0	755	0	858	0	961	0	846
焦作师范高等专科学校	59	265	28	232	34	113	125	363	28.8	119	68	476
揭阳职业技术学院	125	96	20	328	41	84	299	191	14.5	275	299	178
金华职业技术学院	317	9	143	6	62	38	3 694.2	9	78.9	10	3 534.2	8
金肯职业技术学院	54	283	26	253	7	428	204	264	9.1	414	56	519
金山职业技术学院	3	890	2	822	0	755	22	708	0.5	933	0	846
锦州师范高等专科学校	19	567	6	626	6	458	14	770	14.9	266	34.1	621
晋城职业技术学院	54	283	21	317	4	521	71	478	8.1	444	71	461
晋中师范高等专科学校	17	602	8	565	2	614	2	844	2.2	766	12	761
晋中职业技术学院	22	529	3	759	5	485	0	858	4.9	595	13	754
荆门职业学院	0	973	0	929	0	755	0	858	0	961	0	846
景德镇陶瓷职业技术学院	4	863	4	710	0	755	115	383	5.6	555	115	368

续表

						研究与发展成果										获奖成果数(项)	
其中:当年新开课题拨入经费(千元)		当年支出经费(千元)		著作(部)		学术论文(篇)				研究与咨询报告(篇)				合计		其中:国家级和省部级	
						合计		其中:国外学术刊物发表数		提交有关部门数		其中:被采纳数					
100	331	0	850	0	660	25	643	2	34	0	231	0	113	0	25	0	2
20	636	0	850	0	660	6	910	0	139	0	231	0	113	0	25	0	2
24	613	45	523	0	660	34	531	0	139	0	231	0	113	0	25	0	2
0	796	0	850	0	660	0	1 020	0	139	0	231	0	113	0	25	0	2
0	796	11.91	732	11	110	155	97	0	139	0	231	0	113	0	25	0	2
30	569	20	668	0	660	0	1 020	0	139	0	231	0	113	0	25	0	2
0	796	0	850	17	58	53	374	0	139	2	135	1	70	2	2	0	2
36	543	0	850	0	660	2	993	0	139	0	231	0	113	0	25	0	2
40	516	0	850	8	151	66	318	6	3	0	231	0	113	0	25	0	2
0	796	20	668	0	660	0	1 020	0	139	0	231	0	113	0	25	0	2
0	796	0	850	0	660	21	691	0	139	0	231	0	113	0	25	0	2
0	796	0	850	0	660	0	1 020	0	139	0	231	0	113	0	25	0	2
270	173	119	297	4	294	34	531	0	139	0	231	0	113	0	25	0	2
0	796	0	850	0	660	0	1 020	0	139	0	231	0	113	0	25	0	2
172	244	143.55	267	6	210	21	691	1	64	0	231	0	113	0	25	0	2
0	796	0	850	1	554	13	787	0	139	0	231	0	113	0	25	0	2
0	796	0	850	0	660	0	1 020	0	139	0	231	0	113	0	25	0	2
7	754	15	710	0	660	24	656	0	139	0	231	0	113	0	25	0	2
0	796	0	850	0	660	6	910	0	139	0	231	0	113	0	25	0	2
45	498	63.84	446	7	179	56	361	0	139	0	231	0	113	0	25	0	2
70	399	20	668	1	554	32	548	0	139	1	165	1	70	0	25	0	2
22.5	625	15.8	704	0	660	0	1 020	0	139	0	231	0	113	0	25	0	2
148	270	123	292	1	554	118	141	0	139	5	96	5	33	0	25	0	2
150	262	109.84	312	27	22	214	42	0	139	1	165	1	70	0	25	0	2
0	796	0	850	0	660	0	1 020	0	139	0	231	0	113	0	25	0	2
28	589	94	346	22	33	100	182	0	139	0	231	0	113	1	8	0	2
299	153	379.5	130	0	660	48	412	0	139	0	231	0	113	0	25	0	2
3 534.2	6	2 825.51	10	2	459	313	15	5	6	2	135	2	57	0	25	0	2
54	460	41	539	0	660	19	716	0	139	0	231	0	113	0	25	0	2
0	796	0.3	849	0	660	4	952	0	139	0	231	0	113	0	25	0	2
14	695	34.1	579	17	58	73	282	0	139	0	231	0	113	0	25	0	2
71	396	304.1	155	1	554	49	406	0	139	0	231	0	113	0	25	0	2
2	781	10	745	10	123	54	368	0	139	0	231	0	113	0	25	0	2
0	796	13	718	1	554	42	452	0	139	0	231	0	113	0	25	0	2
0	796	0	850	0	660	2	993	0	139	0	231	0	113	0	25	0	2
115	307	115	302	0	660	0	1 020	0	139	0	231	0	113	0	25	0	2

学校名称	研究与发展课题											
	课题总数（项）		当年新开课题数（项）		当年完成课题数（项）		当年新开课题批准经费（千元）		当年投入人数（人年）		当年拨入经费（千元）	
九江职业大学	12	674	6	626	0	755	88	437	15.5	256	88	421
九江职业技术学院	38	378	18	354	13	302	168	302	8.8	421	168	292
九州职业技术学院	41	356	25	268	17	245	166	305	11.3	341	166	293
酒泉职业技术学院	9	733	9	545	0	755	100	407	0.9	883	80	431
开封大学	162	62	87	37	75	26	182	283	30.2	109	182	274
开封文化艺术职业学院	26	483	12	464	13	302	32	653	6.2	532	52	532
科尔沁艺术职业学院	7	781	6	626	0	755	6	813	0.7	910	0	846
克拉玛依职业技术学院	19	567	11	487	2	614	84	445	3.5	666	12.5	759
昆明卫生职业学院	4	863	4	710	0	755	12	778	1.5	821	12	761
昆明冶金高等专科学校	96	151	27	245	20	213	289	203	44.9	47	289	187
昆明艺术职业学院	31	440	2	822	2	614	40	607	7.2	493	40	581
昆山登云科技职业学院	28	466	24	276	5	485	122	368	7.9	455	79	443
莱芜职业技术学院	12	674	11	487	0	755	144.5	335	21.7	176	191.5	265
兰州石化职业技术学院	9	733	9	545	0	755	81	448	7.2	493	81	430
兰州外语职业学院	17	602	15	400	0	755	29	677	1.4	831	29	652
兰州职业技术学院	15	627	8	565	7	428	328	173	4.2	629	328	167
兰州资源环境职业技术学院	5	836	4	710	0	755	70	481	1	865	65	489
廊坊卫生职业学院	19	567	13	445	8	398	0	858	4.2	629	0	846
廊坊燕京职业技术学院	14	648	14	419	11	340	1.5	852	6.9	507	0	846
廊坊职业技术学院	16	612	12	464	15	272	5	824	11.6	331	7.6	806
乐山职业技术学院	71	217	18	354	19	222	178	291	13.9	284	209	252
黎明职业大学	265	15	90	34	124	4	2 103.59	30	62.6	25	2 103.59	19
丽江师范高等专科学校	63	248	30	216	7	428	291.8	199	45.7	43	292.3	182
丽水职业技术学院	214	24	67	65	84	20	1 489.9	43	30.7	104	2 091.4	20
连云港师范高等专科学校	204	34	94	30	49	61	323.6	177	21	181	126.6	342
连云港职业技术学院	79	189	40	141	35	106	88.1	436	27.2	132	48.5	552
辽宁城市建设职业技术学院	38	378	11	487	20	213	503	121	16.7	237	503	117
辽宁地质工程职业学院	11	690	3	759	1	671	0	858	10	387	10.84	771
辽宁工程职业学院	0	973	0	929	0	755	0	858	0	961	0	846
辽宁广告职业学院	0	973	0	929	0	755	0	858	0	961	0	846
辽宁轨道交通职业学院	0	973	0	929	0	755	0	858	0	961	0	846
辽宁机电职业技术学院	0	973	0	929	0	755	0	858	0	961	0	846
辽宁建筑职业学院	127	89	49	109	31	126	16	749	18.1	213	16	729
辽宁金融职业学院	14	648	3	759	5	485	28	680	2	783	28	656
辽宁经济职业技术学院	76	198	31	207	34	113	301	188	6.6	518	301	177
辽宁理工职业学院	10	709	5	667	3	572	10	783	9.6	402	0	846

续表

其中:当年新开课题拨入经费(千元)		当年支出经费(千元)		研究与发展成果										获奖成果数(项)			
				著作(部)		学术论文(篇)				研究与咨询报告(篇)				合计		其中:国家级和省部级	
						合计		其中:国外学术刊物发表数		提交有关部门数		其中:被采纳数					
88	361	0	850	0	660	108	161	0	139	0	231	0	113	0	25	0	2
168	247	76.87	395	7	179	78	264	0	139	0	231	0	113	0	25	0	2
166	248	114.3	305	2	459	51	389	0	139	14	48	8	22	0	25	0	2
80	371	20.4	665	14	83	37	499	0	139	1	165	0	113	0	25	0	2
182	231	182	235	5	254	82	246	0	139	0	231	0	113	0	25	0	2
32	559	53	486	2	459	48	412	0	139	0	231	0	113	0	25	0	2
0	796	5.4	800	1	554	30	575	0	139	0	231	0	113	0	25	0	2
0	796	44.5	529	1	554	17	731	0	139	0	231	0	113	0	25	0	2
12	707	2.5	836	0	660	11	827	0	139	0	231	0	113	0	25	0	2
289	159	351.5	135	3	364	73	282	0	139	16	38	0	113	0	25	0	2
0	796	16	700	2	459	37	499	0	139	0	231	0	113	0	25	0	2
66	415	60.1	457	3	364	49	406	0	139	1	165	0	113	0	25	0	2
141.5	275	88	366	1	554	11	827	0	139	0	231	0	113	0	25	0	2
81	370	23	652	2	459	86	227	0	139	0	231	0	113	0	25	0	2
29	585	7.7	780	3	364	80	257	0	139	0	231	0	113	0	25	0	2
328	144	294	160	9	134	52	381	0	139	0	231	0	113	0	25	0	2
65	422	6.54	789	0	660	22	680	0	139	0	231	0	113	0	25	0	2
0	796	0	850	0	660	26	630	0	139	0	231	0	113	0	25	0	2
0	796	0	850	0	660	37	499	1	64	0	231	0	113	0	25	0	2
5	763	7.6	783	0	660	40	470	0	139	1	165	0	113	0	25	0	2
155	258	123.1	291	12	96	73	282	2	34	0	231	0	113	0	25	0	2
2 103.59	16	2 248.73	14	5	254	108	161	0	139	49	7	40	2	0	25	0	2
220.3	206	603.79	74	14	83	261	24	0	139	0	231	0	113	1	8	0	2
1 128.4	41	1 676.69	20	10	123	90	211	0	139	9	74	2	57	1	8	0	2
122.6	300	99.6	336	3	364	146	107	0	139	14	48	0	113	0	25	0	2
32	559	48.95	508	7	179	82	246	0	139	5	96	5	33	0	25	0	2
503	100	505.51	94	22	33	66	318	4	11	0	231	0	113	0	25	0	2
0	796	10.84	742	1	554	10	851	0	139	0	231	0	113	0	25	0	2
0	796	0	850	3	364	16	744	0	139	0	231	0	113	0	25	0	2
0	796	0	850	15	76	61	337	0	139	0	231	0	113	0	25	0	2
0	796	0	850	0	660	69	303	0	139	0	231	0	113	0	25	0	2
0	796	0	850	0	660	4	952	0	139	0	231	0	113	0	25	0	2
16	667	28	616	53	3	424	4	0	139	11	61	0	113	0	25	0	2
28	589	168.6	244	0	660	20	703	0	139	0	231	0	113	0	25	0	2
301	152	189	228	31	18	78	264	0	139	0	231	0	113	0	25	0	2
0	796	35.6	573	0	660	63	326	0	139	0	231	0	113	0	25	0	2

学校名称	研究与发展课题											
	课题总数（项）		当年新开课题数（项）		当年完成课题数（项）		当年新开课题批准经费（千元）		当年投入人数（人年）		当年拨入经费（千元）	
辽宁林业职业技术学院	17	602	3	759	5	485	15	756	8.3	437	15	738
辽宁民族师范高等专科学校	0	973	0	929	0	755	0	858	0	961	0	846
辽宁农业职业技术学院	0	973	0	929	0	755	0	858	0	961	0	846
辽宁轻工职业学院	0	973	0	929	0	755	0	858	0	961	0	846
辽宁省交通高等专科学校	0	973	0	929	0	755	0	858	0	961	0	846
辽宁石化职业技术学院	0	973	0	929	0	755	0	858	0	961	0	846
辽宁水利职业学院	0	973	0	929	0	755	0	858	0	961	0	846
辽宁特殊教育师范高等专科学校	0	973	0	929	0	755	0	858	0	961	0	846
辽宁铁道职业技术学院	0	973	0	929	0	755	0	858	0	961	0	846
辽宁现代服务职业技术学院	103	138	42	135	45	72	104	403	8	449	11	768
辽宁冶金职业技术学院	0	973	0	929	0	755	0	858	0	961	0	846
辽宁医药职业学院	0	973	0	929	0	755	0	858	0	961	0	846
辽宁政法职业学院	98	149	66	67	46	70	40	607	44	51	40	581
辽宁职业学院	0	973	0	929	0	755	0	858	0	961	0	846
辽宁装备制造职业技术学院	0	973	0	929	0	755	0	858	0	961	0	846
辽阳职业技术学院	7	781	2	822	4	521	6	813	5.7	549	11	768
聊城职业技术学院	90	161	45	119	33	118	171	296	22.3	169	160.7	300
临汾职业技术学院	6	811	0	929	0	755	0	858	3.4	673	0	846
临沂职业学院	0	973	0	929	0	755	0	858	0	961	0	846
柳州城市职业学院	34	404	11	487	3	572	152	322	11.5	333	152	308
柳州铁道职业技术学院	34	404	10	515	1	671	64	500	2.9	714	64	492
柳州职业技术学院	61	257	20	328	14	287	167	304	25.1	149	161.8	299
六安职业技术学院	32	429	3	759	19	222	60	512	3.8	651	480	122
六盘水职业技术学院	4	863	3	759	1	671	22	708	2.3	762	22	688
陇南师范高等专科学校	90	161	34	186	9	376	840	72	29.3	117	368.2	155
泸州职业技术学院	69	228	44	124	17	245	193.8	275	9.5	405	57	517
潞安职业技术学院	0	973	0	929	0	755	0	858	0	961	0	846
罗定职业技术学院	62	255	38	155	19	222	105	402	17.4	225	88.5	419
洛阳科技职业学院	0	973	0	929	0	755	0	858	0	961	0	846
洛阳职业技术学院	54	283	38	155	16	260	188	280	16.8	233	182	274
漯河食品职业学院	8	757	8	565	0	755	0	858	1.1	855	0	846
漯河医学高等专科学校	33	416	18	354	26	156	20	713	3.4	673	21	694
漯河职业技术学院	24	506	7	598	14	287	0	858	13.2	301	8	800
马鞍山师范高等专科学校	53	290	24	276	27	150	540.3	110	7.2	493	280.3	196
马鞍山职业技术学院	18	592	5	667	12	324	130	355	21.8	174	130	339
满洲里俄语职业学院	48	322	22	306	7	428	190	276	23.3	159	131.5	337

续表

其中:当年新开课题拨入经费(千元)		当年支出经费(千元)		研究与发展成果										获奖成果数(项)			
				著作(部)		学术论文(篇)				研究与咨询报告(篇)				合计		其中:国家级和省部级	
						合计		其中:国外学术刊物发表数		提交有关部门数		其中:被采纳数					
15	677	16.03	699	0	660	11	827	0	139	0	231	0	113	0	25	0	2
0	796	0	850	8	151	39	479	0	139	0	231	0	113	0	25	0	2
0	796	0	850	4	294	53	374	0	139	0	231	0	113	0	25	0	2
0	796	0	850	5	254	31	566	0	139	0	231	0	113	0	25	0	2
0	796	0	850	0	660	0	1 020	0	139	0	231	0	113	0	25	0	2
0	796	0	850	2	459	9	867	0	139	0	231	0	113	0	25	0	2
0	796	0	850	20	44	27	613	0	139	0	231	0	113	0	25	0	2
0	796	0	850	9	134	81	252	0	139	1	165	1	70	0	25	0	2
0	796	0	850	4	294	21	691	0	139	0	231	0	113	0	25	0	2
11	712	196.99	223	18	52	160	93	0	139	0	231	0	113	0	25	0	2
0	796	0	850	0	660	3	980	0	139	0	231	0	113	0	25	0	2
0	796	0	850	4	294	10	851	0	139	0	231	0	113	0	25	0	2
40	516	15.23	708	8	151	85	232	0	139	0	231	0	113	0	25	0	2
0	796	0	850	3	364	0	1 020	0	139	0	231	0	113	0	25	0	2
0	796	0	850	3	364	5	929	0	139	0	231	0	113	0	25	0	2
6	756	11	739	2	459	43	447	0	139	0	231	0	113	0	25	0	2
158.7	254	132.24	281	0	660	72	290	6	3	11	61	11	18	0	25	0	2
0	796	0	850	1	554	4	952	0	139	0	231	0	113	0	25	0	2
0	796	0	850	4	294	15	760	0	139	0	231	0	113	0	25	0	2
152	260	74.22	403	0	660	16	744	0	139	0	231	0	113	0	25	0	2
64	427	20.34	666	5	254	54	368	0	139	0	231	0	113	0	25	0	2
123	298	131.23	283	0	660	49	406	0	139	0	231	0	113	0	25	0	2
60	437	369.7	132	0	660	24	656	0	139	0	231	0	113	0	25	0	2
22	627	28	616	0	660	14	773	0	139	1	165	0	113	0	25	0	2
141.5	275	338.2	140	4	294	175	70	0	139	6	89	0	113	0	25	0	2
52	468	24.1	643	0	660	25	643	0	139	0	231	0	113	0	25	0	2
0	796	0	850	0	660	5	929	0	139	0	231	0	113	0	25	0	2
47.5	490	88.5	365	0	660	110	156	0	139	0	231	0	113	0	25	0	2
0	796	0	850	3	364	32	548	0	139	0	231	0	113	0	25	0	2
182	231	199	221	5	254	42	452	0	139	1	165	0	113	0	25	0	2
0	796	0	850	0	660	1	1 006	0	139	0	231	0	113	0	25	0	2
20	636	25	635	6	210	32	548	0	139	0	231	0	113	0	25	0	2
0	796	20	668	3	364	16	744	0	139	0	231	0	113	0	25	0	2
195.3	223	280.3	169	5	254	58	351	0	139	0	231	0	113	0	25	0	2
130	289	129	284	1	554	28	599	0	139	0	231	0	113	0	25	0	2
100	331	107.2	319	3	364	50	398	3	18	0	231	0	113	1	8	0	2

学校名称	研究与发展课题											
	课题总数（项）		当年新开课题数（项）		当年完成课题数（项）		当年新开课题批准经费（千元）		当年投入人数（人年）		当年拨入经费（千元）	
茂名职业技术学院	16	612	8	565	4	521	63	504	4.5	616	71.5	460
眉山职业技术学院	72	214	33	195	22	185	256	222	13.2	301	260	212
湄洲湾职业技术学院	25	488	10	515	2	614	50	566	4.4	618	50	539
绵阳职业技术学院	44	343	26	253	15	272	201.4	267	16.8	233	201.4	256
民办合肥滨湖职业技术学院	4	863	0	929	0	755	0	858	0	961	0	846
民办合肥财经职业学院	6	811	0	929	0	755	0	858	0	961	0	846
民办合肥经济技术职业学院	0	973	0	929	0	755	0	858	0	961	0	846
民办四川天一学院	26	483	12	464	3	572	0	858	6.2	532	0	846
民办万博科技职业学院	8	757	4	710	0	755	80	449	7.6	476	80	431
闽北职业技术学院	33	416	10	515	4	521	100	407	7.9	455	50	539
闽江师范高等专科学校	53	290	19	342	9	376	206	263	18.5	209	266	207
闽西职业技术学院	55	278	8	565	8	398	49.5	577	10.5	372	109.08	375
明达职业技术学院	0	973	0	929	0	755	0	858	0	961	0	846
牡丹江大学	0	973	0	929	0	755	0	858	0	961	0	846
内江职业技术学院	64	245	28	232	16	260	24	697	9.3	411	23	685
内蒙古电子信息职业技术学院	7	781	7	598	0	755	50	566	3	699	50	539
内蒙古丰州职业学院	0	973	0	929	0	755	0	858	0	961	0	846
内蒙古化工职业学院	34	404	9	545	8	398	102	405	1.7	802	102	384
内蒙古机电职业技术学院	34	404	16	383	3	572	65	496	16.9	231	37	608
内蒙古建筑职业技术学院	33	416	19	342	1	671	60	512	5	585	60	503
内蒙古交通职业技术学院	0	973	0	929	0	755	0	858	0	961	0	846
内蒙古警察职业学院	1	943	1	881	0	755	0	858	0.2	952	0	846
内蒙古民族幼儿师范高等专科学校	3	890	0	929	0	755	0	858	1.5	821	0	846
内蒙古商贸职业学院	8	757	8	565	0	755	30	664	5.4	565	30	638
内蒙古体育职业学院	14	648	2	822	12	324	0	858	7	500	0	846
南昌职业学院	9	733	6	626	0	755	45.6	588	3.6	659	163.6	297
南充职业技术学院	40	364	37	162	1	671	152	322	4.3	624	101	385
南京城市职业学院	84	175	63	77	7	428	255	224	10	387	170.6	289
南京工业职业技术学院	305	11	119	12	98	10	4 887.49	6	99.2	6	3 363.5	9
南京机电职业技术学院	102	140	53	98	32	123	306	185	15.2	259	171	288
南京交通职业技术学院	173	56	63	77	50	58	316	178	18.5	209	131	338
南京科技职业学院	111	121	43	130	39	95	581	103	19.4	197	575	102
南京旅游职业学院	120	104	37	162	29	139	327.4	174	16.2	245	62	497
南京视觉艺术职业学院	20	555	11	487	3	572	135	346	10.6	368	135	329
南京铁道职业技术学院	186	44	113	14	46	70	726.8	84	18.5	209	732.8	75
南京信息职业技术学院	188	42	80	43	60	45	698	88	20.4	187	598	96

续表

				研究与发展成果										获奖成果数(项)			
						学术论文(篇)				研究与咨询报告(篇)							
其中:当年新开课题拨入经费(千元)		当年支出经费(千元)		著作(部)		合计		其中:国外学术刊物发表数		提交有关部门数		其中:被采纳数		合计		其中:国家级和省部级	
63	429	16.23	698	0	660	12	804	0	139	0	231	0	113	0	25	0	2
256	179	263.6	178	3	364	121	138	0	139	0	231	0	113	0	25	0	2
50	475	29.6	609	0	660	37	499	1	64	0	231	0	113	0	25	0	2
201.4	220	84.2	374	0	660	78	264	0	139	0	231	0	113	0	25	0	2
0	796	0	850	0	660	0	1 020	0	139	0	231	0	113	0	25	0	2
0	796	0	850	0	660	36	515	0	139	0	231	0	113	0	25	0	2
0	796	0	850	0	660	0	1 020	0	139	0	231	0	113	0	25	0	2
0	796	0	850	7	179	30	575	0	139	0	231	0	113	0	25	0	2
80	371	47.6	512	0	660	20	703	0	139	0	231	0	113	0	25	0	2
50	475	23.66	650	0	660	32	548	0	139	0	231	0	113	0	25	0	2
173	242	75.66	400	0	660	51	389	0	139	0	231	0	113	0	25	0	2
46.5	495	50.3	498	2	459	42	452	0	139	0	231	0	113	0	25	0	2
0	796	0	850	0	660	0	1 020	0	139	0	231	0	113	0	25	0	2
0	796	0	850	0	660	5	929	0	139	0	231	0	113	0	25	0	2
23	621	76.6	396	0	660	121	138	0	139	0	231	0	113	0	25	0	2
50	475	5	803	1	554	4	952	0	139	0	231	0	113	0	25	0	2
0	796	0	850	0	660	0	1 020	0	139	0	231	0	113	0	25	0	2
102	328	54	480	2	459	27	613	0	139	0	231	0	113	0	25	0	2
0	796	30.83	597	3	364	39	479	0	139	0	231	0	113	0	25	0	2
60	437	60	458	2	459	19	716	0	139	0	231	0	113	0	25	0	2
0	796	0	850	0	660	3	980	0	139	0	231	0	113	0	25	0	2
0	796	0	850	1	554	3	980	0	139	0	231	0	113	0	25	0	2
0	796	13.27	717	3	364	61	337	0	139	1	165	0	113	0	25	0	2
30	569	30	600	7	179	42	452	0	139	0	231	0	113	0	25	0	2
0	796	0	850	0	660	0	1 020	0	139	0	231	0	113	0	25	0	2
45.6	497	163.6	249	4	294	68	307	0	139	0	231	0	113	0	25	0	2
101	329	96	341	8	151	233	34	0	139	0	231	0	113	0	25	0	2
153	259	8.6	768	0	660	82	246	0	139	5	96	1	70	0	25	0	2
3 009.5	9	3 415.9	7	15	76	321	13	0	139	20	28	17	12	0	25	0	2
171	245	250	186	0	660	40	470	0	139	0	231	0	113	0	25	0	2
90	351	780.71	53	1	554	162	89	0	139	4	105	0	113	0	25	0	2
575	86	487	100	3	364	42	452	0	139	5	96	0	113	0	25	0	2
50	475	213.81	207	3	364	174	73	2	34	0	231	0	113	0	25	0	2
135	282	69.3	427	6	210	46	426	0	139	0	231	0	113	0	25	0	2
726.8	64	510.6	90	3	364	153	99	4	11	1	165	1	70	0	25	0	2
578	84	629.1	69	8	151	192	59	0	139	3	119	0	113	0	25	0	2

学校名称	研究与发展课题											
	课题总数（项）		当年新开课题数（项）		当年完成课题数（项）		当年新开课题批准经费（千元）		当年投入人数（人年）		当年拨入经费（千元）	
南宁职业技术学院	106	132	71	54	16	260	153	321	32.5	87	80	431
南通航运职业技术学院	209	28	108	18	41	84	968	65	33.1	83	968	51
南通科技职业学院	115	111	47	116	16	260	309	184	30.3	106	289	187
南通师范高等专科学校	12	674	2	822	2	614	20	713	3	699	19	721
南通职业大学	102	140	69	61	40	87	557	108	23.6	157	557	106
南阳农业职业学院	10	709	6	626	2	614	1	853	3.4	673	1	842
南阳医学高等专科学校	52	298	25	268	27	150	52	559	13.9	284	52	532
宁波城市职业技术学院	72	214	35	176	14	287	225	247	23.8	156	80	431
宁波卫生职业技术学院	212	26	65	71	22	185	1 134.8	59	103.2	5	1 094.06	45
宁波职业技术学院	321	8	72	52	57	53	1 415.5	44	49.2	33	1 572.51	29
宁德职业技术学院	82	181	28	232	22	185	117	380	35.1	78	281	194
宁夏财经职业技术学院	126	95	43	130	63	37	223	253	31	101	265	208
宁夏工商职业技术学院	107	131	38	155	35	106	255	224	36.3	73	281	194
宁夏警官职业学院	132	83	89	35	10	362	1 237	55	25.8	141	1 197	41
宁夏民族职业技术学院	45	336	19	342	15	272	186	281	13.5	294	94.8	402
宁夏幼儿师范高等专科学校	16	612	4	710	3	572	60	512	4.2	629	40	581
宁夏职业技术学院	73	210	14	419	23	175	104	403	9.9	395	238	223
盘锦职业技术学院	0	973	0	929	0	755	0	858	0	961	0	846
平顶山工业职业技术学院	60	260	36	169	45	72	112	392	23	162	112	372
濮阳职业技术学院	78	193	38	155	37	102	50	566	27.8	125	26	662
七台河职业学院	0	973	0	929	0	755	0	858	0	961	0	846
齐齐哈尔高等师范专科学校	0	973	0	929	0	755	0	858	0	961	0	846
齐齐哈尔理工职业学院	0	973	0	929	0	755	0	858	0	961	0	846
黔东南民族职业技术学院	29	456	12	464	14	287	275	210	4.7	607	213	248
黔南民族医学高等专科学校	22	529	6	626	0	755	69	489	7.6	476	69	472
黔南民族幼儿师范高等专科学校	12	674	12	464	0	755	48	580	10.8	357	48	553
黔南民族职业技术学院	25	488	1	881	11	340	9	801	2.8	717	9	794
黔西南民族职业技术学院	22	529	18	354	1	671	67	491	7.2	493	67	481
秦皇岛职业技术学院	55	278	35	176	22	185	28	680	7.9	455	28	656
青岛港湾职业技术学院	7	781	2	822	2	614	20	713	0.9	883	21	694
青岛酒店管理职业技术学院	59	265	22	306	21	197	87	439	12.4	316	0	846
青岛求实职业技术学院	8	757	5	667	0	755	0	858	0	961	0	846
青岛远洋船员职业学院	17	602	8	565	8	398	180	286	5.3	568	157	302
青岛职业技术学院	32	429	0	929	0	755	0	858	8.5	430	72	457
青海柴达木职业技术学院	0	973	0	929	0	755	0	858	0	961	0	846
青海高等职业技术学院	0	973	0	929	0	755	0	858	0	961	0	846

续表

其中:当年新开课题拨入经费(千元)		当年支出经费(千元)		研究与发展成果										获奖成果数(项)			
				著作(部)		学术论文(篇)				研究与咨询报告(篇)				合计		其中:国家级和省部级	
						合计		其中:国外学术刊物发表数		提交有关部门数		其中:被采纳数					
80	371	0	850	5	254	30	575	0	139	0	231	0	113	0	25	0	2
968	46	532.52	83	0	660	204	53	1	64	3	119	0	113	0	25	0	2
277	167	241.05	188	4	294	67	313	0	139	3	119	2	57	0	25	0	2
10	716	38	560	6	210	142	114	2	34	0	231	0	113	0	25	0	2
557	88	557	81	4	294	153	99	0	139	15	40	15	14	0	25	0	2
1	791	1	844	0	660	21	691	0	139	0	231	0	113	0	25	0	2
52	468	66.5	435	1	554	26	630	0	139	0	231	0	113	0	25	0	2
80	371	44.5	529	0	660	98	190	0	139	0	231	0	113	0	25	0	2
755.4	58	418.63	117	1	554	64	324	0	139	0	231	0	113	0	25	0	2
1 151.51	39	2 104.2	15	8	151	128	130	4	11	10	67	0	113	0	25	0	2
84	366	128.86	285	11	110	50	398	0	139	12	57	0	113	0	25	0	2
97	342	250	186	3	364	59	345	0	139	0	231	0	113	0	25	0	2
253	181	315	151	0	660	91	207	0	139	47	8	0	113	0	25	0	2
1 197	37	826.65	48	0	660	23	670	0	139	0	231	0	113	0	25	0	2
55.8	458	94.8	345	0	660	45	435	0	139	0	231	0	113	0	25	0	2
36	543	32	590	1	554	44	440	1	64	0	231	0	113	0	25	0	2
45	498	315.8	149	5	254	54	368	0	139	0	231	0	113	3	1	0	2
0	796	0	850	4	294	31	566	0	139	0	231	0	113	0	25	0	2
112	311	90	354	13	92	104	172	1	64	0	231	0	113	0	25	0	2
26	597	35	575	11	110	40	470	0	139	0	231	0	113	0	25	0	2
0	796	0	850	0	660	1	1 006	0	139	0	231	0	113	0	25	0	2
0	796	0	850	6	210	46	426	0	139	0	231	0	113	0	25	0	2
0	796	0	850	0	660	0	1 020	0	139	0	231	0	113	0	25	0	2
213	212	144.1	266	2	459	85	232	0	139	0	231	0	113	0	25	0	2
69	409	22.75	654	6	210	46	426	0	139	0	231	0	113	0	25	0	2
48	488	24	644	0	660	88	221	0	139	0	231	0	113	0	25	0	2
9	741	12.8	722	0	660	23	670	0	139	0	231	0	113	0	25	0	2
67	413	68	431	0	660	19	716	0	139	0	231	0	113	0	25	0	2
28	589	4.56	813	0	660	163	87	0	139	0	231	0	113	0	25	0	2
8	748	21	661	0	660	10	851	0	139	0	231	0	113	0	25	0	2
0	796	0	850	3	364	124	134	0	139	21	25	0	113	0	25	0	2
0	796	0	850	0	660	16	744	0	139	0	231	0	113	0	25	0	2
157	255	114.5	303	0	660	27	613	2	34	0	231	0	113	0	25	0	2
0	796	72	415	0	660	30	575	0	139	0	231	0	113	0	25	0	2
0	796	0	850	0	660	0	1 020	0	139	0	231	0	113	0	25	0	2
0	796	0	850	0	660	0	1 020	0	139	0	231	0	113	0	25	0	2

学校名称	研究与发展课题											
	课题总数（项）		当年新开课题数（项）		当年完成课题数（项）		当年新开课题批准经费（千元）		当年投入人数（人年）		当年拨入经费（千元）	
青海建筑职业技术学院	0	973	0	929	0	755	0	858	0	961	0	846
青海交通职业技术学院	0	973	0	929	0	755	0	858	0	961	0	846
青海警官职业学院	0	973	0	929	0	755	0	858	0	961	0	846
青海卫生职业技术学院	0	973	0	929	0	755	0	858	0	961	0	846
青海畜牧兽医职业技术学院	0	973	0	929	0	755	0	858	0	961	0	846
清远职业技术学院	42	350	19	342	2	614	470.5	132	5.2	574	510	115
曲靖医学高等专科学校	27	474	12	464	4	521	115	383	9.9	395	115	368
衢州职业技术学院	87	170	36	169	30	132	571.13	105	23.4	158	556.93	107
泉州纺织服装职业学院	16	612	2	822	3	572	5	824	2.7	722	18	724
泉州工艺美术职业学院	25	488	10	515	1	671	37.5	635	6.8	510	37.5	606
泉州海洋职业学院	21	544	10	515	4	521	60.5	511	4.7	607	59	515
泉州华光职业学院	15	627	5	667	10	362	5.7	823	2.5	741	5.7	814
泉州经贸职业技术学院	38	378	18	354	7	428	46	585	10.8	357	84.6	426
泉州理工职业学院	71	217	16	383	8	398	30.5	663	14.9	266	42.4	568
泉州轻工职业学院	31	440	12	464	4	521	28	680	7.1	497	33.3	623
泉州医学高等专科学校	63	248	33	195	0	755	234.5	241	5.6	555	356	160
泉州幼儿师范高等专科学校	127	89	45	119	11	340	292	197	29.8	115	289	187
日照职业技术学院	322	6	145	5	92	11	238	235	119.8	4	253	219
三门峡社会管理职业学院	0	973	0	929	0	755	0	858	0	961	0	846
三门峡职业技术学院	208	29	94	30	66	35	100	407	17.4	225	100	386
三明医学科技职业学院	66	240	35	176	16	260	114	388	38.8	67	126	343
三峡旅游职业技术学院	56	276	19	342	27	150	10	783	16.9	231	22	688
三亚城市职业学院	12	674	1	881	3	572	8	806	5	585	28	656
三亚航空旅游职业学院	42	350	10	515	12	324	162	309	11.2	343	172	284
三亚理工职业学院	15	627	1	881	2	614	10	783	2.5	741	15	738
沙洲职业工学院	46	331	27	245	21	197	163	308	6.7	514	103	382
山东城市建设职业学院	22	529	5	667	1	671	25	689	10.4	378	10	772
山东电子职业技术学院	25	488	6	626	8	398	29	677	19.5	196	44	566
山东服装职业学院	85	174	30	216	21	197	5	824	13.5	294	5	816
山东工业职业学院	6	811	2	822	2	614	37	636	5.1	577	52	532
山东海事职业学院	0	973	0	929	0	755	0	858	0	961	0	846
山东交通职业学院	33	416	10	515	18	234	60	512	10.5	372	66	483
山东经贸职业学院	81	185	55	93	52	56	481	129	25.2	148	452.73	129
山东凯文科技职业学院	0	973	0	929	0	755	0	858	0	961	0	846
山东科技职业学院	167	59	39	147	21	197	3 501.4	10	30	113	314	170
山东劳动职业技术学院	39	369	12	464	7	428	140	340	9.8	399	197	262

续表

其中:当年新开课题拨入经费(千元)		当年支出经费(千元)		著作(部)		研究与发展成果								获奖成果数(项)			
						学术论文(篇)				研究与咨询报告(篇)							
						合计		其中:国外学术刊物发表数		提交有关部门数		其中:被采纳数		合计		其中:国家级和省部级	
0	796	0	850	0	660	0	1 020	0	139	0	231	0	113	0	25	0	2
0	796	0	850	0	660	10	851	0	139	0	231	0	113	0	25	0	2
0	796	0	850	0	660	32	548	0	139	0	231	0	113	0	25	0	2
0	796	0	850	3	364	2	993	0	139	0	231	0	113	0	25	0	2
0	796	0	850	2	459	4	952	0	139	0	231	0	113	0	25	0	2
426.5	119	63.63	448	0	660	31	566	1	64	4	105	4	39	0	25	0	2
115	307	108.7	314	5	254	101	180	0	139	0	231	0	113	0	25	0	2
542.93	90	334.75	141	2	459	67	313	0	139	3	119	0	113	0	25	0	2
5	763	16.5	696	0	660	4	952	0	139	0	231	0	113	0	25	0	2
37.5	539	32.2	589	0	660	27	613	0	139	0	231	0	113	0	25	0	2
45	498	61.7	451	1	554	32	548	0	139	0	231	0	113	0	25	0	2
5.7	762	0	850	0	660	22	680	0	139	0	231	0	113	0	25	0	2
46	496	85.11	371	2	459	58	351	0	139	0	231	0	113	0	25	0	2
27.5	593	72.8	410	3	364	38	487	0	139	5	96	2	57	0	25	0	2
22	627	35.3	574	0	660	15	760	0	139	1	165	0	113	0	25	0	2
234.5	196	2.68	834	0	660	58	351	0	139	0	231	0	113	0	25	0	2
284	161	36.6	566	3	364	145	110	1	64	0	231	0	113	0	25	0	2
238	192	276	172	0	660	325	12	0	139	77	3	27	5	0	25	0	2
0	796	0	850	0	660	0	1 020	0	139	0	231	0	113	0	25	0	2
100	331	44	531	4	294	80	257	1	64	0	231	0	113	0	25	0	2
93	349	571.39	80	3	364	67	313	0	139	0	231	0	113	0	25	0	2
10	716	8	774	1	554	20	703	0	139	0	231	0	113	0	25	0	2
8	748	79.95	387	0	660	19	716	0	139	0	231	0	113	0	25	0	2
162	251	234	191	4	294	60	342	2	34	0	231	0	113	0	25	0	2
5	763	89	363	0	660	37	499	1	64	0	231	0	113	0	25	0	2
103	326	72.95	408	0	660	90	211	1	64	15	40	0	113	0	25	0	2
10	716	3.5	822	4	294	5	929	0	139	10	67	0	113	0	25	0	2
26	597	188.7	230	1	554	20	703	0	139	1	165	0	113	0	25	0	2
0	796	19.4	681	2	459	32	548	0	139	20	28	4	39	0	25	0	2
8	748	52	489	0	660	6	910	0	139	0	231	0	113	0	25	0	2
0	796	0	850	0	660	0	1 020	0	139	0	231	0	113	0	25	0	2
45	498	106.5	320	2	459	84	240	0	139	2	135	0	113	0	25	0	2
441.46	115	516.52	88	0	660	33	540	0	139	52	4	5	33	0	25	0	2
0	796	0	850	0	660	0	1 020	0	139	0	231	0	113	0	25	0	2
126	295	314	152	4	294	72	290	0	139	0	231	0	113	0	25	0	2
140	277	171	242	1	554	5	929	1	64	0	231	0	113	0	25	0	2

学校名称	研究与发展课题											
	课题总数（项）		当年新开课题数（项）		当年完成课题数（项）		当年新开课题批准经费（千元）		当年投入人数（人年）		当年拨入经费（千元）	
山东理工职业学院	49	315	27	245	17	245	85	442	29.8	115	90.5	409
山东力明科技职业学院	0	973	0	929	0	755	0	858	0	961	0	846
山东铝业职业学院	25	488	25	268	0	755	210	261	11.1	347	210	250
山东轻工职业学院	27	474	19	342	0	755	54.5	547	2.7	722	29	652
山东商务职业学院	53	290	14	419	24	168	65	496	28.1	124	65.1	488
山东商业职业技术学院	269	13	42	135	9	376	93	424	20.2	190	65	489
山东水利职业学院	3	890	2	822	1	671	4	837	7.7	472	4	826
山东特殊教育职业学院	13	660	12	464	0	755	35	640	2.5	741	29	652
山东外贸职业学院	198	38	76	48	43	79	232	242	129.5	3	190	266
山东外事翻译职业学院	90	161	23	289	0	755	32	653	8.3	437	0	846
山东信息职业技术学院	0	973	0	929	0	755	0	858	0	961	0	846
山东畜牧兽医职业学院	15	627	4	710	3	572	5	824	7	500	5	816
山东药品食品职业学院	14	648	2	822	9	376	0	858	1.4	831	0	846
山东医学高等专科学校	19	567	4	710	12	324	16	749	5.1	577	22	688
山东艺术设计职业学院	1	943	1	881	0	755	7	811	0.7	910	7	807
山东中医药高等专科学校	28	466	6	626	15	272	47	581	18	217	47	558
山西财贸职业技术学院	8	757	5	667	2	614	0	858	2.7	722	0	846
山西电力职业技术学院	0	973	0	929	0	755	0	858	0	961	0	846
山西工程职业技术学院	10	709	2	822	0	755	5	824	1.8	792	0	846
山西管理职业学院	9	733	0	929	0	755	0	858	5	585	5.5	815
山西华澳商贸职业学院	0	973	0	929	0	755	0	858	0	961	0	846
山西机电职业技术学院	3	890	0	929	1	671	0	858	1.7	802	4	826
山西交通职业技术学院	3	890	2	822	0	755	90	429	2.5	741	50	539
山西金融职业学院	21	544	5	667	9	376	50	566	5.2	574	95.55	399
山西经贸职业学院	7	781	2	822	2	614	40	607	1.2	843	0	846
山西警官职业学院	3	890	0	929	1	671	0	858	1.6	813	0	846
山西老区职业技术学院	1	943	0	929	0	755	0	858	0.2	952	10	772
山西林业职业技术学院	2	919	0	929	0	755	0	858	0.8	895	30	638
山西旅游职业学院	23	515	5	667	12	324	50	566	5.6	555	80	431
山西煤炭职业技术学院	0	973	0	929	0	755	0	858	0	961	0	846
山西青年职业学院	11	690	4	710	4	521	25	689	3.9	643	25	672
山西轻工职业技术学院	0	973	0	929	0	755	0	858	0	961	0	846
山西省财政税务专科学校	3	890	0	929	3	572	0	858	0.9	883	20	701
山西水利职业技术学院	0	973	0	929	0	755	0	858	0	961	0	846
山西体育职业学院	0	973	0	929	0	755	0	858	0	961	0	846
山西同文职业技术学院	0	973	0	929	0	755	0	858	0	961	0	846

续表

其中:当年新开课题拨入经费(千元)		当年支出经费(千元)		研究与发展成果:著作(部)		学术论文(篇):合计		学术论文(篇):其中:国外学术刊物发表数		研究与咨询报告(篇):提交有关部门数		研究与咨询报告(篇):其中:被采纳数		获奖成果数(项):合计		获奖成果数(项):其中:国家级和省部级	
85	365	42.82	535	0	660	18	725	0	139	0	231	0	113	0	25	0	2
0	796	0	850	0	660	0	1 020	0	139	0	231	0	113	0	25	0	2
210	213	210	212	0	660	4	952	0	139	0	231	0	113	0	25	0	2
18	660	29	611	2	459	12	804	0	139	0	231	0	113	0	25	0	2
65	422	69.5	426	7	179	47	419	0	139	0	231	0	113	0	25	0	2
65	422	65	441	11	110	116	147	5	6	4	105	4	39	0	25	0	2
2	781	4	815	5	254	10	851	0	139	2	135	2	57	0	25	0	2
29	585	11.3	737	0	660	10	851	0	139	0	231	0	113	0	25	0	2
105	323	191	227	1	554	72	290	0	139	0	231	0	113	0	25	0	2
0	796	0	850	0	660	139	117	0	139	0	231	0	113	0	25	0	2
0	796	0	850	0	660	0	1 020	0	139	0	231	0	113	0	25	0	2
5	763	71	420	1	554	6	910	0	139	0	231	0	113	0	25	0	2
0	796	0	850	0	660	7	896	0	139	0	231	0	113	0	25	0	2
16	667	25.47	631	0	660	15	760	0	139	0	231	0	113	0	25	0	2
7	754	7	785	0	660	0	1 020	0	139	0	231	0	113	0	25	0	2
47	492	35	575	0	660	20	703	0	139	3	119	3	52	0	25	0	2
0	796	0	850	9	134	30	575	0	139	0	231	0	113	0	25	0	2
0	796	0	850	0	660	8	884	0	139	0	231	0	113	0	25	0	2
0	796	0	850	4	294	17	731	0	139	0	231	0	113	0	25	0	2
0	796	5.5	799	3	364	23	670	0	139	0	231	0	113	0	25	0	2
0	796	0	850	2	459	5	929	0	139	0	231	0	113	0	25	0	2
0	796	22	657	0	660	36	515	0	139	0	231	0	113	0	25	0	2
50	475	50	499	1	554	27	613	0	139	0	231	0	113	0	25	0	2
25.11	604	95.55	343	8	151	79	259	1	64	0	231	0	113	0	25	0	2
0	796	18.64	683	3	364	41	460	1	64	1	165	0	113	0	25	0	2
0	796	0	850	0	660	1	1 006	0	139	0	231	0	113	0	25	0	2
0	796	10	745	0	660	0	1 020	0	139	0	231	0	113	0	25	0	2
0	796	14.82	712	0	660	4	952	0	139	0	231	0	113	0	25	0	2
50	475	166.7	245	3	364	24	656	0	139	0	231	0	113	0	25	0	2
0	796	0	850	0	660	3	980	0	139	0	231	0	113	0	25	0	2
25	605	33.2	581	3	364	32	548	0	139	0	231	0	113	0	25	0	2
0	796	0	850	0	660	10	851	0	139	0	231	0	113	0	25	0	2
0	796	20	668	38	8	81	252	0	139	0	231	0	113	0	25	0	2
0	796	0	850	0	660	14	773	0	139	0	231	0	113	0	25	0	2
0	796	0	850	1	554	49	406	0	139	8	78	0	113	0	25	0	2
0	796	0	850	0	660	0	1 020	0	139	0	231	0	113	0	25	0	2

学校名称	研究与发展课题											
	课题总数（项）		当年新开课题数（项）		当年完成课题数（项）		当年新开课题批准经费（千元）		当年投入人数（人年）		当年拨入经费（千元）	
山西戏剧职业学院	8	757	3	759	4	521	9.5	800	0.3	949	9.5	793
山西艺术职业学院	8	757	2	822	0	755	64	500	0.9	883	64	492
山西运城农业职业技术学院	2	919	1	881	1	671	0	858	1	865	1	842
山西职业技术学院	0	973	0	929	0	755	0	858	0	961	0	846
陕西财经职业技术学院	4	863	2	822	2	614	20	713	6.5	523	20	701
陕西工商职业学院	47	327	21	317	11	340	150	327	4.7	607	150	313
陕西国防工业职业技术学院	7	781	3	759	1	671	24	697	1.5	821	24	678
陕西航空职业技术学院	0	973	0	929	0	755	0	858	0	961	0	846
陕西机电职业技术学院	0	973	0	929	0	755	0	858	0	961	0	846
陕西经济管理职业技术学院	7	781	3	759	4	521	80	449	0.7	910	80	431
陕西警官职业学院	34	404	16	383	6	458	200	268	19.3	199	100	386
陕西能源职业技术学院	5	836	1	881	1	671	10	783	2.8	717	17	727
陕西青年职业学院	9	733	7	598	6	458	42	599	0.9	883	42	569
陕西艺术职业学院	18	592	3	759	9	376	40	607	11.6	331	80	431
陕西职业技术学院	70	224	22	306	21	197	107	398	20.3	189	172	284
汕头职业技术学院	74	206	31	207	15	272	433	141	7.4	482	433	135
汕尾职业技术学院	40	364	13	445	12	324	54	548	7.5	481	54	525
商洛职业技术学院	10	709	7	598	0	755	140	340	1.8	792	140	325
商丘医学高等专科学校	127	89	63	77	62	38	154	319	12.7	310	67	481
商丘职业技术学院	159	63	75	50	84	20	4	837	25.1	149	4	826
上海邦德职业技术学院	12	674	8	565	7	428	45	589	1.5	821	0	846
上海城建职业学院	67	236	47	116	12	324	2 073	31	20.5	184	992	49
上海出版印刷高等专科学校	29	456	26	253	23	175	1 365	49	14.1	279	1 343	35
上海电影艺术职业学院	19	567	1	881	5	485	20	713	10	387	16	729
上海电子信息职业技术学院	19	567	12	464	6	458	136	344	10.7	365	69.5	470
上海东海职业技术学院	25	488	11	487	9	376	295	194	5.9	543	295	179
上海工商外国语职业学院	88	167	31	207	57	53	454	135	8.8	421	454	128
上海工商职业技术学院	23	515	9	545	6	458	250	228	4.8	600	268	206
上海工艺美术职业学院	120	104	39	147	30	132	3 288.6	12	12.2	322	1 481.6	30
上海海事职业技术学院	6	811	2	822	1	671	50	566	1.6	813	15.8	735
上海济光职业技术学院	16	612	6	626	0	755	298	193	2.2	766	374.2	151
上海交通职业技术学院	14	648	10	515	8	398	65	496	4	636	34	622
上海科学技术职业学院	16	612	14	419	0	755	313	182	1.6	813	50	539
上海立达职业技术学院	35	397	21	317	6	458	275	210	6.2	532	460	127
上海旅游高等专科学校	39	369	25	268	20	213	715	86	23.9	155	705	80
上海民航职业技术学院	6	811	0	929	6	458	0	858	0.8	895	0	846

续表

其中:当年新开课题拨入经费(千元)		当年支出经费(千元)		研究与发展成果:著作(部)		研究与发展成果:学术论文(篇):合计		研究与发展成果:学术论文(篇):其中:国外学术刊物发表数		研究与发展成果:研究与咨询报告(篇):提交有关部门数		研究与发展成果:研究与咨询报告(篇):其中:被采纳数		获奖成果数(项):合计		获奖成果数(项):其中:国家级和省部级	
9.5	740	9.5	759	3	364	27	613	0	139	1	165	1	70	0	25	0	2
64	427	37	565	0	660	0	1 020	0	139	0	231	0	113	0	25	0	2
0	796	1	844	2	459	11	827	0	139	0	231	0	113	0	25	0	2
0	796	0	850	8	151	49	406	0	139	0	231	0	113	0	25	0	2
20	636	29	611	18	52	190	61	0	139	0	231	0	113	0	25	0	2
150	262	83.4	377	0	660	26	630	0	139	0	231	0	113	0	25	0	2
24	613	18	685	5	254	135	126	0	139	0	231	0	113	0	25	0	2
0	796	0	850	0	660	6	910	0	139	0	231	0	113	0	25	0	2
0	796	0	850	0	660	3	980	0	139	0	231	0	113	0	25	0	2
80	371	80	384	0	660	6	910	0	139	4	105	0	113	0	25	0	2
100	331	39	551	7	179	129	129	0	139	0	231	0	113	0	25	0	2
10	716	19	682	4	294	27	613	0	139	0	231	0	113	0	25	0	2
42	507	27	624	3	364	54	368	0	139	4	105	0	113	0	25	0	2
40	516	83.72	375	0	660	22	680	0	139	0	231	0	113	0	25	0	2
107	322	151.9	259	6	210	102	177	0	139	1	165	0	113	0	25	0	2
433	118	42.83	534	3	364	53	374	1	64	12	57	0	113	0	25	0	2
54	460	114	306	1	554	50	398	1	64	0	231	0	113	0	25	0	2
140	277	94	346	0	660	32	548	0	139	0	231	0	113	0	25	0	2
67	413	60.26	456	23	31	140	116	0	139	22	22	0	113	0	25	0	2
4	775	4	815	4	294	92	204	0	139	0	231	0	113	0	25	0	2
0	796	0	850	1	554	16	744	0	139	0	231	0	113	0	25	0	2
992	44	467.82	102	1	554	21	691	0	139	10	67	0	113	0	25	0	2
1 343	31	1 345	28	14	83	52	381	0	139	0	231	0	113	0	25	0	2
16	667	141.73	272	0	660	9	867	0	139	0	231	0	113	0	25	0	2
69.5	408	79.7	388	2	459	28	599	0	139	0	231	0	113	0	25	0	2
295	155	307.28	153	7	179	12	804	0	139	0	231	0	113	0	25	0	2
454	111	1 523.4	23	8	151	38	487	0	139	0	231	0	113	0	25	0	2
238	192	112.32	310	0	660	20	703	0	139	0	231	0	113	0	25	0	2
1 480.6	29	212.9	208	13	92	162	89	1	64	2	135	2	57	0	25	0	2
15.8	676	51.18	494	1	554	0	1 020	0	139	0	231	0	113	0	25	0	2
274.2	170	391.92	124	1	554	16	744	0	139	0	231	0	113	0	25	0	2
34	555	6	792	0	660	2	993	0	139	0	231	0	113	0	25	0	2
0	796	0	850	4	294	34	531	0	139	0	231	0	113	0	25	0	2
160	252	166.5	247	4	294	23	670	0	139	0	231	0	113	0	25	0	2
705	69	583.2	79	4	294	25	643	1	64	0	231	0	113	0	25	0	2
0	796	34.8	578	1	554	17	731	0	139	0	231	0	113	0	25	0	2

学校名称	研究与发展课题											
	课题总数（项）		当年新开课题数（项）		当年完成课题数（项）		当年新开课题批准经费（千元）		当年投入人数（人年）		当年拨入经费（千元）	
上海民远职业技术学院	9	733	0	929	1	671	0	858	3.2	688	0	846
上海农林职业技术学院	19	567	13	445	3	572	225	247	2.8	717	117	364
上海思博职业技术学院	63	248	17	370	15	272	464	134	7.4	482	597	97
上海体育职业学院	5	836	0	929	3	572	0	858	2.2	766	27.5	660
上海行健职业学院	42	350	10	515	17	245	164	307	3.9	643	109	376
上海震旦职业学院	12	674	12	464	0	755	1 147.4	58	4.2	629	912.4	58
上海中侨职业技术学院	1	943	1	881	0	755	150	327	0.2	952	150	313
绍兴职业技术学院	122	100	55	93	40	87	210	261	44.6	48	151	311
深圳信息职业技术学院	106	132	66	67	11	340	2 943	16	22	170	1 225.5	39
深圳职业技术学院	484	3	239	1	119	5	41 936.1	1	129.8	2	22 588.74	2
沈阳职业技术学院	77	196	39	147	23	175	93	424	31.4	99	94	404
石家庄财经职业学院	45	336	23	289	11	340	0	858	15.1	261	0	846
石家庄城市经济职业学院	8	757	8	565	8	398	120	372	6	537	68	476
石家庄工程职业学院	2	919	0	929	2	614	0	858	0.8	895	0	846
石家庄工商职业学院	11	690	0	929	4	521	0	858	3.1	693	0	846
石家庄经济职业学院	1	943	0	929	1	671	0	858	0.9	883	0	846
石家庄科技工程职业学院	12	674	4	710	6	458	0	858	3.7	657	0	846
石家庄科技信息职业学院	2	919	1	881	1	671	0	858	1	865	0	846
石家庄科技职业学院	1	943	0	929	1	671	0	858	0.6	920	0	846
石家庄理工职业学院	10	709	4	710	5	485	0	858	2.1	774	0	846
石家庄人民医学高等专科学校	0	973	0	929	0	755	0	858	0	961	0	846
石家庄铁路职业技术学院	19	567	6	626	12	324	36	637	2.6	735	36	611
石家庄信息工程职业学院	124	99	105	20	59	48	275.48	209	57.6	30	280.08	197
石家庄医学高等专科学校	19	567	10	515	5	485	6	813	10.1	385	9	794
石家庄邮电职业技术学院	41	356	19	342	15	272	349	165	12.5	315	281.7	193
石家庄幼儿师范高等专科学校	65	242	26	253	28	145	3	840	41	62	3.6	833
石家庄职业技术学院	84	175	33	195	35	106	65.5	495	32.2	91	88.35	420
顺德职业技术学院	477	4	157	3	73	27	6 728.32	3	62.6	25	6 725.67	3
朔州师范高等专科学校	0	973	0	929	0	755	0	858	0	961	0	846
朔州职业技术学院	1	943	1	881	0	755	0	858	0.7	910	0	846
私立华联学院	52	298	18	354	16	260	105.5	400	4.3	624	0	846
四川长江职业学院	28	466	17	370	3	572	0	858	5.9	543	0	846
四川城市职业学院	106	132	53	98	4	521	144	336	36.5	72	144	322
四川电子机械职业技术学院	0	973	0	929	0	755	0	858	0	961	0	846
四川工程职业技术学院	27	474	23	289	9	376	216	256	6.4	526	220.5	242
四川工商职业技术学院	59	265	15	400	11	340	179.4	290	28.7	121	228.52	234

续表

其中:当年新开课题拨入经费(千元)		当年支出经费(千元)		研究与发展成果										获奖成果数(项)			
				著作(部)		学术论文(篇)				研究与咨询报告(篇)				合计		其中:国家级和省部级	
						合计		其中:国外学术刊物发表数		提交有关部门数		其中:被采纳数					
0	796	78.15	392	0	660	3	980	0	139	0	231	0	113	0	25	0	2
110	317	98.81	337	0	660	3	980	0	139	0	231	0	113	0	25	0	2
442	114	812.39	49	7	179	30	575	0	139	0	231	0	113	0	25	0	2
0	796	22.04	656	0	660	4	952	0	139	1	165	0	113	0	25	0	2
89	359	25	635	1	554	9	867	0	139	0	231	0	113	0	25	0	2
912.4	51	441.76	110	12	96	13	787	0	139	0	231	0	113	0	25	0	2
150	262	144.82	265	0	660	0	1 020	0	139	0	231	0	113	0	25	0	2
56	454	88	366	4	294	86	227	0	139	1	165	1	70	0	25	0	2
1 225.5	36	1 150.96	32	8	151	117	145	0	139	0	231	0	113	0	25	0	2
19 759.26	2	23 874.78	1	26	25	378	7	5	6	0	231	0	113	0	25	0	2
83	368	94	346	9	134	71	298	0	139	4	105	0	113	0	25	0	2
0	796	0	850	4	294	38	487	0	139	1	165	0	113	0	25	0	2
68	410	68	431	0	660	0	1 020	0	139	0	231	0	113	0	25	0	2
0	796	0	850	0	660	8	884	0	139	2	135	0	113	0	25	0	2
0	796	0	850	1	554	13	787	0	139	0	231	0	113	0	25	0	2
0	796	0	850	0	660	1	1 006	0	139	0	231	0	113	0	25	0	2
0	796	0	850	1	554	26	630	0	139	0	231	0	113	0	25	0	2
0	796	0	850	0	660	11	827	0	139	0	231	0	113	0	25	0	2
0	796	0	850	0	660	10	851	0	139	0	231	0	113	0	25	0	2
0	796	0	850	5	254	11	827	0	139	0	231	0	113	0	25	0	2
0	796	0	850	0	660	9	867	0	139	0	231	0	113	0	25	0	2
36	543	38.44	558	0	660	12	804	0	139	0	231	0	113	0	25	0	2
271.48	172	54.58	477	25	27	853	2	0	139	27	17	0	113	0	25	0	2
6	756	3	825	4	294	15	760	0	139	0	231	0	113	0	25	0	2
230	198	424.98	114	3	364	72	290	3	18	1	165	1	70	0	25	0	2
0	796	30.97	595	16	68	181	67	0	139	0	231	0	113	0	25	0	2
65.5	420	67.46	433	3	364	77	270	4	11	1	165	1	70	0	25	0	2
5 496.42	3	5 331.63	3	12	96	206	52	2	34	0	231	0	113	0	25	0	2
0	796	0	850	2	459	32	548	0	139	0	231	0	113	0	25	0	2
0	796	0	850	0	660	5	929	0	139	0	231	0	113	0	25	0	2
0	796	0	850	17	58	31	566	0	139	0	231	0	113	0	25	0	2
0	796	0	850	7	179	55	365	0	139	0	231	0	113	0	25	0	2
144	272	10	745	22	33	224	39	0	139	43	9	1	70	0	25	0	2
0	796	0	850	0	660	0	1 020	0	139	0	231	0	113	0	25	0	2
213.5	211	173.35	239	8	151	12	804	0	139	0	231	0	113	0	25	0	2
64.75	426	193.61	225	7	179	68	307	0	139	0	231	0	113	0	25	0	2

学校名称	研究与发展课题											
	课题总数（项）		当年新开课题数（项）		当年完成课题数（项）		当年新开课题批准经费（千元）		当年投入人数（人年）		当年拨入经费（千元）	
四川管理职业学院	4	863	4	710	0	755	26	685	3.8	651	26	662
四川国际标榜职业学院	50	308	18	354	25	163	14.8	769	20.4	187	15.6	736
四川航天职业技术学院	0	973	0	929	0	755	0	858	0	961	0	846
四川护理职业学院	5	836	2	822	1	671	6	813	1	865	13	754
四川华新现代职业学院	53	290	16	383	26	156	43	596	8	449	66	483
四川化工职业技术学院	36	388	17	370	18	234	63	504	1.9	788	60	503
四川机电职业技术学院	2	919	2	822	0	755	0	858	0.6	920	0	846
四川建筑职业技术学院	30	448	10	515	19	222	93	424	10.8	357	235	226
四川交通职业技术学院	9	733	6	626	0	755	64	500	7	500	24	678
四川汽车职业技术学院	5	836	5	667	0	755	6	813	0.4	941	6	809
四川三河职业学院	21	544	13	445	8	398	6	813	10.8	357	0	846
四川商务职业学院	23	515	10	515	2	614	22.5	706	11.9	325	22.5	687
四川水利职业技术学院	87	170	14	419	58	51	118.4	379	16.7	237	311.78	173
四川托普信息技术职业学院	45	336	26	253	14	287	49	578	12.8	309	37.1	607
四川卫生康复职业学院	41	356	24	276	2	614	204	264	15.6	253	96	398
四川文化产业职业学院	99	148	29	222	11	340	225	247	15.6	253	0	846
四川文轩职业学院	23	515	8	565	2	614	0	858	7.6	476	0	846
四川西南航空职业学院	16	612	16	383	0	755	53	554	2.4	754	0	846
四川现代职业学院	24	506	11	487	5	485	43	596	11	353	43	567
四川信息职业技术学院	19	567	8	565	7	428	15	756	2.8	717	18	724
四川艺术职业学院	10	709	6	626	4	521	17	748	6	537	17	727
四川应用技术职业学院	6	811	6	626	0	755	0	858	6.2	532	0	846
四川邮电职业技术学院	7	781	6	626	0	755	14	770	2.4	754	14	749
四川幼儿师范高等专科学校	116	109	44	124	18	234	105.5	400	28.6	122	87.5	423
四川职业技术学院	109	125	28	232	17	245	540	111	12.6	312	532	111
四川中医药高等专科学校	9	733	4	710	3	572	16	749	1.2	843	16	729
四平职业大学	8	757	4	710	0	755	0	858	4.2	629	0	846
松原职业技术学院	8	757	8	565	0	755	0	858	0	961	0	846
嵩山少林武术职业学院	41	356	20	328	17	245	22	708	7	500	11	768
苏州百年职业学院	4	863	4	710	0	755	42	599	1.8	792	42	569
苏州高博软件技术职业学院	57	274	29	222	22	185	56	542	9.6	402	65	489
苏州工业园区服务外包职业学院	146	74	103	21	83	24	2 713.71	21	27.7	126	2 698.71	13
苏州工业园区职业技术学院	19	567	14	419	11	340	260	218	2.1	774	260	212
苏州工业职业技术学院	94	154	71	54	60	45	2 839	19	21.3	178	2 839	12
苏州工艺美术职业技术学院	132	83	38	155	40	87	902	68	30.1	110	876	63
苏州健雄职业技术学院	108	128	53	98	43	79	517	119	22.7	165	621	93

续表

其中：当年新开课题拨入经费（千元）		当年支出经费（千元）		研究与发展成果										获奖成果数（项）			
				著作（部）		学术论文（篇）				研究与咨询报告（篇）				合计		其中：国家级和省部级	
						合计		其中：国外学术刊物发表数		提交有关部门数		其中：被采纳数					
26	597	26	628	2	459	4	952	0	139	0	231	0	113	0	25	0	2
14.8	693	92.25	350	17	58	57	356	0	139	1	165	0	113	0	25	0	2
0	796	0	850	6	210	40	470	0	139	0	231	0	113	0	25	0	2
6	756	10	745	2	459	13	787	0	139	0	231	0	113	0	25	0	2
43	504	55.5	474	0	660	41	460	0	139	0	231	0	113	0	25	0	2
60	437	60	458	0	660	16	744	0	139	0	231	0	113	0	25	0	2
0	796	0	850	1	554	5	929	0	139	0	231	0	113	0	25	0	2
80	371	268	176	0	660	34	531	1	64	0	231	0	113	0	25	0	2
24	613	30.95	596	0	660	28	599	0	139	0	231	0	113	1	8	0	2
6	756	2	838	2	459	3	980	0	139	0	231	0	113	0	25	0	2
0	796	0	850	12	96	46	426	0	139	0	231	0	113	0	25	0	2
22.5	625	54.35	478	0	660	14	773	0	139	1	165	1	70	0	25	0	2
116.47	305	333.23	144	0	660	28	599	0	139	0	231	0	113	0	25	0	2
14.7	694	37.1	564	0	660	29	592	0	139	1	165	1	70	0	25	0	2
96	345	29.6	609	0	660	5	929	0	139	2	135	0	113	0	25	0	2
0	796	0	850	5	254	107	165	0	139	0	231	0	113	1	8	0	2
0	796	0	850	0	660	41	460	0	139	0	231	0	113	0	25	0	2
0	796	0	850	5	254	32	548	0	139	0	231	0	113	0	25	0	2
43	504	35	575	2	459	41	460	0	139	0	231	0	113	0	25	0	2
15	677	21	661	0	660	41	460	0	139	0	231	0	113	0	25	0	2
17	664	12.5	725	3	364	93	202	0	139	0	231	0	113	0	25	0	2
0	796	0	850	3	364	7	896	0	139	0	231	0	113	0	25	0	2
14	695	9.4	761	1	554	11	827	0	139	0	231	0	113	0	25	0	2
78	387	105.4	321	4	294	100	182	2	34	0	231	0	113	0	25	0	2
532	92	521.5	86	21	38	347	10	0	139	0	231	0	113	1	8	0	2
16	667	3.8	820	0	660	30	575	0	139	0	231	0	113	0	25	0	2
0	796	12.5	725	0	660	23	670	0	139	0	231	0	113	0	25	0	2
0	796	0	850	0	660	54	368	0	139	0	231	0	113	0	25	0	2
11	712	16	700	0	660	24	656	0	139	0	231	0	113	0	25	0	2
42	507	20	668	0	660	0	1 020	0	139	0	231	0	113	0	25	0	2
56	454	76	398	6	210	58	351	0	139	1	165	1	70	0	25	0	2
2 698.71	11	2 604.76	11	4	294	164	84	0	139	52	4	52	1	0	25	0	2
260	176	199.65	219	2	459	9	867	0	139	0	231	0	113	0	25	0	2
2 839	10	2 373.3	13	3	364	103	176	1	64	35	12	30	4	0	25	0	2
834	54	956.44	42	9	134	258	25	2	34	0	231	0	113	0	25	0	2
517	97	514.5	89	1	554	137	123	1	64	11	61	7	26	0	25	0	2

学校名称	研究与发展课题											
	课题总数（项）		当年新开课题数（项）		当年完成课题数（项）		当年新开课题批准经费（千元）		当年投入人数（人年）		当年拨入经费（千元）	
苏州经贸职业技术学院	205	33	138	7	113	6	1 907	33	76	12	1 951.5	23
苏州农业职业技术学院	25	488	17	370	9	376	175	293	5	585	134.5	332
苏州托普信息职业技术学院	4	863	2	822	1	671	20	713	1	865	20	701
苏州卫生职业技术学院	67	236	31	207	22	185	486	127	9.7	400	496	120
苏州信息职业技术学院	19	567	8	565	7	428	68	490	3.4	673	68	476
苏州幼儿师范高等专科学校	60	260	31	207	0	755	816	73	6.9	507	736	74
苏州职业大学	176	53	65	71	103	7	1 087	61	59	29	947.5	53
宿迁泽达职业技术学院	0	973	0	929	0	755	0	858	0	961	0	846
宿迁职业技术学院	4	863	2	822	1	671	0	858	0.9	883	3	835
宿州职业技术学院	18	592	6	626	1	671	72	475	0.8	895	38.8	602
台州科技职业学院	115	111	64	75	40	87	58.2	541	18.1	213	63	495
台州职业技术学院	91	158	49	109	34	113	761.8	78	26.7	137	899.8	60
太湖创意职业技术学院	1	943	1	881	1	671	5	824	0.9	883	5	816
太原旅游职业学院	66	240	33	195	13	302	75	471	19.4	197	0	846
泰山护理职业学院	11	690	6	626	1	671	32	653	3.5	666	32	632
泰山职业技术学院	50	308	31	207	19	222	200	268	15.6	253	200	258
泰州职业技术学院	48	322	24	276	8	398	239	234	11.4	336	639	89
唐山工业职业技术学院	130	85	53	98	62	38	22	708	17	229	22	688
唐山科技职业技术学院	3	890	3	759	1	671	0	858	1.2	843	0	846
唐山幼儿师范高等专科学校	9	733	3	759	0	755	9	801	3	699	9	794
唐山职业技术学院	70	224	50	105	47	67	0	858	27.3	130	0	846
天津滨海职业学院	51	302	29	222	21	197	2	844	14.4	278	3	835
天津渤海职业技术学院	20	555	12	464	1	671	2	844	7.9	455	30	638
天津城市建设管理职业技术学院	19	567	18	354	8	398	4	837	10.9	356	2	840
天津城市职业学院	40	364	27	245	9	376	34	648	11.7	327	5	816
天津电子信息职业技术学院	133	82	62	81	33	118	343	168	30.4	105	135	329
天津工程职业技术学院	11	690	3	759	10	362	6	813	3.3	682	39.2	599
天津工艺美术职业学院	0	973	0	929	0	755	0	858	0	961	0	846
天津公安警官职业学院	10	709	4	710	1	671	0	858	2.7	722	0	846
天津广播影视职业学院	0	973	0	929	0	755	0	858	0	961	0	846
天津国土资源和房屋职业学院	25	488	23	289	11	340	5	824	5.2	574	3	835
天津海运职业学院	72	214	34	186	13	302	112.5	391	24.6	152	100	386
天津机电职业技术学院	23	515	3	759	9	376	2	844	4.6	612	30	638
天津交通职业学院	79	189	43	130	14	287	39	629	48.4	35	9	794
天津轻工职业技术学院	17	602	17	370	0	755	14	770	1.7	802	14	749
天津商务职业学院	73	210	17	370	21	197	133.5	352	31.4	99	115	368

续表

其中：当年新开课题拨入经费（千元）		当年支出经费（千元）		研究与发展成果										获奖成果数（项）			
				著作（部）		学术论文（篇）				研究与咨询报告（篇）				合计		其中：国家级和省部级	
						合计		其中：国外学术刊物发表数		提交有关部门数		其中：被采纳数					
1 800	20	1 570.5	22	16	68	276	18	0	139	101	2	27	5	0	25	0	2
130	289	136	275	0	660	31	566	0	139	0	231	0	113	0	25	0	2
20	636	7	785	3	364	11	827	0	139	0	231	0	113	0	25	0	2
486	104	192.8	226	0	660	112	153	0	139	0	231	0	113	0	25	0	2
68	410	29.7	607	2	459	29	592	0	139	1	165	1	70	0	25	0	2
728	63	223.4	197	1	554	52	381	0	139	2	135	0	113	0	25	0	2
923.5	49	699.14	64	12	96	180	68	3	18	23	19	10	20	0	25	0	2
0	796	0	850	0	660	0	1 020	0	139	0	231	0	113	0	25	0	2
0	796	3	825	0	660	4	952	0	139	0	231	0	113	0	25	0	2
28.8	588	38.7	555	0	660	9	867	0	139	0	231	0	113	0	25	0	2
58.2	451	33.13	583	1	554	46	426	0	139	0	231	0	113	0	25	0	2
761.8	57	688.03	65	2	459	77	270	0	139	23	19	8	22	0	25	0	2
5	763	5	803	0	660	0	1 020	0	139	1	165	1	70	0	25	0	2
0	796	0	850	0	660	33	540	0	139	0	231	0	113	0	25	0	2
32	559	11.5	734	0	660	4	952	0	139	0	231	0	113	0	25	0	2
200	221	114	306	0	660	22	680	0	139	0	231	0	113	0	25	0	2
239	191	285.22	165	2	459	66	318	1	64	4	105	4	39	0	25	0	2
22	627	11	739	11	110	203	55	2	34	0	231	0	113	0	25	0	2
0	796	0	850	2	459	11	827	2	34	0	231	0	113	0	25	0	2
9	741	4	815	5	254	13	787	0	139	0	231	0	113	0	25	0	2
0	796	5	803	12	96	89	218	0	139	31	15	0	113	0	25	0	2
0	796	3	825	6	210	138	120	0	139	0	231	0	113	0	25	0	2
0	796	0	850	1	554	48	412	0	139	0	231	0	113	0	25	0	2
2	781	2	838	11	110	34	531	0	139	0	231	0	113	0	25	0	2
2	781	5	803	0	660	43	447	0	139	0	231	0	113	0	25	0	2
132	288	84.94	373	0	660	69	303	0	139	0	231	0	113	0	25	0	2
6	756	27.1	622	8	151	17	731	0	139	0	231	0	113	0	25	0	2
0	796	0	850	3	364	2	993	0	139	0	231	0	113	0	25	0	2
0	796	0	850	2	459	7	896	0	139	0	231	0	113	0	25	0	2
0	796	0	850	0	660	0	1 020	0	139	0	231	0	113	0	25	0	2
3	778	28	616	7	179	61	337	1	64	0	231	0	113	0	25	0	2
98	341	75	401	8	151	95	195	0	139	1	165	0	113	0	25	0	2
0	796	28	616	0	660	22	680	0	139	0	231	0	113	0	25	0	2
9	741	9	763	0	660	0	1 020	0	139	0	231	0	113	0	25	0	2
14	695	9	763	0	660	35	524	0	139	0	231	0	113	0	25	0	2
30	569	60.34	455	11	110	171	76	0	139	3	119	3	52	0	25	0	2

学校名称	研究与发展课题											
	课题总数（项）		当年新开课题数（项）		当年完成课题数（项）		当年新开课题批准经费（千元）		当年投入人数（人年）		当年拨入经费（千元）	
天津生物工程职业技术学院	0	973	0	929	0	755	0	858	0	961	0	846
天津石油职业技术学院	7	781	1	881	7	428	0	858	0.8	895	0	846
天津市职业大学	152	65	16	383	33	118	115	383	64.8	24	354.5	161
天津铁道职业技术学院	39	369	31	207	2	614	0	858	9.9	395	25	672
天津现代职业技术学院	52	298	25	268	24	168	2	844	36.2	75	7	807
天津冶金职业技术学院	23	515	8	565	1	671	7	811	8.5	430	10	772
天津医学高等专科学校	90	161	44	124	11	340	99	418	13.6	292	393.4	146
天津艺术职业学院	19	567	11	487	1	671	25	689	11.1	347	34.5	619
铁岭师范高等专科学校	0	973	0	929	0	755	0	858	0	961	0	846
铁岭卫生职业学院	0	973	0	929	0	755	0	858	0	961	0	846
通辽职业学院	12	674	7	598	1	671	10	783	8.7	424	10	772
桐城师范高等专科学校	20	555	11	487	2	614	170	297	8.2	442	150	313
铜川职业技术学院	2	919	1	881	1	671	40	607	2.2	766	5	816
铜陵职业技术学院	15	627	5	667	10	362	100	407	9.6	402	76.9	450
铜仁幼儿师范高等专科学校	138	80	31	207	30	132	385	155	45.5	45	385	148
皖北卫生职业学院	12	674	9	545	0	755	90	429	4	636	120	356
皖西卫生职业学院	6	811	4	710	2	614	60	512	2	783	40	581
威海海洋职业学院	9	733	8	565	0	755	16	749	17.5	223	16	729
威海职业学院	16	612	9	545	3	572	66	492	7.7	472	158	301
潍坊工商职业学院	1	943	1	881	0	755	60	512	3.1	693	60	503
潍坊职业学院	71	217	40	141	30	132	527	115	10.6	368	527	114
渭南职业技术学院	29	456	14	419	5	485	45	589	3	699	39.5	598
温州科技职业学院	79	189	32	204	4	521	299	191	30.9	103	223	238
温州职业技术学院	261	16	102	24	92	11	3 043	14	46.4	41	3 177.95	10
乌海职业技术学院	0	973	0	929	0	755	0	858	0	961	0	846
乌兰察布医学高等专科学校	2	919	2	822	0	755	40	607	1.2	843	30	638
乌兰察布职业学院	7	781	2	822	0	755	20	713	0.8	895	20	701
乌鲁木齐职业大学	75	202	15	400	20	213	316	178	15.1	261	318	169
无锡城市职业技术学院	70	224	40	141	19	222	180.4	285	14	281	180.4	277
无锡工艺职业技术学院	142	76	97	27	88	17	1 520.85	42	18	217	1 412.5	32
无锡科技职业学院	62	255	23	289	24	168	272	213	27.4	129	272	200
无锡南洋职业技术学院	21	544	21	317	0	755	15	756	15.9	249	15	738
无锡商业职业技术学院	127	89	63	77	49	61	1 391.55	45	28.9	118	1 343.55	34
无锡职业技术学院	179	50	102	24	30	132	1 827	34	26.9	133	1 375	33
芜湖职业技术学院	76	198	20	328	20	213	275	210	10.8	357	275	199
梧州职业学院	10	709	3	759	0	755	40	607	7.9	455	40	581

续表

其中:当年新开课题拨入经费(千元)		当年支出经费(千元)		研究与发展成果										获奖成果数(项)			
				著作(部)		学术论文(篇)				研究与咨询报告(篇)				合计		其中:国家级和省部级	
						合计		其中:国外学术刊物发表数		提交有关部门数		其中:被采纳数					
0	796	0	850	0	660	1	1 006	0	139	0	231	0	113	0	25	0	2
0	796	0	850	0	660	1	1 006	0	139	0	231	0	113	0	25	0	2
65.5	420	172.94	240	3	364	112	153	0	139	0	231	0	113	0	25	0	2
0	796	23.75	649	16	68	38	487	0	139	43	9	0	113	0	25	0	2
2	781	12.1	727	2	459	41	460	0	139	22	22	0	113	0	25	0	2
5	763	0	850	4	294	32	548	0	139	0	231	0	113	0	25	0	2
89.5	358	462.8	103	27	22	79	259	2	34	0	231	0	113	0	25	0	2
25	605	17.44	689	0	660	19	716	0	139	0	231	0	113	0	25	0	2
0	796	0	850	1	554	73	282	0	139	0	231	0	113	0	25	0	2
0	796	0	850	0	660	8	884	0	139	0	231	0	113	0	25	0	2
10	716	10	745	3	364	124	134	0	139	0	231	0	113	0	25	0	2
90	351	142	271	0	660	35	524	0	139	0	231	0	113	0	25	0	2
0	796	5	803	0	660	12	804	0	139	0	231	0	113	0	25	0	2
24.2	612	76.9	394	0	660	60	342	0	139	0	231	0	113	0	25	0	2
385	131	216	205	12	96	169	80	0	139	0	231	0	113	0	25	0	2
60	437	128	286	0	660	38	487	0	139	0	231	0	113	0	25	0	2
30	569	40	544	0	660	13	787	0	139	0	231	0	113	0	25	0	2
16	667	0	850	0	660	8	884	0	139	0	231	0	113	0	25	0	2
53	463	37.78	562	0	660	87	224	0	139	0	231	0	113	0	25	0	2
60	437	58	466	0	660	12	804	0	139	0	231	0	113	0	25	0	2
527	95	400	121	0	660	40	470	0	139	30	16	4	39	0	25	0	2
27.5	593	24.4	641	0	660	30	575	0	139	0	231	0	113	0	25	0	2
202	218	183.24	234	1	554	3	980	1	64	1	165	0	113	0	25	0	2
2 478	13	2 869.29	9	14	83	91	207	3	18	4	105	4	39	2	2	0	2
0	796	0	850	1	554	38	487	0	139	0	231	0	113	0	25	0	2
30	569	30	600	0	660	0	1 020	0	139	0	231	0	113	0	25	0	2
20	636	8	774	0	660	7	896	0	139	0	231	0	113	0	25	0	2
210	213	441.06	111	2	459	147	106	0	139	0	231	0	113	0	25	0	2
180.4	233	147	263	5	254	183	65	2	34	0	231	0	113	0	25	0	2
1 266.5	34	1 412.5	26	11	110	245	28	3	18	52	4	26	7	0	25	0	2
272	171	221	200	0	660	63	326	0	139	10	67	0	113	0	25	0	2
15	677	2.3	837	0	660	15	760	0	139	0	231	0	113	0	25	0	2
1 303.55	32	646.7	66	8	151	307	17	0	139	4	105	4	39	0	25	0	2
1 375	30	1 048.37	37	2	459	210	47	0	139	1	165	1	70	0	25	0	2
275	168	145.75	264	1	554	72	290	0	139	0	231	0	113	0	25	0	2
40	516	12.71	723	0	660	26	630	0	139	0	231	0	113	0	25	0	2

学校名称	研究与发展课题											
	课题总数（项）		当年新开课题数（项）		当年完成课题数（项）		当年新开课题批准经费（千元）		当年投入人数（人年）		当年拨入经费（千元）	
武昌职业学院	4	863	4	710	0	755	400	152	0.4	941	0	846
武汉工程职业技术学院	11	690	9	545	6	458	23	702	1.1	855	26	662
武汉海事职业学院	0	973	0	929	0	755	0	858	0	961	0	846
武汉交通职业学院	28	466	26	253	5	485	182	283	6.5	523	175	282
武汉民政职业学院	109	125	95	29	0	755	189.8	278	15.8	250	188.3	268
武汉商贸职业学院	38	378	11	487	7	428	8.6	804	18.8	204	33.12	625
武汉铁路职业技术学院	58	272	35	176	4	521	203	266	11.7	327	220	243
武汉外语外事职业学院	1	943	1	881	0	755	5	824	0.2	952	5	816
武汉信息传播职业技术学院	20	555	11	487	1	671	0	858	6.8	510	0	846
武汉职业技术学院	194	41	72	52	47	67	675	92	65	23	675	84
武威职业学院	5	836	5	667	0	755	62	506	1.1	855	62	497
武夷山职业学院	1	943	1	881	0	755	7.7	810	1	865	7.7	804
西安海棠职业学院	7	781	1	881	0	755	10	783	1.4	831	10	772
西安职业技术学院	10	709	6	626	3	572	5	824	1.4	831	33	626
西宁城市职业技术学院	0	973	0	929	0	755	0	858	0	961	0	846
西双版纳职业技术学院	36	388	14	419	9	376	257	221	26.8	135	262	209
锡林郭勒职业学院	12	674	5	667	0	755	240	233	0.8	895	230	231
厦门安防科技职业学院	15	627	4	710	2	614	20	713	1.5	821	10	772
厦门城市职业学院	150	67	50	105	23	175	533	112	31.8	95	599	95
厦门东海职业技术学院	18	592	3	759	4	521	30	664	6.6	518	73	454
厦门海洋职业技术学院	22	529	7	598	3	572	249.5	230	14.7	272	204.5	255
厦门华天涉外职业技术学院	35	397	12	464	13	302	120	372	15.2	259	105	378
厦门南洋职业学院	33	416	14	419	16	260	160	311	15	265	145	321
厦门软件职业技术学院	20	555	6	626	2	614	70	481	2.6	735	10	772
厦门兴才职业技术学院	29	456	10	515	2	614	100	407	5.1	577	100	386
厦门演艺职业学院	4	863	3	759	0	755	15	756	0.8	895	15	738
仙桃职业学院	2	919	2	822	0	755	23	702	0.8	895	4	826
咸阳职业技术学院	27	474	12	464	11	340	95	421	9.3	411	95	400
湘南幼儿师范高等专科学校	21	544	2	822	1	671	20	713	7.4	482	20	701
湘潭医卫职业技术学院	44	343	44	124	0	755	1 010	62	17.7	221	1 007	48
湘西民族职业技术学院	11	690	5	667	0	755	53	554	5.6	555	53	531
潇湘职业学院	0	973	0	929	0	755	0	858	0	961	0	846
忻州职业技术学院	0	973	0	929	0	755	0	858	0	961	0	846
新疆兵团警官高等专科学校	16	612	6	626	1	671	383	157	14.5	275	411	142
新疆交通职业技术学院	14	648	8	565	3	572	55	545	7.9	455	48	553
新疆农业职业技术学院	84	175	39	147	33	118	579.5	104	10.5	372	120.29	355

续表

其中:当年新开课题拨入经费（千元）		当年支出经费（千元）		研究与发展成果										获奖成果数（项）			
				著作（部）		学术论文（篇）				研究与咨询报告（篇）				合计		其中:国家级和省部级	
						合计		其中:国外学术刊物发表数		提交有关部门数		其中:被采纳数					
0	796	0	850	0	660	11	827	0	139	0	231	0	113	0	25	0	2
18	660	16	700	4	294	29	592	0	139	0	231	0	113	0	25	0	2
0	796	0	850	0	660	4	952	0	139	0	231	0	113	0	25	0	2
175	240	95.44	344	6	210	59	345	0	139	0	231	0	113	0	25	0	2
188.3	226	386.7	127	9	134	88	221	0	139	0	231	0	113	0	25	0	2
3.16	777	33.12	584	0	660	84	240	0	139	0	231	0	113	0	25	0	2
203	217	101.8	330	17	58	95	195	0	139	0	231	0	113	0	25	0	2
5	763	2	838	0	660	13	787	0	139	0	231	0	113	0	25	0	2
0	796	0	850	0	660	9	867	0	139	0	231	0	113	0	25	0	2
675	74	706	60	46	6	276	18	0	139	5	96	5	33	0	25	0	2
62	432	24.3	642	7	179	15	760	0	139	0	231	0	113	0	25	0	2
7.7	753	7.7	780	2	459	0	1 020	0	139	0	231	0	113	0	25	0	2
10	716	9	763	0	660	7	896	0	139	0	231	0	113	0	25	0	2
5	763	33	585	0	660	5	929	0	139	0	231	0	113	0	25	0	2
0	796	0	850	0	660	0	1 020	0	139	0	231	0	113	0	25	0	2
252	183	131.26	282	4	294	62	331	0	139	1	165	0	113	0	25	0	2
230	198	77.46	393	5	254	26	630	0	139	0	231	0	113	0	25	0	2
10	716	15	710	1	554	14	773	0	139	0	231	0	113	0	25	0	2
533	91	759.76	55	0	660	101	180	0	139	1	165	1	70	0	25	0	2
15	677	66	438	4	294	12	804	0	139	2	135	0	113	0	25	0	2
204.5	216	84.95	372	0	660	32	548	0	139	0	231	0	113	0	25	0	2
105	323	134.84	279	0	660	25	643	0	139	0	231	0	113	0	25	0	2
135	282	133.95	280	12	96	37	499	0	139	0	231	0	113	0	25	0	2
10	716	26.02	627	0	660	17	731	0	139	0	231	0	113	0	25	0	2
100	331	89.56	361	0	660	17	731	0	139	0	231	0	113	0	25	0	2
15	677	1	844	1	554	17	731	0	139	0	231	0	113	0	25	0	2
4	775	6	792	9	134	24	656	0	139	0	231	0	113	0	25	0	2
95	346	67	434	5	254	72	290	0	139	0	231	0	113	0	25	0	2
20	636	9.05	762	7	179	60	342	0	139	0	231	0	113	0	25	0	2
1 007	43	942	44	1	554	104	172	0	139	0	231	0	113	0	25	0	2
53	463	57	468	3	364	25	643	0	139	0	231	0	113	0	25	0	2
0	796	0	850	0	660	0	1 020	0	139	0	231	0	113	0	25	0	2
0	796	0	850	0	660	11	827	0	139	0	231	0	113	0	25	0	2
306	151	55.96	473	1	554	9	867	0	139	0	231	0	113	0	25	0	2
45	498	25.3	632	2	459	12	804	0	139	0	231	0	113	0	25	0	2
111.27	314	62.43	450	7	179	62	331	5	6	0	231	0	113	0	25	0	2

学校名称	研究与发展课题											
	课题总数（项）		当年新开课题数（项）		当年完成课题数（项）		当年新开课题批准经费（千元）		当年投入人数（人年）		当年拨入经费（千元）	
新疆轻工职业技术学院	7	781	4	710	0	755	24	697	1.1	855	14	749
新疆师范高等专科学校	175	54	32	204	21	197	936	67	66.4	21	793.5	67
新疆天山职业技术学院	13	660	3	759	5	485	30	664	3.3	682	68.8	473
新疆铁道职业技术学院	7	781	7	598	0	755	21	712	3.5	666	21	694
新疆应用职业技术学院	25	488	0	929	4	521	0	858	3	699	15	738
新疆职业大学	15	627	2	822	0	755	59	538	2.5	741	59	515
新乡职业技术学院	49	315	34	186	15	272	54	548	10.6	368	32	632
信阳职业技术学院	76	198	29	222	47	67	160	311	0.5	933	140	325
兴安职业技术学院	9	733	5	667	2	614	60	512	3.8	651	60	503
邢台医学高等专科学校	15	627	7	598	2	614	0	858	11.7	327	1	842
邢台职业技术学院	69	228	40	141	25	163	1 637	38	8.5	430	1 637	26
徐州工业职业技术学院	121	102	60	84	31	126	401	151	12.9	307	407	144
徐州生物工程职业技术学院	50	308	16	383	13	302	23	702	5	585	21	694
徐州幼儿师范高等专科学校	90	161	44	124	23	175	330	171	18.1	213	295	179
许昌电气职业学院	10	709	10	515	2	614	8.4	805	2.2	766	8.4	799
许昌职业技术学院	87	170	34	186	49	61	43	596	9.5	405	49	551
宣城职业技术学院	5	836	2	822	0	755	40	607	3.6	659	50	539
宣化科技职业学院	44	343	36	169	4	521	0	858	43.8	52	0	846
雅安职业技术学院	60	260	23	289	16	260	60.8	510	21	181	90.3	410
烟台工程职业技术学院	27	474	10	515	13	302	61	508	10.3	382	61	500
烟台黄金职业学院	4	863	3	759	0	755	6	813	0.8	895	0	846
烟台汽车工程职业学院	0	973	0	929	0	755	0	858	0	961	0	846
烟台职业学院	1	943	0	929	1	671	0	858	0.6	920	8	800
延安职业技术学院	15	627	8	565	5	485	75	471	2.9	714	75	451
延边职业技术学院	5	836	2	822	3	572	0	858	3.4	673	0	846
炎黄职业技术学院	0	973	0	929	0	755	0	858	0	961	0	846
盐城工业职业技术学院	210	27	83	41	92	11	1 720.7	36	32.2	91	1 615.7	27
盐城幼儿师范高等专科学校	34	404	23	289	0	755	288	204	7.8	466	248	222
扬州工业职业技术学院	139	77	110	16	90	15	1 308.1	52	16.6	241	1 295.1	37
扬州市职业大学	323	5	155	4	258	2	445.2	138	71.2	16	416.2	140
扬州中瑞酒店职业学院	0	973	0	929	0	755	0	858	0	961	0	846
阳江职业技术学院	91	158	35	176	13	302	238	235	18.1	213	143.8	323
阳泉师范高等专科学校	3	890	1	881	1	671	120	372	1.2	843	120	356
杨凌职业技术学院	6	811	5	667	0	755	31	659	2.5	741	31	636
伊春职业学院	0	973	0	929	0	755	0	858	0	961	0	846
伊犁职业技术学院	6	811	6	626	6	458	24	697	0.6	920	24	678

续表

其中:当年新开课题拨入经费(千元)		当年支出经费(千元)		研究与发展成果										获奖成果数(项)			
				著作(部)		学术论文(篇)				研究与咨询报告(篇)				合计		其中:国家级和省部级	
						合计		其中:国外学术刊物发表数		提交有关部门数		其中:被采纳数					
14	695	30	600	3	364	44	440	0	139	1	165	1	70	0	25	0	2
715	67	1 492.55	24	2	459	178	69	0	139	0	231	0	113	0	25	0	2
15	677	66.4	436	0	660	10	851	0	139	0	231	0	113	0	25	0	2
21	632	5.8	798	0	660	22	680	0	139	0	231	0	113	0	25	0	2
0	796	59.76	463	0	660	77	270	0	139	0	231	0	113	0	25	0	2
59	449	75.75	399	0	660	37	499	0	139	0	231	0	113	0	25	0	2
32	559	32	590	4	294	96	191	1	64	15	40	0	113	0	25	0	2
120	303	155	258	2	459	24	656	0	139	0	231	0	113	0	25	0	2
60	437	60	458	2	459	35	524	0	139	2	135	0	113	0	25	0	2
0	796	1	844	4	294	13	787	1	64	0	231	0	113	0	25	0	2
1 633	25	1 405.89	27	3	364	105	168	0	139	0	231	0	113	0	25	0	2
401	126	342.7	137	5	254	81	252	0	139	0	231	0	113	0	25	0	2
21	632	51.7	492	1	554	48	412	0	139	13	54	0	113	0	25	0	2
275	168	255.35	184	6	210	126	131	0	139	0	231	0	113	0	25	0	2
8.4	747	8.4	770	3	364	20	703	0	139	0	231	0	113	0	25	0	2
43	504	49	506	7	179	31	566	0	139	0	231	0	113	0	25	0	2
20	636	50	499	2	459	17	731	0	139	0	231	0	113	0	25	0	2
0	796	0	850	0	660	25	643	0	139	0	231	0	113	0	25	0	2
55.8	458	59.75	464	0	660	54	368	0	139	0	231	0	113	0	25	0	2
61	435	59.63	465	1	554	17	731	0	139	1	165	1	70	0	25	0	2
0	796	0	850	0	660	0	1 020	0	139	0	231	0	113	0	25	0	2
0	796	0	850	0	660	2	993	0	139	0	231	0	113	0	25	0	2
0	796	20	668	0	660	37	499	0	139	0	231	0	113	0	25	0	2
75	391	46	518	0	660	14	773	0	139	0	231	0	113	0	25	0	2
0	796	0	850	0	660	12	804	0	139	0	231	0	113	0	25	0	2
0	796	0	850	0	660	17	731	0	139	0	231	0	113	0	25	0	2
1 600.7	26	701.83	62	3	364	117	145	0	139	35	12	2	57	0	25	0	2
248	188	1 020	39	0	660	62	331	0	139	0	231	0	113	0	25	0	2
1 295.1	33	1 174.3	31	2	459	164	84	0	139	20	28	18	10	0	25	0	2
395.2	129	416.2	119	0	660	232	35	0	139	243	1	6	28	0	25	0	2
0	796	0	850	0	660	0	1 020	0	139	0	231	0	113	0	25	0	2
56.6	453	56.27	470	5	254	112	153	0	139	0	231	0	113	0	25	0	2
120	303	120	295	0	660	16	744	0	139	0	231	0	113	0	25	0	2
31	567	13	718	8	151	30	575	0	139	0	231	0	113	0	25	0	2
0	796	0	850	2	459	14	773	0	139	0	231	0	113	0	25	0	2
24	613	24	644	0	660	9	867	0	139	0	231	0	113	0	25	0	2

学校名称	研究与发展课题											
	课题总数（项）		当年新开课题数（项）		当年完成课题数（项）		当年新开课题批准经费（千元）		当年投入人数（人年）		当年拨入经费（千元）	
宜春幼儿师范高等专科学校	30	448	25	268	0	755	53.5	552	9.5	405	72	457
宜春职业技术学院	3	890	3	759	0	755	47	581	0	961	0	846
义乌工商职业技术学院	196	39	103	21	20	213	3 295.47	11	67.7	19	1 853.38	24
益阳医学高等专科学校	11	690	11	487	0	755	52	559	3.9	643	52	532
应天职业技术学院	7	781	5	667	2	614	50	566	2.1	774	40	581
营口职业技术学院	0	973	0	929	0	755	0	858	0	961	0	846
永城职业学院	29	456	14	419	15	272	28	680	16.3	244	14	749
榆林职业技术学院	15	627	5	667	5	485	39	629	1.7	802	35	615
玉溪农业职业技术学院	3	890	3	759	0	755	25	689	1.2	843	25	672
岳阳职业技术学院	5	836	2	822	2	614	40	607	0.5	933	60	503
云南财经职业学院	19	567	14	419	0	755	115	383	18.6	206	72	457
云南国防工业职业技术学院	53	290	20	328	13	302	150	327	5.9	543	166	293
云南国土资源职业学院	69	228	12	464	5	485	70	481	13.4	298	140	325
云南机电职业技术学院	9	733	4	710	4	521	42	599	7.3	488	42	569
云南交通运输职业学院	0	973	0	929	0	755	0	858	0	961	0	846
云南交通职业技术学院	18	592	7	598	0	755	310	183	11.5	333	40	581
云南经贸外事职业学院	11	690	4	710	4	521	85	442	8	449	272	200
云南林业职业技术学院	19	567	11	487	8	398	150	327	4	636	155	305
云南旅游职业学院	38	378	27	245	4	521	565	106	10.5	372	465	126
云南能源职业技术学院	39	369	13	445	8	398	95	421	11.1	347	95	400
云南商务职业学院	0	973	0	929	0	755	0	858	0	961	0	846
云南水利水电职业学院	0	973	0	929	0	755	0	858	0	961	0	846
云南司法警官职业学院	24	506	4	710	15	272	62	506	16.2	245	271	202
云南体育运动职业技术学院	33	416	0	929	23	175	0	858	8.9	417	57	517
云南外事外语职业学院	10	709	7	598	0	755	71	478	3.9	643	71	461
云南文化艺术职业学院	18	592	4	710	2	614	80	449	12.7	310	80	431
云南锡业职业技术学院	15	627	6	626	3	572	51	564	10.4	378	51	537
运城护理职业学院	0	973	0	929	0	755	0	858	0	961	0	846
运城师范高等专科学校	17	602	8	565	1	671	80	449	7	500	33.15	624
运城职业技术学院	4	863	0	929	0	755	0	858	0.9	883	0	846
枣庄职业学院	19	567	18	354	9	376	47	581	10	387	47	558
扎兰屯职业学院	1	943	1	881	0	755	0	858	1	865	0	846
湛江幼儿师范专科学校	39	369	24	276	1	671	200	268	5.6	555	68.5	474
张家口职业技术学院	36	388	16	383	20	213	0	858	6.4	526	0	846
漳州城市职业学院	45	336	15	400	12	324	58.5	540	20.5	184	61.5	499
漳州科技职业学院	13	660	6	626	4	521	3 023	15	2.8	717	26	662

续表

其中:当年新开课题拨入经费(千元)		当年支出经费(千元)		著作(部)		研究与发展成果								获奖成果数(项)			
						学术论文(篇)				研究与咨询报告(篇)							
						合计		其中:国外学术刊物发表数		提交有关部门数		其中:被采纳数		合计		其中:国家级和省部级	
47	492	38.2	559	3	364	12	804	0	139	0	231	0	113	0	25	0	2
0	796	0	850	6	210	67	313	0	139	0	231	0	113	0	25	0	2
1 853.38	19	1 103.13	36	15	76	170	77	0	139	0	231	0	113	0	25	0	2
52	468	32	590	1	554	20	703	0	139	0	231	0	113	0	25	0	2
40	516	15.1	709	0	660	18	725	0	139	0	231	0	113	0	25	0	2
0	796	0	850	6	210	102	177	0	139	0	231	0	113	0	25	0	2
14	695	14	714	1	554	26	630	0	139	0	231	0	113	0	25	0	2
35	547	53.87	483	1	554	13	787	0	139	0	231	0	113	0	25	0	2
25	605	9.6	758	1	554	12	804	0	139	0	231	0	113	0	25	0	2
40	516	10	745	0	660	7	896	0	139	0	231	0	113	0	25	0	2
37	540	62.5	449	0	660	0	1 020	0	139	0	231	0	113	0	25	0	2
150	262	196	224	7	179	78	264	10	1	0	231	0	113	0	25	0	2
70	399	13.38	715	5	254	78	264	0	139	1	165	0	113	0	25	0	2
42	507	55.1	475	3	364	57	356	0	139	1	165	0	113	0	25	0	2
0	796	0	850	0	660	0	1 020	0	139	0	231	0	113	0	25	0	2
40	516	8	774	0	660	21	691	0	139	0	231	0	113	0	25	0	2
20	636	260	180	2	459	1	1 006	0	139	1	165	0	113	0	25	0	2
150	262	50	499	0	660	7	896	0	139	1	165	0	113	0	25	0	2
465	109	89.86	360	8	151	82	246	0	139	0	231	0	113	0	25	0	2
95	346	100.9	333	3	364	46	426	0	139	0	231	0	113	0	25	0	2
0	796	0	850	0	660	0	1 020	0	139	0	231	0	113	0	25	0	2
0	796	0	850	0	660	0	1 020	0	139	0	231	0	113	0	25	0	2
62	432	223.94	196	0	660	38	487	0	139	0	231	0	113	0	25	0	2
0	796	205	216	0	660	48	412	0	139	0	231	0	113	0	25	0	2
71	396	49	506	0	660	37	499	0	139	0	231	0	113	0	25	0	2
80	371	633.2	68	5	254	17	731	0	139	0	231	0	113	0	25	0	2
51	473	51.3	493	0	660	16	744	0	139	0	231	0	113	0	25	0	2
0	796	0	850	0	660	0	1 020	0	139	0	231	0	113	0	25	0	2
15	677	4.43	814	3	364	34	531	0	139	0	231	0	113	0	25	0	2
0	796	0	850	0	660	24	656	0	139	0	231	0	113	0	25	0	2
47	492	8.2	772	3	364	24	656	0	139	0	231	0	113	0	25	0	2
0	796	0	850	3	364	14	773	0	139	0	231	0	113	0	25	0	2
32	559	19.6	678	4	294	76	275	0	139	0	231	0	113	0	25	0	2
0	796	0	850	0	660	23	670	0	139	0	231	0	113	0	25	0	2
58.5	450	9.85	757	2	459	71	298	0	139	0	231	0	113	0	25	0	2
26	597	28.05	615	1	554	19	716	0	139	0	231	0	113	0	25	0	2

学校名称	研究与发展课题											
	课题总数（项）		当年新开课题数（项）		当年完成课题数（项）		当年新开课题批准经费（千元）		当年投入人数（人年）		当年拨入经费（千元）	
漳州理工职业学院	37	386	11	487	13	302	34.3	647	3.9	643	34.3	620
漳州卫生职业学院	88	167	20	328	25	163	135	346	26.2	140	129	341
漳州职业技术学院	101	145	23	289	18	234	77.1	469	32.4	90	67.6	480
昭通卫生职业学院	3	890	3	759	0	755	18	744	1.6	813	0	846
肇庆医学高等专科学校	74	206	67	65	0	755	380	158	7.4	482	380	150
浙江安防职业技术学院	25	488	16	383	10	362	30	664	2.7	722	26	662
浙江东方职业技术学院	125	96	48	111	72	28	365	162	27.7	126	403	145
浙江纺织服装职业技术学院	269	13	103	21	40	87	4 337	7	35.1	78	3 778.5	7
浙江工贸职业技术学院	202	36	108	18	33	118	3 809.1	8	47.5	39	3 829.6	6
浙江工商职业技术学院	306	10	136	8	62	38	2 308	26	76.5	11	2 222	18
浙江工业职业技术学院	177	51	69	61	12	324	384.5	156	14.8	269	417.5	139
浙江广厦建设职业技术学院	109	125	44	124	59	48	72	475	11.4	336	103	382
浙江国际海运职业技术学院	37	386	22	306	25	163	132	353	18	217	93	405
浙江横店影视职业学院	219	21	124	11	102	8	1 254	54	54.8	31	944.7	55
浙江机电职业技术学院	50	308	23	289	10	362	94	423	17.8	220	121	353
浙江建设职业技术学院	39	369	20	328	16	260	184	282	32.5	87	194	263
浙江交通职业技术学院	22	529	11	487	4	521	93	424	5	585	223	238
浙江金融职业学院	322	6	125	10	90	15	1 311.83	50	82.6	9	899.43	61
浙江经济职业技术学院	218	23	84	39	51	57	222	254	43	56	268.5	205
浙江经贸职业技术学院	196	39	77	47	58	51	1 368.36	48	85.9	8	1 070.54	46
浙江旅游职业学院	529	2	171	2	291	1	6 703	4	179.2	1	6 525.75	4
浙江农业商贸职业学院	166	60	78	45	48	65	212	258	39	65	233	228
浙江商业职业技术学院	236	17	134	9	102	8	2 282.67	27	39.1	64	2 280.47	17
浙江特殊教育职业学院	50	308	12	464	18	234	304	186	18.4	212	186.2	270
浙江体育职业技术学院	46	331	13	445	12	324	253	227	14.8	269	125	346
浙江同济科技职业学院	92	156	38	155	27	150	114	388	12.4	316	117	364
浙江医药高等专科学校	138	80	37	162	17	245	642.2	98	41.5	60	863.2	64
浙江艺术职业学院	121	102	41	140	31	126	135	346	43.4	55	155	305
浙江邮电职业技术学院	49	315	21	317	11	340	5	824	7.6	476	5	816
浙江育英职业技术学院	65	242	17	370	27	150	25	689	8	449	0	846
浙江舟山群岛新区旅游与健康职业学院	53	290	28	232	24	168	50	566	20.1	191	10	772
镇江市高等专科学校	111	121	71	54	49	61	751.7	79	31	101	741.1	73
正德职业技术学院	19	567	11	487	4	521	33	651	8.1	444	33	626
郑州财税金融职业学院	78	193	48	111	17	245	70	481	6.7	514	70	463
郑州城市职业学院	55	278	26	253	19	222	0	858	5.1	577	0	846

续表

其中:当年新开课题拨入经费(千元)		当年支出经费(千元)		研究与发展成果										获奖成果数(项)			
				著作(部)		学术论文(篇)				研究与咨询报告(篇)				合计		其中:国家级和省部级	
						合计		其中:国外学术刊物发表数		提交有关部门数		其中:被采纳数					
34.3	554	38.5	557	4	294	19	716	0	139	0	231	0	113	0	25	0	2
129	294	51	495	0	660	28	599	0	139	0	231	0	113	0	25	0	2
67.6	412	80.1	383	1	554	71	298	0	139	0	231	0	113	0	25	0	2
0	796	0	850	0	660	3	980	0	139	0	231	0	113	0	25	0	2
380	132	216.8	204	4	294	50	398	0	139	0	231	0	113	0	25	0	2
22	627	25.88	630	0	660	28	599	2	34	0	231	0	113	0	25	0	2
330	142	257.88	182	4	294	96	191	0	139	11	61	2	57	0	25	0	2
3 368.5	8	3 524.55	6	9	134	37	499	0	139	3	119	0	113	0	25	0	2
3 480.1	7	4 225.52	5	22	33	83	243	1	64	0	231	0	113	0	25	0	2
1 768	21	1 024.82	38	9	134	138	120	0	139	7	84	0	113	1	8	0	2
281.5	163	223	198	10	123	35	524	0	139	2	135	0	113	0	25	0	2
42	507	72.45	414	4	294	85	232	0	139	0	231	0	113	0	25	0	2
48	488	85.7	370	2	459	16	744	0	139	23	19	0	113	0	25	0	2
943.5	48	1 114.7	35	1	554	199	56	0	139	15	40	0	113	0	25	0	2
50	475	80.64	380	2	459	57	356	0	139	2	135	0	113	1	8	0	2
184	229	160.41	255	2	459	30	575	0	139	1	165	0	113	0	25	0	2
93	349	205.53	214	0	660	6	910	0	139	0	231	0	113	0	25	0	2
581.83	83	838.99	47	9	134	208	50	0	139	8	78	8	22	0	25	0	2
137.5	281	285.17	166	9	134	192	59	9	2	0	231	0	113	0	25	0	2
824.54	55	785.93	51	20	44	329	11	0	139	5	96	0	113	0	25	0	2
4 812	4	4 440.52	4	50	5	386	6	3	18	34	14	0	113	0	25	0	2
202	218	54.22	479	4	294	238	31	0	139	0	231	0	113	0	25	0	2
1 939.47	17	1 692.97	19	35	9	266	22	3	18	2	135	0	113	0	25	0	2
176	238	21.2	660	3	364	51	389	0	139	0	231	0	113	0	25	0	2
50	475	161.68	253	2	459	15	760	0	139	15	40	6	28	0	25	0	2
110	317	71.2	417	2	459	95	195	0	139	1	165	0	113	0	25	0	2
577.2	85	733.44	58	3	364	68	307	0	139	0	231	0	113	0	25	0	2
35	547	104.97	325	4	294	100	182	0	139	0	231	0	113	0	25	0	2
5	763	16.42	697	0	660	24	656	1	64	0	231	0	113	0	25	0	2
0	796	0	850	6	210	78	264	0	139	2	135	0	113	0	25	0	2
10	716	108.6	316	6	210	27	613	0	139	0	231	0	113	0	25	0	2
479.1	105	637.8	67	4	294	105	168	0	139	0	231	0	113	0	25	0	2
33	558	8.2	772	2	459	25	643	0	139	0	231	0	113	0	25	0	2
70	399	70	423	18	52	164	84	1	64	2	135	0	113	0	25	0	2
0	796	0	850	5	254	27	613	1	64	0	231	0	113	0	25	0	2

学校名称	研究与发展课题											
	课题总数（项）		当年新开课题数（项）		当年完成课题数（项）		当年新开课题批准经费（千元）		当年投入人数（人年）		当年拨入经费（千元）	
郑州电力高等专科学校	25	488	14	419	9	376	0	858	2.5	741	0	846
郑州电力职业技术学院	0	973	0	929	0	755	0	858	0	961	0	846
郑州电子信息职业技术学院	2	919	2	822	0	755	0	858	0.5	933	0	846
郑州黄河护理职业学院	6	811	3	759	4	521	0	858	0.6	920	0	846
郑州理工职业学院	5	836	5	667	5	485	0	858	1.5	821	0	846
郑州旅游职业学院	21	544	10	515	9	376	150.5	326	6.5	523	260	212
郑州澍青医学高等专科学校	43	347	3	759	34	113	0	858	5.5	563	0	846
郑州铁路职业技术学院	29	456	15	400	12	324	89	435	5.1	577	99	395
郑州信息工程职业学院	30	448	8	565	21	197	0	858	2.4	754	0	846
郑州信息科技职业学院	21	544	9	545	11	340	290	200	9.9	395	290	184
郑州幼儿师范高等专科学校	42	350	15	400	10	362	130	355	20	194	106	377
郑州职业技术学院	48	322	26	253	22	185	26	685	48	36	48	553
中山火炬职业技术学院	33	416	14	419	14	287	198	273	5.7	549	257	216
中山职业技术学院	22	529	20	328	13	302	734	83	7.8	466	689.6	82
钟山职业技术学院	23	515	10	515	4	521	82	447	3.3	682	5	816
重庆安全技术职业学院	4	863	1	881	0	755	8	806	2.6	735	26	662
重庆财经职业学院	106	132	26	253	34	113	139	343	16.8	233	293.5	181
重庆城市管理职业学院	75	202	29	222	22	185	701	87	15.1	261	779	69
重庆城市职业学院	49	315	28	232	7	428	196	274	5.7	549	201	257
重庆传媒职业学院	0	973	0	929	0	755	0	858	0	961	0	846
重庆电力高等专科学校	10	709	4	710	8	398	25	689	2.1	774	21	694
重庆电信职业学院	6	811	2	822	0	755	40	607	1.2	843	40	581
重庆电讯职业学院	8	757	5	667	0	755	35	640	3	699	79	443
重庆电子工程职业学院	71	217	35	176	10	362	696	89	11	353	614	94
重庆房地产职业学院	28	466	23	289	13	302	884.6	70	6.8	510	252.4	220
重庆工程职业技术学院	116	109	36	169	10	362	1 272	53	8.3	437	1 266	38
重庆工贸职业技术学院	22	529	7	598	8	398	54	548	3.4	673	54	525
重庆工商职业学院	93	155	33	195	38	99	324	176	30	113	392	147
重庆工业职业技术学院	113	118	69	61	14	287	665	95	31.6	97	665	86
重庆公共运输职业学院	9	733	7	598	0	755	42	599	2.7	722	42	569
重庆海联职业技术学院	10	709	2	822	2	614	40	607	2.4	754	48	553
重庆航天职业技术学院	11	690	1	881	2	614	10	783	3.4	673	10	772

续表

其中:当年新开课题拨入经费(千元)		当年支出经费(千元)		研究与发展成果 著作(部)		学术论文(篇) 合计		学术论文(篇) 其中:国外学术刊物发表数		研究与咨询报告(篇) 提交有关部门数		研究与咨询报告(篇) 其中:被采纳数		获奖成果数(项) 合计		获奖成果数(项) 其中:国家级和省部级	
0	796	0	850	0	660	7	896	0	139	9	74	0	113	0	25	0	2
0	796	0	850	0	660	40	470	0	139	1	165	0	113	0	25	0	2
0	796	0	850	1	554	6	910	1	64	0	231	0	113	0	25	0	2
0	796	0	850	0	660	4	952	0	139	0	231	0	113	0	25	0	2
0	796	0	850	0	660	5	929	0	139	5	96	0	113	0	25	0	2
115	307	205.2	215	3	364	99	188	1	64	0	231	0	113	0	25	0	2
0	796	0	850	4	294	77	270	0	139	0	231	0	113	0	25	0	2
89	359	108.5	317	6	210	163	87	2	34	0	231	0	113	0	25	0	2
0	796	0	850	0	660	14	773	0	139	0	231	0	113	0	25	0	2
290	156	290	162	0	660	11	827	0	139	0	231	0	113	0	25	0	2
30	569	96.52	339	7	179	73	282	0	139	1	165	0	113	0	25	0	2
26	597	48	510	22	33	38	487	2	34	0	231	0	113	0	25	0	2
194	224	342.05	138	0	660	75	278	0	139	14	48	0	113	0	25	0	2
689.6	72	396.16	123	5	254	105	168	0	139	12	57	12	15	1	8	0	2
0	796	17	692	1	554	28	599	0	139	0	231	0	113	0	25	0	2
8	748	17.5	687	0	660	4	952	0	139	0	231	0	113	0	25	0	2
139	280	228.43	194	32	16	270	20	0	139	0	231	0	113	0	25	0	2
701	70	484.5	101	15	76	59	345	0	139	21	25	6	28	1	8	1	1
196	222	65.8	440	5	254	83	243	0	139	0	231	0	113	0	25	0	2
0	796	0	850	0	660	0	1 020	0	139	0	231	0	113	0	25	0	2
21	632	61	452	0	660	27	613	1	64	6	89	6	28	0	25	0	2
40	516	11.46	736	2	459	15	760	0	139	0	231	0	113	0	25	0	2
35	547	79	389	1	554	42	452	0	139	0	231	0	113	0	25	0	2
614	80	448.7	108	21	38	222	41	4	11	2	135	2	57	0	25	0	2
252.4	182	210.4	211	8	151	65	322	0	139	18	33	18	10	0	25	0	2
1 266	35	1 147.91	33	3	364	173	74	1	64	0	231	0	113	0	25	0	2
54	460	45	523	0	660	137	123	0	139	0	231	0	113	0	25	0	2
324	146	288.1	163	7	179	214	42	1	64	1	165	1	70	0	25	0	2
665	77	390.46	125	54	2	412	5	0	139	0	231	0	113	0	25	0	2
42	507	22.5	655	10	123	31	566	0	139	0	231	0	113	0	25	0	2
40	516	11.5	734	0	660	15	760	0	139	0	231	0	113	0	25	0	2
10	716	26.2	626	2	459	25	643	0	139	0	231	0	113	0	25	0	2

学校名称	研究与发展课题											
	课题总数（项）		当年新开课题数（项）		当年完成课题数（项）		当年新开课题批准经费（千元）		当年投入人数（人年）		当年拨入经费（千元）	
重庆护理职业学院	2	919	2	822	0	755	20	713	1.4	831	20	701
重庆化工职业学院	13	660	2	822	1	671	25	689	6.6	518	32	632
重庆机电职业技术学院	4	863	2	822	0	755	20	713	1.2	843	20	701
重庆建筑工程职业学院	27	474	3	759	8	398	30	664	7.7	472	50	539
重庆交通职业学院	9	733	3	759	4	521	14	770	4.4	618	40.2	578
重庆经贸职业学院	5	836	3	759	0	755	18	744	0.7	910	22	688
重庆科创职业学院	32	429	14	419	6	458	112	392	4.8	600	112	372
重庆科技职业学院	1	943	0	929	0	755	0	858	0.4	941	0	846
重庆旅游职业学院	67	236	48	111	6	458	447	137	16	248	447	131
重庆能源职业学院	6	811	3	759	0	755	20	713	1.1	855	20	701
重庆青年职业技术学院	33	416	12	464	5	485	237	238	5.3	568	231	230
重庆轻工职业学院	1	943	1	881	0	755	20	713	0.6	920	20	701
重庆三峡医药高等专科学校	38	378	11	487	4	521	421	147	8.3	437	270.9	203
重庆三峡职业学院	33	416	7	598	5	485	35	640	6.4	526	260	212
重庆商务职业学院	81	185	54	96	15	272	605	101	21.8	174	543.5	109
重庆水利电力职业技术学院	40	364	24	276	18	234	97	420	3.7	657	97	397
重庆文化艺术职业学院	74	206	36	169	31	126	744	81	14.7	272	724	77
重庆信息技术职业学院	10	709	2	822	0	755	40	607	3.6	659	54	525
重庆医药高等专科学校	75	202	19	342	18	234	330	171	11.8	326	290	184
重庆艺术工程职业学院	0	973	0	929	0	755	0	858	0	961	0	846
重庆应用技术职业学院	3	890	0	929	1	671	0	858	1.9	788	20	701
重庆幼儿师范高等专科学校	28	466	24	276	0	755	211	260	13.8	289	135	329
重庆资源与环境保护职业学院	1	943	1	881	0	755	10	783	0.6	920	10	772
周口职业技术学院	13	660	5	667	7	428	0	858	8.4	435	0	846
珠海城市职业技术学院	89	166	22	306	15	272	290	200	10.5	372	269	204
珠海艺术职业学院	3	890	2	822	0	755	12	778	0.4	941	9	794
驻马店职业技术学院	27	474	26	253	26	156	52	559	11.4	336	33	626
淄博师范高等专科学校	55	278	14	419	8	398	51	564	16.8	233	119	359
淄博职业学院	63	248	35	176	29	139	986.2	64	70.4	17	986.2	50
遵义医药高等专科学校	2	919	1	881	0	755	12	778	0.4	941	12	761
遵义职业技术学院	4	863	1	881	2	614	3	840	1.7	802	3	835

续表

其中:当年新开课题拨入经费(千元)		当年支出经费(千元)		研究与发展成果										获奖成果数(项)			
				著作(部)		学术论文(篇)				研究与咨询报告(篇)				合计		其中:国家级和省部级	
						合计		其中:国外学术刊物发表数		提交有关部门数		其中:被采纳数					
20	636	13	718	0	660	0	1 020	0	139	0	231	0	113	0	25	0	2
25	605	31.6	594	1	554	33	540	1	64	0	231	0	113	0	25	0	2
20	636	10.27	744	0	660	13	787	0	139	0	231	0	113	0	25	0	2
30	569	61	452	0	660	37	499	0	139	0	231	0	113	0	25	0	2
14	695	23.2	651	2	459	22	680	0	139	0	231	0	113	0	25	0	2
18	660	7.2	784	0	660	5	929	0	139	0	231	0	113	0	25	0	2
112	311	72.8	410	5	254	31	566	0	139	1	165	1	70	1	8	0	2
0	796	5.4	800	0	660	1	1 006	0	139	0	231	0	113	0	25	0	2
447	113	188.9	229	2	459	36	515	0	139	0	231	0	113	0	25	0	2
20	636	17.5	687	0	660	18	725	0	139	0	231	0	113	0	25	0	2
160	252	102.6	327	4	294	85	232	0	139	0	231	0	113	0	25	0	2
20	636	12	728	0	660	0	1 020	0	139	0	231	0	113	0	25	0	2
261.9	174	83.55	376	0	660	55	365	0	139	2	135	0	113	0	25	0	2
35	547	229	192	0	660	89	218	0	139	1	165	1	70	0	25	0	2
495	102	269.4	175	34	14	184	64	4	11	1	165	1	70	0	25	0	2
97	342	149.6	262	4	294	53	374	1	64	11	61	7	26	0	25	0	2
724	66	589	78	14	83	86	227	1	64	0	231	0	113	0	25	0	2
40	516	22	657	1	554	5	929	0	139	0	231	0	113	0	25	0	2
290	156	294.12	159	8	151	21	691	0	139	0	231	0	113	0	25	0	2
0	796	0	850	0	660	5	929	0	139	0	231	0	113	0	25	0	2
0	796	12.6	724	10	123	24	656	0	139	0	231	0	113	0	25	0	2
135	282	119.6	296	3	364	114	151	0	139	0	231	0	113	0	25	0	2
10	716	6.5	790	0	660	0	1 020	0	139	0	231	0	113	0	25	0	2
0	796	0	850	1	554	25	643	0	139	0	231	0	113	0	25	0	2
242	190	345.18	136	1	554	95	195	0	139	0	231	0	113	0	25	0	2
9	741	9	763	2	459	8	884	0	139	0	231	0	113	0	25	0	2
32	559	33	585	6	210	76	275	0	139	26	18	0	113	0	25	0	2
23	621	119	297	1	554	5	929	0	139	10	67	10	20	0	25	0	2
986.2	45	488.09	99	13	92	9	867	1	64	14	48	12	15	0	25	0	2
12	707	7	785	3	364	15	760	0	139	0	231	0	113	0	25	0	2
3	778	3	825	0	660	15	760	0	139	1	165	1	70	0	25	0	2

1. 全国高等学校人文、社会科学活动人员情况表

	编号	总计 L01	女性 L02	按职称划分 小计 L03	教授 L04	副教授 L05	讲师 L06	助教 L07	初级 L08
合计	1	731 023	424 126	727 527	73 928	189 089	338 106	91 614	34 790
管理学	2	109 738	60 137	109 132	12 235	27 139	49 987	13 241	6 530
马克思主义	3	30 290	16 350	30 187	3 608	9 090	13 064	3 409	1 016
哲学	4	11 691	5 173	11 662	2 078	3 619	4 804	860	301
逻辑学	5	1 092	509	1 080	138	277	519	105	41
宗教学	6	605	226	604	137	183	248	26	10
语言学	7	110 835	85 620	110 450	6 358	26 957	59 272	14 141	3 722
中国文学	8	30 422	17 778	30 322	4 293	9 702	12 762	2 571	994
外国文学	9	16 630	12 676	16 610	1 423	3 883	8 728	2 046	530
艺术学	10	99 560	56 505	98 898	7 120	20 511	45 813	19 467	5 987
历史学	11	13 643	5 577	13 627	2 612	4 355	5 519	829	312
考古学	12	769	281	769	192	195	314	49	19
经济学	13	78 414	45 377	78 134	11 078	21 610	33 277	8 477	3 692
政治学	14	11 391	5 230	11 361	1 623	3 581	4 675	1 071	411
法学	15	35 072	17 528	34 937	4 686	10 146	15 595	3 333	1 177
社会学	16	10 615	5 821	10 569	1 320	2 764	4 820	1 165	500
民族学与文化学	17	2 825	1 424	2 816	572	761	1 121	264	98
新闻学与传播学	18	12 787	7 880	12 715	1 271	2 947	5 673	1 929	895
图书馆、情报与文献学	19	30 413	20 872	30 126	1 657	7 275	16 694	2 010	2 490
教育学	20	57 905	34 060	57 473	5 936	14 123	26 224	7 770	3 420
统计学	21	5 349	2 802	5 331	749	1 635	2 253	473	221
心理学	22	8 176	5 430	8 151	864	1 960	3 702	1 161	464
体育学	23	52 801	16 870	52 573	3 978	16 376	23 042	7 217	1 960
60岁及以上	24	7 269	1 688	7 202	5 897	1 161	113	2	29
55岁~59岁	25	36 212	12 126	36 053	14 023	15 706	5 648	305	371
50岁~54岁	26	94 424	45 202	94 154	28 284	44 629	19 506	875	860
45岁~49岁	27	101 185	51 656	100 858	16 266	46 234	35 213	1 893	1 252
40岁~44岁	28	114 584	64 084	114 355	7 107	42 131	58 851	4 576	1 690
35岁~39岁	29	190 935	120 387	190 493	2 124	34 503	129 326	19 847	4 693
30岁~34岁	30	123 476	82 824	122 707	203	4 487	75 158	32 715	10 144
29岁及以下	31	62 938	46 159	61 705	24	238	14 291	31 401	15 751

按最后学历划分			按最后学位划分		其他人员
研究生	本科生	其他	博士	硕士	
L09	L10	L11	L12	L13	L14
428 891	286 320	12 316	117 055	367 012	3 496
70 174	36 882	2 076	23 032	56 123	606
20 130	9 881	176	5 056	17 710	103
9 311	2 297	54	4 374	5 353	29
653	419	8	212	554	12
562	39	3	400	166	1
62 595	47 092	763	9 352	62 739	385
18 246	11 745	331	7 748	12 811	100
11 556	4 974	80	2 501	10 132	20
51 186	46 200	1 512	5 713	52 027	662
10 645	2 880	102	5 966	5 115	16
693	64	12	477	224	0
50 027	26 753	1 354	19 795	36 351	280
7 328	3 924	109	2 814	5 160	30
24 261	10 430	246	8 949	17 817	135
8 128	2 311	130	3 115	5 441	46
2 207	569	40	1 028	1 276	9
9 376	3 196	143	2 805	7 101	72
8 562	17 876	3 688	1 461	8 542	287
33 436	23 340	697	6 692	32 757	432
3 430	1 786	115	1 426	2 301	18
5 932	2 177	42	1 748	4 609	25
20 453	31 485	635	2 391	22 703	228
3 880	3 069	253	2 289	1 629	67
11 399	22 454	2 200	5 332	6 952	159
35 654	54 908	3 592	15 632	26 204	270
51 215	47 045	2 598	20 466	42 274	327
71 570	41 319	1 466	24 394	59 383	229
121 272	68 083	1 138	28 494	112 117	442
88 411	33 645	651	17 197	76 074	769
45 490	15 797	418	3 251	42 379	1 233

2. 本科学校人文、社会科学活动人员情况表

		总计		按职称划分					
			女性	小计	教授	副教授	讲师	助教	初级
	编号	L01	L02	L03	L04	L05	L06	L07	L08
合计	1	559 523	314 369	557 319	64 257	151 120	259 562	61 790	20 590
管理学	2	82 014	43 070	81 669	10 453	21 685	37 209	8 604	3 718
马克思主义	3	22 610	11 580	22 548	3 052	6 883	9 776	2 269	568
哲学	4	9 948	4 184	9 926	1 907	3 131	4 067	613	208
逻辑学	5	732	323	728	113	173	349	71	22
宗教学	6	574	212	573	133	178	233	21	8
语言学	7	85 720	65 251	85 451	5 537	21 308	46 046	10 237	2 323
中国文学	8	22 520	12 315	22 451	3 750	7 236	9 354	1 484	627
外国文学	9	14 208	10 707	14 191	1 356	3 403	7 394	1 633	405
艺术学	10	76 407	42 000	75 940	6 274	16 963	35 896	13 333	3 474
历史学	11	12 169	4 776	12 154	2 493	3 861	4 898	666	236
考古学	12	737	265	737	188	191	303	40	15
经济学	13	57 664	31 439	57 521	9 512	16 830	24 262	5 096	1 821
政治学	14	9 034	3 872	9 018	1 439	2 852	3 695	777	255
法学	15	28 553	13 578	28 475	4 309	8 575	12 603	2 261	727
社会学	16	8 916	4 751	8 884	1 233	2 436	4 057	852	306
民族学与文化学	17	2 553	1 249	2 547	547	713	1 009	211	67
新闻学与传播学	18	11 218	6 787	11 174	1 218	2 718	5 054	1 521	663
图书馆、情报与文献学	19	25 425	17 328	25 212	1 493	6 326	13 933	1 584	1 876
教育学	20	37 184	21 323	36 949	4 265	9 356	17 080	4 505	1 743
统计学	21	4 313	2 218	4 301	670	1 329	1 815	354	133
心理学	22	6 167	3 854	6 156	802	1 608	2 805	709	232
体育学	23	40 857	13 287	40 714	3 513	13 365	17 724	4 949	1 163
60 岁及以上	24	6 367	1 438	6 303	5 384	831	75	0	13
55 岁~59 岁	25	29 645	9 938	29 527	12 397	12 375	4 285	218	252
50 岁~54 岁	26	74 401	34 550	74 222	24 320	34 024	14 708	576	594
45 岁~49 岁	27	80 147	39 727	79 950	13 874	36 546	27 416	1 301	813
40 岁~44 岁	28	92 813	50 759	92 646	6 213	34 817	47 028	3 460	1 128
35 岁~39 岁	29	146 447	90 528	146 133	1 870	28 431	98 376	14 243	3 213
30 岁~34 岁	30	87 846	57 312	87 349	179	3 884	56 012	21 313	5 961
29 岁及以下	31	41 857	30 117	41 189	20	212	11 662	20 679	8 616

按最后学历划分			按最后学位划分		其他人员
研究生	本科生	其他	博士	硕士	
L09	L10	L11	L12	L13	L14
365 636	182 447	9 236	114 523	285 390	2 204
58 164	21 953	1 552	22 457	40 900	345
16 233	6 190	125	4 872	13 112	62
8 266	1 614	46	4 308	4 277	22
532	191	5	207	375	4
538	32	3	398	143	1
54 586	30 301	564	9 206	51 419	269
15 764	6 461	226	7 586	9 473	69
10 550	3 574	67	2 481	8 818	17
44 042	30 866	1 032	5 591	42 880	467
9 936	2 134	84	5 890	4 344	15
673	55	9	476	201	0
42 409	14 222	890	19 382	26 362	143
6 420	2 527	71	2 772	4 105	16
21 439	6 847	189	8 810	14 242	78
7 194	1 595	95	3 062	4 397	32
2 035	473	39	1 013	1 097	6
8 656	2 393	125	2 781	6 309	44
7 809	14 265	3 138	1 443	7 501	213
24 701	11 821	427	6 299	21 351	235
3 056	1 153	92	1 400	1 845	12
4 827	1 306	23	1 726	3 376	11
17 806	22 474	434	2 363	18 863	143
3 685	2 436	182	2 243	1 490	64
10 721	17 094	1 712	5 216	6 181	118
33 018	38 472	2 732	15 261	22 189	179
46 364	31 632	1 954	19 940	34 063	197
63 762	27 766	1 118	23 835	47 811	167
103 010	42 269	854	27 899	86 328	314
70 896	15 991	462	16 927	56 329	497
34 180	6 787	222	3 202	30 999	668

3. 专科学校人文、社会科学活动人员情况表

		总计		按职称划分					
			女性	小计	教授	副教授	讲师	助教	初级
	编号	L01	L02	L03	L04	L05	L06	L07	L08
合计	1	171 500	109 757	170 208	9 671	37 969	78 544	29 824	14 200
管理学	2	27 724	17 067	27 463	1 782	5 454	12 778	4 637	2 812
马克思主义	3	7 680	4 770	7 639	556	2 207	3 288	1 140	448
哲学	4	1 743	989	1 736	171	488	737	247	93
逻辑学	5	360	186	352	25	104	170	34	19
宗教学	6	31	14	31	4	5	15	5	2
语言学	7	25 115	20 369	24 999	821	5 649	13 226	3 904	1 399
中国文学	8	7 902	5 463	7 871	543	2 466	3 408	1 087	367
外国文学	9	2 422	1 969	2 419	67	480	1 334	413	125
艺术学	10	23 153	14 505	22 958	846	3 548	9 917	6 134	2 513
历史学	11	1 474	801	1 473	119	494	621	163	76
考古学	12	32	16	32	4	4	11	9	4
经济学	13	20 750	13 938	20 613	1 566	4 780	9 015	3 381	1 871
政治学	14	2 357	1 358	2 343	184	729	980	294	156
法学	15	6 519	3 950	6 462	377	1 571	2 992	1 072	450
社会学	16	1 699	1 070	1 685	87	328	763	313	194
民族学与文化学	17	272	175	269	25	48	112	53	31
新闻学与传播学	18	1 569	1 093	1 541	53	229	619	408	232
图书馆、情报与文献学	19	4 988	3 544	4 914	164	949	2 761	426	614
教育学	20	20 721	12 737	20 524	1 671	4 767	9 144	3 265	1 677
统计学	21	1 036	584	1 030	79	306	438	119	88
心理学	22	2 009	1 576	1 995	62	352	897	452	232
体育学	23	11 944	3 583	11 859	465	3 011	5 318	2 268	797
60 岁及以上	24	902	250	899	513	330	38	2	16
55 岁～59 岁	25	6 567	2 188	6 526	1 626	3 331	1 363	87	119
50 岁～54 岁	26	20 023	10 652	19 932	3 964	10 605	4 798	299	266
45 岁～49 岁	27	21 038	11 929	20 908	2 392	9 688	7 797	592	439
40 岁～44 岁	28	21 771	13 325	21 709	894	7 314	11 823	1 116	562
35 岁～39 岁	29	44 488	29 859	44 360	254	6 072	30 950	5 604	1 480
30 岁～34 岁	30	35 630	25 512	35 358	24	603	19 146	11 402	4 183
29 岁及以下	31	21 081	16 042	20 516	4	26	2 629	10 722	7 135

按最后学历划分			按最后学位划分		其他人员
研究生	本科生	其他	博士	硕士	
L09	L10	L11	L12	L13	L14
63 255	103 873	3 080	2 532	81 622	1 292
12 010	14 929	524	575	15 223	261
3 897	3 691	51	184	4 598	41
1 045	683	8	66	1 076	7
121	228	3	5	179	8
24	7	0	2	23	0
8 009	16 791	199	146	11 320	116
2 482	5 284	105	162	3 338	31
1 006	1 400	13	20	1 314	3
7 144	15 334	480	122	9 147	195
709	746	18	76	771	1
20	9	3	1	23	0
7 618	12 531	464	413	9 989	137
908	1 397	38	42	1 055	14
2 822	3 583	57	139	3 575	57
934	716	35	53	1 044	14
172	96	1	15	179	3
720	803	18	24	792	28
753	3 611	550	18	1 041	74
8 735	11 519	270	393	11 406	197
374	633	23	26	456	6
1 105	871	19	22	1 233	14
2 647	9 011	201	28	3 840	85
195	633	71	46	139	3
678	5 360	488	116	771	41
2 636	16 436	860	371	4 015	91
4 851	15 413	644	526	8 211	130
7 808	13 553	348	559	11 572	62
18 262	25 814	284	595	25 789	128
17 515	17 654	189	270	19 745	272
11 310	9 010	196	49	11 380	565

4. 教育部直属院校人文、社会科学活动人员情况表

		总计		按职称划分					
			女性	小计	教授	副教授	讲师	助教	初级
	编号	L01	L02	L03	L04	L05	L06	L07	L08
合计	1	65 740	31 683	65 690	13 984	23 023	25 932	2 100	651
管理学	2	10 748	4 492	10 736	2 458	3 890	4 012	275	101
马克思主义	3	2 385	1 097	2 382	487	827	978	78	12
哲学	4	1 862	567	1 861	596	617	609	32	7
逻辑学	5	104	29	104	39	29	31	3	2
宗教学	6	166	39	166	66	55	43	1	1
语言学	7	10 060	7 352	10 057	1 160	3 370	4 955	499	73
中国文学	8	2 039	857	2 039	651	683	666	27	12
外国文学	9	2 026	1 390	2 025	371	609	915	100	30
艺术学	10	5 114	2 406	5 113	930	1 602	2 215	311	55
历史学	11	2 021	604	2 021	686	680	616	28	11
考古学	12	294	91	294	106	84	94	3	7
经济学	13	8 396	3 446	8 395	2 326	3 142	2 767	119	41
政治学	14	1 624	557	1 623	446	607	530	24	16
法学	15	4 152	1 584	4 151	1 178	1 537	1 338	66	32
社会学	16	1 500	670	1 500	397	518	555	26	4
民族学与文化学	17	228	83	228	73	80	71	4	0
新闻学与传播学	18	1 880	967	1 879	399	685	715	51	29
图书馆、情报与文献学	19	3 377	2 230	3 362	330	1 025	1 765	77	165
教育学	20	2 773	1 374	2 771	634	910	1 118	92	17
统计学	21	592	237	592	129	207	236	13	7
心理学	22	748	379	748	168	271	290	14	5
体育学	23	3 651	1 232	3 643	354	1 595	1 413	257	24
60 岁及以上	24	2 315	416	2 312	2 240	69	3	0	0
55 岁～59 岁	25	5 174	1 703	5 168	2 597	2 028	502	15	26
50 岁～54 岁	26	11 548	5 155	11 542	4 629	5 119	1 720	28	46
45 岁～49 岁	27	11 170	5 467	11 158	2 625	5 163	3 246	50	74
40 岁～44 岁	28	12 410	6 532	12 401	1 361	5 398	5 401	166	75
35 岁～39 岁	29	13 387	7 215	13 381	484	4 084	8 042	641	130
30 岁～34 岁	30	7 671	3 987	7 664	45	1 077	5 709	703	130
29 岁及以下	31	2 065	1 208	2 064	3	85	1 309	497	170

按最后学历划分			按最后学位划分		其他人员
研究生	本科生	其他	博士	硕士	
L09	L10	L11	L12	L13	L14
55 731	9 448	511	35 105	21 301	50
9 708	958	70	6 994	2 787	12
2 085	293	4	1 351	769	3
1 757	102	2	1 383	385	1
99	5	0	74	27	0
164	2	0	140	24	0
8 318	1 712	27	3 079	5 405	3
1 877	152	10	1 509	363	0
1 849	173	3	984	879	1
3 974	1 094	45	1 428	2 605	1
1 937	78	6	1 681	255	0
276	14	4	232	43	0
7 868	509	18	6 342	1 566	1
1 532	84	7	1 157	387	1
3 842	296	13	2 810	1 045	1
1 406	82	12	1 101	310	0
211	17	0	171	42	0
1 700	173	6	1 149	558	1
1 681	1 422	259	583	1 185	15
2 518	248	5	1 590	949	2
530	62	0	422	113	0
715	33	0	543	176	0
1 684	1 939	20	382	1 428	8
1 861	439	12	1 290	574	3
3 259	1 773	136	2 055	1 235	6
8 544	2 825	173	5 404	3 258	6
9 313	1 743	102	5 878	3 635	12
11 107	1 260	34	6 829	4 447	9
12 303	1 059	19	7 540	4 893	6
7 402	233	29	5 089	2 334	7
1 942	116	6	1 020	925	1

5. 教育部直属综合大学人文、社会科学活动人员情况表

		总计		按职称划分					
			女性	小计	教授	副教授	讲师	助教	初级
	编号	L01	L02	L03	L04	L05	L06	L07	L08
合计	1	27 865	12 645	27 860	6 862	9 995	9 988	726	289
管理学	2	4 085	1 621	4 085	1 052	1 523	1 397	77	36
马克思主义	3	997	462	997	237	357	385	14	4
哲学	4	1 048	271	1 048	386	351	294	14	3
逻辑学	5	58	9	58	29	12	15	1	1
宗教学	6	126	31	126	46	47	31	1	1
语言学	7	3 858	2 779	3 858	490	1 328	1 811	207	22
中国文学	8	1 155	447	1 155	423	374	339	11	8
外国文学	9	1 057	708	1 057	217	315	458	48	19
艺术学	10	1 545	722	1 545	275	478	684	98	10
历史学	11	1 278	377	1 278	461	425	363	18	11
考古学	12	259	80	259	97	75	78	2	7
经济学	13	3 688	1 345	3 688	1 158	1 416	1 071	34	9
政治学	14	876	280	876	267	325	268	8	8
法学	15	1 834	636	1 834	580	656	558	19	21
社会学	16	728	314	728	232	275	212	8	1
民族学与文化学	17	137	38	137	50	52	34	1	0
新闻学与传播学	18	780	384	780	194	289	266	15	16
图书馆、情报与文献学	19	1 597	1 018	1 593	202	508	755	28	100
教育学	20	874	439	874	223	301	316	31	3
统计学	21	165	66	165	45	63	51	3	3
心理学	22	237	121	237	55	100	81	1	0
体育学	23	1 483	497	1 482	143	725	521	87	6
60 岁及以上	24	1 209	185	1 209	1 197	12	0	0	0
55 岁~59 岁	25	2 441	753	2 440	1 269	925	224	4	18
50 岁~54 岁	26	5 453	2 284	5 452	2 256	2 379	771	11	35
45 岁~49 岁	27	4 948	2 351	4 946	1 264	2 188	1 419	22	53
40 岁~44 岁	28	5 107	2 632	5 106	634	2 217	2 120	83	52
35 岁~39 岁	29	5 180	2 617	5 180	213	1 719	2 873	315	60
30 岁~34 岁	30	2 888	1 467	2 888	27	504	2 131	189	37
29 岁及以下	31	639	356	639	2	51	450	102	34

按最后学历划分			按最后学位划分		其他人员
研究生	本科生	其他	博士	硕士	
L09	L10	L11	L12	L13	L14
23 721	3 949	190	16 216	7 644	5
3 764	296	25	2 919	839	0
872	122	3	598	284	0
988	58	2	812	182	0
54	4	0	41	14	0
124	2	0	104	20	0
3 160	683	15	1 303	1 881	0
1 063	84	8	886	171	0
957	98	2	540	423	0
1 130	401	14	440	693	0
1 223	49	6	1 075	148	0
243	12	4	206	36	0
3 451	227	10	2 816	633	0
829	42	5	640	188	0
1 724	98	12	1 386	330	0
689	29	10	541	155	0
129	8	0	106	24	0
708	70	2	502	208	0
864	666	63	355	563	4
780	91	3	514	270	0
145	20	0	116	32	0
230	7	0	174	55	0
594	882	6	142	495	1
1 011	193	5	717	291	0
1 604	789	47	1 070	535	1
4 163	1 234	55	2 825	1 346	1
4 194	720	32	2 800	1 421	2
4 583	502	21	3 030	1 612	1
4 782	389	9	3 290	1 527	0
2 806	65	17	2 118	697	0
578	57	4	366	215	0

6. 教育部直属理工农医院校人文、社会科学活动人员情况表

		总计		按职称划分					
			女性	小计	教授	副教授	讲师	助教	初级
	编号	L01	L02	L03	L04	L05	L06	L07	L08
合计	1	19 449	10 114	19 405	3 063	6 759	8 649	735	199
管理学	2	4 561	1 950	4 549	1 002	1 631	1 745	124	47
马克思主义	3	940	438	937	159	320	412	40	6
哲学	4	487	192	486	110	156	204	14	2
逻辑学	5	28	11	28	6	6	13	2	1
宗教学	6	12	2	12	6	4	2	0	0
语言学	7	3 202	2 528	3 199	227	1 025	1 766	161	20
中国文学	8	273	159	273	46	100	117	10	0
外国文学	9	471	353	470	37	138	263	29	3
艺术学	10	1 391	648	1 391	191	491	627	75	7
历史学	11	226	86	226	56	88	79	3	0
考古学	12	18	7	18	5	5	8	0	0
经济学	13	2 022	967	2 021	451	717	798	34	21
政治学	14	276	125	275	48	117	105	5	0
法学	15	934	395	933	176	358	369	23	7
社会学	16	489	221	489	96	149	228	14	2
民族学与文化学	17	41	27	41	5	11	22	3	0
新闻学与传播学	18	403	201	402	73	147	167	8	7
图书馆、情报与文献学	19	1 211	831	1 200	83	393	644	28	52
教育学	20	680	319	678	118	205	310	36	9
统计学	21	149	65	149	27	44	76	2	0
心理学	22	169	96	169	25	54	81	7	2
体育学	23	1 466	493	1 459	116	600	613	117	13
60 岁及以上	24	420	88	417	375	40	2	0	0
55 岁~59 岁	25	1 385	482	1 380	636	592	139	9	4
50 岁~54 岁	26	3 225	1 575	3 220	1 096	1 553	552	13	6
45 岁~49 岁	27	3 337	1 724	3 327	567	1 648	1 086	12	14
40 岁~44 岁	28	3 833	2 140	3 826	273	1 604	1 886	49	14
35 岁~39 岁	29	4 289	2 502	4 283	107	1 068	2 889	168	51
30 岁~34 岁	30	2 239	1 184	2 232	8	240	1 668	269	47
29 岁及以下	31	721	419	720	1	14	427	215	63

按最后学历划分			按最后学位划分		其他人员
研究生	本科生	其他	博士	硕士	
L09	L10	L11	L12	L13	L14
15 580	3 647	178	8 043	7 955	44
4 064	452	33	2 738	1 376	12
807	129	1	492	331	3
461	25	0	323	144	1
27	1	0	21	7	0
12	0	0	9	3	0
2 461	733	5	431	2 146	3
236	37	0	153	83	0
410	59	1	135	281	1
1 057	325	9	367	727	0
210	16	0	165	45	0
17	1	0	13	4	0
1 845	175	1	1 309	564	1
244	30	1	151	104	1
830	103	0	490	358	1
443	44	2	329	115	0
33	8	0	18	16	0
350	52	0	213	144	1
545	544	111	145	425	11
594	83	1	280	326	2
124	25	0	75	52	0
150	19	0	81	76	0
660	786	13	105	628	7
312	100	5	205	107	3
759	576	45	430	355	5
2 124	1 025	71	1 097	1 102	5
2 541	745	41	1 286	1 395	10
3 246	571	9	1 549	1 781	7
3 780	498	5	1 809	2 050	6
2 128	102	2	1 362	778	7
690	30	0	305	387	1

7. 教育部直属师范院校人文、社会科学活动人员情况表

	编号	总计 L01	女性 L02	按职称划分 小计 L03	教授 L04	副教授 L05	讲师 L06	助教 L07	初级 L08
合计	1	6 473	2 784	6 473	1 610	2 211	2 473	179	0
管理学	2	403	154	403	98	151	150	4	0
马克思主义	3	199	73	199	51	68	76	4	0
哲学	4	180	44	180	64	58	57	1	0
逻辑学	5	6	2	6	1	4	1	0	0
宗教学	6	22	3	22	12	4	6	0	0
语言学	7	845	530	845	136	288	375	46	0
中国文学	8	350	104	350	123	110	114	3	0
外国文学	9	115	65	115	42	34	34	5	0
艺术学	10	659	323	659	106	221	300	32	0
历史学	11	423	97	423	147	132	139	5	0
考古学	12	17	4	17	4	4	8	1	0
经济学	13	454	175	454	132	173	140	9	0
政治学	14	158	33	158	49	55	53	1	0
法学	15	223	83	223	70	78	73	2	0
社会学	16	163	74	163	41	59	63	0	0
民族学与文化学	17	39	11	39	13	13	13	0	0
新闻学与传播学	18	191	93	191	39	73	71	8	0
图书馆、情报与文献学	19	297	187	297	31	78	174	14	0
教育学	20	975	452	975	275	348	343	9	0
统计学	21	60	21	60	18	23	18	1	0
心理学	22	294	130	294	84	93	114	3	0
体育学	23	400	126	400	74	144	151	31	0
60岁及以上	24	283	41	283	283	0	0	0	0
55岁~59岁	25	513	164	513	277	199	37	0	0
50岁~54岁	26	1 007	404	1 007	514	389	103	1	0
45岁~49岁	27	1 023	450	1 023	314	454	248	7	0
40岁~44岁	28	1 213	574	1 213	160	559	485	9	0
35岁~39岁	29	1 479	733	1 479	59	504	863	53	0
30岁~34岁	30	806	346	806	3	105	626	72	0
29岁及以下	31	149	72	149	0	1	111	37	0

按最后学历划分			按最后学位划分		其他人员
研究生	本科生	其他	博士	硕士	
L09	L10	L11	L12	L13	L14
5 831	581	61	4 029	1 808	0
379	21	3	303	81	0
187	12	0	144	45	0
175	5	0	137	37	0
6	0	0	5	1	0
22	0	0	21	1	0
745	99	1	345	402	0
334	15	1	284	50	0
114	1	0	72	41	0
508	147	4	159	355	0
414	9	0	363	49	0
16	1	0	13	3	0
443	11	0	369	70	0
150	7	1	126	25	0
217	6	0	179	39	0
157	6	0	133	22	0
38	1	0	37	1	0
164	23	4	111	53	0
173	79	45	70	107	0
932	42	1	736	196	0
59	1	0	50	5	0
291	3	0	258	31	0
307	92	1	114	194	0
236	46	1	166	70	0
356	132	25	241	119	0
839	151	17	618	226	0
933	79	11	666	270	0
1 150	63	0	793	364	0
1 395	83	1	963	434	0
781	20	5	502	268	0
141	7	1	80	57	0

8. 教育部直属语言院校人文、社会科学活动人员情况表

		总计		按职称划分					
			女性	小计	教授	副教授	讲师	助教	初级
	编号	L01	L02	L03	L04	L05	L06	L07	L08
合计	1	3 730	2 309	3 730	624	1 158	1 697	147	104
管理学	2	330	168	330	40	101	159	22	8
马克思主义	3	47	28	47	6	17	19	3	2
哲学	4	26	14	26	6	10	10	0	0
逻辑学	5	1	0	1	0	0	1	0	0
宗教学	6	0	0	0	0	0	0	0	0
语言学	7	1 425	981	1 425	222	443	676	54	30
中国文学	8	161	97	161	35	64	58	0	4
外国文学	9	281	186	281	59	92	112	10	8
艺术学	10	429	231	429	79	100	217	27	6
历史学	11	30	18	30	8	10	12	0	0
考古学	12	0	0	0	0	0	0	0	0
经济学	13	117	84	117	16	47	42	4	8
政治学	14	129	54	129	38	40	41	2	8
法学	15	67	35	67	8	23	31	1	4
社会学	16	22	16	22	4	6	11	0	1
民族学与文化学	17	11	7	11	5	4	2	0	0
新闻学与传播学	18	396	226	396	83	133	158	17	5
图书馆、情报与文献学	19	75	47	75	1	21	46	1	6
教育学	20	106	79	106	6	29	64	2	5
统计学	21	12	7	12	3	1	4	0	4
心理学	22	11	8	11	2	3	3	0	3
体育学	23	54	23	54	3	14	31	4	2
60 岁及以上	24	117	28	117	117	0	0	0	0
55 岁~59 岁	25	187	71	187	100	68	16	0	3
50 岁~54 岁	26	524	287	524	200	239	82	1	2
45 岁~49 岁	27	621	382	621	128	302	184	2	5
40 岁~44 岁	28	800	517	800	64	329	394	6	7
35 岁~39 岁	29	836	573	836	15	188	582	35	16
30 岁~34 岁	30	485	336	485	0	29	372	59	25
29 岁及以下	31	160	115	160	0	3	67	44	46

按最后学历划分			按最后学位划分		其他人员
研究生	本科生	其他	博士	硕士	
L09	L10	L11	L12	L13	L14
3 354	353	23	1 932	1 434	0
246	79	5	115	133	0
41	6	0	21	22	0
23	3	0	18	5	0
1	0	0	1	0	0
0	0	0	0	0	0
1 321	100	4	718	608	0
150	11	0	113	37	0
271	10	0	175	97	0
392	36	1	193	199	0
27	3	0	25	3	0
0	0	0	0	0	0
108	9	0	84	24	0
129	0	0	98	31	0
63	4	0	33	31	0
22	0	0	14	8	0
11	0	0	10	1	0
376	20	0	260	115	0
32	30	13	8	24	0
92	14	0	32	60	0
10	2	0	6	4	0
10	1	0	7	3	0
29	25	0	1	29	0
89	27	1	66	23	0
125	59	3	84	36	0
405	108	11	249	161	0
548	67	6	365	186	0
766	33	1	471	299	0
798	37	1	405	397	0
470	15	0	242	228	0
153	7	0	50	104	0

9. 教育部直属财经院校人文、社会科学活动人员情况表

		总计		按职称划分				
			女性	小计	教授	副教授	讲师	助教	初级
	编号	L01	L02	L03	L04	L05	L06	L07	L08
合计	1	5 801	2 653	5 801	1 212	2 070	2 318	185	16
管理学	2	1 285	560	1 285	254	454	527	45	5
马克思主义	3	142	70	142	27	47	57	11	0
哲学	4	80	30	80	20	23	34	2	1
逻辑学	5	5	2	5	1	3	1	0	0
宗教学	6	1	1	1	0	0	1	0	0
语言学	7	550	396	550	62	208	256	23	1
中国文学	8	72	34	72	19	22	29	2	0
外国文学	9	73	56	73	12	21	35	5	0
艺术学	10	45	25	45	1	9	32	3	0
历史学	11	42	14	42	9	15	16	2	0
考古学	12	0	0	0	0	0	0	0	0
经济学	13	2 040	834	2 040	550	768	688	31	3
政治学	14	97	31	97	15	39	41	2	0
法学	15	580	211	580	150	209	207	14	0
社会学	16	75	33	75	18	20	33	4	0
民族学与文化学	17	0	0	0	0	0	0	0	0
新闻学与传播学	18	71	41	71	5	26	38	1	1
图书馆、情报与文献学	19	108	80	108	5	13	83	4	3
教育学	20	106	63	106	9	17	69	11	0
统计学	21	204	77	204	36	76	85	7	0
心理学	22	28	18	28	2	15	9	2	0
体育学	23	197	77	197	17	85	77	16	2
60 岁及以上	24	149	38	149	149	0	0	0	0
55 岁~59 岁	25	420	145	420	185	174	59	1	1
50 岁~54 岁	26	925	405	925	374	399	150	1	1
45 岁~49 岁	27	861	393	861	245	377	233	5	1
40 岁~44 岁	28	1 043	472	1 043	173	467	392	10	1
35 岁~39 岁	29	1 188	560	1 188	80	464	603	41	0
30 岁~34 岁	30	930	469	930	6	174	681	67	2
29 岁及以下	31	285	171	285	0	15	200	60	10

按最后学历划分			按最后学位划分		其他人员
研究生	本科生	其他	博士	硕士	
L09	L10	L11	L12	L13	L14
5 268	512	21	3 915	1 428	0
1 192	92	1	883	329	0
129	13	0	75	56	0
74	6	0	66	8	0
5	0	0	4	1	0
1	0	0	1	0	0
476	73	1	233	261	0
70	2	0	56	15	0
69	4	0	48	23	0
36	9	0	10	28	0
41	1	0	37	4	0
0	0	0	0	0	0
1 957	77	6	1 722	254	0
96	1	0	81	15	0
549	31	0	360	188	0
73	2	0	64	8	0
0	0	0	0	0	0
68	3	0	38	29	0
39	56	13	4	38	0
95	11	0	21	78	0
191	13	0	175	19	0
25	3	0	17	8	0
82	115	0	20	66	0
119	30	0	84	40	0
290	126	4	169	124	0
729	191	5	471	281	0
788	67	6	578	233	0
996	45	2	784	221	0
1 159	28	1	900	268	0
914	13	3	734	183	0
273	12	0	195	78	0

10. 教育部直属政法院校人文、社会科学活动人员情况表

		总计		按职称划分					
			女性	小计	教授	副教授	讲师	助教	初级
	编号	L01	L02	L03	L04	L05	L06	L07	L08
合计	1	1 262	642	1 262	327	502	384	47	2
管理学	2	67	31	67	12	26	25	3	1
马克思主义	3	50	21	50	5	15	25	5	0
哲学	4	39	15	39	10	19	9	1	0
逻辑学	5	6	5	6	2	4	0	0	0
宗教学	6	5	2	5	2	0	3	0	0
语言学	7	151	113	151	21	70	53	7	0
中国文学	8	24	13	24	4	10	9	1	0
外国文学	9	27	21	27	3	8	13	3	0
艺术学	10	7	5	7	2	3	2	0	0
历史学	11	22	12	22	5	10	7	0	0
考古学	12	0	0	0	0	0	0	0	0
经济学	13	72	38	72	17	21	27	7	0
政治学	14	87	34	87	29	31	21	6	0
法学	15	513	224	513	194	213	99	7	0
社会学	16	21	10	21	6	8	7	0	0
民族学与文化学	17	0	0	0	0	0	0	0	0
新闻学与传播学	18	38	22	38	5	17	14	2	0
图书馆、情报与文献学	19	57	40	57	7	9	39	1	1
教育学	20	28	19	28	2	10	14	2	0
统计学	21	2	1	2	0	0	2	0	0
心理学	22	7	5	7	0	6	0	1	0
体育学	23	39	11	39	1	22	15	1	0
60 岁及以上	24	76	25	76	63	12	1	0	0
55 岁~59 岁	25	130	66	130	66	51	12	1	0
50 岁~54 岁	26	246	131	246	101	109	35	1	0
45 岁~49 岁	27	196	91	196	55	104	34	2	1
40 岁~44 岁	28	231	115	231	38	130	59	4	0
35 岁~39 岁	29	200	112	200	3	81	105	11	0
30 岁~34 岁	30	143	79	143	1	14	115	13	0
29 岁及以下	31	40	23	40	0	1	23	15	1

按最后学历划分			按最后学位划分		其他人员
研究生	本科生	其他	博士	硕士	
L09	L10	L11	L12	L13	L14
1 061	187	14	707	367	0
53	14	0	36	19	0
41	9	0	19	24	0
34	5	0	26	8	0
6	0	0	2	4	0
5	0	0	5	0	0
135	15	1	49	88	0
22	1	1	17	5	0
27	0	0	14	13	0
4	3	0	2	2	0
22	0	0	16	6	0
0	0	0	0	0	0
62	9	1	41	20	0
83	4	0	61	23	0
458	54	1	362	98	0
21	0	0	19	2	0
0	0	0	0	0	0
33	5	0	25	8	0
16	31	10	1	16	0
21	7	0	6	16	0
1	1	0	0	1	0
7	0	0	6	1	0
10	29	0	0	13	0
59	17	0	38	20	0
78	50	2	46	34	0
181	59	6	115	68	0
169	21	6	123	48	0
207	24	0	154	58	0
190	10	0	116	75	0
138	5	0	100	40	0
39	1	0	15	24	0

11. 教育部直属艺术院校人文、社会科学活动人员情况表

		总计		按职称划分					
			女性	小计	教授	副教授	讲师	助教	初级
	编号	L01	L02	L03	L04	L05	L06	L07	L08
合计	1	1 160	536	1 159	286	328	423	81	41
管理学	2	17	8	17	0	4	9	0	4
马克思主义	3	10	5	10	2	3	4	1	0
哲学	4	2	1	2	0	0	1	0	1
逻辑学	5	0	0	0	0	0	0	0	0
宗教学	6	0	0	0	0	0	0	0	0
语言学	7	29	25	29	2	8	18	1	0
中国文学	8	4	3	4	1	3	0	0	0
外国文学	9	2	1	2	1	1	0	0	0
艺术学	10	1 038	452	1 037	276	300	353	76	32
历史学	11	0	0	0	0	0	0	0	0
考古学	12	0	0	0	0	0	0	0	0
经济学	13	3	3	3	2	0	1	0	0
政治学	14	1	0	1	0	0	1	0	0
法学	15	1	0	1	0	0	1	0	0
社会学	16	2	2	2	0	1	1	0	0
民族学与文化学	17	0	0	0	0	0	0	0	0
新闻学与传播学	18	1	0	1	0	0	1	0	0
图书馆、情报与文献学	19	32	27	32	1	3	24	1	3
教育学	20	4	3	4	1	0	2	1	0
统计学	21	0	0	0	0	0	0	0	0
心理学	22	2	1	2	0	0	2	0	0
体育学	23	12	5	12	0	5	5	1	1
60 岁及以上	24	61	11	61	56	5	0	0	0
55 岁~59 岁	25	98	22	98	64	19	15	0	0
50 岁~54 岁	26	168	69	168	88	51	27	0	2
45 岁~49 岁	27	184	76	184	52	90	42	0	0
40 岁~44 岁	28	183	82	182	19	92	65	5	1
35 岁~39 岁	29	215	118	215	7	60	127	18	3
30 岁~34 岁	30	180	106	180	0	11	116	34	19
29 岁及以下	31	71	52	71	0	0	31	24	16

按最后学历划分			按最后学位划分		其他人员
研究生	本科生	其他	博士	硕士	
L09	L10	L11	L12	L13	L14
916	219	24	263	665	1
10	4	3	0	10	0
8	2	0	2	7	0
2	0	0	1	1	0
0	0	0	0	0	0
0	0	0	0	0	0
20	9	0	0	19	0
2	2	0	0	2	0
1	1	0	0	1	0
847	173	17	257	601	1
0	0	0	0	0	0
0	0	0	0	0	0
2	1	0	1	1	0
1	0	0	0	1	0
1	0	0	0	1	0
1	1	0	1	0	0
0	0	0	0	0	0
1	0	0	0	1	0
12	16	4	0	12	0
4	0	0	1	3	0
0	0	0	0	0	0
2	0	0	0	2	0
2	10	0	0	3	0
35	26	0	14	23	0
47	41	10	15	32	0
103	57	8	29	74	0
140	44	0	60	82	0
159	22	1	48	112	1
199	14	2	57	142	0
165	13	2	31	140	0
68	2	1	9	60	0

12. 其他部委院校人文、社会科学活动人员情况表

		总计		按职称划分					
			女性	小计	教授	副教授	讲师	助教	初级
	编号	L01	L02	L03	L04	L05	L06	L07	L08
合计	1	18 244	9 647	18 206	2 666	5 504	8 259	1 158	619
管理学	2	2 897	1 404	2 891	473	865	1 296	166	91
马克思主义	3	690	348	690	126	229	276	37	22
哲学	4	338	140	338	82	91	144	17	4
逻辑学	5	10	6	10	3	2	4	1	0
宗教学	6	35	8	35	13	10	9	1	2
语言学	7	2 775	2 018	2 774	263	843	1 442	172	54
中国文学	8	718	405	713	151	201	301	35	25
外国文学	9	410	315	410	36	124	213	29	8
艺术学	10	1 260	672	1 256	130	311	633	149	33
历史学	11	380	159	380	85	129	144	15	7
考古学	12	52	18	52	13	15	19	4	1
经济学	13	1 585	834	1 583	320	509	658	70	26
政治学	14	293	103	293	50	97	124	14	8
法学	15	2 033	893	2 032	386	651	828	109	58
社会学	16	364	190	364	47	127	162	15	13
民族学与文化学	17	279	130	279	91	76	104	4	4
新闻学与传播学	18	408	229	408	53	122	199	23	11
图书馆、情报与文献学	19	964	658	949	47	264	545	31	62
教育学	20	927	460	926	94	248	453	88	43
统计学	21	97	51	97	14	36	41	4	2
心理学	22	146	97	146	14	40	71	14	7
体育学	23	1 583	509	1 580	175	514	593	160	138
60 岁及以上	24	239	54	237	231	6	0	0	0
55 岁~59 岁	25	1 275	498	1 268	547	523	177	7	14
50 岁~54 岁	26	2 752	1 370	2 743	1 035	1 168	506	14	20
45 岁~49 岁	27	2 940	1 495	2 934	564	1 396	926	28	20
40 岁~44 岁	28	3 221	1 817	3 216	219	1 334	1 556	76	31
35 岁~39 岁	29	4 446	2 546	4 443	57	930	3 076	266	114
30 岁~34 岁	30	2 446	1 305	2 442	13	138	1 655	436	200
29 岁及以下	31	925	562	923	0	9	363	331	220

按最后学历划分			按最后学位划分		其他人员
研究生	本科生	其他	博士	硕士	
L09	L10	L11	L12	L13	L14
13 487	4 516	203	5 951	8 411	38
2 279	582	30	1 285	1 146	6
581	106	3	293	317	0
300	36	2	174	129	0
8	2	0	3	6	0
32	3	0	24	8	0
2 085	683	6	523	1 690	1
585	126	2	338	267	5
335	74	1	107	238	0
794	433	29	159	705	4
330	50	0	228	109	0
49	3	0	32	16	0
1 319	246	18	813	574	2
248	40	5	147	108	0
1 577	447	8	697	990	1
317	45	2	180	149	0
227	46	6	156	74	0
339	65	4	162	189	0
400	492	57	104	356	15
662	250	14	222	526	1
78	16	3	51	30	0
124	22	0	51	75	0
818	749	13	202	709	3
167	68	2	106	64	2
591	617	60	298	299	7
1 591	1 088	64	815	884	9
2 002	882	50	974	1 238	6
2 561	638	17	1 206	1 553	5
3 567	868	8	1 451	2 400	3
2 154	286	2	911	1 307	4
854	69	0	190	666	2

13. 地方院校人文、社会科学活动人员情况表

		总计		按职称划分					
			女性	小计	教授	副教授	讲师	助教	初级
	编号	L01	L02	L03	L04	L05	L06	L07	L08
合计	1	647 039	382 796	643 631	57 278	160 562	303 915	88 356	33 520
管理学	2	96 093	54 241	95 505	9 304	22 384	44 679	12 800	6 338
马克思主义	3	27 215	14 905	27 115	2 995	8 034	11 810	3 294	982
哲学	4	9 491	4 466	9 463	1 400	2 911	4 051	811	290
逻辑学	5	978	474	966	96	246	484	101	39
宗教学	6	404	179	403	58	118	196	24	7
语言学	7	98 000	76 250	97 619	4 935	22 744	52 875	13 470	3 595
中国文学	8	27 665	16 516	27 570	3 491	8 818	11 795	2 509	957
外国文学	9	14 194	10 971	14 175	1 016	3 150	7 600	1 917	492
艺术学	10	93 186	53 427	92 529	6 060	18 598	42 965	19 007	5 899
历史学	11	11 242	4 814	11 226	1 841	3 546	4 759	786	294
考古学	12	423	172	423	73	96	201	42	11
经济学	13	68 433	41 097	68 156	8 432	17 959	29 852	8 288	3 625
政治学	14	9 474	4 570	9 445	1 127	2 877	4 021	1 033	387
法学	15	28 887	15 051	28 754	3 122	7 958	13 429	3 158	1 087
社会学	16	8 751	4 961	8 705	876	2 119	4 103	1 124	483
民族学与文化学	17	2 318	1 211	2 309	408	605	946	256	94
新闻学与传播学	18	10 499	6 684	10 428	819	2 140	4 759	1 855	855
图书馆、情报与文献学	19	26 072	17 984	25 815	1 280	5 986	14 384	1 902	2 263
教育学	20	54 205	32 226	53 776	5 208	12 965	24 653	7 590	3 360
统计学	21	4 660	2 514	4 642	606	1 392	1 976	456	212
心理学	22	7 282	4 954	7 257	682	1 649	3 341	1 133	452
体育学	23	47 567	15 129	47 350	3 449	14 267	21 036	6 800	1 798
60 岁及以上	24	4 715	1 218	4 653	3 426	1 086	110	2	29
55 岁~59 岁	25	29 763	9 925	29 617	10 879	13 155	4 969	283	331
50 岁~54 岁	26	80 124	38 677	79 869	22 620	38 342	17 280	833	794
45 岁~49 岁	27	87 075	44 694	86 766	13 077	39 675	31 041	1 815	1 158
40 岁~44 岁	28	98 953	55 735	98 738	5 527	35 399	51 894	4 334	1 584
35 岁~39 岁	29	173 102	110 626	172 669	1 583	29 489	118 208	18 940	4 449
30 岁~34 岁	30	113 359	77 532	112 601	145	3 272	67 794	31 576	9 814
29 岁及以下	31	59 948	44 389	58 718	21	144	12 619	30 573	15 361

按最后学历划分			按最后学位划分		其他人员
研究生	本科生	其他	博士	硕士	
L09	L10	L11	L12	L13	L14
359 673	272 356	11 602	75 999	337 300	3 408
58 187	35 342	1 976	14 753	52 190	588
17 464	9 482	169	3 412	16 624	100
7 254	2 159	50	2 817	4 839	28
546	412	8	135	521	12
366	34	3	236	134	1
52 192	44 697	730	5 750	55 644	381
15 784	11 467	319	5 901	12 181	95
9 372	4 727	76	1 410	9 015	19
46 418	44 673	1 438	4 126	48 717	657
8 378	2 752	96	4 057	4 751	16
368	47	8	213	165	0
40 840	25 998	1 318	12 640	34 211	277
5 548	3 800	97	1 510	4 665	29
18 842	9 687	225	5 442	15 782	133
6 405	2 184	116	1 834	4 982	46
1 769	506	34	701	1 160	9
7 337	2 958	133	1 494	6 354	71
6 481	15 962	3 372	774	7 001	257
30 256	22 842	678	4 880	31 282	429
2 822	1 708	112	953	2 158	18
5 093	2 122	42	1 154	4 358	25
17 951	28 797	602	1 807	20 566	217
1 852	2 562	239	893	991	62
7 549	20 064	2 004	2 979	5 418	146
25 519	50 995	3 355	9 413	22 062	255
39 900	44 420	2 446	13 614	37 401	309
57 902	39 421	1 415	16 359	53 383	215
105 402	66 156	1 111	19 503	104 824	433
78 855	33 126	620	11 197	72 433	758
42 694	15 612	412	2 041	40 788	1 230

14. 综合院校人文、社会科学活动人员情况表

		总计		按职称划分					
			女性	小计	教授	副教授	讲师	助教	初级
	编号	L01	L02	L03	L04	L05	L06	L07	L08
合计	1	212 406	121 470	211 650	23 212	55 306	96 195	25 542	11 395
管理学	2	30 217	16 321	30 022	3 418	7 179	13 512	3 633	2 280
马克思主义	3	8 015	4 261	7 996	1 081	2 410	3 371	848	286
哲学	4	3 869	1 534	3 860	873	1 216	1 476	215	80
逻辑学	5	284	107	283	55	72	120	18	18
宗教学	6	300	106	300	75	100	108	12	5
语言学	7	32 450	24 701	32 335	1 940	8 056	17 109	4 008	1 222
中国文学	8	10 487	5 891	10 473	1 688	3 299	4 285	838	363
外国文学	9	5 649	4 230	5 645	553	1 286	2 907	721	178
艺术学	10	26 488	15 134	26 409	1 642	5 198	12 452	5 333	1 784
历史学	11	5 382	2 077	5 377	1 212	1 759	2 049	254	103
考古学	12	514	177	514	150	136	193	25	10
经济学	13	23 949	13 534	23 871	3 496	6 406	10 169	2 455	1 345
政治学	14	3 919	1 700	3 910	672	1 305	1 516	289	128
法学	15	9 315	4 422	9 286	1 391	2 701	3 999	854	341
社会学	16	3 348	1 779	3 331	532	900	1 361	361	177
民族学与文化学	17	1 045	496	1 042	217	308	390	95	32
新闻学与传播学	18	4 454	2 653	4 436	524	1 064	1 858	569	421
图书馆、情报与文献学	19	9 152	6 285	9 088	609	2 476	4 723	507	773
教育学	20	16 272	9 731	16 223	1 642	4 000	7 227	2 285	1 069
统计学	21	1 129	603	1 124	159	327	491	86	61
心理学	22	2 161	1 424	2 158	238	534	932	324	130
体育学	23	14 007	4 304	13 967	1 045	4 574	5 947	1 812	589
60 岁及以上	24	2 813	585	2 806	2 385	357	43	0	21
55 岁~59 岁	25	11 224	3 622	11 191	4 330	4 929	1 734	81	117
50 岁~54 岁	26	29 894	13 940	29 814	8 844	14 143	6 238	288	301
45 岁~49 岁	27	30 689	15 704	30 622	4 907	13 606	11 028	598	483
40 岁~44 岁	28	33 131	18 436	33 087	2 077	11 530	17 404	1 415	661
35 岁~39 岁	29	51 988	32 514	51 883	606	9 217	34 932	5 676	1 452
30 岁~34 岁	30	34 771	23 442	34 632	59	1 425	20 736	9 113	3 299
29 岁及以下	31	17 896	13 227	17 615	4	99	4 080	8 371	5 061

按最后学历划分			按最后学位划分		其他人员
研究生	本科生	其他	博士	硕士	
L09	L10	L11	L12	L13	L14
124 080	84 085	3 485	39 282	101 815	756
19 186	10 261	575	6 614	15 051	195
5 236	2 712	48	1 523	4 449	19
3 172	671	17	1 815	1 474	9
169	112	2	78	123	1
282	17	1	210	75	0
17 905	14 187	243	3 283	17 746	115
6 442	3 917	114	3 090	4 173	14
3 965	1 663	17	1 015	3 306	4
12 880	13 141	388	1 393	13 543	79
4 279	1 067	31	2 685	1 769	5
462	44	8	350	117	0
15 288	8 246	337	6 367	10 812	78
2 480	1 391	39	1 203	1 528	9
6 653	2 548	85	2 997	4 276	29
2 545	753	33	1 140	1 563	17
807	224	11	415	430	3
3 307	1 089	40	1 172	2 316	18
2 659	5 304	1 125	656	2 473	64
9 153	6 885	185	1 931	9 119	49
640	454	30	280	454	5
1 512	635	11	486	1 152	3
5 058	8 764	145	579	5 866	40
1 712	1 015	79	1 083	625	7
4 033	6 590	568	2 116	2 159	33
12 144	16 585	1 085	6 069	7 956	80
15 629	14 190	803	7 014	12 243	67
20 474	12 195	418	7 806	16 573	44
32 609	19 019	255	8 833	29 621	105
24 713	9 755	164	5 408	20 772	139
12 766	4 736	113	953	11 866	281

15. 理工农医院校人文、社会科学活动人员情况表

	编号	总计		按职称划分					
			女性	小计	教授	副教授	讲师	助教	初级
		L01	L02	L03	L04	L05	L06	L07	L08
合计	1	236 001	140 802	235 029	19 795	59 432	115 287	29 455	11 060
管理学	2	44 075	23 996	43 907	5 140	11 288	20 468	4 891	2 120
马克思主义	3	12 571	6 866	12 529	1 327	3 761	5 616	1 440	385
哲学	4	3 974	1 927	3 963	551	1 203	1 769	322	118
逻辑学	5	307	157	301	29	70	160	31	11
宗教学	6	70	29	70	11	16	38	3	2
语言学	7	39 756	31 607	39 645	1 735	9 516	22 023	5 057	1 314
中国文学	8	6 442	4 230	6 423	581	1 977	2 940	656	269
外国文学	9	4 661	3 681	4 656	243	1 008	2 671	586	148
艺术学	10	24 630	14 110	24 531	1 406	4 688	12 220	4 833	1 384
历史学	11	2 372	1 122	2 370	287	737	1 066	198	82
考古学	12	65	25	65	12	20	22	7	4
经济学	13	24 630	14 787	24 553	3 019	6 664	11 005	2 611	1 254
政治学	14	3 240	1 649	3 233	358	977	1 432	344	122
法学	15	9 069	4 831	9 045	837	2 408	4 442	971	387
社会学	16	3 722	2 117	3 714	389	948	1 822	380	175
民族学与文化学	17	485	288	483	55	107	236	60	25
新闻学与传播学	18	2 948	1 862	2 938	228	626	1 442	459	183
图书馆、情报与文献学	19	12 252	8 449	12 104	593	2 693	6 937	855	1 026
教育学	20	18 468	10 687	18 311	1 667	4 295	8 701	2 491	1 157
统计学	21	1 568	881	1 564	189	474	684	130	87
心理学	22	2 685	1 901	2 674	181	555	1 327	447	164
体育学	23	18 011	5 600	17 950	957	5 401	8 266	2 683	643
60 岁及以上	24	1 351	328	1 344	1 023	288	28	1	4
55 岁~59 岁	25	10 425	3 628	10 364	3 762	4 608	1 773	102	119
50 岁~54 岁	26	28 924	14 566	28 834	7 885	14 022	6 395	256	276
45 岁~49 岁	27	32 463	17 257	32 334	4 536	15 180	11 666	585	367
40 岁~44 岁	28	37 089	21 245	37 010	1 925	13 277	19 894	1 431	483
35 岁~39 岁	29	66 092	42 328	66 004	604	10 819	46 396	6 666	1 519
30 岁~34 岁	30	39 832	27 028	39 661	54	1 190	24 778	10 411	3 228
29 岁及以下	31	19 825	14 422	19 478	6	48	4 357	10 003	5 064

按最后学历划分			按最后学位划分		其他人员
研究生	本科生	其他	博士	硕士	
L09	L10	L11	L12	L13	L14
132 789	98 521	3 719	29 214	122 491	972
28 469	14 815	623	9 304	22 671	168
8 412	4 054	63	1 916	7 595	42
3 090	862	11	1 186	2 070	11
142	154	5	43	141	6
65	4	1	44	20	0
21 175	18 247	223	1 768	22 934	111
3 402	2 943	78	1 048	2 940	19
3 072	1 568	16	437	2 960	5
13 244	11 070	217	1 499	13 663	99
1 802	538	30	837	1 038	2
60	2	3	33	28	0
14 249	9 899	405	4 637	11 637	77
1 906	1 294	33	472	1 653	7
6 209	2 786	50	1 779	5 044	24
2 783	880	51	913	2 025	8
362	115	6	107	270	2
2 085	824	29	494	1 725	10
3 534	7 138	1 432	474	3 613	148
9 922	8 191	198	1 265	10 740	157
922	615	27	273	752	4
1 901	753	20	329	1 724	11
5 983	11 769	198	356	7 248	61
684	619	41	354	346	7
2 919	6 735	710	1 198	2 022	61
9 759	17 896	1 179	3 452	8 439	90
15 230	16 258	846	4 915	14 240	129
22 277	14 291	442	6 082	20 159	79
40 165	25 547	292	7 532	39 635	88
27 546	11 974	141	4 758	24 392	171
14 209	5 201	68	923	13 258	347

16. 师范院校人文、社会科学活动人员情况表

		总计		按职称划分					
			女性	小计	教授	副教授	讲师	助教	初级
	编号	L01	L02	L03	L04	L05	L06	L07	L08
合计	1	113 326	62 705	112 694	12 862	31 624	50 868	13 204	4 136
管理学	2	7 957	4 128	7 880	802	1 908	3 727	992	451
马克思主义	3	4 269	2 079	4 255	633	1 412	1 671	394	145
哲学	4	1 936	788	1 930	372	644	739	127	48
逻辑学	5	156	68	155	24	58	63	9	1
宗教学	6	128	46	127	31	34	56	5	1
语言学	7	17 368	12 765	17 290	1 235	4 382	9 015	2 226	432
中国文学	8	8 361	4 369	8 327	1 407	2 838	3 396	498	188
外国文学	9	2 811	2 079	2 804	292	693	1 416	326	77
艺术学	10	19 211	10 862	19 099	1 377	4 529	8 719	3 550	924
历史学	11	4 457	1 704	4 453	900	1 423	1 789	256	85
考古学	12	124	44	124	21	28	62	10	3
经济学	13	6 238	3 200	6 223	948	1 785	2 630	643	217
政治学	14	2 286	1 005	2 277	342	766	927	184	58
法学	15	3 598	1 750	3 580	418	1 039	1 676	346	101
社会学	16	1 640	844	1 630	202	435	758	168	67
民族学与文化学	17	516	240	515	98	140	198	57	22
新闻学与传播学	18	2 092	1 253	2 079	190	483	940	375	91
图书馆、情报与文献学	19	4 297	2 877	4 262	267	1 124	2 366	250	255
教育学	20	14 387	8 282	14 240	1 996	4 082	5 962	1 573	627
统计学	21	417	199	415	63	126	170	44	12
心理学	22	2 276	1 338	2 271	370	655	948	210	88
体育学	23	8 801	2 785	8 758	874	3 040	3 640	961	243
60 岁及以上	24	922	197	874	793	64	15	0	2
55 岁~59 岁	25	5 853	1 891	5 815	2 389	2 553	804	32	37
50 岁~54 岁	26	15 772	7 096	15 713	5 085	7 393	3 043	113	79
45 岁~49 岁	27	16 897	8 116	16 832	3 008	7 826	5 577	290	131
40 岁~44 岁	28	18 982	10 224	18 939	1 247	7 388	9 369	739	196
35 岁~39 岁	29	29 394	17 995	29 288	320	5 708	19 494	3 180	586
30 岁~34 岁	30	17 410	11 320	17 254	19	664	10 612	4 680	1 279
29 岁及以下	31	8 096	5 866	7 979	1	28	1 954	4 170	1 826

按最后学历划分			按最后学位划分		其他人员
研究生	本科生	其他	博士	硕士	
L09	L10	L11	L12	L13	L14
68 480	42 320	1 894	19 616	56 030	632
5 097	2 578	205	1 532	4 074	77
2 844	1 394	17	824	2 429	14
1 551	372	7	776	854	6
113	42	0	34	86	1
120	6	1	82	40	1
9 775	7 361	154	1 827	9 337	78
5 260	2 977	90	2 476	3 330	34
1 927	848	29	402	1 704	7
9 569	9 238	292	906	9 785	112
3 438	977	38	1 941	1 646	4
110	13	1	68	44	0
4 495	1 638	90	1 760	3 065	15
1 487	770	20	518	1 098	9
2 634	917	29	872	1 989	18
1 325	287	18	505	878	10
391	115	9	178	246	1
1 522	524	33	351	1 246	13
1 144	2 543	575	202	1 107	35
9 460	4 617	163	2 913	7 618	147
285	119	11	111	194	2
1 783	483	5	793	1 083	5
4 150	4 501	107	545	4 177	43
548	301	25	355	191	48
1 699	3 820	296	868	962	38
5 747	9 475	491	2 599	4 058	59
8 615	7 798	419	3 587	6 834	65
11 951	6 735	253	4 276	9 399	43
19 654	9 419	215	4 920	16 831	106
13 791	3 342	121	2 614	11 647	156
6 475	1 430	74	397	6 108	117

17. 语言院校人文、社会科学活动人员情况表

		总计		按职称划分					
			女性	小计	教授	副教授	讲师	助教	初级
	编号	L01	L02	L03	L04	L05	L06	L07	L08
合计	1	20 288	13 513	20 128	2 173	4 806	9 652	2 529	968
管理学	2	2 155	1 303	2 136	230	488	982	283	153
马克思主义	3	603	388	598	42	127	295	118	16
哲学	4	190	114	190	27	67	67	23	6
逻辑学	5	19	13	19	1	2	10	5	1
宗教学	6	3	1	3	1	0	2	0	0
语言学	7	6 739	5 041	6 699	626	1 553	3 442	876	202
中国文学	8	803	520	800	139	271	330	36	24
外国文学	9	1 288	949	1 286	201	359	552	118	56
艺术学	10	2 186	1 307	2 154	169	405	1 068	374	138
历史学	11	153	81	152	23	52	61	14	2
考古学	12	4	3	4	0	0	4	0	0
经济学	13	1 425	932	1 413	202	360	600	169	82
政治学	14	342	156	342	64	95	134	26	23
法学	15	500	302	497	68	127	230	45	27
社会学	16	257	168	256	29	62	120	34	11
民族学与文化学	17	28	20	28	9	10	8	0	1
新闻学与传播学	18	952	576	944	150	259	412	86	37
图书馆、情报与文献学	19	462	326	456	13	83	270	30	60
教育学	20	1 384	956	1 363	123	287	679	178	96
统计学	21	88	44	88	10	30	35	5	8
心理学	22	117	84	115	15	30	47	14	9
体育学	23	590	229	585	31	139	304	95	16
60 岁及以上	24	425	123	422	343	78	1	0	0
55 岁~59 岁	25	676	246	674	351	241	70	4	8
50 岁~54 岁	26	1 868	1 003	1 865	661	894	283	11	16
45 岁~49 岁	27	2 220	1 315	2 214	468	1 049	659	17	21
40 岁~44 岁	28	3 055	1 980	3 050	279	1 193	1 471	77	30
35 岁~39 岁	29	5 353	3 754	5 338	66	1 175	3 605	361	131
30 岁~34 岁	30	4 191	3 110	4 134	5	171	2 886	815	257
29 岁及以下	31	2 500	1 982	2 431	0	5	677	1 244	505

按最后学历划分			按最后学位划分		其他人员
研究生	本科生	其他	博士	硕士	
L09	L10	L11	L12	L13	L14
14 674	5 242	212	4 459	11 097	160
1 464	626	46	432	1 141	19
441	155	2	82	395	5
151	38	1	71	88	0
11	8	0	2	13	0
3	0	0	1	2	0
5 199	1 479	21	1 400	3 956	40
633	163	4	323	334	3
1 108	175	3	413	728	2
1 345	795	14	300	1 179	32
126	26	0	58	76	1
3	1	0	1	3	0
1 065	322	26	374	734	12
311	30	1	184	130	0
401	90	6	148	274	3
222	30	4	61	159	1
24	4	0	18	9	0
790	146	8	375	458	8
148	270	38	13	159	6
822	506	35	141	845	21
66	22	0	27	43	0
88	27	0	26	65	2
253	329	3	9	306	5
223	193	6	114	106	3
340	299	35	173	179	2
1 094	724	47	541	657	3
1 575	611	28	784	946	6
2 446	584	20	1 026	1 628	5
3 955	1 366	17	1 038	3 298	15
3 246	875	13	666	2 623	57
1 795	590	46	117	1 660	69

18. 财经院校人文、社会科学活动人员情况表

		总计		按职称划分					
			女性	小计	教授	副教授	讲师	助教	初级
	编号	L01	L02	L03	L04	L05	L06	L07	L08
合计	1	86 134	52 076	85 770	8 512	21 229	39 594	12 256	4 179
管理学	2	20 726	11 907	20 643	2 234	5 185	9 217	2 821	1 186
马克思主义	3	2 936	1 739	2 927	278	756	1 330	436	127
哲学	4	971	480	969	120	248	467	106	28
逻辑学	5	235	120	232	15	49	123	35	10
宗教学	6	13	11	13	0	6	6	1	0
语言学	7	9 955	8 019	9 943	466	2 173	5 397	1 493	414
中国文学	8	2 266	1 525	2 257	196	693	1 026	273	69
外国文学	9	1 560	1 238	1 560	92	355	850	211	52
艺术学	10	5 611	3 518	5 548	182	758	2 706	1 493	409
历史学	11	653	289	651	74	185	313	59	20
考古学	12	7	6	7	0	1	4	2	0
经济学	13	20 161	11 719	20 081	3 108	5 883	8 005	2 375	710
政治学	14	868	437	867	72	220	379	150	46
法学	15	4 430	2 403	4 412	582	1 233	2 037	442	118
社会学	16	843	493	838	79	185	409	120	45
民族学与文化学	17	119	71	118	13	22	60	21	2
新闻学与传播学	18	1 207	823	1 202	82	235	551	238	96
图书馆、情报与文献学	19	2 495	1 707	2 488	89	476	1 422	237	264
教育学	20	4 783	2 942	4 756	305	821	2 436	848	346
统计学	21	1 900	935	1 895	306	623	747	180	39
心理学	22	506	380	506	20	85	256	98	47
体育学	23	3 889	1 314	3 857	199	1 037	1 853	617	151
60 岁及以上	24	989	297	989	696	278	13	0	2
55 岁～59 岁	25	3 917	1 435	3 907	1 473	1 749	621	27	37
50 岁～54 岁	26	10 243	5 122	10 228	3 226	4 820	1 986	100	96
45 岁～49 岁	27	10 410	5 344	10 386	1 826	4 643	3 601	190	126
40 岁～44 岁	28	12 687	7 076	12 656	955	4 825	6 260	422	194
35 岁～39 岁	29	22 161	14 374	22 125	309	4 268	14 875	2 128	545
30 岁～34 岁	30	16 570	11 449	16 494	24	615	10 198	4 493	1 164
29 岁及以下	31	9 157	6 979	8 985	3	31	2 040	4 896	2 015

按最后学历划分			按最后学位划分		其他人员
研究生	本科生	其他	博士	硕士	
L09	L10	L11	L12	L13	L14
53 985	30 146	1 639	15 935	45 678	364
13 469	6 696	478	4 503	10 995	83
1 987	902	38	399	1 833	9
761	193	15	295	501	2
159	73	0	44	140	3
12	1	0	8	4	0
5 981	3 876	86	645	6 326	12
1 308	932	17	386	1 161	9
1 040	512	8	150	1 044	0
3 007	2 493	48	142	3 344	63
546	104	1	228	331	2
6	1	0	1	5	0
13 681	5 979	421	6 098	9 337	80
607	251	9	194	448	1
3 273	1 108	31	1 183	2 400	18
657	170	11	241	442	5
106	12	0	35	70	1
895	288	19	210	755	5
596	1 590	302	64	704	7
2 683	2 005	68	244	2 990	27
1 392	470	33	707	756	5
353	148	5	48	341	0
1 466	2 342	49	110	1 751	32
405	539	45	217	216	0
1 381	2 295	231	620	902	10
4 271	5 556	401	1 946	3 131	15
6 066	4 066	254	2 684	4 660	24
8 661	3 772	223	3 366	6 855	31
14 598	7 263	264	3 919	13 536	36
11 806	4 515	173	2 538	10 157	76
6 797	2 140	48	645	6 221	172

19. 政法院校人文、社会科学活动人员情况表

		总计		按职称划分					
			女性	小计	教授	副教授	讲师	助教	初级
	编号	L01	L02	L03	L04	L05	L06	L07	L08
合计	1	17 976	8 931	17 874	2 305	5 516	7 740	1 784	529
管理学	2	2 047	1 003	2 039	183	549	950	236	121
马克思主义	3	769	383	769	98	291	303	61	16
哲学	4	371	153	371	65	135	138	25	8
逻辑学	5	43	20	43	8	16	17	2	0
宗教学	6	19	9	19	2	8	6	3	0
语言学	7	1 499	1 136	1 490	122	454	751	133	30
中国文学	8	454	284	448	53	151	183	40	21
外国文学	9	188	149	188	9	51	103	24	1
艺术学	10	198	130	195	6	37	83	57	12
历史学	11	145	66	145	26	52	57	6	4
考古学	12	1	1	1	0	0	1	0	0
经济学	13	725	429	722	88	212	324	81	17
政治学	14	417	141	415	69	121	178	37	10
法学	15	7 226	3 355	7 188	1 247	2 366	2 840	576	159
社会学	16	438	233	435	49	122	195	60	9
民族学与文化学	17	34	18	32	5	14	10	3	0
新闻学与传播学	18	296	160	294	33	83	132	39	7
图书馆、情报与文献学	19	600	406	595	29	158	327	57	24
教育学	20	960	459	953	85	259	446	124	39
统计学	21	99	50	98	6	17	56	10	9
心理学	22	196	124	196	24	48	87	30	7
体育学	23	1 251	222	1 238	98	372	553	180	35
60 岁及以上	24	142	40	142	124	16	2	0	0
55 岁~59 岁	25	1 186	385	1 182	433	510	194	22	23
50 岁~54 岁	26	2 864	1 358	2 860	912	1 287	588	39	34
45 岁~49 岁	27	2 954	1 278	2 945	553	1 350	940	70	32
40 岁~44 岁	28	3 124	1 575	3 119	240	1 293	1 441	114	31
35 岁~39 岁	29	4 212	2 318	4 200	42	966	2 725	390	77
30 岁~34 岁	30	2 411	1 302	2 385	1	85	1 528	621	150
29 岁及以下	31	1 083	675	1 041	0	9	322	528	182

按最后学历划分			按最后学位划分		其他人员
研究生	本科生	其他	博士	硕士	
L09	L10	L11	L12	L13	L14
10 470	7 172	232	3 531	8 428	102
1 085	897	57	311	1 000	8
470	299	0	148	376	0
295	76	0	130	174	0
29	14	0	7	24	0
15	4	0	12	3	0
886	601	3	143	885	9
265	179	4	92	202	6
114	73	1	16	111	0
114	80	1	14	112	3
111	34	0	58	58	0
1	0	0	0	1	0
520	185	17	265	290	3
340	74	1	187	161	2
4 469	2 687	32	1 761	3 362	38
326	102	7	138	206	3
24	8	0	11	14	2
224	68	2	99	133	2
169	354	72	21	161	5
495	449	9	68	562	7
51	39	8	9	43	1
130	66	0	30	109	0
337	883	18	11	441	13
81	61	0	51	31	0
321	797	64	111	232	4
1 045	1 743	72	393	827	4
1 438	1 452	55	568	1 300	9
1 916	1 185	18	750	1 587	5
2 988	1 198	14	959	2 382	12
1 881	498	6	588	1 372	26
800	238	3	111	697	42

20. 艺术院校人文、社会科学活动人员情况表

		总计		按职称划分					
			女性	小计	教授	副教授	讲师	助教	初级
	编号	L01	L02	L03	L04	L05	L06	L07	L08
合计	1	26 381	14 849	25 979	2 645	5 888	11 023	4 711	1 712
管理学	2	1 158	699	1 113	77	156	506	230	144
马克思主义	3	548	339	535	60	144	242	65	24
哲学	4	126	73	126	14	34	52	18	8
逻辑学	5	20	13	19	0	3	13	3	0
宗教学	6	4	2	4	1	1	2	0	0
语言学	7	1 056	873	1 043	38	242	540	158	65
中国文学	8	692	439	687	62	172	261	156	36
外国文学	9	114	101	114	4	25	62	20	3
艺术学	10	19 431	10 379	19 171	2 207	4 499	7 842	3 475	1 148
历史学	11	134	79	132	10	36	57	23	6
考古学	12	16	8	16	3	4	7	0	2
经济学	13	290	184	282	30	38	135	47	32
政治学	14	132	71	130	10	32	45	24	19
法学	15	162	90	158	9	31	62	41	15
社会学	16	70	30	69	4	13	33	12	7
民族学与文化学	17	40	24	40	10	9	17	4	0
新闻学与传播学	18	399	273	386	23	68	147	106	42
图书馆、情报与文献学	19	501	353	492	19	81	295	37	60
教育学	20	844	539	830	42	171	395	172	50
统计学	21	39	25	38	1	1	22	10	4
心理学	22	97	78	95	1	13	48	19	14
体育学	23	508	177	499	20	115	240	91	33
60 岁及以上	24	454	85	454	382	64	7	1	0
55 岁~59 岁	25	1 726	504	1 718	748	646	278	27	19
50 岁~54 岁	26	2 307	977	2 298	713	988	508	50	39
45 岁~49 岁	27	2 844	1 342	2 827	438	1 297	929	104	59
40 岁~44 岁	28	3 625	1 997	3 609	197	1 344	1 704	295	69
35 岁~39 岁	29	7 100	4 436	7 034	117	1 324	4 333	1 009	251
30 岁~34 岁	30	5 383	3 473	5 269	40	210	2 733	1 790	496
29 岁及以下	31	2 942	2 035	2 770	10	15	531	1 435	779

按最后学历划分			按最后学位划分		其他人员
研究生	本科生	其他	博士	硕士	
L09	L10	L11	L12	L13	L14
13 431	11 852	696	1 607	12 883	402
479	580	54	26	516	45
341	188	6	41	322	13
99	27	0	17	81	0
12	7	0	0	11	1
2	2	0	1	1	0
501	533	9	18	536	13
337	343	7	62	309	5
76	38	0	1	79	0
10 172	8 491	508	1 379	9 540	260
81	49	2	10	75	2
14	2	0	6	8	0
118	146	18	4	121	8
77	51	2	3	75	2
64	92	2	1	72	4
25	39	5	3	27	1
35	4	1	6	28	0
204	175	7	12	201	13
136	303	53	4	141	9
403	415	12	12	454	14
24	14	0	0	19	1
63	31	1	1	61	2
168	322	9	0	206	9
146	257	51	65	82	0
363	1 159	196	90	274	8
628	1 499	171	153	525	9
1 221	1 509	97	255	1 088	17
1 967	1 594	48	336	1 823	16
4 168	2 809	57	427	4 198	66
3 290	1 959	20	230	3 279	114
1 648	1 066	56	51	1 614	172

21. 民族院校人文、社会科学活动人员情况表

		总计		按职称划分					
			女性	小计	教授	副教授	讲师	助教	初级
	编号	L01	L02	L03	L04	L05	L06	L07	L08
合计	1	10 776	6 086	10 710	1 554	3 206	4 552	1 092	306
管理学	2	1 065	602	1 056	127	309	479	109	32
马克思主义	3	351	173	350	67	118	128	25	12
哲学	4	196	72	195	52	47	78	16	2
逻辑学	5	28	11	28	6	7	13	2	0
宗教学	6	68	22	68	16	18	30	2	2
语言学	7	1 633	1 181	1 628	176	498	774	148	32
中国文学	8	834	464	826	160	285	304	58	19
外国文学	9	258	181	256	25	77	118	24	12
艺术学	10	1 448	834	1 435	119	357	625	291	43
历史学	11	326	145	326	79	108	115	15	9
考古学	12	38	17	38	6	6	21	5	0
经济学	13	876	505	870	162	252	357	82	17
政治学	14	165	56	165	33	60	53	14	5
法学	15	715	340	714	126	228	282	51	27
社会学	16	265	140	264	31	91	107	26	9
民族学与文化学	17	552	265	552	165	149	199	23	16
新闻学与传播学	18	299	194	299	30	92	128	39	10
图书馆、情报与文献学	19	436	311	428	27	143	222	20	16
教育学	20	531	300	522	60	142	247	55	18
统计学	21	49	34	49	6	18	22	2	1
心理学	22	73	57	72	3	13	34	17	5
体育学	23	570	182	569	78	188	216	68	19
60 岁及以上	24	119	24	117	104	9	4	0	0
55 岁~59 岁	25	631	229	628	303	214	101	7	3
50 岁~54 岁	26	1 580	738	1 572	653	622	275	11	11
45 岁~49 岁	27	1 616	805	1 609	331	784	451	25	18
40 岁~44 岁	28	1 751	1 015	1 747	120	830	747	43	7
35 岁~39 岁	29	2 666	1 670	2 662	43	657	1 738	186	38
30 岁~34 岁	30	1 583	979	1 569	0	87	1 023	374	85
29 岁及以下	31	830	626	806	0	3	213	446	144

按最后学历划分			按最后学位划分		其他人员
研究生	本科生	其他	博士	硕士	
L09	L10	L11	L12	L13	L14
6 759	3 675	276	2 408	4 767	66
735	285	36	271	508	9
227	121	2	92	157	1
154	38	3	74	81	1
18	9	1	4	16	0
63	5	0	42	21	0
965	639	24	246	791	5
554	256	16	263	313	8
191	64	1	45	154	2
669	723	43	72	660	13
252	74	0	147	110	0
37	1	0	18	18	0
571	270	29	281	320	6
106	55	4	50	53	0
519	185	10	200	367	1
219	45	0	105	121	1
456	83	13	258	206	0
230	64	5	65	172	0
126	245	57	26	126	8
352	149	21	104	273	9
29	16	4	17	14	0
51	21	0	8	48	1
235	327	7	20	238	1
48	64	5	29	19	2
182	392	54	84	107	3
633	840	99	336	334	8
887	653	69	427	542	7
1 221	494	32	559	764	4
1 917	734	11	621	1 454	4
1 295	268	6	312	1 008	14
576	230	0	40	539	24

22. 体育院校人文、社会科学活动人员情况表

		总计		按职称划分					
			女性	小计	教授	副教授	讲师	助教	初级
	编号	L01	L02	L03	L04	L05	L06	L07	L08
合计	1	7 735	3 694	7 693	870	2 082	3 195	1 041	505
管理学	2	338	178	336	24	77	146	46	43
马克思主义	3	228	122	228	22	71	108	22	5
哲学	4	58	32	58	4	25	18	8	3
逻辑学	5	0	0	0	0	0	0	0	0
宗教学	6	0	0	0	0	0	0	0	0
语言学	7	379	297	377	20	83	221	42	11
中国文学	8	83	56	81	7	16	37	16	5
外国文学	9	101	68	101	4	29	49	16	3
艺术学	10	357	231	356	12	40	98	61	145
历史学	11	21	14	21	1	3	12	4	1
考古学	12	0	0	0	0	0	0	0	0
经济学	13	120	87	119	25	10	52	14	18
政治学	14	22	15	22	3	5	11	3	0
法学	15	57	35	57	8	13	27	7	2
社会学	16	32	17	32	5	8	15	4	0
民族学与文化学	17	6	2	6	0	2	3	1	0
新闻学与传播学	18	140	86	137	11	37	63	18	8
图书馆、情报与文献学	19	218	158	213	11	41	132	17	12
教育学	20	276	164	275	16	66	131	44	18
统计学	21	60	31	60	9	19	26	6	0
心理学	22	65	44	64	12	27	23	2	0
体育学	23	5 174	2 057	5 150	676	1 510	2 023	710	231
60岁及以上	24	54	9	54	47	7	0	0	0
55岁~59岁	25	574	186	574	234	256	73	3	8
50岁~54岁	26	972	402	970	305	460	190	7	8
45岁~49岁	27	1 092	495	1 089	199	499	362	14	15
40岁~44岁	28	1 140	536	1 138	67	451	561	40	19
35岁~39岁	29	1 969	998	1 959	17	369	1 228	251	94
30岁~34岁	30	1 325	721	1 309	1	40	664	418	186
29岁及以下	31	609	347	600	0	0	117	308	175

按最后学历划分			按最后学位划分		其他人员
研究生	本科生	其他	博士	硕士	
L09	L10	L11	L12	L13	L14
4 223	3 307	163	1 003	3 823	42
190	144	2	39	167	2
172	56	0	31	154	0
38	20	0	10	30	0
0	0	0	0	0	0
0	0	0	0	0	0
208	169	0	22	228	2
45	35	1	8	49	2
63	33	5	22	46	0
186	169	1	8	201	1
10	11	0	2	12	0
0	0	0	0	0	0
40	68	11	9	35	1
14	8	0	3	14	0
39	17	1	8	33	0
26	5	1	9	20	0
2	4	0	0	3	0
119	18	0	27	95	3
50	129	34	1	58	5
146	123	6	14	156	1
21	37	2	2	26	0
51	13	0	27	26	1
2 803	2 248	99	761	2 470	24
33	20	1	21	13	0
161	367	46	72	115	0
333	590	47	143	277	2
554	508	27	232	421	3
657	469	12	193	595	2
1 218	728	13	245	1 162	10
843	459	7	83	824	16
424	166	10	14	416	9

23. 全国高等学校人文、社会科学研究与发展人员情况表

			合计	其中				
				女性	研究人员	教授	副教授	讲师
		编号	L01	L02	L03	L04	L05	L06
合计	全时人数	1	4 062	1 377	3 945	1 793	1 291	865
	非全时人数	2	494 554	257 706	411 937	72 363	130 736	193 258
	非全时折合全时人数	3	101 592.7	51 995.9	87 239.2	16 901.7	28 600.6	39 068.5
管理学	全时人数	4	795	296	786	321	284	161
	非全时人数	5	88 589	44 348	72 451	13 598	22 768	32 243
	非全时折合全时人数	6	19 105.9	9 342.5	16 269.4	3 372.7	5 324.7	6 879.1
马克思主义	全时人数	7	197	71	197	74	51	71
	非全时人数	8	22 783	11 290	19 404	3 585	6 251	9 022
	非全时折合全时人数	9	4 607.1	2 271.4	4 041.3	831.1	1 357.7	1 760.4
哲学	全时人数	10	61	7	57	34	16	9
	非全时人数	11	7 657	3 122	6 753	1 690	2 077	2 588
	非全时折合全时人数	12	1 445.8	571.3	1 303.7	344.1	417	480
逻辑学	全时人数	13	1	0	1	1	0	0
	非全时人数	14	321	121	282	60	85	124
	非全时折合全时人数	15	55.3	21.6	49.8	11.9	15.1	21.2
宗教学	全时人数	16	7	3	7	3	4	0
	非全时人数	17	1 608	613	1 453	377	467	532
	非全时折合全时人数	18	283.8	103	257.6	71.9	83.7	89.9
语言学	全时人数	19	239	120	231	106	76	52
	非全时人数	20	31 402	21 489	27 275	3 650	8 469	14 603
	非全时折合全时人数	21	6 511.9	4 407.1	5 760.9	864.7	1 858	2 948.2
中国文学	全时人数	22	122	26	121	82	23	16
	非全时人数	23	16 708	8 710	14 698	3 268	4 922	6 085
	非全时折合全时人数	24	3 360.9	1 669.4	3 020.5	737	1 042.4	1 164.3
外国文学	全时人数	25	47	27	45	12	13	19
	非全时人数	26	8 284	5 713	7 313	1 100	2 264	3 790
	非全时折合全时人数	27	1 553.8	1 065.1	1 387.3	229.2	448.6	684.3
艺术学	全时人数	28	300	135	270	77	101	110
	非全时人数	29	39 136	20 969	31 178	4 272	9 382	16 903
	非全时折合全时人数	30	8 805.4	4 680	7 225.3	1 051.4	2 269.1	3 798.4
历史学	全时人数	31	145	26	143	69	44	30
	非全时人数	32	11 454	4 494	9 840	2 496	3 094	3 826
	非全时折合全时人数	33	2 382.5	879.1	2 110.4	591.9	665.7	778.4

按职称划分				按学历学位划分			
助教	初级	其他人员	研究生(学生)	博士毕业	硕士毕业	本科毕业	其他学历
L07	L08	L09	L10	L11	L12	L13	L14
53	17	11	32	2 498	1 070	324	170
33 007	11 059	4 348	49 783	122 775	236 827	126 621	8 331
6 211.9	1 956.9	606	8 247.1	28 830.6	48 016.2	23 260.8	1 485.1
7	5	6	11	531	182	40	42
4 865	2 038	697	12 380	25 192	39 804	22 076	1 517
934.5	366.5	101.1	2 127.3	6 427.7	8 343.2	4 050.7	284.3
0	0	0	1	109	40	40	8
1 455	442	147	1 881	5 935	11 380	5 018	450
257.7	74.5	19.9	305.8	1 368.2	2 271.6	888.9	78.4
1	1	0	0	36	17	3	5
257	110	47	888	3 417	2 835	1 275	130
45.3	19	6.5	133.9	712.6	504.6	209.4	19.2
0	0	0	0	0	0	0	1
20	8	7	17	118	121	72	10
3.2	1.2	0.8	1.9	23.8	19.1	11.1	1.3
0	0	0	0	6	0	1	0
88	27	18	99	715	604	250	39
14.7	6.1	2.1	15.4	135.2	100.9	40.2	7.5
4	0	0	1	113	98	12	16
2 189	490	144	1 857	6 520	16 928	7 559	395
418.1	89.7	20.5	312.7	1 493.4	3 497.8	1 449.2	71.5
0	1	0	0	76	34	5	7
796	226	117	1 294	6 173	6 739	3 527	269
142	38.5	13.9	222.8	1 381	1 286.2	644.2	49.5
3	0	0	0	18	26	2	1
558	148	42	382	1 982	4 500	1 720	82
94.8	23.4	5.5	68	399.1	843	298.7	13
12	0	0	0	84	145	60	11
4 144	1 029	407	2 999	4 658	21 087	12 734	657
872	208.1	63.9	542.5	1 093.2	4 842.8	2 738.6	130.8
0	0	2	0	99	26	11	9
444	173	92	1 329	4 925	3 920	2 321	288
82.7	29.4	13.4	221	1 143.2	775	414	50.3

			合计	其中				
				女性	研究人员	教授	副教授	讲师
		编号	L01	L02	L03	L04	L05	L06
考古学	全时人数	34	31	5	31	17	6	8
	非全时人数	35	1 563	524	1 187	296	278	444
	非全时折合全时人数	36	307.9	102.5	248	71.4	63.5	85.2
经济学	全时人数	37	596	166	581	293	203	85
	非全时人数	38	58 921	29 495	48 688	9 602	15 760	20 545
	非全时折合全时人数	39	12 743.4	6 224.1	11 008.7	2 460.2	3 674.6	4 370.3
政治学	全时人数	40	119	34	115	50	41	26
	非全时人数	41	12 612	5 513	10 756	2 328	3 546	4 412
	非全时折合全时人数	42	2 287.4	968.3	1 983	464.3	664.6	779.9
法学	全时人数	43	430	134	428	221	135	70
	非全时人数	44	23 598	10 411	19 649	4 073	6 769	7 602
	非全时折合全时人数	45	5 279.1	2 318.8	4 621.8	1 082.5	1 633	1 704.9
社会学	全时人数	46	201	71	196	81	72	43
	非全时人数	47	29 514	15 174	24 781	4 248	7 977	11 569
	非全时折合全时人数	48	5 480.4	2 810.6	4 691.4	857.8	1 529.4	2 145.5
民族学与文化学	全时人数	49	44	12	42	18	10	13
	非全时人数	50	11 284	5 747	9 662	1 956	3 141	4 346
	非全时折合全时人数	51	2 056.8	1 032.8	1 781.6	391.7	577	777.6
新闻学与传播学	全时人数	52	132	38	131	50	43	37
	非全时人数	53	11 929	6 515	9 477	1 620	2 910	4 540
	非全时折合全时人数	54	2 376.6	1 278.6	1 989.9	379	639.6	904.6
图书馆、情报与文献学	全时人数	55	75	31	72	35	28	10
	非全时人数	56	8 942	5 320	7 506	1 092	2 266	3 814
	非全时折合全时人数	57	1 706.1	1 025.2	1 460.9	222.7	454.8	723.8
教育学	全时人数	58	334	119	313	164	84	69
	非全时人数	59	79 951	45 985	66 767	9 415	20 742	35 403
	非全时折合全时人数	60	15 443.4	8 825.6	13 174.9	2 006.4	4 222.3	6 755.4
统计学	全时人数	61	26	7	23	12	5	4
	非全时人数	62	4 230	2 012	3 473	641	1 064	1 534
	非全时折合全时人数	63	794.8	369.1	661.7	134.1	205.1	286.4
心理学	全时人数	64	33	13	33	16	7	10
	非全时人数	65	6 097	3 695	4 863	721	1 394	2 544
	非全时折合全时人数	66	1 145.5	691.8	947.7	151.6	275.1	491.3
体育学	全时人数	67	127	36	122	57	45	22
	非全时人数	68	17 971	6 446	14 481	2 275	5 110	6 789
	非全时折合全时人数	69	3 858.9	1 338	3 243.4	574.1	1 179.6	1 439.4

续表

按职称划分				按学历学位划分			
助教	初级	其他人员	研究生(学生)	博士毕业	硕士毕业	本科毕业	其他学历
L07	L08	L09	L10	L11	L12	L13	L14
0	0	0	0	24	2	3	2
33	14	67	431	571	505	380	107
6.2	1.7	6.9	73	141.6	88.2	54.8	23.3
6	3	2	4	443	107	24	22
3 170	1 042	436	8 366	18 503	25 722	13 654	1 042
611.8	184.6	63.4	1 378.5	4 746.4	5 355.2	2 431.1	210.7
1	1	0	0	69	33	11	6
621	248	115	1 342	4 258	5 451	2 692	211
103.6	40.8	14.2	220	843.7	953.3	457.5	32.9
1	1	0	2	307	93	21	9
916	333	331	3 574	8 347	9 617	5 283	351
167.5	61.2	43.8	586.2	2 143.9	2 096.3	975.1	63.8
0	1	0	4	128	49	18	6
1 918	640	285	2 877	7 750	14 323	7 001	440
332.6	107.4	40.1	467.6	1 609.3	2 620.7	1 183.5	66.9
1	0	0	2	27	12	1	4
797	270	167	607	2 929	5 292	2 880	183
137.8	44	21	107.7	587.9	940.9	500.6	27.4
1	1	0	0	88	29	10	5
881	252	142	1 584	3 247	5 516	2 928	238
164.7	40.9	17.2	230.6	755.9	1 088.3	486	46.4
2	0	0	0	50	22	2	1
519	375	87	789	1 596	3 836	3 201	309
88.9	65.2	12.2	138.5	315.8	739.5	597.9	52.9
11	3	1	2	185	107	32	10
7 180	2 491	800	3 920	10 991	45 124	22 668	1 168
1 310.8	431	111.8	605.7	2 356.8	8 836.5	4 070.4	179.7
0	0	0	5	18	5	3	0
208	89	12	682	1 396	1 723	1 014	97
37.5	15	2.1	114.6	286.2	304.6	183.8	20.2
0	0	0	0	26	4	1	2
504	191	67	676	1 316	3 121	1 588	72
90.6	30	8.9	98	305.7	572.8	256.5	10.5
3	0	0	0	61	39	24	3
1 444	423	121	1 809	2 236	8 679	6 780	276
294.9	78.7	16.8	275.4	560	1 935.7	1 318.6	44.6

24. 本科学校人文、社会科学研究与发展人员情况表

			合计	其中				
				女性	研究人员	教授	副教授	讲师
		编号	L01	L02	L03	L04	L05	L06
合计	全时人数	1	4 006	1 343	3 905	1 784	1 272	844
	非全时人数	2	426 542	216 263	354 382	66 602	112 167	160 000
	非全时折合全时人数	3	89 022	44 332.4	76 446.4	15 773.8	25 039.6	32 958
管理学	全时人数	4	789	292	780	321	282	157
	非全时人数	5	78 130	38 289	63 560	12 591	19 934	27 181
	非全时折合全时人数	6	17 184.1	8 236.7	14 610	3 181.2	4 783.6	5 952
马克思主义	全时人数	7	196	70	196	74	51	70
	非全时人数	8	20 174	9 684	17 188	3 356	5 487	7 796
	非全时折合全时人数	9	4 120.4	1 971.1	3 628.3	788.1	1 211.5	1 535.9
哲学	全时人数	10	61	7	57	34	16	9
	非全时人数	11	7 336	2 939	6 478	1 667	1 977	2 435
	非全时折合全时人数	12	1 390.5	540	1 256	339.9	399.9	453.5
逻辑学	全时人数	13	1	0	1	1	0	0
	非全时人数	14	295	106	260	60	79	108
	非全时折合全时人数	15	49.6	18.3	45	11.9	14.4	17.1
宗教学	全时人数	16	7	3	7	3	4	0
	非全时人数	17	1 575	599	1 425	377	457	514
	非全时折合全时人数	18	278.1	100.5	252.8	71.9	81.9	86.9
语言学	全时人数	19	236	118	229	106	75	51
	非全时人数	20	28 434	19 153	24 674	3 515	7 709	12 883
	非全时折合全时人数	21	5 981.6	3 986.7	5 294.5	842	1 715.7	2 644.7
中国文学	全时人数	22	120	25	119	81	22	16
	非全时人数	23	15 636	8 012	13 758	3 152	4 575	5 600
	非全时折合全时人数	24	3 181.9	1 551.6	2 861.3	716.5	981.7	1 085.1
外国文学	全时人数	25	46	26	45	12	13	19
	非全时人数	26	7 865	5 386	6 939	1 074	2 138	3 568
	非全时折合全时人数	27	1 484.4	1 010.7	1 324.6	225.2	427.6	646.6
艺术学	全时人数	28	284	126	265	75	94	105
	非全时人数	29	35 042	18 554	27 934	4 024	8 428	14 865
	非全时折合全时人数	30	7 993.5	4 195.6	6 568.7	998.1	2 070.3	3 394.1
历史学	全时人数	31	145	26	143	69	44	30
	非全时人数	32	11 131	4 308	9 566	2 463	2 992	3 689
	非全时折合全时人数	33	2 328.8	848.8	2 064.8	586	649.6	755.1

按职称划分				按学历学位划分			
助教	初级	其他人员	研究生(学生)	博士毕业	硕士毕业	本科毕业	其他学历
L07	L08	L09	L10	L11	L12	L13	L14
49	16	10	31	2 491	1 041	304	170
26 224	8 136	3 648	49 765	120 238	194 380	104 024	7 900
5 040.6	1 461.9	504.7	8 243.4	28 323.5	39 934.7	19 342.3	1 421.5
7	5	6	11	530	177	40	42
3 944	1 523	580	12 377	24 635	33 083	19 007	1 405
783.3	271.2	86	2 126.8	6 314.4	7 062.9	3 537.7	269.1
0	0	0	1	109	39	40	8
1 187	348	119	1 881	5 828	9 649	4 262	435
208.3	55.8	15	305.8	1 346.8	1 934	763	76.6
1	1	0	0	36	17	3	5
229	98	42	888	3 395	2 623	1 190	128
41.2	16.6	5.5	133.9	708.2	467.3	196.1	18.9
0	0	0	0	0	0	0	1
18	6	7	17	117	105	63	10
2.6	0.9	0.8	1.9	23.6	15.7	9	1.3
0	0	0	0	6	0	1	0
84	26	18	99	711	583	242	39
14.1	5.8	2.1	15.4	134.3	97.7	38.6	7.5
4	0	0	0	113	97	10	16
1 945	406	122	1 854	6 453	15 096	6 504	381
375.9	74.1	17.6	311.6	1 480.1	3 158.4	1 273.4	69.7
0	1	0	0	76	33	4	7
708	196	111	1 294	6 082	6 152	3 137	265
128	34.8	13	222.8	1 362.2	1 190.9	579.7	49.1
2	0	0	0	18	25	2	1
526	137	40	382	1 972	4 222	1 591	80
90.4	21.5	5.1	68	397.7	796.2	277.7	12.8
10	0	0	0	84	138	51	11
3 516	835	377	2 997	4 584	18 763	11 070	625
753.7	175.7	59.3	542.3	1 078	4 370.1	2 419.3	126.1
0	0	2	0	99	26	11	9
415	154	89	1 329	4 895	3 716	2 236	284
77.5	26.5	13.1	221	1 138.3	740.5	400.8	49.2

			合计	其中				
				女性	研究人员	教授	副教授	讲师
		编号	L01	L02	L03	L04	L05	L06
考古学	全时人数	34	31	5	31	17	6	8
	非全时人数	35	1 522	501	1 154	291	269	425
	非全时折合全时人数	36	302	99.1	243.4	70.9	62.3	82.3
经济学	全时人数	37	592	163	577	292	201	84
	非全时人数	38	52 227	25 329	42 904	9 007	13 813	17 286
	非全时折合全时人数	39	11 501	5 446.1	9 923.9	2 348.9	3 301.5	3 764.8
政治学	全时人数	40	119	34	115	50	41	26
	非全时人数	41	11 477	4 851	9 790	2 220	3 224	3 874
	非全时折合全时人数	42	2 104.8	858.4	1 825.3	447	612.3	691.1
法学	全时人数	43	430	134	428	221	135	70
	非全时人数	44	22 442	9 754	18 670	3 954	6 406	7 102
	非全时折合全时人数	45	5 049.1	2 185.3	4 419.2	1 053.6	1 557.3	1 606.6
社会学	全时人数	46	200	70	195	80	72	43
	非全时人数	47	25 441	12 778	21 303	3 836	6 805	9 682
	非全时折合全时人数	48	4 820.4	2 419.1	4 120.6	787.1	1 336.4	1 839.3
民族学与文化学	全时人数	49	44	12	42	18	10	13
	非全时人数	50	10 046	5 010	8 597	1 833	2 776	3 770
	非全时折合全时人数	51	1 857.4	916.8	1 606	368.9	518	684.4
新闻学与传播学	全时人数	52	132	38	131	50	43	37
	非全时人数	53	11 247	6 084	8 910	1 578	2 743	4 181
	非全时折合全时人数	54	2 262.3	1 206	1 894.6	372.7	610.9	844.2
图书馆、情报与文献学	全时人数	55	75	31	72	35	28	10
	非全时人数	56	8 108	4 754	6 817	1 041	2 069	3 374
	非全时折合全时人数	57	1 562.2	926.7	1 340.1	215.5	418.9	646.2
教育学	全时人数	58	313	107	295	160	79	60
	非全时人数	59	53 272	29 636	44 233	7 125	13 486	22 438
	非全时折合全时人数	60	10 318.6	5 695.2	8 766.8	1 522	2 761.1	4 296.6
统计学	全时人数	61	26	7	23	12	5	4
	非全时人数	62	3 913	1 842	3 194	617	969	1 369
	非全时折合全时人数	63	747	344.4	620.1	130.2	191.5	261.4
心理学	全时人数	64	33	13	33	16	7	10
	非全时人数	65	4 923	2 848	3 942	663	1 158	1 918
	非全时折合全时人数	66	954.7	550.8	798.1	143.1	237.3	388.3
体育学	全时人数	67	126	36	121	57	44	22
	非全时人数	68	16 306	5 846	13 086	2 158	4 673	5 942
	非全时折合全时人数	69	3 549.6	1 224.5	2 982.3	553.1	1 095.9	1 281.8

续表

按职称划分				按学历学位划分			
助教	初级	其他人员	研究生(学生)	博士毕业	硕士毕业	本科毕业	其他学历
L07	L08	L09	L10	L11	L12	L13	L14
0 29 5.3	0 10 1.3	0 67 6.9	0 431 73	24 571 141.6	2 474 83.3	3 371 53.9	2 106 23.2
6 2 573 508.9	3 801 143.5	2 382 55	4 8 365 1 378.4	442 18 187 4 683.1	104 21 317 4 520.5	24 11 709 2 090.6	22 1 014 206.8
1 526 90.1	1 192 32.2	0 99 12.1	0 1 342 220	69 4 214 836.1	33 4 718 834.9	11 2 342 402.3	6 203 31.5
1 813 150.3	1 296 55.6	0 297 39.5	2 3 574 586.2	307 8 272 2 126.6	93 8 867 1 944	21 4 955 915	9 348 63.5
0 1 521 271.2	1 474 84	0 246 34.8	4 2 877 467.6	127 7 531 1 571.1	49 11 738 2 192.6	18 5 755 993.2	6 417 63.5
1 680 121	0 224 37.8	0 156 19.6	2 607 107.7	27 2 871 576.2	12 4 545 819.3	1 2 452 435	4 178 26.9
1 802 150.3	1 225 37.9	0 134 15.7	0 1 584 230.6	88 3 227 752.2	29 5 044 1 006.9	10 2 742 457.2	5 234 46
2 462 79.3	0 295 53.1	0 78 10.7	0 789 138.5	50 1 582 313.7	22 3 430 672.3	2 2 804 525.4	1 292 50.8
10 4 458 828.4	2 1 333 236.7	0 520 69.6	2 3 912 604.2	181 10 222 2 198.9	97 28 597 5 549.1	25 13 436 2 416.2	10 1 017 154.4
0 191 34.6	0 78 13.2	0 7 1.5	5 682 114.6	18 1 379 283.1	5 1 509 272	3 930 171.9	0 95 20
0 340 63.8	0 115 17.1	0 53 7.1	0 676 98	26 1 304 303.5	4 2 366 449.1	1 1 181 191.6	2 72 10.5
3 1 257 262.4	0 364 66.6	0 104 14.7	0 1 808 275.1	61 2 206 553.8	39 7 783 1 757	23 6 045 1 194.7	3 272 44.1

25. 专科学校人文、社会科学研究与发展人员情况表

		编号	合计 L01	其中 女性 L02	其中 研究人员 L03	教授 L04	副教授 L05	讲师 L06
合计	全时人数	1	56	9	19	21	4	1
	非全时人数	2	68 012	5 761	18 569	33 258	6 783	2 923
	非全时折合全时人数	3	12 570.7	1 127.9	3 561	6 110.5	1 171.3	495
管理学	全时人数	4	6	0	2	4	0	0
	非全时人数	5	10 459	1 007	2 834	5 062	921	515
	非全时折合全时人数	6	1 921.8	191.5	541.1	927.1	151.2	95.3
马克思主义	全时人数	7	1	0	0	1	0	0
	非全时人数	8	2 609	229	764	1 226	268	94
	非全时折合全时人数	9	486.7	43	146.2	224.5	49.4	18.7
哲学	全时人数	10	0	0	0	0	0	0
	非全时人数	11	321	23	100	153	28	12
	非全时折合全时人数	12	55.3	4.2	17.1	26.5	4.1	2.4
逻辑学	全时人数	13	0	0	0	0	0	0
	非全时人数	14	26	0	6	16	2	2
	非全时折合全时人数	15	5.7	0	0.7	4.1	0.6	0.3
宗教学	全时人数	16	0	0	0	0	0	0
	非全时人数	17	33	0	10	18	4	1
	非全时折合全时人数	18	5.7	0	1.8	3	0.6	0.3
语言学	全时人数	19	3	0	1	1	0	0
	非全时人数	20	2 968	135	760	1 720	244	84
	非全时折合全时人数	21	530.3	22.7	142.3	303.5	42.2	15.6
中国文学	全时人数	22	2	1	1	0	0	0
	非全时人数	23	1 072	116	347	485	88	30
	非全时折合全时人数	24	179	20.5	60.7	79.2	14	3.7
外国文学	全时人数	25	1	0	0	0	1	0
	非全时人数	26	419	26	126	222	32	11
	非全时折合全时人数	27	69.4	4	21	37.7	4.4	1.9
艺术学	全时人数	28	16	2	7	5	2	0
	非全时人数	29	4 094	248	954	2 038	628	194
	非全时折合全时人数	30	811.9	53.3	198.8	404.3	118.3	32.4
历史学	全时人数	31	0	0	0	0	0	0
	非全时人数	32	323	33	102	137	29	19
	非全时折合全时人数	33	53.7	5.9	16.1	23.3	5.2	2.9

按职称划分				按学历学位划分			
助教	初级	其他人员	研究生（学生）	博士毕业	硕士毕业	本科毕业	其他学历
L07	L08	L09	L10	L11	L12	L13	L14
1	1	34	40	7	29	20	0
700	18	41 443	57 555	2 537	42 447	22 597	431
101.3	3.7	7 663.5	10 792.8	507.1	8 081.5	3 918.5	63.6
0	0	4	6	1	5	0	0
117	3	6 059	8 891	557	6 721	3 069	112
15.1	0.5	1 105.8	1 659.4	113.3	1 280.3	513	15.2
0	0	1	1	0	1	0	0
28	0	1 606	2 216	107	1 731	756	15
4.9	0	300.3	413	21.4	337.6	125.9	1.8
0	0	0	0	0	0	0	0
5	0	183	275	22	212	85	2
1	0	31.3	47.7	4.4	37.3	13.3	0.3
0	0	0	0	0	0	0	0
0	0	15	22	1	16	9	0
0	0	3.3	4.8	0.2	3.4	2.1	0
0	0	0	0	0	0	0	0
0	0	14	28	4	21	8	0
0	0	2.5	4.8	0.9	3.2	1.6	0
0	1	2	2	0	1	2	0
22	3	2 336	2 601	67	1 832	1 055	14
2.9	1.1	420.4	466.4	13.3	339.4	175.8	1.8
0	0	1	2	0	1	1	0
6	0	698	940	91	587	390	4
0.9	0	117.8	159.2	18.8	95.3	64.5	0.4
0	0	1	0	0	1	0	0
2	0	327	374	10	278	129	2
0.4	0	54.4	62.7	1.4	46.8	21	0.2
0	0	9	5	0	7	9	0
30	2	2 415	3 244	74	2 324	1 664	32
4.6	0.2	484.4	656.6	15.2	472.7	319.3	4.7
0	0	0	0	0	0	0	0
3	0	186	274	30	204	85	4
0.3	0	30.3	45.6	4.9	34.5	13.2	1.1

			合计	其中				
				女性	研究人员	教授	副教授	讲师
		编号	L01	L02	L03	L04	L05	L06
考古学	全时人数	34	0	0	0	0	0	0
	非全时人数	35	41	5	9	19	4	4
	非全时折合全时人数	36	5.9	0.5	1.2	2.9	0.9	0.4
经济学	全时人数	37	4	1	2	1	0	0
	非全时人数	38	6 694	595	1 947	3 259	597	241
	非全时折合全时人数	39	1 242.4	111.3	373.1	605.5	102.9	41.1
政治学	全时人数	40	0	0	0	0	0	0
	非全时人数	41	1 135	108	322	538	95	56
	非全时折合全时人数	42	182.6	17.3	52.3	88.8	13.5	8.6
法学	全时人数	43	0	0	0	0	0	0
	非全时人数	44	1 156	119	363	500	103	37
	非全时折合全时人数	45	230	28.9	75.7	98.3	17.2	5.6
社会学	全时人数	46	1	1	0	0	0	0
	非全时人数	47	4 073	412	1 172	1 887	397	166
	非全时折合全时人数	48	660	70.7	193	306.2	61.4	23.4
民族学与文化学	全时人数	49	0	0	0	0	0	0
	非全时人数	50	1 238	123	365	576	117	46
	非全时折合全时人数	51	199.4	22.8	59	93.2	16.8	6.2
新闻学与传播学	全时人数	52	0	0	0	0	0	0
	非全时人数	53	682	42	167	359	79	27
	非全时折合全时人数	54	114.3	6.3	28.7	60.4	14.4	3
图书馆、情报与文献学	全时人数	55	0	0	0	0	0	0
	非全时人数	56	834	51	197	440	57	80
	非全时折合全时人数	57	143.9	7.2	35.9	77.6	9.6	12.1
教育学	全时人数	58	21	4	5	9	1	1
	非全时人数	59	26 679	2 290	7 256	12 965	2 722	1 158
	非全时折合全时人数	60	5 124.8	484.4	1 461.2	2 458.8	482.4	194.3
统计学	全时人数	61	0	0	0	0	0	0
	非全时人数	62	317	24	95	165	17	11
	非全时折合全时人数	63	47.8	3.9	13.6	25	2.9	1.8
心理学	全时人数	64	0	0	0	0	0	0
	非全时人数	65	1 174	58	236	626	164	76
	非全时折合全时人数	66	190.8	8.5	37.8	103	26.8	12.9
体育学	全时人数	67	1	0	1	0	0	0
	非全时人数	68	1 665	117	437	847	187	59
	非全时折合全时人数	69	309.3	21	83.7	157.6	32.5	12.1

续表

按职称划分				按学历学位划分			
助教	初级	其他人员	研究生（学生）	博士毕业	硕士毕业	本科毕业	其他学历
L07	L08	L09	L10	L11	L12	L13	L14
0	0	0	0	0	0	0	0
0	0	23	33	0	31	9	1
0	0	3.4	4.6	0	4.9	0.9	0.1
0	0	3	4	1	3	0	0
54	1	4 166	5 784	316	4 405	1 945	28
8.4	0.1	778	1 084.8	63.3	834.7	340.5	3.9
0	0	0	0	0	0	0	0
16	0	662	966	44	733	350	8
2.1	0	109.9	157.7	7.6	118.4	55.2	1.4
0	0	0	0	0	0	0	0
34	0	657	979	75	750	328	3
4.3	0	133.5	202.6	17.3	152.3	60.1	0.3
0	0	1	1	1	0	0	0
39	0	2 396	3 478	219	2 585	1 246	23
5.3	0	391.5	570.8	38.2	428.1	190.3	3.4
0	0	0	0	0	0	0	0
11	0	737	1 065	58	747	428	5
1.4	0	116	175.6	11.7	121.6	65.6	0.5
0	0	0	0	0	0	0	0
8	0	431	567	20	472	186	4
1.5	0	72.6	95.3	3.7	81.4	28.8	0.4
0	0	0	0	0	0	0	0
9	0	566	689	14	406	397	17
1.5	0	98.5	120.8	2.1	67.2	72.5	2.1
1	0	12	18	4	10	7	0
280	8	16 349	22 534	769	16 527	9 232	151
42.2	1.5	3 130.4	4 408.1	157.9	3 287.4	1 654.2	25.3
0	0	0	0	0	0	0	0
5	0	170	279	17	214	84	2
0.6	0	24.7	41.6	3.1	32.6	11.9	0.2
0	0	0	0	0	0	0	0
14	0	847	921	12	755	407	0
1.8	0	141	149.6	2.2	123.7	64.9	0
0	0	0	1	0	0	1	0
17	1	600	1 395	30	896	735	4
2.1	0.3	113.5	261.1	6.2	178.7	123.9	0.5

26. 教育部直属院校人文、社会科学研究与发展人员情况表

			合计	其中				
				女性	研究人员	教授	副教授	讲师
		编号	L01	L02	L03	L04	L05	L06
合计	全时人数	1	2 284	698	2 225	1 129	693	409
	非全时人数	2	83 498	35 129	66 498	16 394	19 688	19 412
	非全时折合全时人数	3	17 081.4	6 949.2	14 495.1	4 081.8	4 549.9	4 013.5
管理学	全时人数	4	451	153	448	208	158	64
	非全时人数	5	19 490	8 073	15 064	3 762	4 353	4 029
	非全时折合全时人数	6	4 191.7	1 649.2	3 512.5	1 000.5	1 098.5	906.5
马克思主义	全时人数	7	127	43	127	42	30	54
	非全时人数	8	3 715	1 563	3 084	745	902	1 057
	非全时折合全时人数	9	769.3	324.4	670	185.7	206.6	215.6
哲学	全时人数	10	39	4	36	27	7	5
	非全时人数	11	2 172	677	1 927	676	482	509
	非全时折合全时人数	12	420.9	124.2	387.4	139.3	105.2	99.7
逻辑学	全时人数	13	1	0	1	1	0	0
	非全时人数	14	72	21	64	26	19	10
	非全时折合全时人数	15	12.7	3.8	11.8	5.1	4	1.7
宗教学	全时人数	16	7	3	7	3	4	0
	非全时人数	17	354	106	333	112	85	93
	非全时折合全时人数	18	63.2	17.1	59.9	22.7	14.6	16.2
语言学	全时人数	19	117	51	111	54	42	19
	非全时人数	20	4 417	2 671	3 793	788	1 237	1 483
	非全时折合全时人数	21	882.6	519.2	785.7	189.3	260.5	289.5
中国文学	全时人数	22	58	11	57	41	10	7
	非全时人数	23	2 302	924	1 960	598	540	596
	非全时折合全时人数	24	450.8	161.2	396.5	140.3	109.5	104.6
外国文学	全时人数	25	34	20	33	8	11	14
	非全时人数	26	1 344	795	1 171	248	338	484
	非全时折合全时人数	27	251.7	151.6	223.1	55.1	66.5	86
艺术学	全时人数	28	103	45	88	30	34	33
	非全时人数	29	4 302	1 944	3 250	674	1 012	1 188
	非全时折合全时人数	30	926.3	415.2	733.8	165.6	250.5	257.6
历史学	全时人数	31	91	16	89	43	28	18
	非全时人数	32	2 602	862	2 111	677	533	636
	非全时折合全时人数	33	537	162	460.1	172.8	116.5	124.4

按职称划分				按学历学位划分			
助教	初级	其他人员	研究生（学生）	博士毕业	硕士毕业	本科毕业	其他学历
L07	L08	L09	L10	L11	L12	L13	L14
17	1	6	29	1 516	494	166	108
1 586	642	722	25 054	37 252	25 422	18 793	2 031
269	100.3	84.3	3 982.6	8 834	4 857.9	3 052.8	336.7
5	1	4	11	315	86	20	30
258	177	146	6 765	8 313	5 843	5 049	285
49.4	23.7	16.8	1 096.3	2 160.3	1 162	822.9	46.5
0	0	0	1	66	17	39	5
148	29	25	809	1 663	1 252	662	138
22.3	4.1	3	132	388.7	242.6	114.2	23.8
0	0	0	0	21	14	2	2
17	12	4	472	1 300	541	276	55
2.5	1.8	0.6	71.8	272.3	96.8	43.2	8.6
0	0	0	0	0	0	0	1
0	0	0	17	47	11	10	4
0	0	0	1.9	9.5	1.4	1.2	0.6
0	0	0	0	6	0	1	0
5	1	3	55	219	94	24	17
0.7	0.8	0.3	7.9	40.1	15.2	3.6	4.3
2	0	0	0	57	43	5	12
120	19	16	754	1 971	1 575	778	93
20	3.6	2.2	117.5	422.8	315.2	130.1	14.5
0	0	0	0	27	24	1	6
26	16	11	515	1 266	590	365	81
5	1.9	1.2	88.3	260	113.2	61.7	15.9
1	0	0	0	15	17	1	1
52	37	15	170	672	481	178	13
8.5	4.3	1.7	29.6	129.3	87.7	32.5	2.2
6	0	0	0	38	43	16	6
128	30	27	1 243	1 304	1 617	1 284	97
25.2	4.8	3.5	219.1	303.6	354.8	250.5	17.4
0	0	2	0	55	20	8	8
39	30	24	663	1 444	550	495	113
6.2	5	3.4	108.7	327.1	105.4	85.7	18.8

			合计	其中				
				女性	研究人员	教授	副教授	讲师
		编号	L01	L02	L03	L04	L05	L06
考古学	全时人数	34	22	5	22	12	4	6
	非全时人数	35	694	176	496	123	104	123
	非全时折合全时人数	36	137.1	34	113.7	31.9	29	29.2
经济学	全时人数	37	325	68	319	188	104	29
	非全时人数	38	12 507	4 874	9 915	2 500	2 964	2 297
	非全时折合全时人数	39	2 734	1 025.1	2 347.8	684.7	753	514.3
政治学	全时人数	40	98	25	96	46	31	21
	非全时人数	41	2 852	1 011	2 301	703	680	622
	非全时折合全时人数	42	553.7	188.3	464	151	144.2	117.9
法学	全时人数	43	249	71	247	150	66	30
	非全时人数	44	5 855	2 217	4 631	1 218	1 504	1 080
	非全时折合全时人数	45	1 234.8	461.5	1 050	325	349.3	241.9
社会学	全时人数	46	152	53	148	64	50	34
	非全时人数	47	4 700	2 001	3 573	822	1 047	944
	非全时折合全时人数	48	903.2	385	736.9	187.9	235.9	195.2
民族学与文化学	全时人数	49	7	3	7	2	1	4
	非全时人数	50	722	280	586	160	187	176
	非全时折合全时人数	51	127.2	49.1	105	31	32.8	29.8
新闻学与传播学	全时人数	52	86	24	86	31	30	25
	非全时人数	53	3 296	1 664	2 425	538	732	822
	非全时折合全时人数	54	655.9	321.3	541.2	146.5	178.7	163.6
图书馆、情报与文献学	全时人数	55	63	26	62	32	26	5
	非全时人数	56	1 923	915	1 558	321	416	525
	非全时折合全时人数	57	359	167.7	306.9	72.4	85.5	96.7
教育学	全时人数	58	173	54	165	104	39	26
	非全时人数	59	6 576	2 917	5 343	1 121	1 605	1 780
	非全时折合全时人数	60	1 183.8	520	1 009.6	247.5	319.8	324.9
统计学	全时人数	61	23	6	20	11	5	2
	非全时人数	62	1 020	444	815	169	220	257
	非全时折合全时人数	63	185	75.7	156.1	35.6	42	51.5
心理学	全时人数	64	23	8	23	12	4	7
	非全时人数	65	1 043	497	815	191	262	211
	非全时折合全时人数	66	194.9	93.7	163.5	42.4	52.8	47.7
体育学	全时人数	67	35	9	33	20	9	6
	非全时人数	68	1 540	497	1 283	222	466	490
	非全时折合全时人数	69	306.6	99.9	259.6	49.5	94.5	99

续表

按职称划分			按学历学位划分				
助教	初级	其他人员	研究生(学生)	博士毕业	硕士毕业	本科毕业	其他学历
L07	L08	L09	L10	L11	L12	L13	L14
0	0	0	0	18	1	1	2
4	6	61	273	273	202	184	35
0.7	0.8	6.1	39.4	73.8	35.2	24.1	4
0	0	0	4	257	49	12	7
136	36	55	4 519	5 914	3 560	2 800	233
25.7	6.9	5.9	743.5	1 541.7	714	431.2	47.1
0	0	0	0	59	26	10	3
38	27	23	759	1 525	706	555	66
5.9	4.5	3.1	127.1	320.5	129.3	93.8	10.1
1	0	0	2	194	44	7	4
72	46	71	1 864	2 836	1 647	1 271	101
10.3	9.8	8	290.5	704.3	309.3	206.6	14.6
0	0	0	4	101	30	17	4
64	39	54	1 730	2 123	1 313	1 142	122
11.2	6.2	6.1	260.7	481.2	229	175.1	17.9
0	0	0	0	3	2	0	2
14	6	12	167	393	150	141	38
2.4	0.7	1.2	29.3	72.2	24.6	24.6	5.8
0	0	0	0	63	12	6	5
82	35	78	1 009	1 325	984	930	57
12.1	5.7	8.4	140.9	330.4	179.2	135.7	10.6
0	0	0	0	46	14	2	1
56	20	24	561	647	746	458	72
8.2	3.6	2.9	89.7	135.1	137	72	14.9
2	0	0	2	116	40	11	6
253	66	55	1 696	2 657	2 323	1 276	320
37.4	10.5	7.5	236.2	566.6	378.3	193.9	45
0	0	0	5	16	4	3	0
14	2	1	357	459	312	240	9
2.9	0.4	0.1	52.5	93	54	35.9	2.1
0	0	0	0	22	0	0	1
14	2	4	359	482	304	223	34
2.2	0.3	0.4	49.1	109.5	49.4	31.4	4.6
0	0	0	0	21	8	4	2
46	6	13	297	419	621	452	48
10.2	0.9	1.9	50.6	92	124.3	82.9	7.4

27. 教育部直属综合大学人文、社会科学研究与发展人员情况表

			合计	其中				
				女性	研究人员	教授	副教授	讲师
		编号	L01	L02	L03	L04	L05	L06
合计	全时人数	1	2 284	698	2 225	1 129	693	409
	非全时人数	2	83 498	35 129	66 498	16 394	19 688	19 412
	非全时折合全时人数	3	17 081.4	6 949.2	14 495.1	4 081.8	4 549.9	4 013.5
管理学	全时人数	4	451	153	448	208	158	64
	非全时人数	5	19 490	8 073	15 064	3 762	4 353	4 029
	非全时折合全时人数	6	4 191.7	1 649.2	3 512.5	1 000.5	1 098.5	906.5
马克思主义	全时人数	7	127	43	127	42	30	54
	非全时人数	8	3 715	1 563	3 084	745	902	1 057
	非全时折合全时人数	9	769.3	324.4	670	185.7	206.6	215.6
哲学	全时人数	10	39	4	36	27	7	5
	非全时人数	11	2 172	677	1 927	676	482	509
	非全时折合全时人数	12	420.9	124.2	387.4	139.3	105.2	99.7
逻辑学	全时人数	13	1	0	1	1	0	0
	非全时人数	14	72	21	64	26	19	10
	非全时折合全时人数	15	12.7	3.8	11.8	5.1	4	1.7
宗教学	全时人数	16	7	3	7	3	4	0
	非全时人数	17	354	106	333	112	85	93
	非全时折合全时人数	18	63.2	17.1	59.9	22.7	14.6	16.2
语言学	全时人数	19	117	51	111	54	42	19
	非全时人数	20	4 417	2 671	3 793	788	1 237	1 483
	非全时折合全时人数	21	882.6	519.2	785.7	189.3	260.5	289.5
中国文学	全时人数	22	58	11	57	41	10	7
	非全时人数	23	2 302	924	1 960	598	540	596
	非全时折合全时人数	24	450.8	161.2	396.5	140.3	109.5	104.6
外国文学	全时人数	25	34	20	33	8	11	14
	非全时人数	26	1 344	795	1 171	248	338	484
	非全时折合全时人数	27	251.7	151.6	223.1	55.1	66.5	86
艺术学	全时人数	28	103	45	88	30	34	33
	非全时人数	29	4 302	1 944	3 250	674	1 012	1 188
	非全时折合全时人数	30	926.3	415.2	733.8	165.6	250.5	257.6
历史学	全时人数	31	91	16	89	43	28	18
	非全时人数	32	2 602	862	2 111	677	533	636
	非全时折合全时人数	33	537	162	460.1	172.8	116.5	124.4

按职称划分				按学历学位划分			
助教	初级	其他人员	研究生(学生)	博士毕业	硕士毕业	本科毕业	其他学历
L07	L08	L09	L10	L11	L12	L13	L14
17	1	6	29	1 516	494	166	108
1 586	642	722	25 054	37 252	25 422	18 793	2 031
269	100.3	84.3	3 982.6	8 834	4 857.9	3 052.8	336.7
5	1	4	11	315	86	20	30
258	177	146	6 765	8 313	5 843	5 049	285
49.4	23.7	16.8	1 096.3	2 160.3	1 162	822.9	46.5
0	0	0	1	66	17	39	5
148	29	25	809	1 663	1 252	662	138
22.3	4.1	3	132	388.7	242.6	114.2	23.8
0	0	0	0	21	14	2	2
17	12	4	472	1 300	541	276	55
2.5	1.8	0.6	71.8	272.3	96.8	43.2	8.6
0	0	0	0	0	0	0	1
0	0	0	17	47	11	10	4
0	0	0	1.9	9.5	1.4	1.2	0.6
0	0	0	0	6	0	1	0
5	1	3	55	219	94	24	17
0.7	0.8	0.3	7.9	40.1	15.2	3.6	4.3
2	0	0	0	57	43	5	12
120	19	16	754	1 971	1 575	778	93
20	3.6	2.2	117.5	422.8	315.2	130.1	14.5
0	0	0	0	27	24	1	6
26	16	11	515	1 266	590	365	81
5	1.9	1.2	88.3	260	113.2	61.7	15.9
1	0	0	0	15	17	1	1
52	37	15	170	672	481	178	13
8.5	4.3	1.7	29.6	129.3	87.7	32.5	2.2
6	0	0	0	38	43	16	6
128	30	27	1 243	1 304	1 617	1 284	97
25.2	4.8	3.5	219.1	303.6	354.8	250.5	17.4
0	0	2	0	55	20	8	8
39	30	24	663	1 444	550	495	113
6.2	5	3.4	108.7	327.1	105.4	85.7	18.8

		编号	合计 L01	其中 女性 L02	研究人员 L03	教授 L04	副教授 L05	讲师 L06
考古学	全时人数	34	22	5	22	12	4	6
	非全时人数	35	694	176	496	123	104	123
	非全时折合全时人数	36	137.1	34	113.7	31.9	29	29.2
经济学	全时人数	37	325	68	319	188	104	29
	非全时人数	38	12 507	4 874	9 915	2 500	2 964	2 297
	非全时折合全时人数	39	2 734	1 025.1	2 347.8	684.7	753	514.3
政治学	全时人数	40	98	25	96	46	31	21
	非全时人数	41	2 852	1 011	2 301	703	680	622
	非全时折合全时人数	42	553.7	188.3	464	151	144.2	117.9
法学	全时人数	43	249	71	247	150	66	30
	非全时人数	44	5 855	2 217	4 631	1 218	1 504	1 080
	非全时折合全时人数	45	1 234.8	461.5	1 050	325	349.3	241.9
社会学	全时人数	46	152	53	148	64	50	34
	非全时人数	47	4 700	2 001	3 573	822	1 047	944
	非全时折合全时人数	48	903.2	385	736.9	187.9	235.9	195.2
民族学与文化学	全时人数	49	7	3	7	2	1	4
	非全时人数	50	722	280	586	160	187	176
	非全时折合全时人数	51	127.2	49.1	105	31	32.8	29.8
新闻学与传播学	全时人数	52	86	24	86	31	30	25
	非全时人数	53	3 296	1 664	2 425	538	732	822
	非全时折合全时人数	54	655.9	321.3	541.2	146.5	178.7	163.6
图书馆、情报与文献学	全时人数	55	63	26	62	32	26	5
	非全时人数	56	1 923	915	1 558	321	416	525
	非全时折合全时人数	57	359	167.7	306.9	72.4	85.5	96.7
教育学	全时人数	58	173	54	165	104	39	26
	非全时人数	59	6 576	2 917	5 343	1 121	1 605	1 780
	非全时折合全时人数	60	1 183.8	520	1 009.6	247.5	319.8	324.9
统计学	全时人数	61	23	6	20	11	5	2
	非全时人数	62	1 020	444	815	169	220	257
	非全时折合全时人数	63	185	75.7	156.1	35.6	42	51.5
心理学	全时人数	64	23	8	23	12	4	7
	非全时人数	65	1 043	497	815	191	262	211
	非全时折合全时人数	66	194.9	93.7	163.5	42.4	52.8	47.7
体育学	全时人数	67	35	9	33	20	9	6
	非全时人数	68	1 540	497	1 283	222	466	490
	非全时折合全时人数	69	306.6	99.9	259.6	49.5	94.5	99

按职称划分				按学历学位划分			
助教	初级	其他人员	研究生（学生）	博士毕业	硕士毕业	本科毕业	其他学历
L07	L08	L09	L10	L11	L12	L13	L14
0	0	0	0	18	1	1	2
4	6	61	273	273	202	184	35
0.7	0.8	6.1	39.4	73.8	35.2	24.1	4
0	0	0	4	257	49	12	7
136	36	55	4 519	5 914	3 560	2 800	233
25.7	6.9	5.9	743.5	1 541.7	714	431.2	47.1
0	0	0	0	59	26	10	3
38	27	23	759	1 525	706	555	66
5.9	4.5	3.1	127.1	320.5	129.3	93.8	10.1
1	0	0	2	194	44	7	4
72	46	71	1 864	2 836	1 647	1 271	101
10.3	9.8	8	290.5	704.3	309.3	206.6	14.6
0	0	0	4	101	30	17	4
64	39	54	1 730	2 123	1 313	1 142	122
11.2	6.2	6.1	260.7	481.2	229	175.1	17.9
0	0	0	0	3	2	0	2
14	6	12	167	393	150	141	38
2.4	0.7	1.2	29.3	72.2	24.6	24.6	5.8
0	0	0	0	63	12	6	5
82	35	78	1 009	1 325	984	930	57
12.1	5.7	8.4	140.9	330.4	179.2	135.7	10.6
0	0	0	0	46	14	2	1
56	20	24	561	647	746	458	72
8.2	3.6	2.9	89.7	135.1	137	72	14.9
2	0	0	2	116	40	11	6
253	66	55	1 696	2 657	2 323	1 276	320
37.4	10.5	7.5	236.2	566.6	378.3	193.9	45
0	0	0	5	16	4	3	0
14	2	1	357	459	312	240	9
2.9	0.4	0.1	52.5	93	54	35.9	2.1
0	0	0	0	22	0	0	1
14	2	4	359	482	304	223	34
2.2	0.3	0.4	49.1	109.5	49.4	31.4	4.6
0	0	0	0	21	8	4	2
46	6	13	297	419	621	452	48
10.2	0.9	1.9	50.6	92	124.3	82.9	7.4

28. 教育部直属理工农医院校人文、社会科学研究与发展人员情况表

			合计	其中		教授	副教授	讲师
				女性	研究人员			
		编号	L01	L02	L03	L04	L05	L06
合计	全时人数	1	250	85	246	97	75	51
	非全时人数	2	20 733	9 435	15 713	3 289	5 099	5 078
	非全时折合全时人数	3	4 199.7	1 866.5	3 381.3	816.7	1 193.8	1 055.8
管理学	全时人数	4	94	25	94	45	26	13
	非全时人数	5	7 175	3 194	5 285	1 187	1 646	1 565
	非全时折合全时人数	6	1 557.6	659.1	1 237.6	329.4	429.9	350
马克思主义	全时人数	7	13	5	13	4	2	6
	非全时人数	8	1 106	494	925	189	326	328
	非全时折合全时人数	9	222.1	97.7	190.2	45.4	70.9	62.9
哲学	全时人数	10	2	0	2	1	1	0
	非全时人数	11	474	202	402	97	129	128
	非全时折合全时人数	12	84.5	34.5	75.4	18.2	25.5	25.2
逻辑学	全时人数	13	0	0	0	0	0	0
	非全时人数	14	14	2	13	4	0	4
	非全时折合全时人数	15	1.8	0.3	1.6	0.5	0	0.5
宗教学	全时人数	16	0	0	0	0	0	0
	非全时人数	17	27	4	26	5	8	5
	非全时折合全时人数	18	4.5	0.8	4.3	1.2	1.4	0.8
语言学	全时人数	19	6	2	6	2	3	1
	非全时人数	20	950	672	824	106	307	370
	非全时折合全时人数	21	194	135.9	173	25.8	67.2	73.9
中国文学	全时人数	22	0	0	0	0	0	0
	非全时人数	23	181	95	164	31	44	84
	非全时折合全时人数	24	32.7	16.2	29.9	6.1	8	15.2
外国文学	全时人数	25	0	0	0	0	0	0
	非全时人数	26	217	153	191	27	73	89
	非全时折合全时人数	27	43.2	30	35.6	4.9	14.3	15.9
艺术学	全时人数	28	33	19	33	7	15	11
	非全时人数	29	1 249	484	836	136	289	282
	非全时折合全时人数	30	267.1	114	194	34.2	74.9	70.9
历史学	全时人数	31	3	0	3	1	1	1
	非全时人数	32	381	158	288	75	70	104
	非全时折合全时人数	33	67.3	27.3	56.7	14.2	14.6	22.6

按职称划分				按学历学位划分			
助教	初级	其他人员	研究生(学生)	博士毕业	硕士毕业	本科毕业	其他学历
L07	L08	L09	L10	L11	L12	L13	L14
0	0	0	27	156	76	16	2
424	191	38	6 614	8 090	6 740	5 815	88
79.4	26.7	5.1	1 022.2	1 949.3	1 243.6	992.6	14.2
0	0	0	10	67	23	2	2
107	88	19	2 563	2 861	2 201	2 085	28
20.2	11.3	2.3	414.5	764.3	425.9	362.4	5
0	0	0	1	11	2	0	0
37	9	3	214	468	413	222	3
7.3	1.6	0.4	33.6	102.4	79.4	40	0.3
0	0	0	0	2	0	0	0
8	5	0	107	270	120	83	1
1.2	0.6	0	13.8	51.8	20.1	12.5	0.1
0	0	0	0	0	0	0	0
0	0	0	6	8	5	1	0
0	0	0	0.8	1	0.6	0.2	0
0	0	0	0	0	0	0	0
1	0	0	8	13	12	2	0
0.2	0	0	0.9	2.4	1.4	0.7	0
0	0	0	0	6	0	0	0
37	3	0	127	267	459	220	4
6.7	0.3	0	20.1	58.2	93.4	42	0.4
0	0	0	0	0	0	0	0
3	1	0	18	100	58	22	1
0.5	0.1	0	2.8	18.8	10.2	3.6	0.1
0	0	0	0	0	0	0	0
6	0	0	22	81	92	43	1
2.1	0	0	6	14.2	19.1	9.6	0.3
0	0	0	0	9	17	7	0
22	1	0	519	270	458	511	10
3.4	0.1	0	83.6	76.2	89.9	99.4	1.6
0	0	0	0	2	1	0	0
6	2	0	124	183	87	109	2
1.6	0.2	0	14.1	40.2	13.2	13.5	0.4

			合计	其中		教授	副教授	讲师
				女性	研究人员			
		编号	L01	L02	L03	L04	L05	L06
考古学	全时人数	34	0	0	0	0	0	0
	非全时人数	35	44	13	36	10	8	12
	非全时折合全时人数	36	12.7	4.3	11.9	4	3.2	4
经济学	全时人数	37	23	6	23	13	6	1
	非全时人数	38	3 252	1 487	2 350	522	724	654
	非全时折合全时人数	39	642	284.5	502.4	135.5	170.1	132.9
政治学	全时人数	40	3	0	3	0	1	2
	非全时人数	41	507	165	409	98	133	118
	非全时折合全时人数	42	87.9	31.4	72.3	17.9	26.5	20.8
法学	全时人数	43	17	5	17	5	5	5
	非全时人数	44	994	421	676	145	259	199
	非全时折合全时人数	45	212.9	86	159.4	39.4	64.9	43.7
社会学	全时人数	46	18	6	18	9	3	2
	非全时人数	47	1 138	527	850	188	280	247
	非全时折合全时人数	48	214.1	100.8	172.2	40.3	60	51.6
民族学与文化学	全时人数	49	0	0	0	0	0	0
	非全时人数	50	96	39	82	13	23	32
	非全时折合全时人数	51	12.3	4.9	10.8	1.6	2.7	4.5
新闻学与传播学	全时人数	52	6	2	6	3	3	0
	非全时人数	53	446	211	335	73	121	96
	非全时折合全时人数	54	92.2	44.7	73.5	20.6	30.3	17.2
图书馆、情报与文献学	全时人数	55	0	0	0	0	0	0
	非全时人数	56	361	189	286	62	91	96
	非全时折合全时人数	57	65.5	32.4	54.6	14.5	17.2	17.3
教育学	全时人数	58	21	9	19	4	7	8
	非全时人数	59	1 321	596	1 068	218	335	410
	非全时折合全时人数	60	239.4	104.2	199.6	41.9	67.1	75.6
统计学	全时人数	61	9	5	7	2	1	1
	非全时人数	62	203	102	156	26	37	54
	非全时折合全时人数	63	34.9	16.1	28.8	4.7	6.7	12.2
心理学	全时人数	64	0	0	0	0	0	0
	非全时人数	65	184	108	154	23	55	63
	非全时折合全时人数	66	34.4	19.2	29.6	4.5	9.9	13.5
体育学	全时人数	67	2	1	2	1	1	0
	非全时人数	68	413	119	357	54	141	138
	非全时折合全时人数	69	76.6	22.2	67.9	11.9	28.5	24.6

续表

按职称划分			按学历学位划分				
助教	初级	其他人员	研究生(学生)	博士毕业	硕士毕业	本科毕业	其他学历
L07	L08	L09	L10	L11	L12	L13	L14
0	0	0	0	0	0	0	0
0	0	0	14	22	12	10	0
0	0	0	1.5	8.8	2.3	1.6	0
0	0	0	3	16	7	0	0
52	10	2	1 288	1 356	936	953	7
10.4	2.4	0.2	190.5	328.6	161.7	150.7	1
0	0	0	0	2	1	0	0
5	8	0	145	234	160	111	2
1.1	1.5	0	20.1	45.3	24.9	17.1	0.6
0	0	0	2	11	6	0	0
9	3	1	378	373	276	345	0
1.6	0.3	0.2	62.8	96.7	53.8	62.4	0
0	0	0	4	12	5	1	0
17	14	3	389	508	314	315	1
3.2	1.9	0.9	56.2	113.5	53.3	47.2	0.1
0	0	0	0	0	0	0	0
1	1	1	25	46	31	17	2
0.2	0.1	0.1	3.1	5.9	4.3	1.9	0.2
0	0	0	0	4	2	0	0
6	7	0	143	178	140	128	0
1	0.9	0	22.2	44.9	23.8	23.5	0
0	0	0	0	0	0	0	0
10	4	1	97	125	122	110	4
1.1	0.7	0.1	14.6	26.5	21.1	17.3	0.6
0	0	0	2	10	8	3	0
79	32	6	241	493	508	301	19
13.6	4.3	0.7	36.2	99.7	86.5	50.4	2.8
0	0	0	5	3	3	3	0
4	0	1	81	68	74	60	1
0.7	0	0.1	10.5	13.7	10.9	9.9	0.4
0	0	0	0	0	0	0	0
2	1	0	40	74	75	35	0
0.7	0.1	0	5.7	15.1	14.2	5.1	0
0	0	0	0	1	1	0	0
12	2	1	65	92	187	132	2
2.6	0.3	0.1	8.6	21.1	33.6	21.6	0.3

29. 教育部直属师范院校人文、社会科学研究与发展人员情况表

			合计	其中				
				女性	研究人员	教授	副教授	讲师
		编号	L01	L02	L03	L04	L05	L06
合计	全时人数	1	245	72	243	149	56	38
	非全时人数	2	10 769	4 523	8 316	1 934	2 115	2 442
	非全时折合全时人数	3	1 948.3	796.5	1 569.6	416.7	428.8	479.6
管理学	全时人数	4	19	6	19	8	10	1
	非全时人数	5	825	355	575	106	174	158
	非全时折合全时人数	6	151.6	62.1	112.9	27	36.8	31.2
马克思主义	全时人数	7	6	3	6	5	0	1
	非全时人数	8	484	220	397	99	101	148
	非全时折合全时人数	9	93.7	42.8	80.9	21.2	22.6	30.6
哲学	全时人数	10	5	1	5	3	2	0
	非全时人数	11	395	106	345	183	52	55
	非全时折合全时人数	12	62.5	14.7	56.3	28.6	11.2	8.9
逻辑学	全时人数	13	0	0	0	0	0	0
	非全时人数	14	3	1	2	0	2	0
	非全时折合全时人数	15	0.4	0.1	0.3	0	0.3	0
宗教学	全时人数	16	1	0	1	1	0	0
	非全时人数	17	47	10	44	18	4	14
	非全时折合全时人数	18	7.3	1.5	6.9	3.2	0.8	1.5
语言学	全时人数	19	8	3	7	6	1	0
	非全时人数	20	658	346	547	130	146	200
	非全时折合全时人数	21	124.1	64	107.8	27.2	31.3	39.5
中国文学	全时人数	22	9	1	9	7	2	0
	非全时人数	23	545	215	436	114	115	124
	非全时折合全时人数	24	95.8	33.5	80.6	25.6	20.1	23
外国文学	全时人数	25	1	1	1	0	0	1
	非全时人数	26	243	85	202	34	33	87
	非全时折合全时人数	27	40.4	15.9	33.8	8.9	6.5	12.6
艺术学	全时人数	28	10	6	10	3	3	4
	非全时人数	29	675	374	556	89	155	259
	非全时折合全时人数	30	120.6	66	101.3	17.5	29.2	48.2
历史学	全时人数	31	13	2	13	6	4	3
	非全时人数	32	563	190	422	121	88	129
	非全时折合全时人数	33	107.4	31	86	28.7	18.6	24.9

按职称划分				按学历学位划分			
助教	初级	其他人员	研究生(学生)	博士毕业	硕士毕业	本科毕业	其他学历
L07	L08	L09	L10	L11	L12	L13	L14
2	0	0	0	198	36	5	6
245	49	4	3 980	4 518	3 677	2 462	112
37.9	6.7	0.4	578.2	932.5	608.2	391.4	16.2
0	0	0	0	14	5	0	0
24	2	0	361	311	261	243	10
4.2	0.2	0	52.2	69.5	42.2	38.6	1.3
0	0	0	0	2	3	0	1
33	0	0	103	225	183	72	4
4.6	0	0	14.7	46.6	35.8	10.6	0.7
0	0	0	0	5	0	0	0
2	0	0	103	218	124	49	4
0.4	0	0	13.4	38	17.7	5.9	0.9
0	0	0	0	0	0	0	0
0	0	0	1	1	1	1	0
0	0	0	0.1	0.2	0.1	0.1	0
0	0	0	0	1	0	0	0
0	0	0	11	23	20	3	1
0	0	0	1.8	4	2.6	0.4	0.3
1	0	0	0	5	2	0	1
16	0	0	166	310	227	118	3
1.9	0	0	24.2	60.2	45.6	18	0.3
0	0	0	0	8	1	0	0
9	0	1	182	232	189	109	15
1.5	0	0.1	25.5	47.3	30.6	15.5	2.4
0	0	0	0	0	1	0	0
7	30	0	52	132	69	42	0
1	3	0	8.4	20.6	13	6.8	0
0	0	0	0	3	4	3	0
32	1	1	138	239	286	141	9
5.9	0.1	0.1	19.6	38.3	57.8	22.7	1.8
0	0	0	0	8	4	0	1
7	0	0	218	250	165	143	5
0.8	0	0	34.4	56.3	28.2	22	0.9

			合计	其中				
				女性	研究人员	教授	副教授	讲师
		编号	L01	L02	L03	L04	L05	L06
考古学	全时人数	34	0	0	0	0	0	0
	非全时人数	35	18	6	18	2	8	6
	非全时折合全时人数	36	2.6	1.1	2.6	0.3	1.2	0.9
经济学	全时人数	37	15	3	15	10	3	2
	非全时人数	38	876	347	709	212	166	169
	非全时折合全时人数	39	163.3	59.8	137.4	42.2	39.3	36.2
政治学	全时人数	40	11	2	11	7	2	2
	非全时人数	41	387	160	221	64	39	66
	非全时折合全时人数	42	84.9	30.5	51.9	16.3	10.3	15.4
法学	全时人数	43	8	3	8	5	3	0
	非全时人数	44	494	151	418	79	160	86
	非全时折合全时人数	45	69.9	22.8	60.7	15.2	20.3	15.1
社会学	全时人数	46	22	6	22	12	7	3
	非全时人数	47	679	290	411	71	68	102
	非全时折合全时人数	48	135.7	56.2	83.5	19.5	17	21
民族学与文化学	全时人数	49	1	0	1	0	0	1
	非全时人数	50	70	27	43	13	11	9
	非全时折合全时人数	51	14.2	5.7	8.7	2.6	2.7	1.9
新闻学与传播学	全时人数	52	10	3	10	4	1	5
	非全时人数	53	221	111	160	38	48	53
	非全时折合全时人数	54	41.1	20.7	34.1	7.9	10.7	12.5
图书馆、情报与文献学	全时人数	55	3	0	3	1	2	0
	非全时人数	56	205	107	158	33	40	73
	非全时折合全时人数	57	36	16.6	29.9	6.7	7.4	14.1
教育学	全时人数	58	69	25	68	51	9	8
	非全时人数	59	2 460	1 075	1 927	344	509	520
	非全时折合全时人数	60	423	186.3	351.4	80.7	102.2	98.4
统计学	全时人数	61	1	0	1	1	0	0
	非全时人数	62	96	27	89	29	12	16
	非全时折合全时人数	63	14.4	3.8	13.7	4.8	2.3	2.4
心理学	全时人数	64	17	4	17	9	3	5
	非全时人数	65	434	200	321	89	82	61
	非全时折合全时人数	66	78.3	36.8	62.1	19.5	16.2	15.7
体育学	全时人数	67	16	3	16	10	4	2
	非全时人数	68	391	120	315	66	102	107
	非全时折合全时人数	69	81.1	24.6	66.8	13.1	21.8	25.6

续表

按职称划分				按学历学位划分			
助教	初级	其他人员	研究生(学生)	博士毕业	硕士毕业	本科毕业	其他学历
L07	L08	L09	L10	L11	L12	L13	L14
0	0	0	0	0	0	0	0
0	0	0	2	11	4	3	0
0	0	0	0.2	1.6	0.7	0.3	0
0	0	0	0	14	0	0	1
16	1	1	311	432	273	163	8
2.2	0.3	0.1	43	94.8	41.9	25.8	0.8
0	0	0	0	8	3	0	0
6	0	0	212	134	83	168	2
1	0	0	41.9	33.3	16.6	34.8	0.2
0	0	0	0	7	1	0	0
10	0	0	159	271	147	71	5
1	0	0	18.3	43.4	17.3	8.7	0.5
0	0	0	0	21	1	0	0
6	2	0	430	199	212	264	4
1.5	0.4	0	76.3	50	32.8	52.1	0.8
0	0	0	0	1	0	0	0
0	0	0	37	30	11	28	1
0	0	0	7	6.4	1.6	6.1	0.1
0	0	0	0	7	3	0	0
6	3	0	73	84	71	66	0
0.9	0.5	0	8.6	20.3	12.8	8	0
0	0	0	0	2	1	0	0
7	0	0	52	78	64	58	5
1	0	0	6.8	15.3	12.3	7.7	0.7
1	0	0	0	61	5	1	2
54	8	1	1 024	996	917	523	24
7.3	1.7	0.1	132.6	208.8	135.7	75.2	3.3
0	0	0	0	1	0	0	0
0	1	0	38	38	51	7	0
0	0.3	0	4.6	7.3	6.4	0.7	0
0	0	0	0	17	0	0	0
1	1	0	200	176	143	105	10
0.1	0.2	0	26.6	42.1	19.6	15.6	1
0	0	0	0	13	2	1	0
9	0	0	107	128	176	85	2
2.6	0	0	18	28.2	36.9	15.8	0.2

30. 教育部直属语言院校人文、社会科学研究与发展人员情况表

			合计	其中				
				女性	研究人员	教授	副教授	讲师
		编号	L01	L02	L03	L04	L05	L06
合计	全时人数	1	71	31	31	9	0	0
	非全时人数	2	4 251	786	1 043	1 193	132	40
	非全时折合全时人数	3	701.8	167.5	184.7	194.5	17.2	6.5
管理学	全时人数	4	3	1	2	0	0	0
	非全时人数	5	261	48	72	80	12	0
	非全时折合全时人数	6	40.4	8	12	13.4	1.3	0
马克思主义	全时人数	7	1	0	1	0	0	0
	非全时人数	8	82	14	18	36	2	2
	非全时折合全时人数	9	12.5	2	3.1	5.3	0.2	0.3
哲学	全时人数	10	0	0	0	0	0	0
	非全时人数	11	8	5	1	2	0	0
	非全时折合全时人数	12	1	0.5	0.1	0.4	0	0
逻辑学	全时人数	13	0	0	0	0	0	0
	非全时人数	14	0	0	0	0	0	0
	非全时折合全时人数	15	0	0	0	0	0	0
宗教学	全时人数	16	0	0	0	0	0	0
	非全时人数	17	16	3	1	7	0	1
	非全时折合全时人数	18	2.9	0.4	0.3	1	0	0.8
语言学	全时人数	19	19	6	10	3	0	0
	非全时人数	20	840	212	240	217	15	9
	非全时折合全时人数	21	149.4	48.2	41.8	36.2	2	1.6
中国文学	全时人数	22	2	1	1	0	0	0
	非全时人数	23	143	30	45	44	3	2
	非全时折合全时人数	24	20.9	6.3	5.7	5.8	0.3	0.2
外国文学	全时人数	25	6	3	2	1	0	0
	非全时人数	26	123	42	34	37	3	1
	非全时折合全时人数	27	23.4	8.8	7	6.3	0.4	0.1
艺术学	全时人数	28	1	1	0	0	0	0
	非全时人数	29	426	55	99	154	14	3
	非全时折合全时人数	30	56.9	8	15.4	19.6	1.4	0.7
历史学	全时人数	31	0	0	0	0	0	0
	非全时人数	32	26	9	12	4	0	0
	非全时折合全时人数	33	3.6	1.2	1.6	0.7	0	0

按职称划分				按学历学位划分			
助教	初级	其他人员	研究生(学生)	博士毕业	硕士毕业	本科毕业	其他学历
L07	L08	L09	L10	L11	L12	L13	L14
0	0	21	71	51	6	2	12
94	963	2 414	3 286	2 026	1 168	1 042	15
9.9	121.5	380.3	582.5	396.8	167.1	135	2.9
0	0	2	3	2	0	0	1
5	44	149	206	129	70	62	0
0.5	5.2	22.1	34.2	23.1	9.5	7.8	0
0	0	0	1	0	0	0	1
0	10	48	71	39	24	19	0
0	1.6	6.8	10.8	6.4	3.3	2.8	0
0	0	0	0	0	0	0	0
0	0	3	8	7	1	0	0
0	0	0.5	1	0.7	0.3	0	0
0	0	0	0	0	0	0	0
0	0	0	0	0	0	0	0
0	0	0	0	0	0	0	0
0	0	0	0	0	0	0	0
0	4	6	12	8	4	3	1
0	0.4	0.6	1.8	1.4	0.4	0.3	0.8
0	0	7	19	16	2	0	1
5	142	510	719	500	206	133	1
0.5	19.1	85.9	133.5	101.8	29.9	17.6	0.1
0	0	1	2	0	1	0	1
4	15	76	125	105	19	18	1
0.4	2.2	10.5	18.6	15.8	2.5	2.5	0.1
0	0	2	6	6	0	0	0
0	6	86	114	85	29	9	0
0	0.8	16.2	22.3	17.4	4.7	1.3	0
0	0	0	1	0	0	0	1
7	94	235	335	175	139	109	3
0.7	11.1	32.2	46.2	25.8	17.7	13	0.4
0	0	0	0	0	0	0	0
0	1	11	25	15	9	2	0
0	0.1	1.2	3.5	2.5	0.9	0.2	0

			合计	其中				
				女性	研究人员	教授	副教授	讲师
		编号	L01	L02	L03	L04	L05	L06
考古学	全时人数	34	0	0	0	0	0	0
	非全时人数	35	0	0	0	0	0	0
	非全时折合全时人数	36	0	0	0	0	0	0
经济学	全时人数	37	1	0	1	0	0	0
	非全时人数	38	120	16	44	32	4	1
	非全时折合全时人数	39	16.9	2.6	6.5	4.3	0.5	0.1
政治学	全时人数	40	20	11	7	2	0	0
	非全时人数	41	173	39	53	35	4	8
	非全时折合全时人数	42	30.5	8.5	10.9	5.3	0.6	1.2
法学	全时人数	43	1	0	1	0	0	0
	非全时人数	44	53	6	18	14	3	0
	非全时折合全时人数	45	9.6	1.3	3.8	2.5	0.6	0
社会学	全时人数	46	3	0	2	1	0	0
	非全时人数	47	99	18	29	38	3	1
	非全时折合全时人数	48	13.3	1.9	4.5	5.4	0.3	0.1
民族学与文化学	全时人数	49	1	0	0	1	0	0
	非全时人数	50	70	22	22	15	2	0
	非全时折合全时人数	51	8.4	2.9	2.7	1.7	0.2	0
新闻学与传播学	全时人数	52	12	7	4	1	0	0
	非全时人数	53	1 419	186	252	344	46	6
	非全时折合全时人数	54	258.5	54.7	56.6	68.2	6.2	0.6
图书馆、情报与文献学	全时人数	55	0	0	0	0	0	0
	非全时人数	56	25	9	4	9	0	1
	非全时折合全时人数	57	4.4	1.3	0.6	2.2	0	0.1
教育学	全时人数	58	1	1	0	0	0	0
	非全时人数	59	327	69	83	108	19	5
	非全时折合全时人数	60	42.9	10.2	10.2	13.7	2.3	0.7
统计学	全时人数	61	0	0	0	0	0	0
	非全时人数	62	6	2	2	2	0	0
	非全时折合全时人数	63	0.7	0.2	0.3	0.2	0	0
心理学	全时人数	64	0	0	0	0	0	0
	非全时人数	65	6	0	1	4	0	0
	非全时折合全时人数	66	0.7	0	0.1	0.4	0	0
体育学	全时人数	67	0	0	0	0	0	0
	非全时人数	68	28	1	13	11	2	0
	非全时折合全时人数	69	4.9	0.5	1.5	1.9	0.9	0

续表

按职称划分				按学历学位划分			
助教	初级	其他人员	研究生(学生)	博士毕业	硕士毕业	本科毕业	其他学历
L07	L08	L09	L10	L11	L12	L13	L14
0	0	0	0	0	0	0	0
0	0	0	0	0	0	0	0
0	0	0	0	0	0	0	0
0	0	1	1	0	0	0	1
2	21	63	103	77	26	17	0
0.2	2.7	8.5	14.8	11.7	3.2	2	0
0	0	3	20	15	2	2	1
1	33	80	138	103	40	30	0
0.1	3.9	11.3	26.3	21.7	5.5	3.3	0
0	0	1	1	0	0	0	1
0	12	28	43	28	14	11	0
0	1.4	4.8	8.3	6.4	1.9	1.3	0
0	0	1	3	2	0	0	1
6	4	54	85	59	24	16	0
0.6	0.5	7.2	11.8	8.3	3.3	1.7	0
0	0	1	1	0	0	0	1
4	5	31	60	41	20	9	0
0.4	0.5	3.4	7.4	5.2	2.3	0.9	0
0	0	2	12	10	1	0	1
56	529	824	911	487	407	517	8
6	66.2	140.4	197	125.6	63.2	68.9	0.8
0	0	0	0	0	0	0	0
0	2	11	22	10	8	6	1
0	0.2	2.1	4.1	1.3	1.4	1	0.7
0	0	0	1	0	0	0	1
3	40	177	273	152	110	65	0
0.4	5.4	23	35.8	21	13.7	8.2	0
0	0	0	0	0	0	0	0
0	0	4	6	4	1	1	0
0	0	0.5	0.7	0.4	0.2	0.1	0
0	0	0	0	0	0	0	0
0	1	4	5	1	2	3	0
0	0.2	0.4	0.5	0.1	0.2	0.4	0
0	0	0	0	0	0	0	0
1	0	14	25	1	15	12	0
0.1	0	2.7	3.9	0.2	3	1.7	0

31. 教育部直属财经院校人文、社会科学研究与发展人员情况表

			合计	其中				
				女性	研究人员	教授	副教授	讲师
		编号	L01	L02	L03	L04	L05	L06
合计	全时人数	1	36	17	9	10	0	0
	非全时人数	2	7 405	1 378	1 967	1 688	88	23
	非全时折合全时人数	3	1 663.5	346.6	436	359.6	14.6	2.9
管理学	全时人数	4	16	6	4	6	0	0
	非全时人数	5	2 380	411	570	524	17	7
	非全时折合全时人数	6	550	103.5	134.3	124	2.2	0.9
马克思主义	全时人数	7	0	0	0	0	0	0
	非全时人数	8	239	46	65	73	10	2
	非全时折合全时人数	9	42.5	8.9	11.2	12.9	1.1	0.2
哲学	全时人数	10	1	0	0	1	0	0
	非全时人数	11	104	23	23	47	1	0
	非全时折合全时人数	12	20.2	4	4.3	9	0.1	0
逻辑学	全时人数	13	0	0	0	0	0	0
	非全时人数	14	0	0	0	0	0	0
	非全时折合全时人数	15	0	0	0	0	0	0
宗教学	全时人数	16	0	0	0	0	0	0
	非全时人数	17	2	0	1	0	0	0
	非全时折合全时人数	18	0.3	0	0.1	0	0	0
语言学	全时人数	19	0	0	0	0	0	0
	非全时人数	20	164	21	61	48	4	0
	非全时折合全时人数	21	32.3	5.9	11.5	8.7	1.1	0
中国文学	全时人数	22	0	0	0	0	0	0
	非全时人数	23	61	8	24	12	1	0
	非全时折合全时人数	24	15.5	1	3.5	1.3	0.1	0
外国文学	全时人数	25	0	0	0	0	0	0
	非全时人数	26	40	8	13	15	0	0
	非全时折合全时人数	27	5.4	1.2	1.6	2.1	0	0
艺术学	全时人数	28	0	0	0	0	0	0
	非全时人数	29	23	7	3	8	0	0
	非全时折合全时人数	30	3.5	1.1	0.4	1.1	0	0
历史学	全时人数	31	0	0	0	0	0	0
	非全时人数	32	17	3	8	5	1	0
	非全时折合全时人数	33	2.5	0.4	1.4	0.6	0.1	0

按职称划分				按学历学位划分			
助教	初级	其他人员	研究生(学生)	博士毕业	硕士毕业	本科毕业	其他学历
L07	L08	L09	L10	L11	L12	L13	L14
0	0	11	36	33	1	2	0
13	2 248	3 076	6 408	3 523	2 461	1 319	102
2.1	501.7	644.8	1 494.2	867.2	552.3	220.3	23.7
0	0	5	16	15	0	1	0
1	850	1 009	1 936	1 096	716	558	10
0.2	184.9	218.7	479	278.8	178.9	89.9	2.4
0	0	0	0	0	0	0	0
6	37	92	214	88	97	32	22
0.6	7.6	16	39.3	18.6	16.9	4.8	2.2
0	0	0	1	1	0	0	0
0	10	36	102	68	35	1	0
0	2.8	6.1	19.9	13.4	6.6	0.2	0
0	0	0	0	0	0	0	0
0	0	0	0	0	0	0	0
0	0	0	0	0	0	0	0
0	0	0	0	0	0	0	0
0	1	1	2	1	1	0	0
0	0.2	0.2	0.3	0.1	0.2	0	0
0	0	0	0	0	0	0	0
1	29	99	144	83	57	24	0
0.2	4.9	17.4	29.9	19.1	9.7	3.5	0
0	0	0	0	0	0	0	0
0	16	32	53	41	12	7	1
0	9.6	5	10.5	5.3	5.2	4.2	0.8
0	0	0	0	0	0	0	0
0	4	28	40	27	13	0	0
0	0.5	3.2	5.4	3.6	1.8	0	0
0	0	0	0	0	0	0	0
0	5	11	22	10	8	5	0
0	0.9	1.7	3.4	1.4	1.2	0.9	0
0	0	0	0	0	0	0	0
0	0	3	16	14	3	0	0
0	0	0.4	2.4	2.1	0.4	0	0

			合计	其中		教授	副教授	讲师
				女性	研究人员			
		编号	L01	L02	L03	L04	L05	L06
考古学	全时人数	34	0	0	0	0	0	0
	非全时人数	35	0	0	0	0	0	0
	非全时折合全时人数	36	0	0	0	0	0	0
经济学	全时人数	37	11	5	4	2	0	0
	非全时人数	38	2 559	548	693	487	18	1
	非全时折合全时人数	39	632.6	151.7	173.3	114	4	0.1
政治学	全时人数	40	0	0	0	0	0	0
	非全时人数	41	72	14	30	22	0	1
	非全时折合全时人数	42	11	2.2	5	2.9	0	0.1
法学	全时人数	43	7	6	1	0	0	0
	非全时人数	44	756	143	195	157	11	4
	非全时折合全时人数	45	162.9	38.1	42.4	29	2	0.5
社会学	全时人数	46	0	0	0	0	0	0
	非全时人数	47	112	20	35	26	0	1
	非全时折合全时人数	48	21.1	3.7	5.9	4.7	0	0.2
民族学与文化学	全时人数	49	0	0	0	0	0	0
	非全时人数	50	8	1	4	3	0	0
	非全时折合全时人数	51	1.6	0.2	0.8	0.6	0	0
新闻学与传播学	全时人数	52	0	0	0	0	0	0
	非全时人数	53	101	16	30	38	1	2
	非全时折合全时人数	54	18.7	2.9	4.5	7.6	0.3	0.4
图书馆、情报与文献学	全时人数	55	0	0	0	0	0	0
	非全时人数	56	27	5	6	12	1	0
	非全时折合全时人数	57	5	1.3	0.7	2.3	0.1	0
教育学	全时人数	58	0	0	0	0	0	0
	非全时人数	59	249	37	74	77	13	5
	非全时折合全时人数	60	39.7	5.8	9.7	10.5	1.5	0.5
统计学	全时人数	61	1	0	0	1	0	0
	非全时人数	62	422	54	103	121	8	0
	非全时折合全时人数	63	84.9	12.9	19.2	25.8	1.7	0
心理学	全时人数	64	0	0	0	0	0	0
	非全时人数	65	29	6	13	3	2	0
	非全时折合全时人数	66	6.6	1	3.5	0.8	0.3	0
体育学	全时人数	67	0	0	0	0	0	0
	非全时人数	68	40	7	16	10	0	0
	非全时折合全时人数	69	7.2	0.8	2.7	1.7	0	0

续表

按职称划分				按学历学位划分			
助教	初级	其他人员	研究生(学生)	博士毕业	硕士毕业	本科毕业	其他学历
L07	L08	L09	L10	L11	L12	L13	L14
0	0	0	0	0	0	0	0
0	0	0	0	0	0	0	0
0	0	0	0	0	0	0	0
0	0	3	11	10	0	1	0
0	812	978	2 292	1 295	839	383	42
0	189.5	228.8	586.9	354.8	200.3	63.5	14
0	0	0	0	0	0	0	0
0	5	27	70	51	17	4	0
0	0.8	4.4	10.8	8.5	2.1	0.4	0
0	0	3	7	6	1	0	0
0	246	297	658	333	295	126	2
0	50.9	59.3	144.2	80.6	59.3	22.6	0.4
0	0	0	0	0	0	0	0
0	30	58	108	65	39	8	0
0	6.6	10.8	20.2	11.2	8.1	1.8	0
0	0	0	0	0	0	0	0
0	0	4	8	4	4	0	0
0	0	0.8	1.6	0.8	0.8	0	0
0	0	0	0	0	0	0	0
0	14	49	87	36	36	29	0
0	3	9.6	15.6	5.7	7.8	5.2	0
0	0	0	0	0	0	0	0
1	2	14	23	8	10	7	2
0.2	0.4	2.6	4.3	1.6	1.8	1.2	0.4
0	0	0	0	0	0	0	0
4	39	117	224	62	141	26	20
0.9	10.8	18.4	36.3	8.5	24.6	3.6	3
0	0	0	1	1	0	0	0
0	136	184	341	213	110	96	3
0	25.3	34.1	70.5	46.7	20.7	17	0.5
0	0	0	0	0	0	0	0
0	5	17	28	15	9	5	0
0	1	4	6.5	4.3	1.7	0.6	0
0	0	0	0	0	0	0	0
0	7	20	40	13	19	8	0
0	2	3.3	7.2	2.1	4.2	0.9	0

32. 教育部直属政法院校人文、社会科学研究与发展人员情况表

			合计	其中				
				女性	研究人员	教授	副教授	讲师
		编号	L01	L02	L03	L04	L05	L06
合计	全时人数	1	44	29	13	2	0	0
	非全时人数	2	1 621	449	567	356	44	1
	非全时折合全时人数	3	263.4	84.2	95.7	56.5	5.2	0.8
管理学	全时人数	4	1	0	1	0	0	0
	非全时人数	5	108	30	33	24	2	0
	非全时折合全时人数	6	17.8	6.2	5.8	3.6	0.3	0
马克思主义	全时人数	7	0	0	0	0	0	0
	非全时人数	8	52	7	21	18	5	0
	非全时折合全时人数	9	8.2	1.2	4.3	2.1	0.5	0
哲学	全时人数	10	0	0	0	0	0	0
	非全时人数	11	22	9	5	8	0	0
	非全时折合全时人数	12	3.5	0.9	0.5	2.1	0	0
逻辑学	全时人数	13	0	0	0	0	0	0
	非全时人数	14	0	0	0	0	0	0
	非全时折合全时人数	15	0	0	0	0	0	0
宗教学	全时人数	16	0	0	0	0	0	0
	非全时人数	17	4	0	3	1	0	0
	非全时折合全时人数	18	0.4	0	0.3	0.1	0	0
语言学	全时人数	19	0	0	0	0	0	0
	非全时人数	20	102	13	46	36	4	0
	非全时折合全时人数	21	14.1	1.6	7.2	4.6	0.4	0
中国文学	全时人数	22	0	0	0	0	0	0
	非全时人数	23	27	5	9	10	0	0
	非全时折合全时人数	24	3.3	0.5	1.5	1	0	0
外国文学	全时人数	25	0	0	0	0	0	0
	非全时人数	26	14	0	6	7	1	0
	非全时折合全时人数	27	1.7	0	0.9	0.7	0.1	0
艺术学	全时人数	28	0	0	0	0	0	0
	非全时人数	29	11	1	6	4	0	0
	非全时折合全时人数	30	1.7	0.2	1	0.5	0	0
历史学	全时人数	31	0	0	0	0	0	0
	非全时人数	32	28	7	9	11	0	0
	非全时折合全时人数	33	3.3	0.7	1.1	1.4	0	0

按职称划分				按学历学位划分			
助教	初级	其他人员	研究生（学生）	博士毕业	硕士毕业	本科毕业	其他学历
L07	L08	L09	L10	L11	L12	L13	L14
0	0	19	44	36	6	2	0
9	195	951	1 440	1 036	370	211	4
0.9	20.1	172	243.8	179.8	56.8	26.3	0.5
0	0	0	1	1	0	0	0
0	19	72	89	63	20	24	1
0	1.9	13	15.8	11.4	3.3	2.9	0.2
0	0	0	0	0	0	0	0
0	1	36	46	27	19	6	0
0	0.1	6.5	7.6	4.8	2.8	0.6	0
0	0	0	0	0	0	0	0
0	0	7	22	17	5	0	0
0	0	2	3.5	2.7	0.8	0	0
0	0	0	0	0	0	0	0
0	0	0	0	0	0	0	0
0	0	0	0	0	0	0	0
0	0	0	0	0	0	0	0
0	0	3	4	3	1	0	0
0	0	0.3	0.4	0.3	0.1	0	0
0	0	0	0	0	0	0	0
0	3	83	96	49	46	7	0
0	0.3	11.8	13.5	6.4	7	0.7	0
0	0	0	0	0	0	0	0
1	2	22	24	11	11	5	0
0.1	0.2	2.8	3	1.4	1.1	0.8	0
0	0	0	0	0	0	0	0
0	0	13	14	12	2	0	0
0	0	1.6	1.7	1.5	0.2	0	0
0	0	0	0	0	0	0	0
0	0	9	11	8	1	2	0
0	0	1.5	1.7	1	0.2	0.5	0
0	0	0	0	0	0	0	0
1	0	19	28	25	3	0	0
0.1	0	2.4	3.3	3	0.3	0	0

			合计	其中				
				女性	研究人员	教授	副教授	讲师
		编号	L01	L02	L03	L04	L05	L06
考古学	全时人数	34	0	0	0	0	0	0
	非全时人数	35	0	0	0	0	0	0
	非全时折合全时人数	36	0	0	0	0	0	0
经济学	全时人数	37	0	0	0	0	0	0
	非全时人数	38	87	29	27	25	4	0
	非全时折合全时人数	39	15.4	5.2	4.3	5	0.7	0
政治学	全时人数	40	1	1	0	0	0	0
	非全时人数	41	129	41	47	27	3	0
	非全时折合全时人数	42	18.9	7.2	6.9	3.3	0.4	0
法学	全时人数	43	42	28	12	2	0	0
	非全时人数	44	825	272	284	121	7	1
	非全时折合全时人数	45	141.8	54.7	49.9	21.1	0.7	0.8
社会学	全时人数	46	0	0	0	0	0	0
	非全时人数	47	56	12	17	11	3	0
	非全时折合全时人数	48	7.6	2.1	2.4	1.4	0.4	0
民族学与文化学	全时人数	49	0	0	0	0	0	0
	非全时人数	50	4	0	3	1	0	0
	非全时折合全时人数	51	0.4	0	0.3	0.1	0	0
新闻学与传播学	全时人数	52	0	0	0	0	0	0
	非全时人数	53	66	9	24	25	4	0
	非全时折合全时人数	54	13.7	2.1	5.7	5.1	0.4	0
图书馆、情报与文献学	全时人数	55	0	0	0	0	0	0
	非全时人数	56	9	1	4	3	1	0
	非全时折合全时人数	57	1.6	0.2	0.8	0.5	0.1	0
教育学	全时人数	58	0	0	0	0	0	0
	非全时人数	59	63	10	19	21	10	0
	非全时折合全时人数	60	8.4	1	2.3	3.6	1.2	0
统计学	全时人数	61	0	0	0	0	0	0
	非全时人数	62	8	2	1	1	0	0
	非全时折合全时人数	63	0.9	0.3	0.1	0.1	0	0
心理学	全时人数	64	0	0	0	0	0	0
	非全时人数	65	2	1	1	0	0	0
	非全时折合全时人数	66	0.2	0.1	0.1	0	0	0
体育学	全时人数	67	0	0	0	0	0	0
	非全时人数	68	4	0	2	2	0	0
	非全时折合全时人数	69	0.5	0	0.3	0.2	0	0

续表

按职称划分				按学历学位划分			
助教	初级	其他人员	研究生(学生)	博士毕业	硕士毕业	本科毕业	其他学历
L07	L08	L09	L10	L11	L12	L13	L14
0	0	0	0	0	0	0	0
0	0	0	0	0	0	0	0
0	0	0	0	0	0	0	0
0	0	0	0	0	0	0	0
0	2	55	81	60	24	3	0
0	0.2	10.4	14.5	9.9	5	0.5	0
0	0	1	1	1	0	0	0
1	10	71	125	98	24	4	3
0.1	1	10.4	18.4	14.9	3.2	0.5	0.3
0	0	18	42	34	6	2	0
2	138	435	726	542	160	123	0
0.2	14.4	88.5	131.2	102.4	24.6	14.8	0
0	0	0	0	0	0	0	0
1	12	34	41	38	4	14	0
0.1	1.2	5.1	6	5.7	0.5	1.4	0
0	0	0	0	0	0	0	0
0	0	3	4	2	2	0	0
0	0	0.3	0.4	0.2	0.2	0	0
0	0	0	0	0	0	0	0
3	1	37	59	45	14	7	0
0.3	0.1	8.8	13	9.8	2.7	1.2	0
0	0	0	0	0	0	0	0
0	0	6	8	1	5	3	0
0	0	0.7	1.5	0.1	0.7	0.8	0
0	0	0	0	0	0	0	0
0	3	40	52	29	28	6	0
0	0.3	5.2	7.1	3.6	4	0.8	0
0	0	0	0	0	0	0	0
0	4	4	4	4	0	4	0
0	0.4	0.5	0.5	0.5	0	0.4	0
0	0	0	0	0	0	0	0
0	0	2	2	2	0	0	0
0	0	0.2	0.2	0.2	0	0	0
0	0	0	0	0	0	0	0
0	0	0	4	0	1	3	0
0	0	0	0.5	0	0.1	0.4	0

33. 教育部直属艺术院校人文、社会科学研究与发展人员情况表

			合计	其中				
				女性	研究人员	教授	副教授	讲师
		编号	L01	L02	L03	L04	L05	L06
合计	全时人数	1	11	5	6	0	0	0
	非全时人数	2	534	138	115	102	17	25
	非全时折合全时人数	3	149.7	43.2	37.7	27.7	5.6	3.9
管理学	全时人数	4	0	0	0	0	0	0
	非全时人数	5	2	1	0	1	0	0
	非全时折合全时人数	6	0.3	0.2	0	0.1	0	0
马克思主义	全时人数	7	0	0	0	0	0	0
	非全时人数	8	2	0	1	0	0	1
	非全时折合全时人数	9	0.3	0	0.2	0	0	0.1
哲学	全时人数	10	0	0	0	0	0	0
	非全时人数	11	0	0	0	0	0	0
	非全时折合全时人数	12	0	0	0	0	0	0
逻辑学	全时人数	13	0	0	0	0	0	0
	非全时人数	14	0	0	0	0	0	0
	非全时折合全时人数	15	0	0	0	0	0	0
宗教学	全时人数	16	0	0	0	0	0	0
	非全时人数	17	0	0	0	0	0	0
	非全时折合全时人数	18	0	0	0	0	0	0
语言学	全时人数	19	0	0	0	0	0	0
	非全时人数	20	2	0	0	1	0	1
	非全时折合全时人数	21	0.4	0	0	0.2	0	0.2
中国文学	全时人数	22	0	0	0	0	0	0
	非全时人数	23	0	0	0	0	0	0
	非全时折合全时人数	24	0	0	0	0	0	0
外国文学	全时人数	25	0	0	0	0	0	0
	非全时人数	26	0	0	0	0	0	0
	非全时折合全时人数	27	0	0	0	0	0	0
艺术学	全时人数	28	11	5	6	0	0	0
	非全时人数	29	510	137	114	89	15	18
	非全时折合全时人数	30	146.1	43	37.5	25.7	5.3	3
历史学	全时人数	31	0	0	0	0	0	0
	非全时人数	32	0	0	0	0	0	0
	非全时折合全时人数	33	0	0	0	0	0	0

按职称划分				按学历学位划分			
助教	初级	其他人员	研究生(学生)	博士毕业	硕士毕业	本科毕业	其他学历
L07	L08	L09	L10	L11	L12	L13	L14
0	0	5	11	5	3	3	0
2	135	273	388	129	248	153	4
1	30.6	68.5	116.5	45.4	66.9	36.4	1
0	0	0	0	0	0	0	0
0	0	0	2	1	1	0	0
0	0	0	0.3	0.2	0.1	0	0
0	0	0	0	0	0	0	0
0	0	2	1	0	2	0	0
0	0	0.3	0.2	0	0.3	0	0
0	0	0	0	0	0	0	0
0	0	0	0	0	0	0	0
0	0	0	0	0	0	0	0
0	0	0	0	0	0	0	0
0	0	0	0	0	0	0	0
0	0	0	0	0	0	0	0
0	0	0	0	0	0	0	0
0	0	0	0	0	0	0	0
0	0	0	0	0	0	0	0
0	0	0	0	0	0	0	0
0	0	2	1	0	2	0	0
0	0	0.4	0.2	0	0.4	0	0
0	0	0	0	0	0	0	0
0	0	0	0	0	0	0	0
0	0	0	0	0	0	0	0
0	0	0	0	0	0	0	0
0	0	0	0	0	0	0	0
0	0	0	0	0	0	0	0
0	0	5	11	5	3	3	0
2	135	255	373	128	227	151	4
1	30.6	65.8	114.1	45.2	63.9	36	1
0	0	0	0	0	0	0	0
0	0	0	0	0	0	0	0
0	0	0	0	0	0	0	0

			合计	其中				
				女性	研究人员	教授	副教授	讲师
		编号	L01	L02	L03	L04	L05	L06
考古学	全时人数	34	0	0	0	0	0	0
	非全时人数	35	0	0	0	0	0	0
	非全时折合全时人数	36	0	0	0	0	0	0
经济学	全时人数	37	0	0	0	0	0	0
	非全时人数	38	0	0	0	0	0	0
	非全时折合全时人数	39	0	0	0	0	0	0
政治学	全时人数	40	0	0	0	0	0	0
	非全时人数	41	4	0	0	3	0	1
	非全时折合全时人数	42	0.6	0	0	0.5	0	0.1
法学	全时人数	43	0	0	0	0	0	0
	非全时人数	44	0	0	0	0	0	0
	非全时折合全时人数	45	0	0	0	0	0	0
社会学	全时人数	46	0	0	0	0	0	0
	非全时人数	47	0	0	0	0	0	0
	非全时折合全时人数	48	0	0	0	0	0	0
民族学与文化学	全时人数	49	0	0	0	0	0	0
	非全时人数	50	0	0	0	0	0	0
	非全时折合全时人数	51	0	0	0	0	0	0
新闻学与传播学	全时人数	52	0	0	0	0	0	0
	非全时人数	53	0	0	0	0	0	0
	非全时折合全时人数	54	0	0	0	0	0	0
图书馆、情报与文献学	全时人数	55	0	0	0	0	0	0
	非全时人数	56	6	0	0	3	1	2
	非全时折合全时人数	57	0.7	0	0	0.4	0.1	0.2
教育学	全时人数	58	0	0	0	0	0	0
	非全时人数	59	5	0	0	3	0	2
	非全时折合全时人数	60	0.7	0	0	0.4	0	0.3
统计学	全时人数	61	0	0	0	0	0	0
	非全时人数	62	0	0	0	0	0	0
	非全时折合全时人数	63	0	0	0	0	0	0
心理学	全时人数	64	0	0	0	0	0	0
	非全时人数	65	1	0	0	0	1	0
	非全时折合全时人数	66	0.2	0	0	0	0.2	0
体育学	全时人数	67	0	0	0	0	0	0
	非全时人数	68	2	0	0	2	0	0
	非全时折合全时人数	69	0.4	0	0	0.4	0	0

续表

按职称划分				按学历学位划分			
助教	初级	其他人员	研究生(学生)	博士毕业	硕士毕业	本科毕业	其他学历
L07	L08	L09	L10	L11	L12	L13	L14
0	0	0	0	0	0	0	0
0	0	0	0	0	0	0	0
0	0	0	0	0	0	0	0
0	0	0	0	0	0	0	0
0	0	0	0	0	0	0	0
0	0	0	0	0	0	0	0
0	0	0	0	0	0	0	0
0	0	3	3	0	4	0	0
0	0	0.4	0.5	0	0.6	0	0
0	0	0	0	0	0	0	0
0	0	0	0	0	0	0	0
0	0	0	0	0	0	0	0
0	0	0	0	0	0	0	0
0	0	0	0	0	0	0	0
0	0	0	0	0	0	0	0
0	0	0	0	0	0	0	0
0	0	0	0	0	0	0	0
0	0	0	0	0	0	0	0
0	0	0	0	0	0	0	0
0	0	0	0	0	0	0	0
0	0	0	0	0	0	0	0
0	0	0	0	0	0	0	0
0	0	5	3	0	6	0	0
0	0	0.6	0.4	0	0.7	0	0
0	0	0	0	0	0	0	0
0	0	4	3	0	5	0	0
0	0	0.6	0.4	0	0.7	0	0
0	0	0	0	0	0	0	0
0	0	0	0	0	0	0	0
0	0	0	0	0	0	0	0
0	0	0	0	0	0	0	0
0	0	1	0	0	1	0	0
0	0	0.2	0	0	0.2	0	0
0	0	0	0	0	0	0	0
0	0	1	2	0	0	2	0
0	0	0.2	0.4	0	0	0.4	0

34. 其他部委院校人文、社会科学研究与发展人员情况表

			合计	其中				
				女性	研究人员	教授	副教授	讲师
		编号	L01	L02	L03	L04	L05	L06
合计	全时人数	1	131	46	128	46	46	33
	非全时人数	2	18 924	9 100	15 753	3 306	5 149	6 677
	非全时折合全时人数	3	4 006.2	1 912.3	3 442.2	768.7	1 149	1 403
管理学	全时人数	4	23	3	23	10	8	5
	非全时人数	5	3 308	1 528	2 739	584	930	1 125
	非全时折合全时人数	6	786.3	352.6	683.6	161.7	228.6	270
马克思主义	全时人数	7	3	1	3	1	1	1
	非全时人数	8	883	430	741	146	219	360
	非全时折合全时人数	9	176.7	90.5	154	33.8	50.6	66.6
哲学	全时人数	10	0	0	0	0	0	0
	非全时人数	11	278	123	261	69	87	103
	非全时折合全时人数	12	50.1	20.1	48.1	14.8	15.6	17.1
逻辑学	全时人数	13	0	0	0	0	0	0
	非全时人数	14	2	1	2	0	0	2
	非全时折合全时人数	15	0.3	0.2	0.3	0	0	0.3
宗教学	全时人数	16	0	0	0	0	0	0
	非全时人数	17	206	66	180	61	54	57
	非全时折合全时人数	18	34.2	10	30	10.2	10	8.2
语言学	全时人数	19	20	12	20	7	5	7
	非全时人数	20	1 515	993	1 311	204	391	651
	非全时折合全时人数	21	334	219.2	297	46.2	94.1	145.1
中国文学	全时人数	22	2	0	2	0	1	1
	非全时人数	23	536	281	489	135	161	176
	非全时折合全时人数	24	100.3	52.3	91.7	27.6	28.6	33.7
外国文学	全时人数	25	0	0	0	0	0	0
	非全时人数	26	272	200	243	36	89	116
	非全时折合全时人数	27	54.9	39.8	50.1	7.8	19.5	22.4
艺术学	全时人数	28	4	4	4	1	1	2
	非全时人数	29	841	455	691	121	212	337
	非全时折合全时人数	30	182.6	97.9	151.1	27.6	49.3	69.7
历史学	全时人数	31	7	1	7	3	2	2
	非全时人数	32	405	150	357	109	114	119
	非全时折合全时人数	33	85.8	32.2	75	24.8	23.3	23.5

按职称划分				按学历学位划分			
助教	初级	其他人员	研究生（学生）	博士毕业	硕士毕业	本科毕业	其他学历
L07	L08	L09	L10	L11	L12	L13	L14
3	2	1	0	98	26	4	3
704	370	176	2 542	7 360	7 355	3 993	216
119	59.8	24.3	482.4	1 692.8	1 510.8	745.1	57.5
0	0	0	0	21	2	0	0
93	38	32	506	1 386	1 150	716	56
15.7	6.7	4.7	98.9	373.3	262	138.3	12.7
0	0	0	0	2	1	0	0
43	15	10	90	337	389	153	4
5.6	1.7	1.1	17.3	77.5	70.2	27.9	1.1
0	0	0	0	0	0	0	0
2	0	0	17	152	93	31	2
0.2	0	0	2.4	30.8	14.5	4.6	0.2
0	0	0	0	0	0	0	0
0	0	0	0	1	1	0	0
0	0	0	0	0.2	0.1	0	0
0	0	0	0	0	0	0	0
9	4	3	18	98	72	36	0
1.5	0.5	0.3	3.5	17.7	11	5.5	0
1	0	0	0	10	10	0	0
56	31	3	179	459	792	261	3
10.3	4.2	0.3	33.8	104.8	174.2	54.5	0.5
0	0	0	0	2	0	0	0
15	7	8	34	282	181	71	2
2.6	1.2	0.8	5.8	54.8	33.1	12.2	0.2
0	0	0	0	0	0	0	0
15	3	0	13	95	140	37	0
2.2	0.3	0	2.7	21	27.4	6.5	0
0	0	0	0	1	2	1	0
45	12	0	114	162	415	255	9
8.3	1.8	0	25.9	37.7	90.4	52.8	1.7
0	0	0	0	7	0	0	0
13	4	6	40	226	113	48	18
2.7	0.4	1.1	10	50.1	21.9	8.5	5.3

			合计	其中				
				女性	研究人员	教授	副教授	讲师
		编号	L01	L02	L03	L04	L05	L06
考古学	全时人数	34	3	0	3	1	2	0
	非全时人数	35	132	64	66	16	12	26
	非全时折合全时人数	36	35.1	17.3	14.5	5.4	2.3	3.6
经济学	全时人数	37	22	10	21	7	7	6
	非全时人数	38	1 667	735	1 417	350	496	522
	非全时折合全时人数	39	371.7	165.5	329.2	82.3	120.4	118.6
政治学	全时人数	40	2	2	1	0	0	1
	非全时人数	41	613	236	538	131	192	186
	非全时折合全时人数	42	103.9	37.2	93.5	22.5	32.4	35.5
法学	全时人数	43	13	6	13	4	7	2
	非全时人数	44	2 211	923	1 753	390	637	645
	非全时折合全时人数	45	515.3	219.7	438.7	103.5	165.9	151.9
社会学	全时人数	46	1	0	1	0	1	0
	非全时人数	47	1 112	546	940	160	320	429
	非全时折合全时人数	48	205.6	100.7	178.2	31	57	84
民族学与文化学	全时人数	49	11	1	10	4	6	0
	非全时人数	50	1 352	600	1 159	304	377	416
	非全时折合全时人数	51	246.5	108.6	219.8	62.9	70.3	77.8
新闻学与传播学	全时人数	52	12	4	12	4	3	4
	非全时人数	53	582	285	468	78	141	234
	非全时折合全时人数	54	128.1	60	104.6	18.1	35	47.6
图书馆、情报与文献学	全时人数	55	1	0	1	1	0	0
	非全时人数	56	475	272	389	62	106	203
	非全时折合全时人数	57	116.6	69.6	90	12.4	26.8	46.2
教育学	全时人数	58	0	0	0	0	0	0
	非全时人数	59	1 449	731	1 232	189	389	620
	非全时折合全时人数	60	242.7	118	211.1	32.5	68.4	101.6
统计学	全时人数	61	0	0	0	0	0	0
	非全时人数	62	87	42	74	16	24	33
	非全时折合全时人数	63	15.7	7.7	14.2	3.5	4.7	5.9
心理学	全时人数	64	0	0	0	0	0	0
	非全时人数	65	78	42	72	8	21	42
	非全时折合全时人数	66	19	9.3	17.6	2.5	4	10.7
体育学	全时人数	67	7	2	7	3	2	2
	非全时人数	68	920	397	631	137	177	275
	非全时折合全时人数	69	200.8	83.9	149.9	37.6	42.2	63

续表

按职称划分				按学历学位划分			
助教	初级	其他人员	研究生(学生)	博士毕业	硕士毕业	本科毕业	其他学历
L07	L08	L09	L10	L11	L12	L13	L14
0	0	0	0	3	0	0	0
2	1	0	75	32	29	26	45
0.2	0.1	0	23.5	7.3	6	6.4	15.4
1	0	1	0	16	4	1	1
47	19	20	213	863	533	263	8
10.2	2.3	4	33.9	211.3	114.1	45	1.3
0	1	0	0	0	0	1	1
12	10	6	76	321	192	99	1
1.7	1.8	0.6	9.4	52.7	35.5	15.4	0.3
0	0	0	0	10	3	0	0
70	46	31	392	813	813	580	5
12	8.6	4.7	68.7	218.6	191.8	103	1.9
0	0	0	0	1	0	0	0
41	22	6	134	468	414	224	6
7	3	0.9	22.7	93.7	73.8	37	1.1
1	0	0	0	10	0	0	1
58	25	29	143	594	468	286	4
8.4	2.9	2.9	21.3	118.3	80.8	46.4	1
0	1	0	0	8	3	1	0
18	9	6	96	217	227	103	35
3.4	1.1	0.6	22.3	47	51.5	18.4	11.2
0	0	0	0	1	0	0	0
10	25	4	65	119	194	154	8
1.9	5.9	0.5	22.9	25.1	44.1	46.3	1.1
0	0	0	0	0	0	0	0
102	46	11	92	470	700	273	6
14.5	6.2	1.7	17.8	85.4	112.9	43.4	1
0	0	0	0	0	0	0	0
0	3	0	11	60	10	17	0
0	0.3	0	1.3	12.2	1.2	2.3	0
0	0	0	0	0	0	0	0
3	1	0	3	22	40	15	1
0.4	0.1	0	1.3	4.2	9	5.2	0.6
0	0	0	0	6	1	0	0
50	49	1	231	183	389	345	3
10.2	10.7	0.1	37	49.1	85.3	65.5	0.9

35. 地方院校人文、社会科学研究与发展人员情况表

			合计	其中				
				女性	研究人员	教授	副教授	讲师
		编号	L01	L02	L03	L04	L05	L06
合计	全时人数	1	1 647	633	1 592	618	552	423
	非全时人数	2	392 132	213 477	329 686	52 663	105 899	167 169
	非全时折合全时人数	3	80 505.1	43 134.4	69 301.9	12 051.2	22 901.7	33 652
管理学	全时人数	4	321	140	315	103	118	92
	非全时人数	5	65 791	34 747	54 648	9 252	17 485	27 089
	非全时折合全时人数	6	14 127.9	7 340.7	12 073.3	2 210.5	3 997.6	5 702.6
马克思主义	全时人数	7	67	27	67	31	20	16
	非全时人数	8	18 185	9 297	15 579	2 694	5 130	7 605
	非全时折合全时人数	9	3 661.1	1 856.5	3 217.3	611.6	1 100.5	1 478.2
哲学	全时人数	10	22	3	21	7	9	4
	非全时人数	11	5 207	2 322	4 565	945	1 508	1 976
	非全时折合全时人数	12	974.8	427	868.2	190	296.2	363.2
逻辑学	全时人数	13	0	0	0	0	0	0
	非全时人数	14	247	99	216	34	66	112
	非全时折合全时人数	15	42.3	17.6	37.7	6.8	11.1	19.2
宗教学	全时人数	16	0	0	0	0	0	0
	非全时人数	17	1 048	441	940	204	328	382
	非全时折合全时人数	18	186.4	75.9	167.7	39	59.1	65.5
语言学	全时人数	19	102	57	100	45	29	26
	非全时人数	20	25 470	17 825	22 171	2 658	6 841	12 469
	非全时折合全时人数	21	5 295.3	3 668.7	4 678.2	629.2	1 503.4	2 513.6
中国文学	全时人数	22	62	15	62	41	12	8
	非全时人数	23	13 870	7 505	12 249	2 535	4 221	5 313
	非全时折合全时人数	24	2 809.8	1 455.9	2 532.3	569.1	904.3	1 026
外国文学	全时人数	25	13	7	12	4	2	5
	非全时人数	26	6 668	4 718	5 899	816	1 837	3 190
	非全时折合全时人数	27	1 247.2	873.7	1 114.1	166.3	362.6	575.9
艺术学	全时人数	28	193	86	178	46	66	75
	非全时人数	29	33 993	18 570	27 237	3 477	8 158	15 378
	非全时折合全时人数	30	7 696.5	4 166.9	6 340.4	858.2	1 969.3	3 471.1
历史学	全时人数	31	47	9	47	23	14	10
	非全时人数	32	8 447	3 482	7 372	1 710	2 447	3 071
	非全时折合全时人数	33	1 759.7	684.9	1 575.3	394.3	525.9	630.5

按职称划分				按学历学位划分			
助教	初级	其他人员	研究生(学生)	博士毕业	硕士毕业	本科毕业	其他学历
L07	L08	L09	L10	L11	L12	L13	L14
33	14	4	3	884	550	154	59
30 717	10 047	3 450	22 187	78 163	204 050	103 835	6 084
5 823.9	1 796.8	497.4	3 782.1	18 303.8	41 647.5	19 462.9	1 090.9
2	4	2	0	195	94	20	12
4 514	1 823	519	5 109	15 493	32 811	16 311	1 176
869.4	336.1	79.6	932.1	3 894.1	6 919.2	3 089.5	225.1
0	0	0	0	41	22	1	3
1 264	398	112	982	3 935	9 739	4 203	308
229.8	68.7	15.8	156.5	902	1 958.8	746.8	53.5
1	1	0	0	15	3	1	3
238	98	43	399	1 965	2 201	968	73
42.6	17.2	5.9	59.7	409.5	393.3	161.6	10.4
0	0	0	0	0	0	0	0
20	8	7	0	70	109	62	6
3.2	1.2	0.8	0	14.1	17.6	9.9	0.7
0	0	0	0	0	0	0	0
74	22	12	26	398	438	190	22
12.5	4.8	1.5	4	77.4	74.7	31.1	3.2
1	0	0	1	46	45	7	4
2 013	440	125	924	4 090	14 561	6 520	299
387.8	81.9	18	161.4	965.8	3 008.4	1 264.6	56.5
0	1	0	0	47	10	4	1
755	203	98	745	4 625	5 968	3 091	186
134.4	35.4	11.9	128.7	1 066.2	1 139.9	570.3	33.4
2	0	0	0	3	9	1	0
491	108	27	199	1 215	3 879	1 505	69
84.1	18.8	3.8	35.7	248.8	727.9	259.7	10.8
6	0	0	0	45	100	43	5
3 971	987	380	1 642	3 192	19 055	11 195	551
838.5	201.5	60.4	297.5	751.9	4 397.6	2 435.3	111.7
0	0	0	0	37	6	3	1
392	139	62	626	3 255	3 257	1 778	157
73.8	24	8.9	102.3	766	647.7	319.8	26.2

			合计	其中		教授	副教授	讲师
				女性	研究人员			
		编号	L01	L02	L03	L04	L05	L06
考古学	全时人数	34	6	0	6	4	0	2
	非全时人数	35	737	284	625	157	162	295
	非全时折合全时人数	36	135.7	51.2	119.8	34.1	32.2	52.4
经济学	全时人数	37	249	88	241	98	92	50
	非全时人数	38	44 747	23 886	37 356	6 752	12 300	17 726
	非全时折合全时人数	39	9 637.7	5 033.5	8 331.7	1 693.2	2 801.2	3 737.4
政治学	全时人数	40	19	7	18	4	10	4
	非全时人数	41	9 147	4 266	7 917	1 494	2 674	3 604
	非全时折合全时人数	42	1 629.8	742.8	1 425.5	290.8	488	626.5
法学	全时人数	43	168	57	168	67	62	38
	非全时人数	44	15 532	7 271	13 265	2 465	4 628	5 877
	非全时折合全时人数	45	3 529	1 637.6	3 133.1	654	1 117.8	1 311.1
社会学	全时人数	46	48	18	47	17	21	9
	非全时人数	47	23 702	12 627	20 268	3 266	6 610	10 196
	非全时折合全时人数	48	4 371.6	2 324.9	3 776.3	638.9	1 236.5	1 866.3
民族学与文化学	全时人数	49	26	8	25	12	3	9
	非全时人数	50	9 210	4 867	7 917	1 492	2 577	3 754
	非全时折合全时人数	51	1 683.1	875.1	1 456.8	297.8	473.9	670
新闻学与传播学	全时人数	52	34	10	33	15	10	8
	非全时人数	53	8 051	4 566	6 584	1 004	2 037	3 484
	非全时折合全时人数	54	1 592.6	897.3	1 344.1	214.4	425.9	693.4
图书馆、情报与文献学	全时人数	55	11	5	9	2	2	5
	非全时人数	56	6 544	4 133	5 559	709	1 744	3 086
	非全时折合全时人数	57	1 230.5	787.9	1 064	137.9	342.5	580.9
教育学	全时人数	58	161	65	148	60	45	43
	非全时人数	59	71 926	42 337	60 192	8 105	18 748	33 003
	非全时折合全时人数	60	14 016.9	8 187.6	11 954.2	1 726.4	3 834.1	6 328.9
统计学	全时人数	61	3	1	3	1	0	2
	非全时人数	62	3 123	1 526	2 584	456	820	1 244
	非全时折合全时人数	63	594.1	285.7	491.4	95	158.4	229
心理学	全时人数	64	10	5	10	4	3	3
	非全时人数	65	4 976	3 156	3 976	522	1 111	2 291
	非全时折合全时人数	66	931.6	588.8	766.6	106.7	218.3	432.9
体育学	全时人数	67	85	25	82	34	34	14
	非全时人数	68	15 511	5 552	12 567	1 916	4 467	6 024
	非全时折合全时人数	69	3 351.5	1 154.2	2 833.9	487	1 042.9	1 277.4

续表

按职称划分				按学历学位划分			
助教	初级	其他人员	研究生(学生)	博士毕业	硕士毕业	本科毕业	其他学历
L07	L08	L09	L10	L11	L12	L13	L14
0	0	0	0	3	1	2	0
27	7	6	83	266	274	170	27
5.3	0.8	0.8	10.1	60.5	47	24.3	3.9
5	3	1	0	170	54	11	14
2 987	987	361	3 634	11 726	21 629	10 591	801
575.9	175.4	53.5	601.1	2 993.4	4 527.1	1 954.9	162.3
1	0	0	0	10	7	0	2
571	211	86	507	2 412	4 553	2 038	144
96	34.5	10.5	83.5	470.5	788.5	348.3	22.5
0	1	0	0	103	46	14	5
774	241	229	1 318	4 698	7 157	3 432	245
145.2	42.8	31.1	227	1 221	1 595.2	665.5	47.3
0	1	0	0	26	19	1	2
1 813	579	225	1 013	5 159	12 596	5 635	312
314.4	98.2	33.1	184.2	1 034.4	2 317.9	971.4	47.9
0	0	0	2	14	10	1	1
725	239	126	297	1 942	4 674	2 453	141
127	40.4	16.9	57.1	397.4	835.5	429.6	20.6
1	0	0	0	17	14	3	0
781	208	58	479	1 705	4 305	1 895	146
149.2	34.1	8.2	67.4	378.5	857.6	331.9	24.6
2	0	0	0	3	8	0	0
453	330	59	163	830	2 896	2 589	229
78.8	55.7	8.8	25.9	155.6	558.4	479.6	36.9
9	3	1	0	69	67	21	4
6 825	2 379	734	2 132	7 864	42 101	21 119	842
1 258.9	414.3	102.6	351.7	1 704.8	8 345.3	3 833.1	133.7
0	0	0	0	2	1	0	0
194	84	11	314	877	1 401	757	88
34.6	14.3	2	60.8	181	249.4	145.6	18.1
0	0	0	0	4	4	1	1
487	188	63	314	812	2 777	1 350	37
88	29.6	8.5	47.6	192	514.4	219.9	5.3
3	0	0	0	34	30	20	1
1 348	368	107	1 281	1 634	7 669	5 983	225
274.5	67.1	14.8	187.8	418.9	1 726.1	1 170.2	36.3

36. 综合院校人文、社会科学研究与发展人员情况表

			合计	其中				
				女性	研究人员	教授	副教授	讲师
		编号	L01	L02	L03	L04	L05	L06
合计	全时人数	1	2 159	659	2 096	1 001	678	439
	非全时人数	2	149 511	73 486	125 540	23 952	38 797	56 010
	非全时折合全时人数	3	30 809.3	14 725.3	26 928.4	5 780.3	8 655.2	11 371.7
管理学	全时人数	4	386	138	383	170	142	62
	非全时人数	5	26 248	12 295	21 683	4 505	6 455	9 030
	非全时折合全时人数	6	5 489.2	2 489.3	4 783.9	1 125.2	1 508.5	1 868.3
马克思主义	全时人数	7	132	43	132	46	33	53
	非全时人数	8	6 879	3 220	5 929	1 214	1 787	2 638
	非全时折合全时人数	9	1 451.4	668.3	1 296.7	301.5	407.7	537.7
哲学	全时人数	10	42	4	38	27	7	6
	非全时人数	11	2 967	1 062	2 650	733	751	928
	非全时折合全时人数	12	604.7	208	555.6	170.2	164.8	183
逻辑学	全时人数	13	1	0	1	1	0	0
	非全时人数	14	106	35	96	29	36	27
	非全时折合全时人数	15	20.3	6.5	18.9	6.5	6.7	5.3
宗教学	全时人数	16	6	3	6	2	4	0
	非全时人数	17	697	268	640	183	201	213
	非全时折合全时人数	18	118.9	41.9	110.4	34.3	34.6	34.7
语言学	全时人数	19	132	66	127	57	40	33
	非全时人数	20	9 595	6 334	8 393	1 192	2 577	4 413
	非全时折合全时人数	21	2 019.4	1 316.5	1 797.4	286.7	571.4	906.5
中国文学	全时人数	22	76	18	75	50	14	12
	非全时人数	23	5 926	2 869	5 250	1 247	1 713	2 082
	非全时折合全时人数	24	1 218.9	561	1 108.1	285.5	385	401.7
外国文学	全时人数	25	32	19	31	8	10	13
	非全时人数	26	2 656	1 776	2 353	395	688	1 197
	非全时折合全时人数	27	509	339.9	460.9	82.9	145.6	219.9
艺术学	全时人数	28	86	30	70	24	26	29
	非全时人数	29	10 105	5 329	8 185	1 096	2 401	4 514
	非全时折合全时人数	30	2 272.4	1 166.6	1 894.9	257.3	582.3	1 020.1
历史学	全时人数	31	91	19	89	42	28	19
	非全时人数	32	4 916	1 833	4 285	1 151	1 326	1 588
	非全时折合全时人数	33	1 078.9	370.7	976.9	305.8	298.1	333.2

按职称划分				按学历学位划分			
助教	初级	其他人员	研究生(学生)	博士毕业	硕士毕业	本科毕业	其他学历
L07	L08	L09	L10	L11	L12	L13	L14
24	8	6	3	1 336	546	173	104
8 869	3 134	1 570	17 179	42 365	67 774	35 758	3 614
1 686.5	563.5	204	2 548.1	10 105.3	13 698.6	6 408.1	597.3
5	2	4	1	258	77	21	30
1 271	593	298	4 096	8 023	11 617	6 125	483
250.9	103.9	37.7	594.7	2 012.7	2 367.3	1 030.6	78.6
0	0	0	0	67	20	40	5
369	112	43	716	2 019	3 161	1 506	193
66.8	19.6	6.2	111.9	478.8	657.8	280.4	34.4
1	1	0	0	22	15	2	3
85	39	28	403	1 485	957	439	86
15	8	3.9	59.8	339.6	175.3	76.6	13.2
0	0	0	0	0	0	0	1
2	2	0	10	52	26	22	6
0.5	0.3	0	1	11.5	4.4	3.6	0.8
0	0	0	0	5	0	1	0
35	6	7	52	342	227	106	22
5.2	1	0.7	8.4	63.1	35.9	15.5	4.4
2	0	0	0	58	58	6	10
643	114	43	613	2 271	4 881	2 264	179
127.6	24.1	5.7	97.4	535	1 013.5	439.2	31.7
0	0	0	0	41	27	3	5
237	73	35	539	2 532	2 134	1 117	143
45	12.6	3.9	85.2	569.6	418.7	203.2	27.4
1	0	0	0	10	20	1	1
165	34	23	154	726	1 376	524	30
28.5	5.3	2.5	24.3	148.8	263.8	92.3	4.1
7	0	0	0	29	40	11	6
1 074	290	87	643	1 248	5 404	3 207	246
224.5	60.7	12.7	114.8	294.3	1 225.8	701.8	50.5
0	0	2	0	59	16	8	8
157	68	60	566	2 365	1 457	907	187
29.3	12	8.6	91.9	573	307.7	168.2	30

			合计	其中				
				女性	研究人员	教授	副教授	讲师
		编号	L01	L02	L03	L04	L05	L06
考古学	全时人数	34	27	5	27	15	4	8
	非全时人数	35	981	275	742	185	160	246
	非全时折合全时人数	36	191.2	52.8	161.8	46.5	40.8	50.3
经济学	全时人数	37	364	79	355	192	124	43
	非全时人数	38	18 343	8 536	14 955	3 008	4 693	6 042
	非全时折合全时人数	39	3 960.5	1 783.3	3 437.1	817.2	1 126.3	1 294.4
政治学	全时人数	40	75	24	73	31	25	19
	非全时人数	41	4 655	1 830	3 974	973	1 262	1 498
	非全时折合全时人数	42	867.9	329	763.8	204.6	247.4	271.6
法学	全时人数	43	225	59	223	124	66	33
	非全时人数	44	7 274	2 836	5 909	1 319	1 917	2 073
	非全时折合全时人数	45	1 656.6	631	1 454.1	380.2	491.2	489
社会学	全时人数	46	130	47	126	49	48	33
	非全时人数	47	9 369	4 622	7 845	1 506	2 452	3 371
	非全时折合全时人数	48	1 737.7	854.5	1 507.9	314	493.2	622
民族学与文化学	全时人数	49	20	5	20	10	2	7
	非全时人数	50	3 925	1 983	3 388	765	1 075	1 451
	非全时折合全时人数	51	732.3	363	642.3	153.8	205.2	266
新闻学与传播学	全时人数	52	87	25	86	26	30	29
	非全时人数	53	3 717	1 873	3 057	564	970	1 367
	非全时折合全时人数	54	779.9	382.6	672.7	140	225.4	277.8
图书馆、情报与文献学	全时人数	55	64	28	63	33	24	7
	非全时人数	56	3 382	1 877	2 890	463	900	1 272
	非全时折合全时人数	57	632.9	357.7	555.3	96.6	181.6	231.1
教育学	全时人数	58	120	32	111	63	35	17
	非全时人数	59	20 951	11 864	17 599	2 558	5 449	9 357
	非全时折合全时人数	60	4 096.3	2 282	3 539.7	570.2	1 124.7	1 809.2
统计学	全时人数	61	12	1	11	8	4	0
	非全时人数	62	931	428	784	136	252	353
	非全时折合全时人数	63	147	64.5	128.8	25.8	43.4	53.8
心理学	全时人数	64	10	6	10	6	1	3
	非全时人数	65	1 604	899	1 274	199	385	632
	非全时折合全时人数	66	303.9	166.4	255.3	43.9	75.8	126.8
体育学	全时人数	67	41	8	39	17	11	13
	非全时人数	68	4 284	1 442	3 659	531	1 347	1 718
	非全时折合全时人数	69	920	289.8	805.9	131.6	295.5	369.3

续表

按职称划分			按学历学位划分				
助教	初级	其他人员	研究生(学生)	博士毕业	硕士毕业	本科毕业	其他学历
L07	L08	L09	L10	L11	L12	L13	L14
0	0	0	0	21	2	2	2
13	6	65	306	388	285	251	57
2.5	0.8	6.6	43.7	99.2	50.2	34.9	6.9
3	1	0	1	270	70	18	6
888	306	179	3 227	5 978	7 846	4 136	383
176.2	56.2	25	465.2	1 566.1	1 634.2	694.7	65.5
0	0	0	0	39	24	9	3
183	75	54	610	1 848	1 795	890	122
30.5	12	7.2	94.6	388.6	318.6	141.9	18.8
1	1	0	0	167	46	8	4
227	104	151	1 483	2 916	2 616	1 560	182
43.7	21.9	17.6	213	795.3	566.9	266	28.4
0	0	0	0	79	30	16	5
543	222	114	1 161	2 823	4 307	2 000	239
93.5	36.4	16.5	162.1	603	784.2	317.3	33.2
0	0	0	1	8	10	0	2
254	91	57	232	1 104	1 748	978	95
44.1	15.5	7.6	40.1	229.1	318	171	14.2
1	1	0	0	60	17	6	4
255	85	37	439	1 145	1 700	777	95
50.6	17	3.9	65.2	276.2	351.7	134	18
0	0	0	0	48	13	2	1
128	101	38	480	761	1 363	1 115	143
23.7	18.3	4.9	76.7	150.2	258.5	199.4	24.8
3	2	0	0	62	43	10	5
1 829	665	196	897	3 084	11 715	5 627	525
333.3	111.7	26	121.2	695	2 304.2	1 014.5	82.6
0	0	0	0	11	1	0	0
34	18	3	135	296	431	174	30
4.6	2.2	0.4	16.8	52.2	67.3	22.6	4.9
0	0	0	0	7	2	0	1
133	44	16	195	419	749	403	33
22.5	7.2	1.9	25.8	101.8	133.9	63.6	4.6
0	0	0	0	15	15	9	2
344	86	36	222	540	1 979	1 630	135
68	16.8	4.5	34.3	122.2	440.7	336.8	20.3

37. 理工农医院校人文、社会科学研究与发展人员情况表

			合计	其中				
				女性	研究人员	教授	副教授	讲师
		编号	L01	L02	L03	L04	L05	L06
合计	全时人数	1	657	281	636	210	213	188
	非全时人数	2	146 708	79 908	122 392	17 737	38 764	62 642
	非全时折合全时人数	3	30 489.8	16 407.8	26 007.8	4 145.7	8 553.9	12 760.6
管理学	全时人数	4	248	97	243	90	82	60
	非全时人数	5	34 352	17 446	27 882	4 938	8 971	12 706
	非全时折合全时人数	6	7 856.2	3 901.9	6 580.2	1 305.5	2 214.9	2 840.9
马克思主义	全时人数	7	34	15	34	9	11	13
	非全时人数	8	8 055	4 074	6 813	1 092	2 251	3 337
	非全时折合全时人数	9	1 654.3	841.5	1 435.1	255.1	495.6	662.3
哲学	全时人数	10	5	1	5	3	1	1
	非全时人数	11	2 006	980	1 738	307	589	777
	非全时折合全时人数	12	375.7	183.9	332.2	60.8	116.5	144.8
逻辑学	全时人数	13	0	0	0	0	0	0
	非全时人数	14	98	44	89	17	19	46
	非全时折合全时人数	15	15.1	6.7	13.9	3.1	2.8	7.1
宗教学	全时人数	16	0	0	0	0	0	0
	非全时人数	17	202	89	179	25	50	94
	非全时折合全时人数	18	32.9	13.7	29.2	4.8	8	15.1
语言学	全时人数	19	19	10	18	5	8	5
	非全时人数	20	8 897	6 601	7 768	687	2 381	4 623
	非全时折合全时人数	21	1 915.9	1 415.5	1 700.9	165.1	550.4	972.2
中国文学	全时人数	22	4	1	4	2	1	1
	非全时人数	23	2 756	1 639	2 492	360	814	1 299
	非全时折合全时人数	24	521.7	305.1	482.4	76.1	163.3	240.2
外国文学	全时人数	25	2	1	1	0	0	0
	非全时人数	26	2 211	1 626	1 941	199	643	1 087
	非全时折合全时人数	27	408.7	299.5	362.4	41.3	124.9	193.7
艺术学	全时人数	28	86	49	85	17	33	35
	非全时人数	29	10 710	5 787	8 338	942	2 417	4 786
	非全时折合全时人数	30	2 404.3	1 302.8	1 946.5	236.9	590.2	1 090
历史学	全时人数	31	8	0	8	3	3	2
	非全时人数	32	1 719	764	1 439	275	468	641
	非全时折合全时人数	33	319.7	137.2	272.6	52.5	89	122.2

按职称划分				按学历学位划分			
助教	初级	其他人员	研究生(学生)	博士毕业	硕士毕业	本科毕业	其他学历
L07	L08	L09	L10	L11	L12	L13	L14
12	3	3	28	354	227	59	17
10 371	3 236	733	13 225	29 941	73 769	41 075	1 923
1 936.3	565.5	121.6	2 406.2	7 308.4	15 074.8	7 732.5	374.1
2	2	2	10	159	70	12	7
1 863	715	178	4 981	9 288	15 397	9 166	501
370.5	132.4	31.1	960.9	2 534.4	3 371.8	1 848.2	101.8
0	0	0	1	24	10	0	0
552	177	37	609	1 854	4 230	1 832	139
102	29.7	5.6	104	445.9	858.1	322.4	27.9
0	0	0	0	3	0	0	2
99	40	6	188	780	845	361	20
17.9	6.4	0.9	28.4	159.8	155.1	58.4	2.4
0	0	0	0	0	0	0	0
6	4	0	6	34	41	23	0
0.7	0.6	0	0.8	5.5	5.2	4.4	0
0	0	0	0	0	0	0	0
15	5	0	13	67	95	37	3
2.4	1.2	0	1.4	13.3	13.9	5.3	0.4
0	0	0	1	8	8	2	1
704	142	16	344	1 058	5 269	2 480	90
134.5	24.3	2.9	66.5	260.3	1 141	495.4	19.2
0	0	0	0	2	1	1	0
162	42	7	72	779	1 282	668	27
24.7	6.3	1	10.1	164.5	233.7	117.8	5.7
2	0	0	0	1	1	0	0
170	38	6	68	379	1 284	505	43
27.5	6.2	1.3	13.8	79.6	236.9	85.5	6.7
1	0	0	0	21	46	18	1
1 149	224	57	1 135	1 167	5 740	3 640	163
231.6	42.2	6.9	206.5	288.6	1 323.6	759.6	32.5
0	0	0	0	6	2	0	0
105	28	9	193	635	633	401	50
20.3	4.7	1.6	29.4	131.7	110.8	65.2	12

			合计	其中		教授	副教授	讲师
				女性	研究人员			
		编号	L01	L02	L03	L04	L05	L06
考古学	全时人数	34	3	0	3	1	2	0
	非全时人数	35	190	90	123	27	28	53
	非全时折合全时人数	36	50.2	23.1	30.7	9.5	6.5	11.3
经济学	全时人数	37	72	31	70	31	21	15
	非全时人数	38	16 793	8 786	13 894	2 443	4 586	6 274
	非全时折合全时人数	39	3 521.5	1 810.7	3 008	585.5	1 025.8	1 302.6
政治学	全时人数	40	3	0	3	0	1	2
	非全时人数	41	2 930	1 401	2 543	406	852	1 208
	非全时折合全时人数	42	509.7	241.9	446.7	72.9	153.4	210.1
法学	全时人数	43	50	22	50	16	14	18
	非全时人数	44	5 130	2 526	4 073	645	1 417	1 885
	非全时折合全时人数	45	1 232.6	606.3	1 027.7	181.2	377.3	444.4
社会学	全时人数	46	27	11	26	11	6	5
	非全时人数	47	10 621	5 729	9 038	1 338	2 926	4 582
	非全时折合全时人数	48	2 025.4	1 089.1	1 761	272.5	573.5	881.5
民族学与文化学	全时人数	49	0	0	0	0	0	0
	非全时人数	50	2 383	1 346	2 088	269	656	1 140
	非全时折合全时人数	51	406.4	228.5	359.5	48.9	112.4	195
新闻学与传播学	全时人数	52	15	5	15	7	6	2
	非全时人数	53	2 512	1 407	2 041	299	617	1 060
	非全时折合全时人数	54	492.7	281.5	406	66.6	127.7	201.2
图书馆、情报与文献学	全时人数	55	7	3	5	0	2	3
	非全时人数	56	2 808	1 793	2 295	270	661	1 315
	非全时折合全时人数	57	573.6	362.6	476	56.6	140	270.1
教育学	全时人数	58	49	23	43	9	13	21
	非全时人数	59	25 481	14 661	21 759	2 534	6 587	12 460
	非全时折合全时人数	60	4 816.7	2 755.3	4 164.6	511.1	1 304.8	2 315
统计学	全时人数	61	10	5	8	3	1	1
	非全时人数	62	980	511	826	130	225	429
	非全时折合全时人数	63	180.4	92.4	154.7	25.8	41.5	81.5
心理学	全时人数	64	3	1	3	1	1	1
	非全时人数	65	1 966	1 289	1 630	180	436	993
	非全时折合全时人数	66	377.2	247.9	312.4	35.2	85.7	187.4
体育学	全时人数	67	12	6	12	2	7	3
	非全时人数	68	3 908	1 319	3 403	354	1 170	1 847
	非全时折合全时人数	69	798.9	260.7	705.1	78.7	249.7	372

续表

按职称划分				按学历学位划分			
助教	初级	其他人员	研究生(学生)	博士毕业	硕士毕业	本科毕业	其他学历
L07	L08	L09	L10	L11	L12	L13	L14
0	0	0	0	3	0	0	0
5	2	0	75	50	56	38	46
0.7	0.2	0	22	16.2	11.5	7	15.5
1	0	1	3	50	16	4	2
903	254	72	2 261	4 650	7 539	4 439	165
169.8	46	13.4	378.4	1 155.4	1 525.3	807.9	32.9
0	0	0	0	2	1	0	0
171	65	8	220	730	1 450	716	34
27.8	9.6	1.1	34.8	137.7	243.4	122	6.6
0	0	0	2	29	16	3	2
221	61	36	865	1 438	2 197	1 417	78
43.7	10.8	8.4	166.8	421.9	505.5	287.6	17.6
0	1	0	4	15	11	1	0
751	227	62	735	2 404	5 478	2 665	74
127.4	40.4	9.9	120.2	525.2	1 032.2	453.9	14.1
0	0	0	0	0	0	0	0
167	53	15	83	426	1 263	680	14
27	8.6	2.4	12.1	76.5	216	112.3	1.6
0	0	0	0	6	7	2	0
196	40	12	288	564	1 194	684	70
36.2	6.1	1.6	53.3	124.3	229.2	122.7	16.5
2	0	0	0	0	7	0	0
189	165	14	194	404	1 258	1 051	95
30.8	30.4	2	43.7	89.3	258.4	212.3	13.6
4	0	0	2	18	20	10	1
2 356	800	169	575	2 463	14 873	7 915	230
425.1	134.8	25.5	100.4	507.5	2 872.7	1 403.9	32.6
0	0	0	5	3	4	3	0
49	29	5	113	246	461	261	12
8.5	4.8	1.1	17.2	51	79.6	47.2	2.6
0	0	0	0	1	2	0	0
189	55	7	106	273	1 142	538	13
37.4	8.4	2.3	20.8	60.6	221.2	92.9	2.5
0	0	0	0	3	5	3	1
349	70	17	101	252	2 042	1 558	56
69.8	11.4	2.6	14.7	59.2	429.7	300.6	9.4

38. 师范院校人文、社会科学研究与发展人员情况表

			合计	其中				
				女性	研究人员	教授	副教授	讲师
		编号	L01	L02	L03	L04	L05	L06
合计	全时人数	1	525	164	519	276	150	92
	非全时人数	2	86 136	44 002	71 412	13 641	23 322	31 918
	非全时折合全时人数	3	17 514.5	8 826.9	14 856.1	3 036.4	5 025.1	6 418.4
管理学	全时人数	4	41	11	41	19	15	7
	非全时人数	5	7 034	3 493	5 776	964	1 841	2 775
	非全时折合全时人数	6	1 394.6	687.5	1 170.9	209.8	389.1	545.9
马克思主义	全时人数	7	24	13	24	16	4	4
	非全时人数	8	4 125	2 016	3 502	762	1 188	1 479
	非全时折合全时人数	9	827.1	403.4	722.9	170.6	249.5	292.1
哲学	全时人数	10	12	2	12	4	8	0
	非全时人数	11	1 722	655	1 476	461	434	501
	非全时折合全时人数	12	299.9	106.7	261.4	82	83.8	84.7
逻辑学	全时人数	13	0	0	0	0	0	0
	非全时人数	14	39	11	37	5	13	17
	非全时折合全时人数	15	5.5	1.4	5.3	0.5	1.8	2.7
宗教学	全时人数	16	1	0	1	1	0	0
	非全时人数	17	374	131	337	93	118	113
	非全时折合全时人数	18	70.4	25.1	63.8	19.2	22.6	19.9
语言学	全时人数	19	29	15	28	15	9	4
	非全时人数	20	6 332	4 074	5 414	870	1 725	2 699
	非全时折合全时人数	21	1 315.7	830.3	1 146.8	205.2	377.2	545.8
中国文学	全时人数	22	35	4	35	26	6	2
	非全时人数	23	5 775	2 854	4 956	1 237	1 734	1 822
	非全时折合全时人数	24	1 214	568.1	1 068.1	288.7	380.5	369.1
外国文学	全时人数	25	4	3	4	0	1	3
	非全时人数	26	1 966	1 261	1 727	287	521	859
	非全时折合全时人数	27	374.9	243.8	329.5	57	104.1	160.4
艺术学	全时人数	28	24	13	23	5	8	10
	非全时人数	29	7 738	4 161	6 271	879	2 023	3 266
	非全时折合全时人数	30	1 662	892.3	1 373.6	198.5	463.2	697.7
历史学	全时人数	31	42	5	42	23	12	7
	非全时人数	32	3 925	1 512	3 321	888	1 033	1 269
	非全时折合全时人数	33	828.3	306.3	721.8	200.7	232.6	264.9

按职称划分				按学历学位划分			
助教	初级	其他人员	研究生(学生)	博士毕业	硕士毕业	本科毕业	其他学历
L07	L08	L09	L10	L11	L12	L13	L14
6	1	0	0	352	132	31	10
5 991	1 765	815	8 684	21 126	42 168	22 111	731
1 145.8	301.9	105.1	1 481.8	4 678.8	8 497.5	4 225.8	112.4
0	0	0	0	24	16	1	0
532	167	31	724	1 739	3 549	1 688	58
102.1	25.2	4.6	117.9	382.6	698.3	305.1	8.6
0	0	0	0	15	7	0	2
261	56	23	356	1 168	2 027	896	34
44.7	9.4	2.9	57.9	260.1	400.6	161.5	4.9
0	0	0	0	9	2	1	0
43	18	11	254	737	640	338	7
7.5	2.5	1.4	38	137.6	106.7	54.2	1.4
0	0	0	0	0	0	0	0
1	1	1	1	15	16	8	0
0.1	0.2	0.1	0.1	2.2	2.4	0.9	0
0	0	0	0	1	0	0	0
20	4	7	19	156	158	53	7
3.4	0.5	1	3.8	29.3	29.2	10.9	1
1	0	0	0	16	11	1	1
430	95	52	461	1 410	3 357	1 528	37
81.4	16.2	7.7	82.2	318.4	693.5	298.4	5.4
0	1	0	0	32	3	0	0
269	71	52	590	2 020	2 361	1 337	57
50.2	13.2	6.4	105.9	485.7	463.4	255.4	9.5
0	0	0	0	0	3	1	0
138	50	8	103	474	1 070	419	3
23.9	7.7	1	20.8	90.3	203.7	80.4	0.5
1	0	0	0	6	12	5	1
828	180	73	489	904	4 121	2 634	79
164.3	33	10.4	94.9	178	912.3	558	13.7
0	0	0	0	31	7	3	1
132	57	11	535	1 550	1 467	871	37
24.5	9	1.5	95.1	369.2	295.2	157.9	6

			合计	其中				
				女性	研究人员	教授	副教授	讲师
		编号	L01	L02	L03	L04	L05	L06
考古学	全时人数	34	1	0	1	1	0	0
	非全时人数	35	286	109	238	70	71	95
	非全时折合全时人数	36	49.2	19.1	42.5	12.7	13.3	16.3
经济学	全时人数	37	31	8	31	16	7	8
	非全时人数	38	5 980	2 886	5 059	1 001	1 638	2 218
	非全时折合全时人数	39	1 329	638.9	1 146.7	236.7	392.9	489.6
政治学	全时人数	40	16	4	16	7	6	3
	非全时人数	41	2 750	1 205	2 276	556	760	876
	非全时折合全时人数	42	536.1	228.5	444.2	114.1	151	163.3
法学	全时人数	43	19	7	19	9	8	2
	非全时人数	44	2 541	1 075	2 152	366	785	889
	非全时折合全时人数	45	516	215.8	448	83.2	166.5	185
社会学	全时人数	46	34	9	34	19	11	4
	非全时人数	47	5 020	2 439	4 038	772	1 282	1 779
	非全时折合全时人数	48	935.8	453.9	746.1	151.8	245	316.2
民族学与文化学	全时人数	49	4	2	4	1	2	1
	非全时人数	50	2 249	1 090	1 919	420	647	821
	非全时折合全时人数	51	391.2	185.4	333.1	81.4	112.6	134.4
新闻学与传播学	全时人数	52	10	3	10	4	1	5
	非全时人数	53	1 986	1 067	1 636	269	501	828
	非全时折合全时人数	54	405.3	216.6	344.7	56.8	109.8	172.3
图书馆、情报与文献学	全时人数	55	3	0	3	1	2	0
	非全时人数	56	1 356	814	1 142	205	368	551
	非全时折合全时人数	57	259	157.3	223.5	44.2	72.2	104.7
教育学	全时人数	58	145	52	142	85	33	24
	非全时人数	59	19 044	10 771	15 284	2 656	4 972	6 972
	非全时折合全时人数	60	3 887.2	2 188.1	3 227.9	618.5	1 088	1 421.5
统计学	全时人数	61	1	0	1	1	0	0
	非全时人数	62	382	146	340	74	84	143
	非全时折合全时人数	63	61.9	22.7	55.5	13.3	14.3	22.7
心理学	全时人数	64	19	5	19	9	5	5
	非全时人数	65	1 815	1 047	1 400	277	411	598
	非全时折合全时人数	66	332.6	188.9	274.2	59.8	81.4	118.5
体育学	全时人数	67	30	8	29	14	12	3
	非全时人数	68	3 697	1 185	3 111	529	1 173	1 348
	非全时折合全时人数	69	818.8	246.8	705.6	131.7	273.7	290.7

续表

按职称划分				按学历学位划分			
助教	初级	其他人员	研究生(学生)	博士毕业	硕士毕业	本科毕业	其他学历
L07	L08	L09	L10	L11	L12	L13	L14
0	0	0	0	0	0	1	0
5	5	1	39	102	114	67	3
0.6	0.6	0.1	5.6	20.8	17.9	9.7	0.8
0	0	0	0	25	4	0	2
368	100	41	614	1 775	2 906	1 255	44
78.3	16.9	5.8	108.8	434.7	631.4	257.9	5
0	0	0	0	11	5	0	0
153	37	20	348	812	1 278	645	15
28.8	7.1	2.6	69.2	168.9	238.6	126.3	2.3
0	0	0	0	10	8	1	0
126	23	26	326	850	1 178	491	22
23.5	3.7	3.2	50.9	178.5	240.4	94.5	2.6
0	0	0	0	27	7	0	0
286	79	70	752	1 325	2 310	1 355	30
53.3	12.7	8.2	148.6	266.9	409	255.1	4.8
0	0	0	0	4	0	0	0
165	56	30	110	525	1 084	618	22
25.9	7.5	3.3	26.1	98.2	180	110.4	2.6
0	0	0	0	7	3	0	0
221	38	12	117	450	1 127	402	7
42.9	5.6	1.9	16	98	231.5	75.1	0.7
0	0	0	0	2	1	0	0
94	47	17	74	234	574	509	39
16.7	7.4	2.1	11.7	43.3	109.1	98.5	8.1
3	0	0	0	98	36	9	2
1 486	548	275	2 135	3 744	9 845	5 266	189
289.5	101.1	35.3	333.3	859.1	2 021.6	978.1	28.4
0	0	0	0	1	0	0	0
32	6	0	43	124	188	67	3
4.5	1.3	0	5.8	22.7	27.8	10.9	0.5
0	0	0	0	17	0	1	1
90	50	30	359	526	816	457	16
14.9	6.6	3	48.4	121	141	68.7	1.9
1	0	0	0	16	7	7	0
311	77	24	235	486	1 982	1 207	22
64.8	14.5	2.6	40.8	113.3	443.9	257.9	3.7

39. 语言院校人文、社会科学研究与发展人员情况表

		编号	合计 L01	其中 女性 L02	研究人员 L03	教授 L04	副教授 L05	讲师 L06
合计	全时人数	1	184	75	181	83	65	32
	非全时人数	2	14 470	8 672	11 968	2 308	3 658	5 605
	非全时折合全时人数	3	2 828.3	1 661.7	2 441.2	539.8	762	1 083.3
管理学	全时人数	4	27	11	27	12	11	4
	非全时人数	5	1 630	941	1 327	248	400	653
	非全时折合全时人数	6	315.7	182.9	270.6	54.9	83.1	129.6
马克思主义	全时人数	7	1	0	1	0	1	0
	非全时人数	8	388	226	329	47	84	192
	非全时折合全时人数	9	70	40.9	60.3	8.6	15.1	35.9
哲学	全时人数	10	0	0	0	0	0	0
	非全时人数	11	95	42	89	30	35	23
	非全时折合全时人数	12	17.8	8.8	17.1	4.9	7.1	5
逻辑学	全时人数	13	0	0	0	0	0	0
	非全时人数	14	6	3	6	0	1	5
	非全时折合全时人数	15	0.9	0.5	0.9	0	0.2	0.7
宗教学	全时人数	16	0	0	0	0	0	0
	非全时人数	17	27	13	22	3	5	13
	非全时折合全时人数	18	5	1.8	3.6	0.4	1.1	2
语言学	全时人数	19	48	23	48	25	17	6
	非全时人数	20	2 583	1 681	2 228	486	736	920
	非全时折合全时人数	21	519.5	327.9	467.7	119.4	158.3	176.1
中国文学	全时人数	22	5	2	5	3	1	1
	非全时人数	23	584	352	520	136	155	219
	非全时折合全时人数	24	114.9	67.8	105.4	31.9	29.8	41.8
外国文学	全时人数	25	9	4	9	4	2	3
	非全时人数	26	635	440	549	133	167	243
	非全时折合全时人数	27	117.8	77.3	105.6	33.1	33.6	38.1
艺术学	全时人数	28	10	5	10	1	2	7
	非全时人数	29	1 008	584	838	116	232	461
	非全时折合全时人数	30	206.4	121.1	177.8	25.7	51.2	97.5
历史学	全时人数	31	1	1	1	1	0	0
	非全时人数	32	108	53	101	23	34	43
	非全时折合全时人数	33	17.5	7.7	16.8	4.8	4.5	7.4

按职称划分				按学历学位划分			
助教	初级	其他人员	研究生(学生)	博士毕业	硕士毕业	本科毕业	其他学历
L07	L08	L09	L10	L11	L12	L13	L14
2	2	0	0	109	50	6	19
884	345	171	1 499	4 751	6 650	2 979	90
156.7	61.8	20.9	203.8	1 040.4	1 276.6	491.4	19.9
0	0	0	0	20	4	1	2
95	65	14	155	521	743	358	8
14.8	11.5	1.7	20.1	118.1	140	55.8	1.8
0	0	0	0	0	0	0	1
34	9	3	19	124	204	60	0
5.7	1.6	0.3	2.8	24.3	36.4	9.3	0
0	0	0	0	0	0	0	0
3	1	0	3	52	34	9	0
0.3	0.2	0	0.3	8.4	8.3	1.1	0
0	0	0	0	0	0	0	0
0	0	0	0	2	4	0	0
0	0	0	0	0.4	0.5	0	0
0	0	0	0	0	0	0	0
1	1	0	4	12	10	4	1
0.3	0.8	0	0.4	2.2	1.3	0.7	0.8
0	0	0	0	26	16	2	4
129	52	13	247	1 030	1 123	422	8
21	8.6	1.4	34.7	227.2	224.4	66.9	1
0	0	0	0	1	3	0	1
21	11	7	35	310	193	78	3
3.8	1.5	0.7	5.4	65.6	36.8	11.6	0.9
0	0	0	0	7	2	0	0
40	16	4	32	254	282	94	5
6.2	1.9	0.6	4.3	55.8	47.7	12.7	1.6
0	0	0	0	0	8	1	1
61	26	9	103	271	498	226	13
11.3	6.9	1.1	12.7	54.1	104.7	45.8	1.8
0	0	0	0	1	0	0	0
3	1	0	4	51	45	12	0
0.3	0.1	0	0.4	9.9	6	1.6	0

			合计	其中				
				女性	研究人员	教授	副教授	讲师
		编号	L01	L02	L03	L04	L05	L06
考古学	全时人数	34	0	0	0	0	0	0
	非全时人数	35	4	2	4	0	0	4
	非全时折合全时人数	36	0.8	0.3	0.8	0	0	0.8
经济学	全时人数	37	19	6	18	8	6	3
	非全时人数	38	1 187	703	989	194	312	454
	非全时折合全时人数	39	247.3	143	212.6	54.4	73	81.2
政治学	全时人数	40	23	5	22	11	9	2
	非全时人数	41	540	250	455	106	166	150
	非全时折合全时人数	42	89.9	36.3	78.5	20.8	30.7	23.2
法学	全时人数	43	8	5	8	3	4	1
	非全时人数	44	270	139	231	55	77	91
	非全时折合全时人数	45	57.3	27.3	51.4	15.9	17.1	17
社会学	全时人数	46	6	2	6	1	4	1
	非全时人数	47	487	275	427	92	141	191
	非全时折合全时人数	48	98.3	52.3	87.6	20.7	27.4	39
民族学与文化学	全时人数	49	1	1	1	0	0	1
	非全时人数	50	193	102	159	42	46	70
	非全时折合全时人数	51	30.8	16.9	25.8	6.5	6.6	12.6
新闻学与传播学	全时人数	52	14	3	14	9	4	1
	非全时人数	53	1 930	1 119	1 350	254	386	578
	非全时折合全时人数	54	376.9	203.2	301.3	72	88.3	123.2
图书馆、情报与文献学	全时人数	55	0	0	0	0	0	0
	非全时人数	56	160	102	132	22	30	80
	非全时折合全时人数	57	25.7	16.3	21.4	4	4.3	13.1
教育学	全时人数	58	8	4	7	3	2	2
	非全时人数	59	2 340	1 495	1 957	295	569	1 069
	非全时折合全时人数	60	452.6	296.9	381.2	55.2	112	209.6
统计学	全时人数	61	0	0	0	0	0	0
	非全时人数	62	35	20	32	7	7	17
	非全时折合全时人数	63	6.2	3.5	5.6	1.4	1.1	3
心理学	全时人数	64	0	0	0	0	0	0
	非全时人数	65	58	44	45	4	8	33
	非全时折合全时人数	66	11.1	8.5	8.2	1	1.5	5.7
体育学	全时人数	67	4	3	4	2	2	0
	非全时人数	68	202	86	178	15	67	96
	非全时折合全时人数	69	45.9	20.5	41	4.2	16	20.8

续表

按职称划分				按学历学位划分			
助教	初级	其他人员	研究生(学生)	博士毕业	硕士毕业	本科毕业	其他学历
L07	L08	L09	L10	L11	L12	L13	L14
0	0	0	0	0	0	0	0
0	0	0	0	1	3	0	0
0	0	0	0	0.3	0.5	0	0
1	1	0	0	13	4	0	2
70	24	14	119	401	549	230	7
12.6	3.7	1.6	20.8	97.7	106	41	2.6
0	1	0	0	16	2	2	3
14	17	10	77	269	179	89	3
1.7	2.9	1	9.6	49.9	27.3	12.4	0.3
0	0	0	0	4	3	0	1
9	8	1	29	123	90	57	0
1.2	1.5	0.1	4.5	31	16.5	9.8	0
0	0	0	0	4	1	0	1
18	13	10	22	156	247	79	5
3.2	2.2	1.6	4.2	31.1	49.8	15.9	1.5
0	0	0	0	0	0	0	1
21	3	6	5	63	100	29	1
3.7	0.3	0.6	0.5	9.9	16.8	4	0.1
0	0	0	0	12	1	0	1
80	20	56	556	636	675	603	16
13.4	3.1	6	70.9	166	123.7	85.2	2
0	0	0	0	0	0	0	0
11	13	0	4	26	78	53	3
1.7	2.2	0	0.4	4.3	13	7.2	1.2
1	0	0	0	4	3	0	1
244	61	19	83	416	1 422	487	15
48.7	12.2	3.5	11.4	76.8	279.9	92.2	3.7
0	0	0	0	0	0	0	0
3	0	0	1	18	14	3	0
0.5	0	0	0.2	3.1	2.5	0.6	0
0	0	0	0	0	0	0	0
11	1	0	1	7	35	15	1
2.6	0.1	0	0.2	1.9	6.3	2.5	0.4
0	0	0	0	1	3	0	0
16	3	5	0	8	122	71	1
3.7	0.5	0.7	0	2.4	28.2	15.1	0.2

40. 财经院校人文、社会科学研究与发展人员情况表

			合计	其中				
				女性	研究人员	教授	副教授	讲师
		编号	L01	L02	L03	L04	L05	L06
合计	全时人数	1	237	94	232	91	84	57
	非全时人数	2	59 211	32 459	49 276	8 625	15 723	23 098
	非全时折合全时人数	3	11 992.1	6 417.9	10 299	1 990.2	3 308.4	4 572
管理学	全时人数	4	82	36	81	27	27	27
	非全时人数	5	16 412	8 691	13 319	2 508	4 287	5 911
	非全时折合全时人数	6	3 496.9	1 801.3	2 979.9	588.2	964.8	1 274.4
马克思主义	全时人数	7	5	0	5	3	1	1
	非全时人数	8	2 084	1 129	1 792	315	574	866
	非全时折合全时人数	9	375.3	201.6	328.9	63.7	112.4	145.3
哲学	全时人数	10	2	0	2	0	0	2
	非全时人数	11	466	216	433	82	138	201
	非全时折合全时人数	12	80.6	36	75.8	14.2	22.8	35.5
逻辑学	全时人数	13	0	0	0	0	0	0
	非全时人数	14	64	26	51	8	16	27
	非全时折合全时人数	15	12.5	6.1	10.3	1.5	3.6	5.2
宗教学	全时人数	16	0	0	0	0	0	0
	非全时人数	17	41	23	36	3	11	21
	非全时折合全时人数	18	7.7	4.2	6.8	0.9	1.7	4
语言学	全时人数	19	1	0	1	0	1	0
	非全时人数	20	2 298	1 683	2 026	211	602	1 211
	非全时折合全时人数	21	422.7	310.2	372.1	45.6	112.2	212.4
中国文学	全时人数	22	0	0	0	0	0	0
	非全时人数	23	888	565	784	129	263	385
	非全时折合全时人数	24	147.4	88.9	127.4	24	40.5	58.2
外国文学	全时人数	25	0	0	0	0	0	0
	非全时人数	26	597	446	546	64	176	299
	非全时折合全时人数	27	107.6	78.1	97	11.6	29.7	54.4
艺术学	全时人数	28	3	0	3	0	1	2
	非全时人数	29	1 667	960	1 348	132	344	860
	非全时折合全时人数	30	322.2	190.9	261.5	26.3	68.9	164.8
历史学	全时人数	31	1	0	1	0	1	0
	非全时人数	32	339	151	298	51	99	141
	非全时折合全时人数	33	61.6	27.9	54.7	9.8	18.5	25.5

按职称划分				按学历学位划分			
助教	初级	其他人员	研究生(学生)	博士毕业	硕士毕业	本科毕业	其他学历
L07	L08	L09	L10	L11	L12	L13	L14
1	3	1	0	170	39	14	14
4 093	1 467	449	5 756	15 250	28 197	14 127	1 637
734.1	259.4	65.2	1 062.8	3 617.5	5 637.1	2 421.9	315.6
0	1	0	0	61	13	5	3
894	408	129	2 275	4 886	7 059	4 026	441
162.2	79.4	19.1	408.8	1 214.9	1 498.4	694.6	89
0	0	0	0	3	2	0	0
139	39	25	126	500	1 061	455	68
24.4	6.3	2.9	20.3	100.7	193.5	72	9.1
0	0	0	0	2	0	0	0
18	6	2	19	195	192	63	16
2.8	0.6	0.3	4.4	38.1	31.2	9.2	2.1
0	0	0	0	0	0	0	0
8	1	4	0	15	32	13	4
1.6	0.1	0.5	0	4.2	6.2	1.6	0.5
0	0	0	0	0	0	0	0
4	0	0	2	11	18	7	5
0.8	0	0	0.3	2.9	3.2	0.8	0.8
0	0	0	0	1	0	0	0
180	40	7	47	324	1 417	481	76
33.9	8.8	1.3	8.5	68.4	260.4	80.6	13.3
0	0	0	0	0	0	0	0
65	13	4	29	244	435	177	32
10.5	1.6	0.7	11.9	39.8	72.4	30.2	5
0	0	0	0	0	0	0	0
32	7	0	19	109	358	129	1
6.5	1.7	0	3.7	19.4	67.4	20.7	0.1
0	0	0	0	0	2	1	0
248	40	21	22	141	1 035	470	21
46.4	6.6	3.2	6	25.2	211.4	83.3	2.3
0	0	0	0	1	0	0	0
24	4	3	17	117	154	56	12
4.4	0.5	0.4	2.5	22.8	28.3	9	1.5

				其中				
			合计	女性	研究人员	教授	副教授	讲师
		编号	L01	L02	L03	L04	L05	L06
考古学	全时人数	34	0	0	0	0	0	0
	非全时人数	35	28	17	24	3	6	15
	非全时折合全时人数	36	3.4	2.1	2.6	0.4	0.7	1.5
经济学	全时人数	37	94	33	92	40	39	13
	非全时人数	38	15 123	7 811	12 520	2 697	4 097	5 018
	非全时折合全时人数	39	3 365.8	1 683	2 923.4	709	958.4	1 084.3
政治学	全时人数	40	0	0	0	0	0	0
	非全时人数	41	806	425	688	112	237	335
	非全时折合全时人数	42	128.4	65.6	110.3	18.4	36.5	55.4
法学	全时人数	43	34	15	34	16	12	6
	非全时人数	44	2 845	1 423	2 488	509	830	957
	非全时折合全时人数	45	622.2	309	564.7	132.5	191.3	202.4
社会学	全时人数	46	2	2	2	1	1	0
	非全时人数	47	2 222	1 191	1 923	292	648	943
	非全时折合全时人数	48	386	209.4	334.3	52.1	103.9	170.7
民族学与文化学	全时人数	49	0	0	0	0	0	0
	非全时人数	50	436	256	351	41	127	185
	非全时折合全时人数	51	68.1	39.9	54.4	6.6	19.7	28.3
新闻学与传播学	全时人数	52	0	0	0	0	0	0
	非全时人数	53	857	531	654	112	200	338
	非全时折合全时人数	54	143.6	89.9	116.1	20.6	36.3	58.5
图书馆、情报与文献学	全时人数	55	0	0	0	0	0	0
	非全时人数	56	662	402	549	56	163	329
	非全时折合全时人数	57	115.3	71.3	96.8	9.5	28.7	58.5
教育学	全时人数	58	8	5	6	4	0	2
	非全时人数	59	8 316	5 098	6 988	905	2 129	3 894
	非全时折合全时人数	60	1 502.2	920.5	1 276.8	167.1	394	702.2
统计学	全时人数	61	3	1	3	0	0	3
	非全时人数	62	1 786	846	1 400	283	462	546
	非全时折合全时人数	63	378.4	175.7	300	65.5	99.5	115.9
心理学	全时人数	64	1	1	1	0	0	1
	非全时人数	65	321	217	251	26	68	147
	非全时折合全时人数	66	58.2	40.6	45.9	4.9	12.7	26.2
体育学	全时人数	67	1	1	1	0	1	0
	非全时人数	68	953	352	807	86	246	469
	非全时折合全时人数	69	186	65.7	159.3	17.8	51.6	88.4

续表

按职称划分				按学历学位划分			
助教	初级	其他人员	研究生(学生)	博士毕业	硕士毕业	本科毕业	其他学历
L07	L08	L09	L10	L11	L12	L13	L14
0	0	0	0	0	0	0	0
3	0	0	1	4	15	8	1
0.7	0	0	0.1	0.5	2	0.8	0.1
1	1	0	0	70	13	2	9
857	335	98	2 021	5 093	6 283	3 311	436
158.1	58.9	13.5	383.6	1 349.2	1 337.6	576	103
0	0	0	0	0	0	0	0
57	23	13	29	227	386	165	28
8.7	3.5	1.3	4.6	37.1	63.5	24.2	3.6
0	0	0	0	25	6	2	1
101	42	21	385	1 006	1 251	541	47
16.9	6.6	2.8	69.7	247.7	269.6	94.4	10.5
0	0	0	0	1	0	1	0
181	49	7	102	535	1 120	487	80
34.2	7.3	0.7	17.1	92.6	206	76.4	11
0	0	0	0	0	0	0	0
51	20	5	7	43	256	98	39
8.8	2.6	0.7	1.4	8.3	39.3	14.3	6.2
0	0	0	0	0	0	0	0
52	38	4	113	202	360	251	44
8.7	4.4	0.4	14.7	39.4	61.4	34.4	8.4
0	0	0	0	0	0	0	0
62	28	9	15	83	299	259	21
9.6	4.4	1.8	2.8	14.6	54.2	42.7	3.8
0	1	1	0	2	3	2	1
889	283	87	129	718	5 154	2 262	182
150.1	49.5	14.1	25.2	119.4	966.6	387.9	28.3
0	0	0	0	3	0	0	0
86	33	3	373	675	583	476	52
18.9	5.9	0.4	72.3	149.9	118.7	97.6	12.2
0	0	0	0	1	0	0	0
45	28	1	6	44	203	69	5
7.6	5.6	0.1	1.1	10.2	36.3	11	0.7
0	0	0	0	0	0	1	0
97	30	6	19	78	526	323	26
18.3	5.1	1	3.8	12.2	109.5	60.2	4.1

41. 政法院校人文、社会科学研究与发展人员情况表

			合计	其中				
				女性	研究人员	教授	副教授	讲师
		编号	L01	L02	L03	L04	L05	L06
合计	全时人数	1	115	34	115	63	42	10
	非全时人数	2	12 253	5 730	10 584	2 123	3 755	4 448
	非全时折合全时人数	3	2 361.1	1 108.9	2 102.5	456.8	760.8	835.5
管理学	全时人数	4	6	1	6	3	3	0
	非全时人数	5	1 562	741	1 332	247	458	598
	非全时折合全时人数	6	302.5	143.6	266.4	49.8	92.4	116.8
马克思主义	全时人数	7	1	0	1	0	1	0
	非全时人数	8	385	181	320	55	125	136
	非全时折合全时人数	9	74.9	36.1	64.2	11.2	28.3	23.9
哲学	全时人数	10	0	0	0	0	0	0
	非全时人数	11	163	62	151	28	54	68
	非全时折合全时人数	12	28	11.3	26.2	4	9.2	12.7
逻辑学	全时人数	13	0	0	0	0	0	0
	非全时人数	14	0	0	0	0	0	0
	非全时折合全时人数	15	0	0	0	0	0	0
宗教学	全时人数	16	0	0	0	0	0	0
	非全时人数	17	59	20	46	10	15	17
	非全时折合全时人数	18	8.4	2.5	6.8	1.8	2.1	2.4
语言学	全时人数	19	1	1	1	0	0	1
	非全时人数	20	398	266	365	40	132	190
	非全时折合全时人数	21	67.1	44.8	62.4	7.3	23.3	31.2
中国文学	全时人数	22	0	0	0	0	0	0
	非全时人数	23	140	86	131	22	49	58
	非全时折合全时人数	24	22.5	12.4	21.5	3.9	8.5	8.9
外国文学	全时人数	25	0	0	0	0	0	0
	非全时人数	26	42	35	38	4	16	17
	非全时折合全时人数	27	6.8	5.3	6	0.4	2.7	2.8
艺术学	全时人数	28	0	0	0	0	0	0
	非全时人数	29	55	41	47	3	17	26
	非全时折合全时人数	30	9.6	6.8	8.1	0.9	3.4	3.7
历史学	全时人数	31	0	0	0	0	0	0
	非全时人数	32	116	45	111	22	40	47
	非全时折合全时人数	33	19.3	6.2	18.7	3	7.1	8.4

按职称划分				按学历学位划分			
助教	初级	其他人员	研究生(学生)	博士毕业	硕士毕业	本科毕业	其他学历
L07	L08	L09	L10	L11	L12	L13	L14
0	0	0	0	85	20	9	1
716	297	148	766	3 662	5 603	2 913	75
107.8	52.1	19.6	128.5	782.2	1 071.9	493.2	13.8
0	0	0	0	4	2	0	0
111	53	13	82	359	800	391	12
16.1	8.7	2.7	16	81.9	152.9	65.4	2.3
0	0	0	0	0	1	0	0
25	11	2	31	98	191	92	4
3.2	2	0.3	6	23.2	34.9	16.1	0.7
0	0	0	0	0	0	0	0
4	1	0	8	74	69	20	0
0.5	0.1	0	1.5	13.8	11.5	2.7	0
0	0	0	0	0	0	0	0
0	0	0	0	0	0	0	0
0	0	0	0	0	0	0	0
0	0	0	0	0	0	0	0
5	4	2	6	27	19	13	0
0.7	0.5	0.2	0.7	4.2	2.5	1.7	0
0	0	0	0	0	1	0	0
23	2	1	10	107	218	71	2
3.6	0.3	0.1	1.3	17.9	37.4	11.6	0.2
0	0	0	0	0	0	0	0
5	2	1	3	53	60	26	1
0.6	0.2	0.1	0.3	9.9	8.7	3.8	0.1
0	0	0	0	0	0	0	0
3	1	0	1	13	20	9	0
0.3	0.1	0	0.5	1.6	3.2	2	0
0	0	0	0	0	0	0	0
3	4	0	2	19	21	14	1
0.9	0.5	0	0.2	4	3.4	2.1	0.1
0	0	0	0	0	0	0	0
2	0	2	3	65	34	17	0
0.2	0	0.3	0.3	10.8	5.8	2.7	0

			合计	其中				
				女性	研究人员	教授	副教授	讲师
		编号	L01	L02	L03	L04	L05	L06
考古学	全时人数	34	0	0	0	0	0	0
	非全时人数	35	4	1	3	1	0	2
	非全时折合全时人数	36	0.4	0.1	0.3	0.1	0	0.2
经济学	全时人数	37	5	2	5	2	3	0
	非全时人数	38	413	223	371	77	138	145
	非全时折合全时人数	39	89.1	49	81	14.3	32.8	29.9
政治学	全时人数	40	1	1	1	1	0	0
	非全时人数	41	618	249	543	122	174	225
	非全时折合全时人数	42	100.7	38.9	90.8	23.8	29.7	34.2
法学	全时人数	43	93	26	93	53	31	9
	非全时人数	44	4 864	2 108	4 230	1 032	1 552	1 497
	非全时折合全时人数	45	1 061.3	469	960.2	260.9	349.3	323
社会学	全时人数	46	1	0	1	0	1	0
	非全时人数	47	1 056	548	893	136	323	422
	非全时折合全时人数	48	162.3	85.9	140.3	23.7	50.4	64.2
民族学与文化学	全时人数	49	0	0	0	0	0	0
	非全时人数	50	100	54	88	19	34	33
	非全时折合全时人数	51	14.4	7.8	13.2	2.8	5.7	4.3
新闻学与传播学	全时人数	52	6	2	6	4	2	0
	非全时人数	53	292	155	247	46	84	112
	非全时折合全时人数	54	62.8	34.6	56.5	9.2	21.3	24.9
图书馆、情报与文献学	全时人数	55	0	0	0	0	0	0
	非全时人数	56	155	79	132	24	44	61
	非全时折合全时人数	57	26.2	13.4	22.5	4.1	8.5	9.4
教育学	全时人数	58	0	0	0	0	0	0
	非全时人数	59	1 380	697	1 169	189	390	583
	非全时折合全时人数	60	222.6	116.6	190.3	28.2	64.1	96.9
统计学	全时人数	61	0	0	0	0	0	0
	非全时人数	62	33	16	27	3	7	17
	非全时折合全时人数	63	5.1	2.6	4.4	0.4	0.9	3.1
心理学	全时人数	64	0	0	0	0	0	0
	非全时人数	65	156	88	129	13	36	80
	非全时折合全时人数	66	26.4	16.1	22.4	1.6	6.5	14.3
体育学	全时人数	67	1	1	1	0	1	0
	非全时人数	68	262	35	211	30	67	114
	非全时折合全时人数	69	50.7	5.9	40.3	5.4	14.6	20.3

续表

按职称划分				按学历学位划分			
助教	初级	其他人员	研究生(学生)	博士毕业	硕士毕业	本科毕业	其他学历
L07	L08	L09	L10	L11	L12	L13	L14
0	0	0	0	0	0	0	0
1	0	0	0	0	3	1	0
0.1	0	0	0	0	0.3	0.1	0
0	0	0	0	5	0	0	0
15	4	1	33	211	145	54	3
2.1	0.7	0.1	9.2	45.6	32	10.8	0.7
0	0	0	0	1	0	0	0
26	17	4	50	270	216	124	8
3	3.2	0.4	6.4	46.1	34.5	18.9	1.2
0	0	0	0	71	14	7	1
192	75	72	444	1 754	2 005	1 085	20
31.3	13.4	9	74.4	417.4	440.6	198.8	4.5
0	0	0	0	1	0	0	0
93	28	11	43	248	543	258	7
13.5	4.1	1.4	5	41.7	82.7	36.7	1.2
0	0	0	0	0	0	0	0
6	3	2	3	24	60	15	1
0.6	0.5	0.2	0.3	2.9	8.8	2.4	0.3
0	0	0	0	3	1	2	0
19	5	4	22	100	128	62	2
2.7	0.6	0.7	3.4	23.2	29.2	10	0.4
0	0	0	0	0	0	0	0
14	4	4	4	29	76	49	1
2.7	0.6	0.5	0.4	4.6	12.6	8.9	0.1
0	0	0	0	0	0	0	0
129	55	18	16	173	785	414	8
19.2	9.7	2.4	2.1	28	130.8	63	0.8
0	0	0	0	0	0	0	0
1	0	0	5	7	13	13	0
0.2	0	0	0.5	0.9	2	2.2	0
0	0	0	0	0	0	0	0
16	4	7	0	17	84	55	0
2.4	0.8	0.8	0	2.1	15.5	8.8	0
0	0	0	0	0	1	0	0
23	24	4	0	14	113	130	5
3.9	6.1	0.4	0	2.4	22.6	24.5	1.2

42. 艺术院校人文、社会科学研究与发展人员情况表

			合计	其中				
				女性	研究人员	教授	副教授	讲师
		编号	L01	L02	L03	L04	L05	L06
合计	全时人数	1	89	36	78	29	30	28
	非全时人数	2	9 816	5 409	7 779	1 216	2 409	4 066
	非全时折合全时人数	3	2 332.8	1 266.1	1 906.3	335.1	611.3	940.8
管理学	全时人数	4	0	0	0	0	0	0
	非全时人数	5	339	217	270	25	69	176
	非全时折合全时人数	6	62.4	39.2	50.3	4.7	14	31.7
马克思主义	全时人数	7	0	0	0	0	0	0
	非全时人数	8	265	143	223	26	84	113
	非全时折合全时人数	9	51.2	27.9	43.9	5.4	17.7	20.8
哲学	全时人数	10	0	0	0	0	0	0
	非全时人数	11	34	19	28	6	4	18
	非全时折合全时人数	12	5.3	2.9	4.7	1.2	0.4	3.1
逻辑学	全时人数	13	0	0	0	0	0	0
	非全时人数	14	0	0	0	0	0	0
	非全时折合全时人数	15	0	0	0	0	0	0
宗教学	全时人数	16	0	0	0	0	0	0
	非全时人数	17	2	2	2	0	0	2
	非全时折合全时人数	18	0.4	0.4	0.4	0	0	0.4
语言学	全时人数	19	0	0	0	0	0	0
	非全时人数	20	152	128	133	2	39	93
	非全时折合全时人数	21	28.7	25	25.2	0.4	7.1	17.9
中国文学	全时人数	22	0	0	0	0	0	0
	非全时人数	23	71	49	59	6	15	38
	非全时折合全时人数	24	13.7	9.6	10.9	1.3	3.1	6.5
外国文学	全时人数	25	0	0	0	0	0	0
	非全时人数	26	61	48	55	6	19	30
	非全时折合全时人数	27	13.1	10.5	11.7	1.2	2.9	7.6
艺术学	全时人数	28	86	33	75	29	30	25
	非全时人数	29	7 083	3 677	5 529	1 002	1 754	2 686
	非全时折合全时人数	30	1 779.9	913.8	1 438.9	286.3	468.7	665.1
历史学	全时人数	31	0	0	0	0	0	0
	非全时人数	32	26	12	20	1	7	11
	非全时折合全时人数	33	4.8	2.2	3.7	0.5	1.1	1.9

按职称划分				按学历学位划分			
助教	初级	其他人员	研究生(学生)	博士毕业	硕士毕业	本科毕业	其他学历
L07	L08	L09	L10	L11	L12	L13	L14
2	0	0	0	27	36	24	2
1 032	342	192	559	899	5 573	3 181	163
242.8	69.6	34.6	98.6	253	1 337.7	708.4	33.7
0	0	0	0	0	0	0	0
36	20	11	2	15	195	118	11
7.6	2.6	1.5	0.3	3.8	35.7	21.2	1.7
0	0	0	0	0	0	0	0
27	11	0	4	14	172	69	10
4.7	2.2	0	0.4	3.8	34.8	11.4	1.2
0	0	0	0	0	0	0	0
0	0	0	6	3	16	15	0
0	0	0	0.6	0.9	2.3	2.1	0
0	0	0	0	0	0	0	0
0	0	0	0	0	0	0	0
0	0	0	0	0	0	0	0
0	0	0	0	0	0	0	0
0	0	0	0	0	1	1	0
0	0	0	0	0	0.3	0.1	0
0	0	0	0	0	0	0	0
13	5	0	0	3	98	50	1
2.3	1	0	0	0.4	20.2	7.9	0.2
0	0	0	0	0	0	0	0
10	1	1	0	12	37	20	2
2.4	0.3	0.1	0	2.8	7.2	3.5	0.2
0	0	0	0	0	0	0	0
4	2	0	0	2	45	14	0
0.9	0.5	0	0	0.2	10.6	2.3	0
2	0	0	0	27	34	23	2
716	229	156	540	804	3 870	2 287	122
182.8	51.8	28.9	96.3	230.8	982.1	539.2	27.8
0	0	0	0	0	0	0	0
3	4	0	0	2	20	3	1
0.5	0.8	0	0	0.3	3.4	0.6	0.5

			合计	其中				
				女性	研究人员	教授	副教授	讲师
		编号	L01	L02	L03	L04	L05	L06
考古学	全时人数	34	0	0	0	0	0	0
	非全时人数	35	7	2	7	0	2	5
	非全时折合全时人数	36	2	0.6	2	0	0.7	1.3
经济学	全时人数	37	0	0	0	0	0	0
	非全时人数	38	114	85	86	10	17	59
	非全时折合全时人数	39	25	18.1	20.9	2.5	3.6	14.8
政治学	全时人数	40	0	0	0	0	0	0
	非全时人数	41	80	54	63	7	19	37
	非全时折合全时人数	42	16.6	11.8	13.5	1.6	3.6	8.3
法学	全时人数	43	0	0	0	0	0	0
	非全时人数	44	33	19	29	2	9	18
	非全时折合全时人数	45	7.7	4.7	6.6	0.3	1.4	4.9
社会学	全时人数	46	0	0	0	0	0	0
	非全时人数	47	88	53	74	5	19	50
	非全时折合全时人数	48	13.7	8.5	11.6	0.9	3.4	7.3
民族学与文化学	全时人数	49	0	0	0	0	0	0
	非全时人数	50	92	52	84	10	24	50
	非全时折合全时人数	51	18.1	11.6	17.2	2.2	5.1	9.9
新闻学与传播学	全时人数	52	0	0	0	0	0	0
	非全时人数	53	109	74	87	6	33	47
	非全时折合全时人数	54	23.5	16.3	18.7	1.4	7.9	9
图书馆、情报与文献学	全时人数	55	0	0	0	0	0	0
	非全时人数	56	98	74	84	4	14	66
	非全时折合全时人数	57	20.9	16.9	18.6	0.4	3.7	14.5
教育学	全时人数	58	3	3	3	0	0	3
	非全时人数	59	1 005	624	830	87	264	479
	非全时折合全时人数	60	218.1	132.5	186	22.6	64.3	99.1
统计学	全时人数	61	0	0	0	0	0	0
	非全时人数	62	7	4	7	1	2	4
	非全时折合全时人数	63	1	0.4	1	0.1	0.2	0.7
心理学	全时人数	64	0	0	0	0	0	0
	非全时人数	65	50	35	28	1	4	23
	非全时折合全时人数	66	7.9	5.7	4.8	0.3	0.7	3.8
体育学	全时人数	67	0	0	0	0	0	0
	非全时人数	68	100	38	81	9	11	61
	非全时折合全时人数	69	18.8	7.5	15.7	1.8	1.7	12.2

续表

按职称划分				按学历学位划分			
助教	初级	其他人员	研究生(学生)	博士毕业	硕士毕业	本科毕业	其他学历
L07	L08	L09	L10	L11	L12	L13	L14
0	0	0	0	0	0	0	0
0	0	0	0	2	5	0	0
0	0	0	0	0.5	1.5	0	0
0	0	0	0	0	0	0	0
18	7	3	0	2	75	37	0
3.1	0.7	0.3	0	0.5	17.6	6.9	0
0	0	0	0	0	0	0	0
9	5	1	2	2	50	27	1
1.6	1.2	0.1	0.2	0.6	11.2	4.7	0.1
0	0	0	0	0	0	0	0
2	1	0	1	2	23	8	0
0.7	0.1	0	0.3	0.3	5.7	1.7	0
0	0	0	0	0	0	0	0
13	0	1	0	1	65	22	0
2	0	0.1	0	0.1	10.3	3.3	0
0	0	0	0	0	0	0	0
4	0	0	4	5	58	28	1
0.4	0	0	0.5	1.6	11.6	4.5	0.4
0	0	0	0	0	0	0	0
17	4	2	0	6	80	23	0
4.2	0.5	0.5	0	1	18.1	4.4	0
0	0	0	0	0	0	0	0
5	7	2	0	0	47	49	2
1.1	0.7	0.5	0	0	10.8	9.9	0.2
0	0	0	0	0	2	1	0
127	33	15	0	23	625	348	9
24.2	5.3	2.6	0	5.1	138.1	73.9	1
0	0	0	0	0	0	0	0
0	0	0	0	0	4	3	0
0	0	0	0	0	0.7	0.3	0
0	0	0	0	0	0	0	0
14	8	0	0	0	32	18	0
2.1	1	0	0	0	4.9	3	0
0	0	0	0	0	0	0	0
14	5	0	0	1	55	41	3
2.2	0.9	0	0	0.3	10.6	7.5	0.4

43. 民族院校人文、社会科学研究与发展人员情况表

			合计	其中				
				女性	研究人员	教授	副教授	讲师
		编号	L01	L02	L03	L04	L05	L06
合计	全时人数	1	55	25	49	17	16	16
	非全时人数	2	10 585	5 261	8 951	1 882	2 965	3 814
	非全时折合全时人数	3	2 021.4	993.2	1 749.2	388	588.3	729.4
管理学	全时人数	4	4	2	4	0	3	1
	非全时人数	5	879	456	745	145	246	337
	非全时折合全时人数	6	163.9	84.7	144.9	31.1	49.5	61.3
马克思主义	全时人数	7	0	0	0	0	0	0
	非全时人数	8	452	215	377	60	117	197
	非全时折合全时人数	9	76.9	36.6	67.5	13	23.3	30.7
哲学	全时人数	10	0	0	0	0	0	0
	非全时人数	11	169	66	156	39	59	57
	非全时折合全时人数	12	26.2	9.4	24.2	6.2	9.2	8.5
逻辑学	全时人数	13	0	0	0	0	0	0
	非全时人数	14	8	2	3	1	0	2
	非全时折合全时人数	15	1	0.4	0.5	0.3	0	0.2
宗教学	全时人数	16	0	0	0	0	0	0
	非全时人数	17	206	67	191	60	67	59
	非全时折合全时人数	18	40.1	13.4	36.6	10.5	13.6	11.4
语言学	全时人数	19	9	5	8	4	1	3
	非全时人数	20	1 057	659	864	155	254	400
	非全时折合全时人数	21	203.6	122.7	170	33.5	52.6	74.7
中国文学	全时人数	22	2	1	2	1	1	0
	非全时人数	23	555	286	498	128	178	178
	非全时折合全时人数	24	105.5	54.7	95	25.1	31.4	37
外国文学	全时人数	25	0	0	0	0	0	0
	非全时人数	26	103	72	97	11	33	53
	非全时折合全时人数	27	14.1	9.4	13.2	1.6	5	6.6
艺术学	全时人数	28	5	5	4	1	1	2
	非全时人数	29	687	380	570	89	185	276
	非全时折合全时人数	30	135.1	76.6	115.8	18	40	54.2
历史学	全时人数	31	2	1	2	0	0	2
	非全时人数	32	298	121	262	85	85	85
	非全时折合全时人数	33	51.5	20.5	44.8	14.8	14.5	14.8

按职称划分				按学历学位划分			
助教	初级	其他人员	研究生(学生)	博士毕业	硕士毕业	本科毕业	其他学历
L07	L08	L09	L10	L11	L12	L13	L14
4	0	1	1	37	11	4	3
630	265	227	802	3 699	4 521	2 305	60
116.8	48	27.3	123.6	749.4	849.2	411.6	11.2
0	0	0	0	4	0	0	0
55	12	21	63	334	374	169	2
9.2	2.1	2.3	8.4	72.4	66.4	24.7	0.4
0	0	0	0	0	0	0	0
29	20	14	15	145	225	81	1
4.1	2.5	1.7	1.6	28.8	36.6	11.4	0.1
0	0	0	0	0	0	0	0
4	3	0	7	86	62	20	1
0.6	0.8	0	0.9	13.1	9.7	3.3	0.1
0	0	0	0	0	0	0	0
3	0	2	0	0	2	6	0
0.3	0	0.2	0	0	0.4	0.6	0
0	0	0	0	0	0	0	0
8	7	2	3	100	76	29	1
1.9	2.1	0.2	0.4	20.2	14.6	5.2	0.1
1	0	0	0	4	4	1	0
62	39	12	135	306	507	242	2
13	6.3	1.4	22.1	63.5	94.3	45.3	0.5
0	0	0	0	0	0	1	1
24	12	10	25	222	229	100	4
4.4	2.7	1	3.9	42.9	43.9	18	0.7
0	0	0	0	0	0	0	0
4	0	1	1	24	57	22	0
0.7	0	0.1	0.1	3.3	8.5	2.3	0
1	0	0	0	1	3	1	0
53	15	4	65	90	354	231	12
8.5	2.6	0.7	11.1	16.7	71.4	44.9	2.1
0	0	0	0	1	1	0	0
15	10	7	11	139	105	53	1
2.8	2.2	1	1.4	25.4	17.1	8.7	0.3

			合计	其中		教授	副教授	讲师
				女性	研究人员			
		编号	L01	L02	L03	L04	L05	L06
考古学	全时人数	34	0	0	0	0	0	0
	非全时人数	35	63	28	46	10	11	24
	非全时折合全时人数	36	10.7	4.4	7.3	2.2	1.5	3.5
经济学	全时人数	37	11	7	10	4	3	3
	非全时人数	38	948	454	795	169	268	330
	非全时折合全时人数	39	201.8	96.1	175.7	40.1	60.1	72.4
政治学	全时人数	40	1	0	0	0	0	0
	非全时人数	41	224	95	206	43	73	81
	非全时折合全时人数	42	36.7	15.7	33.9	7.7	11.7	13.5
法学	全时人数	43	1	0	1	0	0	1
	非全时人数	44	626	275	522	139	179	186
	非全时折合全时人数	45	122.2	53.3	105.9	26.6	38.4	38.2
社会学	全时人数	46	1	0	1	0	1	0
	非全时人数	47	603	301	508	100	173	216
	非全时折合全时人数	48	114	54.2	97.2	21	30.8	42.1
民族学与文化学	全时人数	49	19	4	17	7	6	4
	非全时人数	50	1 891	858	1 577	390	528	592
	非全时折合全时人数	51	393.9	179.1	335.3	89.5	109.3	126.7
新闻学与传播学	全时人数	52	0	0	0	0	0	0
	非全时人数	53	316	162	253	44	76	129
	非全时折合全时人数	54	55.4	29.7	45.7	7.9	14	23.2
图书馆、情报与文献学	全时人数	55	0	0	0	0	0	0
	非全时人数	56	247	134	223	40	70	107
	非全时折合全时人数	57	40.5	22.6	37.3	6.1	13.4	16.8
教育学	全时人数	58	0	0	0	0	0	0
	非全时人数	59	897	490	764	114	257	378
	非全时折合全时人数	60	155.3	82.5	134.3	19.8	47.2	65.5
统计学	全时人数	61	0	0	0	0	0	0
	非全时人数	62	59	34	43	6	17	20
	非全时折合全时人数	63	11.5	5.9	9.1	1.7	2.8	4.6
心理学	全时人数	64	0	0	0	0	0	0
	非全时人数	65	42	29	35	7	14	13
	非全时折合全时人数	66	9.8	6.9	8.7	1.8	2.6	4.1
体育学	全时人数	67	0	0	0	0	0	0
	非全时人数	68	255	77	216	47	75	94
	非全时折合全时人数	69	51.7	14.4	46.3	9.5	17.4	19.4

续表

按职称划分				按学历学位划分			
助教	初级	其他人员	研究生（学生）	博士毕业	硕士毕业	本科毕业	其他学历
L07	L08	L09	L10	L11	L12	L13	L14
0	0	0	0	0	0	0	0
6	1	1	10	24	24	15	0
1.6	0.1	0.2	1.6	4.1	4.3	2.3	0
0	0	1	0	10	0	0	1
50	12	28	91	387	368	189	4
11.5	1.5	3.7	12.5	96.4	69	35.4	1
1	0	0	0	0	1	0	0
7	9	5	6	95	95	34	0
1.4	1.3	0.5	0.6	14.1	15.9	6.7	0
0	0	0	0	1	0	0	0
38	19	24	41	254	248	122	2
6.5	3.2	2.7	6.6	50.6	49.6	21.8	0.2
0	0	0	0	1	0	0	0
27	18	7	62	248	227	126	2
4.8	3.9	1	10.4	46.8	43.2	23.6	0.4
1	0	0	1	15	2	1	1
124	44	51	162	738	716	427	10
26.8	9	6.1	26.5	161.3	149.7	80.9	2
0	0	0	0	0	0	0	0
22	9	13	23	93	158	62	3
3	1.9	1.4	4	17.6	26.4	11.1	0.3
0	0	0	0	0	0	0	0
7	6	3	14	55	107	82	3
0.9	0.7	0.4	2.2	8.9	18.2	12.9	0.5
0	0	0	0	0	0	0	0
64	21	14	49	285	419	185	8
11.1	3.5	1.7	6.5	50	72.3	30.9	2.1
0	0	0	0	0	0	0	0
2	3	1	10	29	15	15	0
0.2	0.8	0.2	1.2	6.3	3.4	1.8	0
0	0	0	0	0	0	0	0
2	0	5	1	9	25	6	2
0.4	0	0.6	0.3	2.1	6.4	1.1	0.2
0	0	0	0	0	0	0	0
24	5	2	8	36	128	89	2
3.1	0.8	0.2	1.3	4.9	27.9	18.7	0.2

44. 体育院校人文、社会科学研究与发展人员情况表

		编号	合计 L01	其中 女性 L02	其中 研究人员 L03	教授 L04	副教授 L05	讲师 L06
合计	全时人数	1	41	9	39	23	13	3
	非全时人数	2	5 864	2 779	4 035	879	1 343	1 657
	非全时折合全时人数	3	1 243.4	588.1	948.7	229.4	335.6	356.8
管理学	全时人数	4	1	0	1	0	1	0
	非全时人数	5	133	68	117	18	41	57
	非全时折合全时人数	6	24.5	12.1	22.3	3.5	8.4	10.2
马克思主义	全时人数	7	0	0	0	0	0	0
	非全时人数	8	150	86	119	14	41	64
	非全时折合全时人数	9	26	15.1	21.8	2	8.1	11.7
哲学	全时人数	10	0	0	0	0	0	0
	非全时人数	11	35	20	32	4	13	15
	非全时折合全时人数	12	7.6	4.3	6.5	0.6	3.2	2.7
逻辑学	全时人数	13	0	0	0	0	0	0
	非全时人数	14	0	0	0	0	0	0
	非全时折合全时人数	15	0	0	0	0	0	0
宗教学	全时人数	16	0	0	0	0	0	0
	非全时人数	17	0	0	0	0	0	0
	非全时折合全时人数	18	0	0	0	0	0	0
语言学	全时人数	19	0	0	0	0	0	0
	非全时人数	20	90	63	84	7	23	54
	非全时折合全时人数	21	19.3	14.2	18.4	1.5	5.5	11.4
中国文学	全时人数	22	0	0	0	0	0	0
	非全时人数	23	13	10	8	3	1	4
	非全时折合全时人数	24	2.3	1.8	1.7	0.5	0.3	0.9
外国文学	全时人数	25	0	0	0	0	0	0
	非全时人数	26	13	9	7	1	1	5
	非全时折合全时人数	27	1.8	1.3	1	0.1	0.1	0.8
艺术学	全时人数	28	0	0	0	0	0	0
	非全时人数	29	83	50	52	13	9	28
	非全时折合全时人数	30	13.5	9.1	8.2	1.5	1.2	5.3
历史学	全时人数	31	0	0	0	0	0	0
	非全时人数	32	7	3	3	0	2	1
	非全时折合全时人数	33	0.9	0.4	0.4	0	0.3	0.1

按职称划分				按学历学位划分			
助教	初级	其他人员	研究生(学生)	博士毕业	硕士毕业	本科毕业	其他学历
L07	L08	L09	L10	L11	L12	L13	L14
2	0	0	0	28	9	4	0
421	208	43	1 313	1 082	2 572	2 172	38
85.1	35.1	7.7	193.7	295.6	572.8	367.9	7.1
0	0	0	0	1	0	0	0
8	5	2	2	27	70	35	1
1.1	0.7	0.4	0.2	6.9	12.4	5.1	0.1
0	0	0	0	0	0	0	0
19	7	0	5	13	109	27	1
2.1	1.2	0	0.9	2.6	18.9	4.4	0.1
0	0	0	0	0	0	0	0
1	2	0	0	5	20	10	0
0.7	0.4	0	0	1.3	4.5	1.8	0
0	0	0	0	0	0	0	0
0	0	0	0	0	0	0	0
0	0	0	0	0	0	0	0
0	0	0	0	0	0	0	0
0	0	0	0	0	0	0	0
0	0	0	0	0	0	0	0
0	0	0	0	0	0	0	0
5	1	0	0	11	58	21	0
0.8	0.1	0	0	2.3	13.1	3.9	0
0	0	0	0	0	0	0	0
3	1	0	1	1	8	4	0
0.4	0.1	0	0.1	0.2	1.4	0.7	0
0	0	0	0	0	0	0	0
2	0	0	4	1	8	4	0
0.3	0	0	0.5	0.1	1.2	0.5	0
0	0	0	0	0	0	0	0
12	21	0	0	14	44	25	0
1.7	3.8	0	0	1.5	8.1	3.9	0
0	0	0	0	0	0	0	0
3	1	0	0	1	5	1	0
0.4	0.1	0	0	0.1	0.7	0.1	0

			合计	其中		教授	副教授	讲师
				女性	研究人员			
		编号	L01	L02	L03	L04	L05	L06
考古学	全时人数	34	0	0	0	0	0	0
	非全时人数	35	0	0	0	0	0	0
	非全时折合全时人数	36	0	0	0	0	0	0
经济学	全时人数	37	0	0	0	0	0	0
	非全时人数	38	20	11	19	3	11	5
	非全时折合全时人数	39	3.4	2	3.3	0.5	1.7	1.1
政治学	全时人数	40	0	0	0	0	0	0
	非全时人数	41	9	4	8	3	3	2
	非全时折合全时人数	42	1.4	0.6	1.3	0.4	0.6	0.3
法学	全时人数	43	0	0	0	0	0	0
	非全时人数	44	15	10	15	6	3	6
	非全时折合全时人数	45	3.2	2.4	3.2	1.7	0.5	1
社会学	全时人数	46	0	0	0	0	0	0
	非全时人数	47	48	16	35	7	13	15
	非全时折合全时人数	48	7.2	2.8	5.4	1.1	1.8	2.5
民族学与文化学	全时人数	49	0	0	0	0	0	0
	非全时人数	50	15	6	8	0	4	4
	非全时折合全时人数	51	1.6	0.6	0.8	0	0.4	0.4
新闻学与传播学	全时人数	52	0	0	0	0	0	0
	非全时人数	53	210	127	152	26	43	81
	非全时折合全时人数	54	36.5	24.2	28.2	4.5	8.9	14.5
图书馆、情报与文献学	全时人数	55	1	0	1	1	0	0
	非全时人数	56	74	45	59	8	16	33
	非全时折合全时人数	57	12	7.1	9.5	1.2	2.4	5.6
教育学	全时人数	58	1	0	1	0	1	0
	非全时人数	59	537	285	417	77	125	211
	非全时折合全时人数	60	92.4	51.2	74.1	13.7	23.2	36.4
统计学	全时人数	61	0	0	0	0	0	0
	非全时人数	62	17	7	14	1	8	5
	非全时折合全时人数	63	3.3	1.4	2.6	0.1	1.4	1.1
心理学	全时人数	64	0	0	0	0	0	0
	非全时人数	65	85	47	71	14	32	25
	非全时折合全时人数	66	18.4	10.8	15.8	3.1	8.2	4.5
体育学	全时人数	67	38	9	36	22	11	3
	非全时人数	68	4 310	1 912	2 815	674	954	1 042
	非全时折合全时人数	69	968.1	426.7	724.2	193.4	259.4	246.3

续表

按职称划分				按学历学位划分			
助教	初级	其他人员	研究生(学生)	博士毕业	硕士毕业	本科毕业	其他学历
L07	L08	L09	L10	L11	L12	L13	L14
0	0	0	0	0	0	0	0
0	0	0	0	0	0	0	0
0	0	0	0	0	0	0	0
0	0	0	0	0	0	0	0
1	0	0	0	6	11	3	0
0.1	0	0	0	0.8	2.1	0.5	0
0	0	0	0	0	0	0	0
1	0	0	0	5	2	2	0
0.1	0	0	0	0.7	0.3	0.4	0
0	0	0	0	0	0	0	0
0	0	0	0	4	9	2	0
0	0	0	0	1.2	1.5	0.5	0
0	0	0	0	0	0	0	0
6	4	3	0	10	26	9	3
0.7	0.4	0.7	0	1.9	3.3	1.3	0.7
0	0	0	0	0	0	0	0
5	0	1	1	1	7	7	0
0.5	0	0.1	0.2	0.1	0.7	0.8	0
0	0	0	0	0	0	0	0
19	13	2	26	51	94	64	1
3	1.7	0.8	3.1	10.2	17.1	9.1	0.1
0	0	0	0	0	1	0	0
9	4	0	4	4	34	34	2
1.7	0.5	0	0.6	0.6	4.7	6.1	0.6
0	0	0	0	1	0	0	0
56	25	7	36	85	286	164	2
9.6	3.2	0.7	5.6	15.9	50.3	26	0.2
0	0	0	0	0	0	0	0
1	0	0	2	1	14	2	0
0.1	0	0	0.6	0.1	2.6	0.6	0
0	0	0	0	0	0	0	0
4	1	1	8	21	35	27	2
0.7	0.3	0.2	1.4	6	7.3	4.9	0.2
2	0	0	0	26	8	4	0
266	123	27	1 224	821	1 732	1 731	26
61.1	22.6	4.8	180.5	243.1	422.6	297.3	5.1

45. 各类高等学校人文、社会科学活动人员职称(职务)情况表

单位:人

		学校数(所)	合计	按职称划分						其他人员
				小计	教授	副教授	讲师	助教	初级	
	合计	2 322	731 023	727 527	73 928	189 089	338 106	91 614	34 790	3 496
按学校隶属关系划分	教育部直属院校	73	65 740	65 690	13 984	23 023	25 932	2 100	651	50
	其他部委院校	41	18 244	18 206	2 666	5 504	8 259	1 158	619	38
	地方院校	2 208	647 039	643 631	57 278	160 562	303 915	88 356	33 520	3 408
按学校规格划分	本科院校	1 180	559 523	557 319	64 257	151 120	259 562	61 790	20 590	2 204
	专科院校	1 142	171 500	170 208	9 671	37 969	78 544	29 824	14 200	1 292
按学校类型划分	综合大学	562	212 406	211 650	23 212	55 306	96 195	25 542	11 395	756
	理工农医院校	1 055	236 001	235 029	19 795	59 432	115 287	29 455	11 060	972
	高等师范院校	215	113 326	112 694	12 862	31 624	50 868	13 204	4 136	632
	语言院校	49	20 288	20 128	2 173	4 806	9 652	2 529	968	160
	财经院校	242	86 134	85 770	8 512	21 229	39 594	12 256	4 179	364
	政法院校	65	17 976	17 874	2 305	5 516	7 740	1 784	529	102
	体育院校	30	7 735	7 693	870	2 082	3 195	1 041	505	42
	艺术院校	87	26 381	25 979	2 645	5 888	11 023	4 711	1 712	402
	民族院校	17	10 776	10 710	1 554	3 206	4 552	1 092	306	66

46. 各省、市、自治区高等学校人文、社会科学活动人员职称(职务)情况表

单位:人

	学校数(所)	合计	按职称划分						其他人员
			小计	教授	副教授	讲师	助教	初级	
合计	2 322	731 023	727 527	73 928	189 089	338 106	91 614	34 790	3 496
北京市	89	36 551	36 530	6 473	11 632	15 224	1 975	1 226	21
天津市	53	15 336	15 319	1 696	4 129	7 152	1 470	872	17
河北省	121	32 366	32 318	3 714	8 583	15 395	3 871	755	48
山西省	65	17 595	17 595	930	3 854	8 137	3 830	844	0
内蒙古自治区	45	11 270	11 259	1 139	3 276	4 947	1 611	286	11
辽宁省	103	31 367	30 318	3 832	8 900	14 269	2 634	683	1 049
吉林省	54	19 310	19 262	2 401	5 301	7 920	3 152	488	48
黑龙江省	80	21 099	21 078	2 834	6 683	9 447	2 060	54	21
上海市	61	23 072	23 068	3 108	6 625	10 620	1 919	796	4
江苏省	165	46 028	46 027	4 726	13 953	22 690	4 133	525	1
浙江省	102	35 805	35 801	3 699	8 926	17 303	3 038	2 835	4

续表

	学校数（所）	合计	按职称划分						其他人员
			小计	教授	副教授	讲师	助教	初级	
安徽省	112	26 825	26 730	1 793	6 013	12 499	4 962	1 463	95
福建省	86	23 756	23 754	1 879	5 809	10 929	3 444	1 693	2
江西省	82	22 043	22 043	1 994	5 269	9 982	3 451	1 347	0
山东省	121	45 438	45 438	3 889	11 694	21 754	6 366	1 735	0
河南省	123	43 422	43 418	2 660	9 554	21 107	8 630	1 467	4
湖北省	87	31 125	30 929	3 487	9 368	13 788	3 086	1 200	196
湖南省	90	29 742	29 578	2 934	7 514	13 122	3 672	2 336	164
广东省	150	52 461	52 458	5 341	10 689	27 110	4 000	5 318	3
广西壮族自治区	70	21 198	19 783	1 926	4 307	9 517	2 363	1 670	1 415
海南省	16	6 044	6 002	426	1 261	2 633	1 186	496	42
重庆市	65	19 805	19 795	2 025	4 716	9 419	2 756	879	10
四川省	100	33 658	33 621	2 978	7 939	15 044	5 649	2 011	37
贵州省	47	14 012	13 991	1 221	4 150	5 788	1 834	998	21
云南省	62	18 441	18 438	1 640	4 793	8 309	3 459	237	3
西藏自治区	3	1 282	1 281	117	386	580	146	52	1
陕西省	75	26 154	26 081	2 635	6 541	12 263	3 591	1 051	73
甘肃省	40	10 598	10 590	1 168	3 530	4 695	1 035	162	8
青海省	11	1 916	1 892	358	620	508	249	157	24
宁夏回族自治区	14	3 960	3 791	388	891	1 306	962	244	169
新疆维吾尔自治区	30	9 344	9 339	517	2 183	4 649	1 080	910	5

47. 各省、市、自治区所属高等学校人文、社会科学活动人员职称（职务）情况表

单位：人

	学校数（所）	合计	按职称划分						其他人员
			小计	教授	副教授	讲师	助教	初级	
合计	2 208	647 039	643 631	57 278	160 562	303 915	88 356	33 520	3 408
北京市	54	14 284	14 266	1 495	4 161	6 756	1 155	699	18
天津市	50	12 967	12 950	1 168	3 305	6 303	1 377	797	17
河北省	117	31 158	31 110	3 501	8 171	14 895	3 794	749	48
山西省	65	17 595	17 595	930	3 854	8 137	3 830	844	0
内蒙古自治区	45	11 270	11 259	1 139	3 276	4 947	1 611	286	11
辽宁省	98	28 329	27 328	3 335	8 004	12 871	2 456	662	1 001
吉林省	52	16 157	16 109	1 552	4 318	6 762	2 989	488	48
黑龙江省	77	19 446	19 425	2 581	6 070	8 698	2 022	54	21
上海市	51	15 101	15 097	1 397	3 770	7 521	1 741	668	4

续表

	学校数（所）	合计	按职称划分						其他人员
			小计	教授	副教授	讲师	助教	初级	
江苏省	155	40 297	40 296	3 673	11 921	20 272	3 906	524	1
浙江省	100	34 563	34 559	3 340	8 465	16 888	3 031	2 835	4
安徽省	110	26 015	25 920	1 700	5 692	12 110	4 955	1 463	95
福建省	84	21 152	21 152	1 444	5 032	9 689	3 333	1 654	0
江西省	82	22 043	22 043	1 994	5 269	9 982	3 451	1 347	0
山东省	119	42 457	42 457	3 324	10 707	20 557	6 158	1 711	0
河南省	122	43 111	43 107	2 627	9 467	20 957	8 589	1 467	4
湖北省	79	23 092	22 902	1 875	6 412	10 576	2 869	1 170	190
湖南省	87	27 362	27 199	2 553	6 797	12 121	3 542	2 186	163
广东省	145	48 120	48 117	4 555	9 379	25 166	3 825	5 192	3
广西壮族自治区	70	21 198	19 783	1 926	4 307	9 517	2 363	1 670	1 415
海南省	16	6 044	6 002	426	1 261	2 633	1 186	496	42
重庆市	63	17 550	17 540	1 598	3 829	8 528	2 708	877	10
四川省	94	28 642	28 605	2 113	6 245	12 757	5 505	1 985	37
贵州省	47	14 012	13 991	1 221	4 150	5 788	1 834	998	21
云南省	62	18 441	18 438	1 640	4 793	8 309	3 459	237	3
西藏自治区	3	1 282	1 281	117	386	580	146	52	1
陕西省	69	21 920	21 875	2 025	5 084	10 356	3 428	982	45
甘肃省	38	8 924	8 916	863	2 946	4 015	930	162	8
青海省	11	1 916	1 892	358	620	508	249	157	24
宁夏回族自治区	13	3 247	3 078	291	688	1 067	834	198	169
新疆维吾尔自治区	30	9 344	9 339	517	2 183	4 649	1 080	910	5

48. 国务院各部委所属高等学校人文、社会科学活动人员中教师职称(职务)情况表

单位:人

	学校数（所）	合计	按职称划分						其他人员
			小计	教授	副教授	讲师	助教	初级	
合计	41	18 244	18 206	2 666	5 504	8 259	1 158	619	38
中央办公厅	1	63	63	4	20	37	2	0	0
外交部	1	256	256	47	95	98	9	7	0
国防部	1	165	165	3	41	79	19	23	0
国家民族事务委员会	6	5 270	5 248	848	1 583	2 343	360	114	22
公安部	6	1 945	1 942	284	583	899	122	54	3
司法部	1	306	306	100	107	83	15	1	0
工业和信息化部	7	3 305	3 295	522	1 255	1 412	61	45	10

续表

	学校数（所）	合计	按职称划分						其他人员
			小计	教授	副教授	讲师	助教	初级	
交通部	1	471	468	84	180	189	11	4	3
卫生部	1	28	28	5	10	12	0	1	0
海关总署	1	172	172	16	37	119	0	0	0
中国民用航空总局	4	1 124	1 124	74	215	552	194	89	0
中国地震局	1	109	109	9	33	64	3	0	0
国家林业局	1	208	208	15	70	73	50	0	0
国务院侨务办公室	2	2 708	2 708	367	692	1 410	133	106	0
国家安全生产监督管理总局	1	376	376	61	120	144	51	0	0
国家体育总局	1	609	609	78	133	207	69	122	0
中国科学院	2	358	358	63	134	150	11	0	0
中华全国总工会	1	374	374	27	83	188	23	53	0
共青团中央	1	115	115	22	36	55	2	0	0
中华全国妇女联合会	1	282	282	37	77	145	23	0	0

49. 各类高等学校人文、社会科学研究与发展全时人员职称（职务）情况表

单位：人年

		学校数（所）	合计	按职称划分						研究生（学生）
				教授	副教授	讲师	助教	初级	其他人员	
	合计	2 322	105 655	18 695	29 892	39 933	6 265	1 974	617	8 279
按学校隶属关系划分	教育部直属院校	73	19 365	5 211	5 243	4 423	286	101	90	4 012
	其他部委院校	41	4 137	815	1 195	1 436	122	62	25	482
	地方院校	2 208	82 153	12 669	23 454	34 074	5 857	1 811	502	3 785
按学校规格划分	本科院校	1 180	93 028	17 558	26 312	33 801	5 090	1 478	515	8 274
	专科院校	1 142	12 627	1 137	3 580	6 132	1 175	496	102	5
按学校类型划分	综合大学	562	32 967	6 782	9 334	11 811	1 711	571	209	2 549
	理工农医院校	1 055	31 146	4 356	8 767	12 948	1 947	569	125	2 434
	高等师范院校	215	18 039	3 312	5 175	6 510	1 152	303	105	1 482
	语言院校	49	3 013	623	827	1 115	159	64	21	204
	财经院校	242	12 228	2 081	3 392	4 629	735	262	66	1 063
	政法院校	65	2 478	520	803	846	108	52	20	129
	体育院校	30	1 285	252	349	360	87	35	8	194
	艺术院校	87	2 423	364	641	969	245	70	35	99
	民族院校	17	2 076	405	604	745	121	48	28	125

50. 各省、市、自治区高等学校人文、社会科学研究与发展全时人员职称(职务)情况表

单位:人年

	学校数(所)	合计	按职称划分						研究生(学生)
			教授	副教授	讲师	助教	初级	其他人员	
合计	2 322	105 654.7	18 694.7	29 891.6	39 933.5	6 264.9	1 973.9	617	8 279.1
北京市	89	7 911.6	1 793.6	2 169.6	1 958.6	174.1	103.8	29.3	1 682.6
天津市	53	2 915.4	554.9	747.1	1 035.8	155.4	75.4	6.3	340.5
河北省	121	4 584.5	733.8	1 337	2 060.8	285.5	25.9	10.5	131
山西省	65	1 654.8	203.8	464.1	686	129.4	35.7	0	135.8
内蒙古自治区	45	1 091.2	186.3	328.9	439.3	71.8	9.2	1.2	54.5
辽宁省	103	3 664.7	732.5	1 107.1	1 382.8	124.7	31.1	41.7	244.8
吉林省	54	3 075.6	453.8	879.1	1 246.6	280.3	35.3	28.1	152.4
黑龙江省	80	3 001.5	505.5	999.8	1 275.9	151.2	1.2	0	67.9
上海市	61	4 561.1	1 255	1 294.4	1 155.6	167.7	53.6	27.8	607
江苏省	165	7 480.6	1 215.1	2 313.9	3 007.1	281	19.5	0.9	643.1
浙江省	102	7 979.9	1 184.1	2 148.8	3 302.5	481.7	291.5	66.5	504.8
安徽省	112	3 042.6	407.4	869.9	1 173.4	316.9	65.9	11.2	197.9
福建省	86	3 635.1	591.7	1 011.7	1 563.5	267.6	88.1	10	102.5
江西省	82	1 718	272.5	482.4	732.4	172	36.4	7.3	15
山东省	121	5 379.7	845.5	1 578.1	2 363.9	356	52.1	22.5	161.6
河南省	123	3 451.9	316.6	820.8	1 727.1	497	57	16.9	16.5
湖北省	87	4 891.9	1 053.4	1 392.4	1 459	175.5	74.1	18.5	719
湖南省	90	4 971.4	1 007.7	1 416.5	1 838.2	279.8	110	52.1	267.1
广东省	150	7 028	1 443.1	1 896.8	2 834.2	243.1	262.1	25.3	323.4
广西壮族自治区	70	3 016.6	463.5	750.3	1 285.8	257.7	129.7	102.6	27
海南省	16	510.3	71.3	151.8	202.7	53.6	10.6	9.2	11.1
重庆市	65	3 498.7	745.9	1 015.2	1 116.9	182.9	37.6	20.1	380.1
四川省	100	6 003.1	926.3	1 671.3	2 407.7	427.5	181.8	40.5	348
贵州省	47	1 463.7	275.1	488.6	513.2	114.5	44	4.9	23.4
云南省	62	2 956	428.1	744.8	1 051.9	284.9	52.2	21.8	372.3
西藏自治区	3	178.5	24.7	52.7	75.1	13.1	5.2	6.6	1.1
陕西省	75	2 658.9	420.9	738.8	934	145.8	32.4	6.2	380.8
甘肃省	40	1 515.7	253.1	478.1	427.5	63.2	2.8	1.9	289.1
青海省	11	307.6	104.9	108.8	71.7	9.8	6.2	3.6	2.6
宁夏回族自治区	14	355.5	58.7	87.9	117.8	49.8	16.6	7.4	17.3
新疆维吾尔自治区	30	1 150.6	165.9	344.9	486.5	51.4	26.9	16.1	58.9

51. 各省、市、自治区所属高等学校人文、社会科学研究与发展全时人员职称(职务)情况表

单位:人年

	学校数(所)	合计	按职称划分						研究生(学生)
			教授	副教授	讲师	助教	初级	其他人员	
合计	2 208	82 152.1	12 669.2	23 453.7	34 075	5 856.9	1 810.8	501.4	3 785.1
北京市	54	2 343.7	400.7	689.4	783.9	79.2	35.4	14.3	340.8
天津市	50	2 009.9	317	510.6	856.7	140.9	70.7	5.7	108.3
河北省	117	4 400.8	700.1	1 268.7	1 984.7	283.4	25.9	10.5	127.5
山西省	65	1 654.8	203.8	464.1	686	129.4	35.7	0	135.8
内蒙古自治区	45	1 091.2	186.3	328.9	439.3	71.8	9.2	1.2	54.5
辽宁省	98	3 162.4	626.9	963.6	1 210.6	112.6	29.1	38.7	180.9
吉林省	52	2 251.6	286.7	674.1	960.8	243.5	34.7	6.5	45.3
黑龙江省	77	2 568.7	429.2	846.7	1 102	146.5	1.2	0	43.1
上海市	51	1 940.2	410.2	558.6	647	151.1	48	21	104.3
江苏省	155	5 691.3	847.2	1 840.3	2 522.8	246.1	19.4	0.9	214.6
浙江省	100	7 653.7	1 054.1	2 051.1	3 261.4	481.6	291.5	66.2	447.8
安徽省	110	2 833.5	377.2	828.6	1 149	316.8	65.9	10	86
福建省	84	2 921.5	384.8	820.9	1 330.8	252	87.2	6.4	39.4
江西省	82	1 718	272.5	482.4	732.4	172	36.4	7.3	15
山东省	119	4 857.3	684.4	1 413.6	2 198.3	347.8	47.6	22.5	143.1
河南省	122	3 399.5	311.1	803.5	1 702	492.6	57	16.8	16.5
湖北省	79	2 185.8	301.5	697.9	849.1	138.7	51.8	11.1	135.7
湖南省	87	4 122.5	729.9	1 170.3	1 606.8	257.2	99.4	44.6	214.3
广东省	145	5 816.6	1 097.2	1 574.3	2 496.6	227	244.6	18.4	158.5
广西壮族自治区	70	3 016.6	463.5	750.3	1 285.8	257.7	129.7	102.6	27
海南省	16	510.3	71.3	151.8	202.7	53.6	10.6	9.2	11.1
重庆市	63	2 475.7	465.7	682.5	851.5	164.8	36	10	265.2
四川省	94	4 180.5	537.3	1 151.3	1 809	382.1	159.2	9.8	131.8
贵州省	47	1 463.7	275.1	488.6	513.2	114.5	44	4.9	23.4
云南省	62	2 956	428.1	744.8	1 051.9	284.9	52.2	21.8	372.3
西藏自治区	3	178.5	24.7	52.7	75.1	13.1	5.2	6.6	1.1
陕西省	69	1 947.5	297.1	556.7	767.4	138.9	31.3	5.7	150.4
甘肃省	38	1 045.8	173.4	367.5	339.2	48.8	2.7	1.6	112.6
青海省	11	307.6	104.9	108.8	71.7	9.8	6.2	3.6	2.6
宁夏回族自治区	13	296.3	41.4	66.2	100.8	47.1	16.1	7.4	17.3
新疆维吾尔自治区	30	1 150.6	165.9	344.9	486.5	51.4	26.9	16.1	58.9

52. 国务院各部委所属高等学校人文、社会科学研究与发展全时人员职称(职务)情况表

单位:人年

	学校数(所)	合计	按职称划分						研究生(学生)
			教授	副教授	讲师	助教	初级	其他人员	
合计	41	4 137.2	814.7	1 195	1 436	122	61.8	25.3	482.4
中央办公厅	1	9.7	0.5	2.8	6.3	0.1	0	0	0
外交部	1	46.8	8.4	15.7	15.8	0.6	1.7	0.2	4.4
国防部	1	11.2	0.4	3.9	4.8	0.9	1.2	0	0
国家民族事务委员会	6	1 315.6	268.2	386.5	464.1	55.3	15	12.9	113.6
公安部	6	392.7	71.8	115.3	141	14.1	12.1	0.4	38
司法部	1	50	12.4	21.8	14.7	0.7	0	0	0.4
工业和信息化部	7	766.6	147.1	251.8	257.8	2.5	3.3	0.5	103.6
交通部	1	168.7	37.5	44.5	31.8	0.7	0	1.1	53.1
卫生部	1	2.2	0.3	0.4	1.4	0	0.1	0	0
海关总署	1	34.5	4.8	8.4	15.2	3.2	0	2.6	0.3
中国民用航空总局	4	192.2	17.9	34.1	80.4	16.5	4.4	1.9	37
中国地震局	1	20.1	0.8	8.9	10.3	0.1	0	0	0
国家林业局	1	22.9	1.7	12.9	5.5	2.8	0	0	0
国务院侨务办公室	2	615.3	159.9	183.3	237.3	9.4	8	3.4	14
国家安全生产监督管理总局	1	26.4	6	5.9	13.5	1	0	0	0
国家体育总局	1	170.9	34.4	27.4	48.1	9.4	12.6	0	39
中国科学院	2	118.6	18.6	18.9	12.5	0	0	1.2	67.4
中华全国总工会	1	65.1	7.2	21.4	29.5	2.3	3.4	1.1	0.2
共青团中央	1	65.2	11	19.9	23	0.8	0	0	10.5
中华全国妇女联合会	1	42.5	5.8	11.2	23	1.6	0	0	0.9

53. 各类高等学校人文、社会科学研究与发展人员职称(职务)情况表

单位:人

		学校数(所)	合计	按职称划分						研究生(学生)
				教授	副教授	讲师	助教	初级	其他人员	
	合计	2 322	498 616	74 156	132 027	194 123	33 060	11 076	4 359	49 815
按学校隶属关系划分	教育部直属院校	73	85 782	17 523	20 381	19 821	1 603	643	728	25 083
	其他部委院校	41	19 055	3 352	5 195	6 710	707	372	177	2 542
	地方院校	2 208	393 779	53 281	106 451	167 592	30 750	10 061	3 454	22 190
按学校规格划分	本科院校	1 180	430 548	68 386	113 439	160 844	26 273	8 152	3 658	49 796
	专科院校	1 142	68 068	5 770	18 588	33 279	6 787	2 924	701	19

续表

		学校数（所）	合计	按职称划分						研究生（学生）
				教授	副教授	讲师	助教	初级	其他人员	
按学校类型划分	综合大学	562	151 670	24 953	39 475	56 449	8 893	3 142	1 576	17 182
	理工农医院校	1 055	147 365	17 947	38 977	62 830	10 383	3 239	736	13 253
	高等师范院校	215	86 661	13 917	23 472	32 010	5 997	1 766	815	8 684
	语言院校	49	14 654	2 391	3 723	5 637	886	347	171	1 499
	财经院校	242	59 448	8 716	15 807	23 155	4 094	1 470	450	5 756
	政法院校	65	12 368	2 186	3 797	4 458	716	297	148	766
	体育院校	30	5 905	902	1 356	1 660	423	208	43	1 313
	艺术院校	87	9 905	1 245	2 439	4 094	1 034	342	192	559
	民族院校	17	10 640	1 899	2 981	3 830	634	265	228	803

54. 各省、市、自治区高等学校人文、社会科学研究与发展人员职称(职务)情况表

单位:人

	学校数（所）	合计	按职称划分						研究生（学生）
			教授	副教授	讲师	助教	初级	其他人员	
合计	2 322	498 616	74 156	132 027	194 123	33 060	11 076	4 359	49 815
北京市	89	43 464	7 820	10 659	10 932	1 162	623	235	12 033
天津市	53	12 354	1 941	2 949	4 521	786	417	45	1 695
河北省	121	21 703	3 109	6 107	9 721	1 494	157	71	1 044
山西省	65	8 313	935	2 165	3 416	697	200	0	900
内蒙古自治区	45	4 577	702	1 344	1 892	403	41	8	187
辽宁省	103	18 074	3 151	5 253	7 029	679	187	333	1 442
吉林省	54	14 865	1 992	3 823	5 833	1 468	177	258	1 314
黑龙江省	80	8 458	1 430	2 732	3 607	460	3	0	226
上海市	61	16 102	3 534	4 154	4 552	669	252	138	2 803
江苏省	165	37 927	5 326	11 321	15 537	1 631	123	4	3 985
浙江省	102	36 280	4 830	9 266	15 507	2 367	1 468	485	2 357
安徽省	112	12 739	1 479	3 462	5 290	1 407	329	58	714
福建省	86	19 331	2 676	5 205	8 736	1 633	598	93	390
江西省	82	9 029	1 380	2 419	3 926	936	209	51	108
山东省	121	22 375	3 052	6 408	10 012	1 717	268	122	796
河南省	123	19 801	1 730	4 623	9 978	2 908	367	108	87
湖北省	87	20 687	3 395	5 664	6 617	946	390	118	3 557
湖南省	90	22 288	3 625	5 719	8 275	1 496	554	361	2 258
广东省	150	35 093	5 794	8 719	14 955	1 353	1 527	173	2 572
广西壮族自治区	70	16 432	2 427	3 958	7 083	1 332	741	714	177

续表

	学校数（所）	合计	按职称划分						研究生（学生）
			教授	副教授	讲师	助教	初级	其他人员	
海南省	16	2 846	355	799	1 167	306	57	54	108
重庆市	65	16 356	2 686	4 222	5 525	1 124	239	156	2 404
四川省	100	27 748	3 675	7 088	11 274	2 122	961	306	2 322
贵州省	47	7 595	1 247	2 510	2 706	668	309	29	126
云南省	62	13 905	1 758	3 319	5 103	1 379	332	178	1 836
西藏自治区	3	1 254	160	356	525	103	42	58	10
陕西省	75	13 919	1 645	3 302	4 974	911	207	46	2 834
甘肃省	40	6 623	982	2 100	2 113	314	23	10	1 081
青海省	11	1 061	349	355	261	42	27	15	12
宁夏回族自治区	14	1 481	235	367	494	226	86	36	37
新疆维吾尔自治区	30	5 936	736	1 659	2 562	321	162	96	400

55. 各省、市、自治区所属高等学校人文、社会科学研究与发展人员职称（职务）情况表

单位：人

	学校数（所）	合计	按职称划分						研究生（学生）
			教授	副教授	讲师	助教	初级	其他人员	
合计	2 208	393 779	53 281	106 451	167 592	30 750	10 061	3 454	22 190
北京市	54	12 889	1 791	3 419	4 286	512	188	109	2 584
天津市	50	9 130	1 263	2 204	3 884	720	391	41	627
河北省	117	20 862	2 948	5 810	9 375	1 477	157	71	1 024
山西省	65	8 313	935	2 165	3 416	697	200	0	900
内蒙古自治区	45	4 577	702	1 344	1 892	403	41	8	187
辽宁省	98	15 772	2 743	4 637	6 196	614	176	315	1 091
吉林省	52	10 097	1 204	2 786	4 335	1 245	173	47	307
黑龙江省	77	7 399	1 238	2 373	3 199	449	3	0	137
上海市	51	7 814	1 359	2 157	2 842	573	225	91	567
江苏省	155	29 500	3 880	9 299	13 350	1 455	122	4	1 390
浙江省	100	34 878	4 439	8 919	15 305	2 366	1 468	482	1 899
安徽省	110	12 082	1 399	3 336	5 200	1 406	329	56	356
福建省	84	16 360	1 917	4 400	7 611	1 558	592	61	221
江西省	82	9 029	1 380	2 419	3 926	936	209	51	108
山东省	119	20 560	2 568	5 853	9 406	1 677	250	122	684
河南省	122	19 480	1 700	4 512	9 830	2 877	367	107	87
湖北省	79	10 732	1 293	3 247	4 346	759	289	50	748
湖南省	87	19 795	2 946	5 088	7 615	1 434	512	331	1 869
广东省	145	29 031	4 574	7 379	13 219	1 276	1 400	140	1 043
广西壮族自治区	70	16 432	2 427	3 958	7 083	1 332	741	714	177

续表

	学校数（所）	合计	按职称划分						研究生（学生）
			教授	副教授	讲师	助教	初级	其他人员	
海南省	16	2 846	355	799	1 167	306	57	54	108
重庆市	63	12 029	1 840	2 998	4 394	998	234	69	1 496
四川省	94	18 727	2 172	4 804	8 312	1 837	759	68	775
贵州省	47	7 595	1 247	2 510	2 706	668	309	29	126
云南省	62	13 905	1 758	3 319	5 103	1 379	332	178	1 836
西藏自治区	3	1 254	160	356	525	103	42	58	10
陕西省	69	10 140	1 181	2 553	4 199	874	200	42	1 091
甘肃省	38	4 445	635	1 559	1 673	254	22	9	293
青海省	11	1 061	349	355	261	42	27	15	12
宁夏回族自治区	13	1 109	142	234	374	202	84	36	37
新疆维吾尔自治区	30	5 936	736	1 659	2 562	321	162	96	400

56. 国务院各部委所属高等学校人文、社会科学研究与发展人员职称(职务)情况表

单位:人

	学校数（所）	合计	按职称划分						研究生（学生）
			教授	副教授	讲师	助教	初级	其他人员	
合计	41	19 055	3 352	5 195	6 710	707	372	177	2 542
中央办公厅	1	35	2	10	22	1	0	0	0
外交部	1	339	60	116	105	6	6	2	44
国防部	1	80	4	26	36	7	7	0	0
国家民族事务委员会	6	7 216	1 316	2 021	2 556	346	127	106	744
公安部	6	1 994	305	563	707	92	59	2	266
司法部	1	280	71	115	85	5	0	0	4
工业和信息化部	7	2 366	475	773	758	12	12	3	333
交通部	1	732	129	170	142	5	0	8	278
卫生部	1	19	2	4	12	0	1	0	0
海关总署	1	207	23	37	97	22	0	25	3
中国民用航空总局	4	845	65	130	321	70	23	8	228
中国地震局	1	63	3	27	32	1	0	0	0
国家林业局	1	111	8	58	29	16	0	0	0
国务院侨务办公室	2	2 556	601	718	1 076	41	49	12	59
国家安全生产监督管理总局	1	153	29	39	76	9	0	0	0
国家体育总局	1	819	119	113	239	42	62	0	244
中国科学院	2	337	37	38	33	0	0	2	227
中华全国总工会	1	363	38	103	168	17	26	9	2
共青团中央	1	281	30	62	84	4	0	0	101
中华全国妇女联合会	1	259	35	72	132	11	0	0	9

57. 各类高等学校人文、社会科学人力情况表

		学校数（所）	社科活动人员（人）						
			合计	高级	中级	初级	其他人员	合计	高级
	合计	2 322	731 023	263 017	338 106	126 404	117 055	498 616	206 183
按学校隶属关系划分	教育部直属院校	73	65 740	37 007	25 932	2 751	35 105	85 782	37 904
	其他部委院校	41	18 244	8 170	8 259	1 777	5 951	19 055	8 547
	地方院校	2 208	647 039	217 840	303 915	121 876	75 999	393 779	159 732
按学校规格划分	本科院校	1 180	559 523	215 377	259 562	82 380	114 523	430 548	181 825
	专科院校	1 142	171 500	47 640	78 544	44 024	2 532	68 068	24 358
按学校类型划分	综合大学	562	212 406	78 518	96 195	36 937	39 282	151 670	64 428
	理工农医院校	1 055	236 001	79 227	115 287	40 515	29 214	147 365	56 924
	高等师范院校	215	113 326	44 486	50 868	17 340	19 616	86 661	37 389
	语言院校	49	20 288	6 979	9 652	3 497	4 459	14 654	6 114
	财经院校	242	86 134	29 741	39 594	16 435	15 935	59 448	24 523
	政法院校	65	17 976	7 821	7 740	2 313	3 531	12 368	5 983
	体育院校	30	7 735	2 952	3 195	1 546	1 003	5 905	2 258
	艺术院校	87	26 381	8 533	11 023	6 423	1 607	9 905	3 684
	民族院校	17	10 776	4 760	4 552	1 398	2 408	10 640	4 880

研究与发展人员（人）				研究与发展人员（人年）					
中级	初级	其他人员	研究生	合计	高级	中级	初级	其他人员	研究生
194 123	44 136	4 359	49 815	105 654.7	48 586.3	39 933.5	8 238.8	617	8 279.1
19 821	2 246	728	25 083	19 365.4	10 453.7	4 422.5	387.3	90.3	4 011.6
6 710	1 079	177	2 542	4 137.2	2 009.7	1 436	183.8	25.3	482.4
167 592	40 811	3 454	22 190	82 152.1	36 122.9	34 075	7 667.7	501.4	3 785.1
160 844	34 425	3 658	49 796	93 028	43 869.4	33 802	6 567.5	514.7	8 274.4
33 279	9 711	701	19	12 626.7	4 716.9	6 131.5	1 671.3	102.3	4.7
56 449	12 035	1 576	17 182	32 968.3	16 114.5	11 810.7	2 282	210	2 551.1
62 830	13 622	736	13 253	31 146.8	13 122.6	12 948.6	2 516.8	124.6	2 434.2
32 010	7 763	815	8 684	18 039.5	8 487.5	6 510.4	1 454.7	105.1	1 481.8
5 637	1 233	171	1 499	3 012.3	1 449.8	1 115.3	222.5	20.9	203.8
23 155	5 564	450	5 756	12 229.1	5 473.6	4 629	997.5	66.2	1 062.8
4 458	1 013	148	766	2 476.1	1 322.6	845.5	159.9	19.6	128.5
1 660	631	43	1 313	1 284.4	601	359.8	122.2	7.7	193.7
4 094	1 376	192	559	2 421.8	1 005.4	968.8	314.4	34.6	98.6
3 830	899	228	803	2 076.4	1 009.3	745.4	168.8	28.3	124.6

58. 各省、市、自治区高等学校人文、社会科学人力情况表

	学校数（所）	社科活动人员（人）						
		合计	高级	中级	初级	其他人员	合计	高级
合计	2 322	731 023	263 017	338 106	126 404	117 055	498 616	206 183
北京市	89	36 551	18 105	15 224	3 201	15 864	43 464	18 479
天津市	53	15 336	5 825	7 152	2 342	3 480	12 354	4 890
河北省	121	32 366	12 297	15 395	4 626	2 423	21 703	9 216
山西省	65	17 595	4 784	8 137	4 674	1 760	8 313	3 100
内蒙古自治区	45	11 270	4 415	4 947	1 897	1 028	4 577	2 046
辽宁省	103	31 367	12 732	14 269	3 317	4 287	18 074	8 404
吉林省	54	19 310	7 702	7 920	3 640	3 140	14 865	5 815
黑龙江省	80	21 099	9 517	9 447	2 114	2 338	8 458	4 162
上海市	61	23 072	9 733	10 620	2 715	9 182	16 102	7 688
江苏省	165	46 028	18 679	22 690	4 658	8 763	37 927	16 647
浙江省	102	35 805	12 625	17 303	5 873	6 650	36 280	14 096
安徽省	112	26 825	7 806	12 499	6 425	2 287	12 739	4 941
福建省	86	23 756	7 688	10 929	5 137	3 266	19 331	7 881
江西省	82	22 043	7 263	9 982	4 798	2 462	9 029	3 799
山东省	121	45 438	15 583	21 754	8 101	6 271	22 375	9 460
河南省	123	43 422	12 214	21 107	10 097	4 310	19 801	6 353
湖北省	87	31 125	12 855	13 788	4 286	7 064	20 687	9 059
湖南省	90	29 742	10 448	13 122	6 008	4 233	22 288	9 344
广东省	150	52 461	16 030	27 110	9 318	9 060	35 093	14 513
广西壮族自治区	70	21 198	6 233	9 517	4 033	1 529	16 432	6 385
海南省	16	6 044	1 687	2 633	1 682	592	2 846	1 154
重庆市	65	19 805	6 741	9 419	3 635	3 317	16 356	6 908
四川省	100	33 658	10 917	15 044	7 660	4 095	27 748	10 763
贵州省	47	14 012	5 371	5 788	2 832	1 246	7 595	3 757
云南省	62	18 441	6 433	8 309	3 696	1 920	13 905	5 077
西藏自治区	3	1 282	503	580	198	138	1 254	516
陕西省	75	26 154	9 176	12 263	4 642	4 080	13 919	4 947
甘肃省	40	10 598	4 698	4 695	1 197	989	6 623	3 082
青海省	11	1 916	978	508	406	182	1 061	704
宁夏回族自治区	14	3 960	1 279	1 306	1 206	300	1 481	602
新疆维吾尔自治区	30	9 344	2 700	4 649	1 990	799	5 936	2 395

研究与发展人员(人)				研究与发展人员(人年)					
中级	初级	其他人员	研究生	合计	高级	中级	初级	其他人员	研究生
194 123	44 136	4 359	49 815	105 654.7	48 586.3	39 933.5	8 238.8	617	8 279.1
10 932	1 785	235	12 033	7 911.6	3 963.2	1 958.6	277.9	29.3	1 682.6
4 521	1 203	45	1 695	2 915.4	1 302	1 035.8	230.8	6.3	340.5
9 721	1 651	71	1 044	4 584.5	2 070.8	2 060.8	311.4	10.5	131
3 416	897	0	900	1 654.8	667.9	686	165.1	0	135.8
1 892	444	8	187	1 091.2	515.2	439.3	81	1.2	54.5
7 029	866	333	1 442	3 664.7	1 839.6	1 382.8	155.8	41.7	244.8
5 833	1 645	258	1 314	3 075.6	1 332.9	1 246.6	315.6	28.1	152.4
3 607	463	0	226	3 001.5	1 505.3	1 275.9	152.4	0	67.9
4 552	921	138	2 803	4 561.1	2 549.4	1 155.6	221.3	27.8	607
15 537	1 754	4	3 985	7 480.6	3 529	3 007.1	300.5	0.9	643.1
15 507	3 835	485	2 357	7 979.9	3 332.9	3 302.5	773.2	66.5	504.8
5 290	1 736	58	714	3 042.6	1 277.3	1 173.4	382.8	11.2	197.9
8 736	2 231	93	390	3 635.1	1 603.4	1 563.5	355.7	10	102.5
3 926	1 145	51	108	1 718	754.9	732.4	208.4	7.3	15
10 012	1 985	122	796	5 379.7	2 423.6	2 363.9	408.1	22.5	161.6
9 978	3 275	108	87	3 451.9	1 137.4	1 727.1	554	16.9	16.5
6 617	1 336	118	3 557	4 891.9	2 445.8	1 459	249.6	18.5	719
8 275	2 050	361	2 258	4 971.4	2 424.2	1 838.2	389.8	52.1	267.1
14 955	2 880	173	2 572	7 028	3 339.9	2 834.2	505.2	25.3	323.4
7 083	2 073	714	177	3 016.6	1 213.8	1 285.8	387.4	102.6	27
1 167	363	54	108	510.3	223.1	202.7	64.2	9.2	11.1
5 525	1 363	156	2 404	3 498.7	1 761.1	1 116.9	220.5	20.1	380.1
11 274	3 083	306	2 322	6 003.1	2 597.6	2 407.7	609.3	40.5	348
2 706	977	29	126	1 463.7	763.7	513.2	158.5	4.9	23.4
5 103	1 711	178	1 836	2 956	1 172.9	1 051.9	337.1	21.8	372.3
525	145	58	10	178.5	77.4	75.1	18.3	6.6	1.1
4 974	1 118	46	2 834	2 658.9	1 159.7	934	178.2	6.2	380.8
2 113	337	10	1 081	1 515.7	731.2	427.5	66	1.9	289.1
261	69	15	12	307.6	213.7	71.7	16	3.6	2.6
494	312	36	37	355.5	146.6	117.8	66.4	7.4	17.3
2 562	483	96	400	1 150.6	510.8	486.5	78.3	16.1	58.9

59. 各省、市、自治区所属高等学校人文、社会科学人力情况表

	学校数（所）	社科活动人员（人）						
		合计	高级	中级	初级	其他人员	合计	高级
合计	2 208	647 039	217 840	303 915	121 876	75 999	393 779	159 732
北京市	54	14 284	5 656	6 756	1 854	3 663	12 889	5 210
天津市	50	12 967	4 473	6 303	2 174	2 168	9 130	3 467
河北省	117	31 158	11 672	14 895	4 543	2 261	20 862	8 758
山西省	65	17 595	4 784	8 137	4 674	1 760	8 313	3 100
内蒙古自治区	45	11 270	4 415	4 947	1 897	1 028	4 577	2 046
辽宁省	98	28 329	11 339	12 871	3 118	3 265	15 772	7 380
吉林省	52	16 157	5 870	6 762	3 477	1 638	10 097	3 990
黑龙江省	77	19 446	8 651	8 698	2 076	1 833	7 399	3 611
上海市	51	15 101	5 167	7 521	2 409	4 546	7 814	3 516
江苏省	155	40 297	15 594	20 272	4 430	6 081	29 500	13 179
浙江省	100	34 563	11 805	16 888	5 866	5 863	34 878	13 358
安徽省	110	26 015	7 392	12 110	6 418	2 043	12 082	4 735
福建省	84	21 152	6 476	9 689	4 987	1 947	16 360	6 317
江西省	82	22 043	7 263	9 982	4 798	2 462	9 029	3 799
山东省	119	42 457	14 031	20 557	7 869	4 933	20 560	8 421
河南省	122	43 111	12 094	20 957	10 056	4 287	19 480	6 212
湖北省	79	23 092	8 287	10 576	4 039	2 804	10 732	4 540
湖南省	87	27 362	9 350	12 121	5 728	3 113	19 795	8 034
广东省	145	48 120	13 934	25 166	9 017	6 608	29 031	11 953
广西壮族自治区	70	21 198	6 233	9 517	4 033	1 529	16 432	6 385
海南省	16	6 044	1 687	2 633	1 682	592	2 846	1 154
重庆市	63	17 550	5 427	8 528	3 585	2 392	12 029	4 838
四川省	94	28 642	8 358	12 757	7 490	1 728	18 727	6 976
贵州省	47	14 012	5 371	5 788	2 832	1 246	7 595	3 757
云南省	62	18 441	6 433	8 309	3 696	1 920	13 905	5 077
西藏自治区	3	1 282	503	580	198	138	1 254	516
陕西省	69	21 920	7 109	10 356	4 410	2 458	10 140	3 734
甘肃省	38	8 924	3 809	4 015	1 092	537	4 445	2 194
青海省	11	1 916	978	508	406	182	1 061	704
宁夏回族自治区	13	3 247	979	1 067	1 032	175	1 109	376
新疆维吾尔自治区	30	9 344	2 700	4 649	1 990	799	5 936	2 395

研究与发展人员（人）				研究与发展人员（人年）					
中级	初级	其他人员	研究生	合计	高级	中级	初级	其他人员	研究生
167 592	40 811	3 454	22 190	82 152.1	36 122.9	34 075	7 667.7	501.4	3 785.1
4 286	700	109	2 584	2 343.7	1 090.1	783.9	114.6	14.3	340.8
3 884	1 111	41	627	2 009.9	827.6	856.7	211.6	5.7	108.3
9 375	1 634	71	1 024	4 400.8	1 968.8	1 984.7	309.3	10.5	127.5
3 416	897	0	900	1 654.8	667.9	686	165.1	0	135.8
1 892	444	8	187	1 091.2	515.2	439.3	81	1.2	54.5
6 196	790	315	1 091	3 162.4	1 590.5	1 210.6	141.7	38.7	180.9
4 335	1 418	47	307	2 251.6	960.8	960.8	278.2	6.5	45.3
3 199	452	0	137	2 568.7	1 275.9	1 102	147.7	0	43.1
2 842	798	91	567	1 940.2	968.8	647	199.1	21	104.3
13 350	1 577	4	1 390	5 691.3	2 687.5	2 522.8	265.5	0.9	214.6
15 305	3 834	482	1 899	7 653.7	3 105.2	3 261.4	773.1	66.2	447.8
5 200	1 735	56	356	2 833.5	1 205.8	1 149	382.7	10	86
7 611	2 150	61	221	2 921.5	1 205.7	1 330.8	339.2	6.4	39.4
3 926	1 145	51	108	1 718	754.9	732.4	208.4	7.3	15
9 406	1 927	122	684	4 857.3	2 098	2 198.3	395.4	22.5	143.1
9 830	3 244	107	87	3 399.5	1 114.6	1 702	549.6	16.8	16.5
4 346	1 048	50	748	2 185.8	999.4	849.1	190.5	11.1	135.7
7 615	1 946	331	1 869	4 122.5	1 900.2	1 606.8	356.6	44.6	214.3
13 219	2 676	140	1 043	5 816.6	2 671.5	2 496.6	471.6	18.4	158.5
7 083	2 073	714	177	3 016.6	1 213.8	1 285.8	387.4	102.6	27
1 167	363	54	108	510.3	223.1	202.7	64.2	9.2	11.1
4 394	1 232	69	1 496	2 475.7	1 148.2	851.5	200.8	10	265.2
8 312	2 596	68	775	4 180.5	1 688.6	1 809	541.3	9.8	131.8
2 706	977	29	126	1 463.7	763.7	513.2	158.5	4.9	23.4
5 103	1 711	178	1 836	2 956	1 172.9	1 051.9	337.1	21.8	372.3
525	145	58	10	178.5	77.4	75.1	18.3	6.6	1.1
4 199	1 074	42	1 091	1 947.5	853.8	767.4	170.2	5.7	150.4
1 673	276	9	293	1 045.8	540.9	339.2	51.5	1.6	112.6
261	69	15	12	307.6	213.7	71.7	16	3.6	2.6
374	286	36	37	296.3	107.6	100.8	63.2	7.4	17.3
2 562	483	96	400	1 150.6	510.8	486.5	78.3	16.1	58.9

60. 国务院各部委所属高等学校人文、社会科学人力情况表

	学校数（所）	社科活动人员（人）						
		合计	高级	中级	初级	其他人员	合计	高级
合计	41	18 244	8 170	8 259	1 777	5 951	19 055	8 547
中央办公厅	1	63	24	37	2	13	35	12
外交部	1	256	142	98	16	149	339	176
国防部	1	165	44	79	42	1	80	30
国家民族事务委员会	6	5 270	2 431	2 343	474	1 641	7 216	3 337
公安部	6	1 945	867	899	176	347	1 994	868
司法部	1	306	207	83	16	49	280	186
工业和信息化部	7	3 305	1 777	1 412	106	1 358	2 366	1 248
交通部	1	471	264	189	15	202	732	299
卫生部	1	28	15	12	1	19	19	6
海关总署	1	172	53	119	0	52	207	60
中国民用航空总局	4	1 124	289	552	283	96	845	195
中国地震局	1	109	42	64	3	13	63	30
国家林业局	1	208	85	73	50	13	111	66
国务院侨务办公室	2	2 708	1 059	1 410	239	1 310	2 556	1 319
国家安全生产监督管理总局	1	376	181	144	51	44	153	68
国家体育总局	1	609	211	207	191	171	819	232
中国科学院	2	358	197	150	11	181	337	75
中华全国总工会	1	374	110	188	76	132	363	141
共青团中央	1	115	58	55	2	43	281	92
中华全国妇女联合会	1	282	114	145	23	117	259	107

研究与发展人员（人）				研究与发展人员（人年）					
中级	初级	其他人员	研究生	合计	高级	中级	初级	其他人员	研究生
6 710	1 079	177	2 542	4 137.2	2 009.7	1 436	183.8	25.3	482.4
22	1	0	0	9.7	3.3	6.3	0.1	0	0
105	12	2	44	46.8	24.1	15.8	2.3	0.2	4.4
36	14	0	0	11.2	4.3	4.8	2.1	0	0
2 556	473	106	744	1 315.6	654.7	464.1	70.3	12.9	113.6
707	151	2	266	392.7	187.1	141	26.2	0.4	38
85	5	0	4	50	34.2	14.7	0.7	0	0.4
758	24	3	333	766.6	398.9	257.8	5.8	0.5	103.6
142	5	8	278	168.7	82	31.8	0.7	1.1	53.1
12	1	0	0	2.2	0.7	1.4	0.1	0	0
97	22	25	3	34.5	13.2	15.2	3.2	2.6	0.3
321	93	8	228	192.2	52	80.4	20.9	1.9	37
32	1	0	0	20.1	9.7	10.3	0.1	0	0
29	16	0	0	22.9	14.6	5.5	2.8	0	0
1 076	90	12	59	615.3	343.2	237.3	17.4	3.4	14
76	9	0	0	26.4	11.9	13.5	1	0	0
239	104	0	244	170.9	61.8	48.1	22	0	39
33	0	2	227	118.6	37.5	12.5	0	1.2	67.4
168	43	9	2	65.1	28.6	29.5	5.7	1.1	0.2
84	4	0	101	65.2	30.9	23	0.8	0	10.5
132	11	0	9	42.5	17	23	1.6	0	0.9

61. 教育部直属院校人文、社会科学活动人员及研究与发展人员概况表

	社科活动人员(人)						
	合计	高级	中级	初级	其他人员	合计	高级
合计	65 740	37 007	25 932	2 751	35 105	85 782	37 904
北京大学	1 456	1 139	290	27	1 060	1 314	509
中国人民大学	1 721	1 263	435	23	1 385	2 397	1 631
清华大学	1 453	876	555	22	1 007	2 272	725
北京交通大学	929	474	396	59	388	1 295	475
北京科技大学	431	232	199	0	222	556	270
北京化工大学	391	166	209	16	156	298	126
北京邮电大学	398	236	133	29	172	642	308
中国农业大学	366	247	102	17	180	1 455	459
北京林业大学	515	324	190	1	180	915	265
北京中医药大学	195	106	82	7	74	331	118
北京师范大学	1 196	780	409	7	1 035	3 517	1 578
北京外国语大学	823	393	406	24	428	492	286
北京语言大学	841	353	394	94	396	702	383
中国传媒大学	1 311	626	608	77	600	2 601	874
中央财经大学	1 191	741	382	68	817	1 590	785
对外经济贸易大学	1 032	554	426	52	708	1 523	621
国际关系学院	264	115	119	30	89	319	160
中央音乐学院	402	214	150	37	105	150	97
中央美术学院	416	242	142	32	101	146	70
中央戏剧学院	342	158	131	53	57	249	97
中国政法大学	998	714	265	19	618	1 346	898
华北电力大学	565	254	266	43	170	395	216
南开大学	1 326	951	346	29	972	2 103	1 032
天津大学	530	271	259	0	267	432	241
大连理工大学	716	300	370	31	273	311	119
东北大学	951	436	421	89	347	593	308
吉林大学	1 925	1 119	692	114	952	2 430	708
东北师范大学	1 228	713	466	49	550	2 338	1 117
东北林业大学	525	224	263	38	112	306	116
复旦大学	1 386	896	415	75	608	2 019	1 401
同济大学	1 013	468	514	31	582	886	536
上海交通大学	835	537	295	3	608	483	260
华东理工大学	578	327	236	15	271	475	289
东华大学	662	302	268	92	205	342	177
华东师范大学	1 467	978	485	4	994	2 480	635
上海外国语大学	755	410	289	56	508	527	348
上海财经大学	1 021	575	442	4	808	864	465

研究与发展人员(人)				研究与发展人员(人年)					
中级	初级	其他人员	研究生	合计	高级	中级	初级	其他人员	研究生
19 821	2 246	728	25 083	19 365.4	10 453.7	4 422.5	387.3	90.3	4 011.6
84	2	2	717	319.6	131.7	18.1	0.3	0.7	168.8
460	45	0	261	590.8	468.9	87	6.8	0	28.1
267	1	0	1 279	324.2	148.4	44.4	0.4	0	131
275	32	0	513	215.7	108.6	51.7	4	0	51.4
145	4	0	137	93.1	52	25.5	0.4	0	15.2
73	7	0	92	71	30.4	18.1	1.8	0	20.7
175	70	0	89	130.7	53.2	25.1	9.3	0	43.1
102	54	0	840	243.2	114.1	17.1	8	0	104
66	9	0	575	151	62.7	18.3	1.1	0	68.9
55	3	1	154	47.1	21.2	9.6	0.4	0.1	15.8
696	110	0	1 133	419.8	210.1	82.2	12.3	0	115.2
137	9	0	60	74.3	45.9	21.2	1.2	0	6
172	27	0	120	127.5	76.5	28.9	3.8	0	18.3
743	107	94	783	427.7	185.7	120.9	14	9.9	97.2
276	40	0	489	286.5	138.2	44.7	5.8	0	97.8
446	39	0	417	287.5	163.3	78	4.5	0	41.7
119	30	0	10	47.9	25.8	17.4	3.7	0	1
21	5	1	26	56.6	36.1	7	2.5	0.6	10.4
29	5	1	41	62.1	34.8	12.9	2.4	0.4	11.6
52	32	0	68	42	21	7.8	4.6	0	8.6
239	15	9	185	259.5	196.1	41.1	2.3	0.9	19.1
145	4	6	24	88.8	53.4	30.9	0.9	0.9	2.7
268	5	1	797	618.4	360.1	77	0.5	0.1	180.7
138	10	0	43	139.1	74.8	46.9	2.9	0	14.5
180	8	4	0	43.1	19.3	22.5	0.9	0.4	0
191	21	0	73	114	66.1	34	3.1	0	10.8
529	83	208	902	359.1	145.4	89.5	11.2	21.3	91.7
969	144	3	105	464.9	226.7	196.3	26.2	0.3	15.4
93	11	0	86	108	42.6	36.6	4.7	0	24.1
388	30	6	194	845.5	624.1	162.9	4.2	0.6	53.7
318	12	2	18	273.2	179.2	84.6	2.7	0.2	6.5
130	7	11	75	143.9	83.8	36.8	1.7	3	18.6
125	5	3	53	148.1	96.3	32.6	1.3	0.4	17.5
72	5	0	88	206.2	94.2	39.5	2.1	0	70.4
274	10	0	1 561	556.6	283.1	77.4	2	0	194.1
150	29	0	0	143.3	106.1	32.5	4.7	0	0
155	0	0	244	268.8	100.2	27	0	0	141.6

	社科活动人员(人)						
	合计	高级	中级	初级	其他人员	合计	高级
南京大学	1 060	749	298	13	801	935	592
东南大学	850	442	391	17	384	1 882	726
中国矿业大学	503	272	223	8	218	1 108	524
河海大学	547	318	219	10	359	1 041	285
江南大学	736	377	337	22	235	873	282
南京农业大学	628	299	289	40	242	1 478	506
中国药科大学	266	75	160	31	38	223	74
浙江大学	1 130	784	346	0	772	1 382	728
合肥工业大学	612	313	292	7	182	391	159
厦门大学	1 440	783	559	96	884	1 746	975
山东大学	1 866	1 045	687	134	947	1 025	636
中国海洋大学	535	253	235	47	263	410	205
中国石油大学(华东)	580	254	275	51	128	380	198
武汉大学	1 500	990	487	23	1 023	2 276	1 229
华中科技大学	813	522	275	12	528	781	402
中国地质大学(武汉)	593	279	270	44	210	290	158
武汉理工大学	923	564	339	18	308	422	238
华中农业大学	463	230	213	20	199	634	325
华中师范大学	1 317	721	545	51	763	1 888	561
中南财经政法大学	1 582	786	748	48	854	1 921	677
湖南大学	1 133	574	424	135	761	1 274	567
中南大学	1 082	480	498	103	358	1 139	713
中山大学	1 544	963	579	2	1 148	3 210	1 294
华南理工大学	802	402	393	7	402	1 342	484
四川大学	1 298	749	527	22	808	4 553	1 658
重庆大学	870	493	368	9	416	1 398	479
西南交通大学	744	367	355	22	317	571	343
电子科技大学	490	230	244	16	191	373	192
西南大学	1 385	821	523	41	509	2 929	1 591
西南财经大学	975	626	320	29	728	1 543	823
西安交通大学	977	565	376	34	404	1 941	430
西安电子科技大学	444	225	184	35	130	305	116
长安大学	568	237	301	27	151	290	94
西北农林科技大学	544	191	290	50	121	234	75
陕西师范大学	1 265	629	568	68	687	791	363
兰州大学	797	416	366	15	336	1 207	324
中国矿业大学(北京)	289	86	168	35	123	85	40
中国石油大学(北京)	225	87	113	25	96	204	55
中国地质大学(北京)	210	96	97	17	76	213	80

研究与发展人员(人)				研究与发展人员(人年)					
中级	初级	其他人员	研究生	合计	高级	中级	初级	其他人员	研究生
210	1	0	132	155.6	102.9	26.2	0.1	0	26.4
435	15	0	706	391.2	201	105.5	3.9	0	80.8
453	40	0	91	216.5	103.6	85.3	5.4	0	22.2
207	12	0	537	219.2	72	43.4	2.1	0	101.7
181	10	0	400	263.8	96.2	70.5	2.8	0	94.3
330	50	0	592	260.9	122.1	59.1	9.2	0	70.5
112	24	0	13	64.8	23.5	29.6	6.8	0	4.9
192	1	3	458	316.2	222.7	36.1	0.1	0.3	57
74	1	0	157	109	41	16.9	0.1	0	51
524	70	32	145	448.4	256.4	115.8	14.9	3.6	57.7
284	27	0	78	317.1	218.5	79.9	6	0	12.7
162	18	0	25	139.2	69.7	59.3	5.3	0	4.9
160	13	0	9	66.1	37.4	26.4	1.4	0	0.9
484	89	0	474	765.3	458.7	148.3	24.1	0	134.2
100	0	1	278	254.4	166.9	43.5	0	0.6	43.4
80	28	7	17	98.1	57.4	24.2	8.7	0.8	7
84	1	0	99	117.3	79.7	27.1	0.2	0	10.3
183	48	0	78	95.3	45.5	26.2	6.5	0	17.1
254	11	0	1 062	610.1	258.3	109.7	3.5	0	238.6
519	20	0	705	475.4	202.3	145	5	0	123.1
301	31	27	348	399.4	241.1	102.3	9.3	4.5	42.2
323	59	3	41	438.3	278.6	124.3	21.8	3	10.6
735	0	0	1 181	578.2	333.7	126.2	0	0	118.3
422	108	15	313	243	121.4	67.3	14.5	1.8	38
1 355	316	185	1 039	840.3	406.2	264.1	40.3	23.2	106.5
282	15	0	622	393.5	200.4	104.9	4.8	0	83.4
212	7	0	9	141.4	88	50.6	1.2	0	1.6
173	8	0	0	83.6	44.8	37.3	1.5	0	0
849	116	87	286	629.5	412.5	160.5	14.9	10.1	31.5
302	12	13	393	381.3	204.6	74.9	2.2	2.1	97.5
211	4	0	1 296	278.9	111.8	32	0.6	0	134.5
71	7	0	111	98.8	42.6	29.9	2.1	0	24.2
50	3	1	142	76.5	27.9	11.1	0.6	0.1	36.8
89	8	0	62	76.3	24.4	31.5	2	0	18.4
287	21	1	119	141.9	72.3	52	2.6	0.1	14.9
147	9	1	726	276.6	80.5	27	1.6	0.3	167.2
41	4	0	0	38.1	21	15.6	1.5	0	0
103	6	0	40	25.7	7.7	13.3	0.7	0	4
83	3	0	47	41.4	18.3	15.7	0.3	0	7.1

62. 教育部直属院校人文、社会科学研究与发展人员职称(职务)情况表

单位:人

	合计	按职称划分						研究生(学生)
		教授	副教授	讲师	助教	初级	其他人员	
合计	85 782	17 523	20 381	19 821	1 603	643	728	25 083
北京大学	1 314	322	187	84	2	0	2	717
中国人民大学	2 397	825	806	460	45	0	0	261
清华大学	2 272	364	361	267	1	0	0	1 279
北京交通大学	1 295	214	261	275	14	18	0	513
北京科技大学	556	110	160	145	4	0	0	137
北京化工大学	298	48	78	73	6	1	0	92
北京邮电大学	642	137	171	175	63	7	0	89
中国农业大学	1 455	192	267	102	34	20	0	840
北京林业大学	915	86	179	66	3	6	0	575
北京中医药大学	331	44	74	55	3	0	1	154
北京师范大学	3 517	804	774	696	66	44	0	1 133
北京外国语大学	492	134	152	137	9	0	0	60
北京语言大学	702	176	207	172	11	16	0	120
中国传媒大学	2 601	342	532	743	96	11	94	783
中央财经大学	1 590	337	448	276	31	9	0	489
对外经济贸易大学	1 523	256	365	446	25	14	0	417
国际关系学院	319	47	113	119	30	0	0	10
中央音乐学院	150	63	34	21	5	0	1	26
中央美术学院	146	32	38	29	4	1	1	41
中央戏剧学院	249	48	49	52	8	24	0	68
中国政法大学	1 346	431	467	239	14	1	9	185
华北电力大学	395	68	148	145	4	0	6	24
南开大学	2 103	532	500	268	2	3	1	797
天津大学	432	90	151	138	8	2	0	43
大连理工大学	311	48	71	180	7	1	4	0
东北大学	593	123	185	191	21	0	0	73
吉林大学	2 430	314	394	529	81	2	208	902
东北师范大学	2 338	474	643	969	142	2	3	105
东北林业大学	306	43	73	93	11	0	0	86
复旦大学	2 019	909	492	388	24	6	6	194
同济大学	886	232	304	318	11	1	2	18
上海交通大学	483	149	111	130	2	5	11	75
华东理工大学	475	101	188	125	5	0	3	53
东华大学	342	65	112	72	3	2	0	88
华东师范大学	2 480	330	305	274	10	0	0	1 561
上海外国语大学	527	165	183	150	16	13	0	0
上海财经大学	864	201	264	155	0	0	0	244

续表

	合计	按职称划分						研究生（学生）
		教授	副教授	讲师	助教	初级	其他人员	
南京大学	935	356	236	210	1	0	0	132
东南大学	1 882	288	438	435	14	1	0	706
中国矿业大学	1 108	176	348	453	40	0	0	91
河海大学	1 041	115	170	207	12	0	0	537
江南大学	873	89	193	181	10	0	0	400
南京农业大学	1 478	216	290	330	50	0	0	592
中国药科大学	223	23	51	112	24	0	0	13
浙江大学	1 382	386	342	192	1	0	3	458
合肥工业大学	391	56	103	74	1	0	0	157
厦门大学	1 746	510	465	524	65	5	32	145
山东大学	1 025	336	300	284	16	11	0	78
中国海洋大学	410	86	119	162	16	2	0	25
中国石油大学(华东)	380	62	136	160	8	5	0	9
武汉大学	2 276	656	573	484	33	56	0	474
华中科技大学	781	201	201	100	0	0	1	278
中国地质大学(武汉)	290	61	97	80	19	9	7	17
武汉理工大学	422	75	163	84	0	1	0	99
华中农业大学	634	124	201	183	22	26	0	78
华中师范大学	1 888	338	223	254	10	1	0	1 062
中南财经政法大学	1 921	314	363	519	20	0	0	705
湖南大学	1 274	240	327	301	26	5	27	348
中南大学	1 139	435	278	323	29	30	3	41
中山大学	3 210	636	658	735	0	0	0	1 181
华南理工大学	1 342	223	261	422	29	79	15	313
四川大学	4 553	755	903	1 355	139	177	185	1 039
重庆大学	1 398	197	282	282	10	5	0	622
西南交通大学	571	112	231	212	7	0	0	9
电子科技大学	373	48	144	173	0	8	0	0
西南大学	2 929	649	942	849	116	0	87	286
西南财经大学	1 543	287	536	302	12	0	13	393
西安交通大学	1 941	171	259	211	0	4	0	1 296
西安电子科技大学	305	39	77	71	7	0	0	111
长安大学	290	39	55	50	3	0	1	142
西北农林科技大学	234	29	46	89	7	1	0	62
陕西师范大学	791	137	226	287	19	2	1	119
兰州大学	1 207	148	176	147	8	1	1	726
中国矿业大学(北京)	85	8	32	41	2	2	0	0
中国石油大学(北京)	204	22	33	103	3	3	0	40
中国地质大学(北京)	213	24	56	83	3	0	0	47

63. 教育部直属院校人文、社会科学研究与发展全时人员职称(职务)情况表

单位:人年

	合计	按职称划分						研究生(学生)
		教授	副教授	讲师	助教	初级	其他人员	
合计	19 367	5 221	5 247	4 426	286	102	90	4 016
北京大学	320	84	48	18	0	0	1	169
中国人民大学	591	256	213	87	7	0	0	28
清华大学	324	76	72	44	0	0	0	131
北京交通大学	216	54	55	52	2	2	0	51
北京科技大学	93	23	30	26	0	0	0	15
北京化工大学	71	11	19	18	2	0	0	21
北京邮电大学	131	24	29	25	9	1	0	43
中国农业大学	243	52	62	17	6	2	0	104
北京林业大学	151	22	41	18	0	1	0	69
北京中医药大学	47	8	13	10	0	0	0	16
北京师范大学	420	113	98	82	7	6	0	115
北京外国语大学	74	22	24	21	1	0	0	6
北京语言大学	128	40	36	29	1	3	0	18
中国传媒大学	428	84	102	121	12	2	10	97
中央财经大学	287	57	81	45	5	1	0	98
对外经济贸易大学	288	73	90	78	3	2	0	42
国际关系学院	48	9	17	17	4	0	0	1
中央音乐学院	57	23	13	7	3	0	1	10
中央美术学院	62	14	20	13	2	0	0	12
中央戏剧学院	42	11	10	8	1	4	0	9
中国政法大学	260	105	92	41	2	1	1	19
华北电力大学	89	20	34	31	1	0	1	3
南开大学	618	195	165	77	0	0	0	181
天津大学	139	27	48	47	2	1	0	15
大连理工大学	43	9	10	23	1	0	0	0
东北大学	114	28	39	34	3	0	0	11
吉林大学	359	76	70	90	11	0	21	92
东北师范大学	465	91	135	196	26	0	0	15
东北林业大学	108	13	29	37	5	0	0	24
复旦大学	846	366	258	163	3	1	1	54
同济大学	273	84	95	85	2	0	0	7
上海交通大学	144	50	34	37	1	1	3	19
华东理工大学	148	34	62	33	1	0	0	18
东华大学	206	34	60	40	1	1	0	70
华东师范大学	557	171	113	77	2	0	0	194
上海外国语大学	143	53	53	33	3	2	0	0
上海财经大学	269	49	51	27	0	0	0	142

续表

	合计	按职称划分						研究生（学生）
		教授	副教授	讲师	助教	初级	其他人员	
南京大学	156	70	33	26	0	0	0	26
东南大学	391	79	122	106	4	0	0	81
中国矿业大学	217	35	69	85	5	0	0	22
河海大学	219	37	36	43	2	0	0	102
江南大学	264	31	65	71	3	0	0	94
南京农业大学	261	63	60	59	9	0	0	71
中国药科大学	65	9	15	30	7	0	0	5
浙江大学	316	128	95	36	0	0	0	57
合肥工业大学	109	16	26	17	0	0	0	51
厦门大学	448	146	110	116	14	1	4	58
山东大学	317	122	96	80	3	3	0	13
中国海洋大学	139	28	42	59	4	1	0	5
中国石油大学(华东)	66	11	27	26	1	1	0	1
武汉大学	765	260	199	148	9	15	0	134
华中科技大学	254	87	80	44	0	0	1	43
中国地质大学(武汉)	98	24	34	24	6	3	1	7
武汉理工大学	117	29	51	27	0	0	0	10
华中农业大学	95	17	29	26	3	3	0	17
华中师范大学	610	163	96	110	3	0	0	239
中南财经政法大学	475	104	99	145	5	0	0	123
湖南大学	399	107	134	102	8	1	5	42
中南大学	438	170	108	124	14	8	3	11
中山大学	578	182	152	126	0	0	0	118
华南理工大学	243	63	59	67	5	10	2	38
四川大学	840	200	206	264	21	19	23	107
重庆大学	394	85	116	105	3	2	0	83
西南交通大学	141	31	57	51	1	0	0	2
电子科技大学	84	11	34	37	0	2	0	0
西南大学	630	196	217	161	15	0	10	32
西南财经大学	381	81	124	75	2	0	2	98
西安交通大学	279	52	60	32	0	1	0	135
西安电子科技大学	99	15	28	30	2	0	0	24
长安大学	77	11	17	11	1	0	0	37
西北农林科技大学	76	8	17	32	2	0	0	18
陕西师范大学	142	29	44	52	2	0	0	15
兰州大学	277	43	38	27	2	0	0	167
中国矿业大学(北京)	38	6	15	16	1	1	0	0
中国石油大学(北京)	26	3	5	13	0	0	0	4
中国地质大学(北京)	41	8	11	16	0	0	0	7

1. 全国高等学校人文、社会科学研究与发展经费情况表(一)

		合计	政府资金投入				
			科研活动经费	其中:教育部科研经费	其中:中央其他部门科研经费	其中:省、市、自治区科研经费	其中:其他各类地方政府经费
	合计	17 973 198.94	7 529 572.81	1 376 876.72	2 461 671.09	2 255 268.71	1 435 756.29
按学校隶属关系划分	教育部直属院校	5 962 643.43	3 100 103.98	1 085 354.72	1 159 064.77	388 735.88	466 948.61
	其他部委院校	695 439.71	347 212.72	52 445.3	170 959.33	52 344.28	71 463.81
	地方院校	11 315 115.8	4 082 256.11	239 076.7	1 131 646.99	1 814 188.55	897 343.87
按学校规格划分	本科院校	17 069 162.85	7 321 905.38	1 368 100.31	2 451 409.39	2 164 423.01	1 337 972.67
	专科院校	904 036.09	207 667.43	8 776.41	10 261.7	90 845.7	97 783.62
按学校类型划分	综合大学	6 536 696.24	2 793 886.22	733 319.71	958 720.69	577 385.87	524 459.95
	理工农医院校	3 963 579.11	1 486 100.01	188 969.05	555 439.78	371 093.19	370 597.99
	高等师范院校	3 184 009.18	1 291 304.13	179 265.1	374 121.92	511 485.81	226 431.3
	语言院校	605 752.47	203 669.25	31 837.85	64 655.25	72 636.14	34 540.01
	财经院校	2 160 685.84	955 987.59	147 683.64	270 221.63	373 276.44	164 805.88
	政法院校	461 482.71	221 250.66	44 981.67	70 791.33	62 337.79	43 139.87
	体育院校	157 218.83	71 556.5	5 095.7	25 962.04	25 486.04	15 012.72
	艺术院校	633 989.61	365 832.02	22 635	63 551.89	233 075.33	46 569.8
	民族院校	269 784.95	139 986.43	23 089	78 206.56	28 492.1	10 198.77

单位:千元

当年 R&D 经费收入

			非政府资金投入					
科技活动人员工资	科研基建费	企事业单位委托项目经费	金融机构贷款	自筹经费	境外资金	其他收入	科技活动人员工资
2 977 700.32	34 387.49	4 098 049.45	19 423.59	2 735 972.71	115 923.05	213 292.04	248 877.48
515 624.47	4 100	1 765 070.31	0	344 438.47	100 198.59	122 238.87	10 868.74
112 995.85	2 020	79 029.44	0	147 591.64	672.06	5 918	0
2 349 080	28 267.49	2 253 949.7	19 423.59	2 243 942.6	15 052.4	85 135.17	238 008.74
2 636 770.76	32 488.29	3 991 298.65	18 086	2 532 201.31	115 677.94	207 391.59	213 342.93
340 929.56	1 899.2	106 750.8	1 337.59	203 771.4	245.11	5 900.45	35 534.55
933 576.92	479.2	1 624 179.23	18 000	937 914.56	39 431.25	115 832.12	73 396.74
822 911.12	3 303.3	1 071 631.64	1	408 374.46	57 072.8	39 044.29	75 140.49
551 875.49	7 990	699 709.96	0	582 179.07	10 722.16	25 409.41	14 818.96
88 749.79	12 437.03	82 279.69	0	184 687.05	679.44	12 818.05	20 432.17
348 693.06	6 963.96	418 826.82	1 422.59	362 091.79	4 529.3	10 737.46	51 433.27
80 327.43	2 020	55 308.71	0	93 304.82	2 699.98	6 559.11	12
32 929.59	680	22 784.74	0	28 432.3	100	87	648.7
68 042.45	514	96 728.18	0	87 781.71	270	1 861.1	12 960.15
50 594.47	0	26 600.48	0	51 206.95	418.12	943.5	35

2. 全国高等学校人文、社会科学研究与发展经费情况表(二)

单位:千元

		当年 R&D 经费支出									
		合计	内部支出								转拨给外单位经费
			小计	科研人员费	业务费	科研基建费	仪器设备费	图书资料费	间接费	其他	
	合计	16 186 808.02	16 045 584.75	4 413 537.63	7 612 920.94	35 342.76	895 262.15	1 509 723.23	477 936.36	579 771.13	141 223.27
按学校隶属关系划分	教育部直属院校	5 199 735.14	5 126 329.71	886 470.98	2 834 880.18	4 100	253 510.46	498 041.73	444 409.27	204 917.09	73 405.43
	其他部委院校	623 011.24	621 298.34	134 090	380 804.73	5 198.11	18 039.49	32 401.72	33 527.09	17 237.2	1 712.9
	地方院校	10 364 061.64	10 297 956.7	3 392 976.65	4 397 236.03	26 044.65	623 712.2	979 279.78	0	357 616.84	66 104.94
按学校规格划分	本科院校	15 311 741.62	15 175 783.2	3 959 927.49	7 356 092.3	33 314.56	862 266.04	1 438 545.1	973 788.82	551 848.89	135 958.42
	专科院校	875 066.4	869 801.55	453 610.14	256 828.64	2 028.2	32 996.11	71 178.13	0	27 922.24	5 264.85
按学校类型划分	综合大学	5 864 037.65	5 823 700.44	1 457 858.49	2 932 162.91	2 613	300 880.07	548 241.76	0	185 396.62	40 337.21
	理工农医院校	3 623 168.72	3 574 358.76	1 155 576.85	1 605 817.09	5 820.2	128 056.42	317 301.87	0	136 406.93	48 809.96
	高等师范院校	2 889 277.57	2 871 952.64	773 430.93	1 228 291.96	9 316.65	253 253.07	308 307.33	179 108.65	120 244.05	17 324.93
	语言院校	507 942.55	506 569.34	184 796.51	209 545.1	1 041.1	25 604.65	37 833.64	31 491.38	16 256.96	1 373.21
	财经院校	1 939 640.81	1 929 850.73	526 372.73	894 582.27	9 657.9	100 560.43	192 657.88	0	78 354.04	9 790.08
	政法院校	431 245.52	419 549.46	100 498.86	223 046.69	3 698.11	16 096.05	40 276.34	8 928.29	27 005.12	11 696.06
	体育院校	154 217.71	153 567.76	42 113.29	80 387.64	680	16 086.89	4 767.23	8 369.58	1 163.13	649.95
	艺术院校	546 301.01	535 598.14	106 901.8	326 814.09	1 015.8	44 639.94	35 899.08	0	11 557.99	10 702.87
	民族院校	230 976.48	230 437.48	65 988.17	112 273.19	1 500	10 084.63	24 438.1	12 767.1	3 386.29	539

3. 全国高等学校人文、社会科学研究与发展经费情况表(三)

单位:千元

		当年 R&D 经费内部支出							
		合计	基础研究支出	应用研究支出	实验发展支出	政府资金	企业资金	境外资金	其他资金
	合计	16 045 584.75	7 279 224.66	8 686 875.91	79 484.18	8 625 944.51	5 957 508.12	137 924.21	1 324 207.91
按学校隶属关系划分	教育部直属院校	5 126 329.71	2 133 709.74	2 978 468.91	14 151.06	2 771 967.41	2 060 729.83	109 363.16	184 269.31
	其他部委院校	621 298.34	381 036.06	235 792.52	4 469.76	413 744.15	114 177.02	2 531.59	90 845.58
	地方院校	10 297 956.7	4 764 478.86	5 472 614.48	60 863.36	5 440 232.95	3 782 601.27	26 029.46	1 049 093.02
按学校规格划分	本科院校	15 175 783.2	7 008 083.45	8 091 440.42	76 259.33	8 154 404.28	5 747 166.45	137 606.48	1 136 605.99
	专科院校	869 801.55	271 141.21	595 435.49	3 224.85	471 540.23	210 341.67	317.73	187 601.92
按学校类型划分	综合大学	5 823 700.44	2 729 064.77	3 083 376.34	11 259.33	3 049 559.62	2 339 935.23	56 289.38	377 916.21
	理工农医院校	3 574 358.76	1 286 558.77	2 250 125.34	37 674.65	1 914 064.7	1 367 989.41	44 490.09	247 814.56
	高等师范院校	2 871 952.64	1 710 008.1	1 147 829.21	14 115.33	1 480 800.17	1 032 891.91	16 229.43	342 031.13
	语言院校	506 569.34	281 983.97	224 430.49	154.88	271 148.02	180 412.97	3 042.7	51 965.65
	财经院校	1 929 850.73	570 408.23	1 355 263.14	4 179.36	1 098 035.35	682 531.75	6 223.14	143 060.49
	政法院校	419 549.46	200 400.09	217 379.33	1 770.04	243 033.34	114 677.96	11 100.7	50 737.46
	体育院校	153 567.76	43 934.74	106 177.05	3 455.97	109 352.34	35 615.09	0	8 600.33
	艺术院校	535 598.14	289 551.54	245 569.78	476.82	298 879.24	160 134.86	0	76 584.04
	民族院校	230 437.48	167 314.45	56 725.23	6 397.8	161 071.73	43 318.94	548.77	25 498.04

4. 各省、市、自治区高等学校人文、社会科学研究与发展经费情况表(一)

	合计	政府资金投入				
		科研活动经费	其中:教育部科研经费	其中:中央其他部门科研经费	其中:省、市、自治区科研经费	其中:其他各类地方政府经费
合计	17 973 198.94	7 529 572.81	1 376 876.72	2 461 671.09	2 255 268.71	1 435 756.29
北京市	2 612 519.6	1 444 812.11	372 016.51	566 776.42	288 265.52	217 753.66
天津市	359 957.32	150 183.32	43 635.06	61 048.41	34 205.25	11 294.6
河北省	373 274.2	77 206.96	10 098.1	20 026.4	22 811.24	24 271.22
山西省	180 002.81	69 276.48	10 062.51	18 739.64	29 876.35	10 597.98
内蒙古自治区	75 042.8	39 325.46	2 266	22 796.64	12 284.66	1 978.16
辽宁省	367 333.48	148 043.1	22 858.5	64 159.48	33 117.76	27 907.36
吉林省	370 863.47	159 660.69	45 115.83	79 012.6	16 111.09	19 421.17
黑龙江省	167 947.56	54 935.91	8 099	30 801.31	12 016.59	4 019.01
上海市	1 647 036.77	971 292.02	204 888.72	192 574.4	455 732.75	118 096.15
江苏省	1 103 060.2	469 581.91	80 689.33	197 507.94	88 152.94	103 231.7
浙江省	1 615 163.28	466 319.38	37 217.01	134 237.05	154 128.23	140 737.09
安徽省	474 937.12	203 223.64	18 448	44 213.72	106 087.02	34 474.9
福建省	568 265.27	233 199.38	63 325.7	55 555.93	63 854.4	50 463.35
江西省	241 431.27	76 404.05	5 541.1	42 673.7	22 399.55	5 789.7
山东省	594 424.03	192 568.71	25 297.66	86 966.3	42 784.89	37 519.86
河南省	484 212.69	150 382.41	15 800.8	53 013.9	59 609.79	21 957.92
湖北省	783 133.95	347 028.01	99 177.47	140 449.63	49 252.08	58 148.83
湖南省	619 876.03	263 684.66	30 210.94	87 010.49	100 451.67	46 011.56
广东省	1 987 560.49	822 586.7	100 631.03	129 591.7	311 272.34	281 091.63
广西壮族自治区	349 034.54	158 202.41	3 395.4	31 874.1	97 096.02	25 836.89
海南省	51 120.7	17 276.2	915	9 280	5 664	1 417.2
重庆市	674 349.54	200 953	39 374.87	62 464.9	46 222.07	52 891.16
四川省	748 115.47	218 638.23	68 304.38	87 625.52	33 178.28	29 530.05
贵州省	315 876.77	118 718.18	4 925	25 225	55 883.04	32 685.14
云南省	355 985.64	119 271.55	2 299.42	47 209.99	40 047.4	29 714.74
西藏自治区	18 787.68	8 681.78	925.8	5 898.98	1 707	150
陕西省	470 586.4	173 023.67	38 441	83 266.8	21 546.7	29 769.17
甘肃省	200 470.91	89 639.66	16 524.76	30 515.2	34 126	8 473.7
青海省	23 752.4	14 051.6	32	12 105	1 864.6	50
宁夏回族自治区	34 920.37	20 491.75	1 068	8 262	5 473.25	5 688.5
新疆维吾尔自治区	104 156.18	50 909.88	5 291.82	30 787.94	10 046.23	4 783.89

单位：千元

当年 R&D 经费收入							
		非政府资金投入					
科技活动人员工资	科研基建费	企事业单位委托项目经费	金融机构贷款	自筹经费	境外资金	其他收入	科技活动人员工资
2 977 700.32	34 387.49	4 098 049.45	19 423.59	2 735 972.71	115 923.05	213 292.04	248 877.48
209 581.06	0	774 696.79	0	102 928.93	78 305.48	637.61	1 557.62
101 830.28	0	84 164.39	0	18 891.15	517.48	88	4 282.7
141 759.89	0	38 032.34	0	103 211.71	1 348.72	288	11 426.58
42 352.98	12 050.28	14 280	0	31 345.57	0	8 248.5	2 449
23 300.5	0	6 575.14	0	5 441.3	327	0	73.4
102 638.9	2 020	37 435.59	0	32 245.3	1 671.71	30 454.38	12 824.5
85 083.48	0	63 447.45	0	32 066.9	339.49	9 756.8	20 508.66
88 444.94	0	5 304.7	0	17 806.97	20	0	1 435.04
118 397.82	0	339 493.04	85	129 986.91	1 452.86	76 283.02	10 046.1
198 997.02	119	303 669.87	0	109 727.95	7 040.47	3 194.64	10 729.34
226 608.16	0	522 317.47	1 137.59	338 469.09	8 122.28	9 475.36	42 713.95
100 673.52	3 100	44 761.3	0	96 622.24	1 931.14	17 453.58	7 171.7
95 630.28	0	149 327.55	0	70 701.35	1 149.7	6 148.86	12 108.15
42 412.48	2 432.3	60 223.54	0	45 049.4	0	8 124.3	6 785.2
140 777.13	0	132 051.97	0	110 929.72	1 317.1	3 529.98	13 249.42
81 666.72	500	108 343.9	0	132 158.26	0	1 937	9 224.4
119 095.22	5 180	239 092.31	0	55 679.95	4 797.7	3 806.9	8 453.86
159 797.38	938.2	82 647.61	0	99 492.21	787.83	6 157.18	6 370.96
214 298.76	0	427 103.56	200	481 303.23	2 499.05	15 922	23 647.19
65 147.84	26	55 678.75	18 000	38 626.24	0	6 458.7	6 894.6
11 491.4	0	5 178	0	12 556.2	49.5	435.5	4 133.9
137 753.46	396.75	140 468.04	0	189 733.67	592.62	2	4 450
145 797.15	141	153 514.53	0	218 944.75	716.53	440.56	9 922.72
48 878.94	1 100	44 128.57	0	100 642.16	263.42	2 116.7	28.8
97 677.56	1 883.96	77 858.9	0	45 178.02	1 384.3	1 781.15	10 950.2
3 275.9	0	1 845.2	0	4 967.3	0	17.5	0
80 135.93	0	138 332.35	0	71 717.52	1 188.67	2	6 186.26
44 405.6	0	35 786.52	0	29 555.1	0	15.3	1 068.73
7 642.9	0	907.9	0	1 150	0	0	0
8 872	0	3 283.82	0	2 266.8	0	6	0
33 275.12	4 500	8 098.35	1	6 576.81	100	510.52	184.5

5. 各省、市、自治区高等学校人文、社会科学研究与发展经费情况表(二)

单位:千元

	当年 R&D 经费支出									
	合计	内部支出								转拨给外单位经费
		小计	科研人员费	业务费	科研基建费	仪器设备费	图书资料费	间接费	其他	
合计	16 186 808.02	16 045 584.75	4 413 537.63	7 612 920.94	35 342.76	895 262.15	1 509 723.23	999 026.91	579 771.13	141 223.27
北京市	2 071 266.74	2 032 895.95	359 580.04	1 218 598.86	18.11	81 202.85	128 909.23	170 556.91	74 029.95	38 370.79
天津市	316 016.73	314 424.58	118 547.74	138 479.86	0	14 989.42	18 647.8	17 975.86	5 783.9	1 592.15
河北省	364 926.84	364 636.84	170 941.79	110 911.26	904.5	37 194.24	36 964.11	7 699.64	21.3	290
山西省	160 012.7	159 744.95	59 964.73	41 437.42	632.35	23 901.45	16 158.21	8 924.42	8 726.37	267.75
内蒙古自治区	68 728.82	68 699.82	23 463.9	36 820.71	0	591.33	3 889.97	3 928.51	5.4	29
辽宁省	331 068.67	322 616.22	124 830.12	115 046.54	4 439.79	12 858.59	27 780.25	17 836.73	19 824.2	8 452.45
吉林省	355 485.15	355 018.38	114 084.41	93 150.78	0	24 516.45	79 948.66	15 894.01	27 424.07	466.77
黑龙江省	151 427.3	151 293.1	94 504.05	45 793.99	0	972.47	3 576.64	6 425.95	20	134.2
上海市	1 477 468.25	1 468 107.74	198 174.61	1 003 229.63	0	67 351.8	106 732.07	45 938.18	46 681.45	9 360.51
江苏省	1 000 544.31	983 208.99	251 200.94	375 078.25	88.7	63 660.9	145 624.51	83 235.2	64 320.49	17 335.32
浙江省	1 418 448.71	1 413 217.53	474 524.59	558 892.35	0	97 280.57	134 820.19	81 377.87	66 321.96	5 231.18
安徽省	420 974.74	412 740.68	132 544.96	126 325.44	3 100.6	28 571.02	49 206.83	24 434.58	48 557.25	8 234.06
福建省	523 577.22	514 842.19	145 591.88	237 311.77	170	24 602.95	37 381.34	55 773.32	14 010.93	8 735.03
江西省	231 099.38	229 097.98	63 528.91	71 919.14	1 557.2	17 952.14	25 978.89	14 776.08	33 385.62	2 001.4
山东省	515 052.57	509 386.17	202 137.5	198 510.88	0	23 783.6	55 794.06	29 087.08	73.05	5 666.4

续表

	当年 R&D 经费支出									
	合计	内部支出								转拨给外单位经费
		小计	科研人员费	业务费	科研基建费	仪器设备费	图书资料费	间接费	其他	
河南省	452 498.28	452 157.48	125 926.14	148 572.25	500	51 298.14	61 839.93	30 903.22	33 117.8	340.8
湖北省	732 573.82	726 834.64	176 197.4	385 780.26	7 180	28 951.51	54 264.88	47 703.51	26 757.08	5 739.18
湖南省	557 139.07	556 193.3	219 165.17	183 746.96	17.4	38 834.71	57 288.29	27 179.37	29 961.4	945.77
广东省	1 916 279.65	1 897 893.64	353 621.16	1 114 819.21	1 558.5	113 913.71	176 939.72	125 091.08	11 950.26	18 386.01
广西壮族自治区	309 589.23	308 090.63	86 079.91	127 552	351.7	23 495.84	28 546.13	16 829.58	25 235.47	1 498.6
海南省	49 228.11	49 102.79	21 820.8	17 212.24	0	1 389.28	2 015.74	4 442.4	2 222.33	125.32
重庆市	655 251.7	654 579.1	211 954.66	327 824.05	396.75	29 214.15	44 630.23	36 332.53	4 226.73	672.6
四川省	701 074.67	699 643.69	244 368.4	306 939.68	50	22 362.01	72 066.98	41 359.26	12 497.36	1 430.98
贵州省	287 941.69	287 904.09	94 752.5	133 618.99	800	6 442.4	27 543.61	13 242.15	11 504.44	37.6
云南省	331 816.08	331 729.08	129 267.79	144 622.58	2 663.96	12 014.12	23 111.48	13 005.43	7 043.72	87
西藏自治区	18 073.63	18 073.63	3 528.83	9 840.73	0	927.06	2 159.97	795.14	821.9	0
陕西省	440 601.43	437 462.83	114 998.29	198 101.16	4 700	34 215.69	55 239.9	29 985.09	222.7	3 138.6
甘肃省	181 917.23	179 608.43	46 255.19	82 602.19	2 123.2	10 478.08	23 353.98	14 606.19	189.6	2 308.8
青海省	22 494.35	22 494.35	8 343.5	8 568.76	0	341.2	1 150.7	2 060.45	2 029.74	0
宁夏回族自治区	35 378.72	35 378.72	9 412	21 863.93	0	667.25	908.9	1 229.29	1 297.35	0
新疆维吾尔自治区	88 852.23	88 507.23	34 225.72	29 749.07	4 090	1 287.22	7 250.03	10 397.88	1 507.31	345

6. 各省、市、自治区高等学校人文、社会科学研究与发展经费情况表(三)

单位:千元

	当年 R&D 经费内部支出							
	合计	基础研究支出	应用研究支出	实验发展支出	政府资金	企业资金	境外资金	其他资金
合计	16 045 584.75	7 279 224.66	8 686 875.91	79 484.18	8 625 944.51	5 957 508.12	137 924.21	1 324 207.91
北京市	2 032 895.95	691 946.45	1 334 230.45	6 719.05	1 132 575.17	784 347.85	72 945.45	43 027.48
天津市	314 424.58	123 198.56	188 819.82	2 406.2	160 106.51	124 667.85	1 294.18	28 356.04
河北省	364 636.84	180 594.13	182 044.83	1 997.88	182 016.57	111 423.15	5 569.45	65 627.67
山西省	159 744.95	93 323.92	66 421.03	0	110 535.23	36 335.09	0	12 874.63
内蒙古自治区	68 699.82	40 573.31	28 126.51	0	50 703.31	10 113.08	327	7 556.43
辽宁省	322 616.22	137 513.89	180 871.55	4 230.78	209 953.6	54 576.82	808.33	57 277.47
吉林省	355 018.38	157 584.74	195 663.33	1 770.31	248 322.66	76 378.59	925.43	29 391.7
黑龙江省	151 293.1	117 484.11	33 808.99	0	121 453.97	17 754.53	0.34	12 084.26
上海市	1 468 107.74	908 175.67	559 482.44	449.63	885 904.79	503 030.32	2 064.62	77 108.01
江苏省	983 208.99	356 909.89	620 155.31	6 143.79	528 791.32	400 584.84	6 081.08	47 751.75
浙江省	1 413 217.53	605 322.39	807 456.69	438.45	484 253.86	872 155.58	11 090.2	45 717.89
安徽省	412 740.68	200 152.97	211 244.5	1 343.21	266 625.69	87 771.85	5 049.85	53 293.29
福建省	514 842.19	161 402.49	344 943.92	8 495.78	237 605.39	241 749	2 374.27	33 113.53
江西省	229 097.98	127 467.75	96 298	5 332.23	124 606.44	76 548.59	0	27 942.95
山东省	509 386.17	285 541.37	223 844.8	0	293 367.82	179 967.44	2 429.71	33 621.2
河南省	452 157.48	199 306.39	251 862.48	988.61	259 563.33	159 782.94	0	32 811.21

续表

	当年 R&D 经费内部支出							
	合计	基础研究支出	应用研究支出	实验发展支出	政府资金	企业资金	境外资金	其他资金
湖北省	726 834.64	232 910.31	488 658.25	5 266.08	376 519.71	305 322.66	5 380.98	39 611.29
湖南省	556 193.3	313 889.6	221 846.79	20 456.91	380 635.75	137 129.28	924.86	37 503.41
广东省	1 897 893.64	881 955.08	1 015 659.93	278.63	878 952.8	754 047.55	7 834.25	257 059.04
广西壮族自治区	308 090.63	172 775.5	132 904.37	2 410.76	190 194.91	89 636.83	11.3	28 247.59
海南省	49 102.79	21 947.06	26 904.22	251.51	32 616.67	10 926.67	108.18	5 451.27
重庆市	654 579.1	186 753.86	467 794.22	31.02	313 244.65	266 878.83	1 097.47	73 358.15
四川省	699 643.69	227 244.93	471 049.75	1 349.01	331 263.04	228 842.35	1 711.21	137 827.09
贵州省	287 904.09	157 974.47	123 663.22	6 266.4	146 641.84	112 198.97	685.85	28 377.43
云南省	331 729.08	202 263.33	127 694.15	1 771.6	227 983.43	59 078.51	2 303.09	42 364.05
西藏自治区	18 073.63	13 437.83	4 038.44	597.36	13 798.51	1 256	0	3 019.12
陕西省	437 462.83	329 309.9	108 152.93	0	228 263.48	170 083.66	6 872.09	32 243.6
甘肃省	179 608.43	80 374.56	98 968.23	265.64	90 950.87	69 990.41	14.57	18 652.58
青海省	22 494.35	13 173.61	9 282.76	37.98	20 461.34	1 409.39	0	623.62
宁夏回族自治区	35 378.72	19 344.64	15 848.72	185.36	28 195.82	2 800.99	2.9	4 379.01
新疆维吾尔自治区	88 507.23	39 371.95	49 135.28	0	69 836.03	10 718.5	17.55	7 935.15

7. 各省、市、自治区所属高等学校人文、社会科学研究与发展经费情况表(一)

	合计	政府资金投入				
		科研活动经费	其中:教育部科研经费	其中:中央其他部门科研经费	其中:省、市、自治区科研经费	其中:其他各类地方政府经费
合计	11 315 115.8	4 082 256.11	239 076.7	1 131 646.99	1 814 188.55	897 343.87
北京市	555 059.76	361 155.77	8 986.79	57 663.88	247 422.23	47 082.87
天津市	187 888.86	66 557.57	7 279.46	22 775.56	31 392.95	5 109.6
河北省	355 522.73	72 843.46	7 872.1	18 118.4	22 709.24	24 143.72
山西省	180 002.81	69 276.48	10 062.51	18 739.64	29 876.35	10 597.98
内蒙古自治区	75 042.8	39 325.46	2 266	22 796.64	12 284.66	1 978.16
辽宁省	253 578.08	85 140.81	5 391.5	41 346.27	29 684.78	8 718.26
吉林省	157 984.91	55 960.36	2 982	29 533.5	13 428.99	10 015.87
黑龙江省	127 890.36	34 612.91	2 835	18 767.31	9 959.1	3 051.5
上海市	578 710.3	325 558.15	13 420.9	67 508.03	218 737.27	25 891.95
江苏省	737 108.89	255 468.3	21 282.7	97 803.53	64 598.54	71 783.53
浙江省	1 315 309.66	396 815.22	18 094.01	100 085.33	152 195.49	126 440.39
安徽省	448 655.82	185 241.82	15 298	33 116.9	104 145.02	32 681.9
福建省	367 238.72	126 041.43	7 841.3	21 744.99	52 415.4	44 039.74
江西省	241 431.27	76 404.05	5 541.1	42 673.7	22 399.55	5 789.7
山东省	473 748.76	132 640.87	13 122.86	57 042.56	28 416.13	34 059.32
河南省	481 518.69	149 678.41	15 640.8	52 603.9	59 475.79	21 957.92
湖北省	299 034.54	78 449.12	5 972.09	28 639.97	25 177	18 660.06
湖南省	490 541.4	201 431.93	15 421.15	63 499.59	92 176.72	30 334.47
广东省	1 401 896.75	535 579.6	19 646.15	55 516.7	267 332.69	193 084.06
广西壮族自治区	349 034.54	158 202.41	3 395.4	31 874.1	97 096.02	25 836.89
海南省	51 120.7	17 276.2	915	9 280	5 664	1 417.2
重庆市	475 404.58	124 616.94	8 556.87	36 564.58	39 587.47	39 908.02
四川省	445 245.53	78 810.96	3 265.21	29 398	24 406.29	21 741.46
贵州省	315 876.77	118 718.18	4 925	25 225	55 883.04	32 685.14
云南省	355 985.64	119 271.55	2 299.42	47 209.99	40 047.4	29 714.74
西藏自治区	18 787.68	8 681.78	925.8	5 898.98	1 707	150
陕西省	285 250.05	67 402.98	6 988	30 110.3	16 777.35	13 527.33
甘肃省	136 846.07	59 639.16	2 565.76	17 386.7	33 167	6 519.7
青海省	23 752.4	14 051.6	32	12 105	1 864.6	50
宁夏回族自治区	25 490.55	16 492.75	960	5 830	4 114.25	5 588.5
新疆维吾尔自治区	104 156.18	50 909.88	5 291.82	30 787.94	10 046.23	4 783.89

单位:千元

当年 R&D 经费收入							
		非政府资金投入					
科技活动人员工资	科研基建费	企事业单位委托项目经费	金融机构贷款	自筹经费	境外资金	其他收入	科技活动人员工资
2 349 080	28 267.49	2 253 949.7	19 423.59	2 243 942.6	15 052.4	85 135.17	238 008.74
64 262.22	0	116 921.8	0	10 493.5	668.85	0	1 557.62
76 882.28	0	25 529.27	0	14 289.15	259.89	88	4 282.7
135 194.89	0	37 562.44	0	96 865.64	1 348.72	281	11 426.58
42 352.98	12 050.28	14 280	0	31 345.57	0	8 248.5	2 449
23 300.5	0	6 575.14	0	5 441.3	327	0	73.4
87 236.9	0	31 582.2	0	26 886.94	1 384.13	8 522.6	12 824.5
56 697.48	0	20 329.7	0	13 329.95	90	1 937.5	9 639.92
74 035.94	0	1 599	0	16 187.47	20	0	1 435.04
56 443.62	0	108 553.4	85	76 344.35	122.66	1 557.02	10 046.1
161 894.02	119	212 909.13	0	93 600.45	530.01	1 858.64	10 729.34
213 904.56	0	329 462.79	1 137.59	319 249.67	2 550.52	9 475.36	42 713.95
97 441.52	3 100	42 898.3	0	95 934.24	1 931.14	14 937.1	7 171.7
78 180.48	0	84 013.56	0	60 354.7	722.14	5 818.26	12 108.15
42 412.48	2 432.3	60 223.54	0	45 049.4	0	8 124.3	6 785.2
130 792.43	0	83 239.84	0	109 541.22	775	3 509.98	13 249.42
80 136.72	500	108 343.9	0	131 698.26	0	1 937	9 224.4
59 807.92	1 080	112 774.43	0	37 009.89	637.02	822.3	8 453.86
126 114.68	938.2	55 490.06	0	93 291.59	747.3	6 156.68	6 370.96
171 163.46	0	345 487.63	200	325 018.07	725.8	75	23 647.19
65 147.84	26	55 678.75	18 000	38 626.24	0	6 458.7	6 894.6
11 491.4	0	5 178	0	12 556.2	49.5	435.5	4 133.9
102 759.06	396.75	83 325.01	0	159 854.82	0	2	4 450
100 249.97	141	69 547.35	0	186 032.97	100	440.56	9 922.72
48 878.94	1 100	44 128.57	0	100 642.16	263.42	2 116.7	28.8
97 677.56	1 883.96	77 858.9	0	45 178.02	1 384.3	1 781.15	10 950.2
3 275.9	0	1 845.2	0	4 967.3	0	17.5	0
59 265.83	0	91 908.16	0	60 169.82	315	2	6 186.26
34 628.4	0	16 454.38	0	25 040.1	0	15.3	1 068.73
7 642.9	0	907.9	0	1 150	0	0	0
6 532	0	1 243	0	1 216.8	0	6	0
33 275.12	4 500	8 098.35	1	6 576.81	100	510.52	184.5

8. 各省、市、自治区所属高等学校人文、社会科学研究与发展经费情况表(二)

单位:千元

	当年 R&D 经费支出									
	合计	内部支出								转拨给外单位经费
		小计	科研人员费	业务费	科研基建费	仪器设备费	图书资料费	间接费	其他	
合计	10 364 061.64	10 297 956.7	3 392 976.65	4 397 236.03	26 044.65	623 712.2	979 279.78	521 090.55	357 616.84	66 104.94
北京市	449 956.67	446 025.78	100 148.32	290 389.31	0	8 463.81	21 563.94	19 656.63	5 803.77	3 930.89
天津市	181 901.03	180 308.88	89 407.74	56 020.3	0	10 939.53	13 511.77	6 104.91	4 324.63	1 592.15
河北省	348 643.94	348 353.94	163 215.79	104 651.74	904.5	36 396.64	35 737.43	7 426.54	21.3	290
山西省	160 012.7	159 744.95	59 964.73	41 437.42	632.35	23 901.45	16 158.21	8 924.42	8 726.37	267.75
内蒙古自治区	68 728.82	68 699.82	23 463.9	36 820.71	0	591.33	3 889.97	3 928.51	5.4	29
辽宁省	225 248.95	217 467	108 818.12	55 623.35	759.79	6 998.27	20 121.19	13 430.71	11 715.57	7 781.95
吉林省	141 935.03	141 468.26	74 829.67	30 564.47	0	7 654.19	11 347.02	8 242.91	8 830	466.77
黑龙江省	113 055.9	112 921.7	78 940.55	26 969.79	0	923.72	2 248.74	3 818.9	20	134.2
上海市	551 538.18	549 203.51	86 194.87	343 944.74	0	38 930.52	49 724.07	15 937.28	14 472.03	2 334.67
江苏省	647 551.68	639 000.06	203 797.74	252 799.06	88.7	30 161.61	77 479.72	42 829.48	31 843.75	8 551.62
浙江省	1 121 627.07	1 118 357.89	405 174.33	444 329.85	0	78 884.69	84 904.81	59 546.23	45 517.98	3 269.18
安徽省	396 575.72	389 081.66	124 582.68	119 686.74	3 100.6	27 774.28	47 872.78	21 512.58	44 552	7 494.06
福建省	341 959.01	341 291.98	122 718.13	143 122.09	170	18 424.56	26 603.54	24 523.25	5 730.41	667.03
江西省	231 099.38	229 097.98	63 528.91	71 919.14	1 557.2	17 952.14	25 978.89	14 776.08	33 385.62	2 001.4
山东省	426 161.02	422 509.62	191 398.2	146 233.99	0	21 954.64	40 269.22	22 580.52	73.05	3 651.4

续表

	当年 R&D 经费支出									
	合计	内部支出								转拨给外单位经费
		小计	科研人员费	业务费	科研基建费	仪器设备费	图书资料费	间接费	其他	
河南省	450 476.38	450 176.58	124 266.14	148 456.75	500	51 298.14	61 706.33	30 869.92	33 079.3	299.8
湖北省	269 932.36	264 751.18	83 141.86	120 461.01	1 580	12 626.87	20 729.31	15 053.47	11 158.66	5 181.18
湖南省	443 661.38	442 715.61	173 291.97	137 681.37	17.4	31 001.07	50 970.75	24 496.51	25 256.54	945.77
广东省	1 392 481.94	1 383 605.14	276 253.31	759 015.59	1 558.5	99 033.44	167 820.1	69 517.51	10 406.69	8 876.8
广西壮族自治区	309 589.23	308 090.63	86 079.91	127 552	351.7	23 495.84	28 546.13	16 829.58	25 235.47	1 498.6
海南省	49 228.11	49 102.79	21 820.8	17 212.24	0	1 389.28	2 015.74	4 442.4	2 222.33	125.32
重庆市	460 671.78	460 367.78	142 422.43	248 827.93	396.75	16 823.19	28 194.95	21 325.32	2 377.21	304
四川省	426 693.65	425 921.65	186 490.73	162 714.95	50	16 520.03	38 186.39	13 527.95	8 431.6	772
贵州省	287 941.69	287 904.09	94 752.5	133 618.99	800	6 442.4	27 543.61	13 242.15	11 504.44	37.6
云南省	331 816.08	331 729.08	129 267.79	144 622.58	2 663.96	12 014.12	23 111.48	13 005.43	7 043.72	87
西藏自治区	18 073.63	18 073.63	3 528.83	9 840.73	0	927.06	2 159.97	795.14	821.9	0
陕西省	262 330.92	259 469.92	89 457.49	117 506.48	4 700	13 184.62	28 850.71	5 547.92	222.7	2 861
甘肃省	119 950.98	117 642.18	36 477.99	52 790.35	2 123.2	7 010.09	12 824.88	6 415.67	0	2 308.8
青海省	22 494.35	22 494.35	8 343.5	8 568.76	0	341.2	1 150.7	2 060.45	2 029.74	0
宁夏回族自治区	23 871.83	23 871.83	6 972	14 104.53	0	366.25	807.4	324.3	1 297.35	0
新疆维吾尔自治区	88 852.23	88 507.23	34 225.72	29 749.07	4 090	1 287.22	7 250.03	10 397.88	1 507.31	345

9. 各省、市、自治区所属高等学校人文、社会科学研究与发展经费情况表(三)

单位:千元

	当年 R&D 经费内部支出							
	合计	基础研究支出	应用研究支出	实验发展支出	政府资金	企业资金	境外资金	其他资金
合计	10 297 956.7	4 764 478.86	5 472 614.48	60 863.36	5 440 232.95	3 782 601.27	26 029.46	1 049 093.02
北京市	446 025.78	120 570.45	325 446.07	9.26	269 540.12	169 059.32	264.9	7 161.44
天津市	180 308.88	64 715.43	114 191.68	1 401.77	104 647.92	53 255.21	564.92	21 840.83
河北省	348 353.94	175 893.52	170 562.49	1 897.93	172 630.1	108 717.19	5 569.45	61 437.2
山西省	159 744.95	93 323.92	66 421.03	0	110 535.23	36 335.09	0	12 874.63
内蒙古自治区	68 699.82	40 573.31	28 126.51	0	50 703.31	10 113.08	327	7 556.43
辽宁省	217 467	83 917	131 433.29	2 116.71	136 403.08	50 842.56	587.15	29 634.21
吉林省	141 468.26	61 922.96	77 939.64	1 605.66	102 711.84	26 798.81	429.34	11 528.27
黑龙江省	112 921.7	93 953.81	18 967.89	0	97 527.54	4 037.81	0.34	11 356.01
上海市	549 203.51	294 973.66	253 780.22	449.63	311 535.06	180 420	99.07	57 149.38
江苏省	639 000.06	246 432.82	391 864.63	702.61	331 323.11	270 465.97	247.7	36 963.28
浙江省	1 118 357.89	503 730.09	614 216.73	411.07	419 926.46	650 157.64	2 559.04	45 714.75
安徽省	389 081.66	185 142.91	202 595.54	1 343.21	248 250.93	86 017.66	5 049.85	49 763.22
福建省	341 291.98	112 951.27	219 844.93	8 495.78	164 521.93	154 075.49	1 493.26	21 201.3
江西省	229 097.98	127 467.75	96 298	5 332.23	124 606.44	76 548.59	0	27 942.95
山东省	422 509.62	232 116.4	190 393.22	0	252 002.43	135 512.03	1 750.3	33 244.86
河南省	450 176.58	198 069.95	251 118.02	988.61	257 582.43	159 782.94	0	32 811.21

续表

	当年 R&D 经费内部支出							
	合计	基础研究支出	应用研究支出	实验发展支出	政府资金	企业资金	境外资金	其他资金
湖北省	264 751.18	94 274.18	168 225.98	2 251.02	106 401.59	140 642.51	234.83	17 472.25
湖南省	442 715.61	250 361.88	171 941.13	20 412.6	303 783.39	100 825.71	853.18	37 253.33
广东省	1 383 605.14	617 728.88	765 597.63	278.63	563 020.6	643 145.59	1 594.44	175 844.51
广西壮族自治区	308 090.63	172 775.5	132 904.37	2 410.76	190 194.91	89 636.83	11.3	28 247.59
海南省	49 102.79	21 947.06	26 904.22	251.51	32 616.67	10 926.67	108.18	5 451.27
重庆市	460 367.78	153 889.29	306 447.47	31.02	228 281.61	164 117.39	0	67 968.78
四川省	425 921.65	103 091.03	321 481.61	1 349.01	180 846.01	119 587.19	619.48	124 868.97
贵州省	287 904.09	157 974.47	123 663.22	6 266.4	146 641.84	112 198.97	685.85	28 377.43
云南省	331 729.08	202 263.33	127 694.15	1 771.6	227 983.43	59 078.51	2 303.09	42 364.05
西藏自治区	18 073.63	13 437.83	4 038.44	597.36	13 798.51	1 256	0	3 019.12
陕西省	259 469.92	216 947.88	42 522.04	0	117 593.06	113 622.83	641.77	27 612.26
甘肃省	117 642.18	58 313.08	59 063.46	265.64	63 932.66	42 092.74	14.57	11 602.21
青海省	22 494.35	13 173.61	9 282.76	37.98	20 461.34	1 409.39	0	623.62
宁夏回族自治区	23 871.83	13 173.64	10 512.83	185.36	20 393.37	1 203.05	2.9	2 272.51
新疆维吾尔自治区	88 507.23	39 371.95	49 135.28	0	69 836.03	10 718.5	17.55	7 935.15

10. 国务院各部委所属高等学校人文、社会科学研究与发展经费情况表(一)

	合计	政府资金投入				
		科研活动经费	其中:教育部科研经费	其中:中央其他部门科研经费	其中:省、市、自治区科研经费	其中:其他各类地方政府经费
合计	695 439.71	347 212.72	52 445.3	170 959.33	52 344.28	71 463.81
中央办公厅	400	80	80	0	0	0
外交部	4 601	2 326	710	710	850	56
国防部	812.9	504.6	20	0	184.6	300
国家民族事务委员会	135 296.45	82 660.03	22 171.2	48 552.56	4 980.5	6 955.77
公安部	49 486.47	16 328.14	542	13 785.8	1 303	697.34
司法部	3 712.47	1 189.5	1 054	108	19	8.5
工业和信息化部	148 185.09	96 831.61	12 972.3	54 276.91	7 122.35	22 460.05
交通部	8 775.1	4 303.6	925	2 565	303	510.6
卫生部	1 480	610	54	556	0	0
海关总署	1 755.22	250	56	15	87	92
中国民用航空总局	21 317.19	5 698	1 226	907	321	3 244
中国地震局	941	260	0	190	56	14
国家林业局	1 511	500	0	330	170	0
国务院侨务办公室	220 717.02	85 325.82	1 313	18 700.94	31 798.83	33 513.05
国家安全生产监督管理总局	3 178	1 555	1 022	520	9	4
国家体育总局	39 781.04	15 691.3	4 270	8 206.3	2 120	1 095
中国科学院	21 974.82	18 329.82	707	13 648.82	2 423	1 551
中华全国总工会	11 636.5	2 666.5	1 000	1 286.5	80	300
共青团中央	13 811.03	8 285.8	795.8	6 400.5	492	597.5
中华全国妇女联合会	6 067.41	3 817	3 527	200	25	65

单位:千元

当年 R&D 经费收入							
		非政府资金投入					
科技活动人员工资	科研基建费	企事业单位委托项目经费	金融机构贷款	自筹经费	境外资金	其他收入	科技活动人员工资
112 995.85	2 020	79 029.44	0	147 591.64	672.06	5 918	0
320	0	0	0	0	0	0	0
1 440	0	135	0	700	0	0	0
307.8	0	0	0	0	0	0.5	0
29 947	0	15 495.3	0	6 330	418.12	446	0
11 617	2 020	7 480.33	0	7 141	0	4 900	0
2 140	0	29.9	0	346.07	0	7	0
24 645	0	19 323.01	0	7 385.47	0	0	0
3 468	0	498	0	0	0	505.5	0
870	0	0	0	0	0	0	0
740	0	142.62	0	622.6	0	0	0
6 254	0	9 317.19	0	48	0	0	0
603	0	0	0	78	0	0	0
693	0	0	0	318	0	0	0
18 128.8	0	10 838.4	0	106 365	0	59	0
792	0	440	0	391	0	0	0
3 900	0	4 762.24	0	15 427.5	0	0	0
1 792	0	1 853	0	0	0	0	0
2 360	0	6 234	0	376	0	0	0
1 531.6	0	1 830.63	0	2 063	100	0	0
1 446.65	0	649.82	0	0	153.94	0	0

11. 国务院各部委所属高等学校人文、社会科学研究与发展经费情况表(二)

单位:千元

	当年 R&D 经费支出									
	合计	内部支出								转拨给外单位经费
		小计	科研人员费	业务费	科研基建费	仪器设备费	图书资料费	间接费	其他	
合计	623 011.24	621 298.34	134 090	380 804.73	5 198.11	18 039.49	32 401.72	33 527.09	17 237.2	1 712.9
中央办公厅	434	434	320	44	0	2	48	3	17	0
外交部	4 712	4 151	1 500	1 720	0	117	496	318	0	561
国防部	677.6	677.6	307.9	124	0	0	152.6	52.8	40.3	0
国家民族事务委员会	106 643.64	106 643.64	30 947	49 156.4	1 500	6 334.96	10 590.93	6 988.15	1 126.2	0
公安部	34 703.67	34 662.67	13 488	11 235.85	3 680	872.15	4 092.66	710.59	583.42	41
司法部	3 760.97	3 760.97	2 140	1 505.75	0	0	113.72	1.5	0	0
工业和信息化部	143 600.86	143 237.96	30 740.9	82 207.79	0	4 541.69	7 579.42	8 122.36	10 045.8	362.9
交通部	8 092.22	8 092.22	3 468	2 669.44	0	147.62	233.47	1 190.61	383.08	0
卫生部	924.8	924.8	870	20	0	0	14.8	0	20	0
海关总署	5 033.9	5 033.9	740	2 890.93	0	20.93	1 371.84	10.2	0	0
中国民用航空总局	16 212.49	16 212.49	6 286	9 706	0	3.67	107.56	108	1.26	0
中国地震局	812	812	603	116.5	0	15	69.5	8	0	0
国家林业局	1 779.26	1 779.26	700	712.67	0	0	186.59	180	0	0
国务院侨务办公室	209 793.63	209 785.63	20 803.9	174 375.41	0	182.7	2 158.81	9 876.81	2 388	8
国家安全生产监督管理总局	2 480.93	2 480.93	1 183	1 158.27	0	8.6	117.46	13.6	0	0
国家体育总局	35 875.64	35 875.64	6 546.01	20 559.17	0	5 481.61	461.99	2 826.86	0	0
中国科学院	16 580.44	15 840.44	6 512.28	4 738.96	0	84.28	375.77	2 259.12	1 870.03	740
中华全国总工会	11 623.9	11 623.9	3 577.6	6 048	0	54	1 902.3	18	24	0
共青团中央	11 598.59	11 598.59	1 684.76	6 060.85	18.11	149.73	2 144.9	802.13	738.11	0
中华全国妇女联合会	7 670.7	7 670.7	1 671.65	5 754.74	0	23.55	183.4	37.36	0	0

12. 国务院各部委所属高等学校人文、社会科学研究与发展经费情况表(三)

单位:千元

	当年 R&D 经费内部支出							
	合计	基础研究支出	应用研究支出	实验发展支出	政府资金	企业资金	境外资金	其他资金
合计	621 298.34	381 036.06	235 792.52	4 469.76	413 744.15	114 177.02	2 531.59	90 845.58
中央办公厅	434	0	434	0	228.42	0	0	205.58
外交部	4 151	3 486	665	0	4 038	113	0	0
国防部	677.6	677.6	0	0	619.54	54.01	0	4.05
国家民族事务委员会	106 643.64	67 635.28	38 396.21	612.15	79 501.35	15 189.12	548.77	11 404.4
公安部	34 662.67	19 263.47	15 299.25	99.95	20 608.65	7 158.15	0	6 895.87
司法部	3 760.97	1 633.91	2 127.06	0	2 697.69	594.55	0	468.73
工业和信息化部	143 237.96	53 767.5	89 470.46	0	108 060.25	30 581.25	86.62	4 509.84
交通部	8 092.22	5 099.15	2 937.07	56	7 054.13	843.97	0	194.12
卫生部	924.8	0	924.8	0	924.8	0	0	0
海关总署	5 033.9	4 541.51	492.39	0	717.41	3 711.88	0	604.61
中国民用航空总局	16 212.49	1 197.37	14 073.24	941.88	7 322.25	8 835.48	0	54.76
中国地震局	812	812	0	0	493.42	0	0	318.58
国家林业局	1 779.26	630.93	1 148.33	0	1 079.3	175.71	0	524.25
国务院侨务办公室	209 785.63	181 186.77	28 598.86	0	132 568.04	17 658.74	0	59 558.85
国家安全生产监督管理总局	2 480.93	426.98	2 053.95	0	369.52	2 111.41	0	0
国家体育总局	35 875.64	13 157.72	19 958.14	2 759.78	22 683.49	10 157.11	0	3 035.04
中国科学院	15 840.44	14 357.77	1 482.67	0	14 334.77	1 493.15	0	12.52
中华全国总工会	11 623.9	5 727.83	5 896.07	0	2 407.47	8 720.06	0	496.37
共青团中央	11 598.59	6 696.1	4 902.49	0	4 899.17	4 119.73	21.68	2 558.01
中华全国妇女联合会	7 670.7	738.17	6 932.53	0	3 136.48	2 659.7	1 874.52	0

13. 各类高等学校用于人文、社会科学基础研究、应用研究、实验发展的经费情况表

单位：千元

		合计		基础研究		应用研究		实验发展	
		当年拨入	当年支出	当年拨入	当年支出	当年拨入	当年支出	当年拨入	当年支出
	合计	9 630 172.75	7 872 766.11	4 227 709.2	3 436 853.92	5 366 513.96	4 406 886.54	35 949.59	29 025.65
按学校隶属关系划分	教育部直属院校	4 000 185.45	3 186 788.8	1 681 030.96	1 313 706.08	2 306 683.91	1 863 250.51	12 470.58	9 832.21
	其他部委院校	433 899.59	354 633.2	246 410.45	208 456.43	185 621.2	144 525.95	1 867.94	1 650.82
	地方院校	5 196 087.71	4 331 344.11	2 300 267.79	1 914 691.41	2 874 208.85	2 399 110.08	21 611.07	17 542.62
按学校规格划分	本科院校	9 355 218.99	7 645 505.5	4 159 552.99	3 380 119.73	5 160 791.31	4 236 904.01	34 874.69	28 481.76
	专科院校	274 953.76	227 260.61	68 156.21	56 734.19	205 722.65	169 982.53	1 074.9	543.89
按学校类型划分	综合大学	3 716 276.72	3 050 098.85	1 715 288.17	1 382 103.67	1 995 198.7	1 662 652.19	5 789.85	5 342.99
	理工农医院校	2 494 978.8	2 098 264.51	872 180.75	730 303.89	1 607 526.5	1 355 809.33	15 271.55	12 151.29
	高等师范院校	1 597 559.78	1 333 329.76	970 874.41	811 878.61	619 385.37	515 118.82	7 300	6 332.33
	语言院校	220 009.55	139 512.07	122 018.53	63 094.02	97 990.02	76 385.11	1	32.94
	财经院校	974 700.13	746 318.46	242 329.47	209 115.33	729 548.51	535 939.11	2 822.15	1 264.02
	政法院校	190 162.38	140 774.41	80 026.37	67 939.72	109 207.51	72 488.82	928.5	345.87
	体育院校	71 329.45	71 210.16	16 311.99	15 551.26	53 259.52	54 024.2	1 757.94	1 634.7
	艺术院校	224 680.51	197 537.28	114 857.63	93 874.99	109 551.88	103 438.27	271	224.02
	民族院校	140 475.43	95 720.61	93 821.88	62 992.43	44 845.95	31 030.69	1 807.6	1 697.49

14. 各省、市、自治区高等学校用于人文、社会科学基础研究、应用研究、实验发展的经费情况表(一)

单位:千元

	合计		基础研究		应用研究		实验发展	
	当年拨入	当年支出	当年拨入	当年支出	当年拨入	当年支出	当年拨入	当年支出
合计	9 630 172.75	7 872 766.11	4 227 709.2	3 436 853.92	5 366 513.96	4 406 886.54	35 949.59	29 025.65
北京市	1 796 759.61	1 281 228.45	659 489.85	444 369.09	1 131 745.21	833 896.66	5 524.55	2 962.7
天津市	195 258.95	159 821.15	103 094.78	64 030.85	91 039.17	95 081.29	1 125	709.01
河北省	90 767.97	78 525.51	46 597.82	41 580.88	43 662.97	36 471.51	507.18	473.12
山西省	61 101.88	55 005.89	33 005.53	30 927.33	28 096.35	24 078.56	0	0
内蒙古自治区	50 901.7	44 743.36	31 518.14	26 345.98	19 383.56	18 397.38	0	0
辽宁省	199 630.98	163 064.38	80 470.1	65 926	117 255.52	94 400.04	1 905.36	2 738.34
吉林省	213 789.48	176 984.43	90 213.55	76 215.59	122 306.93	100 056.3	1 269	712.54
黑龙江省	64 341.61	48 545.85	49 475.12	35 431.15	14 866.49	13 114.7	0	0
上海市	809 616.45	636 174.49	495 295.69	379 261.12	314 058.36	256 747.17	262.4	166.2
江苏省	724 673.02	623 786.77	262 728.5	214 413.68	457 130.82	404 785.94	4 813.7	4 587.15
浙江省	792 954.97	630 049.23	331 483.86	253 292.14	461 166.11	376 630.13	305	126.96
安徽省	157 538.36	122 806.83	76 464.51	55 444.96	80 386.85	66 944.77	687	417.1
福建省	302 089.48	274 391.14	66 101.92	87 054.06	230 747.56	183 328.72	5 240	4 008.36
江西省	139 546.69	132 051.51	90 272.09	83 960.47	48 668.1	46 905.5	606.5	1 185.54
山东省	302 704.1	226 830.72	163 968.47	136 060.1	138 735.63	90 770.62	0	0

续表

	合计		基础研究		应用研究		实验发展	
	当年拨入	当年支出	当年拨入	当年支出	当年拨入	当年支出	当年拨入	当年支出
河南省	228 847.72	197 100.96	85 937.27	77 457.86	142 408.45	119 141.1	502	502
湖北省	527 105.38	446 247.88	142 290.49	140 317.24	381 375.98	302 456.47	3 438.91	3 474.17
湖南省	263 070.94	191 336.02	145 829.62	110 726.32	113 338.52	77 953.23	3 902.8	2 656.47
广东省	996 756.23	890 886.82	464 056.07	411 146.25	532 465.66	479 615.22	234.5	125.35
广西壮族自治区	175 166.55	159 453.07	101 821.45	87 083.89	70 930.01	71 282.71	2 415.09	1 086.47
海南省	24 895.2	20 835.06	12 273.8	9 601.33	12 516.4	11 105.73	105	128
重庆市	312 318.99	278 296.21	102 301.27	83 151.93	210 009.72	195 128.28	8	16
四川省	360 693.83	320 953.81	103 334.91	100 227.66	257 078.92	220 454.15	280	272
贵州省	107 874.07	95 070.36	51 382.8	47 589.05	54 666.67	45 884.02	1 824.6	1 597.29
云南省	201 634.21	153 104.39	108 823.19	87 811.45	92 779.02	64 828.56	32	464.38
西藏自治区	13 075.28	13 818.24	10 081.8	10 303.22	2 735.48	2 990.12	258	524.9
陕西省	305 545.69	267 763.32	225 798.42	190 969.52	79 747.27	76 793.8	0	0
甘肃省	103 827.78	94 628.59	42 761.14	42 315.31	60 383.64	52 248.78	683	64.5
青海省	15 717.5	13 960.85	9 579.8	7 804.3	6 137.7	6 129.45	0	27.1
宁夏回族自治区	26 048.37	25 866.72	12 677.1	13 592.35	13 371.27	12 274.37	0	0
新疆维吾尔自治区	65 919.76	49 434.1	28 580.14	22 442.84	37 319.62	26 991.26	20	0

15. 各省、市、自治区所属高等学校用于人文、社会科学基础研究、应用研究、实验发展的经费情况表(二)

单位:千元

	合计		基础研究		应用研究		实验发展	
	当年拨入	当年支出	当年拨入	当年支出	当年拨入	当年支出	当年拨入	当年支出
合计	5 196 087.71	4 331 344.11	2 300 267.79	1 914 691.41	2 874 208.85	2 399 110.08	21 611.07	17 542.62
北京市	281 393.21	220 197.16	71 119.39	49 128	210 273.82	171 065.36	0	3.8
天津市	79 070.49	69 120.43	29 833.48	23 932.62	48 782.01	44 604.05	455	583.76
河北省	86 762.57	75 408.88	44 850.82	40 741.19	41 408.57	34 215.57	503.18	452.12
山西省	61 101.88	55 005.89	33 005.53	30 927.33	28 096.35	24 078.56	0	0
内蒙古自治区	50 901.7	44 743.36	31 518.14	26 345.98	19 383.56	18 397.38	0	0
辽宁省	121 687.58	99 354.15	43 898.68	39 431.81	77 540.9	58 881.61	248	1 040.73
吉林省	74 579.84	56 711.23	34 009.25	23 703.01	39 349.59	32 374.43	1 221	633.79
黑龙江省	44 593.41	29 527.95	39 203.22	24 375.55	5 390.19	5 152.4	0	0
上海市	249 535.09	209 941.25	112 951.2	88 852.81	136 321.49	120 922.24	262.4	166.2
江苏省	458 107.84	373 143.97	174 688.18	133 489.24	282 764.66	239 226.28	655	428.45
浙江省	538 210.38	402 577.85	238 917.74	175 295.88	298 987.64	227 175.97	305	106
安徽省	135 889.06	106 767.11	62 506.27	46 525.12	72 695.79	59 824.89	687	417.1
福建省	177 132.88	155 074.45	36 311.65	53 458.97	135 581.23	97 607.12	5 240	4 008.36
江西省	139 546.69	132 051.51	90 272.09	83 960.47	48 668.1	46 905.5	606.5	1 185.54
山东省	199 625.53	155 808.18	103 980.69	93 174.96	95 644.84	62 633.22	0	0

续表

	合计		基础研究		应用研究		实验发展	
	当年拨入	当年支出	当年拨入	当年支出	当年拨入	当年支出	当年拨入	当年支出
河南省	228 303.72	196 739.06	85 633.27	77 230.56	142 168.45	119 006.5	502	502
湖北省	189 681.09	150 323.28	63 187.89	50 294.27	125 305.2	98 951.7	1 188	1 077.31
湖南省	185 384.81	129 636.93	104 173.27	76 807.01	77 333.74	50 198.45	3 877.8	2 631.47
广东省	646 882.81	619 661.46	275 541.71	265 876.07	371 106.6	353 660.04	234.5	125.35
广西壮族自治区	175 166.55	159 453.07	101 821.45	87 083.89	70 930.01	71 282.71	2 415.09	1 086.47
海南省	24 895.2	20 835.06	12 273.8	9 601.33	12 516.4	11 105.73	105	128
重庆市	202 867.28	173 241.79	82 979.43	65 277.03	119 879.85	107 948.76	8	16
四川省	188 379.45	168 762.49	38 718.05	32 169.58	149 381.4	136 320.91	280	272
贵州省	107 874.07	95 070.36	51 382.8	47 589.05	54 666.67	45 884.02	1 824.6	1 597.29
云南省	201 634.21	153 104.39	108 823.19	87 811.45	92 779.02	64 828.56	32	464.38
西藏自治区	13 075.28	13 818.24	10 081.8	10 303.22	2 735.48	2 990.12	258	524.9
陕西省	172 984.14	132 435.29	144 030.1	103 609.01	28 954.04	28 826.28	0	0
甘肃省	60 225.14	52 634.54	27 364.66	27 587.51	32 177.48	24 982.53	683	64.5
青海省	15 717.5	13 960.85	9 579.8	7 804.3	6 137.7	6 129.45	0	27.1
宁夏回族自治区	18 958.55	16 799.83	9 030.1	9 861.35	9 928.45	6 938.48	0	0
新疆维吾尔自治区	65 919.76	49 434.1	28 580.14	22 442.84	37 319.62	26 991.26	20	0

16. 国务院各部委所属高等学校用于人文、社会科学基础研究、应用研究、实验发展的经费情况表

单位：千元

	合计		基础研究		应用研究		实验发展	
	当年拨入	当年支出	当年拨入	当年支出	当年拨入	当年支出	当年拨入	当年支出
合计	433 899.59	354 633.2	246 410.45	208 456.43	185 621.2	144 525.95	1 867.94	1 650.82
中央办公厅	80	114	0	0	80	114	0	0
外交部	1 481	2 212	1 141	1 470	340	742	0	0
国防部	329.8	250.9	329.8	250.9	0	0	0	0
国家民族事务委员会	86 916.25	55 116.35	50 326	30 988.66	36 120.25	23 776.3	470	351.39
公安部	26 109.47	12 470.41	11 266.28	7 908.99	14 843.19	4 540.42	0	21
司法部	264.4	304.9	94	132.46	166.4	172.44	4	0
工业和信息化部	108 892.39	101 176.26	33 158.97	32 241.82	75 733.42	68 934.44	0	0
交通部	5 307.1	4 624.22	3 741	2 913.86	1 566.1	1 678.36	0	32
卫生部	610	54.8	54	0	556	54.8	0	0
海关总署	1 015.22	4 293.9	839.12	3 873.89	176.1	420.01	0	0
中国民用航空总局	15 063.19	9 926.49	430.43	558.08	14 532.76	9 286.53	100	81.88
中国地震局	338	209	338	209	0	0	0	0
国家林业局	818	1 079.26	486	382.71	332	696.55	0	0
国务院侨务办公室	131 925.72	121 575.88	108 015.2	103 019.79	23 910.52	18 556.09	0	0
国家安全生产监督管理总局	1 013	663.73	713	114.23	300	549.5	0	0
国家体育总局	17 876.54	15 138.49	7 225.11	5 552.18	9 357.49	8 421.76	1 293.94	1 164.55
中国科学院	19 782.82	9 595.39	17 606.24	8 439	2 176.58	1 156.39	0	0
中华全国总工会	8 276.5	8 046.3	6 964	6 733.8	1 312.5	1 312.5	0	0
共青团中央	6 579.43	6 066.01	3 650.3	3 502.03	2 929.13	2 563.98	0	0
中华全国妇女联合会	1 220.76	1 714.91	32	165.03	1 188.76	1 549.88	0	0

17. 全国高等学校人文、社会科学研究与发展经费情况表

经费名称	编号	经费(千元)
上年结转经费	1	9 097 465.35
当年经费收入合计	2	17 973 198.94
政府资金投入	3	10 541 660.62
科研活动经费	4	7 529 572.81
其中:教育部科研项目经费	5	398 068.98
教育部其他科研经费	6	978 807.74
其中:中央高校基本科研业务费	7	626 816.02
中央其他部门科研项目经费	8	2 461 671.09
省市自治区社科基金项目	9	521 262.2
省教育厅科研项目经费	10	438 614.62
省教育厅其他科研经费	11	1 295 391.89
其他各类地方政府经费	12	1 435 756.29
科技活动人员工资	13	2 977 700.32
科研基建费	14	34 387.49
非政府资金投入	15	7 431 538.32
企事业单位委托项目经费	16	4 098 049.45
金融机构贷款	17	19 423.59
自筹经费	18	2 735 972.71
境外资金	19	115 923.05
其中:港澳台地区合作项目经费	20	11 257.94
其他收入	21	213 292.04
科技活动人员工资	22	248 877.48
当年 R&D 经费支出合计	23	16 186 808.02
转拨给外单位经费	24	141 223.27
其中:对国内研究机构支出	25	22 776.29
对国内高等学校支出	26	35 103.84
对国内企业支出	27	30 621.9
对境外机构支出	28	1 593.94
R&D 内部支出经费	29	16 045 584.75
其中:基础研究支出	30	7 279 224.66
应用研究支出	31	8 686 875.91
实验发展支出	32	79 484.18
其中:政府资金	33	8 625 944.51
企业资金	34	5 957 508.12
境外资金	35	137 924.21
其他资金	36	1 324 207.91
科研人员费	37	4 413 537.63
业务费	38	7 612 920.94
科研基建费	39	35 342.76
仪器设备费	40	895 262.15
其中:单价在万元以上的设备费	41	166 341.06
图书资料费	42	1 509 723.23
间接费	43	999 026.91
其中:管理费	44	403 479.06
其他支出	45	579 771.13
当年结余经费	46	10 883 856.27
银行存款	47	10 776 124.96
暂付款	48	107 731.31

18. 本科院校人文、社会科学研究与发展经费情况表

经费名称	编号	经费(千元)
上年结转经费	1	8 842 152.44
当年经费收入合计	2	17 069 162.85
政府资金投入	3	9 991 164.43
科研活动经费	4	7 321 905.38
其中:教育部科研项目经费	5	391 729.87
教育部其他科研经费	6	976 370.44
其中:中央高校基本科研业务费	7	626 599.02
中央其他部门科研项目经费	8	2 451 409.39
省市自治区社科基金项目	9	504 346.39
省教育厅科研项目经费	10	395 638.39
省教育厅其他科研经费	11	1 264 438.23
其他各类地方政府经费	12	1 337 972.67
科技活动人员工资	13	2 636 770.76
科研基建费	14	32 488.29
非政府资金投入	15	7 077 998.42
企事业单位委托项目经费	16	3 991 298.65
金融机构贷款	17	18 086
自筹经费	18	2 532 201.31
境外资金	19	115 677.94
其中:港澳台地区合作项目经费	20	11 228.34
其他收入	21	207 391.59
科技活动人员工资	22	213 342.93
当年 R&D 经费支出合计	23	15 311 741.62
转拨给外单位经费	24	135 958.42
其中:对国内研究机构支出	25	22 703.09
对国内高等学校支出	26	34 850.38
对国内企业支出	27	29 941.9
对境外机构支出	28	233.94
R&D 内部支出经费	29	15 175 783.2
其中:基础研究支出	30	7 008 083.45
应用研究支出	31	8 091 440.42
实验发展支出	32	76 259.33
其中:政府资金	33	8 154 404.28
企业资金	34	5 747 166.45
境外资金	35	137 606.48
其他资金	36	1 136 605.99
科研人员费	37	3 959 927.49
业务费	38	7 356 092.3
科研基建费	39	33 314.56
仪器设备费	40	862 266.04
其中:单价在万元以上的设备费	41	163 737.87
图书资料费	42	1 438 545.1
间接费	43	973 788.82
其中:管理费	44	391 103.95
其他支出	45	551 848.89
当年结余经费	46	10 599 573.67
银行存款	47	10 495 779.49
暂付款	48	103 794.18

19. 专科院校人文、社会科学研究与发展经费情况表

经费名称	编号	经费(千元)
上年结转经费	1	255 312.91
当年经费收入合计	2	904 036.09
政府资金投入	3	550 496.19
科研活动经费	4	207 667.43
其中:教育部科研项目经费	5	6 339.11
教育部其他科研经费	6	2 437.3
其中:中央高校基本科研业务费	7	217
中央其他部门科研项目经费	8	10 261.7
省市自治区社科基金项目	9	16 915.81
省教育厅科研项目经费	10	42 976.23
省教育厅其他科研经费	11	30 953.66
其他各类地方政府经费	12	97 783.62
科技活动人员工资	13	340 929.56
科研基建费	14	1 899.2
非政府资金投入	15	353 539.9
企事业单位委托项目经费	16	106 750.8
金融机构贷款	17	1 337.59
自筹经费	18	203 771.4
境外资金	19	245.11
其中:港澳台地区合作项目经费	20	29.6
其他收入	21	5 900.45
科技活动人员工资	22	35 534.55
当年 R&D 经费支出合计	23	875 066.4
转拨给外单位经费	24	5 264.85
其中:对国内研究机构支出	25	73.2
对国内高等学校支出	26	253.46
对国内企业支出	27	680
对境外机构支出	28	1 360
R&D 内部支出经费	29	869 801.55
其中:基础研究支出	30	271 141.21
应用研究支出	31	595 435.49
实验发展支出	32	3 224.85
其中:政府资金	33	471 540.23
企业资金	34	210 341.67
境外资金	35	317.73
其他资金	36	187 601.92
科研人员费	37	453 610.14
业务费	38	256 828.64
科研基建费	39	2 028.2
仪器设备费	40	32 996.11
其中:单价在万元以上的设备费	41	2 603.19
图书资料费	42	71 178.13
间接费	43	25 238.09
其中:管理费	44	12 375.11
其他支出	45	27 922.24
当年结余经费	46	284 282.6
银行存款	47	280 345.47
暂付款	48	3 937.13

20. 教育部直属院校人文、社会科学研究与发展经费情况表

经费名称	编号	经费(千元)
上年结转经费	1	4 585 729.78
当年经费收入合计	2	5 962 643.43
政府资金投入	3	3 619 828.45
科研活动经费	4	3 100 103.98
其中:教育部科研项目经费	5	208 265.01
教育部其他科研经费	6	877 089.71
其中:中央高校基本科研业务费	7	587 929.32
中央其他部门科研项目经费	8	1 159 064.77
省市自治区社科基金项目	9	129 003.73
省教育厅科研项目经费	10	81 443.7
省教育厅其他科研经费	11	178 288.45
其他各类地方政府经费	12	466 948.61
科技活动人员工资	13	515 624.47
科研基建费	14	4 100
非政府资金投入	15	2 342 814.98
企事业单位委托项目经费	16	1 765 070.31
金融机构贷款	17	0
自筹经费	18	344 438.47
境外资金	19	100 198.59
其中:港澳台地区合作项目经费	20	7 011.78
其他收入	21	122 238.87
科技活动人员工资	22	10 868.74
当年 R&D 经费支出合计	23	5 199 735.14
转拨给外单位经费	24	73 405.43
其中:对国内研究机构支出	25	14 470.65
对国内高等学校支出	26	18 526.56
对国内企业支出	27	10 332.48
对境外机构支出	28	92.94
R&D 内部支出经费	29	5 126 329.71
其中:基础研究支出	30	2 133 709.74
应用研究支出	31	2 978 468.91
实验发展支出	32	14 151.06
其中:政府资金	33	2 771 967.41
企业资金	34	2 060 729.83
境外资金	35	109 363.16
其他资金	36	184 269.31
科研人员费	37	886 470.98
业务费	38	2 834 880.18
科研基建费	39	4 100
仪器设备费	40	253 510.46
其中:单价在万元以上的设备费	41	39 809.52
图书资料费	42	498 041.73
间接费	43	444 409.27
其中:管理费	44	198 358.69
其他支出	45	204 917.09
当年结余经费	46	5 348 638.07
银行存款	47	5 309 458.27
暂付款	48	39 179.8

21. 教育部直属综合大学人文、社会科学研究与发展经费情况表

经费名称	编号	经费(千元)
上年结转经费	1	2 716 539.2
当年经费收入合计	2	3 229 690.1
政府资金投入	3	1 961 855.69
科研活动经费	4	1 685 262.79
其中:教育部科研项目经费	5	129 994.5
教育部其他科研经费	6	527 227.15
其中:中央高校基本科研业务费	7	284 924.39
中央其他部门科研项目经费	8	605 091.6
省市自治区社科基金项目	9	74 674.82
省教育厅科研项目经费	10	43 813.63
省教育厅其他科研经费	11	90 397.2
其他各类地方政府经费	12	214 063.89
科技活动人员工资	13	276 592.9
科研基建费	14	0
非政府资金投入	15	1 267 834.41
企事业单位委托项目经费	16	953 587.18
金融机构贷款	17	0
自筹经费	18	185 171.49
境外资金	19	31 737.04
其中:港澳台地区合作项目经费	20	3 834.46
其他收入	21	97 338.7
科技活动人员工资	22	0
当年 R&D 经费支出合计	23	2 768 102.5
转拨给外单位经费	24	30 539.56
其中:对国内研究机构支出	25	2 357.6
对国内高等学校支出	26	7 650.69
对国内企业支出	27	8 057.9
对境外机构支出	28	0
R&D 内部支出经费	29	2 737 562.94
其中:基础研究支出	30	1 128 515.67
应用研究支出	31	1 604 548.71
实验发展支出	32	4 498.56
其中:政府资金	33	1 439 836.01
企业资金	34	1 175 869.02
境外资金	35	41 522.42
其他资金	36	80 335.49
科研人员费	37	488 947.88
业务费	38	1 538 769.51
科研基建费	39	0
仪器设备费	40	113 893.09
其中:单价在万元以上的设备费	41	31 352.26
图书资料费	42	274 186.84
间接费	43	252 957.66
其中:管理费	44	109 570.55
其他支出	45	68 807.96
当年结余经费	46	3 178 126.8
银行存款	47	3 156 467.98
暂付款	48	21 658.82

22. 教育部直属理工农医院校人文、社会科学研究与发展经费情况表

经费名称	编号	经费(千元)
上年结转经费	1	1 109 405.11
当年经费收入合计	2	1 198 915.94
政府资金投入	3	673 834.07
科研活动经费	4	562 771.27
其中:教育部科研项目经费	5	29 051.28
教育部其他科研经费	6	91 397.41
其中:中央高校基本科研业务费	7	88 741.01
中央其他部门科研项目经费	8	282 472.69
省市自治区社科基金项目	9	32 783.22
省教育厅科研项目经费	10	14 639.79
省教育厅其他科研经费	11	3 200
其他各类地方政府经费	12	109 226.88
科技活动人员工资	13	111 062.8
科研基建费	14	0
非政府资金投入	15	525 081.87
企事业单位委托项目经费	16	412 033.08
金融机构贷款	17	0
自筹经费	18	37 937.47
境外资金	19	54 242.06
其中:港澳台地区合作项目经费	20	1 897.86
其他收入	21	20 869.26
科技活动人员工资	22	0
当年 R&D 经费支出合计	23	1 048 214.83
转拨给外单位经费	24	27 886.31
其中:对国内研究机构支出	25	11 213.05
对国内高等学校支出	26	9 477.87
对国内企业支出	27	2 044.58
对境外机构支出	28	92.94
R&D 内部支出经费	29	1 020 328.52
其中:基础研究支出	30	336 588.6
应用研究支出	31	674 499.78
实验发展支出	32	9 240.14
其中:政府资金	33	512 980.24
企业资金	34	413 395.54
境外资金	35	41 445.47
其他资金	36	52 507.27
科研人员费	37	188 627.77
业务费	38	556 669.46
科研基建费	39	0
仪器设备费	40	38 390.82
其中:单价在万元以上的设备费	41	4 801.68
图书资料费	42	88 489.64
间接费	43	100 990.53
其中:管理费	44	51 158.2
其他支出	45	47 160.3
当年结余经费	46	1 260 106.22
银行存款	47	1 247 769.16
暂付款	48	12 337.06

23. 教育部直属师范院校人文、社会科学研究与发展经费情况表

经费名称	编号	经费(千元)
上年结转经费	1	319 296.59
当年经费收入合计	2	663 867.66
政府资金投入	3	392 128.26
科研活动经费	4	342 031.76
其中:教育部科研项目经费	5	30 284.04
教育部其他科研经费	6	88 640.11
其中:中央高校基本科研业务费	7	67 698.92
中央其他部门科研项目经费	8	99 297.83
省市自治区社科基金项目	9	8 222.13
省教育厅科研项目经费	10	20 648.15
省教育厅其他科研经费	11	17 450
其他各类地方政府经费	12	77 489.5
科技活动人员工资	13	50 096.5
科研基建费	14	0
非政府资金投入	15	271 739.4
企事业单位委托项目经费	16	226 997.04
金融机构贷款	17	0
自筹经费	18	21 830.95
境外资金	19	8 649.37
其中:港澳台地区合作项目经费	20	1 240.46
其他收入	21	3 393.3
科技活动人员工资	22	10 868.74
当年 R&D 经费支出合计	23	614 018.15
转拨给外单位经费	24	1 591.6
其中:对国内研究机构支出	25	0
对国内高等学校支出	26	0
对国内企业支出	27	0
对境外机构支出	28	0
R&D 内部支出经费	29	612 426.55
其中:基础研究支出	30	423 852.55
应用研究支出	31	188 409.35
实验发展支出	32	164.65
其中:政府资金	33	363 199.62
企业资金	34	228 716.69
境外资金	35	12 883.45
其他资金	36	7 626.79
科研人员费	37	77 489.74
业务费	38	314 608.87
科研基建费	39	0
仪器设备费	40	72 248.04
其中:单价在万元以上的设备费	41	1 556.55
图书资料费	42	64 889.59
间接费	43	45 923.03
其中:管理费	44	16 005.47
其他支出	45	37 267.28
当年结余经费	46	369 146.1
银行存款	47	369 123.95
暂付款	48	22.15

24. 教育部直属语言院校人文、社会科学研究与发展经费情况表

经费名称	编号	经费(千元)
上年结转经费	1	153 405.01
当年经费收入合计	2	188 899.64
政府资金投入	3	108 206.45
科研活动经费	4	82 846.45
其中:教育部科研项目经费	5	4 207.3
教育部其他科研经费	6	17 225.04
其中:中央高校基本科研业务费	7	13 905
中央其他部门科研项目经费	8	33 090.46
省市自治区社科基金项目	9	2 964.29
省教育厅科研项目经费	10	767
省教育厅其他科研经费	11	5 041.25
其他各类地方政府经费	12	19 551.11
科技活动人员工资	13	25 360
科研基建费	14	0
非政府资金投入	15	80 693.19
企事业单位委托项目经费	16	43 948.46
金融机构贷款	17	0
自筹经费	18	36 687.96
境外资金	19	56.77
其中:港澳台地区合作项目经费	20	0
其他收入	21	0
科技活动人员工资	22	0
当年 R&D 经费支出合计	23	149 121.66
转拨给外单位经费	24	543.96
其中:对国内研究机构支出	25	0
对国内高等学校支出	26	0
对国内企业支出	27	0
对境外机构支出	28	0
R&D 内部支出经费	29	148 577.7
其中:基础研究支出	30	81 050.88
应用研究支出	31	67 501.77
实验发展支出	32	25.05
其中:政府资金	33	94 324.6
企业资金	34	52 938.17
境外资金	35	330.54
其他资金	36	984.39
科研人员费	37	56 653.26
业务费	38	61 920.85
科研基建费	39	0
仪器设备费	40	3 700.44
其中:单价在万元以上的设备费	41	555.55
图书资料费	42	11 001.36
间接费	43	6 112.51
其中:管理费	44	3 902.67
其他支出	45	9 189.28
当年结余经费	46	193 182.99
银行存款	47	188 135.8
暂付款	48	5 047.19

25. 教育部直属财经院校人文、社会科学研究与发展经费情况表

经费名称	编号	经费(千元)
上年结转经费	1	233 205.51
当年经费收入合计	2	479 550.5
政府资金投入	3	346 507.39
科研活动经费	4	305 385.31
其中:教育部科研项目经费	5	10 756.89
教育部其他科研经费	6	105 140
其中:中央高校基本科研业务费	7	102 700
中央其他部门科研项目经费	8	104 161.65
省市自治区社科基金项目	9	7 329.27
省教育厅科研项目经费	10	1 424.13
省教育厅其他科研经费	11	62 200
其他各类地方政府经费	12	14 373.37
科技活动人员工资	13	37 022.08
科研基建费	14	4 100
非政府资金投入	15	133 043.11
企事业单位委托项目经费	16	94 693.3
金融机构贷款	17	0
自筹经费	18	35 436.44
境外资金	19	2 913.37
其中:港澳台地区合作项目经费	20	39
其他收入	21	0
科技活动人员工资	22	0
当年 R&D 经费支出合计	23	434 944.25
转拨给外单位经费	24	2 528
其中:对国内研究机构支出	25	900
对国内高等学校支出	26	1 398
对国内企业支出	27	230
对境外机构支出	28	0
R&D 内部支出经费	29	432 416.25
其中:基础研究支出	30	111 269.22
应用研究支出	31	321 020.98
实验发展支出	32	126.05
其中:政府资金	33	260 035.17
企业资金	34	143 782.14
境外资金	35	2 205.07
其他资金	36	26 393.87
科研人员费	37	54 691.51
业务费	38	252 199.84
科研基建费	39	4 100
仪器设备费	40	19 620.37
其中:单价在万元以上的设备费	41	419.72
图书资料费	42	51 508.89
间接费	43	33 081.92
其中:管理费	44	13 288.99
其他支出	45	17 213.72
当年结余经费	46	277 811.76
银行存款	47	277 697.18
暂付款	48	114.58

26. 教育部直属政法院校人文、社会科学研究与发展经费情况表

经费名称	编号	经费(千元)
上年结转经费	1	38 672.75
当年经费收入合计	2	157 398.03
政府资金投入	3	103 310.97
科研活动经费	4	93 883.4
其中:教育部科研项目经费	5	2 105
教育部其他科研经费	6	34 810
其中:中央高校基本科研业务费	7	19 810
中央其他部门科研项目经费	8	23 011.54
省市自治区社科基金项目	9	2 030
省教育厅科研项目经费	10	133
省教育厅其他科研经费	11	0
其他各类地方政府经费	12	31 793.86
科技活动人员工资	13	9 427.57
科研基建费	14	0
非政府资金投入	15	54 087.06
企事业单位委托项目经费	16	24 504.47
金融机构贷款	17	0
自筹经费	18	26 345
境外资金	19	2 599.98
其中:港澳台地区合作项目经费	20	0
其他收入	21	637.61
科技活动人员工资	22	0
当年 R&D 经费支出合计	23	144 092.5
转拨给外单位经费	24	10 316
其中:对国内研究机构支出	25	0
对国内高等学校支出	26	0
对国内企业支出	27	0
对境外机构支出	28	0
R&D 内部支出经费	29	133 776.5
其中:基础研究支出	30	29 240.9
应用研究支出	31	104 438.99
实验发展支出	32	96.61
其中:政府资金	33	76 722.02
企业资金	34	31 318.97
境外资金	35	10 976.21
其他资金	36	14 759.3
科研人员费	37	11 882.2
业务费	38	86 493.15
科研基建费	39	0
仪器设备费	40	2 447.03
其中:单价在万元以上的设备费	41	0
图书资料费	42	5 578.52
间接费	43	4 077.61
其中:管理费	44	4 058.1
其他支出	45	23 297.99
当年结余经费	46	51 978.28
银行存款	47	51 978.28
暂付款	48	0

27. 教育部直属艺术院校人文、社会科学研究与发展经费情况表

经费名称	编号	经费(千元)
上年结转经费	1	15 205.61
当年经费收入合计	2	44 321.56
政府资金投入	3	33 985.62
科研活动经费	4	27 923
其中:教育部科研项目经费	5	1 866
教育部其他科研经费	6	12 650
其中:中央高校基本科研业务费	7	10 150
中央其他部门科研项目经费	8	11 939
省市自治区社科基金项目	9	1 000
省教育厅科研项目经费	10	18
省教育厅其他科研经费	11	0
其他各类地方政府经费	12	450
科技活动人员工资	13	6 062.62
科研基建费	14	0
非政府资金投入	15	10 335.94
企事业单位委托项目经费	16	9 306.78
金融机构贷款	17	0
自筹经费	18	1 029.16
境外资金	19	0
其中:港澳台地区合作项目经费	20	0
其他收入	21	0
科技活动人员工资	22	0
当年 R&D 经费支出合计	23	41 241.25
转拨给外单位经费	24	0
其中:对国内研究机构支出	25	0
对国内高等学校支出	26	0
对国内企业支出	27	0
对境外机构支出	28	0
R&D 内部支出经费	29	41 241.25
其中:基础研究支出	30	23 191.92
应用研究支出	31	18 049.33
实验发展支出	32	0
其中:政府资金	33	24 869.75
企业资金	34	14 709.3
境外资金	35	0
其他资金	36	1 662.2
科研人员费	37	8 178.62
业务费	38	24 218.5
科研基建费	39	0
仪器设备费	40	3 210.67
其中:单价在万元以上的设备费	41	1 123.76
图书资料费	42	2 386.89
间接费	43	1 266.01
其中:管理费	44	374.71
其他支出	45	1 980.56
当年结余经费	46	18 285.92
银行存款	47	18 285.92
暂付款	48	0

28. 其他部委院校人文、社会科学研究与发展经费情况表

经费名称	编号	经费(千元)
上年结转经费	1	310 050.88
当年经费收入合计	2	695 439.71
政府资金投入	3	462 228.57
科研活动经费	4	347 212.72
其中:教育部科研项目经费	5	12 034.1
教育部其他科研经费	6	40 411.2
其中:中央高校基本科研业务费	7	36 421
中央其他部门科研项目经费	8	170 959.33
省市自治区社科基金项目	9	21 582.8
省教育厅科研项目经费	10	30 022.18
省教育厅其他科研经费	11	739.3
其他各类地方政府经费	12	71 463.81
科技活动人员工资	13	112 995.85
科研基建费	14	2 020
非政府资金投入	15	233 211.14
企事业单位委托项目经费	16	79 029.44
金融机构贷款	17	0
自筹经费	18	147 591.64
境外资金	19	672.06
其中:港澳台地区合作项目经费	20	100
其他收入	21	5 918
科技活动人员工资	22	0
当年 R&D 经费支出合计	23	623 011.24
转拨给外单位经费	24	1 712.9
其中:对国内研究机构支出	25	833
对国内高等学校支出	26	587
对国内企业支出	27	188
对境外机构支出	28	0
R&D 内部支出经费	29	621 298.34
其中:基础研究支出	30	381 036.06
应用研究支出	31	235 792.52
实验发展支出	32	4 469.76
其中:政府资金	33	413 744.15
企业资金	34	114 177.02
境外资金	35	2 531.59
其他资金	36	90 845.58
科研人员费	37	134 090
业务费	38	380 804.73
科研基建费	39	5 198.11
仪器设备费	40	18 039.49
其中:单价在万元以上的设备费	41	989.66
图书资料费	42	32 401.72
间接费	43	33 527.09
其中:管理费	44	11 719.43
其他支出	45	17 237.2
当年结余经费	46	382 479.35
银行存款	47	380 060.53
暂付款	48	2 418.82

29. 地方院校人文、社会科学研究与发展经费情况表

经费名称	编号	经费(千元)
上年结转经费	1	4 201 684.69
当年经费收入合计	2	11 315 115.8
政府资金投入	3	6 459 603.6
科研活动经费	4	4 082 256.11
其中:教育部科研项目经费	5	177 769.87
教育部其他科研经费	6	61 306.83
其中:中央高校基本科研业务费	7	2 465.7
中央其他部门科研项目经费	8	1 131 646.99
省市自治区社科基金项目	9	370 675.67
省教育厅科研项目经费	10	327 148.74
省教育厅其他科研经费	11	1 116 364.14
其他各类地方政府经费	12	897 343.87
科技活动人员工资	13	2 349 080
科研基建费	14	28 267.49
非政府资金投入	15	4 855 512.2
企事业单位委托项目经费	16	2 253 949.7
金融机构贷款	17	19 423.59
自筹经费	18	2 243 942.6
境外资金	19	15 052.4
其中:港澳台地区合作项目经费	20	4 146.16
其他收入	21	85 135.17
科技活动人员工资	22	238 008.74
当年 R&D 经费支出合计	23	10 364 061.64
转拨给外单位经费	24	66 104.94
其中:对国内研究机构支出	25	7 472.64
对国内高等学校支出	26	15 990.28
对国内企业支出	27	20 101.42
对境外机构支出	28	1 501
R&D 内部支出经费	29	10 297 956.7
其中:基础研究支出	30	4 764 478.86
应用研究支出	31	5 472 614.48
实验发展支出	32	60 863.36
其中:政府资金	33	5 440 232.95
企业资金	34	3 782 601.27
境外资金	35	26 029.46
其他资金	36	1 049 093.02
科研人员费	37	3 392 976.65
业务费	38	4 397 236.03
科研基建费	39	26 044.65
仪器设备费	40	623 712.2
其中:单价在万元以上的设备费	41	125 541.88
图书资料费	42	979 279.78
间接费	43	521 090.55
其中:管理费	44	193 400.94
其他支出	45	357 616.84
当年结余经费	46	5 152 738.85
银行存款	47	5 086 606.16
暂付款	48	66 132.69

30. 综合院校人文、社会科学研究与发展经费情况表

经费名称	编号	经费(千元)
上年结转经费	1	3 874 080.47
当年经费收入合计	2	6 536 696.24
政府资金投入	3	3 727 942.34
科研活动经费	4	2 793 886.22
其中:教育部科研项目经费	5	186 388.46
教育部其他科研经费	6	546 931.25
其中:中央高校基本科研业务费	7	287 129.39
中央其他部门科研项目经费	8	958 720.69
省市自治区社科基金项目	9	187 204.97
省教育厅科研项目经费	10	140 287.76
省教育厅其他科研经费	11	249 893.14
其他各类地方政府经费	12	524 459.95
科技活动人员工资	13	933 576.92
科研基建费	14	479.2
非政府资金投入	15	2 808 753.9
企事业单位委托项目经费	16	1 624 179.23
金融机构贷款	17	18 000
自筹经费	18	937 914.56
境外资金	19	39 431.25
其中:港澳台地区合作项目经费	20	6 402.67
其他收入	21	115 832.12
科技活动人员工资	22	73 396.74
当年 R&D 经费支出合计	23	5 864 037.65
转拨给外单位经费	24	40 337.21
其中:对国内研究机构支出	25	2 857.7
对国内高等学校支出	26	9 087.7
对国内企业支出	27	8 926.9
对境外机构支出	28	5
R&D 内部支出经费	29	5 823 700.44
其中:基础研究支出	30	2 729 064.77
应用研究支出	31	3 083 376.34
实验发展支出	32	11 259.33
其中:政府资金	33	3 049 559.62
企业资金	34	2 339 935.23
境外资金	35	56 289.38
其他资金	36	377 916.21
科研人员费	37	1 457 858.49
业务费	38	2 932 162.91
科研基建费	39	2 613
仪器设备费	40	300 880.07
其中:单价在万元以上的设备费	41	60 625.67
图书资料费	42	548 241.76
间接费	43	396 547.59
其中:管理费	44	170 404.39
其他支出	45	185 396.62
当年结余经费	46	4 546 739.06
银行存款	47	4 504 639.93
暂付款	48	42 099.13

31. 理工农医院校人文、社会科学研究与发展经费情况表

经费名称	编号	经费(千元)
上年结转经费	1	2 199 798.56
当年经费收入合计	2	3 963 579.11
政府资金投入	3	2 312 314.43
科研活动经费	4	1 486 100.01
其中:教育部科研项目经费	5	82 438.54
教育部其他科研经费	6	106 530.51
其中:中央高校基本科研业务费	7	100 774.71
中央其他部门科研项目经费	8	555 439.78
省市自治区社科基金项目	9	154 796.12
省教育厅科研项目经费	10	121 170.28
省教育厅其他科研经费	11	95 126.79
其他各类地方政府经费	12	370 597.99
科技活动人员工资	13	822 911.12
科研基建费	14	3 303.3
非政府资金投入	15	1 651 264.68
企事业单位委托项目经费	16	1 071 631.64
金融机构贷款	17	1
自筹经费	18	408 374.46
境外资金	19	57 072.8
其中:港澳台地区合作项目经费	20	2 341.4
其他收入	21	39 044.29
科技活动人员工资	22	75 140.49
当年 R&D 经费支出合计	23	3 623 168.72
转拨给外单位经费	24	48 809.96
其中:对国内研究机构支出	25	13 535.14
对国内高等学校支出	26	15 182
对国内企业支出	27	9 480.21
对境外机构支出	28	1 552.94
R&D 内部支出经费	29	3 574 358.76
其中:基础研究支出	30	1 286 558.77
应用研究支出	31	2 250 125.34
实验发展支出	32	37 674.65
其中:政府资金	33	1 914 064.7
企业资金	34	1 367 989.41
境外资金	35	44 490.09
其他资金	36	247 814.56
科研人员费	37	1 155 576.85
业务费	38	1 605 817.09
科研基建费	39	5 820.2
仪器设备费	40	128 056.42
其中:单价在万元以上的设备费	41	15 812.7
图书资料费	42	317 301.87
间接费	43	225 379.4
其中:管理费	44	111 216.35
其他支出	45	136 406.93
当年结余经费	46	2 540 208.95
银行存款	47	2 506 083
暂付款	48	34 125.95

32. 师范院校人文、社会科学研究与发展经费情况表

经费名称	编号	经费(千元)
上年结转经费	1	1 260 983.86
当年经费收入合计	2	3 184 009.18
政府资金投入	3	1 851 169.62
科研活动经费	4	1 291 304.13
其中:教育部科研项目经费	5	70 277.1
教育部其他科研经费	6	108 988
其中:中央高校基本科研业务费	7	67 888.92
中央其他部门科研项目经费	8	374 121.92
省市自治区社科基金项目	9	72 238.02
省教育厅科研项目经费	10	101 810.28
省教育厅其他科研经费	11	337 437.51
其他各类地方政府经费	12	226 431.3
科技活动人员工资	13	551 875.49
科研基建费	14	7 990
非政府资金投入	15	1 332 839.56
企事业单位委托项目经费	16	699 709.96
金融机构贷款	17	0
自筹经费	18	582 179.07
境外资金	19	10 722.16
其中:港澳台地区合作项目经费	20	1 894.77
其他收入	21	25 409.41
科技活动人员工资	22	14 818.96
当年 R&D 经费支出合计	23	2 889 277.57
转拨给外单位经费	24	17 324.93
其中:对国内研究机构支出	25	3 911.27
对国内高等学校支出	26	6 381.18
对国内企业支出	27	1 726.9
对境外机构支出	28	33
R&D 内部支出经费	29	2 871 952.64
其中:基础研究支出	30	1 710 008.1
应用研究支出	31	1 147 829.21
实验发展支出	32	14 115.33
其中:政府资金	33	1 480 800.17
企业资金	34	1 032 891.91
境外资金	35	16 229.43
其他资金	36	342 031.13
科研人员费	37	773 430.93
业务费	38	1 228 291.96
科研基建费	39	9 316.65
仪器设备费	40	253 253.07
其中:单价在万元以上的设备费	41	29 422.75
图书资料费	42	308 307.33
间接费	43	179 108.65
其中:管理费	44	53 803.85
其他支出	45	120 244.05
当年结余经费	46	1 555 715.47
银行存款	47	1 543 680.67
暂付款	48	12 034.8

33. 语言院校人文、社会科学研究与发展经费情况表

经费名称	编号	经费(千元)
上年结转经费	1	278 750.94
当年经费收入合计	2	605 752.47
政府资金投入	3	304 856.07
科研活动经费	4	203 669.25
其中:教育部科研项目经费	5	10 032.81
教育部其他科研经费	6	21 805.04
其中:中央高校基本科研业务费	7	14 805
中央其他部门科研项目经费	8	64 655.25
省市自治区社科基金项目	9	15 647.39
省教育厅科研项目经费	10	7 914.5
省教育厅其他科研经费	11	49 074.25
其他各类地方政府经费	12	34 540.01
科技活动人员工资	13	88 749.79
科研基建费	14	12 437.03
非政府资金投入	15	300 896.4
企事业单位委托项目经费	16	82 279.69
金融机构贷款	17	0
自筹经费	18	184 687.05
境外资金	19	679.44
其中:港澳台地区合作项目经费	20	0
其他收入	21	12 818.05
科技活动人员工资	22	20 432.17
当年 R&D 经费支出合计	23	507 942.55
转拨给外单位经费	24	1 373.21
其中:对国内研究机构支出	25	216
对国内高等学校支出	26	352
对国内企业支出	27	0
对境外机构支出	28	0
R&D 内部支出经费	29	506 569.34
其中:基础研究支出	30	281 983.97
应用研究支出	31	224 430.49
实验发展支出	32	154.88
其中:政府资金	33	271 148.02
企业资金	34	180 412.97
境外资金	35	3 042.7
其他资金	36	51 965.65
科研人员费	37	184 796.51
业务费	38	209 545.1
科研基建费	39	1 041.1
仪器设备费	40	25 604.65
其中:单价在万元以上的设备费	41	6 738.39
图书资料费	42	37 833.64
间接费	43	31 491.38
其中:管理费	44	12 459.53
其他支出	45	16 256.96
当年结余经费	46	376 560.86
银行存款	47	370 247.59
暂付款	48	6 313.27

34. 财经院校人文、社会科学研究与发展经费情况表

经费名称	编号	经费(千元)
上年结转经费	1	879 422.5
当年经费收入合计	2	2 160 685.84
政府资金投入	3	1 311 644.61
科研活动经费	4	955 987.59
其中:教育部科研项目经费	5	32 044.2
教育部其他科研经费	6	115 639.44
其中:中央高校基本科研业务费	7	102 705
中央其他部门科研项目经费	8	270 221.63
省市自治区社科基金项目	9	60 250.62
省教育厅科研项目经费	10	36 621.74
省教育厅其他科研经费	11	276 404.08
其他各类地方政府经费	12	164 805.88
科技活动人员工资	13	348 693.06
科研基建费	14	6 963.96
非政府资金投入	15	849 041.23
企事业单位委托项目经费	16	418 826.82
金融机构贷款	17	1 422.59
自筹经费	18	362 091.79
境外资金	19	4 529.3
其中:港澳台地区合作项目经费	20	519.1
其他收入	21	10 737.46
科技活动人员工资	22	51 433.27
当年 R&D 经费支出合计	23	1 939 640.81
转拨给外单位经费	24	9 790.08
其中:对国内研究机构支出	25	1 264.2
对国内高等学校支出	26	1 879.4
对国内企业支出	27	4 208.89
对境外机构支出	28	0
R&D 内部支出经费	29	1 929 850.73
其中:基础研究支出	30	570 408.23
应用研究支出	31	1 355 263.14
实验发展支出	32	4 179.36
其中:政府资金	33	1 098 035.35
企业资金	34	682 531.75
境外资金	35	6 223.14
其他资金	36	143 060.49
科研人员费	37	526 372.73
业务费	38	894 582.27
科研基建费	39	9 657.9
仪器设备费	40	100 560.43
其中:单价在万元以上的设备费	41	19 714.8
图书资料费	42	192 657.88
间接费	43	127 665.48
其中:管理费	44	37 370.12
其他支出	45	78 354.04
当年结余经费	46	1 100 467.53
银行存款	47	1 091 082.27
暂付款	48	9 385.26

35. 政法院校人文、社会科学研究与发展经费情况表

经费名称	编号	经费(千元)
上年结转经费	1	178 910.61
当年经费收入合计	2	461 482.71
政府资金投入	3	303 598.09
科研活动经费	4	221 250.66
其中:教育部科研项目经费	5	6 511.67
教育部其他科研经费	6	38 470
其中:中央高校基本科研业务费	7	21 970
中央其他部门科研项目经费	8	70 791.33
省市自治区社科基金项目	9	11 487.2
省教育厅科研项目经费	10	8 253.92
省教育厅其他科研经费	11	42 596.67
其他各类地方政府经费	12	43 139.87
科技活动人员工资	13	80 327.43
科研基建费	14	2 020
非政府资金投入	15	157 884.62
企事业单位委托项目经费	16	55 308.71
金融机构贷款	17	0
自筹经费	18	93 304.82
境外资金	19	2 699.98
其中:港澳台地区合作项目经费	20	0
其他收入	21	6 559.11
科技活动人员工资	22	12
当年 R&D 经费支出合计	23	431 245.52
转拨给外单位经费	24	11 696.06
其中:对国内研究机构支出	25	280
对国内高等学校支出	26	410
对国内企业支出	27	195.6
对境外机构支出	28	0
R&D 内部支出经费	29	419 549.46
其中:基础研究支出	30	200 400.09
应用研究支出	31	217 379.33
实验发展支出	32	1 770.04
其中:政府资金	33	243 033.34
企业资金	34	114 677.96
境外资金	35	11 100.7
其他资金	36	50 737.46
科研人员费	37	100 498.86
业务费	38	223 046.69
科研基建费	39	3 698.11
仪器设备费	40	16 096.05
其中:单价在万元以上的设备费	41	2 270.84
图书资料费	42	40 276.34
间接费	43	8 928.29
其中:管理费	44	6 003.09
其他支出	45	27 005.12
当年结余经费	46	209 147.8
银行存款	47	207 923.3
暂付款	48	1 224.5

36. 艺术院校人文、社会科学研究与发展经费情况表

经费名称	编号	经费(千元)
上年结转经费	1	303 446.79
当年经费收入合计	2	633 989.61
政府资金投入	3	434 388.47
科研活动经费	4	365 832.02
其中:教育部科研项目经费	5	3 944.7
教育部其他科研经费	6	18 690.3
其中:中央高校基本科研业务费	7	10 150
中央其他部门科研项目经费	8	63 551.89
省市自治区社科基金项目	9	8 448.24
省教育厅科研项目经费	10	14 915.14
省教育厅其他科研经费	11	209 711.95
其他各类地方政府经费	12	46 569.8
科技活动人员工资	13	68 042.45
科研基建费	14	514
非政府资金投入	15	199 601.14
企事业单位委托项目经费	16	96 728.18
金融机构贷款	17	0
自筹经费	18	87 781.71
境外资金	19	270
其中:港澳台地区合作项目经费	20	0
其他收入	21	1 861.1
科技活动人员工资	22	12 960.15
当年 R&D 经费支出合计	23	546 301.01
转拨给外单位经费	24	10 702.87
其中:对国内研究机构支出	25	502.75
对国内高等学校支出	26	1 202.5
对国内企业支出	27	5 887.92
对境外机构支出	28	3
R&D 内部支出经费	29	535 598.14
其中:基础研究支出	30	289 551.54
应用研究支出	31	245 569.78
实验发展支出	32	476.82
其中:政府资金	33	298 879.24
企业资金	34	160 134.86
境外资金	35	0
其他资金	36	76 584.04
科研人员费	37	106 901.8
业务费	38	326 814.09
科研基建费	39	1 015.8
仪器设备费	40	44 639.94
其中:单价在万元以上的设备费	41	23 495.51
图书资料费	42	35 899.08
间接费	43	8 769.44
其中:管理费	44	4 988.96
其他支出	45	11 557.99
当年结余经费	46	391 135.39
银行存款	47	390 562.61
暂付款	48	572.78

37. 民族院校人文、社会科学研究与发展经费情况表

经费名称	编号	经费(千元)
上年结转经费	1	57 414.19
当年经费收入合计	2	269 784.95
政府资金投入	3	190 580.9
科研活动经费	4	139 986.43
其中:教育部科研项目经费	5	5 345.8
教育部其他科研经费	6	17 743.2
其中:中央高校基本科研业务费	7	17 393
中央其他部门科研项目经费	8	78 206.56
省市自治区社科基金项目	9	7 486.6
省教育厅科研项目经费	10	2 905.5
省教育厅其他科研经费	11	18 100
其他各类地方政府经费	12	10 198.77
科技活动人员工资	13	50 594.47
科研基建费	14	0
非政府资金投入	15	79 204.05
企事业单位委托项目经费	16	26 600.48
金融机构贷款	17	0
自筹经费	18	51 206.95
境外资金	19	418.12
其中:港澳台地区合作项目经费	20	100
其他收入	21	943.5
科技活动人员工资	22	35
当年 R&D 经费支出合计	23	230 976.48
转拨给外单位经费	24	539
其中:对国内研究机构支出	25	118
对国内高等学校支出	26	286
对国内企业支出	27	135
对境外机构支出	28	0
R&D 内部支出经费	29	230 437.48
其中:基础研究支出	30	167 314.45
应用研究支出	31	56 725.23
实验发展支出	32	6 397.8
其中:政府资金	33	161 071.73
企业资金	34	43 318.94
境外资金	35	548.77
其他资金	36	25 498.04
科研人员费	37	65 988.17
业务费	38	112 273.19
科研基建费	39	1 500
仪器设备费	40	10 084.63
其中:单价在万元以上的设备费	41	523
图书资料费	42	24 438.1
间接费	43	12 767.1
其中:管理费	44	4 652.22
其他支出	45	3 386.29
当年结余经费	46	96 222.66
银行存款	47	94 748.91
暂付款	48	1 473.75

38. 体育院校人文、社会科学研究与发展经费情况表

经费名称	编号	经费（千元）
上年结转经费	1	64 657.43
当年经费收入合计	2	157 218.83
政府资金投入	3	105 166.09
科研活动经费	4	71 556.5
其中：教育部科研项目经费	5	1 085.7
教育部其他科研经费	6	4 010
其中：中央高校基本科研业务费	7	4 000
中央其他部门科研项目经费	8	25 962.04
省市自治区社科基金项目	9	3 703.04
省教育厅科研项目经费	10	4 735.5
省教育厅其他科研经费	11	17 047.5
其他各类地方政府经费	12	15 012.72
科技活动人员工资	13	32 929.59
科研基建费	14	680
非政府资金投入	15	52 052.74
企事业单位委托项目经费	16	22 784.74
金融机构贷款	17	0
自筹经费	18	28 432.3
境外资金	19	100
其中：港澳台地区合作项目经费	20	0
其他收入	21	87
科技活动人员工资	22	648.7
当年 R&D 经费支出合计	23	154 217.71
转拨给外单位经费	24	649.95
其中：对国内研究机构支出	25	91.23
对国内高等学校支出	26	323.06
对国内企业支出	27	60.48
对境外机构支出	28	0
R&D 内部支出经费	29	153 567.76
其中：基础研究支出	30	43 934.74
应用研究支出	31	106 177.05
实验发展支出	32	3 455.97
其中：政府资金	33	109 352.34
企业资金	34	35 615.09
境外资金	35	0
其他资金	36	8 600.33
科研人员费	37	42 113.29
业务费	38	80 387.64
科研基建费	39	680
仪器设备费	40	16 086.89
其中：单价在万元以上的设备费	41	7 737.4
图书资料费	42	4 767.23
间接费	43	8 369.58
其中：管理费	44	2 580.55
其他支出	45	1 163.13
当年结余经费	46	67 658.55
银行存款	47	67 156.68
暂付款	48	501.87

39. 教育部直属院校人文、社会科学研究与发展经费情况表(一)

	合计	科研活动经费	其中：教育部科研经费	中央其他部门科研经费	省、市、自治区科研经费	其他各类地方政府经费
合计	5 962 643.43	3 100 103.98	1 085 354.72	1 159 064.77	388 735.88	466 948.61
北京大学	336 587.66	178 885.92	105 078	64 368	2 788.32	6 651.6
中国人民大学	273 345.81	183 729.27	58 905.5	96 287.24	4 305.13	24 231.4
清华大学	280 874.02	118 309.12	12 854.54	88 751.44	3 598	13 105.14
北京交通大学	74 019.46	33 772.92	9 073	13 944.23	938	9 817.69
北京科技大学	29 968.19	17 905.92	6 124.5	8 975.18	1 312	1 494.24
北京化工大学	9 719.63	4 652.63	1 681.76	695	2 175.87	100
北京邮电大学	13 965.8	2 165.4	68.4	830	623	644
中国农业大学	47 084.49	21 865.15	10 904	6 507.58	380	4 073.57
北京林业大学	22 198.26	13 638.55	1 790	10 703.55	305	840
北京中医药大学	5 421.68	3 710.85	561.54	1 720.91	290	1 138.4
北京师范大学	233 759.5	98 304.04	30 238.44	27 968.69	2 074.21	38 022.7
北京外国语大学	15 717.08	12 826.32	3 019.14	8 808.23	922.65	76.3
北京语言大学	37 743.55	24 676.48	9 400.6	12 363.97	839.64	2 072.27
中国传媒大学	77 123.43	27 758.17	4 283.7	6 383.93	760	16 330.54
中央财经大学	77 295.97	42 481.33	24 875.3	16 086.9	1 332	187.13
对外经济贸易大学	81 202.01	52 900.71	14 148.9	28 973.89	2 441	7 336.92
国际关系学院	33 841.83	28 412.15	5 180	1 568	518	21 146.15
中央音乐学院	11 423.16	8 696	2 916	5 780	0	0
中央美术学院	22 755.08	10 444	3 150	5 844	1 000	450
中央戏剧学院	10 143.32	8 783	8 450	315	18	0
中国政法大学	123 556.2	65 471.25	31 735	21 443.54	1 645	10 647.71
华北电力大学	31 301.43	7 260.75	764	3 862.14	2 113.81	520.8
南开大学	120 138.17	67 548.75	29 805.6	34 120.85	981.3	2 641
天津大学	32 991	11 574	5 604	3 945	1 725	300
大连理工大学	7 089	5 793	1 382	3 800	591	20
东北大学	59 480.77	30 768.67	1 590	8 624.19	2 210.98	18 343.5
吉林大学	125 819.13	63 859.7	31 008	30 990.7	1 138	723
东北师范大学	87 059.43	39 840.63	11 125.83	18 488.4	1 544.1	8 682.3
东北林业大学	4 050.7	1 229	57	930	140	102
复旦大学	366 477.35	234 428.11	71 030.9	23 454.94	98 968.17	40 974.1
同济大学	57 441.2	31 702.52	12 705.8	8 199.6	4 899.5	5 897.62
上海交通大学	159 758.97	87 044.25	34 689.6	23 104.13	17 906.8	11 343.72
华东理工大学	37 286.22	20 225.37	2 867	9 877.07	5 745	1 736.3
东华大学	27 971.62	8 167.6	1 690	1 370	4 267.5	840.1
华东师范大学	202 109.88	132 828.42	39 113	26 957.66	40 145.97	26 611.79
上海外国语大学	58 315.58	17 585.48	4 728.9	5 534.33	6 250.25	1 072
上海财经大学	157 186.43	113 502.12	24 586.62	26 553.64	58 725.29	3 636.57

单位:千元

当年 R&D 经费收入合计

科技活动人员工资	科研基建费	企事业单位委托项目经费	金融机构贷款	自筹经费	境外资金	其他收入
515 624.47	4 100	1 765 070.31	0	344 438.47	100 198.59	122 238.87
4 524	0	96 532.59	0	40 200	16 445.15	0
16 965	0	70 387.43	0	0	2 264.11	0
7 800	0	117 460.54	0	0	37 304.36	0
4 929	0	33 363.12	0	253	1 701.42	0
3 505.5	0	8 205.77	0	350	1	0
1 398	0	3 669	0	0	0	0
3 250	0	8 550.4	0	0	0	0
3 978	0	14 473.05	0	0	6 768.29	0
2 000	0	6 559.71	0	0	0	0
1 252	0	458.83	0	0	0	0
9 260	0	120 764.18	0	0	5 431.28	0
2 049	0	841.76	0	0	0	0
3 285	0	9 782.07	0	0	0	0
16 880	0	32 462.6	0	0	22.66	0
5 670	0	29 052.56	0	0	92.08	0
7 852.8	0	12 597.21	0	5 030	2 821.29	0
2 190.07	0	465	0	2 137	0	637.61
1 698	0	0	0	1 029.16	0	0
3 004.3	0	9 306.78	0	0	0	0
1 360.32	0	0	0	0	0	0
7 237.5	0	24 039.47	0	24 208	2 599.98	0
2 557	0	19 970.73	0	0	1 512.95	0
13 140	0	38 921.83	0	270	257.59	0
6 480	0	10 605	0	4 332	0	0
1 296	0	0	0	0	0	0
4 650	0	2 939.88	0	4 308.36	287.58	16 526.28
14 436	0	35 499.8	0	6 962	135.63	4 926
13 950	0	7 617.95	0	11 774.95	113.86	2 893.3
2 517	0	291.2	0	13.5	0	0
25 350	0	53 467.68	0	530	475.56	52 226
7 157.7	0	18 265.85	0	0	315.13	0
4 475.5	0	46 189.22	0	0	0	22 050
3 003.8	0	14 057.05	0	0	0	0
3 502.2	0	15 691.82	0	610	0	0
10 875	0	57 451.06	0	0	505.4	450
3 146	0	862.03	0	36 687.96	34.11	0
3 680	0	24 812.31	0	15 192	0	0

	合计	科研活动经费	其中：教育部科研经费	中央其他部门科研经费	省、市、自治区科研经费	其他各类地方政府经费
南京大学	110 740.3	65 048.9	30 366.5	28 659.4	3 443	2 580
东南大学	40 847.8	32 251.6	6 048	11 556	11 001.7	3 645.9
中国矿业大学	23 173.17	8 159.29	2 170.13	3 890.46	1 073.2	1 025.5
河海大学	61 286.61	34 977.11	4 589	16 322.72	1 751	12 314.39
江南大学	26 128.2	7 300.5	4 078	1 352	933	937.5
南京农业大学	56 172.39	42 098.54	9 067	23 433.34	2 772.7	6 825.5
中国药科大学	11 560	3 801	40	2 296	433	1 032
浙江大学	299 581.62	69 494.16	19 123	34 151.72	1 932.74	14 286.7
合肥工业大学	12 033.48	6 649	2 443	1 484	1 339	1 383
厦门大学	170 540.8	99 464.95	55 024.4	28 722.94	9 560	6 157.61
山东大学	87 900.97	49 911.34	8 812.8	24 813.74	13 016.76	3 268.04
中国海洋大学	20 369.5	7 626	1 656	4 920	932	118
中国石油大学(华东)	12 404.8	2 390.5	1 706	190	420	74.5
武汉大学	167 102.01	93 087.09	30 540.5	41 413	8 640	12 493.59
华中科技大学	36 221.29	15 288.3	5 809	6 422.9	430	2 626.4
中国地质大学(武汉)	35 880.52	25 461.28	880	7 204.23	3 030.08	14 346.97
武汉理工大学	18 811.5	11 836	3 238	3 891	1 318	3 389
华中农业大学	26 158.4	21 230.7	3 688	15 253.1	1 130	1 159.6
华中师范大学	97 430.56	43 450.67	27 430.88	12 148.08	1 540	2 331.71
中南财经政法大学	80 861.05	42 850	16 874	17 778	6 995	1 203
湖南大学	70 204.38	35 460.3	10 642	15 066.3	2 918.5	6 833.5
中南大学	58 317.35	26 287.83	4 127.79	8 444.6	5 171.85	8 543.59
中山大学	280 739.54	165 642.72	68 862.16	43 722.82	5 868	47 189.74
华南理工大学	112 509.03	42 571.56	11 069.72	15 849.24	8 081.82	7 570.78
四川大学	142 675.4	47 180.92	19 919.1	22 070	4 641.18	550.64
重庆大学	93 854.84	40 691.01	10 883	15 882.32	1 444.6	12 481.09
西南交通大学	35 126.85	12 194.5	4 730	5 646.3	844.7	973.5
电子科技大学	14 487	11 404	3 638	6 300	255	1 211
西南大学	105 090.12	35 645.05	19 935	10 018	5 190	502.05
西南财经大学	83 005.04	53 651.15	35 412.07	14 769.22	1 460.11	2 009.75
西安交通大学	69 365.14	39 679.4	10 889	24 976.8	2 605.1	1 208.5
西安电子科技大学	8 322.54	1 868.38	354	1 389.38	125	0
长安大学	20 311.32	6 999.25	5 252	1 113	360.25	274
西北农林科技大学	11 578.5	5 555	427	3 110	253	1 765
陕西师范大学	43 508.29	27 608	11 016	13 735	1 016	1 841
兰州大学	46 663.84	23 292.5	13 091	8 796.5	600	805
中国矿业大学(北京)	4 292	1 905	1 260	380	170	95
中国石油大学(北京)	10 039.01	4 873.06	2 097	2 502.06	274	0
中国地质大学(北京)	5 125.26	2 469.87	979.1	1 258.67	147.1	85

当年 R&D 经费收入合计

科技活动人员工资	科研基建费	企事业单位委托项目经费	金融机构贷款	自筹经费	境外资金	其他收入
3 876	0	33 713.54	0	7 800	301.86	0
5 600	0	2 996.2	0	0	0	0
7 500	0	6 813.88	0	700	0	0
3 525	0	15 277.9	0	0	6 208.6	1 298
5 085	0	11 839.2	0	1 865.5	0	38
5 206	0	6 294.85	0	2 573	0	0
1 500	0	5 903	0	356	0	0
12 441.6	0	192 854.68	0	19 219.42	5 571.76	0
1 740	0	440	0	688	0	2 516.48
11 721	0	58 605.69	0	0	427.56	321.6
4 500	0	32 947.53	0	0	542.1	0
3 671.3	0	8 843.7	0	208.5	0	20
1 813.4	0	7 020.9	0	1 180	0	0
20 300	0	40 332.92	0	9 987	1 434.9	1 960.1
6 113.2	0	13 688.09	0	784.62	347.08	0
2 985	0	7 251.46	0	0	110.78	72
2 568	0	3 926	0	25	0	456.5
1 431	0	2 444.7	0	1 052	0	0
11 516.5	0	34 528.47	0	5 617	2 267.92	50
11 273.6	4 100	21 463.01	0	1 174.44	0	0
15 534.9	0	13 003.15	0	6 165.5	40.53	0
17 840	0	14 154.4	0	35.12	0	0
21 615.3	0	29 076.95	0	46 834.32	1 773.25	15 797
8 405	0	48 199.98	0	13 332.49	0	0
22 000	0	60 224.17	0	12 653.78	616.53	0
15 464.4	0	29 206.81	0	7 900	592.62	0
3 712.5	0	14 012.85	0	5 207	0	0
1 250	0	1 510	0	323	0	0
19 530	0	27 936.22	0	21 978.85	0	0
8 545.68	0	6 768.21	0	14 040	0	0
6 498	0	20 083.48	0	2 561.5	542.76	0
3 804.6	0	1 942.06	0	707.5	0	0
1 738	0	11 574.07	0	0	0	0
2 501.5	0	2 380	0	1 142	0	0
4 495	0	6 635.38	0	4 439	330.91	0
4 867.2	0	18 504.14	0	0	0	0
1 333	0	1 054	0	0	0	0
617.6	0	4 548.35	0	0	0	0
1 200.5	0	1 454.89	0	0	0	0

40. 教育部直属院校人文、社会科学研究与发展经费情况表(二)

单位:千元

	当年R&D经费支出合计									
	合计	内部支出								转拨给外单位经费
		小计	科研人员费	业务费	科研基建费	仪器设备费	图书资料费	间接费	其他	
合计	5 199 735.14	5 126 329.71	886 470.98	2 834 880.18	4 100	253 510.46	498 041.73	444 409.27	204 917.09	73 405.43
北京大学	243 969.68	242 371.98	21 900	126 769.74	0	3 565.47	4 379.55	76 459.87	9 297.35	1 597.7
中国人民大学	196 283.16	193 797.46	33 775.38	139 605.53	0	1 490.86	9 440.44	9 485.25	0	2 485.7
清华大学	198 817.31	183 231.19	54 121.01	95 875.33	0	7 345.95	9 244.23	16 644.67	0	15 586.12
北京交通大学	74 216.84	73 466.77	5 182	45 508.43	0	1 394.66	7 698.24	3 463.63	10 219.81	750.07
北京科技大学	17 628.66	17 518.3	3 855.5	6 447.04	0	872.98	817.29	1 200.23	4 325.26	110.36
北京化工大学	10 144.45	9 364.45	2 218.64	6 101.4	0	44.66	401.37	314.6	283.78	780
北京邮电大学	11 181.62	11 181.62	3 340	5 438.02	0	898.4	223.1	852.2	429.9	0
中国农业大学	40 497.97	39 585.97	4 452.5	30 411.52	0	594.17	1 970.21	2 157.57	0	912
北京林业大学	20 999.16	20 999.16	2 903.65	16 918.06	0	0	810.26	367.19	0	0
北京中医药大学	5 132.75	5 132.75	1 352	3 346.32	0	24.3	133.2	259.01	17.92	0
北京师范大学	165 579.19	165 579.19	19 260	87 510.07	0	25 533.76	19 079.89	14 176.33	19.14	0
北京外国语大学	14 602.21	14 602.21	6 753.81	5 131.29	0	280.16	375.98	2 060.97	0	0
北京语言大学	40 356.46	40 356.46	4 015.8	26 715.89	0	1 699.97	7 314.16	610.64	0	0
中国传媒大学	48 118.18	48 118.18	16 880	16 404.61	0	459.07	2 036.64	3 287.42	9 050.44	0
中央财经大学	82 269.3	82 269.3	6 020	56 889.16	0	3 876.86	9 922.04	1 854.2	3 707.04	0
对外经济贸易大学	73 172.35	73 172.35	10 839.8	40 713.61	0	8 565.3	10 498.5	2 517	38.14	0
国际关系学院	27 587.7	17 271.7	3 780.6	3 067.15	0	1 969.35	3 601.18	19.51	4 833.91	10 316
中央音乐学院	11 035.26	11 035.26	1 698	7 838.11	0	579.82	574.93	344.4	0	0

续表

	当年 R&D 经费支出合计									
	合计	内部支出								转拨给外单位经费
		小计	科研人员费	业务费	科研基建费	仪器设备费	图书资料费	间接费	其他	
中央美术学院	20 004.81	20 004.81	4 230.5	9 858.35	0	2 044	989	902.4	1 980.56	0
中央戏剧学院	10 201.18	10 201.18	2 250.12	6 522.04	0	586.85	822.96	19.21	0	0
中国政法大学	116 504.8	116 504.8	8 101.6	83 426	0	477.68	1 977.34	4 058.1	18 464.08	0
华北电力大学	17 553.71	17 176.18	2 660	6 561.75	0	150.7	2 359.1	2 464.46	2 980.17	377.53
南开大学	81 675.21	81 675.21	15 768	48 846.46	0	3 876.22	1 447.57	10 278.95	1 458.01	0
天津大学	37 771	37 771	8 012	24 497	0	170	3 608	1 484	0	0
大连理工大学	9 389	9 389	1 296	600	0	1 072	1 400.5	1 787.5	3 233	0
东北大学	60 544.67	59 874.17	4 650	43 531.81	0	1 460.6	5 249.9	1 205.61	3 776.25	670.5
吉林大学	130 029	130 029	14 436	44 338.95	0	1 778	59 236.77	3 859.78	6 379.5	0
东北师范大学	83 521.12	83 521.12	24 818.74	18 247.36	0	15 084.26	9 364.87	3 791.32	12 214.57	0
东北林业大学	5 521	5 521	2 530.5	1 897	0	0	870.9	222.6	0	0
复旦大学	282 748.42	281 596.75	25 350	251 613.57	0	157.29	210.91	3 931.57	333.41	1 151.67
同济大学	58 065.2	58 065.2	17 797.7	34 553.51	0	3 815.35	1 472.64	426	0	0
上海交通大学	137 377.45	136 025.24	4 875.5	98 197.89	0	1 652.93	26 621.76	4 677.16	0	1 352.21
华东理工大学	22 892.31	22 714.31	3 036.69	15 296.91	0	406.82	982.58	2 310.33	680.98	178
东华大学	23 591.98	23 591.98	3 907.2	13 489.01	0	1 791.72	3 355.1	1 048.95	0	0
华东师范大学	217 211.63	215 641.63	15 875	131 908.13	0	16 392.26	18 347.93	10 062.12	23 056.19	1 570
上海外国语大学	46 044.81	45 500.85	29 003.65	13 669.06	0	1 261.24	1 274.58	153.48	138.84	543.96
上海财经大学	132 905.57	130 675.57	11 370	97 635.28	0	2 922.74	3 366.46	7 381.09	8 000	2 230
南京大学	106 707.1	105 354.6	11 628	33 618.22	0	9 523.4	33 298.85	11 686.13	5 600	1 352.5

续表

	当年R&D经费支出合计									
	合计	内部支出								转拨给外单位经费
		小计	科研人员费	业务费	科研基建费	仪器设备费	图书资料费	间接费	其他	
东南大学	41 699.94	40 169.94	6 012	12 387.19	0	5 902.75	5 063.7	9 131.55	1 672.75	1 530
中国矿业大学	19 955.66	19 955.66	7 700	7 041.79	0	102.1	607.07	3 255.58	1 249.12	0
河海大学	61 370.43	59 631.53	3 550	31 111.14	0	4 867.62	6 493.29	8 119.25	5 490.23	1 738.9
江南大学	25 757.85	25 742.85	6 085	12 634.03	0	2 567.64	1 527.31	685.17	2 243.7	15
南京农业大学	54 325.77	50 251.37	5 296	11 574.6	0	10 021.88	13 197.81	3 248.35	6 912.73	4 074.4
中国药科大学	10 576.06	10 576.06	1 700	4 956.37	0	0	2 908.69	471	540	0
浙江大学	296 510.89	294 548.89	69 087.26	114 538.48	0	18 395.88	49 913.59	21 831.64	20 782.04	1 962
合肥工业大学	10 757.64	10 757.64	1 800	4 124.17	0	758.06	993.63	946.56	2 135.22	0
厦门大学	153 675.41	145 615.41	15 539.85	81 756.28	0	6 070.39	9 508.8	26 847.57	5 892.52	8 060
山东大学	56 259.42	56 259.42	5 000	39 812.83	0	1 080.96	8 145.3	2 220.33	0	0
中国海洋大学	20 464.85	18 449.85	3 910.3	7 606.41	0	111.7	3 245.74	3 575.7	0	2 015
中国石油大学(华东)	12 167.28	12 167.28	1 829	4 857.65	0	636.3	4 133.8	710.53	0	0
武汉大学	176 998.87	176 998.87	36 500	110 692.04	0	6 791.12	9 077.49	8 662.52	5 275.7	0
华中科技大学	33 530.17	33 290.17	14 823.58	14 791.67	0	231.4	472.32	2 941.09	30.11	240
中国地质大学(武汉)	25 440.85	25 440.85	3 377.5	11 853.9	0	1 554.45	4 562.88	2 298.3	1 793.82	0
武汉理工大学	24 125.96	24 105.96	5 475.92	14 523.08	0	114	1 650.87	1 534.76	807.33	20
华中农业大学	18 093.52	18 093.52	4 643	9 044.74	0	0	1 625.28	893.69	1 886.81	0
华中师范大学	101 996.29	101 996.29	12 241	62 932.16	0	3 998.36	7 925.63	12 921.76	1 977.38	0
中南财经政法大学	62 558.14	62 260.14	12 494.54	32 086.14	4 100	2 193.31	5 238.31	2 563.87	3 583.97	298
湖南大学	69 360.52	69 360.52	24 442.3	30 242.03	0	4 634.5	2 947.66	2 429.47	4 664.56	0

续表

	当年 R&D 经费支出合计									
	合计	内部支出								转拨给外单位经费
		小计	科研人员费	业务费	科研基建费	仪器设备费	图书资料费	间接费	其他	
中南大学	43 439.57	43 439.57	21 123	15 699.56	0	3 199.14	3 217.28	200.59	0	0
中山大学	227 969.08	220 178.88	50 300.16	129 702.11	0	13 928.82	6 842.46	18 059.12	1 346.21	7 790.2
华南理工大学	112 932.6	111 213.59	12 882.69	63 841.2	0	876.75	1 375.45	32 040.14	197.36	1 719.01
四川大学	115 443.42	114 784.44	24 000	79 805.04	0	3 310.82	3 088.42	2 567.47	2 012.69	658.98
重庆大学	95 968.61	95 968.61	24 153.6	35 360.37	0	11 617.61	12 872.12	11 964.91	0	0
西南交通大学	35 402.8	35 402.8	7 516.5	22 784	0	189	2 726.4	2 018.4	168.5	0
电子科技大学	14 601	14 601	1 855	11 798	0	160	139	649	0	0
西南大学	98 611.31	98 242.71	45 378.63	43 635.75	0	773.35	3 563.16	3 042.3	1 849.52	368.6
西南财经大学	84 038.89	84 038.89	13 967.17	24 875.65	0	2 062.16	22 483.58	18 765.76	1 884.57	0
西安交通大学	60 845.4	60 645.4	7 018	25 701.15	0	6 180.9	8 536.22	13 209.13	0	200
西安电子科技大学	8 252.7	8 252.7	3 964.6	1 708.33	0	498.68	1 800.34	280.75	0	0
长安大学	19 900.45	19 900.45	1 738	8 620.86	0	677.29	5 562.78	3 301.52	0	0
西北农林科技大学	11 749.93	11 693.93	2 994.5	6 609.95	0	716.8	148.6	1 224.08	0	56
陕西师范大学	45 709.92	45 688.32	5 295	14 011.15	0	11 239.4	10 171.27	4 971.5	0	21.6
兰州大学	48 242.14	48 242.14	4 867.2	21 652.37	0	3 467.99	10 529.1	7 725.48	0	0
中国矿业大学(北京)	2 697.66	2 697.66	1 333	976.04	0	0	253.08	133.54	2	0
中国石油大学(北京)	10 430.04	9 756.62	1 104.14	6 764.03	0	457	605.09	826.36	0	673.42
中国地质大学(北京)	6 021.88	6 021.88	1 526.65	3 768.34	0	302.53	109.28	315.08	0	0

41. 教育部直属院校人文、社会科学研究与发展经费情况表(三)

单位：千元

	R&D 经费内部支出							
	合计	基础研究支出	应用研究支出	实验发展支出	政府资金	企业资金	境外资金	其他资金
合计	5 126 329.71	2 133 709.74	2 978 468.91	14 151.06	2 771 967.41	2 060 729.83	109 363.16	184 269.31
北京大学	242 371.98	105 697.85	136 590.15	83.98	114 854.85	111 597.93	15 592.17	327.03
中国人民大学	193 797.46	53 426.2	138 968.9	1 402.36	104 925.05	86 396.97	2 475.44	0
清华大学	183 231.19	70 515.87	111 908.43	806.89	81 208.79	74 953.61	27 068.79	0
北京交通大学	73 466.77	30 871.72	41 622.88	972.17	36 949.48	31 856.24	1 667.05	2 994
北京科技大学	17 518.3	8 497.77	9 020.53	0	10 655.24	6 863.06	0	0
北京化工大学	9 364.45	5 473.29	3 891.16	0	5 850.25	3 432.87	81.33	0
北京邮电大学	11 181.62	1 556.31	9 625.31	0	2 509.32	8 672.3	0	0
中国农业大学	39 585.97	8 790.58	30 795.39	0	15 287.08	18 097.2	6 201.69	0
北京林业大学	20 999.16	3 908.54	17 090.62	0	13 728.98	7 270.18	0	0
北京中医药大学	5 132.75	944.16	4 188.59	0	4 511.87	620.88	0	0
北京师范大学	165 579.19	78 709.77	86 869.42	0	107 782.47	54 456.27	3 340.45	0
北京外国语大学	14 602.21	13 473.61	1 128.6	0	13 391.3	1 175.64	35.27	0
北京语言大学	40 356.46	29 054.08	11 302.38	0	34 049.29	6 307.11	0.06	0
中国传媒大学	48 118.18	5 223.27	42 869.86	25.05	7 627.86	40 299.9	190.42	0
中央财经大学	82 269.3	17 937.07	64 332.23	0	44 767.61	37 400.25	101.44	0
对外经济贸易大学	73 172.35	10 352.88	62 819.47	0	54 258.93	8 623.79	2 103.63	8 186
国际关系学院	17 271.7	10 789.78	6 399.14	82.78	8 687.91	847.37	0	7 736.42
中央音乐学院	11 035.26	8 657.66	2 377.6	0	9 373.06	0	0	1 662.2

续表

	R&D 经费内部支出							
	合计	基础研究支出	应用研究支出	实验发展支出	政府资金	企业资金	境外资金	其他资金
中央美术学院	20 004.81	4 818.78	15 186.03	0	5 362.54	14 642.27	0	0
中央戏剧学院	10 201.18	9 715.48	485.7	0	10 134.15	67.03	0	0
中国政法大学	116 504.8	18 451.12	98 039.85	13.83	68 034.11	30 471.6	10 976.21	7 022.88
华北电力大学	17 176.18	2 456.79	14 388.03	331.36	2 412.03	14 449.14	315.01	0
南开大学	81 675.21	51 165.27	30 447.39	62.55	37 006.3	41 619.69	729.26	2 319.96
天津大学	37 771	6 376.78	31 394.22	0	12 515.58	21 060.17	0	4 195.25
大连理工大学	9 389	2 504.06	6 884.94	0	9 389	0	0	0
东北大学	59 874.17	22 316.66	35 499.44	2 058.07	33 327.77	2 875.15	221.18	23 450.07
吉林大学	130 029	48 462.31	81 566.69	0	81 138.15	36 063.42	98.58	12 728.85
东北师范大学	83 521.12	47 199.47	36 157	164.65	64 472.67	13 516.36	397.51	5 134.58
东北林业大学	5 521	3 592.67	1 928.33	0	3 885.84	1 576.64	0	58.52
复旦大学	281 596.75	218 595.07	63 001.68	0	217 632.79	63 586.31	265.58	112.07
同济大学	58 065.2	57 165.4	899.8	0	32 425.27	25 185.52	454.41	0
上海交通大学	136 025.24	51 202.08	84 823.16	0	75 739.11	60 286.13	0	0
华东理工大学	22 714.31	8 759.18	13 955.13	0	13 209.03	9 505.28	0	0
东华大学	23 591.98	1 662.62	21 929.36	0	9 594.48	13 647.5	0	350
华东师范大学	215 641.63	196 178.76	19 462.87	0	111 412.44	102 477.07	1 140.77	611.35
上海外国语大学	45 500.85	33 299.92	12 200.93	0	39 256.15	5 155.52	104.79	984.39
上海财经大学	130 675.57	41 797.47	88 878.1	0	74 325.6	39 053.76	0	17 296.21
南京大学	105 354.6	37 970.33	65 445.32	1 938.95	47 205.64	57 616.78	532.18	0

续表

	R&D 经费内部支出							
	合计	基础研究支出	应用研究支出	实验发展支出	政府资金	企业资金	境外资金	其他资金
东南大学	40 169.94	29 596.08	10 573.86	0	36 889.17	2 945.98	334.79	0
中国矿业大学	19 955.66	7 412.56	12 543.1	0	8 713.81	11 097.91	0.38	143.56
河海大学	59 631.53	11 258.57	44 870.73	3 502.23	34 248.61	19 226.16	4 966.03	1 190.73
江南大学	25 742.85	2 080.99	23 661.86	0	5 949.79	17 710.33	0	2 082.73
南京农业大学	50 251.37	4 051.14	46 200.23	0	39 212.74	7 515.93	0	3 522.7
中国药科大学	10 576.06	2 614.67	7 961.39	0	4 778.63	5 611.55	0	185.88
浙江大学	294 548.89	101 446.55	193 074.96	27.38	64 016.65	221 997.94	8 531.16	3.14
合肥工业大学	10 757.64	3 426.13	7 331.51	0	6 677.45	562.64	0	3 517.55
厦门大学	145 615.41	35 436.05	110 179.36	0	60 188.1	82 031.59	881.01	2 514.71
山东大学	56 259.42	36 577.77	19 681.65	0	29 963.53	25 616.48	679.41	0
中国海洋大学	18 449.85	6 087.34	12 362.51	0	9 546.96	8 574.97	0	327.92
中国石油大学(华东)	12 167.28	10 759.86	1 407.42	0	1 854.9	10 263.96	0	48.42
武汉大学	176 998.87	47 487.1	128 572.74	939.03	110 478.39	47 516.26	1 723.12	17 281.1
华中科技大学	33 290.17	6 565.21	26 717.23	7.73	14 845.33	17 597.12	380.23	467.49
中国地质大学(武汉)	25 440.85	4 782.97	19 216.22	1 441.66	17 642.84	7 077.47	394.94	325.6
武汉理工大学	24 105.96	8 520.63	15 585.33	0	15 833.4	7 393.38	0	879.18
华中农业大学	18 093.52	3 543.61	14 429.88	120.03	15 941.71	1 822.09	0	329.72
华中师范大学	101 996.29	58 129.72	43 866.57	0	46 511.11	51 552.54	2 647.86	1 284.78
中南财经政法大学	62 260.14	2 537.63	59 596.46	126.05	33 300.68	28 047.8	0	911.66
湖南大学	69 360.52	45 039.9	24 276.31	44.31	46 693.9	22 417.69	71.68	177.25

续表

	R&D 经费内部支出							
	合计	基础研究支出	应用研究支出	实验发展支出	政府资金	企业资金	境外资金	其他资金
中南大学	43 439.57	17 810.22	25 629.35	0	29 538.92	13 831.87	0	68.78
中山大学	220 178.88	45 074.92	175 103.96	0	152 379.38	37 990.19	6 239.81	23 569.5
华南理工大学	111 213.59	50 923.18	60 290.41	0	43 049.29	60 793.6	0	7 370.7
四川大学	114 784.44	56 370.06	58 414.38	0	43 925.04	59 030.74	942.89	10 885.77
重庆大学	95 968.61	6 339.99	89 628.62	0	44 521.13	50 350.01	1 097.47	0
西南交通大学	35 402.8	7 013.49	28 389.31	0	18 268.24	14 995.77	148.84	1 989.95
电子科技大学	14 601	6 912.86	7 688.14	0	12 372.99	2 228.01	0	0
西南大学	98 242.71	26 524.58	71 718.13	0	40 441.91	52 411.43	0	5 389.37
西南财经大学	84 038.89	38 644.17	45 394.72	0	53 382.35	30 656.54	0	0
西安交通大学	60 645.4	36 682.73	23 962.67	0	33 325.91	23 898.72	873.46	2 547.31
西安电子科技大学	8 252.7	4 085.79	4 166.91	0	3 816.99	3 888.86	0	546.85
长安大学	19 900.45	19 745.88	154.57	0	6 044.35	13 856.1	0	0
西北农林科技大学	11 693.93	5 668.14	6 025.79	0	8 089.69	2 663.14	0	941.1
陕西师范大学	45 688.32	43 634.83	2 053.49	0	33 020.93	6 714.45	5 356.86	596.08
兰州大学	48 242.14	12 276.88	35 965.26	0	21 050.07	27 192.07	0	0
中国矿业大学(北京)	2 697.66	319.37	2 378.29	0	1 194.09	1 503.57	0	0
中国石油大学(北京)	9 756.62	648.18	9 108.44	0	3 808.45	5 948.17	0	0
中国地质大学(北京)	6 021.88	109.36	5 912.52	0	1 551.99	4 469.89	0	0

五、社科研究与发展机构

1. 全国高等学校人文、社会科学研究与发展研究机构一览表(一)

学校及机构名称	成立时间	批准部门	机构类型	组成方式	学科分类	服务的国民经济行业	组成类型
北京市							
北京大学							
东方文学研究中心	2000-3-1	学校主管部门批准	教育部重点研究基地	独立研究所	外国文学	研究和试验发展	政府部门办
国家治理研究院	1999-7-12	学校主管部门批准	教育部重点研究基地	独立研究所	政治学	研究和试验发展	政府部门办
教育经济研究所	1997-10-1	学校主管部门批准	教育部重点研究基地	独立研究所	教育学	研究和试验发展	政府部门办
美学与美育研究中心	1998-9-1	学校主管部门批准	教育部重点研究基地	独立研究所	艺术学	研究和试验发展	政府部门办
外国哲学研究所	1964-9-1	学校主管部门批准	教育部重点研究基地	独立研究所	哲学	研究和试验发展	政府部门办
宪法与行政法研究中心	2004-11-1	学校主管部门批准	教育部重点研究基地	独立研究所	法学	研究和试验发展	政府部门办
中国都市经济研究中心	2004-9-1	非学校主管部门批准	省级重点研究基地	独立研究所	经济学	研究和试验发展	政府部门办
中国古代史研究中心	1982-10-1	学校主管部门批准	教育部重点研究基地	独立研究所	历史学	研究和试验发展	政府部门办
中国古文献研究中心	1999-12-1	学校主管部门批准	教育部重点研究基地	独立研究所	语言学	研究和试验发展	政府部门办
中国经济研究中心	1994-8-1	学校主管部门批准	教育部重点研究基地	独立研究所	经济学	研究和试验发展	政府部门办
中国考古学研究中心	2000-1-5	学校主管部门批准	教育部重点研究基地	独立研究所	考古学	研究和试验发展	政府部门办
中国社会与发展研究中心	1988-3-10	学校主管部门批准	教育部重点研究基地	独立研究所	社会学	研究和试验发展	政府部门办
中国特色社会主义理论体系研究中心	1993-5-5	学校主管部门批准	教育部重点研究基地	独立研究所	马克思主义	研究和试验发展	政府部门办
中国语言学研究中心	2000-1-9	学校主管部门批准	教育部重点研究基地	独立研究所	语言学	研究和试验发展	政府部门办
中国人民大学							
北京高校思想政治理论课高精尖创新中心	2015-10-15	非学校主管部门批准	省级重点研究基地	跨系所	马克思主义	教育	政府部门办
北京社会建设研究基地	2008-4-1	非学校主管部门批准	省级重点研究基地	独立研究所	社会学	教育	政府部门办
佛教与宗教学理论研究所	2000-9-1	学校主管部门批准	教育部重点研究基地	独立研究所	宗教学	教育	政府部门办
国家发展与战略研究院	2013-6-29	学校主管部门批准	国家高端智库	独立研究所	经济学	教育	政府部门办

续表

学校及机构名称	成立时间	批准部门	机构类型	组成方式	学科分类	服务的国民经济行业	组成类型
国家人权教育与培训基地	2014-8-8	学校主管部门批准	教育部重点研究基地	独立研究所	法学	教育	政府部门办
伦理学与道德建设研究中心	2000-11-10	学校主管部门批准	教育部重点研究基地	独立研究所	哲学	教育	政府部门办
马克思主义研究基地	2006-12-1	非学校主管部门批准	省级重点研究基地	独立研究所	马克思主义	教育	政府部门办
民商事法律科学研究中心	2000-9-1	学校主管部门批准	教育部重点研究基地	独立研究所	法学	教育	政府部门办
欧洲问题研究中心	2000-9-1	学校主管部门批准	教育部重点研究基地	独立研究所	国际问题研究	教育	政府部门办
清史研究所	2000-9-1	学校主管部门批准	教育部重点研究基地	独立研究所	历史学	教育	政府部门办
人口与发展研究中心	2000-12-1	学校主管部门批准	教育部重点研究基地	独立研究所	社会学	国家机构	政府部门办
人文北京研究基地	2009-6-30	非学校主管部门批准	省级重点研究基地	跨系所	管理学	文化艺术业	政府部门办
社会学理论与方法研究中心	2000-12-1	学校主管部门批准	教育部重点研究基地	独立研究所	社会学	社会保障	政府部门办
首都发展与战略研究院	2016-6-17	非学校主管部门批准	省级智库	跨系所	管理学	研究和试验发展	政府部门办
新闻与社会发展研究中心	1999-11-1	学校主管部门批准	教育部重点研究基地	独立研究所	新闻学与传播学	教育	政府部门办
刑事法律科学研究中心	1999-11-2	学校主管部门批准	教育部重点研究基地	独立研究所	法学	教育	政府部门办
应用统计科学研究中心	2000-9-1	学校主管部门批准	教育部重点研究基地	独立研究所	统计学	教育	政府部门办
中国财政金融政策研究中心	1999-12-1	学校主管部门批准	教育部重点研究基地	独立研究所	经济学	货币金融服务	政府部门办
中国经济改革与发展研究院	1999-12-1	学校主管部门批准	教育部重点研究基地	独立研究所	经济学	教育	政府部门办
中国特色社会主义理论体系研究中心	2004-12-1	学校主管部门批准	教育部重点研究基地	跨系所	马克思主义	群众团体、社会团体和其他成员组织	政府部门办
清华大学							
北京廉政建设研究基地	2017-10-19	非学校主管部门批准	省级重点研究基地	独立研究所	管理学	教育	政府部门办
北京市应急管理研究基地	2004-9-10	非学校主管部门批准	省级重点研究基地	独立研究所	管理学	教育	政府部门办
北京市组织学习与城市治理创新研究中心	2016-3-11	非学校主管部门批准	省级重点研究基地	独立研究所	管理学	教育	政府部门办
出土文献与中国古代文明研究中心	2011-4-19	学校主管部门批准	教育部重点研究基地	独立研究所	历史学	教育	政府部门办
传统工艺与材料研究文化部重点实验室	2016-11-29	非学校主管部门批准	中央其他部委重点实验室	独立研究所	艺术学	教育	政府部门办

续表

学校及机构名称	成立时间	批准部门	机构类型	组成方式	学科分类	服务的国民经济行业	组成类型
高校德育研究中心	2000-9-29	学校主管部门批准	教育部重点研究基地	独立研究所	马克思主义	教育	政府部门办
国家文化产业研究中心	2006-12-6	非学校主管部门批准	部省共建教育部重点研究基地，校级重点研究基地	独立研究所	新闻学与传播学	教育	政府部门办
国情研究院	2015-12-1	学校主管部门批准	国家高端智库	独立研究所	管理学	教育	政府部门办
技术创新研究中心	2004-10-30	学校主管部门批准	教育部重点研究基地	独立研究所	管理学	教育	政府部门办
科教政策研究中心	2005-12-24	学校主管部门批准	部省共建教育部重点研究基地	独立研究所	管理学	教育	政府部门办
现代管理研究中心	2001-9-25	学校主管部门批准	教育部重点研究基地	独立研究所	管理学	教育	政府部门办
中国文艺评论基地	2015-9-23	非学校主管部门批准	省级重点研究基地	独立研究所	新闻学与传播学	新闻和出版业	政府部门办
北京交通大学							
北京产业安全与发展研究基地	2010-12-20	非学校主管部门批准	省级重点研究基地	与校外合办所	经济学	专业技术服务业	政府部门办
北京社会建设研究院	2012-3-11	非学校主管部门批准	省级重点研究基地	与校外合办所	社会学	社会工作	与国内独立研究机构合办
北京交通发展研究基地	2005-12-5	非学校主管部门批准	省级重点研究基地	与校外合办所	管理学	社会工作	政府部门办
北京人文交通、科技交通、绿色交通研究基地	2012-12-2	非学校主管部门批准	省级重点研究基地	与校外合办所	管理学	道路运输业	与国内独立研究机构合办
北京物流信息化研究基地	2014-6-10	非学校主管部门批准	省级重点研究基地	与校外合办所	经济学	商务服务业	政府部门办
基础产业研究中心	2003-11-28	学校自建	其他	跨系所	经济学	科技推广和应用服务业	单位自办
首都大学生思想政治教育研究基地	2010-5-6	非学校主管部门批准	省级重点研究基地	与校外合办所	政治学	社会工作	政府部门办
首都大学生思想政治教育研究中心	2007-12-20	非学校主管部门批准	其他	与校外合办所	政治学	社会工作	单位自办
中国产业安全研究中心	2007-11-24	学校自建	校级重点研究基地	独立研究所	经济学	商务服务业	单位自办
中国企业兼并重组研究中心	1998-5-15	学校自建	校级重点研究基地	独立研究所	管理学	租赁业	单位自办
北京工业大学							
地方高水平大学发展战略研究中心	2013-8-13	非学校主管部门批准	部省共建教育部重点研究基地	跨系所	教育学	教育	政府部门办
北京社会管理研究基地	2012-9-1	学校主管部门批准	省级重点研究基地	独立研究所	社会学	教育	政府部门办

续表

学校及机构名称	成立时间	批准部门	机构类型	组成方式	学科分类	服务的国民经济行业	组成类型
北京现代制造业发展研究基地	2004-11-1	学校主管部门批准	省级重点研究基地	跨系所	管理学	研究和试验发展	政府部门办
博物馆展陈设计与空间实现北京市重点实验室	2012-5-1	学校主管部门批准	省级重点研究基地	独立研究所	艺术学	教育	政府部门办
首都工程教育发展研究基地	2014-2-25	学校主管部门批准	省级重点研究基地	独立研究所	教育学	教育	政府部门办
北京航空航天大学							
首都高校党建研究基地	2010-6-1	非学校主管部门批准	省级重点研究基地	与校外合办所	马克思主义	研究和试验发展	与国内独立研究机构合办
北京理工大学							
北京经济社会可持续发展研究基地	2015-7-1	非学校主管部门批准	省级重点研究基地	独立研究所	管理学	生态保护和环境治理业	政府部门办
北京市互动媒体艺术工程技术研究中心	2014-6-3	非学校主管部门批准	省级重点实验室	独立研究所	艺术学	文化艺术业	政府部门办
国防科技创新与教育发展战略研究中心	2013-8-13	学校主管部门批准	教育部重点研究基地	独立研究所	教育学	教育	政府部门办
能源经济管理与决策北京市重点实验室	2017-1-20	非学校主管部门批准	省级重点实验室	独立研究所	管理学	资本市场服务	政府部门办
北京科技大学							
北京企业低碳运营战略研究基地	2011-11-29	非学校主管部门批准	省级重点研究基地	跨系所	管理学	商务服务业	政府部门办
当代语言科学研究中心	2016-9-1	学校自建	校级重点研究基地	独立研究所	语言学	教育	单位自办
金属与矿冶遗产国家文物局重点科研基地	2008-1-1	非学校主管部门批准	中央其他部委重点研究基地	跨系所	考古学	研究和试验发展	政府部门办
世界文学文化研究中心	2016-9-1	学校自建	校级重点研究基地	独立研究所	外国文学	教育	单位自办
系统功能语言学研究中心	2011-5-6	学校自建	校级重点研究基地	独立研究所	语言学	教育	单位自办
北方工业大学							
高技术企业发展研究中心	2012-8-28	学校自建	校级重点研究基地	独立研究所	管理学	科技推广和应用服务业	单位自办
管理研究所	2002-10-18	学校自建	校级重点实验室	独立研究所	管理学	科技推广和应用服务业	单位自办
经济法研究所	1985-10-10	学校自建	校级重点实验室	独立研究所	法学	商务服务业	单位自办

续表

学校及机构名称	成立时间	批准部门	机构类型	组成方式	学科分类	服务的国民经济行业	组成类型
经济研究所	1999-2-25	学校自建	校级重点实验室	独立研究所	经济学	商务服务业	单位自办
民商法研究所	2008-12-1	学校自建	校级重点实验室	独立研究所	法学	商务服务业	单位自办
审美文化研究所	2008-12-1	学校自建	校级重点实验室	独立研究所	艺术学	文化艺术业	单位自办
宪法与行政法研究中心	2008-12-1	学校自建	校级重点实验室	独立研究所	法学	国家机构	单位自办
语言文化研究所	2004-12-20	学校自建	校级重点实验室	独立研究所	语言学	文化艺术业	单位自办
知识产权研究中心	2007-10-1	学校自建	校级重点研究基地	独立研究所	法学	新闻和出版业	单位自办
北京化工大学							
安全与应急管理实验室	2006-9-6	学校自建	校级重点研究基地	跨系所	管理学	专业技术服务业	单位自办
北京知识产权研究基地	2009-12-31	非学校主管部门批准	省级重点研究基地	独立研究所	法学	科技推广和应用服务业	政府部门办
低碳经济与管理研究中心	2010-4-6	学校自建	校级重点研究基地	独立研究所	管理学	生态保护和环境治理业	单位自办
科学技术与社会(STS)研究所	1999-1-12	学校自建	校级重点研究基地	独立研究所	哲学	科技推广和应用服务业	单位自办
全国大学生思想政治教育发展研究中心	2014-10-9	学校自建	校级重点研究基地	独立研究所	教育学	教育	政府部门办
人力资源管理研究中心	2013-11-20	学校自建	校级重点研究基地	独立研究所	管理学	社会工作	单位自办
社会保障中心	2009-9-25	学校自建	校级重点研究基地	独立研究所	管理学	社会保障	单位自办
运营管理与战略决策研究中心	2012-4-9	学校自建	校级重点研究基地	独立研究所	管理学	商务服务业	单位自办
北京工商大学							
首都流通业服务基地	2005-12-25	学校主管部门批准	省级重点研究基地	独立研究所	管理学	商务服务业	政府部门办
北京服装学院							
首都服饰文化与服装产业研究基地	2004-9-10	学校主管部门批准	省级重点研究基地	独立研究所	管理学	纺织业	政府部门办
北京邮电大学							
通信法研究中心	2013-3-1	学校主管部门批准	校级重点实验室	独立研究所	法学	广播、电视、电影和影视录音制作业	与国内高校合办
高校网络舆情研究咨询中心	2011-4-20	学校自建	校级重点研究基地	跨系所	新闻学与传播学	电信、广播电视和卫星传输服务	单位自办

续表

学校及机构名称	成立时间	批准部门	机构类型	组成方式	学科分类	服务的国民经济行业	组成类型
互联网治理与法律研究中心	2009-8-10	学校自建	校级重点实验室	独立研究所	法学	电信、广播电视和卫星传输服务	单位自办
北京印刷学院							
北京出版产业与文化研究基地	2002-7-1	学校主管部门批准	省级重点研究基地	独立研究所	新闻学与传播学	新闻和出版业	政府部门办
北京文化安全研究基地	2014-11-20	学校主管部门批准	省级重点研究基地	跨系所	管理学	新闻和出版业	政府部门办
跨媒体出版实验室	2010-9-16	学校主管部门批准	省级重点实验室	跨系所	新闻学与传播学	新闻和出版业	政府部门办
数字媒体艺术实验室	2005-6-7	学校主管部门批准	省级重点实验室	跨系所	艺术学	广播、电视、电影和影视录音制作业	政府部门办
北京建筑大学							
北京建筑文化研究基地	2010-11-15	学校主管部门批准	省级重点研究基地	跨系所	哲学	建筑装饰和其他建筑业	政府部门办
中国农业大学							
国家农业农村发展研究院	2004-5-3	学校自建	其他智库	独立研究所	经济学	农业	单位自办
北京农学院							
北京新农村建设研究基地	2006-12-6	学校主管部门批准	省级重点研究基地	跨系所	管理学	农业	政府部门办
北京林业大学							
林业法治研究中心	2017-12-1	学校自建	其他智库	跨系所	管理学	农、林、牧、渔服务业	单位自办
林业财务会计研究室	1985-8-13	学校自建	校级重点实验室	跨系所	经济学	林业	单位自办
林业经济研究所	1992-3-15	学校自建	校级重点研究基地	跨系所	经济学	林业	单位自办
绿色发展与中国农村土地问题研究中心	2017-12-1	学校自建	其他智库	跨系所	马克思主义	农、林、牧、渔服务业	单位自办
森林生态经济研究所	1992-3-15	学校自建	校级重点研究基地	跨系所	经济学	林业	单位自办
生态文明教育研究中心	2017-11-1	学校自建	其他智库	跨系所	马克思主义	农、林、牧、渔服务业	单位自办
生态文明研究中心	2007-12-28	学校自建	校级重点实验室	独立研究所	哲学	农、林、牧、渔服务业	单位自办
外国语言与应用语言学研究所	1995-1-10	学校自建	校级重点实验室	跨系所	语言学	社会工作	单位自办
文化与自然遗产研究院	2017-10-29	学校自建	其他智库	跨系所	管理学	林业	单位自办

续表

学校及机构名称	成立时间	批准部门	机构类型	组成方式	学科分类	服务的国民经济行业	组成类型
性与性别研究所	2008-6-20	学校自建	校级重点研究基地	独立研究所	心理学	教育	单位自办
自然文学与生态批评研究中心	2017-12-1	学校自建	其他智库	跨系所	语言学	林业	单位自办
自然资源经济与政策研究中心	1992-2-1	学校自建	校级重点实验室	跨系所	经济学	林业	单位自办
首都医科大学							
首都卫生管理与政策研究基地	2005-12-23	学校主管部门批准	省级重点研究基地	跨系所	管理学	卫生	政府部门办
北京中医药大学							
北京中医药文化研究基地	2011-4-6	非学校主管部门批准	省级重点研究基地	独立研究所	中国文学	教育	单位自办
卫生法学研究中心	2010-9-15	学校自建	研究中心	独立研究所	法学	卫生	单位自办
中医英语研究传播中心	2009-6-1	学校自建	研究中心	跨系所	语言学	卫生	单位自办
北京师范大学							
北京文化发展研究院	2002-9-2	学校主管部门批准	部省共建教育部重点研究基地	独立研究所	中国文学	教育	政府部门办
发展心理研究所	1985-11-1	学校主管部门批准	教育部重点研究基地	独立研究所	心理学	科技推广和应用服务业	政府部门办
古籍与传统文化研究院	1981-5-1	学校自建	校级重点研究基地	独立研究所	历史学	文化艺术业	单位自办
国际与比教育研究院	2001-1-9	学校主管部门批准	教育部重点研究基地	独立研究所	教育学	教育	政府部门办
国民核算研究院	2011-1-23	学校自建	校级重点研究基地	独立研究所	统计学	社会工作	单位自办
价值与文化研究中心	2000-1-2	学校主管部门批准	教育部重点研究基地	独立研究所	哲学	科技推广和应用服务业	政府部门办
教师教育研究中心	2004-6-4	学校主管部门批准	教育部重点研究基地	独立研究所	教育学	科技推广和应用服务业	政府部门办
经济与资源管理研究院	2001-6-27	学校自建	校级重点研究基地	独立研究所	经济学	科技推广和应用服务业	单位自办
民俗典籍文字研究中心	1999-11-1	学校主管部门批准	教育部重点研究基地	独立研究所	语言学	科技推广和应用服务业	政府部门办
社会发展与公共政策研究所	1997-1-20	学校自建	校级重点研究基地	独立研究所	社会学	科技推广和应用服务业	单位自办
史学理论与史学史研究中心	2000-11-1	学校主管部门批准	教育部重点研究基地	独立研究所	历史学	科技推广和应用服务业	政府部门办
首都教育经济研究院	2003-2-26	学校主管部门批准	部省共建教育部重点研究基地	独立研究所	教育学	教育	政府部门办
文艺学研究中心	2000-1-1	学校主管部门批准	教育部重点研究基地	独立研究所	中国文学	科技推广和应用服务业	政府部门办

续表

学校及机构名称	成立时间	批准部门	机构类型	组成方式	学科分类	服务的国民经济行业	组成类型
刑事法律科学研究院	2005-9-1	学校自建	校级重点研究基地	独立研究所	法学	科技推广和应用服务业	单位自办
中国社会管理研究院	2010-10-1	学校自建	校级重点研究基地	独立研究所	管理学	教育	单位自办
首都师范大学							
北京基础教育研究基地	2012-9-1	学校主管部门批准	省级重点研究基地	跨系所	教育学	社会工作	政府部门办
北京青少年社会工作研究院	2016-7-1	学校主管部门批准	省级重点研究基地	与校外合办所	社会学	社会工作	政府部门办
文化研究院	2011-11-1	学校主管部门批准	中央其他部委重点研究基地	独立研究所	中国文学	教育	政府部门办
文明区划研究中心	2012-6-1	学校主管部门批准	教育部重点研究基地	独立研究所	历史学	教育	政府部门办
中国诗歌研究中心	1999-1-1	学校主管部门批准	部省共建教育部重点研究基地	独立研究所	中国文学	教育	政府部门办
首都体育学院							
国家体育总局体育人文社会科学研究基地	2004-4-8	学校主管部门批准	省级重点研究基地	跨系所	体育科学	体育	其他
国家体育总局重点实验室	2009-9-16	学校主管部门批准	省级重点研究基地	独立研究所	体育科学	体育	政府部门办
京津冀体育健身休闲发展协同创新中心	2016-1-1	学校主管部门批准	省级 2011 协同创新中心	与校外合办所	体育科学	体育	与国内高校合办
体育赛事管理与营销研究基地	2004-9-24	学校主管部门批准	省级重点研究基地	独立研究所	体育科学	体育	与国内独立研究机构合办
运动机能评定与技术分析实验室	2001-12-22	学校主管部门批准	省级重点实验室	与校外合办所	体育科学	体育	政府部门办
北京外国语大学							
北京对外文化交流与世界文化研究基地	2012-8-20	学校主管部门批准	省级重点研究基地	跨系所	民族学与文化学	教育	政府部门办
国际问题研究所	1992-2-1	学校自建	校级社科研究所	独立研究所	国际问题研究	教育	单位自办
国际中国文化研究院	2008-4-28	学校自建	其他智库，校级智库，其他 2011 协同创新中心，校级 2011 协同创新中心	独立研究所	民族学与文化学	教育	单位自办
外国文学研究所	1984-9-18	学校自建	校级社科研究所	独立研究所	外国文学	教育	单位自办

续表

学校及机构名称	成立时间	批准部门	机构类型	组成方式	学科分类	服务的国民经济行业	组成类型
外国语言研究所	1984-5-1	学校自建	校级社科研究所	独立研究所	语言学	教育	单位自办
中国外语与教育研究中心	2000-3-1	学校主管部门批准	教育部重点研究基地	独立研究所	语言学	教育	政府部门办
北京第二外国语学院							
阿拉伯研究中心	2012-4-1	学校主管部门批准	省级重点研究基地	跨系所	社会学	教育	政府部门办
北京对外文化传播研究基地	2015-7-2	学校主管部门批准	其他智库,入选中国智库索引 CTTI 智库,省级重点研究基地	跨系所	新闻学与传播学	教育	政府部门办
北京旅游发展研究基地	2004-9-17	学校主管部门批准	其他智库,入选中国智库索引 CTTI 智库,省级重点研究基地	跨系所	管理学	教育	政府部门办
国家文化发展国际战略研究院	2010-12-19	学校自建	二外与政府部门合办研究机构	独立研究所	经济学	商务服务业	单位自办
首都对外文化贸易研究基地	2015-7-1	学校主管部门批准	其他智库,入选中国智库索引 CTTI 智库,省级重点研究基地	跨系所	经济学	商务服务业	政府部门办
首都对外文化贸易与国际交流中心	2016-12-19	学校主管部门批准	省级 2011 协同创新中心	与校外合办所	经济学	社会工作	政府部门办
一带一路数据分析与决策支持实验室	2016-12-30	学校主管部门批准	其他智库,智库型重点实验室,省级重点实验室	独立研究所	管理学	教育	与国内独立研究机构合办
中国对外文化传播研究院	2017-10-1	学校自建	研究机构	与校外合办所	语言学	教育	与国内独立研究机构合办
中国旅游人才发展研究院	2010-6-30	学校主管部门批准	研究机构	与校外合办所	管理学	商务服务业	与国内独立研究机构合办
中国文艺评论基地	2015-9-1	非学校主管部门批准	校级重点研究基地	跨系所	中国文学	教育	与国内独立研究机构合办
中日韩合作研究中心	2015-9-1	非学校主管部门批准	其他重点研究基地	跨系所	社会学	社会工作	政府部门办
北京语言大学							
对外汉语研究中心	2000-9-1	学校主管部门批准	教育部重点研究基地	独立研究所	语言学	教育	政府部门办

续表

学校及机构名称	成立时间	批准部门	机构类型	组成方式	学科分类	服务的国民经济行业	组成类型
首都国际文化研究基地	2009-12-30	非学校主管部门批准	省级重点研究基地	与校外合办所	中国文学	教育	政府部门办
语言科学院	2013-11-11	学校自建	校级重点研究基地	独立研究所	语言学	教育	单位自办
中国传媒大学							
高等教育研究所	2002-4-3	学校自建	其他	独立研究所	心理学	教育	与国内独立研究机构合办
公关舆情研究所	2005-12-1	学校自建	其他	独立研究所	新闻学与传播学	教育	单位自办
国家语言资源监测与研究有声媒体中心	2005-9-15	学校自建	其他	独立研究所	教育学	教育	单位自办
国家语言资源监测与研究中心有声媒体语言分中心	2005-9-15	学校自建	其他	独立研究所	教育学	教育	单位自办
商务品牌战略研究所	2006-4-3	学校自建	其他	独立研究所	新闻学与传播学	商务服务业	单位自办
首都传媒经济研究基地	2004-11-1	学校自建	其他	独立研究所	新闻学与传播学	广播、电视、电影和影视录音制作业	单位自办
文化发展研究院	2006-4-27	学校自建	其他	独立研究所	艺术学	文化艺术业	单位自办
中央财经大学							
财经研究院(北京财经研究基地)	1978-10-9	非学校主管部门批准	省级重点研究基地	独立研究所	经济学	国家机构	政府部门办
国防经济与管理研究院	2005-3-1	学校自建	校级重点研究基地	独立研究所	经济学	其他金融业	与国内高校合办
中国财政发展协同创新中心	2013-6-1	学校自建	校级重点研究基地	独立研究所	经济学	社会保障	单位自办
中国公共财政与政策研究院	2006-10-2	学校主管部门批准	教育部985创新基地	独立研究所	管理学	社会保障	政府部门办
中国互联网经济研究院(首都互联网发展研究基地)	2014-5-1	非学校主管部门批准	省级重点研究基地	独立研究所	经济学	其他金融业	政府部门办
中国金融发展研究院	2006-9-1	学校主管部门批准	教育部985创新基地	独立研究所	经济学	货币金融服务	政府部门办
中国精算研究院	1993-9-1	学校主管部门批准	教育部重点研究基地	独立研究所	经济学	资本市场服务	政府部门办
中国经济与管理研究院	2005-9-1	学校主管部门批准	教育部985创新基地	独立研究所	经济学	资本市场服务	政府部门办
中国人力资本与劳动经济研究中心	2007-12-14	学校主管部门批准	教育部985创新基地	独立研究所	管理学	社会保障	政府部门办
对外经济贸易大学							

续表

学校及机构名称	成立时间	批准部门	机构类型	组成方式	学科分类	服务的国民经济行业	组成类型
北京企业国际化经营研究基地	2004-10-1	非学校主管部门批准	省级重点研究基地	跨系所	管理学	研究和试验发展	政府部门办
国际经济研究院	1983-3-1	学校自建	校内研究机构	独立研究所	经济学	研究和试验发展	单位自办
教育与开放经济研究中心	2011-1-14	学校主管部门批准	中央其他部委重点研究基地	独立研究所	经济学	教育	政府部门办
全球价值链研究院	2016-7-1	学校自建	校内研究机构	独立研究所	经济学	研究和试验发展	单位自办
中国开放经济与国际科技合作战略研究中心	2010-4-15	学校主管部门批准	中央其他部委重点研究基地	独立研究所	经济学	科技推广和应用服务业	与国内高校合办
中国世界贸易组织研究院	2000-8-18	学校主管部门批准	教育部重点研究基地	独立研究所	经济学	研究和试验发展	政府部门办
北京物资学院							
北京市物流系统与技术重点实验室	2001-11-1	学校主管部门批准	省级重点实验室	独立研究所	管理学	装卸搬运和运输代理业	政府部门办
物流技术工程研究中心	2010-1-1	学校主管部门批准	省级重点实验室	独立研究所	管理学	仓储业	政府部门办
智能物流系统协同创新中心	2015-6-1	学校主管部门批准	省级 2011 协同创新中心	与校外合办所	管理学	软件和信息技术服务业	政府部门办
首都经济贸易大学							
北京市哲学社会科学 CBD 发展研究基地中心	2004-9-8	学校主管部门批准	省级重点研究基地	跨系所	经济学	国家机构	政府部门办
北京市哲学社会科学经济社会发展政策研究基地	2007-4-19	学校主管部门批准	省级重点研究基地	与校外合办所	经济学	国家机构	政府部门办
不动产研究所	1993-5-11	学校自建	校级重点研究基地	跨系所	经济学	房地产业	单位自办
人口研究所	1974-11-8	学校自建	校级重点研究基地	跨系所	社会学	社会保障	单位自办
首都经济研究所	1978-11-11	学校自建	校级重点研究基地	跨系所	经济学	居民服务业	单位自办
外交学院							
北京对外交流与外事管理研究基地	2005-12-13	非学校主管部门批准	省级重点研究基地	独立研究所	国际问题研究	教育	政府部门办
中国人民公安大学							
首都社会安全研究基地	2008-10-23	非学校主管部门批准	省级重点研究基地	跨系所	法学	国家机构	政府部门办
国际关系学院							
公共市场与政府采购研究所	2007-8-2	学校主管部门批准	研究所	独立研究所	经济学	教育	单位自办

续表

学校及机构名称	成立时间	批准部门	机构类型	组成方式	学科分类	服务的国民经济行业	组成类型
国际战略与安全研究中心	2001-3-1	学校主管部门批准	研究中心	独立研究所	国际问题研究	教育	单位自办
心理教育研究中心	2006-6-1	学校主管部门批准	研究中心	独立研究所	教育学	教育	单位自办
中国与国际关系研究中心	2012-6-29	学校主管部门批准	研究中心	独立研究所	国际问题研究	教育	单位自办
北京体育大学							
北京市机能评定与技术分析重点实验室	2003-1-9	非学校主管部门批准	省级重点实验室	独立研究所	体育科学	国家机构	政府部门办
国家体育总局社会科学研究基地	2004-7-1	学校主管部门批准	教育部重点实验室，省级重点实验室	独立研究所	体育科学	国家机构	政府部门办
国家体育总局体能训练与身体机能恢复重点实验室	2008-7-29	学校主管部门批准	省级重点实验室	独立研究所	体育科学	国家机构	政府部门办
国家体育总局运动训练重点实验室	2008-7-28	学校主管部门批准	省级重点实验室	独立研究所	体育科学	国家机构	政府部门办
国家体育总局运动应激适应重点实验室	2008-7-28	学校主管部门批准	省级重点实验室	独立研究所	体育科学	国家机构	政府部门办
运动营养北京市高等学校工程研究中心	2008-7-28	非学校主管部门批准	省级重点实验室	独立研究所	体育科学	国家机构	政府部门办
运动与体质健康重点实验室	2010-1-15	非学校主管部门批准	教育部重点实验室	独立研究所	体育科学	国家机构	政府部门办
中央音乐学院							
佛教音乐研究会	2014-7-10	学校自建	学校自办专项研究机构	独立研究所	艺术学	文化艺术业	单位自办
国家非物质文化遗产保护与研究中心	2014-3-7	学校主管部门批准	其他重点研究基地	独立研究所	艺术学	文化艺术业	政府部门办
音乐学研究所	1999-11-1	学校主管部门批准	教育部重点研究基地	独立研究所	艺术学	文化艺术业	政府部门办
中国音乐学院							
北京民族音乐研究与传播基地	2010-12-20	学校主管部门批准	省级重点研究基地	独立研究所	艺术学	教育	政府部门办
中央美术学院							
国家艺术与文化政策研究中心	2009-5-25	学校自建	校内研究机构	独立研究所	艺术学	文化艺术业	单位自办
国家主题性美术创作研究中心	2012-4-20	学校自建	校内研究机构	与校外合办所	艺术学	文化艺术业	与国内独立研究机构合办

续表

学校及机构名称	成立时间	批准部门	机构类型	组成方式	学科分类	服务的国民经济行业	组成类型
美术学研究所	2005-12-29	学校自建	校内研究机构	独立研究所	艺术学	文化艺术业	单位自办
艺术设计研究院	2014-10-30	学校自建	校内研究机构	独立研究所	艺术学	文化艺术业	单位自办
油画人物肖像画研创中心	2016-2-29	学校自建	校内研究机构	独立研究所	艺术学	文化艺术业	单位自办
中央戏剧学院							
戏剧艺术研究所	1965-2-18	学校自建	研究所	独立研究所	艺术学	教育	单位自办
中国戏曲学院							
北京戏曲文化研究基地	2013-10-30	学校主管部门批准	省级重点研究基地	独立研究所	艺术学	教育	政府部门办
中国文艺评论基地	2015-12-15	学校主管部门批准	其他重点研究基地，中国文艺评论家协会、中国文联主办的文艺评论基地	与校外合办所	艺术学	教育	政府部门办
北京电影学院							
“数字影视动画创作”教育部工程研究中心	2013-9-12	非学校主管部门批准	教育部重点研究基地	跨系所	艺术学	广播、电视、电影和影视录音制作业	政府部门办
“新媒体动画技术”北京市重点实验室	2012-1-17	学校主管部门批准	省级重点实验室	独立研究所	艺术学	广播、电视、电影和影视录音制作业	政府部门办
未来影像高精尖创新中心	2016-9-9	学校主管部门批准	北京市高精尖创新中心	跨系所	艺术学	广播、电视、电影和影视录音制作业	政府部门办
中国文艺评论基地	2015-1-9	非学校主管部门批准	中央其他部委重点研究基地	独立研究所	艺术学	文化艺术业	政府部门办
北京舞蹈学院							
民族舞蹈文化研究基地	2014-10-6	学校主管部门批准	省级重点研究基地	独立研究所	艺术学	教育	政府部门办
中国民族艺术传承与传播协同创新中心	2012-6-12	学校主管部门批准	省级 2011 协同创新中心	与校外合办所	艺术学	教育	与国内高校合办
中央民族大学							
“一带一路”民族文化大数据中心	2017-3-9	非学校主管部门批准	省级重点实验室	独立研究所	图书馆、情报与文献学	国家机构	单位自办
北京市非物质文化遗产研究基地	2011-10-8	非学校主管部门批准	省级重点研究基地	独立研究所	民族学与文化学	国家机构	单位自办

续表

学校及机构名称	成立时间	批准部门	机构类型	组成方式	学科分类	服务的国民经济行业	组成类型
当代民族问题与中国特色民族理论研究基地	1989-3-1	非学校主管部门批准	省级重点研究基地	跨系所	马克思主义	国家机构	单位自办
国家民委少数民族古籍保护与资料信息中心	2010-10-20	非学校主管部门批准	省级重点实验室	独立研究所	民族学与文化学	教育	单位自办
国家民委中国民族语文应用研究院	2017-12-20	非学校主管部门批准	省级智库	独立研究所	民族学与文化学	教育	单位自办
马克思主义与民族团结教育平台	2016-4-13	非学校主管部门批准	省级重点实验室	跨系所	民族学与文化学	教育	与国内高校合办
少数民族事业发展协同创新中心	2015-11-17	非学校主管部门批准	省级智库	跨系所	民族学与文化学	国家机构	单位自办
习近平新时代民族工作思想研究中心	2017-11-16	非学校主管部门批准	省级智库	独立研究所	政治学	教育	单位自办
中国边疆民族历史与地理研究基地	2014-4-3	非学校主管部门批准	省级重点研究基地	独立研究所	民族学与文化学	教育	单位自办
中国民族地区经济发展研究基地	2014-6-12	学校主管部门批准	省级重点研究基地	跨系所	民族学与文化学	教育	单位自办
中国少数民族教育研究基地	2005-9-22	非学校主管部门批准	省级重点研究基地	独立研究所	教育学	教育	单位自办
中国少数民族研究中心	2000-9-1	非学校主管部门批准	省级智库	独立研究所	民族学与文化学	国家机构	单位自办
中国少数民族语言研究基地	2005-9-22	学校主管部门批准	省级重点研究基地	独立研究所	语言学	教育	单位自办
教育部民族团结教育创新研究基地	2016-10-20	非学校主管部门批准	省级重点研究基地	独立研究所	民族学与文化学	教育	单位自办
中国政法大学							
比较法学研究院	1988-10-1	学校自建	校内机构	独立研究所	法学	教育	单位自办
法律古籍整理研究所	1984-11-1	学校自建	校内机构	独立研究所	法学	教育	单位自办
法律史学研究院	2004-12-20	学校主管部门批准	教育部重点研究基地	独立研究所	法学	教育	政府部门办
法学教育研究与评估中心	2002-1-17	学校自建	校内机构	独立研究所	法学	教育	单位自办
法与经济学研究院	2005-3-2	学校自建	校内机构	独立研究所	法学	教育	单位自办
法治政府研究院	2006-4-13	非学校主管部门批准	省级重点研究基地	独立研究所	法学	教育	政府部门办
公司法与投资保护研究所	2015-12-7	学校自建	校内机构	独立研究所	法学	教育	单位自办
国家监察研究院	2017-7-5	学校自建	校内机构	独立研究所	法学	教育	单位自办
互联网金融法律研究院	2015-12-4	学校自建	校内机构	独立研究所	法学	教育	单位自办
绿色战略发展研究院	2016-11-1	学校自建	校内机构	独立研究所	法学	教育	单位自办

续表

学校及机构名称	成立时间	批准部门	机构类型	组成方式	学科分类	服务的国民经济行业	组成类型
全球化与全球问题研究所	2007-6-11	学校自建	校内机构	独立研究所	政治学	教育	单位自办
人权研究院	2001-9-9	学校自建	校内机构	独立研究所	法学	教育	单位自办
诉讼法学研究院	1999-10-7	学校主管部门批准	教育部重点研究基地，国家级 2011 协同创新中心	独立研究所	法学	教育	政府部门办
网络法学研究院	2017-11-28	学校自建	校内机构	独立研究所	法学	教育	单位自办
证据科学研究院	2006-1-12	学校主管部门批准	教育部重点实验室，国家级 2011 协同创新中心	独立研究所	法学	教育	单位自办
制度学研究院	2016-12-26	学校自建	校内机构	独立研究所	法学	教育	单位自办
仲裁研究院	2016-4-1	学校自建	校内机构	独立研究所	法学	教育	单位自办
资本金融研究院	2015-6-18	学校自建	校内机构	独立研究所	法学	教育	单位自办
华北电力大学							
北京能源发展研究基地	2007-1-26	非学校主管部门批准	部省共建教育部重点研究基地	与校外合办所	法学	电力、热力生产和供应业	政府部门办
民革北京市委-华北电力大学能源软科学研究中心	2016-1-1	非学校主管部门批准	省级重点实验室	与校外合办所	管理学	电力、热力生产和供应业	与国内高校合办
新能源电力与低碳发展研究北京市重点实验室	2016-12-1	非学校主管部门批准	省级重点实验室	独立研究所	社会学	生态保护和环境治理业	单位自办
北京信息科技大学							
北京市哲学社会科学知识管理研究基地	2007-3-9	学校主管部门批准	省级重点研究基地	独立研究所	管理学	研究和试验发展	单位自办
绿色发展大数据决策北京市重点实验室	2016-12-1	学校主管部门批准	省级重点研究基地	独立研究所	管理学	研究和试验发展	单位自办
北京联合大学							
北京学研究基地	2004-6-1	学校主管部门批准	省级重点研究基地	跨系所	社会学	社会工作	政府部门办
北京政治文明建设研究基地	2006-4-8	学校主管部门批准	省级重点研究基地	跨系所	马克思主义	教育	政府部门办
国家智慧旅游重点实验室	2014-9-1	非学校主管部门批准	中央其他部委重点实验室	独立研究所	管理学	其他服务业	政府部门办

续表

学校及机构名称	成立时间	批准部门	机构类型	组成方式	学科分类	服务的国民经济行业	组成类型
京台文化交流研究中心	2004-2-10	学校主管部门批准	省级重点研究基地	独立研究所	政治学	社会工作	政府部门办
旅游信息化协同创新中心	2015-6-1	学校主管部门批准	省级 2011 协同创新中心	独立研究所	管理学	其他服务业	政府部门办
北京城市学院							
北京社会建设研究院	2010-5-1	非学校主管部门批准	校级重点研究基地	与校外合办所	社会学	社会工作	政府部门办
城市发展研究所	2016-3-1	学校自建	校级重点研究基地	独立研究所	管理学	其他服务业	单位自办
城镇化研究院	2014-6-12	学校自建	校级重点研究基地	独立研究所	法学	其他服务业	单位自办
首都城市环境建设研究基地	2013-10-24	非学校主管部门批准	校级重点研究基地	与校外合办所	管理学	生态保护和环境治理业	政府部门办
首都城市治理与执法研究所	2014-10-30	学校自建	校级重点研究基地	与校外合办所	管理学	国家机构	单位自办
中国信访与城市发展研究中心	2011-4-1	学校自建	校级重点研究基地	与校外合办所	管理学	国家机构	单位自办
北京青年政治学院							
北京东方道德研究所	1993-9-16	非学校主管部门批准	其他重点研究基地	与校外合办所	哲学	教育	与国内独立研究机构合办
北京青少年研究所	1991-6-20	学校主管部门批准	其他重点研究基地	与校外合办所	社会学	教育	与国内独立研究机构合办
北京职业教育与人文北京研究中心	2008-6-2	学校主管部门批准	其他重点研究基地	独立研究所	教育学	教育	单位自办
中国劳动关系学院							
“一带一路”与劳动关系研究所	2017-11-6	学校自建	研究所	独立研究所	社会学	教育	单位自办
安全与职业卫生工程研究所	2017-11-6	学校自建	研究所	独立研究所	社会学	教育	单位自办
大国工匠与劳动模范研究所	2017-3-31	学校自建	研究所	独立研究所	社会学	教育	单位自办
大数据与安全研究所	2017-11-6	学校自建	研究所	独立研究所	统计学	教育	单位自办
当代工运研究所	2017-11-6	学校自建	研究所	独立研究所	社会学	教育	单位自办
高等职业教育研究所	2017-11-6	学校自建	研究所	独立研究所	教育学	教育	单位自办
工会理论与工运史研究所	2017-11-6	学校自建	研究所	独立研究所	历史学	教育	单位自办
工会社会工作研究所	2017-11-6	学校自建	研究所	独立研究所	社会学	教育	单位自办
公共管理与人力资源研究中心	2017-11-6	学校自建	研究所	独立研究所	管理学	教育	单位自办

续表

学校及机构名称	成立时间	批准部门	机构类型	组成方式	学科分类	服务的国民经济行业	组成类型
计算机网络应用研究所	2017-11-6	学校自建	研究所	独立研究所	新闻学与传播学	教育	单位自办
劳动法与工会法研究中心	2017-11-6	学校自建	研究所	独立研究所	法学	教育	单位自办
劳动关系与工会研究中心	2016-12-28	学校主管部门批准	其他智库	独立研究所	管理学	群众团体、社会团体和其他成员组织	单位自办
企业文化建设研究所	2017-11-6	学校自建	研究所	独立研究所	社会学	教育	单位自办
人力资源管理研究所	2017-11-6	学校自建	研究所	独立研究所	社会学	教育	单位自办
三方机制与劳工参与研究所	2017-11-6	学校自建	研究所	独立研究所	社会学	教育	单位自办
社会保障与工会帮扶研究所	2017-11-6	学校自建	研究所	独立研究所	社会学	教育	单位自办
社会工作与社会政策研究所	2017-11-6	学校自建	研究所	独立研究所	社会学	教育	单位自办
文化与传播研究所	2017-11-6	学校自建	研究所	独立研究所	新闻学与传播学	教育	单位自办
新农村文化研究所	2017-11-6	学校自建	研究所	独立研究所	中国文学	教育	单位自办
职工发展研究所	2017-11-6	学校自建	研究所	独立研究所	社会学	教育	单位自办
职业心理研究所	2017-11-6	学校自建	研究所	独立研究所	心理学	教育	单位自办
中国信息经济研究中心	2017-11-6	学校自建	研究所	独立研究所	经济学	教育	单位自办
中国职工舆情研究所	2017-11-6	学校自建	研究所	独立研究所	新闻学与传播学	教育	单位自办
北京财贸职业学院							
北京国际商贸中心研究基地	2013-7-12	学校主管部门批准	省级重点研究基地	跨系所	经济学	零售业	政府部门办
高职教育研究所	2007-11-1	学校自建	校级重点研究基地	独立研究所	教育学	教育	单位自办
商业研究所	1986-11-1	学校自建	校级重点研究基地	独立研究所	经济学	零售业	单位自办
北京戏曲艺术职业学院							
艺术研究中心	2006-2-7	学校自建	校级重点研究基地	独立研究所	艺术学	文化艺术业	单位自办
首都师范大学科德学院							
中国高校影视学会微电影创研中心	2012-11-24	非学校主管部门批准	校级重点研究基地	与校外合办所	艺术学	广播、电视、电影和影视录音制作业	与国内独立研究机构合办
北京邮电大学世纪学院							

续表

学校及机构名称	成立时间	批准部门	机构类型	组成方式	学科分类	服务的国民经济行业	组成类型
文化创意产品研究中心	2015-5-1	学校自建	校级重点研究基地	独立研究所	艺术学	文化艺术业	单位自办
北京社会管理职业学院							
民政政策理论研究所	2015-1-31	学校主管部门批准	校级社科重点研究基地	独立研究所	社会学	社会保障	单位自办
社会工作研究所	2007-4-10	学校主管部门批准	校级社科重点研究基地	独立研究所	社会学	社会保障	政府部门办
天津市							
南开大学							
APEC 研究中心	1995-3-29	学校主管部门批准	教育部重点研究基地	独立研究所	经济学	教育	单位自办
滨海开发研究院	2008-4-19	学校自建	学校实体机构	跨系所	经济学	教育	单位自办
城市与区域经济研究所	2002-6-30	学校自建	院属实体机构	独立研究所	经济学	教育	单位自办
公司治理研究中心	1997-11-8	学校主管部门批准	教育部重点研究基地	独立研究所	管理学	教育	单位自办
古籍与文化研究所	1983-3-7	学校主管部门批准	院属实体机构	独立研究所	历史学	教育	单位自办
国际经济研究所	1986-1-18	学校主管部门批准	院属实体机构	独立研究所	经济学	教育	单位自办
环境与社会发展研究中心	2001-4-18	学校自建	院属实体机构	跨系所	经济学	教育	单位自办
金融发展研究院	2007-12-27	学校自建	学校实体机构	独立研究所	经济学	教育	单位自办
经济研究所	1927-5-6	学校主管部门批准	院属实体机构	独立研究所	经济学	教育	单位自办
经济与社会发展研究院	1998-1-14	学校自建	学校实体机构	独立研究所	经济学	教育	单位自办
跨国公司研究中心	1988-9-1	学校主管部门批准	教育部重点研究基地	独立研究所	经济学	教育	单位自办
拉丁美洲研究中心	1991-1-2	学校自建	院属实体机构	独立研究所	历史学	教育	单位自办
人口与发展研究所	1984-2-17	学校主管部门批准	院属实体机构	独立研究所	经济学	教育	单位自办
人权研究中心	2011-7-6	学校主管部门批准	教育部重点研究基地	跨系所	政治学	教育	单位自办
日本研究院	1988-5-29	学校自建	学校实体机构	独立研究所	历史学	教育	单位自办
世界近现代史研究中心	1999-12-18	学校主管部门批准	教育部重点研究基地	独立研究所	历史学	教育	单位自办
台湾经济研究所	1986-9-22	学校自建	院属实体机构	独立研究所	经济学	教育	单位自办
现代管理研究所	1997-10-22	学校自建	院属实体机构	独立研究所	管理学	教育	单位自办
政治经济学研究中心	2000-12-26	学校主管部门批准	教育部重点研究基地	独立研究所	经济学	教育	单位自办

续表

学校及机构名称	成立时间	批准部门	机构类型	组成方式	学科分类	服务的国民经济行业	组成类型
中国社会史研究中心	1986-6-5	学校主管部门批准	教育部重点研究基地	独立研究所	历史学	教育	单位自办
中国特色社会主义经济建设协同创新中心	2014-11-18	学校主管部门批准	国家级 2011 协同创新中心	与校外合办所	经济学	教育	与国内高校合办
天津大学							
APEC 可持续能源中心	2014-9-4	非学校主管部门批准	其他智库,国家能源局建设智库	独立研究所	管理学	国家机构	政府部门办
滨海城市安全与智慧防灾研究基地	2008-6-25	学校主管部门批准	省级重点研究基地	独立研究所	管理学	公共设施管理业	单位自办
公共资源管理研究中心	2004-5-12	学校主管部门批准	省级重点研究基地	跨系所	管理学	公共设施管理业	政府部门办
国家知识产权战略实施研究基地	2013-4-10	非学校主管部门批准	其他智库,国家知识产权局建设智库	跨系所	管理学	科技推广和应用服务业	政府部门办
建筑文化遗产保护传承信息技术文化部重点实验室	2017-1-4	非学校主管部门批准	中央其他部委重点实验室	跨系所	历史学	文化艺术业	政府部门办
教育科学研究中心	2010-11-18	学校主管部门批准	省级重点研究基地	跨系所	教育学	教育	政府部门办
科学技术与社会研究中心	2004-5-13	学校主管部门批准	省级重点研究基地	跨系所	哲学	教育	政府部门办
生物安全战略研究中心	2016-12-29	学校主管部门批准	其他智库	跨系所	法学	国家机构	单位自办
天津市反腐倡廉研究基地	2009-10-14	非学校主管部门批准	省级重点研究基地	跨系所	管理学	国家机构	政府部门办
中国传承人口述史研究所	2015-6-16	非学校主管部门批准	其他重点研究基地	独立研究所	历史学	教育	单位自办
中国传统村落保护与发展研究中心	2013-6-4	非学校主管部门批准	其他重点研究基地	独立研究所	民族学与文化学	文化艺术业	单位自办
中国绿色发展研究院	2015-12-25	学校主管部门批准	其他智库,校级智库,省级重点研究基地	跨系所	法学	生态保护和环境治理业	单位自办
中国木版年画研究基地	2007-9-18	非学校主管部门批准	其他重点研究基地	独立研究所	艺术学	文化艺术业	单位自办
中国社会计算研究中心	2010-11-18	学校主管部门批准	省级重点研究基地	跨系所	管理学	货币金融服务	政府部门办
中国文化遗产保护国际研究中心	2010-11-18	学校主管部门批准	省级重点研究基地	跨系所	历史学	文化艺术业	政府部门办
天津科技大学							
食品安全战略与管理研究中心	2008-12-10	学校主管部门批准	省级智库,省级重点研究基地	跨系所	管理学	研究和试验发展	单位自办

续表

学校及机构名称	成立时间	批准部门	机构类型	组成方式	学科分类	服务的国民经济行业	组成类型
中国民航大学							
航空法律与政策研究中心	2010-11-9	非学校主管部门批准	省级重点研究基地	跨系所	法学	航空运输业	单位自办
航空运输经济与管理研究基地	2003-4-8	学校主管部门批准	中央其他部委重点研究基地	跨系所	经济学	航空运输业	单位自办
天津理工大学							
公共投资与工程造价研究中心	2004-5-8	学校主管部门批准	省级重点研究基地	跨系所	管理学	商务服务业	单位自办
循环经济与企业可持续发展研究基地	2010-6-4	学校主管部门批准	省级重点研究基地	独立研究所	管理学	机动车、电子产品和日用产品修理业	单位自办
天津师范大学							
出土文献与上古史研究中心	2013-1-10	学校自建	校级一般机构	独立研究所	历史学	教育	单位自办
大众传播与社会发展研究所	2003-12-18	学校自建	校级一般机构	独立研究所	新闻学与传播学	教育	单位自办
地方政府法制研究中心	2014-4-9	学校自建	其他智库,校级智库	独立研究所	法学	国家机构	单位自办
公益影像研究中心	2011-6-2	学校自建	校级一般机构	独立研究所	新闻学与传播学	新闻和出版业	单位自办
课程与教学研究中心	2006-12-1	学校自建	其他智库,校级智库,校级一般机构	独立研究所	教育学	教育	单位自办
民商法应用研究中心	2013-1-3	学校自建	校级一般机构	独立研究所	法学	教育	单位自办
欧洲文明研究院	2001-9-21	学校主管部门批准	省级重点研究基地	独立研究所	历史学	教育	单位自办
社会管理与发展研究中心	2003-7-2	学校自建	校级一般机构	独立研究所	政治学	教育	单位自办
思想政治教育研究所	1994-6-14	学校自建	校级一般机构	独立研究所	马克思主义	教育	单位自办
田径运动科学研究所	1990-3-2	学校自建	校级一般机构	独立研究所	体育科学	体育	单位自办
心理与行为研究院	2000-9-5	非学校主管部门批准	教育部重点研究基地	独立研究所	心理学	教育	政府部门办
语言研究所	2008-12-5	学校自建	校级一般机构	独立研究所	语言学	教育	单位自办
政治文化与政治文明建设研究院	2004-1-1	学校主管部门批准	省级重点研究基地	独立研究所	政治学	国家机构	单位自办
中共党史党建研究所	2005-7-1	学校自建	校级一般机构	独立研究所	政治学	中国共产党机关	单位自办
天津职业技术师范大学							
世界技能大赛中国研究中心	2012-5-16	非学校主管部门批准	中央其他部委重点研究基地	独立研究所	教育学	教育	政府部门办

续表

学校及机构名称	成立时间	批准部门	机构类型	组成方式	学科分类	服务的国民经济行业	组成类型
职业教育发展研究中心	2010-12-7	学校主管部门批准	省级重点研究基地	独立研究所	教育学	教育	政府部门办
职业教育教师研究院	2014-9-5	学校自建	学校一般研究机构	独立研究所	教育学	教育	单位自办
天津外国语大学							
比较文学研究所	2012-6-11	学校主管部门批准	校级重点研究基地	独立研究所	外国文学	教育	单位自办
东北亚研究中心	2006-3-2	学校自建	其他智库,校级智库机构	独立研究所	政治学	国家机构	单位自办
拉美研究中心	2011-12-9	非学校主管部门批准	其他智库,校级智库机构	独立研究所	政治学	国家机构	单位自办
欧美文化哲学研究所	2006-4-28	学校自建	校级重点研究基地	独立研究所	哲学	教育	单位自办
天津国际发展研究院	2010-5-21	学校自建	其他智库,校级智库机构	独立研究所	管理学	国家机构	单位自办
外国语言文学文化研究中心	2004-5-11	非学校主管部门批准	省级重点研究基地	独立研究所	外国文学	文化艺术业	单位自办
语言符号应用传播研究中心	2011-3-1	非学校主管部门批准	省级重点研究基地	独立研究所	语言学	教育	单位自办
中央文献翻译研究基地	2011-11-21	学校自建	校级重点研究基地,学校与部级单位共建	独立研究所	外国文学	国家机构	与国内独立研究机构合办
天津商业大学							
管理创新与评价研究中心	2004-5-1	学校主管部门批准	省级重点研究基地	跨系所	管理学	专业技术服务业	政府部门办
天津财经大学							
财政与社会发展研究中心	2016-6-8	学校自建	校内研究机构	跨系所	经济学	研究和试验发展	单位自办
产业与市场科学研究所	1992-1-1	学校主管部门批准	其他智库,校级智库	跨系所	经济学	研究和试验发展	单位自办
创新管理与知识运营研究所	2016-1-1	学校主管部门批准	校级重点实验室	独立研究所	管理学	研究和试验发展	单位自办
创新与创业研究中心	2008-3-1	学校主管部门批准	校内研究机构	独立研究所	管理学	教育	单位自办
大数据统计研究中心	2016-1-21	学校主管部门批准	校内研究机构	跨系所	统计学	社会保障	单位自办
法律经济分析与政策评价协同创新中心	2015-12-1	学校自建	国家高端智库	与校外合办所	经济学	研究和试验发展	与国内高校合办
法律经济分析与政策评价中心	2011-8-1	学校主管部门批准	省级智库,省级重点研究基地	独立研究所	经济学	研究和试验发展	与国内高校合办
法学研究中心	2004-12-1	学校自建	校内研究机构	独立研究所	法学	社会工作	单位自办

续表

学校及机构名称	成立时间	批准部门	机构类型	组成方式	学科分类	服务的国民经济行业	组成类型
房地产经济研究所	1996-12-1	学校主管部门批准	校内研究机构	与校外合办所	经济学	社会保障	单位自办
复杂网络系统与创新研究中心	2016-1-21	学校自建	校级重点研究基地	跨系所	管理学	教育	单位自办
工商管理研究中心	2006-5-1	学校主管部门批准	省级智库	独立研究所	管理学	商务服务业	单位自办
管理可计算建模协同创新中心	2016-4-1	学校主管部门批准	校内研究机构	与校外合办所	管理学	货币金融服务	与国内高校合办
金融与保险研究中心	2004-5-1	非学校主管部门批准	其他智库,CTTI 来源智库,省级重点研究基地	跨系所	经济学	其他金融业	政府部门办
近现代法学研究中心	2015-6-11	学校自建	接触学科研究基础	独立研究所	法学	教育	单位自办
纠纷解决研究中心	2017-4-1	学校自建	校内研究机构	独立研究所	法学	社会工作	单位自办
旅游研究与规划中心	2012-3-1	学校自建	校内研究机构	独立研究所	管理学	研究和试验发展	单位自办
马克思主义与当代中国研究中心	2012-1-1	学校自建	校内研究机构	独立研究所	马克思主义	教育	单位自办
审计与控制研究中心	2011-11-1	学校主管部门批准	校级重点研究基地	与校外合办所	管理学	资本市场服务	单位自办
数学经济研究中心	2004-11-1	学校主管部门批准	校内研究机构	独立研究所	管理学	货币金融服务	单位自办
天津市京津冀协同创新发展研究院	2015-8-28	学校主管部门批准	校级重点研究基地	与校外合办所	管理学	教育	与国内高校合办
天津市科技金融学院	2016-5-21	学校自建	五大战略对接平台	与校外合办所	经济学	其他金融业	政府部门办
天津市自由贸易区研究院	2014-8-20	学校主管部门批准	省级智库	与校外合办所	经济学	教育	单位自办
天津现代无形资产研究所	1995-11-1	学校主管部门批准	校内研究机构	独立研究所	管理学	研究和试验发展	与国内高校合办
无形资产评价协同创新中心	2016-3-1	学校主管部门批准	其他 2011 协同创新中心,校级协同创新中心	独立研究所	管理学	研究和试验发展	与国内高校合办
物流与供应链运营创新研究所	2016-11-1	学校自建	校内研究机构	独立研究所	管理学	商务服务业	单位自办
现代经济管理研究院	2003-12-1	学校主管部门批准	校内研究机构	独立研究所	经济学	教育	单位自办
现代经济学研究中心	2006-9-14	学校主管部门批准	校内研究机构	跨系所	经济学	研究和试验发展	单位自办
营运资本管理研究所	2016-12-1	学校主管部门批准	校内研究机构	跨系所	管理学	教育	单位自办
中国滨海金融协同创新中心	2012-9-25	学校主管部门批准	省级 2011 协同创新中心	与校外合办所	经济学	其他金融业	与国内高校合办
中国经济统计研究中心	2007-9-1	非学校主管部门批准	其他智库,CTTI 来源智库	独立研究所	经济学	研究和试验发展	单位自办
组织创新与治理研究中心	2016-1-21	学校自建	校内研究机构	独立研究所	管理学	教育	单位自办

续表

学校及机构名称	成立时间	批准部门	机构类型	组成方式	学科分类	服务的国民经济行业	组成类型
天津体育学院							
体育人文社会科学研究中心	1993-7-12	学校主管部门批准	省级重点研究基地	独立研究所	体育科学	体育	单位自办
运动与健康科普教育基地	2011-12-9	学校主管部门批准	省级重点研究基地	独立研究所	体育科学	体育	单位自办
天津音乐学院							
艺术创作与表演研究中心	2010-10-9	学校主管部门批准	省级重点研究基地	独立研究所	艺术学	社会工作	政府部门办
天津城建大学							
城市绿色发展研究中心	2016-11-1	学校主管部门批准	省级智库	独立研究所	管理学	土木工程建筑业	单位自办
天津城镇化与新农村建设研究中心	2010-3-31	学校主管部门批准	省级重点研究基地	独立研究所	管理学	教育	政府部门办
天津中德应用技术大学							
中德职业教育研究所	2012-6-1	学校自建	校级重点研究基地	独立研究所	教育学	教育	单位自办
河北省							
河北大学							
传媒与社会发展研究基地	2010-12-10	学校主管部门批准	省级重点研究基地	独立研究所	新闻学与传播学	教育	政府部门办
传世字书与出土文字研究中心	2014-10-22	学校主管部门批准	省级重点研究基地	独立研究所	考古学	文化艺术业	政府部门办
大学文化传承创新研究中心	2014-10-22	学校主管部门批准	省级重点研究基地	独立研究所	政治学	教育	政府部门办
高等教育与区域发展研究中心	2014-10-22	学校主管部门批准	省级重点研究基地	独立研究所	教育学	教育	政府部门办
国家治理法治化研究中心	2014-10-22	学校主管部门批准	省级重点研究基地	独立研究所	法学	国家机构	政府部门办
伊斯兰国家社会发展研究中心	2014-10-22	学校主管部门批准	省级重点研究基地	独立研究所	新闻学与传播学	群众团体、社会团体和其他成员组织	政府部门办
政府管理与公共政策研究中心	2014-10-22	学校主管部门批准	省级重点研究基地	独立研究所	管理学	国家机构	政府部门办
中国曲学研究中心	2014-10-22	学校主管部门批准	省级重点研究基地	独立研究所	民族学与文化学	文化艺术业	政府部门办
资源利用与环境保护研究中心	2014-10-22	学校主管部门批准	省级重点研究基地	独立研究所	经济学	生态保护和环境治理业	政府部门办
河北省生态与环境发展研究中心	2016-4-25	学校主管部门批准	省级智库	独立研究所	经济学	生态保护和环境治理业	政府部门办
河北省文化产业发展研究中心	2016-4-25	学校主管部门批准	省级智库	独立研究所	新闻学与传播学	文化艺术业	政府部门办
华夏文化产业研究院	2006-4-8	学校主管部门批准	省级重点研究基地	独立研究所	经济学	教育	政府部门办

续表

学校及机构名称	成立时间	批准部门	机构类型	组成方式	学科分类	服务的国民经济行业	组成类型
区域经济研究所	2005-5-5	学校主管部门批准	省级重点研究基地	独立研究所	经济学	教育	单位自办
社会计算与社会发展研究基地	2012-5-18	学校主管部门批准	校级重点研究基地	独立研究所	社会学	教育	单位自办
宋史研究中心	2000-2-1	学校主管部门批准	教育部重点研究基地	独立研究所	历史学	中国共产党机关	单位自办
现代汉字研究中心	2007-8-10	学校主管部门批准	省级重点研究基地	与校外合办所	语言学	中国共产党机关	政府部门办
河北工程大学							
城乡现代化研究中心	2014-11-24	学校主管部门批准	其他重点研究基地	跨系所	马克思主义	中国共产党机关	政府部门办
水生态文明及社会治理研究中心	2014-12-4	学校主管部门批准	其他重点研究基地	跨系所	社会学	生态保护和环境治理业	政府部门办
河北省“三化”及其协同发展研究基地	2014-1-15	非学校主管部门批准	其他重点研究基地，河北省社科联	跨系所	社会学	农业	政府部门办
习近平新时代中国特色社会主义思想研究中心	2017-11-13	学校自建	研究中心	跨系所	马克思主义	中国共产党机关	单位自办
河北地质大学							
经济研究所	1987-1-8	学校自建	校级重点研究基地	跨系所	经济学	专业技术服务业	单位自办
河北工业大学							
管理科学研究所	2014-12-3	学校自建	校级重点研究基地	独立研究所	管理学	国家机构	其他
京津冀区域治理协同创新中心	2014-9-16	学校主管部门批准	省级重点研究基地	独立研究所	经济学	国家机构	单位自办
京津冀文化融合与创新研究中心	2014-9-17	学校主管部门批准	省级重点研究基地	独立研究所	经济学	国家机构	单位自办
河北省马克思主义中国化研究基地	2016-12-1	学校主管部门批准	省级重点研究基地	独立研究所	马克思主义	教育	政府部门办
技术与创新管理研究所	2010-12-31	学校自建	校级重点研究基地	独立研究所	管理学	专业技术服务业	其他
金融工程与创新研究中心	2015-7-1	学校自建	校级重点研究基地	独立研究所	经济学	货币金融服务	单位自办
企业信息化与管理创新研究中心	2004-2-12	学校主管部门批准	省级重点研究基地	独立研究所	管理学	专业技术服务业	其他
日本社会文化研究所	2008-3-5	学校自建	校级重点研究基地	独立研究所	语言学	教育	其他
华北理工大学							
河北省城乡统筹及一体化发展研究基地	2007-10-1	非学校主管部门批准	省级重点研究基地	跨系所	经济学	社会工作	政府部门办

续表

学校及机构名称	成立时间	批准部门	机构类型	组成方式	学科分类	服务的国民经济行业	组成类型
河北科技大学							
高等教育研究所	1987-6-6	学校主管部门批准	校级重点研究基地	独立研究所	教育学	社会工作	单位自办
河北农业大学							
河北省“三农”问题研究中心	2015-12-10	非学校主管部门批准	省级智库	独立研究所	社会学	农业	政府部门办
河北省农业经济发展战略研究基地	2010-12-15	非学校主管部门批准	省级重点研究基地	与校外合办所	管理学	科技推广和应用服务业	与国内独立研究机构合办
河北省现代农业发展研究中心	2010-5-12	学校主管部门批准	其他重点研究基地	跨系所	管理学	农业	政府部门办
社会主义核心价值观实践教育创新研究中心	2016-12-31	学校主管部门批准	其他重点研究基地	跨系所	社会学	教育	政府部门办
河北医科大学							
河北省健康发展研究中心	2016-3-7	非学校主管部门批准	省级智库	独立研究所	法学	卫生	单位自办
河北省医学人文社会科学研究基地	2016-3-10	非学校主管部门批准	省级智库	独立研究所	社会学	卫生	单位自办
河北医科大学临床人文关爱与护理研究中心	2014-6-10	学校主管部门批准	省级重点研究基地	独立研究所	社会学	卫生	单位自办
河北师范大学							
河北省燕赵文化研究协同创新中心	2016-2-29	非学校主管部门批准	省级 2011 协同创新中心	独立研究所	民族学与文化学	文化艺术业	单位自办
河北省燕赵文化遗产保护与研究基地	2010-12-30	非学校主管部门批准	省级重点研究基地	独立研究所	历史学	教育	其他
中国共产党革命精神与文化资源研究中心	2013-7-25	非学校主管部门批准	教育部重点研究基地	独立研究所	马克思主义	教育	单位自办
河北民族师范学院							
避暑山庄文化国际推广研究中心	2011-11-30	学校自建	校级重点实验室	独立研究所	语言学	文化艺术业	单位自办
避暑山庄研究室	1985-4-1	学校自建	校级重点实验室	独立研究所	历史学	教育	单位自办
承德本土作家研究室	2011-11-30	学校自建	校级重点实验室	独立研究所	中国文学	社会工作	单位自办
承德历史文化研究基地	2017-1-20	非学校主管部门批准	校级重点研究基地	跨系所	历史学	文化艺术业	单位自办
承德旅游区土地生态研究室	2011-11-23	学校自建	校级重点实验室	独立研究所	经济学	生态保护和环境治理业	单位自办

续表

学校及机构名称	成立时间	批准部门	机构类型	组成方式	学科分类	服务的国民经济行业	组成类型
承德文化旅游规划研究所	2012-6-29	学校自建	校级重点实验室	独立研究所	经济学	其他服务业	单位自办
非物质文化遗产研究基地	2013-6-30	学校自建	校级重点研究基地	跨系所	民族学与文化学	文化艺术业	单位自办
旅游产品开发研究室	2011-11-30	学校自建	校级重点实验室	独立研究所	艺术学	其他服务业	单位自办
满族音乐舞蹈研究室	2009-7-1	学校自建	校级重点实验室	独立研究所	艺术学	文化艺术业	单位自办
民族关系研究基地	2015-1-15	非学校主管部门批准	中央其他部委重点研究基地,校级重点研究基地	跨系所	民族学与文化学	文化艺术业	单位自办
纳兰性德研究室	1984-8-1	学校自建	校级重点实验室	独立研究所	中国文学	教育	单位自办
普通话与承德地域文化研究基地	2017-1-20	非学校主管部门批准	校级重点研究基地	跨系所	语言学	文化艺术业	单位自办
塞罕坝精神研究基地	2017-12-15	非学校主管部门批准	校级重点研究基地	独立研究所	马克思主义	中国共产党机关	单位自办
少数民族传统体育研究室	2000-5-1	学校自建	校级重点实验室	独立研究所	体育科学	社会工作	单位自办
唐山师范学院							
城市文化与可持续发展研究基地	2012-12-13	非学校主管部门批准	省级重点研究基地	跨系所	管理学	文化艺术业	单位自办
冀东文献典藏与研究中心	2014-12-10	学校自建	校级重点研究基地	独立研究所	图书馆、情报与文献学	其他服务业	单位自办
教育科学研究所	1994-6-1	学校自建	校级重点研究基地	独立研究所	教育学	社会工作	单位自办
区域经济研究所	1999-6-1	学校自建	校级重点研究基地	独立研究所	经济学	专业技术服务业	单位自办
史学研究所	2000-11-20	学校自建	校级重点研究基地	跨系所	历史学	社会工作	单位自办
文学与文化研究所	2002-6-24	学校自建	校级重点研究基地	跨系所	中国文学	文化艺术业	单位自办
语言与文化研究中心	2014-10-13	学校主管部门批准	其他重点研究基地	独立研究所	语言学	文化艺术业	单位自办
语言与文献研究所	2006-12-1	学校自建	校级重点研究基地	独立研究所	语言学	文化艺术业	单位自办
石家庄学院							
河北省中国特色社会主义理论体系石家庄学院农村发展研究基地	2015-6-11	非学校主管部门批准	其他重点研究基地	独立研究所	政治学	社会工作	单位自办
邯郸学院							
磁州窑艺术研究所	2010-3-25	学校自建	校级重点研究基地	独立研究所	艺术学	文化艺术业	单位自办

续表

学校及机构名称	成立时间	批准部门	机构类型	组成方式	学科分类	服务的国民经济行业	组成类型
邯郸舞蹈文化研究室	2010-3-25	学校自建	校级重点实验室	独立研究所	艺术学	文化艺术业	单位自办
太行山文书研究中心	2014-12-4	学校主管部门批准	省级重点研究基地	与校外合办所	历史学	文化艺术业	单位自办
河北省赵文化与区域经济研究基地	2010-11-28	非学校主管部门批准	省级重点研究基地	与校外合办所	经济学	文化艺术业	政府部门办
胡乔木研究所	2011-12-12	学校自建	校级重点研究基地	独立研究所	马克思主义	国家机构	单位自办
教育与心理咨询中心	2010-3-25	学校自建	校级重点实验室	独立研究所	心理学	教育	单位自办
女性文学研究所	2010-3-25	学校自建	校级重点研究基地	独立研究所	中国文学	文化艺术业	单位自办
太极拳研究与推广中心	2010-3-25	学校自建	校级重点研究基地	独立研究所	体育科学	体育	单位自办
特殊教育	2016-2-5	学校主管部门批准	省级 2011 协同创新中心	独立研究所	教育学	教育	与国内高校合办
文化产业研究所	2015-7-15	学校自建	校级重点研究基地	独立研究所	经济学	文化艺术业	单位自办
雁翼研究所	2011-12-12	学校自建	校级重点研究基地	独立研究所	中国文学	文化艺术业	单位自办
赵文化研究中心	2008-1-31	学校自建	校级重点研究基地	跨系所	历史学	文化艺术业	单位自办
邢台学院							
河北省当代中国民生与社会建设研究基地	2013-12-1	非学校主管部门批准	其他重点研究基地	跨系所	马克思主义	国家机构	单位自办
河北省中国特色社会主义理论体系研究基地	2015-3-1	非学校主管部门批准	其他重点研究基地	跨系所	马克思主义	中国共产党机关	政府部门办
沧州师范学院							
渤海党史研究所	2011-12-11	学校自建	校级重点研究基地	独立研究所	历史学	教育	单位自办
河北省武术研究基地	2011-11-18	非学校主管部门批准	其他重点研究基地	独立研究所	体育科学	体育	单位自办
教师教育研究中心	2012-11-10	学校自建	校级重点研究基地	独立研究所	教育学	教育	单位自办
礼仪教育研究中心	2011-12-11	学校自建	校级重点研究基地	独立研究所	教育学	教育	单位自办
民间艺术研究所	2011-12-11	非学校主管部门批准	其他重点研究基地	独立研究所	艺术学	文化艺术业	单位自办
齐越教育研究中心	2016-11-15	学校自建	校级重点研究基地	独立研究所	新闻学与传播学	教育	单位自办
区域经济与公共关系研究所	2011-11-23	非学校主管部门批准	其他重点研究基地	独立研究所	经济学	教育	单位自办
区域文化研究所	2011-11-23	非学校主管部门批准	其他重点研究基地	与校外合办所	民族学与文化学	文化艺术业	其他

续表

学校及机构名称	成立时间	批准部门	机构类型	组成方式	学科分类	服务的国民经济行业	组成类型
师德师风研究所	2011-12-11	学校自建	校级重点研究基地	独立研究所	教育学	教育	单位自办
哲学研究所	2015-6-15	学校自建	校级重点研究基地	独立研究所	哲学	教育	单位自办
石家庄铁道大学							
工程建设管理研究基地	2012-10-17	学校主管部门批准	河北省软科学研究基地	跨系所	管理学	专业技术服务业	单位自办
人居环境可持续发展研究中心	2014-12-17	学校主管部门批准	非物质文化遗产研究基地	跨系所	社会学	居民服务业	单位自办
省生态环境和发展环境研究基地	2014-9-19	学校主管部门批准	河北省社科基地	跨系所	社会学	生态保护和环境治理业	单位自办
燕山大学							
河北省地方政府改革与发展研究基地	2010-11-10	非学校主管部门批准	其他重点研究基地	跨系所	管理学	国家机构	单位自办
河北省非物质文化遗产研究基地（文法学院）	2013-6-13	非学校主管部门批准	其他重点研究基地	独立研究所	社会学	文化艺术业	单位自办
河北省非物质文化遗产研究基地（艺术与设计学院）	2013-6-13	非学校主管部门批准	其他重点研究基地	独立研究所	艺术学	文化艺术业	单位自办
河北省服务经济与管理研究基地	2012-12-1	非学校主管部门批准	其他重点研究基地	独立研究所	管理学	其他服务业	单位自办
河北省工业设计创新与发展研究中心	2013-7-1	非学校主管部门批准	其他重点研究基地	跨系所	艺术学	文化艺术业	单位自办
河北省公共政策评估研究中心	2016-6-1	非学校主管部门批准	省级智库	跨系所	社会学	国家机构	单位自办
河北省设计创新与产业发展研究中心	2017-7-31	非学校主管部门批准	省级智库	跨系所	艺术学	文化艺术业	单位自办
河北省现代港口煤炭物流工程技术研究中心	2011-10-1	非学校主管部门批准	其他重点研究基地	跨系所	管理学	水上运输业	与境内注册其他企业合办
河北省中国特色社会主义理论体系燕山大学研究基地	2015-10-1	学校主管部门批准	其他重点研究基地	跨系所	马克思主义	中国共产党机关	单位自办
燕山大学京津冀协同发展管理创新研究中心	2014-12-4	学校主管部门批准	省级重点研究基地	跨系所	管理学	国家机构	单位自办
燕山大学区域经济发展研究中心	2014-12-4	学校主管部门批准	省级重点研究基地	跨系所	经济学	国家机构	单位自办
河北科技师范学院							
河北职业教育研究基地	2013-8-28	学校主管部门批准	省级重点研究基地	独立研究所	教育学	教育	单位自办
冀东文化研究中心	2014-11-27	学校主管部门批准	省级重点研究基地	独立研究所	民族学与文化学	文化艺术业	与国内高校合办

续表

学校及机构名称	成立时间	批准部门	机构类型	组成方式	学科分类	服务的国民经济行业	组成类型
邯郸职业技术学院							
邯郸创新区域经济研究院	2015-1-5	非学校主管部门批准	校级重点研究基地	与校外合办所	经济学	国家机构	政府部门办
邯郸知识产权学院	2017-3-1	学校主管部门批准	其他重点研究基地	与校外合办所	教育学	教育	政府部门办
中国人民武装警察部队学院							
边境与出入境安全研究中心	2014-1-1	非学校主管部门批准	其他重点研究基地	跨系所	管理学	国家机构	政府部门办
部队政治工作研究中心	2012-6-1	非学校主管部门批准	其他重点研究基地	跨系所	政治学	中国共产党机关	政府部门办
反恐怖与警卫安全研究中心	2016-5-13	学校自建	其他重点研究基地	独立研究所	政治学	国家机构	单位自办
公安现役部队教育培训研究中心	2012-6-1	学校自建	校级重点研究基地	跨系所	教育学	教育	单位自办
基础学科教育研究中心	2017-6-9	学校自建	非实体科研机构	跨系所	教育学	教育	单位自办
警卫学术研究中心	2006-9-1	学校自建	校级重点研究基地	与校外合办所	管理学	国家机构	单位自办
维和警务研究中心	2015-5-7	学校自建	其他智库,校级智库	独立研究所	国际问题研究	国际组织	单位自办
维和学术研究中心	2012-6-1	学校自建	校级重点研究基地	跨系所	国际问题研究	国际组织	单位自办
消防软科学研究中心	2006-9-1	学校自建	校级重点研究基地	独立研究所	管理学	群众团体、社会团体和其他成员组织	政府部门办
应急救援管理研究中心	2016-5-7	学校自建	其他智库,校级智库	跨系所	管理学	国家机构	单位自办
中国海警研究中心	2016-11-8	非学校主管部门批准	省级智库	与校外合办所	管理学	国家机构	政府部门办
河北金融学院							
河北省高校智慧金融应用技术研发中心	2014-10-1	学校主管部门批准	省级智库	跨系所	经济学	货币金融服务	政府部门办
河北省科技金融协同创新中心	2014-1-1	学校主管部门批准	省级 2011 协同创新中心	跨系所	经济学	货币金融服务	与国内高校合办
河北省科技金融重点实验室	2010-2-26	非学校主管部门批准	省级重点实验室	独立研究所	经济学	货币金融服务	政府部门办
金融研究所	2004-4-20	学校主管部门批准	校级重点研究基地	独立研究所	经济学	货币金融服务	单位自办
北华航天工业学院							
河北省航天产业发展软科学研究基地	2012-12-30	非学校主管部门批准	其他重点研究基地	独立研究所	经济学	中国共产党机关	政府部门办
河北省中国特色社会主义理论体系北华航天工业学院研究基地	2014-12-30	非学校主管部门批准	其他	跨系所	马克思主义	中国共产党机关	单位自办

续表

学校及机构名称	成立时间	批准部门	机构类型	组成方式	学科分类	服务的国民经济行业	组成类型
习近平新时代中国特色社会主义思想研究中心	2017-11-2	学校自建	其他重点研究基地	跨系所	马克思主义	中国共产党机关	单位自办
邢台职业技术学院							
邢台市太行传统村落文化研究中心	2016-9-7	非学校主管部门批准	科研平台	独立研究所	管理学	文化艺术业	政府部门办
河北经贸大学							
地方法治建设研究中心	2014-12-4	学校主管部门批准	省级重点研究基地	跨系所	法学	社会保障	政府部门办
金融与企业创新研究中心	2014-12-4	学校主管部门批准	省级重点研究基地	跨系所	经济学	资本市场服务	政府部门办
京津冀一体化发展协同创新中心	2013-12-1	学校主管部门批准	省级智库	独立研究所	经济学	国家机构	政府部门办
伦理与社会治理研究中心	2014-12-4	学校主管部门批准	省级重点研究基地	跨系所	哲学	国家机构	政府部门办
马克思主义理论研究中心	2013-12-24	非学校主管部门批准	其他重点研究基地	跨系所	马克思主义	国家机构	政府部门办
马克思主义理论研究基地	2013-12-20	学校主管部门批准	其他重点研究基地	跨系所	马克思主义	国家机构	政府部门办
社会管理德治与法治协同创新中心	2013-12-15	学校主管部门批准	省级 2011 协同创新中心	独立研究所	马克思主义	社会保障	单位自办
现代商贸服务业研究中心	2014-12-4	学校主管部门批准	省级重点研究基地	独立研究所	经济学	社会保障	政府部门办
河北省道德文化与社会发展研究中心	2016-4-25	学校主管部门批准	其他重点研究基地	跨系所	马克思主义	国家机构	政府部门办
经济研究所	1995-10-10	学校主管部门批准	校级重点研究基地	独立研究所	经济学	研究和试验发展	单位自办
中央司法警官学院							
司法行政科学理论研究所	1986-9-25	学校自建	校级重点研究基地	独立研究所	法学	国家机构	单位自办
唐山工业职业技术学院							
高等职业教育研究所	2013-9-18	学校自建	校级重点研究基地	独立研究所	教育学	教育	单位自办
泊头职业学院							
职业教育研究中心	2016-12-12	学校自建	校级重点研究基地	独立研究所	教育学	教育	单位自办
山西省							
山西大学							
地方高等教育研究中心	2009-6-17	学校主管部门批准	省级重点研究基地，校级重点研究基地	与校外合办所	教育学	教育	与国内高校合办

续表

学校及机构名称	成立时间	批准部门	机构类型	组成方式	学科分类	服务的国民经济行业	组成类型
方言与口传文化典藏研究中心	2007-3-23	学校主管部门批准	省级重点研究基地，校级重点研究基地	独立研究所	语言学	文化艺术业	与国内高校合办
管理与决策研究中心	2004-11-2	学校主管部门批准	省级重点研究基地，校级重点研究基地	独立研究所	管理学	其他服务业	与国内高校合办
国学研究中心	2007-11-28	学校主管部门批准	省级重点研究基地，校级重点研究基地	独立研究所	中国文学	文化艺术业	政府部门办
晋商学研究所	2007-3-23	学校自建	校级重点研究基地，省级 2011 协同创新中心	跨系所	经济学	货币金融服务	单位自办
科学技术史研究所	2013-8-7	学校自建	校级重点研究基地	独立研究所	哲学	研究和试验发展	与国内高校合办
科学技术哲学研究中心	2000-9-28	学校主管部门批准	教育部重点研究基地，省级重点研究基地，校级重点研究基地	独立研究所	哲学	科技推广和应用服务业	政府部门办
马克思主义哲学研究所	2007-3-20	学校自建	校级重点研究基地	独立研究所	哲学	教育	与国内高校合办
马克思主义中国化研究中心	2007-11-28	学校主管部门批准	省级重点研究基地，校级重点研究基地	独立研究所	政治学	国家机构	政府部门办
区域社会史研究中心	2004-11-2	学校主管部门批准	省级重点研究基地，校级重点研究基地	独立研究所	历史学	其他服务业	政府部门办
体育科学研究所	2007-3-23	学校自建	校级重点研究基地	独立研究所	体育科学	体育	与国内高校合办
中北大学							
创新研究中心	2014-5-21	学校主管部门批准	其他重点研究基地	独立研究所	管理学	专业技术服务业	单位自办
太原理工大学							
煤炭产业科学发展研究中心	2011-12-29	学校主管部门批准	省级重点研究基地	独立研究所	管理学	社会工作	单位自办
普通高校竞技体育运动研究中心	2016-12-7	学校主管部门批准	其他重点研究基地	独立研究所	体育科学	体育	单位自办
艺术遗产研究中心	2012-11-2	学校主管部门批准	省级重点研究基地	独立研究所	艺术学	文化艺术业	单位自办
山西农业大学							
大学生创业园	2016-9-30	非学校主管部门批准	山西省众创空间	跨系所	社会学	农业	单位自办

续表

学校及机构名称	成立时间	批准部门	机构类型	组成方式	学科分类	服务的国民经济行业	组成类型
山西省高校思想政治工作实践育人协同中心	2017-12-12	学校主管部门批准	省级协同中心	独立研究所	教育学	教育	政府部门办
新农村建设研究中心	2011-5-9	学校主管部门批准	省级重点研究基地	跨系所	社会学	农业	单位自办
山西医科大学							
健康人文研究中心	2013-12-26	学校主管部门批准	其他重点研究基地	独立研究所	管理学	卫生	单位自办
卫生管理与政策研究中心	2016-9-2	学校主管部门批准	其他重点研究基地	独立研究所	管理学	卫生	单位自办
山西师范大学							
产业转型与升级研究中心	2011-6-17	学校主管部门批准	省级重点研究基地	跨系所	经济学	研究和试验发展	单位自办
高等教育研究所	2011-4-13	学校自建	校级重点研究基地	跨系所	教育学	教育	单位自办
教师教育研究中心	2009-6-17	学校主管部门批准	省级重点研究基地	跨系所	教育学	教育	单位自办
马克思主义理论与思想政治教育研究所	2001-11-1	学校自建	校级重点研究基地	独立研究所	马克思主义	教育	单位自办
社会学研究所	2001-1-1	学校自建	校级重点研究基地	独立研究所	社会学	国家机构	单位自办
戏曲文物研究中心	1984-5-18	学校主管部门批准	省级重点研究基地	独立研究所	艺术学	文化艺术业	单位自办
亚洲区域发展研究中心	2012-5-14	学校主管部门批准	省级重点研究基地	跨系所	历史学	教育	单位自办
中国书画文化研究所	2002-5-9	学校自建	校级重点研究基地	跨系所	艺术学	文化艺术业	单位自办
太原师范学院							
汾河流域科学发展研究中心	2010-5-20	学校主管部门批准	省级重点研究基地	独立研究所	管理学	社会工作	单位自办
区域文学研究中心	2012-12-3	学校主管部门批准	省级重点研究基地	独立研究所	中国文学	教育	单位自办
山西省城乡统筹协同创新中心	2017-7-7	学校主管部门批准	省级 2011 协同创新中心	独立研究所	管理学	生态保护和环境治理业	与国内独立研究机构合办
晋中学院							
晋中文化生态研究中心	2012-12-3	学校主管部门批准	省级重点研究基地	独立研究所	民族学与文化学	文化艺术业	政府部门办
长治学院							
太行山生态与旅游研究中心	2011-12-20	学校主管部门批准	省级重点研究基地	独立研究所	历史学	教育	单位自办
运城学院							

续表

学校及机构名称	成立时间	批准部门	机构类型	组成方式	学科分类	服务的国民经济行业	组成类型
河东文化研究中心	2007-11-20	学校主管部门批准	省级重点研究基地	跨系所	中国文学	文化艺术业	单位自办
忻州师范学院							
五台山文化研究所	2001-9-8	学校自建	校级重点研究基地	独立研究所	宗教学	教育	单位自办
元好问研究所	2000-12-3	学校自建	校级重点研究基地	独立研究所	中国文学	文化艺术业	单位自办
山西财经大学							
金融研究院	2014-5-1	学校主管部门批准	其他重点研究基地	独立研究所	经济学	教育	单位自办
晋商研究院	2005-12-1	学校主管部门批准	省级重点研究基地	独立研究所	经济学	科技推广和应用服务业	单位自办
山西省中小企业发展研究院	2017-7-13	学校主管部门批准	其他重点研究基地	跨系所	管理学	教育	政府部门办
统计研究院	2013-8-1	学校主管部门批准	其他重点研究基地	独立研究所	统计学	教育	单位自办
资源型经济研究中心	2005-12-1	学校主管部门批准	其他重点研究基地	独立研究所	经济学	教育	其他
山西工商学院							
民办高等教育研究所	2010-1-12	学校自建	研究所	独立研究所	教育学	教育	单位自办
企业管理研究中心	2012-11-29	学校自建	研究中心	跨系所	管理学	教育	单位自办
通才教育研究所	2006-7-15	学校自建	研究所	跨系所	教育学	教育	单位自办
山西传媒学院							
大学生体育赛事制播中心	2017-1-18	学校自建	内设机构	独立研究所	体育科学	体育	单位自办
文化创意产业发展协同创新中心	2016-7-6	学校主管部门批准	山西省协同创新中心	跨系所	新闻学与传播学	广播、电视、电影和影视录音制作业	政府部门办
文化创意与设计研究中心	2014-5-21	学校主管部门批准	其他重点研究基地	独立研究所	艺术学	广播、电视、电影和影视录音制作业	政府部门办
戏剧影视学术研究基地	2016-12-28	非学校主管部门批准	其他重点研究基地	独立研究所	艺术学	广播、电视、电影和影视录音制作业	与国内独立研究机构合办
			内蒙古自治区				
内蒙古大学							
蒙古学研究中心	2000-12-26	学校主管部门批准	教育部重点研究基地	独立研究所	民族学与文化学	教育	政府部门办

续表

学校及机构名称	成立时间	批准部门	机构类型	组成方式	学科分类	服务的国民经济行业	组成类型
内蒙古地区经济可持续发展研究基地	2010-5-1	非学校主管部门批准	省级重点研究基地	独立研究所	经济学	教育	政府部门办
内蒙古地区社会历史文化研究中心	2007-11-1	学校主管部门批准	省级重点研究基地	独立研究所	历史学	教育	政府部门办
内蒙古社会治理与创新研究基地	2014-1-1	非学校主管部门批准	省级重点研究基地	独立研究所	管理学	社会保障	政府部门办
内蒙古师范大学							
内蒙古文化传播力建设研究基地	2014-4-22	非学校主管部门批准	省级重点研究基地	独立研究所	新闻学与传播学	教育	单位自办
内蒙古自治区高校民族学重点研究基地	2007-1-1	学校主管部门批准	省级重点研究基地	独立研究所	民族学与文化学	教育	政府部门办
内蒙古自治区高校中国北疆史研究基地	2009-1-1	学校主管部门批准	省级重点研究基地	独立研究所	历史学	教育	政府部门办
内蒙古自治区心理学重点实验室	2007-1-1	学校主管部门批准	省级重点实验室	独立研究所	心理学	教育	政府部门办
中国边疆史地研究中心	2009-8-1	学校主管部门批准	省级重点研究基地	跨系所	历史学	社会工作	政府部门办
赤峰学院							
北方民族文化研究所	2005-12-6	学校自建	研究所	独立研究所	历史学	教育	单位自办
内蒙古财经大学							
内蒙古产业发展研究基地	2008-9-18	非学校主管部门批准	省级重点研究基地	独立研究所	经济学	商务服务业	政府部门办
内蒙古中小企业发展研究基地	2009-7-9	学校主管部门批准	省级重点研究基地	独立研究所	经济学	其他制造业	政府部门办
中蒙经贸合作与草原丝绸之路经济带构建研究协同创新中心	2016-3-4	学校主管部门批准	省级 2011 协同创新中心	独立研究所	管理学	文化艺术业	与国内独立研究机构合办
呼和浩特民族学院							
蒙古国研究中心	2017-9-15	学校主管部门批准	教育部国别和区域研究专项	跨系所	民族学与文化学	教育	政府部门办
辽宁省							
辽宁大学							
东北振兴研究中心	2005-4-7	非学校主管部门批准	省级重点研究基地	独立研究所	经济学	专业技术服务业	政府部门办
金融研究中心	2006-8-1	学校自建	其他	独立研究所	经济学	科技推广和应用服务业	单位自办
经济法制研究中心	2004-6-10	学校主管部门批准	省级重点研究基地	独立研究所	法学	教育	单位自办

续表

学校及机构名称	成立时间	批准部门	机构类型	组成方式	学科分类	服务的国民经济行业	组成类型
人口研究所	1983-12-1	学校主管部门批准	校级重点研究基地	独立研究所	社会学	社会工作	单位自办
日本研究所	1964-1-1	学校主管部门批准	校级重点研究基地	独立研究所	国际问题研究	教育	其他
现代公司治理与成长研究中心	2004-6-10	学校主管部门批准	省级重点研究基地	独立研究所	管理学	教育	单位自办
哲学基础理论研究中心	2000-4-10	学校主管部门批准	省级重点研究基地	独立研究所	哲学	教育	单位自办
中国文艺思想史研究中心	2004-6-10	学校主管部门批准	省级重点研究基地	独立研究所	中国文学	教育	单位自办
转型国家经济政治研究中心	2010-12-1	学校主管部门批准	教育部重点研究基地	独立研究所	国际问题研究	社会工作	其他
大连理工大学							
财务管理研究所	2002-4-2	学校自建	校级重点研究基地	独立研究所	管理学	专业技术服务业	单位自办
德国技术哲学中心	2003-12-18	学校自建	校级重点研究基地	跨系所	国际问题研究	教育	单位自办
金融风险与系统评价管理研究中心	2006-12-20	学校自建	校级重点研究基地	独立研究所	管理学	群众团体、社会团体和其他成员组织	单位自办
科技伦理与科技管理研究中心	2007-3-9	学校主管部门批准	校级重点研究基地	跨系所	管理学	社会工作	单位自办
欧盟研究中心	2002-12-18	学校自建	校级重点研究基地	跨系所	国际问题研究	社会工作	与国内独立研究机构合办
中国特色社会主义研究中心	2005-12-16	学校主管部门批准	校级重点研究基地	独立研究所	马克思主义	社会工作	单位自办
沈阳工业大学							
辽宁省知识产权研究院	2009-4-21	学校主管部门批准	省级重点研究基地	与校外合办所	法学	社会工作	其他
辽宁省装备制造工程管理重点实验室	2015-9-1	学校主管部门批准	省级重点实验室	跨系所	管理学	其他制造业	单位自办
辽宁装备制造业发展研究基地	2009-5-10	学校主管部门批准	省级重点研究基地	独立研究所	管理学	汽车制造业	单位自办
沈阳航空航天大学							
辽宁省产业经济研究所	2005-1-7	非学校主管部门批准	研究所	与校外合办所	管理学	科技推广和应用服务业	政府部门办
沈阳航空航天大学社会科学界联合会	2012-8-29	非学校主管部门批准	社科联合会	跨系所	管理学	研究和试验发展	单位自办
东北大学							
985 工程—经济管理创新研究哲学社会科学创新基地	2009-3-12	学校主管部门批准	教育部 985 创新基地	跨系所	经济学	社会工作	单位自办

续表

学校及机构名称	成立时间	批准部门	机构类型	组成方式	学科分类	服务的国民经济行业	组成类型
985工程—科技与社会(STS)哲学社会科学创新研究基地	2010-4-13	学校主管部门批准	教育部985创新基地	独立研究所	哲学	社会工作	单位自办
城乡社区研究院	2015-11-26	非学校主管部门批准	中央其他部委重点研究基地	独立研究所	管理学	社会工作	其他
高等学校效绩评价研究基地	2013-10-23	非学校主管部门批准	省级重点研究基地	与校外合办所	管理学	教育	其他
国家科技政策东北研究中心	2004-6-1	非学校主管部门批准	中央其他部委重点研究基地	跨系所	管理学	社会工作	单位自办
科技与社会研究中心	1993-6-1	非学校主管部门批准	省级重点研究基地	独立研究所	哲学	社会工作	单位自办
科技政策研究战略培育基地	2010-7-19	非学校主管部门批准	中央其他部委重点研究基地	独立研究所	管理学	公共设施管理业	单位自办
孔子学院信息化发展基地	2016-8-12	非学校主管部门批准	中央其他部委重点研究基地	独立研究所	管理学	教育	单位自办
辽宁省人民政府科技政策研究中心	2013-4-10	非学校主管部门批准	省级重点研究基地	独立研究所	管理学	国家机构	政府部门办
先进管理研究中心	2005-4-6	非学校主管部门批准	省级重点研究基地	跨系所	管理学	社会工作	单位自办
校府合作研究基地	2011-2-3	非学校主管部门批准	省级重点研究基地	独立研究所	管理学	教育	单位自办
中国东北振兴研究院	2015-10-16	非学校主管部门批准	共建教育部新型高校智库	与校外合办所	经济学	国家机构	与国内独立研究机构合办
辽宁石油化工大学							
雷锋学研究中心	2007-3-12	学校自建	研究机构	独立研究所	马克思主义	教育	单位自办
辽宁省雷锋研究会	2009-7-14	非学校主管部门批准	学术团体	独立研究所	马克思主义	教育	单位自办
学科专业群对接产业集群的协同创新研究基地	2012-6-15	学校主管部门批准	省级重点研究基地	独立研究所	教育学	教育	单位自办
大连海事大学							
大学英语研究基地	2010-1-20	非学校主管部门批准	省级重点研究基地	独立研究所	语言学	教育	单位自办
国际海事法律研究中心	2007-10-2	非学校主管部门批准	省级重点研究基地	独立研究所	法学	水上运输业	单位自办
辽宁区域发展战略研究基地	2013-8-26	非学校主管部门批准	省级重点研究基地	独立研究所	经济学	教育	单位自办
辽宁沿海开放与经济发展研究基地	2009-12-4	非学校主管部门批准	省级重点研究基地	独立研究所	经济学	教育	单位自办
马克思主义中国化研究中心	2009-4-7	非学校主管部门批准	省级重点研究基地	独立研究所	马克思主义	教育	单位自办
大连工业大学							

续表

学校及机构名称	成立时间	批准部门	机构类型	组成方式	学科分类	服务的国民经济行业	组成类型
创意产业与设计创新研究所	2008-12-1	学校自建	校级重点研究基地	独立研究所	艺术学	教育	单位自办
创新创业研究中心	2009-6-26	非学校主管部门批准	校级重点研究基地	独立研究所	管理学	社会工作	政府部门办
建筑空间环境艺术研究所	2008-12-1	学校自建	校级重点研究基地	独立研究所	艺术学	教育	单位自办
辽宁消费产业发展研究基地	2014-12-11	学校主管部门批准	省社科联研究基地	与校外合办所	管理学	教育	政府部门办
辽宁艺术与时尚融合科技创新基地	2015-6-23	非学校主管部门批准	省社科联研究基地	与校外合办所	艺术学	文化艺术业	政府部门办
日韩企业经营研究所	2008-12-1	学校自建	校级重点实验室	独立研究所	管理学	社会工作	单位自办
外语教学与研究研究所	2008-12-1	学校自建	校级重点研究基地	独立研究所	语言学	社会工作	单位自办
沈阳建筑大学							
社会科学界联合会	2015-10-15	非学校主管部门批准	其他智库	独立研究所	管理学	房地产业	单位自办
沈阳农业大学							
高等教育研究所	2005-1-1	学校主管部门批准	校级重点实验室	独立研究所	教育学	社会工作	单位自办
农村经济研究所	1993-1-1	学校主管部门批准	校级重点实验室	独立研究所	管理学	社会工作	单位自办
新农村发展研究院	2012-7-12	学校主管部门批准	研究机构	独立研究所	经济学	农业	单位自办
锦州医科大学							
医学教育研究所	1991-9-1	学校主管部门批准	校级重点研究基地	独立研究所	教育学	社会工作	单位自办
辽宁师范大学							
儿童青少年健康人格评定与培养协同创新中心	2015-6-30	学校主管部门批准	协同创新中心	独立研究所	心理学	教育	政府部门办
儿童青少年心理健康教育研究基地	2012-6-30	学校主管部门批准	省级重点研究基地	独立研究所	心理学	教育	政府部门办
海洋经济与可持续发展研究中心	2002-9-3	非学校主管部门批准	部省共建教育部重点研究基地	独立研究所	经济学	教育	政府部门办
红山文化与中华文明协同创新中心	2014-10-10	学校主管部门批准	协同创新中心	独立研究所	历史学	教育	政府部门办
基础教育课程评价研究基地	2008-6-12	非学校主管部门批准	省级重点研究基地	独立研究所	教育学	社会工作	政府部门办
辽海历史与旅游文化研究中心	2009-1-1	非学校主管部门批准	省级重点研究基地	独立研究所	历史学	社会工作	政府部门办
辽宁沿海经济带发展研究基地	2009-6-11	非学校主管部门批准	省级重点研究基地	独立研究所	经济学	社会工作	政府部门办

续表

学校及机构名称	成立时间	批准部门	机构类型	组成方式	学科分类	服务的国民经济行业	组成类型
马克思主义理论与思想政治教育研究基地	2005-7-15	学校主管部门批准	省级重点研究基地	跨系所	马克思主义	社会工作	政府部门办
特殊需要儿童发展与教育研究基地	2008-6-26	非学校主管部门批准	省级重点研究基地	独立研究所	心理学	社会工作	政府部门办
体育人文社会科学研究基地	2009-6-1	学校主管部门批准	省级重点研究基地	与校外合办所	体育科学	国家机构	政府部门办
体育文化研究基地	2008-9-10	学校主管部门批准	中央其他部委重点研究基地,校级重点研究基地	独立研究所	体育科学	国家机构	政府部门办
心理发展与教育研究中心	2005-7-15	学校主管部门批准	省级重点研究基地	跨系所	心理学	社会工作	政府部门办
学校道德教育研究中心	1984-1-12	非学校主管部门批准	省级重点研究基地	独立研究所	教育学	社会工作	其他
沈阳师范大学							
国家体育社会科学重点研究基地	2003-4-1	非学校主管部门批准	其他	独立研究所	体育科学	社会工作	单位自办
国家体育总局体育文化发展中心体育文化研究基地	2008-10-24	非学校主管部门批准	省级重点研究基地	独立研究所	体育科学	教育	政府部门办
国土资源科普基地	2013-8-5	学校主管部门批准	部省共建教育部重点研究基地	跨系所	考古学	教育	政府部门办
教育管理研究中心	2004-2-1	学校主管部门批准	其他	独立研究所	教育学	社会工作	单位自办
教育政策与法制协同创新研究基地	2013-1-8	非学校主管部门批准	教育部重点研究基地	独立研究所	教育学	教育	政府部门办
辽宁古生物博物馆全国科普教育基地	2012-9-18	学校主管部门批准	其他	独立研究所	考古学	社会工作	政府部门办
辽宁省教育政策与法制研究中心	2011-7-15	非学校主管部门批准	省级重点研究基地	独立研究所	教育学	教育	政府部门办
辽宁省科学技术普及基地	2012-5-16	学校主管部门批准	其他	独立研究所	考古学	社会工作	政府部门办
辽宁省满族文化资源与发展研究基地	2006-5-8	学校主管部门批准	省级重点研究基地	独立研究所	民族学与文化学	教育	政府部门办
辽宁省普通高等学校人文社科重点研究基地	2005-5-13	非学校主管部门批准	省级重点研究基地	独立研究所	教育学	教育	政府部门办
辽宁省人大教科工委教育法制建设研究基地	2014-1-7	非学校主管部门批准	省级重点研究基地	独立研究所	教育学	教育	政府部门办
卓越法律人才教育研究与实践基地	2012-6-15	学校主管部门批准	省级重点研究基地	独立研究所	法学	社会工作	政府部门办
渤海大学							

续表

学校及机构名称	成立时间	批准部门	机构类型	组成方式	学科分类	服务的国民经济行业	组成类型
国别与区域中心东北亚研究中心	2017-6-13	非学校主管部门批准	省级重点研究基地	跨系所	历史学	教育	政府部门办
辽宁省职业社会能力培养研究与实践基地	2011-11-16	学校主管部门批准	省级重点研究基地	独立研究所	教育学	教育	政府部门办
大连外国语大学							
“一带一路”人文交流机制协同创新中心	2016-5-17	非学校主管部门批准	教育创新中心	独立研究所	教育学	教育	与国内高校合办
东北亚外交外事协同创新中心	2016-4-28	学校主管部门批准	教育创新中心	跨系所	教育学	教育	政府部门办
东北亚研究中心	2012-9-15	学校自建	其他	独立研究所	国际问题研究	教育	单位自办
哈萨克斯坦研究中心	2016-1-8	学校主管部门批准	教育研究中心	与校外合办所	教育学	教育	与境外机构合办
乌克兰研究中心	2014-4-16	学校自建	其他	与校外合办所	国际问题研究	教育	与境外机构合办
亚美尼亚研究中心	2015-12-9	学校自建	其他	与校外合办所	国际问题研究	教育	与境外机构合办
中日韩合作研究中心	2014-9-20	学校自建	其他	跨系所	国际问题研究	教育	单位自办
东北财经大学							
产业组织与企业组织研究中心	1993-5-5	学校主管部门批准	教育部重点研究基地，省级重点研究基地	独立研究所	经济学	社会工作	单位自办
地方财政研究中心	2005-6-1	学校主管部门批准	国家级 2011 协同创新中心	独立研究所	经济学	群众团体、社会团体和其他成员组织	单位自办
公共政策研究中心	1978-10-20	学校主管部门批准	部省共建教育部重点研究基地	独立研究所	经济学	群众团体、社会团体和其他成员组织	与国内高校合办
国民核算研究中心	2003-6-1	非学校主管部门批准	省级重点研究基地	独立研究所	统计学	群众团体、社会团体和其他成员组织	单位自办
经济计量分析与预测研究中心	2007-4-17	学校主管部门批准	省级重点研究基地	独立研究所	经济学	教育	单位自办
劳动就业与人力资本开发研究中心	2009-4-7	学校主管部门批准	省级重点研究基地	独立研究所	经济学	资本市场服务	单位自办
辽宁经济与社会协调发展研究基地	2013-8-9	学校主管部门批准	省级重点研究基地	独立研究所	经济学	资本市场服务	单位自办
辽宁期货与经济社会发展研究基地	2014-9-28	非学校主管部门批准	省级重点研究基地	独立研究所	经济学	货币金融服务	其他
辽宁省高等学校金融分析与模拟重点实验室	2007-10-1	学校主管部门批准	省级重点实验室	独立研究所	经济学	资本市场服务	政府部门办

续表

学校及机构名称	成立时间	批准部门	机构类型	组成方式	学科分类	服务的国民经济行业	组成类型
辽宁省中国特色社会主义政治经济学研究基地	2017-6-14	学校主管部门批准	其他重点研究基地	独立研究所	经济学	教育	政府部门办
辽宁沿海经济带产业升级与对外开放协同创新中心	2012-7-20	学校主管部门批准	教育部重点实验室	与校外合办所	经济学	其他服务业	与国内高校合办
区域经济一体化与上海合作组织研究中心	2005-6-1	学校主管部门批准	省级重点研究基地	独立研究所	经济学	教育	单位自办
应用金融研究中心	2005-5-8	学校主管部门批准	省级重点研究基地	独立研究所	经济学	资本市场服务	单位自办
中国内部控制研究中心	2002-10-9	学校主管部门批准	省级重点研究基地	与校外合办所	管理学	教育	其他
沈阳体育学院							
冬季项目技术诊断与机能评定实验室	2006-3-30	学校主管部门批准	省级重点实验室	跨系所	体育科学	体育	单位自办
辽宁体育产业经济与公共政策研究基地	2015-2-27	非学校主管部门批准	省级重点研究基地	跨系所	体育科学	体育	单位自办
体能教学训练中心	2015-7-14	学校自建	校级重点实验室	跨系所	体育科学	体育	单位自办
体育教育科学研究中心	2009-11-16	学校主管部门批准	省级重点研究基地	跨系所	体育科学	体育	单位自办
体育社会科学研究中心	2005-9-10	学校主管部门批准	省级重点研究基地	跨系所	体育科学	体育	单位自办
心理学研究中心	2010-6-8	学校自建	校级重点实验室	跨系所	体育科学	体育	单位自办
沈阳音乐学院							
东北音乐舞蹈研究中心	2005-1-4	学校主管部门批准	省级重点研究基地	独立研究所	艺术学	文化艺术业	政府部门办
辽宁对外经贸学院							
成本管理研究所	2014-12-25	学校自建	校级科研机构	独立研究所	管理学	商务服务业	单位自办
创业企业研究中心	2012-11-10	学校自建	校级科研机构	独立研究所	管理学	商务服务业	单位自办
大连会展经济研究所	2014-12-25	学校自建	校级科研机构	独立研究所	管理学	商务服务业	单位自办
高等教育研究室	2005-11-4	非学校主管部门批准	其他重点研究基地	跨系所	教育学	教育	单位自办
国际经济与贸易研究所	2008-6-1	非学校主管部门批准	其他重点研究基地	跨系所	经济学	商务服务业	单位自办
国际商品交易分析与模拟重点实验室	2010-11-9	学校主管部门批准	省级重点实验室	跨系所	经济学	商务服务业	单位自办

续表

学校及机构名称	成立时间	批准部门	机构类型	组成方式	学科分类	服务的国民经济行业	组成类型
品牌与艺术设计研究中心	2014-12-25	学校自建	校级科研机构	独立研究所	管理学	文化艺术业	单位自办
区域经济发展研究中心	2014-12-25	学校自建	校级科研机构	独立研究所	经济学	商务服务业	单位自办
区域旅游研究中心	2014-12-25	学校自建	校级科研机构	独立研究所	管理学	生态保护和环境治理业	单位自办
区域物流协同发展研究中心	2017-12-13	学校自建	校级科研机构	独立研究所	管理学	仓储业	单位自办
日本语言与文化研究中心	2012-11-20	学校自建	校级科研机构	独立研究所	语言学	教育	单位自办
社会福利研究所	2010-11-9	学校自建	校级科研机构	独立研究所	社会学	居民服务业	单位自办
信息管理与信息系统研究所	2017-12-13	学校自建	校级科研机构	独立研究所	管理学	软件和信息技术服务业	单位自办
英语 E-learning 研究中心	2014-12-25	学校自建	校级科研机构	独立研究所	语言学	教育	单位自办
大连职业技术学院							
现代职业教育研究室	2005-5-1	学校自建	校级重点研究基地	独立研究所	教育学	教育	单位自办
大连大学							
东北史研究中心	2001-9-1	学校主管部门批准	校级重点研究基地，其他重点研究基地	独立研究所	历史学	教育	单位自办
东北亚研究院	2004-6-1	学校主管部门批准	校级研究机构	跨系所	历史学	社会工作	单位自办
高教研究所	2005-9-1	学校主管部门批准	校级重点研究基地	独立研究所	教育学	教育	单位自办
语言文学研究所	2006-9-1	非学校主管部门批准	校级研究机构	跨系所	语言学	社会工作	单位自办
中国古代社会与思想文化研究中心	2005-5-1	非学校主管部门批准	省级重点研究基地	跨系所	历史学	研究和试验发展	单位自办
沈阳工程学院							
辽宁省社会治理研究基地	2012-8-13	非学校主管部门批准	省级重点研究基地	与校外合办所	政治学	教育	政府部门办
大连民族大学							
东北少数民族研究院	2003-1-1	学校自建	其他	独立研究所	民族学与文化学	社会工作	单位自办
国际语言文化研究中心	2002-6-1	学校自建	其他	独立研究所	语言学	社会工作	单位自办
民族地区可持续发展研究中心	2004-4-1	学校自建	其他	独立研究所	经济学	社会工作	单位自办
沈阳职业技术学院							
高职教育研究所	2005-1-6	学校自建	校级重点研究基地	独立研究所	教育学	社会工作	单位自办

续表

学校及机构名称	成立时间	批准部门	机构类型	组成方式	学科分类	服务的国民经济行业	组成类型
沈阳职业技术教育研究所	2015-12-30	非学校主管部门批准	职业技术教育研究	与校外合办所	教育学	教育	与国内独立研究机构合办
辽宁城市建设职业技术学院							
辽宁省房地产研究中心	2011-11-28	学校主管部门批准	房地产研究	独立研究所	管理学	房屋建筑业	其他
吉林省							
吉林大学							
边疆考古研究中心	2000-9-25	学校主管部门批准	教育部重点研究基地	独立研究所	考古学	教育	政府部门办
边疆考古与中国文化认同协同创新中心	2012-5-28	学校自建	其他 2011 协同创新中心	独立研究所	考古学	社会工作	单位自办
残疾人事业发展研究中心(省智库)	2015-12-31	非学校主管部门批准	省级智库	独立研究所	社会学	社会保障	单位自办
出土文献与中国古代文明研究协同创新中心	2014-10-11	学校主管部门批准	国家级 2011 协同创新中心	与校外合办所	历史学	社会工作	与国内高校合办
创新创业研究院	2015-5-18	学校自建	校级重点研究基地	独立研究所	管理学	教育	单位自办
创新创业研究院(省智库)	2015-12-31	非学校主管部门批准	省级智库	独立研究所	管理学	社会工作	单位自办
东北区域现代农业发展研究中心(省智库)	2015-12-31	非学校主管部门批准	省级智库	独立研究所	经济学	货币金融服务	单位自办
东北亚区域研究协同创新中心	2012-5-28	学校自建	省级 2011 协同创新中心	独立研究所	经济学	资本市场服务	单位自办
东北亚研究院	1994-4-1	学校主管部门批准	实体研究机构	独立研究所	经济学	教育	政府部门办
东北亚研究中心	1999-12-15	学校主管部门批准	教育部重点研究基地	独立研究所	经济学	教育	政府部门办
犯罪治理研究中心(省智库)	2015-12-31	非学校主管部门批准	省级智库	独立研究所	法学	社会工作	单位自办
高等教育研究所	1992-10-29	学校自建	实体研究机构	独立研究所	教育学	教育	单位自办
高句丽渤海研究中心	2016-4-11	学校自建	校级重点研究基地	独立研究所	考古学	社会工作	单位自办
高句丽渤海研究中心(省智库)	2015-12-31	非学校主管部门批准	省级智库	独立研究所	考古学	社会工作	单位自办
古籍研究所	1983-3-20	学校主管部门批准	校级重点研究基地	独立研究所	历史学	教育	政府部门办
国际关系研究所	2001-10-10	学校自建	实体研究机构	独立研究所	历史学	教育	单位自办
理论法学研究中心	2000-9-26	学校主管部门批准	教育部重点研究基地	独立研究所	法学	教育	政府部门办

续表

学校及机构名称	成立时间	批准部门	机构类型	组成方式	学科分类	服务的国民经济行业	组成类型
廉政研究与教育中心(省智库)	2015-12-31	非学校主管部门批准	省级智库	独立研究所	政治学	中国共产党机关	单位自办
农村发展研究中心(省智库)	2015-12-31	非学校主管部门批准	省级智库	独立研究所	马克思主义	社会工作	单位自办
社会公正与政府治理研究中心	1999-10-23	学校自建	校级重点研究基地	独立研究所	政治学	教育	单位自办
社会公正与政府治理研究中心(省智库)	2016-12-31	非学校主管部门批准	省级智库	独立研究所	政治学	社会工作	单位自办
数量经济研究中心	2000-9-25	学校主管部门批准	教育部重点研究基地	独立研究所	经济学	教育	政府部门办
司法文明协同创新中心	2013-5-27	学校主管部门批准	国家级 2011 协同创新中心	与校外合办所	法学	社会工作	与国内高校合办
哲学基础理论研究中心	2004-11-26	学校主管部门批准	教育部重点研究基地	独立研究所	哲学	教育	政府部门办
中俄区域合作研究中心	2013-1-10	学校自建	校级重点研究基地	独立研究所	经济学	教育	单位自办
中国古文字研究中心	2013-1-10	学校自建	校级重点研究基地	独立研究所	历史学	教育	单位自办
中国国有经济研究中心	2000-12-26	学校主管部门批准	教育部重点研究基地	独立研究所	经济学	教育	政府部门办
中国人口老龄化与经济社会发展研究中心(省智库)	2015-12-31	非学校主管部门批准	省级智库	独立研究所	经济学	社会工作	单位自办
中国特色社会主义理论体系研究中心	2013-1-10	学校自建	校级重点研究基地	独立研究所	马克思主义	教育	单位自办
中国文化研究所	2013-1-10	学校自建	校级重点研究基地	独立研究所	中国文学	教育	单位自办
中国文化研究所(省智库)	2015-12-31	非学校主管部门批准	省级智库	独立研究所	中国文学	文化艺术业	单位自办
中国与俄罗斯及周边国家合作智库(省智库)	2015-12-31	非学校主管部门批准	省级智库	独立研究所	经济学	国际组织	单位自办
中日经济共同研究中心	2013-1-10	学校自建	校级重点研究基地	独立研究所	经济学	教育	单位自办
延边大学							
渤海文化研究中心	2008-7-10	学校主管部门批准	省级重点研究基地	独立研究所	历史学	教育	单位自办
朝鲜半岛研究协同创新中心	2012-8-1	学校主管部门批准	省级 2011 协同创新中心	与校外合办所	国际问题研究	国家机构	与国内高校合办
朝鲜韩国法研究基地	2015-12-10	学校主管部门批准	省级重点研究基地	独立研究所	法学	教育	单位自办
朝鲜韩国研究中心	2001-3-1	学校主管部门批准	部省共建教育部重点研究基地	跨系所	国际问题研究	国家机构	政府部门办

续表

学校及机构名称	成立时间	批准部门	机构类型	组成方式	学科分类	服务的国民经济行业	组成类型
朝鲜族文化研究中心	2012-9-10	学校主管部门批准	省级重点研究基地	独立研究所	民族学与文化学	教育	单位自办
国家民委民族理论政策研究基地	2016-8-24	非学校主管部门批准	中央其他部委重点研究基地	独立研究所	民族学与文化学	教育	单位自办
国家民委双语人才培训基地	2014-12-18	非学校主管部门批准	中央其他部委重点研究基地	独立研究所	语言学	教育	单位自办
民族研究院	1997-3-20	学校自建	校级研究机构	独立研究所	民族学与文化学	教育	单位自办
女性研究中心	1985-12-12	学校自建	校级研究机构	独立研究所	社会学	教育	单位自办
图们江区域开发研究中心	2008-3-12	学校主管部门批准	省级重点研究基地	跨系所	经济学	教育	与国内独立研究机构合办
中国朝鲜语言文字信息化基地	2014-10-30	非学校主管部门批准	中央其他部委重点研究基地	独立研究所	语言学	教育	单位自办
中国朝鲜族文化艺术研究中心	2011-4-16	非学校主管部门批准	中央其他部委重点研究基地	独立研究所	艺术学	教育	单位自办
长春理工大学							
长春电影文化研究基地	2013-10-8	学校主管部门批准	省级重点研究基地	跨系所	新闻学与传播学	文化艺术业	政府部门办
吉林省地方法治与发展研究中心	2015-12-24	学校主管部门批准	省级重点研究基地	跨系所	法学	社会工作	政府部门办
吉林省地方立法研究中心	2016-6-9	学校主管部门批准	省级重点研究基地	独立研究所	法学	国家机构	政府部门办
吉林省工业文化研究基地	2017-1-2	学校主管部门批准	省级重点研究基地	跨系所	管理学	其他制造业	政府部门办
吉林省科技外语人才培养创新研究中心	2015-12-24	学校主管部门批准	省级重点研究基地	跨系所	语言学	教育	政府部门办
吉林省企业经济研究中心	2011-7-21	学校主管部门批准	省级重点研究基地	独立研究所	经济学	群众团体、社会团体和其他成员组织	政府部门办
吉林省社会工作发展研究中心	2014-12-22	学校主管部门批准	省级重点研究基地	独立研究所	社会学	社会工作	政府部门办
吉林省知识产权重点研究中心	2015-12-24	学校主管部门批准	省级重点研究基地	跨系所	法学	社会工作	政府部门办
科技创新与区域发展研究中心	2017-1-2	学校主管部门批准	省级智库	独立研究所	经济学	专业技术服务业	政府部门办
马克思主义理论研究中心	2006-12-1	学校自建	研究中心	独立研究所	马克思主义	社会工作	单位自办
社会工作参与社会治理研究智库	2015-12-1	学校主管部门批准	省级智库	独立研究所	社会学	社会工作	政府部门办
中国工业文化研究中心	2017-1-1	学校主管部门批准	部省共建教育部重点研究基地	跨系所	管理学	其他制造业	政府部门办

续表

学校及机构名称	成立时间	批准部门	机构类型	组成方式	学科分类	服务的国民经济行业	组成类型
东北电力大学							
吉林省服饰文化研究中心	2011-6-16	学校主管部门批准	省级重点研究基地	独立研究所	艺术学	纺织服装、服饰业	政府部门办
吉林省经济发展战略研究中心	2015-12-22	学校主管部门批准	省级智库	跨系所	管理学	电力、热力生产和供应业	单位自办
吉林省能源发展研究基地	2016-1-11	学校主管部门批准	其他重点研究基地	跨系所	管理学	电力、热力生产和供应业	单位自办
吉林省能源经济研究中心	2015-12-24	学校主管部门批准	省级重点研究基地	跨系所	管理学	电力、热力生产和供应业	单位自办
吉林省社会科学重点领域(服装领域)研究基地	2017-1-20	学校主管部门批准	其他重点研究基地	独立研究所	艺术学	纺织服装、服饰业	政府部门办
长春工业大学							
吉林省民生与社会发展资政咨询中心	2017-5-10	学校主管部门批准	省级智库	独立研究所	社会学	群众团体、社会团体和其他成员组织	政府部门办
吉林建筑大学							
寒地城市环境艺术设计研究中心	2014-11-5	学校主管部门批准	省级重点研究基地	独立研究所	艺术学	建筑装饰和其他建筑业	单位自办
吉林建筑文化研究基地	2010-3-10	学校主管部门批准	省级重点研究基地	独立研究所	艺术学	房屋建筑业	单位自办
吉林省建筑业发展研究基地	2015-11-1	学校主管部门批准	省级重点研究基地	独立研究所	管理学	房屋建筑业	单位自办
吉林省建筑业发展与管理研究中心(智库)	2015-12-22	学校主管部门批准	省级重点研究基地	独立研究所	管理学	房屋建筑业	单位自办
中国东北建筑文化吉林省研究基地	2007-6-11	学校主管部门批准	省级重点研究基地	独立研究所	国际问题研究	建筑装饰和其他建筑业	单位自办
东北师范大学							
长白山音乐舞蹈艺术协同创新中心	2015-12-1	非学校主管部门批准	吉林省重大需求协同创新中心	独立研究所	艺术学	教育	单位自办
传统文化与当代中国哲学研究中心	2015-12-4	非学校主管部门批准	吉林省重点研究基地	独立研究所	马克思主义	教育	单位自办
创新创业教育重大需求协同创新中心	2015-12-11	非学校主管部门批准	吉林省重大需求协同创新中心	独立研究所	马克思主义	教育	与国内高校合办
当代青少年德育研究学科创新引智基地	2016-12-1	学校主管部门批准	其他重点研究基地	跨系所	马克思主义	教育	政府部门办
东亚文明研究中心	2014-1-1	学校主管部门批准	省级重点研究基地,其他重点研究基地	独立研究所	历史学	教育	政府部门办

续表

学校及机构名称	成立时间	批准部门	机构类型	组成方式	学科分类	服务的国民经济行业	组成类型
高等教育研究所	2016-12-1	非学校主管部门批准	吉林省重点研究基地	独立研究所	教育学	教育	单位自办
古籍整理研究所	1983-7-1	学校主管部门批准	校级重点研究基地	独立研究所	中国文学	教育	政府部门办
国际与比较教育研究所	1964-9-1	非学校主管部门批准	校级重点研究基地	独立研究所	教育学	教育	单位自办
吉剧艺术与文化研究基地	2015-12-1	非学校主管部门批准	吉林省重点研究基地	独立研究所	艺术学	教育	单位自办
教师教育协同创新中心	2009-1-1	非学校主管部门批准	吉林省重点研究基地	跨系所	教育学	教育	单位自办
教育部高校辅导员培训和研修基地	2000-1-1	学校主管部门批准	教育部高校辅导员培训和研修基地	独立研究所	马克思主义	教育	政府部门办
女性研究中心	2000-1-1	非学校主管部门批准	中央其他部委重点研究基地	跨系所	社会学	教育	政府部门办
日本研究所	1964-5-10	学校自建	校级重点研究基地	独立研究所	历史学	教育	政府部门办
社会主义核心价值观教育研究中心	2015-12-1	学校主管部门批准	省级智库	独立研究所	马克思主义	教育	单位自办
世界古典文明史研究所	1984-3-1	学校主管部门批准	校级重点研究基地	独立研究所	历史学	教育	政府部门办
世界文明史研究中心	2000-1-1	学校主管部门批准	教育部重点研究基地	独立研究所	历史学	教育	政府部门办
世界文学与比较文学研究中心	2015-12-3	非学校主管部门批准	吉林省重点研究基地	独立研究所	中国文学	教育	单位自办
世界中古史研究所	1997-1-4	学校主管部门批准	校级重点研究基地	独立研究所	历史学	教育	政府部门办
思想政治教育研究中心	2007-7-1	学校主管部门批准	省级智库	独立研究所	马克思主义	教育	单位自办
思想政治理论课教学方法改革研究中心	2014-1-1	非学校主管部门批准	吉林省重点研究基地	独立研究所	马克思主义	教育	单位自办
文化创意产业协同创新中心	2015-12-1	非学校主管部门批准	吉林省重大需求协同创新中心	独立研究所	艺术学	教育	与国内高校合办
学校艺术教育质量检测研究基地	2015-12-2	非学校主管部门批准	吉林省重点研究基地	独立研究所	艺术学	教育	单位自办
亚洲文明研究院	2007-4-1	学校自建	校级重点研究基地	独立研究所	历史学	教育	单位自办
中国共产党思想政治教育文献研究中心	2016-12-1	非学校主管部门批准	吉林省重点研究基地	独立研究所	马克思主义	教育	单位自办
中国基础外语教育研究中心	2014-1-6	非学校主管部门批准	吉林省重点研究基地	独立研究所	语言学	教育	单位自办
中国农村教育发展研究院	1998-10-1	学校主管部门批准	教育部重点研究基地	独立研究所	教育学	教育	政府部门办

续表

学校及机构名称	成立时间	批准部门	机构类型	组成方式	学科分类	服务的国民经济行业	组成类型
中国农村教育发展重大需求协同创新中心	2015-12-3	非学校主管部门批准	吉林省重大需求协同创新中心	独立研究所	教育学	教育	与国内高校合办
中国学校美育研究中心	2014-1-1	非学校主管部门批准	吉林省重点研究基地	独立研究所	中国文学	教育	单位自办
北华大学							
长吉图旅游文化研究基地	2010-7-1	非学校主管部门批准	省级重点研究基地	独立研究所	经济学	教育	单位自办
地方高校综合改革与发展研究中心	2014-12-1	学校主管部门批准	省级重点研究基地	独立研究所	教育学	教育	单位自办
东亚历史与文献研究中心	2007-5-1	非学校主管部门批准	省级重点研究基地	独立研究所	历史学	教育	单位自办
东亚区域国际关系与社会发展研究中心	2015-12-1	学校主管部门批准	省级智库	独立研究所	历史学	教育	单位自办
孤独症儿童融合教育研究中心	2015-12-1	学校主管部门批准	省级重点研究基地	独立研究所	教育学	教育	单位自办
吉林省长吉图旅游产业发展研究中心	2010-5-1	非学校主管部门批准	省级重点研究基地	独立研究所	经济学	居民服务业	单位自办
吉林省公共安全研究基地	2016-4-1	非学校主管部门批准	省级重点研究基地	独立研究所	社会学	其他服务业	单位自办
吉林省品牌研究基地	2014-5-1	非学校主管部门批准	省级重点研究基地	独立研究所	经济学	商务服务业	单位自办
吉林省物流业研究基地	2016-5-1	非学校主管部门批准	省级重点研究基地	独立研究所	经济学	其他服务业	单位自办
吉林市文化研究基地	2010-9-1	非学校主管部门批准	省级重点研究基地	独立研究所	历史学	教育	单位自办
外国文学经典创新研究中心	2016-12-1	学校主管部门批准	省级重点研究基地	独立研究所	外国文学	教育	单位自办
文化建设与城市影响力研究中心	2015-12-1	学校主管部门批准	省级重点研究基地	独立研究所	社会学	社会工作	单位自办
通化师范学院							
长白山非物质文化遗产协同创新中心	2013-1-1	学校主管部门批准	省级重点研究基地	独立研究所	民族学与文化学	文化艺术业	单位自办
长白山区域旅游产业发展研究中心	2017-1-20	学校主管部门批准	省级重点研究基地	独立研究所	管理学	其他服务业	单位自办
长白山文学研究基地	2016-12-1	学校主管部门批准	省级重点研究基地	独立研究所	中国文学	文化艺术业	单位自办
高句丽与东北民族研究中心	2007-1-17	学校主管部门批准	省级重点研究基地	跨系所	历史学	社会工作	单位自办
吉林省边远山区基础教育研究中心	2014-12-1	学校主管部门批准	省级重点研究基地	独立研究所	教育学	教育	单位自办
吉林省农村社会问题研究中心	2015-12-24	非学校主管部门批准	省级重点研究基地	跨系所	社会学	社会保障	与国内高校合办
吉林省特色文化研究基地长白山文化研究基地	2010-9-18	学校主管部门批准	省级重点研究基地	跨系所	民族学与文化学	教育	单位自办

续表

学校及机构名称	成立时间	批准部门	机构类型	组成方式	学科分类	服务的国民经济行业	组成类型
中国满族民间美术研究中心	2004-11-30	非学校主管部门批准	研究中心	跨系所	艺术学	教育	单位自办
吉林师范大学							
东北文化研究中心	2006-12-1	学校主管部门批准	省级重点研究基地	独立研究所	中国文学	研究和试验发展	政府部门办
吉林省东北谱牒文化研究基地	2008-9-1	学校主管部门批准	特色文化研究基地	跨系所	历史学	研究和试验发展	政府部门办
吉林省高校德育研究中心	2012-7-10	学校主管部门批准	高等教育研究基地	独立研究所	教育学	教育	政府部门办
吉林省马克思主义中国化研究中心	2009-4-11	学校主管部门批准	省级重点研究基地	与校外合办所	马克思主义	社会工作	政府部门办
吉林省满族文化研究基地	2000-6-6	学校主管部门批准	特色文化研究基地	独立研究所	历史学	研究和试验发展	政府部门办
吉林省语言文字应用研究中心	2011-6-16	学校主管部门批准	省级重点研究基地	独立研究所	语言学	社会工作	单位自办
吉林工程技术师范学院							
出版传媒与教育研究中心	2015-12-24	学校主管部门批准	省级重点研究基地	独立研究所	新闻学与传播学	新闻和出版业	政府部门办
服装设计与加工工程研究中心	2007-10-25	学校主管部门批准	工程研究中心	独立研究所	艺术学	纺织服装、服饰业	政府部门办
吉林省出版领域研究基地	2016-9-6	非学校主管部门批准	其他重点研究基地	独立研究所	新闻学与传播学	新闻和出版业	政府部门办
吉林省互联网+职业教育科技创新中心	2016-6-1	非学校主管部门批准	省级科技创新中心	独立研究所	教育学	教育	政府部门办
吉林省食品领域研究基地	2016-11-14	非学校主管部门批准	其他重点研究基地	独立研究所	社会学	食品制造业	政府部门办
吉林省职业技术教育研究中心	2007-1-22	学校主管部门批准	省级重点研究基地	独立研究所	教育学	教育	政府部门办
吉林省职业教育研究基地	2016-7-11	非学校主管部门批准	其他重点研究基地	独立研究所	教育学	教育	政府部门办
数字职业教育媒体实验室	2007-3-8	非学校主管部门批准	其他重点实验室,省级数字出版重点实验室	独立研究所	教育学	教育	其他
职业教育发展战略智库	2017-1-16	学校主管部门批准	省级智库	独立研究所	教育学	教育	政府部门办
长春师范大学							
长白山历史地理与族变迁吉林省重点实验室	2016-12-1	学校主管部门批准	其他重点实验室	跨系所	管理学	科技推广和应用服务业	政府部门办
东北来历史文化研究所	1990-9-27	学校自建	校级重点研究基地	独立研究所	历史学	教育	单位自办
东北民族历史与文化研究中心	2007-1-1	学校主管部门批准	省级重点研究基地	独立研究所	历史学	文化艺术业	政府部门办

续表

学校及机构名称	成立时间	批准部门	机构类型	组成方式	学科分类	服务的国民经济行业	组成类型
东北民族与疆域重点研究基础	2007-10-9	学校主管部门批准	省级重点研究基地	跨系所	历史学	文化艺术业	政府部门办
东北文学与语言文化研究中心	2015-12-31	学校主管部门批准	省级重点研究基地	跨系所	语言学	文化艺术业	政府部门办
东北乡村教育发展研究中心	2017-1-4	学校主管部门批准	省级重点研究基地	跨系所	教育学	教育	政府部门办
吉林省大学生马克思主义教育研究基地	2015-12-3	学校主管部门批准	省级重点研究基地	跨系所	马克思主义	教育	政府部门办
吉林省吉剧研究基础	2015-1-15	学校主管部门批准	省级重点研究基地	跨系所	艺术学	文化艺术业	政府部门办
吉林省廉政建设研究基地	2016-7-1	学校主管部门批准	省级重点研究基地	跨系所	管理学	研究和试验发展	政府部门办
满族文化研究所	2008-12-12	学校自建	校级重点研究基地	独立研究所	历史学	文化艺术业	单位自办
萨满文化研究所	2004-4-1	学校主管部门批准	省级重点研究基地	独立研究所	历史学	文化艺术业	政府部门办
文学美育研究中心	2014-12-1	学校主管部门批准	省级重点研究基地	独立研究所	语言学	教育	政府部门办
英美语言文学研究中心	2015-12-11	学校主管部门批准	省级重点研究基地	跨系所	语言学	文化艺术业	政府部门办
昭明文选研究所	1989-8-3	学校自建	校级重点研究基地	独立研究所	中国文学	文化艺术业	单位自办
白城师范学院							
吉林省创业教育与文化研究中心	2011-6-1	学校主管部门批准	其他重点研究基地	独立研究所	教育学	社会工作	政府部门办
吉林省创业文化研究基地	2010-10-1	非学校主管部门批准	其他重点研究基地	跨系所	管理学	社会工作	单位自办
吉林西部草原文化研究基地	2010-9-1	学校主管部门批准	其他重点研究基地	跨系所	历史学	文化艺术业	单位自办
唐鸿胪井刻石研究中心	2017-1-1	学校主管部门批准	其他重点研究基地	跨系所	历史学	文化艺术业	单位自办
通榆闯关东年画传习所	2017-2-1	学校主管部门批准	其他重点研究基地	跨系所	民族学与文化学	文化艺术业	单位自办
通榆年画艺术研究中心	2015-12-2	学校主管部门批准	其他重点研究基地	跨系所	民族学与文化学	文化艺术业	单位自办
吉林财经大学							
吉林经济研究中心	2007-9-5	学校主管部门批准	省级重点研究基地	独立研究所	经济学	研究和试验发展	单位自办
吉林省财政金融研究基地	2015-11-18	非学校主管部门批准	省级重点研究基地	独立研究所	经济学	货币金融服务	单位自办
吉林省服务业发展研究基地	2016-11-18	非学校主管部门批准	省级重点研究基地	独立研究所	管理学	商务服务业	单位自办
马克思主义经济学研究中心	2007-9-8	非学校主管部门批准	省级重点研究基地	独立研究所	经济学	教育	政府部门办

续表

学校及机构名称	成立时间	批准部门	机构类型	组成方式	学科分类	服务的国民经济行业	组成类型
全国中国特色社会主义政治经济学研究中心	2017-3-8	非学校主管部门批准	中央其他部委重点研究基地	独立研究所	经济学	教育	单位自办
物流产业经济与智能物流实验室	2011-9-6	非学校主管部门批准	省级重点实验室	独立研究所	管理学	公共设施管理业	政府部门办
吉林体育学院							
吉林省风险评估研究基地	2016-11-14	非学校主管部门批准	省级重点研究基地	独立研究所	体育科学	体育	单位自办
吉林冰雪文化研究基地	2013-11-12	非学校主管部门批准	省级重点研究基地	独立研究所	体育科学	体育	单位自办
科学健身共性技术吉林省重大需求协同创新中心	2015-12-30	学校主管部门批准	省级 2011 协同创新中心	独立研究所	体育科学	体育	与国内高校合办
吉林艺术学院							
3D 艺术实验工程研究中心	2015-11-30	非学校主管部门批准	省级重点研究基地	跨系所	艺术学	教育	单位自办
“互联网+”下的文化创意与设计服务协同创新中心	2015-4-30	非学校主管部门批准	省级重点研究基地	跨系所	艺术学	教育	单位自办
长白山文化产业与艺术创作协同创新中心	2012-12-31	非学校主管部门批准	其他重点研究基地	跨系所	艺术学	教育	其他
东北民间艺术研究中心	2007-2-2	学校自建	校级重点研究基地	独立研究所	艺术学	教育	单位自办
吉林省媒介融合音视频技术实验室	2017-11-29	学校主管部门批准	省级重点实验室	跨系所	艺术学	教育	单位自办
吉林省设计艺术研究中心	2007-9-12	非学校主管部门批准	省级重点研究基地	跨系所	艺术学	教育	其他
吉林省手工艺术工程研究中心	2017-12-31	非学校主管部门批准	省级重点研究基地	跨系所	艺术学	教育	单位自办
吉林省文创产品研发工程中心	2017-12-31	非学校主管部门批准	省级重点研究基地	跨系所	艺术学	教育	单位自办
吉林省文化创意研究中心	2015-12-31	非学校主管部门批准	省级智库	跨系所	艺术学	教育	单位自办
吉林省艺术理论研究中心	2014-12-31	非学校主管部门批准	省级重点研究基地	跨系所	艺术学	教育	单位自办
吉林省艺术研究基地	2014-12-31	非学校主管部门批准	省级重点研究基地	跨系所	艺术学	教育	单位自办
新媒体与动画技术实验室	2011-5-31	非学校主管部门批准	省级重点实验室	跨系所	艺术学	教育	单位自办
吉林华桥外国语学院							
“一带一路”语言文化服务协同创新中心	2015-12-25	非学校主管部门批准	省级 2011 协同创新中心	与校外合办所	经济学	教育	其他

续表

学校及机构名称	成立时间	批准部门	机构类型	组成方式	学科分类	服务的国民经济行业	组成类型
东北亚语言文化中心	2016-12-5	学校自建	校级重点研究基地	独立研究所	语言学	教育	单位自办
吉林省民办教育研究所	2015-2-3	非学校主管部门批准	共建基地	与校外合办所	教育学	教育	与国内独立研究机构合办
吉林省外语类应用型人才培养研究中心	2011-3-31	非学校主管部门批准	省级 2011 协同创新中心	跨系所	语言学	社会工作	单位自办
民办高等教育发展战略研究中心	2015-12-22	学校主管部门批准	省级智库	与校外合办所	教育学	教育	其他
民办高等教育研究基地	2012-7-29	学校主管部门批准	省级重点研究基地	独立研究所	教育学	教育	单位自办
民办高等教育研究院	2004-2-23	学校自建	校级重点研究基地	独立研究所	教育学	教育	单位自办
民办高等教育研究中心	2015-12-24	学校主管部门批准	省级重点研究基地	独立研究所	教育学	教育	单位自办
应用型人才培养研究院	2003-9-1	学校自建	校级重点研究基地	独立研究所	教育学	教育	单位自办
中外文化研究院	2003-9-1	学校自建	校级重点研究基地	独立研究所	语言学	教育	单位自办
长春工程学院							
东北地域装饰文化研究中心	2016-1-1	学校主管部门批准	省级重点研究基地	独立研究所	艺术学	建筑装饰和其他建筑业	单位自办
吉林省城市建设发展研究中心	2011-6-16	学校主管部门批准	省级重点研究基地	独立研究所	管理学	房地产业	单位自办
吉林省房地产研究中心	2017-6-8	非学校主管部门批准	厅局级研究中心	独立研究所	管理学	房地产业	单位自办
长春金融高等专科学校							
东北亚金融博物馆	2014-1-1	非学校主管部门批准	文物研究	独立研究所	经济学	其他金融业	单位自办
吉林省金融安全研究基地	2016-12-12	非学校主管部门批准	校级重点研究基地	独立研究所	经济学	商务服务业	单位自办
吉林省金融文化研究中心	2011-6-1	非学校主管部门批准	校级重点研究基地	跨系所	经济学	其他服务业	单位自办
吉林省科技金融研究中心	2014-12-12	非学校主管部门批准	校级重点研究基地	独立研究所	经济学	其他金融业	单位自办
吉林省农村金融改革研究中心	2016-6-30	非学校主管部门批准	校级重点研究基地	独立研究所	经济学	商务服务业	单位自办
吉林省普惠金融研究中心	2017-1-10	学校主管部门批准	校级重点研究基地	独立研究所	经济学	其他金融业	单位自办
吉林警察学院							
吉林省社会治安研究中心	2017-1-20	学校主管部门批准	省级智库,省级重点研究基地,省级高校智库	独立研究所	社会学	教育	单位自办

续表

学校及机构名称	成立时间	批准部门	机构类型	组成方式	学科分类	服务的国民经济行业	组成类型
警察法治研究中心	2015-9-7	学校主管部门批准	省级重点研究基地,省级人文社科研究基地	独立研究所	法学	教育	其他
警察心理建设研究中心	2013-11-8	学校主管部门批准	省级重点研究基地,省级人文社科研究基地	独立研究所	法学	教育	其他
长春大学							
公民精神教育研究中心	2017-1-20	学校主管部门批准	省级重点研究基地	跨系所	马克思主义	社会工作	单位自办
吉林省企业创新与发展研究中心	2015-12-24	学校主管部门批准	省级重点研究基地	跨系所	管理学	科技推广和应用服务业	单位自办
吉林省软环境研究基地	2016-10-28	学校主管部门批准	省级重点研究基地	跨系所	管理学	国家机构	单位自办
吉林省网络文化研究基地	2016-7-14	学校主管部门批准	省级重点研究基地	跨系所	中国文学	软件和信息技术服务业	单位自办
吉林省文化产业基地	2015-7-24	学校主管部门批准	省级重点研究基地	跨系所	管理学	文化艺术业	单位自办
教育部中俄艺术教育研究中心	2011-10-12	学校主管部门批准	其他重点研究基地	跨系所	语言学	教育	与境外机构合办
萨满文化吉林省哲学社会科学重点研究基地	2007-3-6	学校主管部门批准	省级重点研究基地	跨系所	社会学	教育	单位自办
特殊教育吉林省高等学校人文社科研究基地	2009-3-11	学校主管部门批准	省级重点研究基地	跨系所	教育学	教育	单位自办
网络文化研究中心	2016-1-7	非学校主管部门批准	中央其他部委重点研究基地	与校外合办所	中国文学	文化艺术业	与国内独立研究机构合办
长春光华学院							
吉林省大学生养成教育研究基地	2017-12-1	非学校主管部门批准	省级重点研究基地	独立研究所	教育学	教育	单位自办
长春财经学院							
经济研究所	2011-12-15	学校主管部门批准	校级重点研究基地	跨系所	经济学	其他金融业	单位自办
现代服务业发展研究中心	2011-12-15	非学校主管部门批准	其他	独立研究所	经济学	其他服务业	单位自办
长春建筑学院							
“本土文化艺术数字化的保护、传承与传播”创新团队	2017-1-1	学校主管部门批准	吉林省高校创新团队	独立研究所	艺术学	文化艺术业	单位自办
吉林省文化创意产业研究中心	2017-1-1	学校主管部门批准	省级智库	与校外合办所	艺术学	文化艺术业	单位自办

续表

学校及机构名称	成立时间	批准部门	机构类型	组成方式	学科分类	服务的国民经济行业	组成类型
吉林文化品牌研究基地	2017-1-1	学校自建	其他重点研究基地	与校外合办所	管理学	文化艺术业	与国内高校合办
民营文化产业发展研究中心	2017-1-1	学校主管部门批准	省级智库	独立研究所	艺术学	文化艺术业	单位自办
吉林动画学院							
动画研究院	2006-3-28	学校自建	研究机构	独立研究所	艺术学	文化艺术业	单位自办
吉林动漫文化研究基地	2013-8-18	学校主管部门批准	其他重点研究基地	独立研究所	艺术学	文化艺术业	单位自办
文化产业研究院	2009-3-5	学校自建	研究机构	独立研究所	民族学与文化学	文化艺术业	单位自办
吉林医药学院							
吉林特色新型高校智库“医学人文素质教育研究中心”	2017-1-3	学校主管部门批准	省级智库	独立研究所	教育学	教育	单位自办
医学人文素质教育研究中心	2015-12-1	非学校主管部门批准	省级重点研究基地	独立研究所	教育学	教育	单位自办
黑龙江省							
黑龙江大学							
东北亚经济研究中心	2007-3-12	学校主管部门批准	省级重点研究基地	跨系所	经济学	教育	单位自办
俄罗斯研究院	2009-7-1	学校自建	校级重点研究基地	独立研究所	语言学	教育	单位自办
俄罗斯语言文学与文化研究中心	2000-11-15	学校主管部门批准	教育部重点研究基地	独立研究所	语言学	教育	单位自办
俄语语言文学研究基地	2004-11-25	学校主管部门批准	省级重点研究基地	跨系所	语言学	教育	单位自办
法学理论与法治发展研究中心	2007-3-12	学校主管部门批准	省级重点研究基地	跨系所	法学	教育	单位自办
汉语研究中心	2006-2-28	学校主管部门批准	省级重点研究基地	跨系所	语言学	教育	单位自办
黑龙江流域文明研究中心	2004-10-15	学校主管部门批准	省级重点研究基地	跨系所	历史学	教育	单位自办
黑龙江旅游产业发展研究中心	2010-10-11	学校主管部门批准	省级重点研究基地	跨系所	管理学	教育	单位自办
黑龙江省高等教育质量研究基地	2014-7-11	学校主管部门批准	省级重点研究基地，其他重点研究基地	跨系所	教育学	教育	单位自办
黑龙江省文化事业发展研究基地	2013-3-15	非学校主管部门批准	省级重点研究基地	跨系所	社会学	教育	单位自办
马克思主义哲学研究基地	2004-11-25	学校主管部门批准	省级重点研究基地	跨系所	马克思主义	教育	单位自办
满语言文化研究中心	2006-2-28	学校主管部门批准	省级重点研究基地	独立研究所	语言学	教育	单位自办

续表

学校及机构名称	成立时间	批准部门	机构类型	组成方式	学科分类	服务的国民经济行业	组成类型
民商法学研究中心	2006-2-28	学校主管部门批准	省级重点研究基地	跨系所	法学	教育	单位自办
明清文学与文化研究中心	2007-3-12	学校主管部门批准	省级重点研究基地	跨系所	中国文学	教育	单位自办
社会管理研究基地	2011-11-25	学校主管部门批准	省级重点研究基地	跨系所	管理学	教育	单位自办
生产力研究中心	2007-3-12	学校主管部门批准	省级重点研究基地	跨系所	经济学	教育	单位自办
文化哲学研究中心	2006-2-28	学校主管部门批准	省级重点研究基地	跨系所	哲学	教育	单位自办
信息资源管理研究中心	2012-11-1	学校主管部门批准	省级重点研究基地	跨系所	管理学	教育	单位自办
行政管理研究中心	2007-3-12	学校主管部门批准	省级重点研究基地	跨系所	管理学	教育	单位自办
中国近现代思想文化研究中心	2010-10-15	学校主管部门批准	省级重点研究基地	跨系所	哲学	教育	单位自办
哈尔滨工业大学							
大数据与决策分析研究中心	2017-8-3	非学校主管部门批准	省级智库	独立研究所	管理学	软件和信息技术服务业	政府部门办
发展战略研究中心	2017-9-13	非学校主管部门批准	共建国家高端智库	独立研究所	管理学	专业技术服务业	单位自办
黑龙江省双创智库	2017-8-3	非学校主管部门批准	省级智库	独立研究所	管理学	专业技术服务业	政府部门办
互动媒体设计与服务创新文化部重点实验室	2016-12-29	非学校主管部门批准	中央其他部委重点实验室	独立研究所	新闻学与传播学	广播、电视、电影和影视录音制作业	政府部门办
技术政策管理国家哲学社会科学创新基地	2017-9-20	学校主管部门批准	共建国家高端智库	独立研究所	管理学	专业技术服务业	单位自办
信息融合与创意技术智库	2017-9-20	学校主管部门批准	共建国家高端智库	独立研究所	艺术学	文化艺术业	单位自办
哈尔滨理工大学							
高新技术发展与管理研究中心	2005-3-10	学校主管部门批准	省级重点研究基地	独立研究所	管理学	教育	单位自办
黑龙江省人口经济与人才发展战略研究中心	2017-5-11	非学校主管部门批准	省级智库	跨系所	经济学	教育	单位自办
科学学与科技管理研究所	1996-3-28	学校自建	校级重点研究基地	独立研究所	管理学	教育	单位自办
系统工程研究所	1996-9-1	学校自建	校级重点研究基地	独立研究所	管理学	教育	单位自办
哈尔滨工程大学							
船舶工业经济管理研究所	2006-3-1	学校自建	校级重点研究基地	独立研究所	管理学	教育	单位自办

续表

学校及机构名称	成立时间	批准部门	机构类型	组成方式	学科分类	服务的国民经济行业	组成类型
大学德育与青年心理研究中心	2007-6-15	非学校主管部门批准	省级重点研究基地	独立研究所	心理学	教育	单位自办
技术管理研究所	2008-11-20	学校自建	校级重点研究基地	独立研究所	管理学	教育	单位自办
企业创新研究所	2007-6-15	非学校主管部门批准	省级重点研究基地	独立研究所	管理学	教育	单位自办
灾难与危机管理研究所	2010-6-24	非学校主管部门批准	省级重点研究基地	独立研究所	管理学	教育	单位自办
东北石油大学							
大庆精神研究中心（合）	2010-10-4	学校主管部门批准	省级重点研究基地	与校外合办所	马克思主义	教育	与国内高校合办
石油经济与管理研究所	2005-3-15	学校主管部门批准	省级重点研究基地	独立研究所	经济学	教育	单位自办
东北农业大学							
黑龙江省村镇发展研究中心	2010-6-1	学校主管部门批准	省级重点研究基地	独立研究所	管理学	教育	单位自办
农业经济发展研究中心	2006-10-30	学校主管部门批准	省级重点研究基地	独立研究所	经济学	农业	单位自办
农业与农村经济研究基地	2003-2-3	非学校主管部门批准	省级重点研究基地	跨系所	经济学	农业	单位自办
现代农业发展研究中心	2017-8-3	学校主管部门批准	省级智库	独立研究所	经济学	农业	单位自办
东北林业大学							
林业经济与管理研究中心	1997-11-1	学校自建	校级重点研究基地	跨系所	管理学	林业	单位自办
生态文明研究中心	2001-5-5	非学校主管部门批准	黑龙江省重点研究机构	与校外合办所	马克思主义	林业	单位自办
哈尔滨师范大学							
俄罗斯文化艺术研究中心	2011-9-1	学校主管部门批准	省级重点研究基地	独立研究所	艺术学	教育	单位自办
俄语教育研究中心	2007-3-12	学校主管部门批准	省级重点研究基地	独立研究所	语言学	教育	政府部门办
高校思想政治教育研究中心	2006-2-27	学校主管部门批准	省级重点研究基地	独立研究所	马克思主义	教育	政府部门办
黑龙江流域文明研究中心	2010-9-1	学校主管部门批准	省级重点研究基地	与校外合办所	历史学	教育	与国内高校合办
基础教育课程与教学研究中心	2007-3-12	学校主管部门批准	省级重点研究基地	独立研究所	教育学	教育	政府部门办
金源历史文化研究基地	2010-3-19	学校主管部门批准	省级重点研究基地	独立研究所	历史学	教育	与国内高校合办
审美文化与龙江文学研究中心	2006-2-27	学校主管部门批准	省级重点研究基地	独立研究所	中国文学	教育	政府部门办
学校心理教育研究基地	2010-9-1	学校主管部门批准	省级重点研究基地	独立研究所	心理学	教育	单位自办
中国古代小说与诗歌研究中心	2006-2-27	学校主管部门批准	省级重点研究基地	独立研究所	中国文学	教育	政府部门办

续表

学校及机构名称	成立时间	批准部门	机构类型	组成方式	学科分类	服务的国民经济行业	组成类型
齐齐哈尔大学							
黑龙江省西部地区文化传承与发展研究中心	2012-11-11	学校主管部门批准	省级重点研究基地	跨系所	历史学	教育	单位自办
嫩江流域经济社会发展研究中心	2010-10-11	学校主管部门批准	省级重点研究基地	跨系所	社会学	教育	单位自办
嫩江流域历史文化研究基地	2012-2-22	非学校主管部门批准	省级重点研究基地	跨系所	历史学	教育	单位自办
大庆师范学院							
大庆精神研究中心(合)	2010-10-4	学校主管部门批准	省级重点研究基地	与校外合办所	马克思主义	教育	与国内高校合办
哈尔滨体育学院							
冰雪体育文化研究中心	2012-3-4	学校主管部门批准	省级重点研究基地	独立研究所	体育科学	体育	单位自办
黑龙江工程学院							
管理决策与经济分析实验室	2012-11-15	学校自建	校级重点实验室	跨系所	管理学	教育	单位自办
黑龙江省漆画创作基地	2007-7-1	学校自建	校级重点研究基地	与校外合办所	艺术学	教育	与国内独立研究机构合办
经济管理研究所	2012-1-19	学校自建	校级重点研究基地	跨系所	经济学	教育	单位自办
美术创作研究所	2010-4-1	学校自建	校级重点研究基地	独立研究所	艺术学	教育	单位自办
青年思想政治教育研究所	2012-3-20	学校自建	校级重点研究基地	跨系所	马克思主义	教育	单位自办
人文社会科学实训中心	2007-7-1	学校自建	校级重点研究基地	跨系所	社会学	教育	单位自办
艺术设计研究所	2016-5-18	学校自建	校级重点实验室	独立研究所	艺术学	教育	单位自办
语言实验中心	2008-9-5	学校自建	校级重点研究基地	独立研究所	语言学	教育	单位自办
黑河学院							
俄罗斯研究所	2004-4-10	学校自建	校级重点研究基地	跨系所	语言学	教育	单位自办
黑龙江流域历史与文化研究所	2004-4-10	学校自建	校级重点研究基地	跨系所	历史学	教育	单位自办
中俄比较教育研究所	2006-11-10	学校自建	校级重点研究基地	跨系所	教育学	教育	单位自办
中国知青研究所	2011-5-16	学校自建	校级重点研究基地	独立研究所	历史学	教育	单位自办

续表

学校及机构名称	成立时间	批准部门	机构类型	组成方式	学科分类	服务的国民经济行业	组成类型
上海市							
复旦大学							
“两新”组织党建研究基地(侧重于社会组织党建)	2017-12-30	非学校主管部门批准	省级重点研究基地	独立研究所	政治学	国家机构	单位自办
比较政治制度、基层政权与社区治理研究基地	2016-12-30	非学校主管部门批准	省级重点研究基地	跨系所	政治学	教育	单位自办
博物馆建设与管理创新研究基地	2016-1-1	学校主管部门批准	省级重点研究基地	独立研究所	管理学	文化艺术业	单位自办
长江经济带(复旦大学)发展研究院	2015-10-1	学校主管部门批准	省级重点研究基地	独立研究所	经济学	国家机构	单位自办
朝鲜韩国研究中心	2017-6-30	学校主管部门批准	其他重点研究基地	独立研究所	国际问题研究	国家机构	单位自办
城市防灾减灾、灾害救助救济、应急管理	2016-12-30	非学校主管部门批准	省级重点研究基地	独立研究所	社会学	社会工作	单位自办
出土文献与古文字研究中心	2005-1-20	学校自建	校属机构	跨系所	语言学	教育	单位自办
当代国外马克思主义研究中心	2000-1-1	学校主管部门批准	教育部重点研究基地	跨系所	马克思主义	教育	单位自办
党的建设理论与实践研究基地	2010-2-1	学校主管部门批准	省级重点研究基地	跨系所	政治学	中国共产党机关	单位自办
党建理论研究基地	2016-12-28	非学校主管部门批准	省级重点研究基地	跨系所	马克思主义	教育	单位自办
党建与国家发展研究中心	2013-7-1	学校主管部门批准	省级智库	跨系所	政治学	中国共产党机关	单位自办
俄罗斯中亚研究中心	2000-3-1	学校自建	其他重点研究基地	独立研究所	国际问题研究	国家机构	单位自办
国际问题研究院	2013-12-1	非学校主管部门批准	中央其他部委重点研究基地	跨系所	国际问题研究	国家机构	单位自办
国家文化创新研究中心	2015-5-1	非学校主管部门批准	中央其他部委重点研究基地	跨系所	民族学与文化学	文化艺术业	单位自办
民族理论政策研究基地	2014-6-1	非学校主管部门批准	中央其他部委重点研究基地	跨系所	民族学与文化学	国家机构	单位自办
上海儒学院	2015-10-22	非学校主管部门批准	省级重点研究基地	独立研究所	哲学	教育	单位自办
高教研究所	1986-2-1	学校自建	校属机构	跨系所	教育学	教育	单位自办
公共管理与公共政策研究国家哲学社会科学创新基地	2004-11-1	学校主管部门批准	教育部985创新基地	跨系所	社会学	国家机构	单位自办
共青团中央中国特色社会主义理论体系研究中心研究基地	2016-12-29	非学校主管部门批准	中央其他部委重点研究基地	跨系所	政治学	国家机构	单位自办

续表

学校及机构名称	成立时间	批准部门	机构类型	组成方式	学科分类	服务的国民经济行业	组成类型
古籍研究所	1983-5-1	学校自建	校属机构	跨系所	教育学	文化艺术业	单位自办
国际大都市的治理与发展研究中心	2013-10-1	学校主管部门批准	省级重点研究基地	跨系所	社会学	国家机构	单位自办
国家意识形态建设研究中心	2013-10-1	学校主管部门批准	省级重点研究基地	跨系所	哲学	国家机构	单位自办
国外马克思主义与国外思潮研究国家哲学社会科学创新基地	2004-11-1	学校主管部门批准	教育部 985 创新基地	跨系所	马克思主义	教育	单位自办
韩国研究中心	1992-11-1	学校自建	校属机构	跨系所	国际问题研究	国家机构	单位自办
健康领域重大社会问题治理 E-研究院	2013-10-1	学校主管部门批准	省级重点研究基地	跨系所	管理学	卫生	单位自办
教育立法研究基地	2017-12-30	学校主管部门批准	其他重点研究基地	独立研究所	法学	教育	单位自办
金砖国家研究中心	2017-6-1	学校主管部门批准	其他重点研究基地	独立研究所	国际问题研究	国家机构	单位自办
就业与社会保障研究中心	2013-10-1	学校主管部门批准	省级重点研究基地	跨系所	经济学	其他金融业	单位自办
历史地理研究国家哲学社会科学创新基地	2004-11-1	学校主管部门批准	教育部 985 创新基地	跨系所	历史学	教育	单位自办
历史地理研究中心	1999-11-1	学校主管部门批准	教育部重点研究基地	跨系所	历史学	教育	单位自办
美国研究国家哲学社会科学创新基地	2004-11-1	学校主管部门批准	教育部 985 创新基地	跨系所	国际问题研究	国家机构	单位自办
美国研究中心	2000-1-1	学校主管部门批准	教育部重点研究基地	跨系所	国际问题研究	国家机构	单位自办
南亚研究中心	2007-6-1	学校主管部门批准	其他重点研究基地	独立研究所	国际问题研究	国家机构	单位自办
欧洲问题研究中心	1993-1-1	学校主管部门批准	其他重点研究基地	独立研究所	国际问题研究	研究和试验发展	单位自办
全国妇女/性别研究与培训基地	2002-6-13	非学校主管部门批准	中央其他部委重点研究基地	跨系所	社会学	社会工作	单位自办
人口与发展政策研究中心	2013-7-1	学校主管部门批准	省级智库	跨系所	社会学	国家机构	单位自办
人权研究中心	2014-4-1	学校主管部门批准	其他重点研究基地	跨系所	法学	国家机构	单位自办
日本研究中心	2017-6-1	学校主管部门批准	其他重点研究基地	跨系所	国际问题研究	国家机构	单位自办
上海产业结构调整研究基地	2010-2-1	学校主管部门批准	省级重点研究基地	跨系所	经济学	国家机构	单位自办
上海高校智库研究和管理中心	2013-7-1	学校主管部门批准	省级智库	跨系所	管理学	国家机构	单位自办
上海教育立法咨询与服务研究基地	2015-4-1	学校主管部门批准	省级重点研究基地	跨系所	法学	国家机构	单位自办
上海人口结构和发展趋势研究基地	2013-12-1	学校主管部门批准	省级重点研究基地	跨系所	社会学	国家机构	单位自办

续表

学校及机构名称	成立时间	批准部门	机构类型	组成方式	学科分类	服务的国民经济行业	组成类型
上海市化学教育教学研究基地（中学化学）	2016-5-1	非学校主管部门批准	省级重点研究基地	跨系所	教育学	教育	单位自办
上海市科技创新与公共管理研究中心	2013-7-1	学校主管部门批准	省级重点研究基地	跨系所	管理学	国家机构	单位自办
上海市历史教育教学研究基地	2013-11-1	学校主管部门批准	省级重点研究基地	跨系所	历史学	教育	单位自办
上海市数学教育教学研究基地（中小学数学）	2016-5-1	非学校主管部门批准	省级重点研究基地	跨系所	教育学	教育	单位自办
上海市物理教育教学研究基地（中学物理）	2016-5-1	非学校主管部门批准	省级重点研究基地	跨系所	教育学	教育	单位自办
上海物流研究院	2006-7-1	学校主管部门批准	省级重点研究基地	跨系所	管理学	仓储业	单位自办
社会科学高等研究院	2006-5-16	学校自建	校级机构	跨系所	法学	教育	单位自办
世界经济研究所	2001-9-1	学校主管部门批准	教育部重点研究基地	跨系所	经济学	国家机构	单位自办
世界文明史研究中心	2013-10-1	学校主管部门批准	省级重点研究基地	跨系所	历史学	文化艺术业	单位自办
外交部政策研究重点合作单位	2013-12-1	学校主管部门批准	中央其他部委重点研究基地	跨系所	国际问题研究	国家机构	单位自办
文史研究院国家哲学社会科学创新基地	2004-11-1	学校主管部门批准	教育部985创新基地	跨系所	历史学	教育	单位自办
新闻传播与媒介化社会研究国家哲学社会科学创新基地	2004-11-1	学校主管部门批准	教育部985创新基地	跨系所	新闻学与传播学	新闻和出版业	单位自办
信息与传播研究中心	2000-12-1	学校主管部门批准	教育部重点研究基地	跨系所	新闻学与传播学	新闻和出版业	单位自办
行政体制改革与服务型政府建设研究	2015-2-1	学校主管部门批准	省级重点研究基地	跨系所	政治学	国家机构	单位自办
亚太区域合作与治理研究基地	2016-1-14	学校主管部门批准	省级重点研究基地	跨系所	国际问题研究	国家机构	单位自办
亚太区域合作与治理研究中心	2013-7-1	学校主管部门批准	省级智库	跨系所	国际问题研究	国家机构	单位自办
一带一路与全球治理研究院	2015-4-16	非学校主管部门批准	中央其他部委重点研究基地	跨系所	国际问题研究	国家机构	单位自办
中俄人文交流研究中心	2017-6-30	学校主管部门批准	其他重点研究基地	独立研究所	国际问题研究	教育	单位自办
中国（上海）自由贸易试验区建设	2013-12-1	学校主管部门批准	省级重点研究基地	跨系所	经济学	其他金融业	单位自办
中国博物馆事业建设与管理研究基地	2013-11-1	学校主管部门批准	省级重点研究基地	跨系所	历史学	文化艺术业	单位自办
中国共产党革命精神与文化资源研究中心	2013-6-1	学校主管部门批准	其他重点研究基地	跨系所	政治学	教育	单位自办

续表

学校及机构名称	成立时间	批准部门	机构类型	组成方式	学科分类	服务的国民经济行业	组成类型
中国古代文学研究中心	1999-11-1	学校主管部门批准	教育部重点研究基地	跨系所	中国文学	教育	单位自办
中国经济国际竞争力研究国家哲学社会科学创新基地	2004-11-1	学校主管部门批准	教育部985创新基地	跨系所	经济学	国家机构	单位自办
中国经济研究中心	2013-7-1	学校主管部门批准	省级智库	跨系所	经济学	国家机构	单位自办
中国社会主义市场经济研究中心	2000-11-1	学校主管部门批准	教育部重点研究基地	跨系所	经济学	国家机构	单位自办
中国特色社会主义研究基地(陈学明)	2013-12-1	学校主管部门批准	省级重点研究基地	跨系所	哲学	研究和试验发展	单位自办
中国特色社会主义民主与法制研究基地	2013-12-1	学校主管部门批准	省级重点研究基地	跨系所	政治学	中国共产党机关	单位自办
中国统一战线理论研究会上海统战基础理论研究基地	2004-1-1	学校主管部门批准	中央其他部委重点研究基地	跨系所	马克思主义	人民政协、民主党派	单位自办
中国研究院	2015-11-22	非学校主管部门批准	国家高端智库	跨系所	国际问题研究	国家机构	政府部门办
中美人文交流研究中心	2017-6-30	学校主管部门批准	其他重点研究基地	独立研究所	国际问题研究	国家机构	单位自办
中欧人文交流研究中心	2017-6-30	学校主管部门批准	其他重点研究基地	独立研究所	国际问题研究	国家机构	单位自办
中外人文交流研究中心	2017-7-29	学校主管部门批准	其他重点研究基地	跨系所	国际问题研究	教育	单位自办
中外现代化进程研究中心	2004-12-1	学校主管部门批准	教育部重点研究基地	跨系所	历史学	教育	单位自办
中英人文交流研究中心	2017-6-30	学校主管部门批准	其他重点研究基地	独立研究所	国际问题研究	教育	单位自办
宗教与中国国家安全研究中心	2013-7-1	学校主管部门批准	省级智库	跨系所	宗教学	国家机构	单位自办
同济大学							
城市发展战略和管理研究院	2000-3-1	学校自建	其他	跨系所	管理学	其他服务业	单位自办
联邦德国问题研究所	1985-11-25	学校自建	其他	独立研究所	社会学	社会工作	单位自办
亚洲太平洋研究中心	2001-5-31	学校自建	其他	独立研究所	国际问题研究	国家机构	单位自办
上海交通大学							
城市科学研究院	2011-11-28	学校自建	校级重点研究基地	独立研究所	管理学	文化艺术业	单位自办
高校学科发展与评价研究中心	2013-11-28	非学校主管部门批准	省级智库	独立研究所	教育学	教育	政府部门办
国家海洋战略与权益维护基地	2013-11-28	非学校主管部门批准	省级智库	独立研究所	法学	国家机构	政府部门办
国家文化产业创新研究基地	1999-12-2	学校自建	校级重点研究基地	独立研究所	管理学	文化艺术业	政府部门办

续表

学校及机构名称	成立时间	批准部门	机构类型	组成方式	学科分类	服务的国民经济行业	组成类型
中国城市治理研究院	2016-6-13	学校自建	校级重点研究基地	与校外合办所	管理学	国家机构	单位自办
上海市人民政府决策咨询研究基地陈宪工作室	2011-5-19	非学校主管部门批准	省级重点研究基地	独立研究所	经济学	资本市场服务	政府部门办
上海市人民政府决策咨询研究基地顾海英工作室	2011-9-26	非学校主管部门批准	省级重点研究基地	独立研究所	经济学	资本市场服务	政府部门办
上海市人民政府决策咨询研究基地潘英丽工作室	2012-4-23	非学校主管部门批准	省级重点研究基地	独立研究所	经济学	资本市场服务	政府部门办
上海市人民政府决策咨询研究中心谢耘耕工作室	2010-11-23	非学校主管部门批准	省级重点研究基地	独立研究所	新闻学与传播学	文化艺术业	政府部门办
上海文化创意产业发展战略创新研究基地	2014-9-18	非学校主管部门批准	省级重点研究基地	独立研究所	新闻学与传播学	文化艺术业	政府部门办
世界反法西斯战争研究中心	2014-10-14	非学校主管部门批准	省级重点研究基地	独立研究所	历史学	文化艺术业	政府部门办
世界一流大学研究中心	2005-1-1	学校自建	校级重点研究基地	独立研究所	教育学	教育	单位自办
协同创新发展研究中心	2013-11-28	非学校主管部门批准	省级智库	独立研究所	管理学	教育	政府部门办
知识竞争力与区域发展研究中心	2012-10-31	非学校主管部门批准	省级重点研究基地	独立研究所	经济学	资本市场服务	政府部门办
华东理工大学							
电子商务研究所	2003-2-8	学校自建	校级研究机构	独立研究所	管理学	互联网和相关服务	单位自办
金融物理研究中心	2007-7-1	学校自建	校级研究机构	独立研究所	经济学	资本市场服务	单位自办
经济发展研究所	1987-4-10	学校自建	校级研究机构	独立研究所	经济学	研究和试验发展	单位自办
设计与艺术研究所	1986-4-1	学校自建	校级研究机构	独立研究所	艺术学	文化艺术业	单位自办
应用社会学研究所	1994-10-1	学校自建	校级研究机构	独立研究所	社会学	研究和试验发展	单位自办
上海海事大学							
海商法研究中心	2000-11-16	学校主管部门批准	省级重点研究基地	独立研究所	法学	国家机构	单位自办
上海发展战略研究所汪传旭工作室	2009-9-1	学校主管部门批准	省级重点研究基地	独立研究所	管理学	国家机构	单位自办
上海国际航运研究中心	2008-7-14	学校主管部门批准	省级重点研究基地，省级 2011 协同创新中心	与校外合办所	经济学	道路运输业	其他

续表

学校及机构名称	成立时间	批准部门	机构类型	组成方式	学科分类	服务的国民经济行业	组成类型
上海市人民政府发展研究中心决策咨询研究基地	2012-12-25	非学校主管部门批准	省级重点研究基地	与校外合办所	管理学	国家机构	其他
上海市社会科学创新研究基地—自贸试验区供应链研究基地	2015-12-25	非学校主管部门批准	省级智库,省级重点研究基地	跨系所	管理学	道路运输业	单位自办
东华大学							
城市创意经济与创新服务研究基地	2015-12-1	非学校主管部门批准	省级重点研究基地	与校外合办所	经济学	教育	政府部门办
大众体育人文社科基地建设研究基地	2012-1-1	学校自建	校级重点研究基地	独立研究所	体育科学	体育	单位自办
服务管理与创新基地	2012-5-1	学校自建	校级重点研究基地	独立研究所	管理学	纺织服装、服饰业	单位自办
服装品牌管理	2012-3-1	学校自建	校级重点研究基地	独立研究所	管理学	纺织服装、服饰业	单位自办
国外马克思主义与当代中国问题研究中心	2014-9-1	非学校主管部门批准	中央其他部委重点研究基地	独立研究所	马克思主义	教育	政府部门办
海派时尚设计及价值创造知识服务中心	2014-1-1	非学校主管部门批准	省级重点研究基地	独立研究所	艺术学	纺织服装、服饰业	单位自办
人文社会科学研究所	1997-1-13	学校自建	校级重点研究基地	独立研究所	哲学	教育	单位自办
莎士比亚研究所	2012-10-30	学校自建	校级重点研究基地	独立研究所	外国文学	教育	单位自办
上海电力学院							
“一带一路”能源电力管理与发展战略研究中心	2015-12-2	学校主管部门批准	其他重点研究基地	跨系所	管理学	电力、热力生产和供应业	单位自办
上海中医药大学							
中医药文化研究与传播中心	2010-4-2	学校主管部门批准	省级重点研究基地	独立研究所	图书馆、情报与文献学	新闻和出版业	单位自办
华东师范大学							
课程与教学研究所	1999-9-1	学校主管部门批准	教育部重点研究基地	独立研究所	教育学	教育	政府部门办
俄罗斯研究中心	1999-6-1	学校主管部门批准	教育部重点研究基地	独立研究所	国际问题研究	文化艺术业	政府部门办
中国现代思想文化研究所	1999-1-1	学校主管部门批准	教育部重点研究基地	独立研究所	哲学	文化艺术业	政府部门办
中国文字研究与应用中心	1999-12-1	学校主管部门批准	教育部重点研究基地	独立研究所	语言学	文化艺术业	政府部门办

续表

学校及机构名称	成立时间	批准部门	机构类型	组成方式	学科分类	服务的国民经济行业	组成类型
基础教育改革与发展研究所	2000-3-1	学校主管部门批准	教育部重点研究基地	独立研究所	教育学	教育	其他
中国现代城市研究中心	2003-3-1	学校主管部门批准	教育部重点研究基地	独立研究所	经济学	其他金融业	政府部门办
上海市社会科学创新基地“长三角区域一体化”创新基地	2009-12-1	非学校主管部门批准	省级重点研究基地	跨系所	经济学	其他金融业	单位自办
上海市社会科学创新基地“社会主义核心价值体系创新基地”	2009-12-1	非学校主管部门批准	省级重点研究基地	跨系所	哲学	文化艺术业	单位自办
上海市政府发展研究中心“房地产与城市管理政策研究”工作室	2011-11-1	非学校主管部门批准	省级重点研究基地	跨系所	经济学	房地产业	单位自办
上海市政府发展研究中心“都市旅游与服务管理”工作室	2013-8-16	非学校主管部门批准	省级重点研究基地	跨系所	经济学	居民服务业	单位自办
“党的执政能力建设”创新基地	2013-12-19	非学校主管部门批准	省级重点研究基地	跨系所	政治学	国家机构	单位自办
“上海人口结构和发展趋势”创新基地/工作室	2013-12-19	非学校主管部门批准	省级重点研究基地	跨系所	社会学	社会保障	单位自办
“国际战略与上海发展”创新基地/工作室	2013-12-19	非学校主管部门批准	省级重点研究基地	跨系所	国际问题研究	国家机构	单位自办
周边合作与发展协同创新中心	2012-8-16	非学校主管部门批准	省级智库	与校外合办所	国际问题研究	国家机构	政府部门办
上海终身教育研究院	2012-7-19	非学校主管部门批准	省级智库	跨系所	教育学	教育	单位自办
上海社会调查研究中心华东师范大学分中心	2009-1-31	非学校主管部门批准	校非实体	与校外合办所	社会学	社会工作	政府部门办
上海市语文教育教学研究基地	2013-12-23	非学校主管部门批准	省级重点研究基地	独立研究所	中国文学	教育	其他
上海市体育教育教学研究基地	2013-10-25	非学校主管部门批准	省级重点研究基地	独立研究所	体育科学	体育	其他
上海市地理教育教学研究基地	2013-11-21	非学校主管部门批准	省级重点研究基地	独立研究所	社会学	教育	其他
国家教育宏观政策研究院	2013-12-24	非学校主管部门批准	省级重点研究基地	跨系所	教育学	教育	单位自办
冷战与当代世界研究所	2001-12-1	学校主管部门批准	教育部 985 创新基地	独立研究所	历史学	国家机构	其他
城市发展研究院	2013-10-19	学校自建	校非实体	跨系所	经济学	其他金融业	单位自办
思勉人文高等研究院	2007-11-8	学校自建	校非实体	独立研究所	哲学	文化艺术业	单位自办

续表

学校及机构名称	成立时间	批准部门	机构类型	组成方式	学科分类	服务的国民经济行业	组成类型
国际关系与地区发展研究院	1999-2-17	学校自建	实体研究机构	独立研究所	国际问题研究	国家机构	单位自办
古籍研究所	1982-1-1	非学校主管部门批准	高校古委会直属	独立研究所	中国文学	文化艺术业	单位自办
世博研究院	2007-2-1	学校自建	校非实体	跨系所	经济学	文化艺术业	单位自办
人口研究所	1981-10-1	学校自建	校非实体	独立研究所	社会学	社会保障	单位自办
中国行政区划研究中心	1990-5-1	非学校主管部门批准	民政部研究基地	独立研究所	政治学	社会工作	政府部门办
高等教育研究所	1982-1-1	学校自建	校非实体	独立研究所	教育学	教育	单位自办
职业教育与成人教育研究所	2002-1-1	学校自建	校非实体	独立研究所	教育学	教育	单位自办
史学研究所	1981-1-1	学校自建	校非实体	跨系所	历史学	文化艺术业	单位自办
文学研究所	1990-1-1	学校自建	校非实体	独立研究所	中国文学	文化艺术业	单位自办
哲学研究所	1985-12-1	学校自建	校非实体	独立研究所	哲学	文化艺术业	单位自办
康乃尔大学比较人文研究中心	2009-7-1	学校自建	校非实体	与校外合办所	哲学	文化艺术业	单位自办
心理学研究所	1979-1-1	学校自建	校非实体	跨系所	心理学	教育	单位自办
学前教育研究所	1997-9-1	学校自建	校非实体	独立研究所	教育学	教育	其他
中国非物质文化遗产保护研究中心	2000-1-1	学校自建	校非实体	跨系所	民族学与文化学	教育	单位自办
诠释学研究所	2005-2-5	学校自建	校非实体	独立研究所	哲学	文化艺术业	单位自办
“青少年体育教育研究”上海市社会科学创新研究基地	2016-4-26	非学校主管部门批准	省级重点研究基地	独立研究所	体育科学	教育	政府部门办
“教育强国的教育公平研究”上海市社会科学创新研究基地	2016-4-26	非学校主管部门批准	省级重点研究基地	独立研究所	教育学	教育	政府部门办
上海市基础教育课程方案研究基地	2016-7-1	非学校主管部门批准	省级重点研究基地	独立研究所	教育学	教育	政府部门办
上海数学教育研究基地	2016-7-1	非学校主管部门批准	省级重点研究基地	独立研究所	教育学	教育	政府部门办
上海市生物学教育研究基地	2016-7-1	非学校主管部门批准	省级重点研究基地	独立研究所	教育学	教育	政府部门办
上海市信息科技教育研究基地	2016-7-1	非学校主管部门批准	省级重点研究基地	独立研究所	教育学	教育	政府部门办
上海市心理学教育研究基地	2016-7-1	非学校主管部门批准	省级重点研究基地	独立研究所	心理学	教育	政府部门办
上海师范大学							

续表

学校及机构名称	成立时间	批准部门	机构类型	组成方式	学科分类	服务的国民经济行业	组成类型
德育课程教学研究基地	2013-11-14	学校主管部门批准	省级重点研究基地	跨系所	教育学	教育	单位自办
都市文化研究中心	2004-11-1	非学校主管部门批准	教育部重点研究基地，校级重点研究基地	独立研究所	中国文学	文化艺术业	单位自办
非洲研究中心	2011-8-22	非学校主管部门批准	其他重点研究基地	独立研究所	历史学	教育	单位自办
国际与比较教育研究院	2011-12-22	非学校主管部门批准	其他重点研究基地	独立研究所	教育学	教育	单位自办
全球城市与世界文明传承研究基地	2015-12-2	非学校主管部门批准	省级重点研究基地	独立研究所	历史学	文化艺术业	单位自办
上海市教育立法咨询与服务研究基地	2016-2-18	非学校主管部门批准	省级重点研究基地	独立研究所	法学	国家机构	单位自办
上海外国语大学							
G20研究中心	2014-2-1	非学校主管部门批准	省级重点研究基地	独立研究所	政治学	国家机构	单位自办
巴西研究中心	2017-8-1	学校主管部门批准	其他重点研究基地	独立研究所	国际问题研究	国家机构	单位自办
俄罗斯研究中心	2012-7-1	学校主管部门批准	其他重点研究基地	独立研究所	政治学	国家机构	单位自办
哈萨克斯坦研究中心	2017-8-1	学校主管部门批准	其他重点研究基地	独立研究所	国际问题研究	国家机构	单位自办
加拿大研究中心	2017-8-1	学校主管部门批准	其他重点研究基地	独立研究所	国际问题研究	国家机构	单位自办
教育信息化国际比较研究中心	2015-4-15	学校主管部门批准	其他重点研究基地	独立研究所	教育学	教育	单位自办
金砖国家研究中心	2017-8-1	学校主管部门批准	其他重点研究基地	独立研究所	政治学	国家机构	单位自办
跨文化研究中心	2006-9-1	学校自建	校级重点研究基地	独立研究所	语言学	教育	单位自办
南亚东南亚研究中心	2017-8-1	学校主管部门批准	其他重点研究基地	独立研究所	国际问题研究	国家机构	单位自办
欧盟研究中心	2012-7-1	学校主管部门批准	其他重点研究基地	独立研究所	政治学	国家机构	单位自办
欧洲智库研究中心	2017-8-1	学校主管部门批准	其他重点研究基地	独立研究所	国际问题研究	国家机构	单位自办
日本研究中心	2017-8-1	学校主管部门批准	其他重点研究基地	独立研究所	国际问题研究	国家机构	单位自办
上海市英语教育教学研究基地	2016-12-1	非学校主管部门批准	省级重点研究基地	独立研究所	语言学	教育	单位自办
丝路战略研究所	2015-9-1	学校自建	校级重点研究基地	独立研究所	政治学	国家机构	单位自办
泰国研究中心	2017-8-1	学校主管部门批准	其他重点研究基地	独立研究所	国际问题研究	国家机构	单位自办
文学研究院	2007-12-31	学校自建	校级重点研究基地	独立研究所	外国文学	文化艺术业	单位自办
希腊研究中心	2017-8-1	学校主管部门批准	其他重点研究基地	独立研究所	国际问题研究	国家机构	单位自办

续表

学校及机构名称	成立时间	批准部门	机构类型	组成方式	学科分类	服务的国民经济行业	组成类型
伊朗研究中心	2017-8-1	学校主管部门批准	其他重点研究基地	独立研究所	国际问题研究	国家机构	单位自办
伊斯兰合作组织研究中心	2017-8-1	学校主管部门批准	其他重点研究基地	独立研究所	国际问题研究	国家机构	单位自办
印度研究中心	2017-8-1	学校主管部门批准	其他重点研究基地	独立研究所	国际问题研究	国家机构	单位自办
英国研究中心	2012-7-1	学校主管部门批准	其他重点研究基地	独立研究所	政治学	国家机构	单位自办
语言研究院	2007-12-27	学校自建	校级重点研究基地	独立研究所	语言学	文化艺术业	单位自办
中阿改革发展研究中心	2017-4-20	学校主管部门批准	其他重点研究基地	独立研究所	政治学	国家机构	单位自办
中东研究所	2000-12-1	学校主管部门批准	教育部重点研究基地	独立研究所	政治学	国家机构	单位自办
中东研究智库	2013-9-17	非学校主管部门批准	省级智库	独立研究所	国际问题研究	国家机构	政府部门办
中国国际舆情研究中心	2008-2-1	学校自建	校级重点研究基地	独立研究所	新闻学与传播学	新闻和出版业	单位自办
中亚研究中心	2010-6-27	学校主管部门批准	其他重点研究基地	独立研究所	语言学	国家机构	单位自办
上海财经大学							
大数据统计科学中心	2015-3-28	学校自建	校级重点研究基地	独立研究所	统计学	互联网和相关服务	单位自办
高等研究院	2005-5-1	学校自建	校级重点研究基地	独立研究所	经济学	货币金融服务	单位自办
公共政策与治理研究院	2013-10-23	非学校主管部门批准	省级智库	独立研究所	管理学	货币金融服务	单位自办
国际商务汉语教学与资源开发基地（上海）	2015-7-1	非学校主管部门批准	省级重点研究基地	独立研究所	语言学	教育	政府部门办
会计改革与发展协同创新中心	2013-10-1	学校自建	其他 2011 协同创新中心	独立研究所	管理学	资本市场服务	其他
会计与财务研究院	2001-12-1	学校主管部门批准	教育部重点研究基地	独立研究所	管理学	资本市场服务	政府部门办
交叉科学研究院	2017-1-10	学校自建	其他智库	独立研究所	管理学	互联网和相关服务	单位自办
经济学与中国转型发展协同创新中心	2012-10-1	学校自建	其他 2011 协同创新中心	与校外合办所	经济学	货币金融服务	与国内高校合办
民族复兴中国梦研究基地	2013-11-1	非学校主管部门批准	省级重点研究基地	跨系所	哲学	社会工作	单位自办
三农研究院	2017-6-20	学校自建	其他智库	独立研究所	经济学	农、林、牧、渔服务业	单位自办
上海发展研究院	2013-11-20	学校自建	校级重点研究基地	跨系所	管理学	资本市场服务	单位自办
上海国际金融中心研究院	2012-10-25	非学校主管部门批准	省级智库	跨系所	经济学	货币金融服务	政府部门办
上海国际组织与全球治理研究院	2017-6-13	学校自建	其他智库	与校外合办所	管理学	商务服务业	单位自办

续表

学校及机构名称	成立时间	批准部门	机构类型	组成方式	学科分类	服务的国民经济行业	组成类型
上海教育立法咨询与服务研究基地	2016-3-1	非学校主管部门批准	省级重点研究基地	独立研究所	法学	国家机构	单位自办
上海社会调查研究中心上财分中心	2011-3-18	非学校主管部门批准	省级重点研究基地	跨系所	统计学	社会工作	政府部门办
上海市金融信息技术研究重点实验室	2012-4-25	非学校主管部门批准	省级重点研究基地	独立研究所	经济学	科技推广和应用服务业	单位自办
上海市人民政府决策咨询研究基地胡怡建工作室	2010-6-23	非学校主管部门批准	省级重点研究基地	独立研究所	管理学	商务服务业	单位自办
上海市人民政府决策咨询研究基地王洪卫工作室	2010-6-23	非学校主管部门批准	省级重点研究基地	独立研究所	经济学	商务服务业	其他
上海市人民政府决策咨询研究基地赵晓雷工作室	2012-6-12	非学校主管部门批准	省级重点研究基地	独立研究所	管理学	商务服务业	单位自办
数理经济学重点实验室	2012-4-1	学校主管部门批准	教育部重点实验室	跨系所	经济学	资本市场服务	政府部门办
中国产业发展研究院	2013-9-24	非学校主管部门批准	省级智库	独立研究所	经济学	商务服务业	单位自办
中国公共财政研究院	2014-3-3	非学校主管部门批准	省级重点研究基地	跨系所	经济学	商务服务业	单位自办
中国企业创新发展研究基地	2015-12-1	非学校主管部门批准	省级重点研究基地	独立研究所	管理学	商务服务业	单位自办
中国自由贸易试验区协同创新中心	2013-9-1	非学校主管部门批准	省级 2011 协同创新中心	独立研究所	经济学	商务服务业	政府部门办
最高人民法院自贸区司法研究基地	2015-7-1	非学校主管部门批准	省级重点研究基地	跨系所	法学	国家机构	政府部门办
上海对外经贸大学							
“高端开放与国际规则”决策咨询研究基地	2013-3-1	非学校主管部门批准	省级重点研究基地	独立研究所	经济学	国家机构	政府部门办
“战略性大宗商品政府管制”孙海鸣工作室	2014-7-28	非学校主管部门批准	省级重点研究基地	独立研究所	经济学	国家机构	政府部门办
国际经贸研究所	1978-10-1	学校自建	校级重点研究基地	独立研究所	经济学	研究和试验发展	单位自办
国际经贸治理与中国改革开放联合研究中心(上海高校智库建设)	2013-9-1	学校主管部门批准	省级智库	独立研究所	经济学	研究和试验发展	单位自办
上海国际贸易中心战略研究院知识服务平台	2012-6-1	学校主管部门批准	省级重点研究基地	独立研究所	经济学	商务服务业	政府部门办
数据科学与管理决策重点实验室	2016-12-1	学校主管部门批准	省级重点实验室	独立研究所	管理学	互联网和相关服务	单位自办

续表

学校及机构名称	成立时间	批准部门	机构类型	组成方式	学科分类	服务的国民经济行业	组成类型
中国 WTO 贸易政策审议中心	2012-11-30	学校自建	世贸组织教席计划	独立研究所	经济学	商务服务业	与境外机构合办
中国(上海)自由贸易试验区研究基地	2013-12-1	学校主管部门批准	省级重点研究基地	跨系所	经济学	商务服务业	单位自办
上海旅游高等专科学校							
城市会展经济研究中心	2015-12-22	学校自建	校内机构	独立研究所	管理学	教育	单位自办
旅游休闲与户外休憩研究中心	2015-12-22	学校自建	校内机构	独立研究所	管理学	其他服务业	单位自办
中国酒店创新发展研究院	2015-12-1	学校自建	校内机构	跨系所	管理学	住宿业	与国内独立研究机构合办
中外旅游文化比较研究中心	2015-12-22	学校自建	校内机构	独立研究所	语言学	教育	单位自办
华东政法大学							
电子商务法研究所	2000-2-1	学校自建	校级重点研究基地	独立研究所	法学	计算机、通信和其他电子设备制造业	单位自办
经济法研究中心	1999-12-1	学校自建	校级重点研究基地	跨系所	法学	资本市场服务	单位自办
外国法与比较法研究院	2004-12-31	学校主管部门批准	省级重点研究基地	独立研究所	法学	教育	政府部门办
知识产权研究中心	2000-12-1	学校自建	校级重点研究基地	独立研究所	法学	教育	单位自办
中国自由贸易区法律研究院	2013-9-13	学校自建	校级重点研究基地	跨系所	法学	资本市场服务	单位自办
上海体育学院							
国家体育总局体育社会科学重点研究基地	2001-12-1	学校主管部门批准	中央其他部委重点研究基地	独立研究所	体育科学	体育	政府部门办
国家体育总局运动技战术诊断与分析重点实验室	2008-2-1	学校主管部门批准	中央其他部委重点研究基地	独立研究所	体育科学	体育	政府部门办
上海社会调查中心上海体育学院分中心	2013-12-22	非学校主管部门批准	省级智库	独立研究所	体育科学	教育	政府部门办
上海市人类运动能力开发与保障重点实验室	2011-12-1	非学校主管部门批准	省级重点实验室	独立研究所	体育科学	体育	政府部门办
上海市运动休闲与体育产业发展研究	2013-12-17	学校主管部门批准	省级智库	独立研究所	体育科学	体育	政府部门办
体育与健康伦理 E-研究院	2014-2-21	学校主管部门批准	省级智库	独立研究所	体育科学	教育	政府部门办

续表

学校及机构名称	成立时间	批准部门	机构类型	组成方式	学科分类	服务的国民经济行业	组成类型
运动与健康产业协同创新中心	2013-12-17	学校主管部门批准	省级智库	独立研究所	体育科学	体育	政府部门办
上海音乐学院							
上海高校人文艺术创新工作室—钢琴艺术	2007-12-2	学校主管部门批准	上海高校人文艺术创新工作室	独立研究所	艺术学	文化艺术业	单位自办
上海高校音乐人类学 E-研究院	2005-3-12	学校主管部门批准	省级重点研究基地	独立研究所	艺术学	文化艺术业	单位自办
上海市音乐教育教学研究基地	2013-11-3	学校主管部门批准	省级重点研究基地	独立研究所	艺术学	文化艺术业	单位自办
上海市音乐声学艺术重点实验室	2007-1-6	学校主管部门批准	省级重点实验室，校级重点实验室	独立研究所	艺术学	文化艺术业	单位自办
上海音乐艺术发展中心	2014-6-1	学校主管部门批准	省级 2011 协同创新中心	独立研究所	艺术学	文化艺术业	单位自办
音乐研究所	1949-11-27	学校自建	校级重点研究基地	跨系所	艺术学	社会工作	单位自办
中国仪式音乐研究中心	2007-12-5	学校主管部门批准	省级重点研究基地	独立研究所	艺术学	文化艺术业	单位自办
周小燕大师工作室	2007-10-1	学校主管部门批准	省级重点研究基地	独立研究所	艺术学	文化艺术业	单位自办
上海戏剧学院							
编剧学研究中心	2016-7-12	学校自建	校级重点研究基地	独立研究所	艺术学	文化艺术业	单位自办
电影文化研究中心	2017-6-29	学校自建	校级重点研究基地	独立研究所	艺术学	文化艺术业	单位自办
电影艺术研究中心	2017-6-29	学校自建	校级重点研究基地	独立研究所	艺术学	文化艺术业	单位自办
国际表演艺术研究中心	2017-6-29	学校自建	校级重点研究基地	独立研究所	艺术学	文化艺术业	单位自办
海派表导演艺术研究基地	2016-4-1	学校主管部门批准	省级重点研究基地	独立研究所	艺术学	文化艺术业	政府部门办
媒介研究中心	2017-6-29	学校自建	校级重点研究基地	独立研究所	艺术学	文化艺术业	单位自办
全球城市(上海)文化观测研究中心	2017-6-29	学校自建	校级重点研究基地	独立研究所	艺术学	文化艺术业	单位自办
上海市多媒体演艺虚拟空间合成重点实验室	2004-12-1	学校主管部门批准	省级重点实验室	独立研究所	艺术学	文化艺术业	政府部门办
上海市综合艺术教育教学研究基地	2013-11-26	学校主管部门批准	省级重点研究基地	独立研究所	艺术学	文化艺术业	政府部门办
外国戏剧研究中心	2017-6-29	学校自建	校级重点研究基地	独立研究所	艺术学	文化艺术业	单位自办
戏剧戏曲学研究中心	2010-12-3	学校自建	校级重点研究基地	独立研究所	艺术学	文化艺术业	单位自办

续表

学校及机构名称	成立时间	批准部门	机构类型	组成方式	学科分类	服务的国民经济行业	组成类型
谢克纳人类表演学研究中心	2017-6-29	学校自建	校级重点研究基地	独立研究所	艺术学	文化艺术业	单位自办
艺术学理论研究中心	2017-6-29	学校自建	校级重点研究基地	独立研究所	艺术学	文化艺术业	单位自办
上海大学							
产业经济研究中心	2002-4-15	学校自建	校级重点研究基地	独立研究所	经济学	租赁业	单位自办
上海高校知识服务平台公共艺术创意中心	2012-3-8	学校主管部门批准	省级重点研究基地	独立研究所	艺术学	文化艺术业	政府部门办
上海高校智库“基层治理创新研究中心”	2013-9-25	学校主管部门批准	省级智库	独立研究所	社会学	社会工作	政府部门办
上海市发展战略研究所	2009-12-30	学校主管部门批准	省级重点研究基地	独立研究所	新闻学与传播学	国家机构	政府部门办
影视与传媒产业研究基地	2007-10-10	学校主管部门批准	省级重点研究基地	独立研究所	新闻学与传播学	广播、电视、电影和影视录音制作业	政府部门办
中国服务经济研究中心	2002-12-18	学校自建	校内研究基地	独立研究所	经济学	租赁业	单位自办
中国社会转型与社会组织研究中心	2007-10-10	非学校主管部门批准	省级重点研究基地	独立研究所	社会学	社会工作	政府部门办
上海工程技术大学							
会展艺术与技术创新中心	2009-10-20	学校主管部门批准	省级重点研究基地	独立研究所	艺术学	商务服务业	政府部门办
经济研究所	2000-9-1	学校自建	校内研究基地	独立研究所	管理学	研究和试验发展	单位自办
上海社会保障问题研究中心	2000-1-1	学校主管部门批准	校内研究基地	独立研究所	管理学	社会保障	政府部门办
上海立信会计金融学院							
现代支付与互联网金融研究中心、科技金融研究院	2004-10-26	学校自建	研究机构	独立研究所	经济学	其他金融业	单位自办
“一带一路”研究院	2016-7-20	学校自建	研究机构	独立研究所	经济学	商务服务业	单位自办
自贸区研究院	2016-7-20	学校自建	研究机构	独立研究所	经济学	其他服务业	单位自办
上海电机学院							
上海装备制造产业发展研究中心	2016-2-15	学校主管部门批准	其他重点研究基地	跨系所	经济学	其他制造业	单位自办
上海杉达学院							

续表

学校及机构名称	成立时间	批准部门	机构类型	组成方式	学科分类	服务的国民经济行业	组成类型
村上春树研究中心	2016-5-17	学校自建	研究中心	独立研究所	外国文学	文化艺术业	单位自办
低碳经济发展研究中心	2017-7-3	学校自建	研究中心	独立研究所	经济学	商务服务业	单位自办
高等教育研究所	2015-9-1	学校自建	校级重点研究基地	独立研究所	教育学	教育	单位自办
国际发展合作战略与法律研究中心	2017-7-23	学校自建	研究中心	跨系所	法学	国家机构	单位自办
互联网金融大数据研究中心	2017-7-23	学校自建	研究中心	独立研究所	经济学	资本市场服务	单位自办
儒学研究所	2017-7-23	学校自建	研究所	独立研究所	哲学	教育	单位自办
上海政法学院							
司法研究所	2002-3-7	学校自建	校级重点研究基地	独立研究所	法学	群众团体、社会团体和其他成员组织	单位自办
应用社会科学研究院	2011-6-10	学校自建	校级重点研究基地	独立研究所	社会学	社会工作	单位自办
上海第二工业大学							
高等教育研究所	1982-2-1	学校自建	研究所	独立研究所	教育学	教育	单位自办
上海商学院							
上海商贸服务业知识服务中心	2012-6-7	学校主管部门批准	其他智库	独立研究所	管理学	商务服务业	单位自办
上海城建职业学院							
城市发展研究中心	2017-6-30	学校自建	校内研究机构	独立研究所	社会学	教育	单位自办
上海电子信息职业技术学院							
高等职业教育研究所	2004-6-30	学校自建	校级重点研究基地	独立研究所	教育学	教育	单位自办
上海建桥学院							
非物质文化遗产保护与产业发展研究中心	2015-4-18	学校自建	校级重点研究基地	跨系所	民族学与文化学	文化艺术业	单位自办
国际商务研究中心	2012-4-15	学校自建	校级重点研究基地	独立研究所	经济学	商务服务业	单位自办
民办高等教育研究所	2010-5-6	学校自建	校级重点研究基地	独立研究所	教育学	教育	单位自办
新闻与传播研究所	2011-5-5	学校自建	校级重点研究基地	独立研究所	新闻学与传播学	新闻和出版业	单位自办
上海纽约大学							

续表

学校及机构名称	成立时间	批准部门	机构类型	组成方式	学科分类	服务的国民经济行业	组成类型
Center for Society, Health and Medicine	2016-9-1	学校自建	学校自建研究机构	独立研究所	社会学	教育	单位自办
环球亚洲研究中心	2015-9-1	学校自建	学校自建研究机构	独立研究所	历史学	教育	单位自办
金融波动研究所	2014-11-1	学校自建	学校自建研究机构	独立研究所	经济学	教育	单位自办
商学教育与研究中心	2015-12-1	学校自建	学校自建研究机构	独立研究所	管理学	教育	单位自办
社会发展联合研究中心	2013-11-1	学校自建	联合研究中心	与校外合办所	社会学	教育	与国内高校合办
江苏省							
南京大学							
长江产业经济研究院	2017-1-1	非学校主管部门批准	国家高端智库	与校外合办所	经济学	商务服务业	政府部门办
长江三角洲经济社会发展研究中心	2000-8-10	学校主管部门批准	教育部重点研究基地	独立研究所	经济学	商务服务业	政府部门办
当代外国文学与文化研究中心	2009-12-1	非学校主管部门批准	省级重点研究基地	独立研究所	外国文学	教育	政府部门办
公共事务与地方治理研究中心	2009-12-1	非学校主管部门批准	省级重点研究基地	独立研究所	政治学	社会保障	政府部门办
国家文化产业研究中心	2007-1-1	非学校主管部门批准	中央其他部委重点研究基地	与校外合办所	经济学	文化艺术业	政府部门办
江苏省城市现代化研究中心	2008-1-1	非学校主管部门批准	省级重点研究基地	跨系所	社会学	公共设施管理业	政府部门办
江苏省社会风险管理研究中心	2008-1-1	非学校主管部门批准	省级重点研究基地	跨系所	管理学	社会保障	政府部门办
江苏省数据工程与知识服务重点实验室	2014-7-1	学校主管部门批准	省级重点实验室	独立研究所	图书馆、情报与文献学	软件和信息技术服务业	政府部门办
江苏紫金传媒智库	2015-1-1	非学校主管部门批准	省级智库	与校外合办所	新闻学与传播学	新闻和出版业	政府部门办
马克思主义社会理论研究中心	2003-9-8	学校主管部门批准	教育部重点研究基地	独立研究所	马克思主义	中国共产党机关	政府部门办
区域经济转型与管理变革协同创新中心	2013-1-1	非学校主管部门批准	省级 2011 协同创新中心	独立研究所	经济学	商务服务业	政府部门办
儒佛道与中国传统文化研究中心	2010-3-1	非学校主管部门批准	省级重点研究基地	独立研究所	宗教学	群众团体、社会团体和其他成员组织	政府部门办
社会舆情分析与决策支持研究中心	2004-1-1	学校主管部门批准	省级重点研究基地	跨系所	新闻学与传播学	新闻和出版业	政府部门办
社会与行为科学实验中心	2014-7-1	学校主管部门批准	省级重点研究基地	独立研究所	社会学	社会工作	政府部门办
苏南率先基本实现现代化研究中心	2004-1-1	学校主管部门批准	省级重点研究基地	跨系所	经济学	商务服务业	政府部门办

续表

学校及机构名称	成立时间	批准部门	机构类型	组成方式	学科分类	服务的国民经济行业	组成类型
中国抗日战争研究协同创新中心	2016-2-1	学校主管部门批准	其他 2011 协同创新中心	独立研究所	历史学	教育	政府部门办
中国南海研究协同创新中心	2013-6-1	学校主管部门批准	国家级 2011 协同创新中心	与校外合办所	国际问题研究	国际组织	政府部门办
中国特色社会主义理论体系研究基地	2004-1-1	学校主管部门批准	省级重点研究基地	跨系所	马克思主义	中国共产党机关	政府部门办
中国文学与东亚文明研究协同创新中心	2007-1-1	非学校主管部门批准	省级 2011 协同创新中心	独立研究所	中国文学	文化艺术业	政府部门办
中国新文学研究中心	1999-12-31	学校主管部门批准	教育部重点研究基地	独立研究所	中国文学	文化艺术业	政府部门办
中国语言战略研究中心	2007-1-1	非学校主管部门批准	中央其他部委重点研究基地	与校外合办所	语言学	文化艺术业	政府部门办
中国智库研究与评价中心	2015-1-1	非学校主管部门批准	省级智库	独立研究所	图书馆、情报与文献学	软件和信息技术服务业	政府部门办
中华民国史研究中心	1993-6-18	学校主管部门批准	教育部重点研究基地	独立研究所	历史学	教育	政府部门办
苏州大学							
东吴智库	2015-6-18	学校主管部门批准	省级智库,省级重点研究基地	跨系所	经济学	教育	单位自办
公法研究中心	2009-10-27	学校主管部门批准	省级重点研究基地	独立研究所	法学	教育	单位自办
国家体育总局机能评定与体能训练重点实验室	2008-8-25	非学校主管部门批准	中央其他部委重点实验室	独立研究所	体育科学	体育	单位自办
国家体育总局体育社会科学重点研究基地	2001-5-18	非学校主管部门批准	中央其他部委重点研究基地	独立研究所	体育科学	体育	单位自办
江苏省吴文化研究基地	1996-12-5	非学校主管部门批准	省级重点研究基地	独立研究所	历史学	文化艺术业	单位自办
江苏省新型城镇化与社会治理协同创新中心	2014-3-20	学校主管部门批准	省级 2011 协同创新中心	与校外合办所	政治学	教育	与国内高校合办
老挝—大湄公河次区域国家研究中心	2013-6-28	学校主管部门批准	校级重点研究基地	独立研究所	国际问题研究	教育	单位自办
社会公共文明研究所	2009-6-8	学校自建	校级重点研究基地	与校外合办所	社会学	社会工作	政府部门办
苏南发展研究院	1997-4-7	学校自建	其他重点研究基地	跨系所	社会学	教育	单位自办
苏州基层党建研究所	2007-6-26	学校主管部门批准	省级重点研究基地	与校外合办所	马克思主义	社会工作	政府部门办
新媒介与青年文化研究中心	2012-1-10	学校自建	校级重点研究基地	跨系所	新闻学与传播学	文化艺术业	单位自办

续表

学校及机构名称	成立时间	批准部门	机构类型	组成方式	学科分类	服务的国民经济行业	组成类型
中国特色城镇化研究中心	2003-4-28	学校主管部门批准	教育部重点研究基地	跨系所	管理学	教育	单位自办
东南大学							
道德发展智库	2015-12-1	非学校主管部门批准	省级智库	独立研究所	哲学	社会工作	政府部门办
道德国情调查研究中心	2013-5-16	学校主管部门批准	省级重点研究基地	独立研究所	哲学	中国共产党机关	政府部门办
道德哲学与中国道德发展研究所	2009-11-1	非学校主管部门批准	省级重点研究基地	独立研究所	哲学	中国共产党机关	单位自办
反腐败法治研究中心	2015-1-30	非学校主管部门批准	省级重点研究基地	独立研究所	法学	国家机构	政府部门办
公民道德提升与人的现代化研究中心	2013-1-17	学校主管部门批准	省级重点研究基地	独立研究所	哲学	社会工作	政府部门办
公民道德与社会风尚协同创新中心	2014-3-13	非学校主管部门批准	省级重点研究基地	独立研究所	哲学	社会工作	政府部门办
家事审判心理学重点研究基地	2016-12-21	非学校主管部门批准	省级重点研究基地	与校外合办所	心理学	社会工作	政府部门办
江苏创新驱动研究基地	2011-9-10	非学校主管部门批准	省级重点研究基地	独立研究所	经济学	其他服务业	单位自办
江苏国际智库合作研究基地	2013-12-27	学校主管部门批准	省级重点研究基地	独立研究所	经济学	社会工作	政府部门办
江苏经济全球化研究中心	2011-11-17	非学校主管部门批准	省级重点研究基地	与校外合办所	经济学	社会工作	单位自办
江苏民生幸福研究基地	2011-9-10	非学校主管部门批准	省级重点研究基地	独立研究所	经济学	社会工作	单位自办
江苏省非物质文化遗产研究基地	2014-6-24	非学校主管部门批准	省级重点研究基地	独立研究所	艺术学	文化艺术业	政府部门办
江苏省健康产业发展研究基地	2017-7-7	非学校主管部门批准	省级重点研究基地	与校外合办所	经济学	社会工作	与境内注册其他企业合办
江苏省交通运输行业政策法规重点研究基地	2012-9-5	非学校主管部门批准	省级重点研究基地	独立研究所	法学	公共设施管理业	政府部门办
江苏省科技创新体系建设思想库	2012-10-24	非学校主管部门批准	省级重点研究基地	独立研究所	管理学	社会工作	政府部门办
江苏省区域经济与发展研究基地	2008-8-20	非学校主管部门批准	省级重点研究基地	独立研究所	管理学	科技推广和应用服务业	单位自办
江苏省重点物流研究基地	2011-4-28	非学校主管部门批准	省级重点研究基地	独立研究所	管理学	其他服务业	单位自办
教育立法研究基地	2017-12-7	非学校主管部门批准	其他重点研究基地	与校外合办所	法学	国家机构	政府部门办
人民法院司法大数据研究基地	2016-7-1	非学校主管部门批准	其他重点研究基地	与校外合办所	法学	国家机构	政府部门办
亚太语言政策研究中心	2013-10-23	学校主管部门批准	省级重点研究基地	独立研究所	语言学	教育	政府部门办
艺术学研究中心	2010-10-31	非学校主管部门批准	省级重点研究基地	独立研究所	艺术学	文化艺术业	政府部门办

续表

学校及机构名称	成立时间	批准部门	机构类型	组成方式	学科分类	服务的国民经济行业	组成类型
中国传统艺术的传承与传播研究中心	2013-10-23	学校主管部门批准	省级重点研究基地	独立研究所	艺术学	文化艺术业	政府部门办
中国特色社会主义发展研究院	2015-12-1	非学校主管部门批准	省级智库	独立研究所	政治学	中国共产党机关	政府部门办
中国特色社会主义理论体系研究基地	2015-4-2	非学校主管部门批准	省级重点研究基地	独立研究所	政治学	中国共产党机关	政府部门办
南京航空航天大学							
国际战略与安全研究中心	2013-6-28	非学校主管部门批准	省级重点研究基地	独立研究所	国际问题研究	国家机构	单位自办
国家文化产业研究中心	2006-12-7	非学校主管部门批准	中央其他部委重点研究基地	独立研究所	艺术学	社会工作	与国内独立研究机构合办
江苏省非物质文化遗产研究基地	2014-6-25	非学校主管部门批准	省级重点研究基地	独立研究所	艺术学	文化艺术业	单位自办
江苏省后评价研究中心	2005-9-6	非学校主管部门批准	省级重点研究基地	独立研究所	管理学	社会工作	其他
江苏省军民融合产业发展研究中心	2016-4-25	非学校主管部门批准	省级重点研究基地	独立研究所	经济学	科技推广和应用服务业	单位自办
江苏省人力资源发展研究基地	2017-7-7	非学校主管部门批准	省级重点研究基地	独立研究所	管理学	科技推广和应用服务业	单位自办
江苏省中国特色社会主义理论体系研究基地	2015-4-2	非学校主管部门批准	省级重点研究基地	独立研究所	马克思主义	国家机构	单位自办
科学发展研究中心	2010-8-5	非学校主管部门批准	省级重点研究基地	独立研究所	管理学	科技推广和应用服务业	单位自办
能源软科学研究中心	2010-8-5	非学校主管部门批准	省级重点研究基地	独立研究所	管理学	科技推广和应用服务业	单位自办
南京理工大学							
国际经贸问题研究中心	2012-12-7	非学校主管部门批准	省级基地培育点	独立研究所	经济学	教育	其他
江苏产业集群研究基地	2011-11-5	非学校主管部门批准	省级重点研究基地	独立研究所	经济学	教育	单位自办
江苏服务型政府建设研究基地	2011-11-5	非学校主管部门批准	省级重点研究基地	独立研究所	社会学	教育	其他
江苏人才发展战略研究院	2016-7-7	非学校主管部门批准	省级智库	独立研究所	管理学	国家机构	政府部门办
江苏省版权研究中心	2017-4-6	非学校主管部门批准	省级重点研究基地	独立研究所	法学	教育	政府部门办
江苏省军民融合发展研究院	2017-8-31	非学校主管部门批准	省级重点研究基地	独立研究所	管理学	教育	政府部门办
江苏省军民融合科技与产业创新研究中心	2016-4-14	非学校主管部门批准	省级重点研究基地	独立研究所	管理学	教育	政府部门办
江苏省科技人才思想库	2012-10-19	非学校主管部门批准	省级重点研究基地	独立研究所	统计学	教育	单位自办

续表

学校及机构名称	成立时间	批准部门	机构类型	组成方式	学科分类	服务的国民经济行业	组成类型
江苏省知识产权发展研究中心	2012-1-1	非学校主管部门批准	省级重点研究基地	独立研究所	法学	社会工作	单位自办
江苏省知识产权思想库	2016-2-3	非学校主管部门批准	省级重点研究基地	独立研究所	法学	教育	政府部门办
马克思主义与当代中国研究中心	2004-9-23	学校自建	省级基地培育点	独立研究所	马克思主义	教育	其他
沙特研究中心	2017-9-29	非学校主管部门批准	其他重点研究基地	独立研究所	国际问题研究	教育	单位自办
社会计算与舆情分析研究中心	2012-4-13	学校主管部门批准	省级基地培育点	独立研究所	图书馆、情报与文献学	群众团体、社会团体和其他成员组织	单位自办
江苏科技大学							
服务制造模式与信息化研究中心	2015-5-1	学校主管部门批准	省级重点研究基地	独立研究所	管理学	铁路、船舶、航空航天和其他运输设备制造业	与国内独立研究机构合办
中国矿业大学							
澳大利亚研究中心	2017-6-13	学校主管部门批准	其他重点研究基地	独立研究所	国际问题研究	国家机构	政府部门办
国际能源政策研究中心	2013-7-1	非学校主管部门批准	省级重点研究基地	独立研究所	管理学	国家机构	政府部门办
江苏省公共安全创新研究中心	2017-11-2	学校主管部门批准	省级重点研究基地	独立研究所	管理学	国家机构	与国内独立研究机构合办
江苏省能源经济管理研究基地	2008-10-1	非学校主管部门批准	省级重点研究基地	独立研究所	管理学	国家机构	政府部门办
南京工业大学							
江苏产业科技创新研究中心	2017-3-5	学校主管部门批准	省级重点研究基地	与校外合办所	管理学	科技推广和应用服务业	与国内独立研究机构合办
常州大学							
常州社科院历史文化研究所	2013-4-10	学校自建	校级重点研究基地	与校外合办所	历史学	教育	与国内独立研究机构合办
常州现代服务业研究院	2014-9-23	非学校主管部门批准	校级重点研究基地	与校外合办所	管理学	商务服务业	单位自办
城乡文明研究所	2014-6-5	学校自建	校级重点研究基地	独立研究所	马克思主义	国家机构	单位自办
国家与江苏石油石化发展战略研究基地	2013-3-19	学校主管部门批准	省级重点研究基地	与校外合办所	管理学	石油加工、炼焦和核燃料加工业	政府部门办
江苏省非物质文化遗产研究基地	2014-10-20	学校主管部门批准	省级重点研究基地	跨系所	艺术学	国家机构	政府部门办

续表

学校及机构名称	成立时间	批准部门	机构类型	组成方式	学科分类	服务的国民经济行业	组成类型
江苏中国特色社会主义理论研究基地	2015-5-6	学校主管部门批准	省级重点研究基地	跨系所	马克思主义	中国共产党机关	政府部门办
旅游产业战略研究所	2014-1-7	学校自建	校级重点研究基地	跨系所	管理学	商务服务业	单位自办
马克思主义研究院	2014-4-24	学校自建	校级重点研究基地	独立研究所	马克思主义	中国共产党机关	单位自办
人力资源管理研究中心	2014-2-1	学校自建	校级重点研究基地	与校外合办所	管理学	教育	单位自办
书画艺术研究院	2014-8-6	学校自建	校级重点研究基地	独立研究所	艺术学	文化艺术业	单位自办
苏台经贸合作和科技创新研究中心	2015-5-18	学校主管部门批准	省级重点研究基地	与校外合办所	管理学	商务服务业	单位自办
体育健康教育研究所	2011-10-17	学校自建	校级重点研究基地	独立研究所	体育科学	体育	单位自办
应用语言学研究所	2014-1-7	学校自建	校级重点研究基地	独立研究所	语言学	教育	单位自办
语言应用研究基地	2015-10-19	非学校主管部门批准	省级重点研究基地	与校外合办所	语言学	教育	与国内独立研究机构合办
中国财经文学研究中心	2013-6-5	学校自建	校级重点研究基地	独立研究所	中国文学	文化艺术业	单位自办
南京邮电大学							
大数据与人口流动演技	2015-6-15	学校主管部门批准	其他	跨系所	社会学	社会工作	单位自办
江苏农业信息化研究基地	2011-11-15	非学校主管部门批准	省级重点研究基地	跨系所	经济学	农业	单位自办
江苏省统计科学研究基地	2010-6-7	非学校主管部门批准	省级重点研究基地	跨系所	统计学	软件和信息技术服务业	单位自办
江苏省物联网产业发展研究基地	2010-8-5	学校主管部门批准	省级重点研究基地	跨系所	管理学	互联网和相关服务	单位自办
江苏现代信息服务业研究基地	2011-12-22	非学校主管部门批准	省级重点研究基地	跨系所	管理学	软件和信息技术服务业	单位自办
河海大学							
“世界水谷”与水生态文明协同创新中心	2014-12-4	非学校主管部门批准	省级 2011 协同创新中心	独立研究所	管理学	生态保护和环境治理业	政府部门办
长三角环境与社会研究中心	2015-2-4	非学校主管部门批准	省级重点研究基地	独立研究所	社会学	社会保障	政府部门办
东部资源环境与持续发展研究中心	1994-12-1	非学校主管部门批准	中央其他部委重点研究基地	与校外合办所	经济学	国家机构	政府部门办
国际河流研究中心	2013-7-6	非学校主管部门批准	省级重点研究基地	独立研究所	国际问题研究	水利管理业	政府部门办
国家级人才理论研究基地	2014-5-9	非学校主管部门批准	中央其他部委重点研究基地	独立研究所	管理学	国家机构	政府部门办
江苏企业国际化发展研究基地	2011-11-20	非学校主管部门批准	省级重点研究基地	独立研究所	逻辑学	商务服务业	政府部门办

续表

学校及机构名称	成立时间	批准部门	机构类型	组成方式	学科分类	服务的国民经济行业	组成类型
江苏省科技体制改革科技思想库	2012-9-21	非学校主管部门批准	省级重点研究基地	独立研究所	管理学	国家机构	政府部门办
江苏省老年学研究与培训基地	2015-12-6	非学校主管部门批准	部省共建教育部重点研究基地,省级重点研究基地	与校外合办所	社会学	社会保障	政府部门办
江苏省水资源与可持续发展研究中心	2010-11-11	非学校主管部门批准	省级重点研究基地	独立研究所	经济学	国家机构	政府部门办
江苏省循环经济工程研究中心	2005-12-1	非学校主管部门批准	省级重点研究基地	独立研究所	管理学	国家机构	政府部门办
江苏省中国特色社会主义理论体系研究基地	2015-4-9	非学校主管部门批准	省级重点研究基地	独立研究所	马克思主义	中国共产党机关	政府部门办
江苏沿海资源经济研究中心	2011-12-31	非学校主管部门批准	省级重点研究基地	与校外合办所	经济学	水利管理业	政府部门办
企业人才研究中心	2015-5-12	非学校主管部门批准	省级重点研究基地	独立研究所	管理学	商务服务业	政府部门办
全国性别/妇女研究与培训基地	2013-9-16	非学校主管部门批准	中央其他部委重点研究基地	与校外合办所	社会学	群众团体、社会团体和其他成员组织	政府部门办
人口老龄化科研基地	2014-10-16	非学校主管部门批准	省级重点研究基地	独立研究所	社会学	社会保障	政府部门办
水库移民经济研究中心	1992-9-15	非学校主管部门批准	中央其他部委重点研究基地	独立研究所	社会学	水利管理业	政府部门办
水利部人力资源研究院	2011-4-29	非学校主管部门批准	中央其他部委重点研究基地	与校外合办所	马克思主义	国家机构	政府部门办
水利法治研究中心	2017-7-20	学校主管部门批准	省级重点研究基地	与校外合办所	法学	国家机构	政府部门办
水利经济研究所	1985-12-28	非学校主管部门批准	中央其他部委重点研究基地	独立研究所	经济学	国家机构	政府部门办
水利政策法制研究与培训中心	2011-10-18	非学校主管部门批准	中央其他部委重点研究基地	独立研究所	法学	生态保护和环境治理业	政府部门办
中国(南京)人才发展研究中心	2012-3-28	非学校主管部门批准	省级重点研究基地	独立研究所	管理学	中国共产党机关	政府部门办
江南大学							
汉族服饰类非物质文化遗产研究基地	2014-7-21	非学校主管部门批准	其他重点研究基地	独立研究所	艺术学	纺织服装、服饰业	政府部门办
江南民族音乐研究中心	2017-7-1	学校自建	校级重点研究基地	独立研究所	艺术学	文化艺术业	单位自办
江苏党风廉政建设创新研究基地	2011-11-1	非学校主管部门批准	其他重点研究基地	与校外合办所	马克思主义	中国共产党机关	单位自办
江苏省产品创意与文化重点研究基地	2010-1-1	非学校主管部门批准	其他重点研究基地	跨系所	艺术学	文化艺术业	单位自办
江苏省中国特色社会主义理论体系研究基地	2015-9-7	非学校主管部门批准	其他重点研究基地	跨系所	马克思主义	中国共产党机关	政府部门办

续表

学校及机构名称	成立时间	批准部门	机构类型	组成方式	学科分类	服务的国民经济行业	组成类型
教育信息化研究中心	2013-2-1	学校自建	其他重点研究基地	独立研究所	教育学	教育	单位自办
金融创新与风险管理研究基地	2017-7-1	学校主管部门批准	校级重点研究基地	独立研究所	经济学	货币金融服务	单位自办
钱钟书及其海外传播研究中心	2017-7-1	学校主管部门批准	校级重点研究基地	独立研究所	语言学	教育	单位自办
食品安全风险治理研究院	2016-7-8	非学校主管部门批准	省级智库,其他重点研究基地	跨系所	管理学	社会保障	与国内高校合办
无锡党的建设研究基地	2013-3-6	学校自建	校级重点研究基地	与校外合办所	政治学	中国共产党机关	政府部门办
无锡古运河文化创意中心	2015-10-12	学校自建	校级重点研究基地	与校外合办所	艺术学	文化艺术业	政府部门办
无锡江南文化与影视研究中心	2007-12-27	学校自建	校级重点研究基地	与校外合办所	中国文学	文化艺术业	政府部门办
无锡老龄科学研究中心	2010-11-1	学校自建	校级重点研究基地	独立研究所	社会学	社会工作	其他
无锡旅游与区域发展研究基地	2013-3-6	学校自建	校级重点研究基地	与校外合办所	经济学	研究和试验发展	政府部门办
无锡人力资源开发研究基地	2013-3-8	学校自建	校级重点研究基地	与校外合办所	管理学	商务服务业	与国内高校合办
中国物联网发展战略研究基地	2012-3-15	非学校主管部门批准	省级重点研究基地	独立研究所	管理学	教育	与国内独立研究机构合办
南京林业大学							
江苏环境与发展研究中心	2009-12-15	学校主管部门批准	省级重点研究基地	独立研究所	哲学	生态保护和环境治理业	政府部门办
生态经济研究中心	2010-10-28	学校主管部门批准	省级重点研究基地	独立研究所	经济学	生态保护和环境治理业	政府部门办
江苏大学							
高等教育研究所	1983-8-1	学校自建	研究所	独立研究所	教育学	教育	单位自办
江苏省统计应用研究基地	2012-1-11	非学校主管部门批准	省级重点研究基地	与校外合办所	统计学	教育	与国内独立研究机构合办
江苏省知识产权研究中心	2008-9-27	非学校主管部门批准	省级重点研究基地	独立研究所	管理学	专业技术服务业	单位自办
江苏省中小企业发展研究基地	2008-10-3	非学校主管部门批准	省级重点研究基地	跨系所	管理学	专业技术服务业	政府部门办
能源发展与环境保护战略研究中心	2009-11-11	学校主管部门批准	省级重点研究基地	独立研究所	经济学	专业技术服务业	政府部门办
现代农业经济研究所	2004-5-20	非学校主管部门批准	研究所	跨系所	经济学	农业	单位自办
中小企业研究中心	2002-9-1	学校自建	研究所	跨系所	管理学	专业技术服务业	单位自办

续表

学校及机构名称	成立时间	批准部门	机构类型	组成方式	学科分类	服务的国民经济行业	组成类型
南京信息工程大学							
国家体育总局体育文化研究基地	2013-11-3	非学校主管部门批准	省级重点研究基地	独立研究所	体育科学	体育	单位自办
江北新区发展研究院	2017-8-29	学校自建	其他智库	与校外合办所	管理学	国家机构	其他
江苏人才强省建设研究基地	2011-10-22	非学校主管部门批准	省级重点研究基地	与校外合办所	管理学	国家机构	其他
江苏省中国特色社会主义理论体系研究基地	2015-4-2	非学校主管部门批准	省级重点研究基地	跨系所	马克思主义	教育	单位自办
欧美再工业化战略研究中心	2013-7-2	学校主管部门批准	省级重点研究基地	独立研究所	管理学	其他制造业	单位自办
气候变化与公共政策研究院	2007-3-6	学校主管部门批准	省级重点研究基地	跨系所	政治学	国家机构	单位自办
气候与环境治理研究院	2016-7-8	非学校主管部门批准	省级智库	跨系所	管理学	国家机构	单位自办
清华大学技术创新研究中心分中心	2008-5-15	非学校主管部门批准	其他重点研究基地	与校外合办所	管理学	专业技术服务业	与国内高校合办
文化遗产科学认知与保护研究基地	2017-7-7	学校主管部门批准	省级重点研究基地	与校外合办所	历史学	文化艺术业	与国内独立研究机构合办
中国科协科技人力资源研究基地	2007-6-3	非学校主管部门批准	中央其他部委重点研究基地	与校外合办所	管理学	科技推广和应用服务业	与国内独立研究机构合办
中国制造业发展研究院	2006-5-18	学校主管部门批准	省级重点研究基地	独立研究所	经济学	其他制造业	单位自办
南通大学							
楚辞研究中心	2007-4-12	学校主管部门批准	省高校哲学社会科学重点研究基地	独立研究所	中国文学	文化艺术业	单位自办
江苏长江经济带研究院	2016-4-20	非学校主管部门批准	省级智库	与校外合办所	管理学	国家机构	与国内独立研究机构合办
江苏省中国特色社会主义理论体系研究基地南通大学研究中心	2015-4-10	非学校主管部门批准	省级研究基地	跨系所	马克思主义	中国共产党机关	其他
江苏先进典型研究中心	2011-4-18	学校主管部门批准	省高校人文社会科学校外研究基地	与校外合办所	马克思主义	教育	单位自办
江苏沿海沿江发展研究中心	2009-10-12	学校主管部门批准	省级重点研究基地	与校外合办所	经济学	国家机构	与国内独立研究机构合办

续表

学校及机构名称	成立时间	批准部门	机构类型	组成方式	学科分类	服务的国民经济行业	组成类型
蓝印花布艺术研究所	2016-1-20	学校自建	研究所	独立研究所	艺术学	纺织服装、服饰业	单位自办
南通廉政文化研究所	2007-4-11	学校主管部门批准	省高校哲学社会科学重点研究基地	与校外合办所	政治学	中国共产党机关	其他
张謇研究所	2004-10-20	学校自建	研究所	独立研究所	历史学	社会工作	单位自办
南京农业大学							
不动产研究中心	2015-1-1	学校自建	校级重点研究基地	独立研究所	管理学	房地产业	单位自办
城乡规划设计研究院	2004-10-1	学校自建	校级重点研究基地	独立研究所	管理学	农业	单位自办
地方治理与政策研究院	2017-7-1	非学校主管部门批准	其他重点研究基地	跨系所	管理学	社会工作	政府部门办
电子商务研究中心	2001-6-1	学校自建	校级重点研究基地	独立研究所	管理学	农业	单位自办
公共政策研究所	2004-1-1	学校自建	校级重点研究基地	独立研究所	管理学	社会工作	单位自办
管理工程研究室	2004-1-1	学校自建	校级重点实验室	独立研究所	管理学	农业	单位自办
国际食品与农业经济研究中心	2004-6-10	学校自建	校级重点研究基地	独立研究所	管理学	农业	单位自办
国际资源与环境经济研究所	2004-1-1	学校自建	校级重点研究基地	独立研究所	管理学	生态保护和环境治理业	单位自办
江苏粮食安全研究中心	2015-6-1	非学校主管部门批准	省级重点研究基地	独立研究所	管理学	农业	单位自办
江苏农业现代化决策咨询研究基地	2011-11-20	非学校主管部门批准	省级重点研究基地	独立研究所	管理学	农业	政府部门办
江苏省国土资源利用与管理工程中心	2007-1-1	非学校主管部门批准	其他重点研究基地	跨系所	管理学	农业	单位自办
江苏省农村发展与土地政策研究基地	2008-10-1	非学校主管部门批准	省级重点研究基地	跨系所	管理学	农业	政府部门办
江苏省统计科学研究基地	2013-12-13	非学校主管部门批准	省级重点研究基地	独立研究所	管理学	农业	单位自办
江苏省新农村科技创新思想库	2012-10-1	非学校主管部门批准	省级重点研究基地	独立研究所	管理学	农业	政府部门办
金善宝农业现代化研究院	2015-11-10	非学校主管部门批准	省级智库	独立研究所	管理学	农业	单位自办
劳动就业与公共政策研究中心	2017-1-1	学校自建	校级重点研究基地	独立研究所	管理学	社会保障	单位自办
领域知识关联研究中心	2004-6-1	学校自建	校级重点实验室	跨系所	图书馆、情报与文献学	软件和信息技术服务业	单位自办
民俗学研究所	2016-12-26	学校自建	校级重点研究基地	独立研究所	民族学与文化学	农业	单位自办

续表

学校及机构名称	成立时间	批准部门	机构类型	组成方式	学科分类	服务的国民经济行业	组成类型
农村土地资源利用与整治国家地方联合工程研究中心	2012-10-2	非学校主管部门批准	中央其他部委重点研究基地	跨系所	管理学	农业	单位自办
农业经济研究所	1986-10-1	非学校主管部门批准	省级重点研究基地	独立研究所	管理学	农业	政府部门办
农业园区研究中心	1995-1-2	学校自建	校级重点研究基地	独立研究所	管理学	农业	单位自办
农业转基因生物安全管理政策研究中心	2009-11-2	学校自建	校级重点研究基地	独立研究所	管理学	农业	单位自办
日语语言文化研究所	2004-10-1	学校自建	校级重点研究基地	独立研究所	语言学	教育	单位自办
统筹城乡发展与土地管理创新研究基地	2012-1-12	非学校主管部门批准	其他重点研究基地	独立研究所	管理学	农业	单位自办
英语语言文化研究所	2004-10-1	学校自建	校级重点研究基地	独立研究所	语言学	教育	单位自办
中国地标文化研究中心	2017-8-14	学校自建	校级重点研究基地	独立研究所	社会学	农业	单位自办
中国国土资源与生态文明建设研究院	2013-1-1	学校自建	校级重点研究基地	独立研究所	管理学	生态保护和环境治理业	单位自办
中国粮食安全保障研究中心	2009-1-1	学校自建	校级重点研究基地	独立研究所	管理学	农业	单位自办
中国农业产业链管理研究与发展中心	2006-7-14	学校自建	校级重点研究基地	独立研究所	管理学	农业	单位自办
中国农业遗产研究室	1955-8-5	非学校主管部门批准	中央其他部委重点研究基地	独立研究所	历史学	农业	政府部门办
中国土地问题研究中心	2004-10-21	学校自建	校级重点研究基地	独立研究所	管理学	农业	单位自办
中荷土地规划与地籍发展中心	2007-1-1	学校自建	校级重点研究基地	独立研究所	管理学	农业	单位自办
中华农业文明博物馆	2004-10-20	学校自建	博物馆	独立研究所	考古学	教育	单位自办
中华农业文明研究院	2014-10-1	非学校主管部门批准	省级重点研究基地	独立研究所	历史学	农业	单位自办
中外语言比较中心	2012-10-1	、学校自建	校级重点研究基地	独立研究所	语言学	教育	单位自办
南京医科大学							
健康江苏建设与发展研究院	2016-6-30	非学校主管部门批准	省级智库	与校外合办所	管理学	卫生	与国内高校合办
南京中医药大学							
中医文化研究中心	1994-6-1	学校主管部门批准	省级重点研究基地	独立研究所	民族学与文化学	教育	单位自办
南京师范大学							

续表

学校及机构名称	成立时间	批准部门	机构类型	组成方式	学科分类	服务的国民经济行业	组成类型
道德教育研究所	2000-1-1	学校主管部门批准	教育部重点研究基地	独立研究所	教育学	教育	政府部门办
东亚国际问题研究中心	2013-6-1	学校主管部门批准	省级重点研究基地	独立研究所	政治学	教育	政府部门办
符号认知研究所	2013-7-1	学校主管部门批准	省级重点研究基地	独立研究所	外国文学	教育	政府部门办
高等教育研究所	2013-12-1	学校自建	校级重点研究基地	独立研究所	教育学	教育	单位自办
国家体育总局体育社科研究中心	2003-9-1	非学校主管部门批准	省级重点研究基地	独立研究所	体育科学	教育	政府部门办
国家体育总局体育文化研究中心	2007-9-1	非学校主管部门批准	省级重点研究基地	独立研究所	体育科学	教育	政府部门办
江苏城乡一体研究基地	2011-11-1	非学校主管部门批准	省级重点研究基地	独立研究所	社会学	社会保障	单位自办
江苏当代作家研究基地	2013-10-31	学校主管部门批准	省级重点研究基地	独立研究所	中国文学	教育	政府部门办
江苏法治发展研究院	2008-1-1	学校主管部门批准	省级重点研究基地	独立研究所	法学	国家机构	政府部门办
江苏国际法治动态研究中心	2015-3-26	非学校主管部门批准	省级重点研究基地	独立研究所	语言学	教育	政府部门办
江苏省创新经济研究基地	2008-6-30	学校主管部门批准	省级重点研究基地	独立研究所	经济学	教育	政府部门办
江苏省非物质文化遗产研究基地	2014-6-24	非学校主管部门批准	省级重点研究基地	跨系所	社会学	教育	政府部门办
江苏省老年学研究基地	2006-9-1	非学校主管部门批准	省级重点研究基地	跨系所	社会学	社会保障	其他
江苏省民营经济研究基地	2011-6-30	非学校主管部门批准	省级重点研究基地	独立研究所	经济学	教育	其他
江苏省学生体质健康促进研究中心	2011-1-1	学校主管部门批准	省级重点研究基地	独立研究所	体育科学	教育	政府部门办
江苏文学翻译与研究中心	2013-11-1	非学校主管部门批准	省级重点研究基地	独立研究所	外国文学	教育	政府部门办
江苏艺术强省建设研究基地	2013-1-1	非学校主管部门批准	省级重点研究基地	独立研究所	艺术学	文化艺术业	其他
教育社会学研究中心	2009-6-30	学校主管部门批准	省级重点研究基地	独立研究所	教育学	教育	政府部门办
教育信息工程研究所	2012-3-1	学校自建	校级重点研究基地	独立研究所	教育学	教育	单位自办
金陵妇女发展研究中心	2006-6-1	非学校主管部门批准	省级重点研究基地	独立研究所	社会学	社会保障	其他
联合国教科文组织国际农村教育研究与培训中心南京基地	1999-1-1	非学校主管部门批准	省级重点研究基地	独立研究所	教育学	教育	与境外机构合办
马克思主义研究院	2009-6-30	学校主管部门批准	省级重点研究基地	独立研究所	马克思主义	教育	政府部门办
全国大学生职业发展教育研发基地	2015-7-30	非学校主管部门批准	省级重点研究基地	独立研究所	教育学	教育	政府部门办
全国民政政策理论研究基地	2016-11-29	学校主管部门批准	省级重点研究基地	独立研究所	政治学	教育	政府部门办

续表

学校及机构名称	成立时间	批准部门	机构类型	组成方式	学科分类	服务的国民经济行业	组成类型
社会主义意识形态研究中心	2015-4-1	非学校主管部门批准	省级重点研究基地	独立研究所	马克思主义	教育	政府部门办
司法现代化研究中心	2012-3-31	学校主管部门批准	省级重点研究基地	与校外合办所	法学	教育	其他
语言信息科技研究中心	2010-8-1	学校主管部门批准	省级重点研究基地	跨系所	语言学	教育	单位自办
智慧教育研究院	2017-7-7	学校主管部门批准	省级重点研究基地	与校外合办所	教育学	教育	政府部门办
中国法治现代化研究院	2015-11-10	非学校主管部门批准	省级重点研究基地	与校外合办所	法学	教育	与国内高校合办
中小学课程与教学研究基地	2015-1-30	学校主管部门批准	省级重点研究基地	独立研究所	教育学	教育	政府部门办
抗日战争研究中心	2012-6-30	学校主管部门批准	校级重点研究基地	独立研究所	历史学	教育	单位自办
课程与教学研究所	2012-3-1	学校主管部门批准	校级重点研究基地	独立研究所	教育学	教育	单位自办
联合国教科文组织国际农村教育研究与培训中心南京基地	1999-1-1	非学校主管部门批准	省级重点研究基地	独立研究所	教育学	教育	与境外机构合办
马克思主义研究院	2009-6-30	学校主管部门批准	省级重点研究基地	独立研究所	马克思主义	教育	与国内高校合办
脑认知实验与理论研究中心	2005-6-30	学校主管部门批准	校级重点研究基地	独立研究所	心理学	教育	单位自办
社会建设与社会管理创新研究基地	2013-12-1	学校自建	校级重点研究基地	独立研究所	社会学	教育	单位自办
社会主义意识形态研究中心	2013-12-1	学校主管部门批准	校级重点研究基地	独立研究所	马克思主义	教育	单位自办
司法现代化研究中心	2012-3-31	学校主管部门批准	省级重点研究基地	与校外合办研究室	法学	教育	政府部门办
体育社会科学重点研究基地	2003-9-1	非学校主管部门批准	省级重点研究基地	独立研究所	体育科学	体育	政府部门办
外国语言文化研究所	2012-3-1	学校主管部门批准	校级重点研究基地	独立研究所	外国文学	教育	单位自办
文体学与文体应用研究中心	2013-12-1	学校主管部门批准	校级重点研究基地	独立研究所	中国文学	教育	与国内高校合办
现代司法研究中心	2005-6-30	学校自建	校级重点研究基地	独立研究室	法学	教育	单位自办
学前教育研究所	2012-3-1	学校自建	校级重点研究基地	独立研究所	教育学	教育	单位自办
应用伦理学研究所	2012-3-1	学校主管部门批准	校级重点研究基地	独立研究所	哲学	教育	单位自办
语言信息科技研究中心	2010-8-1	学校主管部门批准	省级重点研究基地	跨系所	语言学	教育	单位自办
中国古代文学研究中心	2012-3-6	学校主管部门批准	校级社科重点实验室	独立研究所	中国文学	教育	单位自办
中国经济史研究所	2012-6-1	学校主管部门批准	省级重点研究基地	独立研究所	历史学	教育	单位自办

续表

学校及机构名称	成立时间	批准部门	机构类型	组成方式	学科分类	服务的国民经济行业	组成类型
中国现当代文学研究中心	2012-3-6	学校主管部门批准	省级重点研究基地	独立研究所	中国文学	教育	单位自办
江苏师范大学							
“一带一路”研究院	2016-7-4	非学校主管部门批准	省级智库	与校外合办所	经济学	科技推广和应用服务业	政府部门办
澳大利亚研究中心	2013-6-18	学校主管部门批准	省级重点研究基地	独立研究所	国际问题研究	国家机构	政府部门办
巴基斯坦研究中心	2017-6-13	学校主管部门批准	其他重点研究基地	独立研究所	国际问题研究	国家机构	单位自办
独联体国家研究中心	2017-6-13	学校主管部门批准	其他重点研究基地	独立研究所	国际问题研究	国家机构	单位自办
古籍整理研究所	1998-2-1	学校自建	校级重点研究基地	跨系所	中国文学	教育	单位自办
国家体育总局体育文化发展中心体育文化研究基地	2011-11-1	非学校主管部门批准	其他重点研究基地	与校外合办所	体育科学	教育	政府部门办
国务院侨务办公室侨务理论研究江苏基地	2013-1-18	非学校主管部门批准	中央其他部委重点研究基地	与校外合办所	历史学	教育	政府部门办
汉文化研究院	2008-12-12	学校主管部门批准	省级重点研究基地	独立研究所	艺术学	教育	政府部门办
淮海发展研究院	1998-7-1	非学校主管部门批准	省级重点研究基地	独立研究所	经济学	科技推广和应用服务业	政府部门办
基础教育研究中心	2008-12-12	学校自建	校级重点研究基地	跨系所	教育学	教育	单位自办
江苏省决策咨询研究基地江苏区域协调发展研究基地	2011-11-1	非学校主管部门批准	省级重点研究基地	独立研究所	经济学	科技推广和应用服务业	政府部门办
江苏省中国特色社会主义理论体系研究基地	2015-4-2	非学校主管部门批准	省级重点研究基地	独立研究所	马克思主义	教育	政府部门办
留学生与近代中国研究中心	2008-12-12	学校自建	校级重点研究基地	跨系所	政治学	教育	单位自办
伦理学与德育研究中心	2008-12-12	学校自建	校级重点研究基地	独立研究所	哲学	教育	单位自办
欧美同学会留学报国研究基地	2016-11-22	非学校主管部门批准	其他重点研究基地	与校外合办所	历史学	教育	与国内独立研究机构合办
苏北农村治理创新研究基地	2009-3-18	学校主管部门批准	省级重点研究基地	与校外合办所	社会学	社会保障	政府部门办
苏北三农研究中心	2008-12-12	学校自建	校级重点研究基地	独立研究所	经济学	科技推广和应用服务业	单位自办
苏台合作与发展研究中心	2017-10-18	非学校主管部门批准	其他智库	与校外合办所	管理学	社会工作	政府部门办
特色镇村建设与土地管理研究基地	2017-7-7	学校主管部门批准	省级重点研究基地	与校外合办所	经济学	生态保护和环境治理业	政府部门办

续表

学校及机构名称	成立时间	批准部门	机构类型	组成方式	学科分类	服务的国民经济行业	组成类型
语言能力高等研究院	2017-6-27	非学校主管部门批准	省级智库	与校外合办所	中国文学	教育	与国内独立研究机构合办
语言能力协同创新中心	2014-3-14	学校主管部门批准	省级 2011 协同创新中心	与校外合办所	语言学	文化艺术业	与国内高校合办
语言研究所	1997-3-30	学校主管部门批准	省级重点研究基地	独立研究所	语言学	社会工作	政府部门办
智慧教育研究中心	2015-1-30	学校主管部门批准	省级重点研究基地	独立研究所	教育学	教育	政府部门办
中共中央编译局发展理论研究中心	2011-7-1	非学校主管部门批准	中央其他部委重点研究基地	与校外合办所	马克思主义	教育	政府部门办
中国—巴基斯坦教育文化研究中心	2013-6-18	学校主管部门批准	省级重点研究基地	独立研究所	国际问题研究	国家机构	政府部门办
中华家文化研究基地	2017-6-27	非学校主管部门批准	省级重点研究基地	与校外合办所	哲学	社会工作	政府部门办
淮阴师范学院							
淮安市创意设计产业科技公共服务平台	2015-3-20	学校主管部门批准	其他智库,淮安市政府立项建设	跨系所	经济学	文化艺术业	单位自办
欧美国家边界争端与化解研究中心	2013-10-9	学校主管部门批准	其他重点研究基地	独立研究所	历史学	教育	政府部门办
社会风险评估与治理法治化研究基地	2017-7-7	学校主管部门批准	省级重点研究基地	跨系所	法学	社会工作	政府部门办
文化创意产业研究中心	2015-1-15	学校主管部门批准	省级重点研究基地	跨系所	中国文学	文化艺术业	政府部门办
周恩来精神与青少年教育研究中心	2010-10-22	学校主管部门批准	省级重点研究基地	独立研究所	教育学	教育	政府部门办
盐城师范学院							
江苏沿海发展研究基地	2011-12-9	非学校主管部门批准	省级重点研究基地	独立研究所	经济学	教育	政府部门办
江苏沿海开发研究基地	2009-3-1	非学校主管部门批准	省级重点研究基地	独立研究所	经济学	教育	政府部门办
沿海发展智库	2016-12-10	非学校主管部门批准	省级智库	独立研究所	经济学	教育	单位自办
南京财经大学							
博弈行为与智能供应链管理研究中心	2016-8-1	学校自建	校属独立研究机构	独立研究所	管理学	教育	单位自办
江苏产业发展研究院	2001-1-15	学校主管部门批准	省级重点研究基地	独立研究所	经济学	社会工作	单位自办
江苏创新发展研究院	2017-11-1	学校自建	校属独立研究机构	独立研究所	经济学	教育	单位自办
江苏现代服务业研究院	2012-1-1	非学校主管部门批准	省级重点研究基地	与校外合办所	经济学	其他服务业	其他
粮食经济研究院	2009-1-2	学校主管部门批准	校属独立研究机构	独立研究所	政治学	教育	政府部门办

续表

学校及机构名称	成立时间	批准部门	机构类型	组成方式	学科分类	服务的国民经济行业	组成类型
南京艺术学院							
江苏省文化创意与综合设计重点实验室	2014-9-1	学校主管部门批准	省级重点实验室	独立研究所	艺术学	文化艺术业	单位自办
江苏文艺产业决策咨询研究基地	2015-4-15	非学校主管部门批准	省级重点研究基地	独立研究所	艺术学	文化艺术业	单位自办
文化创意协同创新中心	2011-9-15	学校主管部门批准	省级 2011 协同创新中心	与校外合办所	艺术学	文化艺术业	与国内高校合办
艺术学研究所	2004-10-19	学校自建	研究所	独立研究所	艺术学	文化艺术业	单位自办
音乐学研究所	2002-7-1	学校自建	研究中心	独立研究所	艺术学	文化艺术业	单位自办
紫金文创研究院	2015-11-10	学校主管部门批准	省级智库	跨系所	艺术学	文化艺术业	单位自办
苏州科技大学							
苏南地方音乐文化艺术研究所	2008-1-18	学校自建	校级重点研究基地	与校外合办所	艺术学	教育	单位自办
苏州城乡一体化改革发展研究院	2012-1-17	学校主管部门批准	省级重点研究基地	与校外合办所	管理学	生态保护和环境治理业	政府部门办
苏州国家历史文化名城保护研究院	2014-3-26	学校主管部门批准	校级重点研究基地	与校外合办所	管理学	生态保护和环境治理业	政府部门办
苏州与国内外先进地区创新竞争力比较研究中心	2016-5-19	学校主管部门批准	校级重点研究基地	与校外合办所	政治学	商务服务业	政府部门办
亚太国家现代化与国际问题研究中心	2013-6-3	学校主管部门批准	省级重点研究基地	与校外合办所	历史学	国际组织	政府部门办
常熟理工学院							
“琴川清风”预防职务犯罪研究中心	2014-12-1	学校自建	校级重点研究基地	与校外合办所	社会学	国家机构	单位自办
苏南经济与社会发展研究基地	2012-9-2	学校自建	校级重点研究基地	与校外合办所	社会学	国家机构	单位自办
苏南区域文化建设研究中心	2009-7-1	学校自建	校级重点研究基地	与校外合办所	中国文学	文化艺术业	单位自办
苏州农业现代化研究中心	2017-7-7	学校主管部门批准	省级重点研究基地	与校外合办所	管理学	农业	政府部门办
苏州农业现代化中心	2013-7-4	非学校主管部门批准	校级重点研究基地	与校外合办所	管理学	农业	单位自办
现代民政研究中心	2015-4-30	学校自建	校级重点研究基地	与校外合办所	社会学	社会保障	单位自办
县域科技体制综合改革与发展研究中心	2015-11-30	学校自建	校级重点研究基地	与校外合办所	管理学	国家机构	单位自办
中国县域金融研究中心	2014-12-1	学校自建	校级重点研究基地	与校外合办所	经济学	其他金融业	单位自办

续表

学校及机构名称	成立时间	批准部门	机构类型	组成方式	学科分类	服务的国民经济行业	组成类型
无锡职业技术学院							
财经研究所	2015-6-15	学校自建	校级重点研究基地	独立研究所	经济学	资本市场服务	单位自办
高职思想政治教育研究室	2015-6-15	学校自建	校级重点研究基地	独立研究所	马克思主义	教育	单位自办
管理与创新研究所	2015-6-15	学校自建	校级重点研究基地	独立研究所	管理学	其他服务业	单位自办
旅游文化研究所	2015-6-15	学校自建	校级重点研究基地	独立研究所	管理学	商务服务业	单位自办
体育科学与健康指导研究所	2015-6-15	学校自建	校级重点研究基地	独立研究所	体育科学	体育	单位自办
无锡现代职教研究中心	2015-1-20	学校自建	校级重点研究基地	独立研究所	教育学	教育	单位自办
艺术设计研究所	2015-6-15	学校自建	校级重点研究基地	独立研究所	艺术学	文化艺术业	单位自办
南京工业职业技术学院							
高等职业教育研究所	2002-11-1	学校自建	校级重点研究基地	独立研究所	教育学	教育	单位自办
国际贸易与物流管理研究所	2011-5-11	学校自建	校级重点研究基地	独立研究所	管理学	其他金融业	单位自办
黄炎培职业教育思想研究会学术中心	2013-11-18	非学校主管部门批准	校级重点研究基地	独立研究所	教育学	教育	与国内独立研究机构合办
苏州工艺美术职业技术学院							
高等教育研究所	2017-4-15	学校自建	校级重点研究基地	独立研究所	教育学	教育	单位自办
桃花坞木刻年画研究所	2009-4-16	学校自建	校级重点研究基地	与校外合办所	艺术学	文化艺术业	与境内注册其他企业合办
淮阴工学院							
苏北发展研究院	2015-2-3	非学校主管部门批准	省级智库	与校外合办所	经济学	教育	与国内独立研究机构合办
南通职业大学							
通州湾江海联动发展研究院	2017-6-12	学校主管部门批准	省级重点研究基地	独立研究所	社会学	社会工作	单位自办
苏州职业大学							
江苏省作家协会儿童文学创研基地	2012-1-20	非学校主管部门批准	其他重点研究基地，省作协基地	与校外合办所	中国文学	教育	其他

续表

学校及机构名称	成立时间	批准部门	机构类型	组成方式	学科分类	服务的国民经济行业	组成类型
常州工学院							
常州市创新创业与改革发展研究中心	2016-3-29	非学校主管部门批准	市级科技平台	与校外合办所	经济学	专业技术服务业	政府部门办
江苏高校文化创意协同创新中心	2014-3-13	非学校主管部门批准	省级 2011 协同创新中心	与校外合办所	艺术学	文化艺术业	政府部门办
数据科学与经济发展研究中心	2016-10-26	非学校主管部门批准	市级科研平台	独立研究所	经济学	专业技术服务业	其他
扬州大学							
“美声之林”声乐艺术中心	2016-9-15	学校自建	校研究机构	独立研究所	艺术学	文化艺术业	单位自办
当代中国民主政治研究中心	2014-3-28	学校自建	校级重点研究基地	独立研究所	马克思主义	教育	单位自办
淮扬文化研究中心	2010-8-5	学校主管部门批准	省级重点研究基地	独立研究所	历史学	教育	单位自办
江苏省学生心理健康运动干预研究中心	2016-4-6	学校主管部门批准	其他重点研究基地	独立研究所	体育科学	教育	单位自办
江苏苏中发展研究基地	2013-8-6	非学校主管部门批准	其他重点研究基地	独立研究所	管理学	国家机构	单位自办
马克思主义大众化研究与传播中心	2012-11-30	学校主管部门批准	其他重点研究基地	跨系所	马克思主义	教育	单位自办
儒家经典诠释与东亚传播研究中心	2014-3-28	学校自建	校级重点研究基地	独立研究所	中国文学	教育	单位自办
苏中发展研究院	1997-1-1	学校主管部门批准	其他重点研究基地	独立研究所	经济学	科技推广和应用服务业	政府部门办
中国大运河研究院	2017-5-12	学校主管部门批准	其他重点研究基地	独立研究所	管理学	生态保护和环境治理业	单位自办
中国法律文化与法治发展研究中心	2014-3-28	学校自建	校级重点研究基地	独立研究所	法学	教育	单位自办
中国近代史研究中心	1999-1-10	学校自建	校级重点研究基地	独立研究所	历史学	教育	单位自办
中国特色社会主义研究中心	2012-12-22	学校主管部门批准	其他重点研究基地	跨系所	马克思主义	教育	单位自办
中外语言文化比较研究中心	2014-3-28	学校自建	校级重点研究基地	独立研究所	语言学	教育	单位自办
南京审计大学							
城市发展研究院	2016-12-1	学校自建	校级研究院	独立研究所	管理学	教育	单位自办
国家审计大数据研究中心	2015-9-1	学校自建	校级研究中心	独立研究所	管理学	教育	单位自办
国家治理与国家审计研究院	2016-9-30	学校自建	校级研究中心	独立研究所	管理学	教育	单位自办
江苏科技金融体系创新研究基地	2012-1-16	学校主管部门批准	省级重点研究基地	独立研究所	经济学	教育	政府部门办
金融风险管理研究中心	2010-11-1	学校主管部门批准	省级重点研究基地	独立研究所	经济学	教育	政府部门办
经济与金融研究院	2015-10-27	学校自建	校级研究中心	独立研究所	经济学	教育	单位自办

续表

学校及机构名称	成立时间	批准部门	机构类型	组成方式	学科分类	服务的国民经济行业	组成类型
社会经济研究院	2016-9-30	学校自建	校级研究中心	独立研究所	经济学	教育	单位自办
审计科学研究院	2014-3-1	学校自建	校级研究中心	独立研究所	经济学	教育	单位自办
政治与经济研究院	2016-4-1	学校自建	校级研究院	独立研究所	管理学	教育	单位自办
中国审计情报中心	2014-9-1	学校自建	校级研究院	独立研究所	管理学	教育	单位自办
南京晓庄学院							
陶行知研究所	2000-10-6	学校自建	其他	独立研究所	教育学	社会工作	单位自办
江苏理工学院							
常州画派研究所	2009-3-27	学校自建	校级重点研究基地	独立研究所	艺术学	文化艺术业	单位自办
常州民营经济研究所	2006-6-2	学校自建	校级重点研究基地	独立研究所	经济学	商务服务业	单位自办
常州市名人研究院	2015-10-16	学校主管部门批准	校级重点研究基地	独立研究所	民族学与文化学	文化艺术业	单位自办
常州市青少年心理研究与指导中心	2015-3-2	学校自建	校级重点研究基地	独立研究所	教育学	教育	单位自办
传统文化艺术研究所	2006-4-6	学校自建	校级重点研究基地	独立研究所	艺术学	文化艺术业	单位自办
江苏省职业技术教育科学研究中心	1989-5-1	学校主管部门批准	其他	独立研究所	教育学	教育	政府部门办
江苏职业教育与终身教育研究基地	2011-11-1	学校主管部门批准	其他	独立研究所	教育学	教育	政府部门办
农村职业教育研究所	2006-2-10	学校自建	校级重点研究基地	独立研究所	教育学	教育	单位自办
人力资源开发研究中心	2006-10-9	学校自建	校级重点研究基地	独立研究所	管理学	商务服务业	单位自办
心理教育研究所	2004-4-8	学校自建	校级重点研究基地	独立研究所	心理学	教育	单位自办
职业教育研究院	1989-5-11	学校自建	校级重点研究基地	独立研究所	教育学	教育	单位自办
职业教育与社会发展研究所	2006-10-20	学校自建	校级重点研究基地	独立研究所	教育学	教育	单位自办
职业心理研究所	2009-3-26	学校自建	校级重点研究基地	独立研究所	心理学	教育	其他
淮海工学院							
中国社科院知识社会(连云港)研究基地	2016-12-8	非学校主管部门批准	中央其他部委重点研究基地	独立研究所	经济学	专业技术服务业	与国内独立研究机构合办
国家东中西合作示范区研究基地	2013-11-1	非学校主管部门批准	其他重点研究基地	与校外合办所	经济学	专业技术服务业	与国内独立研究机构合办

续表

学校及机构名称	成立时间	批准部门	机构类型	组成方式	学科分类	服务的国民经济行业	组成类型
江苏海洋发展研究院	2016-11-4	非学校主管部门批准	其他重点研究基地	与校外合办所	经济学	专业技术服务业	与国内独立研究机构合办
江苏省“一带一路”法律服务研究中心	2015-11-20	非学校主管部门批准	其他智库	与校外合办所	法学	专业技术服务业	与国内独立研究机构合办
江苏省大学生村官研究所	2009-4-9	非学校主管部门批准	其他智库，与江苏省选聘高校毕业生到村任职工作领导小组办公室共建研究基地	与校外合办所	管理学	教育	其他
江苏省海洋经济研究中心	2009-11-15	学校主管部门批准	省级培育重点研究基地	独立研究所	经济学	专业技术服务业	单位自办
江苏省海洋文化产业研究院	2012-9-12	非学校主管部门批准	该院经校批准，由江苏省文联与本校共建	与校外合办所	艺术学	文化艺术业	其他
连云港市地方立法咨询研究基地	2016-7-10	非学校主管部门批准	地方立法咨询	独立研究所	法学	专业技术服务业	单位自办
中国社科院“一带一路”（连云港）研究基地	2016-12-8	非学校主管部门批准	中央其他部委重点研究基地	独立研究所	经济学	专业技术服务业	与国内独立研究机构合办
徐州工程学院							
淮海地区非物质文化遗产研究中心	2017-7-5	学校主管部门批准	省级重点研究基地	跨系所	民族学与文化学	文化艺术业	单位自办
硅湖职业技术学院							
电子商务重点实验室	2017-9-1	学校自建	校级重点实验室	独立研究所	管理学	教育	单位自办
丝绸服饰文化创意产业设计研发中心	2017-9-11	学校自建	校级重点研究基地	独立研究所	艺术学	文化艺术业	与境内注册其他企业合办
物流管理研究基地	2017-11-1	学校自建	校级重点研究基地	独立研究所	管理学	教育	单位自办
现代服务业研究室	2017-11-15	学校自建	校级重点实验室	独立研究所	管理学	商务服务业	与境内注册其他企业合办
泰州职业技术学院							
泰州市工业经济研究院	2014-7-2	学校主管部门批准	其他	与校外合办所	经济学	研究和试验发展	政府部门办
南京森林警察学院							

续表

学校及机构名称	成立时间	批准部门	机构类型	组成方式	学科分类	服务的国民经济行业	组成类型
国家林业局职业教育研究中心	1984-3-1	学校主管部门批准	职业教育研究机构	独立研究所	教育学	社会工作	政府部门办
江苏医药职业学院							
江苏基层卫生发展研究中心	2015-7-23	学校自建	其他智库,卫生政策智库	与校外合办所	管理学	卫生	单位自办
无锡商业职业技术学院							
江苏省非物质文化遗产研究基地	2014-6-18	非学校主管部门批准	其他重点研究基地,其他重点研究基地	独立研究所	艺术学	文教、工美、体育和娱乐用品制造业	单位自办
苏州农业职业技术学院							
苏州农村改革与发展研究院	2014-6-20	学校自建	校级重点研究基地	独立研究所	经济学	农、林、牧、渔服务业	单位自办
南京铁道职业技术学院							
高等教育研究所	2005-3-9	学校自建	其他	独立研究所	教育学	教育	单位自办
哲社研究中心	2013-11-20	学校自建	哲社研究	独立研究所	马克思主义	铁路运输业	单位自办
南京信息职业技术学院							
党建与思想政治教育研究会	2004-7-1	学校自建	校级研究会	独立研究所	马克思主义	教育	单位自办
金陵科技学院							
互联网经济与产业研究中心	2015-10-22	学校自建	校级重点研究基地	独立研究所	经济学	货币金融服务	单位自办
江苏省企业知识产权战略研究中心	2011-5-1	学校自建	校级重点研究基地	独立研究所	经济学	其他金融业	与国内独立研究机构合办
南京产业协同创新研究院	2015-10-8	学校自建	校级重点研究基地	与校外合办所	经济学	科技推广和应用服务业	单位自办
南京知识产权人才培训基地	2009-11-1	学校自建	校级重点研究基地	独立研究所	经济学	软件和信息技术服务业	单位自办
数字艺术创意与应用实验室	2014-9-10	非学校主管部门批准	省级重点实验室	跨系所	艺术学	文化艺术业	政府部门办
智能物流运输与配送技术研究中心	2016-12-10	学校主管部门批准	校级重点实验室	独立研究所	管理学	道路运输业	单位自办
江苏财经职业技术学院							
周恩来文化研究所	2014-3-1	学校自建	校级重点研究基地	跨系所	教育学	文化艺术业	单位自办
扬州工业职业技术学院							
中国特色社会主义研究中心	2017-1-5	学校自建	研究中心	独立研究所	马克思主义	教育	单位自办

续表

学校及机构名称	成立时间	批准部门	机构类型	组成方式	学科分类	服务的国民经济行业	组成类型
江苏城市职业学院							
城市形象传播研究所	2014-10-31	学校自建	校级重点研究基地	独立研究所	新闻学与传播学	广播、电视、电影和影视录音制作业	单位自办
供应链与物流信息技术研究所	2014-10-31	学校自建	校级重点研究基地	独立研究所	管理学	仓储业	单位自办
苏州高博软件技术职业学院							
苏南非遗文化传承与创新研究基地	2017-9-12	学校主管部门批准	其他重点研究基地	与校外合办所	艺术学	文化艺术业	其他
江苏卫生健康职业学院							
江苏省卫生职业院校文化研究室	2015-2-19	学校主管部门批准	校级重点研究基地	与校外合办所	教育学	教育	政府部门办
苏州工业园区服务外包职业学院							
江苏服务外包研究中心	2017-7-13	学校主管部门批准	省级重点研究基地	与校外合办所	经济学	商务服务业	政府部门办
江苏第二师范学院							
教育现代化研究院	2016-7-4	学校主管部门批准	省级智库	独立研究所	教育学	教育	单位自办
			浙江省				
浙江大学							
“一带一路”合作与发展协同创新中心	2014-12-10	学校主管部门批准	省级 2011 协同创新中心	独立研究所	经济学	国家机构	单位自办
《浙江文献集成》编纂中心	2005-8-15	学校主管部门批准	省级重点研究基地	独立研究所	历史学	新闻和出版业	单位自办
财务与会计研究所	2000-1-27	学校自建	校级研究所	独立研究所	管理学	资本市场服务	单位自办
产业经济研究所	2000-1-27	学校自建	校级研究所	独立研究所	经济学	其他金融业	单位自办
传播研究所	2000-1-27	学校自建	校级研究所	独立研究所	新闻学与传播学	广播、电视、电影和影视录音制作业	单位自办
传媒与文化产业研究中心	2006-12-4	学校主管部门批准	省级重点研究基地	独立研究所	新闻学与传播学	广播、电视、电影和影视录音制作业	单位自办
创新管理与持续竞争力研究中心	2006-5-18	学校主管部门批准	教育部 985 创新基地	独立研究所	管理学	研究和试验发展	单位自办
德国文化研究所	2000-1-27	学校自建	校级研究所	独立研究所	外国文学	文化艺术业	单位自办
地方政府与社会治理研究中心	2005-12-2	学校主管部门批准	省级重点研究基地	独立研究所	管理学	国家机构	单位自办

续表

学校及机构名称	成立时间	批准部门	机构类型	组成方式	学科分类	服务的国民经济行业	组成类型
法理与判例研究所	2002-3-14	学校自建	校级研究所	独立研究所	法学	国家机构	单位自办
法与经济学研究所	2000-5-16	学校自建	校级研究所	独立研究所	经济学	国家机构	单位自办
翻译学研究所	2014-10-28	学校自建	校级研究所	独立研究所	语言学	文化艺术业	单位自办
饭店管理研究所	2000-1-27	学校自建	校级研究所	独立研究所	管理学	其他服务业	单位自办
风险管理与劳动保障研究所	2005-12-29	学校自建	校级研究所	独立研究所	管理学	保险业	单位自办
高等教育研究所	2000-1-27	学校自建	校级研究所	独立研究所	教育学	教育	单位自办
公法与比较法研究所	2000-1-27	学校自建	校级研究所	独立研究所	法学	国家机构	单位自办
公共经济与财政研究所	2000-1-27	学校自建	校级研究所	独立研究所	经济学	国家机构	单位自办
古籍研究所	2000-1-27	学校自建	校级研究所	独立研究所	语言学	文化艺术业	单位自办
管理工程研究所	2000-1-27	学校自建	校级研究所	独立研究所	管理学	商务服务业	单位自办
管理科学与信息系统研究所	2000-1-27	学校自建	校级研究所	独立研究所	管理学	科技推广和应用服务业	单位自办
广播电影电视研究所	2001-1-17	学校自建	校级研究所	独立研究所	新闻学与传播学	广播、电视、电影和影视录音制作业	单位自办
国际法研究所	2011-6-15	学校自建	校级研究所	独立研究所	法学	国际组织	单位自办
国际经济研究所	2000-1-27	学校自建	校级研究所	独立研究所	经济学	货币金融服务	单位自办
国际商务研究所	2000-1-27	学校自建	校级研究所	独立研究所	经济学	商务服务业	单位自办
国际文化和社会思想研究所	2000-1-27	学校自建	校级研究所	独立研究所	社会学	文化艺术业	单位自办
国际政治研究所	2000-1-27	学校自建	校级研究所	独立研究所	政治学	国家机构	单位自办
韩国研究所	2000-1-27	学校自建	校级研究所	独立研究所	国际问题研究	群众团体、社会团体和其他成员组织	单位自办
汉语史研究中心	2000-1-27	学校主管部门批准	教育部重点研究基地	独立研究所	语言学	文化艺术业	单位自办
汉语言研究所	2000-1-27	学校自建	校级研究所	独立研究所	语言学	文化艺术业	单位自办
基础教育课程研究中心	2002-3-14	学校主管部门批准	部省共建教育部重点研究基地	独立研究所	教育学	教育	单位自办

续表

学校及机构名称	成立时间	批准部门	机构类型	组成方式	学科分类	服务的国民经济行业	组成类型
基督教与跨文化研究中心	2006-5-18	学校主管部门批准	教育部985创新基地	独立研究所	哲学	群众团体、社会团体和其他成员组织	单位自办
教育科学与技术研究所	2000-1-27	学校自建	校级研究所	独立研究所	教育学	教育	单位自办
金融研究所	2000-1-27	学校自建	校级研究所	独立研究所	经济学	货币金融服务	单位自办
经济法研究所	2000-1-27	学校自建	校级研究所	独立研究所	法学	国家机构	单位自办
经济研究所	2000-1-27	学校自建	校级研究所	独立研究所	经济学	货币金融服务	单位自办
科技与社会发展研究所	2000-1-27	学校自建	校级研究所	独立研究所	社会学	科技推广和应用服务业	单位自办
科技与文化研究所	2000-1-27	学校自建	校级研究所	独立研究所	哲学	科技推广和应用服务业	单位自办
科教发展战略研究中心	2005-2-23	学校主管部门批准	部省共建教育部重点研究基地	独立研究所	管理学	科技推广和应用服务业	单位自办
跨文化与区域研究所	2014-10-28	学校自建	校级研究所	独立研究所	社会学	文化艺术业	单位自办
旅游研究所	2000-1-27	学校自建	校级研究所	独立研究所	管理学	其他服务业	单位自办
马克思主义理论研究所	2000-1-27	学校自建	校级研究所	独立研究所	马克思主义	中国共产党机关	单位自办
美学与批评理论研究所	2000-1-27	学校自建	校级研究所	独立研究所	哲学	文化艺术业	单位自办
民商法研究所	2011-6-15	学校自建	校级研究所	独立研究所	法学	国家机构	单位自办
民生保障与公共治理研究中心	2005-4-20	学校主管部门批准	省级重点研究基地	独立研究所	管理学	社会工作	单位自办
民营经济研究中心	2002-3-13	学校主管部门批准	教育部重点研究基地，教育部985创新基地	独立研究所	经济学	商务服务业	单位自办
农业现代化与农村发展研究中心	1999-7-9	学校主管部门批准	教育部重点研究基地，教育部985创新基地	独立研究所	经济学	农业	单位自办
农业与农村经济发展研究所	2000-1-1	学校自建	校级研究所	独立研究所	经济学	农业	单位自办
企业投资研究所	2000-1-27	学校自建	校级研究所	独立研究所	管理学	资本市场服务	单位自办
企业组织与战略研究所	2000-1-27	学校自建	校级研究所	独立研究所	管理学	商务服务业	单位自办
区域经济开放与发展研究中心	2005-12-2	学校主管部门批准	省级重点研究基地	独立研究所	经济学	商务服务业	单位自办
区域协调发展研究中心	2014-1-1	学校主管部门批准	国家级高端智库培育单位	独立研究所	管理学	国家机构	单位自办

续表

学校及机构名称	成立时间	批准部门	机构类型	组成方式	学科分类	服务的国民经济行业	组成类型
人口与发展研究所	2000-1-27	学校自建	校级研究所	独立研究所	社会学	国家机构	单位自办
人类学研究所	2000-3-17	学校自建	校级研究所	独立研究所	社会学	群众团体、社会团体和其他成员组织	单位自办
人力资源管理研究所	2000-1-27	学校自建	校级研究所	独立研究所	管理学	商务服务业	单位自办
人文高等研究院	2014-12-19	学校自建	校设研究院	独立研究所	社会学	文化艺术业	单位自办
日本文化研究所	2000-1-27	学校自建	校级研究所	独立研究所	民族学与文化学	文化艺术业	单位自办
社会理论与社会建设研究所	2000-1-27	学校自建	校级研究所	独立研究所	社会学	社会工作	单位自办
社会学研究所	2000-1-27	学校自建	校级研究所	独立研究所	社会学	群众团体、社会团体和其他成员组织	单位自办
石窟寺文物数字化保护国家文物局重点科研基地	2017-6-22	学校主管部门批准	其他重点研究基地	跨系所	考古学	国家机构	单位自办
世界历史研究所	2000-1-27	学校自建	校级研究所	独立研究所	历史学	教育	单位自办
世界文学与比较文学研究所	2000-1-27	学校自建	校级研究所	独立研究所	外国文学	文化艺术业	单位自办
宋学研究中心	2005-5-21	学校主管部门批准	省级重点研究基地	独立研究所	历史学	文化艺术业	单位自办
台湾研究所	2005-12-29	学校自建	校级研究所	独立研究所	港澳台研究	群众团体、社会团体和其他成员组织	单位自办
体育科学与技术研究所	2000-1-27	学校自建	校级研究所	独立研究所	体育科学	体育	单位自办
体育现代化发展研究中心	2003-3-25	学校主管部门批准	中央其他部委重点研究基地	独立研究所	体育科学	体育	单位自办
土地科学与不动产研究所	2000-1-27	学校自建	校级研究所	独立研究所	管理学	房地产业	单位自办
外国文学研究所	2000-1-27	学校自建	校级研究所	独立研究所	外国文学	文化艺术业	单位自办
外国语言学及应用语言学研究所	2000-1-27	学校自建	校级研究所	独立研究所	语言学	文化艺术业	单位自办
外国哲学研究所	2000-12-10	学校自建	校级研究所	独立研究所	哲学	文化艺术业	单位自办
文化遗产与博物馆学研究所	2000-1-27	学校自建	校级研究所	独立研究所	考古学	文化艺术业	单位自办
文艺学研究所	2000-1-27	学校自建	校级研究所	独立研究所	艺术学	文化艺术业	单位自办
物流与决策优化研究所	2000-1-27	学校自建	校级研究所	独立研究所	管理学	其他服务业	单位自办

续表

学校及机构名称	成立时间	批准部门	机构类型	组成方式	学科分类	服务的国民经济行业	组成类型
新闻传媒与社会发展研究所	2000-1-27	学校自建	校级研究所	独立研究所	新闻学与传播学	新闻和出版业	单位自办
信息资源管理研究所	2000-1-27	学校自建	校级研究所	独立研究所	图书馆、情报与文献学	互联网和相关服务	单位自办
刑法研究所	2011-6-15	学校自建	校级研究所	独立研究所	法学	国家机构	单位自办
行政管理研究所	2000-1-27	学校自建	校级研究所	独立研究所	管理学	国家机构	其他
营销管理研究所	2000-1-27	学校自建	校级研究所	独立研究所	管理学	商务服务业	单位自办
语言与认知研究中心	2006-5-18	学校主管部门批准	教育部985创新基地	独立研究所	语言学	文化艺术业	单位自办
政府与企业研究所	2005-12-29	学校自建	校级研究所	独立研究所	管理学	国家机构	单位自办
政治学研究所	2000-1-27	学校主管部门批准	校级研究所	独立研究所	政治学	国家机构	单位自办
证券期货研究所	2000-1-27	学校自建	校级研究所	独立研究所	经济学	资本市场服务	单位自办
中国古代史研究所	2000-1-27	学校自建	校级研究所	独立研究所	历史学	文化艺术业	单位自办
中国古代文学与文化研究所	2000-1-27	学校自建	校级研究所	独立研究所	中国文学	文化艺术业	单位自办
中国近现代史研究所	2000-1-27	学校自建	校级研究所	独立研究所	历史学	文化艺术业	单位自办
中国思想文化研究所	2000-1-27	学校自建	校级研究所	独立研究所	哲学	文化艺术业	单位自办
中国现当代文学与文化研究所	2000-1-27	学校自建	校级研究所	独立研究所	中国文学	文化艺术业	单位自办
中国艺术研究所	2000-5-16	学校自建	校级研究所	独立研究所	艺术学	文化艺术业	单位自办
中外教育现代化研究所	2000-1-27	学校自建	校级研究所	独立研究所	教育学	教育	单位自办
中小企业成长与城镇发展研究所	2000-1-27	学校自建	校级研究所	独立研究所	管理学	科技推广和应用服务业	单位自办
宗教学研究所	2011-1-5	学校主管部门批准	校级研究所	独立研究所	宗教学	群众团体、社会团体和其他成员组织	单位自办
杭州电子科技大学							
财务与财税研究所	2011-5-10	学校自建	校级研究机构	独立研究所	管理学	专业技术服务业	单位自办
产业组织与公共政策研究所	2011-5-10	学校自建	校级研究机构	独立研究所	管理学	群众团体、社会团体和其他成员组织	单位自办
工业工程与管理研究所	2011-5-10	学校自建	校级研究机构	独立研究所	管理学	水利管理业	单位自办

续表

学校及机构名称	成立时间	批准部门	机构类型	组成方式	学科分类	服务的国民经济行业	组成类型
管理决策与创新研究所	2006-4-6	学校自建	校级研究机构	独立研究所	管理学	水利管理业	单位自办
管理科学与信息工程研究所	2006-4-6	学校自建	校级研究机构	独立研究所	管理学	水利管理业	单位自办
国际经济与贸易研究所	2006-4-6	学校自建	校级研究机构	独立研究所	经济学	水利管理业	单位自办
会计工程研究所	2011-5-10	学校自建	校级研究机构	独立研究所	管理学	住宿业	单位自办
会计与审计研究所	2006-4-3	学校自建	校级研究机构	独立研究所	管理学	水利管理业	单位自办
金融研究所	2006-4-6	学校自建	校级研究机构	独立研究所	经济学	水利管理业	单位自办
思想政治教育研究所	2006-4-6	学校自建	校级研究机构	独立研究所	哲学	文教、工美、体育和娱乐用品制造业	单位自办
战略与管理研究所	2006-4-6	学校自建	校级研究机构	独立研究所	管理学	水利管理业	单位自办
浙江省信息化与经济社会发展研究中心	2013-1-1	学校主管部门批准	省级重点研究基地	独立研究所	经济学	资本市场服务	单位自办
浙江工业大学							
房地产研究所	1999-12-30	学校主管部门批准	校级科研机构	独立研究所	管理学	商务服务业	单位自办
国际贸易与国际投资研究中心	2001-5-30	学校主管部门批准	校级科研机构	独立研究所	经济学	租赁业	单位自办
民营企业开放创新研究中心	2017-7-5	学校主管部门批准	省级智库	独立研究所	经济学	其他服务业	政府部门办
企业战略研究所	1997-1-30	学校主管部门批准	校级科研机构	独立研究所	管理学	专业技术服务业	单位自办
体育科学研究所	2004-12-28	学校自建	校级科研机构	独立研究所	体育科学	国家机构	单位自办
信息管理与决策化研究所	2001-5-30	学校主管部门批准	校级科研机构	独立研究所	管理学	专业技术服务业	单位自办
信息与传播研究所	2004-12-28	学校自建	校级科研机构	跨系所	新闻学与传播学	娱乐业	单位自办
循环经济研究中心	2004-12-28	学校主管部门批准	校级科研机构	独立研究所	经济学	科技推广和应用服务业	与境内注册其他企业合办
浙江省技术创新与企业国际化研究中心	2010-6-1	非学校主管部门批准	省级重点研究基地	与校外合办所	管理学	其他服务业	政府部门办
浙江省舆情研究中心	2017-7-5	学校主管部门批准	省级智库	独立研究所	管理学	其他服务业	政府部门办
浙江省中小企业发展研究所	1992-9-1	非学校主管部门批准	校级科研机构	独立研究所	管理学	专业技术服务业	单位自办

续表

学校及机构名称	成立时间	批准部门	机构类型	组成方式	学科分类	服务的国民经济行业	组成类型
浙江学术文化研究中心	2017-11-1	非学校主管部门批准	省级重点研究基地	与校外合办所	中国文学	文化艺术业	政府部门办
之江旅游规划设计研究所	2004-1-1	学校自建	校级科研机构	独立研究所	管理学	卫生	单位自办
中国文学演变与传播研究中心	2004-12-1	学校自建	校级重点实验室	独立研究所	中国文学	社会工作	单位自办
中小微企业转型升级协同创新中心	2016-5-20	学校主管部门批准	省级 2011 协同创新中心	与校外合办所	管理学	其他服务业	政府部门办
浙江理工大学							
产业转型经济与金融发展研究所	2013-5-6	学校自建	校级重点研究基地	跨系所	经济学	其他金融业	单位自办
创意设计产业发展研究中心	2012-10-8	非学校主管部门批准	其他重点研究基地	独立研究所	艺术学	文化艺术业	政府部门办
创意写作研究中心	2013-4-1	学校自建	校级重点研究基地	跨系所	外国文学	文化艺术业	单位自办
经济法研究所	2013-6-3	学校自建	校级重点研究基地	跨系所	法学	商务服务业	单位自办
区域与城市经济研究所	2013-5-3	学校自建	校级重点研究基地	跨系所	经济学	其他金融业	单位自办
生态经济研究所	2013-5-22	学校自建	校级重点研究基地	跨系所	经济学	生态保护和环境治理业	单位自办
生态哲学研究所	2013-6-20	学校自建	校级重点研究基地	跨系所	哲学	生态保护和环境治理业	单位自办
思想政治教育研究所	2006-6-3	学校自建	校级重点研究基地	跨系所	教育学	教育	单位自办
丝绸与时尚文化研究中心	2016-12-20	学校自建	校级重点研究基地	跨系所	艺术学	文化艺术业	单位自办
新闻传播研究所	2013-8-1	学校自建	校级重点研究基地	独立研究所	新闻学与传播学	广播、电视、电影和影视录音制作业	单位自办
浙江省绿色发展研究中心	2017-7-5	学校主管部门批准	省级智库	跨系所	经济学	生态保护和环境治理业	政府部门办
浙江省生态文明研究中心	2014-6-6	非学校主管部门批准	省级重点研究基地	跨系所	经济学	生态保护和环境治理业	政府部门办
浙江省丝绸与时尚文化研究中心	2017-11-28	非学校主管部门批准	省级重点研究基地	跨系所	艺术学	文化艺术业	政府部门办
浙江省中国特色社会主义理论体系研究中心	2016-7-8	非学校主管部门批准	中央其他部委重点研究基地	独立研究所	马克思主义	中国共产党机关	政府部门办
浙江现代革命历史文化研究基地	2013-7-2	非学校主管部门批准	浙江省历史文化研究基地	跨系所	历史学	教育	政府部门办
中国传统文化与当代发展研究所	2013-6-1	学校自建	校级重点研究基地	独立研究所	中国文学	教育	单位自办
中国美学和艺术理论研究中心	2011-7-18	学校自建	校级重点研究基地	跨系所	艺术学	文化艺术业	单位自办
浙江海洋大学							

续表

学校及机构名称	成立时间	批准部门	机构类型	组成方式	学科分类	服务的国民经济行业	组成类型
港台侨研究所	2006-7-19	学校自建	校级重点研究基地	独立研究所	港澳台研究	群众团体、社会团体和其他成员组织	单位自办
浙江省中国特色社会主义理论研究中心	2016-9-6	非学校主管部门批准	省级重点研究基地	独立研究所	马克思主义	教育	与国内独立研究机构合办
浙江舟山群岛新区研究中心	2014-1-1	学校自建	校级重点研究基地	独立研究所	管理学	教育	与国内高校合办
浙江农林大学							
邓小平理论研究中心	2001-12-23	学校自建	校级研究机构	独立研究所	马克思主义	人民政协、民主党派	单位自办
国际贸易研究所	2006-3-12	学校自建	校级研究机构	独立研究所	经济学	租赁业	单位自办
汉语国际推广茶文化传播基地	2014-5-3	非学校主管部门批准	其他重点研究基地	独立研究所	民族学与文化学	教育	与境外机构合办
恒星管理研究所	2000-12-14	学校自建	校级研究机构	独立研究所	管理学	租赁业	单位自办
环境法治与社会发展研究中心	2001-12-12	学校自建	校级研究机构	独立研究所	法学	社会工作	单位自办
会计学研究所	2006-3-13	学校自建	校级研究机构	独立研究所	经济学	租赁业	单位自办
林业经济研究中心	1998-11-23	学校自建	校级研究机构	独立研究所	经济学	林业	单位自办
美术研究所	1999-1-1	学校自建	校级研究机构	独立研究所	艺术学	广播、电视、电影和影视录音制作业	单位自办
生态文化研究中心	2011-10-5	学校自建	校级研究机构	独立研究所	艺术学	林业	单位自办
思想政治教育研究所	2000-1-12	学校自建	校级研究机构	独立研究所	政治学	教育	单位自办
外国语言文化研究所	2003-2-28	学校自建	校级研究机构	独立研究所	语言学	社会工作	单位自办
吴越文化研究所	1999-7-3	学校自建	校级研究机构	独立研究所	民族学与文化学	文化艺术业	单位自办
艺术设计研究所	2001-8-28	学校自建	校级研究机构	独立研究所	艺术学	文化艺术业	单位自办
浙江三农发展智库	2017-7-5	学校主管部门批准	省级智库	跨系所	管理学	农业	单位自办
浙江省农民发展研究中心	2013-1-22	非学校主管部门批准	省级重点研究基地	独立研究所	管理学	农业	单位自办
浙江中医药大学							
高教研究所	1984-9-8	学校自建	研究所	独立研究所	教育学	教育	单位自办
健康管理研究所	2016-12-20	学校自建	研究所	独立研究所	管理学	教育	单位自办

续表

学校及机构名称	成立时间	批准部门	机构类型	组成方式	学科分类	服务的国民经济行业	组成类型
浙江师范大学							
儿童研究院	2015-5-27	学校主管部门批准	校级重点研究基地	独立研究所	教育学	教育	单位自办
非洲研究与中非合作协同创新中心	2013-11-13	学校主管部门批准	省级 2011 协同创新中心	独立研究所	国际问题研究	国际组织	单位自办
非洲研究中心	2010-5-12	学校主管部门批准	省级重点研究基地	独立研究所	国际问题研究	国际组织	单位自办
国外马克思主义研究所	2016-12-6	学校自建	校级重点研究基地	独立研究所	马克思主义	中国共产党机关	单位自办
环东海与边疆研究院	2012-1-1	学校自建	校级重点研究基地	独立研究所	政治学	国家机构	单位自办
江南文化研究中心	2006-4-20	学校主管部门批准	省级重点研究基地	独立研究所	中国文学	文化艺术业	单位自办
教育改革与发展研究院	2017-7-5	学校主管部门批准	省级智库	独立研究所	教育学	教育	单位自办
田家炳教育科学研究院	2007-6-21	学校自建	校级重点研究基地	独立研究所	教育学	教育	单位自办
浙江省基础教育研究基地	2012-6-1	学校自建	校级重点研究基地	独立研究所	教育学	教育	单位自办
浙学研究院	2016-12-6	学校自建	校级重点研究基地	独立研究所	中国文学	教育	单位自办
智慧教育研究院	2016-12-6	学校自建	校级重点研究基地	独立研究所	教育学	教育	单位自办
卓越教师培养协同创新中心	2016-4-20	学校主管部门批准	省级 2011 协同创新中心	独立研究所	教育学	教育	单位自办
杭州师范大学							
杭州城市国际化研究中心	2009-3-11	学校自建	其他重点研究基地	跨系所	经济学	研究和试验发展	单位自办
弘丰中心	1997-10-10	学校主管部门批准	杭州师范大学重点研究机构	跨系所	中国文学	文化艺术业	单位自办
社会建设和社会治理研究中心	2014-5-1	学校主管部门批准	其他重点研究基地	跨系所	社会学	社会工作	单位自办
外国文学与话语传播研究中心	2014-3-6	学校自建	其他重点研究基地	跨系所	外国文学	新闻和出版业	单位自办
艺术教育研究基地	2008-12-25	学校主管部门批准	杭州师范大学重点研究机构	跨系所	艺术学	文化艺术业	单位自办
浙江省民国浙江史研究中心	2006-4-24	非学校主管部门批准	省级重点研究基地	跨系所	历史学	文化艺术业	政府部门办
浙西学术研究中心	2007-3-5	学校自建	其他重点研究基地	跨系所	中国文学	社会工作	单位自办
湖州师范学院							
长三角区域经济研究所	2011-11-30	学校自建	校级研究所	独立研究所	经济学	社会工作	单位自办
儿童发展研究所	2011-11-30	学校自建	校级研究所	独立研究所	教育学	社会工作	单位自办
江南社会与历史文化研究所	2011-11-30	学校自建	校级研究所	独立研究所	历史学	社会工作	单位自办

续表

学校及机构名称	成立时间	批准部门	机构类型	组成方式	学科分类	服务的国民经济行业	组成类型
课程与教学研究所	2011-11-30	学校自建	校级研究所	独立研究所	教育学	社会工作	单位自办
外国语言文学研究所	2011-11-30	学校自建	校级研究所	独立研究所	语言学	社会工作	单位自办
文化与传播研究所	2011-11-30	学校自建	校级研究所	独立研究所	中国文学	社会工作	单位自办
乡村旅游研究所	2011-11-30	学校自建	校级研究所	独立研究所	管理学	社会工作	单位自办
艺术应用研究所	2011-11-30	学校自建	校级研究所	独立研究所	艺术学	社会工作	单位自办
应用伦理学研究所	2011-11-30	学校自建	校级研究所	独立研究所	哲学	社会工作	单位自办
绍兴文理学院							
越文化研究中心	2002-6-15	非学校主管部门批准	省级重点研究基地	独立研究所	中国文学	社会工作	与国内高校合办
台州学院							
比较文学与世界文学研究所	2013-4-26	学校自建	校级重点研究基地	独立研究所	外国文学	文化艺术业	单位自办
财务与税收研究所	2013-4-26	学校自建	校级重点研究基地	独立研究所	经济学	其他金融业	单位自办
创意设计研究所	2013-4-26	学校自建	校级重点研究基地	独立研究所	艺术学	文化艺术业	单位自办
地方美术研究所	2013-4-26	学校自建	校级重点研究基地	独立研究所	艺术学	文化艺术业	单位自办
地方音乐研究所	2013-4-26	学校自建	校级重点研究基地	独立研究所	艺术学	文化艺术业	单位自办
翻译研究所	2013-4-26	学校自建	校级重点研究基地	独立研究所	语言学	社会工作	单位自办
和合文化研究院	2017-5-12	学校主管部门批准	校级重点研究基地	跨系所	哲学	文化艺术业	政府部门办
基础教育研究所	2016-3-29	学校主管部门批准	校级重点研究基地	跨系所	教育学	教育	单位自办
经济研究所	2013-4-26	学校自建	校级重点研究基地	独立研究所	经济学	其他金融业	单位自办
旅游规划与乡村发展研究所	2016-3-10	学校主管部门批准	校级重点研究基地	独立研究所	管理学	商务服务业	单位自办
思想政治教育研究所	2013-4-26	学校自建	校级重点研究基地	独立研究所	政治学	国家机构	单位自办
台州传媒与文化产业发展研究所	2013-4-26	学校自建	校级重点研究基地	独立研究所	新闻学与传播学	广播、电视、电影和影视录音制作业	单位自办
台州语文教育研究所	2013-4-26	学校自建	校级重点研究基地	独立研究所	教育学	教育	单位自办
英语语言文学研究所	2013-4-26	学校自建	校级重点研究基地	独立研究所	外国文学	教育	单位自办

续表

学校及机构名称	成立时间	批准部门	机构类型	组成方式	学科分类	服务的国民经济行业	组成类型
浙江（台州）小微金融研究院	2015-3-18	非学校主管部门批准	校级重点研究基地，其他重点研究基地	与校外合办所	经济学	资本市场服务	政府部门办
温州大学							
比较文化研究所	2011-3-23	学校自建	校级研究机构	独立研究所	外国文学	文化艺术业	单位自办
产业经济研究所	2011-3-22	学校自建	校级科研机构	独立研究所	经济学	资本市场服务	单位自办
传统音乐文化研究所	2011-3-24	学校自建	校级研究机构	独立研究所	艺术学	文化艺术业	单位自办
创业发展研究所	2011-3-22	学校自建	校级研究机构	独立研究所	管理学	教育	单位自办
地方政府绩效管理研究中心	2011-11-5	学校自建	校级研究机构	独立研究所	管理学	社会保障	单位自办
翻译研究所	2011-3-22	学校自建	校级研究机构	独立研究所	外国文学	新闻和出版业	单位自办
服饰造型研究所	2011-3-22	学校自建	校级研究机构	独立研究所	艺术学	纺织服装、服饰业	单位自办
公共外交研究所	2014-11-11	学校自建	校级研究机构	独立研究所	国际问题研究	人民政协、民主党派	单位自办
公共政策与地方治理研究所	2011-3-20	学校自建	校级研究机构	独立研究所	管理学	社会工作	单位自办
国别与区域研究中心	2017-6-13	学校主管部门批准	教育部研究中心	独立研究所	国际问题研究	文化艺术业	单位自办
韩国学研究中心	2005-5-5	学校自建	校级研究机构	独立研究所	外国文学	文化艺术业	单位自办
继续教育研究所	2017-12-31	学校自建	校级研究机构	独立研究所	教育学	教育	单位自办
家族企业和企业家研究所	2011-3-21	学校自建	校级研究机构	独立研究所	经济学	群众团体、社会团体和其他成员组织	单位自办
教育法学研究所	2008-7-25	学校自建	校级研究机构	独立研究所	法学	教育	单位自办
金融研究院	2012-5-9	学校自建	校级研究机构	独立研究所	经济学	货币金融服务	单位自办
口述历史研究所	2011-6-13	学校自建	校级研究机构	独立研究所	历史学	文化艺术业	单位自办
历史语言学研究所	2011-3-22	学校自建	校级研究机构	独立研究所	语言学	文化艺术业	单位自办
旅游与文化研究所	2014-11-10	学校自建	校级研究机构	独立研究所	管理学	娱乐业	单位自办
美国文化研究	2011-3-22	学校自建	校级研究机构	独立研究所	外国文学	文化艺术业	单位自办
美术教育研究所	2011-3-22	学校自建	校级研究机构	独立研究所	艺术学	文化艺术业	单位自办
民办高等教育研究所	2008-2-25	学校自建	校级研究机构	独立研究所	教育学	教育	单位自办

续表

学校及机构名称	成立时间	批准部门	机构类型	组成方式	学科分类	服务的国民经济行业	组成类型
民营经济研究中心	2006-12-12	学校自建	校级研究机构	独立研究所	经济学	资本市场服务	单位自办
南戏艺术文化研究所	2014-8-12	学校主管部门批准	其他重点研究基地，校级研究机构	独立研究所	中国文学	文化艺术业	单位自办
欧美历史文化研究所	2011-3-22	学校自建	校级研究机构	独立研究所	历史学	文化艺术业	单位自办
企业文化研究所	2011-3-22	学校自建	校级研究机构	独立研究所	管理学	群众团体、社会团体和其他成员组织	单位自办
企业信息化研究所	2005-5-5	学校自建	校级研究机构	独立研究所	管理学	资本市场服务	单位自办
商务英语研究所	2011-3-22	学校自建	校内研究机构	独立研究所	外国文学	商务服务业	单位自办
社会学民俗学研究所	2011-10-10	学校自建	校级研究机构	独立研究所	社会学	文化艺术业	单位自办
生涯规划与人力资源开发研究所	2008-2-25	学校自建	校级研究机构	独立研究所	心理学	教育	单位自办
市场营销研究所	2011-3-22	学校自建	校级研究机构	独立研究所	经济学	商务服务业	单位自办
孙诒让研究所	2008-2-25	学校自建	校级研究机构	独立研究所	历史学	文化艺术业	单位自办
外语教学论研究所	2011-3-22	学校自建	校级研究机构	独立研究所	外国文学	教育	单位自办
温州历史文化研究中心	2006-6-6	学校主管部门批准	其他重点研究基地，校级研究机构	独立研究所	历史学	文化艺术业	单位自办
温州市世界温州人研究中心	2008-11-8	学校主管部门批准	市级研究中心	独立研究所	社会学	人民政协、民主党派	其他
温州新生代创业研究创新团队	2012-6-21	学校主管部门批准	其他重点研究基地	独立研究所	社会学	教育	单位自办
文化产业研究所	2011-3-22	学校自建	校级研究机构	独立研究所	中国文学	文化艺术业	单位自办
文艺学研究中心	2011-10-10	学校自建	校级研究机构	独立研究所	中国文学	文化艺术业	单位自办
心理发展与教育研究所	2007-1-1	学校自建	校级研究机构	独立研究所	心理学	教育	单位自办
心理与行为研究所	2011-3-22	学校自建	校级研究机构	独立研究所	心理学	卫生	单位自办
行业协会商会研究所	2011-3-22	学校自建	校级研究所	独立研究所	经济学	群众团体、社会团体和其他成员组织	单位自办
学前教育研究所	2011-3-22	学校自建	校内研究机构	独立研究所	教育学	教育	单位自办
亚太社会治理与法治研究中心	2014-11-10	学校自建	校内研究机构	独立研究所	法学	人民政协、民主党派	其他

续表

学校及机构名称	成立时间	批准部门	机构类型	组成方式	学科分类	服务的国民经济行业	组成类型
印刷文化研究所	2011-3-22	学校主管部门批准	校级研究机构	独立研究所	社会学	文化艺术业	单位自办
语言与认知科学研究所	2011-3-22	学校自建	校级研究机构	独立研究所	语言学	教育	单位自办
战略与企业文化研究所	2012-9-1	学校自建	校级研究机构	独立研究所	经济学	资本市场服务	单位自办
哲学与文化研究所	2011-3-22	学校自建	校级研究基地	独立研究所	哲学	文化艺术业	单位自办
浙江侨乡文化研究中心	2017-9-1	学校自建	校级研究机构	独立研究所	社会学	人民政协、民主党派	单位自办
浙江省非物质文化遗产研究基地	2012-3-9	非学校主管部门批准	其他重点研究基地	独立研究所	中国文学	文化艺术业	单位自办
浙江省温州人经济研究中心	2010-6-6	学校主管部门批准	省级重点研究基地	独立研究所	经济学	资本市场服务	单位自办
浙江省文化视野下的世界温州人研究文化创新团队	2009-11-18	学校主管部门批准	创新团队	独立研究所	中国文学	文化艺术业	单位自办
浙江省中国特色社会主义理论研究	2016-7-1	学校主管部门批准	省级重点研究基地	独立研究所	马克思主义	中国共产党机关	单位自办
浙江戏曲研究与传承研究中心	2017-11-27	学校主管部门批准	省级重点研究基地	独立研究所	中国文学	文化艺术业	单位自办
浙南瓯越文化研究创新团队	2009-10-16	学校主管部门批准	创新团队	独立研究所	中国文学	文化艺术业	单位自办
中国现当代文学与文化研究所	2011-6-13	学校自建	校级研究机构	独立研究所	中国文学	文化艺术业	单位自办
丽水学院							
华东地区民族理论政策研究基地	2017-10-11	非学校主管部门批准	中央其他部委重点研究基地	独立研究所	民族学与文化学	文化艺术业	政府部门办
浙江工商大学							
产业经济研究所	2000-7-3	学校自建	校级研究所	独立研究所	经济学	专业技术服务业	单位自办
东亚研究院	2014-4-1	非学校主管部门批准	省级重点研究基地	跨系所	民族学与文化学	文化艺术业	单位自办
法学研究基地	2008-12-24	学校主管部门批准	其他重点研究基地	独立研究所	法学	其他服务业	单位自办
公司治理与战略管理研究所	2008-6-26	学校自建	校级研究所	跨系所	管理学	专业技术服务业	单位自办
国际法学重点研究基地	2010-11-25	学校自建	校级重点研究基地	独立研究所	法学	社会工作	单位自办
技术经济与管理重点研究基地	2004-11-25	学校自建	校级重点研究基地	跨系所	管理学	专业技术服务业	单位自办
马克思主义基本理论重点研究基地	2004-10-20	学校自建	校级重点研究基地	独立研究所	马克思主义	社会工作	单位自办
统计科学研究所	2008-6-26	学校自建	校级研究所	独立研究所	统计学	专业技术服务业	单位自办
文化遗产保护与城乡文化建设研究中心	2011-12-29	学校自建	校级重点研究基地	独立研究所	民族学与文化学	文化艺术业	单位自办

续表

学校及机构名称	成立时间	批准部门	机构类型	组成方式	学科分类	服务的国民经济行业	组成类型
现代会计重点研究基地	2000-7-3	学校自建	校级重点研究基地	独立研究所	管理学	专业技术服务业	单位自办
现代商贸流通体系建设协同创新中心	2013-11-1	学校主管部门批准	省级 2011 协同创新中心	独立研究所	经济学	商务服务业	其他
现代商贸研究中心	2004-11-10	非学校主管部门批准	部省共建教育部重点研究基地	跨系所	管理学	商务服务业	单位自办
消费行为与数字营销研究所	2004-8-10	学校自建	校级研究所	独立研究所	管理学	商务服务业	单位自办
应用经济学重点研究基地	2008-12-1	学校主管部门批准	其他重点研究基地	跨系所	经济学	商务服务业	单位自办
浙商研究中心	2006-4-12	非学校主管部门批准	省级重点研究基地	跨系所	管理学	商务服务业	单位自办
中国思想文化研究中心	2004-10-20	学校自建	校级研究所	独立研究所	历史学	文化艺术业	单位自办
中国土地与城市治理研究院	2004-7-15	学校自建	校级研究所	跨系所	管理学	其他服务业	单位自办
中日文化比较研究所	2008-6-26	学校自建	校级研究所	独立研究所	民族学与文化学	文化艺术业	单位自办
嘉兴学院							
教育部全国高校思想政治理论课教师社会实践研修基地	2013-5-1	学校主管部门批准	其他重点研究基地	独立研究所	马克思主义	教育	与国内独立研究机构合办
浙江省中国共产党创建史研究中心	2017-12-20	学校主管部门批准	省级重点研究基地	独立研究所	马克思主义	教育	与国内独立研究机构合办
浙江省中国特色社会主义理论体系研究基地	2016-7-1	学校主管部门批准	省级重点研究基地	独立研究所	马克思主义	教育	与国内独立研究机构合办
中国共产党革命精神与文化资源研究中心	2013-6-25	学校主管部门批准	教育部重点研究基地	独立研究所	马克思主义	教育	与国内独立研究机构合办
中国美术学院							
当代纤维艺术研究所	1993-1-1	学校自建	校级研究所	独立研究所	艺术学	文化艺术业	单位自办
纺织服装研究院	2008-7-1	学校自建	校级研究所	独立研究所	艺术学	文化艺术业	单位自办
建筑营造研究中心	2003-7-1	学校自建	校级研究所	独立研究所	艺术学	文化艺术业	单位自办
跨媒体艺术研究中心	2008-10-8	学校自建	校级研究所	独立研究所	艺术学	文化艺术业	单位自办
视觉中国协创中心	2012-12-1	学校主管部门批准	省级 2011 协同创新中心	与校外合办所	艺术学	文化艺术业	与国内高校合办
文创设计制造业协创中心	2012-12-1	学校主管部门批准	省级 2011 协同创新中心	与校外合办所	艺术学	文化艺术业	与国内高校合办

续表

学校及机构名称	成立时间	批准部门	机构类型	组成方式	学科分类	服务的国民经济行业	组成类型
文化创新与视觉传播研究院	2017-7-5	学校主管部门批准	省级智库	独立研究所	艺术学	文化艺术业	单位自办
文化遗产研究中心	2009-3-30	学校自建	校级研究所	跨系所	艺术学	文化艺术业	单位自办
浙江省健康智慧厨房系统集成重点实验室	2014-8-1	学校主管部门批准	省级重点实验室	与校外合办所	艺术学	居民服务业	与境内注册其他企业合办
中国水彩画研究中心	1995-3-1	学校自建	校级研究所	独立研究所	艺术学	文化艺术业	单位自办
中国计量大学							
标准化与知识产权管理协同创新中心	2015-5-8	学校主管部门批准	省级 2011 协同创新中心	独立研究所	管理学	研究和试验发展	单位自办
法治与社会发展研究中心	2006-1-3	学校自建	校内独立设置	独立研究所	法学	科技推广和应用服务业	单位自办
佛教与江浙文化研究中心	2012-3-22	学校自建	校内独立设置	独立研究所	宗教学	研究和试验发展	单位自办
工业设计研究所	2008-2-11	学校自建	校内独立设置	独立研究所	艺术学	废弃资源综合利用业	单位自办
管理科学与工程	2009-6-10	学校主管部门批准	其他重点研究基地，省高校人文社科基地	独立研究所	管理学	科技推广和应用服务业	单位自办
思想政治教育研究所	2003-6-29	学校自建	校级重点实验室	独立研究所	政治学	研究和试验发展	单位自办
思想政治研究所	2007-3-9	学校自建	校内独立设置	独立研究所	马克思主义	研究和试验发展	单位自办
浙江省产业发展政策研究中心	2006-5-18	非学校主管部门批准	省级重点研究基地	独立研究所	管理学	研究和试验发展	其他
中国哲学研究所	2006-3-15	学校自建	校内独立设置	独立研究所	哲学	科技推广和应用服务业	单位自办
宁波职业技术学院							
创客研究所	2016-1-1	学校自建	研究所	独立研究所	管理学	教育	单位自办
发展中国家研究院	2013-4-25	学校主管部门批准	研究所	独立研究所	教育学	教育	单位自办
高等职业教育研究所	2000-3-2	学校自建	研究所	独立研究所	教育学	教育	单位自办
刘雪凯教授工作室	2016-7-2	学校自建	工作室	独立研究所	教育学	教育	单位自办
宁波市社科研究基地	2014-3-1	非学校主管部门批准	其他重点研究基地	独立研究所	教育学	教育	政府部门办
沈燕红非遗文化研究工作室	2013-2-5	学校自建	工作室	独立研究所	历史学	文化艺术业	单位自办
孙宁艺术工作室	2013-2-5	学校自建	工作室	独立研究所	艺术学	文教、工美、体育和娱乐用品制造业	单位自办

续表

学校及机构名称	成立时间	批准部门	机构类型	组成方式	学科分类	服务的国民经济行业	组成类型
温州职业技术学院							
温州产业经济研究与服务中心	2010-1-13	非学校主管部门批准	产业经济研究与服务中心	独立研究所	经济学	其他金融业	单位自办
温州海洋旅游研究与信息服务中心	2010-1-13	学校自建	温州海洋旅游研究与信息服务中心	独立研究所	经济学	商务服务业	政府部门办
温州文化产业研发与服务中心	2010-1-13	学校自建	校级研究所	独立研究所	民族学与文化学	文化艺术业	单位自办
温州职业技术学院经贸研究与服务中心	2012-4-23	非学校主管部门批准	校级研究所	独立研究所	经济学	其他金融业	政府部门办
温州职业教育与社会发展研究中心	2012-9-15	非学校主管部门批准	校级研究所	独立研究所	教育学	教育	单位自办
温州中小(微)企业金融研究与服务中心	2012-10-8	学校自建	校级研究所	独立研究所	经济学	货币金融服务	单位自办
浙江万里学院							
创意设计产业与城市发展研究中心	2010-5-10	非学校主管部门批准	其他重点研究基地	与校外合办所	经济学	研究和试验发展	与国内独立研究机构合办
民营经济研究中心	2009-9-20	非学校主管部门批准	其他重点研究基地	与校外合办所	经济学	研究和试验发展	政府部门办
宁波海上丝绸之路研究院	2005-6-1	学校主管部门批准	其他智库	与校外合办所	管理学	研究和试验发展	与国内高校合办
宁波市海洋经济发展研究基地	2012-6-1	非学校主管部门批准	其他重点研究基地	跨系所	经济学	研究和试验发展	政府部门办
宁波市会展经济研究所	2003-3-1	非学校主管部门批准	其他重点研究基地	跨系所	经济学	商务服务业	政府部门办
宁波市院士文化中心	2013-3-15	非学校主管部门批准	其他智库	跨系所	新闻学与传播学	群众团体、社会团体和其他成员组织	政府部门办
宁波甬商研究基地	2007-3-20	非学校主管部门批准	其他重点研究基地	与校外合办所	经济学	研究和试验发展	与国内高校合办
浙江省临港现代服务业与创意文化研究中心	2009-11-10	非学校主管部门批准	省级重点研究基地	跨系所	管理学	商务服务业	单位自办
浙江科技学院							
浙江省政务新媒体研究院	2015-12-26	学校主管部门批准	省级重点研究基地	独立研究所	新闻学与传播学	教育	单位自办
浙江省中国特色社会主义理论体系研究中心培育基地	2016-7-3	非学校主管部门批准	省级重点研究基地	独立研究所	马克思主义	教育	单位自办

续表

学校及机构名称	成立时间	批准部门	机构类型	组成方式	学科分类	服务的国民经济行业	组成类型
宁波工程学院							
港口城市发展与环境研究中心	2009-12-1	学校主管部门批准	教育局共建研究中心	独立研究所	社会学	教育	与国内独立研究机构合办
国际港口与物流研究中心	2008-11-1	学校主管部门批准	教育局共建研究中心	独立研究所	管理学	教育	与国内独立研究机构合办
宁波基层社会治理创新研究基地	2013-12-12	学校主管部门批准	其他重点研究基地	独立研究所	社会学	教育	单位自办
宁波市港城关系研究基地	2010-12-25	学校主管部门批准	其他重点研究基地	独立研究所	管理学	教育	政府部门办
宁波市高校思想政治工作研究基地	2017-12-19	学校主管部门批准	其他重点研究基地	独立研究所	马克思主义	教育	政府部门办
宁波市小企业成长研究基地	2013-12-12	学校主管部门批准	宁波市社科院研究基地	独立研究所	管理学	教育	其他
浙江财经大学							
财富管理与量化投资协同创新中心	2013-5-24	学校自建	校级重点研究基地	独立研究所	经济学	教育	单位自办
城市公用事业政府监管协同创新中心	2013-5-24	学校主管部门批准	省级 2011 协同创新中心	独立研究所	管理学	教育	政府部门办
地方财政金融协同创新中心	2013-5-9	学校自建	校级重点研究基地	独立研究所	经济学	教育	单位自办
地方财政研究院	2017-7-5	学校主管部门批准	其他智库	独立研究所	经济学	教育	单位自办
汉字国际传播与书法产业协同创新中心	2015-1-6	学校自建	校级重点研究基地	跨系所	语言学	教育	单位自办
经济行为与决策研究中心	2017-11-27	非学校主管部门批准	省级重点研究基地	独立研究所	经济学	教育	政府部门办
民营企业全球发展战略与海外投资协同创新中心	2016-1-6	学校自建	校级重点研究基地	独立研究所	经济学	教育	单位自办
浙江社会管理法制化协同创新中心	2013-5-24	学校自建	校级重点研究基地	独立研究所	法学	教育	单位自办
浙江省政府管制与公共政策研究中心	2000-1-1	非学校主管部门批准	省级重点研究基地	独立研究所	管理学	教育	政府部门办
浙江警察学院							
道路交通管理研究所	2002-10-20	学校自建	学校研究中心	独立研究所	管理学	群众团体、社会团体和其他成员组织	单位自办
东盟非传统安全领域研究中心	2012-9-1	学校主管部门批准	研究中心	独立研究所	政治学	教育	单位自办

续表

学校及机构名称	成立时间	批准部门	机构类型	组成方式	学科分类	服务的国民经济行业	组成类型
公安理论研究中心	2010-7-1	学校主管部门批准	学校研究中心	独立研究所	法学	群众团体、社会团体和其他成员组织	单位自办
警务技能战术研发中心	2015-2-10	学校主管部门批准	公安部研发中心	独立研究所	教育学	教育	单位自办
衢州学院							
中国哲学与文化研究中心	2011-3-11	学校主管部门批准	研究所	独立研究所	哲学	文化艺术业	与国内独立研究机构合办
宁波大学							
大健康研究院	2016-3-1	学校自建	校级研究院	跨系所	体育科学	体育	单位自办
东海研究院	2017-7-1	学校主管部门批准	省级智库	跨系所	经济学	生态保护和环境治理业	单位自办
宁波市地方政府治理研究基地	2014-1-10	非学校主管部门批准	宁波市社会科学研究基地	跨系所	政治学	群众团体、社会团体和其他成员组织	政府部门办
宁波市高等教育发展研究基地	2014-1-10	非学校主管部门批准	宁波市社会科学研究基地	跨系所	教育学	教育	政府部门办
宁波市民国文化研究基地	2014-1-10	非学校主管部门批准	宁波市社会科学研究基地	跨系所	历史学	文化艺术业	政府部门办
宁波市区域经济研究基地	2014-1-10	非学校主管部门批准	宁波市社会科学研究基地	独立研究所	经济学	科技推广和应用服务业	政府部门办
宁波市生态文明建设研究基地	2017-12-14	学校主管部门批准	宁波市社会科学研究基地	跨系所	管理学	生态保护和环境治理业	单位自办
宁波市乡村振兴与城乡融合发展研究基地	2017-12-1	学校主管部门批准	宁波市社会科学研究基地	跨系所	法学	商务服务业	单位自办
神经经济管理学研究院	2016-11-11	学校自建	校级研究院	跨系所	经济学	商务服务业	单位自办
体育经济研究中心	2006-3-1	非学校主管部门批准	国家体育总局体育社会科学研究基地	跨系所	体育科学	国家机构	政府部门办
浙东文化研究院	2017-11-1	学校主管部门批准	浙江省哲学社会科学重点研究基地	跨系所	历史学	文化艺术业	单位自办
浙东文化与海外华人研究院	2011-11-1	学校自建	校级研究院	独立研究所	历史学	中国共产党机关	单位自办
浙江翻译研究院	2015-11-6	学校自建	校级研究院	独立研究所	语言学	文化艺术业	单位自办
中国非公有制经济人士研究基地	2017-1-2	学校主管部门批准	省级智库	跨系所	经济学	商务服务业	单位自办

续表

学校及机构名称	成立时间	批准部门	机构类型	组成方式	学科分类	服务的国民经济行业	组成类型
中国统一战线理论研究会非公有制经济人士统战工作理论研究基地	2015-4-28	非学校主管部门批准	中国统一战线理论研究会研究基地	跨系所	经济学	商务服务业	单位自办
浙江传媒学院							
国家动画教育研究基地	2007-8-8	非学校主管部门批准	省部级研究基地	与校外合办所	艺术学	教育	其他
媒体传播优化协同创新中心	2014-10-22	学校主管部门批准	省级 2011 协同创新中心	独立研究所	新闻学与传播学	教育	其他
戏剧影视研究院	2015-3-18	学校主管部门批准	校级研究所	独立研究所	艺术学	教育	单位自办
新媒介素养科普基地	2014-4-19	学校主管部门批准	省部级研究基地	与校外合办所	新闻学与传播学	社会工作	政府部门办
新闻传播研究院	2015-9-14	学校自建	校级研究所	独立研究所	新闻学与传播学	教育	其他
浙江广播电视研究院	2005-12-3	非学校主管部门批准	省部级研究基地	与校外合办所	艺术学	教育	其他
浙江省传播与文化产业研究中心	2006-5-18	学校主管部门批准	省部级研究基地	与校外合办所	新闻学与传播学	文化艺术业	其他
浙江省非物质文化遗产研究基地	2008-6-10	非学校主管部门批准	省部级研究基地	与校外合办所	中国文学	文化艺术业	其他
浙江省影视艺术研究基地	2011-6-10	学校自建	其他	跨系所	艺术学	文化艺术业	其他
浙江文化产业发展研究中心	2009-10-1	非学校主管部门批准	省部级研究基地	独立研究所	管理学	文化艺术业	政府部门办
中国广播电视协会媒介素养研究基地	2007-4-10	非学校主管部门批准	省部级研究基地	与校外合办所	新闻学与传播学	教育	其他
浙江树人学院							
白俄罗斯研究中心	2017-6-13	非学校主管部门批准	其他重点研究基地	与校外合办所	教育学	教育	与境外机构合办
茶文化研究与发展中心	2002-10-15	学校自建	校级重点研究基地	独立研究所	民族学与文化学	文化艺术业	单位自办
城乡流通经济研究所	2015-6-20	学校自建	校级重点研究基地	独立研究所	经济学	专业技术服务业	单位自办
地域文化研究所	2009-7-10	学校自建	校级重点研究基地	独立研究所	中国文学	教育	单位自办
东亚研究所	2005-2-9	学校自建	校级重点研究基地	独立研究所	语言学	文化艺术业	单位自办
翻译研究所	2010-5-25	学校自建	校级重点研究基地	独立研究所	语言学	文化艺术业	单位自办
旅游与会展研究所	2010-5-25	学校自建	校级重点研究基地	独立研究所	管理学	商务服务业	单位自办
品牌设计艺术研究中心	2010-5-25	学校自建	校级重点研究基地	独立研究所	艺术学	文化艺术业	单位自办
社会建设研究所	2009-7-8	学校自建	校级重点研究基地	独立研究所	社会学	社会工作	单位自办
新闻研究所	2015-6-20	学校自建	校级重点研究基地	独立研究所	经济学	新闻和出版业	单位自办

续表

学校及机构名称	成立时间	批准部门	机构类型	组成方式	学科分类	服务的国民经济行业	组成类型
学生体质健康研究中心	2010-5-25	学校自建	校级重点研究基地	独立研究所	体育科学	国家机构	单位自办
浙江跨境电子贸易研究中心	2015-6-11	学校自建	校级重点研究基地	独立研究所	经济学	商务服务业	单位自办
浙江省家政服务人才培养培训联盟	2014-4-26	学校主管部门批准	其他重点研究基地	跨系所	社会学	社会工作	政府部门办
浙江省现代服务业研究中心	2012-11-7	非学校主管部门批准	省级重点研究基地	独立研究所	经济学	商务服务业	政府部门办
智慧养老与家政服务协同创新中心	2015-11-27	学校自建	校级重点研究基地	与校外合办所	社会学	社会工作	与国内高校合办
中国民办高等教育研究院	2001-9-22	学校自建	校级重点研究基地	独立研究所	教育学	教育	单位自办
中小企业研究所	2002-10-5	学校自建	校级重点研究基地	独立研究所	管理学	商务服务业	单位自办
金华职业技术学院							
浙江省现代职业教育研究中心	2012-5-31	非学校主管部门批准	省级重点研究基地	与校外合办所	教育学	教育	与国内独立研究机构合办
浙江工商职业技术学院							
高职教育与区域发展研究中心	2015-1-1	学校自建	研究中心	独立研究所	管理学	其他服务业	其他
台州职业技术学院							
电子商务研究所	2014-6-30	学校自建	校级重点研究基地	跨系所	经济学	货币金融服务	单位自办
国际贸易研究所	2014-6-30	学校自建	校级重点研究基地	跨系所	经济学	资本市场服务	单位自办
台州地方民俗与文化研究所	2014-6-30	非学校主管部门批准	校级重点研究基地	跨系所	民族学与文化学	文化艺术业	单位自办
台州经济研究所	2014-6-30	非学校主管部门批准	校级重点研究基地	跨系所	经济学	资本市场服务	单位自办
台州市民俗生活与和合文化精神研究创新团队	2017-11-6	非学校主管部门批准	浙江省文化创新团队	与校外合办所	民族学与文化学	文化艺术业	政府部门办
现代物流研究所	2014-6-30	学校自建	校级重点研究基地	跨系所	管理学	资本市场服务	单位自办
浙江省马克思主义学会高职分会思政研究中心	2014-6-30	非学校主管部门批准	校级重点研究基地	跨系所	马克思主义	群众团体、社会团体和其他成员组织	单位自办
浙江越秀外国语学院							
大禹与中国传统文化研究中心	2014-10-30	非学校主管部门批准	其他重点研究基地	跨系所	中国文学	文化艺术业	单位自办
华文文学与华人文化研究中心	2014-10-30	学校主管部门批准	校级协同创新中心	跨系所	中国文学	文化艺术业	单位自办

续表

学校及机构名称	成立时间	批准部门	机构类型	组成方式	学科分类	服务的国民经济行业	组成类型
酒店管理研究中心	2014-6-20	学校主管部门批准	校级研究所	跨系所	经济学	住宿业	单位自办
跨文化交际与翻译研究中心	2014-7-18	学校主管部门批准	校级协同创新中心	跨系所	语言学	文化艺术业	单位自办
网络舆情研究中心	2014-3-7	非学校主管部门批准	其他重点研究基地	跨系所	新闻学与传播学	新闻和出版业	单位自办
浙江医药高等专科学校							
宁波帮国药文化研究所	2015-9-17	非学校主管部门批准	其他智库	与校外合办所	管理学	其他服务业	其他
生命健康产业研究所	2016-1-4	非学校主管部门批准	其他智库	与校外合办所	管理学	医药制造业	政府部门办
医药经济中心	2012-8-9	学校自建	其他智库	跨系所	经济学	医药制造业	单位自办
浙江经贸职业技术学院							
合作经济研究所	2016-6-18	学校自建	研究所	独立研究所	经济学	农业	单位自办
乡村旅游与休闲农业研究中心	2017-12-14	学校自建	研究中心	独立研究所	经济学	农业	单位自办
信用管理研究所	2017-12-13	学校自建	研究所	独立研究所	经济学	商务服务业	单位自办
浙商文化研究所	2008-7-7	学校自建	研究所	独立研究所	经济学	教育	单位自办
浙江商业职业技术学院							
创新创业教育研究所	2009-6-1	学校自建	其他	独立研究所	管理学	商务服务业	单位自办
高职教育研究所	2007-10-31	学校自建	其他	独立研究所	教育学	商务服务业	单位自办
旅游规划与开发研究所	2011-12-1	学校自建	其他	独立研究所	管理学	商务服务业	单位自办
旅游研究所	2006-10-1	学校自建	其他	独立研究所	管理学	商务服务业	单位自办
马克思主义中国化研究所	2008-4-1	学校自建	其他	独立研究所	马克思主义	教育	单位自办
现代艺术设计研究所	2009-12-24	学校自建	其他	独立研究所	艺术学	文化艺术业	单位自办
浙江省商业经济研究所	1986-3-1	学校主管部门批准	其他	独立研究所	经济学	科技推广和应用服务业	其他
浙商文化研究所	2011-12-9	学校自建	其他	独立研究所	管理学	文化艺术业	单位自办
职业形象设计与推广研究中心	2009-3-1	学校自建	其他	独立研究所	管理学	文化艺术业	单位自办
浙江旅游职业学院							
饭店管理研究所	2006-7-15	学校自建	校级重点实验室	独立研究所	管理学	商务服务业	单位自办
高等旅游职业教育研究所	2006-7-5	学校自建	校级重点研究基地	跨系所	教育学	教育	单位自办

续表

学校及机构名称	成立时间	批准部门	机构类型	组成方式	学科分类	服务的国民经济行业	组成类型
会展与旅游经济研究所	2006-7-15	学校自建	校级重点研究基地	跨系所	经济学	商务服务业	单位自办
旅行社管理研究所	2006-7-15	学校自建	校级重点研究基地	独立研究所	管理学	商务服务业	单位自办
旅游标准化研究所	2010-7-1	学校主管部门批准	校级重点研究基地	与校外合办所	管理学	商务服务业	与国内独立研究机构合办
旅游人力资源开发研究所	2006-7-15	学校自建	校级重点研究基地	跨系所	管理学	商务服务业	单位自办
旅游统计研究所	2014-6-3	学校自建	校级重点实验室	与校外合办所	经济学	商务服务业	政府部门办
旅游营销与策划研究所	2010-7-10	学校自建	校级重点实验室	跨系所	经济学	商务服务业	单位自办
旅游资源开发与管理研究所	2006-7-15	学校自建	校级重点研究基地	跨系所	经济学	专业技术服务业	单位自办
休闲农业(乡村旅游)研究所	2010-7-1	学校自建	校级重点研究基地	与校外合办所	经济学	农、林、牧、渔服务业	政府部门办
饮食文化研究所	2006-7-15	学校自建	校级重点实验室	独立研究所	民族学与文化学	食品制造业	单位自办
浙江省旅游发展研究中心	2009-5-31	学校主管部门批准	研究所	跨系所	经济学	商务服务业	政府部门办
湖州职业技术学院							
湖州市公民道德与社会发展研究中心	2014-6-20	非学校主管部门批准	其他重点研究基地	跨系所	马克思主义	教育	单位自办
宁波大红鹰学院							
创新经济研究所	2016-10-24	非学校主管部门批准	学校与宁波市政府机关部门合作共建的科研平台	与校外合办所	经济学	其他金融业	政府部门办
大学语文研究所	2013-5-28	学校自建	校研究所	独立研究所	语言学	教育	单位自办
地方历史文化研究所	2011-3-29	学校自建	学校研究所	独立研究所	历史学	教育	单位自办
蓝源家族财富管理研究院	2013-9-25	学校自建	校研究所	与校外合办所	经济学	其他服务业	与境内注册其他企业合办
宁波大宗商品流通协同创新中心	2016-8-22	非学校主管部门批准	宁波市协同创新中心	独立研究所	经济学	货币金融服务	政府部门办
宁波大宗商品研究基地	2013-12-17	非学校主管部门批准	其他重点研究基地	独立研究所	经济学	其他金融业	政府部门办
宁波市新经济与创新创业研究基地	2017-12-19	非学校主管部门批准	其他重点研究基地	独立研究所	管理学	资本市场服务	政府部门办
宁波市影视产业发展研究基地	2017-12-19	非学校主管部门批准	其他重点研究基地	独立研究所	艺术学	广播、电视、电影和影视录音制作业	政府部门办

续表

学校及机构名称	成立时间	批准部门	机构类型	组成方式	学科分类	服务的国民经济行业	组成类型
区域金融研究所	2011-3-29	学校自建	校研究所	独立研究所	经济学	其他金融业	单位自办
数字媒体艺术研究所	2011-3-29	学校自建	校研究所	独立研究所	新闻学与传播学	文化艺术业	单位自办
思想政治研究所	2013-5-28	学校自建	校研究所	独立研究所	政治学	教育	单位自办
现代服务业发展研究所	2011-3-29	学校自建	校研究所	独立研究所	经济学	其他服务业	单位自办
艺术设计研究所	2011-3-29	学校自建	校研究所	独立研究所	艺术学	文化艺术业	单位自办
应用传播研究所	2011-3-29	学校自建	校研究所	独立研究所	艺术学	新闻和出版业	单位自办
语言翻译研究所	2011-3-29	学校自建	校研究所	独立研究所	语言学	教育	单位自办
中小企业管理与发展研究所	2011-3-29	学校自建	校研究所	独立研究所	经济学	商务服务业	单位自办
义乌工商职业技术学院							
义乌创新研究院	2017-6-27	非学校主管部门批准	其他智库	与校外合办所	经济学	商务服务业	政府部门办
浙江大学城市学院							
城市文化创新传播研究中心	2014-7-10	学校主管部门批准	其他重点研究基地	独立研究所	新闻学与传播学	广播、电视、电影和影视录音制作业	单位自办
旅游法治与发展研究中心	2014-5-18	学校主管部门批准	其他重点研究基地	独立研究所	法学	群众团体、社会团体和其他成员组织	政府部门办
企业社会责任与可持续发展研究中心	2017-1-12	学校主管部门批准	其他重点研究基地	独立研究所	管理学	社会工作	政府部门办
浙江大学宁波理工学院							
波兰研究中心	2017-9-1	非学校主管部门批准	其他重点研究基地	独立研究所	语言学	教育	政府部门办
华莱坞电影研究中心	2016-6-23	学校自建	校设研究中心	独立研究所	新闻学与传播学	教育	单位自办
科技创新与知识产权研究中心	2008-3-20	学校主管部门批准	与中国社科院共建机构	独立研究所	法学	其他服务业	政府部门办
宁波电子商务研究院	2012-5-10	学校主管部门批准	其他智库,地市级智库	与校外合办所	经济学	商务服务业	政府部门办
宁波女性研究院	2016-3-6	非学校主管部门批准	其他智库	与校外合办所	社会学	群众团体、社会团体和其他成员组织	政府部门办
宁波市公共服务与政策研究所	2010-3-12	非学校主管部门批准	与市政府研究研究中心共同成立	与校外合办所	管理学	群众团体、社会团体和其他成员组织	其他

续表

学校及机构名称	成立时间	批准部门	机构类型	组成方式	学科分类	服务的国民经济行业	组成类型
宁波市金融研究院	2011-6-11	学校主管部门批准	其他智库	与校外合办所	经济学	货币金融服务	政府部门办
宁波市企业创新发展研究基地	2014-9-12	非学校主管部门批准	其他重点研究基地	跨系所	管理学	国家机构	政府部门办
宁波市文化产业研究基地	2014-9-19	非学校主管部门批准	校级重点研究基地，其他重点研究基地	与校外合办所	新闻学与传播学	电信、广播电视和卫星传输服务	政府部门办
宁波质量发展研究院	2016-6-23	学校主管部门批准	宁波市质监局批文成立	独立研究所	管理学	其他服务业	政府部门办
社会政策研究中心	2009-4-10	学校主管部门批准	与中国社科院共建	独立研究所	管理学	国家机构	政府部门办
丝绸之路研究院	2016-6-23	学校自建	其他智库	跨系所	管理学	国家机构	单位自办
文化产业研究中心	2009-3-19	学校主管部门批准	与中国社科院共建机构	独立研究所	新闻学与传播学	其他服务业	政府部门办
现代服务外包研究中心	2008-6-19	学校主管部门批准	与中国社科院共建机构	独立研究所	经济学	其他服务业	政府部门办
休闲旅游发展研究中心	2016-6-23	学校主管部门批准	与宁波市旅游局合办机构	跨系所	管理学	其他服务业	政府部门办
浙江纺织服装职业技术学院							
文化研究院	2012-11-1	学校主管部门批准	单位自办	独立研究所	民族学与文化学	教育	单位自办
杭州科技职业技术学院							
高等职业教育（陶行知教育思想）研究中心	2017-6-5	非学校主管部门批准	其他重点研究基地	独立研究所	教育学	教育	单位自办
浙江工业大学之江学院							
城市与建筑环境设计研究所	2016-4-25	学校自建	校级研究所	独立研究所	艺术学	文化艺术业	单位自办
开放型经济研究所	2016-4-25	学校自建	校级研究所	独立研究所	经济学	资本市场服务	单位自办
旅游经济与发展研究所	2016-4-25	学校自建	校级研究所	跨系所	管理学	其他服务业	单位自办
农村电子商务研究所	2016-4-25	学校自建	校级研究所	独立研究所	管理学	商务服务业	单位自办
社会治理创新研究所	2016-4-25	学校自建	校级研究所	独立研究所	管理学	社会工作	单位自办
文化传播与翻译研究所	2016-4-25	学校自建	校级研究所	独立研究所	语言学	文化艺术业	单位自办
现代工业设计研究所	2016-4-25	学校自建	校级研究所	独立研究所	艺术学	文化艺术业	单位自办
战略管理研究所	2016-4-25	学校自建	校级研究所	独立研究所	管理学	资本市场服务	单位自办
中小企业成长与创新管理研究所	2016-4-25	学校自建	校级研究所	独立研究所	管理学	资本市场服务	单位自办

续表

学校及机构名称	成立时间	批准部门	机构类型	组成方式	学科分类	服务的国民经济行业	组成类型
温州大学瓯江学院							
产学研协同创新研究所	2016-6-15	学校自建	其他智库,校级智库	独立研究所	管理学	教育	单位自办
产业经济研究所	2016-6-15	学校自建	其他智库,校级智库	独立研究所	经济学	农、林、牧、渔服务业	单位自办
温州创新创业与应用型人才培养研究中心	2017-12-21	非学校主管部门批准	其他重点研究基地	独立研究所	管理学	教育	单位自办
校质量发展研究院	2017-10-12	学校自建	校级研究院	独立研究所	管理学	教育	单位自办
院创业法律风控研究中心	2017-6-7	学校自建	校级研究中心	独立研究所	法学	教育	单位自办
院继续教育研究所	2017-11-16	学校自建	校级研究所	独立研究所	教育学	教育	单位自办
院温州漆器研究所	2017-6-7	学校自建	校级研究所	独立研究所	艺术学	教育	单位自办
院瓯剧研究与推广中心	2017-10-11	学校自建	校级研究中心	独立研究所	艺术学	教育	单位自办
院瓯剧艺术研究与推广中心	2017-8-4	学校自建	校级研究中心	独立研究所	艺术学	教育	单位自办
院瓯窑研究所	2017-6-7	学校自建	校级研究所	独立研究所	艺术学	教育	单位自办
质量管理与品牌研究中心	2012-12-20	非学校主管部门批准	其他智库,地市智库	与校外合办所	管理学	科技推广和应用服务业	政府部门办
浙江工商大学杭州商学院							
创业与服务管理研究所	2017-1-3	学校自建	学校自建研究机构	独立研究所	管理学	商务服务业	单位自办
大数据与互联网金融研究所	2017-1-3	学校自建	学校自建研究机构	独立研究所	经济学	互联网和相关服务	单位自办
分水制笔创新中心项目	2017-11-10	学校自建	校地合作创新中心	与校外合办所	艺术学	文化艺术业	与境内注册其他企业合办
公共服务和社区治理研究所	2017-1-3	学校自建	学校自建研究机构	独立研究所	管理学	公共设施管理业	单位自办
杭商院现代商贸研究中心	2017-1-3	学校自建	学校自建研究机构	独立研究所	经济学	商务服务业	单位自办
杭商院莪山畲乡“农创客”创新中心	2017-10-10	学校自建	校地合作创新中心	与校外合办所	管理学	商务服务业	与境内注册其他企业合办
桐庐富春电子商务研究院	2015-9-17	非学校主管部门批准	校地合作研究院	与校外合办所	管理学	互联网和相关服务	政府部门办
新闻传播研究所	2017-1-3	学校自建	学校自建研究机构	独立研究所	新闻学与传播学	新闻和出版业	单位自办
中小企业转型与组织治理研究所	2017-1-3	学校自建	学校自建研究机构	独立研究所	管理学	商务服务业	单位自办

续表

学校及机构名称	成立时间	批准部门	机构类型	组成方式	学科分类	服务的国民经济行业	组成类型
温州商学院							
温州新金融研究院	2017-8-16	学校自建	其他重点研究基地	与校外合办所	经济学	货币金融服务	其他
一带一路温商研究中心	2017-5-4	非学校主管部门批准	其他重点研究基地，市级重点研究基地	独立研究所	经济学	商务服务业	政府部门办
温州科技职业学院							
农村经济发展研究所	2007-12-1	学校主管部门批准	其他智库	独立研究所	经济学	农业	单位自办
浙江农业商贸职业学院							
绍兴市三农问题研究中心	2013-7-16	非学校主管部门批准	校级重点研究基地	跨系所	经济学	农业	单位自办
浙江外国语学院							
阿拉伯研究中心	2017-11-18	学校自建	其他智库,校级研究中心	独立研究所	语言学	教育	单位自办
德国研究中心	2017-11-18	学校自建	其他智库,学校自建研究中心	跨系所	外国文学	教育	单位自办
社会福利研究所	2016-3-14	学校自建	研究所	跨系所	社会学	社会工作	单位自办
卓越教师发展研究所	2016-6-12	学校自建	研究所	跨系所	教育学	教育	单位自办
			安徽省				
安徽大学							
安徽法治与社会安全研究中心	2015-8-13	学校主管部门批准	省级智库	与校外合办所	法学	国家机构	政府部门办
安徽生态发展研究中心	2015-8-30	学校主管部门批准	省级智库	与校外合办所	经济学	生态保护和环境治理业	政府部门办
安徽优秀传统文化研究中心	2015-12-16	学校主管部门批准	省级智库	独立研究所	中国文学	文化艺术业	政府部门办
出土文献与中国古代文明研究协同创新中心	2013-1-5	学校主管部门批准	国家级 2011 协同创新分中心	与校外合办所	考古学	文化艺术业	与国内高校合办
创新发展研究院	2016-12-30	学校主管部门批准	省级智库	跨系所	管理学	教育	政府部门办
大洋洲文学研究所	1979-8-22	学校自建	校级重点研究基地	独立研究所	外国文学	教育	单位自办
大自然文学协同创新中心	2015-10-11	学校自建	校级重点研究基地	与校外合办所	中国文学	教育	与国内独立研究机构合办

续表

学校及机构名称	成立时间	批准部门	机构类型	组成方式	学科分类	服务的国民经济行业	组成类型
俄罗斯研究中心	1992-7-22	学校自建	校级重点研究基地	独立研究所	语言学	教育	单位自办
国别和区域研究院	2015-9-7	学校自建	校级重点研究基地	与校外合办所	国际问题研究	教育	其他
汉字发展与应用研究中心	2013-2-10	学校主管部门批准	省级重点研究基地	跨系所	语言学	教育	单位自办
合肥区域经济与城市发展研究院	2013-12-12	学校自建	校级重点研究基地	与校外合办所	经济学	教育	与国内独立研究机构合办
淮河流域环境与经济社会发展研究中心	2010-8-25	学校自建	校级重点研究基地	独立研究所	历史学	教育	单位自办
徽文化传承与创新中心	2012-6-10	学校自建	校级重点研究基地	独立研究所	历史学	教育	单位自办
徽学研究中心	1998-10-7	学校主管部门批准	教育部重点研究基地	独立研究所	历史学	教育	政府部门办
经济法制研究中心	2002-1-31	学校主管部门批准	省级重点研究基地	跨系所	法学	教育	政府部门办
科学发展观研究中心	2009-7-6	学校主管部门批准	省级重点研究基地	跨系所	马克思主义	教育	政府部门办
拉丁美洲研究所	2013-8-6	学校自建	校级重点研究基地	独立研究所	社会学	教育	单位自办
农村改革与经济社会发展协同创新中心	2012-8-10	学校主管部门批准	省级 2011 协同创新中心	独立研究所	经济学	农业	单位自办
农村社会发展研究中心	2002-2-21	学校主管部门批准	省级重点研究基地	跨系所	社会学	教育	政府部门办
台湾研究中心	2015-4-16	学校自建	校级重点研究基地	独立研究所	历史学	教育	单位自办
桐城派研究中心	2013-10-25	学校自建	校级重点研究基地	独立研究所	中国文学	文化艺术业	单位自办
西亚北非研究中心	2015-5-13	学校自建	校级重点研究基地	独立研究所	政治学	教育	单位自办
舆情与区域形象研究中心	2013-2-10	学校主管部门批准	省级重点研究基地	跨系所	新闻学与传播学	教育	单位自办
中国哲学与安徽思想家研究中心	2002-2-6	学校主管部门批准	省级重点研究基地	跨系所	哲学	教育	政府部门办
中国科学技术大学							
安徽省知识产权发展研究中心	2013-7-15	学校主管部门批准	研究中心	与校外合办所	法学	研究和试验发展	与国内高校合办
工商管理创新研究中心	2013-1-10	非学校主管部门批准	省级重点研究基地	独立研究所	管理学	研究和试验发展	单位自办
科学传播研究与发展中心	2003-10-9	非学校主管部门批准	省级重点研究基地	独立研究所	新闻学与传播学	研究和试验发展	政府部门办
合肥工业大学							

续表

学校及机构名称	成立时间	批准部门	机构类型	组成方式	学科分类	服务的国民经济行业	组成类型
安徽省中国特色社会主义理论体系研究中心	2016-4-12	非学校主管部门批准	省级重点研究基地	跨系所	马克思主义	教育	单位自办
产业转移与创新发展研究中心	2003-10-12	非学校主管部门批准	省级重点研究基地	独立研究所	管理学	教育	单位自办
翻译与专业语料库研究中心	2014-12-19	学校主管部门批准	其他重点研究基地	跨系所	语言学	教育	单位自办
工业信息与经济研究中心	2013-2-16	非学校主管部门批准	省级重点研究基地	独立研究所	经济学	其他制造业	政府部门办
合肥市科技金融创新联盟	2015-12-3	非学校主管部门批准	其他智库	与校外合办所	经济学	其他金融业	与国内独立研究机构合办
科技与产业发展研究院	2016-4-17	非学校主管部门批准	省级智库	跨系所	管理学	教育	单位自办
两型社会建设研究中心	2013-2-16	非学校主管部门批准	其他智库	独立研究所	法学	生态保护和环境治理业	政府部门办
现代科技发展与马克思主义理论研究中心	2005-6-20	非学校主管部门批准	省级重点研究基地	独立研究所	哲学	教育	政府部门办
知识产权研究中心	2014-12-19	学校主管部门批准	其他智库	跨系所	管理学	教育	单位自办
安徽工业大学							
安徽创新驱动发展研究院	2016-9-22	非学校主管部门批准	省级智库	跨系所	政治学	国家机构	单位自办
安徽创新驱动与产业转型升级发展研究中心	2015-12-7	学校主管部门批准	省级智库	独立研究所	经济学	国家机构	单位自办
安徽大学生思想政治教育研究中心	2015-12-7	学校主管部门批准	省级智库	跨系所	教育学	教育	单位自办
大学生思想政治教育与管理研究中心	2009-4-20	学校主管部门批准	省级重点研究基地	独立研究所	马克思主义	教育	政府部门办
公司治理与运营研究中心	2002-4-18	学校主管部门批准	省级重点研究基地	跨系所	管理学	教育	政府部门办
中国特色社会主义理论体系研究中心	2016-1-8	非学校主管部门批准	省级重点研究基地	跨系所	马克思主义	国家机构	单位自办
安徽理工大学							
楚淮文化研究中心	2013-3-20	学校自建	校级重点研究基地	独立研究所	民族学与文化学	文化艺术业	单位自办
翻译研究所	2013-9-26	学校自建	校级重点研究基地	独立研究所	语言学	教育	单位自办
矿业企业安全管理研究中心	2013-3-14	学校主管部门批准	省级重点研究基地	独立研究所	管理学	煤炭开采和洗选业	单位自办
习近平新时代中国特色社会主义思想研究中心	2017-11-9	学校自建	校级重点研究基地	跨系所	马克思主义	社会工作	单位自办

续表

学校及机构名称	成立时间	批准部门	机构类型	组成方式	学科分类	服务的国民经济行业	组成类型
安徽工程大学							
经济发展研究中心	2001-5-16	学校自建	市政府发展研究中心咨询机构	与校外合办所	经济学	科技推广和应用服务业	与国内独立研究机构合办
设计艺术研究中心	2006-1-1	学校主管部门批准	省级重点研究基地	跨系所	艺术学	文化艺术业	政府部门办
安徽农业大学							
安徽农业现代化研究院	2016-9-22	非学校主管部门批准	省级智库	跨系所	管理学	农业	单位自办
安徽现代农业发展研究中心	2015-12-7	学校主管部门批准	其他智库，安徽省教育厅高校智库	独立研究所	管理学	农业	单位自办
农科教结合研究中心	2003-10-22	学校主管部门批准	省级重点研究基地	跨系所	管理学	农业	单位自办
习近平中国特色社会主义研究中心	2017-12-8	学校自建	校级重点研究基地	独立研究所	马克思主义	国家机构	单位自办
乡村振兴战略研究中心	2017-11-3	学校自建	校级重点研究基地	跨系所	管理学	农业	单位自办
新农村发展研究院	2010-10-14	学校主管部门批准	新农村发展研究院	独立研究所	管理学	农业	政府部门办
中国特色社会主义理论研究基地（培育）	2016-1-1	非学校主管部门批准	其他重点研究基地	独立研究所	马克思主义	中国共产党机关	单位自办
中华茶文化研究中心	2001-5-10	学校自建	校级重点实验室	独立研究所	历史学	农业	单位自办
安徽医科大学							
安徽省健康发展战略研究中心	2015-12-7	学校主管部门批准	省级智库	独立研究所	社会学	卫生	单位自办
医学人文研究中心	2013-1-10	学校主管部门批准	省级重点研究基地	独立研究所	哲学	教育	单位自办
蚌埠医学院							
全科医学教育发展研究中心	2012-6-12	学校主管部门批准	省级智库，省级重点研究基地	跨系所	教育学	研究和试验发展	单位自办
皖南医学院							
大学生心理健康教育研究中心	2013-1-10	学校主管部门批准	省级重点研究基地	独立研究所	心理学	教育	单位自办
安徽师范大学							
安徽省教师教育协同创新中心	2014-9-1	学校主管部门批准	省级 2011 协同创新中心	独立研究所	教育学	教育	单位自办

续表

学校及机构名称	成立时间	批准部门	机构类型	组成方式	学科分类	服务的国民经济行业	组成类型
安徽文化发展研究院	2016-9-22	非学校主管部门批准	省级智库	跨系所	社会学	教育	单位自办
创意产业发展研究中心	2013-1-10	学校主管部门批准	省级重点研究基地	独立研究所	新闻学与传播学	广播、电视、电影和影视录音制作业	单位自办
伏尔加—第聂伯两江流域研究中心	2017-12-31	非学校主管部门批准	教育部新型高校智库	跨系所	国际问题研究	国家机构	其他
教育部高校辅导员培训和研修基地	2007-7-1	学校主管部门批准	教育部高校辅导员培训和研修基地	独立研究所	马克思主义	教育	单位自办
教育改革与发展研究中心	2013-1-1	学校主管部门批准	省级重点研究基地	独立研究所	教育学	科技推广和应用服务业	单位自办
旅游发展与规划研究中心	2003-10-1	学校主管部门批准	省级重点研究基地	独立研究所	管理学	科技推广和应用服务业	单位自办
马克思主义研究中心	2003-10-1	学校主管部门批准	省级重点研究基地	独立研究所	马克思主义	教育	单位自办
皖南历史文化研究中心	2002-6-1	学校主管部门批准	省级重点研究基地	独立研究所	历史学	科技推广和应用服务业	政府部门办
中国诗学研究中心	2001-3-1	学校主管部门批准	部省共建教育部重点研究基地	独立研究所	中国文学	文化艺术业	政府部门办
阜阳师范学院							
安徽武术文化研究中心	2012-11-10	学校主管部门批准	省级重点研究基地	独立研究所	体育科学	教育	政府部门办
农民工研究中心	2010-5-4	非学校主管部门批准	省级重点研究基地	跨系所	管理学	其他服务业	单位自办
皖北文化研究中心	2003-1-1	学校主管部门批准	省级重点研究基地	独立研究所	社会学	研究和试验发展	单位自办
安庆师范大学							
黄梅戏艺术发展研究中心	2015-9-4	学校主管部门批准	其他重点研究基地	独立研究所	中国文学	文化艺术业	政府部门办
经济和社会发展研究所	1999-12-7	学校自建	校级重点研究基地	独立研究所	经济学	社会工作	单位自办
欧美研究所	2003-10-8	学校自建	校级重点研究基地	独立研究所	经济学	社会工作	单位自办
桐城派与桐城文化研究中心	2011-10-7	学校主管部门批准	其他重点研究基地	独立研究所	中国文学	文化艺术业	政府部门办
皖江历史文化研究中心	2008-7-3	学校主管部门批准	省级重点研究基地	独立研究所	历史学	社会工作	政府部门办
淮北师范大学							
安徽高校管理大数据研究中心	2015-12-1	学校主管部门批准	省级智库	独立研究所	经济学	教育	单位自办
安徽文献整理与研究中心	2003-2-23	学校主管部门批准	省级重点研究基地	独立研究所	中国文学	教育	单位自办

续表

学校及机构名称	成立时间	批准部门	机构类型	组成方式	学科分类	服务的国民经济行业	组成类型
安徽优秀传统文化研究中心	2015-12-1	学校主管部门批准	省级智库	与校外合办所	中国文学	教育	与国内高校合办
皖北经济与社会发展研究中心	2011-4-15	学校主管部门批准	省级重点研究基地	独立研究所	经济学	教育	单位自办
黄山学院							
非物质文化遗产研究中心	2009-5-25	学校主管部门批准	省级重点研究基地	独立研究所	艺术学	教育	单位自办
皖西学院							
大别山发展研究院	2012-3-9	学校自建	校级科技创新平台	独立研究所	经济学	社会工作	单位自办
大别山红色文化创新实践中心	2012-3-9	学校自建	校级科技创新平台	独立研究所	民族学与文化学	文化艺术业	单位自办
公示语翻译研究中心	2013-8-15	学校自建	校级科技创新平台	独立研究所	语言学	社会工作	单位自办
廉政文化研究中心	2013-1-10	学校主管部门批准	省级重点研究基地	跨系所	马克思主义	教育	单位自办
寿县楚文化研究中心	2013-6-1	学校自建	校级科技创新平台	独立研究所	民族学与文化学	文化艺术业	单位自办
数字媒体动画艺术研发中心	2012-8-17	学校自建	校级科技创新平台	独立研究所	艺术学	专业技术服务业	单位自办
皖西民歌研究所	2014-11-20	学校自建	科技创新平台	独立研究所	艺术学	文化艺术业	单位自办
皖西文化艺术中心(皖西文化研究所)	2002-6-13	学校自建	校级重点研究基地	跨系所	中国文学	文化艺术业	单位自办
应用性高等教育研究中心	2013-8-15	学校自建	校级科技创新平台	独立研究所	教育学	教育	单位自办
滁州学院							
城镇化与新农村建设研究所	2014-12-15	学校自建	校内研究机构	独立研究所	经济学	教育	单位自办
凤阳花鼓音乐研究所	2014-12-15	学校自建	校内研究机构	独立研究所	艺术学	教育	单位自办
江淮分水岭生态环境与区域发展研究中心	2013-3-1	学校主管部门批准	省级智库,省级重点研究基地	独立研究所	经济学	生态保护和环境治理业	单位自办
欧阳修研究中心	2007-1-1	学校自建	校内研究机构	独立研究所	中国文学	教育	单位自办
皖东历史文化研究中心	2014-12-15	学校自建	校内研究机构	独立研究所	民族学与文化学	教育	单位自办
安徽财经大学							
合作经济研究中心	2005-1-12	学校主管部门批准	省级重点研究基地	独立研究所	经济学	农业	单位自办
经济发展研究中心	2003-1-9	学校主管部门批准	省级重点研究基地	独立研究所	经济学	商务服务业	政府部门办
宿州学院							

续表

学校及机构名称	成立时间	批准部门	机构类型	组成方式	学科分类	服务的国民经济行业	组成类型
安徽新型城镇化建设发展研究中心	2015-12-7	学校主管部门批准	省级智库	与校外合办所	管理学	商务服务业	与国内高校合办
大学文化研究中心	2011-4-1	学校主管部门批准	省级重点研究基地	独立研究所	教育学	教育	单位自办
宿州区域发展协同创新中心	2013-12-14	学校主管部门批准	省级 2011 协同创新中心	独立研究所	经济学	教育	单位自办
宿州书画·灵璧石研究中心	2009-11-2	学校自建	校级重点研究基地	独立研究所	艺术学	文化艺术业	单位自办
皖北城乡一体化研究中心	2012-12-1	学校主管部门批准	省级重点研究基地	独立研究所	经济学	商务服务业	与国内独立研究机构合办
皖北方言文化研究所	2013-12-27	学校自建	校级重点研究基地	独立研究所	语言学	文化艺术业	单位自办
皖北中小企业与特色产业发展研究中心	2013-12-13	学校自建	校级重点研究基地	独立研究所	经济学	商务服务业	单位自办
巢湖学院							
环巢湖文化与经济社会发展研究中心	2013-1-20	学校主管部门批准	省级重点研究基地	与校外合办所	历史学	教育	与国内高校合办
淮南师范学院							
安徽资源型城市发展研究中心	2015-12-17	学校主管部门批准	省级智库	独立研究所	经济学	生态保护和环境治理业	单位自办
高校应急管理研究中心	2013-3-1	学校主管部门批准	省级重点研究基地	跨系所	管理学	教育	单位自办
淮南地域文化研究中心	2016-11-30	学校自建	校级重点研究基地	跨系所	中国文学	文化艺术业	单位自办
教师教育研究与培训中心	2008-5-5	学校主管部门批准	校级重点研究基地	独立研究所	教育学	教育	单位自办
社会工作研究中心	2016-11-30	学校自建	校级重点研究基地	跨系所	社会学	社会工作	单位自办
资源型城市发展研究中心	2010-9-1	学校主管部门批准	省级重点研究基地	跨系所	经济学	教育	单位自办
铜陵学院							
安徽经济社会发展研究中心	2016-1-7	学校主管部门批准	省级智库	与校外合办所	经济学	科技推广和应用服务业	与国内高校合办
教育教学研究所	2008-5-15	学校主管部门批准	其他智库	独立研究所	教育学	教育	单位自办
区域经济研究所	2008-5-15	学校主管部门批准	其他智库	独立研究所	经济学	科技推广和应用服务业	政府部门办
皖江经济发展研究中心	2011-4-12	学校主管部门批准	省级重点研究基地	独立研究所	经济学	科技推广和应用服务业	政府部门办
安徽建筑大学							
安徽新型城镇化建设发展研究中心	2015-12-7	学校主管部门批准	省级智库	与校外合办所	社会学	公共设施管理业	与国内高校合办

续表

学校及机构名称	成立时间	批准部门	机构类型	组成方式	学科分类	服务的国民经济行业	组成类型
城市管理研究中心	2014-6-12	学校主管部门批准	省级重点研究基地	独立研究所	管理学	建筑装饰和其他建筑业	单位自办
建筑经济与房地产管理研究中心	2013-4-12	学校主管部门批准	省级重点研究基地	独立研究所	管理学	房屋建筑业	单位自办
安徽科技学院							
安徽省大学生创业教育研究中心	2010-11-1	学校主管部门批准	省级重点研究基地	独立研究所	教育学	教育	单位自办
蚌埠市现代农业与农村发展研究中心	2017-3-24	非学校主管部门批准	其他智库	与校外合办所	管理学	农、林、牧、渔服务业	政府部门办
翻译与语言服务研究所	2016-8-18	学校自建	校级重点研究基地	跨系所	语言学	教育	单位自办
明文化研究所	2007-8-26	学校自建	校级重点研究基地	独立研究所	中国文学	教育	单位自办
体育人文社会学	2016-8-18	学校自建	校级重点研究基地	跨系所	体育科学	体育	单位自办
皖北现代农业与农村发展研究所	2007-8-26	学校自建	校级重点研究基地	独立研究所	经济学	教育	单位自办
皖东产业经济研究院	2017-5-12	非学校主管部门批准	其他智库	与校外合办所	经济学	其他金融业	政府部门办
现代企业管理研究所	2007-8-27	学校自建	校级重点研究基地	独立研究所	管理学	教育	单位自办
中小企业财务管理研究所	2016-8-1	学校自建	校级重点研究基地，校内研究基地	独立研究所	管理学	农业	单位自办
安徽三联学院							
安徽竹稞学宫文化研究中心	2012-3-1	非学校主管部门批准	研究中心	与校外合办所	哲学	教育	与国内高校合办
分岗位会计仿真实验室	2016-10-1	学校自建	校级重点实验室	独立研究所	经济学	教育	单位自办
剪纸艺术研究中心	2011-1-1	学校自建	校级重点研究基地	独立研究所	艺术学	文化艺术业	单位自办
贸易与竞争政策研究中心	2010-12-15	学校自建	校级重点研究基地	跨系所	法学	商务服务业	单位自办
人体工学应用研究中心	2016-10-1	学校自建	研究中心	独立研究所	艺术学	纺织服装、服饰业	单位自办
数字艺术协同创新中心	2014-1-1	学校自建	校级重点研究基地	与校外合办所	艺术学	文化艺术业	与境内注册其他企业合办
亚洲文化研究中心	2015-1-1	学校自建	校级重点研究基地	独立研究所	民族学与文化学	文化艺术业	单位自办
合肥学院							
安徽深装合大工业设计中心	2012-12-27	学校主管部门批准	省级重点实验室	与校外合办所	艺术学	建筑装饰和其他建筑业	与境内注册其他企业合办

续表

学校及机构名称	成立时间	批准部门	机构类型	组成方式	学科分类	服务的国民经济行业	组成类型
房地产研究所	2006-1-5	学校自建	校级重点研究基地	独立研究所	经济学	房地产业	单位自办
环巢湖文化与经济社会发展研究中心	2012-12-28	学校主管部门批准	省级重点研究基地	与校外合办所	教育学	国家机构	与国内高校合办
基础教育研究所	2011-5-11	学校自建	校级重点研究基地	独立研究所	教育学	教育	单位自办
江淮文化研究所	2011-5-11	学校自建	校级重点研究基地	独立研究所	中国文学	文化艺术业	单位自办
旅游咨询与规划研究所	2011-5-11	学校自建	校级重点研究基地	独立研究所	管理学	其他服务业	单位自办
南艳外国语言工作室	2015-11-7	学校自建	校级重点研究基地	独立研究所	语言学	国家机构	单位自办
外国文化研究所	2007-2-16	学校自建	校级重点研究基地	独立研究所	语言学	教育	单位自办
网络舆情与区域形象传播协同创新中心	2016-11-8	学校自建	校级重点研究基地	与校外合办所	新闻学与传播学	新闻和出版业	单位自办
现代管理研究所	2010-6-8	学校自建	校级重点研究基地	独立研究所	管理学	教育	单位自办
现代旅游服务协同创新中心	2016-11-18	学校自建	校级重点研究基地	独立研究所	管理学	文化艺术业	单位自办
学前教育改革与发展协同创新中心	2016-11-18	学校自建	校级重点研究基地	独立研究所	教育学	教育	单位自办
知识产权研究所	2009-7-1	学校自建	校级重点研究基地	独立研究所	经济学	科技推广和应用服务业	单位自办
智能物流协同创新中心	2016-11-14	学校自建	校级重点实验室	与校外合办所	管理学	道路运输业	与境外机构合办
中小企业发展研究中心	2009-11-1	学校自建	校级重点研究基地	独立研究所	经济学	国家机构	单位自办
池州学院							
皖南民俗文化研究中心	2011-4-1	学校主管部门批准	省级重点研究基地	跨系所	历史学	社会工作	单位自办
安徽新华学院							
大学生素质教育研究中心	2009-1-31	学校主管部门批准	省级重点研究基地	独立研究所	教育学	教育	单位自办
亳州学院							
亳文化研究中心	2010-4-28	学校自建	校级重点研究基地	跨系所	社会学	教育	单位自办
合肥师范学院							
动画创意与策划研究中心	2011-5-18	学校主管部门批准	校级重点研究基地	独立研究所	艺术学	文化艺术业	单位自办
翻译研究所	2006-3-1	学校自建	校级重点研究基地	跨系所	语言学	社会工作	单位自办
古籍研究所	2006-3-1	学校自建	校级重点研究基地	跨系所	中国文学	社会工作	单位自办

续表

学校及机构名称	成立时间	批准部门	机构类型	组成方式	学科分类	服务的国民经济行业	组成类型
徽派版画艺术研究所	2006-3-1	学校自建	校级重点研究基地	独立研究所	艺术学	社会工作	单位自办
教师教育研究中心	2010-12-25	学校主管部门批准	省级重点研究基地	独立研究所	教育学	社会工作	单位自办
教育科学研究所	2006-3-1	学校自建	校级重点研究基地	独立研究所	教育学	社会工作	单位自办
马克思主义中国化研究所	2008-5-26	学校自建	校级重点研究基地	跨系所	马克思主义	社会工作	单位自办
中国画艺术研究所	2008-10-17	学校自建	校级重点研究基地	独立研究所	艺术学	社会工作	单位自办
中国诗学研究所	2006-3-1	学校自建	校级重点研究基地	独立研究所	中国文学	社会工作	单位自办
桐城师范高等专科学校							
桐城派学术研究中心	2011-4-1	学校自建	校级重点研究基地	独立研究所	图书馆、情报与文献学	文教、工美、体育和娱乐用品制造业	单位自办
小学教育研究中心	2013-3-1	学校主管部门批准	校级重点研究基地	独立研究所	教育学	教育	单位自办
福建省							
厦门大学							
“计量经济学”教育部重点实验室	2009-12-28	学校主管部门批准	教育部重点实验室	独立研究所	经济学	其他金融业	政府部门办
“一带一路”与东南亚研究院	2016-1-1	非学校主管部门批准	省级智库	独立研究所	国际问题研究	国家机构	单位自办
财税金融法治研究中心	2015-12-1	非学校主管部门批准	省级重点研究基地	独立研究所	法学	其他金融业	单位自办
财政科学研究所	1986-1-1	学校自建	校批机构	独立研究所	经济学	研究和试验发展	单位自办
传播研究所	1993-5-1	学校自建	校批机构	独立研究所	新闻学与传播学	新闻和出版业	单位自办
创新与知识产权研究中心	2017-6-1	非学校主管部门批准	省级智库	独立研究所	法学	教育	单位自办
道学与传统文化研究中心	2003-5-1	学校自建	校批机构	独立研究所	宗教学	文化艺术业	单位自办
东南亚华文文学研究中心	1994-6-1	学校自建	校批机构	独立研究所	外国文学	教育	单位自办
东南亚研究中心	2000-8-1	学校主管部门批准	其他智库，中国核心智库，教育部重点研究基地	独立研究所	国际问题研究	研究和试验发展	政府部门办
佛学研究中心	2003-7-1	学校自建	校批机构	独立研究所	宗教学	研究和试验发展	单位自办
福建省统计科学重点实验室	2010-9-1	非学校主管部门批准	省级重点实验室	独立研究所	统计学	教育	单位自办

续表

学校及机构名称	成立时间	批准部门	机构类型	组成方式	学科分类	服务的国民经济行业	组成类型
高等教育发展研究中心	1978-5-4	学校主管部门批准	其他智库,中国核心智库,教育部重点研究基地	独立研究所	教育学	教育	政府部门办
高等教育质量与评估研究所	2009-3-1	学校自建	校批机构	独立研究所	教育学	教育	单位自办
公共服务质量研究中心	2012-8-1	非学校主管部门批准	省级重点研究基地	跨系所	管理学	国家机构	单位自办
公共政策与地方治理协同创新中心	2015-9-30	非学校主管部门批准	省级 2011 协同创新中心	独立研究所	管理学	国家机构	政府部门办
公共政策与政府创新研究中心	2006-3-1	非学校主管部门批准	省级重点研究基地	独立研究所	管理学	国家机构	单位自办
公证法律与信息化研究中心	2014-1-1	学校自建	校批机构	跨系所	法学	研究和试验发展	单位自办
古籍整理研究所	1983-3-1	学校自建	校批机构	跨系所	历史学	文化艺术业	单位自办
管理会计研究中心	2015-12-1	学校自建	校批机构	跨系所	管理学	研究和试验发展	单位自办
国际经济法研究中心	1987-10-5	非学校主管部门批准	省级重点研究基地	独立研究所	法学	研究和试验发展	单位自办
国际税法与比较税制研究中心	2007-5-1	学校自建	校批机构	跨系所	法学	研究和试验发展	单位自办
国家林业局中国农村林业改革发展研究基地	2015-3-1	非学校主管部门批准	中央其他部委重点研究基地	跨系所	马克思主义	林业	政府部门办
国家旅游局中国旅游研究院台湾旅游研究基地	2011-1-1	非学校主管部门批准	中央其他部委重点研究基地	独立研究所	管理学	商务服务业	政府部门办
国家统计局统计科学研究所厦门大学重点研究基地	2009-4-13	非学校主管部门批准	中央其他部委重点研究基地	独立研究所	统计学	国家机构	政府部门办
国家语言资源监测与研究教育教材中心	2005-6-1	非学校主管部门批准	中央其他部委重点研究基地	独立研究所	语言学	教育	政府部门办
国民经济与核算研究所	1983-5-1	学校自建	校批机构	独立研究所	统计学	研究和试验发展	单位自办
国术与健身研究中心	2009-10-3	学校自建	校批机构	独立研究所	体育科学	体育	单位自办
海外华文教育研究所	1990-9-1	学校主管部门批准	其他	独立研究所	语言学	教育	单位自办
海峡媒体研究中心	2009-9-1	学校自建	校批机构	独立研究所	新闻学与传播学	新闻和出版业	单位自办
海洋法与中国东南海疆研究中心	2014-7-1	非学校主管部门批准	省级重点研究基地	跨系所	法学	国家机构	单位自办
海洋考古学研究中心	2004-7-1	学校自建	校批机构	独立研究所	考古学	科技推广和应用服务业	单位自办
汉语言文字应用和推广研究中心	2006-4-1	学校自建	校批机构	独立研究所	语言学	教育	单位自办

续表

学校及机构名称	成立时间	批准部门	机构类型	组成方式	学科分类	服务的国民经济行业	组成类型
宏观经济研究中心	2005-2-1	学校主管部门批准	其他智库,中国核心智库,教育部重点研究基地	独立研究所	经济学	科技推广和应用服务业	政府部门办
会计发展研究中心	2000-12-2	学校主管部门批准	教育部重点研究基地	独立研究所	管理学	商务服务业	政府部门办
金融工程研究中心	2007-1-1	学校自建	校批机构	独立研究所	经济学	其他金融业	单位自办
金融研究所	1996-6-1	学校自建	校批机构	独立研究所	经济学	其他金融业	其他
经济法学研究中心	2005-7-1	学校自建	校批机构	独立研究所	法学	其他金融业	单位自办
经济犯罪研究中心	2014-11-1	学校自建	校批机构	跨系所	法学	教育	单位自办
考试研究中心	2003-1-4	学校自建	校批机构	独立研究所	教育学	教育	单位自办
孔子学院发展与研究中心	2011-9-1	学校自建	校批机构	独立研究所	语言学	教育	单位自办
口译学研究所	2012-7-1	学校自建	校批机构	独立研究所	语言学	研究和试验发展	单位自办
立法研究中心	2015-1-1	非学校主管部门批准	省级重点研究基地	跨系所	法学	研究和试验发展	单位自办
两岸关系和平发展协同创新中心	2012-10-1	学校主管部门批准	国家级 2011 协同创新中心	与校外合办所	港澳台研究	研究和试验发展	政府部门办
旅游人类学研究中心	2010-2-1	学校自建	校批机构	独立研究所	民族学与文化学	研究和试验发展	单位自办
马来西亚研究所	2005-4-1	学校自建	校批机构	独立研究所	国际问题研究	教育	单位自办
民间历史文献研究中心	2007-2-1	学校自建	校批机构	独立研究所	历史学	教育	单位自办
闽商研究中心	2008-2-1	学校自建	校批机构	独立研究所	历史学	商务服务业	单位自办
品牌与广告研究中心	2013-5-1	学校自建	校批机构	独立研究所	新闻学与传播学	新闻和出版业	单位自办
企业案例研究中心	2008-1-1	学校自建	校批机构	独立研究所	管理学	商务服务业	单位自办
企业并购研究中心	2013-3-1	学校自建	校批机构	独立研究所	经济学	资本市场服务	单位自办
企业社会责任与企业文化研究中心	2010-9-1	学校自建	校批机构	独立研究所	经济学	科技推广和应用服务业	单位自办
区域发展政策研究所	2012-8-1	学校自建	校批机构	跨系所	管理学	研究和试验发展	单位自办
人才战略研究所	2017-6-1	非学校主管部门批准	省级智库	独立研究所	管理学	教育	单位自办
人口与生态研究所	1981-6-1	学校自建	校批机构	独立研究所	社会学	社会工作	单位自办
人类学研究中心	2006-3-1	非学校主管部门批准	省级重点研究基地	独立研究所	民族学与文化学	研究和试验发展	单位自办
日本语教育研究中心	1997-2-28	学校自建	校批机构	独立研究所	语言学	教育	单位自办

续表

学校及机构名称	成立时间	批准部门	机构类型	组成方式	学科分类	服务的国民经济行业	组成类型
社会发展研究中心	2001-1-1	学校自建	校批机构	独立研究所	社会学	社会工作	单位自办
社会管理创新研究中心	2012-8-1	学校自建	校批机构	独立研究所	管理学	社会工作	单位自办
社会经济政策量化评估中心	2016-12-1	非学校主管部门批准	省级智库	独立研究所	经济学	教育	单位自办
社会治理与软法研究中心	2015-3-2	学校自建	校批机构	独立研究所	法学	研究和试验发展	单位自办
数据挖掘研究中心	2010-7-1	非学校主管部门批准	省级重点研究基地	独立研究所	统计学	专业技术服务业	单位自办
双语词典与双语语言文化研究中心	2003-1-1	学校自建	校批机构	独立研究所	语言学	教育	单位自办
台湾研究中心	2000-12-30	学校主管部门批准	国家高端智库,其他智库,中国核心智库,教育部重点研究基地	独立研究所	港澳台研究	国家机构	政府部门办
土地经济与城市规划研究中心	1998-1-1	学校自建	校批机构	独立研究所	经济学	专业技术服务业	单位自办
外国语言文学研究所	1990-12-1	学校自建	校批机构	独立研究所	外国文学	教育	单位自办
文化发展研究院	2012-5-22	学校自建	校批机构	独立研究所	民族学与文化学	文化艺术业	单位自办
戏剧与影视艺术研究中心	2004-3-1	学校自建	校批机构	独立研究所	艺术学	文化艺术业	单位自办
现代企业与医疗服务运营技术管理研究中心	2010-12-1	学校自建	校批机构	跨系所	管理学	专业技术服务业	单位自办
新西兰研究中心	2009-12-1	学校自建	校批机构	独立研究所	政治学	研究和试验发展	单位自办
舆论研究中心	2016-11-1	学校自建	校批机构	独立研究所	新闻学与传播学	新闻和出版业	单位自办
哲学与当代社会研究中心	2006-6-1	非学校主管部门批准	省级重点研究基地	独立研究所	哲学	教育	单位自办
政府绩效管理研究中心	2009-10-1	学校自建	校批机构	独立研究所	管理学	国家机构	单位自办
政治学与行政学研究所	1986-10-1	学校自建	校批机构	跨系所	政治学	教育	单位自办
证券研究中心	2002-2-1	学校自建	校批机构	独立研究所	经济学	其他金融业	单位自办
知识产权教育与研究中心	2011-5-1	学校自建	校批机构	独立研究所	法学	专业技术服务业	单位自办
知识论与认知科学研究中心	2011-2-1	学校自建	校批机构	跨系所	哲学	教育	单位自办
中国供应链管理研究中心	2013-1-1	学校自建	校批机构	独立研究所	管理学	商务服务业	单位自办
中国社会经济史研究中心	2004-5-1	非学校主管部门批准	省级重点研究基地	跨系所	历史学	研究和试验发展	单位自办

续表

学校及机构名称	成立时间	批准部门	机构类型	组成方式	学科分类	服务的国民经济行业	组成类型
中国特色社会主义研究中心	2014-11-1	非学校主管部门批准	省级重点研究基地	独立研究所	马克思主义	教育	单位自办
中国营商环境研究中心	2017-9-25	学校自建	校批机构	独立研究所	管理学	商务服务业	单位自办
中国语言文学研究所	1977-3-1	学校自建	校批机构	独立研究所	中国文学	教育	单位自办
中国资本市场研究中心	2008-4-6	学校自建	校级机构	独立研究所	管理学	资本市场服务	单位自办
宗教学研究所	1998-12-1	学校自建	校批机构	跨系所	宗教学	研究和试验发展	单位自办
华侨大学							
东方企业管理研究中心	2006-4-9	非学校主管部门批准	省级重点研究基地	跨系所	管理学	商务服务业	单位自办
东亚法律文化研究中心	2013-11-26	学校自建	校级重点研究基地	独立研究所	法学	文化艺术业	单位自办
国务院侨务办公室侨务理论研究福建基地	2011-9-13	学校自建	校级重点研究基地	跨系所	政治学	中国共产党机关	政府部门办
海外华人宗教与闽台宗教研究中心	2012-11-22	学校自建	省级重点研究基地	独立研究所	宗教学	群众团体、社会团体和其他成员组织	单位自办
海外华文教育与中华文化传播协同创新中心	2012-8-20	非学校主管部门批准	省级 2011 协同创新中心	与校外合办所	语言学	教育	与境内注册其他企业合办
马克思主义与当代社会发展研究中心	2013-11-26	学校自建	校级重点研究基地	独立研究所	马克思主义	教育	单位自办
侨务公共外交研究所	2013-5-2	学校自建	校级重点研究基地	跨系所	政治学	社会工作	单位自办
商务管理研究中心	2016-1-1	非学校主管部门批准	省级重点研究基地	与校外合办所	管理学	商务服务业	政府部门办
生活哲学研究中心	2014-7-24	非学校主管部门批准	省级重点研究基地	独立研究所	哲学	教育	单位自办
数量经济研究中心	2006-4-9	非学校主管部门批准	省级重点研究基地	跨系所	经济学	研究和试验发展	单位自办
台湾经济研究所	1993-10-27	学校自建	校级重点研究基地	跨系所	经济学	研究和试验发展	单位自办
泰国研究所	2011-4-2	学校自建	校级重点研究基地	跨系所	国际问题研究	国家机构	单位自办
体育与健康科学研究中心	2013-7-8	学校自建	校级重点研究基地	独立研究所	体育科学	体育	单位自办
政治发展与公共治理研究中心	2013-7-8	学校自建	校级重点研究基地	独立研究所	管理学	公共设施管理业	单位自办
中国旅游研究院旅游安全研究基地	2009-9-15	学校主管部门批准	省级重点研究基地，校级重点研究基地	独立研究所	管理学	科技推广和应用服务业	其他

续表

学校及机构名称	成立时间	批准部门	机构类型	组成方式	学科分类	服务的国民经济行业	组成类型
福州大学							
地方法制建设研究中心	2013-11-28	学校主管部门批准	省级重点研究基地	独立研究所	法学	社会工作	单位自办
福建绿色发展研究院	2017-10-19	学校主管部门批准	省级智库	独立研究所	管理学	社会工作	单位自办
福建省海洋文化研究中心	2017-10-19	学校主管部门批准	省级智库	独立研究所	管理学	社会工作	单位自办
廉政与治理研究中心	2014-10-21	学校主管部门批准	省级重点研究基地	独立研究所	管理学	社会保障	单位自办
物流研究中心	2014-9-23	学校主管部门批准	省级重点研究基地	独立研究所	管理学	社会工作	政府部门办
福建工程学院							
地方文献整理研究中心	2014-7-24	非学校主管部门批准	省级重点研究基地	独立研究所	历史学	文化艺术业	政府部门办
福建传统村落与历史建筑研究中心	2015-8-20	非学校主管部门批准	福建省建设厅设立的研究中心	独立研究所	历史学	房屋建筑业	政府部门办
福建省创新方法研究推广应用基地	2014-6-25	非学校主管部门批准	其他重点研究基地	独立研究所	管理学	科技推广和应用服务业	政府部门办
福建省知识产权研究院	2012-4-20	非学校主管部门批准	研究院	独立研究所	法学	科技推广和应用服务业	政府部门办
福建自贸区知识产权研究中心	2015-11-30	学校主管部门批准	省级重点研究基地	独立研究所	法学	科技推广和应用服务业	政府部门办
福建农林大学							
茶产业发展研究中心	2015-5-29	学校主管部门批准	省级重点研究基地	独立研究所	管理学	农业	政府部门办
福建普惠金融研究院	2017-7-25	学校主管部门批准	省级智库	独立研究所	经济学	其他金融业	单位自办
福建省农村发展智库	2016-12-1	非学校主管部门批准	省级智库,其他智库	与校外合办所	管理学	农、林、牧、渔服务业	单位自办
福建省软科学研究基地	2005-5-30	学校主管部门批准	省级重点研究基地	独立研究所	社会学	农、林、牧、渔服务业	政府部门办
国家林业局集体林业改革发展研究中心	2017-12-17	非学校主管部门批准	其他重点研究基地	独立研究所	管理学	林业	单位自办
海峡两岸休闲农业发展研究中心	2015-5-23	学校主管部门批准	省级重点研究基地	独立研究所	经济学	农、林、牧、渔服务业	单位自办
海峡乡村建设与社区营造研究中心	2016-7-30	学校主管部门批准	省级重点研究基地	独立研究所	管理学	农、林、牧、渔服务业	单位自办
教育部国别与区域研究中心南太平洋岛国研究中心	2017-6-13	学校主管部门批准	其他重点研究基地	独立研究所	国际问题研究	农、林、牧、渔服务业	单位自办
马克思主义中国化研究中心	2014-7-24	非学校主管部门批准	省级重点研究基地	独立研究所	马克思主义	中国共产党机关	与国内高校合办

续表

学校及机构名称	成立时间	批准部门	机构类型	组成方式	学科分类	服务的国民经济行业	组成类型
农村廉洁建设研究中心	2014-12-19	学校主管部门批准	省级重点研究基地	独立研究所	管理学	国家机构	单位自办
区域特色发展研究院	2016-12-19	学校主管部门批准	省级智库	独立研究所	管理学	农、林、牧、渔服务业	单位自办
区域特色发展智库	2015-12-23	学校主管部门批准	省级智库	独立研究所	社会学	农、林、牧、渔服务业	政府部门办
生态文明研究中心	2016-12-19	学校主管部门批准	省级智库	独立研究所	管理学	农、林、牧、渔服务业	单位自办
生态文明研究中心	2014-7-24	非学校主管部门批准	省级重点研究基地	独立研究所	管理学	生态保护和环境治理业	与国内高校合办
乡村旅游研究中心	2015-3-28	学校主管部门批准	省级重点研究基地	独立研究所	管理学	农业	政府部门办
新农村发展研究院	2013-12-19	学校主管部门批准	其他重点研究基地	独立研究所	管理学	农、林、牧、渔服务业	政府部门办
中国特色社会主义理论体系研究中心	2016-2-24	学校主管部门批准	省级智库	独立研究所	马克思主义	中国共产党机关	政府部门办
集美大学							
地方财政绩效研究中心	2014-7-24	非学校主管部门批准	省级重点研究基地	跨系所	经济学	国家机构	单位自办
海西经济运行效率与风险测评研究中心	2011-12-14	学校主管部门批准	省级重点研究基地	跨系所	经济学	资本市场服务	单位自办
海西社会建设与社会服务研究中心	2013-6-20	学校主管部门批准	省级重点研究基地	跨系所	社会学	社会工作	单位自办
海洋文化与创意产业研究中心	2013-6-20	学校主管部门批准	省级重点研究基地	跨系所	民族学与文化学	文化艺术业	单位自办
两岸美术社科研究中心	2015-11-15	非学校主管部门批准	其他重点研究基地	独立研究所	艺术学	文化艺术业	单位自办
闽台审计研究中心	2015-11-20	学校主管部门批准	省级重点研究基地	独立研究所	管理学	资本市场服务	单位自办
闽台体育研究中心	2009-10-15	学校主管部门批准	省级重点研究基地	独立研究所	体育科学	体育	单位自办
区域经济研究中心	2014-5-10	非学校主管部门批准	其他重点研究基地	独立研究所	经济学	资本市场服务	单位自办
福建医科大学							
福建省高校特色新型智库	2017-5-1	学校主管部门批准	省级智库	独立研究所	社会学	教育	单位自办
卫生政策研究中心	2011-6-1	学校自建	学校自建	独立研究所	社会学	社会工作	单位自办
福建中医药大学							
闽台中医药文化文献研究中心	2009-10-20	学校主管部门批准	省级重点研究基地	独立研究所	图书馆、情报与文献学	卫生	单位自办
福建师范大学							

续表

学校及机构名称	成立时间	批准部门	机构类型	组成方式	学科分类	服务的国民经济行业	组成类型
二十国集团(G20)联合研究中心	2016-8-31	学校自建	其他智库	与校外合办所	国际问题研究	教育	与国内独立研究机构合办
慈善研究所	2012-5-16	学校自建	校级重点研究基地	跨系所	社会学	社会工作	单位自办
当代艺术研究中心	2010-11-30	学校自建	校级重点研究基地	跨系所	艺术学	社会工作	单位自办
邓小平理论研究所	1999-1-10	学校自建	校级重点研究基地	跨系所	马克思主义	社会保障	单位自办
发展与教育心理研究中心	2017-12-27	学校主管部门批准	省级重点研究基地	独立研究所	心理学	教育	单位自办
福建红色文化研究中心	2016-10-24	学校主管部门批准	省级智库,省级重点研究基地	独立研究所	马克思主义	教育	单位自办
福建省非物质文化遗产研究中心	2007-7-1	学校主管部门批准	省级重点研究基地	跨系所	历史学	教育	政府部门办
福建省人才发展研究中心	2015-5-1	非学校主管部门批准	省级重点研究基地	独立研究所	管理学	教育	单位自办
福建自贸区综合研究院	2015-1-12	学校自建	其他智库	独立研究所	管理学	教育	单位自办
海峡两岸文化发展协同创新中心	2012-10-1	学校主管部门批准	省级 2011 协同创新中心	与校外合办所	历史学	教育	与国内独立研究机构合办
海峡旅游发展研究中心	2013-1-1	学校主管部门批准	省级重点研究基地	独立研究所	管理学	其他服务业	单位自办
基础教育与教师教育研究中心	2006-1-1	学校主管部门批准	省级重点研究基地	跨系所	教育学	教育	单位自办
经学研究所	2013-11-4	学校自建	校级重点研究基地	独立研究所	中国文学	教育	单位自办
竞争力研究中心	2014-1-1	非学校主管部门批准	省级重点研究基地	独立研究所	经济学	国家机构	单位自办
两岸关系与闽台区域发展战略研究院	2017-6-7	学校主管部门批准	省级智库	独立研究所	港澳台研究	教育	单位自办
马克思主义理论与海西经济社会协调发展研究中心	2006-1-1	学校主管部门批准	省级重点研究基地	跨系所	政治学	国家机构	单位自办
美洲史研究院	2011-3-1	学校自建	校级重点研究基地	跨系所	历史学	教育	单位自办
闽台区域研究中心	2000-1-20	学校主管部门批准	部省共建教育部重点研究基地	跨系所	历史学	国际组织	政府部门办
闽学研究中心	2014-12-5	学校自建	校级重点研究基地	跨系所	中国文学	教育	单位自办
全国中国特色社会主义政治经济学研究中心	2017-3-1	学校主管部门批准	中央其他部委重点研究基地	独立研究所	经济学	教育	单位自办

续表

学校及机构名称	成立时间	批准部门	机构类型	组成方式	学科分类	服务的国民经济行业	组成类型
社会学研究所	1999-1-10	学校自建	校内自批的研究机构	跨系所	社会学	社会工作	单位自办
生态文明科学研究中心	2013-12-10	学校主管部门批准	省级重点研究基地	独立研究所	社会学	卫生	单位自办
世界创新竞争力发展研究基地	2016-12-20	学校主管部门批准	其他智库，中央其他部委重点研究基地	独立研究所	管理学	教育	单位自办
体育人文社会学研究中心	2012-12-15	学校主管部门批准	省级重点研究基地	跨系所	体育科学	国家机构	单位自办
印度尼西亚研究中心	2016-10-24	学校主管部门批准	中央其他部委重点研究基地	跨系所	国际问题研究	教育	单位自办
中国（福建）生态文明建设研究院	2016-5-15	学校主管部门批准	省级重点研究基地	独立研究所	马克思主义	生态保护和环境治理业	单位自办
中国画创作与理论研究中心	2006-1-1	学校主管部门批准	省级重点研究基地	跨系所	艺术学	文化艺术业	单位自办
中华文学传承发展研究中心	2014-1-1	非学校主管部门批准	省级重点研究基地	跨系所	中国文学	文化艺术业	单位自办
综合竞争力与国家发展战略研究院	2016-11-30	学校主管部门批准	省级智库	与校外合办所	经济学	社会工作	与国内独立研究机构合办
闽江学院							
福州民俗文化研究所	2007-11-20	非学校主管部门批准	福州市研究基地	独立研究所	民族学与文化学	文化艺术业	单位自办
海西地方财政与发展研究中心	2010-3-15	学校主管部门批准	省高校人文社科研究基地	独立研究所	经济学	货币金融服务	单位自办
海洋旅游研究中心	2017-5-11	非学校主管部门批准	其他重点研究基地	跨系所	管理学	教育	单位自办
互联网创新研究中心	2015-4-30	学校主管部门批准	省高校人文社科研究基地	跨系所	经济学	互联网和相关服务	单位自办
闽都历史文化研究中心	2008-11-20	学校主管部门批准	省高校人文社科研究基地	跨系所	历史学	教育	单位自办
新媒体传播研究中心	2016-11-24	学校主管部门批准	省高校人文社科研究基地	独立研究所	新闻学与传播学	新闻和出版业	单位自办
泉州师范学院							
南音文化传承与发展协同创新中心	2013-11-20	学校主管部门批准	省级 2011 协同创新中心	独立研究所	艺术学	文化艺术业	单位自办
南音研究中心	2014-7-3	非学校主管部门批准	省级重点研究基地	独立研究所	艺术学	文化艺术业	单位自办
闽南师范大学							
福建省区域农村教师发展协同创新中心	2015-10-9	学校主管部门批准	省级 2011 协同创新中心	独立研究所	教育学	教育	政府部门办
两岸一家亲研究院	2016-12-30	学校主管部门批准	省级智库	独立研究所	港澳台研究	社会工作	单位自办

续表

学校及机构名称	成立时间	批准部门	机构类型	组成方式	学科分类	服务的国民经济行业	组成类型
闽南文化研究中心	2014-7-15	学校主管部门批准	省级重点研究基地	独立研究所	民族学与文化学	教育	单位自办
厦门理工学院							
21世纪海上丝绸之路与厦门发展研究中心	2015-5-5	非学校主管部门批准	其他重点研究基地	跨系所	经济学	国家机构	单位自办
720品牌研究所	2008-9-4	学校自建	研究所	跨系所	新闻学与传播学	商务服务业	单位自办
福建省知识产权远程教育平台厦门分站	2014-1-23	非学校主管部门批准	教育平台	跨系所	法学	教育	政府部门办
国学研究所	2014-4-9	学校自建	校内研究所	独立研究所	哲学	教育	单位自办
两岸创意经济研究中心	2016-11-2	学校主管部门批准	省级重点研究基地	独立研究所	管理学	文化艺术业	政府部门办
媒体关系研究中心	2013-4-9	学校自建	校内研究所	跨系所	新闻学与传播学	新闻和出版业	单位自办
闽南文化海外传播研究中心	2015-11-25	学校主管部门批准	省级重点研究基地	跨系所	中国文学	文化艺术业	单位自办
闽台旅游发展研究所	2014-4-9	学校自建	校内研究所	跨系所	经济学	其他服务业	单位自办
文化产业研究所	2008-10-9	学校自建	校内研究所	独立研究所	民族学与文化学	文化艺术业	单位自办
文化产业研究中心	2014-8-18	非学校主管部门批准	省社科研究基地	跨系所	管理学	文化艺术业	政府部门办
厦门地方史研究所	2011-9-1	学校自建	校内研究所	独立研究所	历史学	教育	单位自办
现代物流管理工程技术研究中心	2006-6-1	非学校主管部门批准	校内研究所	跨系所	管理学	其他服务业	单位自办
三明学院							
产品设计创新研究中心	2015-7-13	学校主管部门批准	省级重点研究基地	与校外合办所	艺术学	文化艺术业	与境内注册其他企业合办
低碳经济研究中心	2015-5-13	学校主管部门批准	省级重点研究基地	独立研究所	经济学	教育	单位自办
国家公园研究中心	2016-7-13	学校主管部门批准	省级重点研究基地	与校外合办所	经济学	教育	与国内独立研究机构合办
客家文化研究所	2003-4-5	学校自建	校级重点研究基地	跨系所	民族学与文化学	文化艺术业	单位自办
闽江源生态保护研究院	2017-6-22	学校主管部门批准	省级智库	跨系所	管理学	生态保护和环境治理业	单位自办
区域经济研究所	2015-3-23	学校自建	校级重点研究基地	跨系所	经济学	其他金融业	单位自办

续表

学校及机构名称	成立时间	批准部门	机构类型	组成方式	学科分类	服务的国民经济行业	组成类型
三明市地方文化研究中心	2016-6-28	非学校主管部门批准	其他重点研究基地	与校外合办所	民族学与文化学	文化艺术业	其他
三明市动漫创意产品设计与研发公共服务平台	2011-11-15	非学校主管部门批准	其他重点研究基地	独立研究所	艺术学	文化艺术业	单位自办
三明市公共体育文化服务平台	2015-5-31	非学校主管部门批准	其他重点研究基地	与校外合办所	体育科学	体育	其他
三明市基础教育研究中心	2016-6-22	非学校主管部门批准	其他重点研究基地	与校外合办所	教育学	教育	其他
三明市区域经济与绿色发展研究中心	2016-11-25	非学校主管部门批准	其他重点研究基地	与校外合办所	经济学	商务服务业	其他
三明市乡村休闲旅游发展研究中心	2016-11-18	非学校主管部门批准	其他重点研究基地	与校外合办所	管理学	娱乐业	其他
生态文化研究中心	2008-1-15	学校主管部门批准	其他重点研究基地	跨系所	民族学与文化学	教育	单位自办
书法研究所(培育)	2014-4-15	学校自建	校级重点研究基地	跨系所	艺术学	文化艺术业	单位自办
龙岩学院							
中央苏区研究院	2017-6-30	学校主管部门批准	省级智库	独立研究所	马克思主义	中国共产党机关	单位自办
福建商学院							
福建省特色农产品电商物流协同创新中心建设项目	2017-12-1	学校主管部门批准	协同创新中心	独立研究所	管理学	商务服务业	单位自办
闽商文化研究室	2004-12-1	学校自建	研究中心	独立研究所	民族学与文化学	社会工作	单位自办
中小微企业研究中心	2017-12-20	学校主管部门批准	其他重点研究基地	独立研究所	管理学	商务服务业	单位自办
莆田学院							
福建省妈祖文化传承与发展协同创新中心	2015-9-30	非学校主管部门批准	省级重点研究基地	跨系所	民族学与文化学	文化艺术业	政府部门办
国家体育总局体育文化发展中心体育文化研究基地	2012-6-27	非学校主管部门批准	中央其他部委重点研究基地	跨系所	体育科学	教育	政府部门办
妈祖文化研究院	2016-12-1	非学校主管部门批准	省级智库	跨系所	民族学与文化学	文化艺术业	政府部门办
厦门大学嘉庚学院							
1969“和文化”教育研究基地	2017-5-14	学校自建	研究机构	与校外合办所	教育学	居民服务业	与境内注册其他企业合办

续表

学校及机构名称	成立时间	批准部门	机构类型	组成方式	学科分类	服务的国民经济行业	组成类型
丹溪映画文化产业创新中心	2017-7-13	学校自建	研究机构	与校外合办所	新闻学与传播学	文化艺术业	与境内注册其他企业合办
东万晟现代物流与供应链创新研究中心	2017-1-16	学校自建	研究机构	与校外合办所	管理学	批发业	与境内注册其他企业合办
汉嘉设计创新研究中心	2017-5-11	学校自建	研究机构	与校外合办所	艺术学	建筑装饰和其他建筑业	与境内注册其他企业合办
两岸语言应用与叙事文化研究中心	2015-12-1	学校主管部门批准	省级重点研究基地	独立研究所	语言学	教育	单位自办
福建江夏学院							
财务与会计研究中心	2014-7-24	非学校主管部门批准	省级重点研究基地	独立研究所	经济学	货币金融服务	政府部门办
泉州信息工程学院							
国际商务研究中心	2015-11-30	学校主管部门批准	省级重点研究基地	跨系所	经济学	其他服务业	政府部门办
泉州经贸职业技术学院							
李光地文化研究中心	2013-5-15	学校自建	其他重点研究基地	跨系所	历史学	文化艺术业	单位自办
福州理工学院							
朱子文化研究中心	2015-11-30	学校主管部门批准	省级重点研究基地	独立研究所	民族学与文化学	教育	单位自办
福建艺术职业学院							
古琴艺术研究中心	2012-4-3	学校主管部门批准	校级重点实验室	独立研究所	艺术学	文化艺术业	单位自办
厦门城市职业学院							
闽台儿童文化福建省高校应用文科研究中心	2015-12-1	学校主管部门批准	省级重点研究基地	跨系所	教育学	教育	单位自办
泉州幼儿师范高等专科学校							
儿童早期教养与指导福建省高校应用文科研究中心	2015-4-27	学校主管部门批准	福建省高校应用文科研究中心	独立研究所	教育学	教育	单位自办
江西省							
南昌大学							
赣学研究院	2011-3-7	学校主管部门批准	省级重点研究基地	跨系所	民族学与文化学	教育	政府部门办

续表

学校及机构名称	成立时间	批准部门	机构类型	组成方式	学科分类	服务的国民经济行业	组成类型
江西发展升级推进长江经济带建设协同创新中心	2013-3-1	学校主管部门批准	省级重点研究基地	独立研究所	经济学	教育	政府部门办
江西省大学生思想政治教育研究中心	2005-11-1	学校主管部门批准	省级重点研究基地	独立研究所	马克思主义	社会工作	政府部门办
江右哲学研究中心	2003-3-6	学校主管部门批准	省级重点研究基地	独立研究所	哲学	社会工作	政府部门办
客赣方言及语言应用中心	2002-11-1	学校主管部门批准	省级重点研究基地	独立研究所	语言学	社会工作	政府部门办
立法研究中心	2007-3-8	学校主管部门批准	省级重点研究基地	独立研究所	法学	教育	政府部门办
廉政研究中心	2009-3-13	学校主管部门批准	省级重点研究基地	独立研究所	马克思主义	教育	政府部门办
旅游规划与研究中心	2006-3-3	学校主管部门批准	省级重点研究基地	独立研究所	经济学	教育	政府部门办
文化资源与产业研究院	2013-3-8	学校主管部门批准	省级重点研究基地	独立研究所	民族学与文化学	文化艺术业	政府部门办
影视艺术研究中心	2001-7-6	学校自建	校级重点研究基地	独立研究所	中国文学	娱乐业	单位自办
中国特色社会主义理论体系	2011-3-11	学校主管部门批准	省级重点研究基地	独立研究所	马克思主义	教育	政府部门办
中国中部经济社会发展研究中心	2002-9-2	学校主管部门批准	部省共建教育部重点研究基地,省级重点研究基地	独立研究所	经济学	教育	政府部门办
华东交通大学							
高铁与区域发展研究中心	2015-10-15	学校主管部门批准	省级重点研究基地	跨系所	社会学	铁路、船舶、航空航天和其他运输设备制造业	其他
轨道交通与城市协调发展研究中心	2017-12-21	非学校主管部门批准	其他重点研究基地	跨系所	社会学	铁路、船舶、航空航天和其他运输设备制造业	其他
国学推广与艺术设计中心	2015-11-15	非学校主管部门批准	省级重点研究基地	跨系所	艺术学	文化艺术业	其他
交通与工程应用翻译研究中心	2016-1-19	学校主管部门批准	省级重点研究基地	跨系所	语言学	教育	其他
交通运输与经济研究所	2005-3-1	学校主管部门批准	省级重点研究基地	跨系所	管理学	研究和试验发展	单位自办
女性研究中心	2007-7-1	学校主管部门批准	省级重点研究基地	跨系所	社会学	社会保障	单位自办
体育健身养身研究中心	2014-3-10	学校主管部门批准	省级重点研究基地	跨系所	体育科学	体育	单位自办
新型工业化与城镇化软科学研究基地	2013-8-1	非学校主管部门批准	其他	跨系所	管理学	商务服务业	单位自办
知识产权研究中心	2014-12-30	学校主管部门批准	省级重点研究基地	跨系所	法学	社会工作	单位自办

续表

学校及机构名称	成立时间	批准部门	机构类型	组成方式	学科分类	服务的国民经济行业	组成类型
东华理工大学							
地质资源经济管理研究中心	2006-7-26	学校主管部门批准	其他重点研究基地，省教育厅重点研究基地	跨系所	经济学	科技推广和应用服务业	政府部门办
江西生态文明建设制度研究中心	2015-10-28	学校主管部门批准	其他重点研究基地	跨系所	政治学	生态保护和环境治理业	政府部门办
江西戏剧资源研究中心	2007-7-16	学校主管部门批准	其他重点研究基地，省教育厅重点研究基地	跨系所	中国文学	文化艺术业	政府部门办
资源与环境经济研究中心	2013-9-15	学校主管部门批准	其他重点研究基地	跨系所	经济学	生态保护和环境治理业	政府部门办
南昌航空大学							
国家体育总局体育文化研究基地	2008-3-1	学校主管部门批准	中央其他部委重点研究基地	独立研究所	体育科学	文化艺术业	其他
江西省航空产业发展与管理创新软科学基地	2014-8-18	学校主管部门批准	省级智库	独立研究所	管理学	航空运输业	单位自办
江西理工大学							
巴基斯坦研究中心	2017-9-21	学校主管部门批准	其他重点研究基地	跨系所	国际问题研究	教育	单位自办
非物质文化遗产研究基地	2015-8-20	学校主管部门批准	省级重点研究基地	跨系所	民族学与文化学	文化艺术业	单位自办
赣南客家文化数字化研究院	2015-8-21	学校主管部门批准	省级重点研究基地	跨系所	民族学与文化学	文化艺术业	单位自办
赣州地方立法研究院	2016-10-28	学校主管部门批准	其他智库	跨系所	法学	社会工作	其他
赣州市产业发展研究院	2014-8-28	学校主管部门批准	其他智库	跨系所	经济学	商务服务业	其他
赣州市地方党建研究院	2016-7-20	非学校主管部门批准	其他智库	与校外合办所	马克思主义	中国共产党机关	政府部门办
赣州市金融研究院	2014-9-26	学校主管部门批准	其他智库	跨系所	经济学	商务服务业	其他
华文教育研究中心	2015-10-29	学校自建	校级重点研究基地	独立研究所	民族学与文化学	文化艺术业	单位自办
环境资源法研究中心	2007-10-26	学校主管部门批准	省级重点研究基地	独立研究所	法学	商务服务业	单位自办
江西省赣粤闽湘边界区域经济合作软科学研究基地	2014-6-20	学校主管部门批准	省级重点研究基地	跨系所	管理学	商务服务业	单位自办
江西省有色金属产业发展研究中心	2013-8-16	学校主管部门批准	省级智库，省级重点研究基地	跨系所	管理学	商务服务业	单位自办
矿业发展研究中心	2014-9-27	学校主管部门批准	省级重点研究基地	跨系所	管理学	有色金属矿采选业	单位自办

续表

学校及机构名称	成立时间	批准部门	机构类型	组成方式	学科分类	服务的国民经济行业	组成类型
矿业贸易与投资研究中心	2015-10-29	学校自建	校级重点研究基地	跨系所	经济学	商务服务业	单位自办
区域经济与社会发展研究中心	2013-8-14	非学校主管部门批准	其他智库	与校外合办所	经济学	国家机构	政府部门办
景德镇陶瓷大学							
“陶瓷产品设计”协同创新中心	2014-3-1	学校主管部门批准	省级 2011 协同创新中心	独立研究所	艺术学	文化艺术业	单位自办
古陶瓷研究中心	2014-3-10	学校主管部门批准	省级重点研究基地	独立研究所	考古学	教育	单位自办
景德镇陶瓷文化传承创新协同创新中心	2012-9-1	学校主管部门批准	省级 2011 协同创新中心	独立研究所	艺术学	文化艺术业	单位自办
中国陶瓷文化研究所	2006-6-30	学校主管部门批准	省级重点研究基地	独立研究所	艺术学	文化艺术业	单位自办
中国陶瓷艺术设计研究中心	2012-1-1	学校主管部门批准	省级重点研究基地	独立研究所	艺术学	教育	单位自办
江西农业大学							
“三农”问题研究中心	2006-7-26	学校主管部门批准	省级重点研究基地	独立研究所	经济学	农业	政府部门办
边缘法学研究中心	2003-6-30	学校自建	校级重点研究基地	独立研究所	法学	研究和试验发展	单位自办
邓小平理论研究中心	1995-3-20	学校自建	校级重点研究基地	独立研究所	马克思主义	教育	单位自办
高等教育研究所	2002-5-14	学校自建	校级重点研究基地	独立研究所	教育学	教育	单位自办
江西农村发展研究中心	2013-7-6	学校主管部门批准	省级重点研究基地	独立研究所	管理学	农、林、牧、渔服务业	政府部门办
江西省农业科技创新与发展软科学研究基地	2013-7-8	学校主管部门批准	省级重点研究基地	与校外合办所	管理学	农、林、牧、渔服务业	政府部门办
江西现代农业及其优势产业可持续发展的决策支持协同创新中心	2014-8-20	学校主管部门批准	省级 2011 协同创新中心	跨系所	经济学	农业	政府部门办
江西乡村文化发展研究中心	2015-12-30	学校主管部门批准	省级重点研究基地	独立研究所	艺术学	文化艺术业	单位自办
景观与环境生态研究中心	2011-9-20	学校自建	校级重点研究基地	独立研究所	管理学	农、林、牧、渔服务业	单位自办
廉政研究中心	2014-11-20	学校自建	校级重点研究基地	独立研究所	马克思主义	中国共产党机关	单位自办
旅游发展研究中心	2017-6-14	学校主管部门批准	校级重点研究基地	独立研究所	管理学	农、林、牧、渔服务业	单位自办
农村电商研究中心	2017-6-14	学校主管部门批准	校级重点研究基地	独立研究所	管理学	商务服务业	单位自办
土地资源利用与保护研究中心	2014-3-5	学校主管部门批准	省级重点研究基地	独立研究所	管理学	农业	政府部门办

续表

学校及机构名称	成立时间	批准部门	机构类型	组成方式	学科分类	服务的国民经济行业	组成类型
移民研究中心	2010-3-20	学校自建	校级重点研究基地	独立研究所	社会学	科技推广和应用服务业	单位自办
江西中医药大学							
心理健康研究所	2002-9-10	学校主管部门批准	校级重点研究基地	独立研究所	心理学	教育	单位自办
江西师范大学							
产业转型升级发展研究中心	2015-4-3	学校主管部门批准	省级重点研究基地	独立研究所	经济学	教育	政府部门办
传统社会与江西现代化研究中心	2006-10-18	学校主管部门批准	省级重点研究基地	独立研究所	历史学	教育	政府部门办
当代形态文艺学研究中心	2003-9-15	学校主管部门批准	省级重点研究基地	独立研究所	中国文学	教育	政府部门办
管理决策评价研究中心	2014-3-7	学校主管部门批准	省级重点研究基地	独立研究所	管理学	教育	政府部门办
红色资源开发与教育研究中心	2004-3-15	学校主管部门批准	省级重点研究基地	独立研究所	马克思主义	教育	政府部门办
教师教育研究中心	2003-9-15	学校主管部门批准	省级重点研究基地	独立研究所	教育学	教育	政府部门办
廉政文化研究中心	2016-3-10	学校主管部门批准	省级重点研究基地	独立研究所	历史学	教育	政府部门办
区域创新与创业研究中心	2006-10-18	学校主管部门批准	省级重点研究基地	独立研究所	管理学	教育	政府部门办
社会发展与创新研究中心	2015-3-19	学校主管部门批准	省级重点研究基地	独立研究所	社会学	教育	政府部门办
苏区振兴研究院	2013-3-1	学校主管部门批准	省级重点研究基地	独立研究所	历史学	教育	政府部门办
心理健康教育研究中心	2016-3-1	学校主管部门批准	省级重点研究基地	独立研究所	心理学	教育	政府部门办
叙事学研究中心	2013-2-1	学校主管部门批准	省级重点研究基地	独立研究所	中国文学	教育	政府部门办
学前教育研究中心	2012-3-7	学校主管部门批准	省级重点研究基地	独立研究所	教育学	教育	政府部门办
音乐创作、表演人才培养创新研究中心	2015-3-11	学校主管部门批准	省级重点研究基地	独立研究所	艺术学	教育	政府部门办
上饶师范学院							
方志敏精神与赣东北经济社会发展研究中心	2017-9-26	学校主管部门批准	其他重点研究基地	跨系所	马克思主义	国家机构	单位自办
朱子文化协同创新中心	2014-8-25	学校主管部门批准	省级 2011 协同创新中心	与校外合办所	历史学	其他服务业	政府部门办
朱子学研究所	1988-5-20	学校主管部门批准	省级重点研究基地	独立研究所	历史学	教育	单位自办
宜春学院							

续表

学校及机构名称	成立时间	批准部门	机构类型	组成方式	学科分类	服务的国民经济行业	组成类型
赣西民俗美术创作研究中心	2015-11-21	非学校主管部门批准	省级重点研究基地	跨系所	艺术学	文化艺术业	单位自办
赣西民俗文化研究所	2004-12-1	学校主管部门批准	校级重点研究基地	独立研究所	宗教学	中国共产党机关	单位自办
赣西区域经济社会发展研究中心	2017-7-13	非学校主管部门批准	省级重点研究基地	跨系所	管理学	社会工作	单位自办
高等教育研究	2004-12-1	学校主管部门批准	校级重点研究基地	独立研究所	教育学	社会工作	单位自办
江西宗教历史文化研究中心	2010-10-31	非学校主管部门批准	省级重点研究基地	跨系所	宗教学	群众团体、社会团体和其他成员组织	单位自办
农村社会建设与发展研究中心	2008-9-30	非学校主管部门批准	其他	跨系所	社会学	社会工作	单位自办
赣南师范大学							
赣南民间区域文化艺术研究中心	2015-11-21	学校主管部门批准	其他重点研究基地	独立研究所	艺术学	文化艺术业	单位自办
中国共产党革命精神与文化资源研究中心	2013-6-25	学校主管部门批准	教育部重点研究基地	独立研究所	政治学	研究和试验发展	单位自办
国家体育总局体育文化发展中心体育文化研究基地	2013-2-26	非学校主管部门批准	国家体育总局	独立研究所	体育科学	研究和试验发展	单位自办
江西省中国革命历史题材文艺创作研究中心	2016-9-18	非学校主管部门批准	省文联	独立研究所	艺术学	文化艺术业	单位自办
教育经济研究中心	2009-12-29	学校主管部门批准	省级重点研究基地	跨系所	教育学	社会工作	单位自办
客家研究中心	2001-4-19	学校主管部门批准	省级重点研究基地	跨系所	社会学	科技推广和应用服务业	单位自办
中央苏区研究中心	2007-8-6	学校主管部门批准	省级重点研究基地	跨系所	历史学	社会工作	其他
井冈山大学							
井冈山研究中心	2005-12-6	学校主管部门批准	其他	独立研究所	马克思主义	社会工作	其他
庐陵文化研究所	2009-12-12	学校主管部门批准	省人文社科重点研究基地	独立研究所	中国文学	社会工作	单位自办
江西科技学院							
服装创意产业研究所	2012-4-27	学校自建	校级研究所	独立研究所	艺术学	纺织服装、服饰业	单位自办
高等教育研究所	2009-1-1	学校主管部门批准	校级重点实验室	独立研究所	教育学	教育	单位自办
江西山水文化传播研究所	2012-4-27	学校自建	校级研究所	独立研究所	新闻学与传播学	文化艺术业	单位自办

续表

学校及机构名称	成立时间	批准部门	机构类型	组成方式	学科分类	服务的国民经济行业	组成类型
江西省名山文化艺术创作与传播研究院	2015-11-30	学校主管部门批准	省级重点研究基地	跨系所	艺术学	广播、电视、电影和影视录音制作业	单位自办
江西省区域发展研究院	2016-5-30	非学校主管部门批准	省级智库	与校外合办所	经济学	研究和试验发展	政府部门办
跨文化交际研究所	2012-4-27	学校自建	校级研究所	跨系所	外国文学	教育	单位自办
内部控制评价研究所	2012-4-27	学校自建	校级研究所	独立研究所	管理学	商务服务业	单位自办
数字 CG 产业研究所	2012-4-27	学校自建	校级研究所	独立研究所	艺术学	商务服务业	单位自办
微营销研究所	2012-4-27	学校自建	校级研究所	独立研究所	管理学	商务服务业	单位自办
演出创意与经纪研究所	2012-4-27	学校自建	校级研究所	独立研究所	艺术学	商务服务业	单位自办
自学考试教育与教学研究所	2012-4-27	学校自建	校级研究所	独立研究所	教育学	教育	单位自办
萍乡学院							
安源红色文化研究中心	2003-6-12	学校自建	校级重点研究基地	与校外合办所	历史学	中国共产党机关	政府部门办
电子商务中心	2012-7-3	学校自建	校级重点研究基地	跨系所	经济学	其他服务业	单位自办
非物质文化遗产研究中心	2016-6-13	学校主管部门批准	省级重点研究基地，校级重点研究基地	跨系所	艺术学	文化艺术业	单位自办
萍乡市廉政文化研究所	2012-12-31	学校自建	其他	与校外合办所	马克思主义	国家机构	其他
文廷式研究所	2003-1-17	学校自建	校级重点研究基地	独立研究所	历史学	社会工作	单位自办
心理技术应用研究所	2001-9-15	学校自建	校级重点研究基地	跨系所	心理学	社会工作	单位自办
江西科技师范大学							
八一精神研究中心	2010-4-16	学校主管部门批准	省级重点研究基地	独立研究所	哲学	国家机构	单位自办
江西职业教育与产业发展研究中心	2017-2-15	学校主管部门批准	省级重点研究基地	独立研究所	教育学	教育	单位自办
数字化社会与地方文化发展中心	2014-4-10	学校主管部门批准	省级重点研究基地	独立研究所	中国文学	教育	单位自办
职业教育研究院	2002-5-1	学校主管部门批准	省级重点研究基地	独立研究所	教育学	教育	单位自办
南昌工程学院							
马克思主义社会发展理论研究所	2005-12-16	学校自建	学校自建研究所	独立研究所	马克思主义	社会保障	单位自办
企业社会责任研究所	2013-7-5	学校自建	学校自建研究所	独立研究所	管理学	商务服务业	单位自办

续表

学校及机构名称	成立时间	批准部门	机构类型	组成方式	学科分类	服务的国民经济行业	组成类型
山水林田湖研究所	2014-9-5	学校自建	学校自建研究所	独立研究所	经济学	科技推广和应用服务业	单位自办
水文化研究中心	2010-10-16	学校主管部门批准	省级重点研究基地	独立研究所	哲学	科技推广和应用服务业	单位自办
江西警察学院							
公安民警忠诚教育研究中心	2010-3-10	学校自建	校级重点研究基地	独立研究所	法学	教育	单位自办
公共安全研究中心	2012-6-25	非学校主管部门批准	省级重点研究基地	独立研究所	法学	社会工作	单位自办
管理研究中心	2009-12-9	学校自建	校级重点研究基地	独立研究所	法学	社会工作	单位自办
计算机犯罪侦查研究中心	2009-12-10	学校自建	校级重点研究基地	独立研究所	法学	社会工作	单位自办
江西经济犯罪侦查研究中心	2004-11-12	学校自建	校级重点研究基地	独立研究所	法学	社会工作	单位自办
江西警察法治研究中心	1997-12-18	学校自建	校级重点研究基地	独立研究所	法学	社会工作	单位自办
物证鉴定所	2001-12-21	非学校主管部门批准	校级重点实验室	跨系所	法学	教育	单位自办
应急管理及群体性事件研究中心	2009-12-9	学校自建	校级重点研究基地	跨系所	法学	社会工作	单位自办
鄱阳湖生态经济区安全研究中心	2010-12-20	学校自建	校级重点研究基地	跨系所	法学	教育	单位自办
九江学院							
庐山文化研究中心	2008-6-1	学校主管部门批准	省级 2011 协同创新中心	独立研究所	中国文学	中国共产党机关	政府部门办
江西工程学院							
应用经济研究所	2014-9-8	学校自建	研究所	独立研究所	经济学	资本市场服务	单位自办
南昌理工学院							
江西省航空航天科普教育基地	2017-3-3	非学校主管部门批准	科学普及研究	跨系所	社会学	教育	单位自办
江西服装学院							
中华服饰文化中心	2015-11-13	非学校主管部门批准	省级重点研究基地	独立研究所	艺术学	纺织业	单位自办
南昌工学院							
高等教育研究所	2017-5-12	学校自建	校级研究所	独立研究所	管理学	教育	单位自办
南昌市文化创意与旅游商品开发研究基地	2017-12-25	非学校主管部门批准	其他重点研究基地	独立研究所	民族学与文化学	科技推广和应用服务业	单位自办
社会工作与社区发展研究所	2017-5-10	学校自建	校级研究所	独立研究所	社会学	社会保障	单位自办

续表

学校及机构名称	成立时间	批准部门	机构类型	组成方式	学科分类	服务的国民经济行业	组成类型
江西中医药高等专科学校							
盱江医学传承工作室	2013-12-31	学校主管部门批准	管理	独立研究所	教育学	教育	单位自办
江西制造职业技术学院							
高教研究室	2004-7-1	学校自建	研究室	独立研究所	教育学	教育	单位自办
思政部	2010-7-1	学校自建	研究室	独立研究所	马克思主义	教育	单位自办
景德镇陶瓷职业技术学院							
湖田陶瓷文化传播考古研究室	2017-10-23	学校自建	研究室	与校外合办所	考古学	文化艺术业	与境内注册其他企业合办
景德镇三宝蓬艺术创新创业示范园	2017-11-6	学校自建	创新创业示范园	与校外合办所	艺术学	其他制造业	与境内注册其他企业合办
陶瓷粉古彩技法研究室	2017-9-11	学校自建	研究室	独立研究所	艺术学	其他制造业	单位自办
陶瓷器形研究室	2017-5-16	学校自建	研究室	独立研究所	艺术学	其他制造业	单位自办
南昌师范学院							
“江西民间舞蹈文化”重点研究基地	2015-11-27	非学校主管部门批准	省级重点研究基地	独立研究所	艺术学	文化艺术业	政府部门办
江西旅游产业升级研究中心	2015-11-4	非学校主管部门批准	省级重点研究基地	独立研究所	管理学	其他服务业	政府部门办
山东省							
山东大学							
当代社会主义研究所	2000-3-1	学校主管部门批准	教育部重点研究基地	独立研究所	马克思主义	社会工作	单位自办
经济研究院	2001-6-25	学校自建	实体研究机构	独立研究所	经济学	社会工作	单位自办
儒家文明协同创新中心	2012-9-1	非学校主管部门批准	省级 2011 协同创新中心	与校外合办所	哲学	社会工作	与国内高校合办
儒学高等研究院	2010-4-21	学校自建	校级重点研究基地	独立研究所	哲学	社会工作	单位自办
山东区域经济发展协同创新中心	2016-3-2	非学校主管部门批准	省级 2011 协同创新中心	独立研究所	经济学	社会工作	政府部门办
卫生管理与政策研究中心	2002-7-1	学校自建	实体研究机构	独立研究所	社会学	社会工作	单位自办
文化遗产研究院	2012-4-6	学校自建	实体研究机构	独立研究所	考古学	社会工作	单位自办
文艺美学研究中心	2000-12-1	学校主管部门批准	教育部重点研究基地	独立研究所	中国文学	社会工作	单位自办

续表

学校及机构名称	成立时间	批准部门	机构类型	组成方式	学科分类	服务的国民经济行业	组成类型
易学与中国古代哲学研究中心	1988-3-1	学校主管部门批准	教育部重点研究基地	独立研究所	哲学	社会工作	单位自办
犹太教与跨宗教研究中心	2004-11-1	学校主管部门批准	教育部重点研究基地	独立研究所	宗教学	社会工作	单位自办
中国海洋大学							
海洋发展研究院	2004-12-24	学校主管部门批准	教育部重点研究基地	独立研究所	管理学	教育	政府部门办
混合所有制与资本管理研究院	2014-11-21	学校自建	校级重点研究基地	跨系所	管理学	资本市场服务	单位自办
山东科技大学							
山东矿区循环经济与节能减排强化建设研究基地	2011-11-1	学校主管部门批准	省级社科重点研究基地	跨系所	管理学	煤炭开采和洗选业	单位自办
中国石油大学(华东)							
国际教育研究基地	2015-6-12	学校主管部门批准	山东省教育科学研究基地	独立研究所	教育学	教育	单位自办
马克思主义中国化研究中心	2011-6-30	学校主管部门批准	山东省高校人文社科研究基地	跨系所	马克思主义	教育	政府部门办
人才发展研究中心	2011-11-30	非学校主管部门批准	山东高校干部教育培训与研究基地	跨系所	管理学	教育	其他
山东省能源经济管理研究中心	2017-3-10	学校主管部门批准	山东省高等学校人文社会科学研究平台	跨系所	管理学	石油和天然气开采业	单位自办
体育文化研究基地	2013-11-3	学校主管部门批准	国家体育总局体育文化研究基地	独立研究所	体育科学	体育	单位自办
济南大学							
冰岛研究中心	2014-10-11	学校主管部门批准	教育部重点研究基地	跨系所	国际问题研究	教育	单位自办
出土文献与文学研究协同创新中心	2013-9-16	学校自建	校级重点研究基地	独立研究所	中国文学	教育	单位自办
东方智慧与管理创新研究基地	2014-10-11	学校自建	校级重点研究基地	独立研究所	管理学	教育	单位自办
非洲法语区研究中心	2014-9-15	学校主管部门批准	教育部重点研究基地	独立研究所	国际问题研究	教育	单位自办
高等教育研究院	2011-6-1	学校主管部门批准	省级重点研究基地	独立研究所	教育学	教育	单位自办
高等教育政策研究基地	2014-10-11	学校自建	校级重点研究基地	独立研究所	教育学	教育	单位自办
公司金融研究中心	2011-9-10	学校自建	校级重点研究基地	独立研究所	经济学	教育	单位自办

续表

学校及机构名称	成立时间	批准部门	机构类型	组成方式	学科分类	服务的国民经济行业	组成类型
会计改革与发展研究基地	2015-9-10	学校自建	校级重点研究基地	独立研究所	经济学	教育	单位自办
会展与文化旅游研究所	2017-10-1	学校主管部门批准	校级重点研究基地	独立研究所	管理学	教育	单位自办
金融研究院	2011-12-1	学校主管部门批准	省级重点研究基地	独立研究所	经济学	教育	单位自办
近代文学与文化研究基地	2014-9-1	学校自建	校级重点研究基地	独立研究所	中国文学	教育	单位自办
经济全球化与人民币国际化研究基地	2015-10-10	学校自建	校级重点研究基地	独立研究所	经济学	教育	单位自办
绿色城镇发展研究基地	2014-10-11	学校主管部门批准	省级重点研究基地	独立研究所	经济学	教育	单位自办
民主法治建设与国家治理现代化研究中心	2016-1-1	学校主管部门批准	省级重点研究基地	独立研究所	社会学	教育	单位自办
女性文学与性别文化研究中心	2016-1-1	学校主管部门批准	省级重点研究基地	独立研究所	中国文学	教育	单位自办
软实力研究中心	2010-10-1	学校自建	校级重点研究基地	独立研究所	管理学	教育	单位自办
山东地方戏曲研究中心	2014-1-1	学校主管部门批准	省级重点研究基地	独立研究所	艺术学	教育	单位自办
山东省城市发展研究基地	2005-1-1	学校主管部门批准	省级重点研究基地	独立研究所	经济学	教育	单位自办
山东省地方立法研究服务基地	2015-10-10	非学校主管部门批准	省级重点研究基地	独立研究所	法学	教育	单位自办
山东省民俗与非物质文化遗产研究基地	2009-10-18	学校主管部门批准	省级重点研究基地	独立研究所	社会学	教育	单位自办
山东省饮食文化产业开发研究基地	2009-12-24	非学校主管部门批准	省级重点研究基地	独立研究所	管理学	教育	单位自办
山东音乐文化研究基地	2014-1-1	学校主管部门批准	省级重点研究基地	独立研究所	艺术学	教育	单位自办
投融资研究中心	2012-10-11	学校自建	校级重点研究基地	独立研究所	经济学	教育	单位自办
武术文化与区域文化发展研究中心	2016-1-1	学校自建	校级重点研究基地	独立研究所	体育科学	教育	单位自办
物流研究中心	2014-9-10	学校自建	校级重点研究基地	独立研究所	管理学	教育	单位自办
习近平系列讲话学习研究中心	2014-12-10	学校自建	校级重点研究基地	独立研究所	马克思主义	教育	单位自办
小微企业创业创新研究中心	2015-10-10	学校自建	校级重点研究基地	独立研究所	管理学	教育	单位自办
新媒体研究中心	2017-10-31	学校主管部门批准	校级重点研究基地	独立研究所	新闻学与传播学	教育	单位自办
新时代中国特色社会主义研究中心	2017-11-15	学校主管部门批准	校级重点研究基地	独立研究所	马克思主义	教育	单位自办
音乐发展研究中心	2011-4-1	学校主管部门批准	校级重点研究基地	独立研究所	艺术学	教育	单位自办

续表

学校及机构名称	成立时间	批准部门	机构类型	组成方式	学科分类	服务的国民经济行业	组成类型
影视产业研究中心	2017-10-1	学校主管部门批准	校级重点研究基地	独立研究所	艺术学	教育	单位自办
中国特色社会主义理论体系与当代政治发展研究基地	2014-1-1	学校自建	校级重点研究基地	独立研究所	马克思主义	教育	单位自办
资本市场创新发展协同创新中心	2013-9-16	学校主管部门批准	省级 2011 协同创新中心	独立研究所	经济学	教育	与国内高校合办
山东建筑大学							
城乡建设可持续发展研究院	2017-3-30	学校主管部门批准	省级智库	跨系所	管理学	教育	单位自办
齐鲁建筑文化艺术与环境设计研究基地	2017-3-30	学校主管部门批准	校级重点研究基地	独立研究所	艺术学	建筑装饰和其他建筑业	单位自办
齐鲁建筑文化与景观艺术研究基地	2011-6-28	学校主管部门批准	省级重点研究基地	独立研究所	艺术学	房屋建筑业	单位自办
齐鲁工业大学							
道学与传统文化研究所	2011-11-25	学校自建	校级重点研究基地	独立研究所	宗教学	研究和试验发展	单位自办
工业技术经济与区域绿色发展研究基地	2017-4-1	学校主管部门批准	省级重点研究基地	独立研究所	管理学	研究和试验发展	单位自办
马克思主义中国化研究基地	2011-3-1	学校自建	校级重点研究基地	跨系所	马克思主义	研究和试验发展	单位自办
民族传统体育研究所	2015-6-4	学校自建	校级重点研究基地	跨系所	体育科学	研究和试验发展	单位自办
齐鲁文化产品创新研究中心	2017-4-11	学校主管部门批准	省级重点研究基地	独立研究所	艺术学	研究和试验发展	单位自办
山东理工大学							
齐文化传承与示范区建设协同创新中心	2017-11-1	学校主管部门批准	省级 2011 协同创新中心	与校外合办所	历史学	文化艺术业	与国内高校合办
淄博发展研究院	2017-4-5	学校主管部门批准	省级智库	独立研究所	管理学	国家机构	单位自办
山东农业大学							
农村金融研究所	2000-7-6	学校自建	校级重点研究基地	独立研究所	经济学	农业	单位自办
农村社会发展研究所	1997-6-20	学校自建	校级重点研究基地	独立研究所	法学	农业	单位自办
山东省“三农”省情调研中心	2016-6-30	学校主管部门批准	省级智库	独立研究所	管理学	农业	单位自办
山东省高校农村经济管理研究基地	2012-6-15	学校主管部门批准	其他重点研究基地	独立研究所	管理学	农、林、牧、渔服务业	单位自办

续表

学校及机构名称	成立时间	批准部门	机构类型	组成方式	学科分类	服务的国民经济行业	组成类型
山东省高校农业资源与生态安全研究中心	2017-6-30	学校主管部门批准	其他智库	独立研究所	管理学	农业	单位自办
山东省农业农村农民问题软科学研究基地	2004-8-31	学校自建	其他重点研究基地	独立研究所	管理学	农业	单位自办
语言研究室	1993-7-13	学校自建	校级重点研究基地	独立研究所	语言学	社会工作	单位自办
青岛农业大学							
财务与会计研究所	2006-8-1	学校自建	校级研究所	独立研究所	经济学	社会工作	单位自办
都市农业研究所	2014-12-25	学校自建	校级重点研究基地	独立研究所	经济学	农业	单位自办
农村经济研究所	1997-6-10	学校自建	校级重点研究基地	独立研究所	经济学	农业	单位自办
农村文化研究所	2005-11-11	学校自建	校级研究所	独立研究所	社会学	农业	单位自办
农业国际化研究室	2002-8-8	学校自建	校级研究所	独立研究所	管理学	农业	单位自办
知识产权研究所	2005-10-10	学校自建	校级研究所	独立研究所	法学	社会工作	单位自办
潍坊医学院							
山东省基层卫生发展研究中心	2015-8-24	学校主管部门批准	其他重点研究基地	独立研究所	管理学	卫生	单位自办
社会医学与卫生事业管理研究室	2006-8-22	学校自建	校级重点实验室	独立研究所	管理学	卫生	单位自办
卫生经济研究室	2006-8-22	学校自建	校级社科研究所	独立研究所	经济学	卫生	单位自办
卫生政策研究室	2010-7-8	学校主管部门批准	校级社科研究所	独立研究所	管理学	卫生	政府部门办
医学伦理学研究室	2006-8-22	学校自建	校级社科研究所	独立研究所	社会学	教育	单位自办
滨州医学院							
医学人文研究中心	2011-6-10	学校主管部门批准	省级重点研究基地	独立研究所	哲学	教育	单位自办
山东师范大学							
古籍所	1985-5-1	学校主管部门批准	其他	独立研究所	历史学	教育	单位自办
国际问题研究所	2004-12-2	学校自建	其他	独立研究所	政治学	社会工作	单位自办
环境资源法研究所	2003-4-1	学校自建	其他	独立研究所	法学	科技推广和应用服务业	单位自办
基础教育课程研究中心	2005-1-1	学校主管部门批准	其他	独立研究所	教育学	教育	单位自办

续表

学校及机构名称	成立时间	批准部门	机构类型	组成方式	学科分类	服务的国民经济行业	组成类型
教育科学研究所	1979-10-1	学校主管部门批准	其他	独立研究所	教育学	教育	单位自办
马克思主义理论研究中心	2011-6-1	学校主管部门批准	省级重点研究基地	独立研究所	马克思主义	教育	单位自办
山东地方史研究所	1997-1-1	学校主管部门批准	其他	独立研究所	历史学	教育	单位自办
山东省可持续发展研究中心	1992-3-1	学校主管部门批准	其他	独立研究所	经济学	社会工作	单位自办
山东省齐鲁文化研究院	1999-1-1	非学校主管部门批准	省级重点实验室	独立研究所	历史学	文化艺术业	单位自办
山东省文化建设研究基地	2003-6-6	学校主管部门批准	其他	独立研究所	中国文学	文化艺术业	单位自办
语言文学研究所	1991-9-10	学校主管部门批准	其他	独立研究所	语言学	教育	单位自办
曲阜师范大学							
港澳教育研究中心	2016-11-14	学校自建	校级重点研究基地	跨系所	教育学	教育	单位自办
国学院	2014-5-23	学校自建	校级重点研究基地	跨系所	历史学	教育	单位自办
基础教育课程研究中心	2005-5-8	学校主管部门批准	部省共建教育部重点研究基地	独立研究所	教育学	教育	其他
教育科学研究院	2013-11-8	学校主管部门批准	其他	独立研究所	教育学	教育	单位自办
孔子文化研究院	1983-6-22	学校主管部门批准	其他	独立研究所	历史学	教育	政府部门办
孔子与山东文化强省战略协同创新中心	2013-9-12	学校主管部门批准	省级 2011 协同创新中心	与校外合办所	历史学	教育	与国内高校合办
山东省马克思主义中国化研究基地	2006-1-12	学校主管部门批准	校级重点研究基地	跨系所	经济学	教育	政府部门办
山东省儒学研究基地	1983-9-2	学校主管部门批准	其他	跨系所	历史学	教育	政府部门办
山东新农村建设研究中心	2009-1-9	学校自建	校级重点研究基地	跨系所	法学	教育	单位自办
体育人文社会科学研究所	2012-6-1	学校自建	其他	跨系所	体育科学	教育	政府部门办
体育社会科学研究基地	2003-1-22	非学校主管部门批准	中央其他部委重点研究基地	跨系所	体育科学	教育	政府部门办
外国语言文化与翻译研究中心	2011-7-11	学校主管部门批准	省级重点研究基地	跨系所	语言学	教育	政府部门办
语言文学研究所	1985-1-2	学校主管部门批准	其他	跨系所	中国文学	教育	政府部门办
中国教育大数据研究院	2015-9-19	非学校主管部门批准	其他	与校外合办所	教育学	教育	与国内独立研究机构合办

续表

学校及机构名称	成立时间	批准部门	机构类型	组成方式	学科分类	服务的国民经济行业	组成类型
中华礼乐文明研究所	2016-11-22	学校自建	校级重点研究基地	独立研究所	民族学与文化学	教育	单位自办
中西语言文化交流研究基地	2008-6-27	学校主管部门批准	其他	独立研究所	语言学	教育	政府部门办
聊城大学							
当代中国哲学研究基地	2007-7-18	学校主管部门批准	省级重点研究基地	跨系所	哲学	教育	政府部门办
世界社会主义共产主义运动研究基地	1983-2-2	学校主管部门批准	省级重点研究基地	跨系所	马克思主义	教育	政府部门办
太平洋岛国研究中心	2012-9-19	学校主管部门批准	其他	跨系所	历史学	教育	政府部门办
运河文化研究基地	2010-3-19	学校主管部门批准	省级重点研究基地	独立研究所	历史学	教育	政府部门办
滨州学院							
安全文化研究中心	2007-9-7	学校主管部门批准	其他重点研究基地	跨系所	社会学	社会工作	单位自办
黄河三角洲经济研究中心	2010-4-9	学校自建	其他	跨系所	经济学	专业技术服务业	单位自办
黄河三角洲文化研究所	2000-7-1	学校主管部门批准	其他重点研究基地	独立研究所	社会学	国家机构	单位自办
孙子研究院	2005-9-26	学校主管部门批准	其他	独立研究所	历史学	教育	单位自办
鲁东大学							
传统文化与现代思想研究院	2011-6-15	学校自建	其他	独立研究所	历史学	教育	单位自办
东北亚研究院	2017-6-16	非学校主管部门批准	其他	跨系所	语言学	教育	单位自办
汉语辞书研究中心	2008-12-1	非学校主管部门批准	其他	独立研究所	语言学	教育	政府部门办
环渤海发展研究院	2007-12-3	学校自建	其他	独立研究所	经济学	教育	单位自办
胶东文化研究院	2003-4-1	学校自建	其他	独立研究所	民族学与文化学	教育	单位自办
教育科学研究所	1992-7-2	非学校主管部门批准	其他	跨系所	教育学	教育	单位自办
问题青少年教育矫正研究基地	2017-3-30	学校主管部门批准	山东省高校科研创新平台	跨系所	教育学	教育	单位自办
中华传统文化现代转换与海外传播协同创新中心	2017-10-31	学校主管部门批准	其他 2011 协同创新中心	与校外合办所	历史学	教育	与国内高校合办
中华文化海外传播与反观研究基地	2017-3-30	学校主管部门批准	山东省高校科研创新平台	跨系所	中国文学	教育	单位自办
临沂大学							
俄罗斯音乐研究所	2017-4-13	学校自建	校级重点研究基地	独立研究所	艺术学	教育	单位自办

续表

学校及机构名称	成立时间	批准部门	机构类型	组成方式	学科分类	服务的国民经济行业	组成类型
国际商贸发展研究中心	2017-10-20	学校自建	校级重点研究基地	与校外合办所	经济学	商务服务业	与国内高校合办
教师教育研究中心	2017-10-20	学校自建	校级重点研究基地	独立研究所	教育学	教育	单位自办
钱学森思维科学与学前教育课程研发中心	2017-10-20	学校自建	校级重点研究基地	独立研究所	教育学	教育	单位自办
山东农村体育研究中心	2017-10-20	学校自建	校级重点研究基地	独立研究所	体育科学	体育	单位自办
山东省沂蒙精神研究基地	2016-3-10	非学校主管部门批准	省级重点研究基地	独立研究所	马克思主义	教育	单位自办
山东诗歌创作与研究中心	2017-10-20	学校自建	校级重点研究基地	独立研究所	中国文学	教育	单位自办
沂蒙精神与马克思主义群众观研究中心	2017-10-20	学校自建	校级重点研究基地	独立研究所	社会学	教育	单位自办
沂蒙文化研究基地	2011-7-22	学校主管部门批准	省级重点研究基地	独立研究所	民族学与文化学	教育	单位自办
中国文艺评论基地	2015-9-23	非学校主管部门批准	中央其他部委重点研究基地	与校外合办所	艺术学	教育	与国内独立研究机构合办
泰山学院							
教育科学研究所	2004-5-16	学校自建	其他	独立研究所	教育学	社会工作	单位自办
旅游研究所	2004-5-16	学校自建	其他	独立研究所	经济学	专业技术服务业	单位自办
泰山书画艺术研究所	2004-5-16	学校自建	其他	独立研究所	艺术学	教育	单位自办
泰山文化研究中心	2011-6-30	学校主管部门批准	省级重点研究基地	跨系所	民族学与文化学	教育	单位自办
泰山研究院	2006-6-9	学校主管部门批准	其他	独立研究所	历史学	教育	单位自办
泰山中小企业研究所	2007-6-20	学校主管部门批准	其他	与校外合办所	管理学	专业技术服务业	与境内注册其他企业合办
中国现当代文学研究所	2004-5-16	学校自建	其他	独立研究所	中国文学	社会工作	单位自办
中小城市社区研究所	2004-5-16	学校自建	其他	独立研究所	社会学	教育	单位自办
山东财经大学							
金融产业优化与区域发展管理协同创新中心	2013-9-1	学校主管部门批准	省级 2011 协同创新中心	跨系所	经济学	其他金融业	单位自办
经济研究中心	2011-7-4	学校自建	校级重点研究基地	独立研究所	经济学	商务服务业	单位自办

续表

学校及机构名称	成立时间	批准部门	机构类型	组成方式	学科分类	服务的国民经济行业	组成类型
农业与农村经济研究中心	2011-7-4	学校自建	校级重点研究基地	独立研究所	经济学	农业	单位自办
区域经济研究院	2011-7-4	学校自建	校级重点研究基地	独立研究所	经济学	国家机构	单位自办
山东金融发展研究院	2011-7-4	学校自建	校级重点研究基地	独立研究所	经济学	货币金融服务	单位自办
山东体育学院							
“一带一路”国家体育文化研究中心	2017-11-8	非学校主管部门批准	其他重点研究基地	独立研究所	体育科学	体育	单位自办
全国保龄球运动发展研究中心	2017-9-11	学校自建	研究中心	独立研究所	体育科学	体育	单位自办
全国幼儿体育发展研究中心	2017-10-14	学校自建	研究中心	独立研究所	体育科学	体育	单位自办
山东省体育发展政策研究中心	2017-4-1	学校主管部门批准	研究中心	跨系所	体育科学	体育	单位自办
山东省校园足球发展研究中心	2017-4-1	学校主管部门批准	研究中心	独立研究所	体育科学	体育	单位自办
青岛滨海学院							
国际语言文化实践教学中心	2012-10-12	学校自建	校级重点研究基地	跨系所	语言学	教育	单位自办
韩国学研究中心	2008-6-10	学校自建	其他	独立研究所	语言学	教育	单位自办
经济管理实验中心	2008-9-1	学校自建	校级重点实验室	独立研究所	经济学	商务服务业	单位自办
九州旅游饭店管理研究中心	2015-1-5	非学校主管部门批准	校级重点研究基地	与校外合办所	经济学	餐饮业	与国内独立研究机构合办
中小企业电子商务研究中心	2005-3-1	学校自建	其他	独立研究所	经济学	商务服务业	单位自办
综合研究所	2015-3-10	学校自建	其他	独立研究所	教育学	教育	单位自办
青岛大学							
东亚文学与文化研究中心	2017-3-1	学校主管部门批准	山东省高等学校人文社会科学研究平台	跨系所	中国文学	文化艺术业	政府部门办
山东教育科技经济协同发展研究中心	2017-3-1	学校主管部门批准	山东省高等学校人文社会科学研究平台	独立研究所	管理学	社会工作	政府部门办
世界经济研究基地	2003-7-30	非学校主管部门批准	省级重点研究基地	跨系所	经济学	社会工作	政府部门办
烟台大学							
翻译研究中心	2010-10-8	学校自建	校级重点实验室	跨系所	语言学	教育	单位自办

续表

学校及机构名称	成立时间	批准部门	机构类型	组成方式	学科分类	服务的国民经济行业	组成类型
韩国学研究中心	2004-3-12	学校自建	研究机构	跨系所	语言学	教育	单位自办
理论与应用经济研究所	1999-4-1	学校自建	校级重点研究基地	跨系所	经济学	教育	单位自办
民族问题研究基地	2003-5-15	非学校主管部门批准	校级重点研究基地	独立研究所	民族学与文化学	教育	单位自办
山东半岛蓝色经济研究院	2011-12-15	学校自建	校级重点研究基地	跨系所	经济学	教育	单位自办
山东省知识产权研究院	2007-5-18	学校主管部门批准	研究机构	与校外合办所	法学	教育	政府部门办
外国语言文化研究所	2003-1-10	学校自建	校级重点实验室	独立研究所	语言学	教育	单位自办
潍坊学院							
山东省海盐文化研究基地	2011-6-28	非学校主管部门批准	省级重点研究基地	与校外合办所	民族学与文化学	文化艺术业	政府部门办
山东省教师教育培训基地	2012-1-12	非学校主管部门批准	省级重点研究基地	跨系所	教育学	教育	单位自办
山东省民俗文化产业开发研究基地	2008-6-12	非学校主管部门批准	省级重点研究基地	与校外合办所	社会学	文化艺术业	政府部门办
山东省音乐创作与理论研究基地	2011-5-1	非学校主管部门批准	省级重点研究基地	与校外合办所	艺术学	文化艺术业	与国内独立研究机构合办
山东省知识产权培训基地	2012-9-1	非学校主管部门批准	省级重点研究基地	与校外合办所	法学	群众团体、社会团体和其他成员组织	政府部门办
山东交通学院							
交通教育研究基地	2017-3-31	学校主管部门批准	“十三五”山东省高校科研创新平台	跨系所	教育学	专业技术服务业	单位自办
山东工商学院							
半岛经济研究基地	2010-2-1	非学校主管部门批准	其他	独立研究所	经济学	专业技术服务业	单位自办
煤炭产业发展与创新研究基地	2011-2-7	学校主管部门批准	省级重点研究基地	独立研究所	管理学	煤炭开采和洗选业	单位自办
山东能源经济协同创新中心	2011-9-18	学校主管部门批准	其他	与校外合办所	管理学	煤炭开采和洗选业	与境内注册其他企业合办
日照职业技术学院							
日照市茶文化和茶产业发展研究基地	2012-7-1	学校主管部门批准	其他重点研究基地	跨系所	民族学与文化学	农业	政府部门办
日照市航空产业研究基地	2017-12-1	非学校主管部门批准	其他重点研究基地	独立研究所	经济学	铁路、船舶、航空航天和其他运输设备制造业	政府部门办

续表

学校及机构名称	成立时间	批准部门	机构类型	组成方式	学科分类	服务的国民经济行业	组成类型
日照市汽车产业发展研究基地	2013-7-1	学校主管部门批准	其他重点研究基地	跨系所	经济学	汽车制造业	政府部门办
日照市文化产业发展研究基地	2013-7-1	学校主管部门批准	其他重点研究基地	跨系所	民族学与文化学	文化艺术业	政府部门办
日照市文化创意中心	2015-3-1	非学校主管部门批准	其他重点研究基地	跨系所	艺术学	文化艺术业	政府部门办
日照市文化事业发展研究基地	2012-7-1	学校主管部门批准	其他重点研究基地	跨系所	民族学与文化学	文化艺术业	政府部门办
济宁职业技术学院							
服装版型研发中心	2015-1-1	学校自建	校级重点实验室	独立研究所	艺术学	纺织服装、服饰业	单位自办
高职研究所	2000-10-26	学校自建	校级重点研究基地	独立研究所	教育学	教育	单位自办
学前教育研究所	2015-1-1	学校自建	校级重点实验室	独立研究所	教育学	教育	单位自办
运河经济开发研究所	2015-1-1	学校自建	校级重点实验室	独立研究所	经济学	社会工作	单位自办
山东服装职业学院							
泰安服饰文化研究中心	2014-11-25	学校自建	其他	独立研究所	民族学与文化学	纺织服装、服饰业	单位自办
潍坊科技学院							
农圣文化研究中心	2017-3-30	学校主管部门批准	“十三五”山东省高校科研创新平台	独立研究所	历史学	教育	单位自办
淄博职业学院							
齐文化普及与开发研究协同创新中心	2016-12-1	学校自建	学院协同创新中心	独立研究所	民族学与文化学	教育	单位自办
稷下研究院	2015-6-4	学校自建	校级重点研究基地	独立研究所	民族学与文化学	教育	单位自办
山东外贸职业学院							
滨海旅游研究中心	2016-5-3	学校自建	校级重点研究基地	独立研究所	管理学	商务服务业	单位自办
财会金融研究中心	2016-5-4	学校自建	校级重点研究基地	独立研究所	经济学	货币金融服务	单位自办
服务贸易研究中心	2016-5-3	学校自建	校级重点研究基地	独立研究所	经济学	商务服务业	单位自办
国际经济贸易研究所	2010-5-25	学校主管部门批准	校级重点研究基地	独立研究所	经济学	商务服务业	单位自办
国际文化与交流中心	2016-5-3	学校自建	校级重点研究基地	独立研究所	国际问题研究	商务服务业	单位自办
国际物流研究中心	2016-5-3	学校自建	校级重点研究基地	独立研究所	管理学	商务服务业	单位自办
宏观经济研究中心	2016-5-1	学校自建	校级重点研究基地	独立研究所	经济学	商务服务业	单位自办

续表

学校及机构名称	成立时间	批准部门	机构类型	组成方式	学科分类	服务的国民经济行业	组成类型
全球化品牌研究中心	2017-4-26	学校自建	校内研究基地	独立研究所	经济学	商务服务业	单位自办
山东省跨境电商工程技术研发中心	2017-3-30	学校主管部门批准	“十三五”山东省高校科研创新平台	独立研究所	经济学	商务服务业	政府部门办
自贸区研究中心	2016-5-3	学校自建	校级重点研究基地	与校外合办所	管理学	商务服务业	单位自办
山东协和学院							
民办高等教育研究中心	2017-3-30	学校主管部门批准	山东省高校人文社科研究平台	独立研究所	教育学	教育	单位自办
外国文学与文化研究所	2017-9-5	学校自建	校级科研机构	独立研究所	教育学	教育	单位自办
学前教育与社会发展研究中心	2017-9-5	学校自建	校级科研机构	独立研究所	教育学	教育	单位自办
山东师范大学历山学院							
大学生心理学研究所	2013-9-2	学校自建	校级重点研究基地	独立研究所	心理学	教育	单位自办
东方文化研究中心	2014-5-5	学校自建	校级重点研究基地	跨系所	中国文学	文教、工美、体育和娱乐用品制造业	单位自办
古城旅游研究所	2014-9-10	学校自建	校级重点研究基地	跨系所	管理学	公共设施管理业	单位自办
国学研究院	2013-9-1	学校自建	校级重点研究基地	跨系所	哲学	教育	单位自办
企业财务与会计应用研究所	2016-3-15	学校自建	校级重点研究基地	独立研究所	经济学	货币金融服务	单位自办
青州市当代文化艺术交流中心	2015-6-8	学校自建	校级重点研究基地	跨系所	艺术学	教育	单位自办
日韩文化研究中心	2014-3-3	学校自建	校级重点研究基地	独立研究所	语言学	文教、工美、体育和娱乐用品制造业	单位自办
实体经济研究所	2014-10-10	学校自建	校级重点研究基地	独立研究所	经济学	其他金融业	单位自办
应用型英语教学研究中心	2016-1-7	学校自建	校级重点研究基地	独立研究所	语言学	教育	单位自办
淄博师范高等专科学校							
教育科学研究中心	2011-1-7	学校自建	教学研究机构	独立研究所	教育学	教育	单位自办
社会科学研究中心	2011-1-7	学校自建	教学研究	独立研究所	社会学	教育	单位自办
齐鲁理工学院							

续表

学校及机构名称	成立时间	批准部门	机构类型	组成方式	学科分类	服务的国民经济行业	组成类型
开放经济与区域发展研究所	2017-9-2	学校自建	校级重点研究基地	独立研究所	经济学	资本市场服务	单位自办
艺术设计创意中心	2017-9-4	学校自建	校级重点研究基地	独立研究所	艺术学	文化艺术业	单位自办
语言教学研究所	2016-6-11	学校自建	校级重点研究基地	独立研究所	语言学	教育	单位自办
中国传统文化研究所	2016-5-18	学校自建	校级重点研究基地	独立研究所	中国文学	文化艺术业	单位自办
山东政法学院							
案例研究院	2016-1-20	学校自建	校级重点研究基地	独立研究所	法学	国家机构	单位自办
立法研究院	2015-10-15	学校自建	校级重点研究基地	独立研究所	法学	国家机构	单位自办
民商事法律与民生研究中心	2011-6-28	学校主管部门批准	省级重点研究基地	跨系所	法学	国家机构	单位自办
山东省高校证据鉴识重点实验室	2011-6-9	学校主管部门批准	省级重点实验室	独立研究所	法学	国家机构	单位自办
社会稳定与危机管理研究中心	2013-6-1	学校自建	校级重点研究基地	独立研究所	法学	国家机构	单位自办
司法会计学研究所	2014-10-16	学校自建	校级重点研究基地	独立研究所	法学	国家机构	单位自办
山东青年政治学院							
山东省青少年研究所	1991-11-6	学校主管部门批准	其他重点研究基地	独立研究所	社会学	教育	单位自办
山东管理学院							
新兴业态发展研究所	2016-3-7	学校自建	校级科研机构	独立研究所	经济学	商务服务业	单位自办
河南省							
郑州大学							
公共管理研究中心	2003-9-24	学校主管部门批准	省级重点研究基地	独立研究所	管理学	社会工作	单位自办
公民教育研究中心	2003-8-13	学校主管部门批准	部省共建教育部重点研究基地	独立研究所	政治学	社会工作	单位自办
近现代河南与中国研究中心	2012-4-6	学校主管部门批准	省级重点研究基地	独立研究所	历史学	教育	单位自办
历史文化遗产保护研究中心	2005-8-1	学校主管部门批准	省级重点研究基地	独立研究所	中国文学	社会工作	单位自办
马克思主义哲学研究中心	2004-3-1	学校主管部门批准	省级重点研究基地	独立研究所	哲学	社会工作	单位自办
私法研究中心	2003-1-3	学校主管部门批准	省级重点研究基地	独立研究所	法学	社会工作	单位自办
现代产业与企业发展战略研究中心	2003-1-1	学校主管部门批准	省级重点研究基地	独立研究所	经济学	租赁业	政府部门办

续表

学校及机构名称	成立时间	批准部门	机构类型	组成方式	学科分类	服务的国民经济行业	组成类型
宪法与行政法研究中心	1992-8-13	学校主管部门批准	省级重点研究基地	独立研究所	法学	卫生	单位自办
英美文学研究中心	2003-9-25	学校主管部门批准	省级重点研究基地	独立研究所	语言学	中国共产党机关	政府部门办
中原文化资源与发展研究中心	2005-9-9	学校主管部门批准	省级重点研究基地	独立研究所	中国文学	社会工作	单位自办
河南理工大学							
安全与应急管理研究中心	2012-9-30	学校主管部门批准	省级重点研究基地	跨系所	管理学	教育	单位自办
能源经济研究中心	2013-11-25	学校主管部门批准	省级重点研究基地	跨系所	经济学	教育	单位自办
太极文化研究中心	2016-9-8	学校主管部门批准	省级重点研究基地	独立研究所	体育科学	教育	单位自办
郑州轻工业学院							
社会发展研究中心	2008-10-6	学校主管部门批准	省级重点研究基地	独立研究所	社会学	社会工作	政府部门办
河南工业大学							
粮食经济研究中心	2012-10-25	学校主管部门批准	省级重点研究基地	跨系所	经济学	农业	与国内高校合办
物流研究中心	2005-8-28	学校主管部门批准	省级重点研究基地	跨系所	管理学	零售业	与国内高校合办
河南科技大学							
高等教育与区域经济发展研究中心	2012-3-1	学校主管部门批准	省级重点研究基地	独立研究所	教育学	教育	政府部门办
中原工学院							
系统与工业工程技术研究中心	2004-2-3	非学校主管部门批准	省级重点研究基地	独立研究所	管理学	科技推广和应用服务业	政府部门办
知识产权研究中心	2012-6-12	非学校主管部门批准	省级重点研究基地	跨系所	法学	科技推广和应用服务业	政府部门办
河南农业大学							
农业政策与农村发展研究中心	2005-5-20	学校主管部门批准	省级重点研究基地	独立研究所	管理学	农、林、牧、渔服务业	单位自办
河南科技学院							
职业技术教育与经济社会发展研究中心	2005-7-6	学校主管部门批准	省级重点研究基地	独立研究所	教育学	社会工作	单位自办
河南大学							
黄河文明传承与现代转型协同创新中心	2013-6-1	学校主管部门批准	省级 2011 协同创新中心	跨系所	社会学	教育	与国内高校合办
黄河文明与可持续发展研究中心	2004-10-10	非学校主管部门批准	教育部重点研究基地	独立研究所	经济学	教育	政府部门办

续表

学校及机构名称	成立时间	批准部门	机构类型	组成方式	学科分类	服务的国民经济行业	组成类型
教育改革与发展研究中心	2010-5-20	学校主管部门批准	省级重点研究基地	独立研究所	教育学	教育	与国内高校合办
区域发展与规划研究中心	2010-11-23	学校主管部门批准	省级重点研究基地	独立研究所	经济学	教育	单位自办
文艺学研究中心	2010-5-20	学校主管部门批准	省级重点研究基地	独立研究所	中国文学	教育	单位自办
新型城镇化与中原经济区建设协同创新中心	2014-6-1	学校主管部门批准	省级 2011 协同创新中心	跨系所	经济学	教育	与国内高校合办
英语语言文学研究中心	2010-5-20	学校主管部门批准	省级重点研究基地	独立研究所	外国文学	教育	单位自办
中国古代史研究中心	2010-5-20	学校主管部门批准	省级重点研究基地	独立研究所	历史学	教育	单位自办
中国现当代文学研究中心	2004-5-20	学校主管部门批准	省级重点研究基地	独立研究所	中国文学	教育	单位自办
中原发展研究院	2009-10-10	学校主管部门批准	省级重点研究基地	独立研究所	经济学	其他服务业	单位自办
河南师范大学							
公共政策与社会研究中心	2012-10-10	学校主管部门批准	省级重点研究基地	跨系所	政治学	教育	单位自办
科技与社会研究所	2005-8-20	学校主管部门批准	省级重点研究基地	独立研究所	社会学	社会工作	单位自办
青少年问题研究中心	2005-9-1	学校主管部门批准	省级重点研究基地	跨系所	社会学	社会工作	单位自办
信阳师范学院							
当代马克思主义研究所	2004-2-13	学校主管部门批准	省级重点研究基地	独立研究所	马克思主义	社会工作	单位自办
淮河文明研究中心	2009-12-2	学校主管部门批准	省级重点研究基地	跨系所	社会学	教育	单位自办
课程与教学改革研究所	2004-9-15	学校主管部门批准	省级重点研究基地	独立研究所	教育学	社会工作	单位自办
周口师范学院							
豫东南文化传承与发展中心	2012-2-24	学校主管部门批准	省级重点研究基地	跨系所	民族学与文化学	文化艺术业	单位自办
安阳师范学院							
汉语海外传播协同创新中心	2014-9-4	学校主管部门批准	省级 2011 协同创新中心	与校外合办所	语言学	教育	其他
汉字文化研究中心	2012-9-11	学校主管部门批准	省级重点研究基地	独立研究所	语言学	教育	政府部门办
甲骨学与殷商文化研究中心	2004-11-1	学校主管部门批准	省级重点研究基地	独立研究所	历史学	社会工作	政府部门办
南阳师范学院							
汉文化研究中心	2005-3-1	学校主管部门批准	省级重点研究基地	独立研究所	历史学	教育	单位自办

续表

学校及机构名称	成立时间	批准部门	机构类型	组成方式	学科分类	服务的国民经济行业	组成类型
洛阳师范学院							
河洛文化国际研究中心	2002-7-1	学校主管部门批准	省级重点研究基地	独立研究所	历史学	社会工作	单位自办
河南文化传播与社会发展研究中心	2012-11-14	学校主管部门批准	省级重点研究基地	独立研究所	中国文学	教育	单位自办
中原经济区智慧旅游协同创新中心	2014-6-21	学校主管部门批准	河南省协同创新中心	与校外合办所	管理学	教育	与国内独立研究机构合办
河南财经政法大学							
产业与金融发展研究中心	2012-10-1	学校主管部门批准	省级重点研究基地	独立研究所	经济学	其他金融业	政府部门办
城乡协同发展河南省协同创新中心	2012-10-16	学校主管部门批准	省级协同创新中心	与校外合办所	经济学	教育	与国内独立研究机构合办
河南经济伦理研究中心	2006-3-1	学校主管部门批准	省级重点研究基地	独立研究所	社会学	社会工作	与国内高校合办
河南经济研究中心	2004-9-1	学校主管部门批准	省级重点研究基地	独立研究所	经济学	社会保障	政府部门办
诉讼法研究中心	2008-10-1	学校主管部门批准	省级重点研究基地	独立研究所	法学	社会保障	政府部门办
现代服务业河南省协同创新中心	2015-10-12	学校主管部门批准	省级协同创新中心	跨系所	管理学	居民服务业	与国内高校合办
郑州航空工业管理学院							
航空经济发展河南省协同创新中心	2012-12-1	学校主管部门批准	省级 2011 协同创新中心	跨系所	经济学	教育	单位自办
平顶山学院							
伏牛山文化圈研究中心	2009-7-1	学校主管部门批准	省级重点研究基地	独立研究所	历史学	社会工作	单位自办
洛阳理工学院							
河南古都文化研究中心	2012-10-8	学校主管部门批准	省级重点研究基地	跨系所	民族学与文化学	教育	单位自办
湖北省							
武汉大学							
比较哲学与文化战略研究中心	2016-10-9	非学校主管部门批准	省级重点研究基地	独立研究所	哲学	教育	单位自办
财政金融研究中心	2009-3-5	非学校主管部门批准	省级重点研究基地	独立研究所	经济学	教育	政府部门办
党外知识分子与统战工作研究基地	2014-6-1	非学校主管部门批准	省级重点研究基地	独立研究所	马克思主义	教育	政府部门办
发展研究院	2002-4-28	非学校主管部门批准	省级重点研究基地	独立研究所	哲学	教育	政府部门办

续表

学校及机构名称	成立时间	批准部门	机构类型	组成方式	学科分类	服务的国民经济行业	组成类型
法国研究中心	2014-10-23	学校主管部门批准	教育部重点研究基地	独立研究所	外国文学	教育	政府部门办
国际法研究所	1980-6-15	学校主管部门批准	国家高端智库,教育部重点研究基地,教育部985创新基地,国家级2011协同创新中心	独立研究所	法学	教育	政府部门办
国家文化财政政策研究基地	2011-4-20	非学校主管部门批准	部省共建教育部重点研究基地	跨系所	民族学与文化学	教育	政府部门办
国家文化创新研究中心	2009-10-29	非学校主管部门批准	部省共建教育部重点研究基地	独立研究所	民族学与文化学	教育	政府部门办
湖北省经济舆情研究基地	2015-7-3	非学校主管部门批准	省级智库,中央其他部委重点研究基地	独立研究所	经济学	教育	政府部门办
湖北问题研究中心	2010-3-1	非学校主管部门批准	部省共建教育部重点研究基地	独立研究所	经济学	教育	政府部门办
湖北现代人文资源调查与研究中心	2014-9-24	学校主管部门批准	省级智库,省级重点研究基地	独立研究所	语言学	教育	单位自办
湖北语言与智能信息处理研究基地	2014-6-1	非学校主管部门批准	省级重点研究基地	独立研究所	语言学	教育	政府部门办
环境法研究所	1996-6-16	学校主管部门批准	教育部重点研究基地,国家级2011协同创新中心	独立研究所	法学	教育	政府部门办
简帛研究中心	2005-3-30	非学校主管部门批准	省级重点研究基地,校级重点研究基地	跨系所	历史学	教育	政府部门办
经济发展研究中心	2000-12-1	学校主管部门批准	教育部重点研究基地,教育部985创新基地	独立研究所	经济学	教育	政府部门办
科技考古研究中心	2004-11-25	非学校主管部门批准	省级重点研究基地	跨系所	考古学	教育	政府部门办
科学评价研究中心	2002-12-5	非学校主管部门批准	省级重点研究基地	独立研究所	图书馆、情报与文献学	教育	政府部门办
两岸及港澳法制研究中心	2014-9-24	非学校主管部门批准	省级重点研究基地	独立研究所	法学	教育	政府部门办
两型社会研究院	2014-8-1	学校主管部门批准	其他智库	独立研究所	经济学	教育	其他

续表

学校及机构名称	成立时间	批准部门	机构类型	组成方式	学科分类	服务的国民经济行业	组成类型
马克思主义与中国实践湖北省协同创新中心	2014-5-14	非学校主管部门批准	省级 2011 协同创新中心	与校外合办所	马克思主义	教育	政府部门办
媒体发展研究中心	2002-7-1	学校主管部门批准	教育部重点研究基地	独立研究所	新闻学与传播学	教育	政府部门办
全球健康研究中心	2011-7-21	学校主管部门批准	省级重点研究基地	跨系所	管理学	教育	政府部门办
人口·资源·环境经济研究中心	2004-11-25	非学校主管部门批准	省级重点研究基地	独立研究所	经济学	教育	政府部门办
人权研究院	2014-10-15	学校主管部门批准	教育部重点研究基地	独立研究所	法学	教育	政府部门办
社会保障研究中心	2002-2-1	学校主管部门批准	教育部重点研究基地	跨系所	管理学	教育	政府部门办
台湾问题研究所	2013-5-25	非学校主管部门批准	省级重点研究基地	独立研究所	历史学	教育	政府部门办
信息资源研究中心	2000-9-1	学校主管部门批准	教育部重点研究基地	独立研究所	图书馆、情报与文献学	教育	政府部门办
质量发展战略研究院	2007-12-29	非学校主管部门批准	省级智库,省级 2011 协同创新中心	独立研究所	管理学	教育	政府部门办
中国边界与海洋问题研究院	2007-4-9	非学校主管部门批准	国家高端智库,国家级 2011 协同创新中心	跨系所	法学	教育	政府部门办
中国产学研合作问题研究中心	2009-4-23	学校主管部门批准	省级重点研究基地	跨系所	管理学	教育	单位自办
中国传统文化研究中心	2000-12-1	非学校主管部门批准	教育部重点研究基地,教育部 985 创新基地	跨系所	历史学	教育	政府部门办
中国金融工程与风险管理研究中心	2005-5-19	学校主管部门批准	省级重点研究基地	跨系所	经济学	教育	单位自办
中国语情与社会发展研究中心	2014-7-1	学校主管部门批准	教育部重点研究基地,中央其他部委重点研究基地	独立研究所	语言学	教育	政府部门办
中国中部发展研究院	2007-4-1	非学校主管部门批准	中央其他部委重点研究基地	跨系所	经济学	教育	政府部门办
主流意识形态建设与教育研究基地	2014-6-1	非学校主管部门批准	省级重点研究基地	独立研究所	马克思主义	教育	政府部门办
组织营销研究中心	2005-6-1	学校主管部门批准	省级重点研究基地	独立研究所	管理学	教育	与国内高校合办
华中科技大学							
创新发展研究中心	2010-1-1	学校主管部门批准	省级重点研究基地	跨系所	经济学	教育	与国内独立研究机构合办

续表

学校及机构名称	成立时间	批准部门	机构类型	组成方式	学科分类	服务的国民经济行业	组成类型
非传统安全研究中心	2008-12-1	非学校主管部门批准	省级重点研究基地	与校外合办所	管理学	教育	与国内高校合办
国家传播战略协同创新中心	2013-1-1	学校自建	其他 2011 协同创新中心	独立研究所	新闻学与传播学	教育	单位自办
湖北省国家治理协同创新中心	2014-2-1	非学校主管部门批准	省级 2011 协同创新中心	跨系所	管理学	教育	单位自办
近代法研究所	2008-5-1	学校自建	校级重点研究基地	独立研究所	法学	教育	单位自办
媒介技术与传播发展研究中心	2007-1-1	非学校主管部门批准	省级重点研究基地	与校外合办所	新闻学与传播学	教育	政府部门办
农村健康服务研究中心	2011-12-1	非学校主管部门批准	省级重点研究基地	独立研究所	管理学	教育	政府部门办
品牌传播研究所	2013-1-1	学校自建	校级重点研究基地	独立研究所	新闻学与传播学	教育	单位自办
区域高等教育发展研究中心	2009-1-1	学校主管部门批准	省级重点研究基地	与校外合办所	教育学	教育	政府部门办
网络传播与新媒体发展研究中心	2008-1-1	学校自建	校级重点研究基地	独立研究所	新闻学与传播学	教育	单位自办
现代经济研究中心	2002-1-1	非学校主管部门批准	省级重点研究基地	独立研究所	经济学	教育	单位自办
现代信息管理研究中心	2005-6-1	非学校主管部门批准	省级重点研究基地	独立研究所	管理学	教育	政府部门办
养老服务研究中心	2016-9-1	非学校主管部门批准	省级重点研究基地	独立研究所	社会学	教育	政府部门办
院校发展研究中心	2004-1-1	学校主管部门批准	省级重点研究基地	跨系所	教育学	教育	政府部门办
张培刚发展研究院	2011-4-22	学校自建	校级重点研究基地	独立研究所	经济学	教育	单位自办
知识产权与知识创新研究中心	2009-7-1	学校主管部门批准	校级重点研究基地	独立研究所	管理学	教育	政府部门办
中国当代写作研究中心	2012-1-1	学校主管部门批准	校级重点研究基地	与校外合办所	中国文学	教育	单位自办
中国南方减贫与发展研究院	2012-12-1	学校自建	校级重点研究基地	与校外合办所	管理学	教育	其他
中国乡村治理中心	2005-1-1	学校自建	校级重点研究基地	独立研究所	社会学	教育	政府部门办
武汉科技大学							
服务科学与工程研究中心	2016-10-8	学校自建	校级重点研究基地	独立研究所	管理学	教育	单位自办
湖北产业政策与管理研究中心	2004-7-1	学校主管部门批准	省级重点研究基地	独立研究所	管理学	教育	单位自办
湖北非营利组织研究中心	2011-4-25	学校主管部门批准	省级重点研究基地	跨系所	社会学	教育	单位自办
湖北省中小企业研究中心	2002-1-1	学校主管部门批准	省级重点研究基地	跨系所	经济学	教育	单位自办
新农村建设研究中心	2017-9-25	学校自建	校级重点研究基地	独立研究所	艺术学	教育	单位自办
意识形态安全研究中心	2017-6-1	学校主管部门批准	校级重点研究基地	独立研究所	马克思主义	中国共产党机关	单位自办

续表

学校及机构名称	成立时间	批准部门	机构类型	组成方式	学科分类	服务的国民经济行业	组成类型
长江大学							
长江经济带发展研究院	2016-10-9	学校主管部门批准	省级重点研究基地，校级重点研究基地	跨系所	经济学	国家机构	单位自办
湖北省非物质文化遗产研究中心	2013-7-30	学校主管部门批准	省级重点研究基地，校级重点研究基地，其他重点研究基地	跨系所	历史学	文化艺术业	单位自办
湖北省荆楚文化研究中心	2003-4-9	学校主管部门批准	省级重点研究基地，校级重点研究基地	独立研究所	历史学	文化艺术业	单位自办
湖北省农村发展研究中心	2003-4-1	学校主管部门批准	省级重点研究基地，校级重点研究基地，其他重点研究基地	与校外合办所	经济学	农业	与国内高校合办
武汉工程大学							
企业与环境协调发展研究中心	2014-6-4	学校主管部门批准	省级重点研究基地	独立研究所	管理学	教育	政府部门办
人才发展研究中心	2005-6-23	学校主管部门批准	省级重点研究基地	独立研究所	管理学	教育	政府部门办
生态环境设计研究中心	2012-12-20	学校主管部门批准	省级重点研究基地	独立研究所	艺术学	教育	政府部门办
中国地质大学(武汉)							
大学生发展与创新教育研究中心	2011-12-1	非学校主管部门批准	省级重点研究基地	跨系所	教育学	教育	单位自办
湖北省区域创新能力监测与分析软科学研究基地	2014-6-30	非学校主管部门批准	其他重点研究基地	独立研究所	管理学	教育	单位自办
湖北省生态文明研究中心	2014-3-1	非学校主管部门批准	省级智库	独立研究所	经济学	教育	单位自办
湖北省珠宝首饰传承与创新发展研究中心	2014-3-1	非学校主管部门批准	省级重点研究基地	独立研究所	艺术学	教育	单位自办
资源环境经济研究中心	2007-11-1	学校主管部门批准	省级重点研究基地	独立研究所	经济学	教育	单位自办
武汉纺织大学							
湖北省服饰艺术与文化研究中心	2009-1-1	学校主管部门批准	省级重点研究基地	跨系所	艺术学	纺织服装、服饰业	政府部门办
企业决策研究中心	2012-1-12	学校主管部门批准	省级重点研究基地	跨系所	管理学	教育	政府部门办

续表

学校及机构名称	成立时间	批准部门	机构类型	组成方式	学科分类	服务的国民经济行业	组成类型
武汉轻工大学							
湖北县域经济发展研究中心	2005-6-20	学校主管部门批准	省级重点研究基地	跨系所	管理学	农、林、牧、渔服务业	政府部门办
武汉理工大学							
法国研究中心	2017-6-30	非学校主管部门批准	其他重点研究基地	跨系所	社会学	教育	单位自办
湖北省产品创新管理研究中心	2006-12-31	非学校主管部门批准	省级重点研究基地	跨系所	管理学	教育	单位自办
湖北省危机与灾害应急管理研究中心	2007-9-12	非学校主管部门批准	省级重点研究基地	跨系所	管理学	社会保障	单位自办
科技创新与经济发展研究中心	2008-12-31	非学校主管部门批准	省级重点研究基地	跨系所	经济学	教育	单位自办
中国残疾人事业发展研究中心	2016-10-12	非学校主管部门批准	省级重点研究基地	跨系所	社会学	社会保障	单位自办
湖北工业大学							
湖北酿酒工艺和传统美术与手工艺保护研究中心	2016-11-5	非学校主管部门批准	其他重点研究基地	独立研究所	艺术学	文化艺术业	单位自办
湖北农村社会管理创新研究中心	2011-12-30	学校主管部门批准	省级重点研究基地	独立研究所	管理学	国家机构	单位自办
湖北文化创意产业化设计研究中心	2011-12-30	学校主管部门批准	省级重点研究基地	独立研究所	艺术学	文化艺术业	单位自办
湖北循环经济发展研究中心	2011-12-30	学校主管部门批准	省级重点研究基地	独立研究所	经济学	废弃资源综合利用业	单位自办
湖北职业教育发展研究院	2012-12-20	学校主管部门批准	省级重点研究基地	独立研究所	教育学	教育	单位自办
中法城市可持续发展研究与促进国际联合研究中心	2014-12-20	非学校主管部门批准	其他重点研究基地	独立研究所	经济学	生态保护和环境治理业	单位自办
华中农业大学							
湖北农村发展研究中心	2003-4-14	非学校主管部门批准	省级重点研究基地	与校外合办所	经济学	教育	政府部门办
农村社会建设与管理研究中心	2013-6-28	非学校主管部门批准	省级重点研究基地	独立研究所	社会学	教育	政府部门办
华中师范大学							
长江书法研究院	2011-10-20	非学校主管部门批准	省级重点研究基地	与校外合办所	艺术学	教育	政府部门办
地方政府治理与地方发展研究中心	2011-3-9	非学校主管部门批准	省级重点研究基地	与校外合办所	管理学	教育	与国内高校合办
菲律宾研究中心	2017-6-30	学校主管部门批准	部省共建教育部重点研究基地	独立研究所	历史学	教育	单位自办

续表

学校及机构名称	成立时间	批准部门	机构类型	组成方式	学科分类	服务的国民经济行业	组成类型
工业文化研究中心	2016-10-12	非学校主管部门批准	中央其他部委重点研究基地	独立研究所	历史学	教育	政府部门办
国家体育总局体育文化研究基地	2007-3-1	学校主管部门批准	中央其他部委重点研究基地	与校外合办所	体育科学	体育	政府部门办
国家文化产业研究中心	2006-12-20	非学校主管部门批准	中央其他部委重点研究基地	独立研究所	管理学	教育	政府部门办
国务院侨办侨务理论研究武汉基地	2008-5-7	非学校主管部门批准	中央其他部委重点研究基地	独立研究所	历史学	教育	政府部门办
汉语国际推广研究中心	2006-10-12	非学校主管部门批准	省级重点研究基地	独立研究所	语言学	教育	政府部门办
湖北高校思想政治教育管理发展研究中心	2014-3-12	非学校主管部门批准	省级重点研究基地	独立研究所	马克思主义	教育	与国内高校合办
湖北经济与社会发展研究院	2013-10-23	非学校主管部门批准	省级重点研究基地	独立研究所	社会学	教育	政府部门办
湖北省党的建设研究中心	2014-3-7	非学校主管部门批准	省级重点研究基地	独立研究所	马克思主义	教育	其他
湖北省道家道教研究中心	2009-3-12	非学校主管部门批准	省级重点研究基地	跨系所	宗教学	教育	政府部门办
湖北省电子商务研究中心	2007-8-22	非学校主管部门批准	省级重点研究基地	独立研究所	图书馆、情报与文献学	教育	政府部门办
湖北省房地产发展研究中心	2014-3-13	非学校主管部门批准	省级重点研究基地	独立研究所	经济学	教育	与国内高校合办
湖北省基础教育研究中心	2007-9-26	非学校主管部门批准	省级重点研究基地	独立研究所	教育学	教育	政府部门办
湖北省教育信息化发展研究中心	2014-3-7	非学校主管部门批准	省级重点研究基地	独立研究所	教育学	教育	与国内高校合办
湖北省区域历史文化研究中心	2013-10-9	非学校主管部门批准	省级重点研究基地	独立研究所	历史学	教育	政府部门办
湖北省社会发展与社会政策研究中心	2009-3-12	非学校主管部门批准	省级重点研究基地	跨系所	社会学	教育	政府部门办
湖北省社区建设研究中心	2005-5-20	非学校主管部门批准	省级重点研究基地	独立研究所	政治学	教育	政府部门办
湖北省文学理论与批评研究中心	2012-3-1	非学校主管部门批准	省级重点研究基地	独立研究所	中国文学	教育	与国内高校合办
湖北省学校德育研究中心	2014-3-7	非学校主管部门批准	省级重点研究基地	独立研究所	教育学	教育	其他
湖北省中国特色社会主义研究中心	2013-10-17	非学校主管部门批准	省级重点研究基地	独立研究所	马克思主义	教育	政府部门办
教育政策研究中心	2016-10-20	学校主管部门批准	省级重点研究基地	独立研究所	教育学	教育	政府部门办
青少年心理健康教育中心	2005-3-30	非学校主管部门批准	省级重点研究基地	跨系所	心理学	教育	政府部门办
全国民政政策理论研究基地	2016-9-7	非学校主管部门批准	中央其他部委重点研究基地	独立研究所	政治学	教育	政府部门办
武汉城市圈“两型社会”建设研究院	2010-7-15	非学校主管部门批准	省级重点研究基地	独立研究所	管理学	教育	政府部门办

续表

学校及机构名称	成立时间	批准部门	机构类型	组成方式	学科分类	服务的国民经济行业	组成类型
信息化与教育均衡协同创新中心	2013-10-28	非学校主管部门批准	省级 2011 协同创新中心	独立研究所	教育学	教育	政府部门办
印度研究中心	2017-6-30	学校主管部门批准	部省共建教育部重点研究基地	独立研究所	历史学	教育	单位自办
语言与语言教育研究中心	2001-3-8	学校主管部门批准	教育部重点研究基地	独立研究所	语言学	教育	政府部门办
中国合唱艺术研究中心	2016-9-29	学校主管部门批准	省级重点研究基地	独立研究所	艺术学	教育	政府部门办
中国近代史研究所	2000-9-10	学校主管部门批准	教育部重点研究基地	独立研究所	历史学	教育	政府部门办
中国旅游研究院武汉分院	2011-5-11	非学校主管部门批准	中央其他部委重点研究基地	独立研究所	经济学	教育	政府部门办
中国农村林业改革发展研究基地	2009-4-9	非学校主管部门批准	中央其他部委重点研究基地	独立研究所	政治学	教育	政府部门办
中国农村研究院	2000-10-10	学校主管部门批准	教育部重点研究基地	跨系所	政治学	教育	政府部门办
中国农村综合改革协同创新研究中心	2012-9-26	非学校主管部门批准	省级重点研究基地	独立研究所	政治学	教育	政府部门办
中印尼问题研究中心	2017-4-13	学校主管部门批准	部省共建教育部重点研究基地	独立研究所	政治学	教育	单位自办
湖北大学							
当代文艺创作研究中心	2005-12-5	学校主管部门批准	省级重点研究基地	独立研究所	中国文学	教育	政府部门办
湖北大学拉美研究院	2016-10-1	学校主管部门批准	部省共建教育部重点研究基地	独立研究所	国际问题研究	国际组织	单位自办
湖北大学旅游发展研究院	1992-6-1	学校主管部门批准	省级重点研究基地	独立研究所	管理学	教育	单位自办
文化科技融合创新研究中心	2016-10-2	学校主管部门批准	省级重点研究基地	独立研究所	艺术学	教育	单位自办
信息化与基础教育均衡发展协同创新中心	2014-2-1	非学校主管部门批准	其他 2011 协同创新中心	与校外合办所	教育学	教育	与国内高校合办
湖北当代文化研究中心	2004-10-9	学校主管部门批准	省级重点研究基地	独立研究所	历史学	教育	单位自办
湖北青少年思想道德教育研究中心	2011-12-30	学校主管部门批准	省级重点研究基地	跨系所	马克思主义	教育	与国内高校合办
湖北区域发展研究院	2012-7-1	学校主管部门批准	省级智库	与校外合办所	经济学	教育	单位自办
湖北人才发展战略与政策研究中心	2012-12-30	学校主管部门批准	省级重点研究基地	独立研究所	管理学	教育	政府部门办
湖北省道德与文明研究中心	2006-12-14	学校主管部门批准	省级重点研究基地	独立研究所	哲学	教育	与国内高校合办

续表

学校及机构名称	成立时间	批准部门	机构类型	组成方式	学科分类	服务的国民经济行业	组成类型
湖北省开放经济研究中心	2005-12-20	学校主管部门批准	省级重点研究基地	独立研究所	经济学	教育	单位自办
湖北省旅游开发与管理研究中心	2002-7-14	学校主管部门批准	省级重点研究基地	独立研究所	管理学	教育	政府部门办
湖北文化建设研究院	2016-6-5	学校主管部门批准	省级智库	跨系所	哲学	教育	政府部门办
湖北县域治理研究院	2014-6-23	学校主管部门批准	省级智库	与校外合办所	经济学	教育	其他
湖北休闲体育发展研究中心	2012-2-1	非学校主管部门批准	省级重点研究基地	独立研究所	体育科学	体育	单位自办
湖北中小学素质教育研究中心	2013-12-20	学校主管部门批准	省级重点研究基地	独立研究所	教育学	教育	单位自办
绩效评价信息管理研究中心	2012-12-30	学校主管部门批准	省级重点研究基地	跨系所	管理学	教育	单位自办
江汉关研究中心	2015-6-1	学校主管部门批准	省级重点研究基地	跨系所	历史学	教育	政府部门办
中华文化发展协同湖北省协同创新中心	2016-3-1	学校主管部门批准	省级 2011 协同创新中心	与校外合办所	哲学	教育	政府部门办
湖北师范大学							
长江中游矿冶文化与经济社会发展研究中心	2010-1-1	学校主管部门批准	省级重点研究基地	独立研究所	历史学	教育	与国内高校合办
语言学研究中心	2009-3-13	学校主管部门批准	省级重点研究基地	独立研究所	语言学	教育	单位自办
资源枯竭城市转型与发展研究中心	2011-4-11	学校主管部门批准	省级重点研究基地	独立研究所	经济学	教育	单位自办
黄冈师范学院							
大别山红色文化研究中心	2009-12-8	学校主管部门批准	省级重点研究基地	独立研究所	政治学	教育	单位自办
大别山旅游经济与文化研究中心	2011-12-5	学校主管部门批准	省级重点研究基地	独立研究所	经济学	教育	单位自办
鄂东教育与文化研究中心	2008-4-12	学校主管部门批准	省级重点研究基地	独立研究所	教育学	教育	单位自办
黄梅戏艺术研究中心	2009-12-8	学校主管部门批准	省级重点研究基地	独立研究所	艺术学	教育	单位自办
湖北民族学院							
鄂西生态旅游文化研究中心	2012-2-2	学校主管部门批准	省级重点研究基地	独立研究所	管理学	教育	其他
湖北民族民间文化艺术研究中心	2008-9-18	非学校主管部门批准	省级重点研究基地	与校外合办所	艺术学	教育	单位自办
南方少数民族研究中心	1988-10-5	学校主管部门批准	省级重点研究基地	独立研究所	民族学与文化学	教育	其他
汉江师范学院							
汉水文化研究基地	2014-6-4	非学校主管部门批准	省级重点研究基地	独立研究所	民族学与文化学	教育	政府部门办

续表

学校及机构名称	成立时间	批准部门	机构类型	组成方式	学科分类	服务的国民经济行业	组成类型
中南财经政法大学							
WTO 与湖北发展研究中心	2002-12-1	非学校主管部门批准	省级重点研究基地	跨系所	经济学	教育	政府部门办
产业升级与区域金融湖北省协同创新中心	2014-5-13	学校主管部门批准	省级重点研究基地	与校外合办所	经济学	教育	与国内高校合办
城乡社区社会管理湖北省协同创新中心	2012-12-20	非学校主管部门批准	省级重点研究基地	与校外合办所	管理学	教育	与国内高校合办
创业与就业研究中心	2003-7-16	非学校主管部门批准	省级重点研究基地	跨系所	管理学	教育	政府部门办
法治发展与司法改革研究中心	2012-7-1	非学校主管部门批准	省级重点研究基地	独立研究所	法学	教育	政府部门办
反恐怖主义研究中心	2016-10-9	学校主管部门批准	省级重点研究基地	独立研究所	法学	教育	单位自办
湖北财政与发展研究中心	2003-12-26	非学校主管部门批准	省级重点研究基地	独立研究所	经济学	教育	政府部门办
湖北金融研究中心	2004-3-1	非学校主管部门批准	省级重点研究基地	独立研究所	经济学	教育	政府部门办
湖北经济建设研究院	2015-9-15	非学校主管部门批准	省级重点研究基地	跨系所	经济学	教育	政府部门办
湖北全面深化改革研究院	2012-12-10	非学校主管部门批准	省级重点研究基地	跨系所	经济学	教育	政府部门办
湖北社会建设与社会治理研究中心	2012-12-20	非学校主管部门批准	省级重点研究基地	跨系所	管理学	教育	政府部门办
经济犯罪研究中心	2017-7-7	学校自建	校级科研机构	独立研究所	法学	教育	单位自办
人民代表大会制度研究所	2017-7-7	学校自建	校级科研机构	独立研究所	法学	教育	单位自办
社会主义核心价值观研究中心	2016-10-9	学校主管部门批准	省级重点研究基地	独立研究所	马克思主义	教育	单位自办
越南刑事法研究中心	2017-5-25	学校自建	校级科研机构	独立研究所	法学	教育	单位自办
运营管理与系统科学研究所	2017-5-25	学校自建	校级科研机构	独立研究所	管理学	教育	单位自办
政府和社会资本合作研究中心	2017-7-7	学校自建	校级科研机构	独立研究所	管理学	教育	单位自办
知识产权研究中心	2004-12-20	学校主管部门批准	教育部重点研究基地	独立研究所	法学	教育	政府部门办
中国特色社会主义政治经济学研究中心	2017-5-25	学校自建	校级科研机构	独立研究所	经济学	教育	单位自办
注册会计师行业发展研究中心	2016-10-9	学校主管部门批准	省级重点研究基地	独立研究所	管理学	教育	单位自办
武汉体育学院							
国家体育总局体育工程重点实验室	2008-2-1	学校主管部门批准	中央其他部委重点实验室	与校外合办所	体育科学	体育	政府部门办
湖北省非物质文化遗产研究中心	2013-3-13	学校主管部门批准	其他重点研究基地	独立研究所	体育科学	体育	单位自办

续表

学校及机构名称	成立时间	批准部门	机构类型	组成方式	学科分类	服务的国民经济行业	组成类型
湖北体育产业研究中心	2004-8-15	学校主管部门批准	省级重点研究基地	独立研究所	体育科学	体育	政府部门办
体育社会科学研究中心	2002-5-15	学校主管部门批准	其他重点研究基地	独立研究所	体育科学	体育	政府部门办
体育文化研究中心	2009-10-10	学校主管部门批准	其他重点研究基地	独立研究所	体育科学	体育	政府部门办
运动训练监控湖北省重点实验室	2011-8-29	非学校主管部门批准	省级重点实验室	独立研究所	体育科学	体育	政府部门办
运动与健康创新发展研究中心	2011-12-14	学校主管部门批准	省级重点研究基地	独立研究所	体育科学	体育	政府部门办
中国体操运动项目协同创新中心	2014-6-10	非学校主管部门批准	其他 2011 协同创新中心，国家体育总局	独立研究所	体育科学	体育	单位自办
湖北美术学院							
非物质文化遗产研究中心	2013-11-2	非学校主管部门批准	省级重点研究基地	跨系所	民族学与文化学	文化艺术业	政府部门办
湖北美术学院手工艺文化研究中心	2016-11-22	学校主管部门批准	省级重点研究基地	跨系所	艺术学	文化艺术业	单位自办
时尚艺术研究中心	2013-4-16	学校主管部门批准	省级重点研究基地	跨系所	艺术学	纺织服装、服饰业	单位自办
现代公共视觉艺术设计研究中心	2003-4-14	学校主管部门批准	省级重点研究基地	跨系所	艺术学	文化艺术业	单位自办
中南民族大学							
恩施发展研究院	2014-12-26	学校主管部门批准	其他重点研究基地	独立研究所	管理学	国家机构	政府部门办
高校风险预警防控研究中心	2011-5-9	学校主管部门批准	省级重点研究基地	独立研究所	管理学	教育	政府部门办
湖北民族地区经济社会发展研究中心	2012-12-18	学校主管部门批准	省级重点研究基地	跨系所	管理学	国家机构	政府部门办
湖北民族教育研究中心	2016-12-28	非学校主管部门批准	省级重点研究基地	跨系所	教育学	教育	政府部门办
湖北全面小康研究院	2015-11-20	非学校主管部门批准	省级智库	独立研究所	经济学	国家机构	与国内高校合办
湖北省非物质文化遗产研究中心	2013-10-25	非学校主管部门批准	省级重点研究基地	独立研究所	艺术学	教育	政府部门办
湖北省民族立法研究中心	2015-4-10	非学校主管部门批准	省级重点研究基地	独立研究所	法学	国家机构	政府部门办
湖北省区域历史文化研究中心	2013-9-13	非学校主管部门批准	省级重点研究基地	独立研究所	民族学与文化学	文化艺术业	政府部门办
湖北省中国特色社会主义理论体系研究中心	2013-9-10	非学校主管部门批准	省级重点研究基地	独立研究所	哲学	中国共产党机关	政府部门办
民族法制研究中心	2014-4-10	非学校主管部门批准	中央其他部委重点研究基地，省级重点研究基地	独立研究所	法学	国家机构	政府部门办

续表

学校及机构名称	成立时间	批准部门	机构类型	组成方式	学科分类	服务的国民经济行业	组成类型
民族教育政策与法规重点研究基地	2015-7-6	非学校主管部门批准	省级重点研究基地	跨系所	教育学	教育	政府部门办
民族团结进步创建活动研究中心	2013-12-22	非学校主管部门批准	中央其他部委重点研究基地，省级重点研究基地	跨系所	民族学与文化学	教育	政府部门办
民族政策与社会发展研究中心	2011-12-24	学校主管部门批准	省级重点研究基地	独立研究所	政治学	教育	政府部门办
南方少数民族非物质文化遗产研究中心	2014-4-10	非学校主管部门批准	中央其他部委重点研究基地，省级重点研究基地	跨系所	民族学与文化学	教育	政府部门办
南方少数民族研究中心	2003-9-1	学校主管部门批准	省级重点研究基地	跨系所	民族学与文化学	文化艺术业	政府部门办
农业信息技术研究与开发联合实验室	2006-3-6	非学校主管部门批准	中央其他部委重点研究基地	独立研究所	经济学	农、林、牧、渔服务业	政府部门办
少数民族大学生思想教育研究中心	2012-12-20	学校主管部门批准	省级重点研究基地	独立研究所	教育学	教育	政府部门办
少数民族教育发展研究基地	2011-3-30	非学校主管部门批准	中央其他部委重点研究基地	跨系所	教育学	教育	政府部门办
中国城市民族与宗教事务治理研究	2014-10-14	非学校主管部门批准	中央其他部委重点研究基地，省级重点研究基地	跨系所	管理学	社会工作	政府部门办
中国少数民族审美文化研究中心	2009-12-8	学校主管部门批准	省级重点研究基地	跨系所	中国文学	文化艺术业	政府部门办
中国武陵山减贫与发展研究院	2014-8-29	非学校主管部门批准	省级重点研究基地	跨系所	经济学	国家机构	政府部门办
湖北工程学院							
湖北小城镇发展研究中心	2004-12-8	学校主管部门批准	省级重点研究基地	独立研究所	管理学	教育	政府部门办
湖北小微企业发展研究中心	2014-6-18	学校主管部门批准	省级重点研究基地	跨系所	经济学	教育	政府部门办
中华孝文化研究中心	2011-12-26	学校主管部门批准	省级重点研究基地	独立研究所	哲学	教育	政府部门办
湖北理工学院							
长江中游矿冶文化与经济社会发展研究中心	2009-12-15	学校主管部门批准	省级重点研究基地	独立研究所	民族学与文化学	文化艺术业	单位自办
公共文化研究中心	2014-12-15	学校主管部门批准	省级重点研究基地	独立研究所	民族学与文化学	文化艺术业	单位自办
湖北科技学院							
鄂南文化研究中心	2011-4-25	学校主管部门批准	省级重点研究基地	跨系所	民族学与文化学	教育	政府部门办
农村教育与文化发展研究中心	2016-10-9	学校主管部门批准	省级重点研究基地	跨系所	教育学	教育	政府部门办

续表

学校及机构名称	成立时间	批准部门	机构类型	组成方式	学科分类	服务的国民经济行业	组成类型
湖北医药学院							
湖北省卫生管理与卫生事业发展研究中心	2011-4-25	学校主管部门批准	省级重点研究基地	独立研究所	社会学	教育	单位自办
长江职业学院							
湖北技能型人才培养研究中心	2011-12-31	学校主管部门批准	省级重点研究基地	独立研究所	教育学	教育	政府部门办
江汉大学							
城市研究中心	2016-10-1	学校主管部门批准	省级重点研究基地	跨系所	历史学	教育	单位自办
高等教育研究所	2002-2-6	学校主管部门批准	自设研究所	独立研究所	教育学	教育	单位自办
湖北曲艺研究省非物质文化遗产研究中心	2013-11-1	非学校主管部门批准	其他重点研究基地	跨系所	艺术学	文化艺术业	单位自办
武汉城市圈制造业发展研究中心	2012-12-7	学校主管部门批准	省级重点研究基地	跨系所	管理学	教育	单位自办
武汉研究院	2013-1-1	学校自建	自设研究院	独立研究所	社会学	教育	单位自办
武汉语言文化研究中心	2012-12-7	学校主管部门批准	省级重点研究基地	跨系所	语言学	教育	单位自办
三峡大学							
巴楚艺术发展研究中心	2014-6-4	学校主管部门批准	省级重点研究基地	独立研究所	艺术学	教育	政府部门办
区域社会管理创新与发展研究中心	2012-12-15	学校主管部门批准	省级重点研究基地	独立研究所	社会学	教育	政府部门办
三峡文化与经济社会发展研究中心	2002-10-4	学校主管部门批准	省级重点研究基地	独立研究所	社会学	教育	政府部门办
水库移民研究中心	2005-6-7	学校主管部门批准	省级重点研究基地	独立研究所	管理学	教育	政府部门办
影视文化与产业发展研究中心	2016-10-9	学校主管部门批准	省级重点研究基地	独立研究所	中国文学	教育	单位自办
湖北警官学院							
社会治安治理研究中心	2014-6-4	学校主管部门批准	省级	独立研究所	法学	教育	单位自办
鄂州职业大学							
鄂州经济社会改革发展研究中心	2013-3-9	学校自建	校级研究中心	独立研究所	经济学	国家机构	单位自办
高等职业研究所	2015-10-20	学校自建	校级社科研究所	独立研究所	教育学	教育	单位自办
荆楚理工学院							

续表

学校及机构名称	成立时间	批准部门	机构类型	组成方式	学科分类	服务的国民经济行业	组成类型
中国农谷发展研究中心	2012-12-20	学校主管部门批准	省级重点研究基地	独立研究所	经济学	教育	单位自办
武汉音乐学院							
长江传统音乐文化研究中心	2003-7-15	学校主管部门批准	省级重点研究基地	跨系所	艺术学	教育	政府部门办
湖北省非物质文化遗产保护研究中心	2013-10-25	非学校主管部门批准	省文化厅重点研究基地	独立研究所	艺术学	教育	政府部门办
音乐创作湖北省协同创新中心	2012-12-27	学校主管部门批准	省级 2011 协同创新中心	跨系所	艺术学	教育	政府部门办
湖北经济学院							
大学生思想政治教育评价中心	2011-4-25	学校主管部门批准	省级重点研究基地	独立研究所	教育学	教育	单位自办
湖北地方税收研究中心	2012-1-17	学校主管部门批准	省级重点研究基地	独立研究所	经济学	教育	单位自办
湖北会计发展研究中心	2014-6-4	学校主管部门批准	省级重点研究基地	与校外合办所	经济学	教育	单位自办
湖北金融发展与金融安全研究中心	2004-10-9	学校主管部门批准	省级重点研究基地	独立研究所	经济学	教育	单位自办
湖北企业文化研究中心	2012-1-17	学校主管部门批准	省级重点研究基地	独立研究所	管理学	教育	单位自办
湖北水事研究中心	2011-4-25	学校主管部门批准	省级重点研究基地	与校外合办所	法学	教育	与国内高校合办
湖北物流发展研究中心	2009-12-30	学校主管部门批准	省级重点研究基地	独立研究所	管理学	教育	单位自办
碳排放权交易湖北省协同创新中心	2012-12-27	学校主管部门批准	省级 2011 协同创新中心	独立研究所	经济学	教育	与国内独立研究机构合办
新农村发展研究院	2012-11-13	学校主管部门批准	湖北省高等学校新农村发展研究院	独立研究所	经济学	教育	单位自办
汉口学院							
非物质文化遗产传承与发展研究所	2016-10-10	学校主管部门批准	研究所	独立研究所	艺术学	教育	单位自办
中国书法国际传播研究所	2017-6-16	学校主管部门批准	研究所	独立研究所	艺术学	教育	单位自办
文华学院							
非物质文化遗产研究中心	2015-9-30	学校主管部门批准	省级重点研究基地	跨系所	中国文学	教育	单位自办
湖北品牌发展研究中心	2013-9-24	学校主管部门批准	省级重点研究基地	跨系所	新闻学与传播学	教育	单位自办
武汉设计工程学院							
环境设计研究所	2015-3-10	学校自建	校级重点研究基地	独立研究所	艺术学	教育	单位自办

续表

学校及机构名称	成立时间	批准部门	机构类型	组成方式	学科分类	服务的国民经济行业	组成类型
影视传媒研究所	2014-9-10	学校自建	校级重点研究基地	独立研究所	艺术学	教育	单位自办
湖北第二师范学院							
湖北方言文化研究中心	2014-4-16	学校主管部门批准	省级重点研究基地	跨系所	语言学	社会工作	单位自办
湖北教师教育研究中心	2012-12-30	学校主管部门批准	省级重点研究基地	跨系所	教育学	教育	单位自办
湖北文化产业经济研究中心	2011-12-30	学校主管部门批准	省级重点研究基地	跨系所	经济学	文化艺术业	单位自办
湖南省							
湘潭大学							
反腐败司法研究基地	2014-9-4	非学校主管部门批准	其他重点研究基地	与校外合办所	法学	教育	政府部门办
非洲法律与社会研究中心	2007-1-17	非学校主管部门批准	其他重点研究基地	独立研究所	法学	教育	单位自办
公共信息资源管理与开发利用科普基地	2014-5-15	学校主管部门批准	其他重点研究基地	独立研究所	管理学	教育	政府部门办
湖南省法学研究基地	2002-6-13	学校主管部门批准	省级重点研究基地	独立研究所	法学	教育	单位自办
湖南省检察理论研究基地	2009-4-6	非学校主管部门批准	其他重点研究基地	与校外合办所	法学	教育	政府部门办
湖南省思想政治工作研究基地	2016-4-25	非学校主管部门批准	其他重点研究基地	独立研究所	马克思主义	教育	政府部门办
湖南省湘学研究基地	2010-9-15	学校主管部门批准	省级重点研究基地	独立研究所	哲学	教育	政府部门办
湖南省预算与会计理论研究基地	2013-1-15	非学校主管部门批准	其他重点研究基地	与校外合办所	管理学	国家机构	政府部门办
湖南省中国特色社会主义理论体系研究中心	2009-5-7	学校主管部门批准	其他重点研究基地	与校外合办所	政治学	教育	政府部门办
湖南省中外文学与文化研究基地	2002-6-13	学校主管部门批准	省级重点实验室	独立研究所	中国文学	其他服务业	政府部门办
湖南政府绩效评估研究中心	2008-1-8	学校主管部门批准	其他重点研究基地	独立研究所	管理学	教育	政府部门办
老年科技工作者协会	2016-12-5	非学校主管部门批准	其他重点研究基地，研究协会	独立研究所	管理学	教育	单位自办
毛泽东思想研究中心	2004-11-24	非学校主管部门批准	教育部重点研究基地	独立研究所	马克思主义	教育	政府部门办
美国问题研究中心	2014-3-12	非学校主管部门批准	省厅共建研究基地	与校外合办所	管理学	教育	政府部门办
人口、资源与环境经济研究所	2007-1-2	非学校主管部门批准	其他重点研究基地	独立研究所	经济学	教育	政府部门办

续表

学校及机构名称	成立时间	批准部门	机构类型	组成方式	学科分类	服务的国民经济行业	组成类型
社会主义经济理论研究中心	2005-8-1	学校主管部门批准	省级重点研究基地	独立研究所	经济学	国家机构	政府部门办
社情民意研究中心	2013-3-6	非学校主管部门批准	校厅共建中心	与校外合办所	管理学	国家机构	政府部门办
诉讼法学研究中心	2008-7-1	学校主管部门批准	省级重点研究基地	独立研究所	法学	教育	政府部门办
西班牙语国家研究中心	2016-3-10	学校主管部门批准	其他重点研究基地	独立研究所	经济学	教育	其他
消费经济研究院	1989-3-2	非学校主管部门批准	其他重点研究基地	与校外合办所	经济学	教育	政府部门办
信息资源管理与知识产权研究基地	2014-5-26	学校主管部门批准	其他重点研究基地	独立研究所	图书馆、情报与文献学	教育	政府部门办
政府绩效评估与管理创新研究基地	2008-6-18	非学校主管部门批准	省级重点研究基地	与校外合办所	管理学	国家机构	政府部门办
知识产权司法保护理论研究基地	2012-4-12	非学校主管部门批准	其他重点研究基地	与校外合办所	法学	国家机构	政府部门办
中国共产党革命精神与文化资源研究中心	2013-7-23	非学校主管部门批准	部省共建教育部重点研究基地	独立研究所	马克思主义	教育	政府部门办
中国红色旅游创新发展研究中心	2016-6-1	非学校主管部门批准	其他重点研究基地	独立研究所	管理学	教育	政府部门办
中国文化创意产业评价研究中心	2013-5-9	非学校主管部门批准	其他重点研究基地	独立研究所	中国文学	教育	政府部门办
专利分析与评估中心	2012-3-1	非学校主管部门批准	其他重点研究基地	与校外合办所	法学	教育	政府部门办
吉首大学							
国家民族体育重点研究基地	2003-2-11	非学校主管部门批准	中央其他部委重点研究基地	独立研究所	体育科学	教育	政府部门办
湖南省民族学研究基地	2002-6-23	学校主管部门批准	省级重点研究基地	跨系所	民族学与文化学	社会工作	政府部门办
湖南省湘西民族语言研究基地	2009-2-11	学校主管部门批准	省级重点研究基地	独立研究所	语言学	教育	单位自办
生态民族学研究基地	2014-7-18	非学校主管部门批准	中央其他部委重点研究基地	独立研究所	民族学与文化学	教育	政府部门办
武陵山区扶贫开发研究中心	2012-2-11	学校主管部门批准	省级重点研究基地	独立研究所	社会学	教育	政府部门办
湖南大学							
产权会计研究中心	2001-3-7	学校自建	研究中心	独立研究所	经济学	商务服务业	单位自办
国家麻类产业现代技术体系—产业经济研究中心	2009-2-20	学校自建	研究中心	跨系所	管理学	商务服务业	单位自办
湖南经济与社会发展法律研究中心	2008-6-24	非学校主管部门批准	省级重点研究基地	跨系所	法学	商务服务业	政府部门办

续表

学校及机构名称	成立时间	批准部门	机构类型	组成方式	学科分类	服务的国民经济行业	组成类型
湖南省风险导向审计研究基地	2008-6-24	非学校主管部门批准	省级重点研究基地	独立研究所	经济学	商务服务业	政府部门办
湖南省国际贸易研究基地	2002-3-4	非学校主管部门批准	省级重点研究基地	跨系所	经济学	其他金融业	政府部门办
湖南省湖湘文化研究基地	2002-6-5	非学校主管部门批准	省级重点研究基地	跨系所	历史学	文化艺术业	政府部门办
湖南省金融发展与信用管理研究基地	2007-1-12	非学校主管部门批准	省级重点研究基地	独立研究所	经济学	其他服务业	政府部门办
湖南省廉政研究基地	2003-3-1	非学校主管部门批准	省级重点研究基地	跨系所	政治学	其他服务业	政府部门办
湖南省两型社会与生态文明建设研究基地	2010-9-10	非学校主管部门批准	省级重点研究基地	独立研究所	社会学	教育	政府部门办
湖南省思想政治工作研究基地	2005-3-1	非学校主管部门批准	省级重点研究基地	独立研究所	教育学	教育	政府部门办
湖南省文化产业研究基地	2004-11-1	非学校主管部门批准	省级重点研究基地	跨系所	新闻学与传播学	文化艺术业	政府部门办
湖南省物流信息与仿真技术重点实验室	2005-3-18	非学校主管部门批准	省级重点实验室	跨系所	经济学	教育	政府部门办
湖南省语言与认知研究基地	2010-9-10	非学校主管部门批准	省级重点研究基地	独立研究所	语言学	教育	政府部门办
湖南省中国四库学研究基地	2016-12-15	学校主管部门批准	省级重点研究基地	独立研究所	历史学	文化艺术业	政府部门办
湖南统战理论研究基地	2005-10-12	非学校主管部门批准	省级重点研究基地	独立研究所	经济学	教育	政府部门办
金融与投资管理研究中心	2006-10-25	学校自建	研究中心	跨系所	管理学	商务服务业	单位自办
企业管理与决策支持技术实验室	2006-8-12	非学校主管部门批准	省级重点实验室	跨系所	管理学	其他金融业	政府部门办
岳麓书院国学研究与传播中心	2013-5-24	非学校主管部门批准	省级重点研究基地	跨系所	哲学	教育	单位自办
中国产业金融协同创新中心	2015-9-18	非学校主管部门批准	省级 2011 协同创新中心	与校外合办所	经济学	教育	政府部门办
中国村落文化研究基地	2012-5-31	非学校主管部门批准	省级重点研究基地	独立研究所	历史学	教育	政府部门办
中国特色社会主义理论体系研究基地	1999-6-5	非学校主管部门批准	省级重点研究基地	跨系所	马克思主义	教育	政府部门办
中国文化软实力研究基地	2009-9-1	非学校主管部门批准	省级重点研究基地	跨系所	马克思主义	文化艺术业	政府部门办
中南大学							
PPP 研究中心	2017-12-11	学校自建	校级重点研究基地	跨系所	经济学	其他金融业	单位自办
“两型社会”改革建设与生态文明协同创新中心	2013-1-1	学校主管部门批准	协同创新中心	与校外合办所	管理学	科技推广和应用服务业	其他
当代诗词创作批评与理论研究中心	2017-12-11	学校自建	校级重点研究基地	独立研究所	中国文学	教育	单位自办

续表

学校及机构名称	成立时间	批准部门	机构类型	组成方式	学科分类	服务的国民经济行业	组成类型
地方治理研究院	2015-11-13	学校自建	校级重点研究基地	独立研究所	管理学	社会工作	单位自办
高校国防教育理论与实践研究基地	2013-1-2	学校主管部门批准	其他	独立研究所	哲学	国家机构	单位自办
公共卫生研究中心	2015-2-13	学校自建	校级重点研究基地	独立研究所	心理学	卫生	单位自办
湖南民族特色村镇研究基地	2016-1-9	非学校主管部门批准	省级重点研究基地	跨系所	宗教学	社会工作	单位自办
湖南省东盟文化研究与交流中心	2013-11-15	学校主管部门批准	其他	与校外合办所	国际问题研究	国家机构	政府部门办
湖南省翻译研究基地	2006-11-1	学校主管部门批准	省级重点研究基地	跨系所	语言学	社会工作	单位自办
湖南省教育系统重大事项社会稳定风险评估中心	2015-9-23	非学校主管部门批准	省级重点研究基地	独立研究所	管理学	社会工作	政府部门办
湖南省社会主义核心价值体系建设研究基地	2010-2-24	学校主管部门批准	省级重点研究基地	独立研究所	管理学	社会工作	单位自办
湖南省社科联中华经典吟唱研究与传播基地	2015-1-8	非学校主管部门批准	省级重点研究基地	独立研究所	中国文学	教育	政府部门办
湖南省思想政治工作中南大学研究基地	2012-3-10	学校主管部门批准	其他	独立研究所	马克思主义	教育	单位自办
湖南省网络德育研究基地	2002-5-1	非学校主管部门批准	省级重点研究基地	跨系所	马克思主义	社会工作	单位自办
湖南省网络文学研究基地	2003-12-1	学校主管部门批准	省级重点研究基地	跨系所	中国文学	教育	单位自办
湖南省中部崛起发展战略研究基地	2005-1-1	学校主管部门批准	其他	跨系所	管理学	教育	单位自办
湖南省中小企业研究基地	1996-1-1	非学校主管部门批准	省级重点研究基地	跨系所	管理学	专业技术服务业	单位自办
健康护理研究中心	2014-7-1	学校主管部门批准	校级重点研究基地	跨系所	社会学	卫生	单位自办
教育立法研究基地	2017-12-1	学校主管部门批准	部省共建教育部重点研究基地	与校外合办所	法学	卫生	政府部门办
金属资源战略研究院	2014-5-1	学校主管部门批准	校级基地	跨系所	管理学	科技推广和应用服务业	单位自办
科技创新与社会发展研究中心	2016-6-1	学校自建	校级重点研究基地	独立研究所	哲学	教育	单位自办
绿色金融研究中心	2016-9-3	学校自建	校级重点研究基地	独立研究所	经济学	社会工作	单位自办
全国教育系统社会稳定风险评估中心	2015-11-5	学校主管部门批准	教育部重点研究基地	独立研究所	管理学	社会工作	政府部门办
全球卫生治理与法律研究中心	2017-12-11	学校自建	校级重点研究基地	跨系所	法学	卫生	单位自办

续表

学校及机构名称	成立时间	批准部门	机构类型	组成方式	学科分类	服务的国民经济行业	组成类型
体育文化研究基地	2012-4-1	学校主管部门批准	校级基地	独立研究所	体育科学	体育	单位自办
突发公共事件心理救援研究中心	2017-12-11	学校自建	校级重点研究基地	跨系所	心理学	卫生	单位自办
应用伦理学研究中心	2007-7-1	学校主管部门批准	省级重点研究基地	跨系所	哲学	社会工作	单位自办
知识产权研究院	2011-3-18	学校主管部门批准	省教育厅基地	与校外合办所	法学	专业技术服务业	其他
中国特色社会主义理论体系研究中心	2003-12-1	非学校主管部门批准	省级重点研究基地	跨系所	马克思主义	社会工作	单位自办
中国文化法研究中心	2017-6-1	学校自建	其他智库	独立研究所	法学	社会工作	单位自办
湖南科技大学							
湖南创新发展研究院	2016-5-1	非学校主管部门批准	省级重点研究基地，校级重点研究基地	独立研究所	经济学	教育	政府部门办
湖南省党建理论研究基地	2004-11-10	非学校主管部门批准	省级重点研究基地	跨系所	政治学	教育	政府部门办
湖南省高校农村教育改革与发展研究基地	2008-6-24	学校主管部门批准	省级重点研究基地，校级重点研究基地	跨系所	教育学	教育	政府部门办
湖南省高校中国古代文学与社会文化研究基地	2004-10-10	学校主管部门批准	省级重点研究基地，校级重点研究基地	跨系所	中国文学	教育	政府部门办
湖南省汉语方言与文化科技融合研究基地	2010-9-9	学校主管部门批准	省级重点研究基地，校级重点研究基地	独立研究所	语言学	教育	政府部门办
湖南省思想政治工作研究基地	2007-7-12	学校主管部门批准	省级重点研究基地，校级重点研究基地	与校外合办所	政治学	教育	政府部门办
湖南省新型工业化研究基地	2007-1-11	非学校主管部门批准	省级重点研究基地	跨系所	管理学	教育	政府部门办
湖南省战略性新兴产业研究基地	2002-6-5	非学校主管部门批准	省级重点研究基地	跨系所	经济学	教育	政府部门办
湖南省中国特色社会主义理论体系研究中心湖南科技大学基地	2000-6-8	学校主管部门批准	省级重点研究基地，校级重点研究基地	与校外合办所	马克思主义	教育	政府部门办
长沙理工大学							
湖南服务业发展研究中心	2007-5-13	学校主管部门批准	省级重点研究基地	与校外合办所	经济学	其他服务业	其他
湖南省非洲文化研究与交流中心	2013-12-3	学校主管部门批准	省级重点研究基地	独立研究所	语言学	教育	其他

续表

学校及机构名称	成立时间	批准部门	机构类型	组成方式	学科分类	服务的国民经济行业	组成类型
湖南省企业战略管理与投资决策研究基地	2007-1-11	学校主管部门批准	省级重点研究基地	与校外合办所	管理学	卫生	政府部门办
湖南省现代服务业研究基地	2010-9-9	非学校主管部门批准	省级重点研究基地	跨系所	经济学	卫生	政府部门办
湖南省中国特色社会主义理论体系研究中心长沙理工大学研究基地	2000-5-16	学校主管部门批准	省级重点研究基地	跨系所	马克思主义	社会工作	政府部门办
教育与应用心理研究所	2004-12-21	学校自建	校级重点研究基地	跨系所	教育学	社会工作	单位自办
金融工程与金融管理研究中心	2008-6-1	学校主管部门批准	省级重点研究基地	跨系所	经济学	租赁业	政府部门办
社会治理创新研究中心	2014-6-6	学校主管部门批准	省级重点研究基地	独立研究所	马克思主义	社会工作	与国内独立研究机构合办
现代企业管理研究中心	2005-8-11	学校主管部门批准	省级重点研究基地	跨系所	管理学	卫生	政府部门办
湖南农业大学							
湖南农业职业教育协同创新中心	2017-12-21	学校自建	其他 2011 协同创新中心，校级 2011 协同创新中心	与校外合办所	教育学	教育	与国内独立研究机构合办
湖南省“三农”问题研究基地	2004-7-1	非学校主管部门批准	省级重点研究基地	独立研究所	经济学	农业	单位自办
湖南省涉农企业发展研究中心	2012-5-31	学校主管部门批准	省级重点研究基地	独立研究所	管理学	农业	单位自办
湖南省新农村建设研究基地	2007-1-31	非学校主管部门批准	省级重点研究基地	独立研究所	马克思主义	农业	单位自办
湖南省中国特色社会主义理论体系研究中心	2012-7-31	非学校主管部门批准	省级重点研究基地	独立研究所	管理学	教育	单位自办
农村儿童青少年健康促进研究中心	2014-6-25	学校主管部门批准	省级重点研究基地	独立研究所	教育学	教育	单位自办
中南林业科技大学							
湖南绿色发展研究院	2012-10-15	非学校主管部门批准	省级重点研究基地	与校外合办所	管理学	科技推广和应用服务业	与国内高校合办
湖南省旅游业可持续发展研究基地	2006-10-1	学校主管部门批准	省级重点研究基地	跨系所	社会学	社会工作	单位自办
环境法研究所	2006-12-1	学校自建	校级重点研究基地	跨系所	法学	社会工作	与境内注册其他企业合办
科技金融研究中心	2013-11-29	学校自建	校级重点研究基地	独立研究所	经济学	货币金融服务	单位自办
农林经济管理中心	2008-6-24	学校主管部门批准	省级重点研究基地	独立研究所	管理学	社会工作	单位自办

续表

学校及机构名称	成立时间	批准部门	机构类型	组成方式	学科分类	服务的国民经济行业	组成类型
商学研究所	2007-2-1	学校自建	校级重点研究基地	跨系所	管理学	社会工作	单位自办
生态经济与绿色发展研究中心	2014-6-18	学校主管部门批准	省级重点研究基地	跨系所	经济学	生态保护和环境治理业	与国内独立研究机构合办
物流与供应链管理研究所	2013-3-5	学校自建	校级重点研究基地	独立研究所	管理学	道路运输业	单位自办
语言与教育研究所	2007-1-1	学校自建	校级重点研究基地	跨系所	语言学	社会工作	单位自办
中南城市经济发展与房地产管理研究院	2007-6-1	学校自建	校级重点研究基地	跨系所	管理学	社会工作	单位自办
湖南师范大学							
WTO 与现代国际法学研究中心	2008-6-24	学校主管部门批准	省级重点研究基地	跨系所	法学	群众团体、社会团体和其他成员组织	单位自办
大国经济发展研究基地	2015-12-8	非学校主管部门批准	省级重点研究基地	跨系所	经济学	货币金融服务	单位自办
道德文化研究中心	1993-6-1	学校主管部门批准	教育部重点研究基地	独立研究所	哲学	教育	单位自办
公民道德建设研究基地	2002-6-1	非学校主管部门批准	省级重点研究基地	跨系所	哲学	教育	单位自办
汉字文化与艺术研究基地	2015-12-8	非学校主管部门批准	省级重点研究基地	跨系所	艺术学	文化艺术业	单位自办
湖南传媒发展研究基地	2010-9-1	非学校主管部门批准	省级重点研究基地	独立研究所	新闻学与传播学	教育	单位自办
湖南省教学改革研究基地	2004-11-1	非学校主管部门批准	省级重点研究基地	跨系所	教育学	教育	单位自办
湖南省旅游研究基地	2007-1-1	非学校主管部门批准	省级重点研究基地	跨系所	管理学	专业技术服务业	单位自办
湖湘文化研究基地	2002-6-1	非学校主管部门批准	省级重点研究基地	跨系所	中国文学	文化艺术业	单位自办
近现代中国研究中心	2014-6-17	学校主管部门批准	省级重点研究基地	跨系所	历史学	教育	政府部门办
体育社会科学重点研究中心	2005-6-1	非学校主管部门批准	中央其他部委重点研究基地	跨系所	体育科学	体育	单位自办
县域发展研究中心	2004-10-1	学校主管部门批准	省级重点研究基地	跨系所	政治学	教育	单位自办
中国传播与现代化研究中心	2008-6-24	学校主管部门批准	省级重点研究基地	跨系所	新闻学与传播学	新闻和出版业	单位自办
中国特色社会主义道德文化协同创新中心	2013-10-18	学校主管部门批准	省级 2011 协同创新中心	与校外合办所	哲学	教育	与国内高校合办
中国现代文学研究中心	2005-7-7	学校主管部门批准	省级重点研究基地	跨系所	中国文学	文化艺术业	单位自办

续表

学校及机构名称	成立时间	批准部门	机构类型	组成方式	学科分类	服务的国民经济行业	组成类型
中外文化传播研究基地	2002-6-1	非学校主管部门批准	省级重点研究基地	跨系所	语言学	新闻和出版业	单位自办
中国现代文学研究中心	2006-12-1	学校主管部门批准	省级重点研究基地	跨系所	中国文学	文化艺术业	单位自办
中外文化传播研究基地	2002-6-1	学校主管部门批准	省级重点研究基地	跨系所	语言学	文化艺术业	单位自办
湖南理工学院							
湖南省党的创新理论研究湖南理工学院基地	2017-8-1	非学校主管部门批准	省级重点研究基地	独立研究所	马克思主义	教育	政府部门办
湖南省公共艺术教育研究基地	2010-2-9	非学校主管部门批准	省级重点研究基地	独立研究所	教育学	中国共产党机关	单位自办
湖南省湘学研究基地	2013-11-8	非学校主管部门批准	省级重点研究基地	独立研究所	中国文学	教育	政府部门办
屈原文化研究基地	2015-11-25	非学校主管部门批准	省级重点研究基地	跨系所	中国文学	社会工作	政府部门办
中国当代学术史研究基地	2007-1-9	非学校主管部门批准	省级重点研究基地	独立研究所	历史学	教育	单位自办
中国文学批评学研究中心	2008-4-18	非学校主管部门批准	省级重点研究基地	独立研究所	中国文学	社会工作	单位自办
湘南学院							
郴州国民体质监测研究所	2012-7-8	学校自建	校研究所	独立研究所	体育科学	体育	单位自办
湖南省教育科学高校教学管理研究基地	2012-12-26	非学校主管部门批准	其他重点研究基地	跨系所	教育学	教育	政府部门办
中国特色社会主义理论体系研究中心	2012-6-25	非学校主管部门批准	省级重点研究基地	跨系所	马克思主义	中国共产党机关	政府部门办
衡阳师范学院							
传媒与社会发展研究所	2014-2-28	学校自建	校级研究机构	独立研究所	新闻学与传播学	新闻和出版业	单位自办
古村古镇文化遗产数字化传承协同创新中心	2013-8-30	学校主管部门批准	省级 2011 协同创新中心	与校外合办所	经济学	文化艺术业	政府部门办
国民体质监测与体适能研究所	2015-10-30	学校自建	校级研究机构	独立研究所	体育科学	体育	单位自办
衡阳市城乡可持续发展研究基地	2008-7-31	非学校主管部门批准	其他重点研究基地	跨系所	经济学	专业技术服务业	其他
衡阳市情与对策研究中心	2008-7-26	非学校主管部门批准	其他重点研究基地	跨系所	经济学	专业技术服务业	其他
湖南省船山学研究基地	2006-9-8	非学校主管部门批准	省级重点研究基地	独立研究所	中国文学	文化艺术业	政府部门办
湖南省人居环境学研究基地	2002-2-8	非学校主管部门批准	省级重点研究基地	独立研究所	经济学	生态保护和环境治理业	政府部门办
湖湘文化研究所	2015-9-30	学校自建	校级研究机构	独立研究所	中国文学	教育	单位自办

续表

学校及机构名称	成立时间	批准部门	机构类型	组成方式	学科分类	服务的国民经济行业	组成类型
历史文化研究所	2014-2-28	学校自建	校级研究机构	独立研究所	历史学	教育	单位自办
体育赛事策划与管理研究所	2014-2-27	学校自建	校级研究机构	独立研究所	体育科学	体育	单位自办
习近平新时代中国特色社会主义思想研究与传播中心	2017-11-9	学校自建	校级研究机构	跨系所	马克思主义	教育	单位自办
湘南地区经济发展与管理创新研究所	2013-9-28	学校自建	校级研究机构	独立研究所	管理学	专业技术服务业	单位自办
邵阳学院							
湖南省民营经济研究基地	2005-3-5	非学校主管部门批准	省级重点研究基地	独立研究所	经济学	专业技术服务业	政府部门办
湖南省全民健身服务体系建设研究基地	2010-5-26	非学校主管部门批准	省级重点研究基地	跨系所	体育科学	体育	政府部门办
龙狮文化研究所	2008-9-22	学校自建	校级研究所	跨系所	教育学	体育	单位自办
民营经济研究所	2005-9-8	学校自建	校级研究所	跨系所	经济学	专业技术服务业	单位自办
区域经济研究中心	2008-10-12	学校主管部门批准	省级重点研究基地	独立研究所	经济学	专业技术服务业	单位自办
社会哲学与人本工程研究所	2005-9-15	学校自建	校级研究所	跨系所	管理学	教育	单位自办
魏源及湘西南文史研究基地	2006-12-1	非学校主管部门批准	省级重点研究基地	独立研究所	中国文学	文化艺术业	政府部门办
魏源研究所	2005-9-16	学校自建	校级研究所	独立研究所	历史学	文化艺术业	单位自办
湘西南民间美术研究所	2008-9-22	学校自建	校级研究所	跨系所	艺术学	文化艺术业	单位自办
湘西南民族民间音乐研究所	2008-9-22	学校自建	校级研究所	独立研究所	艺术学	文化艺术业	单位自办
英汉语言与文化研究基地	2008-9-22	学校自建	校级重点研究基地	独立研究所	语言学	教育	单位自办
英语语言文学研究所	2008-9-22	学校自建	校级研究所	独立研究所	语言学	文化艺术业	单位自办
怀化学院							
地方文献研究中心	2013-5-20	学校自建	校级研究所	独立研究所	图书馆、情报与文献学	新闻和出版业	单位自办
雕刻艺术研究所	2013-5-20	学校自建	校级研究所	与校外合办所	艺术学	文化艺术业	单位自办
调解法学研究所	2013-5-20	学校自建	校级研究所	独立研究所	法学	社会工作	单位自办
管理科学研究中心	2016-5-26	学校自建	校级创新平台	跨系所	管理学	科技推广和应用服务业	单位自办
湖南省和平文化研究基地	2010-9-10	非学校主管部门批准	省级重点研究基地	与校外合办所	历史学	文化艺术业	与国内高校合办

续表

学校及机构名称	成立时间	批准部门	机构类型	组成方式	学科分类	服务的国民经济行业	组成类型
湖南省教育科学农村学前教育	2012-12-1	学校主管部门批准	其他重点研究基地	独立研究所	教育学	教育	政府部门办
湖南省民间非物质文化研究基地	2007-1-11	非学校主管部门批准	省级重点研究基地	跨系所	民族学与文化学	文化艺术业	政府部门办
湖南文化遗产翻译与传播基地	2015-5-15	非学校主管部门批准	其他重点研究基地	跨系所	民族学与文化学	文化艺术业	单位自办
怀化市工业产品设计与文化创意研究中心	2012-5-27	学校自建	其他重点研究基地	独立研究所	艺术学	文化艺术业	单位自办
怀化市影视动漫创意基地	2012-5-22	非学校主管部门批准	其他重点研究基地	独立研究所	艺术学	文化艺术业	单位自办
民族旅游研究中心	2013-5-20	学校自建	校级研究所	独立研究所	管理学	其他服务业	单位自办
民族民间文化艺术协同创新中心	2016-5-26	学校自建	校级创新平台	跨系所	民族学与文化学	文化艺术业	单位自办
民族民间文化艺术研究中心	2012-5-31	学校主管部门批准	省级重点研究基地	独立研究所	艺术学	文化艺术业	单位自办
民族学研究所	2013-5-20	学校自建	校级研究所	独立研究所	民族学与文化学	文化艺术业	单位自办
商贸经济研究中心	2016-5-26	学校自建	校级创新平台	跨系所	经济学	其他金融业	单位自办
武陵山片区风景园林景观资源研究中心	2013-5-20	学校自建	校级研究所	独立研究所	艺术学	建筑装饰和其他建筑业	单位自办
武陵山片区公共治理研究所	2013-5-20	学校自建	校级研究所	独立研究所	管理学	国家机构	单位自办
武陵山片区金融经济研究所	2013-5-20	学校自建	校级研究所	独立研究所	经济学	其他金融业	单位自办
武陵山片区特色文化资源研究基地	2013-7-11	非学校主管部门批准	其他重点研究基地	跨系所	民族学与文化学	文化艺术业	单位自办
五溪民族民间音乐研究所	2013-5-20	学校自建	校级研究所	独立研究所	艺术学	文化艺术业	单位自办
湘西地区政治建设研究所	2013-5-20	学校自建	校级研究所	独立研究所	政治学	教育	单位自办
中小企业财务管理研究所	2013-5-20	学校自建	校级研究所	独立研究所	管理学	商务服务业	单位自办
沅水流域文学与文化研究中心	2013-5-20	学校自建	校级研究所	独立研究所	中国文学	文化艺术业	单位自办
湖南文理学院							
产业经济研究所	2002-12-2	学校自建	其他	跨系所	经济学	农、林、牧、渔服务业	单位自办
城市文化研究基地	2007-1-12	学校主管部门批准	省级重点研究基地	独立研究所	历史学	教育	与国内高校合办
城市文化研究所	2006-3-8	学校自建	校级重点研究基地	跨系所	历史学	其他服务业	单位自办
大学英语教学研究所	2002-12-2	学校自建	其他	独立研究所	语言学	社会工作	单位自办

续表

学校及机构名称	成立时间	批准部门	机构类型	组成方式	学科分类	服务的国民经济行业	组成类型
古籍整理研究所	2002-12-2	学校自建	其他	独立研究所	中国文学	教育	单位自办
湖南省农村居民社会化发展研究基地	2010-5-8	学校主管部门批准	省级重点研究基地	独立研究所	社会学	农、林、牧、渔服务业	单位自办
湖南省湘学研究	2013-11-1	学校主管部门批准	省级重点研究基地	独立研究所	民族学与文化学	其他服务业	单位自办
环洞庭湖社会发展研究所	2001-2-18	学校自建	其他	跨系所	经济学	机动车、电子产品和日用产品修理业	单位自办
经济法学研究所	2002-12-2	学校自建	其他	独立研究所	法学	专业技术服务业	单位自办
美术研究所	2006-3-8	学校自建	其他	独立研究所	艺术学	教育	单位自办
文艺鉴赏美学研究所	1999-11-21	学校自建	其他	独立研究所	中国文学	教育	单位自办
细菌战罪行研究所	2001-9-18	学校自建	其他	独立研究所	历史学	国际组织	单位自办
英语语言文学研究所	2000-12-5	学校自建	其他	独立研究所	外国文学	教育	单位自办
中国常德诗墙文化研究所	1999-10-15	学校自建	其他	跨系所	中国文学	教育	单位自办
中国特色社会主义理论研究中心	2012-11-1	学校主管部门批准	省级重点研究基地	独立研究所	马克思主义	其他服务业	单位自办
湖南科技学院							
高等教育研究所	2000-8-1	学校自建	校内机构	跨系所	教育学	社会工作	单位自办
国学研究基地	2011-6-9	学校自建	其他重点研究基地	跨系所	中国文学	科技推广和应用服务业	政府部门办
湖南省濂溪学研究基地	2016-8-12	非学校主管部门批准	其他重点研究基地	跨系所	中国文学	科技推广和应用服务业	其他
柳宗元研究所	2000-8-1	学校自建	校内科研机构	跨系所	中国文学	科技推广和应用服务业	单位自办
舜文化研究基地	2007-2-9	非学校主管部门批准	其他重点研究基地	跨系所	中国文学	文化艺术业	单位自办
思想教育与道德文化研究基地	2014-5-8	学校主管部门批准	其他重点研究基地	跨系所	教育学	教育	单位自办
新农村建设研究所	2006-4-6	学校自建	校内机构	跨系所	经济学	科技推广和应用服务业	单位自办
永州民间文化及瑶文化研究所	2003-12-1	学校自建	校内机构	跨系所	中国文学	科技推广和应用服务业	单位自办
湖南人文科技学院							
湖南省党的创新理论研究基地	2017-9-14	学校主管部门批准	省级重点研究基地	独立研究所	马克思主义	中国共产党机关	单位自办
湖南省中国特色社会主义理论研究中心基地	2012-5-17	学校主管部门批准	省级重点研究基地	跨系所	马克思主义	社会工作	单位自办

续表

学校及机构名称	成立时间	批准部门	机构类型	组成方式	学科分类	服务的国民经济行业	组成类型
梅山文化研究基地	2016-12-15	非学校主管部门批准	省级重点研究基地	独立研究所	艺术学	文化艺术业	单位自办
区域文化研究基地	2012-5-31	学校主管部门批准	省级重点研究基地	跨系所	社会学	文化艺术业	单位自办
曾国藩及湘中文化研究基地	2007-9-12	学校主管部门批准	省级重点研究基地	独立研究所	法学	文化艺术业	与国内独立研究机构合办
湖南商学院							
廉政建设协同创新中心	2014-9-29	非学校主管部门批准	省级 2011 协同创新中心	跨系所	法学	研究和试验发展	单位自办
移动电子商务协同创新中心	2016-6-15	学校主管部门批准	省级 2011 协同创新中心	与校外合办所	经济学	计算机、通信和其他电子设备制造业	其他
湖南经济改革与发展研究中心	2008-6-24	学校主管部门批准	省级重点研究基地	跨系所	经济学	专业技术服务业	单位自办
湖南省高校“医药物流供应链与服务外包”产学研示范研究基地	2010-10-15	非学校主管部门批准	省级产学研基地	独立研究所	管理学	仓储业	单位自办
湖南省廉政建设研究基地	2009-9-3	非学校主管部门批准	省级重点研究基地	与校外合办所	法学	卫生	单位自办
湖南省区域战略与规划研究基地	2007-1-12	非学校主管部门批准	省级重点研究基地	与校外合办所	经济学	专业技术服务业	单位自办
湖南省现代流通理论研究基地	2002-7-1	非学校主管部门批准	省级重点研究基地	跨系所	经济学	专业技术服务业	单位自办
湖南省现代物流研究基地	2010-6-16	非学校主管部门批准	省级重点研究基地	跨系所	管理学	专业技术服务业	单位自办
湖南省中国特色社会主义理论体系研究中心	2012-7-15	非学校主管部门批准	其他重点研究基地	跨系所	马克思主义	教育	单位自办
开放经济条件下金融风险度量、控制与政策研究基地	2014-5-26	非学校主管部门批准	科技创新平台	跨系所	经济学	研究和试验发展	单位自办
区域金融创新研究基地	2014-5-1	非学校主管部门批准	其他重点研究基地	独立研究所	经济学	研究和试验发展	其他
南华大学							
发展战略与区域经济研究所	2002-2-14	学校自建	校级重点研究基地	独立研究所	经济学	研究和试验发展	单位自办
高校资助与创业教育研究基地	2013-10-1	学校主管部门批准	校级重点研究基地	独立研究所	教育学	教育	单位自办
国家贸易研究室	2004-2-18	学校自建	研究所	独立研究所	经济学	商务服务业	单位自办
核能经济管理研究中心	2007-12-1	学校主管部门批准	校级重点研究基地	跨系所	管理学	资本市场服务	单位自办
衡阳市酒文化研究中心	2007-5-18	学校自建	研究所	独立研究所	社会学	文化艺术业	单位自办

续表

学校及机构名称	成立时间	批准部门	机构类型	组成方式	学科分类	服务的国民经济行业	组成类型
湖南省企业自主创新研究基地	2010-12-1	学校主管部门批准	省级重点研究基地	独立研究所	管理学	资本市场服务	单位自办
会计学研究所	2003-2-5	学校自建	研究所	独立研究所	经济学	货币金融服务	单位自办
马克思主义政治哲学及其应用研究基地	2013-2-1	学校主管部门批准	校级重点研究基地	独立研究所	哲学	文化艺术业	单位自办
地方法制与法治文化研究中心	2016-11-20	非学校主管部门批准	其他重点研究基地	与校外合办所	法学	中国共产党机关	其他
军工文化与地域文化研究中心	2015-2-11	非学校主管部门批准	其他重点研究基地	独立研究所	社会学	社会工作	政府部门办
企业经济与管理研究所	2011-2-22	学校自建	研究所	独立研究所	经济学	商务服务业	单位自办
人权与公法理论研究所	2011-5-19	学校自建	研究所	独立研究所	法学	社会工作	单位自办
人因工程研究所	1998-3-3	学校自建	研究所	独立研究所	管理学	研究和试验发展	单位自办
王船山思想研究所	2004-3-5	学校自建	校级重点研究基地	独立研究所	哲学	教育	单位自办
习近平新时代中国特色社会主义思想研究中心	2017-11-29	学校自建	其他智库	跨系所	马克思主义	教育	单位自办
英语语言文化研究所	2007-1-30	学校自建	校内研究所	独立研究所	语言学	教育	单位自办
语料库翻译学研究所	2003-1-27	学校自建	校级研究所	独立研究所	语言学	教育	单位自办
中国特色社会主义理论研究基地	2011-3-1	非学校主管部门批准	其他重点研究基地	跨系所	马克思主义	中国共产党机关	政府部门办
长沙医学院							
马克思主义中国化研究校级重点学科	2016-11-17	学校自建	校级社科重点研究基地	独立研究所	马克思主义	教育	单位自办
长沙民政职业技术学院							
民政政策理论研究中心	2017-3-30	学校自建	研究中心	独立研究所	社会学	社会保障	单位自办
长沙学院							
长沙文化研究所	2007-3-7	非学校主管部门批准	研究所	独立研究所	民族学与文化学	文化艺术业	政府部门办
长沙学院应用法学(法律事务)研究所	2007-3-7	学校自建	研究所	独立研究所	法学	社会工作	单位自办
高等教育研究所	2007-3-7	学校自建	研究所	独立研究所	教育学	教育	单位自办
国学与思想政治教育研究所	2007-3-7	学校自建	研究所	跨系所	哲学	教育	单位自办
湖南省党的创新理论研究长沙学院基地	2017-8-31	非学校主管部门批准	省社科研究基地	跨系所	马克思主义	文化艺术业	单位自办

续表

学校及机构名称	成立时间	批准部门	机构类型	组成方式	学科分类	服务的国民经济行业	组成类型
湖南省新型城镇化与住房保障研究基地	2010-3-29	非学校主管部门批准	省社科研究基地	跨系所	管理学	社会保障	单位自办
湖南省学习型社会研究基地	2007-1-11	非学校主管部门批准	省社科研究基地	跨系所	教育学	教育	单位自办
湖南省中国特色社会主义理论体系研究中心长沙市基地长沙学院分基地	2017-9-5	非学校主管部门批准	市级社科基地	跨系所	马克思主义	文化艺术业	单位自办
物业管理研究所	2007-12-20	学校自建	研究所	跨系所	管理学	居民服务业	单位自办
艺术设计研究所	2007-12-20	学校自建	研究所	独立研究所	艺术学	文化艺术业	单位自办
湖南工程学院							
湖南文化创意产业研究中心湖南工程学院分中心	2017-1-10	非学校主管部门批准	研究中心	独立研究所	经济学	文化艺术业	政府部门办
湖南城市学院							
高校师德教育研究基地	2012-12-25	非学校主管部门批准	省级重点研究基地	跨系所	哲学	教育	单位自办
湖南省城市经济研究基地	2010-9-8	非学校主管部门批准	省级重点研究基地	跨系所	经济学	科技推广和应用服务业	政府部门办
湖南省党的创新理论研究基地	2017-8-20	非学校主管部门批准	省级重点研究基地	跨系所	法学	中国共产党机关	政府部门办
湖南省反邪教研究中心	2017-9-8	非学校主管部门批准	省级重点研究基地	跨系所	哲学	社会工作	政府部门办
湖南省新型城镇化研究基地	2007-1-30	非学校主管部门批准	省级重点研究基地	跨系所	管理学	群众团体、社会团体和其他成员组织	政府部门办
湖南省中国特色社会主义理论体系研究中心	2017-7-16	非学校主管部门批准	省级重点研究基地	跨系所	法学	中国共产党机关	政府部门办
湖湘传统美术研究基地	2016-12-30	非学校主管部门批准	省级重点研究基地	跨系所	艺术学	文化艺术业	单位自办
社区体育文化研究基地	2014-6-1	非学校主管部门批准	省级重点研究基地	跨系所	社会学	群众团体、社会团体和其他成员组织	其他
湖南工学院							
大学生发展研究中心	2010-6-30	学校自建	校级重点研究基地	独立研究所	管理学	教育	单位自办
衡阳经济发展研究中心	2010-6-30	学校自建	校级重点研究基地	独立研究所	经济学	教育	单位自办
旅游规划与设计研究所	2010-6-30	学校自建	校级重点研究基地	独立研究所	经济学	教育	单位自办

续表

学校及机构名称	成立时间	批准部门	机构类型	组成方式	学科分类	服务的国民经济行业	组成类型
湖南财政经济学院							
法务会计研究所	2014-3-1	学校自建	校级研究所	独立研究所	法学	其他服务业	单位自办
国际经济与贸易标准化研究	2009-6-3	学校自建	校级研究所	独立研究所	经济学	其他服务业	单位自办
湖南财政监督理论研究基地	2013-5-28	非学校主管部门批准	共建研究基地	与校外合办所	经济学	其他服务业	政府部门办
湖南财政与会计研究基地	2007-4-1	非学校主管部门批准	省级重点研究基地	与校外合办所	经济学	其他服务业	政府部门办
湖南省法务会计研究基地	2012-5-31	学校主管部门批准	省级重点研究基地	与校外合办所	法学	其他服务业	政府部门办
湖南省高等财经教育研究基地	2012-12-26	非学校主管部门批准	省级重点研究基地	跨系所	教育学	教育	政府部门办
湖南省公共政策与经济发展研究基地	2012-9-16	非学校主管部门批准	省级重点研究基地	与校外合办所	经济学	其他服务业	政府部门办
湖南省政府非税收入研究基地	2010-9-1	非学校主管部门批准	省级重点研究基地	与校外合办所	经济学	其他服务业	政府部门办
企业财务信息与资本效应湖南省重点实验室	2009-4-1	非学校主管部门批准	省级重点实验室	与校外合办所	管理学	其他服务业	政府部门办
体育经济与产业研究所	2009-5-26	学校自建	校级研究所	独立研究所	体育科学	体育	单位自办
专门用途英语（ESP）教学与应用研究所	2009-1-5	学校自建	校级研究所	独立研究所	语言学	教育	单位自办
湖南警察学院							
湖南省教育科学大学生心理健康研究基地	2010-9-17	学校主管部门批准	省级重点研究基地	独立研究所	心理学	教育	单位自办
警察公共关系研究所	2008-3-14	学校自建	研究所	独立研究所	管理学	科技推广和应用服务业	单位自办
警务射击研究所	2008-3-12	学校自建	研究所	独立研究所	体育科学	科技推广和应用服务业	单位自办
警务心理研究所	2005-3-9	学校自建	研究所	独立研究所	心理学	科技推广和应用服务业	单位自办
恐怖犯罪对策研究所	2005-3-10	学校自建	研究所	独立研究所	法学	科技推广和应用服务业	单位自办
青少年犯罪研究所	2004-3-2	学校自建	研究所	独立研究所	心理学	科技推广和应用服务业	单位自办
群体性事件预防与处置研究所	2009-3-13	学校自建	研究所	独立研究所	法学	科技推广和应用服务业	单位自办
侦查对策研究所	2003-1-6	学校自建	研究所	独立研究所	管理学	科技推广和应用服务业	单位自办
湖南工业大学							

续表

学校及机构名称	成立时间	批准部门	机构类型	组成方式	学科分类	服务的国民经济行业	组成类型
包装设计理论与应用研究基地	2005-9-12	学校主管部门批准	省级重点研究基地	独立研究所	艺术学	社会工作	其他
湖南省包装经济研究基地	2003-5-30	学校主管部门批准	省级重点研究基地	独立研究所	经济学	科技推广和应用服务业	政府部门办
湖南省包装设计艺术研究基地	2007-3-30	学校主管部门批准	省级重点研究基地	独立研究所	艺术学	文化艺术业	政府部门办
湖南省党的创新理论研究湖南工业大学基地	2017-8-31	非学校主管部门批准	其他重点研究基地	独立研究所	政治学	社会工作	其他
湖南省湖湘体育文化研究基地	2010-10-11	学校主管部门批准	省级重点研究基地	独立研究所	体育科学	体育	政府部门办
湖南省教育科学高校内部管理研究基地	2012-12-26	学校主管部门批准	省级重点研究基地	跨系所	教育学	教育	其他
湖南省绿色工业与城市低碳发展研究基地	2016-12-15	学校主管部门批准	省级重点研究基地	跨系所	管理学	科技推广和应用服务业	政府部门办
湖南省民族民间音乐舞蹈研究基地	2017-6-29	非学校主管部门批准	省级重点研究基地	独立研究所	艺术学	文化艺术业	政府部门办
湖南省思想政治工作研究基地	2012-10-17	学校主管部门批准	省级重点研究基地	跨系所	政治学	社会工作	政府部门办
湖南省中国特色社会主义理论体系研究中心湖南工业大学基地	2012-6-25	非学校主管部门批准	省级重点研究基地	跨系所	政治学	社会工作	其他
全国包装广告研究基地	2017-10-16	非学校主管部门批准	中央其他部委重点研究基地	跨系所	艺术学	商务服务业	其他
湖南女子学院							
财务与会计研究所	2016-6-16	学校主管部门批准	校级重点研究基地	独立研究所	管理学	教育	其他
湖南省高等教育学科(女性教育)基地	2008-6-19	非学校主管部门批准	其他重点研究基地	跨系所	教育学	社会工作	其他
湖南省公民礼仪素质研究基地	2007-1-11	非学校主管部门批准	省级重点研究基地	跨系所	哲学	社会工作	其他
湖南省湖湘女性文化研究基地	2011-4-15	非学校主管部门批准	省级重点研究基地	跨系所	社会学	教育	单位自办
湖南省教育科学(现代家政教育)研究基地	2012-12-1	学校主管部门批准	其他重点研究基地	跨系所	教育学	教育	政府部门办
湖湘女性文化研究所	2014-4-17	学校自建	校级重点研究基地	跨系所	社会学	文化艺术业	单位自办
家政研究所	2014-4-17	学校自建	校级重点研究基地	跨系所	社会学	社会工作	单位自办
经营与管理研究所	2013-4-28	学校自建	校级重点研究基地	跨系所	经济学	教育	单位自办
旅游研究所	2016-6-22	学校自建	校级重点研究基地	独立研究所	管理学	商务服务业	单位自办

续表

学校及机构名称	成立时间	批准部门	机构类型	组成方式	学科分类	服务的国民经济行业	组成类型
女书文化研究所	2013-4-28	学校自建	校级重点研究基地	跨系所	社会学	社会工作	单位自办
女性创新创业研究所	2013-4-28	学校自建	校级重点研究基地	跨系所	社会学	教育	单位自办
女性服饰文化研究所	2014-4-17	学校自建	校级重点研究基地	跨系所	艺术学	教育	单位自办
女性经济研究所	2013-4-17	学校自建	校级重点研究基地	跨系所	经济学	社会工作	单位自办
女性思想政治教育研究所	2013-10-15	学校自建	校级重点研究基地	跨系所	政治学	社会工作	单位自办
女性体育研究所	2008-2-28	学校自建	校级重点研究基地	跨系所	体育科学	体育	单位自办
女性文学与文化研究所	2016-6-22	学校自建	校级重点研究基地	独立研究所	中国文学	文化艺术业	单位自办
女性心理健康教育研究所	2014-4-17	学校自建	校级重点研究基地	跨系所	心理学	教育	单位自办
女性音乐文化研究所	2016-6-22	学校自建	校级重点研究基地	独立研究所	艺术学	文化艺术业	单位自办
妇女研究与培训基地	2006-10-12	学校主管部门批准	中央其他部委重点研究基地	跨系所	社会学	社会工作	单位自办
人力资源管理研究所	2014-4-17	学校自建	校级重点研究基地	跨系所	管理学	教育	单位自办
社会工作与社会治理研究所	2016-6-22	学校自建	校级重点研究基地	独立研究所	社会学	其他服务业	单位自办
外国女性文学研究所	2016-6-22	学校自建	校级重点研究基地	独立研究所	外国文学	文化艺术业	单位自办
现代家庭服务业发展研究中心	2014-12-26	非学校主管部门批准	校级重点研究基地	独立研究所	社会学	社会工作	政府部门办
现代伦理和礼仪教育研究所	2014-4-17	学校自建	校级重点研究基地	跨系所	心理学	教育	单位自办
信息科学与管理工程应用研究所	2012-3-9	学校自建	校级重点研究基地	跨系所	教育学	教育	单位自办
中国重彩艺术研究所	2012-3-1	学校自建	校级重点研究基地	独立研究所	艺术学	教育	单位自办
湖南第一师范学院							
德育基地	2008-11-30	学校主管部门批准	其他重点研究基地	跨系所	教育学	教育	其他
湖南省毛泽东诗词外译研究基地	2015-12-8	学校主管部门批准	省级重点研究基地	跨系所	语言学	文化艺术业	单位自办
湖南省青年毛泽东研究基地	2010-3-25	学校主管部门批准	省级重点研究基地	与校外合办所	马克思主义	中国共产党机关	与国内独立研究机构合办
湖湘民间艺术教育传承与发展研究基地	2016-12-20	学校主管部门批准	省级重点研究基地	跨系所	艺术学	文化艺术业	单位自办
少数民族文化艺术传承与普及基地	2016-10-31	非学校主管部门批准	其他重点研究基地	跨系所	艺术学	文化艺术业	单位自办

续表

学校及机构名称	成立时间	批准部门	机构类型	组成方式	学科分类	服务的国民经济行业	组成类型
小学教师教育研究基地	2012-10-31	学校主管部门批准	省级重点研究基地	跨系所	教育学	教育	单位自办
中国特色社会主义理论体系研究中心	2012-10-31	学校主管部门批准	省级重点研究基地	跨系所	马克思主义	中国共产党机关	单位自办
长沙航空职业技术学院							
企业思想政治工作研究中心	2009-10-8	学校主管部门批准	企业思想政治研究	与校外合办所	马克思主义	教育	其他
湖南商务职业技术学院							
高职教育研究所	2004-12-31	非学校主管部门批准	校级重点研究基地	独立研究所	教育学	教育	单位自办
应用翻译研究所	2013-8-29	非学校主管部门批准	校级重点研究基地	独立研究所	语言学	商务服务业	单位自办
职业教育法治研究所	2016-3-21	非学校主管部门批准	校级重点研究基地	独立研究所	法学	教育	单位自办
湖南外贸职业学院							
服务贸易研究中心	2009-5-15	学校主管部门批准	校级重点研究基地	独立研究所	经济学	商务服务业	单位自办
高职教育研究中心	2009-10-15	学校主管部门批准	校级重点研究基地	独立研究所	教育学	教育	单位自办
湖南网络工程职业学院							
终身教育研究所	2005-3-1	学校自建	研究所	独立研究所	教育学	教育	单位自办
湖南艺术职业学院							
湖南民族文化传承研究基地	2016-10-20	非学校主管部门批准	其他重点研究基地	独立研究所	艺术学	文化艺术业	政府部门办
湖南省非物质文化遗产研究基地	2017-10-20	非学校主管部门批准	其他重点研究基地	独立研究所	艺术学	文化艺术业	政府部门办
湖南机电职业技术学院							
高职教育研究所	2010-1-24	学校主管部门批准	校级重点研究基地	独立研究所	教育学	教育	单位自办
长沙师范学院							
湖南省徐特立研究基地	2015-12-8	非学校主管部门批准	湖南省社科研究基地	独立研究所	教育学	教育	单位自办
湖南应用技术学院							
湘西北城乡发展一体化研究所	2014-3-31	学校自建	校级重点研究基地	独立研究所	经济学	社会工作	单位自办
湘西北经济研究所	2014-3-31	学校自建	校级重点研究基地	独立研究所	经济学	资本市场服务	单位自办
湖南幼儿师范高等专科学校							
湖南省教育科学学前教育研究基地	2012-10-8	学校主管部门批准	其他重点研究基地	独立研究所	教育学	教育	单位自办

续表

学校及机构名称	成立时间	批准部门	机构类型	组成方式	学科分类	服务的国民经济行业	组成类型
广东省							
中山大学							
城市社会研究中心	2008-7-1	非学校主管部门批准	省级重点研究基地	独立研究所	社会学	社会工作	政府部门办
地方治理与公共政策研究中心	2017-3-18	非学校主管部门批准	省级智库	独立研究所	管理学	国家机构	政府部门办
法学理论与法律实践研究中心	2009-3-17	非学校主管部门批准	省级重点研究基地	独立研究所	法学	群众团体、社会团体和其他成员组织	政府部门办
港澳珠江三角洲研究中心	2000-9-1	学校主管部门批准	教育部重点研究基地	独立研究所	社会学	国家机构	政府部门办
广东省舆情大数据分析与仿真重点实验室	2017-10-13	非学校主管部门批准	省级重点实验室	独立研究所	新闻学与传播学	国家机构	政府部门办
华南农村研究中心	2001-7-1	非学校主管部门批准	省级重点研究基地	独立研究所	社会学	社会工作	政府部门办
金融工程与风险管理研究中心	2010-1-1	非学校主管部门批准	省级重点研究基地	独立研究所	经济学	其他金融业	政府部门办
历史人类学研究中心	2001-3-17	学校主管部门批准	教育部重点研究基地	独立研究所	历史学	教育	政府部门办
廉政与治理研究中心	2009-9-1	非学校主管部门批准	省级重点研究基地	与校外合办所	政治学	国家机构	政府部门办
逻辑与认知研究所	1997-1-1	学校主管部门批准	教育部重点研究基地	独立研究所	逻辑学	教育	政府部门办
马克思主义哲学与中国现代化研究所	2000-1-1	学校主管部门批准	教育部重点研究基地	独立研究所	马克思主义	国家机构	政府部门办
人类进化与科技考古实验室	2013-9-15	非学校主管部门批准	省级重点实验室	独立研究所	民族学与文化学	社会工作	政府部门办
社会认知神经科学与精神健康实验室	2015-10-1	非学校主管部门批准	省级重点实验室	独立研究所	心理学	卫生	政府部门办
现代会计与财务研究中心	2000-2-17	非学校主管部门批准	省级重点研究基地	独立研究所	经济学	其他金融业	政府部门办
移民与族群研究中心	2011-9-1	非学校主管部门批准	省级重点研究基地	独立研究所	民族学与文化学	社会工作	政府部门办
粤港澳发展研究院	2015-9-1	非学校主管部门批准	国家高端智库	独立研究所	港澳台研究	国家机构	政府部门办
中国非物质文化遗产研究中心	2004-9-1	学校主管部门批准	教育部重点研究基地	独立研究所	民族学与文化学	文化艺术业	政府部门办
中国公共管理研究中心	2000-12-25	学校主管部门批准	教育部重点研究基地	独立研究所	管理学	国家机构	政府部门办
中国转型与开放经济研究所	2003-3-17	非学校主管部门批准	省级重点研究基地	独立研究所	经济学	资本市场服务	政府部门办
自贸区综合研究院	2015-1-22	非学校主管部门批准	省级智库	独立研究所	管理学	国家机构	政府部门办
暨南大学							

续表

学校及机构名称	成立时间	批准部门	机构类型	组成方式	学科分类	服务的国民经济行业	组成类型
产业经济研究院	2006-6-6	学校自建	其他智库	独立研究所	经济学	研究和试验发展	单位自办
广东产业发展与粤港澳台区域合作研究中心	2009-1-10	非学校主管部门批准	省级重点研究基地	跨系所	经济学	专业技术服务业	单位自办
海外华文文学与汉语传媒研究中心	2007-6-20	非学校主管部门批准	省级重点研究基地	跨系所	中国文学	研究和试验发展	单位自办
汉语方言研究中心	2008-5-15	非学校主管部门批准	省级重点研究基地	跨系所	语言学	研究和试验发展	单位自办
华侨华人研究院	2006-11-16	非学校主管部门批准	教育部重点研究基地	独立研究所	政治学	研究和试验发展	单位自办
金融研究所	1998-1-10	非学校主管部门批准	省级重点研究基地	跨系所	经济学	研究和试验发展	单位自办
企业发展研究所	2003-7-10	非学校主管部门批准	省级重点研究基地	跨系所	管理学	专业技术服务业	单位自办
特区港澳经济研究所	1982-10-12	非学校主管部门批准	其他智库	跨系所	经济学	专业技术服务业	单位自办
应急管理研究中心	2010-9-10	非学校主管部门批准	省级重点研究基地	与校外合办所	管理学	研究和试验发展	与国内独立研究机构合办
知识产权与法治研究中心	2009-7-10	非学校主管部门批准	省级重点研究基地	独立研究所	法学	专业技术服务业	单位自办
资源环境与可持续发展研究所	2012-3-26	非学校主管部门批准	省级重点研究基地	跨系所	经济学	生态保护和环境治理业	单位自办
汕头大学							
长江工业设计中心	2013-5-24	学校自建	校级重点研究基地	独立研究所	艺术学	教育	单位自办
潮汕文化研究中心	1990-12-4	学校自建	校级重点研究基地	独立研究所	民族学与文化学	文化艺术业	单位自办
地方政府发展研究所	2005-9-5	学校主管部门批准	省级重点研究基地	独立研究所	管理学	教育	其他
妇女研究中心	2009-9-1	学校自建	校级重点研究基地	独立研究所	社会学	研究和试验发展	单位自办
高等教育研究所	1986-1-1	学校自建	校级重点研究基地	独立研究所	教育学	教育	单位自办
国际互联网研究院	2016-4-19	学校自建	校级重点研究基地	独立研究所	新闻学与传播学	互联网和相关服务	单位自办
全球研究中心	2006-1-1	学校自建	校级重点研究基地	独立研究所	历史学	社会工作	单位自办
汕头大学·香港中文大学联合基督教研究中心	2012-1-1	学校自建	校级重点研究基地	与校外合办所	宗教学	文化艺术业	与境外机构合办
台湾及海外华文文学研究中心	1984-2-19	学校自建	校级重点研究基地	跨系所	中国文学	文化艺术业	单位自办
台湾研究所	2001-11-2	学校自建	校级重点研究基地	跨系所	经济学	商务服务业	单位自办

续表

学校及机构名称	成立时间	批准部门	机构类型	组成方式	学科分类	服务的国民经济行业	组成类型
新国学研究中心	2003-1-1	学校自建	校级重点研究基地	独立研究所	中国文学	文化艺术业	单位自办
粤台企业合作研究院	2010-12-8	学校主管部门批准	省级重点研究基地	与校外合办所	管理学	商务服务业	政府部门办
宗教文化研究中心	2010-1-1	学校自建	校级重点研究基地	独立研究所	宗教学	教育	单位自办
华南理工大学							
法治评价与研究中心	2015-12-21	非学校主管部门批准	省级重点研究基地	跨系所	法学	专业技术服务业	单位自办
公共外交与跨文化传播研究基地	2015-1-22	非学校主管部门批准	省级重点研究基地	独立研究所	新闻学与传播学	新闻和出版业	单位自办
公共政策研究院	2012-3-1	非学校主管部门批准	国家高端智库	独立研究所	政治学	国家机构	与境内注册其他企业合办
广东地方法制研究中心	2006-5-20	非学校主管部门批准	省级重点研究基地	独立研究所	法学	教育	单位自办
广东省地方立法研究评估与咨询服务基地	2013-4-25	非学校主管部门批准	省级重点研究基地	独立研究所	法学	教育	单位自办
广东省非物质文化遗产研究基地	2013-12-14	非学校主管部门批准	省级重点研究基地	独立研究所	艺术学	文化艺术业	单位自办
广东省软科学研究基地	2011-12-3	非学校主管部门批准	省级重点研究基地	独立研究所	管理学	科技推广和应用服务业	单位自办
广东省社会治理研究中心	2015-1-16	非学校主管部门批准	省级智库	独立研究所	管理学	社会保障	单位自办
广东省体育产业发展研究中心	2006-11-1	非学校主管部门批准	省级重点研究基地	独立研究所	体育科学	体育	单位自办
广东省新媒体与品牌传播创新应用重点实验室	2013-9-18	非学校主管部门批准	省级重点实验室	独立研究所	新闻学与传播学	新闻和出版业	单位自办
广东省中小企业研究咨询中心	2003-11-4	非学校主管部门批准	省级重点研究基地	独立研究所	管理学	专业技术服务业	单位自办
广东现代服务业研究基地	2011-11-4	非学校主管部门批准	省级重点研究基地	独立研究所	管理学	专业技术服务业	单位自办
广州国家创新型城市发展研究中心	2015-7-15	非学校主管部门批准	省级重点研究基地	独立研究所	经济学	专业技术服务业	单位自办
广州市金融服务创新与风险管理研究基地	2015-7-15	非学校主管部门批准	省级重点研究基地	独立研究所	管理学	货币金融服务	单位自办
国家治理研究中心	2017-7-28	非学校主管部门批准	省级重点研究基地	独立研究所	管理学	国家机构	单位自办
互联网行为科学实验室	2016-3-1	非学校主管部门批准	省级重点实验室	独立研究所	管理学	互联网和相关服务	单位自办
技术创新评估研究中心	2003-12-1	学校自建	校级重点研究基地	独立研究所	管理学	专业技术服务业	单位自办

续表

学校及机构名称	成立时间	批准部门	机构类型	组成方式	学科分类	服务的国民经济行业	组成类型
建筑历史文化研究中心	2005-8-1	非学校主管部门批准	省级重点研究基地	独立研究所	历史学	房屋建筑业	单位自办
金融工程研究中心	2004-12-15	非学校主管部门批准	省级重点研究基地	独立研究所	经济学	其他金融业	单位自办
科技革命与技术预见智库	2016-5-11	非学校主管部门批准	省级智库	独立研究所	管理学	专业技术服务业	单位自办
习近平新时代中国特色社会主义思想研究中心	2017-10-26	非学校主管部门批准	省级重点研究基地	独立研究所	马克思主义	教育	单位自办
新岭南文化中心研究基地	2013-5-13	非学校主管部门批准	省级重点研究基地	独立研究所	民族学与文化学	文化艺术业	单位自办
印度巴基斯坦研究中心	2017-6-13	学校主管部门批准	其他重点研究基地	独立研究所	民族学与文化学	国家机构	单位自办
印度洋岛国研究中心	2017-6-13	学校主管部门批准	其他重点研究基地	独立研究所	语言学	国家机构	单位自办
哲学与科技高等研究所	2017-5-14	非学校主管部门批准	省级重点研究基地	独立研究所	哲学	专业技术服务业	单位自办
政府绩效评价中心	2017-9-1	非学校主管部门批准	省级智库	独立研究所	管理学	国家机构	单位自办
政府决策与绩效评价研究所	2009-10-1	非学校主管部门批准	省级重点研究基地	独立研究所	管理学	国家机构	单位自办
中国企业战略管理研究中心	2006-10-1	非学校主管部门批准	省级重点研究基地	独立研究所	管理学	专业技术服务业	单位自办
华南农业大学							
地方法制研究中心	2003-5-13	学校自建	校级重点研究基地	独立研究所	法学	教育	单位自办
广东农村经济研究中心	2003-12-18	学校主管部门批准	省级重点研究基地	独立研究所	经济学	教育	单位自办
广东农村政策研究中心	2005-1-20	学校主管部门批准	省级重点研究基地	独立研究所	政治学	社会工作	政府部门办
经济发展研究所	1998-3-10	学校自建	校级重点研究基地	跨系所	经济学	教育	单位自办
科技管理与规划研究院	2011-12-20	学校自建	校级重点研究基地	跨系所	管理学	教育	单位自办
劳资关系研究中心	2010-9-30	学校自建	校级重点研究基地	跨系所	社会学	社会保障	单位自办
农村法治与社会发展研究中心	2010-4-8	学校自建	校级重点研究基地	跨系所	法学	教育	单位自办
农业文化与乡村旅游研究中心	2009-4-16	学校自建	校级重点研究基地	独立研究所	管理学	教育	单位自办
人力资源与战略发展研究中心	2007-3-9	学校自建	校级重点研究基地	独立研究所	管理学	教育	单位自办
森林资源与环境管理研究所	2008-7-3	学校自建	校级重点研究基地	跨系所	经济学	教育	单位自办
乡村非物质文化遗产研究中心	2013-6-1	学校自建	校级重点研究基地	跨系所	历史学	教育	单位自办
新农村发展研究院	2014-10-28	学校主管部门批准	省级重点研究基地	独立研究所	经济学	教育	单位自办

续表

学校及机构名称	成立时间	批准部门	机构类型	组成方式	学科分类	服务的国民经济行业	组成类型
宗教与文化交流研究中心	2009-3-26	学校自建	校级重点研究基地	跨系所	宗教学	教育	单位自办
广东海洋大学							
东盟研究院	2014-12-1	学校自建	校级重点研究基地	独立研究所	管理学	科技推广和应用服务业	单位自办
广东省地方立法研究评估与咨询服务基地	2013-10-20	非学校主管部门批准	其他智库	与校外合办所	法学	专业技术服务业	其他
海洋经济与管理研究中心	2008-9-20	学校主管部门批准	省级重点研究基地	独立研究所	经济学	农、林、牧、渔服务业	单位自办
海洋文化产业研究中心	2013-10-8	非学校主管部门批准	其他智库	与校外合办所	民族学与文化学	农、林、牧、渔服务业	政府部门办
华南师范大学							
城市休闲与旅游规划研究中心	2007-1-1	学校自建	校级重点研究基地	独立研究所	管理学	研究和试验发展	单位自办
华南市场经济研究中心	2006-4-18	学校主管部门批准	省级重点研究基地	独立研究所	经济学	研究和试验发展	单位自办
经济行为与制度研究中心	2008-5-1	学校自建	校级重点研究基地	跨系所	经济学	研究和试验发展	单位自办
劳动法和社会保障法研究所	2010-5-8	学校自建	校级重点研究基地	与校外合办所	法学	研究和试验发展	与境内注册其他企业合办
现代教育研究与开发中心	2003-12-1	学校主管部门批准	省级重点研究基地	独立研究所	教育学	教育	单位自办
心理应用研究中心	2001-3-30	学校主管部门批准	部省共建教育部重点研究基地	独立研究所	心理学	教育	政府部门办
信息传播与文化创意研究中心	2010-5-6	学校主管部门批准	省级重点研究基地	跨系所	新闻学与传播学	研究和试验发展	单位自办
粤港澳协同发展与地方治理研究中心	2014-6-13	学校自建	校级重点研究基地	跨系所	管理学	国家机构	单位自办
韶关学院							
韶文化研究院	2010-7-15	学校自建	校级重点研究基地	独立研究所	民族学与文化学	教育	单位自办
惠州学院							
地方立法研究院	2015-9-1	学校主管部门批准	其他重点研究基地	与校外合办所	法学	社会保障	其他
韩山师范学院							
潮学研究中心	2010-7-1	学校主管部门批准	省级重点研究基地	独立研究所	历史学	教育	单位自办
岭南师范学院							

续表

学校及机构名称	成立时间	批准部门	机构类型	组成方式	学科分类	服务的国民经济行业	组成类型
广州湾研究所	2012-12-5	学校自建	校级重点研究基地	跨系所	经济学	生态保护和环境治理业	单位自办
雷州美术研究所	2012-12-5	学校自建	校级重点研究基地	跨系所	艺术学	文化艺术业	单位自办
特殊儿童心理评估与康复重点实验室	2017-3-8	学校主管部门批准	省级重点实验室	独立研究所	教育学	教育	与境内注册其他企业合办
吴川文化研究所	2012-12-5	学校自建	校级重点研究基地	跨系所	民族学与文化学	文化艺术业	单位自办
中白哲学文化研究中心	2017-9-27	学校自建	其他智库,校级智库	与校外合办所	哲学	教育	与境外机构合办
肇庆学院							
广东省砚文化研究基地	2008-8-8	非学校主管部门批准	地方特色文化研究机构	独立研究所	民族学与文化学	教育	单位自办
广东实践科学发展观研究基地	2012-11-5	学校主管部门批准	省级普通基地	跨系所	马克思主义	国家机构	政府部门办
教育发展研究院	2015-4-8	学校自建	研究院	独立研究所	教育学	教育	单位自办
西江特色文化研究与传播发展基地	2014-2-6	学校主管部门批准	协同创新中心	独立研究所	新闻学与传播学	文化艺术业	政府部门办
粤桂合作特别试验区发展战略研究院	2015-5-11	学校自建	其他智库,学校自建智库	独立研究所	管理学	国家机构	单位自办
嘉应学院							
客家研究院	2007-6-19	学校主管部门批准	省级重点研究基地	独立研究所	民族学与文化学	商务服务业	政府部门办
广州体育学院							
残疾人运动与健康促进国际协同创新中心	2015-1-12	学校主管部门批准	其他重点实验室,国际合作创新平台	与校外合办所	体育科学	体育	与国内高校合办
广东省高校运动辅助器具设计工程技术研究中心	2015-1-1	非学校主管部门批准	省级重点实验室	跨系所	体育科学	体育	政府部门办
体育社会科学研究中心	2002-10-10	学校主管部门批准	中央其他部委重点研究基地,省级重点研究基地,校级重点研究基地	独立研究所	体育科学	体育	政府部门办
运动技战术诊断与机能评定国家体育总局重点实验室	2008-3-14	非学校主管部门批准	省级重点实验室	跨系所	体育科学	体育	政府部门办
运动生化省重点实验室	2001-10-1	学校主管部门批准	省级重点实验室	独立研究所	体育科学	教育	政府部门办
运动与健康促进实验室	2013-1-1	非学校主管部门批准	省级重点实验室	跨系所	体育科学	体育	政府部门办

续表

学校及机构名称	成立时间	批准部门	机构类型	组成方式	学科分类	服务的国民经济行业	组成类型
广州美术学院							
当代城市文化与建筑艺术创新研究中心	2015-1-12	学校主管部门批准	省级重点研究基地	与校外合办所	艺术学	文化艺术业	与境外机构合办
广东省创意产业研发中心	2009-9-9	非学校主管部门批准	其他重点研究基地	独立研究所	艺术学	文化艺术业	单位自办
广东省工业设计创意与应用研究重点实验室	2012-8-27	非学校主管部门批准	省级重点实验室	独立研究所	艺术学	文化艺术业	单位自办
广东现代广告创意中心(国家广告产业园)	2010-5-1	非学校主管部门批准	其他重点研究基地	独立研究所	艺术学	文化艺术业	单位自办
广美例外品牌设计研究中心	2013-12-19	学校自建	校级重点研究基地	与校外合办所	艺术学	文化艺术业	与境内注册其他企业合办
胡一川研究所	2011-1-30	学校自建	校级重点研究基地	独立研究所	艺术学	文化艺术业	单位自办
岭南美术遗产协同创新研究中心	2015-12-30	非学校主管部门批准	其他重点研究基地	独立研究所	艺术学	文化艺术业	单位自办
岭南美术与文化遗产研究中心	2016-6-1	学校主管部门批准	省级重点研究基地	跨系所	艺术学	文化艺术业	单位自办
岭南文化动漫创意研究基地	2013-11-1	非学校主管部门批准	其他重点研究基地	独立研究所	艺术学	文化艺术业	单位自办
书法研究所	2012-6-1	学校自建	校级重点研究基地	独立研究所	艺术学	文化艺术业	单位自办
数字影像与数字工业工程中心	2015-1-30	学校主管部门批准	省级重点研究基地	独立研究所	艺术学	广播、电视、电影和影视录音制作业	单位自办
中国近现代美术研究所	2017-11-10	学校自建	校级重点研究基地	独立研究所	艺术学	文化艺术业	其他
珠三角品牌战略协同创新中心	2014-4-5	学校主管部门批准	省级 2011 协同创新中心	与校外合办所	艺术学	文化艺术业	单位自办
星海音乐学院							
岭南音乐文化研究中心	2005-8-24	学校主管部门批准	省级重点研究基地	独立研究所	艺术学	文化艺术业	单位自办
广东技术师范学院							
民族研究所	1984-2-1	学校主管部门批准	省级重点研究基地	跨系所	民族学与文化学	研究和试验发展	与国内高校合办
深圳大学							
传媒与文化发展研究中心	2005-4-13	学校主管部门批准	省级重点研究基地	独立研究所	新闻学与传播学	新闻和出版业	单位自办
创新型城市建设与治理研究中心	2014-5-17	学校主管部门批准	省级重点研究基地	独立研究所	管理学	基层群众自治组织	单位自办

续表

学校及机构名称	成立时间	批准部门	机构类型	组成方式	学科分类	服务的国民经济行业	组成类型
当代中国政治研究所	1999-12-21	学校主管部门批准	省级重点研究基地	独立研究所	政治学	中国共产党机关	单位自办
港澳基本法研究中心	2009-7-11	非学校主管部门批准	中央其他部委重点研究基地	与校外合办所	法学	社会保障	单位自办
规制与公共政策研究中心	2008-2-9	学校自建	校级重点研究基地	独立研究所	法学	群众团体、社会团体和其他成员组织	单位自办
国家文化创新研究中心	2013-2-16	非学校主管部门批准	中央其他部委重点研究基地	独立研究所	艺术学	文化艺术业	单位自办
国学研究所	1984-2-11	学校自建	校级重点研究基地	独立研究所	中国文学	文化艺术业	单位自办
劳动法和社会保障法研究所	2009-10-10	学校自建	校级重点研究基地	独立研究所	法学	社会保障	单位自办
美学与文艺批评研究院	2016-10-15	非学校主管部门批准	中央其他部委重点研究基地	独立研究所	中国文学	文化艺术业	单位自办
饶宗颐文化研究院	2016-12-24	学校自建	校级重点研究基地	独立研究所	中国文学	文化艺术业	单位自办
社会管理创新研究所	2011-5-14	学校自建	校级重点研究基地	独立研究所	管理学	基层群众自治组织	单位自办
深圳国际化战略研究中心	2011-8-13	非学校主管部门批准	其他重点研究基地	独立研究所	社会学	教育	政府部门办
深圳市特区立法研究中心	2015-2-7	非学校主管部门批准	其他重点研究基地	独立研究所	法学	教育	政府部门办
深圳现代艺术与设计研究中心	2004-6-10	非学校主管部门批准	其他重点研究基地	与校外合办所	艺术学	文化艺术业	单位自办
体育文化研究所	2009-2-14	非学校主管部门批准	其他重点研究基地	独立研究所	体育科学	体育	单位自办
文化产业研究院	2009-5-13	学校主管部门批准	省级重点研究基地	独立研究所	中国文学	文化艺术业	单位自办
印度研究中心	2008-2-9	学校自建	校级重点研究基地	独立研究所	外国文学	国家机构	单位自办
中国经济特区研究中心	2001-12-26	学校主管部门批准	部省共建教育部重点研究基地	独立研究所	经济学	资本市场服务	单位自办
中国知识产权司法保护理论研究基地	2011-2-5	非学校主管部门批准	中央其他部委重点研究基地	独立研究所	法学	软件和信息技术服务业	单位自办
广东财经大学							
法治与经济发展研究所	2004-1-1	学校主管部门批准	省级重点研究基地	独立研究所	法学	研究和试验发展	单位自办
佛山现代服务业研究院	2007-11-30	学校自建	校级实体科研机构	独立研究所	经济学	研究和试验发展	单位自办
广东地方公共财政研究中心	2017-3-30	学校主管部门批准	省级重点研究基地	独立研究所	经济学	研究和试验发展	单位自办
广东经济与社会发展研究院	2017-3-7	学校自建	校级实体科研机构	独立研究所	经济学	研究和试验发展	单位自办
国民经济研究中心	2008-5-12	学校主管部门批准	省级重点研究基地	独立研究所	经济学	研究和试验发展	单位自办

续表

学校及机构名称	成立时间	批准部门	机构类型	组成方式	学科分类	服务的国民经济行业	组成类型
旅游管理与规划设计研究院	2008-7-1	学校自建	校级重点研究基地	独立研究所	管理学	其他服务业	单位自办
商贸流通研究院	2005-1-1	学校自建	校级重点研究基地，其他重点研究基地	独立研究所	经济学	研究和试验发展	单位自办
中国特色社会主义政治经济学研究中心	2017-3-7	学校自建	校级实体科研机构	跨系所	马克思主义	研究和试验发展	单位自办
珠三角科技金融产业协同创新发展中心	2014-5-12	学校主管部门批准	省级 2011 协同创新中心	独立研究所	经济学	研究和试验发展	单位自办
顺德职业技术学院							
高职教育研究所	2002-2-21	学校自建	校级重点实验室	独立研究所	教育学	教育	单位自办
广州大学							
广东省地方立法研究评估与咨询服务基地	2013-5-29	非学校主管部门批准	其他重点研究基地	独立研究所	法学	国家机构	单位自办
广东省中国特色社会主义理论体系研究中心	2016-1-20	非学校主管部门批准	校级重点研究基地，省委宣传部研究基地	独立研究所	马克思主义	教育	政府部门办
广府文化研究基地	2012-7-2	非学校主管部门批准	其他重点研究基地	跨系所	艺术学	电信、广播电视和卫星传输服务	单位自办
广州城市民族关系研究中心	2014-1-7	学校自建	其他智库，校级智库	与校外合办所	民族学与文化学	国家机构	其他
广州发展研究院	2005-5-3	非学校主管部门批准	省级重点研究基地	独立研究所	经济学	国家机构	单位自办
广州市“十三行”重点研究基地	2008-1-3	学校自建	其他重点研究基地	独立研究所	历史学	文化艺术业	单位自办
广州市廉政建设重点研究基地	2005-12-31	非学校主管部门批准	省级智库，中纪委和省市纪委研究基地	独立研究所	管理学	中国共产党机关	单位自办
广州市社会工作研究中心	2012-7-2	非学校主管部门批准	其他重点研究基地	独立研究所	管理学	公共设施管理业	政府部门办
广州学协同创新发展中心	2014-1-6	学校自建	校级重点研究基地	独立研究所	中国文学	教育	单位自办
国家人权教育与培训基地	2011-7-1	学校主管部门批准	教育部重点研究基地	独立研究所	法学	国家机构	单位自办
金融研究院	2015-4-3	非学校主管部门批准	其他智库，市级金融研究院	独立研究所	经济学	货币金融服务	政府部门办
人权研究中心	2007-11-1	非学校主管部门批准	省级重点研究基地	独立研究所	法学	教育	单位自办

续表

学校及机构名称	成立时间	批准部门	机构类型	组成方式	学科分类	服务的国民经济行业	组成类型
俗文化研究中心	2009-2-2	非学校主管部门批准	省级重点研究基地	独立研究所	中国文学	教育	单位自办
台湾教育政策研究中心	2011-1-5	学校自建	其他智库,校级智库	与校外合办所	教育学	教育	与境外机构合办
未成年人心理健康与教育神经科学实验室	2016-1-10	学校主管部门批准	省级重点研究基地,教育厅基地	独立研究所	心理学	教育	单位自办
深圳职业技术学院							
创新设计研究中心	2012-7-16	学校自建	校级重点研究基地	独立研究所	艺术学	文化艺术业	单位自办
广东省非物质文化遗产研究基地	2013-4-1	学校主管部门批准	省级重点研究基地	跨系所	民族学与文化学	文化艺术业	单位自办
经济与社会发展研究中心	2001-12-1	学校自建	校级重点研究基地	独立研究所	经济学	专业技术服务业	单位自办
农业文化创意与营销研发中心	2012-7-16	学校自建	校级重点研究基地	跨系所	管理学	文化艺术业	单位自办
人文社会科学研究室	2000-4-1	学校自建	校级重点研究基地	独立研究所	哲学	教育	单位自办
深圳数字创意公共技术服务中心	2013-7-24	非学校主管部门批准	其他重点研究基地	独立研究所	艺术学	文化艺术业	政府部门办
台湾研究室	2003-3-1	学校自建	校级重点研究基地	独立研究所	经济学	社会工作	单位自办
现代产业研究中心	2012-7-18	学校自建	校级重点研究基地	独立研究所	管理学	商务服务业	单位自办
职业技术教育研究所	1994-4-1	学校自建	校级重点研究基地	独立研究所	教育学	教育	单位自办
纸品创意设计与制作实践室	2016-2-1	非学校主管部门批准	其他重点实验室	与校外合办所	艺术学	造纸和纸制品业	政府部门办
五邑大学							
广东侨乡文化研究中心	2006-12-26	学校主管部门批准	省级重点研究基地	跨系所	历史学	文化艺术业	单位自办
企业管理研究中心	2008-3-28	学校自建	校级重点研究基地	独立研究所	管理学	国家机构	单位自办
广东金融学院							
广州区域金融政策研究基地	2010-6-30	非学校主管部门批准	其他重点研究基地	与校外合办所	经济学	国家机构	政府部门办
国际经济与贸易研究所	2006-9-28	学校自建	校级重点实验室	独立研究所	经济学	商务服务业	单位自办
华南金融研究所	1998-9-18	学校自建	校级重点实验室	独立研究所	经济学	资本市场服务	单位自办
科技金融重点实验室	2014-6-6	学校自建	其他重点实验室	与校外合办所	经济学	货币金融服务	其他
知识产权研究所	2002-5-15	学校自建	校级重点实验室	独立研究所	法学	专业技术服务业	单位自办
广东石油化工学院							

续表

学校及机构名称	成立时间	批准部门	机构类型	组成方式	学科分类	服务的国民经济行业	组成类型
冼夫人文化研究中心	2009-6-10	学校主管部门批准	校级重点研究基地	独立研究所	历史学	教育	单位自办
东莞理工学院							
城市文化发展研究中心	2004-2-6	非学校主管部门批准	厅局级科研机构	独立研究所	社会学	文化艺术业	单位自办
东莞地方立法研究评估与咨询服务基地	2015-7-14	学校主管部门批准	厅局级科研机构	跨系所	管理学	国家机构	单位自办
东莞经济法律研究咨询中心	2005-2-3	学校自建	校级科研机构	独立研究所	经济学	国家机构	单位自办
东莞理工学院台湾研究所	2016-4-5	学校主管部门批准	厅局级科研机构	跨系所	法学	教育	单位自办
东莞市生命教育研究中心	2006-10-1	学校自建	校级科研机构	独立研究所	教育学	教育	单位自办
东莞质量与品牌发展研究院	2016-9-8	学校主管部门批准	厅局级科研机构	跨系所	经济学	其他制造业	单位自办
高等教育发展研究中心	2011-3-10	学校自建	校级重点研究基地	独立研究所	教育学	教育	单位自办
社会发展研究院	2008-7-15	学校自建	校级重点研究基地	独立研究所	社会学	国家机构	单位自办
广东工业大学							
创新理论与创新管理研究中心	2017-2-16	学校主管部门批准	省级智库	跨系所	管理学	专业技术服务业	单位自办
大数据战略研究中心	2014-5-8	学校主管部门批准	省级智库	跨系所	管理学	专业技术服务业	单位自办
工业企业大数据战略决策实验室	2016-2-17	学校主管部门批准	省级重点实验室	跨系所	管理学	专业技术服务业	单位自办
工业企业管理创新研究中心	2009-2-19	学校主管部门批准	省级重点研究基地	独立研究所	管理学	商务服务业	单位自办
广东制造业大数据创新研究中心	2017-9-1	学校主管部门批准	省级智库	跨系所	管理学	专业技术服务业	单位自办
广州传统村落保护与利用研究基地	2017-1-4	学校主管部门批准	其他重点研究基地	跨系所	社会学	研究和试验发展	单位自办
广州市技术创新与经济转型研究中心	2012-7-12	学校主管部门批准	其他重点研究基地	独立研究所	管理学	科技推广和应用服务业	单位自办
设计科学与艺术研究中心	2017-10-17	学校主管部门批准	省级重点研究基地	跨系所	艺术学	专业技术服务业	单位自办
广东外语外贸大学							
广州市绿色经济与能源法研究中心	2015-12-17	学校主管部门批准	其他重点研究基地	独立研究所	法学	国家机构	政府部门办
21世纪海上丝绸之路与区域创新国际战略研究中心	2015-4-3	学校主管部门批准	其他智库	与校外合办所	经济学	国家机构	与国内高校合办
词典学研究中心	2002-6-1	学校自建	校级研究机构	独立研究所	语言学	教育	单位自办

续表

学校及机构名称	成立时间	批准部门	机构类型	组成方式	学科分类	服务的国民经济行业	组成类型
党内法规研究中心	2010-11-2	非学校主管部门批准	其他重点研究基地	独立研究所	法学	教育	单位自办
东方学研究中心	2017-7-7	学校自建	校级重点研究基地	独立研究所	外国文学	教育	单位自办
翻译学研究中心	2008-6-5	学校主管部门批准	省级重点研究基地	独立研究所	语言学	教育	政府部门办
非公经济发展研究中心	2017-7-7	学校自建	校级重点研究基地	独立研究所	经济学	其他金融业	单位自办
非洲研究院	2016-11-2	非学校主管部门批准	其他重点研究基地	独立研究所	国际问题研究	教育	单位自办
高等教育研究中心	2003-1-6	学校自建	校级研究机构	独立研究所	教育学	教育	单位自办
广东大学生创新创业研究中心	2017-6-2	非学校主管部门批准	其他重点研究基地	独立研究所	管理学	教育	单位自办
广东国际战略研究院	2009-11-13	学校主管部门批准	省级智库	独立研究所	管理学	国家机构	政府部门办
广东省地方立法研究评估与咨询服务基地	2013-7-6	非学校主管部门批准	其他重点研究基地	独立研究所	法学	国家机构	政府部门办
广东省社会组织研究中心	2015-12-1	学校主管部门批准	省级重点研究基地	独立研究所	社会学	教育	单位自办
广州国际城市创新传播研究中心	2016-4-1	非学校主管部门批准	广州市重点研究基地	独立研究所	新闻学与传播学	教育	单位自办
广州国际商贸中心重点研究基地	2010-10-20	非学校主管部门批准	其他重点研究基地	独立研究所	经济学	专业技术服务业	政府部门办
广州华南财富管理中心研究基地	2017-11-2	非学校主管部门批准	其他重点研究基地	独立研究所	经济学	教育	单位自办
国际服务外包研究院，国际服务经济研究中心	2009-11-1	学校自建	校级研究机构	独立研究所	经济学	商务服务业	单位自办
国际汉学研究中心	2017-7-7	非学校主管部门批准	校级重点研究基地	独立研究所	中国文学	教育	单位自办
国际经济贸易研究中心	2006-4-18	学校主管部门批准	省级重点研究基地	独立研究所	经济学	教育	政府部门办
国际问题研究所	2001-7-1	学校自建	校级科研机构	跨系所	政治学	社会工作	单位自办
国际移民研究中心	2017-5-2	非学校主管部门批准	其他重点研究基地	独立研究所	国际问题研究	教育	单位自办
华南国际知识产权研究院	2016-11-7	非学校主管部门批准	其他重点研究基地	独立研究所	法学	教育	单位自办
机构话语研究中心	2017-7-7	非学校主管部门批准	校级重点研究基地	独立研究所	语言学	教育	单位自办
加拿大研究中心	2012-3-1	非学校主管部门批准	部省共建教育部重点研究基地，其他重点研究基地	独立研究所	政治学	教育	政府部门办
拉丁美洲研究中心	2017-5-7	非学校主管部门批准	其他重点研究基地	独立研究所	国际问题研究	教育	单位自办

续表

学校及机构名称	成立时间	批准部门	机构类型	组成方式	学科分类	服务的国民经济行业	组成类型
欧洲研究中心	1997-1-1	学校自建	校级研究机构	独立研究所	国际问题研究	教育	单位自办
商务语言研究中心	2017-7-7	非学校主管部门批准	校级重点研究基地	独立研究所	语言学	教育	单位自办
双语认知与发展实验室	2013-11-21	学校主管部门批准	省级重点研究基地	独立研究所	语言学	教育	单位自办
太平洋岛国战略研究中心	2015-6-19	非学校主管部门批准	省级智库	独立研究所	国际问题研究	教育	单位自办
土地法制研究院	2016-5-1	学校自建	校级研究机构	独立研究所	法学	教育	单位自办
外国文学文化研究中心	2003-10-13	学校主管部门批准	省级重点研究基地	独立研究所	外国文学	教育	政府部门办
外国语言学及应用语言学研究中心	2000-9-1	非学校主管部门批准	教育部重点研究基地	独立研究所	语言学	教育	政府部门办
外语研究与语言服务协同创新中心	2014-5-9	学校主管部门批准	省级 2011 协同创新中心	与校外合办所	语言学	教育	与国内高校合办
印度尼西亚研究中心	2017-5-2	非学校主管部门批准	其他重点研究基地	独立研究所	国际问题研究	教育	单位自办
语言工程与计算实验室	2014-4-16	学校主管部门批准	省级重点实验室	独立研究所	语言学	教育	单位自办
粤商研究中心、粤港澳大湾区研究院	2010-7-1	学校主管部门批准	省级重点研究基地	独立研究所	经济学	专业技术服务业	政府部门办
中国计量经济史研究中心	2017-7-7	学校自建	校级重点研究基地	独立研究所	经济学	教育	单位自办
中国家庭金融与资产管理研究中心	2017-7-7	学校自建	校级重点研究基地	独立研究所	经济学	教育	单位自办
中外品牌管理研究基地	2017-7-7	学校自建	校级重点研究基地	独立研究所	经济学	教育	单位自办
佛山科学技术学院							
佛山社会工作本土化研究协同创新中心	2014-6-19	学校自建	校级重点研究基地	与校外合办所	社会学	社会工作	其他
佛山市妇女发展研究中心	2009-3-2	学校自建	校级重点研究基地	与校外合办所	法学	社会工作	其他
佛山市青少年发展研究中心	2009-3-25	学校自建	校级重点研究基地	独立研究所	教育学	教育	单位自办
佛山武术文化研究中心	2010-10-18	学校自建	校级重点研究基地	独立研究所	体育科学	体育	单位自办
高等教育研究所	1992-3-2	学校自建	校级重点研究基地	独立研究所	教育学	教育	单位自办
广府文化研究基地	2009-12-28	学校自建	校级重点研究基地	独立研究所	艺术学	文化艺术业	单位自办
华南智能教育研究中心	2013-8-8	学校自建	校级重点研究基地	与校外合办所	教育学	教育	其他
酒文化研究中心	2008-7-7	学校自建	校级重点研究基地	独立研究所	经济学	文化艺术业	单位自办
企业发展研究中心	2006-12-1	学校自建	校级重点研究基地	独立研究所	经济学	商务服务业	单位自办

续表

学校及机构名称	成立时间	批准部门	机构类型	组成方式	学科分类	服务的国民经济行业	组成类型
广东培正学院							
民办高等教育研究中心	2011-9-1	学校自建	校级重点研究基地	独立研究所	教育学	教育	单位自办
南方医科大学							
“一带一路”医药卫生合作与发展研究院	2017-1-1	学校自建	其他智库	跨系所	管理学	卫生	单位自办
公共卫生政策研究所	2011-9-1	学校自建	校级重点实验室	独立研究所	管理学	卫生	单位自办
公共卫生政策研究与评价实验室	2016-1-1	学校主管部门批准	省级重点实验室	跨系所	管理学	卫生	政府部门办
广州市公共卫生服务体系建设研究基地	2012-1-1	非学校主管部门批准	其他重点研究基地	跨系所	管理学	卫生	政府部门办
国际卫生法学研究院	2012-9-1	学校自建	研究机构	独立研究所	法学	卫生	单位自办
卫生法学研究中心	2010-9-1	学校自建	校级重点实验室	独立研究所	法学	卫生	单位自办
卫生政策与医院管理研究所	2016-1-1	学校自建	其他智库	跨系所	管理学	卫生	单位自办
心理健康研究所	2001-9-1	学校自建	校级重点实验室	独立研究所	心理学	卫生	单位自办
医疗仲裁研究中心暨医疗仲裁中心	2010-9-1	非学校主管部门批准	其他重点实验室	与校外合办所	法学	卫生	与国内独立研究机构合办
英语语言文学研究所	2009-9-1	学校自建	校级重点实验室	独立研究所	语言学	教育	单位自办
中国近现代史问题研究	2008-9-1	学校自建	其他	独立研究所	马克思主义	教育	单位自办
广东科学技术职业学院							
广东省人才研究所	1999-5-13	非学校主管部门批准	其他重点研究基地	独立研究所	管理学	教育	政府部门办
广东行政职业学院							
澳门法研究所	2013-12-4	学校自建	校级重点研究基地	独立研究所	法学	教育	单位自办
马克思主义研究院	2016-3-3	学校自建	其他智库	跨系所	马克思主义	教育	单位自办
广州大学华软软件学院							
互联网信息服务研究所	2017-6-22	学校自建	校级重点实验室	跨系所	图书馆、情报与文献学	软件和信息技术服务业	单位自办

续表

学校及机构名称	成立时间	批准部门	机构类型	组成方式	学科分类	服务的国民经济行业	组成类型
软件服务外包研究院	2015-11-27	学校自建	校级重点研究基地	独立研究所	教育学	教育	单位自办
软件生态与人工智能研究所	2017-6-22	学校自建	校级重点实验室	跨系所	图书馆、情报与文献学	软件和信息技术服务业	单位自办
中山大学南方学院							
国家猎头研究中心	2013-11-1	学校自建	校级研究机构	独立研究所	管理学	专业技术服务业	单位自办
金融市场与动能预测研究中心	2015-10-1	学校自建	校级研究机构	独立研究所	经济学	研究和试验发展	单位自办
农村财务与会计研究中心	2014-4-2	学校自建	系级研究机构	独立研究所	经济学	其他金融业	单位自办
广东外语外贸大学南国商学院							
极地问题研究中心	2017-6-13	学校主管部门批准	教育部国别和区域研究备案中心	跨系所	国际问题研究	国家机构	政府部门办
罗定职业技术学院							
南江文化研究中心	2009-9-16	学校自建	校级重点研究基地	独立研究所	民族学与文化学	教育	政府部门办
汕头职业技术学院							
高等职业教育研究所	2007-4-13	学校自建	校级重点研究基地	独立研究所	教育学	教育	单位自办
北京师范大学珠海分校							
城市发展与环境协调重点研究基地	2015-6-8	学校自建	校级重点研究基地	独立研究所	社会学	社会工作	单位自办
基层治理研究基地	2017-7-12	学校自建	校级重点研究基地	独立研究所	社会学	社会工作	单位自办
教育产业重点研究基地	2015-6-8	学校自建	校级重点研究基地	独立研究所	教育学	教育	单位自办
社会创新重点研究基地	2015-6-8	学校自建	校级重点研究基地	独立研究所	社会学	社会工作	单位自办
社会治理与社会工作协同创新中心	2015-6-8	学校自建	校级协同创新中心	独立研究所	社会学	社会工作	单位自办
文化创意产业重点研究基地	2015-6-8	学校自建	校级重点研究基地	跨系所	民族学与文化学	文化艺术业	单位自办
物流研究所	2017-6-26	学校自建	其他智库	独立研究所	经济学	装卸搬运和运输代理业	单位自办
休闲产业协同创新中心	2015-6-8	学校自建	校级协同创新中心	独立研究所	体育科学	其他服务业	单位自办
中华优秀传统文化传承与传播研究基地	2017-7-12	学校自建	校级重点研究基地	独立研究所	民族学与文化学	教育	单位自办

续表

学校及机构名称	成立时间	批准部门	机构类型	组成方式	学科分类	服务的国民经济行业	组成类型
广东工业大学华立学院							
财经研究所	2016-6-13	学校自建	校级重点研究基地	独立研究所	管理学	教育	单位自办
创新创业研究所	2016-6-13	学校自建	校级重点研究基地	独立研究所	管理学	教育	单位自办
华美艺术研究室	2015-11-10	学校自建	校级重点研究基地	独立研究所	艺术学	文化艺术业	单位自办
企业应用情报研究中心	2016-6-13	学校自建	校级重点研究基地	独立研究所	管理学	批发业	单位自办
英汉对比与翻译研究中心	2016-6-13	学校自建	校级重点研究基地	独立研究所	语言学	教育	单位自办
北京理工大学珠海学院							
东亚民商法律研究中心	2017-9-25	非学校主管部门批准	校级重点研究基地	独立研究所	法学	商务服务业	单位自办
珠海福祉文化设计研究基地	2017-9-25	非学校主管部门批准	校级重点研究基地	独立研究所	艺术学	文化艺术业	单位自办
珠海环境会计与审计研究基地	2017-9-25	非学校主管部门批准	校级重点研究基地	独立研究所	经济学	商务服务业	单位自办
珠海跨境物流研究基地	2017-9-25	非学校主管部门批准	校级重点研究基地	独立研究所	管理学	商务服务业	单位自办
珠海生态文明建设研究基地暨产业生态研究中心	2010-9-1	非学校主管部门批准	校级重点研究基地	跨系所	经济学	教育	政府部门办
吉林大学珠海学院							
大珠三角经济社会创新发展研究基地	2015-7-1	学校自建	校级重点研究基地	跨系所	经济学	其他服务业	单位自办
韩国学研究中心	2016-9-26	学校自建	校级重点研究基地	与校外合办所	语言学	文化艺术业	与境外机构合办
健康服务与管理研究中心	2016-11-23	学校自建	校级重点研究基地	独立研究所	管理学	社会保障	单位自办
美学与文学评论研究基地	2016-9-20	学校自建	校级重点研究基地	独立研究所	中国文学	文化艺术业	与国内独立研究机构合办
企业管理仿真研究基地	2015-7-1	学校自建	校级重点研究基地，校级重点实验室	跨系所	经济学	商务服务业	单位自办
粤港澳物流与供应链研究研究基地	2015-7-1	学校自建	校级重点研究基地	独立研究所	管理学	互联网和相关服务	单位自办
珠港澳旅游协同发展研究基地	2015-7-1	学校自建	校级重点研究基地	跨系所	管理学	居民服务业	单位自办
珠海保税区创新发展研究基地	2015-5-11	学校自建	校级重点研究基地	与校外合办所	经济学	商务服务业	政府部门办
珠海横琴创新发展研究基地	2012-11-9	非学校主管部门批准	其他重点研究基地	与校外合办所	经济学	商务服务业	政府部门办

续表

学校及机构名称	成立时间	批准部门	机构类型	组成方式	学科分类	服务的国民经济行业	组成类型
珠海温泉产业与文化研究基地	2013-11-26	非学校主管部门批准	其他重点研究基地	与校外合办所	管理学	商务服务业	政府部门办
珠海文化理论研究基地	2012-11-9	非学校主管部门批准	其他重点研究基地	与校外合办所	民族学与文化学	文化艺术业	政府部门办
广州工商学院							
食品安全与健康研究所	2013-9-1	学校主管部门批准	校级重点实验室	独立研究所	管理学	食品制造业	单位自办
广东工商职业学院							
广东华南健康养老产业研究院	2015-10-23	非学校主管部门批准	省级智库,校级重点研究基地	独立研究所	社会学	社会保障	单位自办
互联网经济研究中心	2017-2-16	非学校主管部门批准	省级智库,校级重点研究基地	独立研究所	经济学	互联网和相关服务	单位自办
肇庆市电子商务研究所	2015-12-18	非学校主管部门批准	其他智库,校级重点研究基地	独立研究所	经济学	互联网和相关服务	单位自办
中小微企业经营风险管理研究所	2016-4-5	学校主管部门批准	校级重点研究基地	独立研究所	法学	社会工作	单位自办
中山大学新华学院							
金融研究中心	2014-4-11	学校自建	其他智库	独立研究所	经济学	货币金融服务	单位自办
广东科贸职业学院							
农业经济研究所	1989-5-22	学校自建	其他智库	独立研究所	经济学	农业	单位自办
广东文理职业学院							
雷州文化研究所	2017-5-1	学校自建	校级重点研究基地	与校外合办所	民族学与文化学	文化艺术业	单位自办
广东南方职业学院							
高职教育研究所	2015-12-10	学校自建	校级重点研究基地	独立研究所	管理学	教育	单位自办
广州华商职业学院							
教育科学研究所	2014-9-1	学校自建	研究所	独立研究所	教育学	教育	单位自办
广东青年职业学院							
青少年研究所	2014-6-1	学校自建	研究中心	独立研究所	教育学	教育	单位自办
志愿服务研究中心	2014-1-1	学校自建	研究中心	独立研究所	社会学	社会工作	单位自办

续表

学校及机构名称	成立时间	批准部门	机构类型	组成方式	学科分类	服务的国民经济行业	组成类型
广西壮族自治区							
广西大学							
财政金融研究中心	2013-9-2	学校主管部门批准	省级重点研究基地	独立研究所	经济学	货币金融服务	政府部门办
广西教育法制研究中心	2015-5-4	学校主管部门批准	省级重点研究基地	独立研究所	法学	群众团体、社会团体和其他成员组织	政府部门办
广西经济发展战略研究院	2014-7-31	学校主管部门批准	省级重点研究基地	独立研究所	经济学	商务服务业	政府部门办
广西民商事法律研究中心	2014-7-31	学校主管部门批准	省级重点研究基地	与校外合办所	法学	社会保障	政府部门办
马克思主义经济学研究中心	2006-5-10	学校主管部门批准	省级重点研究基地	独立研究所	经济学	国际组织	政府部门办
区域社会管理创新研究中心	2014-7-31	学校主管部门批准	省级重点研究基地	独立研究所	管理学	社会工作	政府部门办
广西科技大学							
产业经济与西江区域经济发展研究所	2014-7-18	学校自建	校级研究所	跨系所	经济学	研究和试验发展	单位自办
城乡科学发展研究所	2014-7-18	学校自建	校级研究所	跨系所	社会学	研究和试验发展	单位自办
广西非物质文化遗产民族民间文化研究所	2012-11-12	学校自建	校级研究所	跨系所	民族学与文化学	文化艺术业	单位自办
思想政治教育话语应用研究所	2012-11-12	学校自建	校级研究所	跨系所	马克思主义	教育	单位自办
西部地区产业与城市发展研究中心	2014-7-13	学校主管部门批准	其他重点研究基地	跨系所	经济学	商务服务业	单位自办
战略与决策研究所	2012-11-12	学校自建	校级研究所	跨系所	管理学	研究和试验发展	单位自办
制造系统仿真与企业信息化重点实验室	2014-4-25	学校主管部门批准	其他重点实验室	跨系所	管理学	电气机械和器材制造业	单位自办
桂林电子科技大学							
广西马克思主义理论研究和建设工程研究基地	2014-8-1	学校主管部门批准	省级重点研究基地	独立研究所	马克思主义	教育	政府部门办
广西战略性新兴产业发展研究中心	2014-8-12	学校主管部门批准	省级重点研究基地	独立研究所	经济学	科技推广和应用服务业	政府部门办
政府数字传播与文化软实力研究中心	2014-8-13	学校主管部门批准	省级重点研究基地	独立研究所	管理学	教育	政府部门办
桂林理工大学							

续表

学校及机构名称	成立时间	批准部门	机构类型	组成方式	学科分类	服务的国民经济行业	组成类型
广西旅游产业研究中心	2013-3-20	学校主管部门批准	省级重点研究基地	独立研究所	民族学与文化学	社会工作	单位自办
桂林文化研究中心	2014-3-28	学校自建	校级重点研究基地	独立研究所	民族学与文化学	文化艺术业	单位自办
技术经济及管理研究所	2012-2-9	学校自建	校级重点实验室	独立研究所	管理学	教育	单位自办
现代企业管理研究中心	2014-3-3	学校主管部门批准	省级重点研究基地	独立研究所	管理学	商务服务业	单位自办
广西医科大学							
健康与经济社会发展研究中心	2015-1-1	学校主管部门批准	省级重点研究基地	独立研究所	管理学	卫生	单位自办
马克思主义理论研究与建设工程研究基地	2014-8-6	学校主管部门批准	省级重点研究基地	独立研究所	马克思主义	教育	单位自办
桂林医学院							
医学伦理与职业道德研究中心	2014-6-30	学校主管部门批准	其他重点研究基地，厅级研究机构	跨系所	社会学	卫生	单位自办
广西师范大学							
八桂文化与文学研究中心	2013-5-3	学校主管部门批准	省级重点研究基地	独立研究所	中国文学	文化艺术业	单位自办
白先勇研究中心	2014-9-24	学校自建	其他	独立研究所	中国文学	文化艺术业	单位自办
成人教育研究所	2007-12-29	学校自建	其他	独立研究所	教育学	社会工作	单位自办
池田大作思想研究所	2014-9-26	学校自建	其他	跨系所	哲学	文化艺术业	单位自办
出版传媒研究院	2017-12-29	学校自建	其他	独立研究所	新闻学与传播学	新闻和出版业	单位自办
东盟教育研究院	2016-7-21	学校主管部门批准	其他	独立研究所	教育学	教育	单位自办
法制与社会发展研究所	2007-7-1	学校自建	其他	独立研究所	法学	社会工作	单位自办
泛北部湾区域研究中心	2013-6-13	学校主管部门批准	省级重点研究基地	跨系所	政治学	社会工作	单位自办
工业设计研究所	2014-9-24	学校自建	其他	独立研究所	艺术学	文化艺术业	单位自办
公共文化服务体系研究所	2014-9-24	学校自建	其他	独立研究所	民族学与文化学	社会工作	单位自办
广西大学生马克思主义思想政治教育研究中心	2013-5-3	学校主管部门批准	省级重点研究基地	独立研究所	政治学	中国共产党机关	单位自办
广西地方法制与地方治理研究中心	2014-9-2	学校主管部门批准	省级重点研究基地	独立研究所	法学	社会工作	单位自办

续表

学校及机构名称	成立时间	批准部门	机构类型	组成方式	学科分类	服务的国民经济行业	组成类型
广西地方民族史研究所	1995-9-1	学校自建	其他	独立研究所	民族学与文化学	中国共产党机关	单位自办
广西廉政建设研究中心	2009-11-1	学校主管部门批准	省级重点研究基地	跨系所	政治学	群众团体、社会团体和其他成员组织	单位自办
广西民族教育研究中心	2013-5-3	学校主管部门批准	省级重点研究基地	跨系所	教育学	教育	单位自办
广西人文社会科学发展研究中心	2010-1-3	学校主管部门批准	省级重点研究基地	独立研究所	管理学	教育	政府部门办
广西文化产业研究基地	2007-8-3	学校主管部门批准	省级重点研究基地	跨系所	管理学	教育	单位自办
桂台合作研究中心	2014-9-24	学校主管部门批准	其他	独立研究所	经济学	货币金融服务	单位自办
桂学研究协同创新中心	2013-6-18	学校主管部门批准	省级 2011 协同创新中心	跨系所	中国文学	社会工作	单位自办
国家体育总局体育文化发展中心研究基地	2010-3-24	非学校主管部门批准	其他	独立研究所	体育科学	体育	政府部门办
海上丝绸之路文化研究院	2016-9-22	学校自建	其他	独立研究所	历史学	社会工作	单位自办
环境艺术设计研究所	2002-1-2	学校自建	其他	独立研究所	艺术学	文化艺术业	单位自办
基础教育研究院	2001-12-6	学校自建	其他	独立研究所	教育学	社会工作	单位自办
教育部高校辅导员培训和研修基地	2007-7-31	学校主管部门批准	其他	独立研究所	教育学	社会工作	政府部门办
教育部基础教育课程研究中心	2010-10-27	学校主管部门批准	其他	独立研究所	教育学	教育	政府部门办
教育评估院	2016-7-27	学校主管部门批准	其他	独立研究所	教育学	教育	单位自办
经济研究所	2001-9-6	学校自建	其他	独立研究所	经济学	资本市场服务	单位自办
客家文化研究所	2004-6-1	学校自建	其他	独立研究所	民族学与文化学	教育	单位自办
旅游研究所	2000-1-1	学校自建	其他	独立研究所	历史学	教育	单位自办
马克思主义理论与区域实践协同创新中心	2013-6-18	学校主管部门批准	省级 2011 协同创新中心	跨系所	马克思主义	教育	单位自办
马克思主义理论与区域实践研究中心	2013-6-13	学校主管部门批准	省级重点研究基地	独立研究所	政治学	教育	单位自办
马克思主义研究所	2001-2-21	学校自建	其他	独立研究所	马克思主义	国家机构	单位自办
民族音乐舞蹈研究所	2007-7-1	学校自建	其他	独立研究所	艺术学	文化艺术业	单位自办
女性发展研究所	2010-3-8	学校自建	其他	独立研究所	社会学	教育	单位自办

续表

学校及机构名称	成立时间	批准部门	机构类型	组成方式	学科分类	服务的国民经济行业	组成类型
审美人类学研究中心	2013-5-3	学校主管部门批准	省级重点研究基地	独立研究所	中国文学	文化艺术业	单位自办
体育与保健科学研究所	2001-9-13	学校自建	其他	独立研究所	体育科学	生态保护和环境治理业	单位自办
外国语言文学研究所	2000-1-20	学校自建	其他	独立研究所	语言学	中国共产党机关	单位自办
西南城市与区域发展研究中心	2007-8-3	学校主管部门批准	省级重点研究基地	独立研究所	经济学	货币金融服务	单位自办
中国—东盟历史与现实研究中心	2013-5-3	学校主管部门批准	省级重点研究基地	跨系所	历史学	社会工作	单位自办
中国—东盟关系研究所	2014-9-24	学校自建	其他	独立研究所	政治学	群众团体、社会团体和其他成员组织	单位自办
中国诗学研究中心	1999-7-1	学校自建	其他	独立研究所	中国文学	新闻和出版业	单位自办
中国语言文学研究所	1985-11-1	学校自建	其他	独立研究所	中国文学	教育	单位自办
中华优秀传统文化传承发展中心(国学中心)	2017-6-30	学校自建	其他	跨系所	中国文学	教育	单位自办
珠江—西江经济带合作发展研究院	2014-9-12	学校主管部门批准	省级重点研究基地	跨系所	经济学	其他金融业	单位自办
壮学研究所	2000-1-1	学校自建	其他	独立研究所	民族学与文化学	文化艺术业	单位自办
广西师范学院							
广西马克思主义理论研究和建设工程广西师范学院研究基地	2006-8-15	学校主管部门批准	省级重点研究基地	独立研究所	马克思主义	研究和试验发展	单位自办
马克思主义与民族地区社会管理创新研究中心	2013-7-31	学校主管部门批准	省级重点研究基地	独立研究所	马克思主义	研究和试验发展	单位自办
民族地区新型城镇化研究中心	2014-7-1	学校主管部门批准	省级重点研究基地	跨系所	经济学	研究和试验发展	单位自办
广西民族师范学院							
左江流域民族文化研究中心	2014-9-2	学校主管部门批准	省级重点研究基地	独立研究所	中国文学	文化艺术业	政府部门办
河池学院							
广西人口较少民族发展研究中心	2014-7-31	学校主管部门批准	省级重点研究基地	跨系所	民族学与文化学	教育	单位自办
玉林师范学院							
民族地区文化安全研究中心	2014-7-31	学校主管部门批准	省级重点研究基地	跨系所	马克思主义	教育	单位自办

续表

学校及机构名称	成立时间	批准部门	机构类型	组成方式	学科分类	服务的国民经济行业	组成类型
广西艺术学院							
广西民族民间音乐文化传承与发展基地	2009-11-28	学校主管部门批准	其他重点研究基地	跨系所	艺术学	教育	单位自办
广西少数民族传统艺术研究中心	2005-3-14	学校主管部门批准	省级重点研究基地	独立研究所	艺术学	教育	单位自办
漓江画派艺术研究中心	2007-7-31	学校主管部门批准	省级重点研究基地	跨系所	艺术学	教育	单位自办
造型艺术创作研究中心	2011-3-25	学校主管部门批准	省级重点研究基地	跨系所	艺术学	教育	单位自办
中国—东盟华语有声语言研究中心	2012-10-29	学校主管部门批准	省级重点研究基地	跨系所	新闻学与传播学	教育	单位自办
中国—东盟音乐跨界传播与传承研究中心	2014-7-31	学校主管部门批准	省级重点研究基地	跨系所	艺术学	教育	单位自办
中国—东盟民族艺术创作与展演研究中心	2010-5-17	学校主管部门批准	省级重点研究基地	跨系所	艺术学	教育	单位自办
广西民族大学							
边疆民族地区档案学研究中心	2003-5-30	学校自建	校级重点研究基地	独立研究所	图书馆、情报与文献学	文教、工美、体育和娱乐用品制造业	单位自办
东盟研究中心	2011-6-15	学校主管部门批准	教育部重点研究基地	独立研究所	政治学	教育	单位自办
翻译研究基地	2016-9-28	学校自建	校级重点研究基地	独立研究所	语言学	社会工作	与境内注册其他企业合办
菲律宾研究中心	2017-7-9	学校自建	校级重点研究基地	跨系所	国际问题研究	社会工作	单位自办
广播电视传播重点研究基地	2014-9-26	学校自建	校级重点研究基地	独立研究所	新闻学与传播学	广播、电视、电影和影视录音制作业	单位自办
广西本土语言文学研究中心	2017-7-31	非学校主管部门批准	省级智库,省级重点研究基地	独立研究所	语言学	教育	政府部门办
广西边疆研究所	2017-7-9	学校自建	校级重点研究基地	独立研究所	民族学与文化学	社会工作	单位自办
广西城市治理与发展研究院	2017-7-9	学校自建	校级重点研究基地	独立研究所	管理学	社会工作	单位自办
广西非物质文化遗产保护中心	2009-8-15	学校主管部门批准	省级重点研究基地	与校外合办所	民族学与文化学	文化艺术业	与国内独立研究机构合办

续表

学校及机构名称	成立时间	批准部门	机构类型	组成方式	学科分类	服务的国民经济行业	组成类型
广西国际写作交流中心	2015-9-25	非学校主管部门批准	教育厅研究中心	独立研究所	中国文学	文化艺术业	单位自办
广西教育科学重点研究基地	2012-3-21	学校主管部门批准	省级重点研究基地	独立研究所	教育学	教育	单位自办
广西民族教育研究中心	2011-3-24	学校主管部门批准	省级重点研究基地，校级重点研究基地	独立研究所	教育学	教育	单位自办
广西民族教育重点研究基地	2015-3-20	学校主管部门批准	教育部重点研究基地	独立研究所	教育学	教育	单位自办
广西民族团结教育师资培训基地	2011-9-22	学校主管部门批准	省级重点研究基地	独立研究所	教育学	教育	单位自办
广西民族文化保护与传承研究中心	2014-3-12	学校主管部门批准	省级重点研究基地	跨系所	中国文学	教育	单位自办
广西民族艺术重点研究基地	2014-9-26	学校自建	校级重点研究基地	独立研究所	艺术学	文化艺术业	与境内注册其他企业合办
广西民族预科教育协同创新研究基地	2017-7-9	学校自建	校级重点研究基地	跨系所	教育学	教育	单位自办
广西人口与新型城镇化研究中心	2017-7-9	学校自建	校级重点研究基地	独立研究所	社会学	社会工作	单位自办
广西文艺评论基地	2017-5-19	非学校主管部门批准	省级重点研究基地	与校外合办所	中国文学	教育	与国内独立研究机构合办
广西与东南亚民族研究人才小高地	2015-5-13	非学校主管部门批准	人才小高地	跨系所	民族学与文化学	社会工作	单位自办
广西知识产权培训(广西民族大学)基地	2013-3-15	非学校主管部门批准	省级重点研究基地	独立研究所	法学	教育	单位自办
广西中小企业发展与管理创新重点研究基地	2014-9-16	学校自建	校级重点研究基地	独立研究所	管理学	社会工作	单位自办
汉语国际教育研究中心	2015-9-18	学校自建	校级重点研究基地	跨系所	教育学	教育	单位自办
红色文化研究中心	2017-7-9	学校自建	校级重点研究基地	独立研究所	民族学与文化学	文化艺术业	单位自办
马克思主义理论研究和建设工程研究基地	2007-5-28	非学校主管部门批准	区党委宣传部研究基地	跨系所	马克思主义	社会保障	政府部门办
马克思主义理论研究基地	2011-3-18	学校自建	省级重点研究基地	独立研究所	马克思主义	教育	单位自办
民族法文化与社区治理协同创新中心	2013-3-15	学校主管部门批准	省级 2011 协同创新中心	与校外合办所	法学	教育	与国内高校合办
南方民族法学研究基地	2014-3-12	非学校主管部门批准	中央其他部委重点研究基地	独立研究所	法学	教育	单位自办
外国语言学及应用语言学研究基地	2016-9-28	学校自建	校级重点研究基地	跨系所	语言学	社会工作	单位自办

续表

学校及机构名称	成立时间	批准部门	机构类型	组成方式	学科分类	服务的国民经济行业	组成类型
文化遗产研究中心	2016-9-28	学校自建	校级重点研究基地	跨系所	民族学与文化学	文化艺术业	单位自办
文化遗产与科技文明重点研究基地	2014-9-26	学校自建	校级重点研究基地	独立研究所	考古学	科技推广和应用服务业	单位自办
西方语言文学重点研究基地	2015-9-18	学校自建	校级重点研究基地	独立研究所	中国文学	文化艺术业	单位自办
一带一路沿线国家经贸合作国别研究基地	2017-7-9	学校自建	校级重点研究基地	跨系所	经济学	社会工作	单位自办
中国—东盟海上安全研究中心	2017-7-9	学校自建	校级重点研究基地	独立研究所	国际问题研究	社会工作	单位自办
中国—东盟信息重点研究基地	2014-9-26	学校自建	校级重点研究基地	跨系所	民族学与文化学	文化艺术业	单位自办
中国—东盟研究中心	2005-11-4	学校主管部门批准	省级智库	独立研究所	国际问题研究	研究和试验发展	单位自办
中国—东盟语言文化重点研究基地	2014-9-26	学校自建	校级重点研究基地	跨系所	语言学	文化艺术业	单位自办
中国—东盟知识产权培训试点建设基地	2015-5-16	非学校主管部门批准	其他重点研究基地	跨系所	教育学	教育	与国内独立研究机构合办
中国南方与东南亚跨境民族研究基地	2011-5-2	非学校主管部门批准	中央其他部委重点研究基地	跨系所	民族学与文化学	社会工作	单位自办
中国南方与东南亚民族研究中心	2013-3-15	学校主管部门批准	省级重点研究基地	跨系所	民族学与文化学	社会工作	单位自办
百色学院							
广西马克思主义理论研究和建设工程研究基地	2014-9-30	非学校主管部门批准	其他重点研究基地	独立研究所	马克思主义	教育	政府部门办
老区精神与老少边地区发展研究中心	2014-4-17	学校主管部门批准	其他重点研究基地	独立研究所	政治学	教育	政府部门办
广西科技师范学院							
广西金秀大瑶山瑶族文化研究基地	2016-5-30	学校主管部门批准	省级重点研究基地	独立研究所	民族学与文化学	文化艺术业	政府部门办
课程与教学论	2016-5-30	学校主管部门批准	广西重点学科	独立研究所	教育学	教育	单位自办
广西财经学院							
广西(东盟)财经研究中心	2014-5-5	学校自建	其他智库	独立研究所	经济学	商务服务业	单位自办
广西金融研究院	2012-10-10	学校主管部门批准	其他重点研究基地	跨系所	经济学	货币金融服务	单位自办
广西经济预测与决策研究中心	2013-12-10	学校主管部门批准	其他重点研究基地	独立研究所	经济学	商务服务业	单位自办
广西数量经济重点实验室	2014-2-3	学校主管部门批准	省级重点实验室	独立研究所	统计学	研究和试验发展	单位自办

续表

学校及机构名称	成立时间	批准部门	机构类型	组成方式	学科分类	服务的国民经济行业	组成类型
海陆经济一体化与海上丝绸之路建设研究协同中心	2013-3-12	学校主管部门批准	广西协同创新中心	独立研究所	经济学	研究和试验发展	单位自办
海上丝绸之路与广西区域发展研究院	2016-5-19	学校主管部门批准	省级智库	独立研究所	经济学	商务服务业	单位自办
钦州学院							
北部湾港口物流与园区经济研究基地	2014-6-18	学校主管部门批准	其他重点研究基地	跨系所	经济学	研究和试验发展	单位自办
北部湾海洋文化研究中心	2007-8-3	学校主管部门批准	其他重点研究基地	跨系所	经济学	教育	单位自办
北部湾现代港口物流重点实验室培育基地	2015-6-29	非学校主管部门批准	省级重点实验室	独立研究所	管理学	水上运输业	单位自办
桂林航天工业学院							
广西航空物流研究中心	2015-8-1	非学校主管部门批准	其他重点研究基地	跨系所	管理学	航空运输业	单位自办
航空航天文化研究中心	2016-2-28	非学校主管部门批准	其他重点研究基地	独立研究所	民族学与文化学	航空运输业	单位自办
桂林旅游学院							
东盟旅游研究基地	2016-12-26	非学校主管部门批准	其他重点研究基地	独立研究所	管理学	其他服务业	与国内独立研究机构合办
广西旅游产业服务平台	2014-9-9	学校主管部门批准	旅游产业服务平台	独立研究所	经济学	其他服务业	单位自办
广西旅游科学研究所	2001-10-10	学校主管部门批准	研究所	独立研究所	经济学	其他服务业	单位自办
广西旅游数据中心	2017-6-1	学校主管部门批准	研究中心	独立研究所	管理学	其他服务业	单位自办
桂林桂旅规划设计研究院	2005-10-15	学校主管部门批准	研究院	独立研究所	经济学	其他服务业	单位自办
民族特色旅游工艺品研究中心	2016-5-30	学校主管部门批准	省级重点研究基地	独立研究所	艺术学	其他服务业	单位自办
休闲养生旅游研究中心	2016-5-30	学校主管部门批准	省级重点研究基地	跨系所	管理学	其他服务业	单位自办
贺州学院							
南岭走廊族群文化研究基地	2014-6-6	学校主管部门批准	其他重点研究基地	跨系所	社会学	社会工作	单位自办
广西经贸职业技术学院							
农产品现代流通研究所	2012-10-10	学校自建	校级重点研究基地	跨系所	经济学	农业	单位自办
广西外国语学院							

学校及机构名称	成立时间	批准部门	机构类型	组成方式	学科分类	服务的国民经济行业	组成类型
高等教育研究所	2011-12-2	学校自建	校级重点研究基地	独立研究所	教育学	教育	单位自办
广西幼儿师范高等专科学校							
广西幼儿教育师资培养基地	2014-1-1	非学校主管部门批准	广西高校科技创新能力提升工程建设项目	跨系所	教育学	教育	其他
海南省							
海南大学							
海南省历史文化研究基地	2007-1-15	非学校主管部门批准	省级重点研究基地	与校外合办所	历史学	文化艺术业	政府部门办
海南省南海法律研究中心	2011-12-7	非学校主管部门批准	省级重点研究基地	与校外合办所	法学	国家机构	政府部门办
海南省全域旅游研究基地	2017-5-18	非学校主管部门批准	校级重点研究基地	与校外合办所	管理学	商务服务业	政府部门办
热带农业发展研究所	2007-9-1	学校主管部门批准	校级重点研究基地	独立研究所	经济学	农业	单位自办
社会科学研究中心	2007-9-1	学校自建	校级重点研究基地	独立研究所	哲学	教育	单位自办
海南热带海洋学院							
海南国际海岛休闲度假旅游研究基地	2012-8-1	非学校主管部门批准	省级重点研究基地	与校外合办所	经济学	商务服务业	政府部门办
海南省民族研究基地	2008-12-29	非学校主管部门批准	省级重点研究基地	与校外合办所	民族学与文化学	社会工作	政府部门办
海南省南海文明研究基地	2016-5-20	非学校主管部门批准	省级重点研究基地	与校外合办所	民族学与文化学	文化艺术业	政府部门办
海南师范大学							
海南经济特区法治战略研究基地	2015-3-19	非学校主管部门批准	省级重点研究基地	与校外合办所	法学	国家机构	单位自办
海南省海上丝绸之路研究基地	2016-12-20	非学校主管部门批准	省级重点研究基地	与校外合办所	社会学	教育	单位自办
海南省基础教育课程与教学研究基地	2006-4-11	非学校主管部门批准	省级重点研究基地	与校外合办所	教育学	教育	单位自办
海南省南海区域文化研究基地	2009-9-10	非学校主管部门批准	省级重点研究基地	与校外合办所	历史学	文化艺术业	单位自办
海南省社会舆情和治理研究中心	2016-12-14	非学校主管部门批准	省级研究中心	与校外合办所	新闻学与传播学	教育	单位自办
海南省生态文明研究中心	2012-8-28	非学校主管部门批准	省级重点研究基地	与校外合办所	社会学	生态保护和环境治理业	单位自办
海南省中国特色社会主义理论体系研究中心	2005-4-11	非学校主管部门批准	省级研究中心	与校外合办所	马克思主义	教育	与国内高校合办
海南职业技术学院							

续表

学校及机构名称	成立时间	批准部门	机构类型	组成方式	学科分类	服务的国民经济行业	组成类型
海南省新型城镇化与职业教育发展研究基地	2014-6-3	非学校主管部门批准	省级重点研究基地	与校外合办所	教育学	教育	政府部门办
海口经济学院							
海南省旅游商品研究基地	2005-10-18	非学校主管部门批准	省级重点研究基地	独立研究所	经济学	商务服务业	与国内独立研究机构合办
海南政法职业学院							
海南省社会治理创新与人才培养研究基地	2014-5-7	非学校主管部门批准	省级重点研究基地	与校外合办所	法学	教育	政府部门办
海南外国语职业学院							
东盟语言与文化普及示范基地	2016-5-12	非学校主管部门批准	省级重点研究基地	与校外合办所	语言学	教育	政府部门办
海南省应用外语研究基地	2013-12-26	非学校主管部门批准	省级重点研究基地	与校外合办所	语言学	教育	政府部门办
琼台师范学院							
海南省小学与幼儿教育基地	2015-3-18	非学校主管部门批准	省级重点研究基地	与校外合办所	教育学	教育	政府部门办
海南经贸职业技术学院							
海南省对外经济贸易合作研究基地	2010-7-15	非学校主管部门批准	省级重点研究基地	与校外合办所	经济学	其他金融业	政府部门办
三亚学院							
海南省岛屿文化生态与社会发展研究基地	2011-11-18	非学校主管部门批准	省级重点研究基地	与校外合办所	社会学	生态保护和环境治理业	与国内独立研究机构合办
海南丝路商业文明研究基地	2016-6-9	非学校主管部门批准	省级重点研究基地	与校外合办所	管理学	商务服务业	与国内独立研究机构合办
重庆市							
重庆大学							
地方政府治理协同创新中心	2017-6-26	非学校主管部门批准	省级 2011 协同创新中心	跨系所	管理学	教育	与国内独立研究机构合办
工商管理与经济发展研究中心	2003-3-10	非学校主管部门批准	省级重点研究基地	独立研究所	管理学	教育	政府部门办
公共经济与公共政策研究中心	2003-3-8	非学校主管部门批准	省级重点研究基地	独立研究所	管理学	教育	政府部门办

续表

学校及机构名称	成立时间	批准部门	机构类型	组成方式	学科分类	服务的国民经济行业	组成类型
建设经济与管理中心	2013-1-8	非学校主管部门批准	省级重点研究基地	独立研究所	管理学	教育	政府部门办
经略研究院	2015-11-27	非学校主管部门批准	重庆市人文社科普及基地	独立研究所	教育学	教育	政府部门办
区域经济与科教战略研究中心	2010-9-9	非学校主管部门批准	教育部战略研究培育基地	跨系所	经济学	教育	政府部门办
数字影视艺术理论与技术重庆市重点实验室	2012-4-10	非学校主管部门批准	省级重点实验室	跨系所	艺术学	教育	政府部门办
西部环境资源法制建设研究中心	2006-12-25	非学校主管部门批准	省级重点研究基地	独立研究所	法学	教育	政府部门办
现代物流重庆市市级重点实验室	2010-10-10	非学校主管部门批准	省级重点实验室	跨系所	管理学	教育	政府部门办
语言认知及语言应用研究基地	2006-12-25	非学校主管部门批准	省级重点研究基地	独立研究所	语言学	教育	政府部门办
重庆市人文社会科学普及基地	2012-5-18	非学校主管部门批准	重庆市人文社科普及基地	独立研究所	艺术学	教育	政府部门办
重庆市协同创新知识产权研究中心	2015-11-27	非学校主管部门批准	重庆市人文社科普及基地	独立研究所	法学	教育	政府部门办
重庆邮电大学							
司法鉴定中心	2003-6-30	学校主管部门批准	省级重点研究基地	独立研究所	法学	其他服务业	单位自办
外国语言文学研究中心	2005-7-30	学校自建	校级重点研究基地	独立研究所	外国文学	教育	单位自办
网络社会发展研究中心	2004-6-2	学校主管部门批准	省级重点研究基地	独立研究所	社会学	社会工作	政府部门办
信息产业发展研究中心	2005-4-29	非学校主管部门批准	校级重点研究基地	独立研究所	管理学	邮政业	单位自办
语言测试研究中心	2005-7-30	学校自建	校级重点实验室	独立研究所	语言学	教育	单位自办
重庆交通大学							
口岸物流管理与航运经济研究中心	2013-1-10	学校主管部门批准	省级重点研究基地	独立研究所	管理学	水上运输业	政府部门办
西部交通与经济社会发展研究中心	2004-2-10	学校主管部门批准	省级重点研究基地	独立研究所	经济学	商务服务业	单位自办
重庆市社会科学普及基地	2011-11-1	学校主管部门批准	省级科普基地	独立研究所	马克思主义	教育	与国内独立研究机构合办
重庆医科大学							
医学与社会发展研究中心	2002-1-1	学校主管部门批准	省级重点研究基地	独立研究所	社会学	社会工作	单位自办
西南大学							
俄语国家研究中心	2017-7-12	学校主管部门批准	其他重点研究基地	跨系所	语言学	教育	政府部门办

续表

学校及机构名称	成立时间	批准部门	机构类型	组成方式	学科分类	服务的国民经济行业	组成类型
公共文化研究中心	2015-7-28	非学校主管部门批准	中央其他部委重点研究基地	独立研究所	管理学	文化艺术业	政府部门办
汉语言文献研究所	1984-10-6	学校主管部门批准	学校独立科研机构	独立研究所	语言学	教育	单位自办
基础教育研究中心	2006-12-25	非学校主管部门批准	省级重点研究基地	独立研究所	教育学	教育	政府部门办
科学教育研究中心	2006-12-25	非学校主管部门批准	省级重点研究基地	独立研究所	教育学	教育	政府部门办
逻辑与智能研究中心	2006-12-25	非学校主管部门批准	省级重点研究基地	独立研究所	逻辑学	教育	政府部门办
马克思主义理论研究中心	2003-1-8	非学校主管部门批准	省级重点研究基地	独立研究所	马克思主义	教育	政府部门办
农村经济与管理研究中心	2003-1-8	非学校主管部门批准	省级重点研究基地	独立研究所	经济学	农业	政府部门办
农业教育发展研究中心	2006-12-25	非学校主管部门批准	省级重点研究基地	独立研究所	教育学	农业	政府部门办
三峡库区经济社会发展研究中心	2003-1-8	非学校主管部门批准	省级重点研究基地	独立研究所	社会学	生态保护和环境治理业	政府部门办
体质评价与运动机能监控重点实验室	2015-11-18	非学校主管部门批准	中央其他部委重点实验室	与校外合办所	体育科学	教育	与国内独立研究机构合办
统筹城乡教育发展研究中心	2010-3-5	学校自建	其他	跨系所	教育学	教育	单位自办
外国语言学与外语教育研究中心	2013-1-8	非学校主管部门批准	省级重点研究基地	独立研究所	外国文学	教育	政府部门办
西南历史地理研究中心	2013-1-8	非学校主管部门批准	省级重点研究基地	独立研究所	历史学	教育	政府部门办
西南民族教育与心理研究中心	2004-12-20	学校主管部门批准	教育部重点研究基地	独立研究所	教育学	教育	政府部门办
希腊研究中心	2017-7-12	学校主管部门批准	其他重点研究基地	跨系所	历史学	教育	政府部门办
心理健康教育研究中心	2006-12-25	非学校主管部门批准	省级重点研究基地	独立研究所	心理学	教育	政府部门办
心理学与社会管理研究中心	2003-1-8	非学校主管部门批准	省级重点研究基地	独立研究所	心理学	教育	政府部门办
伊朗研究中心	2017-7-12	学校主管部门批准	其他重点研究基地	跨系所	历史学	教育	政府部门办
中国共产党革命精神与文化资源研究中心	2014-8-3	学校自建	其他	独立研究所	马克思主义	教育	单位自办
中国基础教育质量监测协同创新西南大学分中心	1995-12-12	学校主管部门批准	国家级 2011 协同创新分中心	与校外合办所	教育学	教育	与国内高校合办
中国抗战大后方研究协同创新中心	2014-7-20	非学校主管部门批准	省级 2011 协同创新中心	独立研究所	历史学	教育	政府部门办
中国诗学研究中心	2003-1-8	非学校主管部门批准	省级重点研究基地	独立研究所	中国文学	教育	政府部门办

续表

学校及机构名称	成立时间	批准部门	机构类型	组成方式	学科分类	服务的国民经济行业	组成类型
中国西部非公经济发展与扶贫反哺协同创新中心	2017-6-26	非学校主管部门批准	省级 2011 协同创新中心	与校外合办所	经济学	社会工作	政府部门办
重庆师范大学							
高校党建思想研究中心	2014-11-1	学校主管部门批准	省级智库	独立研究所	马克思主义	教育	政府部门办
公民道德与社会建设研究中心	2013-1-1	学校主管部门批准	省级重点研究基地	独立研究所	马克思主义	教育	单位自办
三峡文化与社会发展研究院	2003-12-18	学校主管部门批准	省级重点研究基地	与校外合办所	社会学	教育	与国内高校合办
重庆市抗战文史研究基地	2006-12-3	学校主管部门批准	省级重点研究基地	独立研究所	历史学	教育	单位自办
重庆市课程与教学研究基地	2003-12-18	学校主管部门批准	省级重点研究基地	独立研究所	教育学	教育	单位自办
重庆市小学教师教育研究基地	2006-12-25	学校主管部门批准	省级重点研究基地	独立研究所	教育学	教育	单位自办
重庆文理学院							
巴渝文化研究所	2006-5-10	学校自建	校级重点研究基地	跨系所	民族学与文化学	文化艺术业	单位自办
非物质文化遗产研究中心	2014-1-15	学校主管部门批准	省级重点研究基地	独立研究所	社会学	文化艺术业	政府部门办
教师发展研究所	2006-5-10	学校自建	校级重点研究基地	跨系所	教育学	教育	单位自办
教育创新研究院	2017-10-25	学校自建	校级重点研究基地	独立研究所	教育学	教育	单位自办
思想政治教育研究中心	2006-5-10	学校自建	校级重点研究基地	跨系所	教育学	教育	单位自办
职业教育研究所	2006-5-10	学校自建	校级重点研究基地	跨系所	教育学	教育	单位自办
重庆三峡学院							
三峡库区可持续发展研究中心	2006-12-1	学校主管部门批准	省级重点研究基地	独立研究所	经济学	科技推广和应用服务业	政府部门办
长江师范学院							
白鹤梁石刻文化研究中心	2014-10-15	学校自建	校级重点研究基地	独立研究所	历史学	教育	单位自办
地方政府治理研究中心	2017-3-20	学校自建	校级重点研究基地	独立研究所	管理学	教育	单位自办
国家体育总局体育文化发展中心体育文化研究基地	2011-5-28	非学校主管部门批准	其他	独立研究所	体育科学	教育	单位自办
教育科学研究院	2015-12-10	学校自建	校级重点研究基地	独立研究所	教育学	教育	单位自办
数字媒体艺术研究中心	2012-6-7	学校自建	校级重点研究基地	跨系所	艺术学	教育	单位自办

续表

学校及机构名称	成立时间	批准部门	机构类型	组成方式	学科分类	服务的国民经济行业	组成类型
乌江流域民族文化研究基地	2012-6-15	非学校主管部门批准	中央其他部委重点研究基地	独立研究所	民族学与文化学	教育	政府部门办
乌江流域社会经济文化研究中心	2002-4-20	学校主管部门批准	省级重点研究基地	独立研究所	民族学与文化学	教育	单位自办
武陵山片区绿色发展协同创新中心	2014-4-18	学校主管部门批准	省级 2011 协同创新中心	跨系所	经济学	教育	与国内独立研究机构合办
武陵山片区民族理论政策研究基地	2015-4-2	非学校主管部门批准	中央其他部委重点研究基地	独立研究所	民族学与文化学	教育	政府部门办
武陵山区特色资源开发与利用研究中心	2006-6-6	学校主管部门批准	省级重点研究基地	独立研究所	经济学	科技推广和应用服务业	单位自办
西南地区土司文化研究中心	2007-5-5	学校自建	校级重点研究基地	独立研究所	民族学与文化学	教育	单位自办
中波文化研究中心	2015-9-17	学校自建	校级重点研究基地	与校外合办所	社会学	教育	与境外机构合办
中美传媒比较研究中心	2015-5-12	学校自建	校级重点研究基地	与校外合办所	新闻学与传播学	教育	与境外机构合办
重庆长江经济带发展研究中心	2015-11-26	学校自建	校级重点研究基地	独立研究所	经济学	教育	单位自办
重庆教育改革研究中心	2015-12-16	学校主管部门批准	省级智库	独立研究所	教育学	教育	政府部门办
重庆民族研究院	2015-6-19	非学校主管部门批准	其他	与校外合办所	民族学与文化学	教育	政府部门办
四川外国语大学							
德国研究中心	2011-12-1	学校主管部门批准	其他智库	独立研究所	国际问题研究	教育	单位自办
国别经济与国际商务研究中心	2013-1-8	学校主管部门批准	省级重点研究基地	跨系所	经济学	教育	政府部门办
金砖国家研究院	2013-10-1	学校自建	其他重点研究基地	独立研究所	政治学	教育	单位自办
外国语文研究中心	2001-12-20	学校主管部门批准	省级重点研究基地	独立研究所	外国文学	教育	政府部门办
以色列研究中心	2010-5-1	学校自建	其他重点研究基地	独立研究所	政治学	教育	单位自办
语言脑科学研究中心	2016-9-13	学校自建	校级重点实验室	独立研究所	语言学	教育	单位自办
中外文化比较研究中心	2005-9-1	学校主管部门批准	省级重点研究基地	独立研究所	外国文学	教育	政府部门办
重庆“走出去”战略与金砖国家研究协同创新中心	2011-10-1	非学校主管部门批准	省级 2011 协同创新中心	与校外合办所	政治学	教育	与国内高校合办
西南政法大学							
毒品犯罪与对策研究中心	2003-1-1	学校主管部门批准	省级重点研究基地	独立研究所	法学	教育	政府部门办

续表

学校及机构名称	成立时间	批准部门	机构类型	组成方式	学科分类	服务的国民经济行业	组成类型
人权研究院	2014-4-1	非学校主管部门批准	中央其他部委重点研究基地	独立研究所	法学	教育	政府部门办
市场交易法律制度研究基地	2003-1-1	学校主管部门批准	省级重点研究基地	独立研究所	法学	教育	政府部门办
诉讼法与司法改革研究中心	2004-1-1	学校主管部门批准	省级重点研究基地	独立研究所	法学	教育	单位自办
西南民族法文化研究中心	2005-12-25	学校主管部门批准	省级重点研究基地	独立研究所	法学	教育	单位自办
知识产权保护协同创新中心	2017-7-1	学校主管部门批准	省级 2011 协同创新中心	跨系所	法学	教育	政府部门办
中国东盟法律研究中心	2010-11-11	学校主管部门批准	省级重点研究基地	独立研究所	法学	教育	政府部门办
中国农村经济法制创新研究中心	2003-1-1	学校主管部门批准	省级重点研究基地	独立研究所	法学	教育	政府部门办
中国社会稳定与危机管理研究中心	2013-1-10	学校主管部门批准	省级重点研究基地	独立研究所	法学	教育	政府部门办
重庆市地方立法研究协同创新中心	2013-7-8	学校主管部门批准	省级 2011 协同创新中心	独立研究所	法学	教育	政府部门办
重庆市高校维护稳定研究咨政中心	2014-11-12	学校主管部门批准	省级重点研究基地	独立研究所	法学	教育	政府部门办
四川美术学院							
当代视觉艺术研究中心	2006-12-20	学校主管部门批准	省级重点研究基地	独立研究所	艺术学	文化艺术业	单位自办
重庆理工大学							
财会研究与开发中心	2003-1-8	学校主管部门批准	省级重点研究基地	独立研究所	管理学	教育	政府部门办
劳动经济与人力资源研究中心	2006-12-31	学校主管部门批准	省级重点研究基地	独立研究所	经济学	广播、电视、电影和影视录音制作业	政府部门办
新视野管理咨询与企业诊断研究中心	2003-4-1	学校自建	校级重点研究基地	跨系所	管理学	其他服务业	其他
重庆市金融衍生品创新与应用中心	2006-8-1	非学校主管部门批准	其他重点研究基地，市科委研究基地	独立研究所	经济学	货币金融服务	政府部门办
重庆工商大学							
巴渝文化研究所	2002-7-1	学校自建	校级重点研究基地	跨系所	中国文学	教育	单位自办
产业经济研究院	2006-12-25	学校主管部门批准	省级智库，省级重点研究基地	独立研究所	经济学	科技推广和应用服务业	单位自办
长江上游经济研究中心	2004-11-15	学校主管部门批准	部省共建教育部重点研究基地	独立研究所	经济学	科技推广和应用服务业	单位自办

续表

学校及机构名称	成立时间	批准部门	机构类型	组成方式	学科分类	服务的国民经济行业	组成类型
大学生发展研究中心	1995-2-1	学校自建	校级重点研究基地	跨系所	教育学	社会工作	单位自办
法学研究所	2002-7-1	学校自建	校级重点研究基地	跨系所	法学	卫生	单位自办
高等教育研究所	2002-7-1	学校自建	校级重点研究基地	独立研究所	教育学	社会工作	单位自办
金融研究所	2002-7-1	学校自建	校级重点研究基地	跨系所	经济学	货币金融服务	单位自办
廉政研究中心	2006-6-30	学校主管部门批准	省级重点研究基地	独立研究所	政治学	群众团体、社会团体和其他成员组织	单位自办
企业管理研究中心	2006-12-25	学校主管部门批准	省级重点研究基地	独立研究所	管理学	卫生	单位自办
区域经济研究院	2002-7-17	学校主管部门批准	省级重点研究基地	独立研究所	经济学	科技推广和应用服务业	单位自办
商务策划研究所	2002-7-1	学校自建	校级重点研究基地	跨系所	管理学	专业技术服务业	单位自办
现代会计研究所	2002-7-1	学校自建	校级重点研究基地	跨系所	经济学	卫生	单位自办
重庆市高校网络舆情与思想动态研究咨政中心	2014-11-13	学校主管部门批准	省级智库	独立研究所	新闻学与传播学	教育	单位自办
重庆中国特色社会主义理论研究中心	2014-11-18	学校主管部门批准	省级重点研究基地	独立研究所	马克思主义	教育	与国内独立研究机构合办
重庆海联职业技术学院							
大学生心理健康中心	2011-6-1	学校自建	校级重点研究基地	跨系所	心理学	社会工作	单位自办
重庆信息技术职业学院							
高职研究所	2006-6-15	学校自建	校级重点研究基地	独立研究所	教育学	教育	单位自办
孔子研究所	2013-12-10	学校自建	校级重点研究基地	独立研究所	哲学	教育	单位自办
重庆商务职业学院							
高等职业教育研究所	2016-3-1	学校自建	校内独立设置研究所	独立研究所	管理学	教育	单位自办
现代服务业研究中心	2016-3-8	学校自建	校级重点研究基地	独立研究所	管理学	商务服务业	单位自办
重庆第二师范学院							
重庆市统筹城乡教师教育研究中心	2013-1-15	学校主管部门批准	省级重点研究基地	独立研究所	教育学	教育	单位自办
重庆幼儿师范高等专科学校							

续表

学校及机构名称	成立时间	批准部门	机构类型	组成方式	学科分类	服务的国民经济行业	组成类型
美术实训基地建设	2017-11-1	学校自建	校级重点实验室	独立研究所	艺术学	教育	单位自办
学前教育实验室	2017-12-1	学校自建	校级重点实验室	独立研究所	教育学	教育	单位自办
四川省							
四川大学							
道教与宗教文化研究所	1980-8-1	学校主管部门批准	教育部重点研究基地	独立研究所	宗教学	文化艺术业	政府部门办
南亚研究所	1964-8-29	学校主管部门批准	教育部重点研究基地	独立研究所	国际问题研究	社会工作	单位自办
儒学研究中心	2011-11-1	非学校主管部门批准	省级重点研究基地	独立研究所	民族学与文化学	教育	单位自办
社会发展与社会风险控制研究中心	2012-1-1	非学校主管部门批准	省级重点研究基地	独立研究所	社会学	社会工作	单位自办
系统科学与企业发展研究中心	2011-12-1	非学校主管部门批准	省级重点研究基地	独立研究所	管理学	商务服务业	单位自办
中国藏学研究所	1999-10-30	学校主管部门批准	教育部重点研究基地	独立研究所	民族学与文化学	社会工作	单位自办
中国俗文化研究所	1999-12-10	学校主管部门批准	教育部重点研究基地	独立研究所	中国文学	文化艺术业	单位自办
西南交通大学							
四川省中国高铁国际化发展 2011 协同创新中心	2014-4-1	非学校主管部门批准	省级重点研究基地	与校外合办所	管理学	铁路运输业	政府部门办
西部交通战略与区域发展研究中心	2010-11-10	非学校主管部门批准	省级重点研究基地	跨系所	经济学	国家机构	单位自办
现代设计与文化研究中心	2013-7-1	非学校主管部门批准	省级重点研究基地	独立研究所	艺术学	文化艺术业	与国内独立研究机构合办
心理健康教育研究中心	2010-11-10	非学校主管部门批准	省级重点研究基地	独立研究所	心理学	教育	单位自办
电子科技大学							
公共管理研究所	2001-1-23	学校自建	校级重点实验室	跨系所	管理学	科技推广和应用服务业	单位自办
管理科学与工程研究中心	2002-7-11	学校自建	校级重点实验室	独立研究所	管理学	科技推广和应用服务业	单位自办
数字文化传媒研究中心	2016-7-5	学校自建	校级重点研究基地	独立研究所	新闻学与传播学	新闻和出版业	单位自办
西南石油大学							
川籍革命家研究中心	2014-12-25	学校自建	校级重点研究基地	独立研究所	马克思主义	教育	单位自办
非物质文化遗产保护传承与纪录片创作研究中心	2015-5-5	学校自建	校级重点研究基地	独立研究所	艺术学	文化艺术业	单位自办

续表

学校及机构名称	成立时间	批准部门	机构类型	组成方式	学科分类	服务的国民经济行业	组成类型
国际油气资源区语言文化研究中心	2014-12-25	学校自建	校级重点研究基地	独立研究所	语言学	石油和天然气开采业	单位自办
基层政府公共治理与服务研究中心	2014-6-17	学校自建	校级重点研究基地	与校外合办所	管理学	国家机构	单位自办
马克思主义与中国传统文化研究所	2016-11-23	学校自建	校级重点研究基地	独立研究所	马克思主义	教育	单位自办
能源安全与文化社科普及基地	2014-11-10	非学校主管部门批准	省科普研究基地	独立研究所	社会学	石油和天然气开采业	政府部门办
社会工作研究所	2014-12-25	学校自建	校级重点研究基地	独立研究所	社会学	社会工作	单位自办
四川石油天然气发展研究中心	2006-9-15	非学校主管部门批准	省级重点研究基地	跨系所	管理学	石油和天然气开采业	政府部门办
西南石油大学 D+智慧体育与健康研究中心	2017-9-20	学校自建	校级重点研究基地	与校外合办所	体育科学	教育	与境内注册其他企业合办
西南石油大学能源法学研究中心	2014-12-25	学校自建	校级重点研究基地	独立研究所	法学	石油和天然气开采业	单位自办
习近平新时代中国特色社会主义思想研究中心	2017-11-1	学校自建	校级重点研究基地	独立研究所	马克思主义	教育	单位自办
校企共建数据管理研究所	2015-5-6	学校自建	校级重点研究基地	与校外合办所	管理学	石油和天然气开采业	单位自办
新媒体与民族影视文化研究中心	2015-5-6	学校自建	校级重点研究基地	独立研究所	艺术学	文化艺术业	单位自办
成都理工大学							
川剧艺术研究所	2011-11-3	学校自建	校级重点研究基地	独立研究所	艺术学	文化艺术业	单位自办
传媒艺术教育研究所	2011-11-3	学校自建	校级重点研究基地	独立研究所	新闻学与传播学	广播、电视、电影和影视录音制作业	单位自办
电视科教纪录片研究所	2011-11-3	学校自建	校级重点研究基地	独立研究所	新闻学与传播学	广播、电视、电影和影视录音制作业	单位自办
电子商务研究所	2011-11-3	学校自建	校级重点研究基地	独立研究所	管理学	商务服务业	单位自办
国际关系与国际问题研究中心	2011-11-3	学校自建	校级重点研究基地	独立研究所	政治学	社会保障	单位自办
金融与投资研究所	2012-2-9	学校自建	校级重点研究基地	独立研究所	经济学	商务服务业	单位自办
旅游与城镇规划研究所	2011-11-3	学校自建	校级重点研究基地	独立研究所	管理学	生态保护和环境治理业	单位自办
区域可持续发展研究所	2012-2-2	学校自建	校级重点研究基地	独立研究所	经济学	科技推广和应用服务业	单位自办
日本语言文化研究所	2011-11-3	学校自建	校级重点研究基地	独立研究所	语言学	教育	单位自办

续表

学校及机构名称	成立时间	批准部门	机构类型	组成方式	学科分类	服务的国民经济行业	组成类型
四川矿产资源研究中心	2009-9-1	非学校主管部门批准	四川省教育厅研究基地	独立研究所	经济学	研究和试验发展	政府部门办
心理学研究所	2004-3-10	学校自建	校级重点研究基地	独立研究所	心理学	社会工作	单位自办
应用社会学研究所	2011-11-3	学校自建	校级重点研究基地	跨系所	社会学	社会工作	单位自办
证券研究所	2011-11-1	学校自建	校级重点研究基地	独立研究所	经济学	商务服务业	单位自办
职业经理研究所	2011-11-3	学校自建	校级重点研究基地	独立研究所	管理学	商务服务业	单位自办
资源与环境经济普及基地	2011-3-2	非学校主管部门批准	其他重点研究基地	独立研究所	经济学	生态保护和环境治理业	政府部门办
西南科技大学							
四川犯罪防控研究中心	2006-3-9	非学校主管部门批准	省级重点研究基地	独立研究所	法学	科技推广和应用服务业	单位自办
四川外国语言文学研究中心	2008-3-14	非学校主管部门批准	省级重点研究基地	独立研究所	语言学	科技推广和应用服务业	单位自办
四川循环经济研究中心	2007-10-25	非学校主管部门批准	省级重点研究基地	独立研究所	经济学	科技推广和应用服务业	单位自办
成都信息工程大学							
国家统计局统计信息技术与数据挖掘重点开放实验室	2006-8-16	非学校主管部门批准	中央其他部委重点实验室	独立研究所	统计学	其他服务业	单位自办
四川科技与经济统计研究中心	2012-12-1	学校主管部门批准	省级重点研究基地	独立研究所	统计学	其他服务业	单位自办
四川省电子商务与现代物流研究中心	2015-1-8	学校主管部门批准	省级重点研究基地	独立研究所	管理学	商务服务业	单位自办
网络文化研究中心	2011-12-1	学校主管部门批准	省级重点研究基地	独立研究所	马克思主义	文化艺术业	政府部门办
四川理工学院							
川酒发展研究中心	2010-11-5	非学校主管部门批准	省级重点研究基地	与校外合办所	经济学	酒、饮料和精制茶制造业	与境内注册其他企业合办
川酒文化国际传播研究中心	2012-11-5	学校主管部门批准	其他重点研究基地	与校外合办所	新闻学与传播学	文化艺术业	政府部门办
基层司法能力研究中心	2012-11-5	学校主管部门批准	其他重点研究基地	与校外合办所	法学	社会工作	政府部门办
中国盐文化研究中心	2005-9-1	非学校主管部门批准	省级重点研究基地	与校外合办所	历史学	食品制造业	与境内注册其他企业合办
西华大学							
地方文化资源开发与保护研究中心	2006-4-10	非学校主管部门批准	省级重点研究基地	独立研究所	民族学与文化学	文化艺术业	单位自办

续表

学校及机构名称	成立时间	批准部门	机构类型	组成方式	学科分类	服务的国民经济行业	组成类型
工业设计产业研究中心	2012-11-1	学校主管部门批准	其他重点研究基地	独立研究所	艺术学	文化艺术业	单位自办
旅游景区管理研究基地	2013-4-28	非学校主管部门批准	校级重点研究基地	与校外合办所	经济学	其他服务业	其他
四川省新农村乡风文明建设研究中心	2013-11-4	学校主管部门批准	其他重点研究基地	独立研究所	马克思主义	农业	单位自办
四川农业大学							
四川省农村发展研究中心	2003-11-1	非学校主管部门批准	省级重点研究基地	独立研究所	经济学	农业	政府部门办
西昌学院							
马铃薯主粮化战略研究中心	2015-12-10	学校主管部门批准	其他重点研究基地	与校外合办所	经济学	农业	其他
四川民族山地经济发展研究中心	2015-10-20	学校主管部门批准	其他重点研究基地	与校外合办所	经济学	农业	其他
彝族文化研究中心	2008-12-26	非学校主管部门批准	省级重点研究基地	独立研究所	民族学与文化学	社会工作	政府部门办
西南医科大学							
四川医事卫生法治研究中心	2007-8-15	非学校主管部门批准	省级重点研究基地	独立研究所	法学	社会工作	单位自办
四川医院管理与发展研究中心	2015-12-10	学校主管部门批准	其他重点研究基地	独立研究所	管理学	教育	单位自办
成都中医药大学							
高教研究与评价中心	1992-7-5	学校自建	其他	独立研究所	教育学	社会工作	单位自办
中医药文化中心古籍文献研究所	1986-10-15	学校自建	研究所	独立研究所	图书馆、情报与文献学	社会工作	单位自办
川北医学院							
四川省基层卫生事业发展研究中心	2012-12-28	学校主管部门批准	其他	独立研究所	管理学	卫生	单位自办
四川师范大学							
巴蜀文化研究中心	2002-2-1	非学校主管部门批准	教育部重点研究基地	独立研究所	中国文学	研究和试验发展	政府部门办
多元文化研究中心	2009-3-1	学校主管部门批准	省级重点研究基地	与校外合办所	教育学	研究和试验发展	单位自办
教育大数据协同创新中心	2015-11-13	学校主管部门批准	省级 2011 协同创新中心	与校外合办所	教育学	教育	与国内独立研究机构合办
四川省教师教育研究中心	2001-3-1	学校主管部门批准	省级重点研究基地	跨系所	教育学	教育	政府部门办
四川省社会信用体系建设协同创新中心	2015-11-13	学校主管部门批准	省级 2011 协同创新中心	与校外合办所	社会学	社会工作	政府部门办

续表

学校及机构名称	成立时间	批准部门	机构类型	组成方式	学科分类	服务的国民经济行业	组成类型
西华师范大学							
埃塞俄比亚研究中心	2017-6-12	学校自建	校级重点研究基地	跨系所	外国文学	教育	单位自办
巴基斯坦研究中心	2013-5-21	学校主管部门批准	省级重点研究基地	独立研究所	国际问题研究	教育	政府部门办
巴蜀石窟寺研究所	2016-9-14	学校自建	校级重点研究基地	独立研究所	考古学	教育	单位自办
川陕革命根据地研究中心	2017-6-12	学校自建	校级重点研究基地	独立研究所	历史学	国家机构	单位自办
地方廉政建设研究中心	2013-3-21	非学校主管部门批准	校级重点研究基地	与校外合办所	政治学	国家机构	政府部门办
法学研究所	2017-6-12	学校自建	校级重点研究基地	独立研究所	法学	中国共产党机关	单位自办
高等教育研究所	1988-7-1	学校自建	校级重点研究基地	独立研究所	教育学	社会工作	单位自办
公共政策与社会治理研究中心	2017-6-12	学校自建	校级重点研究基地	独立研究所	管理学	社会保障	单位自办
古籍整理研究所	2003-12-31	学校自建	校级重点研究基地	独立研究所	中国文学	社会工作	单位自办
国学院	2015-5-15	学校自建	校级重点研究基地	跨系所	中国文学	教育	单位自办
红色文化研究中心	2017-6-12	学校自建	校级重点研究基地	独立研究所	历史学	教育	单位自办
基层民主与基层治理研究中心	2017-6-12	学校自建	校级重点研究基地	独立研究所	政治学	社会工作	单位自办
教育现代化研究所	2017-6-12	学校自建	校级重点研究基地	独立研究所	教育学	教育	单位自办
教育信息化研究中心	2017-6-12	学校自建	校级重点研究基地	独立研究所	教育学	教育	单位自办
旅游发展规划研究中心	2017-6-12	学校自建	校级重点研究基地	独立研究所	管理学	生态保护和环境治理业	单位自办
民族与民俗文化传播研究中心	2017-6-12	学校自建	校级重点研究基地	独立研究所	新闻学与传播学	教育	单位自办
区域文化研究中心	2007-10-18	学校主管部门批准	省级重点研究基地	独立研究所	历史学	社会工作	政府部门办
蜀道研究院	2017-6-12	学校自建	校级重点研究基地	独立研究所	中国文学	教育	单位自办
四川古城堡文化研究中心	2013-1-17	学校自建	校级重点研究基地	独立研究所	历史学	文化艺术业	单位自办
四川省大学生思想政治教育研究中心	2013-8-5	学校主管部门批准	省级重点研究基地	独立研究所	马克思主义	教育	政府部门办
四川省教育发展研究中心	2003-10-9	学校主管部门批准	省级重点研究基地	独立研究所	教育学	教育	单位自办
四川新型农村城镇化研究中心	2012-11-25	学校自建	校级重点研究基地	跨系所	政治学	居民服务业	单位自办
体育文化研究基地	2013-11-6	非学校主管部门批准	省级重点研究基地	独立研究所	体育科学	教育	政府部门办
文化遗产研究院	2015-12-4	学校自建	校级重点研究基地	跨系所	艺术学	文化艺术业	单位自办

续表

学校及机构名称	成立时间	批准部门	机构类型	组成方式	学科分类	服务的国民经济行业	组成类型
英语国家文化研究所	2012-11-15	学校自建	校级重点研究基地	独立研究所	中国文学	文化艺术业	单位自办
中国书法研究所	2016-9-14	学校自建	校级重点研究基地	独立研究所	艺术学	教育	单位自办
中国周边国家研究所	2017-6-25	学校自建	校级重点研究基地	跨系所	国际问题研究	国家机构	单位自办
朱德研究中心	2017-6-12	学校自建	校级重点研究基地	跨系所	政治学	社会工作	单位自办
绵阳师范学院							
李白文化研究中心	2006-4-6	非学校主管部门批准	省级重点研究基地	独立研究所	中国文学	教育	政府部门办
民间文化研究中心	2005-9-1	非学校主管部门批准	省级重点研究基地	独立研究所	历史学	教育	政府部门办
四川县域经济研究中心	2013-10-28	非学校主管部门批准	省级重点研究基地	独立研究所	经济学	教育	单位自办
内江师范学院							
四川张大千研究中心	2007-3-28	非学校主管部门批准	省级重点研究基地	独立研究所	考古学	教育	政府部门办
宜宾学院							
长江上游航运物流协同创新中心	2014-6-21	学校主管部门批准	其他 2011 协同创新中心	独立研究所	管理学	水上运输业	政府部门办
高等教育教研究所	1980-1-1	学校自建	校级重点研究基地	独立研究所	教育学	教育	单位自办
农村社区治理研究中心	2014-6-26	学校主管部门批准	四川省高校人文社会科学重点研究基地	独立研究所	社会学	社会工作	政府部门办
农村幼儿教育研究中心	2012-12-27	学校主管部门批准	四川省高校人文社会科学重点研究基地	独立研究所	教育学	教育	政府部门办
社区矫正研究中心	2014-6-19	学校主管部门批准	四川省高校人文社会科学重点研究基地	独立研究所	法学	国家机构	政府部门办
水运经济研究中心	2012-12-27	学校主管部门批准	四川省高校人文社会科学重点研究基地	独立研究所	经济学	水上运输业	政府部门办
四川思想家研究中心	2003-10-24	非学校主管部门批准	省级重点研究基地	独立研究所	哲学	国家机构	政府部门办
新建院校改革与发展研究中心	2012-12-27	学校主管部门批准	四川省高校人文社会科学重点研究基地	独立研究所	教育学	教育	政府部门办
中国酒史研究中心	2013-9-26	非学校主管部门批准	省级重点研究基地	独立研究所	管理学	教育	政府部门办
四川文理学院							

续表

学校及机构名称	成立时间	批准部门	机构类型	组成方式	学科分类	服务的国民经济行业	组成类型
巴文化研究院	2014-11-7	学校主管部门批准	校级重点研究基地	独立研究所	历史学	文化艺术业	单位自办
四川革命老区发展研究中心	2009-3-9	非学校主管部门批准	省级重点研究基地	独立研究所	民族学与文化学	社会工作	政府部门办
阿坝师范学院							
藏羌民族文化艺术研究所	2003-2-1	学校自建	校级重点研究基地	独立研究所	民族学与文化学	社会工作	单位自办
乐山师范学院							
藏彝走廊音乐研究中心	2009-7-8	学校自建	校级重点研究基地	独立研究所	艺术学	文化艺术业	单位自办
农村教育研究中心	2011-3-1	学校自建	校级重点研究基地	独立研究所	教育学	教育	单位自办
社区发展研究中心	2006-3-6	学校自建	校级重点研究基地	独立研究所	社会学	社会工作	单位自办
思想政治教育研究中心	2008-10-22	学校自建	校级重点研究基地	独立研究所	马克思主义	教育	单位自办
四川郭沫若研究中心	2005-11-16	非学校主管部门批准	省级重点研究基地	独立研究所	中国文学	文化艺术业	政府部门办
四川基层公共文化服务研究中心	2014-7-21	学校主管部门批准	其他重点研究基地	独立研究所	民族学与文化学	文化艺术业	单位自办
四川旅游发展研究中心	2002-6-28	非学校主管部门批准	省级重点研究基地	独立研究所	社会学	教育	政府部门办
四川特殊教育发展研究中心	2014-7-21	学校主管部门批准	其他重点研究基地	独立研究所	教育学	教育	单位自办
西南财经大学							
公共政策创新研究中心	2011-10-3	非学校主管部门批准	省级重点研究基地	跨系所	管理学	教育	单位自办
金融智能与金融工程四川省重点实验室	2009-7-13	非学校主管部门批准	省级重点实验室	独立研究所	经济学	研究和试验发展	单位自办
老龄化与社会保障研究中心	2013-10-1	非学校主管部门批准	省级重点研究基地	跨系所	经济学	社会工作	单位自办
中国金融法研究中心	2011-11-23	非学校主管部门批准	省级重点研究基地	跨系所	法学	教育	单位自办
中国金融研究中心	2000-1-1	学校主管部门批准	教育部重点研究基地	独立研究所	经济学	货币金融服务	政府部门办
中国政府审计研究中心	2009-6-5	非学校主管部门批准	省级重点研究基地	跨系所	经济学	教育	单位自办
成都体育学院							
体育社会科学研究中心	2007-5-24	非学校主管部门批准	省级重点研究基地	独立研究所	体育科学	体育	政府部门办
四川音乐学院							
数字媒体艺术四川省重点实验室	2016-12-31	非学校主管部门批准	省级重点实验室	跨系所	艺术学	文化艺术业	与国内高校合办

续表

学校及机构名称	成立时间	批准部门	机构类型	组成方式	学科分类	服务的国民经济行业	组成类型
西南音乐研究中心	2015-1-6	非学校主管部门批准	省级重点研究基地	独立研究所	艺术学	文化艺术业	政府部门办
音乐研究所	1986-4-15	学校主管部门批准	学校主管部门批准，学校自建	独立研究所	艺术学	文化艺术业	单位自办
西南民族大学							
羌学研究中心	2009-11-5	非学校主管部门批准	省级重点研究基地	独立研究所	民族学与文化学	文化艺术业	政府部门办
青藏高原经济社会与文化发展研究中心	2013-12-29	非学校主管部门批准	省级重点研究基地	跨系所	经济学	教育	单位自办
少数民族双语教育普及基地	2011-4-12	非学校主管部门批准	省级重点研究基地	独立研究所	民族学与文化学	教育	单位自办
少数民族哲学思想与文化传承创新研究基地	2014-6-6	非学校主管部门批准	中央其他部委重点研究基地	独立研究所	政治学	教育	政府部门办
四川省民族地区法治建设与法律知识普及基地	2016-7-18	非学校主管部门批准	省级重点研究基地	跨系所	法学	教育	单位自办
西南民族研究基地	2009-12-31	学校主管部门批准	校级重点研究基地,00	独立研究所	民族学与文化学	国际组织	政府部门办
中国西部民族经济研究中心	2014-6-2	学校主管部门批准	中央其他部委重点研究基地	跨系所	经济学	教育	单位自办
中国彝学研究中心	2014-6-6	学校主管部门批准	中央其他部委重点研究基地	跨系所	民族学与文化学	教育	单位自办
成都学院							
四川动漫研究中心	2009-12-21	非学校主管部门批准	省级重点研究基地	独立研究所	艺术学	教育	政府部门办
四川景观与游憩研究中心	2013-11-11	学校主管部门批准	其他重点研究基地	独立研究所	管理学	农、林、牧、渔服务业	单位自办
四川省泰国研究中心	2013-5-1	学校主管部门批准	其他重点研究基地	独立研究所	国际问题研究	教育	单位自办
四川休闲体育产业发展研究中心	2012-12-27	学校主管部门批准	其他重点研究基地	独立研究所	体育科学	教育	政府部门办
天府文化研究院	2017-3-1	学校主管部门批准	社科重点研究基地	独立研究所	历史学	文化艺术业	政府部门办
统筹城乡教育发展研究中心	2013-11-4	学校主管部门批准	其他重点研究基地	独立研究所	教育学	教育	政府部门办
成都工业学院							
四川性社会学与性教育研究中心	2006-5-28	非学校主管部门批准	省级重点研究基地	独立研究所	社会学	社会工作	政府部门办
攀枝花学院							
资源型城市发展研究中心	2013-4-17	学校主管部门批准	省级重点研究基地	独立研究所	管理学	国家机构	单位自办

续表

学校及机构名称	成立时间	批准部门	机构类型	组成方式	学科分类	服务的国民经济行业	组成类型
四川旅游学院							
川菜发展研究中心	2003-1-1	学校主管部门批准	省级重点研究基地	独立研究所	管理学	餐饮业	单位自办
四川民族学院							
康巴发展研究中心	1986-9-1	学校自建	校级重点研究基地	独立研究所	民族学与文化学	社会工作	单位自办
四川警察学院							
社会治理创新研究中心	2013-10-28	学校自建	其他重点研究基地	跨系所	管理学	教育	单位自办
四川反恐怖主义研究中心	2017-10-11	学校主管部门批准	其他重点研究基地	独立研究所	法学	教育	单位自办
四川警察执法研究中心	2013-4-17	学校主管部门批准	其他重点研究基地	跨系所	法学	教育	单位自办
四川社会治安与社会管理创新研究中心	2013-4-17	学校主管部门批准	其他重点研究基地	跨系所	管理学	教育	单位自办
四川思想政治研究中心	2013-4-17	学校自建	其他重点研究基地	跨系所	马克思主义	教育	单位自办
四川交通职业技术学院							
四川高等职业教育研究中心	2009-11-14	非学校主管部门批准	省级重点研究基地	独立研究所	教育学	教育	政府部门办
四川工商职业技术学院							
都江堰旅游研究中心	2017-3-10	学校自建	其他智库	独立研究所	管理学	商务服务业	单位自办
达州职业技术学院							
高职教育发展研究中心	2013-12-19	学校自建	校级重点研究基地	独立研究所	教育学	教育	单位自办
四川国际标榜职业学院							
中国传统文化与现代管理研究所	2015-2-9	学校自建	校级重点研究基地	独立研究所	管理学	教育	单位自办
泸州职业技术学院							
泸酒产业文化研究中心	2011-1-1	非学校主管部门批准	其他重点研究基地	独立研究所	经济学	酒、饮料和精制茶制造业	单位自办
泸州地方文化研究所	2015-12-1	学校自建	校级重点研究基地	独立研究所	民族学与文化学	文化艺术业	单位自办
泸州市民间艺术非遗研究与传承中心	2015-5-1	学校主管部门批准	校级重点研究基地	独立研究所	艺术学	文化艺术业	单位自办
泸州职业教育研究中心	2012-1-1	非学校主管部门批准	其他重点研究基地	独立研究所	教育学	教育	单位自办
成都文理学院							
西部民歌研究所	2004-6-1	学校自建	校级重点研究基地	独立研究所	艺术学	文化艺术业	单位自办

续表

学校及机构名称	成立时间	批准部门	机构类型	组成方式	学科分类	服务的国民经济行业	组成类型
四川外国语大学成都学院							
翻译研究中心	2003-9-1	学校自建	校级重点研究基地	独立研究所	外国文学	教育	单位自办
成都医学院							
四川应用心理学研究中心	2006-7-6	非学校主管部门批准	省级重点研究基地	独立研究所	心理学	卫生	政府部门办
四川文化产业职业学院							
文化产业发展研究中心	2011-11-1	非学校主管部门批准	省级重点研究基地	独立研究所	艺术学	文化艺术业	政府部门办
四川城市职业学院							
四川省民办教育研究中心	2014-1-1	非学校主管部门批准	其他	独立研究所	教育学	教育	其他
四川幼儿师范高等专科学校							
白马人文化艺术研究中心	2013-3-1	非学校主管部门批准	校级重点研究基地	独立研究所	民族学与文化学	文化艺术业	单位自办
川西北民俗文化研究中心	2013-3-1	非学校主管部门批准	校级重点研究基地	独立研究所	民族学与文化学	文化艺术业	单位自办
绵阳幼儿教育与发展研究中心	2012-9-15	非学校主管部门批准	校级重点研究基地	与校外合办所	教育学	教育	政府部门办
小学教育研究中心	2012-3-2	学校自建	校级重点研究基地	独立研究所	教育学	教育	单位自办
成都师范学院							
四川0-3岁儿童早期发展与教育研究中心	2013-4-11	学校主管部门批准	其他重点研究基地	独立研究所	教育学	教育	政府部门办
四川少年儿童组织与思想意识教育研究中心	2015-6-1	学校主管部门批准	省级重点研究基地	独立研究所	教育学	教育	政府部门办
四川省教育信息化应用与发展研究中心	2014-5-25	学校主管部门批准	其他重点研究基地	独立研究所	教育学	教育	单位自办
四川省心理与行为科学普及基地	2014-10-24	非学校主管部门批准	其他重点研究基地	独立研究所	心理学	教育	政府部门办
四川中小学教师师德研究中心	2013-7-4	学校主管部门批准	其他重点研究基地	独立研究所	教育学	教育	政府部门办
四川中小学教师专业发展研究中心	2013-3-1	学校主管部门批准	其他重点研究基地	独立研究所	教育学	教育	政府部门办
川北幼儿师范高等专科学校							
蜀道文化研究所	2014-11-3	学校自建	校级重点研究基地	独立研究所	历史学	文化艺术业	单位自办

续表

学校及机构名称	成立时间	批准部门	机构类型	组成方式	学科分类	服务的国民经济行业	组成类型
成都工业职业技术学院							
财经职业能力发展中心	2017-12-30	学校自建	院级科技平台	独立研究所	经济学	货币金融服务	与境内注册其他企业合办
贵州省							
贵州大学							
东盟研究院	2012-8-9	学校主管部门批准	中央其他部委重点研究基地	独立研究所	国际问题研究	教育	政府部门办
喀斯特地区发展战略研究中心	2007-11-8	学校主管部门批准	省级重点研究基地	独立研究所	经济学	教育	政府部门办
马克思主义经济学发展与应用研究中心	2007-3-8	学校主管部门批准	省级重点研究基地	独立研究所	经济学	教育	政府部门办
人口、社会、法制研究中心	2003-3-6	学校主管部门批准	省级重点研究基地	独立研究所	法学	教育	政府部门办
中国西部发展能力研究中心	2010-3-15	学校主管部门批准	省级重点研究基地	独立研究所	经济学	教育	政府部门办
中华传统文化与贵州地域文化研究中心	2004-3-18	学校主管部门批准	省级重点研究基地	独立研究所	民族学与文化学	教育	政府部门办
遵义医学院							
贵州省高校人文医学研究中心	2007-12-7	学校主管部门批准	省级重点研究基地	独立研究所	社会学	教育	单位自办
贵州师范大学							
喀斯特生态文明研究中心	2010-8-25	学校主管部门批准	省级重点研究基地	独立研究所	经济学	生态保护和环境治理业	政府部门办
遵义师范学院							
红色文化研究中心	2010-1-4	学校主管部门批准	省级重点研究基地	跨系所	马克思主义	中国共产党机关	单位自办
黔北文化研究中心	2013-12-1	学校主管部门批准	省教育厅人文社科研究基地	独立研究所	民族学与文化学	社会工作	单位自办
中国共产党革命精神与文化资源研究中心	2013-5-1	非学校主管部门批准	教育部重点研究基地	独立研究所	历史学	社会工作	政府部门办
安顺学院							
贵州省屯堡文化研究中心	2013-12-20	学校主管部门批准	贵州省高校人文社科基地	跨系所	民族学与文化学	教育	单位自办
贵州工程应用技术学院							
毕节试验区研究院	2006-12-29	学校主管部门批准	校级重点研究基地	独立研究所	经济学	社会工作	单位自办
彝学研究院	2006-12-29	学校自建	校级重点研究基地	独立研究所	民族学与文化学	社会工作	单位自办

续表

学校及机构名称	成立时间	批准部门	机构类型	组成方式	学科分类	服务的国民经济行业	组成类型
凯里学院							
贵州原生态民族文化研究中心	2006-10-6	学校主管部门批准	省级重点研究基地	独立研究所	民族学与文化学	教育	单位自办
贵州财经大学							
贵州省经济系统仿真重点实验室	2009-9-15	非学校主管部门批准	省级重点实验室	独立研究所	经济学	研究和试验发展	单位自办
欠发达地区经济发展研究中心	2004-8-10	学校主管部门批准	省级重点研究基地	独立研究所	经济学	教育	单位自办
欠发达地区普惠金融协同创新中心	2015-9-12	学校主管部门批准	省级 2011 协同创新中心	独立研究所	经济学	教育	单位自办
中国西部减贫与发展协同创新中心	2017-7-12	学校主管部门批准	省级 2011 协同创新中心	独立研究所	经济学	教育	单位自办
中国西部绿色发展战略研究院	2017-2-11	学校主管部门批准	省级重点研究基地	独立研究所	经济学	教育	单位自办
中国西部现代化发展研究中心	2007-10-9	学校主管部门批准	省级重点研究基地	独立研究所	经济学	教育	单位自办
贵州民族大学							
法制与民族地区发展研究中心	2007-11-30	学校主管部门批准	省教育厅人文社科研究基地	独立研究所	法学	社会工作	单位自办
贵州世居民族研究中心	2007-11-30	学校主管部门批准	省教育厅人文社科研究基地	独立研究所	民族学与文化学	社会工作	单位自办
民族地区社会治理创新研究基地	2017-11-17	非学校主管部门批准	省社科联创新研究基地	独立研究所	社会学	社会工作	单位自办
民族民间文化教育传承创新重点研究基地	2017-11-30	非学校主管部门批准	教育部创新重点基地	独立研究所	民族学与文化学	教育	单位自办
民族文化与民族地区社会管理创新研究中心	2009-7-15	学校主管部门批准	省教育厅人文社科研究基地	跨系所	民族学与文化学	社会工作	单位自办
贵阳学院							
阳明学与黔学研究院	2007-7-18	学校主管部门批准	校级重点研究基地	独立研究所	哲学	教育	单位自办
贵州师范学院							
贵州教育发展研究中心	2011-1-1	学校主管部门批准	省教育厅人文社科研究基地	独立研究所	教育学	教育	其他
中国山地民族研究中心	2012-11-29	学校主管部门批准	省教育厅人文社科研究基地	独立研究所	民族学与文化学	教育	单位自办
贵州职业技术学院							
现代远程教育研究中心	2013-3-8	学校主管部门批准	其他重点研究基地	独立研究所	教育学	教育	单位自办
铜仁幼儿师范高等专科学校							

续表

学校及机构名称	成立时间	批准部门	机构类型	组成方式	学科分类	服务的国民经济行业	组成类型
黔东女性文学研究工作室	2014-9-23	学校自建	校级重点研究基地	独立研究所	民族学与文化学	教育	单位自办
铜仁市幼儿教师发展中心	2014-9-23	学校自建	校级重点研究基地	独立研究所	教育学	教育	其他
云南省							
云南大学							
发展研究院	1998-3-4	学校主管部门批准	校级重点研究基地	独立研究所	经济学	群众团体、社会团体和其他成员组织	单位自办
高等教育研究院	2002-3-1	学校主管部门批准	其他	独立研究所	教育学	教育	单位自办
国际关系研究院	2002-3-1	学校主管部门批准	其他	独立研究所	国际问题研究	其他服务业	单位自办
国家文化产业研究中心	2006-6-30	非学校主管部门批准	中央其他部委重点研究基地	独立研究所	民族学与文化学	教育	政府部门办
昆明理工大学							
云南现代化管理与新型工业化研究基地	2007-5-1	学校主管部门批准	省级重点研究基地	独立研究所	管理学	公共设施管理业	政府部门办
云南农业大学							
电子商务研究所	2016-2-29	学校自建	研究所	独立研究所	管理学	农业	其他
科学技术史研究所	2001-3-3	学校自建	校级重点研究基地	独立研究所	哲学	研究和试验发展	单位自办
马克思主义与“三农”研究中心	2009-12-31	学校主管部门批准	研究中心	与校外合办所	马克思主义	中国共产党机关	单位自办
农村发展政策研究中心	2008-12-10	学校自建	校级重点研究基地	独立研究所	社会学	农业	单位自办
农业教育研究所	1994-9-8	学校自建	校级重点实验室	独立研究所	教育学	社会工作	单位自办
新农村发展研究院	2012-12-15	非学校主管部门批准	其他	独立研究所	社会学	农业	单位自办
云南“三农”问题与新农村建设研究基地	2010-7-31	非学校主管部门批准	省级重点研究基地	独立研究所	经济学	农业	单位自办
云南农村发展智库	2015-6-30	学校主管部门批准	其他智库	与校外合办所	经济学	国家机构	单位自办
云南农业发展智库	2016-12-31	非学校主管部门批准	省级智库	与校外合办所	经济学	农业	单位自办
职业教育研究所	2012-2-29	学校自建	研究所	跨系所	教育学	教育	其他
西南林业大学							
绿色发展智库	2017-1-13	非学校主管部门批准	省级智库	跨系所	经济学	农、林、牧、渔服务业	单位自办

续表

学校及机构名称	成立时间	批准部门	机构类型	组成方式	学科分类	服务的国民经济行业	组成类型
云南林业经济研究智库	2015-3-3	非学校主管部门批准	其他智库	跨系所	经济学	农、林、牧、渔服务业	单位自办
云南省森林资产管理及林权制度研究基地	2010-3-5	非学校主管部门批准	其他重点研究基地	跨系所	管理学	林业	单位自办
大理大学							
滇西边境山区民族教育问题研究	2017-4-10	学校主管部门批准	2017年云南省社科联创新团队	独立研究所	教育学	教育	单位自办
国家民委民族理论政策研究基地	2014-12-30	学校主管部门批准	中央其他部委重点研究基地	独立研究所	政治学	社会工作	单位自办
经济研究所	2016-3-1	学校自建	校级重点研究基地	独立研究所	经济学	商务服务业	单位自办
民族文化研究院	2003-3-1	学校自建	校级重点研究基地	跨系所	民族学与文化学	社会工作	单位自办
南诏大理历史文化传承与发展研究基地	2007-5-3	非学校主管部门批准	省级重点研究基地	跨系所	民族学与文化学	社会工作	政府部门办
云南宗教治理与民族团结进步智库	2014-9-23	学校主管部门批准	省级智库	跨系所	宗教学	社会工作	其他
中国族际政治和谐治理创新团队	2014-12-30	学校主管部门批准	云南省哲学社会科学创新团队	跨系所	政治学	群众团体、社会团体和其他成员组织	单位自办
云南师范大学							
国家体育总局体育文化研究基地	2008-10-15	学校主管部门批准	中央其他部委重点研究基地	独立研究所	体育科学	体育	政府部门办
西南边疆民族文化传承传播协同创新中心	2011-12-15	学校主管部门批准	省级2011协同创新中心	独立研究所	民族学与文化学	教育	政府部门办
云南教育发展与西南联大研究基地	2007-5-15	学校主管部门批准	省级重点研究基地	独立研究所	教育学	教育	政府部门办
云南旅游产业发展研究基地	2009-12-15	学校主管部门批准	省级重点研究基地	独立研究所	社会学	体育	政府部门办
云南人力资源开发与管理研究基地	2009-9-15	学校主管部门批准	省级重点研究基地	独立研究所	管理学	教育	政府部门办
云南少数民族哲学思想研究基地	2014-5-14	学校主管部门批准	其他重点研究基地	独立研究所	哲学	教育	政府部门办
云南省党的群众路线研究基地	2014-5-15	学校主管部门批准	其他重点研究基地	独立研究所	马克思主义	教育	政府部门办
云南省舆情研究基地	2009-12-15	学校主管部门批准	省级重点研究基地	独立研究所	社会学	教育	政府部门办
中国西南对外开放与边疆安全研究中心	2016-11-15	学校主管部门批准	省级智库	独立研究所	社会学	社会保障	政府部门办
曲靖师范学院							

续表

学校及机构名称	成立时间	批准部门	机构类型	组成方式	学科分类	服务的国民经济行业	组成类型
曲靖市旅游发展研究院	2016-10-18	学校自建	学校自建独立研究机构	与校外合办所	经济学	社会工作	单位自办
云南城市文化研究基地	2009-12-14	非学校主管部门批准	省级重点研究基地	独立研究所	民族学与文化学	文化艺术业	与国内高校合办
中国铜商文化研究院	2014-6-19	学校自建	校级重点研究基地	独立研究所	社会学	文化艺术业	单位自办
保山学院							
云南省高校宝玉石特色产业研究与发展工程研究中心	2014-7-1	学校主管部门批准	省级工程研究中心	独立研究所	艺术学	教育	政府部门办
云南杨善洲精神研究基地	2014-6-20	学校主管部门批准	省级哲社基地	独立研究所	马克思主义	教育	政府部门办
红河学院							
滇越合作研究基地	2009-12-1	学校主管部门批准	省级重点研究基地	独立研究所	国际问题研究	研究和试验发展	单位自办
云南国际哈尼/阿卡社会历史与文化发展研究基地	2014-6-1	学校主管部门批准	中央其他部委重点研究基地	独立研究所	民族学与文化学	文化艺术业	政府部门办
云南财经大学							
财政税收研究所	2005-1-1	学校自建	校级研究机构	独立研究所	经济学	教育	单位自办
滇商研究院	2017-2-1	学校自建	校级研究机构	独立研究所	经济学	教育	单位自办
公共政策研究中心	2006-6-28	学校自建	校级研究机构	独立研究所	经济学	教育	单位自办
金融研究院	2014-6-1	学校自建	校级研究机构	独立研究所	经济学	货币金融服务	单位自办
经济研究院	1986-9-23	学校主管部门批准	校级研究机构	独立研究所	经济学	教育	单位自办
经济制度与经济政策研究所	2007-9-1	学校自建	校级研究机构	独立研究所	经济学	教育	单位自办
旅游文化产业研究院	2012-7-20	学校自建	校级研究机构	独立研究所	管理学	其他服务业	单位自办
区域发展研究所	2002-9-1	学校自建	校级研究机构	独立研究所	经济学	教育	单位自办
社会与经济行为研究中心	2007-10-15	学校自建	校级研究机构	独立研究所	社会学	教育	单位自办
印度洋地区研究中心	2011-8-13	学校自建	校级研究机构	独立研究所	国际问题研究	教育	单位自办
云南省经济社会大数据研究院	2015-12-28	学校自建	校级研究机构	独立研究所	统计学	专业技术服务业	单位自办
哲学与伦理研究所	2012-12-1	学校自建	校级研究机构	独立研究所	哲学	教育	单位自办
云南艺术学院							

续表

学校及机构名称	成立时间	批准部门	机构类型	组成方式	学科分类	服务的国民经济行业	组成类型
民族非物质文化遗产协同创新中心	2011-9-1	学校主管部门批准	省级 2011 协同创新中心	与校外合办所	艺术学	文化艺术业	与国内高校合办
民族艺术研究所	1989-1-1	学校自建	校内研究机构	独立研究所	艺术学	文化艺术业	单位自办
云南非物质文化遗产研究基地	2009-12-1	学校主管部门批准	省级重点研究基地	跨系所	民族学与文化学	文化艺术业	单位自办
云南民族大学							
云南民族研究所	1978-9-11	学校主管部门批准	省级重点研究基地	独立研究所	民族学与文化学	社会工作	单位自办
玉溪师范学院							
湄公河次区域民族民间文化传习馆	2006-6-10	学校自建	校级重点研究基地	独立研究所	民族学与文化学	文化艺术业	单位自办
楚雄师范学院							
地方民族文化研究院	1999-3-18	学校自建	校级重点研究基地	独立研究所	民族学与文化学	教育	单位自办
昆明学院							
滇池(湖泊)流域生态文化研究基地	2009-12-10	非学校主管部门批准	省级研究基地	跨系所	民族学与文化学	研究和试验发展	政府部门办
昆明科学发展研究院	2009-11-1	学校自建	学校自建研究机构	独立研究所	管理学	国家机构	单位自办
昆明南亚东南亚合作战略研究院	2010-7-2	学校自建	学校自建研究机构	独立研究所	经济学	研究和试验发展	单位自办
文山学院							
民族文化传承创新研究中心	2002-6-6	学校自建	研究所	独立研究所	民族学与文化学	文化艺术业	单位自办
云南大学旅游文化学院							
丽江市发展研究中心	2016-9-20	非学校主管部门批准	其他	与校外合办所	经济学	其他服务业	政府部门办
丽江市旅游发展研究中心	2008-5-12	非学校主管部门批准	其他	与校外合办所	管理学	其他服务业	政府部门办
丽江师范高等专科学校							
丽江市经济发展研究中心	2016-5-5	非学校主管部门批准	其他智库,丽江市	与校外合办所	经济学	国家机构	政府部门办
民族文化研究中心	2015-3-12	学校自建	校级重点研究基地	独立研究所	民族学与文化学	文化艺术业	单位自办
滇西应用技术大学							
滇西金融研究院	2016-12-6	学校自建	研究院	与校外合办所	经济学	其他金融业	与国内高校合办
西藏自治区							
西藏大学							

续表

学校及机构名称	成立时间	批准部门	机构类型	组成方式	学科分类	服务的国民经济行业	组成类型
中国藏学研究所	2000-12-1	非学校主管部门批准	教育部重点研究基地	独立研究所	民族学与文化学	国际组织	与国内高校合办
西藏民族大学							
藏学研究所	2017-6-1	学校自建	校级重点研究基地	跨系所	民族学与文化学	文化艺术业	单位自办
佛教文化交流中心	2017-3-16	学校自建	校级重点研究基地	跨系所	民族学与文化学	文化艺术业	与国内高校合办
旅游研究所	2015-10-22	学校自建	校级重点研究基地	跨系所	管理学	其他服务业	单位自办
南亚研究所	2015-10-23	学校自建	校级重点研究基地	跨系所	政治学	国际组织	单位自办
西藏当代文学研究中心	2017-3-2	学校自建	校级重点研究基地	跨系所	中国文学	文化艺术业	单位自办
西藏法治与社会发展研究中心	2012-6-1	非学校主管部门批准	省级重点实验室	跨系所	法学	社会工作	政府部门办
西藏经济发展研究中心	2014-5-8	学校自建	校级重点研究基地	跨系所	经济学	社会工作	单位自办
西藏经济社会与文化发展研究基地—西藏大学生思想政治教育研究中心	2011-9-5	学校主管部门批准	校级重点研究基地	跨系所	马克思主义	社会工作	政府部门办
西藏社会服务与公共管理研究中心	2014-5-8	学校自建	校级重点研究基地	独立研究所	管理学	社会工作	单位自办
西藏社会和谐稳定于法制建设重点研究基地	2014-5-8	学校自建	校级重点研究基地	跨系所	法学	社会工作	单位自办
西藏社会经济与文化发展研究基地	2011-11-1	非学校主管部门批准	中央其他部委重点研究基地	跨系所	经济学	社会工作	单位自办
西藏思想道德研究中心	2014-5-8	学校自建	校级重点研究基地	跨系所	马克思主义	社会工作	单位自办
西藏文化传承发展协同创新中心	2012-12-31	非学校主管部门批准	省级 2011 协同创新中心	跨系所	民族学与文化学	其他服务业	单位自办
西藏文化发展研究中心	2014-5-8	学校自建	校级重点研究基地	跨系所	民族学与文化学	文化艺术业	单位自办
西藏新闻传播研究中心	2014-5-8	学校自建	校级重点研究基地	跨系所	图书馆、情报与文献学	新闻和出版业	单位自办
西藏哲学社会科学重点研究基地	2016-1-20	非学校主管部门批准	省级重点研究基地	跨系所	社会学	文化艺术业	单位自办
陕西省							
西北大学							
边疆考古与中国文化认同协同创新中心	2013-9-1	学校主管部门批准	省级 2011 协同创新中心	独立研究所	考古学	研究和试验发展	政府部门办
哈萨克研究中心	2017-6-1	非学校主管部门批准	教育部重点研究基地	独立研究所	国际问题研究	研究和试验发展	政府部门办

续表

学校及机构名称	成立时间	批准部门	机构类型	组成方式	学科分类	服务的国民经济行业	组成类型
汉唐文化与陕西文学发展研究中心	2010-12-1	学校主管部门批准	省级重点研究基地	独立研究所	中国文学	文化艺术业	政府部门办
陕西宏观经济与经济增长质量协同创新研究中心	2015-3-1	非学校主管部门批准	省级重点研究基地	独立研究所	经济学	研究和试验发展	政府部门办
陕西省重点中国特色社会主义理论体系研究中心	2017-4-1	非学校主管部门批准	省级重点研究基地	独立研究所	政治学	研究和试验发展	政府部门办
市场经济与企业制度研究中心	2004-1-1	学校主管部门批准	省级重点研究基地	独立研究所	经济学	货币金融服务	政府部门办
丝绸之路经济带建设协同创新中心	2015-1-1	学校主管部门批准	省级 2011 协同创新中心	独立研究所	经济学	研究和试验发展	政府部门办
丝绸之路文化遗产保护与考古学研究中心	2004-1-1	学校主管部门批准	省级重点研究基地	独立研究所	考古学	文化艺术业	政府部门办
文艺理论研究(西北大学)基地	2015-3-1	非学校主管部门批准	中央其他部委重点研究基地	独立研究所	中国文学	研究和试验发展	政府部门办
西北大学优秀中国文化传承与创新研究基地	2017-3-1	非学校主管部门批准	省级重点研究基地	独立研究所	经济学	研究和试验发展	政府部门办
叙利亚研究中心	2017-10-1	非学校主管部门批准	教育部重点研究基地	独立研究所	国际问题研究	研究和试验发展	政府部门办
中东所	2017-3-1	非学校主管部门批准	教育部重点研究基地	独立研究所	国际问题研究	研究和试验发展	政府部门办
中东研究所	2004-1-1	学校主管部门批准	省级重点研究基地	独立研究所	历史学	文化艺术业	政府部门办
中国社会主义文学研究中心(培育)	2017-5-1	非学校主管部门批准	教育部重点研究基地	独立研究所	中国文学	文教、工美、体育和娱乐用品制造业	政府部门办
中国思想文化研究所	1986-1-1	学校主管部门批准	省级重点研究基地	独立研究所	历史学	文化艺术业	政府部门办
中国文艺评论基地	2015-3-1	非学校主管部门批准	中央其他部委重点研究基地	独立研究所	中国文学	研究和试验发展	政府部门办
中国西部经济发展研究中心	2001-4-28	非学校主管部门批准	教育部重点研究基地	独立研究所	经济学	社会工作	政府部门办
西安交通大学							
陕西经济研究中心	2005-10-15	非学校主管部门批准	省级重点研究基地	独立研究所	经济学	研究和试验发展	其他
陕西省创新驱动与产业升级研究中心	2017-1-20	非学校主管部门批准	省级重点研究基地	跨系所	经济学	资本市场服务	单位自办
陕西省电子商务与电子政务重点实验室	2004-6-1	非学校主管部门批准	省级重点实验室	独立研究所	经济学	研究和试验发展	单位自办
陕西省高校德育研究中心	2005-10-15	非学校主管部门批准	省级重点研究基地	独立研究所	马克思主义	教育	其他

续表

学校及机构名称	成立时间	批准部门	机构类型	组成方式	学科分类	服务的国民经济行业	组成类型
陕西省重点中国特色社会主义理论体系研究中心	2017-1-20	非学校主管部门批准	省级重点研究基地	跨系所	马克思主义	研究和试验发展	单位自办
“一带一路”自由贸易试验区研究院	2017-3-3	学校自建	校级重点研究基地	跨系所	管理学	研究和试验发展	单位自办
西部文化创意产业协同创新中心	2012-10-22	非学校主管部门批准	省级 2011 协同创新中心	跨系所	管理学	文化艺术业	单位自办
知识产权研究中心	2005-10-15	非学校主管部门批准	省级重点研究基地	独立研究所	法学	研究和试验发展	其他
中国管理问题研究中心	2006-4-30	学校自建	校级重点研究基地	独立研究所	管理学	研究和试验发展	单位自办
西北工业大学							
军民融合发展协同创新研究中心	2017-1-10	非学校主管部门批准	省级重点研究基地	跨系所	管理学	研究和试验发展	单位自办
军民融合发展战略软科学研究基地	2017-11-10	非学校主管部门批准	省级智库	跨系所	管理学	研究和试验发展	单位自办
重点舆情信息研究中心	2017-1-10	非学校主管部门批准	省级重点研究基地	跨系所	马克思主义	研究和试验发展	单位自办
西安理工大学							
城市经济发展战略研究所	1995-5-1	非学校主管部门批准	其他重点研究基地	跨系所	经济学	货币金融服务	政府部门办
城市经济与管理研究中心	2009-11-30	学校主管部门批准	省级重点研究基地	跨系所	管理学	商务服务业	政府部门办
陕西省大学生人文素质教育研究中心	2005-1-6	学校主管部门批准	其他重点研究基地	跨系所	教育学	教育	政府部门办
西安电子科技大学							
陕西信息资源研究中心	2009-2-2	非学校主管部门批准	省级重点研究基地	独立研究所	管理学	科技推广和应用服务业	单位自办
西安工业大学							
陕西当代文学与艺术研究中心	2010-3-11	学校主管部门批准	省级重点研究基地	独立研究所	中国文学	教育	政府部门办
西安建筑科技大学							
陕西省房地产业发展研究中心	2016-9-30	非学校主管部门批准	省级重点研究基地	独立研究所	管理学	房地产业	单位自办
陕西省建筑经济与管理研究中心	2005-1-1	学校主管部门批准	省级重点研究基地	跨系所	管理学	房屋建筑业	单位自办
陕西省养老工程研究中心	2017-12-1	非学校主管部门批准	省级重点研究基地	独立研究所	社会学	社会工作	单位自办
西部文化发展研究所	2016-1-29	非学校主管部门批准	省级重点研究基地	独立研究所	管理学	文化艺术业	单位自办
西安科技大学							
能源经济与管理研究中心	2008-10-28	学校主管部门批准	省级重点研究基地	独立研究所	管理学	煤炭开采和洗选业	政府部门办

续表

学校及机构名称	成立时间	批准部门	机构类型	组成方式	学科分类	服务的国民经济行业	组成类型
西安石油大学							
油气资源经济管理研究中心	1998-10-10	学校主管部门批准	省级重点研究基地	独立研究所	经济学	石油和天然气开采业	单位自办
陕西科技大学							
陕西轻工战略研究中心	2009-8-5	学校主管部门批准	省级重点研究基地	独立研究所	管理学	教育	单位自办
西安工程大学							
纺织经济管理研究中心	2012-3-1	学校主管部门批准	省级重点研究基地	独立研究所	管理学	纺织业	政府部门办
长安大学							
长安文化产业研究中心	2009-1-1	非学校主管部门批准	省级重点研究基地	独立研究所	经济学	文化艺术业	政府部门办
低碳交通发展研究中心	2011-12-15	学校自建	校级重点实验室	跨系所	管理学	道路运输业	单位自办
交通经济研究所	2008-9-15	学校自建	校级重点研究基地	跨系所	经济学	道路运输业	单位自办
交通投融资研究所	2008-9-15	学校自建	校级重点实验室	跨系所	管理学	其他金融业	单位自办
交通运输信息化研究所	2007-7-2	学校自建	校级重点研究基地	跨系所	管理学	道路运输业	单位自办
区域与城市运输经济研究所	2008-9-15	学校自建	校级重点实验室	跨系所	经济学	道路运输业	单位自办
陕西省文化产业协同创新研究中心	2015-12-10	非学校主管部门批准	省级重点研究基地	独立研究所	经济学	文化艺术业	政府部门办
体育科学研究所	2009-10-1	学校自建	校级重点研究基地	跨系所	体育科学	体育	单位自办
外国语文研究所	2012-6-25	学校自建	校级重点研究基地	跨系所	语言学	文化艺术业	单位自办
物流与供应链研究所	2008-9-15	学校自建	校级重点研究基地	跨系所	管理学	商务服务业	单位自办
中国特色社会主义理论体系研究中心	2016-12-7	非学校主管部门批准	省级重点研究基地	独立研究所	马克思主义	国家机构	政府部门办
综合运输经济管理研究中心	2008-10-15	非学校主管部门批准	省级重点研究基地	独立研究所	经济学	道路运输业	政府部门办
西北农林科技大学							
西部农村发展研究中心	2008-8-5	非学校主管部门批准	省级重点研究基地	跨系所	管理学	农业	单位自办
中国农业历史文化研究所	2008-8-5	非学校主管部门批准	省级重点研究基地	跨系所	历史学	农业	单位自办
陕西中医药大学							
中医药文化传承与发展研究中心	2009-12-21	学校主管部门批准	省级重点研究基地	跨系所	语言学	教育	政府部门办
陕西师范大学							

续表

学校及机构名称	成立时间	批准部门	机构类型	组成方式	学科分类	服务的国民经济行业	组成类型
国际长安学协同创新中心	2013-11-17	非学校主管部门批准	省级 2011 协同创新中心	与校外合办所	历史学	文化艺术业	与国内高校合办
体育人文社会科学研究中心	2003-11-10	非学校主管部门批准	中央其他部委重点研究基地	独立研究所	体育科学	体育	单位自办
西北国土资源研究中心	2005-3-18	非学校主管部门批准	省级重点研究基地	独立研究所	社会学	生态保护和环境治理业	单位自办
西北历史环境与经济社会发展研究院	2000-10-12	学校主管部门批准	教育部重点研究基地	独立研究所	历史学	生态保护和环境治理业	单位自办
西北民族研究中心	2001-10-1	非学校主管部门批准	省级重点研究基地	独立研究所	民族学与文化学	教育	单位自办
中国特色社会主义理论体系研究中心	2017-1-20	非学校主管部门批准	省级重点研究基地	独立研究所	政治学	教育	单位自办
重点舆情信息研究中心	2017-1-20	非学校主管部门批准	省级重点研究基地	独立研究所	社会学	教育	单位自办
宗教研究中心	2007-12-20	非学校主管部门批准	省级重点研究基地	独立研究所	宗教学	教育	单位自办
延安大学							
陕北历史文化研究中心	2010-3-19	学校主管部门批准	省级重点研究基地	独立研究所	历史学	社会工作	政府部门办
邓小平理论研究所	1999-3-1	学校自建	校级重点研究基地	跨系所	哲学	社会工作	单位自办
中共党史与延安学研究中心	2007-5-20	学校主管部门批准	省级重点研究基地	与校外合办所	马克思主义	社会工作	政府部门办
中国共产党革命精神与文化研究基地	2013-7-20	非学校主管部门批准	教育部重点研究基地	独立研究所	政治学	教育	政府部门办
陕西理工大学							
汉水文化研究中心	1995-6-8	学校自建	校级重点研究基地	独立研究所	民族学与文化学	教育	单位自办
宝鸡文理学院							
关陇方言与民俗研究中心	2010-1-2	学校主管部门批准	省级重点研究基地	跨系所	民族学与文化学	文化艺术业	单位自办
陕西中国特色社会主义研究中心	2017-1-10	非学校主管部门批准	省级重点研究基地	跨系所	马克思主义	国家机构	单位自办
周秦伦理文化与现代道德价值研究中	2005-12-23	学校主管部门批准	省级重点研究基地	跨系所	哲学	教育	单位自办
咸阳师范学院							
长安画派艺术研究所	2009-9-16	学校自建	校级重点研究基地	独立研究所	艺术学	文化艺术业	单位自办
关中古代陵寝文化研究中心	2010-9-22	学校主管部门批准	省级重点研究基地	独立研究所	历史学	社会工作	单位自办
汉文化研究中心	2009-10-9	学校自建	校级重点研究基地	独立研究所	历史学	文化艺术业	单位自办
西部儿童文学研究中心	2009-9-15	学校自建	校级重点研究基地	独立研究所	中国文学	教育	单位自办
咸阳发展研究院	2009-3-10	学校自建	校级重点研究基地	与校外合办所	经济学	社会工作	政府部门办

续表

学校及机构名称	成立时间	批准部门	机构类型	组成方式	学科分类	服务的国民经济行业	组成类型
渭南师范学院							
秦东历史文化研究中心	2011-6-15	学校主管部门批准	省级重点研究基地	跨系所	历史学	教育	单位自办
陕西省大秦岭文化艺术研究中心	2012-2-13	非学校主管部门批准	省级重点研究基地	跨系所	艺术学	文化艺术业	单位自办
陕西省地方戏剧研究中心	2005-11-20	非学校主管部门批准	省级重点研究基地	跨系所	艺术学	文化艺术业	单位自办
陕西省运动与体质发展研究中心	2010-12-15	非学校主管部门批准	省级重点研究基地	跨系所	体育科学	体育	单位自办
陕西省中国钢琴与中国文化研究中心	2014-6-11	非学校主管部门批准	省级重点研究基地	独立研究所	艺术学	教育	单位自办
西部军民融合技术产业发展研究院	2011-5-30	非学校主管部门批准	省级重点研究基地	与校外合办所	管理学	科技推广和应用服务业	与国内高校合办
中国史记研究院	2014-10-15	非学校主管部门批准	省级重点研究基地	跨系所	中国文学	文化艺术业	单位自办
西安外国语大学							
“一带一路”沿线国家伊斯兰金融发展研究院	2017-4-18	学校自建	校级重点研究基地	独立研究所	经济学	货币金融服务	单位自办
阿拉伯文化研究中心	2017-4-18	学校自建	校级重点研究基地	独立研究所	国际问题研究	教育	单位自办
澳大利亚研究中心	2016-11-25	学校自建	校级重点研究基地	独立研究所	国际问题研究	教育	单位自办
比较教育研究所	2016-11-25	学校自建	校级重点研究基地	独立研究所	教育学	教育	单位自办
大数据信用管理研究中心	2016-11-25	学校自建	校级重点研究基地	独立研究所	管理学	货币金融服务	单位自办
翻译教学与研究中心	2016-11-25	学校自建	校级重点研究基地	独立研究所	语言学	教育	单位自办
翻译研究所	2016-11-25	学校自建	校级重点研究基地	独立研究所	语言学	教育	单位自办
高等教育研究所	2016-11-25	学校自建	校级重点研究基地	独立研究所	教育学	教育	单位自办
国际传播研究所	2016-11-25	学校自建	校级重点研究基地	独立研究所	新闻学与传播学	新闻和出版业	单位自办
国际会计与财务研究所	2016-11-25	学校自建	校级重点研究基地	独立研究所	经济学	货币金融服务	单位自办
国际教育交流研究中心	2016-11-25	学校自建	校级重点研究基地	独立研究所	教育学	教育	单位自办
汉语及汉语国际教育研究所	2016-11-25	学校自建	校级重点研究基地	独立研究所	语言学	教育	单位自办
基础教育研究所	2016-11-25	学校自建	校级重点研究基地	独立研究所	教育学	教育	单位自办
拉丁美洲研究中心	2016-11-25	学校自建	校级重点研究基地	独立研究所	国际问题研究	教育	单位自办
旅游文化多语种译介研究中心	2017-4-18	学校自建	校级重点研究基地	独立研究所	语言学	文化艺术业	单位自办

续表

学校及机构名称	成立时间	批准部门	机构类型	组成方式	学科分类	服务的国民经济行业	组成类型
媒体伦理与法规研究所	2016-11-25	学校自建	校级重点研究基地	独立研究所	新闻学与传播学	新闻和出版业	单位自办
欧美文学研究中心	2005-1-8	学校主管部门批准	省级重点研究基地	独立研究所	外国文学	教育	政府部门办
人文地理研究所	1985-3-18	学校自建	校级重点研究基地	独立研究所	管理学	教育	单位自办
人文社会科学研究中心	2016-12-28	学校自建	校级重点研究基地	独立研究所	管理学	教育	单位自办
日本研究所	2016-11-25	学校自建	校级重点研究基地	独立研究所	语言学	教育	单位自办
陕西方言研究所	2016-11-25	学校自建	校级重点研究基地	独立研究所	语言学	教育	单位自办
陕西旅游研究院	2013-10-15	非学校主管部门批准	校级重点研究基地	与校外合办所	管理学	教育	与国内独立研究机构合办
思想政治教育研究会	2016-11-25	学校自建	校级重点研究基地	独立研究所	马克思主义	教育	单位自办
外国语言学及应用语言学研究中心	2009-12-15	学校主管部门批准	省级重点研究基地	独立研究所	语言学	教育	政府部门办
外语教育研究所	2016-11-25	学校自建	校级重点研究基地	独立研究所	教育学	教育	单位自办
文学人类学研究中心	2016-11-25	学校自建	校级重点研究基地	独立研究所	中国文学	教育	单位自办
西安当代国际问题研究中心	2016-11-25	学校自建	校级重点研究基地	跨系所	国际问题研究	教育	单位自办
新媒体艺术研究所	2016-11-25	学校自建	校级重点研究基地	独立研究所	艺术学	文化艺术业	单位自办
伊朗文化研究中心	2017-4-18	学校自建	校级重点研究基地	独立研究所	国际问题研究	教育	单位自办
影视艺术研究所	2016-11-25	学校自建	校级重点研究基地	独立研究所	艺术学	广播、电视、电影和影视录音制作业	单位自办
中外企业战略管理比较研究所	2016-11-25	学校自建	校级重点研究基地	独立研究所	管理学	商务服务业	单位自办
资源环境与产业经济学研究中心	2016-11-25	学校自建	校级重点研究基地	独立研究所	经济学	生态保护和环境治理业	单位自办
西北政法大学							
法学研究所	1986-5-25	学校自建	校级重点研究基地	独立研究所	法学	社会工作	单位自办
法治陕西建设协同创新中心	2015-3-30	学校主管部门批准	省级 2011 协同创新中心	独立研究所	法学	教育	政府部门办
高教研究所	1985-12-18	学校自建	校级重点研究基地	独立研究所	教育学	社会工作	单位自办
国际法研究中心	2012-6-13	学校主管部门批准	省级重点研究基地	独立研究所	法学	教育	政府部门办
刑事法律科学研究中心	2007-9-12	学校主管部门批准	省级重点研究基地	独立研究所	法学	社会工作	政府部门办

续表

学校及机构名称	成立时间	批准部门	机构类型	组成方式	学科分类	服务的国民经济行业	组成类型
西安体育学院							
国家体育总局体育人文社科研究基地	2006-1-10	非学校主管部门批准	中央其他部委重点研究基地	独立研究所	体育科学	体育	政府部门办
国家体育总局体育文化发展研究基地	2007-12-15	非学校主管部门批准	中央其他部委重点研究基地	独立研究所	体育科学	体育	政府部门办
体育法学研究中心	2008-10-28	学校主管部门批准	省级重点研究基地	独立研究所	体育科学	体育	政府部门办
西安音乐学院							
西北民族音乐研究中心	2008-10-10	学校主管部门批准	省级重点研究基地	跨系所	艺术学	文化艺术业	单位自办
西安美术学院							
中国传统美术与西部美术研究中心	2005-1-5	学校主管部门批准	省级重点研究基地	独立研究所	艺术学	社会工作	政府部门办
西安文理学院							
长安历史文化研究中心	2008-10-28	学校主管部门批准	省级重点研究基地	独立研究所	历史学	教育	单位自办
榆林学院							
陕北生态文化研究中心	2010-2-11	学校主管部门批准	省级重点研究基地	跨系所	中国文学	文化艺术业	单位自办
商洛学院							
商洛文化暨贾平凹研究中心	2014-12-31	学校主管部门批准	省级重点研究基地	跨系所	中国文学	文化艺术业	单位自办
安康学院							
陕南民间文化研究中心	2009-12-10	学校主管部门批准	省级重点研究基地	跨系所	中国文学	文化艺术业	政府部门办
陕南生态经济研究中心	2016-3-22	学校主管部门批准	其他重点研究基地	跨系所	经济学	生态保护和环境治理业	政府部门办
西安财经学院							
陕西能源产业与区域经济发展协同创新中心	2015-12-23	学校自建	校级研究基地	独立研究所	经济学	石油和天然气开采业	单位自办
陕西省国防科技与经济发展研究中心	2006-12-1	非学校主管部门批准	省级重点研究基地	独立研究所	经济学	国家机构	政府部门办
陕西省统计研究中心	2006-10-23	学校主管部门批准	省级重点研究基地	独立研究所	统计学	国家机构	政府部门办
陕西省统一战线理论与实践研究中心	2005-10-12	非学校主管部门批准	省级重点研究基地	独立研究所	政治学	人民政协、民主党派	政府部门办
陕西省信用研究中心	2010-9-15	非学校主管部门批准	省级重点研究基地	独立研究所	经济学	社会保障	政府部门办
文化资源与产业研究中心	2003-10-6	学校自建	校级研究基地	独立研究所	中国文学	文化艺术业	单位自办

续表

学校及机构名称	成立时间	批准部门	机构类型	组成方式	学科分类	服务的国民经济行业	组成类型
文学创作与文体学研究中心	2012-6-11	学校自建	校级研究基地	独立研究所	中国文学	文化艺术业	单位自办
西安统计研究院	2002-10-20	非学校主管部门批准	中央其他部委重点研究基地	独立研究所	统计学	国家机构	政府部门办
西部法治研究中心	2012-3-1	学校自建	校级研究基地	独立研究所	法学	国家机构	单位自办
西部能源经济与区域发展协同创新研究中心	2015-12-3	非学校主管部门批准	省级重点研究基地	独立研究所	经济学	石油和天然气开采业	政府部门办
西部农村公共经济研究中心	1996-9-1	学校自建	校级研究基地	独立研究所	经济学	资本市场服务	单位自办
现代管理决策与对策研究中心	2011-11-3	学校自建	校级研究基地	独立研究所	管理学	国家机构	单位自办
现代企业管理研究中心	1997-9-10	学校主管部门批准	省级重点研究基地	独立研究所	经济学	专业技术服务业	政府部门办
影视艺术研究中心	2015-10-8	学校自建	校级研究基地	独立研究所	艺术学	广播、电视、电影和影视录音制作业	单位自办
中国(西安)丝绸之路研究院	2015-12-24	非学校主管部门批准	中央其他部委重点研究基地	独立研究所	经济学	国家机构	政府部门办
资源环境与区域经济研究中心	2009-12-21	学校主管部门批准	省级重点研究基地	独立研究所	经济学	资本市场服务	政府部门办
西安邮电大学							
陕西信息产业知识产权研究中心	2013-5-5	学校自建	校级重点实验室	跨系所	法学	互联网和相关服务	政府部门办
西安市互联网数据统计与分析工程实验室	2013-8-8	学校自建	校级重点实验室	跨系所	管理学	互联网和相关服务	政府部门办
信息产业发展研究中心	2009-12-21	学校主管部门批准	省级重点研究基地	跨系所	经济学	邮政业	单位自办
西安思源学院							
管理创新中心	2016-5-5	学校自建	校级重点研究基地	独立研究所	管理学	商务服务业	单位自办
留学生与当代中国研究中心	2015-12-1	学校自建	校级重点研究基地	独立研究所	教育学	教育	单位自办
民办高等教育发展战略研究中心	2015-12-1	学校自建	校级重点研究基地	独立研究所	教育学	教育	单位自办
文化创意研究中心	2016-12-1	学校自建	校级重点研究基地	独立研究所	管理学	教育	单位自办
新发展理念与领导力研究中心	2016-10-13	学校自建	校级重点研究基地	独立研究所	管理学	教育	单位自办
陕西警官职业学院							
公安法学研究会	2015-11-24	学校自建	研究中心	独立研究所	法学	国家机构	单位自办

续表

学校及机构名称	成立时间	批准部门	机构类型	组成方式	学科分类	服务的国民经济行业	组成类型
警务法治研究中心	2016-5-5	学校自建	研究中心	独立研究所	法学	国家机构	单位自办
刑事执行与监狱法学研究会	2017-11-1	学校自建	研究中心	独立研究所	法学	国家机构	单位自办
陕西学前师范学院							
核心价值观培育与红色文化基因传承协同创新研究中心	2016-1-19	非学校主管部门批准	省级重点研究基地	独立研究所	马克思主义	社会工作	政府部门办
学前教育发展研究中心	2014-9-1	非学校主管部门批准	省级重点研究基地	独立研究所	教育学	教育	其他
甘肃省							
兰州大学							
藏缅—阿尔泰民族非物质文化遗产研究所	2005-10-14	学校自建	校级重点研究基地	跨系所	民族学与文化学	文化艺术业	单位自办
德育研究所	1994-9-1	学校自建	校级重点研究基地	跨系所	马克思主义	教育	单位自办
东西方比较文学与比较文化研究所	2000-3-31	学校自建	校级重点研究基地	独立研究所	外国文学	教育	单位自办
敦煌学研究所	1999-12-26	学校主管部门批准	教育部重点研究基地	独立研究所	历史学	教育	政府部门办
翻译研究所	2009-1-7	学校自建	校级重点研究基地	跨系所	语言学	教育	单位自办
妇女/性别研究中心	2010-4-29	学校自建	校级重点研究基地	独立研究所	社会学	社会工作	单位自办
高等教育研究所	1994-7-9	学校自建	校级重点研究基地	独立研究所	教育学	教育	单位自办
古籍整理研究所	1994-6-9	非学校主管部门批准	校级重点研究基地	跨系所	历史学	文化艺术业	政府部门办
国土与区域规划研究中心(院)	2005-9-3	学校自建	校级重点研究基地	独立研究所	经济学	生态保护和环境治理业	单位自办
华夏文化资源数据开发与管理研究中心	2013-5-21	学校自建	校级重点研究基地	独立研究所	管理学	社会工作	单位自办
近代中国人物研究中心	2007-4-9	学校自建	校级重点研究基地	独立研究所	历史学	教育	单位自办
经学所	1996-5-30	学校自建	校级重点研究基地	独立研究所	中国文学	教育	单位自办
兰州大学国学研究中心	2017-4-10	学校自建	校级重点研究基地	独立研究所	中国文学	教育	单位自办
兰州大学环境行政法制研究中心	2017-4-10	学校自建	校级重点研究基地	独立研究所	法学	教育	单位自办
兰州大学人类学研究中心	2016-4-1	学校自建	校级重点研究基地	跨系所	社会学	社会保障	单位自办

续表

学校及机构名称	成立时间	批准部门	机构类型	组成方式	学科分类	服务的国民经济行业	组成类型
民族文化产业研究评价培训中心	2013-5-21	学校自建	校级重点研究基地	独立研究所	民族学与文化学	教育	单位自办
民族心理学研究中心	2014-5-30	学校自建	校级重点研究基地	跨系所	民族学与文化学	教育	单位自办
民族宗教研究所	2012-9-21	学校自建	校级重点研究基地	独立研究所	民族学与文化学	教育	单位自办
人口与可持续发展研究中心	1997-5-16	学校自建	校级重点研究基地	独立研究所	经济学	教育	单位自办
上合组织及俄语国家研究中心	2014-5-30	学校自建	校级重点研究基地	跨系所	政治学	教育	单位自办
社会科学调查与数据分析中心	2012-9-20	学校自建	校级重点研究基地	独立研究所	社会学	社会工作	单位自办
社会舆论调查与舆情研判中心	2016-12-12	非学校主管部门批准	省级智库	独立研究所	新闻学与传播学	新闻和出版业	单位自办
社会与经济发展研究评价中心	2002-8-14	学校自建	校级重点研究基地	跨系所	社会学	社会工作	单位自办
社区发展与反贫困研究中心	2015-10-14	非学校主管部门批准	省级智库	与校外合办所	社会学	社会保障	单位自办
社区与生物多样性保护研究中心	2004-11-20	学校自建	校级重点研究基地	跨系所	经济学	生态保护和环境治理业	单位自办
生态文明建设研究与评估中心	2016-12-12	非学校主管部门批准	省级智库	独立研究所	社会学	生态保护和环境治理业	单位自办
生态哲学与生态文明研究所	2014-10-17	学校自建	校级重点研究基地	独立研究所	哲学	文化艺术业	单位自办
数量经济研究所	1996-6-29	学校自建	校级重点研究基地	独立研究所	经济学	教育	单位自办
思想政治教育理论与实践创新研究中心	2013-12-18	学校主管部门批准	省级重点研究基地	独立研究所	马克思主义	教育	单位自办
丝绸之路经济带建设研究中心	2014-11-20	非学校主管部门批准	省级重点研究基地	跨系所	经济学	教育	政府部门办
文物鉴定与修复中心	2009-5-13	学校自建	校级重点研究基地	跨系所	考古学	文化艺术业	单位自办
西北开发综合研究所	1984-11-30	学校自建	校级重点研究基地	独立研究所	经济学	教育	单位自办
西北民族体育文化研究所	2005-10-14	学校自建	校级重点研究基地	跨系所	体育科学	体育	单位自办
西北人口研究所	1988-12-2	学校自建	校级重点研究基地	跨系所	经济学	教育	单位自办
西北少数民族研究中心	2000-12-20	学校主管部门批准	教育部重点研究基地	独立研究所	民族学与文化学	教育	政府部门办
西部地区区域经济发展与区域政策研究中心	2013-12-18	学校主管部门批准	省级重点研究基地	跨系所	经济学	教育	单位自办
西部基础教育研究与培训中心	2005-6-22	学校自建	校级重点研究基地	跨系所	教育学	教育	单位自办
西部文化发展研究中心	2010-4-29	学校自建	校级重点研究基地	独立研究所	中国文学	教育	单位自办

续表

学校及机构名称	成立时间	批准部门	机构类型	组成方式	学科分类	服务的国民经济行业	组成类型
现代咨询策划研究所	1999-8-28	学校自建	校级重点研究基地	独立研究所	新闻学与传播学	广播、电视、电影和影视录音制作业	单位自办
虚拟组织与服务科学研究中心	2010-4-29	学校自建	校级重点研究基地	独立研究所	管理学	教育	单位自办
学华夏文明传承创新发展研究中心	2013-5-21	学校自建	校级重点研究基地	独立研究所	历史学	文化艺术业	单位自办
伊斯兰文化研究所	2006-10-6	学校自建	校级重点研究基地	跨系所	宗教学	教育	单位自办
意大利文化研究中心	2010-4-29	学校自建	校级重点研究基地	独立研究所	外国文学	文化艺术业	单位自办
印度研究中心	2014-5-30	学校自建	校级重点研究基地	跨系所	政治学	教育	单位自办
中国边疆安全研究中心	2012-9-20	学校自建	校级重点研究基地	独立研究所	民族学与文化学	教育	单位自办
中国地方政府绩效评价中心	2004-11-12	学校自建	校级重点研究基地	跨系所	管理学	教育	单位自办
中国期刊研究中心	2013-5-21	学校自建	校级重点研究基地	独立研究所	新闻学与传播学	教育	单位自办
中国区域竞争力研究中心	2014-5-30	学校自建	校级重点研究基地	跨系所	经济学	教育	单位自办
中国西部数据中心	2014-5-30	学校自建	校级重点研究基地	跨系所	社会学	社会工作	单位自办
中国政府绩效管理研究中心	2013-12-18	学校主管部门批准	省级重点研究基地	独立研究所	管理学	国家机构	单位自办
中小企业研究中心	2013-5-21	学校自建	校级重点研究基地	独立研究所	经济学	教育	单位自办
中亚研究所	1994-3-19	学校主管部门批准	其他重点研究基地	跨系所	政治学	国家机构	其他
宗教文化研究中心	2010-4-29	学校自建	校级重点研究基地	独立研究所	宗教学	教育	单位自办
兰州理工大学							
甘肃生态建设与环境保护研究中心	2016-1-10	学校主管部门批准	省级研究机构	独立研究所	法学	生态保护和环境治理业	政府部门办
甘肃省工业经济发展研究院	2004-8-1	学校主管部门批准	省级研究机构	独立研究所	经济学	生态保护和环境治理业	单位自办
中小企业管理创新研究中心	2011-3-10	学校主管部门批准	省级研究机构	独立研究所	管理学	生态保护和环境治理业	单位自办
兰州交通大学							
比较文学研究所	2007-3-15	学校自建	校级重点研究基地	独立研究所	中国文学	文化艺术业	单位自办
经济管理研究所	1999-2-13	学校自建	校级重点研究基地	独立研究所	管理学	商务服务业	单位自办
农村治理与扶贫开发研究所	2015-11-12	学校主管部门批准	其他智库	独立研究所	社会学	国家机构	政府部门办
西北交通经济研究所	2010-5-25	学校主管部门批准	其他智库	独立研究所	管理学	铁路运输业	政府部门办

续表

学校及机构名称	成立时间	批准部门	机构类型	组成方式	学科分类	服务的国民经济行业	组成类型
英美文字与翻译研究所	2002-5-5	学校自建	校级重点研究基地	独立研究所	语言学	教育	单位自办
甘肃中医药大学							
甘肃省中医药发展政策研究智库	2016-12-12	学校主管部门批准	省级智库	独立研究所	社会学	教育	单位自办
甘肃省中医药文化传承发展研究智库	2016-12-12	学校主管部门批准	省级智库	独立研究所	社会学	教育	单位自办
西北师范大学							
“一带一路”战略与教育发展研究中心	2016-12-15	学校主管部门批准	省级智库	独立研究所	教育学	教育	单位自办
产业转型升级与区域经济发展研究中心	2016-12-15	学校主管部门批准	省级智库	独立研究所	经济学	专业技术服务业	单位自办
敦煌学研究所	1983-3-26	学校自建	校级重点研究基地	独立研究所	历史学	文化艺术业	单位自办
法治引领推动甘肃改革发展研究中心	2016-12-15	学校主管部门批准	省级智库	独立研究所	法学	国家机构	单位自办
甘肃省文化资源与华夏文明建设研究中心	2016-12-15	学校主管部门批准	省级智库	独立研究所	中国文学	文化艺术业	单位自办
甘肃省先秦文学与文化研究中心	2007-10-1	学校主管部门批准	省级重点研究基地	跨系所	中国文学	文化艺术业	政府部门办
高等教育研究所	1999-5-16	学校自建	校级重点研究基地	独立研究所	教育学	教育	单位自办
古籍整理研究所	1983-3-27	学校自建	校级重点研究基地	独立研究所	中国文学	文化艺术业	单位自办
华夏文明传承发展协同创新中心	2012-9-19	学校主管部门批准	省级 2011 协同创新中心	与校外合办所	历史学	文化艺术业	政府部门办
教育部西北师范大学基础教育课程研究中心	2000-1-20	非学校主管部门批准	中央其他部委重点研究基地	跨系所	教育学	教育	单位自办
精准扶贫与区域发展研究中心	2015-8-9	学校主管部门批准	省级智库	独立研究所	经济学	社会工作	政府部门办
诗赋研究所	2002-6-11	学校自建	校级重点研究基地	跨系所	中国文学	文化艺术业	单位自办
文化产业与新型文化业态发展研究中心	2014-9-1	学校主管部门批准	省级重点研究基地	独立研究所	经济学	文化艺术业	政府部门办
西北少数民族教育发展研究中心	1999-10-1	非学校主管部门批准	教育部重点研究基地	独立研究所	教育学	教育	单位自办
中国特色社会主义理论体系研究中心	2016-6-10	学校自建	校级重点研究基地	跨系所	马克思主义	国家机构	单位自办
中亚研究院	2016-11-10	学校主管部门批准	其他智库,校级智库	跨系所	历史学	国家机构	单位自办

续表

学校及机构名称	成立时间	批准部门	机构类型	组成方式	学科分类	服务的国民经济行业	组成类型
兰州城市学院							
城市社会心理研究中心	2013-12-8	学校主管部门批准	省级智库,其他智库	独立研究所	心理学	社会工作	单位自办
甘肃省民族民间音乐研究中心	2016-8-8	学校主管部门批准	其他重点研究基地	独立研究所	艺术学	文化艺术业	单位自办
西北方言中心	2010-12-8	学校主管部门批准	其他重点研究基地	独立研究所	语言学	教育	单位自办
陇东学院							
教育科学研究所	2003-6-12	学校自建	校级重点研究基地	独立研究所	教育学	社会工作	单位自办
区域经济研究所	2003-6-12	学校自建	校级重点研究基地	独立研究所	经济学	科技推广和应用服务业	单位自办
天水师范学院							
甘肃华夏文明与文化产业研究中心	2016-2-20	学校主管部门批准	省级智库	独立研究所	艺术学	教育	政府部门办
甘肃省残疾人体育运动与康复研究中心	2016-2-26	非学校主管部门批准	省残联重点研究基地	独立研究所	体育科学	体育	政府部门办
高加索研究中心	2017-6-13	非学校主管部门批准	区域研究中心	独立研究所	历史学	教育	单位自办
陇东南民间文艺研究中心	2013-6-20	学校主管部门批准	其他重点研究基地	独立研究所	艺术学	文化艺术业	政府部门办
乡村教师发展研究中心	2016-2-26	学校主管部门批准	其他重点研究基地	独立研究所	教育学	教育	政府部门办
兰州财经大学							
甘肃金融协同创新中心	2015-3-3	学校主管部门批准	省级智库	跨系所	管理学	研究和试验发展	单位自办
甘肃经济发展数量分析研究中心	2010-5-30	学校主管部门批准	其他重点研究基地	跨系所	经济学	科技推广和应用服务业	单位自办
甘肃商务发展研究中心	2010-5-30	学校主管部门批准	其他重点研究基地	跨系所	管理学	商务服务业	单位自办
甘肃省电子商务技术与应用重点实验室	2016-3-11	非学校主管部门批准	省级重点实验室	独立研究所	管理学	商务服务业	单位自办
甘肃省电子商务综合实验室	2014-1-10	学校主管部门批准	其他重点实验室	独立研究所	管理学	商务服务业	单位自办
甘肃省高等学校电子商务推广与运营重点实验室	2016-8-19	学校主管部门批准	其他重点实验室	独立研究所	管理学	商务服务业	单位自办
经济研究所	1986-8-1	学校自建	校级重点研究基地	独立研究所	经济学	专业技术服务业	单位自办
中国西北金融研究中心	2013-12-31	学校主管部门批准	其他重点研究基地	独立研究所	经济学	其他金融业	单位自办
西北民族大学							

续表

学校及机构名称	成立时间	批准部门	机构类型	组成方式	学科分类	服务的国民经济行业	组成类型
甘肃省宗教问题研究智库	2016-12-30	非学校主管部门批准	其他智库	独立研究所	民族学与文化学	教育	政府部门办
民族地区全面建成小康社会研究中心	2016-12-30	非学校主管部门批准	其他智库	独立研究所	民族学与文化学	教育	政府部门办
兰州石化职业技术学院							
高等学校创新创业电子商务省级重点实验室	2016-3-17	学校主管部门批准	省级重点实验室	独立研究所	管理学	商务服务业	政府部门办
甘肃政法学院							
甘肃省经济法制研究中心	2010-5-6	学校主管部门批准	其他重点研究基地	与校外合办所	法学	教育	其他
甘肃省司法科学与区域法治发展协同创新中心	2015-6-4	学校主管部门批准	省级 2011 协同创新中心	跨系所	法学	教育	单位自办
甘肃省西北民族地区侦查理论与实务研究中心	2010-7-8	学校主管部门批准	其他重点研究基地	与校外合办所	法学	教育	其他
甘肃省证据科学技术研究与应用重点实验室	2012-10-4	学校主管部门批准	省级重点实验室	独立研究所	管理学	科技推广和应用服务业	其他
国家司法文明协同创新中心兰州基地	2013-10-10	非学校主管部门批准	其他重点研究基地	与校外合办所	法学	教育	与国内高校合办
甘肃民族师范学院							
藏文化研究中心	2008-8-1	学校主管部门批准	其他重点研究基地	独立研究所	民族学与文化学	教育	单位自办
陇南师范高等专科学校							
陇南初等教育研究中心	2015-2-12	学校自建	校级重点研究基地	独立研究所	教育学	教育	单位自办
陇南方言研究中心	2016-2-3	学校自建	其他	独立研究所	语言学	教育	单位自办
陇南民间艺术研究中心	2013-9-26	学校自建	校级重点研究基地	跨系所	艺术学	文化艺术业	单位自办
陇南师专校史馆	2017-2-8	学校自建	校级重点研究基地	独立研究所	历史学	教育	单位自办
陇南文史研究中心	2013-9-26	学校自建	校级重点研究基地	跨系所	中国文学	文化艺术业	单位自办
定西师范高等专科学校							
陇中文化研究所	2012-12-7	学校自建	校级重点研究基地	跨系所	民族学与文化学	教育	单位自办
兰州外语职业学院							

续表

学校及机构名称	成立时间	批准部门	机构类型	组成方式	学科分类	服务的国民经济行业	组成类型
高等职业教育研究所	2010-9-1	学校自建	其他	独立研究所	教育学	教育	单位自办
兰州财经大学陇桥学院							
甘肃省高校区域循环经济重点实验室	2015-12-1	学校主管部门批准	省级重点实验室	独立研究所	经济学	其他服务业	单位自办
兰州交通大学博文学院							
发展研究中心	2009-10-8	学校自建	校级研究中心	独立研究所	教育学	教育	单位自办
			青海省				
青海大学							
青海省情研究中心	2008-10-20	学校主管部门批准	省级重点研究基地	独立研究所	民族学与文化学	国家机构	单位自办
青海师范大学							
教育科学研究所	2007-1-5	学校主管部门批准	校级重点研究基地	跨系所	教育学	教育	政府部门办
青藏高原体育训练研究所	2003-1-10	学校主管部门批准	校级重点研究基地	独立研究所	体育科学	体育	政府部门办
青藏高原文化研究所(非物质文化研究所)	2004-6-15	学校主管部门批准	校级重点研究基地	独立研究所	民族学与文化学	文化艺术业	政府部门办
青海省心理学综合实验室	2005-6-15	学校主管部门批准	省级重点实验室	独立研究所	心理学	教育	单位自办
青海省学生心理健康教育培训与咨询中心	2006-3-15	学校主管部门批准	省级重点研究基地	独立研究所	心理学	教育	单位自办
青海民族大学							
格萨尔研究中心	1998-5-15	非学校主管部门批准	校级重点研究基地	与校外合办所	中国文学	文化艺术业	政府部门办
青藏高原民族研究基地	1980-6-10	学校主管部门批准	中央其他部委重点研究基地	独立研究所	民族学与文化学	教育	单位自办
青海省藏学研究中心	1996-10-20	学校主管部门批准	省级重点研究基地	独立研究所	中国文学	教育	单位自办
青海省法学研究所	2003-5-9	学校主管部门批准	省级重点研究基地	独立研究所	法学	教育	单位自办
青海省非物质文化遗产研究所	2007-1-5	非学校主管部门批准	省级重点研究基地	独立研究所	艺术学	文化艺术业	单位自办
			宁夏回族自治区				
宁夏大学							
古文献整理与地域文化研究研究基地	2016-6-10	学校主管部门批准	省级重点研究基地	独立研究所	民族学与文化学	社会工作	单位自办

续表

学校及机构名称	成立时间	批准部门	机构类型	组成方式	学科分类	服务的国民经济行业	组成类型
回族研究院	1986-9-1	学校主管部门批准	校级重点研究基地	独立研究所	民族学与文化学	社会工作	单位自办
开放战略与区域经济研究基地	2016-6-10	学校主管部门批准	省级重点研究基地	独立研究所	经济学	社会工作	单位自办
西部地区区域治理与民族发展研究基地	2016-6-10	学校主管部门批准	省级重点研究基地	独立研究所	法学	社会保障	单位自办
西部发展研究中心	2001-1-12	学校主管部门批准	校级重点研究基地	独立研究所	经济学	社会工作	单位自办
西夏学研究院	1990-6-1	学校主管部门批准	教育部重点研究基地	独立研究所	历史学	教育	单位自办
中日国际联合研究所	2008-3-7	学校主管部门批准	校级重点研究基地	独立研究所	民族学与文化学	教育	其他
北方民族大学							
北方语言研究院	2007-4-5	学校自建	校级重点研究基地	独立研究所	语言学	教育	单位自办
非物质文化遗产研究所	2011-3-4	学校自建	校级重点研究基地	独立研究所	民族学与文化学	社会工作	单位自办
回族学研究院	2011-3-4	学校自建	校级重点研究基地	独立研究所	民族学与文化学	教育	单位自办
回族学研究中心	2014-4-14	学校主管部门批准	中央其他部委重点研究基地	跨系所	民族学与文化学	文化艺术业	单位自办
社会学与民族学研究所	2001-3-10	学校自建	校级重点研究基地	独立研究所	民族学与文化学	社会工作	单位自办
西北民族地区政府治理与社会管理研究中心	2014-4-14	学校主管部门批准	中央其他部委重点研究基地	跨系所	管理学	社会工作	单位自办
西北少数民族社会发展研究基地	2011-6-1	学校主管部门批准	校级重点研究基地	独立研究所	社会学	社会工作	其他
西夏历史文化研究人文社科重点研究基地	2016-6-1	非学校主管部门批准	省级重点研究基地	跨系所	历史学	文化艺术业	单位自办
西夏研究所	2011-3-4	学校自建	校级重点研究基地	独立研究所	民族学与文化学	社会工作	单位自办
宁夏工商职业技术学院							
高等职业教育研究所	2010-6-10	非学校主管部门批准	校级研究所	独立研究所	教育学	教育	政府部门办
新疆维吾尔自治区							
新疆大学							
经济研究所	1997-9-1	学校自建	校级重点研究基地	独立研究所	经济学	教育	单位自办
人口研究所	1987-9-1	学校自建	校级重点研究基地	独立研究所	经济学	教育	与境外机构合办
西北少数民族研究中心	2001-12-2	非学校主管部门批准	教育部重点研究基地	独立研究所	民族学与文化学	教育	政府部门办

续表

学校及机构名称	成立时间	批准部门	机构类型	组成方式	学科分类	服务的国民经济行业	组成类型
西域文明发展研究基地	2011-11-23	学校主管部门批准	省级重点研究基地	独立研究所	历史学	社会工作	政府部门办
新疆创新管理研究中心	2011-11-23	学校主管部门批准	省级重点研究基地	独立研究所	管理学	科技推广和应用服务业	政府部门办
新疆宏观经济预警系统研究基地	2011-11-23	学校主管部门批准	省级重点研究基地	独立研究所	经济学	其他金融业	政府部门办
新疆民汉语文翻译研究中心	2011-11-23	学校主管部门批准	省级重点研究基地	独立研究所	中国文学	社会工作	政府部门办
新疆民俗文化研究中心	2011-11-23	学校主管部门批准	省级重点研究基地	独立研究所	民族学与文化学	文化艺术业	政府部门办
新疆民族文献研究基地	2011-11-23	学校主管部门批准	省级重点研究基地	独立研究所	中国文学	社会工作	政府部门办
新疆稳定与地区经济发展法制保障研究基地	2011-11-23	学校主管部门批准	省级重点研究基地	独立研究所	法学	社会工作	政府部门办
中外文化比较与跨文化交际研究基地	2011-11-23	学校主管部门批准	省级重点研究基地	独立研究所	中国文学	文化艺术业	政府部门办
中亚地缘政治研究中心	2011-11-23	学校主管部门批准	省级重点研究基地	独立研究所	法学	社会保障	政府部门办
塔里木大学							
非传统安全与边疆民族发展研究中心	2011-11-23	非学校主管部门批准	省级重点研究基地	跨系所	民族学与文化学	社会工作	政府部门办
西域文化研究院	2001-10-20	学校自建	校级重点研究基地	独立研究所	民族学与文化学	社会工作	单位自办
新疆农业大学							
干旱区农村发展研究中心	2012-5-1	学校主管部门批准	省级重点研究基地	独立研究所	经济学	农业	政府部门办
石河子大学							
兵团金融发展研究中心	2013-1-1	学校自建	校级重点研究基地	跨系所	经济学	货币金融服务	单位自办
兵团屯垦经济研究中心	2012-5-21	非学校主管部门批准	省级重点研究基地	跨系所	经济学	农业	单位自办
公司治理与管理创新研究中心	2012-5-21	非学校主管部门批准	省级重点研究基地	跨系所	管理学	资本市场服务	单位自办
棉花经济研究中心	2012-11-15	学校自建	校级重点研究基地	与校外合办所	经济学	农业	与国内独立研究机构合办
新疆非物质文化遗产研究中心	2012-5-12	学校自建	校级重点研究基地	独立研究所	民族学与文化学	文化艺术业	单位自办
新疆少数民族教育发展与教育政策研究中心	2012-5-21	非学校主管部门批准	省级重点研究基地	跨系所	教育学	教育	单位自办
新疆社会管理创新研究中心	2013-1-1	学校自建	校级重点研究基地	跨系所	管理学	社会工作	单位自办
心理应用研究中心	2013-1-11	学校自建	校级重点研究基地	独立研究所	心理学	教育	单位自办
中国特色社会主义理论体系研究中心	2012-5-11	学校自建	校级重点研究基地	跨系所	马克思主义	中国共产党机关	单位自办

续表

学校及机构名称	成立时间	批准部门	机构类型	组成方式	学科分类	服务的国民经济行业	组成类型
新疆师范大学							
丝绸之路文献研究中心	2016-11-9	学校自建	校级重点研究基地	独立研究所	历史学	文化艺术业	单位自办
外语及外语教育研究中心	2016-11-9	学校自建	校级重点研究基地	独立研究所	教育学	教育	单位自办
西部边疆治理协同创新研究中心	2016-11-9	学校自建	校级重点研究基地	跨系所	政治学	国家机构	单位自办
西域文史研究中心	2011-11-23	学校主管部门批准	省级重点研究基地	独立研究所	历史学	研究和试验发展	政府部门办
新疆儿童教育实践创新研究中心	2016-11-9	学校自建	校级重点研究基地	跨系所	教育学	教育	单位自办
新疆教师教育研究中心	2011-11-23	学校主管部门批准	省级重点研究基地	独立研究所	教育学	教育	政府部门办
新疆民族民间美术研究中心	2011-11-23	学校主管部门批准	省级重点研究基地	独立研究所	艺术学	研究和试验发展	政府部门办
新疆民族体育文化研究中心	2011-11-23	学校主管部门批准	省级重点研究基地	独立研究所	教育学	研究和试验发展	政府部门办
新疆少数民族双语教育研究中心	2011-11-23	学校主管部门批准	省级重点研究基地	独立研究所	语言学	教育	政府部门办
新疆少数民族现代化研究中心	2011-11-23	学校主管部门批准	省级重点研究基地	独立研究所	民族学与文化学	研究和试验发展	政府部门办
中巴经济走廊与南亚经济研究中心	2016-11-9	学校自建	校级重点研究基地	独立研究所	经济学	社会工作	单位自办
中亚汉语国际教育研究中心	2011-11-23	学校主管部门批准	省级重点研究基地	独立研究所	新闻学与传播学	教育	政府部门办
中亚音乐文化研究中心	2011-11-23	学校主管部门批准	省级重点研究基地	独立研究所	艺术学	教育	政府部门办
中亚与中国西北边疆政治经济研究中心	2011-11-23	学校主管部门批准	省级重点研究基地	独立研究所	哲学	研究和试验发展	政府部门办
喀什大学							
南疆教育发展研究中心	2011-11-23	非学校主管部门批准	省级重点研究基地	独立研究所	教育学	社会工作	其他
维吾尔优秀传统文化与现代化研究中心	2014-11-12	学校主管部门批准	其他重点研究基地	独立研究所	中国文学	社会工作	其他
伊犁师范学院							
新疆哈萨克文化与民族现代化研究中心	2011-11-26	学校主管部门批准	省级重点研究基地	跨系所	中国文学	教育	政府部门办
新疆财经大学							
新疆企业发展研究中心	2011-11-23	学校主管部门批准	省级重点研究基地	跨系所	管理学	教育	与国内高校合办
新疆社会经济统计研究中心	2011-11-23	学校主管部门批准	省级重点研究基地	跨系所	经济学	教育	与国内高校合办
中国(新疆)与中亚区域经济合作研究中心	2011-11-23	学校主管部门批准	省级重点研究基地	跨系所	经济学	教育	与国内高校合办

2. 全国高等学校人文、社会科学研究与发展研究机构一览表(二)

学校及机构名称	R&D 活动人员(人) 合计	其中 博士毕业	硕士毕业	高级职称	中级职称	初级职称	培养研究生人数(人)	R&D 经费支出(千元)	仪器设备原价(千元)	其中:进口(千元)
北京市										
北京大学	1 019	435	362	291	19	0	701	15 594.74	3 844.56	306
东方文学研究中心	105	52	35	21	1	0	70	1 033.99	96.6	0
国家治理研究院	63	18	25	20	0	0	40	2 512	185.48	0
教育经济研究所	82	20	34	14	2	0	39	1 280	200	0
美学与美育研究中心	23	11	5	8	0	0	21	980	48	0
外国哲学研究所	102	59	38	21	3	0	65	980.4	252.5	0
宪法与行政法研究中心	88	38	23	19	1	0	35	900	26.5	0
中国都市经济研究中心	23	18	5	11	1	0	21	220	110	0
中国古代史研究中心	65	28	12	28	1	0	37	800.6	112.48	0
中国古文献研究中心	71	37	28	18	1	0	42	835.55	80	0
中国经济研究中心	86	45	35	32	2	0	75	2 160	320	0
中国考古学研究中心	62	17	24	12	0	0	32	600	292	120
中国社会与发展研究中心	96	36	45	26	1	0	86	850.2	300	0
中国特色社会主义理论体系研究中心	75	26	18	35	3	0	88	880	171	0
中国语言学研究中心	78	30	35	26	3	0	50	1 562	1 650	186
中国人民大学	572	517	43	413	117	36	582	24 572.74	12 377.23	731.55
北京高校思想政治理论课高精尖创新中心	92	70	14	46	27	19	0	381.97	381.97	0
北京社会建设研究基地	30	29	1	28	2	0	69	260	0	0
佛教与宗教学理论研究所	17	16	1	8	7	2	39	3 379.42	1 224.85	0
国家发展与战略研究院	13	13	0	3	10	0	0	1 592	0	0
国家人权教育与培训基地	26	25	1	13	12	0	6	300	6.99	0
伦理学与道德建设研究中心	25	25	0	19	5	1	0	15	730	9.7
马克思主义研究基地	26	26	0	20	6	0	40	580	1 220	0
民商事法律科学研究中心	26	22	2	19	4	1	42	1 588.25	19.3	0
欧洲问题研究中心	39	35	4	30	5	4	0	1 400	72	24
清史研究所	33	30	2	12	12	6	40	1 030.2	3 708.1	697.85
人口与发展研究中心	23	23	0	22	1	0	34	1 200	0	0
人文北京研究基地	34	28	6	27	7	0	54	102	10	0
社会学理论与方法研究中心	20	19	1	19	1	0	48	2 680	0	0
首都发展与战略研究院	20	15	5	16	4	0	0	580	0	0

续表

学校及机构名称	R&D 活动人员(人)						培养研究生人数(人)	R&D 经费支出(千元)	仪器设备原价(千元)	其中:进口(千元)
	合计	其中								
		博士毕业	硕士毕业	高级职称	中级职称	初级职称				
新闻与社会发展研究中心	12	10	1	11	1	0	23	6 000	2 432.12	0
刑事法律科学研究中心	28	28	0	26	2	0	54	453.9	0	0
应用统计科学研究中心	20	18	2	20	0	0	50	640	1.9	0
中国财政金融政策研究中心	37	36	1	28	6	3	0	830	150	0
中国经济改革与发展研究院	21	21	0	18	3	0	25	800	500	0
中国特色社会主义理论体系研究中心	30	28	2	28	2	0	58	760	1 920	0
清华大学	263	174	57	137	44	0	407	26 038.61	28 286.99	15 050
北京廉政建设研究基地	18	9	1	10	5	0	1	100	20	0
北京市应急管理研究基地	12	10	1	6	6	0	15	667.31	70.47	0
北京市组织学习与城市治理创新研究中心	10	5	5	2	3	0	25	1 060	469	0
出土文献与中国古代文明研究中心	13	10	0	9	4	0	36	4 000	360	0
传统工艺与材料研究文化部重点实验室	45	17	20	3	2	0	49	140	25 000	15 000
高校德育研究中心	34	32	1	33	1	0	110	900	833	0
国家文化产业研究中心	15	10	5	10	0	0	50	500	100	50
国情研究院	26	10	16	9	17	0	53	10 284	34.7	0
技术创新研究中心	15	14	1	14	0	0	38	2 239.5	118.52	0
科教政策研究中心	28	11	6	5	6	0	11	4 253.8	401.3	0
现代管理研究中心	42	41	1	31	0	0	9	1 824	880	0
中国文艺评论基地	5	5	0	5	0	0	10	70	0	0
北京交通大学	208	118	69	85	48	35	746	28 281.07	8 581.5	65
北京产业安全与发展研究基地	31	25	6	21	8	0	0	120	0	0
北京社会建设研究院	35	26	9	22	11	1	0	22.07	0	0
北京交通发展研究基地	15	10	5	3	9	3	0	216	200	65
北京人文交通、科技交通、绿色交通研究基地	25	2	12	6	4	9	20	200	0	0
北京物流信息化研究基地	17	17	0	12	3	0	90	7 084	600	0
基础产业研究中心	14	6	8	3	7	4	0	301	150	0
首都大学生思想政治教育研究基地	10	8	2	8	2	0	38	6 045	0	0
首都大学生思想政治教育研究中心	2	1	1	1	1	0	0	48	31.5	0
中国产业安全研究中心	33	11	22	1	2	18	524	14 000	7 580	0

续表

学校及机构名称	R&D 活动人员(人)						培养研究生人数(人)	R&D 经费支出(千元)	仪器设备原价(千元)	其中:进口(千元)
	合计	其中								
		博士毕业	硕士毕业	高级职称	中级职称	初级职称				
中国企业兼并重组研究中心	26	12	4	8	1	0	74	245	20	0
北京工业大学	140	74	66	94	38	1	257	10 526	5 698	550
地方高水平大学发展战略研究中心	20	20	0	14	6	0	10	254	620	0
北京社会管理研究基地	37	28	9	28	2	0	121	3 740	520	210
北京现代制造业发展研究基地	31	20	11	22	9	0	112	2 848	710	180
博物馆展陈设计与空间实现北京市重点实验室	45	2	43	25	19	1	4	852	2 840	160
首都工程教育发展研究基地	7	4	3	5	2	0	10	2 832	1 008	0
北京航空航天大学	20	15	5	15	5	0	31	200	300	0
首都高校党建研究基地	20	15	5	15	5	0	31	200	300	0
北京理工大学	170	106	44	116	41	11	288	11 647	5 705	0
北京经济社会可持续发展研究基地	37	30	5	34	3	0	82	8 290	5 500	0
北京市互动媒体艺术工程技术研究中心	54	33	15	35	8	9	103	1 381	98	0
国防科技创新与教育发展战略研究中心	50	37	11	26	22	2	61	1 319	75	0
能源经济管理与决策北京市重点实验室	29	6	13	21	8	0	42	657	32	0
北京科技大学	85	75	8	53	28	4	129	2 938.2	8 547.63	6 000
北京企业低碳运营战略研究基地	36	34	2	19	15	2	29	260	160.4	0
当代语言科学研究中心	4	4	0	4	0	0	8	634.7	162.23	0
金属与矿冶遗产国家文物局重点科研基地	22	16	4	15	5	2	65	1 200	8 200	6 000
世界文学文化研究中心	13	12	1	8	5	0	12	190	0	0
系统功能语言学研究中心	10	9	1	7	3	0	15	653.5	25	0
北方工业大学	45	24	18	11	18	9	59	3 678.6	641.6	0
高技术企业发展研究中心	7	4	3	2	3	2	9	432	114.5	0
管理研究所	14	9	5	3	4	2	13	1 125.3	257.5	0
经济法研究所	3	2	1	1	2	0	6	398.6	35	0
经济研究所	5	2	3	1	2	2	7	439.5	53.4	0
民商法研究所	3	2	1	1	2	0	5	258.1	41.3	0
审美文化研究所	3	2	1	1	1	1	4	135.6	26.7	0
宪法与行政法研究中心	3	1	2	1	2	0	6	198.6	29.8	0

续表

学校及机构名称	R&D 活动人员(人) 合计	其中 博士毕业	硕士毕业	高级职称	中级职称	初级职称	培养研究生人数(人)	R&D 经费支出(千元)	仪器设备原价(千元)	其中:进口(千元)
语言文化研究所	1	0	1	1	0	0	2	36.2	5	0
知识产权研究中心	6	2	1	0	2	2	7	654.7	78.4	0
北京化工大学	88	42	10	43	6	0	32	1 477.82	230	0
安全与应急管理实验室	11	8	0	6	1	0	6	85.87	20	0
北京知识产权研究基地	20	8	3	8	1	0	9	448.91	30	0
低碳经济与管理研究中心	14	10	0	7	3	0	4	264.61	10	0
科学技术与社会(STS)研究所	9	4	1	5	0	0	3	94.7	10	0
全国大学生思想政治教育发展研究中心	3	1	2	1	0	0	0	34.33	50	0
人力资源管理研究中心	3	2	1	3	0	0	0	31.08	90	0
社会保障中心	10	4	2	6	0	0	4	207.27	0	0
运营管理与战略决策研究中心	18	5	1	7	1	0	6	311.05	20	0
北京工商大学	37	30	2	5	17	5	12	427.65	30.7	0
首都流通业服务基地	37	30	2	5	17	5	12	427.65	30.7	0
北京服装学院	11	3	8	5	6	0	18	300	30	0
首都服饰文化与服装产业研究基地	11	3	8	5	6	0	18	300	30	0
北京邮电大学	69	13	10	13	6	4	37	1 105	39.3	0
通信法研究中心	50	3	1	2	1	1	15	15	3	0
高校网络舆情研究咨询中心	7	4	3	3	3	1	10	410	12.6	0
互联网治理与法律研究中心	12	6	6	8	2	2	12	680	23.7	0
北京印刷学院	68	39	29	19	49	0	23	5 593.5	11 883.9	2 023.6
北京出版产业与文化研究基地	15	7	8	6	9	0	6	2 456.3	3 553	563.9
北京文化安全研究基地	28	20	8	5	23	0	8	956.7	1 021.3	156
跨媒体出版实验室	7	4	3	3	4	0	6	856	765.9	98.3
数字媒体艺术实验室	18	8	10	5	13	0	3	1 324.5	6 543.7	1 205.4
北京建筑大学	37	18	15	30	6	1	10	220.3	200	0
北京建筑文化研究基地	37	18	15	30	6	1	10	220.3	200	0
中国农业大学	13	11	0	13	0	0	4	2 000	0	0
国家农业农村发展研究院	13	11	0	13	0	0	4	2 000	0	0
北京农学院	76	46	30	62	14	0	52	3 970	1 185.92	0
北京新农村建设研究基地	76	46	30	62	14	0	52	3 970	1 185.92	0
北京林业大学	175	82	87	22	13	2	57	15 739	1 540	869

续表

学校及机构名称	R&D 活动人员(人)						培养研究生人数(人)	R&D 经费支出(千元)	仪器设备原价(千元)	其中:进口(千元)
	合计	其中								
		博士毕业	硕士毕业	高级职称	中级职称	初级职称				
林业法治研究中心	11	11	0	7	2	2	20	200	20	10
林业财务会计研究室	10	4	6	0	0	0	0	4 950	135	130
林业经济研究所	28	7	16	0	0	0	0	5 640	380	105
绿色发展与中国农村土地问题研究中心	6	6	0	2	4	0	6	100	50	20
森林生态经济研究所	6	3	3	0	0	0	0	1 250	245	160
生态文明教育研究中心	9	6	3	5	4	0	7	100	0	0
生态文明研究中心	36	24	12	0	0	0	0	823	165	147
外国语言与应用语言学研究所	42	8	34	0	0	0	0	83	295	190
文化与自然遗产研究院	11	5	6	8	3	0	20	100	0	0
性与性别研究所	5	2	3	0	0	0	0	723	143	0
自然文学与生态批评研究中心	6	2	4	0	0	0	4	20	0	0
自然资源经济与政策研究中心	5	4	0	0	0	0	0	1 750	107	107
首都医科大学	97	53	19	77	17	0	30	300	339.7	0
首都卫生管理与政策研究基地	97	53	19	77	17	0	30	300	339.7	0
北京中医药大学	93	55	30	53	38	1	57	288.1	144.4	0
北京中医药文化研究基地	67	43	18	39	28	0	43	100	60	0
卫生法学研究中心	11	8	3	6	5	0	7	98.8	35.7	0
中医英语研究传播中心	15	4	9	8	5	1	7	89.3	48.7	0
北京师范大学	430	313	106	229	71	40	315	54 869.63	6 556.78	752.52
北京文化发展研究院	3	2	1	3	0	0	5	6	50	0
发展心理研究所	20	16	1	10	2	4	15	4 757.7	2 780	665.9
古籍与传统文化研究院	17	12	3	7	2	2	3	776.88	37.95	0
国际与比较教育研究院	19	18	1	6	9	4	40	720	82	0
国民核算研究院	13	13	0	8	1	2	0	4 500	276	0
价值与文化研究中心	29	27	2	11	8	4	0	771.64	267	85.62
教师教育研究中心	42	28	14	21	6	3	3	2 176.85	168.13	0
经济与资源管理研究院	42	21	21	22	5	3	34	1 502	143.5	0
民俗典籍文字研究中心	24	21	0	14	5	3	21	670	153	0
社会发展与公共政策研究所	49	41	8	26	7	4	52	8 948.8	2 180	0
史学理论与史学史研究中心	34	19	12	20	6	3	23	555	18.9	0
首都教育经济研究院	4	3	1	3	0	0	24	756	1	1

续表

学校及机构名称	R&D 活动人员(人)						培养研究生人数(人)	R&D 经费支出(千元)	仪器设备原价(千元)	其中:进口(千元)
	合计	其中								
		博士毕业	硕士毕业	高级职称	中级职称	初级职称				
文艺学研究中心	74	38	36	41	10	3	12	2 608.76	199.2	0
刑事法律科学研究院	38	37	1	24	5	2	52	120	60	0
中国社会管理研究院	22	17	5	13	5	3	31	26 000	140.1	0
首都师范大学	91	79	9	12	0	0	84	7 000	282	0
北京基础教育研究基地	33	33	0	0	0	0	50	1 360	0	0
北京青少年社会工作研究院	1	1	0	1	0	0	5	20	0	0
文化研究院	8	6	2	6	0	0	16	2 900	282	0
文明区划研究中心	29	23	6	2	0	0	12	1 500	0	0
中国诗歌研究中心	20	16	1	3	0	0	1	1 220	0	0
首都体育学院	92	48	44	46	38	0	89	3 762.46	23 230.65	0
国家体育总局体育人文社会科学研究基地	18	10	8	9	9	0	20	20	100	0
国家体育总局重点实验室	11	6	5	5	3	0	12	80	230	0
京津冀体育健身休闲发展协同创新中心	31	16	15	17	11	0	28	3 267.59	240.65	0
体育赛事管理与营销研究基地	16	9	7	9	5	0	16	269.87	1 200	0
运动机能评定与技术分析实验室	16	7	9	6	10	0	13	125	21 460	0
北京外国语大学	59	52	6	47	11	0	82	2 244.48	4 167.79	26.61
北京对外文化交流与世界文化研究基地	14	13	1	14	0	0	11	694.28	76	0
国际问题研究所	4	3	1	4	0	0	12	13.15	45.15	0
国际中国文化研究院	13	12	1	9	4	0	12	502.15	2 136.01	4.16
外国文学研究所	9	7	1	5	4	0	15	4.14	172.7	0
外国语言研究所	7	6	1	5	2	0	0	261.17	181.2	0
中国外语与教育研究中心	12	11	1	10	1	0	32	769.59	1 556.73	22.45
北京第二外国语学院	291	211	74	139	131	21	0	5 568.56	81.33	0
阿拉伯研究中心	17	8	9	6	9	2	0	82.14	26.77	0
北京对外文化传播研究基地	17	15	2	12	5	0	0	82	9	0
北京旅游发展研究基地	50	44	3	21	21	8	0	810.6	0	0
国家文化发展国际战略研究院	25	12	12	6	17	2	0	1 473.7	0	0
首都对外文化贸易研究基地	38	17	20	6	31	1	0	734.78	0	0
首都对外文化贸易与国际交流中心	25	12	12	6	17	2	0	1 473.7	0	0

续表

学校及机构名称	R&D 活动人员(人)						培养研究生人数(人)	R&D 经费支出(千元)	仪器设备原价(千元)	
	合计	其中								其中:进口(千元)
		博士毕业	硕士毕业	高级职称	中级职称	初级职称				
一带一路数据分析与决策支持实验室	5	4	1	3	0	2	0	400	0	0
中国对外文化传播研究院	45	38	7	30	15	0	0	97.3	0	0
中国旅游人才发展研究院	22	18	4	15	3	4	0	70	0	0
中国文艺评论基地	27	25	2	19	8	0	0	161.34	45.56	0
中日韩合作研究中心	20	18	2	15	5	0	0	183	0	0
北京语言大学	61	51	10	40	21	0	187	7 419	6 969	3 894
对外汉语研究中心	16	14	2	11	5	0	32	957	3 919	3 894
首都国际文化研究基地	16	14	2	10	6	0	123	198	890	0
语言科学院	29	23	6	19	10	0	32	6 264	2 160	0
中国传媒大学	45	20	22	0	0	0	0	21.36	11.11	0
高等教育研究所	5	5	0	0	0	0	0	1.44	0.18	0
公关舆情研究所	3	1	2	0	0	0	0	0.04	0.05	0
国家语言资源监测与研究有声媒体中心	4	1	3	0	0	0	0	1.5	3.8	0
国家语言资源监测与研究中心有声媒体语言分中心	4	1	3	0	0	0	0	1.5	3.8	0
商务品牌战略研究所	5	1	4	0	0	0	0	0.86	0.36	0
首都传媒经济研究基地	8	4	4	0	0	0	0	0.02	0.02	0
文化发展研究院	16	7	6	0	0	0	0	16	2.9	0
中央财经大学	141	140	1	91	48	2	180	1 301.72	178.79	0
财经研究院	24	23	1	20	4	0	11	213.45	33.89	0
国防经济与管理研究院	8	8	0	7	1	0	31	140	6	0
中国财政发展协同创新中心	9	9	0	3	6	0	3	153	23	0
中国公共财政与政策研究院	12	12	0	7	5	0	28	136.87	8.3	0
中国互联网经济研究院	11	11	0	3	8	0	0	101.5	50.3	0
中国金融发展研究院	16	16	0	14	2	0	38	67	8	0
中国精算研究院	23	23	0	11	10	2	10	200	13.8	0
中国经济与管理研究院	24	24	0	19	5	0	46	100.4	25.5	0
中国人力资本与劳动经济研究中心	14	14	0	7	7	0	13	189.5	10	0
对外经济贸易大学	138	109	29	102	35	1	100	19 599.5	4 796.5	0
北京企业国际化经营研究基地	63	50	13	54	9	0	27	9 890	3 458	0
国际经济研究院	30	21	9	22	8	0	30	4 580	345.7	0

续表

学校及机构名称	R&D活动人员(人)						培养研究生人数(人)	R&D经费支出(千元)	仪器设备原价(千元)	
	合计	其中								其中:进口(千元)
		博士毕业	硕士毕业	高级职称	中级职称	初级职称				
教育与开放经济研究中心	10	10	0	8	2	0	6	860.5	126.5	0
全球价值链研究院	13	12	1	5	7	1	0	1 950	175.8	0
中国开放经济与国际科技合作战略研究中心	11	7	4	8	3	0	10	420	22.5	0
中国世界贸易组织研究院	11	9	2	5	6	0	27	1 899	668	0
北京物资学院	71	58	11	47	22	0	89	2 936.2	7 794.57	2 849.29
北京市物流系统与技术重点实验室	22	20	2	16	6	0	30	280	3 857	110
物流技术工程研究中心	9	6	3	5	4	0	5	300	3 548.57	2 541.29
智能物流系统协同创新中心	40	32	6	26	12	0	54	2 356.2	389	198
首都经济贸易大学	56	36	20	33	0	0	42	12.54	16.88	0
北京市哲学社会科学CBD发展研究基地中心	7	5	2	7	0	0	5	1.41	1.19	0
北京市哲学社会科学经济社会发展政策研究基地	25	15	10	10	0	0	10	1.54	5.31	0
不动产研究所	4	3	1	3	0	0	7	0.99	2.65	0
人口研究所	8	6	2	8	0	0	9	2.09	3.25	0
首都经济研究所	12	7	5	5	0	0	11	6.51	4.48	0
外交学院	30	5	9	16	0	0	15	200	50	0
北京对外交流与外事管理研究基地	30	5	9	16	0	0	15	200	50	0
中国人民公安大学	8	2	5	2	2	0	20	19	600	0
首都社会安全研究基地	8	2	5	2	2	0	20	19	600	0
国际关系学院	24	11	13	19	5	0	121	682.4	0	0
公共市场与政府采购研究所	12	4	8	11	1	0	26	150.7	0	0
国际战略与安全研究中心	2	1	1	1	1	0	30	223.6	0	0
心理教育研究中心	8	5	3	6	2	0	30	167.4	0	0
中国与国际关系研究中心	2	1	1	1	1	0	35	140.7	0	0
北京体育大学	228	163	65	171	42	15	851	1 210.33	130 859	92 129
北京市机能评定与技术分析重点实验室	21	13	8	15	6	0	0	190	200	0
国家体育总局社会科学研究基地	24	13	11	19	5	0	9	28	36	0
国家体育总局体能训练与身体机能恢复重点实验室	7	3	4	5	2	0	3	225.5	779.5	569.5
国家体育总局运动训练重点实验室	54	31	23	32	12	10	157	110.83	37 326	3 326

续表

学校及机构名称	R&D 活动人员(人)						培养研究生人数(人)	R&D 经费支出(千元)	仪器设备原价(千元)	其中:进口(千元)
	合计	其中								
		博士毕业	硕士毕业	高级职称	中级职称	初级职称				
国家体育总局运动应激适应重点实验室	33	32	1	31	2	0	340	221.2	59 390	58 826
运动营养北京市高等学校工程研究中心	4	2	2	2	2	0	11	228	160	0
运动与体质健康重点实验室	85	69	16	67	13	5	331	206.8	32 967.5	29 407.5
中央音乐学院	22	15	3	5	4	1	14	5 124.71	427.14	0
佛教音乐研究会	2	1	0	1	1	0	0	90.37	46.32	0
国家非物质文化遗产保护与研究中心	4	1	2	1	1	1	0	3 680	324.5	0
音乐学研究所	16	13	1	3	2	0	14	1 354.34	56.32	0
中国音乐学院	7	6	1	6	1	0	23	500	100	0
北京民族音乐研究与传播基地	7	6	1	6	1	0	23	500	100	0
中央美术学院	10	7	1	3	0	0	49	1 624.07	37.66	0
国家艺术与文化政策研究中心	2	1	1	0	0	0	24	26.22	19.34	0
国家主题性美术创作研究中心	2	1	0	0	0	0	8	12.9	0	0
美术学研究所	2	2	0	1	0	0	7	48.7	5.34	0
艺术设计研究院	2	1	0	1	0	0	7	956.6	12.98	0
油画人物肖像画研创中心	2	2	0	1	0	0	3	579.65	0	0
中央戏剧学院	6	2	4	4	1	1	0	815.8	85.5	0
戏剧艺术研究所	6	2	4	4	1	1	0	815.8	85.5	0
中国戏曲学院	14	9	5	8	2	0	4	350	220	0
北京戏曲文化研究基地	9	6	3	3	2	0	4	250	20	0
中国文艺评论基地	5	3	2	5	0	0	0	100	200	0
北京电影学院	142	52	60	79	40	23	152	22 527.37	357.04	68
“数字影视动画创作”教育部工程研究中心	40	10	20	25	10	5	40	82	80	60
“新媒体动画技术”北京市重点实验室	20	4	8	10	3	7	15	20.5	20	8
未来影像高精尖创新中心	58	30	20	35	15	8	77	22 336.62	257.04	0
中国文艺评论基地	24	8	12	9	12	3	20	88.25	0	0
北京舞蹈学院	24	11	11	12	8	3	52	1 493	28	0
民族舞蹈文化研究基地	4	1	1	2	1	0	12	1 300	0	0

续表

学校及机构名称	R&D 活动人员(人)						培养研究生人数(人)	R&D 经费支出(千元)	仪器设备原价(千元)	
	合计	其中								其中:进口(千元)
		博士毕业	硕士毕业	高级职称	中级职称	初级职称				
中国民族艺术传承与传播协同创新中心	20	10	10	10	7	3	40	193	28	0
中央民族大学	547	442	103	325	176	15	938	13 372.1	1 429.1	0
“一带一路”民族文化大数据中心	43	20	23	26	17	0	60	0	0	0
北京市非物质文化遗产研究基地	7	5	1	5	2	0	30	250	0	0
当代民族问题与中国特色民族理论研究基地	30	29	1	28	2	0	16	523.1	58.1	0
国家民委少数民族古籍保护与资料信息中心	6	6	0	2	4	0	14	500	0	0
国家民委中国民族语文应用研究院	2	1	1	2	0	0	0	0	0	0
马克思主义与民族团结教育平台	100	80	20	15	60	0	41	1 179	0	0
少数民族事业发展协同创新中心	218	178	40	149	48	15	264	4 300	813	0
习近平新时代民族工作思想研究中心	9	9	0	8	1	0	57	0	0	0
中国边疆民族历史与地理研究基地	5	5	0	4	1	0	39	31	0	0
中国民族地区经济发展研究基地	54	47	7	34	20	0	0	2 510	134	0
中国少数民族教育研究基地	17	12	5	11	6	0	122	300	0	0
中国少数民族研究中心	3	3	0	3	0	0	0	676	424	0
中国少数民族语言研究基地	37	32	5	27	10	0	212	2 603	0	0
教育部民族团结教育创新研究基地	16	15	0	11	5	0	83	500	0	0
中国政法大学	135	93	30	114	10	3	193	8 994.48	2 559.74	0
比较法学研究院	18	9	6	16	2	0	61	820.18	171.02	0
法律古籍整理研究所	7	6	1	6	1	0	5	260.3	53.42	0
法律史学研究院	14	9	5	12	2	0	15	450.28	126.45	0
法学教育研究与评估中心	4	4	0	4	0	0	0	434.86	46.28	0
法与经济学研究院	8	2	6	8	0	0	13	259.3	41.61	0
法治政府研究院	10	10	0	10	0	0	12	2 599.51	58.87	0
公司法与投资保护研究所	3	2	1	0	0	0	0	45	29.1	0
国家监察研究院	1	1	0	1	0	0	0	10.6	6.3	0
互联网金融法律研究院	1	1	0	1	0	0	0	340	51	0
绿色战略发展研究院	1	1	0	1	0	0	0	51	10.6	0
全球化与全球问题研究所	5	5	0	0	0	3	0	136.79	15.28	0
人权研究院	8	6	2	8	0	0	7	218.97	50.04	0

续表

学校及机构名称	R&D 活动人员(人) 合计	其中 博士毕业	硕士毕业	高级职称	中级职称	初级职称	培养研究生人数(人)	R&D 经费支出(千元)	仪器设备原价(千元)	其中:进口(千元)
诉讼法学研究院	15	13	2	15	0	0	20	806.65	158.19	0
网络法学研究院	2	2	0	2	0	0	0	10	5	0
证据科学研究院	32	16	7	24	5	0	60	2 374.2	1 560.07	0
制度学研究院	2	2	0	2	0	0	0	13	4.1	0
仲裁研究院	2	2	0	2	0	0	0	30.14	70.11	0
资本金融研究院	2	2	0	2	0	0	0	133.7	102.3	0
华北电力大学	39	21	8	12	10	4	49	700	0	0
北京能源发展研究基地	20	10	3	4	3	1	12	300	0	0
民革北京市委—华北电力大学能源软科学研究中心	10	5	3	4	2	3	22	200	0	0
新能源电力与低碳发展研究北京市重点实验室	9	6	2	4	5	0	15	200	0	0
北京信息科技大学	69	55	14	22	30	17	48	13.14	643	0
北京市哲学社会科学知识管理研究基地	30	27	3	10	15	5	20	8.73	35	0
绿色发展大数据决策北京市重点实验室	39	28	11	12	15	12	28	4.41	608	0
北京联合大学	120	73	42	75	40	5	26	7 983	7 987.3	0
北京学研究基地	14	9	5	10	4	0	3	690	630	0
北京政治文明建设研究基地	39	23	16	28	11	0	0	1 900	1 666	0
国家智慧旅游重点实验室	9	6	3	5	4	0	7	12	4 260	0
京台文化交流研究中心	17	10	7	12	5	0	0	775	558.3	0
旅游信息化协同创新中心	41	25	11	20	16	5	16	4 606	873	0
北京城市学院	28	18	10	15	13	0	10	1 855.69	628.78	0
北京社会建设研究院	5	4	1	3	2	0	0	169.07	286.7	0
城市发展研究所	4	4	0	2	2	0	0	510.6	20.18	0
城镇化研究院	6	3	3	3	3	0	2	560.69	50.4	0
首都城市环境建设研究基地	5	3	2	3	2	0	6	245.8	40.5	0
首都城市治理与执法研究所	4	2	2	2	2	0	2	260.33	20.7	0
中国信访与城市发展研究中心	4	2	2	2	2	0	0	109.2	210.3	0
北京青年政治学院	11	5	3	6	1	0	0	463.71	620.92	0
北京东方道德研究所	4	3	1	0	0	0	0	94.35	259.31	0
北京青少年研究所	5	2	1	4	1	0	0	290.05	252.78	0

续表

学校及机构名称	R&D 活动人员(人)						培养研究生人数(人)	R&D 经费支出(千元)	仪器设备原价(千元)	
	合计	其中								其中:进口(千元)
		博士毕业	硕士毕业	高级职称	中级职称	初级职称				
北京职业教育与人文北京研究中心	2	0	1	2	0	0	0	79.31	108.83	0
中国劳动关系学院	191	113	78	67	76	26	0	253	0	0
“一带一路”与劳动关系研究所	4	2	2	1	2	1	0	10	0	0
安全与职业卫生工程研究所	3	2	1	1	0	2	0	5	0	0
大国工匠与劳动模范研究所	6	2	4	3	2	1	0	50	0	0
大数据与安全研究所	6	3	3	1	3	2	0	5	0	0
当代工运研究所	6	5	1	3	3	0	0	3	0	0
高等职业教育研究所	11	5	6	2	6	3	0	5	0	0
工会理论与工运史研究所	6	3	3	2	2	2	0	3	0	0
工会社会工作研究所	7	3	4	2	3	0	0	3	0	0
公共管理与人力资源研究中心	7	4	3	2	3	2	0	5	0	0
计算机网络应用研究所	9	6	3	2	4	3	0	5	0	0
劳动法与工会法研究中心	7	4	3	3	3	1	0	10	0	0
劳动关系与工会研究中心	45	25	20	23	2	0	0	100	0	0
企业文化建设研究所	7	7	0	3	4	0	0	3	0	0
人力资源管理研究所	5	3	2	1	3	1	0	3	0	0
三方机制与劳工参与研究所	5	3	2	2	3	0	0	4	0	0
社会保障与工会帮扶研究所	10	4	6	1	6	3	0	3	0	0
社会工作与社会政策研究所	7	4	3	2	5	0	0	3	0	0
文化与传播研究所	9	6	3	2	6	1	0	4	0	0
新农村文化研究所	6	4	2	2	3	1	0	3	0	0
职工发展研究所	8	6	2	4	3	1	0	10	0	0
职业心理研究所	7	4	3	2	3	2	0	3	0	0
中国信息经济研究中心	6	5	1	2	4	0	0	3	0	0
中国职工舆情研究所	4	3	1	1	3	0	0	10	0	0
北京财贸职业学院	21	6	12	16	5	0	0	83.78	129.15	0
北京国际商贸中心研究基地	11	4	5	8	3	0	0	4.89	15	0
高职教育研究所	4	2	1	4	0	0	0	66.28	93.36	0
商业研究所	6	0	6	4	2	0	0	12.61	20.79	0
北京戏曲艺术职业学院	13	4	8	7	3	3	0	680	1 060.56	0
艺术研究中心	13	4	8	7	3	3	0	680	1 060.56	0
首都师范大学科德学院	6	2	4	2	4	0	0	355.2	0	0

续表

学校及机构名称	R&D 活动人员(人)						培养研究生人数(人)	R&D 经费支出(千元)	仪器设备原价(千元)	
	合计	其中								其中:进口(千元)
		博士毕业	硕士毕业	高级职称	中级职称	初级职称				
中国高校影视学会微电影创研中心	6	2	4	2	4	0	0	355.2	0	0
北京邮电大学世纪学院	2	2	0	0	0	0	0	0	70	0
文化创意产品研究中心	2	2	0	0	0	0	0	0	70	0
北京社会管理职业学院	9	3	6	4	3	2	0	327.47	186.55	0
民政政策理论研究所	2	1	1	1	0	1	0	130.61	29.72	0
社会工作研究所	7	2	5	3	3	1	0	196.86	156.83	0
天津市										
南开大学	404	390	11	334	69	1	1 208	42 168.6	17 835.7	0
APEC 研究中心	9	7	1	5	4	0	22	2 199.8	3 666.5	0
滨海开发研究院	8	6	2	5	3	0	15	2 152.8	182.7	0
城市与区域经济研究所	8	8	0	7	1	0	45	784.3	573.2	0
公司治理研究中心	38	37	1	33	4	1	31	952.8	691.3	0
古籍与文化研究所	6	4	0	6	0	0	16	183.5	342.3	0
国际经济研究所	18	18	0	17	1	0	64	1 215.2	891.7	0
环境与社会发展研究中心	16	16	0	12	4	0	25	1 786.4	873.9	0
金融发展研究院	4	4	0	1	3	0	29	493.7	321.4	0
经济研究所	24	24	0	20	4	0	72	894.8	987.5	0
经济与社会发展研究院	17	17	0	12	5	0	104	2 087.8	1 471.6	0
跨国公司研究中心	19	19	0	18	1	0	29	1 395.9	1 253.6	0
拉丁美洲研究中心	4	4	0	4	0	0	13	214.2	258.2	0
人口与发展研究所	7	7	0	7	0	0	35	473.8	597.5	0
人权研究中心	15	15	0	10	5	0	32	1 534.2	162	0
日本研究院	14	14	0	12	2	0	50	529.7	1 583.8	0
世界近现代史研究中心	17	17	0	17	0	0	51	1 037.5	367.8	0
台湾经济研究所	5	5	0	5	0	0	16	217.3	317.6	0
现代管理研究所	14	14	0	13	1	0	72	436.8	153.7	0
政治经济学研究中心	24	23	1	23	1	0	69	868.9	489.5	0
中国社会史研究中心	22	22	0	22	0	0	106	782.4	624.7	0
中国特色社会主义经济建设协同创新中心	115	109	6	85	30	0	312	21 926.8	2 025.2	0
天津大学	149	135	13	100	47	1	124	2 380	515	0
APEC 可持续能源中心	8	8	0	5	3	0	5	300	100	0
滨海城市安全与智慧防灾研究基地	17	15	2	17	0	0	15	50	10	0
公共资源管理研究中心	8	8	0	6	2	0	10	150	30	0
国家知识产权战略实施研究基地	10	10	0	8	2	0	12	300	20	0
建筑文化遗产保护传承信息技术文化部重点实验室	20	20	0	15	5	0	8	50	0	0
教育科学研究中心	8	6	2	6	2	0	11	50	10	0
科学技术与社会研究中心	6	6	0	5	1	0	5	50	5	0

续表

学校及机构名称	R&D 活动人员（人）						培养研究生人数（人）	R&D 经费支出（千元）	仪器设备原价（千元）	其中：进口（千元）
	合计	其中								
		博士毕业	硕士毕业	高级职称	中级职称	初级职称				
生物安全战略研究中心	10	10	0	5	5	0	6	500	100	0
天津市反腐倡廉研究基地	5	5	0	4	0	0	6	80	20	0
中国传承人口述史研究所	5	3	1	2	2	1	5	50	20	0
中国传统村落保护与发展研究中心	10	6	4	3	7	0	6	200	50	0
中国绿色发展研究院	16	15	1	9	7	0	10	50	20	0
中国木版年画研究基地	10	7	3	3	7	0	5	250	50	0
中国社会计算研究中心	8	8	0	6	2	0	10	200	50	0
中国文化遗产保护国际研究中心	8	8	0	6	2	0	10	100	30	0
天津科技大学	29	25	4	19	9	0	12	800	320	110
食品安全战略与管理研究中心	29	25	4	19	9	0	12	800	320	110
中国民航大学	43	21	22	21	19	0	108	4 188.4	6 338.1	502
航空法律与政策研究中心	19	10	9	9	7	0	36	331.8	285.5	0
航空运输经济与管理研究基地	24	11	13	12	12	0	72	3 856.6	6 052.6	502
天津理工大学	75	73	2	55	20	0	129	5 540.3	2 980	0
公共投资与工程造价研究中心	38	38	0	26	12	0	78	2 480.3	2 700	0
循环经济与企业可持续发展研究基地	37	35	2	29	8	0	51	3 060	280	0
天津师范大学	182	146	27	123	56	2	497	5 124.95	45 484.2	26 196
出土文献与上古史研究中心	5	5	0	4	1	0	40	500	10	0
大众传播与社会发展研究所	11	10	1	8	3	0	18	60	0.3	0
地方政府法制研究中心	8	5	2	5	2	1	36	13.9	0	0
公益影像研究中心	8	4	1	4	3	0	2	50	120	120
课程与教学研究中心	7	5	2	6	1	0	72	0.95	7 786	0
民商法应用研究中心	9	7	1	7	2	0	23	2.6	0	0
欧洲文明研究院	16	15	0	11	5	0	69	800	1 675	0
社会管理与发展研究中心	13	11	2	6	7	0	10	300	20	0
思想政治教育研究所	22	16	5	19	3	0	43	60.6	42.3	0
田径运动科学研究所	11	4	6	6	4	1	35	100	1 500	1 500
心理与行为研究院	35	33	2	17	18	0	115	3 123.3	34 327.8	24 576
语言研究所	13	10	3	6	7	0	14	10.8	0.9	0
政治文化与政治文明建设研究院	19	17	1	19	0	0	11	2.8	1	0
中共党史党建研究所	5	4	1	5	0	0	9	100	0.9	0
天津职业技术师范大学	20	9	8	17	3	0	24	570	969.42	108.67
世界技能大赛中国研究中心	8	2	4	6	2	0	5	240	133	0
职业教育发展研究中心	6	4	2	5	1	0	13	288	698.7	0
职业教育教师研究院	6	3	2	6	0	0	6	42	137.72	108.67
天津外国语大学	31	26	5	21	10	0	143	2 200	335	0
比较文学研究所	4	3	1	2	2	0	37	250	35	0
东北亚研究中心	4	4	0	2	2	0	0	200	40	0
拉美研究中心	3	2	1	2	1	0	0	200	30	0

续表

学校及机构名称	R&D活动人员(人)						培养研究生人数(人)	R&D经费支出(千元)	仪器设备原价(千元)	
	合计	其中								其中:进口(千元)
		博士毕业	硕士毕业	高级职称	中级职称	初级职称				
欧美文化哲学研究所	4	4	0	3	1	0	23	200	40	0
天津国际发展研究院	3	3	0	2	1	0	6	200	40	0
外国语言文学文化研究中心	4	3	1	3	1	0	40	300	50	0
语言符号应用传播研究中心	5	4	1	4	1	0	0	600	50	0
中央文献翻译研究基地	4	3	1	3	1	0	37	250	50	0
天津商业大学	26	24	2	18	8	0	14	403	5 420	0
管理创新与评价研究中心	26	24	2	18	8	0	14	403	5 420	0
天津财经大学	440	353	68	275	116	29	701	7 991.19	3 663.91	0
财政与社会发展研究中心	11	1	9	1	4	0	13	77.13	74.13	0
产业与市场科学研究所	14	10	4	10	4	0	26	130	0	0
创新管理与知识运营研究所	11	11	0	3	8	0	10	40	40	0
创新与创业研究中心	18	14	4	10	8	0	29	260	153	0
大数据统计研究中心	10	8	2	5	5	0	20	100	50	0
法律经济分析与政策评价协同创新中心	18	14	4	10	8	0	50	100	50	0
法律经济分析与政策评价中心	32	28	4	25	3	0	70	450	150	0
法学研究中心	6	4	2	6	0	0	0	1.5	0.6	0
房地产经济研究所	1	0	0	1	0	0	0	18	10	0
复杂网络系统与创新研究中心	15	15	0	8	7	0	12	3 600	2 000	0
工商管理研究中心	17	11	4	12	4	0	20	113	27.7	0
管理可计算建模协同创新中心	22	21	1	14	4	4	14	490	110.21	0
金融与保险研究中心	28	25	3	23	3	2	75	150	0	0
近现代法学研究中心	6	5	1	4	2	0	7	89.4	36.27	0
纠纷解决研究中心	4	4	0	3	1	0	8	20	0	0
旅游研究与规划中心	15	12	3	4	4	7	32	50	30	0
马克思主义与当代中国研究中心	19	12	6	16	3	0	15	77.5	0	0
审计与控制研究中心	11	11	0	5	6	0	50	100	50	0
数学经济研究中心	22	21	1	14	4	4	14	7.56	0	0
天津市京津冀协同创新发展研究院	15	8	1	3	5	0	2	3.62	0	0
天津市科技金融学院	13	12	1	13	0	0	0	25	0	0
天津市自由贸易区研究院	13	13	0	11	2	0	16	360	80	0
天津现代无形资产研究所	3	1	2	1	2	0	57	2.76	0	0
无形资产评价协同创新中心	3	1	2	1	2	0	57	110.9	0	0
物流与供应链运营创新研究所	9	6	3	5	4	0	5	50	2	0

续表

学校及机构名称	R&D 活动人员(人)						培养研究生人数(人)	R&D 经费支出(千元)	仪器设备原价(千元)	
	合计	其中								其中:进口(千元)
		博士毕业	硕士毕业	高级职称	中级职称	初级职称				
现代经济管理研究院	5	4	0	2	2	0	19	18	0	0
现代经济学研究中心	3	2	1	2	1	0	0	8.04	0	0
营运资本管理研究所	17	13	2	10	5	1	17	35.8	0	0
中国滨海金融协同创新中心	30	30	0	22	7	1	30	600	0	0
中国经济统计研究中心	20	18	2	17	3	0	21	900	800	0
组织创新与治理研究中心	29	18	6	14	5	10	12	2.98	0	0
天津体育学院	25	13	10	18	6	0	21	1 349.8	11 484.4	6 929
体育人文社会科学研究中心	21	12	8	16	4	0	15	486	1 737.9	0
运动与健康科普教育基地	4	1	2	2	2	0	6	863.8	9 746.5	6 929
天津音乐学院	35	11	18	8	15	12	23	263.6	150	0
艺术创作与表演研究中心	35	11	18	8	15	12	23	263.6	150	0
天津城建大学	56	50	6	44	11	1	184	2 969	20	0
城市绿色发展研究中心	20	16	4	15	4	1	30	30	20	0
天津城镇化与新农村建设研究中心	36	34	2	29	7	0	154	2 939	0	0
天津中德应用技术大学	6	2	3	2	4	0	0	11	18	0
中德职业教育研究所	6	2	3	2	4	0	0	11	18	0
河北省										
河北大学	483	312	171	404	77	2	264	3 330	2 940	0
传媒与社会发展研究基地	72	24	48	50	20	2	50	200	100	0
传世字书与出土文字研究中心	38	20	18	30	8	0	20	200	200	0
大学文化传承创新研究中心	30	18	12	25	5	0	12	200	200	0
高等教育与区域发展研究中心	30	25	5	26	4	0	13	200	200	0
国家治理法治化研究中心	35	20	15	30	5	0	16	200	200	0
伊斯兰国家社会发展研究中心	28	20	8	25	3	0	12	200	200	0
政府管理与公共政策研究中心	35	27	8	30	5	0	13	200	200	0
中国曲学研究中心	35	20	15	30	5	0	15	200	200	0
资源利用与环境保护研究中心	30	25	5	28	2	0	15	200	200	0
河北省生态与环境发展研究中心	20	18	2	10	10	0	10	200	200	0
河北省文化产业发展研究中心	20	10	10	17	3	0	12	200	200	0
华夏文化产业研究院	23	20	3	20	3	0	10	50	0	0
区域经济研究所	10	7	3	10	0	0	6	200	200	0
社会计算与社会发展研究基地	25	18	7	23	2	0	10	130	110	0

续表

学校及机构名称	R&D 活动人员(人)						培养研究生人数(人)	R&D 经费支出(千元)	仪器设备原价(千元)	
	合计	其中								其中:进口(千元)
		博士毕业	硕士毕业	高级职称	中级职称	初级职称				
宋史研究中心	32	21	11	31	1	0	30	400	200	0
现代汉字研究中心	20	19	1	19	1	0	20	350	330	0
河北工程大学	53	27	10	42	8	0	0	220	0	0
城乡现代化研究中心	9	4	3	8	1	0	0	0	0	0
水生态文明及社会治理研究中心	20	11	3	16	3	0	0	130	0	0
河北省“三化”及其协同发展研究基地	11	7	4	7	4	0	0	90	0	0
习近平新时代中国特色社会主义思想研究中心	13	5	0	11	0	0	0	0	0	0
河北地质大学	12	4	5	11	1	0	0	310	70	0
经济研究所	12	4	5	11	1	0	0	310	70	0
河北工业大学	180	152	5	134	40	1	488	6 857.5	3 971.66	0
管理科学研究所	45	43	0	37	8	0	134	0	0	0
京津冀区域治理协同创新中心	25	24	1	22	3	0	50	409.5	313.3	0
京津冀文化融合与创新研究中心	10	7	3	8	2	0	25	597	87	0
河北省马克思主义中国化研究基地	21	6	0	4	12	0	0	8	3	0
技术与创新管理研究所	9	8	1	5	3	1	67	567	40	0
金融工程与创新研究中心	15	14	0	10	5	0	32	1 322	1 300	0
企业信息化与管理创新研究中心	49	49	0	46	3	0	180	3 921	2 216.36	0
日本社会文化研究所	6	1	0	2	4	0	0	33	12	0
华北理工大学	32	10	19	28	3	1	11	300	6 000	0
河北省城乡统筹及一体化发展研究基地	32	10	19	28	3	1	11	300	6 000	0
河北科技大学	5	0	4	4	1	0	18	22	60	0
高等教育研究所	5	0	4	4	1	0	18	22	60	0
河北农业大学	75	14	36	27	34	14	28	431.5	260	106
河北省“三农”问题研究中心	20	5	15	10	8	2	8	150	50	10
河北省农业经济发展战略研究基地	30	3	10	9	15	6	6	1.5	80	6
河北省现代农业发展研究中心	10	3	6	4	5	1	8	180	100	80
社会主义核心价值观实践教育创新研究中心	15	3	5	4	6	5	6	100	30	10
河北医科大学	28	8	20	12	14	2	9	530	290	59
河北省健康发展研究中心	8	2	6	4	4	0	3	30	20	4

续表

学校及机构名称	R&D 活动人员(人)						培养研究生人数(人)	R&D 经费支出(千元)	仪器设备原价(千元)	其中:进口(千元)
	合计	其中 博士毕业	硕士毕业	高级职称	中级职称	初级职称				
河北省医学人文社会科学研究基地	12	4	8	5	5	2	3	100	20	5
河北医科大学临床人文关爱与护理研究中心	8	2	6	3	5	0	3	400	250	50
河北师范大学	90	29	26	21	18	2	37	1 200	460	150
河北省燕赵文化研究协同创新中心	30	10	6	8	10	2	15	0	0	0
河北省燕赵文化遗产保护与研究基地	25	7	10	5	3	0	0	1 000	350	150
中国共产党革命精神与文化资源研究中心	35	12	10	8	5	0	22	200	110	0
河北民族师范学院	136	22	92	15	24	2	0	417	190	0
避暑山庄文化国际推广研究中心	8	1	5	0	0	0	0	15	8	0
避暑山庄研究室	7	1	5	0	0	0	0	15	7	0
承德本土作家研究室	8	0	5	0	0	0	0	10	7	0
承德历史文化研究基地	10	4	6	3	7	0	0	15	7	0
承德旅游区土地生态研究室	9	2	7	0	0	0	0	10	6	0
承德文化旅游规划研究所	7	1	4	0	0	0	0	20	7	0
非物质文化遗产研究基地	19	5	12	0	0	0	0	80	20	0
旅游产品开发研究室	10	0	6	0	0	0	0	10	9.5	0
满族音乐舞蹈研究室	9	0	6	0	0	0	0	10	6	0
民族关系研究基地	15	4	11	7	6	2	0	180	80	0
纳兰性德研究室	8	1	5	0	0	0	0	12	7	0
普通话与承德地域文化研究基地	8	1	7	2	6	0	0	15	10	0
塞罕坝精神研究基地	8	2	6	3	5	0	0	15	8	0
少数民族传统体育研究室	10	0	7	0	0	0	0	10	7.5	0
唐山师范学院	99	21	61	39	59	1	0	336	295	0
城市文化与可持续发展研究基地	10	3	7	4	6	0	0	50	100	0
冀东文献典藏与研究中心	8	2	4	3	5	0	0	50	20	0
教育科学研究所	10	2	7	4	5	1	0	40	45	0
区域经济研究所	17	2	10	7	10	0	0	35	25	0
史学研究所	14	3	10	4	10	0	0	39	35	0
文学与文化研究所	20	3	14	9	11	0	0	35	24	0
语言与文化研究中心	10	3	4	4	6	0	0	50	20	0

续表

学校及机构名称	R&D活动人员(人)						培养研究生人数(人)	R&D经费支出(千元)	仪器设备原价(千元)	
	合计	其中								其中:进口(千元)
		博士毕业	硕士毕业	高级职称	中级职称	初级职称				
语言与文献研究所	10	3	5	4	6	0	0	37	26	0
石家庄学院	15	5	8	5	8	2	0	5	0	0
河北省中国特色社会主义理论体系石家庄学院农村发展研究基地	15	5	8	5	8	2	0	5	0	0
邯郸学院	71	12	56	34	31	2	0	486.3	0	0
磁州窑艺术研究所	3	0	3	1	2	0	0	1.5	0	0
邯郸舞蹈文化研究室	2	0	1	1	1	0	0	8	0	0
太行山文书研究中心	6	2	4	3	2	1	0	177	0	0
河北省赵文化与区域经济研究基地	8	4	4	4	4	0	0	16	0	0
胡乔木研究所	4	1	3	3	1	0	0	4	0	0
教育与心理咨询中心	5	0	5	2	3	0	0	4.3	0	0
女性文学研究所	2	0	2	1	1	0	0	1.3	0	0
太极拳研究与推广中心	4	0	4	0	0	0	0	1	0	0
特殊教育	15	1	14	5	10	0	0	227	0	0
文化产业研究所	6	0	6	3	2	1	0	6.4	0	0
雁翼研究所	4	1	3	3	1	0	0	4.8	0	0
赵文化研究中心	12	3	7	8	4	0	0	35	0	0
邢台学院	64	20	44	46	18	0	0	60.85	10	0
河北省当代中国民生与社会建设研究基地	32	10	22	23	9	0	0	44.85	5	0
河北省中国特色社会主义理论体系研究基地	32	10	22	23	9	0	0	16	5	0
沧州师范学院	109	5	47	66	34	7	0	12.16	3 200	0
渤海党史研究所	9	1	4	5	4	0	0	0	0	0
河北省武术研究基地	15	0	7	8	5	0	0	4.2	0	0
教师教育研究中心	14	1	7	9	5	0	0	2.63	0	0
礼仪教育研究中心	8	0	6	5	1	2	0	0	0	0
民间艺术研究所	20	0	3	10	8	2	0	0	0	0
齐越教育研究中心	8	1	4	7	0	1	0	0	3 200	0
区域经济与公共关系研究所	9	0	5	6	3	0	0	3.78	0	0
区域文化研究所	10	1	3	6	3	1	0	1.55	0	0
师德师风研究所	8	0	4	4	3	1	0	0	0	0

续表

学校及机构名称	R&D 活动人员(人)						培养研究生人数(人)	R&D 经费支出(千元)	仪器设备原价(千元)	其中:进口(千元)
	合计	其中								
		博士毕业	硕士毕业	高级职称	中级职称	初级职称				
哲学研究所	8	1	4	6	2	0	0	0	0	0
石家庄铁道大学	62	23	37	36	26	0	63	122	30	0
工程建设管理研究基地	37	12	25	26	11	0	49	33	12	0
人居环境可持续发展研究中心	8	2	6	3	5	0	0	32	0	0
省生态环境和发展环境研究基地	17	9	6	7	10	0	14	57	18	0
燕山大学	497	220	269	273	216	8	109	1 890	190	0
河北省地方政府改革与发展研究基地	50	25	25	18	25	7	15	50	0	0
河北省非物质文化遗产研究基地	18	5	12	4	13	1	2	10	0	0
河北省非物质文化遗产研究基地	21	2	17	3	18	0	3	10	0	0
河北省服务经济与管理研究基地	20	12	8	12	8	0	3	60	0	0
河北省工业设计创新与发展研究中心	40	7	28	16	24	0	6	500	50	0
河北省公共政策评估研究中心	182	110	72	125	57	0	35	450	40	0
河北省设计创新与产业发展研究中心	50	8	42	32	18	0	12	180	20	0
河北省现代港口煤炭物流工程技术研究中心	20	12	8	7	13	0	14	100	0	0
河北省中国特色社会主义理论体系燕山大学研究基地	31	17	14	19	12	0	8	30	0	0
京津冀协同发展管理创新研究中心	35	11	24	20	15	0	6	250	40	0
区域经济发展研究中心	30	11	19	17	13	0	5	250	40	0
河北科技师范学院	31	13	18	20	11	0	13	160	0	0
河北职业教育研究基地	13	5	8	6	7	0	13	50	0	0
冀东文化研究中心	18	8	10	14	4	0	0	110	0	0
邯郸职业技术学院	30	1	23	25	5	0	0	200	230	0
邯郸创新区域经济研究院	10	0	8	10	0	0	0	100	30	0
邯郸知识产权学院	20	1	15	15	5	0	0	100	200	0
中国人民武装警察部队学院	194	36	89	69	67	4	44	1 990	207	0
边境与出入境安全研究中心	18	2	12	8	9	1	18	300	10	0
部队政治工作研究中心	9	1	5	0	0	0	15	110	60	0
反恐怖与警卫安全研究中心	26	2	14	9	17	0	0	300	20	0
公安现役部队教育培训研究中心	5	2	2	0	0	0	0	50	20	0

续表

学校及机构名称	R&D 活动人员(人)						培养研究生人数(人)	R&D 经费支出(千元)	仪器设备原价(千元)	
	合计	其中								其中:进口(千元)
		博士毕业	硕士毕业	高级职称	中级职称	初级职称				
基础学科教育研究中心	25	6	2	10	0	2	0	150	10	0
警卫学术研究中心	10	2	3	0	0	0	0	50	10	0
维和警务研究中心	8	3	5	5	3	0	0	480	7	0
维和学术研究中心	12	2	3	0	0	0	0	50	10	0
消防软科学研究中心	5	2	3	0	0	0	0	100	30	0
应急救援管理研究中心	20	9	11	10	10	0	6	100	10	0
中国海警研究中心	56	5	29	27	28	1	5	300	20	0
河北金融学院	74	22	52	42	32	0	12	1 220	500	0
河北省高校智慧金融应用技术研发中心	56	11	45	28	28	0	12	400	270	0
河北省科技金融协同创新中心	10	5	5	6	4	0	0	600	150	0
河北省科技金融重点实验室	5	5	0	5	0	0	0	200	50	0
金融研究所	3	1	2	3	0	0	0	20	30	0
北华航天工业学院	71	26	35	35	16	2	0	50	0	0
河北省航天产业发展软科学研究基地	28	10	18	20	7	1	0	50	0	0
河北省中国特色社会主义理论体系北华航天工业学院研究基地	26	10	13	8	9	1	0	0	0	0
习近平新时代中国特色社会主义思想研究中心	17	6	4	7	0	0	0	0	0	0
邢台职业技术学院	10	0	10	3	4	3	0	60	100	0
邢台市太行传统村落文化研究中心	10	0	10	3	4	3	0	60	100	0
河北经贸大学	227	175	46	185	36	2	466	1 754.77	652.82	0
地方法治建设研究中心	27	19	8	23	4	0	312	340.5	50	0
金融与企业创新研究中心	23	21	2	18	5	0	17	74.4	114.4	0
京津冀一体化发展协同创新中心	57	42	13	55	2	0	15	360.5	20	0
伦理与社会治理研究中心	19	17	2	14	3	0	0	36.52	0	0
马克思主义理论研究中心	16	12	4	11	5	0	0	21	0	0
马克思主义理论研究基地	8	6	2	4	3	1	0	15.6	2.6	0
社会管理德治与法治协同创新中心	20	17	3	18	2	0	0	158.8	60.32	0
现代商贸服务业研究中心	21	16	5	17	4	0	45	275.33	0	0
河北省道德文化与社会发展研究中心	17	15	2	12	5	0	0	276.12	0	0

续表

学校及机构名称	R&D活动人员(人) 合计	其中 博士毕业	硕士毕业	高级职称	中级职称	初级职称	培养研究生人数(人)	R&D经费支出(千元)	仪器设备原价(千元)	其中:进口(千元)
经济研究所	19	10	5	13	3	1	77	196	405.5	0
中央司法警官学院	9	4	2	0	0	0	0	0	0	0
司法行政科学理论研究所	9	4	2	0	0	0	0	0	0	0
唐山工业职业技术学院	6	1	5	4	2	0	0	27	100	0
高等职业教育研究所	6	1	5	4	2	0	0	27	100	0
泊头职业学院	4	0	1	3	0	1	0	0	14	0
职业教育研究中心	4	0	1	3	0	1	0	0	14	0
山西省										
山西大学	114	109	5	70	32	8	162	6 773.7	8 544.2	0
地方高等教育研究中心	4	4	0	3	1	0	9	132.7	422.7	0
方言与口传文化典藏研究中心	12	12	0	8	4	0	14	132.4	367.4	0
管理与决策研究中心	9	9	0	6	3	0	14	453.7	365.6	0
国学研究中心	12	11	1	6	4	2	18	323.2	345.6	0
晋商学研究所	8	8	0	4	4	0	21	789.2	525.6	0
科学技术史研究所	11	11	0	6	3	0	12	892.7	556.6	0
科学技术哲学研究中心	18	17	1	12	3	2	32	1 233.2	4 022.3	0
马克思主义哲学研究所	10	9	1	6	3	1	12	781.2	212.8	0
马克思主义中国化研究中心	9	9	0	6	2	1	8	879.6	225.2	0
区域社会史研究中心	13	12	1	8	3	2	18	923.1	1 232.7	0
体育科学研究所	8	7	1	5	2	0	4	232.7	267.7	0
中北大学	25	20	5	18	7	0	21	6.75	0	0
创新研究中心	25	20	5	18	7	0	21	6.75	0	0
太原理工大学	43	29	14	22	21	0	62	355	5.4	0
煤炭产业科学发展研究中心	19	17	2	11	8	0	30	200	1.8	0
普通高校竞技体育运动研究中心	12	6	6	8	4	0	20	5	0	0
艺术遗产研究中心	12	6	6	3	9	0	12	150	3.6	0
山西农业大学	63	10	32	29	12	11	16	650	0	0
大学生创业园	14	0	4	2	3	2	12	600	0	0
山西省高校思想政治工作实践育人协同中心	43	10	26	26	8	8	0	0	0	0
新农村建设研究中心	6	0	2	1	1	1	4	50	0	0
山西医科大学	36	11	21	15	15	6	59	358.93	18.2	0

续表

学校及机构名称	R&D活动人员(人)						培养研究生人数(人)	R&D经费支出(千元)	仪器设备原价(千元)	
	合计	其中								其中:进口(千元)
		博士毕业	硕士毕业	高级职称	中级职称	初级职称				
健康人文研究中心	4	2	2	3	1	0	29	204.23	9	0
卫生管理与政策研究中心	32	9	19	12	14	6	30	154.7	9.2	0
山西师范大学	97	65	23	77	15	1	133	4 880.38	4 414.45	875.94
产业转型与升级研究中心	14	12	1	11	2	0	21	358.47	402.56	83.08
高等教育研究所	6	4	2	3	3	0	10	92.47	21.28	0
教师教育研究中心	16	12	2	15	0	0	18	3 018.69	196.7	25.61
马克思主义理论与思想政治教育研究所	7	5	2	6	0	0	11	571.39	127.74	2.88
社会学研究所	6	3	2	5	1	0	10	185.4	79.57	1.5
戏曲文物研究中心	22	12	7	18	4	0	36	402.3	2 521.21	635.57
亚洲区域发展研究中心	19	16	3	15	3	0	20	139.4	247.87	68.03
中国书画文化研究所	7	1	4	4	2	1	7	112.26	817.52	59.27
太原师范学院	85	45	33	26	9	0	8	649	2 950	0
汾河流域科学发展研究中心	35	15	15	0	0	0	0	455	1 350	0
区域文学研究中心	15	8	5	0	0	0	0	50	100	0
山西省城乡统筹协同创新中心	35	22	13	26	9	0	8	144	1 500	0
晋中学院	12	6	6	5	3	2	0	156	950	0
晋中文化生态研究中心	12	6	6	5	3	2	0	156	950	0
长治学院	5	2	3	2	3	0	0	10	3	0
太行山生态与旅游研究中心	5	2	3	2	3	0	0	10	3	0
运城学院	26	14	6	18	8	0	0	76.85	0	0
河东文化研究中心	26	14	6	18	8	0	0	76.85	0	0
忻州师范学院	5	0	2	5	0	0	3	61.8	66	0
五台山文化研究所	3	0	1	3	0	0	2	1.8	34	0
元好问研究所	2	0	1	2	0	0	1	60	32	0
山西财经大学	119	57	60	39	73	6	166	830	4 443	0
金融研究院	51	22	29	16	31	4	102	200	1 300	0
晋商研究院	12	4	6	4	8	0	0	160	1 580	0
山西省中小企业发展研究院	5	5	0	2	3	0	33	200	73	0
统计研究院	16	7	9	6	10	0	31	140	950	0
资源型经济研究中心	35	19	16	11	21	2	0	130	540	0
山西工商学院	13	0	13	8	5	0	0	60	30	0

续表

学校及机构名称	R&D活动人员(人)						培养研究生人数(人)	R&D经费支出(千元)	仪器设备原价(千元)	
	合计	其中								其中:进口(千元)
		博士毕业	硕士毕业	高级职称	中级职称	初级职称				
民办高等教育研究所	4	0	4	2	2	0	0	20	10	0
企业管理研究中心	5	0	5	3	2	0	0	20	10	0
通才教育研究所	4	0	4	3	1	0	0	20	10	0
山西传媒学院	139	29	94	79	26	18	0	2 342.31	419.27	75
大学生体育赛事制播中心	22	0	6	5	7	0	0	1 250	100	44
文化创意产业发展协同创新中心	39	9	30	24	6	6	0	440	0	0
文化创意与设计研究中心	40	10	30	25	5	7	0	487.31	319.27	31
戏剧影视学术研究基地	38	10	28	25	8	5	0	165	0	0
内蒙古自治区										
内蒙古大学	84	40	44	48	24	12	84	308.36	125.6	0
蒙古学研究中心	9	9	0	8	1	0	8	121.36	25.6	0
内蒙古地区经济可持续发展研究基地	24	7	17	14	10	0	42	30	0	0
内蒙古地区社会历史文化研究中心	22	3	19	10	0	12	20	57	0	0
内蒙古社会治理与创新研究基地	29	21	8	16	13	0	14	100	100	0
内蒙古师范大学	76	26	38	26	29	0	17	2 454	480	0
内蒙古文化传播力建设研究基地	12	1	5	4	1	0	7	350	480	0
内蒙古自治区高校民族学重点研究基地	18	11	6	10	8	0	3	963	0	0
内蒙古自治区高校中国北疆史研究基地	20	9	11	8	12	0	5	501	0	0
内蒙古自治区心理学重点实验室	12	5	7	4	8	0	2	340	0	0
中国边疆史地研究中心	14	0	9	0	0	0	0	300	0	0
赤峰学院	8	3	4	8	0	0	31	50	0	0
北方民族文化研究所	8	3	4	8	0	0	31	50	0	0
内蒙古财经大学	182	70	37	74	24	84	59	1 000	230	0
内蒙古产业发展研究基地	30	10	20	18	12	0	15	300	10	0
内蒙古中小企业发展研究基地	32	15	17	20	12	0	12	200	20	0
中蒙经贸合作与草原丝绸之路经济带构建研究协同创新中心	120	45	0	36	0	84	32	500	200	0
呼和浩特民族学院	5	4	1	4	1	0	0	50	0	0
蒙古国研究中心	5	4	1	4	1	0	0	50	0	0

续表

学校及机构名称	R&D活动人员（人）						培养研究生人数（人）	R&D经费支出（千元）	仪器设备原价（千元）	其中：进口（千元）
	合计	其中								
		博士毕业	硕士毕业	高级职称	中级职称	初级职称				
辽宁省										
辽宁大学	174	150	13	123	33	1	1 595	3 381	1 722.46	0
东北振兴研究中心	19	19	0	19	0	0	336	1 220	129.46	0
金融研究中心	2	2	0	1	1	0	0	75	50	0
经济法制研究中心	20	12	4	20	0	0	0	20	5	0
人口研究所	15	12	2	9	6	0	0	480	56	0
日本研究所	11	9	1	6	4	1	18	500	150	0
现代公司治理与成长研究中心	20	17	3	17	3	0	256	300	600	0
哲学基础理论研究中心	28	28	0	12	0	0	350	30	52	0
中国文艺思想史研究中心	45	38	2	30	15	0	290	656	580	0
转型国家经济政治研究中心	14	13	1	9	4	0	345	100	100	0
大连理工大学	74	53	7	18	23	23	0	25	25	0
财务管理研究所	16	15	1	2	4	10	0	2	2	0
德国技术哲学中心	6	5	1	1	2	1	0	1	1	0
金融风险与系统评价管理研究中心	10	6	0	5	1	0	0	10	10	0
科技伦理与科技管理研究中心	20	9	1	6	10	0	0	10	10	0
欧盟研究中心	7	6	1	2	3	2	0	1	1	0
中国特色社会主义研究中心	15	12	3	2	3	10	0	1	1	0
沈阳工业大学	56	40	16	23	20	13	33	77	38	0
辽宁省知识产权研究院	15	5	10	4	6	5	14	50	25	0
辽宁省装备制造工程管理重点实验室	21	19	2	10	9	2	11	8	3.7	0
辽宁装备制造业发展研究基地	20	16	4	9	5	6	8	19	9.3	0
沈阳航空航天大学	15	7	6	7	7	1	0	30	7	0
辽宁省产业经济研究所	12	6	4	6	6	0	0	20	5	0
沈阳航空航天大学社会科学界联合会	3	1	2	1	1	1	0	10	2	0
东北大学	400	369	29	195	82	0	0	14 827	2 699.2	0
985工程—经济管理创新研究哲学社会科学创新基地	72	57	15	26	12	0	0	3 500	220	0
985工程—科技与社会（STS）哲学社会科学创新研究基地	13	12	1	5	6	0	0	1 800	282.2	0
城乡社区研究院	61	59	2	40	9	0	0	202	80	0

续表

学校及机构名称	R&D 活动人员(人)						培养研究生人数(人)	R&D 经费支出(千元)	仪器设备原价(千元)	
	合计	其中								其中:进口(千元)
		博士毕业	硕士毕业	高级职称	中级职称	初级职称				
高等学校效绩评价研究基地	20	12	8	8	3	0	0	80	570	0
国家科技政策东北研究中心	21	19	0	7	6	0	0	360	270	0
科技与社会研究中心	15	15	0	8	4	0	0	255	230	0
科技政策研究战略培育基地	16	14	2	4	3	0	0	2 850	280	0
孔子学院信息化发展基地	61	61	0	28	13	0	0	500	80	0
辽宁省人民政府科技政策研究中心	19	19	0	11	4	0	0	152	250	0
先进管理研究中心	64	64	0	31	16	0	0	800	400	0
校府合作研究基地	15	15	0	7	3	0	0	28	37	0
中国东北振兴研究院	23	22	1	20	3	0	0	4 300	0	0
辽宁石油化工大学	15	6	9	7	8	0	0	9	5.5	0
雷锋学研究中心	2	1	1	1	1	0	0	2	1.5	0
辽宁省雷锋研究会	8	3	5	3	5	0	0	3	2	0
学科专业群对接产业集群的协同创新研究基地	5	2	3	3	2	0	0	4	2	0
大连海事大学	177	110	66	105	64	8	268	1 285	4 757	0
大学英语研究基地	55	9	46	24	27	4	95	270	3 300	0
国际海事法律研究中心	33	30	2	29	4	0	107	600	1 207	0
辽宁区域发展战略研究基地	31	23	8	15	14	2	22	160	100	0
辽宁沿海开放与经济发展研究基地	31	23	8	15	14	2	22	220	100	0
马克思主义中国化研究中心	27	25	2	22	5	0	22	35	50	0
大连工业大学	108	42	54	24	51	20	15	679.36	172	0
创意产业与设计创新研究所	13	1	10	1	4	2	0	40	30	0
创新创业研究中心	3	2	1	1	2	0	0	1.86	12	0
建筑空间环境艺术研究所	4	0	4	2	2	0	0	124	30	0
辽宁消费产业发展研究基地	39	29	10	7	20	9	0	210	30	0
辽宁艺术与时尚融合科技创新基地	35	10	17	10	15	9	15	200	20	0
日韩企业经营研究所	5	0	3	1	2	0	0	100	30	0
外语教学与研究研究所	9	0	9	2	6	0	0	3.5	20	0
沈阳建筑大学	35	28	7	24	9	2	42	50	150	20
社会科学界联合会	35	28	7	24	9	2	42	50	150	20
沈阳农业大学	42	17	14	11	26	2	66	622	210.2	0
高等教育研究所	7	2	1	1	5	1	5	13	3	0

续表

学校及机构名称	R&D 活动人员(人)						培养研究生人数(人)	R&D 经费支出(千元)	仪器设备原价(千元)	
	合计	其中								其中:进口(千元)
		博士毕业	硕士毕业	高级职称	中级职称	初级职称				
农村经济研究所	10	7	3	3	6	1	21	189.5	70	0
新农村发展研究院	25	8	10	7	15	0	40	419.5	137.2	0
锦州医科大学	5	1	4	1	4	0	3	80	80	0
医学教育研究所	5	1	4	1	4	0	3	80	80	0
辽宁师范大学	302	153	110	29	76	22	362	910	67	4.5
儿童青少年健康人格评定与培养协同创新中心	20	15	4	3	10	0	51	150	0	0
儿童青少年心理健康教育研究基地	20	17	2	3	10	0	89	10	0	0
海洋经济与可持续发展研究中心	35	13	15	4	6	4	10	220	15	0
红山文化与中华文明协同创新中心	30	21	9	4	25	1	180	150	0	0
基础教育课程评价研究基地	12	7	5	2	3	5	2	30	3	0
辽海历史与旅游文化研究中心	25	9	10	1	3	2	5	40	10	0
辽宁沿海经济带发展研究基地	21	6	8	2	3	1	5	15	10	0
马克思主义理论与思想政治教育研究基地	32	14	15	2	2	1	3	40	2	0
特殊需要儿童发展与教育研究基地	29	8	15	1	2	2	3	20	2	0
体育人文社会科学研究基地	17	9	8	2	3	1	3	65	2	0
体育文化研究基地	13	7	6	1	3	2	4	20	3	0
心理发展与教育研究中心	20	16	3	2	3	2	4	70	10	0
学校道德教育研究中心	28	11	10	2	3	1	3	80	10	4.5
沈阳师范大学	154	77	76	72	82	0	352	4 590	23 349.24	9 232
国家体育社会科学重点研究基地	50	12	38	10	40	0	150	100	4 050	572
国家体育总局体育文化发展中心体育文化研究基地	12	2	9	7	5	0	20	50	15	0
国土资源科普基地	5	5	0	3	2	0	2	660	5 670	2 870
教育管理研究中心	4	3	1	3	1	0	16	200	132	12
教育政策与法制协同创新研究基地	4	3	1	3	1	0	17	200	135	12
辽宁古生物博物馆全国科普教育基地	5	5	0	3	2	0	2	665	5 660	2 860
辽宁省教育政策与法制研究中心	4	3	1	3	1	0	17	200	132	12
辽宁省科学技术普及基地	5	4	1	3	2	0	2	665	5 670	2 870
辽宁省满族文化资源与发展研究基地	6	4	2	2	4	0	8	150	30	0

续表

学校及机构名称	R&D 活动人员(人)						培养研究生人数(人)	R&D 经费支出(千元)	仪器设备原价(千元)	其中:进口(千元)
	合计	其中								
		博士毕业	硕士毕业	高级职称	中级职称	初级职称				
辽宁省普通高等学校人文社科重点研究基地	3	2	1	2	1	0	7	200	130	12
辽宁省人大教科工委教育法制建设研究基地	3	2	1	3	0	0	17	200	135	12
卓越法律人才教育研究与实践基地	53	32	21	30	23	0	94	1 300	1 590.24	0
渤海大学	43	26	14	30	3	0	163	422	260	15
国别与区域中心东北亚研究中心	25	23	2	24	1	0	50	225	74	0
辽宁省职业社会能力培养研究与实践基地	18	3	12	6	2	0	113	197	186	15
大连外国语大学	46	28	18	22	12	8	45	1 267.11	151.2	0
“一带一路”人文交流机制协同创新中心	20	13	7	11	9	0	32	330	25	0
东北亚外交外事协同创新中心	8	7	1	6	1	0	13	800	30	0
东北亚研究中心	3	2	1	1	1	1	0	10.7	20.4	0
哈萨克斯坦研究中心	2	2	0	1	0	1	0	100	4	0
乌克兰研究中心	5	1	4	1	0	1	0	8.21	30.4	0
亚美尼亚研究中心	5	1	4	1	0	4	0	7.8	21.7	0
中日韩合作研究中心	3	2	1	1	1	1	0	10.4	19.7	0
东北财经大学	494	411	57	306	155	9	1 036	5 198.8	2 362	0
产业组织与企业组织研究中心	26	20	3	14	11	0	105	760	130	0
地方财政研究中心	25	24	0	17	6	0	52	309.8	220	0
公共政策研究中心	31	29	1	16	12	0	13	421	355	0
国民核算研究中心	23	19	1	13	9	0	40	209	103	0
经济计量分析与预测研究中心	33	28	2	27	5	0	61	558	560	0
劳动就业与人力资本开发研究中心	21	19	1	13	3	0	17	70	117	0
辽宁经济与社会协调发展研究基地	33	25	6	20	11	1	23	560	116	0
辽宁期货与经济社会发展研究基地	44	38	5	28	13	2	179	251	112	0
辽宁省高等学校金融分析与模拟重点实验室	31	26	4	20	10	0	129	256	112	0
辽宁省中国特色社会主义政治经济学研究基地	27	20	6	18	8	0	33	256	118	0
辽宁沿海经济带产业升级与对外开放协同创新中心	131	107	23	66	54	6	90	570	203	0

续表

学校及机构名称	R&D活动人员(人)						培养研究生人数(人)	R&D经费支出(千元)	仪器设备原价(千元)	其中:进口(千元)
	合计	其中								
		博士毕业	硕士毕业	高级职称	中级职称	初级职称				
区域经济一体化与上海合作组织研究中心	28	24	2	23	4	0	100	300	62	0
应用金融研究中心	7	5	0	4	3	0	22	283	128	0
中国内部控制研究中心	34	27	3	27	6	0	172	395	26	0
沈阳体育学院	186	97	78	158	26	2	72	2 205.46	40 744	30 950
冬季项目技术诊断与机能评定实验室	46	24	17	36	9	1	45	1 091.45	14 304	10 630
辽宁体育产业经济与公共政策研究基地	38	23	15	33	5	0	0	36.01	5	0
体能教学训练中心	16	6	9	13	2	1	12	124.71	17 000	14 000
体育教育科学研究中心	27	11	13	25	2	0	3	57.22	35	0
体育社会科学研究中心	50	27	21	44	6	0	10	720.69	3 000	1 320
心理学研究中心	9	6	3	7	2	0	2	175.38	6 400	5 000
沈阳音乐学院	12	5	6	6	6	0	0	18	6	0
东北音乐舞蹈研究中心	12	5	6	6	6	0	0	18	6	0
辽宁对外经贸学院	278	39	216	215	41	17	0	2 839.79	2 194	0
成本管理研究所	12	3	9	9	3	0	0	168.27	151.9	0
创业企业研究中心	16	8	8	16	0	0	0	156.64	164.5	0
大连会展经济研究所	18	2	11	9	6	3	0	139.26	143.5	0
高等教育研究室	32	6	26	22	5	5	0	67.65	157.3	0
国际经济与贸易研究所	27	3	24	20	4	3	0	254.35	175.6	0
国际商品交易分析与模拟重点实验室	30	6	23	27	3	0	0	277.67	143.5	0
品牌与艺术设计研究中心	15	0	12	3	4	5	0	127.68	125.6	0
区域经济发展研究中心	16	3	13	16	0	0	0	333.44	161.3	0
区域旅游研究中心	11	3	8	10	1	0	0	73.24	165.2	0
区域物流协同发展研究中心	15	1	13	14	1	0	0	204.07	200	0
日本语言与文化研究中心	16	2	14	12	3	1	0	137.98	138.7	0
社会福利研究所	29	2	23	24	5	0	0	40.79	125.3	0
信息管理与信息系统研究所	23	0	16	18	5	0	0	829.7	198.4	0
英语 E-learning 研究中心	18	0	16	15	1	0	0	29.05	143.2	0
大连职业技术学院	4	0	3	2	2	0	0	400	70	0

续表

学校及机构名称	R&D活动人员(人) 合计	其中 博士毕业	硕士毕业	高级职称	中级职称	初级职称	培养研究生人数(人)	R&D经费支出(千元)	仪器设备原价(千元)	其中:进口(千元)
现代职业教育研究室	4	0	3	2	2	0	0	400	70	0
大连大学	21	16	2	18	3	0	11	512.11	171	0
东北史研究中心	4	2	1	3	1	0	3	25	35	0
东北亚研究院	4	4	0	4	0	0	2	168.11	12	0
高教研究所	4	2	0	4	0	0	1	95	40	0
语言文学研究所	3	3	0	2	1	0	2	91	26	0
中国古代社会与思想文化研究中心	6	5	1	5	1	0	3	133	58	0
沈阳工程学院	14	4	7	5	7	2	0	30	100	0
辽宁省社会治理研究基地	14	4	7	5	7	2	0	30	100	0
大连民族大学	67	25	42	26	37	3	0	84	315	0
东北少数民族研究院	21	10	11	8	12	1	0	32	100	0
国际语言文化研究中心	13	5	8	5	7	0	0	22	65	0
民族地区可持续发展研究中心	33	10	23	13	18	2	0	30	150	0
沈阳职业技术学院	44	1	20	7	25	12	0	122	17.5	0
高职教育研究所	2	0	2	1	1	0	0	22	17.5	0
沈阳职业技术教育研究所	42	1	18	6	24	12	0	100	0	0
辽宁城市建设职业技术学院	3	1	2	2	1	0	0	47.5	10	0
辽宁省房地产研究中心	3	1	2	2	1	0	0	47.5	10	0
吉林省										
吉林大学	898	815	82	760	137	0	385	44 570.1	5 214.82	0
边疆考古研究中心	26	22	4	24	2	0	10	2 100.48	398.13	0
边疆考古与中国文化认同协同创新中心	36	31	5	30	6	0	15	3 001	240	0
残疾人事业发展研究中心	35	31	4	27	8	0	7	50	40	0
出土文献与中国古代文明研究协同创新中心	32	25	7	29	3	0	26	2 400	220	0
创新创业研究院	24	22	2	20	4	0	10	2 520.13	100.5	0
创新创业研究院	17	15	2	9	8	0	6	50	35	0
东北区域现代农业发展研究中心	17	16	1	10	7	0	4	50	20	0
东北亚区域研究协同创新中心	51	41	10	42	9	0	27	927	50.8	0
东北亚研究院	75	62	13	65	10	0	30	4 420.44	510.97	0
东北亚研究中心	29	28	1	27	2	0	12	1 390.87	100.4	0

续表

学校及机构名称	R&D 活动人员(人) 合计	其中 博士毕业	硕士毕业	高级职称	中级职称	初级职称	培养研究生人数(人)	R&D 经费支出(千元)	仪器设备原价(千元)	其中:进口(千元)
犯罪治理研究中心	30	28	2	17	13	0	9	50	10	0
高等教育研究所	15	13	2	12	3	0	12	202.23	30.27	0
高句丽渤海研究中心	15	15	0	14	1	0	18	3 670	611	0
高句丽渤海研究中心	18	18	0	9	9	0	5	50	45	0
古籍研究所	22	21	1	20	2	0	11	1 300.77	93.25	0
国际关系研究所	23	20	3	21	2	0	11	272.07	15.25	0
理论法学研究中心	25	24	1	23	2	0	15	2 535.43	200.54	0
廉政研究与教育中心	46	44	2	37	9	0	10	3 000	1 200	0
农村发展研究中心	26	22	4	20	6	0	7	50	10	0
社会公正与政府治理研究中心	18	17	1	15	3	0	9	1 400.22	20.98	0
社会公正与政府治理研究中心	28	24	4	23	5	0	8	50	40	0
数量经济研究中心	26	24	1	23	3	0	0	3 024.84	61.05	0
司法文明协同创新中心	46	41	5	39	7	0	19	4 600.5	120.2	0
哲学基础理论研究中心	23	23	0	21	2	0	14	2 100.36	61.28	0
中俄区域合作研究中心	14	13	1	12	2	0	15	850.65	80.39	0
中国古文字研究中心	11	11	0	11	0	0	9	856.88	51.08	0
中国国有经济研究中心	25	24	1	22	2	0	15	1 523.64	611.44	0
中国人口老龄化与经济社会发展研究中心	31	31	0	31	0	0	12	50	40	0
中国特色社会主义理论体系研究中心	16	15	1	14	2	0	9	505.04	40.43	0
中国文化研究所	23	20	3	20	3	0	8	842.87	100.6	0
中国文化研究所	34	34	0	34	0	0	7	50	20	0
中国与俄罗斯及周边国家合作智库	24	24	0	24	0	0	6	50	26	0
中日经济共同研究中心	17	16	1	15	2	0	9	624.68	10.26	0
延边大学	79	70	6	69	8	0	0	2 210	2 875	0
渤海文化研究中心	3	3	0	2	1	0	0	60	35	0
朝鲜半岛研究协同创新中心	12	12	0	12	0	0	0	1 200	1 500	0
朝鲜韩国法研究基地	7	7	0	5	2	0	0	100	120	0
朝鲜韩国研究中心	10	6	3	8	2	0	0	120	200	0
朝鲜族文化研究中心	5	5	0	5	0	0	0	30	80	0
国家民委民族理论政策研究基地	5	5	0	5	0	0	0	200	180	0

续表

学校及机构名称	R&D 活动人员(人)						培养研究生人数(人)	R&D 经费支出(千元)	仪器设备原价(千元)	其中:进口(千元)
	合计	其中								
		博士毕业	硕士毕业	高级职称	中级职称	初级职称				
国家民委双语人才培训基地	8	8	0	8	0	0	0	250	180	0
民族研究院	6	6	0	6	0	0	0	50	150	0
女性研究中心	3	2	1	2	1	0	0	30	50	0
图们江区域开发研究中心	9	5	2	5	2	0	0	40	150	0
中国朝鲜语言文字信息化基地	7	7	0	7	0	0	0	100	180	0
中国朝鲜族文化艺术研究中心	4	4	0	4	0	0	0	30	50	0
长春理工大学	159	89	63	82	65	12	0	920	220.3	0
长春电影文化研究基地	10	3	7	4	6	0	0	60	12	0
吉林省地方法治与发展研究中心	8	6	2	7	0	1	0	0	9.7	0
吉林省地方立法研究中心	8	6	0	2	4	2	0	60	20	0
吉林省工业文化研究基地	13	10	3	8	5	0	0	50	20	0
吉林省科技外语人才培养创新研究中心	15	2	13	14	1	0	0	50	15.6	0
吉林省企业经济研究中心	19	12	7	5	12	2	0	210	26	0
吉林省社会工作发展研究中心	12	8	4	4	6	2	0	140	30	0
吉林省知识产权重点研究中心	13	8	5	8	5	0	0	50	20	0
科技创新与区域发展研究中心	15	10	5	10	5	0	0	50	10	0
马克思主义理论研究中心	24	6	13	8	11	5	0	150	32	0
社会工作参与社会治理研究智库	12	10	2	6	6	0	0	50	5	0
中国工业文化研究中心	10	8	2	6	4	0	0	50	20	0
东北电力大学	99	47	45	56	43	0	82	840	2 719.87	0
吉林省服饰文化研究中心	18	3	13	4	14	0	21	200	898.83	0
吉林省经济发展战略研究中心	18	13	5	13	5	0	17	210	70	0
吉林省能源发展研究基地	21	16	5	14	7	0	19	230	90	0
吉林省能源经济研究中心	17	12	5	12	5	0	16	200	70	0
吉林省社会科学重点领域(服装领域)研究基地	25	3	17	13	12	0	9	0	1 591.04	0
长春工业大学	11	5	5	5	4	2	5	20	10	0
吉林省民生与社会发展资政咨询中心	11	5	5	5	4	2	5	20	10	0
吉林建筑大学	97	16	36	25	47	16	0	115	110	0
寒地城市环境艺术设计研究中心	20	0	6	2	10	8	0	15	30	0

续表

学校及机构名称	R&D 活动人员(人) 合计	其中 博士毕业	硕士毕业	高级职称	中级职称	初级职称	培养研究生人数(人)	R&D 经费支出(千元)	仪器设备原价(千元)	其中:进口(千元)
吉林建筑文化研究基地	20	0	2	5	10	5	0	40	35	0
吉林省建筑业发展研究基地	40	16	23	12	19	0	0	30	10	0
吉林省建筑业发展与管理研究中心(智库)	10	0	0	4	3	3	0	20	10	0
中国东北建筑文化吉林省研究基地	7	0	5	2	5	0	0	10	25	0
东北师范大学	707	420	266	339	251	107	142	12 737	3 945.49	41
长白山音乐舞蹈艺术协同创新中心	60	19	35	33	26	1	0	300	184	0
传统文化与当代中国哲学研究中心	20	20	0	15	5	0	0	200	220	0
创新创业教育重大需求协同创新中心	16	16	0	6	10	0	0	510	160	0
当代青少年德育研究学科创新引智基地	22	21	1	20	0	2	0	249	75	0
东亚文明研究中心	36	30	5	20	6	10	10	1 500	380	0
高等教育研究所	12	5	7	3	2	7	4	200	200	0
古籍整理研究所	8	8	0	4	4	0	0	126	62	0
国际与比较教育研究所	9	9	0	6	3	0	21	520	100	0
吉剧艺术与文化研究基地	34	11	21	6	8	20	0	240	81.05	0
教师教育协同创新中心	10	10	0	9	1	0	0	370	70	20
教育部高校辅导员培训和研修基地	158	38	120	38	88	22	0	520	280	0
女性研究中心	10	7	3	4	6	0	6	100	90	0
日本研究所	6	6	0	5	1	0	19	50	110	0
社会主义核心价值观教育研究中心	32	31	1	18	12	2	0	220	180	0
世界古典文明史研究所	10	9	1	8	2	0	5	450	230	0
世界文明史研究中心	25	20	5	20	5	0	5	1 020	78	21
世界文学与比较文学研究中心	8	7	1	8	0	0	0	165	60	0
世界中古史研究所	7	7	0	7	0	0	6	260	7.96	0
思想政治教育研究中心	13	12	1	10	2	1	31	1 220	77.55	0
思想政治理论课教学方法改革研究中心	34	33	1	16	13	5	0	400	200	0
文化创意产业协同创新中心	57	23	27	8	20	29	0	180	152.86	0
学校艺术教育质量检测研究基地	23	3	20	3	14	6	0	200	100	0
亚洲文明研究院	4	3	1	1	1	2	13	300	50	0

续表

学校及机构名称	R&D活动人员(人)						培养研究生人数(人)	R&D经费支出(千元)	仪器设备原价(千元)	
	合计	其中								其中:进口(千元)
		博士毕业	硕士毕业	高级职称	中级职称	初级职称				
中国共产党思想政治教育文献研究中心	15	15	0	7	8	0	0	460	170	0
中国基础外语教育研究中心	30	12	13	25	5	0	0	285	95.07	0
中国农村教育发展研究院	25	24	1	21	4	0	22	1 456	266	0
中国农村教育发展重大需求协同创新中心	14	13	1	10	4	0	0	1 062	200	0
中国学校美育研究中心	9	8	1	8	1	0	0	174	66	0
北华大学	201	99	81	139	53	9	92	767	569	0
长吉图旅游文化研究基地	29	16	8	25	4	0	17	48	29	0
地方高校综合改革与发展研究中心	15	11	3	15	0	0	8	36	24	0
东亚历史与文献研究中心	13	7	6	8	4	1	13	260	150	0
东亚区域国际关系与社会发展研究中心	13	7	6	8	3	2	6	61	29	0
孤独症儿童融合教育研究中心	10	5	5	3	4	3	0	23	29	0
吉林省长吉图旅游产业发展研究中心	13	5	7	9	4	0	8	26	14	0
吉林省公共安全研究基地	10	4	5	6	4	0	5	35	67	0
吉林省品牌研究基地	30	12	15	14	15	1	11	52	24	0
吉林省物流业研究基地	10	5	5	7	3	0	5	69	41	0
吉林市文化研究基地	32	15	11	26	6	0	9	58	29	0
外国文学经典创新研究中心	13	4	7	5	6	2	5	50	102	0
文化建设与城市影响力研究中心	13	8	3	13	0	0	5	49	31	0
通化师范学院	193	47	115	121	55	14	10	2 393	3 375	0
长白山非物质文化遗产协同创新中心	17	8	9	9	6	2	0	1 500	2 000	0
长白山区域旅游产业发展研究中心	20	6	12	11	7	2	0	260	50	0
长白山文学研究基地	20	6	0	12	5	0	0	200	100	0
高句丽与东北民族研究中心	21	10	7	17	3	1	10	180	770	0
吉林省边远山区基础教育研究中心	39	4	34	27	10	2	0	100	0	0
吉林省农村社会问题研究中心	38	6	31	23	13	2	0	100	60	0
吉林省特色文化研究基地长白山文化研究基地	30	7	17	18	9	3	0	8	15	0
中国满族民间美术研究中心	8	0	5	4	2	2	0	45	380	0

续表

学校及机构名称	R&D 活动人员(人)						培养研究生人数(人)	R&D 经费支出(千元)	仪器设备原价(千元)	其中:进口(千元)
	合计	其中								
		博士毕业	硕士毕业	高级职称	中级职称	初级职称				
吉林师范大学	48	26	17	36	12	0	32	730	1 710	0
东北文化研究中心	9	2	6	7	2	0	5	100	50	0
吉林省东北谱牒文化研究基地	8	4	3	5	3	0	4	120	40	0
吉林省高校德育研究中心	6	5	1	5	1	0	6	140	100	0
吉林省马克思主义中国化研究中心	8	6	2	6	2	0	6	100	40	0
吉林省满族文化研究基地	9	5	3	7	2	0	6	170	50	0
吉林省语言文字应用研究中心	8	4	2	6	2	0	5	100	1 430	0
吉林工程技术师范学院	139	29	82	68	56	14	0	785	15 529.92	0
出版传媒与教育研究中心	8	3	5	3	5	0	0	15	160	0
服装设计与加工工程研究中心	12	0	9	6	5	1	0	20	2 060.2	0
吉林省出版领域研究基地	12	2	8	4	8	0	0	50	1 170.93	0
吉林省互联网+ 职业教育科技创新中心	13	2	7	10	2	0	0	400	575.82	0
吉林省食品领域研究基地	21	6	10	2	9	10	0	30	9 112	0
吉林省职业技术教育研究中心	18	5	8	9	9	0	0	100	1 633.77	0
吉林省职业教育研究基地	19	5	11	10	6	3	0	100	457.2	0
数字职业教育媒体实验室	14	1	10	7	7	0	0	20	40	0
职业教育发展战略智库	22	5	14	17	5	0	0	50	320	0
长春师范大学	163	69	82	49	97	17	0	327	500	0
长白山历史地理与族变迁吉林省重点实验室	16	5	10	4	10	2	0	50	54	0
东北来历史文化研究所	4	2	2	1	2	1	0	10	47	0
东北民族历史与文化研究中心	11	6	3	4	5	2	0	30	65	0
东北民族与疆域重点研究基础	17	5	10	3	12	2	0	16	20	0
东北文学与语言文化研究中心	16	8	7	5	10	1	0	22	40	0
东北乡村教育发展研究中心	12	5	7	4	7	1	0	31	34	0
吉林省大学生马克思主义教育研究基地	22	9	11	7	13	2	0	46	42	0
吉林省吉剧研究基地	13	5	7	4	8	1	0	20	22	0
吉林省廉政建设研究基地	12	4	5	4	5	3	0	22	12	0
满族文化研究所	3	2	1	1	2	0	0	11	54	0
萨满文化研究所	3	2	1	1	2	0	0	12	29	0

续表

学校及机构名称	R&D 活动人员(人)						培养研究生人数(人)	R&D 经费支出(千元)	仪器设备原价(千元)	
	合计	其中								其中:进口(千元)
		博士毕业	硕士毕业	高级职称	中级职称	初级职称				
文学美育研究中心	15	7	8	5	10	0	0	13	21	0
英美语言文学研究中心	15	7	8	5	9	1	0	34	42	0
昭明文选研究所	4	2	2	1	2	1	0	10	18	0
白城师范学院	115	16	87	47	58	4	0	395.4	75	0
吉林省创业教育与文化研究中心	25	3	22	7	15	0	0	80	20	0
吉林省创业文化研究基地	25	2	22	8	13	4	0	25.5	10	0
吉林西部草原文化研究基地	28	1	25	12	15	0	0	19.9	5	0
唐鸿胪井刻石研究中心	10	6	3	5	4	0	0	100	10	0
通榆闯关东年画传习所	10	0	3	7	3	0	0	80	10	0
通榆年画艺术研究中心	17	4	12	8	8	0	0	90	20	0
吉林财经大学	55	44	11	42	13	0	132	1 330	307	0
吉林经济研究中心	5	4	1	4	1	0	0	310	100	0
吉林省财政金融研究基地	16	13	3	12	4	0	19	30	7	0
吉林省服务业发展研究基地	11	9	2	7	4	0	36	60	20	0
马克思主义经济学研究中心	6	5	1	5	1	0	14	100	20	0
全国中国特色社会主义政治经济学研究中心	12	11	1	12	0	0	58	800	150	0
物流产业经济与智能物流实验室	5	2	3	2	3	0	5	30	10	0
吉林体育学院	46	15	31	13	30	0	98	123	48	0
吉林省风险评估研究基地	18	8	10	8	10	0	22	30	10	0
吉林冰雪文化研究基地	14	3	11	1	10	0	41	31	18	0
科学健身共性技术吉林省重大需求协同创新中心	14	4	10	4	10	0	35	62	20	0
吉林艺术学院	66	6	24	15	38	13	0	724	15 058	0
3D 艺术实验工程研究中心	3	0	2	0	2	1	0	89	140	0
“互联网+”下的文化创意与设计服务协同创新中心	4	0	0	0	3	1	0	89	196	0
长白山文化产业与艺术创作协同创新中心	4	0	4	0	1	3	0	91	70	0
东北民间艺术研究中心	2	0	2	1	1	0	0	6	2	0
吉林省媒介融合音视频技术实验室	7	3	0	2	3	2	0	9	7 500	0
吉林省设计艺术研究中心	6	0	2	2	3	1	0	95	130	0
吉林省手工艺术工程研究中心	6	0	2	1	2	3	0	2	90	0

续表

学校及机构名称	R&D 活动人员(人)						培养研究生人数(人)	R&D 经费支出(千元)	仪器设备原价(千元)	其中:进口(千元)
	合计	其中								
		博士毕业	硕士毕业	高级职称	中级职称	初级职称				
吉林省文创产品研发工程中心	8	2	3	1	7	0	0	20	300	0
吉林省文化创意研究中心	8	0	5	3	4	1	0	75	430	0
吉林省艺术理论研究中心	5	0	2	0	5	0	0	83	50	0
吉林省艺术研究基地	9	0	0	4	5	0	0	78	120	0
新媒体与动画技术实验室	4	1	2	1	2	1	0	87	6 030	0
吉林华桥外国语学院	73	43	18	53	5	2	10	818.5	425	0
“一带一路”语言文化服务协同创新中心	11	4	6	11	0	0	2	140	10	0
东北亚语言文化中心	4	4	0	3	0	0	6	28.5	6	0
吉林省民办教育研究所	4	3	1	3	1	0	2	210	15	0
吉林省外语类应用型人才培养研究中心	2	1	1	2	0	0	0	100	320	0
民办高等教育发展战略研究中心	20	14	0	11	1	0	0	125	8	0
民办高等教育研究基地	2	1	1	1	1	0	0	25	14	0
民办高等教育研究院	5	4	1	3	0	0	0	30	15	0
民办高等教育研究中心	19	7	8	15	2	1	0	95	7	0
应用型人才培养研究院	2	2	0	2	0	0	0	20	10	0
中外文化研究院	4	3	0	2	0	1	0	45	20	0
长春工程学院	53	10	33	36	16	0	81	457.15	310	0
东北地域装饰文化研究中心	14	2	9	10	3	0	45	17.15	100	0
吉林省城市建设发展研究中心	17	5	11	13	4	0	19	145	105	0
吉林省房地产研究中心	22	3	13	13	9	0	17	295	105	0
长春金融高等专科学校	54	26	24	23	17	3	0	580	136	0
东北亚金融博物馆	8	4	4	2	2	0	0	300	25	0
吉林省金融安全研究基地	8	4	4	4	0	2	0	60	55	0
吉林省金融文化研究中心	10	5	5	4	1	0	0	50	40	0
吉林省科技金融研究中心	10	5	1	5	4	1	0	150	0	0
吉林省农村金融改革研究中心	10	5	5	5	5	0	0	10	8	0
吉林省普惠金融研究中心	8	3	5	3	5	0	0	10	8	0
吉林警察学院	64	26	27	49	13	2	26	54	30	0
吉林省社会治安研究中心	16	4	8	8	6	2	0	10	0	0
警察法治研究中心	26	13	13	22	4	0	13	20	20	0

续表

学校及机构名称	R&D 活动人员(人)						培养研究生人数(人)	R&D 经费支出(千元)	仪器设备原价(千元)	
	合计	其中								其中:进口(千元)
		博士毕业	硕士毕业	高级职称	中级职称	初级职称				
警察心理建设研究中心	22	9	6	19	3	0	13	24	10	0
长春大学	31	17	14	22	6	0	6	681.7	249.5	0
公民精神教育研究中心	4	3	1	4	0	0	0	30	24	0
吉林省企业创新与发展研究中心	3	1	2	3	0	0	2	14.3	12	0
吉林省软环境研究基地	2	1	1	2	0	0	0	16	9	0
吉林省网络文化研究基地	5	3	2	3	2	0	0	310	152	0
吉林省文化产业基地	6	3	3	3	1	0	2	17	9	0
教育部中俄艺术教育研究中心	4	3	1	2	2	0	0	110	12	0
萨满文化吉林省哲学社会科学重点研究基地	3	1	2	1	1	0	2	54	4.5	0
特殊教育吉林省高等学校人文社科研究基地	1	0	1	1	0	0	0	0.4	0	0
网络文化研究中心	3	2	1	3	0	0	0	130	27	0
长春光华学院	20	4	10	10	2	0	0	50	80	0
吉林省大学生养成教育研究基地	20	4	10	10	2	0	0	50	80	0
长春财经学院	22	9	6	0	0	0	0	950	470	0
经济研究所	7	3	2	0	0	0	0	250	120	0
现代服务业发展研究中心	15	6	4	0	0	0	0	700	350	0
长春建筑学院	11	0	11	3	8	0	0	55	55	5
“本土文化艺术数字化的保护、传承与传播”创新团队	3	0	3	1	2	0	0	15	15	0
吉林省文化创意产业研究中心	3	0	3	1	2	0	0	5	5	5
吉林文化品牌研究基地	2	0	2	0	2	0	0	15	15	0
民营文化产业发展研究中心	3	0	3	1	2	0	0	20	20	0
吉林动画学院	71	9	58	6	35	30	0	352	785	0
动画研究院	4	0	0	1	0	3	0	300	700	0
吉林动漫文化研究基地	55	5	50	2	30	23	0	20	50	0
文化产业研究院	12	4	8	3	5	4	0	32	35	0
吉林医药学院	17	6	11	9	5	3	0	170	60	0
吉林特色新型高校智库“医学人文素质教育研究中心”	7	3	4	3	3	1	0	120	50	0
医学人文素质教育研究中心	10	3	7	6	2	2	0	50	10	0

续表

学校及机构名称	R&D 活动人员(人)						培养研究生人数(人)	R&D 经费支出(千元)	仪器设备原价(千元)	
	合计	其中								其中:进口(千元)
		博士毕业	硕士毕业	高级职称	中级职称	初级职称				
黑龙江省										
黑龙江大学	322	224	48	189	129	0	0	13 749.26	3 229.2	0
东北亚经济研究中心	15	11	1	8	6	0	0	135.11	125.8	0
俄罗斯研究院	25	8	6	13	12	0	0	3 054.11	633.3	0
俄罗斯语言文学与文化研究中心	24	20	4	14	10	0	0	6 530.2	823.1	0
俄语语言文学研究基地	8	7	0	8	0	0	0	363.3	87.64	0
法学理论与法治发展研究中心	11	9	1	7	4	0	0	171.65	102.6	0
汉语研究中心	16	9	3	10	6	0	0	173.18	72.27	0
黑龙江流域文明研究中心	12	7	3	5	7	0	0	146.1	84.9	0
黑龙江旅游产业发展研究中心	20	15	3	8	12	0	0	142.31	88.9	0
黑龙江省高等教育质量研究基地	14	7	7	8	6	0	0	73.31	68	0
黑龙江省文化事业发展研究基地	25	19	3	17	8	0	0	121.95	106.3	0
马克思主义哲学研究基地	16	14	1	11	5	0	0	588	101.6	0
满语言文化研究中心	10	5	3	5	5	0	0	311.1	108.86	0
民商法学研究中心	16	13	3	9	7	0	0	292.4	80.72	0
明清文学与文化研究中心	20	16	2	15	5	0	0	316.6	90.63	0
社会管理研究基地	15	8	1	7	7	0	0	197.9	98.2	0
生产力研究中心	17	12	2	11	6	0	0	248.8	100.8	0
文化哲学研究中心	18	16	0	10	8	0	0	252.2	170.9	0
信息资源管理研究中心	16	9	5	10	6	0	0	140.74	90.58	0
行政管理研究中心	15	10	0	7	7	0	0	197.9	98.2	0
中国近现代思想文化研究中心	9	9	0	6	2	0	0	292.4	95.9	0
哈尔滨工业大学	195	179	2	144	16	35	0	20	1 000	0
大数据与决策分析研究中心	17	17	0	16	0	1	0	0	0	0
发展战略研究中心	8	8	0	5	0	3	0	0	0	0
黑龙江省双创智库	20	18	2	17	0	3	0	0	0	0
互动媒体设计与服务创新文化部重点实验室	35	33	0	19	16	0	0	20	1 000	0
技术政策管理国家哲学社会科学创新基地	80	68	0	68	0	12	0	0	0	0
信息融合与创意技术智库	35	35	0	19	0	16	0	0	0	0
哈尔滨理工大学	38	21	17	27	11	0	8	59.6	117.3	52

续表

学校及机构名称	R&D 活动人员(人)						培养研究生人数(人)	R&D 经费支出(千元)	仪器设备原价(千元)	
	合计	其中								其中:进口(千元)
		博士毕业	硕士毕业	高级职称	中级职称	初级职称				
高新技术发展与管理研究中心	15	9	6	12	3	0	3	15.6	54	30
黑龙江省人口经济与人才发展战略研究中心	6	4	2	3	3	0	1	20	5	0
科学学与科技管理研究所	8	5	3	5	3	0	2	9.3	22.3	17
系统工程研究所	9	3	6	7	2	0	2	14.7	36	5
哈尔滨工程大学	128	71	56	55	65	0	26	1 200	384	0
船舶工业经济管理研究所	34	20	13	15	18	0	12	210	130	0
大学德育与青年心理研究中心	30	16	14	10	13	0	14	110	27	0
技术管理研究所	22	12	10	9	13	0	0	220	130	0
企业创新研究所	26	15	11	14	12	0	0	360	54	0
灾难与危机管理研究所	16	8	8	7	9	0	0	300	43	0
东北石油大学	47	17	30	32	15	0	0	100	25.8	0
大庆精神研究中心	17	7	10	17	0	0	0	60	15.8	0
石油经济与管理研究所	30	10	20	15	15	0	0	40	10	0
东北农业大学	126	58	44	46	28	0	76	560	230.5	0
黑龙江省村镇发展研究中心	10	5	5	3	4	0	9	50	20	0
农业经济发展研究中心	36	16	12	5	6	0	15	150	100.2	0
农业与农村经济研究基地	15	2	7	6	8	0	10	80	20	0
现代农业发展研究中心	65	35	20	32	10	0	42	280	90.3	0
东北林业大学	17	14	3	13	4	0	22	582.9	43	0
林业经济与管理研究中心	13	11	2	10	3	0	15	312.3	25	0
生态文明研究中心	4	3	1	3	1	0	7	270.6	18	0
哈尔滨师范大学	57	47	10	47	10	0	0	384	60	0
俄罗斯文化艺术研究中心	6	6	0	5	1	0	0	26	1	0
俄语教育研究中心	11	11	0	9	2	0	0	50	8	0
高校思想政治教育研究中心	6	5	1	5	1	0	0	70	9	0
黑龙江流域文明研究中心	6	5	1	5	1	0	0	35	13	0
基础教育课程与教学研究中心	6	4	2	5	1	0	0	60	8	0
金源历史文化研究基地	6	2	4	4	2	0	0	40	5	0
审美文化与龙江文学研究中心	5	4	1	4	1	0	0	40	10	0
学校心理教育研究基地	6	5	1	6	0	0	0	23	1	0
中国古代小说与诗歌研究中心	5	5	0	4	1	0	0	40	5	0

续表

学校及机构名称	R&D 活动人员(人)						培养研究生人数(人)	R&D 经费支出(千元)	仪器设备原价(千元)	其中:进口(千元)
	合计	其中								
		博士毕业	硕士毕业	高级职称	中级职称	初级职称				
齐齐哈尔大学	10	7	3	7	3	0	0	40	105	0
黑龙江省西部地区文化传承与发展研究中心	3	3	0	2	1	0	0	10	50	0
嫩江流域经济社会发展研究中心	3	2	1	2	1	0	0	10	25	0
嫩江流域历史文化研究基地	4	2	2	3	1	0	0	20	30	0
大庆师范学院	17	7	10	17	0	0	0	60	15.8	0
大庆精神研究中心	17	7	10	17	0	0	0	60	15.8	0
哈尔滨体育学院	17	8	9	5	12	0	0	4	2	0
冰雪体育文化研究中心	17	8	9	5	12	0	0	4	2	0
黑龙江工程学院	77	15	49	27	40	0	0	282.4	801.9	0
管理决策与经济分析实验室	7	4	3	3	4	0	0	28	300	0
黑龙江省漆画创作基地	6	0	3	2	4	0	0	18	60	0
经济管理研究所	7	5	2	2	5	0	0	30	61	0
美术创作研究所	5	0	3	1	4	0	0	20	50	0
青年思想政治教育研究所	12	4	7	8	4	0	0	46.4	13.96	0
人文社会科学实训中心	8	0	8	0	0	0	0	75	82	0
艺术设计研究所	27	2	21	9	18	0	0	43	180	0
语言实验中心	5	0	2	2	1	0	0	22	54.94	0
黑河学院	22	4	12	12	10	0	0	30.2	168	0
俄罗斯研究所	4	2	1	3	1	0	0	13.9	33	0
黑龙江流域历史与文化研究所	8	1	4	6	2	0	0	13.2	30	0
中俄比较教育研究所	4	1	3	1	3	0	0	2	45	0
中国知青研究所	6	0	4	2	4	0	0	1.1	60	0
上海市										
复旦大学	1 326	1 014	156	1 040	143	11	682	37 578	24 226.36	75
“两新”组织党建研究基地	5	0	0	5	0	0	0	20	10	0
比较政治制度、基层政权与社区治理研究基地	10	10	0	10	0	0	0	600	100	0
博物馆建设与管理创新研究基地	15	1	6	12	3	0	31	125	20	0
长江经济带(复旦大学)发展研究院	5	5	0	5	0	0	0	50	0	0
朝鲜韩国研究中心	10	10	0	10	0	0	0	120	5	0

续表

学校及机构名称	R&D 活动人员(人)						培养研究生人数(人)	R&D 经费支出(千元)	仪器设备原价(千元)	其中:进口(千元)
	合计	其中								
		博士毕业	硕士毕业	高级职称	中级职称	初级职称				
城市防灾减灾、灾害救助救济、应急管理研究基地	10	10	0	10	0	0	0	150	20	0
出土文献与古文字研究中心	12	12	0	12	0	0	0	350	14	0
当代国外马克思主义研究中心	24	23	0	23	0	0	22	1 600	310	0
党的建设理论与实践研究基地	15	15	0	15	0	0	0	320	98	0
党建理论研究基地	10	10	0	10	0	0	0	200	50	0
党建与国家发展研究中心	20	10	10	20	0	0	0	400	120	0
俄罗斯中亚研究中心	3	3	0	3	0	0	0	11	5	0
国际问题研究院	60	30	0	30	0	0	0	100	100	0
国家文化创新研究中心	10	10	0	10	0	0	0	120	20	0
民族理论政策研究基地	10	10	0	10	0	0	0	150	10	0
上海儒学院	9	0	0	7	2	0	0	20	10	0
高等教育研究所	13	13	0	13	0	0	0	500	15	0
公共管理与公共政策研究国家哲学社会科学创新基地	25	22	2	7	1	0	20	150	2 000	0
共青团中央中国特色社会主义理论体系研究中心研究基地	20	20	0	20	0	0	0	110	5	0
古籍研究所	20	7	13	20	0	0	0	800	10	0
国际大都市的治理与发展研究中心	5	0	0	5	0	0	0	400	30	0
国家意识形态建设研究中心	32	25	7	23	9	0	23	250	30	0
国外马克思主义与国外思潮研究国家哲学社会科学创新基地	10	10	0	10	0	0	0	50	20	0
韩国研究中心	7	6	0	7	0	0	0	800	95	0
健康领域重大社会问题治理 E-研究院	207	141	47	162	37	3	165	460	230	0
教育立法研究基地	10	10	0	10	0	0	0	130	10	0
金砖国家研究中心	5	5	0	5	0	0	0	130	10	0
就业与社会保障研究中心	11	11	0	8	3	0	0	150	92	0
历史地理研究国家哲学社会科学创新基地	54	8	14	27	5	0	111	175	15	15
历史地理研究中心	28	28	0	23	5	0	111	265	15	15
美国研究国家哲学社会科学创新基地	18	12	1	18	0	0	0	2 000	700	0

续表

学校及机构名称	R&D 活动人员(人)						培养研究生人数(人)	R&D 经费支出(千元)	仪器设备原价(千元)	其中:进口(千元)
	合计	其中								
		博士毕业	硕士毕业	高级职称	中级职称	初级职称				
美国研究中心	14	12	1	14	0	0	0	260	8 100	0
南亚研究中心	2	2	0	0	0	0	0	31	10	0
欧洲问题研究中心	5	5	0	5	0	0	0	50	10	0
全国妇女/性别研究与培训基地	10	0	0	3	7	0	0	110	5	0
人口与发展政策研究中心	25	22	2	7	1	0	20	600	55	0
人权研究中心	13	9	1	9	1	2	0	400	50	45
日本研究中心	6	4	2	6	0	0	0	330	100	0
上海产业结构调整研究基地	21	16	5	3	9	1	7	300	80	0
上海高校智库研究和管理中心	8	6	1	4	0	0	0	740	320	0
上海教育立法咨询与服务研究基地	6	6	0	5	1	0	0	350	100	0
上海人口结构和发展趋势研究基地	25	22	2	7	1	0	0	150	10	0
上海市化学教育教学研究基地(中学化学)	3	3	0	3	0	0	0	10	0	0
上海市科技创新与公共管理研究中心	8	6	2	3	4	0	0	730	123	0
上海市历史教育教学研究基地	40	35	5	35	5	0	0	1 300	320	0
上海市数学教育教学研究基地(中小学数学)	5	5	0	5	0	0	0	20	0	0
上海市物理教育教学研究基地(中学物理)	4	4	0	4	0	0	0	20	0	0
上海物流研究院	10	5	1	10	0	0	0	1 123	5 000	0
社会科学高等研究院	8	6	2	4	4	0	0	400	250	0
世界经济研究所	12	12	0	12	0	0	0	500	230	0
世界文明史研究中心	22	21	1	16	6	0	15	1 925	440	0
外交部政策研究重点合作单位	13	8	5	13	0	0	0	980	69	0
文史研究院国家哲学社会科学创新基地	12	11	1	4	8	0	5	1 212	20	0
新闻传播与媒介化社会研究国家哲学社会科学创新基地	20	19	1	19	0	0	0	390	81.36	0
信息与传播研究中心	32	32	0	32	0	0	77	790	9	0
行政体制改革与服务型政府建设研究基地	8	7	0	6	2	0	0	500	120	0
亚太区域合作与治理研究基地	14	11	3	14	0	0	0	970	100	0

续表

学校及机构名称	R&D 活动人员(人)						培养研究生人数(人)	R&D 经费支出(千元)	仪器设备原价(千元)	其中:进口(千元)
	合计	其中								
		博士毕业	硕士毕业	高级职称	中级职称	初级职称				
亚太区域合作与治理研究中心	14	11	3	11	0	3	4	920	100	0
一带一路与全球治理研究院	10	10	0	3	7	0	0	150	10	0
中俄人文交流研究中心	5	5	0	5	0	0	0	150	20	0
中国(上海)自由贸易试验区建设	9	9	0	7	2	0	0	300	320	0
中国博物馆事业建设与管理研究基地	21	1	6	12	3	0	31	330	200	0
中国共产党革命精神与文化资源研究中心	10	10	0	10	0	0	0	110	20	0
中国古代文学研究中心	22	13	9	22	0	0	0	480	90	0
中国经济国际竞争力研究国家哲学社会科学创新基地	38	38	0	38	0	0	0	200	995	0
中国经济研究中心	15	15	0	12	3	0	0	1 100	100	0
中国社会主义市场经济研究中心	15	15	0	12	3	0	33	500	340	0
中国特色社会主义研究基地	12	7	2	6	4	2	7	380	30	0
中国特色社会主义民主与法制研究基地	9	9	0	7	2	0	0	1 020	840	0
中国统一战线理论研究会上海统战基础理论研究基地	10	10	0	10	0	0	0	650	320	0
中国研究院	9	9	0	6	3	0	0	4 591	650	0
中美人文交流研究中心	10	10	0	10	0	0	0	160	10	0
中欧人文交流研究中心	10	10	0	10	0	0	0	150	10	0
中外人文交流研究中心	8	8	0	8	0	0	0	130	20	0
中外现代化进程研究中心	30	28	1	28	2	0	0	700	120	0
中英人文交流研究中心	10	10	0	10	0	0	0	150	30	0
宗教与中国国家安全研究中心	20	20	0	20	0	0	0	510	230	0
同济大学	55	32	18	15	8	6	146	3 693.2	1 578.7	0
城市发展战略和管理研究院	39	25	12	11	3	0	85	3 198.7	878.3	0
联邦德国问题研究所	10	5	3	3	3	4	23	394.9	438.7	0
亚洲太平洋研究中心	6	2	3	1	2	2	38	99.6	261.7	0
上海交通大学	169	104	63	71	56	33	56	7 739.53	397.95	0
城市科学研究院	3	1	0	1	2	0	0	92.8	0	0
高校学科发展与评价研究中心	23	6	17	6	7	5	6	796.5	0	0
国家海洋战略与权益维护基地	25	20	5	10	8	7	5	601.3	102.5	0

续表

学校及机构名称	R&D活动人员(人)						培养研究生人数(人)	R&D经费支出(千元)	仪器设备原价(千元)	
	合计	其中								其中:进口(千元)
		博士毕业	硕士毕业	高级职称	中级职称	初级职称				
国家文化产业创新研究基地	9	9	0	5	4	0	4	180	0	0
中国城市治理研究院	10	4	6	3	2	5	0	740.52	127.55	0
上海市人民政府决策咨询研究基地陈宪工作室	3	3	0	3	0	0	0	60.71	20.3	0
上海市人民政府决策咨询研究基地顾海英工作室	11	11	0	5	4	2	8	350.2	20	0
上海市人民政府决策咨询研究基地潘英丽工作室	3	3	0	2	1	0	0	47.8	0	0
上海市人民政府决策咨询研究中心谢耘耕工作室	9	7	2	3	4	2	0	700	100	0
上海文化创意产业发展战略创新研究基地	12	10	2	10	2	0	10	103.2	0	0
世界反法西斯战争研究中心	4	4	0	1	3	0	0	308.5	0	0
世界一流大学研究中心	15	12	3	8	6	1	17	876	12.4	0
协同创新发展研究中心	27	11	16	9	8	10	0	2 397	15.2	0
知识竞争力与区域发展研究中心	15	3	12	5	5	1	6	485	0	0
华东理工大学	60	46	9	48	12	0	98	3 533.26	1 220	0
电子商务研究所	10	9	1	9	1	0	18	647.96	50	0
金融物理研究中心	10	10	0	8	2	0	34	462.61	510	0
经济发展研究所	10	10	0	6	4	0	14	373.84	50	0
设计与艺术研究所	13	1	7	11	2	0	12	329.82	320	0
应用社会学研究所	17	16	1	14	3	0	20	1 719.03	290	0
上海海事大学	160	125	32	87	45	5	386	6 342	1 666.08	0
海商法研究中心	24	21	3	11	9	1	289	960	800	0
上海发展战略研究所汪传旭工作室	36	18	18	14	1	1	70	400	136	0
上海国际航运研究中心	17	5	9	3	11	3	12	3 996	520.08	0
上海市人民政府发展研究中心决策咨询研究基地	21	21	0	21	0	0	0	636	210	0
上海市社会科学创新研究基地—自贸试验区供应链研究基地	62	60	2	38	24	0	15	350	0	0
东华大学	164	105	54	82	51	18	263	2 070.87	2 870.79	470
城市创意经济与创新服务研究基地	17	15	0	13	3	1	33	580	50	0

续表

学校及机构名称	R&D 活动人员(人)						培养研究生人数(人)	R&D 经费支出(千元)	仪器设备原价(千元)	其中:进口(千元)
	合计	其中								
		博士毕业	硕士毕业	高级职称	中级职称	初级职称				
大众体育人文社科基地建设研究基地	23	5	18	5	16	2	28	100	2 000	250
服务管理与创新基地	16	14	2	12	4	0	37	100	0	0
服装品牌管理研究基地	10	10	0	5	5	0	21	100	0	0
国外马克思主义与当代中国问题研究中心	25	20	5	16	9	0	44	100	0	0
海派时尚设计及价值创造知识服务中心	34	20	11	10	10	14	0	771.87	147.79	0
人文社会科学研究所	31	15	16	13	4	1	80	300	640	220
莎士比亚研究所	8	6	2	8	0	0	20	19	33	0
上海电力学院	60	42	18	36	16	8	30	200	0	0
“一带一路”能源电力管理与发展战略研究中心	60	42	18	36	16	8	30	200	0	0
上海中医药大学	7	4	3	3	2	2	8	690	735	0
中医药文化研究与传播中心	7	4	3	3	2	2	8	690	735	0
华东师范大学	992	786	163	285	146	77	1 200	47 312.81	5 722.1	0
课程与教学研究所	17	17	0	11	6	0	61	2 100	190	0
俄罗斯研究中心	12	9	2	3	4	5	20	1 530	150	0
中国现代思想文化研究所	29	25	2	0	0	0	0	1 200	220	0
中国文字研究与应用中心	22	11	1	6	2	3	309	4 870	188	0
基础教育改革与发展研究所	27	27	0	26	1	0	94	1 800	382	0
中国现代城市研究中心	16	10	6	14	1	1	40	430	120	0
上海市社会科学创新基地“长三角区域一体化”创新基地	31	28	3	16	7	8	20	580	420	0
上海市社会科学创新基地“社会主义核心价值体系创新基地”	30	28	2	0	0	0	0	1 850	0	0
上海市政府发展研究中心“房地产与城市管理政策研究”工作室	27	16	1	3	9	4	9	211	0	0
上海市政府发展研究中心“都市旅游与服务管理”工作室	16	13	3	0	0	0	0	223	30	0
“党的执政能力建设”创新基地	23	18	5	0	0	0	0	288	40	0
“上海人口结构和发展趋势”创新基地/工作室	25	19	6	0	0	0	0	397	38	0

续表

学校及机构名称	R&D 活动人员(人)						培养研究生人数(人)	R&D 经费支出(千元)	仪器设备原价(千元)	其中:进口(千元)
	合计	其中								
		博士毕业	硕士毕业	高级职称	中级职称	初级职称				
“国际战略与上海发展”创新基地/工作室	33	28	5	0	0	0	0	388	38	0
周边合作与发展协同创新中心	39	28	8	0	0	0	15	601	35	0
上海终身教育研究院	28	25	3	0	0	0	19	315	42	0
上海社会调查研究中心华东师范大学分中心	16	10	6	0	0	0	10	125	0	0
上海市语文教育教学研究基地	20	20	0	0	0	0	68	22	3	0
上海市体育教育教学研究基地	49	36	11	0	0	0	20	23.5	2.1	0
上海市地理教育教学研究基地	38	25	13	0	0	0	37	21	0	0
国家教育宏观政策研究院	9	9	0	2	7	0	0	1 130	134	0
冷战与当代世界研究所	23	4	9	0	0	0	0	1 900	180	0
城市发展研究院	10	8	2	3	0	7	9	2 200	210	0
思勉人文高等研究院	14	12	2	0	0	0	0	1 250	350	0
国际关系与地区发展研究院	20	16	4	0	0	0	53	680	180	0
古籍研究所	14	12	2	11	3	0	52	1 750	970	0
世博研究院	11	11	0	5	4	2	39	220	0	0
人口研究所	11	11	0	8	3	0	36	4 200	280	0
中国行政区划研究中心	15	15	0	9	4	2	39	1 050	0	0
高等教育研究所	20	20	0	1	2	0	0	420	0	0
职业教育与成人教育研究所	12	11	1	6	4	1	105	302	0	0
史学研究所	7	5	0	0	0	0	15	220	0	0
文学研究所	60	40	20	10	20	10	12	68	0	0
哲学研究所	10	6	2	8	2	0	8	30	0	0
康乃尔大学比较人文研究中心	2	2	0	2	0	0	11	320	0	0
心理学研究所	2	0	2	0	0	0	21	28	0	0
学前教育研究所	25	21	3	15	9	0	36	2 580	1 520	0
中国非物质文化遗产保护研究中心	0	0	0	0	0	0	1	68	0	0
诠释学研究所	7	6	1	0	0	0	11	870	0	0
“青少年体育教育研究”上海市社会科学创新研究基地	43	24	19	22	2	19	20	196	0	0
“教育强国的教育公平研究”上海市社会科学创新研究基地	20	20	0	10	5	5	0	280	0	0
上海市基础教育课程方案研究基地	34	30	4	24	6	0	0	2 180	0	0

续表

学校及机构名称	R&D 活动人员(人)						培养研究生人数(人)	R&D 经费支出(千元)	仪器设备原价(千元)	
	合计	其中								其中:进口(千元)
		博士毕业	硕士毕业	高级职称	中级职称	初级职称				
上海数学教育研究基地	51	45	6	21	25	5	0	2 674	0	0
上海市生物学教育研究基地	30	25	5	15	10	5	0	2 068	0	0
上海市信息科技教育研究基地	14	12	2	14	0	0	10	2 369.31	0	0
上海市心理学教育研究基地	30	28	2	20	10	0	0	1 285	0	0
上海师范大学	80	49	31	65	11	2	23	5 894.18	2 297.72	0
德育课程教学研究基地	12	7	5	11	1	0	0	994.8	322	0
都市文化研究中心	30	12	18	26	4	0	12	1 413.42	1 223	0
非洲研究中心	5	3	2	3	0	0	2	231.31	210.22	0
国际与比较教育研究院	12	10	2	10	2	0	7	2 327.38	357.16	0
全球城市与世界文明传承研究基地	12	8	4	6	4	2	2	600	136	0
上海市教育立法咨询与服务研究基地	9	9	0	9	0	0	0	327.27	49.34	0
上海外国语大学	277	196	59	156	74	22	109	9 552.56	3 086.4	350
G20 研究中心	15	10	5	8	2	5	0	96	18	0
巴西研究中心	7	2	3	7	0	0	0	0.62	1	0
俄罗斯研究中心	2	2	0	1	1	0	4	23.5	18	0
哈萨克斯坦研究中心	2	2	0	1	1	0	4	200	0	0
加拿大研究中心	14	5	7	5	3	6	9	5.93	4.4	0
教育信息化国际比较研究中心	6	3	3	3	3	0	6	100	2	0
金砖国家研究中心	9	9	0	6	3	0	0	2	4.8	0
跨文化研究中心	4	2	0	2	2	0	17	17	45.48	0
南亚东南亚研究中心	9	3	6	3	6	0	0	0	0	0
欧盟研究中心	3	1	2	2	1	0	0	192.41	14.19	0
欧洲智库研究中心	3	3	0	1	2	0	0	40	20	0
日本研究中心	49	35	12	27	12	8	15	0.3	10	0
上海市英语教育教学研究基地	8	7	1	4	3	0	0	942.34	38.33	0
丝路战略研究所	2	2	0	1	1	0	3	11	100	0
泰国研究中心	3	0	3	1	2	0	0	20	15	0
文学研究院	23	20	3	16	5	2	10	2	40.4	0
希腊研究中心	4	0	4	1	2	0	0	8	12	0
伊朗研究中心	4	3	1	2	1	1	0	50	12	0
伊斯兰合作组织研究中心	20	6	2	2	3	0	5	6	50	0

续表

学校及机构名称	R&D 活动人员(人)						培养研究生人数(人)	R&D 经费支出(千元)	仪器设备原价(千元)	
	合计	其中								其中:进口(千元)
		博士毕业	硕士毕业	高级职称	中级职称	初级职称				
印度研究中心	9	9	0	6	3	0	0	5	4.8	0
英国研究中心	20	15	5	10	5	0	4	327.41	40	0
语言研究院	13	13	0	6	7	0	14	690	457.42	350
中阿改革发展研究中心	2	2	0	2	0	0	3	50	30	0
中东研究所	16	15	0	14	2	0	7	1 104.8	874.29	0
中东研究智库	16	15	0	14	2	0	7	1 104.8	874.29	0
中国国际舆情研究中心	13	11	2	10	2	0	0	4 500	350	0
中亚研究中心	1	1	0	1	0	0	1	53.45	50	0
上海财经大学	186	184	0	98	73	0	311	20 970	2 870	0
大数据统计科学中心	16	16	0	7	0	0	26	200	60	0
高等研究院	12	12	0	6	6	0	6	380	20	0
公共政策与治理研究院	7	7	0	7	0	0	25	380	20	0
国际商务汉语教学与资源开发基地(上海)	12	10	0	2	10	0	0	50	0	0
会计改革与发展协同创新中心	3	3	0	3	0	0	0	14	0	0
会计与财务研究院	21	21	0	15	6	0	86	1 700	100	0
交叉科学研究院	10	10	0	3	7	0	0	3 250	2 000	0
经济学与中国转型发展协同创新中心	5	5	0	5	0	0	0	100	0	0
民族复兴中国梦研究基地	7	7	0	4	3	0	9	300	0	0
三农研究院	5	5	0	3	2	0	0	500	0	0
上海发展研究院	7	7	0	4	3	0	1	900	0	0
上海国际金融中心研究院	8	8	0	3	5	0	51	3 500	200	0
上海国际组织与全球治理研究院	8	8	0	3	5	0	0	500	0	0
上海教育立法咨询与服务研究基地	4	4	0	2	2	0	0	250	0	0
上海社会调查研究中心上财分中心	6	6	0	3	3	0	12	450	0	0
上海市金融信息技术研究重点实验室	4	4	0	1	3	0	1	450	50	0
上海市人民政府决策咨询研究基地胡怡建工作室	4	4	0	2	0	0	0	100	0	0
上海市人民政府决策咨询研究基地王洪卫工作室	1	1	0	1	0	0	0	100	0	0

续表

学校及机构名称	R&D 活动人员(人)						培养研究生人数(人)	R&D 经费支出(千元)	仪器设备原价(千元)	
	合计	其中								其中:进口(千元)
		博士毕业	硕士毕业	高级职称	中级职称	初级职称				
上海市人民政府决策咨询研究基地赵晓雷工作室	1	1	0	1	0	0	0	100	0	0
数理经济学重点实验室	4	4	0	2	2	0	41	100	0	0
中国产业发展研究院	5	5	0	2	3	0	3	1 590	200	0
中国公共财政研究院	6	6	0	2	4	0	2	2 600	220	0
中国企业创新发展研究基地	7	7	0	3	0	0	0	300	0	0
中国自由贸易试验区协同创新中心	15	15	0	10	5	0	43	2 700	0	0
最高人民法院自贸区司法研究基地	8	8	0	4	4	0	5	456	0	0
上海对外经贸大学	201	151	24	10	7	3	0	10 406	55.06	0
“高端开放与国际规则”决策咨询研究基地	22	12	8	0	0	0	0	150	4.02	0
“战略性大宗商品政府管制”孙海鸣工作室	19	18	1	0	0	0	0	3 500	3.7	0
国际经贸研究所	20	6	3	0	0	0	0	100	0	0
国际经贸治理与中国改革开放联合研究中心	27	23	3	0	0	0	0	1 000	1.72	0
上海国际贸易中心战略研究院知识服务平台	30	23	2	0	0	0	0	1 000	44.69	0
数据科学与管理决策重点实验室	20	15	0	10	7	3	0	0	0	0
中国 WTO 贸易政策审议中心	27	23	3	0	0	0	0	156	0	0
中国(上海)自由贸易试验区研究基地	36	31	4	0	0	0	0	4 500	0.93	0
上海旅游高等专科学校	63	23	40	18	42	3	0	467.1	0	0
城市会展经济研究中心	11	5	6	5	6	0	0	49.8	0	0
旅游休闲与户外休憩研究中心	12	8	4	4	6	2	0	89.3	0	0
中国酒店创新发展研究院	20	10	10	5	15	0	0	266	0	0
中外旅游文化比较研究中心	20	0	20	4	15	1	0	62	0	0
华东政法大学	95	78	11	55	16	7	236	6 350	3 650	0
电子商务法研究所	15	12	1	9	3	1	25	900	450	0
经济法研究中心	25	21	2	15	0	1	58	850	350	0
外国法与比较法研究院	25	20	3	16	3	3	125	1 400	1 500	0
知识产权研究中心	12	10	2	6	4	0	28	1 600	800	0
中国自由贸易区法律研究院	18	15	3	9	6	2	0	1 600	550	0

续表

学校及机构名称	R&D 活动人员(人)						培养研究生人数(人)	R&D 经费支出(千元)	仪器设备原价(千元)	
	合计	其中								其中:进口(千元)
		博士毕业	硕士毕业	高级职称	中级职称	初级职称				
上海体育学院	95	62	31	49	29	14	114	1 280	80	0
国家体育总局体育社会科学重点研究基地	15	12	2	7	5	0	20	50	0	0
国家体育总局运动技战术诊断与分析重点实验室	8	6	2	4	4	0	10	150	0	0
上海社会调查中心上海体育学院分中心	5	4	0	4	0	1	6	50	0	0
上海市人类运动能力开发与保障重点实验室	30	14	16	15	8	7	50	380	0	0
上海市运动休闲与体育产业发展研究	13	9	4	6	5	2	15	100	0	0
体育与健康伦理 E-研究院	4	3	1	1	3	0	3	50	0	0
运动与健康产业协同创新中心	20	14	6	12	4	4	10	500	80	0
上海音乐学院	73	38	26	47	22	3	0	3 403	308.11	0
上海高校人文艺术创新工作室—钢琴艺术	5	3	2	4	1	0	0	39	0	0
上海高校音乐人类学 E-研究院	10	10	0	6	4	0	0	158	0	0
上海市音乐教育教学研究基地	20	5	10	13	7	0	0	574	0	0
上海市音乐声学艺术重点实验室	9	5	3	5	3	0	0	258	158	0
上海音乐艺术发展中心	8	4	3	4	3	1	0	1 584	85.11	0
音乐研究所	3	1	0	2	1	0	0	470	45	0
中国仪式音乐研究中心	15	10	5	10	3	2	0	310	20	0
周小燕大师工作室	3	0	3	3	0	0	0	10	0	0
上海戏剧学院	70	44	20	45	20	1	202	1 267.08	0	0
编剧学研究中心	7	5	0	4	3	0	43	200	0	0
电影文化研究中心	5	5	0	3	2	0	13	75	0	0
电影艺术研究中心	2	2	0	2	0	0	10	35.22	0	0
国际表演艺术研究中心	6	3	2	3	3	0	6	40	0	0
海派表导演艺术研究基地	4	1	2	4	0	0	21	70.04	0	0
媒介研究中心	4	3	1	1	3	0	8	20	0	0
全球城市(上海)文化观测研究中心	4	2	2	2	2	0	16	75	0	0
上海市多媒体演艺虚拟空间合成重点实验室	7	1	5	3	0	0	8	329.4	0	0

续表

学校及机构名称	R&D活动人员(人)						培养研究生人数(人)	R&D经费支出(千元)	仪器设备原价(千元)	其中:进口(千元)
	合计	其中								
		博士毕业	硕士毕业	高级职称	中级职称	初级职称				
上海市综合艺术教育教学研究基地	5	3	1	4	0	1	20	40	0	0
外国戏剧研究中心	5	2	3	2	3	0	19	75	0	0
戏剧戏曲学研究中心	8	7	1	8	0	0	12	199.48	0	0
谢克纳人类表演学研究中心	4	3	1	3	1	0	8	32.94	0	0
艺术学理论研究中心	9	7	2	6	3	0	18	75	0	0
上海大学	148	30	47	95	30	23	15	12 352.43	527.91	0
产业经济研究中心	18	2	6	18	0	0	0	900.33	28.02	0
上海高校知识服务平台公共艺术创意中心	14	2	2	9	4	1	6	3 800	125	0
上海高校智库“基层治理创新研究中心”	3	3	0	3	0	0	0	4 000	210	0
上海市发展战略研究所	31	7	5	16	7	8	6	377	12.83	0
影视与传媒产业研究基地	29	8	6	16	7	6	3	1 050	63.43	0
中国服务经济研究中心	25	0	12	14	5	6	0	721.79	32.86	0
中国社会转型与社会组织研究中心	28	8	16	19	7	2	0	1 503.31	55.77	0
上海工程技术大学	22	10	12	0	0	0	0	1 960	517.2	0
会展艺术与技术创新中心	6	2	4	0	0	0	0	1 100	300	0
经济研究所	6	3	3	0	0	0	0	480	126	0
上海社会保障问题研究中心	10	5	5	0	0	0	0	380	91.2	0
上海立信会计金融学院	19	15	4	10	6	1	0	468.6	1 714.2	0
现代支付与互联网金融研究中心、科技金融研究院	10	8	2	7	2	1	0	160	500	0
“一带一路”研究院	5	3	2	2	1	0	0	228.6	914.2	0
自贸区研究院	4	4	0	1	3	0	0	80	300	0
上海电机学院	10	8	2	6	4	0	10	100	0	0
上海装备制造产业发展研究中心	10	8	2	6	4	0	10	100	0	0
上海杉达学院	46	13	31	22	22	2	0	473.83	621	0
村上春树研究中心	6	3	3	1	5	0	0	60	36	0
低碳经济发展研究中心	9	2	7	6	3	0	0	15.32	57	0
高等教育研究所	3	0	2	2	1	0	0	166.4	30	0
国际发展合作战略与法律研究中心	10	5	5	3	5	2	0	47	50	0
互联网金融大数据研究中心	6	2	4	4	2	0	0	50.63	235	0

学校及机构名称	R&D活动人员(人)						培养研究生人数(人)	R&D经费支出(千元)	仪器设备原价(千元)	
	合计	其中								其中:进口(千元)
		博士毕业	硕士毕业	高级职称	中级职称	初级职称				
儒学研究所	12	1	10	6	6	0	0	134.48	213	0
上海政法学院	9	3	2	4	2	0	3	648.99	490.65	0
司法研究所	4	1	1	1	2	0	1	50	129.39	0
应用社会科学研究院	5	2	1	3	0	0	2	598.99	361.26	0
上海第二工业大学	6	2	3	4	2	0	0	30.4	258.01	0
高等教育研究所	6	2	3	4	2	0	0	30.4	258.01	0
上海商学院	3	2	1	2	0	0	0	0	0	0
上海商贸服务业知识服务中心	3	2	1	2	0	0	0	0	0	0
上海城建职业学院	6	1	1	1	3	1	0	100	0	0
城市发展研究中心	6	1	1	1	3	1	0	100	0	0
上海电子信息职业技术学院	4	2	2	3	1	0	0	15	0	0
高等职业教育研究所	4	2	2	3	1	0	0	15	0	0
上海建桥学院	24	18	4	10	12	2	0	154	0	0
非物质文化遗产保护与产业发展研究中心	12	12	0	4	8	0	0	30	0	0
国际商务研究中心	3	3	0	2	1	0	0	91	0	0
民办高等教育研究所	5	1	3	2	1	2	0	20	0	0
新闻与传播研究所	4	2	1	2	2	0	0	13	0	0
上海纽约大学	7	6	1	6	0	1	0	3 935	37	0
Center for Society, Health and Medicine	1	1	0	1	0	0	0	14	0	0
环球亚洲研究中心	1	1	0	1	0	0	0	1 266	9	0
金融波动研究所	2	1	1	1	0	1	0	1 867	11	0
商学教育与研究中心	2	2	0	2	0	0	0	558	17	0
社会发展联合研究中心	1	1	0	1	0	0	0	230	0	0
江苏省										
南京大学	721	521	143	424	187	32	885	25 859.95	3 052.7	515
长江产业经济研究院	10	8	2	5	4	1	0	1 000	200	0
长江三角洲经济社会发展研究中心	22	20	2	22	0	0	40	1 010	215	0
当代外国文学与文化研究中心	15	14	1	15	0	0	41	45	29	0
公共事务与地方治理研究中心	5	2	3	5	0	0	0	20	5	0
国家文化产业研究中心	14	10	4	6	8	0	5	100	30	0

续表

学校及机构名称	R&D活动人员(人)						培养研究生人数(人)	R&D经费支出(千元)	仪器设备原价(千元)	
	合计	其中								其中:进口(千元)
		博士毕业	硕士毕业	高级职称	中级职称	初级职称				
江苏省城市现代化研究中心	13	4	8	5	7	0	13	35	28	0
江苏省社会风险管理研究中心	14	12	2	12	2	0	30	100	10	0
江苏省数据工程与知识服务重点实验室	7	4	3	6	1	0	11	700	500	300
江苏紫金传媒智库	29	25	4	17	6	2	0	900	10	0
马克思主义社会理论研究中心	15	10	5	12	3	0	0	800	100	0
区域经济转型与管理变革协同创新中心	185	160	25	88	76	21	54	190.95	50	0
儒佛道与中国传统文化研究中心	10	7	3	8	2	0	5	400	60	0
社会舆情分析与决策支持研究中心	34	20	10	17	13	3	31	100	20	0
社会与行为科学实验中心	13	12	1	10	3	0	35	300	215	215
苏南率先基本实现现代化研究中心	22	17	5	10	12	0	15	500	150	0
中国抗日战争研究协同创新中心	59	49	3	58	1	0	56	1 000	200	0
中国南海研究协同创新中心	16	9	6	3	8	4	60	12 260	480.7	0
中国特色社会主义理论体系研究基地	28	20	8	18	10	0	25	200	50	0
中国文学与东亚文明研究协同创新中心	70	64	6	50	20	0	85	2 724	280	0
中国新文学研究中心	92	30	27	32	3	0	187	600	15	0
中国语言战略研究中心	20	2	12	3	3	0	57	75	5	0
中国智库研究与评价中心	10	8	2	6	4	0	5	800	200	0
中华民国史研究中心	18	14	1	16	1	1	130	2 000	200	0
苏州大学	246	142	74	233	13	0	146	4 820.7	1 348.7	0
东吴智库	20	16	4	20	0	0	16	560	130	0
公法研究中心	32	19	13	26	6	0	12	450	50	0
国家体育总局机能评定与体能训练重点实验室	15	5	10	13	2	0	6	300	250	0
国家体育总局体育社会科学重点研究基地	17	6	11	15	2	0	3	300	150	0
江苏省吴文化研究基地	16	10	5	16	0	0	18	70	100	0
江苏省新型城镇化与社会治理协同创新中心	38	25	13	38	0	0	22	656.1	125	0

续表

学校及机构名称	R&D 活动人员(人)						培养研究生人数(人)	R&D 经费支出(千元)	仪器设备原价(千元)	
	合计	其中								其中:进口(千元)
		博士毕业	硕士毕业	高级职称	中级职称	初级职称				
老挝—大湄公河次区域国家研究中心	21	2	4	21	0	0	13	354.6	45.7	0
社会公共文明研究所	9	6	3	8	1	0	2	60	20	0
苏南发展研究院	20	15	4	20	0	0	10	500	178	0
苏州基层党建研究所	15	12	1	15	0	0	8	490	50	0
新媒介与青年文化研究中心	15	11	4	13	2	0	11	80	20	0
中国特色城镇化研究中心	28	15	2	28	0	0	25	1 000	230	0
东南大学	439	293	146	218	166	39	295	6 522	1 170	118.5
道德发展智库	12	7	5	7	3	2	12	140	70	0
道德国情调查研究中心	13	8	5	7	6	0	12	150	50	0
道德哲学与中国道德发展研究所	15	10	5	12	3	0	18	300	98	30
反腐败法治研究中心	12	9	3	6	6	0	15	200	70	0
公民道德提升与人的现代化研究中心	14	8	6	8	6	0	11	180	20	0
公民道德与社会风尚协同创新中心	25	18	7	15	8	2	19	1 550	95	0
家事审判心理学重点研究基地	10	10	0	2	0	8	0	150	0	0
江苏创新驱动研究基地	14	8	6	7	4	3	8	105	59	0
江苏国际智库合作研究基地	15	9	6	6	7	2	8	15	6	0
江苏经济全球化研究中心	14	8	6	9	3	2	11	158	50	0
江苏民生幸福研究基地	11	7	4	6	3	2	9	159	43	0
江苏省非物质文化遗产研究基地	25	15	10	15	9	1	18	106	11	0
江苏省健康产业发展研究基地	15	15	0	8	7	0	4	400	0	0
江苏省交通运输行业政策法规重点研究基地	46	37	9	19	22	5	24	1 030	62	17.5
江苏省科技创新体系建设思想库	12	7	5	10	2	0	11	165	38	0
江苏省区域经济与发展研究基地	25	15	10	16	8	1	15	295	95	24
江苏省重点物流研究基地	17	11	6	10	7	0	10	198	76	23
教育立法研究基地	10	10	0	5	5	0	35	100	0	0
人民法院司法大数据研究基地	42	26	16	15	8	3	10	200	0	0
亚太语言政策研究中心	20	6	14	5	14	1	8	93	38	0
艺术学研究中心	22	14	8	8	11	3	9	355	95	24
中国传统艺术的传承与传播研究中心	16	9	7	7	8	1	9	168	74	0

续表

学校及机构名称	R&D 活动人员(人) 合计	其中 博士毕业	硕士毕业	高级职称	中级职称	初级职称	培养研究生人数(人)	R&D 经费支出(千元)	仪器设备原价(千元)	其中:进口(千元)
中国特色社会主义发展研究院	23	18	5	10	11	2	13	150	70	0
中国特色社会主义理论体系研究基地	11	8	3	5	5	1	6	155	50	0
南京航空航天大学	161	93	54	75	34	0	127	2 184	633	0
国际战略与安全研究中心	14	12	2	9	1	0	19	25	21	0
国家文化产业研究中心	24	14	10	6	7	0	1	300	75	0
江苏省非物质文化遗产研究基地	24	14	10	6	7	0	1	300	75	0
江苏省后评价研究中心	15	3	6	6	0	0	19	196	85	0
江苏省军民融合产业发展研究中心	18	17	1	14	4	0	25	330	39	0
江苏省人力资源发展研究基地	16	5	11	8	4	0	15	45	53	0
江苏省中国特色社会主义理论体系研究基地	16	10	6	10	6	0	8	80	48	0
科学发展研究中心	21	5	8	8	0	0	24	760	161	0
能源软科学研究中心	13	13	0	8	5	0	15	148	76	0
南京理工大学	131	76	55	67	56	7	15	540	254	0
国际经贸问题研究中心	15	8	7	8	7	0	5	50	10	0
江苏产业集群研究基地	13	6	7	5	8	0	2	50	20	0
江苏服务型政府建设研究基地	15	6	9	5	7	2	2	50	20	0
江苏人才发展战略研究院	10	5	5	3	5	2	0	10	50	0
江苏省版权研究中心	8	6	2	6	2	0	0	50	6	0
江苏省军民融合发展研究院	7	5	2	5	2	0	0	15	50	0
江苏省军民融合科技与产业创新研究中心	6	4	2	4	2	0	0	50	6	0
江苏省科技人才思想库	12	5	7	5	7	0	0	50	30	0
江苏省知识产权发展研究中心	12	6	6	4	5	3	2	50	20	0
江苏省知识产权思想库	12	10	2	8	4	0	0	15	20	0
马克思主义与当代中国研究中心	7	5	2	5	2	0	2	50	10	0
沙特研究中心	6	5	1	4	2	0	0	50	6	0
社会计算与舆情分析研究中心	8	5	3	5	3	0	2	50	6	0
江苏科技大学	15	9	6	10	5	0	25	100	10	0
服务制造模式与信息化研究中心	15	9	6	10	5	0	25	100	10	0
中国矿业大学	119	104	15	97	22	0	117	836.06	32.7	0

续表

学校及机构名称	R&D 活动人员(人)						培养研究生人数(人)	R&D 经费支出(千元)	仪器设备原价(千元)	其中:进口(千元)
	合计	其中								
		博士毕业	硕士毕业	高级职称	中级职称	初级职称				
澳大利亚研究中心	32	21	11	23	9	0	20	20	0.6	0
国际能源政策研究中心	31	31	0	29	2	0	36	116.06	23.1	0
江苏省公共安全创新研究中心	25	21	4	16	9	0	25	620	6	0
江苏省能源经济管理研究基地	31	31	0	29	2	0	36	80	3	0
南京工业大学	11	5	6	6	5	0	3	200	16	0
江苏产业科技创新研究中心	11	5	6	6	5	0	3	200	16	0
常州大学	100	56	44	58	42	0	0	1 140	610	0
常州社科院历史文化研究所	6	4	2	2	4	0	0	100	20	0
常州现代服务业研究院	6	4	2	5	1	0	0	200	30	0
城乡文明研究所	4	1	3	3	1	0	0	20	20	0
国家与江苏石油石化发展战略研究基地	10	6	4	6	4	0	0	100	50	0
江苏省非物质文化遗产研究基地	10	5	5	6	4	0	0	100	50	0
江苏中国特色社会主义理论研究基地	10	6	4	7	3	0	0	100	50	0
旅游产业战略研究所	4	2	2	2	2	0	0	20	20	0
马克思主义研究院	10	4	6	6	4	0	0	200	200	0
人力资源管理研究中心	6	4	2	3	3	0	0	20	20	0
书画艺术研究院	4	2	2	2	2	0	0	20	20	0
苏台经贸合作和科技创新研究中心	10	6	4	5	5	0	0	100	50	0
体育健康教育研究所	4	2	2	2	2	0	0	20	20	0
应用语言学研究所	5	3	2	3	2	0	0	20	20	0
语言应用研究基地	7	5	2	4	3	0	0	100	20	0
中国财经文学研究中心	4	2	2	2	2	0	0	20	20	0
南京邮电大学	58	33	25	29	29	0	0	544	117	0
大数据与人口流动演技	8	4	4	4	4	0	0	100	32	0
江苏农业信息化研究基地	14	6	8	5	9	0	0	113	21	0
江苏省统计科学研究基地	8	5	3	6	2	0	0	91	13	0
江苏省物联网产业发展研究基地	15	11	4	8	7	0	0	130	40	0
江苏现代信息服务业研究基地	13	7	6	6	7	0	0	110	11	0
河海大学	370	256	114	237	133	0	423	4 273	298.8	0

续表

学校及机构名称	R&D活动人员(人)						培养研究生人数(人)	R&D经费支出(千元)	仪器设备原价(千元)	其中:进口(千元)
	合计	其中								
		博士毕业	硕士毕业	高级职称	中级职称	初级职称				
“世界水谷”与水生态文明协同创新中心	24	15	9	12	12	0	21	400	20	0
长三角环境与社会研究中心	15	10	5	9	6	0	18	200	15	0
东部资源环境与持续发展研究中心	23	12	11	13	10	0	20	300	21	0
国际河流研究中心	17	10	7	9	8	0	19	180	15	0
国家级人才理论研究基地	14	9	5	11	3	0	23	200	14.5	0
江苏企业国际化发展研究基地	17	11	6	9	8	0	15	145	11.5	0
江苏省科技体制改革科技思想库	12	10	2	8	4	0	16	150	15	0
江苏省老年学研究与培训基地	19	12	7	10	9	0	20	150	13	0
江苏省水资源与可持续发展研究中心	20	17	3	15	5	0	30	240	18	0
江苏省循环经济工程研究中心	23	17	6	14	9	0	23	200	13	0
江苏省中国特色社会主义理论体系研究基地	20	12	8	15	5	0	19	180	14.5	0
江苏沿海资源经济研究中心	18	14	4	13	5	0	23	185	15.3	0
企业人才研究中心	16	10	6	10	6	0	18	260	16.2	0
全国性别/妇女研究与培训基地	18	10	8	12	6	0	24	210	13.4	0
人口老龄化科研基地	13	10	3	9	4	0	21	150	11	0
水库移民经济研究中心	21	16	5	15	6	0	25	360	13.6	0
水利部人力资源研究院	20	15	5	13	7	0	24	200	13	0
水利法治研究中心	13	9	4	7	6	0	0	100	10	0
水利经济研究所	17	13	4	12	5	0	22	170	12.8	0
水利政策法制研究与培训中心	14	10	4	8	6	0	21	150	10	0
中国(南京)人才发展研究中心	16	14	2	13	3	0	21	143	13	0
江南大学	213	141	65	166	43	3	308	10 455.71	4 700	252
汉族服饰类非物质文化遗产研究基地	16	7	9	6	8	2	86	450	80	50
江南民族音乐研究中心	10	3	7	9	1	0	5	100	60	0
江苏党风廉政建设创新研究基地	18	12	4	17	1	0	5	300	800	17
江苏省产品创意与文化重点研究基地	12	9	2	10	1	1	15	600	1 200	0
江苏省中国特色社会主义理论体系研究基地	18	15	3	15	3	0	13	1 780	200	0

续表

学校及机构名称	R&D 活动人员(人)						培养研究生人数(人)	R&D 经费支出(千元)	仪器设备原价(千元)	
	合计	其中								其中:进口(千元)
		博士毕业	硕士毕业	高级职称	中级职称	初级职称				
教育信息化研究中心	16	12	4	12	4	0	40	650.71	495	0
金融创新与风险管理研究基地	10	10	0	5	5	0	19	85	55	0
钱钟书及其海外传播研究中心	10	7	3	9	1	0	20	150	50	0
食品安全风险治理研究院	22	10	12	21	0	0	26	3 280	650	185
无锡党的建设研究基地	10	6	2	3	7	0	8	200	20	0
无锡古运河文化创意中心	9	5	4	6	3	0	0	780	500	0
无锡江南文化与影视研究中心	14	8	6	9	5	0	12	100	120	0
无锡老龄科学研究中心	14	10	4	13	1	0	30	230	70	0
无锡旅游与区域发展研究基地	10	5	3	10	0	0	26	850	250	0
无锡人力资源开发研究基地	16	14	2	14	2	0	3	500	40	0
中国物联网发展战略研究基地	8	8	0	7	1	0	0	400	110	0
南京林业大学	31	9	17	21	10	0	0	586.8	1 200.2	281.8
江苏环境与发展研究中心	10	4	5	7	3	0	0	334.7	854.2	246
生态经济研究中心	21	5	12	14	7	0	0	252.1	346	35.8
江苏大学	25	16	9	16	0	0	16	845	290	0
高等教育研究所	2	1	1	1	0	0	1	40	10	0
江苏省统计应用研究基地	3	3	0	3	0	0	3	100	10	0
江苏省知识产权研究中心	4	2	2	2	0	0	2	80	20	0
江苏省中小企业发展研究基地	4	2	2	2	0	0	2	90	10	0
能源发展与环境保护战略研究中心	4	4	0	4	0	0	4	280	100	0
现代农业经济研究所	4	2	2	2	0	0	2	80	10	0
中小企业研究中心	4	2	2	2	0	0	2	175	130	0
南京信息工程大学	226	162	52	161	63	2	39	3 102.9	1 422.2	0
国家体育总局体育文化研究基地	6	2	2	3	3	0	0	138.8	68.1	0
江北新区发展研究院	32	25	4	21	9	2	0	660	365	0
江苏人才强省建设研究基地	16	10	6	7	9	0	0	150.6	60.3	0
江苏省中国特色社会主义理论体系研究基地	13	12	1	11	2	0	4	522.5	50.6	0
欧美再工业化战略研究中心	14	12	2	8	6	0	0	135.2	58.2	0
气候变化与公共政策研究院	18	11	4	16	2	0	15	180.6	52.4	0
气候与环境治理研究院	44	40	0	39	5	0	0	380.1	133.5	0
清华大学技术创新研究中心分中心	11	8	3	9	2	0	5	100.4	41.1	0

续表

学校及机构名称	R&D活动人员(人)						培养研究生人数(人)	R&D经费支出(千元)	仪器设备原价(千元)	其中:进口(千元)
	合计	其中								
		博士毕业	硕士毕业	高级职称	中级职称	初级职称				
文化遗产科学认知与保护研究基地	21	14	7	12	9	0	0	202	115	0
中国科协科技人力资源研究基地	19	9	10	12	7	0	0	130.5	82.4	0
中国制造业发展研究院	32	19	13	23	9	0	15	502.2	395.6	0
南通大学	77	47	24	55	13	9	46	3 712	1 728.98	50
楚辞研究中心	11	7	2	8	2	1	6	486.2	237.4	0
江苏长江经济带研究院	9	7	2	4	3	2	7	423.6	352.78	0
江苏省中国特色社会主义理论体系研究基地	20	13	7	18	1	1	6	130	36.8	0
江苏先进典型研究中心	8	5	2	6	1	1	5	481	56.3	0
江苏沿海沿江发展研究中心	6	4	2	4	1	1	6	453	125.4	0
蓝印花布艺术研究所	6	4	2	2	2	2	5	850	563	50
南通廉政文化研究所	11	3	5	8	2	1	5	650.2	185	0
张謇研究所	6	4	2	5	1	0	6	238	172.3	0
南京农业大学	595	462	117	414	150	4	529	26 983.37	8 134.76	0
不动产研究中心	10	10	0	7	3	0	28	450	60	0
城乡规划设计研究院	29	20	9	17	3	0	9	36.16	4.52	0
地方治理与政策研究院	22	10	12	9	3	0	12	45	2.3	0
电子商务研究中心	6	5	1	4	2	0	8	560	28	0
公共政策研究所	2	1	1	1	1	0	6	30	1.5	0
管理工程研究室	13	11	2	9	4	0	18	226	11	0
国际食品与农业经济研究中心	16	14	2	13	2	1	20	925	46	0
国际资源与环境经济研究所	18	18	0	15	3	0	8	29.26	1.5	0
江苏粮食安全研究中心	16	14	2	13	3	0	30	1 520	76	0
江苏农业现代化决策咨询研究基地	25	25	0	20	5	0	18	1 420	71	0
江苏省国土资源利用与管理工程中心	16	14	2	14	2	0	26	195.28	1.98	0
江苏省农村发展与土地政策研究基地	16	14	2	9	7	0	20	2 250	112	0
江苏省统计科学研究基地	10	8	2	10	0	0	8	585	29	0
江苏省新农村科技创新思想库	10	10	0	7	3	0	8	650	32	0
金善宝农业现代化研究院	16	14	2	13	2	1	30	1 850	90	0
劳动就业与公共政策研究中心	6	6	0	5	0	1	5	106	5	0

续表

学校及机构名称	R&D活动人员(人)						培养研究生人数(人)	R&D经费支出(千元)	仪器设备原价(千元)	其中:进口(千元)
	合计	其中								
		博士毕业	硕士毕业	高级职称	中级职称	初级职称				
领域知识关联研究中心	16	11	3	14	2	0	7	1 200	2 000	0
民俗学研究所	9	8	1	6	3	0	10	710	7	0
农村土地资源利用与整治国家地方联合工程研究中心	16	14	2	13	3	0	26	195.28	1.98	0
农业经济研究所	16	14	2	14	2	0	20	1 910	90	0
农业园区研究中心	8	4	1	5	3	0	8	1 423	60	0
农业转基因生物安全管理政策研究中心	16	15	1	13	3	0	10	988	49	0
日语语言文化研究所	15	2	13	6	9	0	12	1 500	60	0
统筹城乡发展与土地管理创新研究基地	24	18	6	15	3	0	8	9.21	1	0
英语语言文化研究所	56	12	35	28	27	1	20	1 650	60	0
中国地标文化研究中心	26	24	2	19	7	0	15	250	7	0
中国国土资源与生态文明建设研究院	5	5	0	4	1	0	5	50	2	0
中国粮食安全保障研究中心	16	14	2	9	7	0	30	1 825	80	0
中国农业产业链管理研究与发展中心	16	15	1	13	3	0	10	625	30	0
中国农业遗产研究室	26	24	2	19	7	0	15	850	20	0
中国土地问题研究中心	31	31	0	27	4	0	26	205.28	1.98	0
中荷土地规划与地籍发展中心	17	17	0	13	4	0	16	27.28	1	0
中华农业文明博物馆	5	2	1	3	2	0	0	100	5 000	0
中华农业文明研究院	26	24	2	19	7	0	15	850	42	0
中外语言比较中心	20	14	6	8	10	0	22	1 737.62	50	0
南京医科大学	54	30	21	51	3	0	5	600	10	0
健康江苏建设与发展研究院	54	30	21	51	3	0	5	600	10	0
南京中医药大学	20	20	0	17	3	0	14	270	0	0
中医文化研究中心	20	20	0	17	3	0	14	270	0	0
南京师范大学	1 067	772	38	521	190	0	0	4 784.87	13 198.05	273
道德教育研究所	10	9	1	8	2	0	0	10	4 233	0
东亚国际问题研究中心	10	9	0	8	2	0	0	55	1.5	0
符号认知研究所	10	10	0	7	3	0	0	50	20	20
高等教育研究所	7	7	0	7	0	0	0	0.5	1.5	0

续表

学校及机构名称	R&D 活动人员(人)						培养研究生人数(人)	R&D 经费支出(千元)	仪器设备原价(千元)	
	合计	其中								其中:进口(千元)
		博士毕业	硕士毕业	高级职称	中级职称	初级职称				
国家体育总局体育社科研究中心	18	7	5	12	6	0	0	600	11.8	0
国家体育总局体育文化研究中心	14	7	5	10	4	0	0	280	1.5	0
江苏城乡一体研究基地	7	5	0	7	0	0	0	50	1.5	0
江苏当代作家研究基地	15	12	0	11	4	0	0	300	100	0
江苏法治发展研究院	69	62	0	48	21	0	0	370	227.45	0
江苏国际法治动态研究中心	8	5	0	8	0	0	0	5	1.7	0
江苏省创新经济研究基地	18	6	0	12	6	0	0	50	7	4
江苏省非物质文化遗产研究基地	19	14	0	12	7	0	0	8.22	1.8	0
江苏省老年学研究基地	35	8	0	22	13	0	0	120	120	18
江苏省民营经济研究基地	23	4	0	20	3	0	0	0.5	4.5	1
江苏省学生体质健康促进研究中心	17	14	0	10	7	0	0	100	1.5	0
江苏文学翻译与研究中心	4	3	0	4	0	0	0	50	1.5	0
江苏艺术强省建设研究基地	35	15	10	22	13	0	0	50	2	0
教育社会学研究中心	17	16	0	15	2	0	0	2	60	0
教育信息工程研究所	16	14	0	12	4	0	0	960	630	0
金陵妇女发展研究中心	45	24	0	30	15	0	0	50	40	20
联合国教科文组织国际农村教育研究与培训中心南京基地	5	4	0	5	0	0	0	100	140	0
马克思主义研究院	25	20	0	19	6	0	0	16	190	10
全国大学生职业发展教育研发基地	2	1	0	1	0	0	0	0.7	1.3	0
全国民政政策理论研究基地	15	10	0	12	3	0	0	50	1.6	0
社会主义意识形态研究中心	22	19	3	15	7	0	0	50	1.6	0
司法现代化研究中心	22	17	0	18	4	0	0	300	428.6	0
语言信息科技研究中心	50	45	0	38	12	0	0	50	1.5	0
智慧教育研究院	16	9	0	11	5	0	0	3.15	1.8	0
中国法治现代化研究院	138	120	12	99	39	0	0	85	15	0
中小学课程与教学研究基地	20	18	2	18	2	0	0	4.8	1.4	0
抗日战争研究中心	7	7	0	0	0	0	0	100	500	0
课程与教学研究所	41	23	0	0	0	0	0	62	800	0
马克思主义研究院	71	48	0	0	0	0	0	100	200	0
脑认知实验与理论研究中心	17	4	0	0	0	0	0	150	680	200
社会建设与社会管理创新研究基地	9	7	0	0	0	0	0	10	500	0

续表

学校及机构名称	R&D活动人员(人) 合计	其中 博士毕业	硕士毕业	高级职称	中级职称	初级职称	培养研究生人数(人)	R&D经费支出(千元)	仪器设备原价(千元)	其中:进口(千元)
社会主义意识形态研究中心	16	15	0	0	0	0	0	100	200	0
司法现代化研究中心	18	11	0	0	0	0	0	30	587	0
体育社会科学重点研究基地	30	16	0	0	0	0	0	60	350	0
外国语言文化研究所	10	9	0	0	0	0	0	30	400	0
文体学与文体应用研究中心	10	7	0	0	0	0	0	2	200	0
现代司法研究中心	11	9	0	0	0	0	0	100	200	0
学前教育研究所	24	21	0	0	0	0	0	73	200	0
应用伦理学研究所	12	11	0	0	0	0	0	20	500	0
语言信息科技研究中心	36	30	0	0	0	0	0	120	400	0
中国古代文学研究中心	9	8	0	0	0	0	0	6	430	0
中国经济史研究所	15	15	0	0	0	0	0	44	400	0
中国现当代文学研究中心	11	11	0	0	0	0	0	1	200	0
江苏师范大学	575	472	92	456	108	4	364	12 210	18 413	3 312
“一带一路”研究院	32	29	3	30	2	0	16	500	120	0
澳大利亚研究中心	17	15	2	14	3	0	10	280	150	50
巴基斯坦研究中心	10	8	2	8	2	0	5	200	90	0
独联体国家研究中心	20	18	2	16	0	4	15	10	100	0
古籍整理研究所	8	7	1	7	1	0	4	10	20	0
国家体育总局体育文化发展中心体育文化研究基地	15	9	6	10	5	0	10	200	100	0
国务院侨务办公室侨务理论研究江苏基地	17	15	2	14	3	0	10	280	150	50
汉文化研究院	20	15	5	16	4	0	12	500	2 000	0
淮海发展研究院	18	15	3	16	2	0	11	900	91	0
基础教育研究中心	7	6	1	5	0	0	4	10	20	0
江苏省决策咨询研究基地江苏区域协调发展研究基地	12	9	3	8	4	0	5	110	510	0
江苏省中国特色社会主义理论体系研究基地	20	17	3	16	4	0	5	100	100	0
留学生与近代中国研究中心	8	7	1	7	1	0	3	10	20	0
伦理学与德育研究中心	10	9	1	9	1	0	5	10	20	0
欧美同学会留学报国研究基地	16	14	2	12	4	0	8	50	50	0
苏北农村治理创新研究基地	20	18	2	15	5	0	10	100	500	0

续表

学校及机构名称	R&D 活动人员(人)						培养研究生人数(人)	R&D 经费支出(千元)	仪器设备原价(千元)	其中:进口(千元)
	合计	其中								
		博士毕业	硕士毕业	高级职称	中级职称	初级职称				
苏北三农研究中心	8	6	2	6	2	0	5	10	20	0
苏台合作与发展研究中心	20	15	5	13	2	0	10	300	200	0
特色镇村建设与土地管理研究基地	15	12	3	10	5	0	16	400	200	0
语言能力高等研究院	46	46	0	44	2	0	16	100	2 000	0
语言能力协同创新中心	138	110	24	110	28	0	115	7 200	8 410	2 200
语言研究所	36	23	10	19	17	0	35	300	3 000	900
智慧教育研究中心	21	12	5	17	4	0	24	230	242	112
中共中央编译局发展理论研究中心	12	12	0	9	3	0	5	100	110	0
中国—巴基斯坦教育文化研究中心	10	8	2	8	2	0	5	100	90	0
中华家文化研究基地	19	17	2	17	2	0	0	200	100	0
淮阴师范学院	85	45	18	57	22	0	23	1 300	651	40
淮安市创意设计产业科技公共服务平台	13	6	4	6	6	0	0	320	241	40
欧美国家边界争端与化解研究中心	5	4	0	4	0	0	0	240	100	0
社会风险评估与治理法治化研究基地	15	9	3	13	2	0	0	20	15	0
文化创意产业研究中心	29	13	6	23	6	0	23	300	75	0
周恩来精神与青少年教育研究中心	23	13	5	11	8	0	0	420	220	0
盐城师范学院	37	19	18	17	11	9	0	1 320	1 290	0
江苏沿海发展研究基地	12	6	6	5	4	3	0	350	390	0
江苏沿海开发研究基地	10	5	5	5	3	2	0	690	420	0
沿海发展智库	15	8	7	7	4	4	0	280	480	0
南京财经大学	49	38	11	34	13	0	43	601	135	0
博弈行为与智能供应链管理研究中心	4	4	0	1	1	0	0	0	0	0
江苏产业发展研究院	7	3	4	6	1	0	0	110	50	0
江苏创新发展研究院	7	3	4	6	1	0	10	50	10	0
江苏现代服务业研究院	2	1	1	2	0	0	2	141	25	0
粮食经济研究院	29	27	2	19	10	0	31	300	50	0
南京艺术学院	63	32	23	36	24	2	39	2 972.5	121.51	23
江苏省文化创意与综合设计重点实验室	15	1	6	3	10	1	6	6.8	21.32	0
江苏文艺产业决策咨询研究基地	5	4	1	3	2	0	4	25	12	0

续表

学校及机构名称	R&D 活动人员(人)						培养研究生人数(人)	R&D 经费支出(千元)	仪器设备原价(千元)	其中:进口(千元)
	合计	其中								
		博士毕业	硕士毕业	高级职称	中级职称	初级职称				
文化创意协同创新中心	20	12	8	15	5	0	12	1 242.46	5.77	0
艺术学研究所	12	9	3	9	2	1	15	55	16	3
音乐学研究所	3	2	1	2	1	0	2	40	6.5	0
紫金文创研究院	8	4	4	4	4	0	0	1 603.24	59.92	20
苏州科技大学	155	67	65	101	48	6	197	994	452.7	50
苏南地方音乐文化艺术研究所	14	4	4	13	1	0	30	30	5	0
苏州城乡一体化改革发展研究院	60	22	35	35	25	0	70	300	200	50
苏州国家历史文化名城保护研究院	49	21	14	28	15	6	42	304	212.7	0
苏州与国内外先进地区创新竞争力比较研究中心	21	14	7	16	5	0	0	150	20	0
亚太国家现代化与国际问题研究中心	11	6	5	9	2	0	55	210	15	0
常熟理工学院	90	46	36	79	11	0	15	400	250	0
“琴川清风”预防职务犯罪研究中心	6	3	2	5	1	0	0	10	20	0
苏南经济与社会发展研究基地	18	11	6	18	0	0	6	10	60	0
苏南区域文化建设研究中心	16	5	5	15	1	0	4	60	10	0
苏州农业现代化研究中心	15	8	7	12	3	0	0	20	10	0
苏州农业现代化中心	11	7	4	10	1	0	2	150	80	0
现代民政研究中心	7	4	3	6	1	0	3	80	20	0
县域科技体制综合改革与发展研究中心	10	6	4	8	2	0	0	10	10	0
中国县域金融研究中心	7	2	5	5	2	0	0	60	40	0
无锡职业技术学院	58	12	35	28	27	3	0	180	174	0
财经研究所	5	3	1	2	3	0	0	10	7	0
高职思想政治教育研究室	8	3	5	7	1	0	0	10	7	0
管理与创新研究所	10	3	7	8	2	0	0	8	10	0
旅游文化研究所	9	2	7	2	6	1	0	12	10	0
体育科学与健康指导研究所	18	0	8	5	11	2	0	20	100	0
无锡现代职教研究中心	4	1	3	3	1	0	0	100	30	0
艺术设计研究所	4	0	4	1	3	0	0	20	10	0
南京工业职业技术学院	23	8	12	19	4	0	0	316	161	0
高等职业教育研究所	6	3	3	5	1	0	0	116	73	0

续表

学校及机构名称	R&D 活动人员(人)						培养研究生人数(人)	R&D 经费支出(千元)	仪器设备原价(千元)	
	合计	其中								其中:进口(千元)
		博士毕业	硕士毕业	高级职称	中级职称	初级职称				
国际贸易与物流管理研究所	9	2	5	8	1	0	0	100	50	0
黄炎培职业教育思想研究会学术中心	8	3	4	6	2	0	0	100	38	0
苏州工艺美术职业技术学院	8	1	6	5	2	1	0	268	55	0
高等教育研究所	4	1	2	3	1	0	0	260	25	0
桃花坞木刻年画研究所	4	0	4	2	1	1	0	8	30	0
淮阴工学院	44	20	19	23	2	0	15	1 532.45	89.65	0
苏北发展研究院	44	20	19	23	2	0	15	1 532.45	89.65	0
南通职业大学	4	2	2	4	0	0	0	50	20	0
通州湾江海联动发展研究院	4	2	2	4	0	0	0	50	20	0
苏州职业大学	5	2	2	1	3	0	0	37.38	15.5	0
江苏省作家协会儿童文学创研基地	5	2	2	1	3	0	0	37.38	15.5	0
常州工学院	17	7	10	17	0	0	0	1 000	116	0
常州市创新创业与改革发展研究中心	10	4	6	10	0	0	0	150	8	0
江苏高校文化创意协同创新中心	1	1	0	1	0	0	0	800	100	0
数据科学与经济发展研究中心	6	2	4	6	0	0	0	50	8	0
扬州大学	182	119	46	170	9	1	205	1 028	244.8	0
“美声之林”声乐艺术中心	7	0	7	3	1	1	12	100	0	0
当代中国民主政治研究中心	12	10	2	12	0	0	32	100	0	0
淮扬文化研究中心	15	2	4	15	0	0	26	50	80	0
江苏省学生心理健康运动干预研究中心	6	0	2	4	2	0	4	100	30	0
江苏苏中发展研究基地	3	3	0	3	0	0	0	12	6.8	0
马克思主义大众化研究与传播中心	16	12	4	16	0	0	32	100	28	0
儒家经典诠释与东亚传播研究中心	16	14	2	16	0	0	34	100	0	0
苏中发展研究院	5	5	0	5	0	0	0	90	30	0
中国大运河研究院	18	8	6	18	0	0	0	100	30	0
中国法律文化与法治发展研究中心	15	13	2	14	1	0	8	100	0	0
中国近代史研究中心	5	4	1	5	0	0	18	56	40	0
中国特色社会主义研究中心	50	40	10	45	5	0	15	20	0	0
中外语言文化比较研究中心	14	8	6	14	0	0	24	100	0	0

续表

学校及机构名称	R&D 活动人员(人)						培养研究生人数(人)	R&D 经费支出(千元)	仪器设备原价(千元)	
	合计	其中								其中:进口(千元)
		博士毕业	硕士毕业	高级职称	中级职称	初级职称				
南京审计大学	107	107	0	61	46	0	119	1 604	2 700	0
城市发展研究院	11	11	0	6	5	0	2	50	0	0
国家审计大数据研究中心	6	6	0	2	4	0	5	43	2 450	0
国家治理与国家审计研究院	15	15	0	10	5	0	0	286	0	0
江苏科技金融体系创新研究基地	10	10	0	7	3	0	11	234	100	0
金融风险管理研究中心	10	10	0	7	3	0	8	320	150	0
经济与金融研究院	16	16	0	1	15	0	0	190	0	0
社会经济研究院	9	9	0	7	2	0	8	5	0	0
审计科学研究院	17	17	0	13	4	0	58	171	0	0
政治与经济研究院	10	10	0	6	4	0	22	5	0	0
中国审计情报中心	3	3	0	2	1	0	5	300	0	0
南京晓庄学院	6	3	3	4	2	0	0	6	30	0
陶行知研究所	6	3	3	4	2	0	0	6	30	0
江苏理工学院	104	42	33	82	17	0	0	362	166.1	0
常州画派研究所	5	0	2	4	1	0	0	10	3.5	0
常州民营经济研究所	8	2	5	7	1	0	0	20	5.2	0
常州市名人研究院	7	7	0	6	1	0	0	20	5	0
常州市青少年心理研究与指导中心	8	5	0	5	3	0	0	20	4.6	0
传统文化艺术研究所	7	1	4	7	0	0	0	10	3.7	0
江苏省职业技术教育科学研究中心	16	4	7	6	5	0	0	182	110	0
江苏职业教育与终身教育研究基地	12	4	4	12	0	0	0	25	5.6	0
农村职业教育研究所	6	1	3	5	1	0	0	20	4.2	0
人力资源开发研究中心	6	4	1	5	1	0	0	5	3.6	0
心理教育研究所	8	5	0	5	3	0	0	10	5.6	0
职业教育研究院	11	5	4	11	0	0	0	20	4.6	0
职业教育与社会发展研究所	5	4	1	5	0	0	0	10	4.2	0
职业心理研究所	5	0	2	4	1	0	0	10	6.3	0
淮海工学院	116	52	62	72	44	0	0	635	167	0
中国社科院知识社会(连云港)研究基地	12	6	6	8	4	0	0	15	5	0
国家东中西合作示范区研究基地	6	3	3	4	2	0	0	60	5	0
江苏海洋发展研究院	14	6	8	10	4	0	0	20	4	0

续表

学校及机构名称	R&D活动人员(人)						培养研究生人数(人)	R&D经费支出(千元)	仪器设备原价(千元)	
	合计	其中								其中:进口(千元)
		博士毕业	硕士毕业	高级职称	中级职称	初级职称				
江苏省"一带一路"法律服务研究中心	12	5	7	5	7	0	0	50	6	0
江苏省大学生村官研究所	26	10	16	18	8	0	0	280	100	0
江苏省海洋经济研究中心	12	7	5	6	6	0	0	30	15	0
江苏省海洋文化产业研究院	6	1	3	4	2	0	0	100	20	0
连云港市地方立法咨询研究基地	10	4	6	4	6	0	0	60	10	0
中国社科院"一带一路"(连云港)研究基地	18	10	8	13	5	0	0	20	2	0
徐州工程学院	15	6	5	8	3	4	0	200	200	0
淮海地区非物质文化遗产研究中心	15	6	5	8	3	4	0	200	200	0
硅湖职业技术学院	39	5	26	21	12	6	0	110	140	0
电子商务重点实验室	10	1	8	4	4	2	0	10	10	0
丝绸服饰文化创意产业设计研发中心	11	2	3	7	2	2	0	80	120	0
物流管理研究基地	8	1	6	4	3	1	0	10	10	0
现代服务业研究室	10	1	9	6	3	1	0	10	0	0
泰州职业技术学院	6	1	3	4	2	0	0	8.5	4.6	0
泰州市工业经济研究院	6	1	3	4	2	0	0	8.5	4.6	0
南京森林警察学院	4	1	1	1	3	0	0	48.78	216.03	0
国家林业局职业教育研究中心	4	1	1	1	3	0	0	48.78	216.03	0
江苏医药职业学院	22	6	16	11	6	5	0	376	53	0
江苏基层卫生发展研究中心	22	6	16	11	6	5	0	376	53	0
无锡商业职业技术学院	11	0	11	7	4	0	0	19.3	65	0
江苏省非物质文化遗产研究基地	11	0	11	7	4	0	0	19.3	65	0
苏州农业职业技术学院	25	3	22	13	10	2	0	90	30	0
苏州农村改革与发展研究院	25	3	22	13	10	2	0	90	30	0
南京铁道职业技术学院	4	1	2	2	2	0	0	120	28	0
高等教育研究所	2	1	1	1	1	0	0	100	20	0
哲社研究中心	2	0	1	1	1	0	0	20	8	0
南京信息职业技术学院	15	2	11	5	10	0	0	24.5	0	0
党建与思想政治教育研究会	15	2	11	5	10	0	0	24.5	0	0
金陵科技学院	80	48	29	21	53	4	0	585	63	0

续表

学校及机构名称	R&D 活动人员（人）						培养研究生人数（人）	R&D 经费支出（千元）	仪器设备原价（千元）	
	合计	其中								其中:进口（千元）
		博士毕业	硕士毕业	高级职称	中级职称	初级职称				
互联网经济与产业研究中心	10	3	7	3	7	0	0	20	5	0
江苏省企业知识产权战略研究中心	15	4	10	3	10	0	0	250	10	0
南京产业协同创新研究院	35	28	7	5	30	0	0	10	4	0
南京知识产权人才培训基地	5	4	1	2	3	0	0	200	19	0
数字艺术创意与应用实验室	5	0	3	2	3	0	0	55	15	0
智能物流运输与配送技术研究中心	10	9	1	6	0	4	0	50	10	0
江苏财经职业技术学院	13	2	7	5	8	0	0	28	117.6	0
周恩来文化研究所	13	2	7	5	8	0	0	28	117.6	0
扬州工业职业技术学院	7	1	5	5	2	0	0	2.4	0	0
中国特色社会主义研究中心	7	1	5	5	2	0	0	2.4	0	0
江苏城市职业学院	14	2	10	7	7	0	0	40	21	0
城市形象传播研究所	6	2	3	4	2	0	0	20	12	0
供应链与物流信息技术研究所	8	0	7	3	5	0	0	20	9	0
苏州高博软件技术职业学院	10	0	6	7	3	0	0	10	0	0
苏南非遗文化传承与创新研究基地	10	0	6	7	3	0	0	10	0	0
江苏卫生健康职业学院	4	1	3	1	3	0	0	83	25	0
江苏省卫生职业院校文化研究室	4	1	3	1	3	0	0	83	25	0
苏州工业园区服务外包职业学院	10	3	7	5	5	0	0	20	6	0
江苏服务外包研究中心	10	3	7	5	5	0	0	20	6	0
江苏第二师范学院	7	4	1	7	0	0	0	485.91	52.39	0
教育现代化研究院	7	4	1	7	0	0	0	485.91	52.39	0
浙江省										
浙江大学	1 108	758	267	728	237	0	4 150	91 268.1	47 925.17	19 088.04
“一带一路”合作与发展协同创新中心	7	7	0	5	2	0	0	180	20	0
《浙江文献集成》编纂中心	10	8	0	5	0	0	0	800	400	30
财务与会计研究所	9	9	0	6	2	0	186	1 035.5	1 420	395
产业经济研究所	11	10	0	8	3	0	45	1 230	900	250
传播研究所	18	15	0	13	2	0	65	4 280	650	500
传媒与文化产业研究中心	9	9	0	7	2	0	15	4 346.5	880	560
创新管理与持续竞争力研究中心	14	14	0	14	0	0	67	2 090	850	145
德国文化研究所	12	9	0	5	4	0	18	260	105	30

续表

学校及机构名称	R&D 活动人员(人)						培养研究生人数(人)	R&D 经费支出(千元)	仪器设备原价(千元)	
	合计	其中								其中:进口(千元)
		博士毕业	硕士毕业	高级职称	中级职称	初级职称				
地方政府与社会治理研究中心	8	8	0	5	3	0	10	2 280	679.26	200
法理与判例研究所	14	14	0	8	4	0	30	338	590	380
法与经济学研究所	15	9	4	10	2	0	32	700	550	200
翻译学研究所	12	4	8	5	7	0	33	200	90	35
饭店管理研究所	10	5	3	6	2	0	22	290	170	25
风险管理与劳动保障研究所	10	7	3	7	3	0	62	110	240	55
高等教育研究所	13	7	5	9	4	0	49	330.5	760.6	103.6
公法与比较法研究所	12	9	3	10	2	0	121	638	328	80
公共经济与财政研究所	13	10	2	9	3	0	62	790	290	150
古籍研究所	17	9	8	10	3	0	45	1 010	989.94	672.94
管理工程研究所	9	5	3	6	3	0	150	1 020	2 780.5	2 650
管理科学与信息系统研究所	17	7	5	9	3	0	88	3 742	636.5	108.5
广播电影电视研究所	7	4	1	5	2	0	26	613	251	164
国际法研究所	9	7	2	4	5	0	63	705	400	225
国际经济研究所	9	2	6	7	2	0	42	1 110	455	150
国际商务研究所	9	4	4	5	3	0	52	691	230	50
国际文化和社会思想研究所	10	4	6	7	3	0	33	680	430	90
国际政治研究所	7	6	1	5	0	0	8	50	200	55
韩国研究所	4	1	1	2	2	0	6	197.3	178.9	20
汉语史研究中心	9	6	3	4	5	0	55	2 400	1 006.5	550
汉语言研究所	20	7	13	18	2	0	61	610	780	120
基础教育课程研究中心	11	6	4	8	2	0	83	590	290.02	60
基督教与跨文化研究中心	9	5	2	6	1	0	15	1 310	180	0
教育科学与技术研究所	19	17	2	16	3	0	74	420	130	50
金融研究所	10	7	3	6	4	0	60	920	480	150
经济法研究所	15	9	4	9	4	0	32	510	280	180
经济研究所	14	6	6	9	3	0	66	820	580	300
科技与社会发展研究所	7	5	2	7	0	0	26	410	100	20
科技与文化研究所	11	4	3	6	1	0	10	320	160	60
科教发展战略研究中心	13	8	4	8	0	0	22	3 250.5	1 800.2	860
跨文化与区域研究所	14	8	6	9	5	0	13	260	70	35
旅游研究所	7	5	2	6	1	0	23	1 417	270	120

续表

学校及机构名称	R&D活动人员(人)						培养研究生人数(人)	R&D经费支出(千元)	仪器设备原价(千元)	其中:进口(千元)
	合计	其中								
		博士毕业	硕士毕业	高级职称	中级职称	初级职称				
马克思主义理论研究所	5	2	3	4	1	0	10	280	55	20
美学与批评理论研究所	14	8	4	9	1	0	45	195	490	160
民商法研究所	12	10	2	9	3	0	80	493	130	46
民生保障与公共治理研究中心	20	12	6	6	3	0	52	530	230	35
民营经济研究中心	17	9	6	8	7	0	35	2 330	730	150
农业现代化与农村发展研究中心	24	22	2	15	5	0	82	2 800	2 800	370
农业与农村经济发展研究所	13	8	4	5	6	0	89	4 255	676	390
企业投资研究所	7	4	3	3	4	0	23	1 335	680	450
企业组织与战略研究所	12	8	4	6	6	0	154	2 031.5	910.2	660
区域经济开放与发展研究中心	15	8	7	6	7	0	30	900	380	70
区域协调发展研究中心	6	4	2	4	0	0	0	200	20	0
人口与发展研究所	11	3	7	2	5	0	23	625	210	50
人类学研究所	8	4	3	5	0	0	12	52	35	0
人力资源管理研究所	18	15	2	10	7	0	184	1 021.5	2 100	1 560
人文高等研究院	7	2	4	2	0	0	0	4 900	75	0
日本文化研究所	1	1	0	0	0	0	1	60	74	70
社会理论与社会建设研究所	6	4	2	4	2	0	16	250	120	35
社会学研究所	15	9	5	3	3	0	19	390	145	55
石窟寺文物数字化保护国家文物局重点科研基地	11	8	3	3	0	0	0	180	45	20
世界历史研究所	16	10	6	12	4	0	42	350	448	286
世界文学与比较文学研究所	7	7	0	5	2	0	27	65	280	200
宋学研究中心	16	10	5	10	3	0	20	643	390	80
台湾研究所	6	3	0	4	1	0	1	70	50	5
体育科学与技术研究所	24	13	11	19	4	0	49	2 450	1 180	1 100
体育现代化发展研究中心	10	8	2	7	3	0	10	549	120	60
土地科学与不动产研究所	33	31	1	20	2	0	96	4 910	4 585	500
外国文学研究所	26	3	10	14	9	0	66	270	90	23
外国语言学及应用语言学研究所	25	21	3	19	5	0	64	510	330	80
外国哲学研究所	10	10	0	9	1	0	37	180	730	60
文化遗产与博物馆学研究所	14	8	6	10	3	0	58	780	1 690	960
文艺学研究所	9	7	1	8	0	0	42	180	390	50

续表

学校及机构名称	R&D 活动人员(人) 合计	其中 博士毕业	硕士毕业	高级职称	中级职称	初级职称	培养研究生人数(人)	R&D 经费支出(千元)	仪器设备原价(千元)	其中:进口(千元)
物流与决策优化研究所	9	6	2	5	3	0	71	195	88	12
新闻传媒与社会发展研究所	15	9	3	11	1	0	47	1 710	695	50
信息资源管理研究所	10	7	1	8	2	0	13	85	79	22
刑法研究所	6	5	1	4	2	0	25	110	86	22
行政管理研究所	21	19	2	18	3	0	106	540	800	300
营销管理研究所	10	4	4	3	5	0	77	690.5	304	55
语言与认知研究中心	18	16	2	14	4	0	35	1 900	495	360
政府与企业研究所	14	13	1	12	2	0	47	810	480	50
政治学研究所	11	10	1	9	2	0	32	185	115	50
证券期货研究所	20	15	5	19	1	0	105	650	300	50
中国古代史研究所	12	11	1	12	0	0	38	650	440	50
中国古代文学与文化研究所	13	12	1	12	1	0	65	1 600	800	70
中国近现代史研究所	9	9	0	5	3	0	23	220	90	30
中国思想文化研究所	7	6	1	6	1	0	20	325	50	50
中国现当代文学与文化研究所	8	7	0	7	1	0	51	460	440.55	80
中国艺术研究所	20	14	5	16	3	0	34	2 400	208	208
中外教育现代化研究所	22	19	2	16	0	0	62	1 500	520	155
中小企业成长与城镇发展研究所	8	5	2	3	4	0	51	413.3	120	100
宗教学研究所	3	3	0	3	0	0	11	85	25	0
杭州电子科技大学	237	144	70	127	59	10	41	4 284.08	365.8	0
财务与财税研究所	17	7	7	10	4	3	0	506.6	0	0
产业组织与公共政策研究所	9	8	0	7	2	0	0	206.77	0	0
工业工程与管理研究所	10	7	2	5	3	2	0	607.28	50.17	0
管理决策与创新研究所	22	14	6	18	4	0	0	601.22	50.92	0
管理科学与信息工程研究所	24	16	8	15	6	3	0	200.1	47.9	0
国际经济与贸易研究所	21	11	8	7	6	1	7	504.2	20.59	0
会计工程研究所	11	4	6	3	5	1	2	103.12	25.2	0
会计与审计研究所	16	8	5	10	3	0	3	623.1	52.36	0
金融研究所	12	8	3	5	4	0	3	103.54	20.36	0
思想政治教育研究所	35	17	12	16	13	0	6	99.26	41.32	0
战略与管理研究所	28	17	9	16	5	0	7	623.33	56.98	0

续表

学校及机构名称	R&D 活动人员（人）						培养研究生人数（人）	R&D 经费支出（千元）	仪器设备原价（千元）	其中：进口（千元）
	合计	其中								
		博士毕业	硕士毕业	高级职称	中级职称	初级职称				
浙江省信息化与经济社会发展研究中心	32	27	4	15	4	0	13	105.56	0	0
浙江工业大学	360	186	140	229	109	22	100	2 953.07	652.14	28
房地产研究所	5	3	2	4	1	0	0	725.79	218.8	28
国际贸易与国际投资研究中心	18	3	13	13	5	0	2	128	8.96	0
民营企业开放创新研究中心	50	35	10	28	17	5	7	92	18	0
企业战略研究所	14	3	9	9	5	0	2	147	11.52	0
体育科学研究所	14	1	7	8	5	1	1	16.64	2.56	0
信息管理与决策化研究所	11	4	6	9	2	0	2	116.48	10.24	0
信息与传播研究所	19	3	9	9	7	3	2	10.45	27.6	0
循环经济研究中心	9	3	5	7	2	0	2	51.2	8.96	0
浙江省技术创新与企业国际化研究中心	22	21	1	17	5	0	40	250	17	0
浙江省舆情研究中心	28	22	5	25	3	0	2	163	21	0
浙江省中小企业发展研究所	10	3	4	7	3	0	5	83.2	12.8	0
浙江学术文化研究中心	28	19	9	25	3	0	1	67	11	0
之江旅游规划设计研究所	11	1	6	5	5	1	2	87.81	57.6	0
中国文学演变与传播研究中心	14	9	3	8	6	0	6	39.36	40.75	0
中小微企业转型升级协同创新中心	107	56	51	55	40	12	26	975.14	185.35	0
浙江理工大学	355	201	133	222	130	2	101	988.5	474.06	0
产业转型经济与金融发展研究所	13	10	3	7	6	0	6	0	8.21	0
创意设计产业发展研究中心	32	10	22	10	22	0	0	370	200	0
创意写作研究中心	7	3	1	4	3	0	0	0	0	0
经济法研究所	25	17	7	10	15	0	10	0	0	0
区域与城市经济研究所	10	6	4	6	4	0	4	0	1.99	0
生态经济研究所	10	7	3	6	4	0	4	0	3.78	0
生态哲学研究所	14	10	4	13	1	0	0	10	11	0
思想政治教育研究所	42	10	23	42	0	0	13	10	26	0
丝绸与时尚文化研究中心	37	15	22	17	20	0	0	0	0	0
新闻传播研究所	12	4	6	6	6	0	1	6	0	0
浙江省绿色发展研究中心	28	24	4	20	8	0	6	0	17.84	0
浙江省生态文明研究中心	39	33	5	28	11	0	22	156.5	10.24	0

续表

学校及机构名称	R&D活动人员(人)						培养研究生人数(人)	R&D经费支出(千元)	仪器设备原价(千元)	
	合计	其中								其中:进口(千元)
		博士毕业	硕士毕业	高级职称	中级职称	初级职称				
浙江省丝绸与时尚文化研究中心	37	15	22	17	20	0	0	0	0	0
浙江省中国特色社会主义理论体系研究中心	10	6	3	9	1	0	0	30	18	0
浙江现代革命历史文化研究基地	7	7	0	5	2	0	0	20	12	0
中国传统文化与当代发展研究所	14	12	0	13	1	0	1	5	0	0
中国美学和艺术理论研究中心	18	12	4	9	6	2	34	381	165	0
浙江海洋大学	42	7	20	29	11	2	0	132	35	0
港台侨研究所	6	2	3	4	2	0	0	20	5	0
浙江省中国特色社会主义理论研究中心	21	2	9	12	7	2	0	100	15	0
浙江舟山群岛新区研究中心	15	3	8	13	2	0	0	12	15	0
浙江农林大学	256	121	114	196	53	0	123	1 939.88	1 089.18	0
邓小平理论研究中心	10	2	6	9	0	0	6	34	32	0
国际贸易研究所	7	2	4	5	2	0	5	40.17	11.5	0
汉语国际推广茶文化传播基地	25	18	7	20	5	0	15	200	21.5	0
恒星管理研究所	12	6	5	10	2	0	6	93.1	55.4	0
环境法治与社会发展研究中心	8	0	7	7	0	0	4	35.7	30.1	0
会计学研究所	15	4	9	10	5	0	6	95.1	90.1	0
林业经济研究中心	12	7	5	10	2	0	5	41.78	31.25	0
美术研究所	12	1	6	8	4	0	4	30.15	45.13	0
生态文化研究中心	17	9	8	11	6	0	9	150	30	0
思想政治教育研究所	10	2	5	8	2	0	5	25.7	21.7	0
外国语言文化研究所	12	2	10	8	4	0	0	41.78	27.5	0
吴越文化研究所	8	3	5	6	0	0	4	17.8	24.1	0
艺术设计研究所	8	1	5	6	2	0	2	15.6	31.4	0
浙江三农发展智库	54	36	14	41	10	0	35	1 002	600	0
浙江省农民发展研究中心	46	28	18	37	9	0	17	117	37.5	0
浙江中医药大学	39	12	20	26	10	0	0	290	100	0
高教研究所	4	0	2	2	1	0	0	250	100	0
健康管理研究所	35	12	18	24	9	0	0	40	0	0
浙江师范大学	344	277	53	225	88	20	297	4 792.47	1 930.37	0
儿童研究院	11	7	3	8	2	1	0	240.81	0	0

续表

学校及机构名称	R&D 活动人员(人)						培养研究生人数(人)	R&D 经费支出(千元)	仪器设备原价(千元)	
	合计	其中								其中:进口(千元)
		博士毕业	硕士毕业	高级职称	中级职称	初级职称				
非洲研究与中非合作协同创新中心	33	22	8	19	10	1	13	486.82	31.01	0
非洲研究中心	30	22	8	19	10	1	13	324.29	8.5	0
国外马克思主义研究所	9	8	1	8	1	0	5	25	0	0
环东海与边疆研究院	32	26	2	25	6	1	15	237.8	0	0
江南文化研究中心	47	41	3	36	5	0	41	561.82	128.98	0
教育改革与发展研究院	59	51	6	26	21	12	0	260.9	5.45	0
田家炳教育科学研究院	15	13	2	11	4	0	117	1 000	800	0
浙江省基础教育研究基地	18	10	8	4	10	4	15	222.63	19.5	0
浙学研究院	14	12	1	11	3	0	12	147.59	16.93	0
智慧教育研究院	17	16	1	10	7	0	0	1 200	920	0
卓越教师培养协同创新中心	59	49	10	48	9	0	66	84.81	0	0
杭州师范大学	65	47	13	51	6	3	7	1 052	418.59	202.49
杭州城市国际化研究中心	11	8	2	8	0	2	0	36.58	15.64	4.32
弘丰中心	7	4	2	7	0	0	0	352.5	103.17	43.21
社会建设和社会治理研究中心	10	8	1	8	0	0	0	21	35.6	11.2
外国文学与话语传播研究中心	9	8	1	7	1	0	0	34.5	10.45	3.52
艺术教育研究基地	11	7	4	7	3	1	1	436.06	152.63	101.01
浙江省民国浙江史研究中心	8	4	2	7	1	0	6	126.3	80.6	35.2
浙西学术研究中心	9	8	1	7	1	0	0	45.06	20.5	4.03
湖州师范学院	56	23	28	14	37	3	0	337	125	0
长三角区域经济研究所	15	5	10	4	8	3	0	122	50	0
儿童发展研究所	3	1	2	1	2	0	0	15	7	0
江南社会与历史文化研究所	7	6	1	2	5	0	0	32	10	0
课程与教学研究所	5	2	3	1	4	0	0	19	7	0
外国语言文学研究所	3	1	2	1	2	0	0	20	8	0
文化与传播研究所	7	3	2	1	4	0	0	46	9	0
乡村旅游研究所	3	1	2	1	2	0	0	25	8	0
艺术应用研究所	4	1	2	1	3	0	0	33	10	0
应用伦理学研究所	9	3	4	2	7	0	0	25	16	0
绍兴文理学院	10	5	3	7	2	1	0	170	25.1	10
越文化研究中心	10	5	3	7	2	1	0	170	25.1	10
台州学院	100	34	38	57	40	3	0	2 222.8	1 303.4	0

续表

学校及机构名称	R&D 活动人员(人)						培养研究生人数(人)	R&D 经费支出(千元)	仪器设备原价(千元)	
	合计	其中								其中:进口(千元)
		博士毕业	硕士毕业	高级职称	中级职称	初级职称				
比较文学与世界文学研究所	10	4	3	9	1	0	0	5.8	98	0
财务与税收研究所	6	3	3	4	2	0	0	4.5	48	0
创意设计研究所	8	0	5	0	8	0	0	1.8	19.5	0
地方美术研究所	7	0	3	5	2	0	0	7	66	0
地方音乐研究所	6	1	1	4	2	0	0	3.2	87	0
翻译研究所	5	0	2	3	2	0	0	11.5	37	0
和合文化研究院	6	4	0	4	1	1	0	288	170	0
基础教育研究所	13	7	5	6	5	2	0	7.6	123	0
经济研究所	5	3	0	4	1	0	0	5.6	166	0
旅游规划与乡村发展研究所	6	2	1	3	3	0	0	4.2	78.8	0
思想政治教育研究所	5	3	1	3	2	0	0	68.4	13.6	0
台州传媒与文化产业发展研究所	9	2	5	4	5	0	0	4	72	0
台州语文教育研究所	3	1	2	2	1	0	0	2.2	32	0
英语语言文学研究所	4	0	4	3	1	0	0	9	36.5	0
浙江(台州)小微金融研究院	7	4	3	3	4	0	0	1 800	256	0
温州大学	646	262	281	363	228	17	334	2 333.77	1 302.7	0
比较文化研究所	9	2	6	3	5	0	7	1	12.5	0
产业经济研究所	8	5	3	6	2	0	5	150	23.8	0
传统音乐文化研究所	10	2	2	6	4	0	0	62	25	0
创业发展研究所	12	5	7	9	3	0	6	2.5	30.2	0
地方政府绩效管理研究中心	8	7	1	7	1	0	0	50.5	11.2	0
翻译研究所	8	2	6	1	5	0	1	1	30	0
服饰造型研究所	22	2	11	10	12	0	4	4.5	14	0
公共外交研究所	12	2	9	2	10	0	0	1	30	0
公共政策与地方治理研究所	20	8	12	8	2	1	12	34	23	0
国别与区域研究中心	10	6	4	5	3	2	2	50	20	0
韩国学研究中心	4	2	2	2	2	0	2	10.65	48	0
继续教育研究所	18	1	9	7	6	5	0	2	25	0
家族企业和企业家研究所	10	6	4	3	4	0	3	12	15	0
教育法学研究所	13	5	8	6	7	0	5	18	15	0
金融研究院	9	7	2	3	6	0	5	200	80	0
口述历史研究所	4	2	2	1	2	1	3	10	15	0

续表

学校及机构名称	R&D 活动人员(人)						培养研究生人数(人)	R&D 经费支出(千元)	仪器设备原价(千元)	
	合计	其中								其中:进口(千元)
		博士毕业	硕士毕业	高级职称	中级职称	初级职称				
历史语言学研究所	8	1	1	7	1	0	5	10	20	0
旅游与文化研究所	7	3	3	4	3	0	2	80	20	0
美国文化研究	8	0	7	1	7	0	0	1	20	0
美术教育研究所	16	2	8	11	5	0	7	0.1	20	0
民办高等教育研究所	11	5	5	6	3	2	0	50	30	0
民营经济研究中心	9	4	5	6	3	0	6	12	20	0
南戏艺术文化研究所	10	5	4	7	3	0	2	10	30	0
欧美历史文化研究所	3	3	0	2	1	0	2	5	25	0
企业文化研究所	4	0	3	2	1	0	3	5	14	0
企业信息化研究所	10	3	7	4	6	0	5	10	12	0
商务英语研究所	7	1	5	2	5	0	1	1	23	0
社会学民俗学研究所	6	3	1	3	3	0	4	20	20	0
生涯规划与人力资源开发研究所	6	2	4	3	2	1	2	10	23	0
市场营销研究所	7	3	4	7	0	0	0	300	30	0
孙诒让研究所	2	1	1	1	1	0	2	10	15	0
外语教学论研究所	17	1	16	5	12	0	1	1	20	0
温州历史文化研究中心	10	5	3	6	4	0	6	10	30	0
温州市世界温州人研究中心	32	17	5	20	6	0	20	280	50	0
温州新生代创业研究创新团队	5	4	1	4	1	0	4	13.52	0	0
文化产业研究所	6	2	3	4	2	0	5	20	20	0
文艺学研究中心	5	4	1	3	2	0	5	10	20	0
心理发展与教育研究所	10	2	7	8	2	0	20	18	26	0
心理与行为研究所	11	4	7	8	3	0	7	8	20	0
行业协会商会研究所	11	7	2	10	0	0	1	1	23	0
学前教育研究所	30	5	9	22	3	5	5	2	15	0
亚太社会治理与法治研究中心	7	7	0	6	1	0	14	3	24	0
印刷文化研究所	3	1	2	1	2	0	0	5	32	0
语言与认知科学研究所	13	1	12	5	8	0	14	1	36	0
战略与企业文化研究所	5	0	5	2	3	0	5	50	25	0
哲学与文化研究所	7	3	4	4	3	0	15	0	14	0
浙江侨乡文化研究中心	2	1	1	1	1	0	2	6	13	0
浙江省非物质文化遗产研究基地	8	4	4	4	4	0	5	20	13	0

续表

学校及机构名称	R&D 活动人员(人)						培养研究生人数(人)	R&D 经费支出(千元)	仪器设备原价(千元)	
	合计	其中								其中:进口(千元)
		博士毕业	硕士毕业	高级职称	中级职称	初级职称				
浙江省温州人经济研究中心	64	34	11	40	11	0	40	500	20	0
浙江省文化视野下的世界温州人研究文化创新团队	32	20	12	18	14	0	20	50	25	0
浙江省中国特色社会主义理论研究	30	12	12	18	10	0	14	120	45	0
浙江戏曲研究与传承研究中心	10	5	4	7	3	0	10	2	53	0
浙南瓯越文化研究创新团队	32	20	12	18	14	0	20	50	26	0
中国现当代文学与文化研究所	5	3	2	4	1	0	5	30	13	0
丽水学院	33	11	13	30	3	0	0	0	0	0
华东地区民族理论政策研究基地	33	11	13	30	3	0	0	0	0	0
浙江工商大学	305	195	99	180	95	4	88	14 476.52	1 935.42	0
产业经济研究所	13	8	3	11	2	0	3	49.21	0	0
东亚研究院	7	6	1	7	0	0	3	687.2	0	0
法学研究基地	30	20	10	21	9	0	9	1 552.96	621.7	0
公司治理与战略管理研究所	37	30	6	21	16	0	7	12.94	0	0
国际法学重点研究基地	6	4	2	4	2	0	1	36.92	0	0
技术经济与管理重点研究基地	11	9	2	7	4	0	0	21.65	0	0
马克思主义基本理论重点研究基地	8	6	2	5	3	0	0	584.68	0	0
统计科学研究所	14	7	6	9	5	0	3	12.4	0	0
文化遗产保护与城乡文化建设研究中心	19	6	11	11	8	0	0	380.65	0	0
现代会计重点研究基地	11	8	3	6	5	0	0	794.57	0	0
现代商贸流通体系建设协同创新中心	13	8	5	7	4	2	21	105.35	0	0
现代商贸研究中心	12	8	4	9	2	0	8	2 308.69	431.22	0
消费行为与数字营销研究所	25	16	6	0	0	0	3	399.2	0	0
应用经济学重点研究基地	35	23	12	27	8	0	17	4 995.59	711.4	0
浙商研究中心	23	15	6	18	4	1	11	2 316	171.1	0
中国思想文化研究中心	11	8	3	4	7	0	0	15.33	0	0
中国土地与城市治理研究院	11	7	4	5	6	0	1	134.6	0	0
中日文化比较研究所	19	6	13	8	10	1	1	68.58	0	0
嘉兴学院	86	43	23	75	11	0	2	848	60	0
教育部全国高校思想政治理论课教师社会实践研修基地	40	25	10	40	0	0	0	120	20	0

续表

学校及机构名称	R&D 活动人员(人)合计	其中 博士毕业	硕士毕业	高级职称	中级职称	初级职称	培养研究生人数(人)	R&D 经费支出(千元)	仪器设备原价(千元)	其中:进口(千元)
浙江省中国共产党创建史研究中心	10	6	1	9	1	0	0	240	10	0
浙江省中国特色社会主义理论体系研究基地	11	6	2	11	0	0	1	100	10	0
中国共产党革命精神与文化资源研究中心	25	6	10	15	10	0	1	388	20	0
中国美术学院	204	78	57	128	37	11	58	16 547.12	5 603.06	0
当代纤维艺术研究所	10	2	4	2	3	1	6	400	18	0
纺织服装研究院	19	3	9	5	5	0	0	1 480	100	0
建筑营造研究中心	9	6	2	8	0	0	8	70	50	0
跨媒体艺术研究中心	6	1	2	3	3	0	0	12	12	0
视觉中国协创中心	36	3	2	29	4	2	6	8 518.14	2 516.72	0
文创设计制造业协创中心	19	6	9	2	6	4	15	3 500	1 590	0
文化创新与视觉传播研究院	76	43	18	61	10	4	0	2 000	1 258.36	0
文化遗产研究中心	13	10	3	11	2	0	17	107.78	7.98	0
浙江省健康智慧厨房系统集成重点实验室	10	3	6	2	3	0	0	400	40	0
中国水彩画研究中心	6	1	2	5	1	0	6	59.2	10	0
中国计量大学	245	118	109	37	116	50	37	4 702.6	3 742	991.1
标准化与知识产权管理协同创新中心	32	14	15	5	17	0	5	1 400	650	180
法治与社会发展研究中心	28	12	16	3	9	10	6	720	300	0
佛教与江浙文化研究中心	25	10	12	2	6	15	4	600	350	0
工业设计研究所	35	5	29	3	22	8	3	486	723	612.1
管理科学与工程	37	21	14	5	25	5	5	112	650	129
思想政治教育研究所	20	15	5	8	10	0	3	100	50	0
思想政治研究所	10	5	3	2	0	2	4	50	40	0
浙江省产业发展政策研究中心	30	20	7	4	19	2	5	724.6	653	0
中国哲学研究所	28	16	8	5	8	8	2	510	326	70
宁波职业技术学院	30	5	20	15	13	2	0	1 385	198	0
创客研究所	3	1	2	1	2	0	0	15	6	0
发展中国家研究院	6	2	3	4	2	0	0	600	10	0
高等职业教育研究所	6	2	4	4	2	0	0	600	150	0
刘雪凯教授工作室	2	0	2	1	1	0	0	10	4	0

续表

学校及机构名称	R&D 活动人员（人）						培养研究生人数（人）	R&D 经费支出（千元）	仪器设备原价（千元）	
	合计	其中								其中：进口（千元）
		博士毕业	硕士毕业	高级职称	中级职称	初级职称				
宁波市社科研究基地	5	0	5	3	2	0	0	140	16	0
沈燕红非遗文化研究工作室	4	0	1	1	2	1	0	10	6	0
孙宁艺术工作室	4	0	3	1	2	1	0	10	6	0
温州职业技术学院	51	1	36	31	14	6	0	75.94	152.3	0
温州产业经济研究与服务中心	11	0	7	7	2	2	0	12.14	25	0
温州海洋旅游研究与信息服务中心	7	0	3	3	2	2	0	7.6	18.2	0
温州文化产业研发与服务中心	5	0	3	3	1	1	0	12.9	16	0
温州职业技术学院经贸研究与服务中心	9	0	9	4	4	1	0	8.89	33.4	0
温州职业教育与社会发展研究中心	8	1	4	7	1	0	0	32.87	23.4	0
温州中小（微）企业金融研究与服务中心	11	0	10	7	4	0	0	1.54	36.3	0
浙江万里学院	154	88	63	101	51	2	79	1 793.12	161.7	0
创意设计产业与城市发展研究中心	14	11	3	11	3	0	0	300	0	0
民营经济研究中心	17	11	6	9	8	0	0	460	0	0
宁波海上丝绸之路研究院	32	22	10	17	13	2	0	537.81	155.55	0
宁波市海洋经济发展研究基地	20	6	14	15	5	0	0	97	0	0
宁波市会展经济研究所	11	3	8	7	4	0	0	15	0	0
宁波市院士文化中心	13	5	8	4	9	0	0	7.52	6.15	0
宁波甬商研究基地	12	5	7	8	4	0	0	150	0	0
浙江省临港现代服务业与创意文化研究中心	35	25	7	30	5	0	79	225.79	0	0
浙江科技学院	84	48	31	36	33	15	149	652	34	0
浙江省政务新媒体研究院	59	34	23	30	28	1	149	620	34	0
浙江省中国特色社会主义理论体系研究中心培育基地	25	14	8	6	5	14	0	32	0	0
宁波工程学院	62	35	22	38	22	2	0	1 347	135.8	0
港口城市发展与环境研究中心	7	4	2	7	0	0	0	250	32	0
国际港口与物流研究中心	6	2	4	5	1	0	0	245	36	0
宁波基层社会治理创新研究基地	16	9	3	5	9	2	0	281	27	0
宁波市港城关系研究基地	9	5	4	7	2	0	0	235	35	0
宁波市高校思想政治工作研究基地	12	7	5	5	7	0	0	52	1.6	0
宁波市小企业成长研究基地	12	8	4	9	3	0	0	284	4.2	0

续表

学校及机构名称	R&D 活动人员（人）合计	其中 博士毕业	硕士毕业	高级职称	中级职称	初级职称	培养研究生人数（人）	R&D 经费支出（千元）	仪器设备原价（千元）	其中：进口（千元）
浙江财经大学	175	144	25	141	29	1	5	3 819	578	0
财富管理与量化投资协同创新中心	18	18	0	15	3	0	0	330	58	0
城市公用事业政府监管协同创新中心	61	50	8	55	2	0	0	1 500	100	0
地方财政金融协同创新中心	15	13	2	12	3	0	0	653	61	0
地方财政研究院	25	25	0	19	6	0	0	300	56	0
汉字国际传播与书法产业协同创新中心	11	9	1	8	3	0	0	35	10	0
经济行为与决策研究中心	11	10	0	6	5	0	0	200	0	0
民营企业全球发展战略与海外投资协同创新中心	13	8	4	12	1	0	0	225	100	0
浙江社会管理法制化协同创新中心	10	6	4	10	0	0	0	356	88	0
浙江省政府管制与公共政策研究中心	11	5	6	4	6	1	5	220	105	0
浙江警察学院	34	18	13	18	12	4	0	97.4	45	0
道路交通管理研究所	8	5	3	4	4	0	0	10	10	0
东盟非传统安全领域研究中心	7	5	2	5	2	0	0	50	10	0
公安理论研究中心	8	5	3	5	3	0	0	5.9	10	0
警务技能战术研发中心	11	3	5	4	3	4	0	31.5	15	0
衢州学院	3	1	2	3	0	0	0	455	67	0
中国哲学与文化研究中心	3	1	2	3	0	0	0	455	67	0
宁波大学	273	193	56	185	45	15	157	3 921.34	542.16	0
大健康研究院	15	12	3	7	2	0	0	250	150	0
东海研究院	33	20	5	22	3	3	5	500	32	0
宁波市地方政府治理研究基地（市社科基地第三轮建设）	16	11	5	14	2	0	14	87.2	14.6	0
宁波市高等教育发展研究基地（市社科基地第三轮建设）	29	22	7	21	8	0	20	81.3	34.5	0
宁波市民国文化研究基地（市社科基地第三轮建设）	6	5	1	6	0	0	5	16.9	11.2	0
宁波市区域经济研究基地（市社科基地第三轮建设）	11	7	3	8	3	0	8	58.3	33.5	0
宁波市生态文明建设研究基地	18	14	4	12	4	2	15	16	0	0

续表

学校及机构名称	R&D 活动人员(人)						培养研究生人数(人)	R&D 经费支出(千元)	仪器设备原价(千元)	其中:进口(千元)
	合计	其中								
		博士毕业	硕士毕业	高级职称	中级职称	初级职称				
宁波市乡村振兴与城乡融合发展研究基地	15	12	3	10	3	2	12	52.3	0	0
神经经济管理学研究院	8	7	0	5	1	1	0	1 021.36	28.91	0
体育经济研究中心	19	5	6	18	1	0	12	78.5	28.2	0
浙东文化研究院	30	22	4	16	4	2	25	343.12	52.3	0
浙东文化与海外华人研究院	11	10	0	9	0	2	5	446.8	29.4	0
浙江翻译研究院	18	12	6	14	3	1	0	145.76	78.85	0
中国非公有制经济人士研究基地	22	18	3	11	3	0	11	267.5	25.2	0
中国统一战线理论研究会非公有制经济人士统战工作理论研究基地	22	16	6	12	8	2	25	556.3	23.5	0
浙江传媒学院	132	64	46	30	100	0	0	5 396.7	5 802.2	0
国家动画教育研究基地	9	2	4	3	6	0	0	100	314	0
媒体传播优化协同创新中心	50	20	23	13	37	0	0	500	4 570	0
戏剧影视研究院	6	5	0	4	0	0	0	2 020	200	0
新媒介素养科普基地	5	1	0	1	4	0	0	100	150	0
新闻传播研究院	0	0	0	0	0	0	0	2 000	200	0
浙江广播电视研究院	12	4	4	2	10	0	0	100	276	0
浙江省传播与文化产业研究中心	20	14	6	4	16	0	0	200	23.6	0
浙江省非物质文化遗产研究基地	8	6	2	1	7	0	0	100	26.8	0
浙江省影视艺术研究基地	6	1	3	1	5	0	0	26.7	8.5	0
浙江文化产业发展研究中心	9	8	1	0	9	0	0	150	13.5	0
中国广播电视协会媒介素养研究基地	7	3	3	1	6	0	0	100	19.8	0
浙江树人学院	192	56	123	117	72	3	0	1 399.24	472.3	0
白俄罗斯研究中心	15	10	5	13	2	0	0	94	117	0
茶文化研究与发展中心	8	1	7	2	6	0	0	143.7	57.1	0
城乡流通经济研究所	7	2	5	3	4	0	0	40.9	2.1	0
地域文化研究所	13	5	6	10	2	1	0	139.23	4.6	0
东亚研究所	9	4	5	3	6	0	0	62	4.2	0
翻译研究所	9	1	8	5	4	0	0	42.1	5.3	0
旅游与会展研究所	10	3	7	5	4	1	0	33.3	72.6	0
品牌设计艺术研究中心	14	1	9	8	6	0	0	92.99	39	0

续表

学校及机构名称	R&D 活动人员(人)						培养研究生人数(人)	R&D 经费支出(千元)	仪器设备原价(千元)	
	合计	其中								其中:进口(千元)
		博士毕业	硕士毕业	高级职称	中级职称	初级职称				
社会建设研究所	9	1	8	5	4	0	0	55.4	14.3	0
新闻研究所	9	0	6	6	3	0	0	44.5	11.8	0
学生体质健康研究中心	10	0	9	5	5	0	0	49.65	11	0
浙江跨境电子贸易研究中心	8	2	6	3	5	0	0	77.3	17	0
浙江省家政服务人才培养培训联盟	14	2	12	10	4	0	0	177	0	0
浙江省现代服务业研究中心	20	14	3	16	4	0	0	198.5	79.2	0
智慧养老与家政服务协同创新中心	15	2	13	9	6	0	0	77.4	0	0
中国民办高等教育研究院	13	5	8	9	4	0	0	23.47	21.5	0
中小企业研究所	9	3	6	5	3	1	0	47.8	15.6	0
金华职业技术学院	80	14	40	44	35	0	0	600	20	0
浙江省现代职业教育研究中心	80	14	40	44	35	0	0	600	20	0
浙江工商职业技术学院	4	2	2	3	1	0	0	20	8	0
高职教育与区域发展研究中心	4	2	2	3	1	0	0	20	8	0
台州职业技术学院	46	4	25	25	20	1	0	260	0	0
电子商务研究所	6	1	4	3	3	0	0	20	0	0
国际贸易研究所	5	0	3	4	1	0	0	20	0	0
台州地方民俗与文化研究所	4	0	2	2	2	0	0	80	0	0
台州经济研究所	12	1	6	6	6	0	0	50	0	0
台州市民俗生活与和合文化精神研究创新团队	8	1	5	3	4	1	0	20	0	0
现代物流研究所	7	0	3	4	3	0	0	20	0	0
浙江省马克思主义学会高职分会思政研究中心	4	1	2	3	1	0	0	50	0	0
浙江越秀外国语学院	37	19	16	14	19	1	0	368	240	0
大禹与中国传统文化研究中心	13	9	2	5	5	0	0	49	65	0
华文文学与华人文化研究中心	5	4	1	3	2	0	0	144	35	0
酒店管理研究中心	7	2	5	1	6	0	0	32	35	0
跨文化交际与翻译研究中心	3	1	2	1	2	0	0	33	60	0
网络舆情研究中心	9	3	6	4	4	1	0	110	45	0
浙江医药高等专科学校	44	4	35	20	20	4	0	14.09	0	0
宁波帮国药文化研究所	13	1	9	3	8	2	0	7.69	0	0
生命健康产业研究所	8	2	6	5	3	0	0	6	0	0

续表

学校及机构名称	R&D 活动人员(人)						培养研究生人数(人)	R&D 经费支出(千元)	仪器设备原价(千元)	其中:进口(千元)
	合计	其中								
		博士毕业	硕士毕业	高级职称	中级职称	初级职称				
医药经济中心	23	1	20	12	9	2	0	0.4	0	0
浙江经贸职业技术学院	25	0	8	11	10	4	0	149	115	20
合作经济研究所	8	0	0	3	1	4	0	9	30	0
乡村旅游与休闲农业研究中心	6	0	3	3	3	0	0	30	30	0
信用管理研究所	7	0	3	3	4	0	0	30	35	0
浙商文化研究所	4	0	2	2	2	0	0	80	20	20
浙江商业职业技术学院	128	8	65	17	58	45	0	41.98	4.83	0
餐饮文化研究所	8	0	0	0	0	0	0	0.3	1.2	0
创新创业教育研究所	26	2	10	0	5	21	0	0.25	0.6	0
高职教育研究所	13	1	6	3	6	4	0	0.21	0.4	0
旅游规划与开发研究所	10	1	9	3	6	1	0	20	0	0
旅游研究所	12	0	6	1	6	5	0	0.4	0.5	0
马克思主义中国化研究所	12	2	6	3	5	4	0	0.1	0.55	0
现代艺术设计研究所	13	0	5	1	8	4	0	0.2	0.58	0
浙江省商业经济研究所	14	1	7	2	10	2	0	0.17	0.6	0
浙商文化研究所	9	0	9	2	5	2	0	20	0	0
职业形象设计与推广研究中心	11	1	7	2	7	2	0	0.35	0.4	0
浙江旅游职业学院	103	8	65	68	31	4	0	3 200	750	0
饭店管理研究所	10	1	5	8	1	1	0	100	20	0
高等旅游职业教育研究所	4	1	2	4	0	0	0	50	20	0
会展与旅游经济研究所	8	0	5	5	3	0	0	50	20	0
旅行社管理研究所	7	1	4	6	1	0	0	50	20	0
旅游标准化研究所	12	1	8	8	4	0	0	200	50	0
旅游人力资源开发研究所	9	1	8	7	2	0	0	50	20	0
旅游统计研究所	8	1	6	2	6	0	0	500	20	0
旅游营销与策划研究所	10	1	6	6	4	0	0	50	20	0
旅游资源开发与管理研究所	7	0	4	6	1	0	0	50	20	0
休闲农业(乡村旅游)研究所	8	1	5	8	0	0	0	50	20	0
饮食文化研究所	10	0	6	6	4	0	0	50	20	0
浙江省旅游发展研究中心	10	0	6	2	5	3	0	2 000	500	0
湖州职业技术学院	18	1	10	7	9	2	0	30	90	0

续表

学校及机构名称	R&D 活动人员(人)						培养研究生人数(人)	R&D 经费支出(千元)	仪器设备原价(千元)	
	合计	其中								其中:进口(千元)
		博士毕业	硕士毕业	高级职称	中级职称	初级职称				
湖州市公民道德与社会发展研究中心	18	1	10	7	9	2	0	30	90	0
宁波大红鹰学院	141	30	52	94	45	2	0	253.11	80	0
创新经济研究所	5	2	2	4	1	0	0	0.7	0	0
大学语文研究所	8	3	3	4	4	0	0	5	5	0
地方历史文化研究所	11	1	4	8	3	0	0	10	10	0
蓝源家族财富管理研究院	7	1	2	4	3	0	0	5	5	0
宁波大宗商品流通协同创新中心	0	0	0	0	0	0	0	172.41	0	0
宁波大宗商品研究基地	2	1	1	2	0	0	0	5	5	0
宁波市新经济与创新创业研究基地	20	5	13	15	4	1	0	5	5	0
宁波市影视产业发展研究基地	18	8	9	14	3	1	0	5	5	0
区域金融研究所	6	2	0	5	1	0	0	5	5	0
数字媒体艺术研究所	6	0	1	1	5	0	0	5	5	0
思想政治研究所	17	3	6	9	8	0	0	5	5	0
现代服务业发展研究所	9	1	4	5	4	0	0	5	5	0
艺术设计研究所	10	0	2	7	3	0	0	10	10	0
应用传播研究所	4	2	1	3	1	0	0	5	5	0
语言翻译研究所	8	0	2	5	3	0	0	5	5	0
中小企业管理与发展研究所	10	1	2	8	2	0	0	5	5	0
义乌工商职业技术学院	1	0	0	0	1	0	0	1	0	0
义乌创新研究院	1	0	0	0	1	0	0	1	0	0
浙江大学城市学院	98	82	15	79	16	3	5	709.9	0	0
城市文化创新传播研究中心	30	24	6	25	4	1	3	96	0	0
旅游法治与发展研究中心	38	31	6	29	8	1	0	213.9	0	0
企业社会责任与可持续发展研究中心	30	27	3	25	4	1	2	400	0	0
浙江大学宁波理工学院	96	77	16	40	37	2	0	950.1	148.05	0
波兰研究中心	8	3	5	5	3	0	0	23	0	0
华莱坞电影研究中心	7	7	0	2	4	1	0	26.8	0.68	0
科技创新与知识产权研究中心	6	5	1	2	3	0	0	12.3	0.2	0
宁波电子商务研究院	7	6	1	5	2	0	0	123	12	0
宁波女性研究院	7	5	2	4	2	1	0	110	27.8	0

续表

学校及机构名称	R&D 活动人员(人)						培养研究生人数(人)	R&D 经费支出(千元)	仪器设备原价(千元)	
	合计	其中								其中:进口(千元)
		博士毕业	硕士毕业	高级职称	中级职称	初级职称				
宁波市公共服务与政策研究所	5	5	0	2	3	0	0	95	19	0
宁波市金融研究院	8	6	2	5	3	0	0	63	13.2	0
宁波市企业创新发展研究基地	6	6	0	3	2	0	0	75	8.6	0
宁波市文化产业研究基地	6	6	0	2	0	0	0	58	4.2	0
宁波质量发展研究院	6	2	1	1	1	0	0	36	10.67	0
社会政策研究中心	6	6	0	2	2	0	0	53	7.8	0
丝绸之路研究院	7	7	0	2	3	0	0	78	13.2	0
文化产业研究中心	5	4	1	1	2	0	0	63	6.7	0
现代服务外包研究中心	6	5	1	2	4	0	0	98	14.5	0
休闲旅游发展研究中心	6	4	2	2	3	0	0	36	9.5	0
浙江纺织服装职业技术学院	4	0	2	1	2	1	0	25	5	0
文化研究院	4	0	2	1	2	1	0	25	5	0
杭州科技职业技术学院	31	5	21	22	9	0	0	135	0	0
高等职业教育(陶行知教育思想)研究中心	31	5	21	22	9	0	0	135	0	0
浙江工业大学之江学院	62	19	40	34	21	6	0	288.16	51.06	0
城市与建筑环境设计研究所	5	0	4	2	2	1	0	13.92	5.7	0
开放型经济研究所	5	1	4	3	2	0	0	8.77	5	0
旅游经济与发展研究所	6	3	3	3	1	2	0	71.97	10.12	0
农村电子商务研究所	8	0	7	2	5	0	0	18.9	4.76	0
社会治理创新研究所	6	2	4	4	2	0	0	7.7	2.88	0
文化传播与翻译研究所	8	4	4	5	3	0	0	11.87	2.36	0
现代工业设计研究所	6	0	5	2	1	3	0	104.4	9.22	0
战略管理研究所	10	3	7	7	3	0	0	5.56	2.37	0
中小企业成长与创新管理研究所	8	6	2	6	2	0	0	45.07	8.65	0
温州大学瓯江学院	53	14	34	15	33	1	0	2 710	12	0
产学研协同创新研究所	4	2	1	2	2	0	0	10	0	0
产业经济研究所	5	1	4	1	3	0	0	10	0	0
温州创新创业与应用型人才培养研究中心	5	2	2	2	3	0	0	30	0	0
校质量发展研究院	6	1	5	1	5	0	0	800	0	0
院创业法律风控研究中心	4	1	1	1	2	0	0	10	0	0

续表

学校及机构名称	R&D 活动人员(人)						培养研究生人数(人)	R&D 经费支出(千元)	仪器设备原价(千元)	
	合计	其中								其中:进口(千元)
		博士毕业	硕士毕业	高级职称	中级职称	初级职称				
院继续教育研究所	5	2	3	2	3	0	0	10	0	0
院温州漆器研究所	6	0	5	2	4	0	0	10	0	0
院瓯剧研究与推广中心	4	1	3	1	3	0	0	10	0	0
院瓯剧艺术研究与推广中心	5	1	4	1	3	0	0	10	0	0
院瓯窑研究所	3	1	2	0	2	0	0	10	0	0
质量管理与品牌研究中心	6	2	4	2	3	1	0	1 800	12	0
浙江工商大学杭州商学院	35	17	12	19	8	4	0	260	250	0
创业与服务管理研究所	4	2	2	2	1	1	0	10	0	0
大数据与互联网金融研究所	3	3	0	3	0	0	0	10	0	0
分水制笔创新中心项目	3	0	3	2	1	0	0	50	250	0
公共服务和社区治理研究所	3	1	2	2	1	0	0	10	0	0
杭商院现代商贸研究中心	3	3	0	3	0	0	0	10	0	0
杭商院莪山畲乡“农创客”创新中心	9	0	3	1	1	3	0	30	0	0
桐庐富春电子商务研究院	3	3	0	2	1	0	0	120	0	0
新闻传播研究所	3	2	1	1	2	0	0	10	0	0
中小企业转型与组织治理研究所	4	3	1	3	1	0	0	10	0	0
温州商学院	29	10	2	17	8	4	8	1 300	250	0
温州新金融研究院	10	5	2	5	3	2	5	500	100	0
“一带一路”温商研究中心	19	5	0	12	5	2	3	800	150	0
温州科技职业学院	8	2	5	2	4	2	0	0	0	0
农村经济发展研究所	8	2	5	2	4	2	0	0	0	0
浙江农业商贸职业学院	70	1	62	11	25	34	0	11.83	5.8	0
绍兴市三农问题研究中心	70	1	62	11	25	34	0	11.83	5.8	0
浙江外国语学院	37	12	21	13	15	6	0	144.55	94.61	0
阿拉伯研究中心	10	2	8	2	6	2	0	46	46	0
德国研究中心	7	4	3	2	2	3	0	12	12	0
社会福利研究所	8	2	6	4	4	0	0	23.13	13.5	0
卓越教师发展研究所	12	4	4	5	3	1	0	63.42	23.11	0
安徽省										
安徽大学	415	187	192	78	85	46	24	6 596.49	4 222.7	355
安徽法治与社会安全研究中心	20	8	12	5	8	5	0	500	150	60
安徽生态发展研究中心	30	10	20	5	5	15	0	500	180	80

续表

学校及机构名称	R&D 活动人员(人)						培养研究生人数(人)	R&D 经费支出(千元)	仪器设备原价(千元)	
	合计	其中								其中:进口(千元)
		博士毕业	硕士毕业	高级职称	中级职称	初级职称				
安徽优秀传统文化研究中心	20	5	15	5	8	5	0	500	150	50
出土文献与中国古代文明研究协同创新中心	15	5	2	4	2	1	0	340	30	0
创新发展研究院	20	12	8	5	5	4	0	450	150	0
大洋洲文学研究所	8	2	4	2	3	3	0	145	54	0
大自然文学协同创新中心	15	4	10	5	6	3	0	185	55	0
俄罗斯研究中心	3	0	1	1	2	0	0	130	50	0
国别和区域研究院	15	5	10	5	5	0	0	450	45	0
汉字发展与应用研究中心	30	21	6	2	0	0	2	345	2 300	11
合肥区域经济与城市发展研究院	15	5	6	4	6	3	0	257	137	37
淮河流域环境与经济社会发展研究中心	6	2	4	2	0	0	0	132	156	0
徽文化传承与创新中心	7	3	4	2	5	0	0	450	150	9
徽学研究中心	38	16	20	4	0	0	20	442.2	90.9	23
经济法制研究中心	26	12	13	3	0	0	0	71.48	31.5	12
科学发展观研究中心	25	14	6	2	0	0	0	35.2	25.7	11
拉丁美洲研究所	9	3	5	2	4	3	0	186	56	0
农村改革与经济社会发展协同创新中心	15	8	7	6	6	3	2	750	45	12
农村社会发展研究中心	26	11	14	2	3	0	0	58.61	23.3	14
台湾研究中心	7	3	2	2	3	0	0	125	25	0
桐城派研究中心	8	4	4	3	5	0	0	115	35	0
西亚北非研究中心	8	3	4	2	3	1	0	108	45	0
舆情与区域形象研究中心	28	19	7	2	3	0	0	243	213	22
中国哲学与安徽思想家研究中心	21	12	8	3	3	0	0	78	25.3	14
中国科学技术大学	83	49	31	32	26	22	82	2 900	1 700	90
安徽省知识产权发展研究中心	16	10	6	10	4	2	10	200	50	0
工商管理创新研究中心	52	31	21	10	22	20	43	200	150	90
科学传播研究与发展中心	15	8	4	12	0	0	29	2 500	1 500	0
合肥工业大学	130	73	55	97	31	0	57	3 336	1 506	0
安徽省中国特色社会主义理论体系研究中心	14	8	6	12	2	0	30	103	86	0
产业转移与创新发展研究中心	16	11	4	16	0	0	0	915	280	0

续表

学校及机构名称	R&D 活动人员(人)						培养研究生人数(人)	R&D 经费支出(千元)	仪器设备原价(千元)	
	合计	其中								其中:进口(千元)
		博士毕业	硕士毕业	高级职称	中级职称	初级职称				
翻译与专业语料库研究中心	6	1	5	3	3	0	12	97	74	0
工业信息与经济研究中心	16	7	9	10	6	0	0	853	246	0
合肥市科技金融创新联盟	20	18	2	11	7	0	0	207	164	0
科技与产业发展研究院	20	16	4	20	0	0	0	476	289	0
两型社会建设研究中心	12	5	7	7	5	0	0	112	93	0
现代科技发展与马克思主义理论研究中心	11	5	5	10	1	0	0	276	132	0
知识产权研究中心	15	2	13	8	7	0	15	297	142	0
安徽工业大学	192	90	96	126	48	18	6	1 490	412.2	0
安徽创新驱动发展研究院	25	15	6	20	3	2	1	50	14.2	0
安徽创新驱动与产业转型升级发展研究中心	42	28	14	35	5	2	1	500	30	0
安徽大学生思想政治教育研究中心	24	13	11	18	4	2	1	500	119	0
大学生思想政治教育与管理研究中心	25	9	16	12	8	5	1	200	28	0
公司治理与运营研究中心	50	15	35	30	15	5	1	200	210	0
中国特色社会主义理论体系研究中心	26	10	14	11	13	2	1	40	11	0
安徽理工大学	89	41	44	46	31	12	15	900	108	0
楚淮文化研究中心	14	7	7	9	4	1	5	100	30	0
翻译研究所	11	5	6	7	3	1	0	80	40	0
矿业企业安全管理研究中心	22	13	9	12	8	2	10	600	30	0
习近平新时代中国特色社会主义思想研究中心	42	16	22	18	16	8	0	120	8	0
安徽工程大学	51	7	36	11	30	10	0	171.7	68.3	0
经济发展研究中心	25	3	18	5	14	6	0	88.4	22.3	0
设计艺术研究中心	26	4	18	6	16	4	0	83.3	46	0
安徽农业大学	167	89	68	119	48	0	0	160	50	0
安徽农业现代化研究院	46	22	19	35	11	0	0	50	10	0
安徽现代农业发展研究中心	36	16	15	28	8	0	0	10	3	0
农科教结合研究中心	5	3	2	4	1	0	0	5	3	0
习近平中国特色社会主义研究中心	20	15	5	11	9	0	0	20	5	0
乡村振兴战略研究中心	20	13	7	13	7	0	0	20	3	0

续表

学校及机构名称	R&D活动人员(人)						培养研究生人数(人)	R&D经费支出(千元)	仪器设备原价(千元)	其中:进口(千元)
	合计	其中								
		博士毕业	硕士毕业	高级职称	中级职称	初级职称				
新农村发展研究院	12	2	10	2	10	0	0	15	10	0
中国特色社会主义理论研究基地(培育)	21	13	8	21	0	0	0	30	4	0
中华茶文化研究中心	7	5	2	5	2	0	0	10	12	0
安徽医科大学	54	15	36	14	28	11	104	300	0	0
安徽省健康发展战略研究中心	32	8	21	8	20	4	104	0	0	0
医学人文研究中心	22	7	15	6	8	7	0	300	0	0
蚌埠医学院	12	0	7	5	4	3	0	500	875	0
安徽省人文社科重点研究基地全科医学教育发展研究中心	12	0	7	5	4	3	0	500	875	0
皖南医学院	12	7	0	9	1	0	12	145.32	3 470	517.58
大学生心理健康教育研究中心	12	7	0	9	1	0	12	145.32	3 470	517.58
安徽师范大学	238	141	67	185	31	6	1 350	1 370.77	208.79	0
安徽省教师教育协同创新中心	29	12	6	16	6	1	26	65.26	5.19	0
安徽文化发展研究院	15	10	4	8	5	2	12	250	10	0
创意产业发展研究中心	38	11	14	38	0	0	154	240	20	0
伏尔加—第聂伯两江流域研究中心	12	11	1	11	0	1	0	20	5	0
教育部高校辅导员培训和研修基地	7	4	2	4	3	0	168	10	56	0
教育改革与发展研究中心	29	19	10	12	7	0	11	50	10	0
旅游发展与规划研究中心	30	15	15	21	7	2	125	24.5	4.6	0
马克思主义研究中心	51	37	14	51	0	0	750	30.01	6	0
皖南历史文化研究中心	17	14	0	16	1	0	84	81	12	0
中国诗学研究中心	10	8	1	8	2	0	20	600	80	0
阜阳师范学院	77	22	35	30	30	17	7	300	300	0
安徽武术文化研究中心	30	2	15	10	10	10	0	100	100	0
农民工研究中心	25	10	10	10	10	5	5	100	100	0
皖北文化研究中心	22	10	10	10	10	2	2	100	100	0
安庆师范大学	79	41	28	50	2	1	14	750	100	0
黄梅戏艺术发展研究中心	21	14	7	19	2	0	8	200	22	0
经济和社会发展研究所	8	3	5	0	0	0	0	100	19	0
欧美研究所	10	3	4	2	0	1	0	120	22	0
桐城派与桐城文化研究中心	25	18	7	25	0	0	6	180	19	0

续表

学校及机构名称	R&D 活动人员（人）						培养研究生人数（人）	R&D 经费支出（千元）	仪器设备原价（千元）	其中：进口（千元）
	合计	其中								
		博士毕业	硕士毕业	高级职称	中级职称	初级职称				
皖江历史文化研究中心	15	3	5	4	0	0	0	150	18	0
淮北师范大学	89	26	20	32	20	4	22	370	178	0
安徽高校管理大数据研究中心	40	12	11	16	8	4	10	200	120	0
安徽文献整理与研究中心	16	3	1	6	10	0	0	26	15	0
安徽优秀传统文化研究中心	18	7	2	10	2	0	12	120	30	0
皖北经济与社会发展研究中心	15	4	6	0	0	0	0	24	13	0
黄山学院	20	6	11	14	6	0	0	48.99	6	0
非物质文化遗产研究中心	20	6	11	14	6	0	0	48.99	6	0
皖西学院	33	10	19	21	11	1	0	169	36	0
大别山发展研究院	4	2	2	4	0	0	0	10	5	0
大别山红色文化创新实践中心	5	0	5	3	2	0	0	20	2	0
公示语翻译研究中心	2	1	1	1	1	0	0	3	2	0
廉政文化研究中心	7	2	3	3	3	1	0	102	6	0
寿县楚文化研究中心	5	2	3	3	2	0	0	10	4	0
数字媒体动画艺术研发中心	3	1	2	2	1	0	0	6	7	0
皖西民歌研究所	1	0	1	1	0	0	0	8	5	0
皖西文化艺术中心（皖西文化研究所）	3	1	0	2	1	0	0	3	2	0
应用性高等教育研究中心	3	1	2	2	1	0	0	7	3	0
滁州学院	50	19	21	13	18	1	0	185	24	0
城镇化与新农村建设研究所	8	2	6	1	1	0	0	50	2	0
凤阳花鼓音乐研究所	3	0	3	1	1	0	0	30	6	0
江淮分水岭生态环境与区域发展研究中心	21	10	1	6	4	0	0	5	5	0
欧阳修研究中心	9	3	6	2	7	0	0	60	7	0
皖东历史文化研究中心	9	4	5	3	5	1	0	40	4	0
安徽财经大学	17	6	11	13	3	1	6	1 902	70	0
合作经济研究中心	10	3	7	9	1	0	3	262	50	0
经济发展研究中心	7	3	4	4	2	1	3	1 640	20	0
宿州学院	151	16	114	17	30	27	0	590	231	0
安徽新型城镇化建设发展研究中心	10	0	9	3	3	2	0	20	10	0
大学文化研究中心	25	3	17	3	3	5	0	20	6	0

续表

学校及机构名称	R&D活动人员(人)						培养研究生人数(人)	R&D经费支出(千元)	仪器设备原价(千元)	
	合计	其中								其中:进口(千元)
		博士毕业	硕士毕业	高级职称	中级职称	初级职称				
宿州区域发展协同创新中心	36	5	25	4	5	5	0	500	200	0
宿州书画·灵璧石研究中心	15	0	10	1	4	3	0	10	3	0
皖北城乡一体化研究中心	30	3	25	2	5	4	0	20	6	0
皖北方言文化研究所	20	3	17	2	5	4	0	10	3	0
皖北中小企业与特色产业发展研究中心	15	2	11	2	5	4	0	10	3	0
巢湖学院	2	2	0	2	0	0	0	50	14	0
环巢湖文化与经济社会发展研究中心	2	2	0	2	0	0	0	50	14	0
淮南师范学院	59	12	39	28	25	6	0	380	140	0
安徽资源型城市发展研究中心	16	6	10	8	6	2	0	100	10	0
高校应急管理研究中心	9	1	5	4	5	0	0	60	40	0
淮南地域文化研究中心	8	1	5	4	3	1	0	50	10	0
教师教育研究与培训中心	4	0	3	2	2	0	0	20	10	0
社会工作研究中心	10	1	8	4	5	1	0	50	10	0
资源型城市发展研究中心	12	3	8	6	4	2	0	100	60	0
铜陵学院	133	36	77	36	62	35	0	1 000	800	0
安徽经济社会发展研究中心	111	32	64	25	54	32	0	500	350	0
教育教学研究所	2	0	0	2	0	0	0	150	100	0
区域经济研究所	2	0	1	1	0	1	0	200	150	0
皖江经济发展研究中心	18	4	12	8	8	2	0	150	200	0
安徽建筑大学	80	45	31	57	18	0	8	1 200	500	0
安徽新型城镇化建设发展研究中心	20	15	5	15	5	0	2	500	200	0
城市管理研究中心	28	15	13	22	6	0	2	500	200	0
建筑经济与房地产管理研究中心	32	15	13	20	7	0	4	200	100	0
安徽科技学院	104	19	71	43	38	17	14	1 471	226	0
安徽省大学生创业教育研究中心	13	2	10	6	4	3	0	120	36	0
蚌埠市现代农业与农村发展研究中心	13	3	8	6	5	2	4	256	26	0
翻译与语言服务研究所	14	2	8	5	8	1	0	220	18	0
明文化研究所	7	1	6	3	1	1	0	55	24	0
体育人文社会学	12	1	8	5	5	2	0	180	33	0

续表

学校及机构名称	R&D 活动人员(人) 合计	其中 博士毕业	硕士毕业	高级职称	中级职称	初级职称	培养研究生人数(人)	R&D 经费支出(千元)	仪器设备原价(千元)	其中:进口(千元)
皖北现代农业与农村发展研究所	12	2	8	5	4	3	8	80	27	0
皖东产业经济研究院	11	3	8	5	4	2	2	236	22	0
现代企业管理研究所	9	2	6	2	2	1	0	80	15	0
中小企业财务管理研究所	13	3	9	6	5	2	0	244	25	0
安徽三联学院	50	4	38	6	30	8	0	180	101	0
安徽竹稞学宫文化研究中心	12	2	8	3	7	0	0	50	10	0
分岗位会计仿真实验室	5	0	5	0	4	1	0	20	12	0
剪纸艺术研究中心	4	0	4	0	3	1	0	20	8	0
贸易与竞争政策研究中心	8	0	5	1	5	2	0	20	5	0
人体工学应用研究中心	5	0	5	1	3	1	0	20	8	0
数字艺术协同创新中心	12	1	8	0	6	2	0	30	50	0
亚洲文化研究中心	4	1	3	1	2	1	0	20	8	0
合肥学院	210	51	125	79	94	36	0	916.05	10 065.04	0
安徽深装合大工业设计中心	9	0	8	2	3	4	0	200	9 500	0
房地产研究所	8	3	4	3	3	2	0	120.25	21.04	0
环巢湖文化与经济社会发展研究中心	45	12	25	16	20	9	0	265	55	0
基础教育研究所	2	0	2	2	0	0	0	20	12	0
江淮文化研究所	7	2	3	3	2	1	0	30	8	0
旅游咨询与规划研究所	9	2	6	4	3	2	0	10	5	0
南艳外国语言工作室	33	2	29	7	19	7	0	14.4	8	0
外国文化研究所	15	2	10	5	10	0	0	90	10	0
网络舆情与区域形象传播协同创新中心	19	5	9	7	11	1	0	0.57	15	0
现代管理研究所	15	4	1	6	4	5	0	3	200	0
现代旅游服务协同创新中心	12	5	7	7	5	0	0	10	40	0
学前教育改革与发展协同创新中心	8	1	6	4	4	0	0	56.03	12	0
知识产权研究所	11	3	8	2	6	3	0	10	8	0
智能物流协同创新中心	7	5	2	5	2	0	0	76.8	163	0
中小企业发展研究中心	10	5	5	6	2	2	0	10	8	0
池州学院	3	0	3	1	2	0	0	60	0	0
皖南民俗文化研究中心	3	0	3	1	2	0	0	60	0	0

续表

学校及机构名称	R&D 活动人员(人)						培养研究生人数(人)	R&D 经费支出(千元)	仪器设备原价(千元)	其中:进口(千元)
	合计	其中								
		博士毕业	硕士毕业	高级职称	中级职称	初级职称				
安徽新华学院	95	17	50	48	40	7	0	174.5	20	0
大学生素质教育研究中心	95	17	50	48	40	7	0	174.5	20	0
亳州学院	5	2	3	2	2	1	0	20	12	0
亳文化研究中心	5	2	3	2	2	1	0	20	12	0
合肥师范学院	60	5	18	18	24	0	0	83.5	58.5	0
动画创意与策划研究中心	18	0	5	7	5	0	0	75	50	0
翻译研究所	10	1	1	2	5	0	0	0.5	0.5	0
古籍研究所	10	1	0	2	5	0	0	1	1	0
徽派版画艺术研究所	3	0	3	1	1	0	0	1.5	1.5	0
教师教育研究中心	5	1	3	2	1	0	0	2	2	0
教育科学研究所	4	0	3	1	2	0	0	1	1	0
马克思主义中国化研究所	8	1	2	1	5	0	0	1	1	0
中国画艺术研究所	1	0	1	1	0	0	0	0.5	0.5	0
中国诗学研究所	1	1	0	1	0	0	0	1	1	0
桐城师范高等专科学校	18	0	16	8	0	8	0	60	8	0
桐城派学术研究中心	10	0	8	3	0	5	0	30	8	0
小学教育研究中心	8	0	8	5	0	3	0	30	0	0
福建省										
厦门大学	1 163	1 068	56	832	267	45	1 460	75 493.48	37 488.37	685
“计量经济学”教育部重点实验室	34	26	8	17	17	0	20	395	2 800	0
“一带一路”与东南亚研究院	6	6	0	6	0	0	10	450	305	0
财税金融法治研究中心	20	19	1	12	8	0	47	977.4	60	0
财政科学研究所	6	6	0	6	0	0	56	500	20	0
传播研究所	14	13	1	14	0	0	11	600	10	0
创新与知识产权研究中心	9	9	0	1	6	2	18	1 100.44	40	0
道学与传统文化研究中心	11	9	1	10	0	0	20	330	0	0
东南亚华文文学研究中心	10	6	1	10	0	0	4	95	0	0
东南亚研究中心	17	17	0	17	0	0	26	338.2	605	0
佛学研究中心	10	8	1	10	0	0	7	170	30	0
福建省统计科学重点实验室	64	60	4	32	32	0	15	142	2 800	0
高等教育发展研究中心	24	22	0	13	11	0	41	293.45	1 400.9	0
高等教育质量与评估研究所	7	6	0	6	1	0	7	953.6	50	0

续表

学校及机构名称	R&D 活动人员(人)						培养研究生人数(人)	R&D 经费支出(千元)	仪器设备原价(千元)	其中:进口(千元)
	合计	其中								
		博士毕业	硕士毕业	高级职称	中级职称	初级职称				
公共服务质量研究中心	14	14	0	10	4	0	46	1 002.6	2 000	0
公共政策与地方治理协同创新中心	22	22	0	18	4	0	56	1 253	2 000	0
公共政策与政府创新研究中心	12	12	0	10	2	0	42	500.7	2 000	0
公证法律与信息化研究中心	4	4	0	4	0	0	4	205.89	0	0
古籍整理研究所	10	10	0	8	2	0	12	643	0	0
管理会计研究中心	6	6	0	6	0	0	8	571	0	0
国际经济法研究中心	18	18	0	12	6	0	42	333.5	50.36	0
国际税法与比较税制研究中心	10	9	1	4	4	2	32	685.5	12	0
国家林业局中国农村林业改革发展研究基地	13	13	0	8	5	0	0	821	20	0
国家旅游局中国旅游研究院台湾旅游研究基地	8	7	0	7	1	0	0	150	90	30
国家统计局统计科学研究所厦门大学重点研究基地	9	9	0	7	2	0	13	467	350	0
国家语言资源监测与研究教育教材中心	12	10	2	8	2	0	18	535	120	0
国民经济与核算研究所	7	7	0	4	3	0	0	330	3	0
国术与健身研究中心	8	0	6	6	2	0	0	11.5	40	0
海外华文教育研究所	19	13	1	14	5	0	40	3 171.4	1 200	0
海峡媒体研究中心	10	6	3	9	1	0	30	400	30	0
海洋法与中国东南海疆研究中心	33	32	0	27	6	0	2	1 033.28	43.84	0
海洋考古学研究中心	6	4	0	5	1	0	14	2 560	2 480	520
汉语言文字应用和推广研究中心	11	10	0	9	2	0	26	794	10	0
宏观经济研究中心	21	21	0	20	1	0	13	1 864	486	0
会计发展研究中心	20	20	0	18	2	0	24	487.09	435.37	0
金融工程研究中心	6	6	0	6	0	0	10	68.55	71.87	0
金融研究所	10	10	0	10	0	0	21	739.6	38	0
经济法学研究中心	10	10	0	8	2	0	16	291.9	0	0
经济犯罪研究中心	10	10	0	7	3	0	37	1 330	25	0
考试研究中心	8	8	0	8	0	0	7	81.69	1	0
孔子学院发展与研究中心	21	14	1	16	5	0	40	478.3	1 200	0
口译学研究所	12	8	4	6	6	0	22	348	0	0
立法研究中心	10	10	0	7	2	1	15	155.82	24.02	0

续表

学校及机构名称	R&D 活动人员(人)						培养研究生人数(人)	R&D 经费支出(千元)	仪器设备原价(千元)	
	合计	其中								其中:进口(千元)
		博士毕业	硕士毕业	高级职称	中级职称	初级职称				
两岸关系和平发展协同创新中心	72	72	0	58	14	0	41	23 353.8	5 527.37	0
旅游人类学研究中心	3	3	0	3	0	0	22	82	0	0
马来西亚研究所	5	5	0	5	0	0	8	29	225	0
民间历史文献研究中心	7	6	0	3	3	1	6	330	200	0
闽商研究中心	15	15	0	4	2	0	0	231	0	0
品牌与广告研究中心	13	11	0	11	2	0	15	1 174	0	0
企业案例研究中心	9	9	0	9	0	0	0	90	0	0
企业并购研究中心	5	5	0	5	0	0	3	377.88	0	0
企业社会责任与企业文化研究中心	4	4	0	4	0	0	2	22.17	0	0
区域发展政策研究所	10	10	0	7	3	0	10	403.89	0	0
人才战略研究所	14	14	0	13	1	0	48	248.5	200	0
人口与生态研究所	11	10	0	6	4	0	4	777.6	0	0
人类学研究中心	10	9	1	7	2	1	8	305	22.7	0
日本语教育研究中心	11	8	2	7	4	0	14	121.5	0	0
社会发展研究中心	10	10	0	7	3	0	18	894.97	2	0
社会管理创新研究中心	6	6	0	6	0	0	11	360.7	0	0
社会经济政策量化评估中心	20	20	0	20	0	0	40	906	100	20
社会治理与软法研究中心	10	10	0	7	1	2	15	155.81	0	0
数据挖掘研究中心	10	10	0	8	2	0	12	591	350	0
双语词典与双语语言文化研究中心	10	10	0	10	0	0	6	100	0	0
台湾研究中心	13	11	2	13	0	0	18	750.79	5 527.37	0
土地经济与城市规划研究中心	9	9	0	4	2	0	21	100	50	15
外国语言文学研究所	46	43	3	11	15	18	62	270	0	0
文化发展研究院	15	13	2	12	3	0	0	120	0	0
戏剧与影视艺术研究中心	16	15	1	11	5	0	13	605	800	0
现代企业与医疗服务运营技术管理研究中心	25	22	0	11	8	6	21	3 000	0	0
新西兰研究中心	10	10	0	4	5	1	8	270.5	0	0
舆论研究中心	11	11	0	7	4	0	0	653.1	0	0
哲学与当代社会研究中心	31	27	3	24	7	0	22	340	1 000	0
政府绩效管理研究中心	5	5	0	3	2	0	7	70.94	10	0
政治学与行政学研究所	11	11	0	10	1	0	19	1 339.5	12	0

续表

学校及机构名称	R&D 活动人员(人)						培养研究生人数(人)	R&D 经费支出(千元)	仪器设备原价(千元)	
	合计	其中								其中:进口(千元)
		博士毕业	硕士毕业	高级职称	中级职称	初级职称				
证券研究中心	5	5	0	5	0	0	14	234.5	71.87	0
知识产权教育与研究中心	9	9	0	1	6	2	18	1 100.44	0	0
知识论与认知科学研究中心	11	11	0	8	3	0	4	994	1 400	0
中国供应链管理研究中心	9	6	1	8	1	0	31	85.8	0	0
中国社会经济史研究中心	15	14	0	13	2	0	20	296	1 000	100
中国特色社会主义研究中心	22	22	0	7	6	9	0	1 252	35	0
中国营商环境研究中心	20	15	5	14	5	0	0	4 830.68	3.7	0
中国语言文学研究所	13	13	0	13	0	0	0	79	100	0
中国资本市场研究中心	10	9	1	8	2	0	5	550	0	0
宗教学研究所	10	10	0	9	1	0	22	338	0	0
华侨大学	223	193	30	166	56	1	0	1 560.6	245	0
东方企业管理研究中心	15	15	0	13	2	0	0	150	11	0
东亚法律文化研究中心	7	7	0	7	0	0	0	100	11	0
国务院侨务办公室侨务理论研究福建基地	12	8	4	4	8	0	0	280	40	0
海外华人宗教与闽台宗教研究中心	14	13	1	13	1	0	0	94.6	11	0
海外华文教育与中华文化传播协同创新中心	13	12	1	13	0	0	0	198.5	25	0
马克思主义与当代社会发展研究中心	9	9	0	9	0	0	0	56.8	15	0
侨务公共外交研究所	17	17	0	8	9	0	0	1	14	0
商务管理研究中心	28	27	1	23	5	0	0	21.4	1	0
生活哲学研究中心	25	25	0	20	5	0	0	145.3	15	0
数量经济研究中心	15	14	1	15	0	0	0	50	25	0
台湾经济研究所	6	6	0	6	0	0	0	100	9	0
泰国研究所	9	9	0	9	0	0	0	100	11	0
体育与健康科学研究中心	27	8	19	7	20	0	0	20.6	10	0
政治发展与公共治理研究中心	9	9	0	9	0	0	0	100	35	0
中国旅游研究院旅游安全研究基地	17	14	3	10	6	1	0	142.4	12	0
福州大学	40	6	16	30	10	0	9	455	95.2	0
地方法制建设研究中心	6	2	3	4	2	0	0	72	1.2	0
福建绿色发展研究院	6	1	2	4	2	0	3	120	12	0

续表

学校及机构名称	R&D 活动人员(人)						培养研究生人数(人)	R&D 经费支出(千元)	仪器设备原价(千元)	
	合计	其中								其中:进口(千元)
		博士毕业	硕士毕业	高级职称	中级职称	初级职称				
福建省海洋文化研究中心	7	0	3	5	2	0	3	40	20	0
廉政与治理研究中心	12	0	3	10	2	0	3	23	12	0
物流研究中心	9	3	5	7	2	0	0	200	50	0
福建工程学院	109	69	34	54	28	27	28	753	660.7	0
地方文献整理研究中心	38	27	11	3	14	21	0	624	209	0
福建传统村落与历史建筑研究中心	25	15	10	20	5	0	0	0	25	0
福建省创新方法研究推广应用基地	17	10	7	13	4	0	0	0	156	0
福建省知识产权研究院	16	8	3	7	4	5	20	99	250.7	0
福建自贸区知识产权研究中心	13	9	3	11	1	1	8	30	20	0
福建农林大学	145	98	37	86	42	17	21	1 750	1 277	0
茶产业发展研究中心	3	3	0	2	1	0	0	30	800	0
福建普惠金融研究院	28	18	10	16	12	0	10	200	140	0
福建省农村发展智库	3	3	0	2	0	1	1	30	5	0
福建省软科学研究基地	10	4	6	5	5	0	0	20	5	0
国家林业局集体林业改革发展研究中心	25	18	7	18	7	0	0	50	30	0
海峡两岸休闲农业发展研究中心	3	3	0	3	0	0	0	30	20	0
海峡乡村建设与社区营造研究中心	7	5	2	2	3	2	0	30	60	0
教育部国别与区域研究中心南太平洋岛国研究中心	15	10	5	10	5	0	5	50	20	0
马克思主义中国化研究中心	3	2	1	3	0	0	0	200	5	0
农村廉洁建设研究中心	3	3	0	3	0	0	0	30	5	0
区域特色发展研究院	5	2	0	2	1	2	2	320	5	0
区域特色发展智库	6	4	2	4	2	0	0	100	5	0
生态文明研究中心(省高校特色新型智库)	8	8	0	4	0	4	3	310	10	0
生态文明研究中心(省社科研究基地)	3	0	0	3	0	0	0	200	5	0
乡村旅游研究中心	5	3	2	2	0	3	0	30	80	0
新农村发展研究院	10	4	2	1	4	5	0	100	80	0
中国特色社会主义理论体系研究中心	8	8	0	6	2	0	0	20	2	0
集美大学	219	114	66	139	63	3	105	750.97	252.09	0

续表

学校及机构名称	R&D 活动人员(人)						培养研究生人数(人)	R&D 经费支出(千元)	仪器设备原价(千元)	
	合计	其中								其中:进口(千元)
		博士毕业	硕士毕业	高级职称	中级职称	初级职称				
地方财政绩效研究中心	36	25	6	25	7	0	8	300	15	0
海西经济运行效率与风险测评研究中心	38	28	8	24	10	0	22	15	10	0
海西社会建设与社会服务研究中心	17	7	10	12	5	0	4	89.9	13.02	0
海洋文化与创意产业研究中心	20	8	7	14	6	0	24	93.07	93.07	0
两岸美术社科研究中心	43	9	18	19	19	2	20	60	40	0
闽台审计研究中心	10	7	2	7	3	0	5	50	60	0
闽台体育研究中心	18	4	7	13	4	1	7	63	9	0
区域经济研究中心	37	26	8	25	9	0	15	80	12	0
福建医科大学	37	11	22	20	15	0	18	600	1 000	0
福建省高校特色新型智库	16	5	9	7	7	0	12	310	500	0
卫生政策研究中心	21	6	13	13	8	0	6	290	500	0
福建中医药大学	7	1	5	4	2	1	0	38.89	114.27	21.99
闽台中医药文化文献研究中心	7	1	5	4	2	1	0	38.89	114.27	21.99
福建师范大学	608	325	242	309	235	54	66	42 762	4 890.5	0
二十国集团(G20)联合研究中心	20	15	5	15	5	0	10	300	30	0
慈善研究所	10	4	4	4	6	0	0	85	15	0
当代艺术研究中心	8	2	5	2	6	0	0	50	10	0
邓小平理论研究所	12	6	6	4	8	0	0	35	9	0
发展与教育心理研究中心	22	15	3	14	4	4	0	300	60	0
福建红色文化研究中心	25	16	6	15	6	0	7	3 500	100	0
福建省非物质文化遗产研究中心	12	5	3	4	6	0	0	87	12	0
福建省人才发展研究中心	15	8	7	4	5	6	0	210	15	0
福建自贸区综合研究院	20	14	6	14	6	0	6	890	60	0
海峡两岸文化发展协同创新中心	23	17	6	15	8	0	7	3 900	80	0
海峡旅游发展研究中心	15	8	7	6	7	2	0	500	50	0
基础教育与教师教育研究中心	25	10	13	8	11	6	0	326	60	0
经学研究所	8	5	3	6	2	0	0	200	23	0
竞争力研究中心	34	22	12	19	14	1	14	6 000	300	0
两岸关系与闽台区域发展战略研究院	30	12	15	18	6	3	0	2 300	70	0

续表

学校及机构名称	R&D 活动人员(人)						培养研究生人数(人)	R&D 经费支出(千元)	仪器设备原价(千元)	
	合计	其中								其中:进口(千元)
		博士毕业	硕士毕业	高级职称	中级职称	初级职称				
马克思主义理论与海西经济社会协调发展研究中心	10	6	4	5	5	0	0	285	17	0
美洲史研究院	22	10	9	12	10	0	0	429	25	0
闽台区域研究中心	51	25	26	20	26	5	10	6 500	3 200	0
闽学研究中心	10	7	3	7	3	0	0	150	20	0
全国中国特色社会主义政治经济学研究中心	20	11	9	12	8	0	5	4 500	100	0
社会学研究所	18	6	12	8	7	3	2	210	15	0
生态文明科学研究中心	20	8	9	7	9	4	0	240	18.5	0
世界创新竞争力发展研究基地	32	19	13	21	11	0	0	200	20	0
体育人文社会学研究中心	26	11	12	8	12	6	0	365	15	0
印度尼西亚研究中心	22	10	12	11	11	0	5	800	50	0
中国(福建)生态文明建设研究院	20	9	11	7	8	5	0	2 300	200	0
中国画创作与理论研究中心	11	5	4	4	6	1	0	800	16	0
中华文学传承发展研究中心	36	19	11	18	13	5	0	3 500	220	0
综合竞争力与国家发展战略研究院	31	20	6	21	6	3	0	3 800	80	0
闽江学院	82	48	34	45	30	7	0	1 787	1 030.2	0
福州民俗文化研究所	9	6	3	6	2	1	0	311	123	0
海西地方财政与发展研究中心	15	8	7	9	4	2	0	326.5	253	0
海洋旅游研究中心	20	13	7	7	12	1	0	121.5	68.5	0
互联网创新研究中心	14	7	7	9	4	1	0	416.5	312.5	0
闽都历史文化研究中心	12	8	4	7	4	1	0	425	123	0
新媒体传播研究中心	12	6	6	7	4	1	0	186.5	150.2	0
泉州师范学院	73	19	42	48	16	9	56	595.83	1 418.52	0
南音文化传承与发展协同创新中心	54	11	32	32	13	9	50	566.49	918.52	0
南音研究中心	19	8	10	16	3	0	6	29.34	500	0
闽南师范大学	123	71	29	100	23	0	5	546	112	0
福建省区域农村教师发展协同创新中心	53	23	11	44	9	0	0	180	22	0
两岸一家亲研究院	51	37	14	44	7	0	0	178	20	0
闽南文化研究中心	19	11	4	12	7	0	5	188	70	0
厦门理工学院	165	64	88	120	39	5	0	178.37	68.19	0

续表

学校及机构名称	R&D 活动人员(人)						培养研究生人数(人)	R&D 经费支出(千元)	仪器设备原价(千元)	
	合计	其中								其中:进口(千元)
		博士毕业	硕士毕业	高级职称	中级职称	初级职称				
21世纪海上丝绸之路与厦门发展研究中心	3	2	1	3	0	0	0	24.22	5.69	0
720品牌研究所	11	3	8	5	6	0	0	12.25	5.6	0
福建省知识产权远程教育平台厦门分站	9	3	6	7	2	0	0	60.02	15.54	0
国学研究所	12	4	6	8	4	0	0	9.56	2.56	0
两岸创意经济研究中心	33	14	16	23	8	2	0	9.43	3.12	0
媒体关系研究中心	8	4	4	6	2	0	0	11.32	5.75	0
闽南文化海外传播研究中心	16	4	10	15	0	0	0	10.14	5.52	0
闽台旅游发展研究所	9	2	5	7	2	0	0	6.5	2.78	0
文化产业研究所	11	3	8	6	5	0	0	5.87	3.77	0
文化产业研究中心	24	15	9	20	4	0	0	18.77	9.52	0
厦门地方史研究所	9	5	4	8	1	0	0	3.52	2.8	0
现代物流管理工程技术研究中心	20	5	11	12	5	3	0	6.77	5.54	0
三明学院	307	68	151	164	111	27	0	704.89	402.66	200
产品设计创新研究中心	19	5	14	8	8	3	0	36	2.8	0
低碳经济研究中心	25	7	17	16	9	0	0	7.12	0.98	0
国家公园研究中心	23	9	13	11	10	2	0	14	2.2	0
客家文化研究所	19	7	8	14	5	0	0	11.67	5	0
闽江源生态保护研究院	25	12	1	12	13	0	0	450	300	200
区域经济研究所	26	4	22	8	12	6	0	3	0.8	0
三明市地方文化研究中心	35	7	10	26	8	1	0	15.5	2.6	0
三明市动漫创意产品设计与研发公共服务平台	11	2	9	4	4	3	0	89	63.5	0
三明市公共体育文化服务平台	15	0	13	1	12	2	0	48.1	10	0
三明市基础教育研究中心	33	1	6	24	5	4	0	12.2	5	0
三明市区域经济与绿色发展研究中心	28	4	24	12	10	6	0	3.38	1.2	0
三明市乡村休闲旅游发展研究中心	15	1	7	6	4	0	0	5.36	1.28	0
生态文化研究中心	27	9	5	20	7	0	0	6.5	6.5	0
书法研究所(培育)	6	0	2	2	4	0	0	3.06	0.8	0
龙岩学院	5	3	0	2	3	0	0	200	100	0
中央苏区研究院	5	3	0	2	3	0	0	200	100	0

续表

学校及机构名称	R&D活动人员(人)						培养研究生人数(人)	R&D经费支出(千元)	仪器设备原价(千元)	
	合计	其中								其中:进口(千元)
		博士毕业	硕士毕业	高级职称	中级职称	初级职称				
福建商学院	41	10	31	28	13	0	0	31	21	0
福建省特色农产品电商物流协同创新中心建设项目	18	3	15	10	8	0	0	5	10	0
闽商文化研究室	3	2	1	3	0	0	0	23	6	0
中小微企业研究中心	20	5	15	15	5	0	0	3	5	0
莆田学院	63	17	31	53	9	1	0	2 627.7	155.72	0
福建省妈祖文化传承与发展协同创新中心	22	7	12	17	5	0	0	730	110.72	0
国家体育总局体育文化发展中心体育文化研究基地	20	5	11	19	0	1	0	697.7	25	0
妈祖文化研究院	21	5	8	17	4	0	0	1 200	20	0
厦门大学嘉庚学院	81	20	58	30	46	5	0	485	7 636.42	0
1969"和文化"教育研究基地	15	2	13	3	12	0	0	4	100	0
丹溪映画文化产业创新中心	12	2	10	3	9	0	0	72.92	100	0
东万晟现代物流与供应链创新研究中心	13	1	12	5	7	1	0	192.37	100	0
汉嘉设计创新研究中心	10	0	10	0	7	3	0	113.12	100	0
两岸语言应用与叙事文化研究中心	31	15	13	19	11	1	0	102.59	7 236.42	0
福建江夏学院	46	29	12	34	12	0	39	855.14	99.46	0
财务与会计研究中心	46	29	12	34	12	0	39	855.14	99.46	0
泉州信息工程学院	19	2	4	3	2	12	0	90	20	0
国际商务研究中心	19	2	4	3	2	12	0	90	20	0
泉州经贸职业技术学院	6	0	2	4	2	0	0	3.5	0.5	0
李光地文化研究中心	6	0	2	4	2	0	0	3.5	0.5	0
福州理工学院	19	1	0	8	0	5	0	13.45	9.9	0
朱子文化研究中心	19	1	0	8	0	5	0	13.45	9.9	0
福建艺术职业学院	4	0	1	0	3	1	0	10	89.85	0
古琴艺术研究中心	4	0	1	0	3	1	0	10	89.85	0
厦门城市职业学院	6	1	3	1	3	1	0	100	50	0
闽台儿童文化福建省高校应用文科研究中心	6	1	3	1	3	1	0	100	50	0
泉州幼儿师范高等专科学校	16	0	10	7	4	5	0	18.93	26.73	0

续表

学校及机构名称	R&D活动人员(人)						培养研究生人数(人)	R&D经费支出(千元)	仪器设备原价(千元)	
	合计	其中								其中:进口(千元)
		博士毕业	硕士毕业	高级职称	中级职称	初级职称				
儿童早期教养与指导福建省高校应用文科研究中心	16	0	10	7	4	5	0	18.93	26.73	0
江西省										
南昌大学	48	23	20	9	4	0	60	10 780	1 950	600
赣学研究院	5	2	3	0	0	0	0	140	30	0
江西发展升级推进长江经济带建设协同创新中心	7	4	3	0	0	0	0	5 000	1 200	600
江西省大学生思想政治教育研究中心	2	1	1	0	0	0	0	1 000	200	0
江右哲学研究中心	3	1	2	0	0	0	0	400	100	0
客赣方言及语言应用中心	5	2	2	0	0	0	0	400	50	0
立法研究中心	2	1	1	0	0	0	0	400	50	0
廉政研究中心	2	0	2	0	0	0	0	200	0	0
旅游规划与研究中心	4	2	1	0	0	0	0	600	150	0
文化资源与产业研究院	3	2	0	0	0	0	0	370	70	0
影视艺术研究中心	2	0	1	0	0	0	0	300	0	0
中国特色社会主义理论体系	0	0	0	0	0	0	0	370	0	0
中国中部经济社会发展研究中心	13	8	4	9	4	0	60	1 600	100	0
华东交通大学	30	14	8	6	0	0	0	152	456	0
高铁与区域发展研究中心	4	2	0	2	0	0	0	20	0	0
轨道交通与城市协调发展研究中心	2	1	0	1	0	0	0	10	0	0
国学推广与艺术设计中心	3	1	0	2	0	0	0	10	0	0
交通与工程应用翻译研究中心	4	2	0	1	0	0	0	12	0	0
交通运输与经济研究所	4	2	2	0	0	0	0	20	100	0
女性研究中心	1	0	0	0	0	0	0	20	56	0
体育健身养身研究中心	4	2	2	0	0	0	0	20	100	0
新型工业化与城镇化软科学研究基地	4	2	2	0	0	0	0	20	100	0
知识产权研究中心	4	2	2	0	0	0	0	20	100	0
东华理工大学	97	52	43	60	37	0	43	1 832	832	0
地质资源经济管理研究中心	23	13	10	10	13	0	10	860	416	0
江西生态文明建设制度研究中心	31	20	11	24	7	0	10	0	0	0
江西戏剧资源研究中心	20	6	12	16	4	0	13	112	0	0

续表

学校及机构名称	R&D 活动人员(人)						培养研究生人数(人)	R&D 经费支出(千元)	仪器设备原价(千元)	
	合计	其中								其中:进口(千元)
		博士毕业	硕士毕业	高级职称	中级职称	初级职称				
资源与环境经济研究中心	23	13	10	10	13	0	10	860	416	0
南昌航空大学	40	25	15	19	14	7	75	1 100	2 030	0
国家体育总局体育文化研究基地	10	5	5	4	4	2	15	100	30	0
江西省航空产业发展与管理创新软科学基地	30	20	10	15	10	5	60	1 000	2 000	0
江西理工大学	167	63	95	118	46	3	150	1 853	392.5	0
巴基斯坦研究中心	8	1	7	7	1	0	8	20	10	0
非物质文化遗产研究基地	13	1	11	8	5	0	8	110	0	0
赣南客家文化数字化研究院	10	0	9	6	4	0	9	40	3	0
赣州地方立法研究院	11	6	4	5	6	0	9	120	0	0
赣州市产业发展研究院	14	6	7	10	4	0	13	220	46.5	0
赣州市地方党建研究院	9	6	3	5	4	0	6	215	0	0
赣州市金融研究院	15	7	7	14	1	0	18	400	0	0
华文教育研究中心	11	5	5	7	4	0	8	60	0	0
环境资源法研究中心	12	6	5	6	6	0	8	200	100	0
江西省赣粤闽湘边界区域经济合作软科学研究基地	13	7	6	8	4	1	8	70	82	0
江西省有色金属产业发展研究中心	17	6	10	12	3	2	15	230	120	0
矿业发展研究中心	11	4	7	10	1	0	12	80	10	0
矿业贸易与投资研究中心	10	3	7	10	0	0	16	26	10	0
区域经济与社会发展研究中心	13	5	7	10	3	0	12	62	11	0
景德镇陶瓷大学	79	23	55	29	29	20	44	3 369	11 456	4 627
“陶瓷产品设计”协同创新中心	12	2	10	3	7	2	7	516	500	0
古陶瓷研究中心	10	4	6	3	5	2	7	70	1 220	1 220
景德镇陶瓷文化传承创新协同创新中心	48	16	32	21	17	10	19	2 533	2 116	1 207
中国陶瓷文化研究所	4	1	2	1	0	2	4	150	120	0
中国陶瓷艺术设计研究中心	5	0	5	1	0	4	7	100	7 500	2 200
江西农业大学	194	117	63	121	61	0	117	5 226	0	0
“三农”问题研究中心	19	10	9	13	6	0	20	687.5	0	0
边缘法学研究中心	8	2	3	3	5	0	4	172	0	0
邓小平理论研究中心	11	4	4	8	3	0	10	205	0	0

续表

学校及机构名称	R&D活动人员(人) 合计	其中 博士毕业	硕士毕业	高级职称	中级职称	初级职称	培养研究生人数(人)	R&D经费支出(千元)	仪器设备原价(千元)	其中:进口(千元)
高等教育研究所	11	1	10	7	4	0	11	276	0	0
江西农村发展研究中心	29	20	9	20	9	0	23	732	0	0
江西省农业科技创新与发展软科学研究基地	20	16	4	13	7	0	12	695.5	0	0
江西现代农业及其优势产业可持续发展的决策支持协同创新中心	40	33	0	28	0	0	12	1 060	0	0
江西乡村文化发展研究中心	12	4	8	5	7	0	3	121	0	0
景观与环境生态研究中心	8	3	5	6	2	0	5	218	0	0
廉政研究中心	8	2	5	4	4	0	5	92	0	0
旅游发展研究中心	5	5	0	3	2	0	0	179	0	0
农村电商研究中心	6	6	0	3	3	0	0	168	0	0
土地资源利用与保护研究中心	9	8	1	5	4	0	9	370	0	0
移民研究中心	8	3	5	3	5	0	3	250	0	0
江西中医药大学	1	1	0	0	0	0	0	5	30	6
心理健康研究所	1	1	0	0	0	0	0	5	30	6
江西师范大学	75	74	1	33	20	0	32	1 011.8	447.28	0
产业转型升级发展研究中心	6	6	0	0	0	0	2	45	20	0
传统社会与江西现代化研究中心	11	11	0	5	5	0	5	200	60	0
当代形态文艺学研究中心	7	7	0	5	2	0	4	125	45	0
管理决策评价研究中心	12	12	0	8	4	0	5	50	46	0
红色资源开发与教育研究中心	3	3	0	0	0	0	2	90	30	0
教师教育研究中心	6	6	0	0	0	0	3	115	38	0
廉政文化研究中心	3	3	0	2	1	0	0	45	30	0
区域创新与创业研究中心	6	5	1	0	0	0	3	100	40	0
社会发展与创新研究中心	3	3	0	2	1	0	0	45	28	0
苏区振兴研究院	5	5	0	3	2	0	3	46	23	0
心理健康教育研究中心	3	3	0	2	1	0	1	40	25	0
叙事学研究中心	4	4	0	2	2	0	2	50	35	0
学前教育研究中心	3	3	0	2	1	0	1	15	5.78	0
音乐创作、表演人才培养创新研究中心	3	3	0	2	1	0	1	45.8	21.5	0
上饶师范学院	43	16	16	24	16	0	0	934.14	59.9	0

续表

学校及机构名称	R&D活动人员(人) 合计	其中 博士毕业	硕士毕业	高级职称	中级职称	初级职称	培养研究生人数(人)	R&D经费支出(千元)	仪器设备原价(千元)	其中:进口(千元)
方志敏精神与赣东北经济社会发展研究中心	12	4	5	7	3	0	0	56.6	23.1	0
朱子文化协同创新中心	15	6	5	8	6	0	0	805.24	36.8	0
朱子学研究所	16	6	6	9	7	0	0	72.3	0	0
宜春学院	66	19	30	27	17	2	0	264	49	0
赣西民俗美术创作研究中心	31	0	17	15	14	2	0	100	0	0
赣西民俗文化研究所	2	2	0	0	0	0	0	28	10	0
赣西区域经济社会发展研究中心	15	10	5	12	3	0	0	10	0	0
高等教育研究	2	0	0	0	0	0	0	16	9	0
江西宗教历史文化研究中心	14	5	8	0	0	0	0	80	20	0
农村社会建设与发展研究中心	2	2	0	0	0	0	0	30	10	0
赣南师范大学	131	63	44	16	12	0	0	3 137	1 872	711
赣南民间区域文化艺术研究中心	10	3	5	6	4	0	0	288	200	86
中国共产党革命精神与文化资源研究中心	21	14	6	0	0	0	0	490	335	100
国家体育总局体育文化发展中心体育文化研究基地	19	8	7	0	0	0	0	399	266	126
江西省中国革命历史题材文艺创作研究中心	21	12	6	10	8	0	0	420	150	30
教育经济研究中心	19	9	5	0	0	0	0	411	188	106
客家研究中心	21	9	7	0	0	0	0	660	435	108
中央苏区研究中心	20	8	8	0	0	0	0	469	298	155
井冈山大学	38	26	2	0	0	0	0	77	76	0
井冈山研究中心	18	10	2	0	0	0	0	75	36	0
庐陵文化研究所	20	16	0	0	0	0	0	2	40	0
江西科技学院	90	6	68	22	48	20	0	11 500	60	0
服装创意产业研究所	7	0	6	1	3	3	0	650	0	0
高等教育研究所	5	1	4	1	3	1	0	650	0	0
江西山水文化传播研究所	8	0	6	2	4	2	0	600	0	0
江西省名山文化艺术创作与传播研究院	18	1	12	4	9	5	0	3 000	0	0
江西省区域发展研究院	5	2	3	2	3	0	0	3 000	0	0
跨文化交际研究所	11	0	9	3	6	2	0	600	0	0

续表

学校及机构名称	R&D 活动人员(人)						培养研究生人数(人)	R&D 经费支出(千元)	仪器设备原价(千元)	其中:进口(千元)
	合计	其中								
		博士毕业	硕士毕业	高级职称	中级职称	初级职称				
内部控制评价研究所	8	1	6	2	5	1	0	600	0	0
数字 CG 产业研究所	10	0	8	2	5	3	0	600	60	0
微营销研究所	8	0	7	1	5	2	0	600	0	0
演出创意与经纪研究所	6	0	5	2	3	1	0	600	0	0
自学考试教育与教学研究所	4	1	2	2	2	0	0	600	0	0
萍乡学院	36	0	25	0	0	0	0	305	0	0
安源红色文化研究中心	5	0	3	0	0	0	0	50	0	0
电子商务中心	5	0	4	0	0	0	0	50	0	0
非物质文化遗产研究中心	10	0	8	0	0	0	0	100	0	0
萍乡市廉政文化研究所	5	0	3	0	0	0	0	5	0	0
文廷式研究所	6	0	4	0	0	0	0	50	0	0
心理技术应用研究所	5	0	3	0	0	0	0	50	0	0
江西科技师范大学	31	11	6	12	11	5	0	1 140.4	480.9	0
八一精神研究中心	7	3	3	3	2	2	0	253.8	120.4	0
江西职业教育与产业发展研究中心	8	4	0	3	2	2	0	148.5	120.5	0
数字化社会与地方文化发展中心	10	3	0	3	6	1	0	280.3	120	0
职业教育研究院	6	1	3	3	1	0	0	457.8	120	0
南昌工程学院	23	16	7	18	4	1	6	430	1 122	135
马克思主义社会发展理论研究所	3	2	1	3	0	0	0	100	562	68
企业社会责任研究所	7	3	4	5	2	0	1	30	0	0
山水林田湖研究所	4	4	0	2	2	0	0	100	100	0
水文化研究中心	9	7	2	8	0	1	5	200	460	67
江西警察学院	28	5	23	0	0	0	0	9	0	0
公安民警忠诚教育研究中心	2	0	2	0	0	0	0	1	0	0
公共安全研究中心	5	2	3	0	0	0	0	1	0	0
管理研究中心	2	0	2	0	0	0	0	1	0	0
计算机犯罪侦查研究中心	3	1	2	0	0	0	0	1	0	0
江西经济犯罪侦查研究中心	3	0	3	0	0	0	0	1	0	0
江西警察法治研究中心	5	2	3	0	0	0	0	1	0	0
物证鉴定所	2	0	2	0	0	0	0	1	0	0
应急管理及群体性事件研究中心	2	0	2	0	0	0	0	1	0	0
鄱阳湖生态经济区安全研究中心	4	0	4	0	0	0	0	1	0	0

续表

学校及机构名称	R&D 活动人员(人)						培养研究生人数(人)	R&D 经费支出(千元)	仪器设备原价(千元)	其中:进口(千元)
	合计	其中								
		博士毕业	硕士毕业	高级职称	中级职称	初级职称				
九江学院	10	7	1	3	7	0	0	800	0	0
庐山文化研究中心	10	7	1	3	7	0	0	800	0	0
江西工程学院	6	1	5	3	2	1	0	10	5	0
应用经济研究所	6	1	5	3	2	1	0	10	5	0
南昌理工学院	12	4	4	6	5	1	0	10	5	0
江西省航空航天科普教育基地	12	4	4	6	5	1	0	10	5	0
江西服装学院	15	0	12	13	2	0	0	39.5	215.34	0
中华服饰文化中心	15	0	12	13	2	0	0	39.5	215.34	0
南昌工学院	16	3	10	6	8	0	0	20	110	0
高等教育研究所	7	1	3	2	3	0	0	20	35	0
南昌市文化创意与旅游商品开发研究基地	6	1	5	2	4	0	0	0	50	0
社会工作与社区发展研究所	3	1	2	2	1	0	0	0	25	0
江西中医药高等专科学校	6	4	0	2	2	2	0	0	0	0
盱江医学传承工作室	6	4	0	2	2	2	0	0	0	0
江西制造职业技术学院	13	0	6	5	2	5	0	2	0	0
高教研究室	3	0	1	3	0	0	0	2	0	0
思政部	10	0	5	2	2	5	0	0	0	0
景德镇陶瓷职业技术学院	21	0	8	7	7	3	0	93	237.22	0
湖田陶瓷文化传播考古研究室	4	0	4	1	3	0	0	25	12.42	0
景德镇三宝蓬艺术创新创业示范园	4	0	2	2	2	0	0	30	52.4	0
陶瓷粉古彩技法研究室	8	0	0	2	0	2	0	10	12.1	0
陶瓷器形研究室	5	0	2	2	2	1	0	28	160.3	0
南昌师范学院	46	5	24	23	15	4	0	110.14	0	0
“江西民间舞蹈文化”重点研究基地	30	0	15	12	12	2	0	110.14	0	0
江西旅游产业升级研究中心	16	5	9	11	3	2	0	0	0	0
山东省										
山东大学	282	237	28	214	53	15	0	10 360	5 963	430
当代社会主义研究所	16	8	4	15	1	0	0	270	200	0
经济研究院	16	10	4	14	2	0	0	860	420	0
儒家文明协同创新中心	110	105	5	78	17	15	0	2 000	200	0
儒学高等研究院	39	28	6	35	4	0	0	2 800	1 200	0

续表

学校及机构名称	R&D 活动人员(人) 合计	其中 博士毕业	硕士毕业	高级职称	中级职称	初级职称	培养研究生人数(人)	R&D 经费支出(千元)	仪器设备原价(千元)	其中:进口(千元)
山东区域经济发展协同创新中心	41	40	0	24	17	0	0	2 800	820	0
卫生管理与政策研究中心	11	7	3	6	5	0	0	260	180	0
文化遗产研究院	16	15	1	11	5	0	0	500	2 253	430
文艺美学研究中心	11	7	2	10	1	0	0	380	290	0
易学与中国古代哲学研究中心	11	10	0	11	0	0	0	200	200	0
犹太教与跨宗教研究中心	11	7	3	10	1	0	0	290	200	0
中国海洋大学	22	13	7	11	7	3	3	820	49	0
海洋发展研究院	13	7	4	6	5	1	0	700	35	0
混合所有制与资本管理研究院	9	6	3	5	2	2	3	120	14	0
山东科技大学	32	28	4	20	12	0	22	350	1 598.4	0
山东矿区循环经济与节能减排强化建设研究基地	32	28	4	20	12	0	22	350	1 598.4	0
中国石油大学(华东)	68	36	30	35	25	1	62	534	3 017	0
国际教育研究基地	11	5	5	4	6	1	3	41	426	0
马克思主义中国化研究中心	14	9	4	9	5	0	15	72	862	0
人才发展研究中心	13	7	6	8	5	0	10	75	623	0
山东省能源经济管理研究中心	20	12	8	8	5	0	23	306	610	0
体育文化研究基地	10	3	7	6	4	0	11	40	496	0
济南大学	240	184	46	125	98	17	131	2 160	158.4	0
冰岛研究中心	39	36	3	16	18	5	10	5	2.7	0
出土文献与文学研究协同创新中心	3	3	0	2	1	0	5	50	0	0
东方智慧与管理创新研究基地	5	3	2	2	2	1	6	5	0	0
非洲法语区研究中心	20	15	5	14	6	0	10	10	3	0
高等教育研究院	10	8	2	6	4	0	6	200	100	0
高等教育政策研究基地	8	7	1	4	4	0	2	50	0	0
公司金融研究中心	6	4	2	3	3	0	10	100	5	0
会计改革与发展研究基地	5	3	2	3	2	0	5	15	0	0
会展与文化旅游研究所	12	9	1	6	6	0	4	20	0	0
金融研究院	5	5	0	3	2	0	0	600	0	0
近代文学与文化研究基地	4	3	1	2	2	0	4	5	0	0
经济全球化与人民币国际化研究基地	3	2	1	1	1	1	2	4	0	0

续表

学校及机构名称	R&D活动人员(人)						培养研究生人数(人)	R&D经费支出(千元)	仪器设备原价(千元)	
	合计	其中:博士毕业	硕士毕业	高级职称	中级职称	初级职称				其中:进口(千元)
绿色城镇发展研究基地	2	2	0	1	1	0	4	200	0	0
民主法治建设与国家治理现代化研究中心	2	1	1	1	1	0	2	5	0	0
女性文学与性别文化研究中心	21	21	0	14	6	1	10	100	5	0
软实力研究中心	4	4	0	2	2	0	4	100	0	0
山东地方戏曲研究中心	3	2	1	1	1	1	5	20	0	0
山东省城市发展研究基地	3	3	0	3	0	0	0	50	1	0
山东省地方立法研究服务基地	5	5	0	3	2	0	0	100	0	0
山东省民俗与非物质文化遗产研究基地	3	3	0	3	0	0	0	50	30	0
山东省饮食文化产业开发研究基地	3	3	0	3	0	0	0	50	0	0
山东音乐文化研究基地	4	2	2	3	1	0	4	10	0	0
投融资研究中心	3	2	1	2	1	0	6	50	3	0
武术文化与区域文化发展研究中心	3	1	2	1	2	0	4	5	0	0
物流研究中心	2	1	1	1	1	0	3	5	0	0
习近平系列讲话学习研究中心	2	1	1	1	1	0	3	6	0	0
小微企业创业创新研究中心	3	1	2	1	1	1	4	5	0	0
新媒体研究中心	13	6	7	3	6	4	3	10	2	0
新时代中国特色社会主义研究中心	28	16	4	12	14	2	3	10	2	0
音乐发展研究中心	3	2	1	1	2	0	2	5	3.7	0
影视产业研究中心	5	4	1	2	2	1	2	5	1	0
中国特色社会主义理论体系与当代政治发展研究基地	5	3	2	3	2	0	2	10	0	0
资本市场创新发展协同创新中心	3	3	0	2	1	0	6	300	0	0
山东建筑大学	69	24	35	46	23	0	20	270	0	0
城乡建设可持续发展研究院(新型智库)	20	15	5	15	5	0	0	50	0	0
齐鲁建筑文化艺术与环境设计研究基地	20	5	13	10	10	0	20	20	0	0
齐鲁建筑文化与景观艺术研究基地	29	4	17	21	8	0	0	200	0	0
齐鲁工业大学	41	16	25	34	7	0	34	339.07	3 252.49	0
道学与传统文化研究所	2	2	0	1	1	0	1	82.4	252.5	0

续表

学校及机构名称	R&D活动人员(人)						培养研究生人数(人)	R&D经费支出(千元)	仪器设备原价(千元)	其中:进口(千元)
	合计	其中								
		博士毕业	硕士毕业	高级职称	中级职称	初级职称				
工业技术经济与区域绿色发展研究基地	13	6	7	13	0	0	10	103.4	804	0
马克思主义中国化研究基地	6	2	4	5	1	0	3	32.5	81.79	0
民族传统体育研究所	4	1	3	3	1	0	0	34.37	14.2	0
齐鲁文化产品创新研究中心	16	5	11	12	4	0	20	86.4	2 100	0
山东理工大学	61	37	13	44	14	0	36	4 190	500	0
齐文化传承与示范区建设协同创新中心	41	20	10	37	4	0	22	4 000	400	0
淄博发展研究院(稷下智库)	20	17	3	7	10	0	14	190	100	0
山东农业大学	75	29	19	47	28	0	0	505	288	0
农村金融研究所	7	2	3	6	1	0	0	68	37	0
农村社会发展研究所	7	2	4	4	3	0	0	80	52	0
山东省“三农”省情调研中心	21	9	0	11	10	0	0	80	32	0
山东省高校农村经济管理研究基地	8	5	3	6	2	0	0	45	32	0
山东省高校农业资源与生态安全研究中心	11	5	0	6	5	0	0	30	20	0
山东省农业农村农民问题软科学研究基地	14	4	6	9	5	0	0	170	90	0
语言研究室	7	2	3	5	2	0	0	32	25	0
青岛农业大学	25	16	9	19	6	0	20	190	12	0
财务与会计研究所	5	4	1	3	2	0	3	40	0	0
都市农业研究所	5	4	1	5	0	0	6	50	10	0
农村经济研究所	4	3	1	4	0	0	6	60	2	0
农村文化研究所	3	2	1	3	0	0	1	10	0	0
农业国际化研究室	2	1	1	1	1	0	2	20	0	0
知识产权研究所	6	2	4	3	3	0	2	10	0	0
潍坊医学院	174	51	106	82	81	11	154	355.5	7 654	324
山东省基层卫生发展研究中心	105	31	62	43	56	6	110	84	7 654	324
社会医学与卫生事业管理研究室	35	11	22	25	8	2	34	100	0	0
卫生经济研究室	4	1	3	3	1	0	8	94	0	0
卫生政策研究室	19	6	13	7	9	3	0	57.5	0	0
医学伦理学研究室	11	2	6	4	7	0	2	20	0	0
滨州医学院	52	21	29	33	17	2	8	260	150	0

续表

学校及机构名称	R&D 活动人员(人)						培养研究生人数(人)	R&D 经费支出(千元)	仪器设备原价(千元)	
	合计	其中								其中:进口(千元)
		博士毕业	硕士毕业	高级职称	中级职称	初级职称				
医学人文研究中心	52	21	29	33	17	2	8	260	150	0
山东师范大学	204	103	76	106	98	0	250	1 478.25	1 005.3	27.1
古籍所	9	3	6	7	2	0	10	75.45	63.2	0
国际问题研究所	10	7	2	7	3	0	0	80	20	0
环境资源法研究所	10	2	7	5	5	0	0	85	50	0
基础教育课程研究中心	8	7	0	4	4	0	50	170	32	0
教育科学研究所	18	5	11	10	8	0	15	258	100	0
马克思主义理论研究中心	54	30	24	21	33	0	70	150	80	0
山东地方史研究所	7	6	1	5	2	0	26	20	5	0
山东省可持续发展研究中心	18	4	5	10	8	0	27	40	300	0
山东省齐鲁文化研究院	17	10	1	8	9	0	22	400	100	0
山东省文化建设研究基地	28	14	11	14	14	0	0	85	96.8	12.4
语言文学研究所	25	15	8	15	10	0	30	114.8	158.3	14.7
曲阜师范大学	186	136	47	137	47	2	98	1 045	860	0
港澳教育研究中心	6	6	0	4	2	0	4	20	10	0
国学院	12	12	0	10	2	0	8	90	20	0
基础教育课程研究中心	10	8	2	8	2	0	20	90	40	0
教育科学研究院	6	5	1	5	1	0	16	40	30	0
孔子文化研究院	12	10	2	8	4	0	10	90	20	0
孔子与山东文化强省战略协同创新中心	6	6	0	6	0	0	0	40	10	0
山东省马克思主义中国化研究基地	9	6	3	6	3	0	0	60	10	0
山东省儒学研究基地	11	8	3	6	4	1	0	70	20	0
山东新农村建设研究中心	3	3	0	3	0	0	0	100	500	0
体育人文社会科学研究所	31	16	15	20	11	0	0	10	9	0
体育社会科学研究基地	12	7	5	8	4	0	12	50	20	0
外国语言文化与翻译研究中心	35	25	10	28	7	0	20	80	40	0
语言文学研究所	5	3	2	5	0	0	0	90	20	0
中国教育大数据研究院	8	5	0	5	2	1	0	200	100	0
中华礼乐文明研究所	4	4	0	3	1	0	8	5	6	0
中西语言文化交流研究基地	16	12	4	12	4	0	0	10	5	0
聊城大学	66	44	16	36	30	0	10	4 000	200	0

续表

学校及机构名称	R&D 活动人员(人)						培养研究生人数(人)	R&D 经费支出(千元)	仪器设备原价(千元)	
	合计	其中								其中:进口(千元)
		博士毕业	硕士毕业	高级职称	中级职称	初级职称				
当代中国哲学研究基地	11	8	3	6	5	0	0	300	50	0
世界社会主义共产主义运动研究基地	21	7	8	15	6	0	5	300	50	0
太平洋岛国研究中心	16	13	3	8	8	0	3	2 500	50	0
运河文化研究基地	18	16	2	7	11	0	2	900	50	0
滨州学院	51	14	34	19	31	0	0	260	116.2	0
安全文化研究中心	12	2	8	4	8	0	0	32	17.2	0
黄河三角洲经济研究中心	14	2	12	5	9	0	0	36	11	0
黄河三角洲文化研究所	12	5	6	4	7	0	0	160	65	0
孙子研究院	13	5	8	6	7	0	0	32	23	0
鲁东大学	303	204	84	192	111	0	148	3 896	2 314.6	0
传统文化与现代思想研究院	12	9	3	5	7	0	10	867	237.6	0
东北亚研究院	17	15	2	14	3	0	13	158	73	0
汉语辞书研究中心	18	12	6	8	10	0	17	635	544	0
环渤海发展研究院	16	6	8	5	11	0	0	642	343	0
胶东文化研究院	33	12	11	13	20	0	20	312	95	0
教育科学研究所	11	6	3	5	6	0	10	212	65	0
问题青少年教育矫正研究基地	75	37	37	37	38	0	42	473	560	0
中华传统文化现代转换与海外传播协同创新中心	81	75	6	76	5	0	15	382	219	0
中华文化海外传播与反观研究基地	40	32	8	29	11	0	21	215	178	0
临沂大学	202	97	68	131	36	2	21	1 066.2	677.2	0
俄罗斯音乐研究所	26	20	6	19	7	0	0	40	20	0
国际商贸发展研究中心	13	9	4	10	3	0	0	6.2	5.2	0
教师教育研究中心	19	5	14	16	3	0	5	120	100	0
钱学森思维科学与学前教育课程研发中心	10	2	8	3	5	2	0	30	22	0
山东农村体育研究中心	6	4	2	6	0	0	0	40	80	0
山东省沂蒙精神研究基地	19	11	6	14	5	0	8	310	20	0
山东诗歌创作与研究中心	21	10	11	15	6	0	0	50	30	0
沂蒙精神与马克思主义群众观研究中心	44	4	5	11	0	0	8	40	30	0
沂蒙文化研究基地	18	12	6	18	0	0	0	30	20	0

续表

学校及机构名称	R&D 活动人员（人）						培养研究生人数（人）	R&D 经费支出（千元）	仪器设备原价（千元）	
	合计	其中								其中:进口（千元）
		博士毕业	硕士毕业	高级职称	中级职称	初级职称				
中国文艺评论基地	26	20	6	19	7	0	0	400	350	0
泰山学院	98	31	34	75	19	2	0	272.7	369.8	0
教育科学研究所	10	1	5	7	0	1	0	21.2	40.7	0
旅游研究所	12	5	5	12	0	0	0	41	79	0
泰山书画艺术研究所	14	0	3	8	6	0	0	11	36.2	0
泰山文化研究中心	20	14	2	18	2	0	0	120.3	78	0
泰山研究院	9	3	3	8	1	0	0	23	46.7	0
泰山中小企业研究所	16	4	11	7	8	1	0	30	30	0
中国现当代文学研究所	9	2	3	8	1	0	0	10.2	28.2	0
中小城市社区研究所	8	2	2	7	1	0	0	16	31	0
山东财经大学	28	22	4	16	11	1	74	234.2	39.5	0
金融产业优化与区域发展管理协同创新中心	4	4	0	4	0	0	9	21.5	2.7	0
经济研究中心	6	4	1	4	2	0	10	25.5	4.5	0
农业与农村经济研究中心	5	4	1	1	4	0	6	33.9	5.8	0
区域经济研究院	9	7	2	6	3	0	32	93.8	12.7	0
山东金融发展研究院	4	3	0	1	2	1	17	59.5	13.8	0
山东体育学院	45	13	15	18	25	2	11	1 261	581	0
“一带一路”国家体育文化研究中心	26	3	6	7	18	1	0	250	0	0
全国保龄球运动发展研究中心	5	3	2	4	1	0	4	206	198	0
全国幼儿体育发展研究中心	6	3	3	3	2	1	5	307	283	0
山东省体育发展政策研究中心	3	2	1	2	1	0	2	158	0	0
山东省校园足球发展研究中心	5	2	3	2	3	0	0	340	100	0
青岛滨海学院	27	3	21	9	15	3	0	39.7	0	0
国际语言文化实践教学中心	10	1	8	6	4	0	0	3	0	0
韩国学研究中心	2	0	1	1	1	0	0	1.2	0	0
经济管理实验中心	3	1	2	1	1	1	0	2	0	0
九州旅游饭店管理研究中心	5	0	4	0	5	0	0	30	0	0
中小企业电子商务研究中心	3	0	3	0	2	1	0	1.5	0	0
综合研究所	4	1	3	1	2	1	0	2	0	0
青岛大学	33	20	0	18	12	3	10	350	190	0
东亚文学与文化研究中心	10	5	0	6	4	0	3	100	50	0

续表

学校及机构名称	R&D 活动人员(人)						培养研究生人数(人)	R&D 经费支出(千元)	仪器设备原价(千元)	
	合计	其中								其中:进口(千元)
		博士毕业	硕士毕业	高级职称	中级职称	初级职称				
山东教育科技经济协同发展研究中心	15	10	0	7	5	3	7	200	100	0
世界经济研究基地	8	5	0	5	3	0	0	50	40	0
烟台大学	83	40	40	28	30	3	93	1 195	480	0
翻译研究中心	19	5	14	4	6	3	35	95	45	0
韩国学研究中心	11	2	6	2	4	0	32	125	65	0
理论与应用经济研究所	7	7	0	3	4	0	0	130	50	0
民族问题研究基地	12	7	5	5	4	0	6	145	95	0
山东半岛蓝色经济研究院	15	9	6	6	4	0	0	120	100	0
山东省知识产权研究院	5	4	1	3	2	0	3	230	50	0
外国语言文化研究所	14	6	8	5	6	0	17	350	75	0
潍坊学院	50	15	14	21	18	4	0	104.5	435	0
山东省海盐文化研究基地	6	4	2	4	2	0	0	14.5	300	0
山东省教师教育培训基地	11	5	5	3	2	2	0	20	40	0
山东省民俗文化产业开发研究基地	7	5	2	3	2	2	0	20	45	0
山东省音乐创作与理论研究基地	20	1	5	7	10	0	0	30	50	0
山东省知识产权培训基地	6	0	0	4	2	0	0	20	0	0
山东交通学院	18	6	4	12	1	0	0	5	0	0
交通教育研究基地	18	6	4	12	1	0	0	5	0	0
山东工商学院	16	10	6	13	3	0	15	2 100	20	0
半岛经济研究基地	5	4	1	4	1	0	0	1 000	0	0
煤炭产业发展与创新研究基地	5	3	2	3	2	0	0	1 000	0	0
山东能源经济协同创新中心	6	3	3	6	0	0	15	100	20	0
日照职业技术学院	98	4	62	24	40	34	0	2 120	6 470	50
日照市茶文化和茶产业发展研究基地	5	1	4	2	3	0	0	5	0	0
日照市航空产业研究基地	14	1	6	6	5	3	0	100	4 870	50
日照市汽车产业发展研究基地	6	0	5	1	3	2	0	5	0	0
日照市文化产业发展研究基地	5	0	3	2	2	1	0	5	0	0
日照市文化创意中心	62	1	41	11	24	27	0	2 000	1 600	0
日照市文化事业发展研究基地	6	1	3	2	3	1	0	5	0	0
济宁职业技术学院	28	1	15	19	9	0	0	69	0	0

续表

学校及机构名称	R&D 活动人员(人)						培养研究生人数(人)	R&D 经费支出(千元)	仪器设备原价(千元)	
	合计	其中								其中:进口(千元)
		博士毕业	硕士毕业	高级职称	中级职称	初级职称				
服装版型研发中心	5	0	0	3	2	0	0	6	0	0
高职研究所	10	1	6	8	2	0	0	40	0	0
学前教育研究所	6	0	4	4	2	0	0	17	0	0
运河经济开发研究所	7	0	5	4	3	0	0	6	0	0
山东服装职业学院	7	0	6	1	4	2	0	5	15	0
泰安服饰文化研究中心	7	0	6	1	4	2	0	5	15	0
潍坊科技学院	16	5	11	4	10	2	0	15.7	31.6	0
农圣文化研究中心	16	5	11	4	10	2	0	15.7	31.6	0
淄博职业学院	12	2	2	6	4	0	0	400	0	0
齐文化普及与开发研究协同创新中心	6	1	1	3	2	0	0	200	0	0
稷下研究院	6	1	1	3	2	0	0	200	0	0
山东外贸职业学院	119	28	87	53	53	13	0	1 350	690	0
滨海旅游研究中心	11	2	9	2	7	2	0	100	50	0
财会金融研究中心	6	2	4	5	1	0	0	100	50	0
服务贸易研究中心	18	5	13	10	6	2	0	100	50	0
国际经济贸易研究所	6	3	2	3	2	1	0	50	30	0
国际文化与交流中心	8	1	7	4	4	0	0	100	50	0
国际物流研究中心	22	1	21	11	10	1	0	100	50	0
宏观经济研究中心	7	3	4	0	6	1	0	100	50	0
全球化品牌研究中心	3	0	0	3	0	0	0	100	50	0
山东省跨境电商工程技术研发中心	30	6	24	10	14	6	0	500	260	0
自贸区研究中心	8	5	3	5	3	0	0	100	50	0
山东协和学院	66	12	32	40	19	6	1	148.43	71.76	0
民办高等教育研究中心	25	9	7	25	0	0	1	47	60.44	0
外国文学与文化研究所	24	2	14	10	7	6	0	78.98	9.82	0
学前教育与社会发展研究中心	17	1	11	5	12	0	0	22.45	1.5	0
山东师范大学历山学院	69	0	49	0	23	46	0	8.2	0	0
大学生心理学研究所	5	0	5	0	2	3	0	2	0	0
东方文化研究中心	8	0	7	0	3	5	0	2	0	0
古城旅游研究所	8	0	8	0	2	6	0	2	0	0
国学研究院	4	0	4	0	0	4	0	0.8	0	0

续表

学校及机构名称	R&D 活动人员(人)						培养研究生人数(人)	R&D 经费支出(千元)	仪器设备原价(千元)	
	合计	其中								其中:进口(千元)
		博士毕业	硕士毕业	高级职称	中级职称	初级职称				
企业财务与会计应用研究所	6	0	0	0	2	4	0	0.2	0	0
青州市当代文化艺术交流中心	8	0	6	0	2	6	0	0.2	0	0
日韩文化研究中心	7	0	7	0	1	6	0	0.2	0	0
实体经济研究所	12	0	12	0	6	6	0	0.6	0	0
应用型英语教学研究中心	11	0	0	0	5	6	0	0.2	0	0
淄博师范高等专科学校	11	2	4	8	2	1	0	76.3	0	0
教育科学研究中心	6	0	3	4	1	1	0	34.2	0	0
社会科学研究中心	5	2	1	4	1	0	0	42.1	0	0
齐鲁理工学院	30	9	16	13	11	6	0	400	120	0
开放经济与区域发展研究所	7	4	3	4	3	0	0	100	30	0
艺术设计创意中心	15	3	10	7	4	4	0	100	30	0
语言教学研究所	4	1	2	1	2	1	0	100	30	0
中国传统文化研究所	4	1	1	1	2	1	0	100	30	0
山东政法学院	142	83	49	109	33	0	51	220	0	0
案例研究院	15	9	6	15	0	0	0	50	0	0
立法研究院	25	16	9	25	0	0	10	50	0	0
民商事法律与民生研究中心	19	8	11	15	4	0	15	30	0	0
山东省高校证据鉴识重点实验室	28	13	5	22	6	0	16	30	0	0
社会稳定与危机管理研究中心	40	31	9	25	15	0	10	30	0	0
司法会计学研究所	15	6	9	7	8	0	0	30	0	0
山东青年政治学院	6	3	3	4	1	1	0	30	70	0
山东省青少年研究所	6	3	3	4	1	1	0	30	70	0
山东管理学院	39	3	35	10	16	13	0	100	0	0
新兴业态发展研究所	39	3	35	10	16	13	0	100	0	0
河南省										
郑州大学	243	209	23	199	41	3	160	3 029.9	652.5	0
公共管理研究中心	30	17	3	22	7	1	13	314.2	80	0
公民教育研究中心	36	30	6	26	9	1	15	627.8	26.5	0
近现代河南与中国研究中心	15	14	1	13	2	0	9	110	80	0
历史文化遗产保护研究中心	30	27	2	27	2	1	20	383.4	250	0
马克思主义哲学研究中心	20	17	3	17	3	0	18	200.8	23	0
私法研究中心	15	14	1	12	3	0	15	218	42	0

续表

学校及机构名称	R&D 活动人员(人)						培养研究生人数(人)	R&D 经费支出(千元)	仪器设备原价(千元)	其中:进口(千元)
	合计	其中								
		博士毕业	硕士毕业	高级职称	中级职称	初级职称				
现代产业与企业发展战略研究中心	29	27	2	26	3	0	20	471.2	50	0
宪法与行政法研究中心	23	23	0	21	2	0	17	234.7	43.2	0
英美文学研究中心	20	17	3	15	5	0	13	100.4	14.6	0
中原文化资源与发展研究中心	25	23	2	20	5	0	20	369.4	43.2	0
河南理工大学	56	30	25	29	27	0	36	934	101	0
安全与应急管理研究中心	21	12	9	10	11	0	10	330	70	0
能源经济研究中心	15	10	4	9	6	0	20	369	31	0
太极文化研究中心	20	8	12	10	10	0	6	235	0	0
郑州轻工业学院	24	11	12	14	10	0	3	50	12	0
社会发展研究中心	24	11	12	14	10	0	3	50	12	0
河南工业大学	23	16	5	20	3	0	0	120	18	0
粮食经济研究中心	10	8	2	9	1	0	0	70	12	0
物流研究中心	13	8	3	11	2	0	0	50	6	0
河南科技大学	7	5	2	7	0	0	0	150	180	0
高等教育与区域经济发展研究中心	7	5	2	7	0	0	0	150	180	0
中原工学院	49	29	19	40	9	0	0	410	66	0
系统与工业工程技术研究中心	30	19	11	26	4	0	0	155	31	0
知识产权研究中心	19	10	8	14	5	0	0	255	35	0
河南农业大学	23	14	7	19	2	2	18	150	250	0
农业政策与农村发展研究中心	23	14	7	19	2	2	18	150	250	0
河南科技学院	13	7	6	9	3	1	1	90	7.8	0
职业技术教育与经济社会发展研究中心	13	7	6	9	3	1	1	90	7.8	0
河南大学	214	191	23	189	25	0	219	26 179	8 395	647
黄河文明传承与现代转型协同创新中心	14	14	0	14	0	0	20	6 700	2 300	0
黄河文明与可持续发展研究中心	30	28	2	28	2	0	40	2 910	925	160
教育改革与发展研究中心	18	14	4	13	5	0	27	500	165	150
区域发展与规划研究中心	26	24	2	24	2	0	23	82	195	0
文艺学研究中心	15	14	1	12	3	0	0	582	232	0
新型城镇化与中原经济区建设协同创新中心	18	16	2	16	2	0	26	8 998	3 325	0

续表

学校及机构名称	R&D 活动人员(人)						培养研究生人数(人)	R&D 经费支出(千元)	仪器设备原价(千元)	
	合计	其中								其中:进口(千元)
		博士毕业	硕士毕业	高级职称	中级职称	初级职称				
英语语言文学研究中心	22	17	5	17	5	0	0	782	347	155
中国古代史研究中心	19	16	3	17	2	0	20	680	0	0
中国现当代文学研究中心	22	21	1	20	2	0	34	1 145	121	0
中原发展研究院	30	27	3	28	2	0	29	3 800	785	182
河南师范大学	50	33	17	29	14	7	0	2 300	1 680	0
公共政策与社会研究中心	12	8	4	7	3	2	0	550	400	0
科技与社会研究所	16	11	5	10	3	3	0	850	600	0
青少年问题研究中心	22	14	8	12	8	2	0	900	680	0
信阳师范学院	42	15	18	35	6	1	10	632.3	1 670	0
当代马克思主义研究所	14	5	9	14	0	0	4	210.8	488	0
淮河文明研究中心	15	3	6	13	2	0	4	220	450	0
课程与教学改革研究所	13	7	3	8	4	1	2	201.5	732	0
周口师范学院	8	4	2	2	4	2	0	35	1 280	0
豫东南文化传承与发展中心	8	4	2	2	4	2	0	35	1 280	0
安阳师范学院	101	64	26	80	8	0	43	1 496	108	0
汉语海外传播协同创新中心	70	47	16	57	0	0	20	1 338	86	0
汉字文化研究中心	16	10	6	12	4	0	23	120	0	0
甲骨学与殷商文化研究中心	15	7	4	11	4	0	0	38	22	0
南阳师范学院	8	5	3	6	2	0	0	60	0	0
汉文化研究中心	8	5	3	6	2	0	0	60	0	0
洛阳师范学院	109	48	39	59	0	19	0	520	1 150	0
河洛文化国际研究中心	31	8	19	12	0	9	0	150	90	0
河南文化传播与社会发展研究中心	38	12	20	19	0	1	0	170	60	0
中原经济区智慧旅游协同创新中心	40	28	0	28	0	9	0	200	1 000	0
河南财经政法大学	48	31	17	36	12	0	59	900	124	0
产业与金融发展研究中心	8	6	2	7	1	0	12	150	26	0
城乡协同发展河南省协同创新中心	7	5	2	5	2	0	10	150	26	0
河南经济伦理研究中心	10	6	4	7	3	0	10	150	12	0
河南经济研究中心	9	5	4	6	3	0	15	150	23	0
诉讼法研究中心	8	5	3	6	2	0	6	150	12	0
现代服务业河南省协同创新中心	6	4	2	5	1	0	6	150	25	0
郑州航空工业管理学院	50	29	10	30	10	1	0	2 410	482	0

续表

学校及机构名称	R&D 活动人员(人)						培养研究生人数(人)	R&D 经费支出(千元)	仪器设备原价(千元)	其中:进口(千元)
	合计	其中								
		博士毕业	硕士毕业	高级职称	中级职称	初级职称				
航空经济发展河南省协同创新中心	50	29	10	30	10	1	0	2 410	482	0
平顶山学院	36	14	22	30	0	2	0	130	150	0
伏牛山文化圈研究中心	36	14	22	30	0	2	0	130	150	0
洛阳理工学院	14	5	8	5	1	0	0	13	22	0
河南古都文化研究中心	14	5	8	5	1	0	0	13	22	0
湖北省										
武汉大学	895	731	91	628	106	26	2 148	72 137.7	31 664.93	3 660
比较哲学与文化战略研究中心	7	7	0	7	0	0	6	200	23	0
财政金融研究中心	2	1	1	1	1	0	8	400	40	0
党外知识分子与统战工作研究基地	31	27	4	22	9	0	69	500	40	0
发展研究院	8	5	0	4	3	1	13	1 750	510	0
法国研究中心	22	12	3	12	7	0	12	230	60	0
国际法研究所	36	26	5	25	2	1	292	4 838.4	402	0
国家文化财政政策研究基地	7	6	0	4	2	1	0	1 100	280	120
国家文化创新研究中心	26	11	14	5	4	0	41	1 034	424.17	50
湖北省经济舆情研究基地	15	2	6	10	2	3	10	150	62	0
湖北问题研究中心	8	5	0	4	2	1	13	1 750	510	0
湖北现代人文资源调查与研究中心	33	33	0	24	5	4	152	130	60	0
湖北语言与智能信息处理研究基地	39	35	4	26	9	0	155	100	4.95	0
环境法研究所	12	7	3	10	2	0	21	3 000	190	0
简帛研究中心	8	7	1	7	0	1	24	510	680	0
经济发展研究中心	43	42	1	43	0	0	150	700	1 200	0
科技考古研究中心	36	32	4	9	0	0	160	2 100	16 000	3 000
科学评价研究中心	8	7	1	8	0	0	43	370	200	70
两岸及港澳法制研究中心	15	15	0	12	3	0	35	320	260	20
两型社会研究院	15	15	0	15	0	0	20	1 100	150	0
马克思主义与中国实践湖北省协同创新中心	52	52	0	52	0	0	83	500	240	0
媒体发展研究中心	58	58	0	58	0	0	88	1 499.4	1 068	400
全球健康研究中心	49	47	1	48	1	0	85	200	80	0
人口·资源·环境经济研究中心	14	3	11	11	0	1	70	275.6	54.91	0
人权研究院	8	8	0	8	0	0	14	145	236	0

续表

学校及机构名称	R&D 活动人员(人)						培养研究生人数(人)	R&D 经费支出(千元)	仪器设备原价(千元)	
	合计	其中								其中:进口(千元)
		博士毕业	硕士毕业	高级职称	中级职称	初级职称				
社会保障研究中心	74	74	0	69	3	0	44	1 000	1 500	0
台湾问题研究所	6	3	2	3	3	0	0	600	200	0
信息资源研究中心	23	22	1	22	1	0	47	1 485	538	0
质量发展战略研究院	42	15	12	1	3	2	41	9 010	1 700	0
中国边界与海洋问题研究院	29	27	1	9	20	0	187	32 023	3 567.2	0
中国产学研合作问题研究中心	19	18	1	6	5	8	9	87.3	34.7	0
中国传统文化研究中心	27	26	0	22	2	2	23	1 600	150	0
中国金融工程与风险管理研究中心	33	8	0	5	3	0	25	1 000	500	0
中国语情与社会发展研究中心	13	13	0	7	6	0	63	1 430	180	0
中国中部发展研究院	12	10	2	8	4	0	74	400	340	0
主流意识形态建设与教育研究基地	40	40	0	40	0	0	43	500	100	0
组织营销研究中心	25	12	13	11	4	1	28	100	80	0
华中科技大学	295	193	93	188	66	12	316	5 587.24	4 130.9	125
创新发展研究中心	20	14	4	10	6	0	30	280	520	0
非传统安全研究中心	15	14	1	14	1	0	13	1 200	130	125
国家传播战略协同创新中心	25	15	10	20	4	0	29	260	90	0
湖北省国家治理协同创新中心	15	15	0	13	2	0	10	2 100	500	0
近代法研究所	5	4	1	5	0	0	13	50.24	10.9	0
媒介技术与传播发展研究中心	27	15	12	15	8	0	32	270	120	0
农村健康服务研究中心	17	7	10	14	3	0	21	200	120	0
品牌传播研究所	22	15	6	14	8	0	27	80	300	0
区域高等教育发展研究中心	6	5	1	3	1	1	18	150	50	0
网络传播与新媒体发展研究中心	23	15	8	15	8	0	29	90	130	0
现代经济研究中心	8	2	6	4	1	2	11	130	560	0
现代信息管理研究中心	26	8	17	8	6	4	12	150	320	0
养老服务研究中心	7	7	0	5	2	0	5	43	200	0
院校发展研究中心	18	17	1	14	4	0	20	240	760	0
张培刚发展研究院	10	7	1	7	1	0	10	54	50	0
知识产权与知识创新研究中心	14	10	4	4	3	3	8	50	20	0
中国当代写作研究中心	15	8	7	10	4	0	16	150	20	0
中国南方减贫与发展研究院	13	6	4	6	2	2	6	50	200	0
中国乡村治理中心	9	9	0	7	2	0	6	40	30	0

续表

学校及机构名称	R&D 活动人员(人)						培养研究生人数(人)	R&D 经费支出（千元）	仪器设备原价（千元）	其中:进口（千元）
	合计	其中								
		博士毕业	硕士毕业	高级职称	中级职称	初级职称				
武汉科技大学	216	136	56	152	35	0	165	950	595	0
服务科学与工程研究中心	44	35	9	36	8	0	20	200	100	0
湖北产业政策与管理研究中心	24	21	3	20	4	0	20	200	150	0
湖北非营利组织研究中心	28	26	2	21	7	0	40	200	100	0
湖北省中小企业研究中心	45	33	12	39	6	0	35	100	120	0
新农村建设研究中心	18	4	14	13	5	0	25	75	75	0
意识形态安全研究中心	57	17	16	23	5	0	25	175	50	0
长江大学	52	21	13	38	12	2	10	410	220	0
长江经济带发展研究院	18	15	3	15	3	0	3	100	100	0
湖北省非物质文化遗产研究中心	8	3	5	5	3	0	0	20	10	0
湖北省荆楚文化研究中心	8	3	5	3	3	2	3	150	50	0
湖北省农村发展研究中心	18	0	0	15	3	0	4	140	60	0
武汉工程大学	77	35	42	31	44	2	0	1 582	740	0
企业与环境协调发展研究中心	20	15	5	6	14	0	0	510	220	0
人才发展研究中心	27	12	15	15	12	0	0	610	320	0
生态环境设计研究中心	30	8	22	10	18	2	0	462	200	0
中国地质大学(武汉)	153	58	70	58	38	12	40	4 253.5	799.5	0
大学生发展与创新教育研究中心	76	27	45	15	20	5	13	3 405.5	350	0
湖北省区域创新能力监测与分析软科学研究基地	10	4	6	2	3	4	11	300	180	0
湖北省生态文明研究中心	12	7	5	8	3	1	8	230	20	0
湖北省珠宝首饰传承与创新发展研究中心	20	10	9	8	9	2	8	315	249	0
资源环境经济研究中心	35	10	5	25	3	0	0	3	0.5	0
武汉纺织大学	33	8	11	6	9	8	10	20	10	0
湖北省服饰艺术与文化研究中心	15	2	5	3	5	3	5	10	5	0
企业决策研究中心	18	6	6	3	4	5	5	10	5	0
武汉轻工大学	41	31	10	32	9	0	7	200	8	0
湖北县域经济发展研究中心	41	31	10	32	9	0	7	200	8	0
武汉理工大学	93	57	26	65	7	2	222	8 931	5 129.2	841.7
法国研究中心	23	11	12	15	6	2	20	30	12	0
湖北省产品创新管理研究中心	15	10	5	10	0	0	108	1 300	380	0

续表

学校及机构名称	R&D 活动人员(人) 合计	其中 博士毕业	硕士毕业	高级职称	中级职称	初级职称	培养研究生人数(人)	R&D 经费支出(千元)	仪器设备原价(千元)	其中:进口(千元)
湖北省危机与灾害应急管理研究中心	24	10	5	10	0	0	55	4 123	3 210	841.7
科技创新与经济发展研究中心	24	22	2	23	1	0	25	3 128	1 401.2	0
中国残疾人事业发展研究中心	7	4	2	7	0	0	14	350	126	0
湖北工业大学	205	142	59	152	46	7	325	810.16	2 251	880.3
湖北酿酒工艺和传统美术与手工艺保护研究中心	15	10	5	13	2	0	5	69	31	0
湖北农村社会管理创新研究中心	47	36	11	40	7	0	75	130	180	0
湖北文化创意产业化设计研究中心	71	39	30	55	10	6	205	155	1 520	870.3
湖北循环经济发展研究中心	34	31	3	20	13	1	9	250	390	0
湖北职业教育发展研究院	22	20	2	18	4	0	22	121.16	90	0
中法城市可持续发展研究与促进国际联合研究中心	16	6	8	6	10	0	9	85	40	10
华中农业大学	46	46	0	21	25	0	40	400	250	0
湖北农村发展研究中心	32	32	0	12	20	0	25	250	150	0
农村社会建设与管理研究中心	14	14	0	9	5	0	15	150	100	0
华中师范大学	390	263	60	166	159	65	190	28 994.7	10 084.1	780
长江书法研究院	7	5	2	5	2	0	0	635.6	180.5	0
地方政府治理与地方发展研究中心	9	9	0	4	3	2	6	625.2	208.5	0
菲律宾研究中心	6	6	0	5	1	0	4	198	76	0
工业文化研究中心	13	3	4	4	5	4	10	46.8	21	0
国家体育总局体育文化研究基地	36	7	16	6	16	14	6	765.3	8	0
国家文化产业研究中心	14	13	1	10	4	0	12	2 439.6	820.6	430
国务院侨办侨务理论研究武汉基地	16	4	6	4	7	5	10	641	6	0
汉语国际推广研究中心	7	6	1	2	3	2	6	1 521.4	520	0
湖北高校思想政治教育管理发展研究中心	8	7	1	3	3	2	0	570.4	250.6	0
湖北经济与社会发展研究院	6	5	0	3	3	0	3	890.5	143	0
湖北省党的建设研究中心	8	7	1	3	5	0	5	849.7	360.8	0
湖北省道家道教研究中心	8	7	1	4	3	1	4	845.2	252.5	0
湖北省电子商务研究中心	7	7	0	3	2	2	4	1 608.9	362	0
湖北省房地产发展研究中心	9	7	2	4	3	2	4	695.3	314.9	0
湖北省基础教育研究中心	11	11	0	4	7	0	4	843.5	318.6	0

续表

学校及机构名称	R&D 活动人员（人）						培养研究生人数（人）	R&D 经费支出（千元）	仪器设备原价（千元）	其中：进口（千元）
	合计	其中								
		博士毕业	硕士毕业	高级职称	中级职称	初级职称				
湖北省教育信息化发展研究中心	11	11	0	5	6	0	6	1 456.4	725.6	0
湖北省区域历史文化研究中心	11	1	2	5	4	2	4	435.8	124	0
湖北省社会发展与社会政策研究中心	7	7	0	2	5	0	4	685.9	375.6	0
湖北省社区建设研究中心	12	12	0	6	4	2	5	476.5	128.3	0
湖北省文学理论与批评研究中心	13	13	0	5	5	3	4	594.5	356.4	0
湖北省学校德育研究中心	7	7	0	3	4	0	3	510.8	123.2	0
湖北省中国特色社会主义研究中心	9	1	2	4	3	2	4	286.2	127	0
教育政策研究中心	11	7	4	6	3	2	0	196.4	35	0
青少年心理健康教育中心	7	6	1	3	3	1	3	1 024.4	856.8	350
全国民政政策理论研究基地	9	6	3	3	4	2	0	252.4	34	0
武汉城市圈“两型社会”建设研究院	15	1	2	5	6	4	5	371.9	52	0
信息化与教育均衡协同创新中心	12	11	1	6	6	0	5	1 821.4	673.4	0
印度研究中心	8	8	0	6	2	0	7	362	46	0
语言与语言教育研究中心	14	12	0	7	5	2	14	1 653.2	721.4	0
中国合唱艺术研究中心	9	6	3	4	3	2	0	193.6	25	0
中国近代史研究所	12	10	2	8	4	0	11	932.4	436.5	0
中国旅游研究院武汉分院	12	11	1	4	6	2	5	721.6	352.3	0
中国农村林业改革发展研究基地	19	2	4	6	8	5	9	286.8	59	0
中国农村研究院	12	12	0	6	4	2	11	2 382.6	698.2	0
中国农村综合改革协同创新研究中心	8	8	0	4	4	0	4	923.5	259.4	0
中印尼问题研究中心	7	7	0	4	3	0	8	250	32	0
湖北大学	584	397	123	432	119	12	449	5 890.18	2 777.12	180
当代文艺创作研究中心	21	11	10	16	5	0	25	300	50	0
湖北大学拉美研究院	25	20	5	17	6	2	5	600	200	0
湖北大学旅游发展研究院	16	10	6	13	3	0	23	6.76	120	0
湖北大学文化科技融合创新研究中心	28	10	3	9	6	0	12	200	100	0
湖北大学信息化与基础教育均衡发展协同创新中心	20	11	4	17	3	0	6	20	357.6	0
湖北当代文化研究中心	15	12	2	9	4	0	55	200	180	0
湖北青少年思想道德教育研究中心	39	32	4	28	11	0	34	126	200	0

续表

学校及机构名称	R&D 活动人员(人)						培养研究生人数(人)	R&D 经费支出(千元)	仪器设备原价(千元)	
	合计	其中								其中:进口(千元)
		博士毕业	硕士毕业	高级职称	中级职称	初级职称				
湖北区域发展研究院	5	5	0	0	0	0	0	221.56	80	0
湖北人才发展战略与政策研究中心	21	17	4	10	9	2	20	130	26	0
湖北省道德与文明研究中心	26	24	2	20	6	0	112	114.17	21.88	0
湖北省开放经济研究中心	30	20	1	21	7	1	23	110	40	0
湖北省旅游开发与管理研究中心	16	10	6	13	3	0	30	120	120	0
湖北文化建设研究院	22	18	4	22	0	0	26	130	150	0
湖北县域治理研究院	11	5	4	3	4	4	1	250	20	0
湖北休闲体育发展研究中心	32	11	19	22	8	2	36	170	20	0
湖北中小学素质教育研究中心	33	19	13	27	6	0	10	200	278	0
绩效评价信息管理研究中心	48	31	15	27	21	0	3	50	320	180
江汉关研究中心	10	6	3	7	2	1	28	529.78	80	0
中华文化发展协同湖北省协同创新中心	166	125	18	151	15	0	0	2 411.91	413.64	0
湖北师范大学	64	29	25	46	18	0	0	1 000	350	0
长江中游矿冶文化与经济社会发展研究中心	24	15	8	18	6	0	0	200	80	0
语言学研究中心	15	6	7	10	5	0	0	500	120	0
资源枯竭城市转型与发展研究中心	25	8	10	18	7	0	0	300	150	0
黄冈师范学院	33	8	25	17	15	1	0	171	75	0
大别山红色文化研究中心	6	1	5	3	3	0	0	26	20	0
大别山旅游经济与文化研究中心	9	5	4	5	3	1	0	35	20	0
鄂东教育与文化研究中心	12	2	10	6	6	0	0	60	20	0
黄梅戏艺术研究中心	6	0	6	3	3	0	0	50	15	0
湖北民族学院	18	10	8	8	10	0	0	700	56	0
鄂西生态旅游文化研究中心	9	5	4	4	5	0	0	200	15	0
湖北民族民间文化艺术研究中心	4	2	2	2	2	0	0	200	23	0
南方少数民族研究中心	5	3	2	2	3	0	0	300	18	0
汉江师范学院	50	2	32	19	25	6	0	50	20	0
汉水文化研究基地	50	2	32	19	25	6	0	50	20	0
中南财经政法大学	512	390	115	357	131	24	117	5 630.2	2 019.4	0
WTO 与湖北发展研究中心	38	10	22	23	8	7	12	100	100	0

续表

学校及机构名称	R&D 活动人员(人)						培养研究生人数(人)	R&D 经费支出(千元)	仪器设备原价(千元)	
	合计	其中								其中:进口(千元)
		博士毕业	硕士毕业	高级职称	中级职称	初级职称				
产业升级与区域金融湖北省协同创新中心	60	47	13	42	13	5	18	737.7	98	0
城乡社区社会管理湖北省协同创新中心	35	20	14	18	10	7	9	686.5	105.3	0
创业与就业研究中心	21	15	6	14	6	1	7	100	100	0
法治发展与司法改革研究中心	32	22	10	23	5	4	18	100	100	0
反恐怖主义研究中心	36	32	4	32	4	0	0	1 000	300	0
湖北财政与发展研究中心	9	7	2	7	2	0	5	100	100	0
湖北金融研究中心	30	19	11	18	12	0	10	100	100	0
湖北经济建设研究院	24	19	5	18	6	0	8	100	100	0
湖北全面深化改革研究院	15	13	2	12	3	0	7	140	60	0
湖北社会建设与社会治理研究中心	15	14	1	12	3	0	8	60	28	0
经济犯罪研究中心	31	28	3	23	8	0	0	31	7.6	0
人民代表大会制度研究所	16	13	3	11	5	0	0	25	6.2	0
社会主义核心价值观研究中心	45	39	6	31	14	0	0	1 000	37.5	0
越南刑事法研究中心	15	14	1	11	4	0	0	21	5.8	0
运营管理与系统科学研究所	10	10	0	3	7	0	0	9	2	0
政府和社会资本合作研究中心	10	7	3	5	5	0	0	5	3	0
知识产权研究中心	22	18	4	19	3	0	15	200	200	0
中国特色社会主义政治经济学研究中心	6	6	0	5	1	0	0	15	6	0
注册会计师行业发展研究中心	42	37	5	30	12	0	0	1 100	560	0
武汉体育学院	37	16	21	12	11	1	40	1 000	2 340	1 020
国家体育总局体育工程重点实验室	3	3	0	1	0	0	0	120	500	200
湖北省非物质文化遗产研究中心	6	3	3	2	2	1	20	240	100	0
湖北体育产业研究中心	3	1	2	1	0	0	0	120	60	0
体育社会科学研究中心	3	1	2	1	0	0	0	120	60	0
体育文化研究中心	2	1	1	1	0	0	0	80	30	0
运动训练监控湖北省重点实验室	3	2	1	1	0	0	0	120	1 000	700
运动与健康创新发展研究中心	3	1	2	1	0	0	0	120	200	120
中国体操运动项目协同创新中心	14	4	10	4	9	0	20	80	390	0
湖北美术学院	138	11	27	8	17	12	10	700	405	0

续表

学校及机构名称	R&D 活动人员(人)						培养研究生人数(人)	R&D 经费支出(千元)	仪器设备原价(千元)	
	合计	其中								其中:进口(千元)
		博士毕业	硕士毕业	高级职称	中级职称	初级职称				
非物质文化遗产研究中心	8	2	3	1	2	2	3	100	100	0
湖北美术学院手工艺文化研究中心	14	2	5	3	6	5	2	200	50	0
时尚艺术研究中心	12	3	9	2	4	3	2	200	125	0
现代公共视觉艺术设计研究中心	104	4	10	2	5	2	3	200	130	0
中南民族大学	571	408	97	288	167	38	230	4 200	1 102	0
恩施发展研究院	22	20	2	20	2	0	12	200	60	0
高校风险预警防控研究中心	43	25	12	17	10	0	12	200	60	0
湖北民族地区经济社会发展研究中心	22	15	7	4	11	7	5	200	50	0
湖北民族教育研究中心	15	10	0	11	3	1	6	200	60	0
湖北全面小康研究院	26	21	5	19	6	1	12	200	60	0
湖北省非物质文化遗产研究中心	33	20	10	20	9	4	13	200	80	0
湖北省民族立法研究中心	15	10	5	9	6	0	12	200	60	0
湖北省区域历史文化研究中心	18	15	3	6	6	3	12	200	60	0
湖北省中国特色社会主义理论体系研究中心	22	18	4	16	6	0	9	200	40	0
民族法制研究中心	17	10	6	10	6	1	11	200	60	0
民族教育政策与法规重点研究基地	20	15	5	8	10	2	12	200	60	0
民族团结进步创建活动研究中心	40	30	6	25	12	3	13	200	60	0
民族政策与社会发展研究中心	62	11	7	7	7	0	0	200	60	0
南方少数民族非物质文化遗产研究中心	33	20	10	16	13	3	10	200	60	0
南方少数民族研究中心	48	48	0	33	15	0	20	200	30	0
农业信息技术研究与开发联合实验室	22	22	0	11	9	2	13	200	30	0
少数民族大学生思想教育研究中心	18	12	6	12	2	4	10	200	30	0
少数民族教育发展研究基地	40	38	2	12	18	0	14	200	30	0
中国城市民族与宗教事务治理研究	13	10	3	5	5	3	10	200	60	0
中国少数民族审美文化研究中心	20	18	2	12	6	2	12	200	12	0
中国武陵山减贫与发展研究院	22	20	2	15	5	2	12	200	80	0
湖北工程学院	36	11	22	24	9	3	0	600	50	0

续表

学校及机构名称	R&D 活动人员(人)						培养研究生人数(人)	R&D 经费支出(千元)	仪器设备原价(千元)	
	合计	其中								其中:进口(千元)
		博士毕业	硕士毕业	高级职称	中级职称	初级职称				
湖北小城镇发展研究中心	20	2	15	14	4	2	0	200	20	0
湖北小微企业发展研究中心	10	7	3	8	1	1	0	200	20	0
中华孝文化研究中心	6	2	4	2	4	0	0	200	10	0
湖北理工学院	62	17	24	42	19	1	0	600	6 000	1 000
长江中游矿冶文化与经济社会发展研究中心	36	9	15	29	7	0	0	200	5 000	1 000
公共文化研究中心	26	8	9	13	12	1	0	400	1 000	0
湖北科技学院	11	5	6	7	4	0	0	300	200	0
鄂南文化研究中心	5	3	2	3	2	0	0	180	120	0
农村教育与文化发展研究中心	6	2	4	4	2	0	0	120	80	0
湖北医药学院	10	5	5	5	3	2	4	80	50	0
湖北省卫生管理与卫生事业发展研究中心	10	5	5	5	3	2	4	80	50	0
长江职业学院	41	2	30	9	30	2	0	104.23	69.74	0
湖北技能型人才培养研究中心	41	2	30	9	30	2	0	104.23	69.74	0
江汉大学	74	36	29	43	20	1	7	8 135	3 607	0
城市研究中心	10	4	4	6	4	0	3	3 680	2 120	0
高等教育研究所	11	4	6	8	2	1	0	430	100	0
湖北曲艺研究省非物质文化遗产研究中心	6	4	2	6	0	0	0	46	45	0
武汉城市圈制造业发展研究中心	15	12	3	15	0	0	4	131	520	0
武汉研究院	24	6	12	8	14	0	0	3 612	372	0
武汉语言文化研究中心	8	6	2	0	0	0	0	236	450	0
三峡大学	115	71	36	88	27	0	52	758	233	0
巴楚艺术发展研究中心	19	5	13	17	2	0	6	321	60	0
区域社会管理创新与发展研究中心	32	27	5	28	4	0	29	200	45	0
三峡文化与经济社会发展研究中心	22	10	5	11	11	0	5	64	8	0
水库移民研究中心	30	20	10	22	8	0	5	46	50	0
影视文化与产业发展研究中心	12	9	3	10	2	0	7	127	70	0
湖北警官学院	11	3	6	9	2	0	0	20	50	0
社会治安治理研究中心	11	3	6	9	2	0	0	20	50	0

续表

学校及机构名称	R&D 活动人员(人)						培养研究生人数(人)	R&D 经费支出(千元)	仪器设备原价(千元)	
	合计	其中								其中:进口(千元)
		博士毕业	硕士毕业	高级职称	中级职称	初级职称				
鄂州职业大学	40	0	20	17	19	4	0	35	4	0
鄂州经济社会改革发展研究中心	37	0	19	16	17	4	0	15	2	0
高等职业研究所	3	0	1	1	2	0	0	20	2	0
荆楚理工学院	5	1	3	3	2	0	0	150	35	0
中国农谷发展研究中心	5	1	3	3	2	0	0	150	35	0
武汉音乐学院	20	6	12	5	0	0	0	917	15	0
长江传统音乐文化研究中心	4	2	1	3	0	0	0	159	0	0
湖北省非物质文化遗产保护研究中心	3	2	1	2	0	0	0	280	0	0
音乐创作湖北省协同创新中心	13	2	10	0	0	0	0	478	15	0
湖北经济学院	221	178	42	142	72	3	294	2 058.09	695.22	0
大学生思想政治教育评价中心	36	22	14	24	12	0	0	159.68	28.08	0
湖北地方税收研究中心	50	38	11	33	16	0	0	152.82	21.55	0
湖北会计发展研究中心	19	17	2	14	5	0	204	200	9.49	0
湖北金融发展与金融安全研究中心	27	27	0	21	5	0	0	197.2	21.06	0
湖北企业文化研究中心	11	8	3	8	3	0	0	200	43.39	0
湖北水事研究中心	17	17	0	13	4	0	0	178.35	48.19	0
湖北物流发展研究中心	30	23	7	15	13	0	0	200	44	0
碳排放权交易湖北省协同创新中心	21	17	4	10	8	3	70	670.32	447.46	0
新农村发展研究院	10	9	1	4	6	0	20	99.72	32	0
汉口学院	5	0	5	2	3	0	0	13	3.5	0
非物质文化遗产传承与发展研究所	3	0	3	1	2	0	0	3	0.5	0
中国书法国际传播研究所	2	0	2	1	1	0	0	10	3	0
文华学院	51	10	31	17	34	0	0	88	13	2
非物质文化遗产研究中心	16	4	12	7	9	0	0	60	10	0
湖北品牌发展研究中心	35	6	19	10	25	0	0	28	3	2
武汉设计工程学院	54	0	44	9	45	0	0	353	7 860	2 780
环境设计研究所	33	0	31	3	30	0	0	120	2 630	890
影视传媒研究所	21	0	13	6	15	0	0	233	5 230	1 890
湖北第二师范学院	49	24	18	29	18	2	0	32.8	57.9	0
湖北方言文化研究中心	16	8	5	10	6	0	0	12	20.8	0

续表

学校及机构名称	R&D 活动人员(人) 合计	其中 博士毕业	硕士毕业	高级职称	中级职称	初级职称	培养研究生人数(人)	R&D 经费支出(千元)	仪器设备原价(千元)	其中:进口(千元)
湖北教师教育研究中心	18	8	8	10	7	1	0	11.2	25.6	0
湖北文化产业经济研究中心	15	8	5	9	5	1	0	9.6	11.5	0
湖南省										
湘潭大学	279	236	38	219	48	0	956	2 194	1 023.5	575
反腐败司法研究基地	8	6	1	5	2	0	34	50	21	11
非洲法律与社会研究中心	8	7	1	7	1	0	35	50	23	21
公共信息资源管理与开发利用科普基地	14	12	2	11	3	0	39	65	11	4
湖南省法学研究基地	12	10	2	10	2	0	39	80	41	22
湖南省检察理论研究基地	9	9	0	8	1	0	36	50	32	14
湖南省思想政治工作研究基地	8	6	0	4	2	0	34	90	57	23
湖南省湘学研究基地	9	9	0	8	1	0	35	80	55	46
湖南省预算与会计理论研究基地	14	14	0	12	2	0	38	80	34	24
湖南省中国特色社会主义理论体系研究中心	11	7	4	7	4	0	35	87	24	15
湖南省中外文学与文化研究基地	10	10	0	8	2	0	36	95	55	45
湖南政府绩效评估研究中心	15	14	0	12	2	0	38	99	55	24
老年科技工作者协会	5	2	3	3	2	0	33	31	12	6
毛泽东思想研究中心	16	14	2	14	2	0	37	200	49.4	26
美国问题研究中心	8	6	2	6	2	0	35	55	27	15
人口、资源与环境经济研究所	8	6	2	5	2	0	34	66	41	23
社会主义经济理论研究中心	12	9	3	12	0	0	36	88	54	22
社情民意研究中心	10	7	3	8	2	0	31	55	32.4	10
诉讼法学研究中心	9	7	2	8	1	0	35	120	66	20
西班牙语国家研究中心	16	15	0	12	4	0	28	165	52	34
消费经济研究院	11	9	2	8	2	0	36	80	46.1	29
信息资源管理与知识产权研究基地	14	12	2	12	2	0	38	60	34.5	20
政府绩效评估与管理创新研究基地	10	9	1	8	2	0	35	60	31	26
知识产权司法保护理论研究基地	8	7	1	8	0	0	35	60	27.5	20
中国共产党革命精神与文化资源研究中心	12	10	2	8	2	0	36	95	34.5	10
中国红色旅游创新发展研究中心	6	4	2	3	3	0	38	89	46	23

续表

学校及机构名称	R&D活动人员(人) 合计	其中 博士毕业	硕士毕业	高级职称	中级职称	初级职称	培养研究生人数(人)	R&D经费支出(千元)	仪器设备原价(千元)	其中:进口(千元)
中国文化创意产业评价研究中心	9	9	0	5	0	0	36	84	36	21
专利分析与评估中心	7	6	1	7	0	0	34	60	26.1	21
吉首大学	84	25	21	23	17	8	15	1 048	4 164.6	0
国家民族体育重点研究基地	13	3	2	5	1	1	12	350	2 300	0
湖南省民族学研究基地	37	11	14	9	13	5	0	300	684.6	0
湖南省湘西民族语言研究基地	6	2	1	2	1	1	1	88	150	0
生态民族学研究基地	23	8	1	5	1	1	0	230	850	0
武陵山区扶贫开发研究中心	5	1	3	2	1	0	2	80	180	0
湖南大学	208	106	92	196	12	0	87	10 120	3 460	1 400
产权会计研究中心	8	2	4	6	2	0	0	50	20	0
国家麻类产业现代技术体系—产业经济研究中心	12	4	6	10	2	0	0	240	90	0
湖南经济与社会发展法律研究中心	10	4	6	10	0	0	1	130	50	0
湖南省风险导向审计研究基地	8	4	4	8	0	0	2	100	40	0
湖南省国际贸易研究基地	8	4	4	8	0	0	3	220	60	0
湖南省湖湘文化研究基地	8	4	4	8	0	0	2	210	60	0
湖南省金融发展与信用管理研究基地	8	4	4	8	0	0	1	310	60	0
湖南省廉政研究基地	10	4	6	10	0	0	2	160	60	0
湖南省两型社会与生态文明建设研究基地	8	4	4	8	0	0	1	130	50	0
湖南省思想政治工作研究基地	8	4	4	8	0	0	2	100	40	0
湖南省文化产业研究基地	10	4	6	10	0	0	3	160	50	0
湖南省物流信息与仿真技术重点实验室	10	4	6	10	0	0	2	210	50	0
湖南省语言与认知研究基地	8	4	4	8	0	0	2	120	30	0
湖南省中国四库学研究基地	10	6	4	8	2	0	2	150	30	0
湖南统战理论研究基地	8	2	4	6	2	0	2	50	20	0
金融与投资管理研究中心	6	2	2	4	2	0	0	170	40	0
企业管理与决策支持技术实验室	8	4	4	8	0	0	2	120	40	0
岳麓书院国学研究与传播中心	8	2	4	6	2	0	2	50	20	0
中国产业金融协同创新中心	28	28	0	28	0	0	50	7 000	2 500	1 400
中国村落文化研究基地	6	2	4	6	0	0	3	170	40	0

续表

学校及机构名称	R&D 活动人员（人）合计	其中 博士毕业	硕士毕业	高级职称	中级职称	初级职称	培养研究生人数（人）	R&D 经费支出（千元）	仪器设备原价（千元）	其中：进口（千元）
中国特色社会主义理论体系研究基地	8	4	4	8	0	0	2	110	50	0
中国文化软实力研究基地	10	6	4	10	0	0	3	160	60	0
中南大学	443	206	212	154	169	90	240	9 640	2 446	0
PPP 研究中心	35	20	10	15	10	8	0	500	50	0
“两型社会”改革建设与生态文明协同创新中心	35	20	10	15	10	8	8	500	50	0
当代诗词创作批评与理论研究中心	14	4	10	4	3	5	6	350	36	0
地方治理研究院	16	8	6	6	6	4	14	500	150	0
高校国防教育理论与实践研究基地	10	6	4	3	4	2	5	100	10	0
公共卫生研究中心	14	7	7	6	6	2	15	200	160	0
湖南民族特色村镇研究基地	16	6	10	4	6	6	9	500	100	0
湖南省东盟文化研究与交流中心	18	4	10	2	8	5	6	50	30	0
湖南省翻译研究基地	6	2	4	2	3	1	5	15	50	0
湖南省教育系统重大事项社会稳定风险评估中心	12	5	6	4	6	2	8	0	100	0
湖南省社会主义核心价值体系建设研究基地	5	4	1	2	2	1	6	20	50	0
湖南省社科联中华经典吟唱研究与传播基地	10	2	6	3	5	2	6	100	50	0
湖南省思想政治工作中南大学研究基地	10	5	5	3	4	2	5	100	60	0
湖南省网络德育研究基地	11	5	6	3	5	2	9	80	30	0
湖南省网络文学研究基地	7	2	5	3	3	1	4	20	10	0
湖南省中部崛起发展战略研究基地	14	6	8	3	6	2	8	50	20	0
湖南省中小企业研究基地	11	5	6	3	4	2	6	30	30	0
健康护理研究中心	20	8	12	10	8	2	9	200	50	0
教育立法研究基地	15	9	6	6	8	1	12	500	80	0
金属资源战略研究院	38	20	18	12	10	8	10	800	80	0
科技创新与社会发展研究中心	15	9	6	6	8	1	12	500	80	0
绿色金融研究中心	10	6	4	4	4	2	8	3 000	700	0
全国教育系统社会稳定风险评估中心	12	5	7	4	6	2	8	100	100	0

续表

学校及机构名称	R&D活动人员(人)						培养研究生人数(人)	R&D经费支出(千元)	仪器设备原价(千元)	
	合计	其中								其中:进口(千元)
		博士毕业	硕士毕业	高级职称	中级职称	初级职称				
全球卫生治理与法律研究中心	14	7	7	6	6	2	15	200	160	0
体育文化研究基地	8	1	4	4	2	2	6	20	10	0
突发公共事件心理救援研究中心	12	5	6	4	6	2	8	100	50	0
应用伦理学研究中心	15	5	10	4	5	3	7	30	20	0
知识产权研究院	15	5	8	3	6	5	6	50	20	0
中国特色社会主义理论体系研究中心	5	2	3	2	1	1	4	25	20	0
中国文化法研究中心	20	13	7	8	8	4	15	1 000	90	0
湖南科技大学	143	73	70	78	43	20	28	1 550.64	1 016.29	367.55
湖南创新发展研究院	22	18	4	18	4	0	8	235.5	133.8	35.8
湖南省党建理论研究基地	15	8	7	6	6	3	0	157	110.83	33.3
湖南省高校农村教育改革与发展研究基地	16	7	9	12	4	0	0	167.5	105.42	58
湖南省高校中国古代文学与社会文化研究基地	16	6	10	5	6	5	0	161.2	110.93	35.7
湖南省汉语方言与文化科技融合研究基地	17	12	5	15	0	0	20	135.6	90.18	32.2
湖南省思想政治工作研究基地	13	4	9	4	7	2	0	121.07	95.19	38.4
湖南省新型工业化研究基地	15	7	8	7	5	3	0	185.95	119.58	45.8
湖南省战略性新兴产业研究基地	16	7	9	6	7	3	0	206.22	146.5	52.9
湖南省中国特色社会主义理论体系研究中心湖南科技大学基地	13	4	9	5	4	4	0	180.6	103.86	35.45
长沙理工大学	119	82	27	110	9	0	20	1 439.6	14.8	0
湖南服务业发展研究中心	10	9	0	10	0	0	3	241.4	3	0
湖南省非洲文化研究与交流中心	14	8	6	8	6	0	2	80	0	0
湖南省企业战略管理与投资决策研究基地	10	9	1	10	0	0	0	349	3.2	0
湖南省现代服务业研究基地	7	3	2	7	0	0	0	182.6	1.8	0
湖南省中国特色社会主义理论体系研究中心长沙理工大学研究基地	5	4	1	5	0	0	2	67	2	0
教育与应用心理研究所	12	5	3	11	1	0	0	168.2	1.6	0
金融工程与金融管理研究中心	7	4	2	7	0	0	0	177.3	1.7	0
社会治理创新研究中心	40	30	10	38	2	0	10	6	0	0

续表

学校及机构名称	R&D 活动人员（人）						培养研究生人数（人）	R&D 经费支出（千元）	仪器设备原价（千元）	
	合计	其中								其中：进口（千元）
		博士毕业	硕士毕业	高级职称	中级职称	初级职称				
现代企业管理研究中心	14	10	2	14	0	0	3	168.1	1.5	0
湖南农业大学	175	64	88	64	108	2	122	2 286	153	0
湖南农业职业教育协同创新中心	59	21	17	26	33	0	45	498	0	0
湖南省“三农”问题研究基地	25	9	15	8	16	1	21	700	23	0
湖南省涉农企业发展研究中心	30	7	22	7	22	1	24	195	30	0
湖南省新农村建设研究基地	20	7	13	7	13	0	13	130	50	0
湖南省中国特色社会主义理论体系研究中心	23	11	12	9	13	0	9	700	30	0
农村儿童青少年健康促进研究中心	18	9	9	7	11	0	10	63	20	0
中南林业科技大学	73	47	26	42	22	9	36	680	80	0
湖南绿色发展研究院	9	6	3	7	2	0	2	50	8	0
湖南省旅游业可持续发展研究基地	6	4	2	5	1	0	5	80	12	0
环境法研究所	5	4	1	3	1	1	7	30	9	0
科技金融研究中心	5	3	2	2	2	1	1	10	2	0
农林经济管理中心	5	3	2	4	1	0	6	60	10	0
商学研究所	3	1	2	2	1	0	4	20	5	0
生态经济与绿色发展研究中心	26	18	8	10	10	6	5	320	15	0
物流与供应链管理研究所	8	5	3	6	2	0	3	50	7	0
语言与教育研究所	3	2	1	1	1	1	2	40	8	0
中南城市经济发展与房地产管理研究院	3	1	2	2	1	0	1	20	4	0
湖南师范大学	379	249	123	203	109	21	306	26 250.1	27 236	17 189
WTO 与现代国际法学研究中心	23	19	3	16	5	0	44	468.6	2 052	1 210
大国经济发展研究基地	20	18	2	12	6	2	12	386	395	114
道德文化研究中心	23	16	7	17	6	0	24	212	2 815	1 314
公民道德建设研究基地	15	9	6	8	6	1	8	306	418	223
汉字文化与艺术研究基地	18	7	10	9	6	3	6	725	652	512
湖南传媒发展研究基地	19	11	8	8	8	3	12	445	662	414
湖南省教学改革研究基地	20	18	2	14	6	0	25	256	216	125
湖南省旅游研究基地	20	11	9	12	6	2	11	567.5	318	250
湖湘文化研究基地	21	11	7	15	5	1	32	542	458	248
近现代中国研究中心	21	17	4	12	8	1	13	647	684	254

续表

学校及机构名称	R&D活动人员（人）						培养研究生人数（人）	R&D经费支出（千元）	仪器设备原价（千元）	其中：进口（千元）
	合计	其中								
		博士毕业	硕士毕业	高级职称	中级职称	初级职称				
体育社会科学重点研究中心	19	8	11	9	9	1	14	687	847	548
县域发展研究中心	23	18	5	11	6	2	19	547	421	215
中国传播与现代化研究中心	19	9	10	9	8	2	12	689	547	265
中国特色社会主义道德文化协同创新中心	35	22	12	27	7	1	32	2 485	2 018	1 205
中国现代文学研究中心	23	16	6	16	6	1	25	698	546	354
中外文化传播研究基地	20	13	7	8	11	1	17	688	547	459
中国现代文学研究中心	21	14	7	0	0	0	0	10 254	7 026	4 587
中外文化传播研究基地	19	12	7	0	0	0	0	5 647	6 614	4 892
湖南理工学院	81	44	24	52	19	9	10	805	440	0
湖南省党的创新理论研究湖南理工学院基地	17	8	3	14	3	0	4	0	0	0
湖南省公共艺术教育研究基地	15	8	7	8	0	7	0	325	260	0
湖南省湘学研究基地	15	8	0	12	3	0	2	0	0	0
屈原文化研究基地	12	5	7	8	4	0	4	30	0	0
中国当代学术史研究基地	10	7	3	5	5	0	0	100	60	0
中国文学批评学研究中心	12	8	4	5	4	2	0	350	120	0
湘南学院	49	15	20	37	8	2	0	212.5	606	0
郴州国民体质监测研究所	15	4	4	10	3	1	0	80	56	0
湖南省教育科学高校教学管理研究基地	12	3	5	9	1	1	0	50	500	0
中国特色社会主义理论体系研究中心	22	8	11	18	4	0	0	82.5	50	0
衡阳师范学院	211	100	77	140	46	8	24	1 543.34	5 807.63	373.3
传媒与社会发展研究所	13	4	9	12	1	0	0	10	6	0
古村古镇文化遗产数字化传承协同创新中心	42	21	20	30	9	3	3	1 213.14	2 831.9	373.3
国民体质监测与体适能研究所	8	2	6	5	3	0	0	1.9	0	0
衡阳市城乡可持续发展研究基地	16	9	7	11	4	1	5	20	23	0
衡阳市情与对策研究中心	16	11	5	14	2	0	13	10	25	0
湖南省船山学研究基地	21	17	4	18	3	0	0	56.5	28.73	0
湖南省人居环境学研究基地	42	9	9	16	6	4	3	68	2 695	0
湖湘文化研究所	8	7	1	7	1	0	0	2.8	2	0

续表

学校及机构名称	R&D 活动人员(人)						培养研究生人数(人)	R&D 经费支出(千元)	仪器设备原价(千元)	
	合计	其中								其中:进口(千元)
		博士毕业	硕士毕业	高级职称	中级职称	初级职称				
历史文化研究所	10	6	2	6	4	0	0	10	0	0
体育赛事策划与管理研究所	8	1	7	3	4	0	0	1	0	0
习近平新时代中国特色社会主义思想研究与传播中心	17	6	4	11	6	0	0	100	190	0
湘南地区经济发展与管理创新研究所	10	7	3	7	3	0	0	50	6	0
邵阳学院	173	28	96	50	82	9	0	885	2 408	705
湖南省民营经济研究基地	20	3	17	10	10	0	0	390	620	150
湖南省全民健身服务体系建设研究基地	25	4	13	11	10	1	0	150	410	120
龙狮文化研究所	12	2	6	3	9	0	0	30	210	60
民营经济研究所	10	2	2	4	6	0	0	12	0	0
区域经济研究中心	16	3	11	4	8	0	0	80	320	165
社会哲学与人本工程研究所	4	1	3	1	2	1	0	13	0	0
魏源及湘西南文史研究基地	25	10	9	0	0	0	0	120	315	60
魏源研究所	11	2	9	3	8	0	0	10	130	0
湘西南民间美术研究所	14	0	6	4	8	2	0	15	158	0
湘西南民族民间音乐研究所	11	0	4	4	5	2	0	15	245	150
英汉语言与文化研究基地	15	1	13	3	9	3	0	50	0	0
英语语言文学研究所	10	0	3	3	7	0	0	0	0	0
怀化学院	144	72	70	95	49	0	0	2 437	4 394.2	0
地方文献研究中心	10	2	8	8	2	0	0	30	40	0
雕刻艺术研究所	5	0	5	2	3	0	0	20	90	0
调解法学研究所	6	4	2	4	2	0	0	20	50	0
管理科学研究中心	1	1	0	1	0	0	0	20	5	0
湖南省和平文化研究基地	7	6	1	6	1	0	0	220	100	0
湖南省教育科学农村学前教育	7	2	5	2	5	0	0	100	30	0
湖南省民间非物质文化研究基地	9	6	3	6	3	0	0	100	34.2	0
湖南文化遗产翻译与传播基地	6	5	1	5	1	0	0	500	700	0
怀化市工业产品设计与文化创意研究中心	5	0	5	1	4	0	0	30	850	0
怀化市影视动漫创意基地	6	3	3	2	4	0	0	30	800	0
民族旅游研究中心	8	4	4	5	3	0	0	70	500	0

续表

学校及机构名称	R&D 活动人员(人)						培养研究生人数(人)	R&D 经费支出(千元)	仪器设备原价(千元)	
	合计	其中								其中:进口(千元)
		博士毕业	硕士毕业	高级职称	中级职称	初级职称				
民族民间文化艺术协同创新中心	7	6	0	7	0	0	0	654	50	0
民族民间文化艺术研究中心	9	5	4	4	5	0	0	100	240	0
民族学研究所	6	4	2	5	1	0	0	100	200	0
商贸经济研究中心	3	3	0	3	0	0	0	43	10	0
武陵山片区风景园林景观资源研究中心	7	2	5	5	2	0	0	60	300	0
武陵山片区公共治理研究所	6	2	4	5	1	0	0	50	40	0
武陵山片区金融经济研究所	7	3	4	4	3	0	0	50	30	0
武陵山片区特色文化资源研究基地	5	3	2	3	2	0	0	90	25	0
五溪民族民间音乐研究所	6	0	5	3	3	0	0	30	200	0
湘西地区政治建设研究所	6	4	2	4	2	0	0	20	10	0
中小企业财务管理研究所	7	2	5	5	2	0	0	50	60	0
沅水流域文学与文化研究中心	5	5	0	5	0	0	0	50	30	0
湖南文理学院	98	28	48	46	41	11	0	626	260.5	0
产业经济研究所	7	4	2	2	4	1	0	12	21	0
城市文化研究基地	7	3	4	2	4	1	0	71	22	0
城市文化研究所	5	1	4	2	3	0	0	31	12	0
大学英语教学研究所	7	1	6	4	3	0	0	47	12	0
古籍整理研究所	7	2	4	4	3	0	0	25	9.5	0
湖南省农村居民社会化发展研究基地	8	3	3	5	2	1	0	80	50	0
湖南省湘学研究	6	2	4	3	3	0	0	100	40	0
环洞庭湖社会发展研究所	6	1	3	2	3	1	0	19	8	0
经济法学研究所	7	1	3	4	2	1	0	22	7	0
美术研究所	7	1	2	3	3	1	0	20	7	0
文艺鉴赏美学研究所	7	4	3	3	2	2	0	42	11	0
细菌战罪行研究所	6	1	2	2	2	2	0	20	8	0
英语语言文学研究所	6	1	2	4	2	0	0	32	6	0
中国常德诗墙文化研究所	6	1	2	3	2	1	0	25	7	0
中国特色社会主义理论研究中心	6	2	4	3	3	0	0	80	40	0
湖南科技学院	78	15	33	52	20	6	0	260	115	0
高等教育研究所	11	2	3	6	3	2	0	30	10	0

续表

学校及机构名称	R&D 活动人员(人)						培养研究生人数(人)	R&D 经费支出(千元)	仪器设备原价(千元)	其中:进口(千元)
	合计	其中								
		博士毕业	硕士毕业	高级职称	中级职称	初级职称				
国学研究基地	8	1	4	6	1	1	0	30	15	0
湖南省濂溪学研究基地	10	0	2	6	2	2	0	30	20	0
柳宗元研究所	7	1	3	4	3	0	0	30	10	0
舜文化研究基地	12	5	5	7	5	0	0	30	20	0
思想教育与道德文化研究基地	14	5	9	13	1	0	0	50	20	0
新农村建设研究所	5	1	2	3	1	1	0	30	10	0
永州民间文化及瑶文化研究所	11	0	5	7	4	0	0	30	10	0
湖南人文科技学院	55	21	34	37	14	4	0	301.8	74	0
湖南省党的创新理论研究基地	11	5	6	10	0	1	0	0	0	0
湖南省中国特色社会主义理论研究中心基地	12	4	8	7	4	1	0	58.6	16.2	0
梅山文化研究基地	8	3	5	4	3	1	0	36	15.1	0
区域文化研究基地	13	5	8	8	5	0	0	86.9	21.6	0
曾国藩及湘中文化研究基地	11	4	7	8	2	1	0	120.3	21.1	0
湖南商学院	286	192	65	77	150	59	0	1 101.22	173.2	0
廉政建设协同创新中心	53	30	20	15	30	8	0	100	16	0
移动电子商务协同创新中心	22	19	0	19	3	0	0	78	9	0
湖南经济改革与发展研究中心	28	23	5	5	15	8	0	273	26	0
湖南省高校"医药物流供应链与服务外包"产学研示范研究基地	28	12	8	5	13	10	0	10	5	0
湖南省廉政建设研究基地	18	15	3	4	10	4	0	127.3	21	0
湖南省区域战略与规划研究基地	23	22	1	5	15	3	0	157.7	23	0
湖南省现代流通理论研究基地	23	21	2	6	10	7	0	137.17	21	0
湖南省现代物流研究基地	19	15	4	5	10	4	0	152.05	27	0
湖南省中国特色社会主义理论体系研究中心	35	16	12	6	19	10	0	10	5	0
开放经济条件下金融风险度量、控制与政策研究基地	16	8	4	3	10	3	0	40	11.2	0
区域金融创新研究基地	21	11	6	4	15	2	0	16	9	0
南华大学	149	57	57	81	45	5	34	1 422	2 270	0
发展战略与区域经济研究所	9	5	2	6	3	0	0	280	230	0
高校资助与创业教育研究基地	8	2	3	5	3	0	0	20	0	0
国家贸易研究室	6	1	2	4	2	0	0	80	120	0

续表

学校及机构名称	R&D 活动人员(人)						培养研究生人数(人)	R&D 经费支出(千元)	仪器设备原价(千元)	
	合计	其中								其中:进口(千元)
		博士毕业	硕士毕业	高级职称	中级职称	初级职称				
核能经济管理研究中心	9	5	3	6	3	0	0	0	0	0
衡阳市酒文化研究中心	10	4	6	5	2	2	0	80	50	0
湖南省企业自主创新研究基地	8	4	2	5	3	0	0	0	0	0
会计学研究所	7	3	2	4	3	0	0	100	90	0
马克思主义政治哲学及其应用研究基地	9	4	4	5	3	1	0	0	0	0
南华大学地方法制与法治文化研究中心	15	3	6	3	2	0	0	2	0	0
南华大学军工文化与地域文化研究中心	12	2	9	3	2	0	0	30	0	0
企业经济与管理研究所	6	2	1	4	2	0	0	80	100	0
人权与公法理论研究所	7	3	3	4	3	0	0	120	30	0
人因工程研究所	7	3	2	4	3	0	0	240	870	0
王船山思想研究所	7	3	1	4	2	1	0	90	500	0
习近平新时代中国特色社会主义思想研究中心	5	3	2	5	0	0	0	100	0	0
英语语言文化研究所	6	2	3	3	2	1	14	110	210	0
语料库翻译学研究所	8	3	2	4	4	0	20	90	70	0
中国特色社会主义理论研究基地	10	5	4	7	3	0	0	0	0	0
长沙医学院	22	2	19	10	12	0	0	50	5	0
马克思主义中国化研究校级重点学科	22	2	19	10	12	0	0	50	5	0
长沙民政职业技术学院	10	0	10	3	6	1	0	70	40	0
民政政策理论研究中心	10	0	10	3	6	1	0	70	40	0
长沙学院	82	47	35	48	27	7	0	595	2 123	0
长沙文化研究所	3	1	2	1	1	1	0	50	43	0
长沙学院应用法学(法律事务)研究所	3	1	2	0	1	2	0	50	67	0
高等教育研究所	5	3	2	4	1	0	0	50	74	0
国学与思想政治教育研究所	3	0	3	0	1	2	0	50	332	0
湖南省党的创新理论研究长沙学院基地	12	7	5	8	4	0	0	30	560	0

续表

学校及机构名称	R&D 活动人员(人)						培养研究生人数(人)	R&D 经费支出(千元)	仪器设备原价(千元)	其中:进口(千元)
	合计	其中								
		博士毕业	硕士毕业	高级职称	中级职称	初级职称				
湖南省新型城镇化与住房保障研究基地	25	18	7	16	9	0	0	100	86	0
湖南省学习型社会研究基地	12	6	6	8	4	0	0	100	781	0
湖南省中国特色社会主义理论体系研究中心长沙市基地长沙学院分基地	12	8	4	9	3	0	0	65	93	0
物业管理研究所	3	1	2	1	1	1	0	50	33	0
艺术设计研究所	4	2	2	1	2	1	0	50	54	0
湖南工程学院	13	6	4	6	4	3	4	20	70	0
湖南文化创意产业研究中心湖南工程学院分中心	13	6	4	6	4	3	4	20	70	0
湖南城市学院	186	37	113	117	60	9	0	440	0	0
高校师德教育研究基地	12	3	9	5	7	0	0	20	0	0
湖南省城市经济研究基地	26	4	21	16	7	3	0	100	0	0
湖南省党的创新理论研究基地	19	10	7	16	3	0	0	50	0	0
湖南省反邪教研究中心	6	2	3	5	1	0	0	30	0	0
湖南省新型城镇化研究基地	26	3	23	17	4	5	0	100	0	0
湖南省中国特色社会主义理论体系研究中心	26	8	13	24	2	0	0	50	0	0
湖湘传统美术研究基地	35	3	16	12	23	0	0	40	0	0
社区体育文化研究基地	36	4	21	22	13	1	0	50	0	0
湖南工学院	19	6	13	4	15	0	0	90	60	0
大学生发展研究中心	8	3	5	1	7	0	0	30	20	0
衡阳经济发展研究中心	6	2	4	2	4	0	0	30	20	0
旅游规划与设计研究所	5	1	4	1	4	0	0	30	20	0
湖南财政经济学院	137	54	75	95	34	0	0	1 361.04	1 270.87	0
法务会计研究所	8	4	4	6	2	0	0	8.1	6.9	0
国际经济与贸易标准化研究	8	2	4	0	0	0	0	1.2	4.9	0
湖南财政监督理论研究基地	20	8	12	16	4	0	0	654.03	237.35	0
湖南财政与会计研究基地	18	8	10	15	3	0	0	210.84	35.87	0
湖南省法务会计研究基地	10	2	5	6	4	0	0	32.73	35.8	0
湖南省高等财经教育研究基地	15	8	6	13	2	0	0	46	613.9	0
湖南省公共政策与经济发展研究基地	13	8	5	10	3	0	0	108.93	27.63	0

续表

学校及机构名称	R&D 活动人员（人）						培养研究生人数（人）	R&D 经费支出（千元）	仪器设备原价（千元）	
	合计	其中								其中：进口（千元）
		博士毕业	硕士毕业	高级职称	中级职称	初级职称				
湖南省政府非税收入研究基地	9	4	5	5	4	0	0	22.02	81.58	0
企业财务信息与资本效应湖南省重点实验室	19	10	9	16	3	0	0	130.86	201.12	0
体育经济与产业研究所	8	0	8	3	5	0	0	141.48	22.12	0
专门用途英语（ESP）教学与应用研究所	9	0	7	5	4	0	0	4.85	3.7	0
湖南警察学院	67	4	30	40	27	0	0	73	37	0
湖南省教育科学大学生心理健康研究基地	10	1	7	3	7	0	0	35	30	0
警察公共关系研究所	8	0	5	5	3	0	0	5	1	0
警务射击研究所	12	1	1	7	5	0	0	5	1	0
警务心理研究所	5	1	2	3	2	0	0	3	1	0
恐怖犯罪对策研究所	6	0	2	5	1	0	0	5	1	0
青少年犯罪研究所	10	1	7	6	4	0	0	5	1	0
群体性事件预防与处置研究所	12	0	5	8	4	0	0	10	1	0
侦查对策研究所	4	0	1	3	1	0	0	5	1	0
湖南工业大学	47	20	16	23	17	2	18	508	302	0
包装设计理论与应用研究基地	4	0	1	1	3	0	1	43	61	0
湖南省包装经济研究基地	4	2	2	2	2	0	2	38	31	0
湖南省包装设计艺术研究基地	5	1	3	2	2	1	0	45	60	0
湖南省党的创新理论研究湖南工业大学基地	6	3	2	2	2	0	2	50	20	0
湖南省湖湘体育文化研究基地	4	1	1	2	2	0	1	22	50	0
湖南省教育科学高校内部管理研究基地	3	2	1	2	1	0	2	50	10	0
湖南省绿色工业与城市低碳发展研究基地	4	3	1	2	2	0	2	70	20	0
湖南省民族民间音乐舞蹈研究基地	3	0	1	2	0	0	0	50	20	0
湖南省思想政治工作研究基地	3	1	0	2	1	0	2	40	0	0
湖南省中国特色社会主义理论体系研究中心湖南工业大学基地	5	3	2	2	2	1	2	50	10	0
全国包装广告研究基地	6	4	2	4	0	0	4	50	20	0
湖南女子学院	281	55	170	84	143	53	0	982.58	375.9	0

续表

学校及机构名称	R&D 活动人员(人)						培养研究生人数(人)	R&D 经费支出(千元)	仪器设备原价(千元)	其中:进口(千元)
	合计	其中								
		博士毕业	硕士毕业	高级职称	中级职称	初级职称				
财务与会计研究所	7	1	4	2	3	2	0	18.19	0	0
湖南省高等教育学科(女性教育)基地	13	3	8	5	6	2	0	50	10	0
湖南省公民礼仪素质研究基地	12	3	9	4	6	2	0	200	50	0
湖南省湖湘女性文化研究基地	18	4	10	4	8	6	0	26.25	50	0
湖南省教育科学(现代家政教育)研究基地	8	2	6	3	3	2	0	50	10	0
湖湘女性文化研究所	16	5	9	6	8	2	0	80	26	0
家政研究所	13	2	8	3	8	2	0	50	20	0
经营与管理研究所	9	2	5	2	6	1	0	30	0	0
旅游研究所	11	1	6	2	6	3	0	0	0	0
女书文化研究所	8	1	6	3	5	0	0	16.78	0	0
女性创新创业研究所	8	3	5	2	5	1	0	1.14	0	0
女性服饰文化研究所	5	0	3	2	2	1	0	12.16	0	0
女性经济研究所	8	1	6	2	3	3	0	6.02	20	0
女性思想政治教育研究所	6	1	4	2	2	2	0	12.27	37.6	0
女性体育研究所	4	0	3	2	1	1	0	1.69	27.3	0
女性文学与文化研究所	13	2	8	4	8	1	0	0	0	0
女性心理健康教育研究所	8	2	5	2	5	1	0	40	0	0
女性音乐文化研究所	12	0	5	2	5	5	0	0	0	0
妇女研究与培训基地	18	5	12	7	9	2	0	100	65	0
人力资源管理研究所	10	3	6	3	5	2	0	20	0	0
社会工作与社会治理研究所	14	3	7	4	7	3	0	0	0	0
外国女性文学研究所	10	2	6	4	5	1	0	18.08	0	0
现代家庭服务业发展研究中心	19	4	12	5	11	3	0	100	0	0
现代伦理和礼仪教育研究所	10	2	6	3	5	1	0	80	30	0
信息科学与管理工程应用研究所	13	2	8	4	6	3	0	50	10	0
中国重彩艺术研究所	8	1	3	2	5	1	0	20	20	0
湖南第一师范学院	60	21	39	32	28	0	0	387.89	32.7	0
德育基地	6	2	4	3	3	0	0	0	0	0
湖南省毛泽东诗词外译研究基地	8	3	5	5	3	0	0	73.17	0	0
湖南省青年毛泽东研究基地	8	4	4	4	4	0	0	78.4	19.2	0

续表

学校及机构名称	R&D 活动人员(人)						培养研究生人数(人)	R&D 经费支出(千元)	仪器设备原价(千元)	其中:进口(千元)
	合计	其中								
		博士毕业	硕士毕业	高级职称	中级职称	初级职称				
湖湘民间艺术教育传承与发展研究基地	8	2	6	4	4	0	0	50.04	0	0
少数民族文化艺术传承与普及基地	4	1	3	3	1	0	0	59.06	0	0
小学教师教育研究基地	20	6	14	8	12	0	0	84.16	5	0
中国特色社会主义理论体系研究中心湖南第一师范学校基地	6	3	3	5	1	0	0	43.06	8.5	0
长沙航空职业技术学院	4	0	2	4	0	0	0	0	0	0
企业思想政治工作研究中心	4	0	2	4	0	0	0	0	0	0
湖南商务职业技术学院	24	3	18	20	4	0	0	21	0	0
高职教育研究所	11	0	8	9	2	0	0	7	0	0
应用翻译研究所	7	2	5	7	0	0	0	7	0	0
职业教育法治研究所	6	1	5	4	2	0	0	7	0	0
湖南外贸职业学院	2	0	1	1	1	0	0	110	10	0
服务贸易研究中心	2	0	1	1	1	0	0	60	10	0
高职教育研究中心	0	0	0	0	0	0	0	50	0	0
湖南网络工程职业学院	3	1	1	2	1	0	0	50	0	0
终身教育研究所	3	1	1	2	1	0	0	50	0	0
湖南艺术职业学院	10	0	2	2	4	4	0	30	0	0
湖南民族文化传承研究基地	5	0	0	1	2	2	0	30	0	0
湖南省非物质文化遗产研究基地	5	0	2	1	2	2	0	0	0	0
湖南机电职业技术学院	3	0	1	1	1	1	0	20	0	0
高职教育研究所	3	0	1	1	1	1	0	20	0	0
长沙师范学院	8	1	7	5	2	1	0	10	6	0
湖南省徐特立研究基地	8	1	7	5	2	1	0	10	6	0
湖南应用技术学院	23	5	13	6	8	9	0	9	58	0
湘西北城乡发展一体化研究所	10	2	5	3	3	4	0	2	35	0
湘西北经济研究所	13	3	8	3	5	5	0	7	23	0
湖南幼儿师范高等专科学校	5	0	0	3	1	1	0	10	20	0
湖南省教育科学学前教育研究基地	5	0	0	3	1	1	0	10	20	0
广东省										
中山大学	517	498	19	412	105	0	647	38 605.7	12 550.96	0
城市社会研究中心	20	19	1	20	0	0	21	100	21	0

续表

学校及机构名称	R&D 活动人员(人)						培养研究生人数(人)	R&D 经费支出(千元)	仪器设备原价(千元)	其中:进口(千元)
	合计	其中								
		博士毕业	硕士毕业	高级职称	中级职称	初级职称				
地方治理与公共政策研究中心	23	23	0	14	9	0	0	0	0	0
法学理论与法律实践研究中心	33	33	0	30	3	0	66	42.41	44.2	0
港澳珠江三角洲研究中心	10	9	1	10	0	0	20	2 150	526.07	0
广东省舆情大数据分析与仿真重点实验室	21	21	0	15	6	0	0	0	0	0
华南农村研究中心	10	10	0	6	4	0	7	200	100	0
金融工程与风险管理研究中心	28	28	0	20	8	0	25	1 000	12	0
历史人类学研究中心	26	25	1	15	11	0	38	2 543.2	109.1	0
廉政与治理研究中心	10	8	2	4	6	0	60	1 200	50	0
逻辑与认知研究所	36	32	4	22	14	0	10	3 140.86	2 079	0
马克思主义哲学与中国现代化研究所	15	14	1	13	2	0	22	97.23	2 207	0
人类进化与科技考古实验室	20	20	0	17	3	0	15	826.6	5 781.78	0
社会认知神经科学与精神健康实验室	35	35	0	27	8	0	28	1 900	50	0
现代会计与财务研究中心	31	31	0	29	2	0	119	1 407.4	20	0
移民与族群研究中心	16	15	1	15	1	0	21	100	100	0
粤港澳发展研究院	45	44	1	45	0	0	20	9 950	815	0
中国非物质文化遗产研究中心	18	16	2	14	4	0	12	1 960	23.3	0
中国公共管理研究中心	65	64	1	53	12	0	111	10 088	247.51	0
中国转型与开放经济研究所	39	39	0	39	0	0	52	200	300	0
自贸区综合研究院	16	12	4	4	12	0	0	1 700	65	0
暨南大学	177	143	27	162	1	9	898	16 156.24	5 377.8	0
产业经济研究院	13	11	2	11	0	2	157	1 697.14	582.9	0
广东产业发展与粤港澳台区域合作研究中心	15	13	2	13	0	2	93	2 772.01	118.3	0
海外华文文学与汉语传媒研究中心	21	16	3	19	0	0	57	1 005.17	150	0
汉语方言研究中心	12	8	3	11	0	0	40	165.72	310.7	0
华侨华人研究院	16	10	4	14	0	2	121	2 820.1	743.4	0
金融研究所	14	13	1	13	0	1	162	799.04	882.5	0
企业发展研究所	12	10	2	12	0	0	40	1 591.66	891.1	0
特区港澳经济研究所	14	6	6	10	0	2	96	1 461.5	118.9	0
应急管理研究中心	22	19	3	22	0	0	18	1 038.74	30	0

续表

学校及机构名称	R&D活动人员(人)						培养研究生人数(人)	R&D经费支出(千元)	仪器设备原价(千元)	其中:进口(千元)
	合计	其中								
		博士毕业	硕士毕业	高级职称	中级职称	初级职称				
知识产权与法治研究中心	18	17	1	17	1	0	54	625.16	450	0
资源环境与可持续发展研究所	20	20	0	20	0	0	60	2 180	1 100	0
汕头大学	93	69	14	72	13	8	70	2 890	212.74	20.7
长江工业设计中心	6	0	0	2	2	2	23	1 050	6.18	0
潮汕文化研究中心	1	1	0	0	1	0	0	0	0	0
地方政府发展研究所	28	19	7	21	7	0	15	300	8	0
妇女研究中心	2	0	2	0	0	2	0	500	0	0
高等教育研究所	5	5	0	5	0	0	32	100	100	20
国际互联网研究院	1	0	0	1	0	0	0	30	31	0
全球研究中心	8	7	1	6	2	0	0	120	34.56	0
汕头大学·香港中文大学联合基督教研究中心	3	3	0	0	0	3	0	0	0	0
台湾及海外华文文学研究中心	3	1	1	1	1	1	0	300	20	0
台湾研究所	11	8	3	11	0	0	0	80	0	0
新国学研究中心	1	1	0	1	0	0	0	110	0	0
粤台企业合作研究院	22	22	0	22	0	0	0	300	13	0.7
宗教文化研究中心	2	2	0	2	0	0	0	0	0	0
华南理工大学	540	444	79	333	190	0	459	36 684.64	3 776.71	0
法治评价与研究中心	10	8	2	7	3	0	18	665	40	0
公共外交与跨文化传播研究基地	17	17	0	11	6	0	12	100	30	0
公共政策研究院	15	10	5	10	5	0	0	7 670.92	350.09	0
广东地方法制研究中心	57	55	2	25	32	0	57	1 250	60.9	0
广东省地方立法研究评估与咨询服务基地	24	21	3	8	13	0	11	328.98	112	0
广东省非物质文化遗产研究基地	11	9	2	9	2	0	24	124.8	53.12	0
广东省软科学研究基地	25	25	0	19	6	0	12	424.2	41.6	0
广东省社会治理研究中心	29	27	2	16	13	0	20	2 980.15	60	0
广东省体育产业发展研究中心	8	5	3	5	3	0	3	100	50	0
广东省新媒体与品牌传播创新应用重点实验室	14	8	6	5	9	0	18	4 200	320	0
广东省中小企业研究咨询中心	8	7	1	7	1	0	3	556.89	198	0
广东现代服务业研究基地	6	4	2	4	2	0	2	445.8	124.5	0

续表

学校及机构名称	R&D 活动人员(人)						培养研究生人数(人)	R&D 经费支出(千元)	仪器设备原价(千元)	
	合计	其中								其中:进口(千元)
		博士毕业	硕士毕业	高级职称	中级职称	初级职称				
广州国家创新型城市发展研究中心	18	18	0	15	3	0	25	1 350	100	0
广州市金融服务创新与风险管理研究基地	29	28	1	22	7	0	20	400	170.5	0
国家治理研究中心	7	7	0	6	1	0	7	500	50	0
互联网行为科学实验室	11	6	5	5	6	0	3	470	230	0
技术创新评估研究中心	11	11	0	9	2	0	30	500	250	0
建筑历史文化研究中心	21	16	5	15	6	0	30	5 786	550	0
金融工程研究中心	15	8	7	8	7	0	30	1 250	180	0
科技革命与技术预见智库	27	13	14	9	4	0	21	4 750.9	240	0
习近平新时代中国特色社会主义思想研究中心	35	35	0	30	5	0	14	248	45	0
新岭南文化中心研究基地	31	31	0	24	7	0	30	50	32	0
印度巴基斯坦研究中心	12	12	0	7	5	0	5	150	50	0
印度洋岛国研究中心	12	12	0	5	7	0	3	150	50	0
哲学与科技高等研究所	20	17	3	15	5	0	10	378	50	0
政府绩效评价中心	7	7	0	6	1	0	14	1 000	58	0
政府决策与绩效评价研究所	22	16	6	12	10	0	12	550	61	0
中国企业战略管理研究中心	38	11	10	19	19	0	25	305	220	0
华南农业大学	166	105	57	75	86	0	21	6 922.39	1 851.05	115
地方法制研究中心	15	8	7	10	5	0	0	526.66	40	5
广东农村经济研究中心	13	13	0	10	3	0	3	2 097.63	250.05	20
广东农村政策研究中心	9	7	2	1	5	0	1	437.35	120	25
经济发展研究所	9	9	0	8	1	0	2	593.25	35	10
科技管理与规划研究院	23	5	18	2	21	0	0	562.1	1 034	0
劳资关系研究中心	12	7	5	6	6	0	3	586.65	32	5
农村法治与社会发展研究中心	10	7	3	5	5	0	2	294.52	20	5
农业文化与乡村旅游研究中心	16	10	6	5	11	0	0	98.56	65	5
人力资源与战略发展研究中心	7	6	1	3	4	0	0	289.87	35	5
森林资源与环境管理研究所	13	9	0	8	5	0	3	50	10	0
乡村非物质文化遗产研究中心	16	8	8	11	5	0	5	300	50	0
新农村发展研究院	6	1	5	2	4	0	0	1 033.13	120	20
宗教与文化交流研究中心	17	15	2	4	11	0	2	52.67	40	15

续表

学校及机构名称	R&D 活动人员(人)						培养研究生人数(人)	R&D 经费支出(千元)	仪器设备原价(千元)	
	合计	其中								
		博士毕业	硕士毕业	高级职称	中级职称	初级职称				其中:进口(千元)
广东海洋大学	133	59	65	72	47	2	227	2 880	240	0
东盟研究院	56	23	30	23	32	1	108	100	30	0
广东省地方立法研究评估与咨询服务基地	31	6	22	20	11	0	9	300	50	0
海洋经济与管理研究中心	36	28	8	24	3	1	30	2 400	130	0
海洋文化产业研究中心	10	2	5	5	1	0	80	80	30	0
华南师范大学	133	99	32	81	38	14	86	8 334.2	17 860	6 030
城市休闲与旅游规划研究中心	12	0	12	3	7	2	5	440	0	0
华南市场经济研究中心	12	10	2	3	7	2	15	1 380	1 800	230
经济行为与制度研究中心	9	8	1	5	2	2	4	60	0	0
劳动法和社会保障法研究所	9	3	6	4	4	1	6	80	0	0
现代教育研究与开发中心	26	23	3	18	5	3	16	2 160	1 560	0
心理应用研究中心	20	17	2	15	4	1	30	3 680	14 500	5 800
信息传播与文化创意研究中心	25	18	6	18	6	1	8	484.2	0	0
粤港澳协同发展与地方治理研究中心	20	20	0	15	3	2	2	50	0	0
韶关学院	3	1	2	2	1	0	0	300	100	0
韶文化研究院	3	1	2	2	1	0	0	300	100	0
惠州学院	6	2	4	1	2	3	0	1 462	0	0
地方立法研究院	6	2	4	1	2	3	0	1 462	0	0
韩山师范学院	10	2	6	6	3	1	0	400	50	0
潮学研究中心	10	2	6	6	3	1	0	400	50	0
岭南师范学院	37	15	18	16	15	6	0	751	241	136
广州湾研究所	3	1	2	1	2	0	0	30	10	5
雷州美术研究所	3	0	3	1	2	0	0	23	11	6
特殊儿童心理评估与康复重点实验室	15	4	7	3	8	4	0	150	90	60
吴川文化研究所	1	1	0	1	0	0	0	48	30	15
中白哲学文化研究中心	15	9	6	10	3	2	0	500	100	50
肇庆学院	51	24	25	16	35	0	0	503	362.6	0
广东省砚文化研究基地	7	3	2	2	5	0	0	58	55	0
广东实践科学发展观研究基地	17	7	10	5	12	0	0	110	93	0

续表

学校及机构名称	R&D 活动人员(人) 合计	其中 博士毕业	硕士毕业	高级职称	中级职称	初级职称	培养研究生人数(人)	R&D 经费支出(千元)	仪器设备原价(千元)	其中:进口(千元)
教育发展研究院	13	5	8	4	9	0	0	120	78.6	0
西江特色文化研究与传播发展基地	6	4	2	3	3	0	0	78	50	0
粤桂合作特别试验区发展战略研究院	8	5	3	2	6	0	0	137	86	0
嘉应学院	9	2	6	5	4	0	0	1 196.1	184.2	0
客家研究院	9	2	6	5	4	0	0	1 196.1	184.2	0
广州体育学院	115	55	52	53	40	17	0	35.6	224.24	0
残疾人运动与健康促进国际协同创新中心	12	4	8	6	3	1	0	3.9	3.2	0
广东省高校运动辅助器具设计工程技术研究中心	31	12	13	12	14	5	0	10	57	0
体育社会科学研究中心	22	15	7	7	8	6	0	10	20	0
运动技战术诊断与机能评定国家体育总局重点实验室	24	15	9	16	4	2	0	10	29.44	0
运动生化省重点实验室	12	3	7	6	5	1	0	0.1	104.8	0
运动与健康促进实验室	14	6	8	6	6	2	0	1.6	9.8	0
广州美术学院	116	55	57	81	30	3	165	7 914.04	26 443	8 381
当代城市文化与建筑艺术创新研究中心	13	6	7	7	6	0	4	4 737.51	6.4	0
广东省创意产业研发中心	3	1	2	3	0	0	0	11.52	80	0
广东省工业设计创意与应用研究重点实验室	29	9	20	20	7	2	30	606.64	4 920.6	1 277
广东现代广告创意中心(国家广告产业园)	5	2	2	4	1	0	0	1 500	20 000	7 000
广美例外品牌设计研究中心	6	0	5	4	2	0	28	30	10	0
胡一川研究所	2	0	1	0	1	0	1	141.56	215	104
岭南美术遗产协同创新研究中心	12	10	2	10	2	0	40	17.28	8	0
岭南美术与文化遗产研究中心	24	21	3	20	3	0	60	251.51	8	0
岭南文化动漫创意研究基地	8	1	7	5	3	0	0	35.82	10	0
书法研究所	3	1	1	2	0	1	2	8.8	9	0
数字影像与数字工业工程中心	5	1	4	2	3	0	0	419.49	646	0
中国近现代美术研究所	2	2	0	1	1	0	0	133.09	30	0
珠三角品牌战略协同创新中心	4	1	3	3	1	0	0	20.82	500	0

续表

学校及机构名称	R&D 活动人员(人)						培养研究生人数(人)	R&D 经费支出(千元)	仪器设备原价(千元)	其中:进口(千元)
	合计	其中								
		博士毕业	硕士毕业	高级职称	中级职称	初级职称				
星海音乐学院	4	0	2	3	0	0	0	225	0	0
岭南音乐文化研究中心	4	0	2	3	0	0	0	225	0	0
广东技术师范学院	15	8	7	5	3	2	0	75	65	20
民族研究所	15	8	7	5	3	2	0	75	65	20
深圳大学	145	103	33	63	65	13	0	17 142	799	0
传媒与文化发展研究中心	14	8	6	10	2	2	0	320	10	0
创新型城市建设与治理研究中心	10	9	1	5	3	2	0	860	60	0
当代中国政治研究所	15	12	3	3	10	2	0	150	8	0
港澳基本法研究中心	7	5	2	3	3	1	0	600	20	0
规制与公共政策研究中心	3	3	0	2	1	0	0	100	9	0
国家文化创新研究中心	8	6	2	4	2	2	0	150	20	0
国学研究所	6	6	0	4	2	0	0	100	6	0
劳动法和社会保障法研究所	4	4	0	2	2	0	0	100	7	0
美学与文艺批评研究院	7	6	1	4	2	1	0	1 560	320	0
饶宗颐文化研究院	5	4	1	4	1	0	0	2 310	125	0
社会管理创新研究所	4	4	0	3	1	0	0	100	7	0
深圳国际化战略研究中心	5	4	1	3	2	0	0	150	15	0
深圳市特区立法研究中心	5	4	1	2	3	0	0	75	5	0
深圳现代艺术与设计研究中心	15	5	5	2	13	0	0	75	9	0
体育文化研究所	8	5	3	3	5	0	0	75	6	0
文化产业研究院	6	3	2	3	2	1	0	5 810	30	0
印度研究中心	4	4	0	0	0	0	0	75	5	0
中国经济特区研究中心	13	7	3	4	8	1	0	4 212	124	0
中国知识产权司法保护理论研究基地	6	4	2	2	3	1	0	320	13	0
广东财经大学	40	19	8	27	9	2	0	2 513	862	0
法治与经济发展研究所	7	5	0	6	0	1	0	216	118	0
佛山现代服务业研究院	2	1	0	1	0	0	0	159	16	0
广东地方公共财政研究中心	2	1	1	1	1	0	0	192	46	0
广东经济与社会发展研究院	1	1	0	1	0	0	0	198	17	0
国民经济研究中心	11	4	2	7	4	0	0	338	109	0
旅游管理与规划设计研究院	5	3	1	3	2	0	0	781	173	0

续表

学校及机构名称	R&D 活动人员(人)						培养研究生人数(人)	R&D 经费支出(千元)	仪器设备原价(千元)	其中:进口(千元)
	合计	其中								
		博士毕业	硕士毕业	高级职称	中级职称	初级职称				
商贸流通研究院	9	2	4	6	2	1	0	289	163	0
中国特色社会主义政治经济学研究中心	1	1	0	1	0	0	0	124	13	0
珠三角科技金融产业协同创新发展中心	2	1	0	1	0	0	0	216	207	0
顺德职业技术学院	6	3	2	2	4	0	0	29.5	0	0
高职教育研究所	6	3	2	2	4	0	0	29.5	0	0
广州大学	270	194	52	156	71	21	142	27 728.26	5 769.49	125
广东省地方立法研究评估与咨询服务基地	9	9	0	7	0	0	0	2 662	1 145	0
广东省中国特色社会主义理论体系研究中心广州大学研究基地	10	10	0	6	4	0	6	328.26	69	0
广府文化研究基地	39	30	8	14	18	7	6	1 730	346	0
广州城市民族关系研究中心	21	9	6	7	5	4	0	200	48	0
广州发展研究院	21	9	6	7	5	4	20	1 795	330	0
广州市“十三行”重点研究基地	25	20	5	17	8	0	30	540	108	0
广州市廉政建设重点研究基地	34	22	7	25	9	0	22	1 998	603	0
广州市社会工作研究中心	19	15	4	16	3	0	15	4 870	130	0
广州学协同创新发展中心	21	9	6	7	5	4	0	500	23	0
国家人权教育与培训基地	10	8	2	9	0	0	0	1 967	639	0
金融研究院	7	7	0	3	3	0	0	5 988	817.01	0
人权研究中心	13	11	2	6	5	2	24	1 200	374.48	0
俗文化研究中心	17	11	6	14	0	0	0	1 950	671	0
台湾教育政策研究中心	12	12	0	7	5	0	3	500	97	0
未成年人心理健康与教育神经科学实验室	12	12	0	11	1	0	16	1 500	369	125
深圳职业技术学院	144	40	94	53	77	14	0	5 088.43	1 040.41	0
创新设计研究中心	30	3	24	6	20	4	0	450	65.86	0
广东省非物质文化遗产研究基地	10	3	5	3	5	2	0	637	15	0
经济与社会发展研究中心	6	3	2	3	2	1	0	628.45	125.1	0
农业文化创意与营销研发中心	15	6	9	6	7	2	0	350.5	35.5	0
人文社会科学研究室	9	2	6	4	5	0	0	63.5	100	0
深圳数字创意公共技术服务中心	6	2	4	3	3	0	0	450.5	150	0

续表

学校及机构名称	R&D 活动人员(人) 合计	其中 博士毕业	硕士毕业	高级职称	中级职称	初级职称	培养研究生人数(人)	R&D 经费支出(千元)	仪器设备原价(千元)	其中:进口(千元)
台湾研究室	4	3	1	2	2	0	0	25.28	32.05	0
现代产业研究中心	35	10	23	10	20	5	0	1 330.9	160.5	0
职业技术教育研究所	9	3	5	7	2	0	0	152.3	121.4	0
纸品创意设计与制作实践室	20	5	15	9	11	0	0	1 000	235	0
五邑大学	30	14	12	20	10	0	0	860	114	32
广东侨乡文化研究中心	21	9	8	14	7	0	0	650	35	0
企业管理研究中心	9	5	4	6	3	0	0	210	79	32
广东金融学院	40	24	13	24	13	3	0	867.5	164.2	0
广州区域金融政策研究基地	15	10	5	12	2	1	0	300	56	0
国际经济与贸易研究所	4	2	1	2	2	0	0	42	18.5	0
华南金融研究所	10	6	3	5	3	2	0	170	63	0
科技金融重点实验室	6	2	3	3	3	0	0	300	15	0
知识产权研究所	5	4	1	2	3	0	0	55.5	11.7	0
广东石油化工学院	15	2	8	4	8	3	0	60	0	0
冼夫人文化研究中心	15	2	8	4	8	3	0	60	0	0
东莞理工学院	58	28	26	24	15	2	0	291.5	562	0
城市文化发展研究中心	5	3	2	0	0	0	0	30	301	0
东莞地方立法研究评估与咨询服务基地	17	5	10	9	6	2	0	10	50	0
东莞经济法律研究咨询中心	2	1	1	0	0	0	0	32	40	0
东莞理工学院台湾研究所	10	6	3	5	5	0	0	6.5	60	0
东莞市生命教育研究中心	4	1	3	0	0	0	0	20	30	0
东莞质量与品牌发展研究院	14	9	4	10	4	0	0	15	50	0
高等教育发展研究中心	2	0	2	0	0	0	0	30	20	0
社会发展研究院	4	3	1	0	0	0	0	148	11	0
广东工业大学	207	131	76	118	88	0	105	4 350	1 090	0
创新理论与创新管理研究中心	21	14	7	13	8	0	8	500	80	0
大数据战略研究中心	29	18	11	18	11	0	16	500	120	0
工业企业大数据战略决策实验室	23	15	8	13	10	0	11	380	180	0
工业企业管理创新研究中心	25	18	7	16	9	0	18	550	90	0
广东制造业大数据创新研究中心	24	17	7	13	10	0	9	550	150	0
广州传统村落保护与利用研究基地	33	18	15	18	15	0	10	800	250	0

续表

学校及机构名称	R&D 活动人员(人)						培养研究生人数(人)	R&D 经费支出(千元)	仪器设备原价(千元)	其中:进口(千元)
	合计	其中								
		博士毕业	硕士毕业	高级职称	中级职称	初级职称				
广州市技术创新与经济转型研究中心	22	17	5	16	6	0	13	450	60	0
设计科学与艺术研究中心	30	14	16	11	19	0	20	620	160	0
广东外语外贸大学	362	276	62	233	107	0	204	16 670.04	4 117.25	76.33
广州市绿色经济与能源法研究中心	20	15	5	17	3	0	0	150	153	0
21世纪海上丝绸之路与区域创新国际战略研究中心	6	5	1	4	2	0	0	2 030.07	150.07	0
词典学研究中心	8	2	4	3	5	0	28	150	112	0
党内法规研究中心	28	25	2	23	4	0	0	200	118	0
东方学研究中心	6	6	0	5	1	0	0	100	0	0
翻译学研究中心	4	2	1	3	1	0	0	150	22	0
非公经济发展研究中心	10	5	2	5	5	0	0	100	48	0
非洲研究院	8	8	0	7	1	0	0	0	255	0
高等教育研究中心	2	1	1	1	1	0	0	77.63	233.2	0
广东大学生创新创业研究中心	8	4	4	4	4	0	0	1 543.26	286	0
广东国际战略研究院	16	10	3	6	10	0	41	2 849.08	800.8	0
广东省地方立法研究评估与咨询服务基地	9	8	1	8	1	0	0	473.2	125.8	0
广东省社会组织研究中心	4	4	0	2	2	0	0	200	10	0
广州国际城市创新传播研究中心	10	5	5	5	5	0	0	140	50	0
广州国际商贸中心重点研究基地	4	4	0	4	0	0	0	375.9	53.6	10
广州华南财富管理中心研究基地	62	54	8	30	12	0	0	200	188	0
国际服务外包研究院,国际服务经济研究中心	5	2	3	3	2	0	0	669.5	225	10
国际汉学研究中心	9	9	0	8	1	0	0	100	68	0
国际经济贸易研究中心	4	3	1	4	0	0	0	150	10	0
国际问题研究所	5	5	0	3	2	0	0	100	45	0
国际移民研究中心	22	17	4	17	4	0	0	250	55	0
华南国际知识产权研究院	4	2	2	2	2	0	0	950	65	0
机构话语研究中心	8	7	1	5	3	0	0	100	80	0
加拿大研究中心	4	2	0	3	1	0	0	248.9	20	0
拉丁美洲研究中心	9	6	3	6	3	0	0	25	95	0
欧洲研究中心	3	3	0	2	1	0	0	89	10	0

续表

学校及机构名称	R&D 活动人员(人)						培养研究生人数(人)	R&D 经费支出(千元)	仪器设备原价(千元)	
	合计	其中								其中:进口(千元)
		博士毕业	硕士毕业	高级职称	中级职称	初级职称				
商务语言研究中心	9	8	1	6	3	0	0	100	0	0
双语认知与发展实验室	10	9	1	7	3	0	0	100	44	0
太平洋岛国战略研究中心	1	1	0	1	0	0	0	98.8	12	0
土地法制研究院	4	3	0	2	2	0	0	200	20	0
外国文学文化研究中心	5	4	0	5	0	0	41	247.2	80.87	20
外国语言学及应用语言学研究中心	12	9	2	11	1	0	94	665.2	114.47	36.33
外语研究与语言服务协同创新中心	6	2	0	3	3	0	0	2 961.5	255.64	0
印度尼西亚研究中心	9	4	2	5	4	0	0	25	66	0
语言工程与计算实验室	4	2	1	2	2	0	0	294.8	24.6	0
粤商研究中心、粤港澳大湾区研究院	4	3	1	2	2	0	0	256	44.2	0
中国计量经济史研究中心	7	7	0	3	4	0	0	100	47	0
中国家庭金融与资产管理研究中心	7	7	0	3	4	0	0	100	56	0
中外品牌管理研究基地	6	3	3	3	3	0	0	100	74	0
佛山科学技术学院	220	82	132	107	96	16	26	1 520.08	958.46	0
佛山社会工作本土化研究协同创新中心	16	5	11	7	8	1	0	87	56.2	0
佛山市妇女发展研究中心	39	10	29	20	19	0	0	75	48	0
佛山市青少年发展研究中心	28	5	23	15	11	1	0	120	82	0
佛山武术文化研究中心	22	12	10	12	8	2	0	48.38	30.4	0
高等教育研究所	8	4	4	3	5	0	0	45.9	20.36	0
广东省广府文化研究基地	40	14	24	19	17	4	0	162	102.8	0
华南智能教育研究中心	47	20	24	20	21	6	26	696.8	422.7	0
酒文化研究中心	5	3	2	2	3	0	0	25	14	0
企业发展研究中心	15	9	5	9	4	2	0	260	182	0
广东培正学院	1	1	0	0	0	0	0	60	0	0
民办高等教育研究中心	1	1	0	0	0	0	0	60	0	0
南方医科大学	197	97	80	108	89	0	29	1 233.03	199.86	0
“一带一路”医药卫生合作与发展研究院	37	24	13	21	16	0	0	200	50	0
公共卫生政策研究所	5	0	3	3	2	0	3	7.1	2	0
公共卫生政策研究与评价实验室	37	24	13	21	16	0	0	97.24	6.87	0

续表

学校及机构名称	R&D活动人员（人）						培养研究生人数（人）	R&D经费支出（千元）	仪器设备原价（千元）	其中：进口（千元）
	合计	其中								
		博士毕业	硕士毕业	高级职称	中级职称	初级职称				
广州市公共卫生服务体系建设研究基地	37	24	13	21	16	0	0	232.53	68.34	0
国际卫生法学研究院	7	0	4	4	3	0	4	7.1	5	0
卫生法学研究中心	4	0	1	1	3	0	1	7.1	2	0
卫生政策与医院管理研究所	37	24	13	21	16	0	0	48.35	13	0
心理健康研究所	13	1	8	6	7	0	9	565.55	36.15	0
医疗仲裁研究中心暨医疗仲裁中心	4	0	1	1	3	0	1	7.1	3.5	0
英语语言文学研究所	11	0	8	6	5	0	8	41.19	9	0
中国近现代史问题研究	5	0	3	3	2	0	3	19.77	4	0
广东科学技术职业学院	6	1	1	2	2	1	0	230	22	0
广东省人才研究所	6	1	1	2	2	1	0	230	22	0
广东行政职业学院	17	2	15	6	11	0	0	84	3	0
澳门法研究所	9	0	9	4	5	0	0	34	2	0
马克思主义研究院	8	2	6	2	6	0	0	50	1	0
广州大学华软软件学院	14	3	11	3	7	4	0	800.16	6 262.46	0
互联网信息服务研究所	6	1	5	1	5	0	0	200.1	3 010.1	0
软件服务外包研究院	3	0	3	1	0	2	0	300.06	250.06	0
软件生态与人工智能研究所	5	2	3	1	2	2	0	300	3 002.3	0
中山大学南方学院	3	3	0	3	0	0	0	55	30	0
国家猎头研究中心	1	1	0	1	0	0	0	20	10	0
金融市场与动能预测研究中心	1	1	0	1	0	0	0	30	15	0
农村财务与会计研究中心	1	1	0	1	0	0	0	5	5	0
广东外语外贸大学南国商学院	16	9	7	11	5	0	0	250	0	0
极地问题研究中心	16	9	7	11	5	0	0	250	0	0
罗定职业技术学院	6	0	4	3	3	0	0	30	5	0
南江文化研究中心	6	0	4	3	3	0	0	30	5	0
汕头职业技术学院	41	2	23	24	15	2	0	47.49	0	0
高等职业教育研究所	41	2	23	24	15	2	0	47.49	0	0
北京师范大学珠海分校	78	36	40	22	46	10	27	294.56	23.51	0
城市发展与环境协调重点研究基地	9	4	5	3	5	1	3	32.26	0	0
基层治理研究基地	9	5	4	2	6	1	0	36.22	0	0
教育产业重点研究基地	6	3	3	2	3	1	4	34.21	23.51	0

续表

学校及机构名称	R&D活动人员(人)						培养研究生人数(人)	R&D经费支出(千元)	仪器设备原价(千元)	
	合计	其中								其中:进口(千元)
		博士毕业	硕士毕业	高级职称	中级职称	初级职称				
社会创新重点研究基地	6	3	3	2	3	1	3	30.8	0	0
社会治理与社会工作协同创新中心	13	6	7	4	8	1	5	53.28	0	0
文化创意产业重点研究基地	8	3	5	2	6	0	3	15.23	0	0
物流研究所	9	5	4	2	6	1	0	42.65	0	0
休闲产业协同创新中心	7	3	3	2	4	1	3	23.56	0	0
中华优秀传统文化传承与传播研究基地	11	4	6	3	5	3	6	26.35	0	0
广东工业大学华立学院	28	3	25	8	20	0	0	3.65	22	0
财经研究所	5	0	5	2	3	0	0	0.8	3	0
创新创业研究所	6	0	6	2	4	0	0	0.6	3	0
华美艺术研究室	5	0	5	1	4	0	0	1	5	0
企业应用情报研究中心	7	3	4	2	5	0	0	0.55	3	0
英汉对比与翻译研究中心	5	0	5	1	4	0	0	0.7	8	0
北京理工大学珠海学院	89	38	31	47	29	2	5	90	1 197	0
东亚民商法律研究中心	18	11	7	10	8	0	0	20	12	0
珠海福祉文化设计研究基地	16	6	5	10	4	2	0	20	30	0
珠海环境会计与审计研究基地	20	11	9	12	8	0	0	10	540	0
珠海跨境物流研究基地	10	7	0	9	1	0	0	20	600	0
珠海生态文明建设研究基地暨产业生态研究中心	25	3	10	6	8	0	5	20	15	0
吉林大学珠海学院	207	45	135	47	123	25	0	987.6	180	0
大珠三角经济社会创新发展研究基地	12	4	8	4	8	0	0	100	17	0
韩国学研究中心	18	4	10	5	12	1	0	46.6	9	0
健康服务与管理研究中心	12	4	7	5	6	1	0	100	12	0
美学与文学评论研究基地	17	6	10	5	11	1	0	100	24	0
企业管理仿真研究基地	14	4	10	3	8	3	0	100	58	0
粤港澳物流与供应链研究基地	14	4	9	3	9	1	0	100	20	0
珠港澳旅游协同发展研究基地	17	5	12	3	12	2	0	100	8	0
珠海保税区创新发展研究基地	25	3	22	3	18	4	0	280	10	0
珠海横琴创新发展研究基地	28	3	25	5	23	0	0	24	8	0
珠海温泉产业与文化研究基地	44	5	19	10	14	12	0	12	8	0

续表

学校及机构名称	R&D 活动人员(人)						培养研究生人数(人)	R&D 经费支出(千元)	仪器设备原价(千元)	其中:进口(千元)
	合计	其中								
		博士毕业	硕士毕业	高级职称	中级职称	初级职称				
珠海文化理论研究基地	6	3	3	1	2	0	0	25	6	0
广州工商学院	9	1	8	3	3	3	6	50	3 380	0
食品安全与健康研究所	9	1	8	3	3	3	6	50	3 380	0
广东工商职业学院	44	8	24	11	30	2	7	26	250	0
广东华南健康养老产业研究院	12	2	6	2	10	0	2	5	50	0
互联网经济研究中心	12	2	8	2	8	1	3	8	80	0
肇庆市电子商务研究所	10	2	6	3	7	0	0	8	60	0
中小微企业经营风险管理研究所	10	2	4	4	5	1	2	5	60	0
中山大学新华学院	33	6	27	9	15	9	0	217.8	0	0
金融研究中心	33	6	27	9	15	9	0	217.8	0	0
广东科贸职业学院	4	1	3	3	1	0	0	50	16	0
农业经济研究所	4	1	3	3	1	0	0	50	16	0
广东文理职业学院	6	1	3	3	2	1	0	80	10	0
雷州文化研究所	6	1	3	3	2	1	0	80	10	0
广东南方职业学院	3	0	0	3	0	0	0	1	6.5	0
高职教育研究所	3	0	0	3	0	0	0	1	6.5	0
广州华商职业学院	3	0	2	1	2	0	0	80	0	0
教育科学研究所	3	0	2	1	2	0	0	80	0	0
广东青年职业学院	17	2	10	4	3	8	0	32.8	0	0
青少年研究所	7	2	5	1	1	5	0	15.6	0	0
志愿服务研究中心	10	0	5	3	2	3	0	17.2	0	0
广西壮族自治区										
广西大学	207	115	48	16	2	0	0	900	250	0
广西大学财政金融研究中心	33	14	15	0	0	0	0	0	0	0
广西教育法制研究中心	18	12	6	16	2	0	0	300	50	0
广西经济发展战略研究院	31	16	5	0	0	0	0	300	100	0
广西民商事法律研究中心	25	17	5	0	0	0	0	0	0	0
马克思主义经济学研究中心	25	17	6	0	0	0	0	0	0	0
区域社会管理创新研究中心	75	39	11	0	0	0	0	300	100	0
广西科技大学	105	45	49	83	21	1	38	1 211.1	10 492.7	0
产业经济与西江区域经济发展研究所	16	8	8	16	0	0	8	63.5	78	0

续表

学校及机构名称	R&D 活动人员(人)						培养研究生人数(人)	R&D 经费支出(千元)	仪器设备原价(千元)	其中:进口(千元)
	合计	其中								
		博士毕业	硕士毕业	高级职称	中级职称	初级职称				
城乡科学发展研究所	11	5	5	10	1	0	3	56.4	112	0
广西非物质文化遗产民族民间文化研究所	20	0	13	11	8	1	0	36.5	593.2	0
思想政治教育话语应用研究所	8	2	4	7	1	0	0	63.2	100	0
西部地区产业与城市发展研究中心	15	8	6	15	0	0	10	123.6	282	0
战略与决策研究所	18	10	8	12	6	0	9	185.6	998.5	0
制造系统仿真与企业信息化重点实验室	17	12	5	12	5	0	8	682.3	8 329	0
桂林电子科技大学	64	28	26	38	24	0	8	1 354	30	0
广西马克思主义理论研究和建设工程研究基地	20	7	10	10	10	0	4	34	0	0
广西战略性新兴产业发展研究中心	24	9	11	10	12	0	3	75	0	0
政府数字传播与文化软实力研究中心	20	12	5	18	2	0	1	1 245	30	0
桂林理工大学	84	36	48	43	41	0	19	1 550	400	0
广西旅游产业研究中心	36	15	21	17	19	0	9	750	150	0
桂林文化研究中心	6	3	3	3	3	0	0	30	50	0
技术经济及管理研究所	5	3	2	3	2	0	0	20	50	0
现代企业管理研究中心	37	15	22	20	17	0	10	750	150	0
广西医科大学	48	12	36	28	13	7	9	310	0	0
健康与经济社会发展研究中心	32	8	24	17	9	6	9	300	0	0
马克思主义理论研究与建设工程研究基地	16	4	12	11	4	1	0	10	0	0
桂林医学院	17	7	8	12	5	0	0	135	30	0
医学伦理与职业道德研究中心	17	7	8	12	5	0	0	135	30	0
广西师范大学	961	602	295	856	101	2	374	14 384.5	8 479.41	0
八桂文化与文学研究中心	26	20	3	20	6	0	0	200	500	0
白先勇研究中心	10	8	0	10	0	0	0	31.2	50	0
成人教育研究所	7	2	3	7	0	0	0	35.06	85.69	0
池田大作思想研究所	10	3	7	9	1	0	0	50	50	0
出版传媒研究院	14	5	6	14	0	0	0	20	0	0
东盟教育研究院	40	40	0	35	5	0	0	500	87.1	0
法制与社会发展研究所	18	9	9	15	3	0	0	130.1	230.81	0

续表

学校及机构名称	R&D 活动人员(人)						培养研究生人数(人)	R&D 经费支出(千元)	仪器设备原价(千元)	
	合计	其中								其中:进口(千元)
		博士毕业	硕士毕业	高级职称	中级职称	初级职称				
泛北部湾区域研究中心	13	7	6	13	0	0	0	500	100	0
工业设计研究所	21	0	13	18	3	0	0	147	195.61	0
公共文化服务体系研究所	19	15	2	19	0	0	0	60	90.4	0
广西大学生马克思主义思想政治教育研究中心	14	14	0	14	0	0	0	200	80	0
广西地方法制与地方治理研究中心	7	7	0	7	0	0	0	150	150	0
广西地方民族史研究所	8	8	0	8	0	0	0	70.1	98.58	0
广西廉政建设研究中心	45	23	22	35	10	0	0	245	0	0
广西民族教育研究中心	9	6	3	9	0	0	30	40	61.7	0
广西人文社会科学发展研究中心	52	41	11	40	12	0	0	1 000	491.88	0
广西文化产业研究基地	23	15	8	19	4	0	33	198.04	335.6	0
桂台合作研究中心	7	5	2	7	0	0	20	40	57.9	0
桂学研究协同创新中心	111	66	23	102	7	0	30	1 000	200	0
国家体育总局体育文化发展中心研究基地	12	4	8	7	5	0	20	115	133.19	0
海上丝绸之路文化研究院	11	8	3	11	0	0	0	81.5	16	0
环境艺术设计研究所	12	2	10	7	5	0	0	412	202.8	0
基础教育研究院	21	15	6	21	0	0	60	1 733.4	456.5	0
教育部高校辅导员培训和研修基地	12	5	7	12	0	0	0	98.06	169.91	0
教育部基础教育课程研究中心	18	5	13	18	0	0	55	1 500.43	572.94	0
教育评估院	20	20	0	20	0	0	0	451.1	50	0
经济研究所	23	17	6	23	0	0	0	1 345.61	317.5	0
客家文化研究所	10	6	4	10	0	0	0	130	104.4	0
旅游研究所	17	10	7	13	4	0	0	1 230.67	162.08	0
马克思主义理论与区域实践协同创新中心	101	65	30	82	19	0	35	350	100	0
马克思主义理论与区域实践研究中心	11	11	0	11	0	0	0	90	50	0
马克思主义研究所	14	11	3	10	4	0	0	169.99	50	0
民族音乐舞蹈研究所	13	0	7	10	3	0	0	123.55	253.8	0
女性发展研究所	17	13	4	17	0	0	0	92.33	120	0
审美人类学研究中心	8	5	0	8	0	0	0	110	71.5	0
体育与保健科学研究所	16	2	14	9	5	2	0	40	61	0

续表

学校及机构名称	R&D活动人员(人)						培养研究生人数(人)	R&D经费支出(千元)	仪器设备原价(千元)	其中:进口(千元)
	合计	其中								
		博士毕业	硕士毕业	高级职称	中级职称	初级职称				
外国语言文学研究所	25	8	15	25	0	0	0	73.71	175.55	0
西南城市与区域发展研究中心	27	20	7	27	0	0	0	947.94	1 721.48	0
中国—东盟历史与现实研究中心	25	18	7	25	0	0	0	151.4	200	0
中国—东盟关系研究所	25	19	6	25	0	0	0	113.4	205.7	0
中国诗学研究中心	15	13	2	15	0	0	0	68.1	49.72	0
中国语言文学研究所	12	9	2	12	0	0	0	66.74	50	0
中华优秀传统文化传承发展中心(国学中心)	15	9	3	11	4	0	30	100	80	0
珠江—西江经济带合作发展研究院	15	5	9	14	1	0	30	97.6	100	0
壮学研究所	12	8	4	12	0	0	31	75.47	140.07	0
广西师范学院	97	52	29	75	20	2	86	43.6	0	0
广西马克思主义理论研究和建设工程广西师范学院研究基地	40	10	16	27	11	2	30	6.4	0	0
马克思主义与民族地区社会管理创新研究中心	28	19	7	26	2	0	26	7.2	0	0
民族地区新型城镇化研究中心	29	23	6	22	7	0	30	30	0	0
广西民族师范学院	15	1	10	7	5	2	0	300	120	0
左江流域民族文化研究中心	15	1	10	7	5	2	0	300	120	0
河池学院	37	2	23	22	12	3	0	965	1 400	0
广西人口较少民族发展研究中心	37	2	23	22	12	3	0	965	1 400	0
玉林师范学院	12	4	7	7	4	1	0	1 000	356	0
民族地区文化安全研究中心	12	4	7	7	4	1	0	1 000	356	0
广西艺术学院	33	6	15	25	7	0	2	1 110	0	0
广西民族民间音乐文化传承与发展基地	7	0	4	3	4	0	0	20	0	0
广西少数民族传统艺术研究中心	4	1	2	3	1	0	0	20	0	0
漓江画派艺术研究中心	4	1	3	4	0	0	2	1 000	0	0
造型艺术创作研究中心	7	1	1	6	1	0	0	10	0	0
中国—东盟华语有声语言研究中心	4	2	2	4	0	0	0	10	0	0
中国—东盟音乐跨界传播与传承研究中心	5	1	2	4	0	0	0	20	0	0
中国—东盟民族艺术创作与展演研究中心	2	0	1	1	1	0	0	30	0	0

续表

学校及机构名称	R&D 活动人员(人)						培养研究生人数(人)	R&D 经费支出(千元)	仪器设备原价(千元)	其中:进口(千元)
	合计	其中								
		博士毕业	硕士毕业	高级职称	中级职称	初级职称				
广西民族大学	792	455	249	428	185	90	705	3 693.22	1 338	0
边疆民族地区档案学研究中心	18	9	7	10	5	3	20	45	25	0
东盟研究中心	18	9	8	10	5	3	12	540	112	0
翻译研究基地	10	4	5	6	3	1	6	10	5	0
菲律宾研究中心	19	14	5	15	4	0	4	10	2	0
广播电视传播重点研究基地	8	3	2	4	2	2	4	15	10	0
广西本土语言文学研究中心	42	35	7	20	8	14	247	62.22	0	0
广西边疆研究所	16	11	3	13	1	0	2	10	2	0
广西城市治理与发展研究院	11	9	1	9	1	0	3	12	3	0
广西非物质文化遗产保护中心	42	35	7	34	7	1	86	50	200	0
广西国际写作交流中心	12	2	0	11	1	0	4	100	0	0
广西教育科学重点研究基地	16	8	8	6	8	2	13	25	15	0
广西民族教育研究中心	10	4	6	4	3	3	6	215	80	0
广西民族教育重点研究基地	15	10	5	8	5	2	15	150	70	0
广西民族团结教育师资培训基地	28	12	9	11	9	5	18	258	120	0
广西民族文化保护与传承研究中心	40	28	10	21	15	4	26	315	50	0
广西民族艺术重点研究基地	12	6	4	5	4	3	8	30	20	0
广西民族预科教育协同创新研究基地	20	1	9	16	3	0	0	2	0	0
广西人口与新型城镇化研究中心	12	7	3	10	2	0	2	8	0	0
广西文艺评论基地	16	15	1	15	1	0	25	0	0	0
广西与东南亚民族研究人才小高地	25	18	7	15	6	4	18	310	130	0
广西知识产权培训(广西民族大学)基地	35	18	10	0	0	0	0	15	5	0
广西中小企业发展与管理创新重点研究基地	10	4	3	5	3	2	5	10	8	0
汉语国际教育研究中心	10	3	6	4	4	2	5	20	10	0
红色文化研究中心	12	8	3	7	3	0	2	2	0	0
马克思主义理论研究和建设工程研究基地	43	16	21	0	0	0	0	100	3	0
马克思主义理论研究基地	22	10	8	12	6	4	7	70	2	0
民族法文化与社区治理协同创新中心	43	18	16	16	17	10	23	200	15	0

续表

学校及机构名称	R&D 活动人员（人） 合计	其中 博士毕业	硕士毕业	高级职称	中级职称	初级职称	培养研究生人数（人）	R&D 经费支出（千元）	仪器设备原价（千元）	其中：进口（千元）
南方民族法学研究基地	40	25	15	23	13	4	18	105	45	0
外国语言学及应用语言学研究基地	12	6	4	7	3	2	7	20	10	0
文化遗产研究中心	9	5	3	6	2	1	4	10	8	0
文化遗产与科技文明重点研究基地	5	4	1	3	1	1	3	15	8	0
西方语言文学重点研究基地	9	4	4	5	2	2	4	10	10	0
一带一路沿线国家经贸合作国别研究基地	16	7	8	13	3	0	3	9	2	0
中国—东盟海上安全研究中心	15	14	1	11	3	0	5	10	0	0
中国—东盟信息重点研究基地	13	6	4	6	3	3	5	10	5	0
中国—东盟研究中心	25	12	9	15	8	2	53	130	100	0
中国—东盟语言文化重点研究基地	8	4	2	5	2	1	6	10	8	0
中国—东盟知识产权培训试点建设基地	10	6	4	4	3	3	8	260	105	0
中国南方与东南亚跨境民族研究基地	45	30	15	31	10	4	20	210	55	0
中国南方与东南亚民族研究中心	20	15	5	12	6	2	8	310	95	0
百色学院	49	2	20	14	20	15	0	1 110	511.86	0
广西马克思主义理论研究和建设工程研究基地	25	0	0	7	12	6	0	110	81	0
老区精神与老少边地区发展研究中心	24	2	20	7	8	9	0	1 000	430.86	0
广西科技师范学院	37	4	19	27	10	0	0	399.38	192.09	0
广西金秀大瑶山瑶族文化研究基地	13	3	7	11	2	0	0	270.65	92.8	0
课程与教学论	24	1	12	16	8	0	0	128.73	99.29	0
广西财经学院	254	113	131	88	100	58	50	4 200	519	0
广西（东盟）财经研究中心	19	6	13	8	6	5	0	700	65	0
广西金融研究院	48	18	20	16	20	4	16	1 000	140	0
广西经济预测与决策研究中心	60	28	32	14	25	21	14	500	50	0
广西数量经济重点实验室	35	15	20	15	13	7	0	600	100	0
海陆经济一体化与海上丝绸之路建设研究协同中心	60	34	26	19	24	17	20	650	56	0
海上丝绸之路与广西区域发展研究院	32	12	20	16	12	4	0	750	108	0

续表

学校及机构名称	R&D 活动人员(人)						培养研究生人数(人)	R&D 经费支出(千元)	仪器设备原价(千元)	
	合计	其中								其中:进口(千元)
		博士毕业	硕士毕业	高级职称	中级职称	初级职称				
钦州学院	61	12	38	10	6	0	0	1 300	1 080	0
北部湾港口物流与园区经济研究基地	15	4	0	4	0	0	0	0	30	0
北部湾海洋文化研究中心	34	4	30	0	0	0	0	1 000	50	0
北部湾现代港口物流重点实验室培育基地	12	4	8	6	6	0	0	300	1 000	0
桂林航天工业学院	41	5	25	26	9	6	0	300	60	0
广西航空物流研究中心	33	4	20	23	5	5	0	150	30	0
航空航天文化研究中心	8	1	5	3	4	1	0	150	30	0
桂林旅游学院	131	24	76	92	21	16	7	2 925.1	302	40
东盟旅游研究基地	5	1	3	2	1	2	0	500	200	40
广西旅游产业服务平台	41	10	20	34	3	4	0	0	0	0
广西旅游科学研究所	5	2	3	2	1	2	2	960	102	0
广西旅游数据中心	4	2	0	2	1	0	0	0	0	0
桂林桂旅规划设计研究院	28	4	20	15	7	6	0	654	0	0
民族特色旅游工艺品研究中心	19	1	13	14	4	1	0	339.4	0	0
休闲养生旅游研究中心	29	4	17	23	4	1	5	471.7	0	0
贺州学院	17	6	5	12	4	1	0	1 462	672	252
南岭走廊族群文化研究基地	17	6	5	12	4	1	0	1 462	672	252
广西经贸职业技术学院	8	1	0	3	0	0	0	0	0	0
农产品现代流通研究所	8	1	0	3	0	0	0	0	0	0
广西外国语学院	4	1	2	1	1	2	0	11	0	0
高等教育研究所	4	1	2	1	1	2	0	11	0	0
广西幼儿师范高等专科学校	31	3	15	10	15	6	0	105.2	1 721.3	0
广西幼儿教育师资培养基地	31	3	15	10	15	6	0	105.2	1 721.3	0
海南省										
海南大学	91	43	26	60	22	7	0	3 917	578	0
海南省历史文化研究基地	16	7	5	10	4	2	0	340	120	0
海南省南海法律研究中心	24	11	11	17	5	2	0	1 250	180	0
海南省全域旅游研究基地	17	12	3	13	4	0	0	400	110	0
热带农业发展研究所	18	5	4	11	3	2	0	1 195	116	0
社会科学研究中心	16	8	3	9	6	1	0	732	52	0

续表

学校及机构名称	R&D 活动人员(人)						培养研究生人数(人)	R&D 经费支出(千元)	仪器设备原价(千元)	
	合计	其中								其中:进口(千元)
		博士毕业	硕士毕业	高级职称	中级职称	初级职称				
海南热带海洋学院	13	8	3	7	4	1	0	85	300	0
海南国际海岛休闲度假旅游研究基地	4	3	1	2	1	0	0	30	80	0
海南省民族研究基地	6	3	1	3	2	1	0	45	120	0
海南省南海文明研究基地	3	2	1	2	1	0	0	10	100	0
海南师范大学	59	36	23	39	20	0	13	650	74	0
海南经济特区法治战略研究基地	10	5	5	6	4	0	0	15	12	0
海南省海上丝绸之路研究基地	6	4	2	5	1	0	0	20	10	0
海南省基础教育课程与教学研究基地	8	5	3	4	4	0	2	120	6	0
海南省南海区域文化研究基地	5	3	2	3	2	0	1	20	10	0
海南省社会舆情和治理研究中心	10	5	5	6	4	0	3	25	15	0
海南省生态文明研究中心	5	4	1	3	2	0	2	200	6	0
海南省中国特色社会主义理论体系研究中心	15	10	5	12	3	0	5	250	15	0
海南职业技术学院	23	1	22	1	19	3	0	50	25	0
海南省新型城镇化与职业教育发展研究基地	23	1	22	1	19	3	0	50	25	0
海口经济学院	8	0	3	6	2	0	0	22	86	0
海南省旅游商品研究基地	8	0	3	6	2	0	0	22	86	0
海南政法职业学院	32	6	26	6	20	6	0	40	30	0
海南省社会治理创新与人才培养研究基地	32	6	26	6	20	6	0	40	30	0
海南外国语职业学院	12	0	3	7	5	0	0	70	200	0
东盟语言与文化普及示范基地	9	0	2	6	3	0	0	40	90	0
海南省应用外语研究基地	3	0	1	1	2	0	0	30	110	0
琼台师范学院	6	1	5	4	2	0	0	20	10	0
海南省小学与幼儿教育基地	6	1	5	4	2	0	0	20	10	0
海南经贸职业技术学院	7	2	1	5	2	0	0	86	150	0
海南省对外经济贸易合作研究基地	7	2	1	5	2	0	0	86	150	0
三亚学院	9	5	4	6	3	0	0	60	200	0
海南省岛屿文化生态与社会发展研究基地	6	2	4	3	3	0	0	40	125	0

续表

学校及机构名称	R&D 活动人员(人)						培养研究生人数(人)	R&D 经费支出(千元)	仪器设备原价(千元)	其中:进口(千元)
	合计	其中								
		博士毕业	硕士毕业	高级职称	中级职称	初级职称				
海南丝路商业文明研究基地	3	3	0	3	0	0	0	20	75	0
重庆市										
重庆大学	320	237	83	233	86	0	307	6 630.72	8 102	0
地方政府治理协同创新中心	17	15	2	9	8	0	9	791	300	0
工商管理与经济发展研究中心	45	41	4	44	1	0	44	1 105.12	2 210	0
公共经济与公共政策研究中心	27	25	2	18	9	0	42	990.1	349	0
建设经济与管理中心	27	21	6	26	1	0	31	1 050.05	134	0
经略研究院	21	21	0	9	12	0	6	270	1 730	0
区域经济与科教战略研究中心	8	6	2	5	2	0	15	93	14	0
数字影视艺术理论与技术重庆市重点实验室	22	10	12	8	14	0	20	48	106	0
西部环境资源法制建设研究中心	22	19	3	20	2	0	25	15	169	0
现代物流重庆市市级重点实验室	44	44	0	38	6	0	43	1 008.15	2 001	0
语言认知及语言应用研究基地	18	15	3	17	1	0	26	180.05	136	0
重庆市人文社会科学普及基地	48	8	40	26	22	0	37	980.25	940	0
重庆市协同创新知识产权研究中心	21	12	9	13	8	0	9	100	13	0
重庆邮电大学	73	15	42	25	39	0	9	2 358.1	612.6	130
司法鉴定中心	11	4	5	6	5	0	2	1 102.5	30	20
外国语言文学研究中心	8	2	4	5	3	0	2	38	21	0
网络社会发展研究中心	35	5	24	9	18	0	3	580.6	413	110
信息产业发展研究中心	11	2	5	3	8	0	1	511	122	0
语言测试研究中心	8	2	4	2	5	0	1	126	26.6	0
重庆交通大学	80	41	18	44	30	3	31	1 080	741.3	22.8
口岸物流管理与航运经济研究中心	31	20	8	21	10	0	16	730	253	10.3
西部交通与经济社会发展研究中心	37	21	10	20	14	2	15	300	386.3	12.5
重庆市社会科学普及基地	12	0	0	3	6	1	0	50	102	0
重庆医科大学	36	5	31	18	16	2	29	417.3	86.5	0
医学与社会发展研究中心	36	5	31	18	16	2	29	417.3	86.5	0
西南大学	435	340	95	352	83	0	479	31 347.43	25 872.96	8 992.04
俄语国家研究中心	9	7	2	8	1	0	5	683.3	212.8	0
公共文化研究中心	17	15	2	14	3	0	16	1 510.35	392.68	104.8
汉语言文献研究所	25	17	8	18	7	0	31	2 269.54	687.8	231.6

续表

学校及机构名称	R&D活动人员(人)						培养研究生人数(人)	R&D经费支出(千元)	仪器设备原价(千元)	
	合计	其中								其中:进口(千元)
		博士毕业	硕士毕业	高级职称	中级职称	初级职称				
基础教育研究中心	20	14	6	17	3	0	26	2 386.99	1 525.8	382.9
科学教育研究中心	16	15	1	14	2	0	18	1 023.33	887.83	485.6
逻辑与智能研究中心	18	16	2	16	2	0	21	1 123.55	652.8	435.6
马克思主义理论研究中心	19	16	3	16	3	0	28	1 254.67	768.5	325.3
农村经济与管理研究中心	19	15	4	16	3	0	19	1 333.8	1 108.6	595
农业教育发展研究中心	18	14	4	14	4	0	20	939.8	652.8	285.6
三峡库区经济社会发展研究中心	14	11	3	9	5	0	8	898.1	452.1	222
体质评价与运动机能监控重点实验室	16	11	5	13	3	0	8	321.8	430.6	120.8
统筹城乡教育发展研究中心	22	18	4	19	3	0	34	1 307.3	765.8	206.7
外国语言学与外语教育研究中心	22	15	7	17	5	0	19	987.6	1 096.45	848.9
西南历史地理研究中心	19	15	4	14	5	0	18	1 034.9	542.7	347.2
西南民族教育与心理研究中心	19	16	3	17	2	0	42	2 865.3	1 698.3	856.4
希腊研究中心	8	6	2	6	2	0	6	680.5	109.6	0
心理健康教育研究中心	18	16	2	16	2	0	22	1 219.3	1 023.7	763
心理学与社会管理研究中心	18	15	3	16	2	0	20	1 078.3	8 563.2	964.2
伊朗研究中心	12	9	3	8	4	0	11	876.6	421.8	152.6
中国共产党革命精神与文化资源研究中心	18	13	5	15	3	0	19	1 021.6	735.8	120.3
中国基础教育质量监测协同创新西南大学分中心	24	16	8	19	5	0	28	2 546.2	649.3	389.04
中国抗战大后方研究协同创新中心	21	16	5	18	3	0	12	987.5	672.6	331.5
中国诗学研究中心	18	15	3	16	2	0	26	1 321.6	1 031.8	721
中国西部非公经济发展与扶贫反哺协同创新中心	25	19	6	16	9	0	22	1 675.5	789.6	102
重庆师范大学	189	99	90	117	67	5	149	1 642	1 695.9	467.8
高校党建思想研究中心	21	13	8	12	9	0	18	300	250	60
公民道德与社会建设研究中心	39	19	20	26	13	0	35	256	164	64
三峡文化与社会发展研究院	30	15	15	22	8	0	18	278.8	450	218
重庆市抗战文史研究基地	36	21	15	27	8	1	30	298.5	258.3	0
重庆市课程与教学研究基地	35	18	17	18	15	2	24	262.3	378	86
重庆市小学教师教育研究基地	28	13	15	12	14	2	24	246.4	195.6	39.8
重庆文理学院	54	22	31	28	22	4	9	600	39.6	0

续表

学校及机构名称	R&D活动人员(人) 合计	其中 博士毕业	硕士毕业	高级职称	中级职称	初级职称	培养研究生人数(人)	R&D经费支出(千元)	仪器设备原价(千元)	其中:进口(千元)
巴渝文化研究所	6	2	4	5	1	0	0	20	0	0
非物质文化遗产研究中心	14	8	6	4	8	2	9	324	39.6	0
教师发展研究所	4	0	4	2	2	0	0	18	0	0
教育创新研究院	12	7	5	6	5	1	0	200	0	0
思想政治教育研究中心	5	2	3	4	1	0	0	19	0	0
职业教育研究所	13	3	9	7	5	1	0	19	0	0
重庆三峡学院	40	16	22	24	16	0	6	3 586	725	0
三峡库区可持续发展研究中心	40	16	22	24	16	0	6	3 586	725	0
长江师范学院	211	107	87	127	70	7	7	25 892.25	1 931.8	0
白鹤梁石刻文化研究中心	10	5	4	5	5	0	0	137	40	0
地方政府治理研究中心	18	16	2	15	3	0	0	226	65	0
国家体育总局体育文化发展中心体育文化研究基地	34	4	20	14	19	1	0	3 350	56	0
教育科学研究院	6	4	2	3	3	0	0	406	30	0
数字媒体艺术研究中心	11	0	7	3	6	2	0	210	76	0
乌江流域民族文化研究基地	3	3	0	2	1	0	0	188	52	0
乌江流域社会经济文化研究中心	9	6	1	5	1	0	0	3 908.75	426.8	0
武陵山片区绿色发展协同创新中心	33	16	17	23	7	3	0	4 700	268	0
武陵山片区民族理论政策研究基地	20	8	12	10	6	0	0	330	42	0
武陵山区特色资源开发与利用研究中心	9	8	1	6	3	0	0	4 946.5	467	0
西南地区土司文化研究中心	10	5	5	8	2	0	0	225	0	0
中波文化研究中心	4	0	4	0	4	0	0	126	18	0
中美传媒比较研究中心	5	3	2	2	3	0	0	1 320	22	0
重庆长江经济带发展研究中心	8	5	3	4	4	0	0	1 289	76	0
重庆教育改革研究中心	7	5	2	5	2	0	0	1 870	130	0
重庆民族研究院	24	19	5	22	1	1	7	2 660	163	0
四川外国语大学	84	68	2	66	3	0	120	2 128.01	8 577.1	1 983.62
德国研究中心	5	4	1	5	0	0	12	200	130	0
国别经济与国际商务研究中心	9	9	0	7	0	0	0	150.7	356.5	22.7
金砖国家研究院	18	15	0	15	0	0	8	160	1 890	0
外国语文研究中心	8	6	1	8	0	0	48	508.78	117.87	50.16

续表

学校及机构名称	R&D 活动人员(人)						培养研究生人数(人)	R&D 经费支出(千元)	仪器设备原价(千元)	
	合计	其中								其中:进口(千元)
		博士毕业	硕士毕业	高级职称	中级职称	初级职称				
以色列研究中心	10	7	0	5	0	0	2	100	1 890	0
语言脑科学研究中心	9	6	0	6	0	0	25	100	2 200	1 900
中外文化比较研究中心	5	5	0	5	0	0	17	308.53	102.73	10.76
重庆“走出去”战略与金砖国家研究协同创新中心	20	16	0	15	3	0	8	600	1 890	0
西南政法大学	310	228	81	197	111	2	279	2 306.75	809.65	66.28
毒品犯罪与对策研究中心	18	7	11	10	8	0	12	130	50	0
人权研究院	38	32	6	24	14	0	28	525	58	30.69
市场交易法律制度研究基地	30	20	10	20	10	0	35	50	100	0
诉讼法与司法改革研究中心	25	15	10	15	10	0	32	183	67	0
西南民族法文化研究中心	21	11	9	13	8	0	25	82	115	0
知识产权保护协同创新中心	35	30	5	25	10	0	30	250.65	50.3	0
中国东盟法律研究中心	32	26	6	22	10	0	26	170	87	13.24
中国农村经济法制创新研究中心	26	13	13	12	14	0	28	300	200	0
中国社会稳定与危机管理研究中心	28	24	4	17	11	0	19	120	32	0
重庆市地方立法研究协同创新中心	38	32	6	27	10	1	32	210.5	40.1	22.35
重庆市高校维护稳定研究咨政中心	19	18	1	12	6	1	12	285.6	10.25	0
四川美术学院	36	25	9	27	6	3	23	1 971	255.5	0
当代视觉艺术研究中心	36	25	9	27	6	3	23	1 971	255.5	0
重庆理工大学	58	36	22	37	17	0	13	3 732.5	2 192.7	570.2
财会研究与开发中心	19	11	8	13	5	0	4	1 183.8	810.2	305
劳动经济与人力资源研究中心	20	12	8	12	6	0	4	1 006.6	601	265.2
新视野管理咨询与企业诊断研究中心	11	7	4	6	4	0	4	1 185.6	516.3	0
重庆市金融衍生品创新与应用中心	8	6	2	6	2	0	1	356.5	265.2	0
重庆工商大学	391	240	110	231	112	11	1 076	14 650	10 762	55
巴渝文化研究所	12	3	8	2	9	1	0	25	8	0
产业经济研究院	41	34	4	39	2	0	541	4 300	3 148	0
长江上游经济研究中心	42	39	3	42	0	0	0	4 300	3 148	0
大学生发展研究中心	7	3	4	1	6	0	0	40	35	0
法学研究所	10	4	6	2	8	0	0	60	50	0
高等教育研究所	6	1	4	1	4	1	0	30	15	0

续表

学校及机构名称	R&D活动人员(人)						培养研究生人数(人)	R&D经费支出(千元)	仪器设备原价(千元)	其中:进口(千元)
	合计	其中								
		博士毕业	硕士毕业	高级职称	中级职称	初级职称				
金融研究所	8	4	4	3	5	0	0	25	20	0
廉政研究中心	58	26	21	40	18	0	0	1 800	460	0
企业管理研究中心	58	42	12	34	20	4	50	450	280	50
区域经济研究院	26	22	4	26	0	0	446	2 800	3 148	0
商务策划研究所	15	8	3	6	6	3	0	150	130	5
现代会计研究所	10	5	3	4	4	2	0	110	80	0
重庆市高校网络舆情与思想动态研究咨政中心	80	40	25	16	27	0	6	480	240	0
重庆中国特色社会主义理论研究中心	18	9	9	15	3	0	33	80	0	0
重庆海联职业技术学院	6	0	3	0	3	0	0	9.4	108.6	0
大学生心理健康中心	6	0	3	0	3	0	0	9.4	108.6	0
重庆信息技术职业学院	7	2	0	4	3	0	0	15.5	30	0
高职研究所	2	1	0	1	1	0	0	9.5	20	0
孔子研究所	5	1	0	3	2	0	0	6	10	0
重庆商务职业学院	16	2	12	6	10	0	0	180	65	0
高等职业教育研究所	8	1	5	3	5	0	0	50	30	0
现代服务业研究中心	8	1	7	3	5	0	0	130	35	0
重庆第二师范学院	49	20	29	35	14	0	0	1 032.8	178	0
重庆市统筹城乡教师教育研究中心	49	20	29	35	14	0	0	1 032.8	178	0
重庆幼儿师范高等专科学校	16	0	7	9	7	0	0	1 380	1 220	0
美术实训基地建设	8	0	4	4	4	0	0	1 020	980	0
学前教育实验室	8	0	3	5	3	0	0	360	240	0
四川省										
四川大学	212	153	53	133	62	2	208	3 710	571.55	0
道教与宗教文化研究所	33	27	1	22	6	0	38	600	45	0
南亚研究所	18	13	5	15	3	0	24	720	21.44	0
儒学研究中心	22	16	6	14	8	0	3	200	40	0
社会发展与社会风险控制研究中心	26	6	20	12	5	0	30	400	8.2	0
系统科学与企业发展研究中心	65	48	17	27	38	0	30	390	100	0
中国藏学研究所	19	15	3	14	2	2	10	900	89	0
中国俗文化研究所	29	28	1	29	0	0	73	500	267.91	0

续表

学校及机构名称	R&D 活动人员(人)						培养研究生人数(人)	R&D 经费支出(千元)	仪器设备原价(千元)	
	合计	其中								其中:进口(千元)
		博士毕业	硕士毕业	高级职称	中级职称	初级职称				
西南交通大学	101	43	50	46	47	8	112	600	540	0
四川省中国高铁国际化发展 2011 协同创新中心	14	7	5	7	5	2	5	150	120	0
西部交通战略与区域发展研究中心	25	10	15	6	19	0	32	150	120	0
现代设计与文化研究中心	30	15	9	22	3	5	65	150	120	0
心理健康教育研究中心	32	11	21	11	20	1	10	150	180	0
电子科技大学	61	35	21	38	14	9	12	510	2 664	0
公共管理研究所	14	1	9	7	5	2	0	100	1 678	0
管理科学与工程研究中心	12	2	9	6	4	2	0	110	886	0
数字文化传媒研究中心	35	32	3	25	5	5	12	300	100	0
西南石油大学	49	23	22	23	23	0	2	1 320	257	0
川籍革命家研究中心	3	2	1	1	2	0	0	50	15	0
非物质文化遗产保护传承与纪录片创作研究中心	3	0	2	1	2	0	0	50	12	0
国际油气资源区语言文化研究中心	3	0	3	1	2	0	0	50	10	0
基层政府公共治理与服务研究中心	4	2	2	2	2	0	0	100	20	0
马克思主义与中国传统文化研究所	3	2	1	1	2	0	0	50	12	0
能源安全与文化社科普及基地	4	3	1	3	1	0	0	160	20	0
社会工作研究所	3	1	2	1	2	0	2	50	8	0
四川石油天然气发展研究中心	7	5	2	5	2	0	0	260	30	0
西南石油大学 D+智慧体育与健康研究中心	5	1	3	1	2	0	0	50	30	0
西南石油大学能源法学研究中心	3	1	2	1	2	0	0	50	15	0
习近平新时代中国特色社会主义思想研究中心	5	3	1	4	0	0	0	300	50	0
校企共建数据管理研究所	3	2	1	2	1	0	0	100	25	0
新媒体与民族影视文化研究中心	3	1	1	0	3	0	0	50	10	0
成都理工大学	238	60	145	122	96	20	75	7 330	1 816	755
川剧艺术研究所	11	3	5	8	3	0	5	100	800	500
传媒艺术教育研究所	10	2	6	2	7	1	4	30	86	20
电视科教纪录片研究所	10	2	8	4	5	1	4	30	300	100
电子商务研究所	10	3	6	3	6	1	5	90	270	135

续表

学校及机构名称	R&D 活动人员(人)						培养研究生人数(人)	R&D 经费支出(千元)	仪器设备原价(千元)	
	合计	其中								其中:进口(千元)
		博士毕业	硕士毕业	高级职称	中级职称	初级职称				
国际关系与国际问题研究中心	11	4	7	9	2	0	3	20	10	0
金融与投资研究所	20	7	13	12	8	0	9	200	30	0
旅游与城镇规划研究所	45	10	32	25	15	5	13	4 930	100	0
区域可持续发展研究所	15	5	4	12	2	1	3	350	20	0
日本语言文化研究所	10	1	6	2	6	2	0	30	10	0
四川矿产资源研究中心	30	6	19	20	8	2	5	890	80	0
心理学研究所	20	2	13	5	15	0	4	40	10	0
应用社会学研究所	10	3	6	6	4	0	5	40	30	0
证券研究所	8	3	5	3	2	3	3	50	30	0
职业经理研究所	13	2	7	3	9	1	5	30	10	0
资源与环境经济普及基地	15	7	8	8	4	3	7	500	30	0
西南科技大学	35	4	20	8	0	7	13	146	247	0
四川犯罪防控研究中心	12	1	8	5	0	7	6	45	90.4	0
四川外国语言文学研究中心	8	1	6	2	0	0	3	45	58.8	0
四川循环经济研究中心	15	2	6	1	0	0	4	56	97.8	0
成都信息工程大学	34	12	15	17	11	5	5	1 200	590	0
国家统计局统计信息技术与数据挖掘重点开放实验室	8	3	3	4	3	1	0	300	240	0
四川科技与经济统计研究中心	10	2	5	4	3	3	5	500	200	0
四川省电子商务与现代物流研究中心	10	6	3	5	4	1	0	280	100	0
网络文化研究中心	6	1	4	4	1	0	0	120	50	0
四川理工学院	257	75	138	123	102	28	20	2 273	22 052	7 531
川酒发展研究中心	78	29	38	45	28	2	12	300	18 102	7 531
川酒文化国际传播研究中心	49	9	36	19	22	8	0	260	3 520	0
基层司法能力研究中心	50	12	29	22	20	7	8	1 008	100	0
中国盐文化研究中心	80	25	35	37	32	11	0	705	330	0
西华大学	87	39	44	70	17	0	90	2 087	910	0
地方文化资源开发与保护研究中心	44	20	20	37	7	0	25	1 918	300	0
工业设计产业研究中心	16	4	12	7	9	0	26	16	200	0
旅游景区管理研究基地	12	8	4	11	1	0	9	55	10	0

续表

学校及机构名称	R&D 活动人员(人)						培养研究生人数(人)	R&D 经费支出(千元)	仪器设备原价(千元)	其中:进口(千元)
	合计	其中								
		博士毕业	硕士毕业	高级职称	中级职称	初级职称				
四川省新农村乡风文明建设研究中心	15	7	8	15	0	0	30	98	400	0
四川农业大学	3	3	0	2	1	0	0	78.1	22.3	0
四川省农村发展研究中心	3	3	0	2	1	0	0	78.1	22.3	0
西昌学院	13	3	7	5	7	1	0	30	23.9	0
马铃薯主粮化战略研究中心	5	0	2	2	2	1	0	5	3.1	0
四川民族山地经济发展研究中心	4	1	3	2	2	0	0	5	2.4	0
彝族文化研究中心	4	2	2	1	3	0	0	20	18.4	0
西南医科大学	25	4	18	12	11	2	0	310	55	0
四川医事卫生法治研究中心	22	3	16	10	10	2	0	10	5	0
四川医院管理与发展研究中心	3	1	2	2	1	0	0	300	50	0
成都中医药大学	18	4	6	5	6	7	3	125	38	0
高教研究与评价中心	6	1	2	2	2	2	0	45	18	0
中医药文化中心古籍文献研究所	12	3	4	3	4	5	3	80	20	0
川北医学院	3	1	2	1	2	0	0	200	20	0
四川省基层卫生事业发展研究中心	3	1	2	1	2	0	0	200	20	0
四川师范大学	71	21	49	26	43	2	27	1 520	2 100	0
巴蜀文化研究中心	13	3	9	5	8	0	3	800	800	0
多元文化研究中心	16	4	12	5	11	0	8	400	500	0
教育大数据协同创新中心	12	6	6	4	8	0	0	100	200	0
四川省教师教育研究中心	18	4	14	8	10	0	16	120	400	0
四川省社会信用体系建设协同创新中心	12	4	8	4	6	2	0	100	200	0
西华师范大学	287	135	101	116	107	38	52	3 280	804.8	0
埃塞俄比亚研究中心	6	2	4	2	3	0	0	120	10	0
巴基斯坦研究中心	10	5	4	4	5	1	2	200	50	0
巴蜀石窟寺研究所	7	4	3	3	3	0	0	120	10	0
川陕革命根据地研究中心	8	3	2	3	5	0	0	120	0	0
地方廉政建设研究中心	10	5	4	2	2	1	0	200	50	0
法学研究所	9	4	0	5	3	1	0	120	10	0
高等教育研究所	5	3	1	2	1	1	0	25	15	0
公共政策与社会治理研究中心	12	5	7	4	2	0	0	120	10	0

续表

学校及机构名称	R&D活动人员(人)						培养研究生人数(人)	R&D经费支出(千元)	仪器设备原价(千元)	
	合计	其中								其中:进口(千元)
		博士毕业	硕士毕业	高级职称	中级职称	初级职称				
古籍整理研究所	5	2	2	3	2	0	0	120	16.5	0
国学院	40	32	6	20	15	3	5	120	50	0
红色文化研究中心	8	3	3	4	4	0	0	120	10.5	0
基层民主与基层治理研究中心	10	6	3	2	3	1	0	120	30	0
教育现代化研究所	10	5	5	7	3	0	0	120	8	0
教育信息化研究中心	12	3	9	4	6	2	0	120	10.8	0
旅游发展划研究中心	10	3	4	2	2	5	0	200	100	0
民族与民俗文化传播研究中心	6	2	3	2	3	1	0	100	30	0
区域文化研究中心	10	5	3	5	3	2	0	35	20	0
蜀道研究院	10	5	4	3	7	0	0	120	13	0
四川古城堡文化研究中心	8	5	2	3	3	2	0	100	30	0
四川省大学生思想政治教育研究中心	10	5	3	4	2	4	0	50	35	0
四川省教育发展研究中心	10	3	3	5	4	1	35	200	100	0
四川新型农村城镇化研究中心	8	5	3	3	2	2	0	120	16	0
体育文化研究基地	10	1	5	3	5	2	0	60	35	0
文化遗产研究院	25	10	5	8	10	5	10	150	60	0
英语国家文化研究所	7	4	3	3	2	2	0	120	17	0
中国书法研究所	8	1	4	4	2	0	0	90	10	0
中国周边国家研究所	8	3	3	3	3	2	0	70	40	0
朱德研究中心	5	1	3	3	2	0	0	120	18	0
绵阳师范学院	17	5	4	9	1	3	0	2 453.4	1 156.8	0
李白文化研究中心	5	1	2	3	1	1	0	462	100	0
民间文化研究中心	4	2	1	2	0	1	0	1 437.8	906.8	0
四川县域经济研究中心	8	2	1	4	0	1	0	553.6	150	0
内江师范学院	6	1	3	2	4	0	0	234.9	6	0
四川张大千研究中心	6	1	3	2	4	0	0	234.9	6	0
宜宾学院	127	28	71	70	35	19	0	914	1 605	0
长江上游航运物流协同创新中心	14	4	10	10	4	0	0	100	150	0
高等教育研究所	21	4	8	15	3	3	0	34	55	0
农村社区治理研究中心	15	3	10	2	8	5	0	90	150	0
农村幼儿教育研究中心	12	2	7	9	2	1	0	100	200	0

续表

学校及机构名称	R&D活动人员(人)						培养研究生人数(人)	R&D经费支出(千元)	仪器设备原价(千元)	其中:进口(千元)
	合计	其中								
		博士毕业	硕士毕业	高级职称	中级职称	初级职称				
社区矫正研究中心	21	3	14	8	6	7	0	90	150	0
水运经济研究中心	15	2	8	6	4	3	0	100	150	0
四川思想家研究中心	10	4	4	6	3	0	0	150	300	0
新建院校改革与发展研究中心	7	3	2	5	2	0	0	100	150	0
中国酒史研究中心	12	3	8	9	3	0	0	150	300	0
四川文理学院	14	3	9	4	8	2	0	92	70	0
巴文化研究院	8	2	6	2	5	1	0	50	50	0
四川革命老区发展研究中心	6	1	3	2	3	1	0	42	20	0
阿坝师范学院	4	0	1	0	4	0	0	25	13	0
藏羌民族文化艺术研究所	4	0	1	0	4	0	0	25	13	0
乐山师范学院	119	23	78	46	52	20	7	630	264	0
藏彝走廊音乐研究中心	8	1	5	1	6	1	0	22	17	0
农村教育研究中心	8	1	5	3	4	1	0	38	18	0
社区发展研究中心	24	6	12	15	4	4	2	44	19	0
思想政治教育研究中心	21	3	17	10	10	1	0	45	21	0
四川郭沫若研究中心	6	3	2	5	1	0	3	79	24	0
四川基层公共文化服务研究中心	18	6	10	4	14	0	0	96	50	0
四川旅游发展研究中心	12	3	9	5	6	1	2	204	61	0
四川特殊教育发展研究中心	22	0	18	3	7	12	0	102	54	0
西南财经大学	143	122	19	115	28	0	168	3 820	384	0
公共政策创新研究中心	35	32	3	31	4	0	32	350	70	0
金融智能与金融工程四川省重点实验室	24	23	1	20	4	0	70	990	180	0
老龄化与社会保障研究中心	17	16	1	15	2	0	9	210	13	0
中国金融法研究中心	27	20	7	17	10	0	22	270	8	0
中国金融研究中心	20	15	5	18	2	0	20	1 450	100	0
中国政府审计研究中心	20	16	2	14	6	0	15	550	13	0
成都体育学院	61	12	36	27	12	9	0	160	99.9	18
体育社会科学研究中心	61	12	36	27	12	9	0	160	99.9	18
四川音乐学院	35	10	16	18	8	4	15	636	7 464	5 000
数字媒体艺术四川省重点实验室	12	3	8	11	1	0	15	150	7 400	5 000
西南音乐研究中心	13	4	4	4	3	1	0	431	58	0

续表

学校及机构名称	R&D 活动人员(人)						培养研究生人数(人)	R&D 经费支出(千元)	仪器设备原价(千元)	
	合计	其中								其中:进口(千元)
		博士毕业	硕士毕业	高级职称	中级职称	初级职称				
音乐研究所	10	3	4	3	4	3	0	55	6	0
西南民族大学	149	59	63	89	34	23	174	2 360	479	0
美学研究中心	8	2	5	4	2	2	15	230	50	0
青藏高原经济社会与文化发展研究中心	10	1	2	3	5	2	0	150	29	0
少数民族双语教育普及基地	46	8	30	27	10	9	0	400	40	0
少数民族哲学思想与文化传承创新研究基地	8	5	1	7	1	0	14	800	250	0
四川省民族地区法治建设与法律知识普及基地	10	2	5	3	4	3	5	150	20	0
西南民族研究基地	11	2	6	2	5	3	120	230	50	0
中国西部民族经济研究中心	41	34	6	33	5	2	20	200	20	0
中国彝学研究中心	15	5	8	10	2	2	0	200	20	0
成都学院	131	40	81	22	70	32	0	840.5	172	0
四川动漫研究中心	25	7	18	5	12	8	0	200.5	115	0
四川景观与游憩研究中心	52	11	41	8	35	9	0	10	2	0
四川省泰国研究中心	24	6	15	3	10	6	0	50	33	0
四川休闲体育产业发展研究中心	17	7	3	2	8	7	0	100	5	0
天府文化研究院	5	2	3	2	2	1	0	130	15	0
统筹城乡教育发展研究中心	8	7	1	2	3	1	0	350	2	0
成都工业学院	4	0	4	2	2	0	0	70	23	0
四川性社会学与性教育研究中心	4	0	4	2	2	0	0	70	23	0
攀枝花学院	12	8	4	11	1	0	3	100	20	0
资源型城市发展研究中心	12	8	4	11	1	0	3	100	20	0
四川旅游学院	7	1	4	6	1	0	0	70	70.2	0
川菜发展研究中心	7	1	4	6	1	0	0	70	70.2	0
四川民族学院	5	0	3	3	1	1	0	253.6	213.7	0
康巴发展研究中心	5	0	3	3	1	1	0	253.6	213.7	0
四川警察学院	110	10	74	102	7	1	80	680	2 519	0
社会治理创新研究中心	24	1	17	22	2	0	20	91	1 200	0
四川反恐怖主义研究中心	23	2	18	23	0	0	0	320	390.5	0
四川警察执法研究中心	24	1	17	22	2	0	20	86	390.5	0

续表

学校及机构名称	R&D活动人员(人)						培养研究生人数(人)	R&D经费支出(千元)	仪器设备原价(千元)	其中:进口(千元)
	合计	其中								
		博士毕业	硕士毕业	高级职称	中级职称	初级职称				
四川社会治安与社会管理创新研究中心	20	6	11	18	2	0	20	94	338	0
四川思想政治研究中心	19	0	11	17	1	1	20	89	200	0
四川交通职业技术学院	5	0	4	1	1	3	0	400	40	0
四川高等职业教育研究中心	5	0	4	1	1	3	0	400	40	0
四川工商职业技术学院	3	0	3	1	1	1	0	5	2	0
都江堰旅游研究中心	3	0	3	1	1	1	0	5	2	0
达州职业技术学院	3	0	2	1	2	0	0	50	20	0
高职教育发展研究中心	3	0	2	1	2	0	0	50	20	0
四川国际标榜职业学院	1	0	0	0	1	0	0	15	20	0
中国传统文化与现代管理研究所	1	0	0	0	1	0	0	15	20	0
泸州职业技术学院	8	2	2	5	2	1	0	40	55	0
泸酒产业文化研究中心	3	0	2	2	1	0	0	10	30	0
泸州地方文化研究所	1	1	0	0	1	0	0	10	5	0
泸州市民间艺术非遗研究与传承中心	3	0	0	2	0	1	0	10	10	0
泸州职业教育研究中心	1	1	0	1	0	0	0	10	10	0
成都文理学院	12	0	5	3	4	5	0	61.48	35	0
西部民歌研究所	12	0	5	3	4	5	0	61.48	35	0
四川外国语大学成都学院	15	0	13	2	13	0	0	15	8	0
翻译研究中心	15	0	13	2	13	0	0	15	8	0
成都医学院	26	8	9	16	7	1	4	37	7 000	1 100
四川应用心理学研究中心	26	8	9	16	7	1	4	37	7 000	1 100
四川文化产业职业学院	6	0	5	1	2	3	0	200	20	0
文化产业发展研究中心	6	0	5	1	2	3	0	200	20	0
四川城市职业学院	4	0	4	3	1	0	0	10	2	0
四川省民办教育研究中心	4	0	4	3	1	0	0	10	2	0
四川幼儿师范高等专科学校	57	0	7	35	20	2	0	110	20	0
白马人文化艺术研究中心	4	0	1	2	2	0	0	20	5	0
川西北民俗文化研究中心	8	0	1	5	3	0	0	20	5	0
绵阳幼儿教育与发展研究中心	31	0	3	20	9	2	0	60	5	0
小学教育研究中心	14	0	2	8	6	0	0	10	5	0

续表

学校及机构名称	R&D 活动人员(人)						培养研究生人数(人)	R&D 经费支出(千元)	仪器设备原价(千元)	其中:进口(千元)
	合计	其中								
		博士毕业	硕士毕业	高级职称	中级职称	初级职称				
成都师范学院	71	15	34	34	12	1	0	750	275.72	0
四川 0—3 岁儿童早期发展与教育研究中心	3	1	1	3	0	0	0	50	6	0
四川少年儿童组织与思想意识教育研究中心	6	4	0	3	2	0	0	300	187.72	0
四川省教育信息化应用与发展研究中心	4	0	2	3	1	0	0	200	60	0
四川省心理与行为科学普及基地	52	8	30	20	8	1	0	100	6	0
四川中小学教师师德研究中心	4	1	1	3	1	0	0	50	8	0
四川中小学教师专业发展研究中心	2	1	0	2	0	0	0	50	8	0
川北幼儿师范高等专科学校	6	0	6	1	2	3	0	0.8	15	0
蜀道文化研究所	6	0	6	1	2	3	0	0.8	15	0
成都工业职业技术学院	19	0	4	12	7	0	0	200	500	0
财经职业能力发展中心	19	0	4	12	7	0	0	200	500	0
贵州省										
贵州大学	64	49	14	58	5	0	48	1 150	330	0
东盟研究院	4	4	0	4	0	0	6	500	200	0
喀斯特地区发展战略研究中心	14	10	3	10	3	0	12	100	20	0
马克思主义经济学发展与应用研究中心	10	7	3	9	1	0	0	100	20	0
人口、社会、法制研究中心	10	8	2	9	1	0	9	100	20	0
中国西部发展能力研究中心	15	11	4	15	0	0	9	250	50	0
中华传统文化与贵州地域文化研究中心	11	9	2	11	0	0	12	100	20	0
遵义医学院	8	6	2	7	1	0	7	80	20	0
贵州省高校人文医学研究中心	8	6	2	7	1	0	7	80	20	0
贵州师范大学	7	5	2	1	4	2	0	219	20	0
喀斯特生态文明研究中心	7	5	2	1	4	2	0	219	20	0
遵义师范学院	88	29	50	68	14	6	0	50.5	18	0
红色文化研究中心	41	15	21	38	0	3	0	30.5	8	0
黔北文化研究中心	22	8	10	11	8	3	0	10	5	0
中国共产党革命精神与文化资源研究中心	25	6	19	19	6	0	0	10	5	0

续表

学校及机构名称	R&D 活动人员(人)						培养研究生人数(人)	R&D 经费支出(千元)	仪器设备原价(千元)	其中:进口(千元)
	合计	其中								
		博士毕业	硕士毕业	高级职称	中级职称	初级职称				
安顺学院	4	1	0	2	2	0	0	150	400	0
贵州省屯堡文化研究中心	4	1	0	2	2	0	0	150	400	0
贵州工程应用技术学院	12	1	2	7	2	3	0	298.3	107	0
毕节试验区研究院	3	0	1	2	1	0	0	49.6	32	0
彝学研究院	9	1	1	5	1	3	0	248.7	75	0
凯里学院	10	2	5	6	4	0	0	50	0	0
贵州原生态民族文化研究中心	10	2	5	6	4	0	0	50	0	0
贵州财经大学	54	35	11	36	10	4	48	1 590.8	552	0
贵州省经济系统仿真重点实验室	12	7	5	7	2	3	15	500	500	0
欠发达地区经济发展研究中心	15	8	3	10	3	0	21	100	0	0
欠发达地区普惠金融协同创新中心	5	4	1	4	1	0	0	350	20	0
中国西部减贫与发展协同创新中心	6	4	0	2	2	0	0	350.8	32	0
中国西部绿色发展战略研究院	6	6	0	4	2	0	0	240	0	0
中国西部现代化发展研究中心	10	6	2	9	0	1	12	50	0	0
贵州民族大学	55	26	29	34	20	0	79	3 871	1 047	0
法制与民族地区发展研究中心	15	6	9	8	7	0	24	1 280	350	0
贵州世居民族研究中心	16	7	9	9	6	0	25	1 221	321	0
民族地区社会治理创新研究基地	5	2	3	4	1	0	0	50	1	0
民族民间文化教育传承创新重点研究基地	5	4	1	4	1	0	0	200	10	0
民族文化与民族地区社会管理创新研究中心	14	7	7	9	5	0	30	1 120	365	0
贵阳学院	9	8	1	9	0	0	0	500	0	0
阳明学与黔学研究院	9	8	1	9	0	0	0	500	0	0
贵州师范学院	15	12	3	12	3	0	0	1 100	50	0
贵州教育发展研究中心	5	5	0	5	0	0	0	200	0	0
中国山地民族研究中心	10	7	3	7	3	0	0	900	50	0
贵州职业技术学院	26	3	8	23	2	1	0	10	7.8	0
现代远程教育研究中心	26	3	8	23	2	1	0	10	7.8	0
铜仁幼儿师范高等专科学校	8	0	5	3	5	0	0	20	0	0
黔东女性文学研究工作室	4	0	2	2	2	0	0	10	0	0
铜仁市幼儿教师发展中心	4	0	3	1	3	0	0	10	0	0

续表

学校及机构名称	R&D活动人员(人) 合计	其中 博士毕业	硕士毕业	高级职称	中级职称	初级职称	培养研究生人数(人)	R&D经费支出(千元)	仪器设备原价(千元)	其中:进口(千元)
云南省										
云南大学	131	76	29	60	35	17	631	4 605.65	0	0
发展研究院	46	29	5	25	14	0	250	1 977.3	0	0
高等教育研究院	15	12	3	9	6	0	121	413.75	0	0
国际关系研究院	54	23	17	21	12	11	190	960	0	0
国家文化产业研究中心	16	12	4	5	3	6	70	1 254.6	0	0
昆明理工大学	11	5	6	8	3	0	0	90	80	0
云南现代化管理与新型工业化研究基地	11	5	6	8	3	0	0	90	80	0
云南农业大学	127	46	73	85	36	6	0	1 143	250.9	0
电子商务研究所	10	0	4	4	3	3	0	20	120	0
科学技术史研究所	12	9	3	9	3	0	0	50	10	0
马克思主义与“三农”研究中心	4	3	1	2	2	0	0	50	40	0
农村发展政策研究中心	4	1	3	2	2	0	0	54	34.2	0
农业教育研究所	6	2	3	2	3	1	0	59	6.7	0
新农村发展研究院	6	2	4	3	2	1	0	500	0	0
云南“三农”问题与新农村建设研究基地	17	1	16	5	11	1	0	110	0	0
云南农村发展智库	35	15	20	31	4	0	0	200	30	0
云南农业发展智库	18	12	6	17	1	0	0	80	10	0
职业教育研究所	15	1	13	10	5	0	0	20	0	0
西南林业大学	77	35	42	58	19	0	0	888.72	200	0
绿色发展智库	22	18	4	18	4	0	0	120	0	0
云南林业经济研究智库	17	8	9	8	9	0	0	0	0	0
云南省森林资产管理及林权制度研究基地	38	9	29	32	6	0	0	768.72	200	0
大理大学	42	20	14	15	15	9	38	440	160	0
滇西边境山区民族教育问题研究	8	3	4	2	3	3	10	50	5	0
国家民委民族理论政策研究基地	3	2	1	2	1	0	3	40	30	0
经济研究所	5	0	0	2	2	1	5	0	0	0
民族文化研究院	8	5	2	2	2	1	8	100	45	0
南诏大理历史文化传承与发展研究基地	4	1	3	2	1	1	2	50	20	0

续表

学校及机构名称	R&D 活动人员(人)						培养研究生人数(人)	R&D 经费支出(千元)	仪器设备原价(千元)	
	合计	其中								其中:进口(千元)
		博士毕业	硕士毕业	高级职称	中级职称	初级职称				
云南宗教治理与民族团结进步智库	8	6	2	2	4	2	6	100	20	0
中国族际政治和谐治理创新团队	6	3	2	3	2	1	4	100	40	0
云南师范大学	36	22	14	23	13	0	21	2 536	60.9	0
国家体育总局体育文化研究基地	4	2	2	2	2	0	2	100	10	0
西南边疆民族文化传承传播协同创新中心	6	4	2	4	2	0	2	1 500	0	0
云南教育发展与西南联大研究基地	4	2	2	2	2	0	3	100	0	0
云南旅游产业发展研究基地	3	2	1	3	0	0	3	100	6	0
云南人力资源开发与管理研究基地	5	3	2	3	2	0	3	100	0	0
云南少数民族哲学思想研究基地	3	2	1	2	1	0	2	100	6.9	0
云南省党的群众路线研究基地	3	2	1	2	1	0	1	100	0	0
云南省舆情研究基地	4	2	2	2	2	0	2	356	38	0
中国西南对外开放与边疆安全研究中心	4	3	1	3	1	0	3	80	0	0
曲靖师范学院	22	12	7	10	9	3	0	637	1 660	0
曲靖市旅游发展研究院	6	2	3	2	4	0	0	345	1 453	0
云南城市文化研究基地	11	6	3	6	3	2	0	172	97	0
中国铜商文化研究院	5	4	1	2	2	1	0	120	110	0
保山学院	25	3	13	5	9	11	0	300	133	0
云南省高校宝玉石特色产业研究与发展工程研究中心	10	0	5	2	4	4	0	200	120	0
云南杨善洲精神研究基地	15	3	8	3	5	7	0	100	13	0
红河学院	11	1	2	4	5	2	0	340	30	0
滇越合作研究基地	5	0	2	2	2	1	0	210	30	0
云南国际哈尼/阿卡社会历史与文化发展研究基地	6	1	0	2	3	1	0	130	0	0
云南财经大学	82	47	23	49	28	5	204	4 838.27	1 817.09	0
财政税收研究所	5	2	3	4	1	0	31	300	5	0
滇商研究院	3	1	1	2	1	0	0	117.61	42.09	0
公共政策研究中心	5	4	1	3	2	0	5	800	309.5	0
金融研究院	6	5	1	3	3	0	0	723	0	0
经济研究院	9	4	2	8	1	0	49	659	80	0
经济制度与经济政策研究所	5	3	2	4	1	0	20	37.16	39.4	0

续表

学校及机构名称	R&D活动人员(人) 合计	其中 博士毕业	硕士毕业	高级职称	中级职称	初级职称	培养研究生人数(人)	R&D经费支出(千元)	仪器设备原价(千元)	其中:进口(千元)
旅游文化产业研究院	6	4	1	4	2	0	22	30	195	0
区域发展研究所	8	5	1	5	3	0	0	210.8	0	0
社会与经济行为研究中心	5	4	0	1	3	1	14	40	200	0
印度洋地区研究中心	9	7	1	6	1	2	51	1 500	320	0
云南省经济社会大数据研究院	13	4	6	5	7	1	8	400	583.1	0
哲学与伦理研究所	8	4	4	4	3	1	4	20.7	43	0
云南艺术学院	54	10	13	50	2	0	17	3 577.18	1 713.29	540
民族非物质文化遗产协同创新中心	26	6	0	25	1	0	0	1 617.17	214.63	0
民族艺术研究所	4	1	1	3	1	0	10	381.12	121.27	0
云南非物质文化遗产研究基地	24	3	12	22	0	0	7	1 578.89	1 377.39	540
云南民族大学	38	23	10	24	13	1	141	265	0	0
云南民族研究所	38	23	10	24	13	1	141	265	0	0
玉溪师范学院	10	4	3	3	4	2	0	526.87	560	0
湄公河次区域民族民间文化传习馆	10	4	3	3	4	2	0	526.87	560	0
楚雄师范学院	6	1	4	3	3	0	0	4 691.8	55	0
地方民族文化研究院	6	1	4	3	3	0	0	4 691.8	55	0
昆明学院	20	9	5	11	8	1	0	802.93	1 636.86	0
滇池(湖泊)流域生态文化研究基地	6	2	3	4	2	0	0	270.85	1 407.49	0
昆明科学发展研究院	8	4	0	4	3	1	0	481	131.72	0
昆明南亚东南亚合作战略研究院	6	3	2	3	3	0	0	51.08	97.65	0
文山学院	5	1	2	3	2	0	0	30	180	50
民族文化传承创新研究中心	5	1	2	3	2	0	0	30	180	50
云南大学旅游文化学院	8	0	5	5	3	0	0	50	0	0
丽江市发展研究中心	3	0	0	3	0	0	0	50	0	0
丽江市旅游发展研究中心	5	0	5	2	3	0	0	0	0	0
丽江师范高等专科学校	36	4	22	22	10	4	0	23.5	0	0
丽江市经济发展研究中心	33	3	21	20	10	3	0	3.5	0	0
民族文化研究中心	3	1	1	2	0	1	0	20	0	0
滇西应用技术大学	7	1	3	2	0	2	0	2	0	0
滇西金融研究院	7	1	3	2	0	2	0	2	0	0

续表

学校及机构名称	R&D 活动人员(人)						培养研究生人数(人)	R&D 经费支出(千元)	仪器设备原价(千元)	
	合计	其中								其中:进口(千元)
		博士毕业	硕士毕业	高级职称	中级职称	初级职称				
西藏自治区										
西藏大学	13	5	4	0	4	0	5	2 610.58	2 548.16	0
中国藏学研究所	13	5	4	0	4	0	5	2 610.58	2 548.16	0
西藏民族大学	176	46	113	46	79	14	71	3 335	1 152	0
藏学研究所	18	3	12	2	10	4	0	26	0	0
佛教文化交流中心	12	2	4	2	6	4	0	16	0	0
旅游研究所	11	2	8	3	6	0	5	15	0	0
南亚研究所	12	4	8	5	7	0	6	45	0	0
西藏当代文学研究中心	10	2	6	2	5	2	0	20	0	0
西藏法治与社会发展研究中心	6	2	3	1	0	1	0	8	0	0
西藏经济发展研究中心	5	1	4	2	3	0	12	120	0	0
西藏经济社会与文化发展研究基地—西藏大学生思想政治教育研究中心	12	3	8	0	0	0	0	120	22	0
西藏社会服务与公共管理研究中心	7	2	5	2	3	2	10	14	0	0
西藏社会和谐稳定于法制建设重点研究基地	16	5	11	2	14	0	14	35	0	0
西藏社会经济与文化发展研究基地	20	4	14	5	0	0	4	130	350	0
西藏思想道德研究中心	9	1	8	2	6	1	2	10	0	0
西藏文化传承发展协同创新中心	16	8	8	9	7	0	6	2 700	780	0
西藏文化发展研究中心	7	2	5	3	4	0	6	30	0	0
西藏新闻传播研究中心	7	3	4	3	4	0	6	30	0	0
西藏哲学社会科学重点研究基地	8	2	5	3	4	0	0	16	0	0
陕西省										
西北大学	322	271	51	224	79	15	115	3 040	2 500	0
边疆考古与中国文化认同协同创新中心	25	18	7	20	5	0	0	500	800	0
哈萨克研究中心	17	16	1	15	2	0	0	30	20	0
汉唐文化与陕西文学发展研究中心	29	19	10	9	18	2	7	230	90	0
陕西宏观经济与经济增长质量协同创新研究中心	21	20	1	19	2	0	13	50	30	0
陕西省重点中国特色社会主义理论体系研究中心	22	19	3	19	3	0	0	50	20	0

续表

学校及机构名称	R&D 活动人员(人)						培养研究生人数(人)	R&D 经费支出(千元)	仪器设备原价(千元)	其中:进口(千元)
	合计	其中								
		博士毕业	硕士毕业	高级职称	中级职称	初级职称				
市场经济与企业制度研究中心	24	14	10	6	12	6	5	420	150	0
丝绸之路经济带建设协同创新中心	20	16	4	13	3	0	0	300	800	0
丝绸之路文化遗产保护与考古学研究中心	10	7	3	3	5	2	2	530	130	0
文艺理论研究(西北大学)基地	25	23	2	23	2	0	17	50	30	0
西北大学优秀中国文化传承与创新研究基地	20	20	0	18	2	0	21	40	20	0
叙利亚研究中心	20	19	1	18	2	0	0	40	20	0
中东所	28	26	2	25	3	0	18	50	30	0
中东研究所	11	9	2	3	5	3	3	170	70	0
中国社会主义文学研究中心(培育)	12	11	1	10	2	0	13	30	20	0
中国思想文化研究所	12	10	2	2	8	2	1	230	100	0
中国文艺评论基地	23	22	1	20	3	0	14	40	20	0
中国西部经济发展研究中心	3	2	1	1	2	0	1	280	150	0
西安交通大学	108	71	29	57	18	4	83	2 528	608	0
陕西经济研究中心	10	6	4	7	3	0	8	158	80	0
陕西省创新驱动与产业升级研究中心	9	6	0	0	0	0	5	150	0	0
陕西省电子商务与电子政务重点实验室	13	8	5	10	2	1	10	350	80	0
陕西省高校德育研究中心	14	10	4	8	5	1	7	100	20	0
陕西省重点中国特色社会主义理论体系研究中心	15	10	0	5	0	0	10	200	0	0
“一带一路”自由贸易试验区研究院	9	9	0	8	0	1	27	810	160	0
西部文化创意产业协同创新中心	15	12	3	5	0	0	0	300	80	0
知识产权研究中心	13	6	7	8	5	0	8	220	68	0
中国管理问题研究中心	10	4	6	6	3	1	8	240	120	0
西北工业大学	55	40	11	7	8	0	0	287.7	500	0
军民融合发展协同创新研究中心	24	18	4	1	3	0	0	41	200	0
军民融合发展战略软科学研究基地	24	18	4	1	3	0	0	150	200	0
重点舆情信息研究中心	7	4	3	5	2	0	0	96.7	100	0
西安理工大学	96	42	54	31	53	2	114	46.7	80	0
城市经济发展战略研究所	18	10	8	6	12	0	29	8.7	0	0

续表

学校及机构名称	R&D 活动人员(人)						培养研究生人数(人)	R&D 经费支出(千元)	仪器设备原价(千元)	
	合计	其中								其中:进口(千元)
		博士毕业	硕士毕业	高级职称	中级职称	初级职称				
城市经济与管理研究中心	18	10	8	6	12	0	25	8	0	0
陕西省大学生人文素质教育研究中心	60	22	38	19	29	2	60	30	80	0
西安电子科技大学	26	16	9	15	9	2	56	900	650	0
陕西信息资源研究中心	26	16	9	15	9	2	56	900	650	0
西安工业大学	8	3	4	3	4	1	0	30	85	0
陕西当代文学与艺术研究中心	8	3	4	3	4	1	0	30	85	0
西安建筑科技大学	231	71	57	81	19	3	446	2 730	286	0
陕西省房地产业发展研究中心	61	1	42	15	2	1	300	800	160	0
陕西省建筑经济与管理研究中心	76	33	5	33	4	1	118	830	76	0
陕西省养老工程研究中心	32	14	2	11	5	0	0	0	0	0
西部文化发展研究所	62	23	8	22	8	1	28	1 100	50	0
西安科技大学	30	21	8	20	8	2	20	920	1 500	0
能源经济与管理研究中心	30	21	8	20	8	2	20	920	1 500	0
西安石油大学	9	6	3	8	1	0	5	1 257.3	775	0
油气资源经济管理研究中心	9	6	3	8	1	0	5	1 257.3	775	0
陕西科技大学	84	1	64	0	0	0	0	48.2	2 789.5	0
陕西轻工战略研究中心	84	1	64	0	0	0	0	48.2	2 789.5	0
西安工程大学	10	5	5	5	3	2	10	300	50	0
纺织经济管理研究中心	10	5	5	5	3	2	10	300	50	0
长安大学	227	98	99	152	59	14	121	2 412.15	1 760.35	0
长安文化产业研究中心	25	12	10	22	2	0	9	100	51	0
低碳交通发展研究中心	8	8	0	5	3	0	9	450	35	0
交通经济研究所	25	23	2	20	5	0	0	200	208	0
交通投融资研究所	9	4	5	6	3	0	14	172	120	0
交通运输信息化研究所	7	5	2	5	2	0	2	2	6	0
区域与城市运输经济研究所	14	7	7	5	5	4	26	270	500	0
陕西省文化产业协同创新研究中心	38	12	10	30	8	0	9	100	51	0
体育科学研究所	8	0	8	1	1	6	8	110	27.6	0
外国语文研究所	23	6	17	6	17	0	0	299	60	0
物流与供应链研究所	11	7	3	3	4	4	7	124.15	410.75	0

续表

学校及机构名称	R&D活动人员(人)						培养研究生人数(人)	R&D经费支出(千元)	仪器设备原价(千元)	其中:进口(千元)
	合计	其中								
		博士毕业	硕士毕业	高级职称	中级职称	初级职称				
中国特色社会主义理论体系研究中心	30	12	10	28	2	0	9	125	53	0
综合运输经济管理研究中心	29	2	25	21	7	0	28	460	238	0
西北农林科技大学	27	12	15	11	16	0	13	270	42	0
西部农村发展研究中心	19	7	12	6	13	0	7	150	35	0
中国农业历史文化研究所	8	5	3	5	3	0	6	120	7	0
陕西中医药大学	27	9	10	10	12	0	5	110	3 000	120
中医药文化传承与发展研究中心	27	9	10	10	12	0	5	110	3 000	120
陕西师范大学	168	47	52	34	14	8	265	12 226.2	141.9	0
国际长安学协同创新中心	43	29	12	23	12	8	233	11 313.8	0	0
体育人文社会科学研究中心	35	0	7	0	0	0	0	0.8	0.4	0
西北国土资源研究中心	34	0	0	0	0	0	0	1	0.2	0
西北历史环境与经济社会发展研究院	36	4	31	0	0	0	0	3.1	7.5	0
西北民族研究中心	13	11	2	7	2	0	32	107	32	0
中国特色社会主义理论体系研究中心	2	2	0	2	0	0	0	400	49	0
重点舆情信息研究中心	2	1	0	2	0	0	0	400	51.8	0
宗教研究中心	3	0	0	0	0	0	0	0.5	1	0
延安大学	24	10	10	11	9	4	10	698	166.3	0
陕北历史文化研究中心	6	3	3	3	2	1	2	182	121	0
邓小平理论研究所	5	2	2	2	2	1	3	56	13.3	0
中共党史与延安学研究中心	6	2	3	3	2	1	3	136	12	0
中国共产党革命精神与文化研究基地	7	3	2	3	3	1	2	324	20	0
陕西理工大学	7	4	3	1	6	0	0	145	10.8	0
汉水文化研究中心	7	4	3	1	6	0	0	145	10.8	0
宝鸡文理学院	48	19	25	31	17	0	0	158.4	340	0
关陇方言与民俗研究中心	17	5	11	12	5	0	0	41	60	0
陕西中国特色社会主义研究中心	22	12	7	12	10	0	0	50	200	0
周秦伦理文化与现代道德价值研究中心	9	2	7	7	2	0	0	67.4	80	0
咸阳师范学院	71	14	55	11	31	29	0	69.6	79.2	0

续表

学校及机构名称	R&D 活动人员(人) 合计	其中 博士毕业	硕士毕业	高级职称	中级职称	初级职称	培养研究生人数(人)	R&D 经费支出(千元)	仪器设备原价(千元)	其中:进口(千元)
长安画派艺术研究所	5	2	3	1	2	2	0	6	3	0
关中古代陵寝文化研究中心	19	4	14	2	8	9	0	25	23	0
汉文化研究中心	15	2	13	2	7	6	0	6	3.2	0
西部儿童文学研究中心	7	1	5	1	2	4	0	4.6	0	0
咸阳发展研究院	25	5	20	5	12	8	0	28	50	0
渭南师范学院	93	21	49	26	53	13	0	262.5	46	0
秦东历史文化研究中心	16	6	4	4	8	4	0	56	15	0
陕西省大秦岭文化艺术研究中心	10	0	6	2	8	0	0	25	6	0
陕西省地方戏剧研究中心	16	0	8	2	10	4	0	15.5	5	0
陕西省运动与体质发展研究中心	8	1	7	1	6	1	0	16	4	0
陕西省中国钢琴与中国文化研究中心	10	5	5	6	4	0	0	0	0	0
西部军民融合技术产业发展研究院	25	6	14	7	14	3	0	130	10	0
中国史记研究院	8	3	5	4	3	1	0	20	6	0
西安外国语大学	377	225	142	228	125	22	311	1 501.38	1 383.7	0
“一带一路”沿线国家伊斯兰金融发展研究院	7	6	1	6	1	0	0	53.2	0	0
阿拉伯文化研究中心	4	3	1	2	2	0	8	45.11	0	0
澳大利亚研究中心	7	5	2	3	4	0	3	49.71	6.9	0
比较教育研究所	17	10	6	11	6	0	4	50	6.9	0
大数据信用管理研究中心	12	11	1	6	6	0	6	50.56	27.6	0
翻译教学与研究中心	8	1	7	5	3	0	0	49.84	27.6	0
翻译研究所	9	4	5	5	4	0	7	48.52	6.9	0
高等教育研究所	10	8	2	5	5	0	15	47.45	6.9	0
国际传播研究所	10	6	4	4	6	0	4	50	13.8	0
国际会计与财务研究所	13	4	8	9	4	0	40	27.4	13.8	0
国际教育交流研究中心	8	5	3	4	3	0	10	46.65	6.9	0
汉语及汉语国际教育研究所	7	6	1	5	0	2	5	20.79	27.6	0
基础教育研究所	12	3	6	12	0	0	5	50.37	0	0
拉丁美洲研究中心	11	7	4	6	5	0	0	45.56	27.6	0
旅游文化多语种译介研究中心	16	3	11	9	7	0	0	50	0	0
媒体伦理与法规研究所	8	2	6	6	2	0	0	50	13.8	0

续表

学校及机构名称	R&D活动人员(人)						培养研究生人数(人)	R&D经费支出(千元)	仪器设备原价(千元)	其中:进口(千元)
	合计	其中								
		博士毕业	硕士毕业	高级职称	中级职称	初级职称				
欧美文学研究中心	20	17	3	18	2	0	13	93.2	176.08	0
人文地理研究所	9	3	6	4	5	0	9	45	271.06	0
人文社会科学研究中心	13	11	2	13	0	0	29	95.4	183.3	0
日本研究所	11	10	1	11	0	0	29	66.87	0	0
陕西方言研究所	9	8	1	3	6	0	4	49.73	13.8	0
陕西旅游研究院	7	7	0	4	3	0	3	45	300	0
思想政治教育研究会	24	5	16	7	10	7	0	0	0	0
外国语言学及应用语言学研究中心	23	20	3	19	4	0	44	98.6	135.86	0
外语教育研究所	12	3	9	8	4	0	24	51.08	6.9	0
文学人类学研究中心	15	15	0	10	5	0	9	27.76	13.8	0
西安当代国际问题研究中心	13	8	5	11	2	0	7	0	27.6	0
新媒体艺术研究所	14	3	11	1	4	8	0	30.9	13.8	0
伊朗文化研究中心	9	8	1	2	6	1	0	49.99	0	0
影视艺术研究所	14	3	11	3	7	4	0	4.6	13.8	0
中外企业战略管理比较研究所	17	13	4	13	4	0	31	53.2	13.8	0
资源环境与产业经济学研究中心	8	7	1	3	5	0	2	54.89	27.6	0
西北政法大学	94	54	39	15	8	2	20	1 300	397	0
法学研究所	10	3	7	0	0	0	0	200	50	0
法治陕西建设协同创新中心	25	20	5	15	8	2	20	300	80	0
高教研究所	6	2	3	0	0	0	0	200	67	0
国际法研究中心	25	19	6	0	0	0	0	400	150	0
刑事法律科学研究中心	28	10	18	0	0	0	0	200	50	0
西安体育学院	20	13	7	17	3	0	24	350	120	0
国家体育总局体育人文社科研究基地	9	6	3	8	1	0	12	200	100	0
国家体育总局体育文化发展研究基地	6	3	3	5	1	0	6	50	10	0
体育法学研究中心	5	4	1	4	1	0	6	100	10	0
西安音乐学院	5	0	3	1	1	3	0	90	20	0
西北民族音乐研究中心	5	0	3	1	1	3	0	90	20	0
西安美术学院	6	2	3	1	2	3	2	48.2	2.3	0
中国传统美术与西部美术研究中心	6	2	3	1	2	3	2	48.2	2.3	0

续表

学校及机构名称	R&D 活动人员(人) 合计	其中 博士毕业	硕士毕业	高级职称	中级职称	初级职称	培养研究生人数(人)	R&D 经费支出(千元)	仪器设备原价(千元)	其中:进口(千元)
西安文理学院	6	3	3	4	2	0	0	90	15	0
长安历史文化研究中心	6	3	3	4	2	0	0	90	15	0
榆林学院	5	2	3	3	2	0	0	30	165	0
陕北生态文化研究中心	5	2	3	3	2	0	0	30	165	0
商洛学院	44	8	27	13	19	12	0	21	25	0
商洛文化暨贾平凹研究中心	44	8	27	13	19	12	0	21	25	0
安康学院	52	7	34	35	16	1	0	436	114	0
陕南民间文化研究中心	29	3	15	19	10	0	0	100	55	0
陕南生态经济研究中心	23	4	19	16	6	1	0	336	59	0
西安财经学院	163	86	60	98	48	9	101	8 279	1 783.25	0
陕西能源产业与区域经济发展协同创新中心	5	2	0	2	3	0	0	135	5	0
陕西省国防科技与经济发展研究中心	7	6	1	0	0	0	4	238	10	0
陕西省统计研究中心	10	6	3	6	4	0	10	224	60	0
陕西省统一战线理论与实践研究中心	5	2	2	3	2	0	0	210	6	0
陕西省信用研究中心	14	6	7	8	5	1	15	252	50	0
文化资源与产业研究中心	4	2	1	3	1	0	0	115	30	0
文学创作与文体学研究中心	5	2	0	4	1	0	0	110	2	0
西安统计研究院	13	7	4	8	5	0	15	280	500	0
西部法治研究中心	15	5	10	9	6	0	9	125	20	0
西部能源经济与区域发展协同创新研究中心	5	4	1	4	1	0	10	1 040	24	0
西部农村公共经济研究中心	12	7	3	8	2	1	8	135	80	0
现代管理决策与对策研究中心	4	3	0	3	1	0	0	133	6.6	0
现代企业管理研究中心	29	16	13	17	9	3	28	227	540	0
影视艺术研究中心	11	3	6	6	5	0	0	103	5	0
中国(西安)丝绸之路研究院	9	3	6	3	2	4	0	4 700	404.65	0
资源环境与区域经济研究中心	15	12	3	14	1	0	2	252	40	0
西安邮电大学	6	3	3	3	3	0	6	200	105	0
陕西信息产业知识产权研究中心	2	1	1	1	1	0	3	50	25	0

续表

学校及机构名称	R&D 活动人员(人) 合计	其中 博士毕业	硕士毕业	高级职称	中级职称	初级职称	培养研究生人数(人)	R&D 经费支出(千元)	仪器设备原价(千元)	其中:进口(千元)
西安市互联网数据统计与分析工程实验室	2	1	1	1	1	0	1	50	25	0
信息产业发展研究中心	2	1	1	1	1	0	2	100	55	0
西安思源学院	22	1	15	9	1	3	0	740.62	0	0
管理创新中心	9	1	8	4	0	0	0	88.13	0	0
留学生与当代中国研究中心	4	0	2	2	0	2	0	118.52	0	0
民办高等教育发展战略研究中心	4	0	2	1	1	1	0	187.1	0	0
文化创意研究中心	3	0	2	1	0	0	0	110.29	0	0
新发展理念与领导力研究中心	2	0	1	1	0	0	0	236.58	0	0
陕西警官职业学院	24	0	9	18	6	0	0	300	0	0
公安法学研究会	4	0	4	2	2	0	0	160	0	0
警务法治研究中心	5	0	5	3	2	0	0	100	0	0
刑事执行与监狱法学研究会	15	0	0	13	2	0	0	40	0	0
陕西学前师范学院	14	7	0	5	7	2	0	140	90	0
核心价值观培育与红色文化基因传承协同创新研究中心	8	4	0	3	3	2	0	80	60	0
学前教育发展研究中心	6	3	0	2	4	0	0	60	30	0
甘肃省										
兰州大学	212	92	108	81	99	0	140	6 706	1 345.6	0
藏缅—阿尔泰民族非物质文化遗产研究所	2	1	1	1	1	0	1	10	6	0
德育研究所	8	2	6	2	6	0	2	100	9	0
东西方比较文学与比较文化研究所	1	1	0	1	0	0	1	10	3	0
敦煌学研究所	11	5	6	5	6	0	5	800	150	0
翻译研究所	2	0	2	0	2	0	1	30	10	0
妇女/性别研究中心	7	2	5	2	5	0	2	100	30	0
高等教育研究所	3	0	3	0	3	0	3	40	10	0
古籍整理研究所	3	0	2	0	2	0	0	10	3	0
国土与区域规划研究中心(院)	5	2	3	0	0	0	5	100	30	0
华夏文化资源数据开发与管理研究中心	5	2	3	2	3	0	5	400	100	0
近代中国人物研究中心	1	0	1	0	1	0	0	10	1	0

续表

学校及机构名称	R&D 活动人员(人)						培养研究生人数(人)	R&D 经费支出(千元)	仪器设备原价(千元)	
	合计	其中								其中:进口(千元)
		博士毕业	硕士毕业	高级职称	中级职称	初级职称				
经学所	1	0	1	1	0	0	0	5	1	0
兰州大学国学研究中心	2	0	0	0	0	0	1	10	0	0
兰州大学环境行政法制研究中心	3	0	0	1	1	0	1	10	0	0
兰州大学人类学研究中心	5	2	3	2	3	0	0	100	10	0
民族文化产业研究评价培训中心	1	1	0	1	0	0	1	6	1	0
民族心理学研究中心	2	2	0	0	0	0	0	60	40	0
民族宗教研究所	1	1	0	1	0	0	0	50	10	0
人口与可持续发展研究中心	1	0	1	0	1	0	1	50	10	0
上合组织及俄语国家研究中心	5	2	3	2	3	0	3	40	10	0
社会科学调查与数据分析中心	1	1	0	1	0	0	2	50	10	0
社会舆论调查与舆情研判中心	3	1	2	1	2	0	3	50	10	0
社会与经济发展研究评价中心	4	1	3	2	2	0	4	200	80	0
社区发展与反贫困研究中心	5	2	3	2	3	0	5	50	10	0
社区与生物多样性保护研究中心	4	1	3	1	3	0	4	20	0.6	0
生态文明建设研究与评估中心	3	2	1	2	1	0	2	50	10	0
生态哲学与生态文明研究所	1	0	1	0	1	0	1	50	10	0
数量经济研究所	1	1	0	1	0	0	1	60	10	0
思想政治教育理论与实践创新研究中心	8	3	5	3	5	0	10	500	60	0
丝绸之路经济带建设研究中心	7	3	1	0	0	0	0	90	30	0
文物鉴定与修复中心	1	1	0	1	0	0	0	10	2	0
西北开发综合研究所	1	0	1	1	0	0	1	10	3	0
西北民族体育文化研究所	1	0	1	0	1	0	0	26	3	0
西北人口研究所	3	1	2	1	2	0	2	159	16	0
西北少数民族研究中心	15	10	5	10	5	0	13	800	100	0
西部地区区域经济发展与区域政策研究中心	14	7	7	7	7	0	15	500	100	0
西部基础教育研究与培训中心	2	0	2	1	1	0	0	120	20	0
西部文化发展研究中心	1	1	0	1	0	0	0	10	2	0
现代咨询策划研究所	1	1	0	1	0	0	2	50	10	0
虚拟组织与服务科学研究中心	6	2	4	2	4	0	8	50	10	0

续表

学校及机构名称	R&D 活动人员(人)						培养研究生人数(人)	R&D 经费支出(千元)	仪器设备原价(千元)	
	合计	其中								其中:进口(千元)
		博士毕业	硕士毕业	高级职称	中级职称	初级职称				
学华夏文明传承创新发展研究中心	1	0	1	0	1	0	1	20	3	0
伊斯兰文化研究所	2	2	0	2	0	0	3	500	100	0
意大利文化研究中心	5	2	3	2	3	0	5	60	10	0
印度研究中心	7	4	0	0	0	0	0	100	50	0
中国边疆安全研究中心	1	1	0	1	0	0	2	20	5	0
中国地方政府绩效评价中心	7	2	5	0	0	0	0	100	40	0
中国期刊研究中心	1	0	1	0	1	0	0	10	2	0
中国区域竞争力研究中心	5	1	4	1	4	0	0	100	50	0
中国西部数据中心	4	2	2	1	3	0	5	70	30	0
中国政府绩效管理研究中心	10	5	5	5	5	0	11	50	10	0
中小企业研究中心	1	1	0	1	0	0	1	60	10	0
中亚研究所	14	10	4	8	6	0	5	800	100	0
宗教文化研究中心	3	1	2	1	2	0	2	20	5	0
兰州理工大学	46	7	31	24	16	6	48	307	780	0
甘肃生态建设与环境保护研究中心	28	2	18	14	10	4	38	150	780	0
甘肃省工业经济发展研究院	12	4	8	7	4	1	6	157	0	0
中小企业管理创新研究中心	6	1	5	3	2	1	4	0	0	0
兰州交通大学	46	12	32	16	20	7	0	285.7	370.7	0
比较文学研究所	4	2	2	1	2	1	0	23.6	32	0
经济管理研究所	8	2	6	3	4	1	0	42.6	79	0
农村治理与扶贫开发研究所	15	4	9	4	6	2	0	78.4	92.6	0
西北交通经济研究所	13	4	9	6	5	2	0	124.6	136.5	0
英美文字与翻译研究所	6	0	6	2	3	1	0	16.5	30.6	0
甘肃中医药大学	14	3	10	5	8	1	0	140	70	0
甘肃省中医药发展政策研究智库	8	2	5	2	5	1	0	120	50	0
甘肃省中医药文化传承发展研究智库	6	1	5	3	3	0	0	20	20	0
西北师范大学	183	124	56	115	62	6	28	1 724.9	488.3	0
“一带一路”战略与教育发展研究中心	12	10	2	6	6	0	0	15	20	0

续表

学校及机构名称	R&D活动人员(人)						培养研究生人数(人)	R&D经费支出(千元)	仪器设备原价(千元)	其中:进口(千元)
	合计	其中								
		博士毕业	硕士毕业	高级职称	中级职称	初级职称				
产业转型升级与区域经济发展研究中心	15	5	10	4	10	1	0	20	20	0
敦煌学研究所	5	2	3	3	2	0	0	10	10	0
法治引领推动甘肃改革发展研究中心	14	4	8	8	5	1	0	16	10	0
甘肃省文化资源与华夏文明建设研究中心	8	7	1	4	2	2	0	14	10	0
甘肃省先秦文学与文化研究中心	5	3	2	3	2	0	2	29.4	20	0
高等教育研究所	13	9	4	7	6	0	4	45	30	0
古籍整理研究所	4	3	1	2	2	0	0	13	16	0
华夏文明传承发展协同创新中心	15	11	4	12	3	0	0	16	20	0
教育部西北师范大学基础教育课程研究中心	16	14	2	12	4	0	10	203.9	36	0
精准扶贫与区域发展研究中心	19	10	8	10	7	2	3	25	20	0
诗赋研究所	4	2	2	3	1	0	0	45	23	0
文化产业与新型文化业态发展研究中心	5	3	2	4	1	0	0	25	20	0
西北少数民族教育发展研究中心	21	18	3	17	4	0	9	748.5	213.3	0
中国特色社会主义理论体系研究中心	12	10	2	8	4	0	0	42.1	10	0
中亚研究院	15	13	2	12	3	0	0	457	10	0
兰州城市学院	31	11	19	20	9	2	0	980	3 200	500
城市社会心理研究中心	14	3	11	8	5	1	0	30	1 000	300
甘肃省民族民间音乐研究中心	3	0	2	2	1	0	0	350	200	0
西北方言中心	14	8	6	10	3	1	0	600	2 000	200
陇东学院	50	1	10	20	22	8	0	69	0	0
教育科学研究所	32	0	5	10	16	6	0	35.4	0	0
区域经济研究所	18	1	5	10	6	2	0	33.6	0	0
天水师范学院	113	21	90	59	37	17	0	215.4	129.9	0
甘肃华夏文明与文化产业研究中心	25	5	20	10	10	5	0	20.5	7.8	0
甘肃省残疾人体育运动与康复研究中心	22	2	18	13	6	3	0	100	75	0

续表

学校及机构名称	R&D活动人员(人)						培养研究生人数(人)	R&D经费支出(千元)	仪器设备原价(千元)	其中:进口(千元)
	合计	其中								
		博士毕业	硕士毕业	高级职称	中级职称	初级职称				
高加索研究中心	12	3	9	5	5	2	0	50	8	0
陇东南民间文艺研究中心	28	5	23	16	10	2	0	36	32.3	0
乡村教师发展研究中心	26	6	20	15	6	5	0	8.9	6.8	0
兰州财经大学	32	12	15	22	7	3	12	199.1	201.6	0
甘肃金融协同创新中心	2	2	0	2	0	0	0	100	89	0
甘肃经济发展数量分析研究中心	6	1	4	5	1	0	0	28.2	16.7	0
甘肃商务发展研究中心	5	3	2	4	1	0	0	35.3	19.3	0
甘肃省电子商务技术与应用重点实验室	4	1	2	2	1	1	4	0	16	0
甘肃省电子商务综合实验室	4	1	2	2	1	1	4	0	16	0
甘肃省高等学校电子商务推广与运营重点实验室	4	1	2	2	1	1	4	0	18	0
经济研究所	5	1	3	3	2	0	0	17.8	12.6	0
中国西北金融研究中心	2	2	0	2	0	0	0	17.8	14	0
西北民族大学	48	26	17	35	4	0	0	37	48	0
甘肃省宗教问题研究智库	22	13	4	22	0	0	0	5	20	0
民族地区全面建成小康社会研究中心	26	13	13	13	4	0	0	32	28	0
兰州石化职业技术学院	12	0	7	6	4	2	0	6	10	0
高等学校创新创业电子商务省级重点实验室(应用型)	12	0	7	6	4	2	0	6	10	0
甘肃政法学院	68	32	26	33	26	9	5	750	7 105	0
甘肃省经济法制研究中心	11	4	5	4	5	2	0	200	100	0
甘肃省司法科学与区域法治发展协同创新中心	20	16	4	16	2	2	5	150	10	0
甘肃省西北民族地区侦查理论与实务研究中心	6	0	4	4	2	0	0	200	80	0
甘肃省证据科学技术研究与应用重点实验室	23	5	12	6	12	5	0	200	6 835	0
国家司法文明协同创新中心兰州基地	8	7	1	3	5	0	0	0	80	0
甘肃民族师范学院	2	0	2	0	0	0	0	30	0	0

续表

学校及机构名称	R&D活动人员(人) 合计	其中 博士毕业	硕士毕业	高级职称	中级职称	初级职称	培养研究生人数(人)	R&D经费支出(千元)	仪器设备原价(千元)	其中:进口(千元)
藏文化研究中心	2	0	2	0	0	0	0	30	0	0
陇南师范高等专科学校	100	1	10	15	2	0	0	100	51	0
陇南初等教育研究中心	20	0	3	5	0	0	0	20	10	0
陇南方言研究中心	20	0	3	3	2	0	0	20	6	0
陇南民间艺术研究中心	20	0	2	2	0	0	0	20	20	0
陇南师专校史馆	20	0	2	3	0	0	0	20	5	0
陇南文史研究中心	20	1	0	2	0	0	0	20	10	0
定西师范高等专科学校	27	1	9	19	8	0	0	50	0	0
陇中文化研究所	27	1	9	19	8	0	0	50	0	0
兰州外语职业学院	5	0	5	1	2	2	0	67.5	0	0
高等职业教育研究所	5	0	5	1	2	2	0	67.5	0	0
兰州财经大学陇桥学院	11	0	9	1	9	1	0	100	150	0
甘肃省高校区域循环经济重点实验室	11	0	9	1	9	1	0	100	150	0
兰州交通大学博文学院	5	0	2	4	1	0	0	11	5	0
发展研究中心	5	0	2	4	1	0	0	11	5	0
青海省										
青海大学	6	5	1	3	3	0	1	90	20	0
青海省情研究中心	6	5	1	3	3	0	1	90	20	0
青海师范大学	57	6	32	12	6	1	0	167	2 037	0
教育科学研究所	11	1	5	3	2	0	0	50	14	0
青藏高原体育训练研究所	12	0	4	4	3	1	0	50	12	0
青藏高原文化研究所(非物质文化研究所)	15	3	8	3	1	0	0	60	11	0
青海省心理学综合实验室	13	1	11	1	0	0	0	5	1 200	0
青海省学生心理健康教育培训与咨询中心	6	1	4	1	0	0	0	2	800	0
青海民族大学	64	7	57	28	28	8	0	460	28	0
格萨尔研究中心	2	0	2	1	1	0	0	58	3	0
青藏高原民族研究基地	21	3	18	8	9	4	0	110	8	0
青海省藏学研究中心	23	3	20	12	9	2	0	116	5	0

续表

学校及机构名称	R&D活动人员(人)						培养研究生人数(人)	R&D经费支出(千元)	仪器设备原价(千元)	其中:进口(千元)
	合计	其中								
		博士毕业	硕士毕业	高级职称	中级职称	初级职称				
青海省法学研究所	10	0	10	4	6	0	0	80	4	0
青海省非物质文化遗产研究所	8	1	7	3	3	2	0	96	8	0
宁夏回族自治区										
宁夏大学	73	28	42	38	35	0	20	3 751	51	0
古文献整理与地域文化研究研究基地	10	4	6	5	5	0	0	355.5	8	0
回族研究院	12	3	9	5	7	0	5	296.4	2	0
开放战略与区域经济研究基地	13	4	9	6	7	0	0	301.5	10	0
西部地区区域治理与民族发展研究基地	11	4	7	5	6	0	0	275.2	8	0
西部发展研究中心	7	1	3	2	5	0	2	252.5	5	0
西夏学研究院	15	10	5	11	4	0	10	2 134.5	10	0
中日国际联合研究所	5	2	3	4	1	0	3	135.4	8	0
北方民族大学	125	36	26	86	31	5	156	3 280	4 678	700
北方语言研究院	2	1	1	1	1	0	0	80	265	100
非物质文化遗产研究所	1	1	0	1	0	0	0	230	50	0
回族学研究院	1	0	0	1	0	0	0	100	50	0
回族学研究中心	39	16	7	36	3	0	47	800	36	0
社会学与民族学研究所	2	1	1	2	0	0	0	650	3 027	600
西北民族地区政府治理与社会管理研究中心	38	11	10	31	7	0	94	800	700	0
西北少数民族社会发展研究基地	21	3	5	8	13	0	0	200	0	0
西夏历史文化研究人文社科重点研究基地	20	3	2	5	7	5	15	300	500	0
西夏研究所	1	0	0	1	0	0	0	120	50	0
宁夏工商职业技术学院	4	1	2	3	1	0	0	142	12	0
高等职业教育研究所	4	1	2	3	1	0	0	142	12	0
新疆维吾尔自治区										
新疆大学	210	139	59	141	52	1	255	2 569.56	758.59	0
经济研究所	4	1	3	2	1	0	22	15	153	0
人口研究所	3	2	1	3	0	0	25	17.56	77	0

续表

学校及机构名称	R&D 活动人员(人)						培养研究生人数(人)	R&D 经费支出(千元)	仪器设备原价(千元)	
	合计	其中								其中:进口(千元)
		博士毕业	硕士毕业	高级职称	中级职称	初级职称				
西北少数民族研究中心	10	5	5	4	6	0	19	16	69	0
西域文明发展研究基地	30	19	7	23	7	0	27	300	100	0
新疆创新管理研究中心	11	8	3	11	0	0	20	60	89	0
新疆宏观经济预警系统研究基地	15	8	7	7	4	0	19	300	100	0
新疆民汉语文翻译研究中心	12	8	4	6	5	1	12	300	50	0
新疆民俗文化研究中心	12	11	1	10	2	0	22	254	20	0
新疆民族文献研究基地	23	20	3	16	7	0	34	265	38	0
新疆稳定与地区经济发展法制保障研究基地	37	26	6	31	0	0	20	300	38.09	0
中外文化比较与跨文化交际研究基地	10	6	1	5	0	0	12	592	18	0
中亚地缘政治研究中心	43	25	18	23	20	0	23	150	6.5	0
塔里木大学	13	2	7	4	6	3	11	350	600	130
非传统安全与边疆民族发展研究中心	6	1	4	2	3	1	8	200	300	80
西域文化研究院	7	1	3	2	3	2	3	150	300	50
新疆农业大学	37	16	14	19	15	3	5	355	150	0
干旱区农村发展研究中心	37	16	14	19	15	3	5	355	150	0
石河子大学	192	79	100	141	31	20	143	1 720	230	0
兵团金融发展研究中心	14	8	6	10	2	2	8	150	0	0
兵团屯垦经济研究中心	28	16	12	22	5	1	31	280	80	0
公司治理与管理创新研究中心	41	15	24	33	7	1	28	280	100	0
棉花经济研究中心	10	6	4	7	3	0	8	100	0	0
新疆非物质文化遗产研究中心	24	6	18	18	4	2	22	180	0	0
新疆少数民族教育发展与教育政策研究中心	15	7	4	10	2	3	10	280	50	0
新疆社会管理创新研究中心	20	11	9	15	2	3	12	150	0	0
心理应用研究中心	18	4	14	12	2	4	12	150	0	0
中国特色社会主义理论体系研究中心	22	6	9	14	4	4	12	150	0	0
新疆师范大学	154	56	62	45	64	26	5	3 187.9	65	0

续表

学校及机构名称	R&D 活动人员(人)						培养研究生人数(人)	R&D 经费支出(千元)	仪器设备原价(千元)	其中:进口(千元)
	合计	其中								
		博士毕业	硕士毕业	高级职称	中级职称	初级职称				
丝绸之路文献研究中心	7	2	0	2	5	0	0	100	3.6	0
外语及外语教育研究中心	20	6	0	5	6	0	0	97.9	5	0
西部边疆治理协同创新研究中心	11	5	0	2	7	0	0	137	8	0
西域文史研究中心	10	5	5	4	5	1	5	252	1.2	0
新疆儿童教育实践创新研究中心	9	2	6	2	2	0	0	106	6	0
新疆教师教育研究中心	14	6	8	4	6	4	0	165	1.2	0
新疆民族民间美术研究中心	11	4	7	3	5	3	0	252	9.8	0
新疆民族体育文化研究中心	10	3	7	2	5	3	0	305	8.9	0
新疆少数民族双语教育研究中心	12	5	7	5	4	3	0	330	2.4	0
新疆少数民族现代化研究中心	8	5	3	3	3	2	0	180	2.4	0
中巴经济走廊与南亚经济研究中心	10	0	0	2	3	2	0	168	7.4	0
中亚汉语国际教育研究中心	15	5	10	5	7	3	0	600	6.2	0
中亚音乐文化研究中心	7	2	5	2	3	2	0	210	1.2	0
中亚与中国西北边疆政治经济研究中心	10	6	4	4	3	3	0	285	1.7	0
喀什大学	55	12	21	25	9	8	0	361	74.06	0
南疆教育发展研究中心	29	6	16	20	2	5	0	301	59.06	0
维吾尔优秀传统文化与现代化研究中心	26	6	5	5	7	3	0	60	15	0
伊犁师范学院	27	8	6	20	7	0	21	210.28	21.6	0
新疆哈萨克文化与民族现代化研究中心	27	8	6	20	7	0	21	210.28	21.6	0
新疆财经大学	30	18	12	18	12	0	47	230	313	0
新疆企业发展研究中心	10	7	3	7	3	0	20	100	98	0
新疆社会经济统计研究中心	10	3	7	3	7	0	12	80	78	0
中国(新疆)与中亚区域经济合作研究中心	10	8	2	8	2	0	15	50	137	0

3. 全国高等学校人文、社会科学研究与发展研究机构情况表

	编号	机构数	R&D 活动人员(人) 合计	其中 博士毕业	其中 硕士毕业	其中 高级职称
合计	0	4 901	77 479	43 466	25 715	44 112
管理学	1	816	14 586	8 828	4 532	8 516
马克思主义	2	233	4 286	2 479	1 352	2 625
哲学	3	107	1 891	1 303	466	1 124
逻辑学	4	3	71	59	12	47
宗教学	5	24	247	181	49	138
语言学	6	198	3 005	1 625	1 080	1 650
中国文学	7	212	3 314	2 002	897	2 030
外国文学	8	48	603	342	188	294
艺术学	9	368	5 113	1 549	2 529	2 321
历史学	10	246	3 661	2 207	1 058	2 160
考古学	11	25	403	266	100	224
经济学	12	831	13 670	8 129	4 374	7 936
政治学	13	125	1 800	1 165	445	1 106
法学	14	305	4 900	3 133	1 388	2 897
社会学	15	260	3 622	1 844	1 355	1 921
民族学与文化学	16	231	3 342	1 723	1 165	1 963
新闻学与传播学	17	107	1 762	977	621	1 007
图书馆、情报与文献学	18	20	236	130	90	149
教育学	19	416	5 931	2 780	2 274	3 278
体育学	20	134	2 220	923	1 004	1 122
统计学	21	22	326	233	78	179
港澳台研究	22	7	223	181	35	186
国际问题研究	23	112	1 527	1 025	356	909
心理学	24	51	740	382	267	330

		培养研究生人数（人）	R&D 经费支出（千元）	仪器设备原价（千元）	
中级职称	初级职称				其中:进口（千元）
21 573	4 237	56 206	2 093 170.51	1 373 185.04	312 160.9
4 116	817	11 022	393 082.68	192 103.65	15 769.09
1 069	206	2 786	53 576.14	25 250.07	812.93
379	79	1 270	45 405.35	26 569.99	4 057.32
24	0	46	4 409.41	2 743.3	435.6
51	29	175	9 007.59	3 010.85	15
879	95	3 077	90 064.34	69 617.49	17 557.22
780	129	2 118	72 201.17	29 018.98	6 341.34
165	31	634	7 741.47	3 949.65	1 361.34
1 830	546	2 273	134 224.99	160 679.29	40 004.65
900	194	2 890	122 339.33	39 101.4	2 900.38
76	8	415	20 876.38	56 672.55	20 870
3 749	725	11 669	458 339.54	178 721.11	15 870.6
429	70	903	59 165.34	18 548.59	531.7
1 335	194	4 510	131 784.45	36 776.88	2 526.78
1 084	153	1 772	86 621.92	36 012.64	1 764.7
979	177	1 850	76 611.97	44 565.41	2 599.16
557	79	1 206	54 915.95	31 732.98	3 329.2
65	20	267	7 852.89	10 894.17	433.99
1 730	372	3 239	119 713.59	66 109.82	4 026.42
685	161	1 893	29 912.82	226 312.96	135 486.8
119	16	263	10 331.4	6 680	0
30	3	80	36 622.59	12 014.74	5
319	91	1 311	44 868.19	18 486.19	94
223	42	537	23 501.01	77 612.33	35 367.68

4. 各省、市、自治区高等学校人文、社会科学研究与发展研究机构情况表

	编号	机构数	R&D 活动人员(人) 合计	其中 博士毕业	硕士毕业	高级职称
合 计	0	4 901	77 479	43 466	25 715	44 112
北京市	1	304	6 467	4 167	1 739	3 333
天津市	2	104	1 521	1 278	199	1 055
河北省	3	138	2 667	1 162	1 191	1 583
山西省	4	48	782	397	317	413
内蒙古自治区	5	14	355	143	124	160
辽宁省	6	134	2 769	1 706	876	1 436
吉林省	7	215	3 492	1 963	1 245	2 077
黑龙江省	8	69	1 073	672	293	621
上海市	9	297	4 437	3 193	868	2 373
江苏省	10	406	6 693	4 427	1 683	4 272
浙江省	11	498	6 831	3 504	2 466	3 995
安徽省	12	165	2 778	1 038	1 362	1 240
福建省	13	221	3 607	2 238	1 004	2 287
江西省	14	143	1 362	578	591	582
山东省	15	227	3 194	1 602	1 185	1 832
河南省	16	54	1 118	760	284	838
湖北省	17	253	5 308	3 361	1 337	3 175
湖南省	18	350	4 233	1 922	1 790	2 262
广东省	19	324	4 484	2 756	1 439	2 547
广西壮族自治区	20	147	3 105	1 536	1 174	1 923
海南省	21	24	260	102	116	141
重庆市	22	120	2 411	1 503	774	1 580
四川省	23	181	2 674	962	1 259	1 388
贵州省	24	32	360	177	132	266
云南省	25	68	748	320	290	440
西藏自治区	26	17	189	51	117	46
陕西省	27	161	2 509	1 192	961	1 188
甘肃省	28	115	1 005	343	458	476
青海省	29	11	127	18	90	43
宁夏回族自治区	30	17	202	65	70	127
新疆维吾尔自治区	31	44	718	330	281	413

中级职称	初级职称	培养研究生人数（人）	R&D 经费支出（千元）	仪器设备原价（千元）	其中:进口（千元）
21 573	4 237	56 206	2 093 170.51	1 373 185.04	312 160.9
1 383	291	7 265	329 262.03	291 771.27	125 314.57
393	46	3 188	75 959.84	95 533.73	33 845.67
785	56	1 562	21 992.08	19 770.48	315
229	52	630	17 210.72	21 843.52	950.94
78	96	191	3 862.36	835.6	0
803	145	4 063	39 712.13	79 683.3	40 221.5
1 074	248	1 101	73 154.85	54 867.9	46
343	35	132	17 072.36	6 182.5	52
855	245	3 892	188 987.84	54 930.24	895
1 693	143	4 013	127 428.08	64 500.97	4 915.3
2 090	324	5 741	181 151.37	77 399.8	20 339.63
818	298	1 721	27 780.32	25 510.53	962.58
1 034	226	1 807	132 410.75	57 264.28	906.99
369	74	527	44 209.98	21 886.14	6 079
1 083	195	1 272	42 583.75	37 399.25	831.1
177	38	549	39 609.2	16 348.3	647
1 376	248	4 676	157 861.8	83 970.51	11 269
1 406	354	1 900	69 639.71	60 553.19	20 609.85
1 582	206	3 124	207 158.31	96 623.44	14 936.03
626	212	1 298	38 769.1	27 954.36	292
99	17	13	5 000	1 653	0
715	37	2 537	100 959.76	64 006.21	12 287.74
892	263	1 070	39 952.78	55 283.87	14 404
72	16	182	9 089.6	2 551.8	0
217	63	1 052	25 787.92	8 537.04	590
83	14	76	5 945.58	3 700.16	0
662	156	1 727	41 965.95	19 630.3	120
336	64	233	11 778.6	13 955.1	500
37	9	1	717	2 085	0
67	5	176	7 173	4 741	700
196	61	487	8 983.74	2 212.25	130

5. 各省、市、自治区所属高等学校人文、社会科学研究与发展研究机构情况表

	编号	机构数	R&D 活动人员(人) 合计	其中 博士毕业	其中 硕士毕业	其中 高级职称
合 计	0	3 546	52 806	25 811	20 338	29 307
北京市	1	85	1 578	965	521	832
天津市	2	66	925	732	153	600
河北省	3	126	2 464	1 122	1 100	1 514
山西省	4	48	782	397	317	413
内蒙古自治区	5	14	355	143	124	160
辽宁省	6	108	2 051	1 149	732	1 092
吉林省	7	154	1 887	728	897	978
黑龙江省	8	56	733	408	232	409
上海市	9	93	1 208	726	346	578
江苏省	10	260	3 940	2 480	973	2 573
浙江省	11	408	5 723	2 746	2 199	3 267
安徽省	12	153	2 565	916	1 276	1 111
福建省	13	123	2 221	977	918	1 289
江西省	14	143	1 362	578	591	582
山东省	15	210	2 822	1 316	1 120	1 572
河南省	16	54	1 118	760	284	838
湖北省	17	109	2 353	1 215	785	1 404
湖南省	18	297	3 578	1 610	1 484	1 908
广东省	19	265	3 250	1 671	1 314	1 640
广西壮族自治区	20	147	3 105	1 536	1 174	1 923
海南省	21	24	260	102	116	141
重庆市	22	84	1 656	926	596	995
四川省	23	153	2 008	550	1 053	967
贵州省	24	32	360	177	132	266
云南省	25	68	748	320	290	440
西藏自治区	26	17	189	51	117	46
陕西省	27	126	1 898	908	746	912
甘肃省	28	60	745	225	333	360
青海省	29	11	127	18	90	43
宁夏回族自治区	30	8	77	29	44	41
新疆维吾尔自治区	31	44	718	330	281	413

中级职称	初级职称	培养研究生人数（人）	R&D 经费支出（千元）	仪器设备原价（千元）	其中:进口（千元）
15 968	3 162	28 388	1 003 387.25	812 044.32	153 221.94
506	90	1 080	80 928.17	63 446.55	5 490.89
258	44	1 748	27 222.84	70 844.93	33 343.67
718	52	1 518	20 002.08	19 563.48	315
229	52	630	17 210.72	21 843.52	950.94
78	96	191	3 862.36	835.6	0
597	111	3 795	23 491.13	71 887.1	40 221.5
686	141	574	15 847.75	45 707.59	5
258	0	84	15 269.46	4 755.5	52
292	78	1 027	56 537.61	12 957.94	0
899	58	1 314	49 725.21	46 008.98	4 029.8
1 853	324	1 591	89 883.27	29 474.63	1 251.59
761	276	1 582	21 544.32	22 304.53	872.58
711	180	347	55 356.67	19 530.91	221.99
369	74	527	44 209.98	21 886.14	6 079
998	176	1 207	30 869.75	28 370.25	401.1
177	38	549	39 609.2	16 348.3	647
677	69	1 373	27 727.46	28 790.48	5 862.3
1 225	264	1 573	49 879.71	54 647.19	19 209.85
1 286	197	1 120	115 711.73	74 917.97	14 936.03
626	212	1 298	38 769.1	27 954.36	292
99	17	13	5 000	1 653	0
546	37	1 751	62 981.61	30 031.25	3 295.7
707	221	396	28 952.78	50 645.32	14 404
72	16	182	9 089.6	2 551.8	0
217	63	1 052	25 787.92	8 537.04	590
83	14	76	5 945.58	3 700.16	0
538	128	1 189	23 341.9	15 928.05	120
233	64	93	5 035.6	12 561.5	500
37	9	1	717	2 085	0
36	0	20	3 893	63	0
196	61	487	8 983.74	2 212.25	130

6. 国务院各部委所属高等学校人文、社会科学研究与发展研究机构情况表

	编号	机构数	R&D 活动人员(人)			
			合计	其中		
				博士毕业	硕士毕业	高级职称
合 计	0	180	3 738	2 416	1 002	2 144
外交部	1	1	30	5	9	16
国防部	2	1	4	0	2	4
国家民族事务委员会	3	57	1 507	996	348	849
公安部	4	12	202	38	94	71
司法部	5	1	9	4	2	0
工业和信息化部	6	41	860	580	227	479
交通部	7	5	177	110	66	105
中国民用航空总局	8	2	43	21	22	21
国家林业局	9	1	4	1	1	1
国务院侨务办公室	10	26	400	336	57	328
国家体育总局	11	7	228	163	65	171
中国科学院	12	3	83	49	31	32
中华全国总工会	13	23	191	113	78	67

其他		培养研究生人数（人）	R&D 经费支出（千元）	仪器设备原价（千元）	其中:进口（千元）
中级职称	初级职称				
1 030	222	4 271	69 223.15	167 177.03	93 421
0	0	15	200	50	0
0	0	0	0	0	0
449	84	1 498	23 333.1	8 051.1	700
69	4	64	2 009	807	0
0	0	0	0	0	0
225	53	487	16 078.7	8 776	0
64	8	268	1 285	4 757	0
19	0	108	4 188.4	6 338.1	502
3	0	0	48.78	216.03	0
57	10	898	17 716.84	5 622.8	0
42	15	851	1 210.33	130 859	92 129
26	22	82	2 900	1 700	90
76	26	0	253	0	0

7. 本科院校人文、社会科学研究与发展研究机构情况表

	编号	机构数	R&D 活动人员(人) 合计	其中 博士毕业	硕士毕业	高级职称
合 计	0	4 656	74 960	43 148	24 282	43 018
管理学	1	776	14 163	8 747	4 259	8 346
马克思主义	2	223	4 198	2 467	1 299	2 586
哲学	3	104	1 873	1 297	459	1 117
逻辑学	4	3	71	59	12	47
宗教学	5	24	247	181	49	138
语言学	6	193	2 946	1 623	1 049	1 629
中国文学	7	210	3 289	1 999	895	2 027
外国文学	8	48	603	342	188	294
艺术学	9	345	4 852	1 532	2 383	2 239
历史学	10	242	3 625	2 207	1 047	2 151
考古学	11	24	399	266	96	223
经济学	12	775	13 048	8 042	3 991	7 652
政治学	13	125	1 800	1 165	445	1 106
法学	14	298	4 819	3 124	1 335	2 861
社会学	15	251	3 561	1 832	1 323	1 896
民族学与文化学	16	211	3 207	1 711	1 103	1 896
新闻学与传播学	17	106	1 756	975	618	1 003
图书馆、情报与文献学	18	19	226	130	82	146
教育学	19	356	5 273	2 706	1 927	2 944
体育学	20	133	2 202	923	996	1 117
统计学	21	22	326	233	78	179
港澳台研究	22	7	223	181	35	186
国际问题研究	23	111	1 519	1 024	349	905
心理学	24	50	734	382	264	330

中级职称	初级职称	培养研究生人数（人）	R&D 经费支出（千元）	仪器设备原价（千元）	其中:进口（千元）
20 582	3 934	56 199	2 067 641.95	1 354 837.08	312 090.9
3 935	754	11 022	389 095.69	191 243.45	15 769.09
1 032	195	2 786	53 389.14	25 143.52	812.93
372	79	1 270	45 241.5	26 200.68	4 057.32
24	0	46	4 409.41	2 743.3	435.6
51	29	175	9 007.59	3 010.85	15
857	94	3 077	89 905.34	69 411.49	17 557.22
777	129	2 118	72 143.79	28 993.48	6 341.34
165	31	634	7 741.47	3 949.65	1 361.34
1 727	492	2 273	128 132.99	155 991.64	40 004.65
894	190	2 890	122 305.03	39 074.9	2 900.38
73	8	415	20 851.38	56 660.13	20 870
3 509	644	11 666	452 375.74	171 272.27	15 800.6
429	70	903	59 165.34	18 548.59	531.7
1 297	187	4 508	131 398.45	36 684.88	2 526.78
1 058	146	1 770	85 720.1	35 463.31	1 764.7
924	166	1 850	75 127.07	44 464.41	2 599.16
555	79	1 206	54 895.95	31 720.98	3 329.2
65	15	267	7 822.89	10 886.17	433.99
1 480	315	3 239	113 806.47	62 525.76	4 026.42
674	159	1 893	29 892.82	226 212.96	135 486.8
119	16	263	10 331.4	6 680	0
30	3	80	36 622.59	12 014.74	5
315	91	1 311	44 768.19	18 436.19	94
220	42	537	23 491.61	77 503.73	35 367.68

8. 专科院校人文、社会科学研究与发展研究机构情况表

	编号	机构数	R&D 活动人员(人)			
			合计	其中		
				博士毕业	硕士毕业	高级职称
合 计	0	245	2 519	318	1 433	1 094
管理学	1	40	423	81	273	170
马克思主义	2	10	88	12	53	39
哲学	3	3	18	6	7	7
逻辑学	4	0	0	0	0	0
宗教学	5	0	0	0	0	0
语言学	6	5	59	2	31	21
中国文学	7	2	25	3	2	3
外国文学	8	0	0	0	0	0
艺术学	9	23	261	17	146	82
历史学	10	4	36	0	11	9
考古学	11	1	4	0	4	1
经济学	12	56	622	87	383	284
政治学	13	0	0	0	0	0
法学	14	7	81	9	53	36
社会学	15	9	61	12	32	25
民族学与文化学	16	20	135	12	62	67
新闻学与传播学	17	1	6	2	3	4
图书馆、情报与文献学	18	1	10	0	8	3
教育学	19	60	658	74	347	334
体育学	20	1	18	0	8	5
统计学	21	0	0	0	0	0
港澳台研究	22	0	0	0	0	0
国际问题研究	23	1	8	1	7	4
心理学	24	1	6	0	3	0

		培养研究生人数（人）	R&D 经费支出（千元）	仪器设备原价（千元）	
中级职称	初级职称				其中:进口（千元）
991	303	7	25 528.56	18 347.96	70
181	63	0	3 986.99	860.2	0
37	11	0	187	106.55	0
7	0	0	163.85	369.31	0
0	0	0	0	0	0
0	0	0	0	0	0
22	1	0	159	206	0
3	0	0	57.38	25.5	0
0	0	0	0	0	0
103	54	0	6 092	4 687.65	0
6	4	0	34.3	26.5	0
3	0	0	25	12.42	0
240	81	3	5 963.8	7 448.84	70
0	0	0	0	0	0
38	7	2	386	92	0
26	7	2	901.82	549.33	0
55	11	0	1 484.9	101	0
2	0	0	20	12	0
0	5	0	30	8	0
250	57	0	5 907.12	3 584.06	0
11	2	0	20	100	0
0	0	0	0	0	0
0	0	0	0	0	0
4	0	0	100	50	0
3	0	0	9.4	108.6	0

9. 教育部直属院校人文、社会科学研究与发展研究机构情况表

	编号	机构数	R&D 活动人员(人)			
			合计	其中		
				博士毕业	硕士毕业	高级职称
合 计	0	1 175	20 935	15 239	4 375	12 661
管理学	1	226	4 165	3 157	781	2 640
马克思主义	2	57	1 324	961	296	853
哲学	3	44	868	649	173	454
逻辑学	4	3	71	59	12	47
宗教学	5	14	157	123	23	111
语言学	6	53	969	579	316	512
中国文学	7	30	689	473	168	415
外国文学	8	15	324	209	70	150
艺术学	9	36	655	304	294	275
历史学	10	71	1 255	902	215	827
考古学	11	13	268	189	52	146
经济学	12	191	3 543	2 734	662	2 313
政治学	13	47	609	460	104	376
法学	14	89	1 551	1 180	249	931
社会学	15	64	1 032	691	261	539
民族学与文化学	16	27	301	254	44	209
新闻学与传播学	17	35	558	439	102	404
图书馆、情报与文献学	18	7	81	66	11	67
教育学	19	62	1 071	788	243	591
体育学	20	14	279	113	118	94
统计学	21	8	145	139	6	89
港澳台研究	22	4	136	130	3	120
国际问题研究	23	52	676	484	124	383
心理学	24	13	208	156	48	115

		培养研究生人数（人）	R&D 经费支出（千元）	仪器设备原价（千元）	其中:进口（千元）
中级职称	初级职称				
4 575	853	23 547	1 020 560.11	393 963.69	65 517.96
957	145	5 007	221 292.74	71 314.27	10 119
330	80	918	25 493.41	14 417.65	502.6
144	34	517	27 978.1	10 080.98	822.32
24	0	46	4 409.41	2 743.3	435.6
28	9	160	7 968.12	2 273.35	0
247	18	1 657	46 119.91	20 400.55	6 691.99
128	24	866	15 594.73	6 391.46	871
60	20	382	3 541.73	2 016.15	1 101.9
198	89	535	19 163.52	31 728.52	15 332
216	48	1 638	65 759.8	17 886.57	2 156.15
34	2	377	16 851.48	37 256.13	11 050
798	128	4 765	204 956.88	61 141.45	4 914
126	25	398	38 264.05	6 459.51	105
383	50	2 069	82 676.79	12 227.91	1 015.5
202	13	1 031	41 401.07	9 955.67	722
63	4	257	10 385.03	9 409.96	244.16
102	13	675	35 310.12	7 861.51	1 724
12	2	130	6 248.9	3 879	392
246	45	1 174	55 422.49	18 781.55	2 995.84
57	43	169	4 713.9	4 367.7	1 530.8
43	2	128	7 320	3 840.9	0
15	0	80	34 124.59	11 919.74	5
103	41	426	32 946.2	13 802.98	44
59	18	142	12 617.14	13 806.88	2 743.1

10. 教育部直属综合大学人文、社会科学研究与发展研究机构情况表

	编号	机构数	R&D 活动人员(人) 合计	其中 博士毕业	其中 硕士毕业	其中 高级职称
合 计	0	643	11 741	8 772	2 229	7 763
管理学	1	93	1 850	1 389	372	1 225
马克思主义	2	33	718	551	116	514
哲学	3	28	599	438	124	368
逻辑学	4	2	54	48	6	38
宗教学	5	12	146	116	22	107
语言学	6	28	561	356	166	323
中国文学	7	18	382	260	80	266
外国文学	8	11	271	164	63	113
艺术学	9	13	248	127	111	138
历史学	10	45	814	612	109	594
考古学	11	11	241	171	47	128
经济学	12	113	2 106	1 707	325	1 466
政治学	13	26	401	298	72	273
法学	14	48	918	724	146	542
社会学	15	40	601	390	169	337
民族学与文化学	16	19	199	161	35	139
新闻学与传播学	17	21	339	286	37	271
图书馆、情报与文献学	18	5	58	48	8	50
教育学	19	27	453	298	121	291
体育学	20	6	67	33	29	49
统计学	21	5	110	104	6	71
港澳台研究	22	4	136	130	3	120
国际问题研究	23	29	362	273	44	269
心理学	24	6	107	88	18	71

中级职称	初级职称	培养研究生人数（人）	R&D 经费支出（千元）	仪器设备原价（千元）	其中：进口（千元）
2 249	346	15 200	578 121.7	252 445.56	36 253.13
395	71	3 018	95 213.52	45 139.17	8 647.3
119	34	593	16 608.51	10 303.7	482.6
110	29	380	17 409.76	7 729.78	369.7
16	0	31	4 264.41	2 731.8	435.6
25	8	156	7 122.42	2 019.85	0
106	6	1 076	20 201.64	9 429.99	2 235.54
47	8	531	9 632.47	3 654.86	871
46	18	325	3 326.59	1 770.05	1 101.9
85	8	309	7 752.25	4 512	332
122	11	1 135	32 989.02	15 047.76	2 135.15
27	0	312	15 551.48	24 056.13	5 050
438	54	2 984	114 604.28	41 837.96	4 412
72	4	263	16 246.42	3 663.46	105
234	40	1 573	66 597.17	8 446.65	1 015.5
106	6	665	21 757.77	5 966.07	722
35	4	150	7 903.6	7 026.95	240
49	7	446	24 529.2	6 308.48	1 674
8	0	119	3 440	1 517	392
78	6	616	20 923.6	11 895.02	2 974.84
15	2	73	3 378.3	1 783.6	1 280.8
39	0	90	2 170	3 504.9	0
15	0	80	34 124.59	11 919.74	5
38	18	182	27 727.1	12 333.74	44
24	12	93	4 647.6	9 846.9	1 727.2

11. 教育部直属工科院校人文、社会科学研究与发展研究机构情况表

	编号	机构数	R&D 活动人员(人) 合计	博士毕业	硕士毕业	其中 高级职称
合 计	0	260	4 748	3 246	1 187	2 694
管理学	1	110	1 930	1 449	356	1 161
马克思主义	2	12	226	170	46	168
哲学	3	8	141	98	38	61
逻辑学	4	1	17	11	6	9
宗教学	5	0	0	0	0	0
语言学	6	11	209	74	124	75
中国文学	7	2	82	51	25	49
外国文学	8	2	21	18	3	16
艺术学	9	7	163	79	61	66
历史学	10	8	127	110	13	90
考古学	11	2	27	18	5	18
经济学	12	35	733	469	209	413
政治学	13	3	27	19	8	19
法学	14	14	274	172	40	109
社会学	15	14	233	175	56	157
民族学与文化学	16	4	62	57	5	40
新闻学与传播学	17	10	190	136	53	123
图书馆、情报与文献学	18	1	16	11	3	14
教育学	19	6	122	61	56	43
体育学	20	4	49	13	36	17
统计学	21	0	0	0	0	0
港澳台研究	22	0	0	0	0	0
国际问题研究	23	4	62	42	20	35
心理学	24	2	37	13	24	11

其中		培养研究生人数（人）	R&D 经费支出（千元）	仪器设备原价（千元）	其中:进口（千元）
中级职称	初级职称				
1 244	156	4 604	198 497.79	87 474.73	23 420.7
455	57	1 699	76 871.65	18 489.3	1 041.7
48	10	285	2 399.6	1 975.5	20
21	1	98	3 976.7	1 514.2	367
8	0	15	145	11.5	0
0	0	0	0	0	0
81	2	103	6 914.12	884.93	190
32	0	59	250	80	0
5	0	32	209	33	0
35	21	163	2 081.49	25 939.91	15 000
36	1	125	11 806	1 029	0
7	2	65	1 300	13 200	6 000
173	30	1 062	56 221.45	14 653.8	502
8	0	38	13 763.92	381.59	0
89	4	191	4 748.93	549.2	0
72	3	218	3 874.1	831	0
22	0	51	1 110	139	0
51	6	229	6 280	1 202.6	50
2	0	7	1 200	2 000	0
33	7	65	3 920.83	1 646	0
24	8	50	350	2 573.6	250
0	0	0	0	0	0
0	0	0	0	0	0
22	3	39	202	17.6	0
20	1	10	873	323	0

12. 教育部直属师范院校人文、社会科学研究与发展研究机构情况表

	编号	机构数	R&D 活动人员(人) 合计	其中 博士毕业	硕士毕业	高级职称
合 计	0	132	2 687	1 829	647	1 053
管理学	1	4	60	40	8	32
马克思主义	2	11	335	201	128	140
哲学	3	7	121	106	11	21
逻辑学	4	0	0	0	0	0
宗教学	5	2	11	7	1	4
语言学	6	5	97	62	15	54
中国文学	7	9	209	148	61	90
外国文学	8	0	0	0	0	0
艺术学	9	6	190	67	108	59
历史学	10	18	314	180	93	143
考古学	11	0	0	0	0	0
经济学	12	9	174	125	39	71
政治学	13	9	107	82	12	40
法学	14	1	38	37	1	24
社会学	15	10	198	126	36	45
民族学与文化学	16	2	13	11	2	7
新闻学与传播学	17	0	0	0	0	0
图书馆、情报与文献学	18	1	7	7	0	3
教育学	19	25	474	419	54	248
体育学	20	4	163	67	53	28
统计学	21	1	13	13	0	8
港澳台研究	22	0	0	0	0	0
国际问题研究	23	4	104	81	19	3
心理学	24	4	59	50	6	33

		培养研究生人数 （人）	R&D 经费支出 （千元）	仪器设备原价 （千元）	
中级职称	初级职称				其中:进口 （千元）
641	297	2 112	156 140.34	26 450.37	1 573.52
18	9	54	29 436.7	1 221.2	430
149	36	40	5 485.3	2 100.95	0
10	4	30	6 291.64	837	85.62
0	0	0	0	0	0
3	1	4	845.7	253.5	0
20	10	350	8 999.6	1 677.47	0
43	16	153	5 514.26	1 766.6	0
0	0	0	0	0	0
73	58	0	1 749.2	723.41	0
58	36	378	20 964.78	1 809.81	21
0	0	0	0	0	0
35	29	160	6 782.9	1 590.7	0
31	13	76	6 309.8	1 299.9	0
5	2	52	120	60	0
24	4	148	15 769.2	3 158.6	0
2	0	33	175	32	0
0	0	0	0	0	0
2	2	4	1 608.9	362	0
130	32	457	30 307.66	5 230.93	21
18	33	46	985.6	10.5	0
1	2	0	4 500	276	0
0	0	0	0	0	0
4	5	88	3 199	403	0
15	5	39	7 095.1	3 636.8	1 015.9

13. 教育部直属语言院校人文、社会科学研究与发展研究机构情况表

	编号	机构数	R&D 活动人员(人) 合计	其中 博士毕业	硕士毕业	高级职称
合 计	0	43	442	319	97	243
管理学	1	0	0	0	0	0
马克思主义	2	0	0	0	0	0
哲学	3	0	0	0	0	0
逻辑学	4	0	0	0	0	0
宗教学	5	0	0	0	0	0
语言学	6	8	90	77	11	58
中国文学	7	1	16	14	2	10
外国文学	8	2	32	27	4	21
艺术学	9	1	16	7	6	0
历史学	10	0	0	0	0	0
考古学	11	0	0	0	0	0
经济学	12	0	0	0	0	0
政治学	13	8	69	56	12	44
法学	14	0	0	0	0	0
社会学	15	0	0	0	0	0
民族学与文化学	16	2	27	25	2	23
新闻学与传播学	17	4	29	17	12	10
图书馆、情报与文献学	18	0	0	0	0	0
教育学	19	3	14	5	9	3
体育学	20	0	0	0	0	0
统计学	21	0	0	0	0	0
港澳台研究	22	0	0	0	0	0
国际问题研究	23	13	144	86	39	74
心理学	24	1	5	5	0	0

		培养研究生人数（人）	R&D 经费支出（千元）	仪器设备原价（千元）	其中:进口（千元）
中级职称	初级职称				
106	22	378	19 237.4	14 234.3	4 270.61
0	0	0	0	0	0
0	0	0	0	0	0
0	0	0	0	0	0
0	0	0	0	0	0
0	0	0	0	0	0
30	0	128	9 954.55	8 408.16	4 266.45
6	0	123	198	890	0
9	2	25	6.14	213.1	0
0	0	0	16	2.9	0
0	0	0	0	0	0
0	0	0	0	0	0
0	0	0	0	0	0
15	5	21	1 807.12	1 099.28	0
0	0	0	0	0	0
0	0	0	0	0	0
4	0	23	1 196.43	2 212.01	4.16
2	0	0	4 500.92	350.43	0
0	0	0	0	0	0
3	0	6	103	9.6	0
0	0	0	0	0	0
0	0	0	0	0	0
0	0	0	0	0	0
37	15	52	1 453.8	1 048.64	0
0	0	0	1.44	0.18	0

14. 教育部直属财经院校人文、社会科学研究与发展研究机构情况表

	编号	机构数	R&D 活动人员(人) 合计	其中 博士毕业	硕士毕业	高级职称
合 计	0	66	1 120	945	164	763
管理学	1	19	325	279	45	222
马克思主义	2	1	45	39	6	31
哲学	3	1	7	7	0	4
逻辑学	4	0	0	0	0	0
宗教学	5	0	0	0	0	0
语言学	6	1	12	10	0	2
中国文学	7	0	0	0	0	0
外国文学	8	0	0	0	0	0
艺术学	9	0	0	0	0	0
历史学	10	0	0	0	0	0
考古学	11	0	0	0	0	0
经济学	12	33	518	429	81	352
政治学	13	0	0	0	0	0
法学	14	9	191	159	32	142
社会学	15	0	0	0	0	0
民族学与文化学	16	0	0	0	0	0
新闻学与传播学	17	0	0	0	0	0
图书馆、情报与文献学	18	0	0	0	0	0
教育学	19	0	0	0	0	0
体育学	20	0	0	0	0	0
统计学	21	2	22	22	0	10
港澳台研究	22	0	0	0	0	0
国际问题研究	23	0	0	0	0	0
心理学	24	0	0	0	0	0

中级职称	初级职称	培养研究生人数（人）	R&D 经费支出（千元）	仪器设备原价（千元）	其中:进口（千元）
315	27	876	51 321.42	10 248.69	0
89	8	236	19 770.87	6 464.6	0
14	0	0	1 000	37.5	0
3	0	9	300	0	0
0	0	0	0	0	0
0	0	0	0	0	0
10	0	0	50	0	0
0	0	0	0	0	0
0	0	0	0	0	0
0	0	0	0	0	0
0	0	0	0	0	0
0	0	0	0	0	0
151	15	533	27 197.55	3 058.99	0
0	0	0	0	0	0
45	4	60	2 353	627.6	0
0	0	0	0	0	0
0	0	0	0	0	0
0	0	0	0	0	0
0	0	0	0	0	0
0	0	0	0	0	0
0	0	0	0	0	0
3	0	38	650	60	0
0	0	0	0	0	0
0	0	0	0	0	0
0	0	0	0	0	0

15. 教育部直属政法院校人文、社会科学研究与发展研究机构情况表

	编号	机构数	R&D 活动人员（人） 合计	其中 博士毕业	硕士毕业	高级职称
合 计	0	22	159	104	43	133
管理学	1	0	0	0	0	0
马克思主义	2	0	0	0	0	0
哲学	3	0	0	0	0	0
逻辑学	4	0	0	0	0	0
宗教学	5	0	0	0	0	0
语言学	6	0	0	0	0	0
中国文学	7	0	0	0	0	0
外国文学	8	0	0	0	0	0
艺术学	9	0	0	0	0	0
历史学	10	0	0	0	0	0
考古学	11	0	0	0	0	0
经济学	12	1	12	4	8	11
政治学	13	1	5	5	0	0
法学	14	17	130	88	30	114
社会学	15	0	0	0	0	0
民族学与文化学	16	0	0	0	0	0
新闻学与传播学	17	0	0	0	0	0
图书馆、情报与文献学	18	0	0	0	0	0
教育学	19	1	8	5	3	6
体育学	20	0	0	0	0	0
统计学	21	0	0	0	0	0
港澳台研究	22	0	0	0	0	0
国际问题研究	23	2	4	2	2	2
心理学	24	0	0	0	0	0

中级职称	初级职称	培养研究生人数（人）	R&D 经费支出（千元）	仪器设备原价（千元）	其中:进口（千元）
15	3	314	9 676.88	2 559.74	0
0	0	0	0	0	0
0	0	0	0	0	0
0	0	0	0	0	0
0	0	0	0	0	0
0	0	0	0	0	0
0	0	0	0	0	0
0	0	0	0	0	0
0	0	0	0	0	0
0	0	0	0	0	0
0	0	0	0	0	0
0	0	0	0	0	0
1	0	26	150.7	0	0
0	3	0	136.79	15.28	0
10	0	193	8 857.69	2 544.46	0
0	0	0	0	0	0
0	0	0	0	0	0
0	0	0	0	0	0
0	0	0	0	0	0
2	0	30	167.4	0	0
0	0	0	0	0	0
0	0	0	0	0	0
0	0	0	0	0	0
2	0	65	364.3	0	0
0	0	0	0	0	0

16. 教育部直属艺术院校人文、社会科学研究与发展研究机构情况表

	编号	机构数	R&D活动人员(人) 合计	其中 博士毕业	硕士毕业	高级职称
合计	0	9	38	24	8	12
管理学	1	0	0	0	0	0
马克思主义	2	0	0	0	0	0
哲学	3	0	0	0	0	0
逻辑学	4	0	0	0	0	0
宗教学	5	0	0	0	0	0
语言学	6	0	0	0	0	0
中国文学	7	0	0	0	0	0
外国文学	8	0	0	0	0	0
艺术学	9	9	38	24	8	12
历史学	10	0	0	0	0	0
考古学	11	0	0	0	0	0
经济学	12	0	0	0	0	0
政治学	13	0	0	0	0	0
法学	14	0	0	0	0	0
社会学	15	0	0	0	0	0
民族学与文化学	16	0	0	0	0	0
新闻学与传播学	17	0	0	0	0	0
图书馆、情报与文献学	18	0	0	0	0	0
教育学	19	0	0	0	0	0
体育学	20	0	0	0	0	0
统计学	21	0	0	0	0	0
港澳台研究	22	0	0	0	0	0
国际问题研究	23	0	0	0	0	0
心理学	24	0	0	0	0	0

		培养研究生人数（人）	R&D 经费支出（千元）	仪器设备原价（千元）	
中级职称	初级职称				其中:进口（千元）
5	2	63	7 564.58	550.3	0
0	0	0	0	0	0
0	0	0	0	0	0
0	0	0	0	0	0
0	0	0	0	0	0
0	0	0	0	0	0
0	0	0	0	0	0
0	0	0	0	0	0
0	0	0	0	0	0
5	2	63	7 564.58	550.3	0
0	0	0	0	0	0
0	0	0	0	0	0
0	0	0	0	0	0
0	0	0	0	0	0
0	0	0	0	0	0
0	0	0	0	0	0
0	0	0	0	0	0
0	0	0	0	0	0
0	0	0	0	0	0
0	0	0	0	0	0
0	0	0	0	0	0
0	0	0	0	0	0
0	0	0	0	0	0
0	0	0	0	0	0
0	0	0	0	0	0

17. 其他部委院校人文、社会科学研究与发展研究机构情况表

	编号	机构数	R&D 活动人员(人) 合计	其中 博士毕业	硕士毕业	高级职称
合 计	0	180	3 738	2 416	1 002	2 144
管理学	1	38	879	533	249	496
马克思主义	2	8	120	97	21	98
哲学	3	2	47	43	4	36
逻辑学	4	0	0	0	0	0
宗教学	5	1	14	13	1	13
语言学	6	6	132	67	64	81
中国文学	7	3	47	38	7	33
外国文学	8	0	0	0	0	0
艺术学	9	5	170	116	45	86
历史学	10	2	26	6	5	7
考古学	11	0	0	0	0	0
经济学	12	20	389	284	95	253
政治学	13	8	159	63	35	57
法学	14	14	191	128	54	117
社会学	15	13	104	50	41	36
民族学与文化学	16	25	743	524	173	432
新闻学与传播学	17	5	72	56	11	36
图书馆、情报与文献学	18	2	51	25	26	31
教育学	19	10	205	138	40	93
体育学	20	8	255	171	84	178
统计学	21	2	18	8	10	6
港澳台研究	22	0	0	0	0	0
国际问题研究	23	6	79	36	20	43
心理学	24	2	37	20	17	12

		培养研究生人数（人）	R&D 经费支出（千元）	仪器设备原价（千元）	其中:进口（千元）
中级职称	初级职称				
1 030	222	4 271	69 223.15	167 177.03	93 421
209	56	472	17 251.2	8 910.1	90
22	0	79	1 041.6	581.1	0
11	0	9	345.3	55	0
0	0	0	0	0	0
1	0	0	94.6	11	0
45	4	347	3 339.22	3 965.7	100
9	3	69	1 208.17	162	0
0	0	0	0	0	0
31	29	118	2 181	328	0
9	7	15	303	500	0
0	0	0	0	0	0
111	22	773	14 709.29	9 527.2	502
43	2	207	4 511.1	1 187.4	0
48	10	257	2 550.96	2 789.5	0
54	11	2	347	20	0
224	41	708	13 775	5 102	600
29	4	29	2 539	2 500	0
20	0	62	50	6	0
70	14	225	2 672.78	501.03	0
62	15	851	1 230.93	130 869	92 129
10	2	0	55	30	0
0	0	0	0	0	0
6	0	34	905	105	0
16	2	14	113	27	0

18. 地方院校人文、社会科学研究与发展研究机构情况表

	编号	机构数	R&D 活动人员(人) 合计	其中 博士毕业	硕士毕业	高级职称
合 计	0	3 546	52 806	25 811	20 338	29 307
管理学	1	552	9 542	5 138	3 502	5 380
马克思主义	2	168	2 842	1 421	1 035	1 674
哲学	3	61	976	611	289	634
逻辑学	4	0	0	0	0	0
宗教学	5	9	76	45	25	14
语言学	6	139	1 904	979	700	1 057
中国文学	7	179	2 578	1 491	722	1 582
外国文学	8	33	279	133	118	144
艺术学	9	327	4 288	1 129	2 190	1 960
历史学	10	173	2 380	1 299	838	1 326
考古学	11	12	135	77	48	78
经济学	12	620	9 738	5 111	3 617	5 370
政治学	13	70	1 032	642	306	673
法学	14	202	3 158	1 825	1 085	1 849
社会学	15	183	2 486	1 103	1 053	1 346
民族学与文化学	16	179	2 298	945	948	1 322
新闻学与传播学	17	67	1 132	482	508	567
图书馆、情报与文献学	18	11	104	39	53	51
教育学	19	344	4 655	1 854	1 991	2 594
体育学	20	112	1 686	639	802	850
统计学	21	12	163	86	62	84
港澳台研究	22	3	87	51	32	66
国际问题研究	23	54	772	505	212	483
心理学	24	36	495	206	202	203

中级职称	初级职称	培养研究生人数（人）	R&D 经费支出（千元）	仪器设备原价（千元）	其中:进口（千元）
15 968	3 162	28 388	1 003 387.25	812 044.32	153 221.94
2 950	616	5 543	154 538.74	111 879.28	5 560.09
717	126	1 789	27 041.13	10 251.32	310.33
224	45	744	17 081.95	16 434.01	3 235
0	0	0	0	0	0
22	20	15	944.87	726.5	15
587	73	1 073	40 605.21	45 251.24	10 765.23
643	102	1 183	55 398.27	22 465.52	5 470.34
105	11	252	4 199.74	1 933.5	259.44
1 601	428	1 620	112 880.47	128 622.77	24 672.65
675	139	1 237	56 276.53	20 714.83	744.23
42	6	38	4 024.9	19 416.42	9 820
2 840	575	6 131	238 673.37	108 052.46	10 454.6
260	43	298	16 390.19	10 901.68	426.7
904	134	2 184	46 556.7	21 759.47	1 511.28
828	129	739	44 873.85	26 036.97	1 042.7
692	132	885	52 451.94	30 053.45	1 755
426	62	502	17 066.83	21 371.47	1 605.2
33	18	75	1 553.99	7 009.17	41.99
1 414	313	1 840	61 618.32	46 827.24	1 030.58
566	103	873	23 967.99	91 076.26	41 827
66	12	135	2 956.4	2 809.1	0
15	3	0	2 498	95	0
210	50	851	11 016.99	4 578.21	50
148	22	381	10 770.87	63 778.45	32 624.58

19. 综合院校人文、社会科学研究与发展研究机构情况表

	编号	机构数	R&D活动人员(人) 合计	其中 博士毕业	硕士毕业	高级职称
合 计	0	1 710	26 704	16 222	7 818	16 404
管理学	1	222	3 627	2 358	1 003	2 267
马克思主义	2	81	1 449	945	338	994
哲学	3	60	1 182	862	239	781
逻辑学	4	2	54	48	6	38
宗教学	5	18	189	147	33	124
语言学	6	78	1 181	674	394	639
中国文学	7	88	1 402	922	351	880
外国文学	8	25	402	204	139	170
艺术学	9	88	1 237	351	631	549
历史学	10	114	1 713	1 150	400	1 172
考古学	11	15	329	221	77	185
经济学	12	305	4 851	3 072	1 383	2 980
政治学	13	50	776	532	199	507
法学	14	106	1 757	1 248	413	1 092
社会学	15	96	1 309	702	456	730
民族学与文化学	16	95	1 046	507	365	628
新闻学与传播学	17	39	699	453	188	482
图书馆、情报与文献学	18	7	82	62	18	70
教育学	19	120	1 860	763	784	1 081
体育学	20	28	404	147	193	239
统计学	21	6	113	107	6	74
港澳台研究	22	4	136	130	3	120
国际问题研究	23	48	712	502	127	481
心理学	24	15	194	115	72	121

中级职称	初级职称	培养研究生人数（人）	R&D 经费支出（千元）	仪器设备原价（千元）	其中:进口（千元）
6 489	1 229	23 962	919 674.52	423 153.49	58 166.38
915	166	4 035	130 273.14	62 512.87	9 487.8
284	64	920	26 168.47	14 130.06	588.05
225	45	1 059	30 138.74	20 224.8	3 171.7
16	0	31	4 264.41	2 731.8	435.6
30	13	162	7 425.02	2 080.85	0
292	36	1 396	42 723.07	33 441.17	7 829.74
321	50	1 395	45 622.22	17 245.92	6 271.7
106	25	342	5 041.04	2 572.05	1 256.9
500	130	455	28 731.03	13 521.7	1 044
333	56	1 690	54 323.93	23 189.32	2 421.15
47	3	334	17 121.48	25 216.13	5 050
1 164	231	5 120	197 142.1	75 139.5	6 158.7
179	32	523	26 000.89	7 063.94	406.7
422	66	2 099	83 691.55	15 045.84	2 426.5
313	36	822	44 747.59	12 400.56	988
285	49	426	26 739.81	19 543.59	290
145	37	570	29 244.12	8 603.74	2 375
12	0	157	3 530	1 591.5	412
550	101	1 126	33 621.13	18 616.97	3 402.84
125	22	178	7 247.49	6 478.9	1 948.8
39	0	93	2 270	3 514.9	0
15	0	80	34 124.59	11 919.74	5
127	46	799	33 057.7	14 974.14	44
44	21	150	6 425	11 393.5	2 152.2

20. 理工农医院校人文、社会科学研究与发展研究机构情况表

	编号	机构数	R&D 活动人员(人) 合计	其中 博士毕业	硕士毕业	高级职称
合 计	0	1 207	20 276	10 559	7 763	11 261
管理学	1	400	7 845	4 704	2 546	4 571
马克思主义	2	75	1 113	566	405	688
哲学	3	22	395	215	150	205
逻辑学	4	1	17	11	6	9
宗教学	5	3	44	27	14	7
语言学	6	38	513	138	322	209
中国文学	7	22	321	149	119	213
外国文学	8	4	36	23	8	25
艺术学	9	89	1 485	460	831	659
历史学	10	24	438	268	129	264
考古学	11	3	37	22	11	21
经济学	12	189	3 305	1 745	1 278	1 876
政治学	13	16	217	121	72	141
法学	14	64	890	450	315	418
社会学	15	80	1 210	628	490	683
民族学与文化学	16	31	417	186	166	243
新闻学与传播学	17	31	553	291	219	282
图书馆、情报与文献学	18	7	61	27	26	31
教育学	19	69	921	346	438	497
体育学	20	15	150	42	87	63
统计学	21	4	38	15	18	19
港澳台研究	22	1	6	2	3	4
国际问题研究	23	9	112	70	40	67
心理学	24	10	152	53	70	66

		培养研究生人数（人）	R&D 经费支出（千元）	仪器设备原价（千元）	其中：进口（千元）
中级职称	初级职称				
6 451	1 021	12 097	420 206.74	299 904.75	49 057.07
2 275	337	5 209	171 058.35	79 043.13	2 907
303	56	482	7 499.57	4 920.75	88
94	22	129	6 531.52	3 988.28	750
8	0	15	145	11.5	0
18	15	7	735.07	642.5	15
217	18	221	8 291.39	7 613.97	310
95	8	90	1 274.48	512.77	0
11	0	34	247	54	0
601	128	834	18 045.19	73 513.01	24 539.8
138	36	207	19 797.22	2 453.4	0
12	4	72	1 370	14 420	7 220
1 015	155	1 979	99 385.67	49 971.17	8 908.5
64	5	82	14 902.57	804.89	25
318	61	828	14 316.23	5 444.54	34
417	39	686	17 249.45	5 148.1	400
134	20	214	4 707.62	8 151.27	1 130
229	23	430	13 527.71	12 203.38	834.2
20	10	20	2 558.99	8 887.67	21.99
294	62	336	14 438.03	7 636.31	0
68	13	93	1 011.81	2 988.46	250
15	4	5	941	483	0
2	0	0	20	5	0
36	3	71	357	99.6	0
67	2	53	1 795.87	10 908.05	1 623.58

21. 师范院校人文、社会科学研究与发展研究机构情况表

	编号	机构数	R&D 活动人员(人) 合计	其中 博士毕业	硕士毕业	高级职称
合 计	0	872	14 294	7 617	4 755	7 522
管理学	1	37	678	362	258	359
马克思主义	2	59	1 366	769	484	755
哲学	3	17	226	169	47	87
逻辑学	4	0	0	0	0	0
宗教学	5	3	14	7	2	7
语言学	6	35	766	474	196	466
中国文学	7	82	1 326	764	354	787
外国文学	8	5	39	32	5	20
艺术学	9	56	825	214	426	367
历史学	10	104	1 467	775	519	709
考古学	11	5	28	19	7	14
经济学	12	74	1 234	616	432	659
政治学	13	31	420	298	87	254
法学	14	19	470	355	75	306
社会学	15	46	717	369	219	335
民族学与文化学	16	50	656	250	278	373
新闻学与传播学	17	14	185	74	79	127
图书馆、情报与文献学	18	3	25	9	12	9
教育学	19	162	2 470	1 365	776	1 347
体育学	20	33	653	218	307	216
统计学	21	1	13	13	0	8
港澳台研究	22	2	81	49	29	62
国际问题研究	23	15	296	218	68	131
心理学	24	19	339	198	95	124

中级职称	初级职称	培养研究生人数（人）	R&D 经费支出（千元）	仪器设备原价（千元）	其中:进口（千元）
3 793	873	7 266	369 714.76	237 358.95	49 743.32
194	63	263	36 196.74	6 965.28	430
395	58	1 291	16 648.2	5 795.19	136.88
32	9	37	7 549.04	1 711.6	135.62
0	0	0	0	0	0
3	1	6	847.5	287.5	0
196	16	612	19 936.58	15 739.12	3 114.7
268	56	430	23 452.37	9 996.13	69.64
7	0	0	284.5	441.95	23.52
294	109	123	8 827.22	12 526.8	917.85
411	95	978	47 896.35	12 958.18	479.23
13	0	6	2 344.9	17 016	8 600
305	105	443	44 594.72	18 028.08	740.7
90	20	124	10 341.8	2 694.6	100
122	6	211	3 364.87	4 135.44	0
182	42	225	21 857.05	17 020.57	376.7
192	31	112	20 089.19	5 807.45	35
44	6	192	3 324.2	5 230.43	120
7	7	4	1 688.9	390	0
683	149	1 407	64 876.12	37 070.53	623.58
200	65	302	7 513.7	6 881.99	2 198
1	2	0	4 500	276	0
13	3	0	2 478	90	0
55	15	166	5 990.11	1 047.51	50
86	15	334	15 112.7	55 248.6	31 591.9

22. 语言院校人文、社会科学研究与发展研究机构情况表

	编号	机构数	R&D 活动人员(人)			
			合计	其中		
				博士毕业	硕士毕业	高级职称
合 计	0	221	2 447	1 398	824	1 275
管理学	1	15	199	141	45	98
马克思主义	2	1	24	5	16	7
哲学	3	3	20	10	10	7
逻辑学	4	0	0	0	0	0
宗教学	5	0	0	0	0	0
语言学	6	33	328	229	73	212
中国文学	7	8	106	84	17	60
外国文学	8	13	120	80	33	78
艺术学	9	13	186	48	112	72
历史学	10	0	0	0	0	0
考古学	11	0	0	0	0	0
经济学	12	21	275	169	95	120
政治学	13	16	139	108	17	91
法学	14	5	65	53	10	52
社会学	15	14	178	61	97	68
民族学与文化学	16	2	27	25	2	23
新闻学与传播学	17	15	204	95	97	84
图书馆、情报与文献学	18	0	0	0	0	0
教育学	19	26	220	101	92	119
体育学	20	2	26	0	9	7
统计学	21	0	0	0	0	0
港澳台研究	22	0	0	0	0	0
国际问题研究	23	31	307	180	88	172
心理学	24	3	23	9	11	5

中级职称	初级职称	培养研究生人数（人）	R&D 经费支出（千元）	仪器设备原价（千元）	其中:进口（千元）
842	159	1 226	60 227.55	37 205.78	6 405.56
80	21	125	6 350.29	1 936.06	0
10	7	0	0	0	0
7	2	23	494.35	349.31	0
0	0	0	0	0	0
0	0	0	0	0	0
104	5	370	15 980.2	12 174.63	6 202.78
42	1	132	780.1	1 144.16	0
36	6	258	2 108.93	845.65	80.92
61	31	0	3 337.87	1 168.27	31
0	0	0	0	0	0
0	0	0	0	0	0
124	9	44	8 257.86	1 358.77	42.7
26	7	39	3 428.29	6 941.88	0
12	0	0	1 973.2	481.8	0
88	22	0	1 222.49	504.05	0
4	0	23	1 196.43	2 212.01	4.16
93	7	4	8 272.92	5 445.43	0
0	0	0	0	0	0
61	15	111	2 632.41	610.34	0
8	1	0	1 251.69	127.3	44
0	0	0	0	0	0
0	0	0	0	0	0
76	23	97	2 819.08	1 875.94	0
10	2	0	121.44	30.18	0

23. 财经院校人文、社会科学研究与发展研究机构情况表

	编号	机构数	R&D 活动人员(人)			
			合计	其中		
				博士毕业	硕士毕业	高级职称
合 计	0	460	7 151	4 324	2 200	4 064
管理学	1	118	1 802	1 094	495	993
马克思主义	2	11	199	135	52	122
哲学	3	4	46	29	16	28
逻辑学	4	0	0	0	0	0
宗教学	5	0	0	0	0	0
语言学	6	7	93	23	63	53
中国文学	7	3	21	7	9	9
外国文学	8	1	6	3	3	1
艺术学	9	5	57	4	38	30
历史学	10	2	17	8	5	8
考古学	11	0	0	0	0	0
经济学	12	231	3 792	2 398	1 113	2 174
政治学	13	3	92	55	25	62
法学	14	29	457	320	125	293
社会学	15	5	64	20	35	42
民族学与文化学	16	6	70	32	32	39
新闻学与传播学	17	3	87	44	27	19
图书馆、情报与文献学	18	0	0	0	0	0
教育学	19	19	167	49	95	101
体育学	20	1	8	0	8	3
统计学	21	10	156	95	51	77
港澳台研究	22	0	0	0	0	0
国际问题研究	23	2	17	8	8	10
心理学	24	0	0	0	0	0

中级职称	初级职称	培养研究生人数（人）	R&D 经费支出（千元）	仪器设备原价（千元）	其中:进口（千元）
2 144	489	5 913	173 263.43	73 862.72	2 964.29
522	207	1 165	45 978.16	32 205.31	2 944.29
62	15	48	2 347.8	118.97	0
15	1	13	491.7	256	0
0	0	0	0	0	0
0	0	0	0	0	0
36	2	0	325.88	295.6	0
11	1	0	250	40	0
5	0	0	60	36	0
22	5	0	511.9	320.58	0
9	0	0	18.83	0.5	0
0	0	0	0	0	0
1 082	214	3 981	107 566.49	33 502.59	20
30	0	31	2 310	516	0
144	20	414	5 862.26	1 873.76	0
21	1	35	237.88	390.55	0
30	1	4	1 239.43	26	0
31	0	6	503	240	0
0	0	0	0	0	0
53	12	0	1 203.22	1 242.64	0
5	0	0	141.48	22.12	0
61	8	165	2 615.4	2 406.1	0
0	0	0	0	0	0
5	2	51	1 600	370	0
0	0	0	0	0	0

24. 政法院校人文、社会科学研究与发展研究机构情况表

	编号	机构数	R&D 活动人员(人)			
			合计	博士毕业	硕士毕业	其中高级职称
合 计	0	129	1 662	813	640	931
管理学	1	13	248	66	130	128
马克思主义	2	1	19	0	11	17
哲学	3	0	0	0	0	0
逻辑学	4	0	0	0	0	0
宗教学	5	0	0	0	0	0
语言学	6	0	0	0	0	0
中国文学	7	1	6	4	2	2
外国文学	8	0	0	0	0	0
艺术学	9	0	0	0	0	0
历史学	10	1	6	3	3	2
考古学	11	0	0	0	0	0
经济学	12	2	18	9	9	13
政治学	13	4	47	13	21	14
法学	14	72	1 054	611	360	660
社会学	15	15	98	50	42	38
民族学与文化学	16	0	0	0	0	0
新闻学与传播学	17	3	22	15	7	5
图书馆、情报与文献学	18	0	0	0	0	0
教育学	19	7	70	24	22	23
体育学	20	1	12	1	1	7
统计学	21	1	6	3	3	1
港澳台研究	22	0	0	0	0	0
国际问题研究	23	4	24	7	10	7
心理学	24	4	32	7	19	14

		培养研究生人数（人）	R&D 经费支出（千元）	仪器设备原价（千元）	其中:进口（千元）
中级职称	初级职称				
449	68	1 078	25 164.27	18 932.62	66.28
76	9	69	1 360	8 465	0
1	1	20	89	200	0
0	0	0	0	0	0
0	0	0	0	0	0
0	0	0	0	0	0
0	0	0	0	0	0
3	1	0	3	0	0
0	0	0	0	0	0
0	0	0	0	0	0
2	2	0	3	0	0
0	0	0	0	0	0
5	0	26	153.7	0	0
19	3	15	596.79	105.28	0
244	22	851	20 303.34	9 236.5	66.28
43	13	2	1 033.46	547.81	0
0	0	0	0	0	0
13	4	0	19	0	0
0	0	0	0	0	0
14	9	30	652.68	328.03	0
5	0	0	5	1	0
3	2	0	5	0	0
0	0	0	0	0	0
5	0	65	894.3	17	0
16	2	0	46	32	0

25. 艺术院校人文、社会科学研究与发展研究机构情况表

	编号	机构数	R&D 活动人员(人)			
			合计	其中		
				博士毕业	硕士毕业	高级职称
合 计	0	120	1 323	455	499	648
管理学	1	1	1	0	0	0
马克思主义	2	0	0	0	0	0
哲学	3	0	0	0	0	0
逻辑学	4	0	0	0	0	0
宗教学	5	0	0	0	0	0
语言学	6	0	0	0	0	0
中国文学	7	0	0	0	0	0
外国文学	8	0	0	0	0	0
艺术学	9	113	1 266	443	468	614
历史学	10	0	0	0	0	0
考古学	11	1	4	0	4	1
经济学	12	0	0	0	0	0
政治学	13	0	0	0	0	0
法学	14	0	0	0	0	0
社会学	15	0	0	0	0	0
民族学与文化学	16	3	44	9	23	26
新闻学与传播学	17	1	4	2	2	4
图书馆、情报与文献学	18	0	0	0	0	0
教育学	19	1	4	1	2	3
体育学	20	0	0	0	0	0
统计学	21	0	0	0	0	0
港澳台研究	22	0	0	0	0	0
国际问题研究	23	0	0	0	0	0
心理学	24	0	0	0	0	0

中级职称	初级职称	培养研究生人数（人）	R&D 经费支出（千元）	仪器设备原价（千元）	其中:进口（千元）
346	140	850	76 266.67	61 067.74	14 012
1	0	0	15	20	0
0	0	0	0	0	0
0	0	0	0	0	0
0	0	0	0	0	0
0	0	0	0	0	0
0	0	0	0	0	0
0	0	0	0	0	0
0	0	0	0	0	0
334	134	840	74 245.78	59 497.93	13 472
0	0	0	0	0	0
3	0	0	25	12.42	0
0	0	0	0	0	0
0	0	0	0	0	0
0	0	0	0	0	0
0	0	0	0	0	0
7	6	10	1 710.89	1 512.39	540
0	0	0	10	0	0
0	0	0	0	0	0
1	0	0	260	25	0
0	0	0	0	0	0
0	0	0	0	0	0
0	0	0	0	0	0
0	0	0	0	0	0
0	0	0	0	0	0

26. 民族院校人文、社会科学研究与发展研究机构情况表

	编号	机构数	R&D 活动人员(人)			
			合计	其中		
				博士毕业	硕士毕业	高级职称
合 计	0	128	2 655	1 563	817	1 420
管理学	1	10	186	103	55	100
马克思主义	2	5	116	59	46	42
哲学	3	1	22	18	4	16
逻辑学	4	0	0	0	0	0
宗教学	5	0	0	0	0	0
语言学	6	7	124	87	32	71
中国文学	7	8	132	72	45	79
外国文学	8	0	0	0	0	0
艺术学	9	4	57	29	23	30
历史学	10	1	20	3	2	5
考古学	11	1	5	4	1	3
经济学	12	9	195	120	64	114
政治学	13	5	109	38	24	37
法学	14	10	207	96	90	76
社会学	15	4	46	14	16	25
民族学与文化学	16	44	1 082	714	299	631
新闻学与传播学	17	1	8	3	2	4
图书馆、情报与文献学	18	3	68	32	34	39
教育学	19	12	219	131	65	107
体育学	20	0	0	0	0	0
统计学	21	0	0	0	0	0
港澳台研究	22	0	0	0	0	0
国际问题研究	23	3	59	40	15	41
心理学	24	0	0	0	0	0

		培养研究生人数（人）	R&D 经费支出（千元）	仪器设备原价（千元）	
中级职称	初级职称				其中:进口（千元）
785	198	2 494	35 910.92	11 885.8	700
53	14	156	1 851	956	0
14	5	25	823.1	85.1	0
6	0	9	200	40	0
0	0	0	0	0	0
0	0	0	0	0	0
34	18	478	2 807.22	353	100
40	12	71	819	80	0
0	0	0	0	0	0
18	9	21	526	131	0
7	5	15	300	500	0
1	1	3	15	8	0
54	11	76	1 239	721	0
21	3	89	1 585	422	0
73	19	107	2 273	559	0
20	0	2	274	1	0
327	70	1 061	20 928.6	7 312.7	600
2	2	4	15	10	0
26	3	86	75	25	0
74	24	229	2 030	580	0
0	0	0	0	0	0
0	0	0	0	0	0
0	0	0	0	0	0
15	2	62	150	102	0
0	0	0	0	0	0

27. 体育院校人文、社会科学研究与发展研究机构情况表

	编号	机构数	R&D 活动人员(人)			
			合计	其中		
				博士毕业	硕士毕业	高级职称
合 计	0	54	967	515	399	587
管理学	1	0	0	0	0	0
马克思主义	2	0	0	0	0	0
哲学	3	0	0	0	0	0
逻辑学	4	0	0	0	0	0
宗教学	5	0	0	0	0	0
语言学	6	0	0	0	0	0
中国文学	7	0	0	0	0	0
外国文学	8	0	0	0	0	0
艺术学	9	0	0	0	0	0
历史学	10	0	0	0	0	0
考古学	11	0	0	0	0	0
经济学	12	0	0	0	0	0
政治学	13	0	0	0	0	0
法学	14	0	0	0	0	0
社会学	15	0	0	0	0	0
民族学与文化学	16	0	0	0	0	0
新闻学与传播学	17	0	0	0	0	0
图书馆、情报与文献学	18	0	0	0	0	0
教育学	19	0	0	0	0	0
体育学	20	54	967	515	399	587
统计学	21	0	0	0	0	0
港澳台研究	22	0	0	0	0	0
国际问题研究	23	0	0	0	0	0
心理学	24	0	0	0	0	0

		培养研究生人数（人）	R&D 经费支出（千元）	仪器设备原价（千元）	其中：进口（千元）
中级职称	初级职称				
274	60	1 320	12 741.65	209 813.19	131 046
0	0	0	0	0	0
0	0	0	0	0	0
0	0	0	0	0	0
0	0	0	0	0	0
0	0	0	0	0	0
0	0	0	0	0	0
0	0	0	0	0	0
0	0	0	0	0	0
0	0	0	0	0	0
0	0	0	0	0	0
0	0	0	0	0	0
0	0	0	0	0	0
0	0	0	0	0	0
0	0	0	0	0	0
0	0	0	0	0	0
0	0	0	0	0	0
0	0	0	0	0	0
0	0	0	0	0	0
0	0	0	0	0	0
274	60	1 320	12 741.65	209 813.19	131 046
0	0	0	0	0	0
0	0	0	0	0	0
0	0	0	0	0	0
0	0	0	0	0	0

六、社科研究与发展课题

1. 各类高等学校人文、社会科学研究与发展课题情况表

		课题数	当年投入人数(人年)	其中:研究生	当年拨入经费(千元)	当年支出经费(千元)
	合计	450 028	105 472.9	8 278.1	9 630 172.75	7 872 766.11
按学校隶属关系划分	教育部直属院校	100 560	19 311.1	4 011.6	4 000 185.45	3 186 788.8
	其他部委院校	15 258	4 131.1	482.4	433 899.59	354 633.2
	地方院校	334 210	82 030.7	3 784.1	5 196 087.71	4 331 344.11
按学校规格划分	本科院校	401 834	92 855.4	8 273.4	9 355 218.99	7 645 505.5
	专科院校	48 194	12 617.5	4.7	274 953.76	227 260.61
按学校类型划分	综合大学	147 596	32 899.2	2 551.1	3 716 276.72	3 050 098.85
	理工农医院校	130 542	31 131.4	2 434.2	2 494 978.8	2 098 264.51
	高等师范院校	74 044	18 005.4	1 481.8	1 597 559.78	1 333 329.76
	语言院校	13 647	3 003.6	203.8	220 009.55	139 512.07
	财经院校	50 538	12 203	1 062.8	974 700.13	746 318.46
	政法院校	13 133	2 473.5	128.5	190 162.38	140 774.41
	体育院校	4 364	1 279.2	193.7	71 329.45	71 210.16
	艺术院校	9 315	2 408	97.6	224 680.51	197 537.28
	民族院校	6 849	2 069.6	124.6	140 475.43	95 720.61

2. 各省、市、自治区高等学校人文、社会科学研究与发展课题情况表

	课题数	当年投入人数（人年）	其中：研究生	当年拨入经费（千元）	当年支出经费（千元）
合计	450 028	105 472.9	8 278.1	9 630 172.75	7 872 766.11
北京市	40 307	7 901.8	1 682.6	1 796 759.61	1 281 228.45
天津市	9 875	2 910.3	340.5	195 258.95	159 821.15
河北省	14 256	4 577.3	131	90 767.97	78 525.51
山西省	5 138	1 654	135.8	61 101.88	55 005.89
内蒙古自治区	3 571	1 090.7	54.5	50 901.7	44 743.36
辽宁省	15 696	3 664.8	244.8	199 630.98	163 064.38
吉林省	11 135	3 072.1	152.4	213 789.48	176 984.43
黑龙江省	4 743	3 001.5	67.9	64 341.61	48 545.85
上海市	23 477	4 547.3	607	809 616.45	636 174.49
江苏省	33 113	7 473	643.1	724 673.02	623 786.77
浙江省	36 891	7 969.7	504.8	792 954.97	630 049.23
安徽省	12 666	3 037.8	197.9	157 538.36	122 806.83
福建省	17 676	3 631.7	102.5	302 089.48	274 391.14
江西省	12 418	1 700.3	15	139 546.69	132 051.51
山东省	20 189	5 376.5	160.6	302 704.1	226 830.72
河南省	18 134	3 447	16.5	228 847.72	197 100.96
湖北省	21 547	4 883.8	719	527 105.38	446 247.88
湖南省	21 192	4 941.6	267.1	263 070.94	191 336.02
广东省	35 301	7 007.1	323.4	996 756.23	890 886.82
广西壮族自治区	10 345	3 016.7	27	175 166.55	159 453.07
海南省	1 882	510.1	11.1	24 895.2	20 835.06
重庆市	12 881	3 494.7	380.1	312 318.99	278 296.21
四川省	23 588	5 996	348	360 693.83	320 953.81
贵州省	6 303	1 463.4	23.4	107 874.07	95 070.36
云南省	8 024	2 948.2	372.3	201 634.21	153 104.39
西藏自治区	830	177.3	1.1	13 075.28	13 818.24
陕西省	17 231	2 653.8	380.8	305 545.69	267 763.32
甘肃省	4 891	1 514.9	289.1	103 827.78	94 628.59
青海省	563	307.6	2.6	15 717.5	13 960.85
宁夏回族自治区	2 093	354.6	17.3	26 048.37	25 866.72
新疆维吾尔自治区	4 072	1 147.3	58.9	65 919.76	49 434.1

3. 各省、市、自治区所属高等学校人文、社会科学研究与发展课题情况表

	课题数	当年投入人数（人年）	其中：研究生	当年拨入经费（千元）	当年支出经费（千元）
合计	334 210	82 030.7	3 784.1	5 196 087.71	4 331 344.11
北京市	9 584	2 339.6	340.8	281 393.21	220 197.16
天津市	6 624	2 009	108.3	79 070.49	69 120.43
河北省	13 452	4 393.6	127.5	86 762.57	75 408.88
山西省	5 138	1 654	135.8	61 101.88	55 005.89
内蒙古自治区	3 571	1 090.7	54.5	50 901.7	44 743.36
辽宁省	13 252	3 162.1	180.9	121 687.58	99 354.15
吉林省	6 591	2 250.6	45.3	74 579.84	56 711.23
黑龙江省	4 103	2 568.7	43.1	44 593.41	29 527.95
上海市	11 067	1 937.3	104.3	249 535.09	209 941.25
江苏省	25 590	5 686.6	214.6	458 107.84	373 143.97
浙江省	32 508	7 646.8	447.8	538 210.38	402 577.85
安徽省	11 821	2 829.5	86	135 889.06	106 767.11
福建省	13 677	2 920.3	39.4	177 132.88	155 074.45
江西省	12 418	1 700.3	15	139 546.69	132 051.51
山东省	16 918	4 855	142.1	199 625.53	155 808.18
河南省	18 010	3 394.6	16.5	228 303.72	196 739.06
湖北省	10 844	2 183.8	135.7	189 681.09	150 323.28
湖南省	18 099	4 101.4	214.3	185 384.81	129 636.93
广东省	26 590	5 796.3	158.5	646 882.81	619 661.46
广西壮族自治区	10 345	3 016.7	27	175 166.55	159 453.07
海南省	1 882	510.1	11.1	24 895.2	20 835.06
重庆市	9 222	2 473.9	265.2	202 867.28	173 241.79
四川省	16 079	4 179.3	131.8	188 379.45	168 762.49
贵州省	6 303	1 463.4	23.4	107 874.07	95 070.36
云南省	8 024	2 948.2	372.3	201 634.21	153 104.39
西藏自治区	830	177.3	1.1	13 075.28	13 818.24
陕西省	12 083	1 946	150.4	172 984.14	132 435.29
甘肃省	3 444	1 045.2	112.6	60 225.14	52 634.54
青海省	563	307.6	2.6	15 717.5	13 960.85
宁夏回族自治区	1 506	295.5	17.3	18 958.55	16 799.83
新疆维吾尔自治区	4 072	1 147.3	58.9	65 919.76	49 434.1

4. 国务院各部委所属高等学校人文、社会科学研究与发展课题情况表

	课题数	当年投入人数（人年）	其中：研究生	当年拨入经费（千元）	当年支出经费（千元）
合计	15 258	4 131.1	482.4	433 899.59	354 633.2
中央办公厅	16	9.7	0	80	114
外交部	141	45.9	4.4	1 481	2 212
国防部	50	11.2	0	329.8	250.9
国家民族事务委员会	4 623	1 311.6	113.6	86 916.25	55 116.35
公安部	1 339	393	38	26 109.47	12 470.41
司法部	215	50	0.4	264.4	304.9
工业和信息化部	2 199	766.6	103.6	108 892.39	101 176.26
交通部	422	168.6	53.1	5 307.1	4 624.22
卫生部	10	2.2	0	610	54.8
海关总署	294	34	0.3	1 015.22	4 293.9
中国民用航空总局	427	192.2	37	15 063.19	9 926.49
中国地震局	52	20.1	0	338	209
国家林业局	98	22.9	0	818	1 079.26
国务院侨务办公室	3 048	616.2	14	131 925.72	121 575.88
国家安全生产监督管理总局	125	26.4	0	1 013	663.73
国家体育总局	646	170.6	39	17 876.54	15 138.49
中国科学院	237	117.8	67.4	19 782.82	9 595.39
中华全国总工会	376	65.1	0.2	8 276.5	8 046.3
共青团中央	494	65.2	10.5	6 579.43	6 066.01
中华全国妇女联合会	446	41.8	0.9	1 220.76	1 714.91

5. 全国高等学校人文、社会科学研究课题来源情况表

		合计	国家社科基金项目	国家社科基金单列学科项目	教育部人文、社科研究项目	高校古籍整理研究项目	国家自然科学基金项目	中央其他部门社科专门项目
	编号	L01	L02	L03	L04	L05	L06	L07
课题数(项)	1	450 028	26 851	1 881	21 493	529	5 362	14 053
当年投入人数(人年)	2	105 472.9	8 868.2	608.8	5 918.2	89.1	1 494.2	3 288.2
其中:研究生(人年)	3	8 278.1	1 024.7	55.6	727.8	9.2	337.3	531
当年拨入经费(千元)	4	9 630 172.75	1 393 133.44	104 559.41	398 068.98	5 687.75	410 142.47	541 236.01
其中:当年立项项目拨入经费(千元)	5	7 698 819.01	1 211 921.94	82 233.5	225 529.61	5 151.02	260 478.56	389 768.56
当年支出经费(千元)	6	7 872 766.11	1 101 867.69	71 600.95	353 813.59	5 405.98	300 517.65	463 134.93
当年新开课题数(项)	7	138 150	5 316	470	3 938	84	1 159	3 500
当年新开课题批准经费(千元)	8	13 635 851.78	1 333 820.89	102 615	478 629.01	6 021.4	467 972.88	540 269.89
当年完成课题数(项)	9	97 643	2 631	219	3 398	98	833	2 448

课题来源

省、市、自治区社科基金项目	省教育厅社科项目	地、市厅、局等政府部门项目	国际合作研究项目	与港、澳、台合作研究项目	企事业单位委托项目	学校社科项目	外资项目	其他项目
L08	L09	L10	L11	L12	L13	L14	L15	L16
63 228	70 482	74 509	825	300	77 299	87 147	457	5 612
16 554.2	17 537.3	17 666.7	120.9	36.3	14 333.4	17 675.8	66.7	1 214.9
1 178.4	524.6	1 051	27.8	5.9	1 982.6	750.7	16.8	54.7
521 147.2	437 334.44	1 029 205	72 283.24	11 257.94	4 094 629.95	504 595.74	31 379.63	75 511.55
397 706.66	360 335.36	817 693.15	30 372.13	6 584.08	3 374 885.96	449 371.88	23 241.68	63 544.92
446 207	369 530.3	870 694.41	61 817.67	8 034.09	3 305 482.8	417 358.07	25 015.11	72 285.87
16 259	20 934	27 771	152	48	28 562	28 081	96	1 780
1 047 930.81	445 658.92	2 320 405.22	55 446.32	10 460.27	5 119 757.79	1 591 781.66	28 728.17	86 353.55
11 532	13 635	20 583	171	31	20 682	19 977	57	1 348

6. 教育部直属高校人文、社会科学研究课题来源情况表

		合计	国家社科基金项目	国家社科基金单列学科项目	教育部人文、社科研究项目	高校古籍整理研究项目	国家自然科学基金项目	中央其他部门社科专门项目
	编号	L01	L02	L03	L04	L05	L06	L07
课题数(项)	1	100 560	9 832	650	8 908	167	3 107	6 229
当年投入人数(人年)	2	19 311.1	2 611.5	153.4	2 130.5	21.9	805.6	1 112
其中:研究生(人年)	3	4 011.6	474.9	27.6	441.1	4.2	197	277.2
当年拨入经费(千元)	4	4 000 185.45	570 735.53	36 965.39	208 265.01	3 641.75	262 857.08	282 735.01
其中:当年立项项目拨入经费(千元)	5	2 925 392.2	461 861.5	25 387.6	120 527.84	3 513.02	154 112.55	187 302.83
当年支出经费(千元)	6	3 186 788.8	461 700.19	26 578.2	182 080.05	3 736.51	182 005.5	240 871.75
当年新开课题数(项)	7	25 022	1 758	145	1 342	25	641	1 381
当年新开课题批准经费(千元)	8	4 450 470.49	515 954.97	32 450	240 367.86	3 849.4	295 134.1	252 089.61
当年完成课题数(项)	9	18 896	978	86	1 275	32	486	975

课题来源

省、市、自治区社科基金项目	省教育厅社科项目	地、市厅、局等政府部门项目	国际合作研究项目	与港、澳、台合作研究项目	企事业单位委托项目	学校社科项目	外资项目	其他项目
L08	L09	L10	L11	L12	L13	L14	L15	L16
10 672	3 987	11 067	678	219	27 538	16 355	312	839
2 285.1	757.7	2 120.4	88.6	20.5	4 253.5	2 791.3	40.6	118.5
408	90.6	441.3	24.6	3.2	1 150.5	431.2	15.5	24.7
129 003.73	81 443.7	431 292.46	68 532.61	7 011.78	1 765 070.31	90 562.73	24 654.2	37 414.16
89 928.2	48 646.53	309 151.6	27 840.66	4 263.63	1 369 640.99	70 064.05	20 143.31	33 007.89
117 051.56	51 928.72	364 068.84	58 038.06	5 345.81	1 358 760.53	76 388.16	19 935.06	38 299.86
2 182	838	2 694	124	24	8 671	4 931	70	196
140 582.27	64 591.64	417 840.88	52 363.56	7 008.16	2 133 244.5	230 638.94	24 683.72	39 670.88
1 478	518	2 053	134	17	6 941	3 778	41	104

7. 其他部委高校人文、社会科学研究课题来源情况表

		合计	国家社科基金项目	国家社科基金单列学科项目	教育部人文、社科研究项目	高校古籍整理研究项目	国家自然科学基金项目	中央其他部门社科专门项目
	编号	L01	L02	L03	L04	L05	L06	L07
课题数(项)	1	15 258	1 427	69	774	7	287	1 488
当年投入人数(人年)	2	4 131.1	545.8	22.6	229.4	1	80.5	462.8
其中:研究生(人年)	3	482.4	63.7	0.9	19.6	0.1	14.3	87.1
当年拨入经费(千元)	4	433 899.59	78 233.34	3 456	12 034.1	70	30 899.63	53 700.36
其中:当年立项项目拨入经费(千元)	5	358 775.09	68 734.75	3 120	6 070	70	25 101.21	33 811.5
当年支出经费(千元)	6	354 633.2	50 012.85	3 185.65	10 750.33	40.8	22 021.06	38 176.2
当年新开课题数(项)	7	4 577	311	16	123	2	96	418
当年新开课题批准经费(千元)	8	1 560 079.3	76 285	3 400	13 535	70	43 108.58	57 845.4
当年完成课题数(项)	9	2 963	103	8	145	2	36	321

课题来源

省、市、自治区社科基金项目	省教育厅社科项目	地、市厅、局等政府部门项目	国际合作研究项目	与港、澳、台合作研究项目	企事业单位委托项目	学校社科项目	外资项目	其他项目
L08	L09	L10	L11	L12	L13	L14	L15	L16
2 002	840	1 707	11	7	1 923	4 573	7	136
612.5	195.6	413	2.2	0.7	549.5	985	0.8	29.7
65.9	6.2	35	0.1	0	131.4	56.6	0	1.5
21 582.8	30 022.18	71 167.81	418.12	100	79 029.44	51 513.87	153.94	1 518
15 078.47	28 528.47	61 964.64	318.12	100	67 107.93	47 454.5	0	1 315.5
20 065.56	30 129.37	57 695.65	561.46	4	69 578.29	50 590.03	292.83	1 529.12
483	210	677	1	1	725	1 474	0	40
22 109	35 714	338 997.11	320	400	102 345.16	863 955.05	0	1 995
422	165	344	3	1	462	936	1	14

8. 各省、市、自治区所属高校人文、社会科学研究课题来源情况表

	编号	合计	国家社科基金项目	国家社科基金单列学科项目	教育部人文、社科研究项目	高校古籍整理研究项目	国家自然科学基金项目	中央其他部门社科专门项目
	编号	L01	L02	L03	L04	L05	L06	L07
课题数(项)	1	334 210	15 592	1 162	11 811	355	1 968	6 336
当年投入人数(人年)	2	82 030.7	5 710.9	432.8	3 558.3	66.2	608.1	1 713.4
其中:研究生(人年)	3	3 784.1	486.1	27.1	267.1	4.9	126	166.7
当年拨入经费(千元)	4	5 196 087.71	744 164.57	64 138.02	177 769.87	1 976	116 385.76	204 800.64
其中:当年立项项目拨入经费(千元)	5	4 414 651.72	681 325.69	53 725.9	98 931.77	1 568	81 264.8	168 654.23
当年支出经费(千元)	6	4 331 344.11	590 154.65	41 837.1	160 983.21	1 628.67	96 491.09	184 086.98
当年新开课题数(项)	7	108 551	3 247	309	2 473	57	422	1 701
当年新开课题批准经费(千元)	8	7 625 301.99	741 580.92	66 765	224 726.15	2 102	129 730.2	230 334.88
当年完成课题数(项)	9	75 784	1 550	125	1 978	64	311	1 152

课题来源

省、市、自治区社科基金项目	省教育厅社科项目	地、市厅、局等政府部门项目	国际合作研究项目	与港、澳、台合作研究项目	企事业单位委托项目	学校社科项目	外资项目	其他项目
L08	L09	L10	L11	L12	L13	L14	L15	L16
50 554	65 655	61 735	136	74	47 838	66 219	138	4 637
13 656.6	16 584	15 133.3	30.1	15.1	9 530.4	13 899.5	25.3	1 066.7
704.5	427.8	574.7	3.1	2.7	700.7	262.9	1.3	28.5
370 560.67	325 868.56	526 744.73	3 332.51	4 146.16	2 250 530.2	362 519.14	6 571.49	36 579.39
292 699.99	283 160.36	446 576.91	2 213.35	2 220.45	1 938 137.04	331 853.33	3 098.37	29 221.53
309 089.88	287 472.21	448 929.92	3 218.15	2 684.28	1 877 143.98	290 379.88	4 787.22	32 456.89
13 594	19 886	24 400	27	23	19 166	21 676	26	1 544
885 239.54	345 353.28	1 563 567.23	2 762.76	3 052.11	2 884 168.13	497 187.67	4 044.45	44 687.67
9 632	12 952	18 186	34	13	13 279	15 263	15	1 230

9. 全国高等学校人文、社会科学研究课题情况表

学科门类	总数					基础研究				
	课题数	当年投入人数（人年）	其中：研究生	当年拨入经费（千元）	当年支出经费（千元）	课题数	当年投入人数（人年）	其中：研究生	当年拨入经费（千元）	当年支出经费（千元）
	L01	L02	L03	L04	L05	L06	L07	L08	L09	L10
合计	450 028	105 472.9	8 280	9 630 172.75	7 872 766.11	229 661	53 591.4	3 850	4 227 709.2	3 436 853.92
管理学	87 134	19 871.3	2 140	2 500 026.56	2 062 480.5	32 537	7 396.7	691	817 574.46	669 847.67
马克思主义	19 654	4 800.1	307	286 871.53	234 569.64	13 179	3 204.3	232	200 250.37	166 466.9
哲学	6 632	1 499.4	134	161 555.88	133 384.79	5 388	1 228.7	115	116 918.53	97 681.92
逻辑学	267	56.1	2	5 686.14	4 532.42	180	42.5	2	4 181.01	3 844.95
宗教学	1 121	289.6	15	23 887.66	20 408.56	894	233.2	14	19 550.57	16 554.32
语言学	26 203	6 736.8	314	366 489.38	289 062.32	17 685	4 564.2	222	258 114.9	207 600.82
中国文学	14 721	3 477.1	223	269 757.03	214 265.76	12 261	2 901.2	195	231 289.52	178 152.7
外国文学	6 498	1 600.1	68	73 527.92	60 646.43	5 085	1 277.5	57	60 016.86	48 238.95
艺术学	37 776	9 077	542	890 145.2	729 899.71	20 684	4 842.7	253	362 880.89	295 512.71
历史学	11 203	2 521.7	221	325 866.54	255 017.25	9 335	2 121.6	188	253 917.3	203 019.11
考古学	1 981	338.3	73	172 651.32	140 358.83	1 046	194.3	44	74 594.98	55 414.33
经济学	58 253	13 305.4	1 380	1 381 196.8	1 156 811.55	21 252	4 882.3	423	435 875.59	368 415.15
政治学	10 405	2 402.6	220	180 574.31	152 674.34	6 280	1 416.3	128	108 225.45	87 069.39
法学	27 193	5 682.6	588	563 633.01	449 152.99	13 461	2 929.4	279	223 575.2	188 074.76
社会学	24 887	5 673	470	533 776.02	432 297.15	11 425	2 538.1	201	186 588.8	164 312.38
民族学与文化学	7 533	2 115.1	110	145 746.28	118 135.7	4 725	1 285.7	61	85 675.39	64 505.92
新闻学与传播学	11 560	2 512	231	272 095.15	206 862.02	5 924	1 282.9	107	117 359.83	85 169.79
图书馆、情报与文献学	7 123	1 778.2	139	125 990.44	106 457.47	3 805	957.6	67	57 601.84	50 187.28
教育学	65 755	15 758.3	608	899 081.74	740 306.15	32 352	7 372.6	365	437 374.01	349 086.95
统计学	3 498	822.4	122	140 120.26	96 067.79	1 388	303.9	40	39 348.91	31 837.41
心理学	4 967	1 176.9	98	108 804.72	91 532.73	2 647	647.9	63	56 087.56	36 264.15
体育学	15 664	3 978.9	275	202 688.86	177 842.01	8 128	1 967.8	103	80 707.23	69 596.36

应用研究					实验与发展				
课题数	当年投入人数（人年）	其中：研究生	当年拨入经费（千元）	当年支出经费（千元）	课题数	当年投入人数（人年）	其中：研究生	当年拨入经费（千元）	当年支出经费（千元）
L11	L12	L13	L14	L15	L16	L17	L18	L19	L20
218 927	51 518	4 396	5 366 513.96	4 406 886.54	1 440	363.5	33	35 949.59	29 025.65
54 261	12 396	1 441	1 670 495.71	1 382 058	336	78.6	8	11 956.39	10 574.83
6 462	1 593.9	75	86 616.16	68 076.07	13	1.9	0	5	26.67
1 242	270.3	19	44 541.35	35 661.67	2	0.4	0	96	41.2
87	13.6	0	1 505.13	687.47	0	0	0	0	0
227	56.4	2	4 337.09	3 854.24	0	0	0	0	0
8 486	2 161.8	91	106 566.38	79 912.86	32	10.8	0	1 808.1	1 548.64
2 457	575.1	28	38 436.01	36 096.06	3	0.8	0	31.5	17
1 409	322.1	11	13 469.06	12 375.88	4	0.5	0	42	31.6
16 988	4 204.9	287	525 654.01	432 909.48	104	29.4	2	1 610.3	1 477.52
1 864	398.2	33	71 449.24	51 758.14	4	1.9	0	500	240
929	143.1	29	97 788.34	84 773.5	6	0.9	1	268	171
36 746	8 357.7	950	939 071.39	783 857.97	255	65.4	8	6 249.82	4 538.43
4 116	983.8	92	72 271.76	65 519.95	9	2.5	0	77.1	85
13 689	2 745.2	309	339 627.81	260 923.58	43	8	0	430	154.65
13 311	3 099.9	263	344 676.83	266 042.89	151	35	6	2 510.39	1 941.88
2 794	827.1	48	59 997.89	53 541.59	14	2.3	0	73	88.19
5 612	1 224.4	123	154 437.32	121 394.39	24	4.7	0	298	297.84
3 295	814.8	71	67 185.6	55 271.35	23	5.8	0	1 203	998.84
33 148	8 314.1	241	455 979.81	387 217.83	255	71.6	1	5 727.92	4 001.37
2 084	513.1	81	100 321.35	64 000.65	26	5.4	1	450	229.73
2 278	516.2	32	52 000.13	54 560.04	42	12.8	3	717.03	708.54
7 442	1 986.3	170	120 085.59	106 392.93	94	24.8	3	1 896.04	1 852.72

10. 本科院校人文、社会科学研究课题情况表

学科门类	总数					基础研究				
	课题数	当年投入人数（人年）	其中：研究生	当年拨入经费（千元）	当年支出经费（千元）	课题数	当年投入人数（人年）	其中：研究生	当年拨入经费（千元）	当年支出经费（千元）
	L01	L02	L03	L04	L05	L06	L07	L08	L09	L10
合计	401 834	92 855.4	8 274	9 355 218.99	7 645 505.5	213 837	49 544.3	3 847	4 159 552.99	3 380 119.73
管理学	79 713	17 944.4	2 139	2 417 244.8	1 997 924.61	30 629	6 895.1	691	806 889.69	660 989.36
马克思主义	17 875	4 313.4	307	278 878.65	228 731.16	12 415	2 989.2	232	196 747.67	163 596.36
哲学	6 421	1 444.1	134	160 012.15	132 003.34	5 282	1 199.8	115	116 472.93	97 224.45
逻辑学	245	50.4	2	5 630.14	4 511.55	174	41.2	2	4 178.01	3 840.55
宗教学	1 095	283.9	15	23 508.16	20 197.89	882	230	14	19 489.07	16 499.82
语言学	24 179	6 204.7	312	358 674.14	281 532.86	16 792	4 333	221	254 992.35	204 587.75
中国文学	14 060	3 296.6	223	266 195.53	210 889.34	11 891	2 794.5	195	229 063.72	175 963.61
外国文学	6 212	1 529.4	68	72 244.97	59 746.42	4 959	1 246.6	57	59 235.71	47 751.59
艺术学	34 606	8 259.9	541	863 414.18	704 905.1	19 633	4 564.2	253	355 093.05	286 855.03
历史学	10 991	2 467.4	221	324 597.09	254 057.93	9 220	2 091.4	188	253 011.95	202 538.53
考古学	1 965	332.4	73	172 575.82	140 296.18	1 037	189.6	44	74 564.48	55 374.33
经济学	53 314	12 059.3	1 380	1 347 985.44	1 129 090.9	20 070	4 579.8	422	429 929.9	363 751.43
政治学	9 716	2 219.8	220	177 875.96	150 595.52	5 980	1 344.9	128	107 299.82	86 368.5
法学	26 357	5 451.8	588	558 518.75	444 159.13	13 106	2 831.4	279	221 481.9	186 912.11
社会学	22 267	5 009.9	470	514 548.04	416 678.29	10 618	2 343.3	201	182 352.8	161 512.94
民族学与文化学	6 773	1 917.1	110	141 242.68	115 234.36	4 419	1 207.4	61	83 401.89	63 224.25
新闻学与传播学	11 144	2 397.6	231	269 006.11	204 257.75	5 782	1 246.5	107	117 026.74	84 883.17
图书馆、情报与文献学	6 568	1 634	139	124 119.84	104 909.41	3 620	913.1	67	57 085.04	49 534.4
教育学	46 316	10 610.8	606	835 518.76	687 619.61	25 870	5 761.7	365	417 583.14	332 903.89
统计学	3 288	774.6	122	138 941.68	94 596.9	1 328	290.7	40	39 044.41	31 652.48
心理学	4 233	986	98	106 625.85	89 709.1	2 377	576.7	63	55 431.11	35 690.18
体育学	14 496	3 667.9	275	197 860.25	173 858.15	7 753	1 874.2	102	79 177.61	68 465

应用研究					实验与发展				
课题数	当年投入人数（人年）	其中：研究生	当年拨入经费（千元）	当年支出经费（千元）	课题数	当年投入人数（人年）	其中：研究生	当年拨入经费（千元）	当年支出经费（千元）
L11	L12	L13	L14	L15	L16	L17	L18	L19	L20
186 698	42 984.9	4 395	5 160 791.31	4 236 904.01	1 299	326.2	33	34 874.69	28 481.76
48 768	10 974.7	1 441	1 598 754.22	1 326 499.42	316	74.6	8	11 600.89	10 435.83
5 450	1 323.1	75	82 125.98	65 134.8	10	1.1	0	5	0
1 137	243.9	19	43 443.22	34 737.69	2	0.4	0	96	41.2
71	9.2	0	1 452.13	671	0	0	0	0	0
213	53.9	2	4 019.09	3 698.07	0	0	0	0	0
7 360	1 862.8	91	101 883.69	75 407.17	27	8.9	0	1 798.1	1 537.94
2 166	501.3	28	37 100.31	34 908.73	3	0.8	0	31.5	17
1 249	282.3	11	12 967.26	11 963.23	4	0.5	0	42	31.6
14 874	3 667.9	286	506 865.83	416 587.55	99	27.8	2	1 455.3	1 462.52
1 767	374.1	33	71 085.14	51 279.4	4	1.9	0	500	240
922	141.9	29	97 743.34	84 750.85	6	0.9	1	268	171
32 999	7 416.4	950	911 968.72	760 941.04	245	63.1	8	6 086.82	4 398.43
3 728	872.9	92	70 499.04	64 142.02	8	2	0	77.1	85
13 210	2 612.4	309	336 606.85	257 092.37	41	8	0	430	154.65
11 508	2 634.1	263	329 729.35	253 248.97	141	32.5	6	2 465.89	1 916.38
2 342	707.9	48	57 772.79	51 926.92	12	1.8	0	68	83.19
5 339	1 146.5	123	151 681.37	119 076.74	23	4.6	0	298	297.84
2 925	715.1	71	65 831.8	54 376.17	23	5.8	0	1 203	998.84
20 260	4 796.9	241	412 438.2	350 818.47	186	52.2	1	5 497.42	3 897.25
1 934	478.5	81	99 447.27	62 714.69	26	5.4	1	450	229.73
1 820	398.9	32	50 584.11	53 373.28	36	10.4	3	610.63	645.64
6 656	1 770.2	170	116 791.6	103 555.43	87	23.5	3	1 891.04	1 837.72

11. 专科院校人文、社会科学研究课题情况表

学科门类	总数					基础研究				
	课题数	当年投入人数（人年）	其中：研究生	当年拨入经费（千元）	当年支出经费（千元）	课题数	当年投入人数（人年）	其中：研究生	当年拨入经费（千元）	当年支出经费（千元）
	L01	L02	L03	L04	L05	L06	L07	L08	L09	L10
合计	48 194	12 617.5	5	274 953.76	227 260.61	15 824	4 047.1	3	68 156.21	56 734.19
管理学	7 421	1 926.9	1	82 781.76	64 555.89	1 908	501.6	0	10 684.77	8 858.31
马克思主义	1 779	486.7	0	7 992.88	5 838.48	764	215.1	0	3 502.7	2 870.54
哲学	211	55.3	0	1 543.73	1 381.45	106	28.9	0	445.6	457.47
逻辑学	22	5.7	0	56	20.87	6	1.3	0	3	4.4
宗教学	26	5.7	0	379.5	210.67	12	3.2	0	61.5	54.5
语言学	2 024	532.1	2	7 815.24	7 529.46	893	231.2	2	3 122.55	3 013.07
中国文学	661	180.5	0	3 561.5	3 376.42	370	106.7	0	2 225.8	2 189.09
外国文学	286	70.7	0	1 282.95	900.01	126	30.9	0	781.15	487.36
艺术学	3 170	817.1	0	26 731.02	24 994.61	1 051	278.5	0	7 787.84	8 657.68
历史学	212	54.3	0	1 269.45	959.32	115	30.2	0	905.35	480.58
考古学	16	5.9	0	75.5	62.65	9	4.7	0	30.5	40
经济学	4 939	1 246.1	0	33 211.36	27 720.65	1 182	302.5	0	5 945.69	4 663.72
政治学	689	182.8	0	2 698.35	2 078.82	300	71.4	0	925.63	700.89
法学	836	230.8	0	5 114.26	4 993.86	355	98	0	2 093.3	1 162.65
社会学	2 620	663.1	0	19 227.98	15 618.86	807	194.8	0	4 236	2 799.44
民族学与文化学	760	198	0	4 503.6	2 901.34	306	78.3	0	2 273.5	1 281.67
新闻学与传播学	416	114.4	0	3 089.04	2 604.27	142	36.4	0	333.09	286.62
图书馆、情报与文献学	555	144.2	0	1 870.6	1 548.06	185	44.5	0	516.8	652.88
教育学	19 439	5 147.5	2	63 562.98	52 686.54	6 482	1 610.9	1	19 790.87	16 183.06
统计学	210	47.8	0	1 178.58	1 470.89	60	13.2	0	304.5	184.93
心理学	734	190.9	0	2 178.87	1 823.63	270	71.2	0	656.45	573.97
体育学	1 168	311	0	4 828.61	3 983.86	375	93.6	0	1 529.62	1 131.36

应用研究					实验与发展				
课题数	当年投入人数（人年）	其中：研究生	当年拨入经费（千元）	当年支出经费（千元）	课题数	当年投入人数（人年）	其中：研究生	当年拨入经费（千元）	当年支出经费（千元）
L11	L12	L13	L14	L15	L16	L17	L18	L19	L20
32 229	8 533.1	1	205 722.65	169 982.53	141	37.3	0	1 074.9	543.89
5 493	1 421.3	0	71 741.49	55 558.58	20	4	0	355.5	139
1 012	270.8	0	4 490.18	2 941.27	3	0.8	0	0	26.67
105	26.4	0	1 098.13	923.98	0	0	0	0	0
16	4.4	0	53	16.47	0	0	0	0	0
14	2.5	0	318	156.17	0	0	0	0	0
1 126	299	0	4 682.69	4 505.69	5	1.9	0	10	10.7
291	73.8	0	1 335.7	1 187.33	0	0	0	0	0
160	39.8	0	501.8	412.65	0	0	0	0	0
2 114	537	0	18 788.18	16 321.93	5	1.6	0	155	15
97	24.1	0	364.1	478.74	0	0	0	0	0
7	1.2	0	45	22.65	0	0	0	0	0
3 747	941.3	0	27 102.67	22 916.93	10	2.3	0	163	140
388	110.9	0	1 772.72	1 377.93	1	0.5	0	0	0
479	132.8	0	3 020.96	3 831.21	2	0	0	0	0
1 803	465.8	0	14 947.48	12 793.92	10	2.5	0	44.5	25.5
452	119.2	0	2 225.1	1 614.67	2	0.5	0	5	5
273	77.9	0	2 755.95	2 317.65	1	0.1	0	0	0
370	99.7	0	1 353.8	895.18	0	0	0	0	0
12 888	3 517.2	1	43 541.61	36 399.36	69	19.4	0	230.5	104.12
150	34.6	0	874.08	1 285.96	0	0	0	0	0
458	117.3	0	1 416.02	1 186.76	6	2.4	0	106.4	62.9
786	216.1	0	3 293.99	2 837.5	7	1.3	0	5	15

12. 教育部直属院校人文、社会科学研究课题情况表(一)

学科门类	总数					基础研究				
	课题数	当年投入人数（人年）	其中：研究生	当年拨入经费（千元）	当年支出经费（千元）	课题数	当年投入人数（人年）	其中：研究生	当年拨入经费（千元）	当年支出经费（千元）
	L01	L02	L03	L04	L05	L06	L07	L08	L09	L10
合计	100 560	19 311.1	4 014	4 000 185	3 186 789	48 234	9 424.7	1 687	1 681 032	1 313 708
管理学	24 024	4 631.9	1 109	1 193 746	940 462	8 214	1 630.3	335	397 893	292 441
马克思主义	4 168	898.3	133	104 366	83 808	2 977	666.6	103	73 424	60 019
哲学	2 600	457.1	72	100 473	85 932	2 139	382.7	61	65 630	57 292
逻辑学	89	13.5	2	3 056	2 484	55	13.4	2	2 341	2 400
宗教学	382	69.4	8	11 604	9 501	324	61.9	7	10 197	8 118
语言学	4 861	993.9	118	108 050	77 548	3 501	715.3	78	78 117	57 373
中国文学	2 666	506.5	88	81 485	67 143	2 299	434.6	71	69 769	52 863
外国文学	1 296	285.9	30	23 102	18 091	1 122	250.8	28	20 289	16 264
艺术学	4 106	1 015.8	219	202 806	154 301	2 099	501.7	84	82 395	59 391
历史学	3 566	626	109	129 626	109 381	3 008	542.2	91	104 484	91 753
考古学	1 160	158.9	39	109 512	89 471	553	75.9	21	45 114	36 063
经济学	15 408	3 053.2	748	617 882	494 330	5 102	984.6	197	177 948	144 577
政治学	3 352	651.5	127	96 304	75 129	1 941	385.5	72	55 019	37 501
法学	8 945	1 469	293	257 570	194 993	3 293	587.1	105	70 248	59 022
社会学	5 800	1 049.1	263	203 301	177 815	2 482	452.5	103	70 438	65 844
民族学与文化学	612	151.8	29	26 730	23 324	345	73.8	14	11 123	8 970
新闻学与传播学	4 037	747.3	141	145 139	99 071	1 638	298.6	48	54 619	32 541
图书馆、情报与文献学	1 986	418.9	90	76 196	63 213	925	205.8	41	26 262	23 519
教育学	7 724	1 349.6	238	337 731	297 580	4 312	770.6	148	197 348	161 916
统计学	977	206.9	58	79 127	43 850	397	86.2	24	19 851	16 653
心理学	1 150	217.2	49	62 023	52 746	594	122	32	31 540	15 055
体育学	1 651	339.4	51	30 356	26 616	914	182.6	22	16 983	14 133

应用研究					实验与发展				
课题数	当年投入人数（人年）	其中：研究生	当年拨入经费（千元）	当年支出经费（千元）	课题数	当年投入人数（人年）	其中：研究生	当年拨入经费（千元）	当年支出经费（千元）
L11	L12	L13	L14	L15	L16	L17	L18	L19	L20
51 944	9 812.5	2 308	2 306 682	1 863 251	382	73.9	19	12 472	9 833
15 670	2 977	770	792 866	644 618	140	24.6	4	2 987	3 403
1 190	231.5	30	30 942	23 789	1	0.2	0	0	0
461	74.4	11	34 843	28 640	0	0	0	0	0
34	0.1	0	715	84	0	0	0	0	0
58	7.5	1	1 408	1 383	0	0	0	0	0
1 357	278	40	29 909	20 150	3	0.6	0	25	25
367	71.9	18	11 715	14 280	0	0	0	0	0
174	35.1	2	2 813	1 827	0	0	0	0	0
2 005	512.9	135	120 410	94 901	2	1.2	0	0	8
558	83.8	17	25 141	17 629	0	0	0	0	0
603	82.4	18	64 358	53 342	4	0.6	1	40	66
10 221	2 053.1	546	438 326	348 097	85	15.5	5	1 609	1 657
1 411	266	55	41 285	37 629	0	0	0	0	0
5 645	881.3	188	187 322	135 966	7	0.6	0	0	5
3 238	578.5	154	131 051	110 487	80	18.1	6	1 812	1 484
266	77.6	15	15 607	14 354	1	0.4	0	0	0
2 396	448.5	93	90 475	66 455	3	0.2	0	45	75
1 055	211.4	48	48 839	38 761	6	1.7	0	1 095	933
3 390	575.4	90	136 175	133 934	22	3.6	0	4 208	1 730
565	117.9	33	59 131	27 182	15	2.8	1	145	15
547	92.2	15	29 981	37 263	9	3	2	503	428
733	156	29	13 370	12 480	4	0.8	0	3	4

13. 教育部直属院校人文、社会科学研究课题情况表(二)

	总数				基础研究			
	课题数	当年投入人数（人年）	当年拨入经费（千元）	当年支出经费（千元）	课题数	当年投入人数（人年）	当年拨入经费（千元）	当年支出经费（千元）
合计	100 560	19 311.1	4 000 182	3 186 794	48 234	9 424.7	1 681 035	1 313 708
北京大学	1 556	319.6	219 664	191 570	649	135.4	87 785	83 284
中国人民大学	5 014	588.7	199 681	92 618	1 859	258	74 110	25 738
清华大学	1 961	323.5	273 074	191 017	988	136.9	99 917	78 343
北京交通大学	1 417	215.4	63 441	63 639	764	112.6	17 305	20 884
北京科技大学	552	93.1	20 727	9 108	297	50.7	10 390	4 475
北京化工大学	243	71	7 397	7 926	150	41.8	4 648	4 957
北京邮电大学	362	130.7	10 697	7 814	89	20.4	719	1 088
中国农业大学	813	243.2	32 356	25 451	177	56.4	7 397	5 519
北京林业大学	592	150.9	19 068	18 096	123	25.3	3 605	3 368
北京中医药大学	119	47.1	4 170	3 781	22	12.3	2 046	544
北京师范大学	3 384	419.3	201 350	146 319	2 242	271.6	117 276	69 554
北京外国语大学	529	74.3	10 953	7 398	487	67.5	10 902	6 826
北京语言大学	500	128.4	26 459	12 928	398	97.3	21 337	9 307
中国传媒大学	2 011	428.8	57 038	29 452	652	121	26 862	3 197
中央财经大学	2 014	286.4	48 726	42 141	397	70.9	6 206	10 690
对外经济贸易大学	978	287.5	56 029	31 279	245	57.4	6 367	4 901
国际关系学院	181	47.9	5 033	5 780	120	32.2	3 609	3 611
中央音乐学院	35	56.6	8 025	8 003	27	44.6	6 799	6 279
中央美术学院	138	61.8	17 251	14 274	96	42.2	7 736	3 438
中央戏剧学院	107	42	333	210	89	33.9	153	200
中国政法大学	2 707	258.8	63 979	36 066	459	53.7	6 790	3 158
华北电力大学	1 014	88.1	28 744	14 894	333	35.9	5 842	2 815
南开大学	2 305	614.8	82 598	56 632	1 649	395.8	69 374	35 477
天津大学	579	138.5	19 979	24 759	143	52.2	3 570	4 180
大连理工大学	576	43.6	5 793	5 793	249	17.5	1 545	1 545

应用研究				实验与发展			
课题数	当年投入人数（人年）	当年拨入经费（千元）	当年支出经费（千元）	课题数	当年投入人数（人年）	当年拨入经费（千元）	当年支出经费（千元）
51 944	9 812.5	2 306 686	1 863 254	382	73.9	12 471	9 832
906	183.7	131 839	108 219	1	0.5	40	66
3 012	314.8	125 030	66 128	143	15.9	541	752
965	184	169 798	111 902	8	2.6	3 360	773
651	102.5	46 137	42 751	2	0.3	0	4
255	42.4	10 337	4 633	0	0	0	0
93	29.2	2 749	2 969	0	0	0	0
273	110.3	9 979	6 726	0	0	0	0
636	186.8	24 959	19 932	0	0	0	0
469	125.6	15 464	14 727	0	0	0	0
97	34.8	2 124	3 237	0	0	0	0
1 142	147.7	84 073	76 765	0	0	0	0
42	6.8	51	572	0	0	0	0
102	31.1	5 121	3 621	0	0	0	0
1 355	307.3	30 177	26 240	4	0.5	0	15
1 617	215.5	42 520	31 451	0	0	0	0
733	230.1	49 662	26 378	0	0	0	0
59	15.2	1 404	2 141	2	0.5	20	28
8	12	1 226	1 724	0	0	0	0
42	19.6	9 515	10 836	0	0	0	0
18	8.1	180	10	0	0	0	0
2 244	204.8	57 189	32 903	4	0.3	0	5
681	52.2	22 902	12 078	0	0	0	0
652	216.6	12 654	21 112	4	2.4	570	43
435	86.3	16 409	20 579	1	0	0	0
323	25.8	4 248	4 248	4	0.3	0	0

	总数				基础研究			
	课题数	当年投入人数（人年）	当年拨入经费（千元）	当年支出经费（千元）	课题数	当年投入人数（人年）	当年拨入经费（千元）	当年支出经费（千元）
东北大学	763	114.1	54 191	49 127	532	98.9	23 039	18 732
吉林大学	3 316	358.9	95 725	80 327	1 339	96.7	32 090	29 938
东北师范大学	1 228	462.6	43 485	39 946	819	341.4	24 115	22 574
东北林业大学	149	108	1 534	2 990	117	88.3	981	1 946
复旦大学	3 035	845.7	146 114	62 385	2 489	759	113 821	48 072
同济大学	1 397	270.2	39 644	40 268	1 202	233	39 080	39 644
上海交通大学	1 187	143	88 698	65 609	527	70.9	35 288	24 727
华东理工大学	715	147.2	31 552	17 992	314	84	14 425	6 870
东华大学	336	205.1	23 119	19 685	37	20	1 488	1 244
华东师范大学	3 405	552.3	145 197	160 299	2 587	465.5	143 403	145 972
上海外国语大学	933	142.9	10 135	5 341	754	113.4	7 208	3 909
上海财经大学	1 102	268.8	74 606	50 326	332	59.6	26 794	16 097
南京大学	1 232	154.6	71 144	61 111	733	92.4	29 284	21 857
东南大学	1 018	389.7	30 128	35 688	758	277.3	22 001	26 697
中国矿业大学	927	216.5	13 530	10 373	457	127.5	6 071	3 853
河海大学	672	219.2	53 549	53 822	251	74.7	10 401	9 897
江南大学	786	263.8	18 543	17 173	116	37.4	1 789	1 387
南京农业大学	1 646	260.5	41 014	38 568	376	53.8	2 921	3 064
中国药科大学	359	64.8	9 860	8 876	133	27	2 139	2 194
浙江大学	4 379	312.9	254 735	227 424	1 491	109.9	92 566	77 982
合肥工业大学	656	109	9 293	8 958	108	32.7	3 179	2 853
厦门大学	2 608	446.8	102 486	98 816	604	123.9	25 767	24 047
山东大学	2 174	316.3	78 401	46 726	1 477	215.5	47 265	30 380
中国海洋大学	445	139.1	16 348	16 205	172	50.4	5 233	5 350
中国石油大学（华东）	652	66.1	8 329	8 092	389	39.6	7 489	7 156

续表

应用研究				实验与发展			
课题数	当年投入人数（人年）	当年拨入经费（千元）	当年支出经费（千元）	课题数	当年投入人数（人年）	当年拨入经费（千元）	当年支出经费（千元）
224	13.6	29 494	28 730	7	1.6	1 657	1 666
1 975	262.2	63 635	50 389	2	0	0	0
407	120.9	19 322	17 293	2	0.3	48	79
32	19.7	553	1 044	0	0	0	0
546	86.7	32 293	14 314	0	0	0	0
195	37.2	564	624	0	0	0	0
660	72.1	53 410	40 882	0	0	0	0
401	63.2	17 128	11 123	0	0	0	0
299	185.1	21 631	18 441	0	0	0	0
818	86.8	1 794	14 326	0	0	0	0
179	29.5	2 928	1 432	0	0	0	0
770	209.2	47 813	34 229	0	0	0	0
494	61.2	40 761	38 154	5	1	1 100	1 100
260	112.4	8 127	8 991	0	0	0	0
470	89	7 459	6 520	0	0	0	0
366	122.8	40 089	40 866	55	21.7	3 059	3 059
670	226.4	16 755	15 786	0	0	0	0
1 270	206.7	38 094	35 504	0	0	0	0
226	37.8	7 721	6 682	0	0	0	0
2 874	202.2	162 168	149 421	14	0.8	0	21
548	76.3	6 114	6 105	0	0	0	0
2 004	322.9	76 719	74 769	0	0	0	0
697	100.8	31 136	16 347	0	0	0	0
273	88.7	11 115	10 855	0	0	0	0
263	26.5	840	936	0	0	0	0

	总数				基础研究			
	课题数	当年投入人数（人年）	当年拨入经费（千元）	当年支出经费（千元）	课题数	当年投入人数（人年）	当年拨入经费（千元）	当年支出经费（千元）
武汉大学	3 392	765.5	127 102	132 199	1 783	391	19 345	35 468
华中科技大学	964	253.1	26 208	18 637	333	95.6	5 235	3 511
中国地质大学（武汉）	549	98	32 436	21 964	106	24.9	5 252	4 129
武汉理工大学	1 170	116.8	13 324	11 157	474	44	4 594	3 957
华中农业大学	371	95.3	21 515	13 451	76	24.3	5 714	2 634
华中师范大学	1 620	606.7	57 857	62 423	1 039	397.9	32 388	35 576
中南财经政法大学	1 643	475.1	43 737	25 637	161	36.4	574	1 033
湖南大学	1 384	393.8	40 162	39 132	1 163	330.5	25 765	25 410
中南大学	1 659	435.2	37 194	22 317	526	145.9	15 562	8 258
中山大学	4 474	576.6	146 326	99 145	843	125.4	36 295	18 823
华南理工大学	2 528	242.5	92 623	70 675	1 769	162.9	47 937	32 976
四川大学	3 856	838.3	96 652	67 325	2 313	455.7	36 838	33 084
重庆大学	917	389.9	60 450	51 822	137	31.8	4 656	3 424
西南交通大学	588	141.2	23 517	23 786	217	44.1	5 775	4 712
电子科技大学	313	83.5	9 664	9 699	151	37.9	4 920	4 592
西南大学	2 742	630.9	49 001	53 233	1 386	345.5	14 666	14 451
西南财经大学	1 511	380.9	26 339	37 920	731	170	8 331	17 437
西安交通大学	1 977	278.2	53 347	44 827	1 304	183.6	32 741	26 994
西安电子科技大学	301	98.5	4 358	3 550	222	62.9	1 978	1 734
长安大学	655	76.5	14 573	14 162	598	76.1	14 423	14 052
西北农林科技大学	317	76.2	8 977	8 307	211	48.3	5 303	4 055
陕西师范大学	1 519	139.3	26 801	40 415	1 471	135.6	25 797	38 599
兰州大学	803	276.4	31 602	33 180	344	103.5	6 028	8 444
中国矿业大学（北京）	135	37.5	1 749	1 365	8	3.8	210	162
中国石油大学（北京）	185	25.7	7 536	4 933	33	2.4	526	328
中国地质大学（北京）	180	41.4	3 207	2 458	17	8.4	55	45

续表

应用研究				实验与发展			
课题数	当年投入人数（人年）	当年拨入经费（千元）	当年支出经费（千元）	课题数	当年投入人数（人年）	当年拨入经费（千元）	当年支出经费（千元）
1 587	370.4	106 988	96 030	22	4.1	769	701
610	151.8	20 853	15 016	21	5.7	120	110
426	70.2	26 085	16 590	17	2.9	1 099	1 245
696	72.8	8 730	7 200	0	0	0	0
292	69.8	15 738	10 727	3	1.2	63	89
581	208.8	25 469	26 847	0	0	0	0
1 478	437.4	43 163	24 553	4	1.3	0	51
219	62.9	14 372	13 696	2	0.4	25	25
1 081	280.6	21 633	14 059	52	8.7	0	0
3 631	451.2	110 031	80 323	0	0	0	0
759	79.6	44 686	37 699	0	0	0	0
1 543	382.6	59 814	34 241	0	0	0	0
780	358.1	55 795	48 398	0	0	0	0
371	97.1	17 743	19 074	0	0	0	0
162	45.6	4 744	5 107	0	0	0	0
1 356	285.4	34 335	38 781	0	0	0	0
780	210.9	18 008	20 483	0	0	0	0
673	94.6	20 606	17 834	0	0	0	0
79	35.6	2 380	1 816	0	0	0	0
57	0.4	150	110	0	0	0	0
106	27.9	3 674	4 252	0	0	0	0
48	3.7	1 004	1 816	0	0	0	0
459	172.9	25 573	24 736	0	0	0	0
124	32.8	1 539	1 203	3	0.9	0	0
152	23.3	7 011	4 605	0	0	0	0
163	33	3 152	2 413	0	0	0	0

14. 教育部直属综合大学人文、社会科学研究课题情况表

学科门类	总数					基础研究				
	课题数	当年投入人数（人年）	其中：研究生	当年拨入经费（千元）	当年支出经费（千元）	课题数	当年投入人数（人年）	其中：研究生	当年拨入经费（千元）	当年支出经费（千元）
	L01	L02	L03	L04	L05	L06	L07	L08	L09	L10
合计	51 656	9 748.9	1 713	2 085 745	1 635 731	24 864	4 968.5	719	867 347	648 935
管理学	11 564	2 182	439	620 118	487 185	3 670	824.7	134	210 743	153 135
马克思主义	2 165	501.1	74	65 999	56 473	1 537	371.3	55	44 972	39 396
哲学	1 632	277.2	42	74 982	63 077	1 372	237.9	38	47 443	39 224
逻辑学	59	11.3	1	1 645	1 552	37	11.2	1	930	1 468
宗教学	293	53.8	5	9 138	6 981	249	48.2	4	7 760	5 656
语言学	2 211	448.5	49	53 556	34 911	1 647	331.8	30	42 622	27 274
中国文学	1 690	328.2	48	50 192	40 883	1 472	283.7	39	40 674	32 771
外国文学	759	164.5	14	15 119	11 121	639	137.8	13	12 495	9 656
艺术学	1 670	364.9	73	54 799	44 513	886	186	26	27 248	22 142
历史学	2 436	427.4	60	84 019	62 132	2 055	371.1	49	66 445	51 689
考古学	1 035	143.6	38	104 697	86 422	497	71.2	20	42 450	33 961
经济学	8 160	1 536.6	319	337 041	262 065	2 622	499.3	78	96 080	65 274
政治学	2 089	384.6	59	61 100	41 194	1 164	220.7	30	35 716	22 763
法学	4 405	797.7	143	139 964	112 078	1 937	374.4	59	41 356	34 636
社会学	3 600	621	120	102 496	87 555	1 486	268.9	46	34 905	31 618
民族学与文化学	416	113.8	19	21 998	18 739	201	47.3	8	7 835	5 789
新闻学与传播学	1 697	288.7	41	62 658	46 586	744	142.4	17	29 907	21 657
图书馆、情报与文献学	1 432	303.4	68	62 558	50 422	660	147.7	32	20 676	18 144
教育学	2 793	508.8	51	91 384	82 386	1 314	258.8	22	42 076	22 392
统计学	419	60	12	51 544	23 143	134	23.6	5	3 716	2 258
心理学	393	80.4	16	8 187	5 738	151	38.5	8	4 176	2 466
体育学	738	151.4	22	12 551	10 575	390	72	5	7 122	5 566

应用研究					实验与发展				
课题数	当年投入人数（人年）	其中：研究生	当年拨入经费（千元）	当年支出经费（千元）	课题数	当年投入人数（人年）	其中：研究生	当年拨入经费（千元）	当年支出经费（千元）
L11	L12	L13	L14	L15	L16	L17	L18	L19	L20
26 547	4 746.6	987	1 215 352	984 086	245	33.8	1	3 045	2 710
7 805	1 346.1	304	409 000	333 342	89	11.2	0	376	709
627	129.6	19	21 027	17 077	1	0.2	0	0	0
260	39.3	4	27 539	23 853	0	0	0	0	0
22	0.1	0	715	84	0	0	0	0	0
44	5.6	0	1 378	1 325	0	0	0	0	0
562	116.3	19	10 909	7 612	2	0.4	0	25	25
218	44.5	9	9 518	8 113	0	0	0	0	0
120	26.7	1	2 624	1 465	0	0	0	0	0
784	178.9	48	27 551	22 370	0	0	0	0	0
381	56.3	11	17 573	10 443	0	0	0	0	0
534	71.8	17	62 207	52 395	4	0.6	0	40	66
5 476	1 029.7	239	240 019	196 035	62	7.6	1	941	756
925	163.9	30	25 384	18 431	0	0	0	0	0
2 464	422.7	84	98 607	77 443	4	0.6	0	0	0
2 068	345.6	74	67 346	55 897	46	6.5	0	246	40
215	66.5	11	14 163	12 950	0	0	0	0	0
953	146.3	24	32 751	24 929	0	0	0	0	0
766	154	35	40 787	31 345	6	1.7	0	1 095	933
1 467	247.5	28	49 308	59 994	12	2.5	0	0	0
272	35	6	47 684	20 884	13	1.4	0	145	0
238	41.3	7	3 834	3 091	4	0.6	0	177	181
346	78.9	17	5 428	5 008	2	0.5	0	0	0

15. 教育部直属理工农医院校人文、社会科学研究课题情况表

学科门类	总数					基础研究				
	课题数	当年投入人数（人年）	其中：研究生	当年拨入经费（千元）	当年支出经费（千元）	课题数	当年投入人数（人年）	其中：研究生	当年拨入经费（千元）	当年支出经费（千元）
	L01	L02	L03	L04	L05	L06	L07	L08	L09	L10
合计	23 359	4 441.8	1 053	991 109	794 904	10 264	1 844.1	383	331 034	262 411
管理学	8 900	1 652.4	426	437 861	347 000	3 325	580.5	141	136 347	95 039
马克思主义	1 288	234.7	35	26 897	16 479	898	166.3	27	19 470	11 721
哲学	459	87.1	14	10 850	7 933	357	69.8	10	6 749	5 459
逻辑学	18	1.8	1	1 141	764	8	1.8	1	1 141	764
宗教学	30	4.5	1	840	639	28	4.3	1	840	639
语言学	1 087	199.4	20	14 470	13 131	700	126.2	14	9 455	7 694
中国文学	205	32.7	3	3 468	2 883	162	27	2	3 300	2 653
外国文学	186	43.2	6	2 242	2 138	152	37.6	6	2 081	1 871
艺术学	1 294	299.6	84	91 922	67 758	441	72	16	16 226	14 567
历史学	355	70.1	14	15 332	13 431	248	51.5	10	9 692	8 152
考古学	84	12.7	2	3 991	1 670	19	2.7	0	1 864	767
经济学	3 378	665.5	194	149 706	118 367	1 183	229.9	59	45 095	37 646
政治学	462	90.6	20	16 382	17 007	274	48.7	11	8 709	6 316
法学	1 235	229.5	65	30 992	24 868	540	87.8	22	14 590	10 634
社会学	1 190	226.2	59	72 735	63 331	442	76.1	17	18 663	18 468
民族学与文化学	72	12.3	3	1 510	744	46	8.1	2	1 231	623
新闻学与传播学	553	97.9	22	30 474	21 937	251	39.7	7	3 893	3 885
图书馆、情报与文献学	329	65.5	15	5 933	7 051	131	23.9	3	1 749	1 526
教育学	1 465	259.3	38	50 654	47 739	685	115.6	21	17 791	23 284
统计学	138	43.9	16	10 845	8 897	69	25.4	7	7 055	6 498
心理学	161	34.4	6	4 799	4 356	71	13.2	2	2 110	1 781
体育学	470	78.5	9	8 065	6 781	234	36	4	2 983	2 424

应用研究					实验与发展				
课题数	当年投入人数（人年）	其中：研究生	当年拨入经费（千元）	当年支出经费（千元）	课题数	当年投入人数（人年）	其中：研究生	当年拨入经费（千元）	当年支出经费（千元）
L11	L12	L13	L14	L15	L16	L17	L18	L19	L20
12 974	2 560.5	649	650 714	525 546	121	37.2	17	9 358	6 946
5 528	1 059.8	281	298 903	249 318	47	12.1	4	2 611	2 643
390	68.4	7	7 427	4 758	0	0	0	0	0
102	17.3	4	4 101	2 473	0	0	0	0	0
10	0	0	0	0	0	0	0	0	0
2	0.2	0	0	0	0	0	0	0	0
387	73.2	6	5 015	5 438	0	0	0	0	0
43	5.7	1	168	230	0	0	0	0	0
34	5.6	0	160	266	0	0	0	0	0
852	226.6	68	75 696	53 183	1	1	0	0	8
107	18.6	4	5 640	5 279	0	0	0	0	0
65	10	1	2 127	903	0	0	0	0	0
2 172	427.7	130	103 944	79 819	23	7.9	4	667	901
188	41.9	10	7 673	10 692	0	0	0	0	0
695	141.7	43	16 401	14 229	0	0	0	0	5
715	138.8	36	52 505	43 423	33	11.3	6	1 566	1 440
25	3.8	1	279	121	1	0.4	0	0	0
302	58.2	15	26 581	18 052	0	0	0	0	0
198	41.6	11	4 184	5 524	0	0	0	0	0
771	142.9	17	28 675	22 753	9	0.8	0	4 188	1 702
68	17.3	7	3 790	2 400	1	1.2	1	0	0
85	18.8	2	2 363	2 328	5	2.4	2	326	247
235	42.4	5	5 082	4 357	1	0.1	0	0	0

16. 教育部直属师范院校人文、社会科学研究课题情况表

学科门类	总数					基础研究				
	课题数	当年投入人数（人年）	其中：研究生	当年拨入经费（千元）	当年支出经费（千元）	课题数	当年投入人数（人年）	其中：研究生	当年拨入经费（千元）	当年支出经费（千元）
	L01	L02	L03	L04	L05	L06	L07	L08	L09	L10
合计	11 156	2 180.2	579	474 688	449 402	8 158	1 612	413	342 978	312 277
管理学	963	169.8	52	36 175	34 858	652	103.8	30	27 518	26 571
马克思主义	381	98.9	15	8 631	9 047	336	91.8	14	7 709	8 012
哲学	351	67.1	13	9 585	12 114	301	61.7	12	8 488	10 944
逻辑学	8	0.4	0	270	60	7	0.4	0	270	60
宗教学	43	8.2	2	1 381	1 733	37	7.7	2	1 381	1 685
语言学	527	131.1	24	13 484	13 455	418	111.8	20	8 304	10 373
中国文学	568	104.1	26	16 147	17 542	509	95.3	23	15 419	15 124
外国文学	121	41.3	8	2 247	2 801	115	39.9	8	2 237	2 797
艺术学	569	130.1	20	23 407	16 251	453	104.6	16	19 048	12 115
历史学	691	119.1	34	28 114	32 880	639	111.8	32	26 300	31 131
考古学	40	2.6	0	825	1 378	36	2	0	800	1 335
经济学	929	177	43	24 316	28 004	580	105	29	17 231	19 053
政治学	350	95.5	42	10 073	11 355	231	66.1	28	5 450	5 954
法学	411	77.6	18	10 207	12 621	283	51.9	12	6 199	7 929
社会学	734	156.9	76	25 582	24 241	442	86.2	38	16 066	15 000
民族学与文化学	83	15.1	7	2 956	3 179	63	9.8	4	1 892	1 995
新闻学与传播学	247	50.7	9	7 182	7 250	171	34.6	6	4 126	3 858
图书馆、情报与文献学	158	38.9	7	3 728	4 337	113	29.9	6	3 500	3 711
教育学	2 945	489.3	133	187 310	161 211	2 063	348.6	97	134 904	114 236
统计学	110	15.3	5	4 964	4 496	78	11	3	4 464	3 907
心理学	562	94.7	27	48 765	42 154	360	67.2	21	25 012	10 555
体育学	365	96.5	18	9 339	8 435	271	70.9	12	6 660	5 932

应用研究					实验与发展				
课题数	当年投入人数（人年）	其中：研究生	当年拨入经费（千元）	当年支出经费（千元）	课题数	当年投入人数（人年）	其中：研究生	当年拨入经费（千元）	当年支出经费（千元）
L11	L12	L13	L14	L15	L16	L17	L18	L19	L20
2 996	567.9	168	131 662	137 048	2	0.3	0	48	79
311	66	22	8 657	8 287	0	0	0	0	0
45	7.1	1	922	1 035	0	0	0	0	0
50	5.4	2	1 097	1 169	0	0	0	0	0
1	0	0	0	0	0	0	0	0	0
6	0.5	0	0	48	0	0	0	0	0
109	19.3	4	5 179	3 082	0	0	0	0	0
59	8.8	3	728	2 418	0	0	0	0	0
6	1.4	0	10	4	0	0	0	0	0
116	25.5	4	4 360	4 136	0	0	0	0	0
52	7.3	3	1 814	1 750	0	0	0	0	0
4	0.6	0	25	44	0	0	0	0	0
349	72	14	7 085	8 951	0	0	0	0	0
119	29.4	14	4 623	5 402	0	0	0	0	0
128	25.7	7	4 007	4 692	0	0	0	0	0
292	70.7	38	9 516	9 241	0	0	0	0	0
20	5.3	3	1 065	1 184	0	0	0	0	0
75	16	3	3 011	3 317	1	0.1	0	45	75
45	9	1	228	626	0	0	0	0	0
882	140.7	36	52 406	46 974	0	0	0	0	0
32	4.3	1	500	589	0	0	0	0	0
202	27.5	6	23 753	31 599	0	0	0	0	0
93	25.4	6	2 676	2 500	1	0.2	0	3	4

17. 教育部直属语言院校人文、社会科学研究课题情况表

学科门类	总数					基础研究				
	课题数	当年投入人数（人年）	其中：研究生	当年拨入经费（千元）	当年支出经费（千元）	课题数	当年投入人数（人年）	其中：研究生	当年拨入经费（千元）	当年支出经费（千元）
	L01	L02	L03	L04	L05	L06	L07	L08	L09	L10
合计	3 973	774.4	119	104 586	55 119	2 291	399.2	44	66 307	23 239
管理学	247	43	5	8 435	4 995	147	19.7	2	6 780	1 659
马克思主义	78	12.6	2	617	265	61	9.1	2	453	246
哲学	7	1	0	270	113	7	1	0	270	113
逻辑学	0	0	0	0	0	0	0	0	0	0
宗教学	9	2.2	0	245	60	6	1	0	215	60
语言学	810	168	19	23 043	14 579	639	123.3	11	16 796	11 425
中国文学	129	22.7	2	9 183	3 502	100	17.4	2	8 687	921
外国文学	185	29.8	1	2 642	1 411	181	29.1	1	2 642	1 408
艺术学	272	59.2	11	7 047	2 886	110	20.5	2	5 194	589
历史学	27	3.6	0	1 516	572	26	3.5	0	1 516	572
考古学	0	0	0	0	0	0	0	0	0	0
经济学	101	17	3	2 374	918	66	12	2	943	281
政治学	261	49.2	4	3 977	1 525	202	35.7	3	3 394	1 106
法学	58	10.1	1	781	518	43	6.6	0	601	305
社会学	87	16.3	0	272	227	65	11.4	0	90	99
民族学与文化学	37	8.6	0	255	613	33	8.2	0	155	552
新闻学与传播学	1 358	277.6	66	39 912	20 340	436	73.6	17	16 255	2 738
图书馆、情报与文献学	20	3.8	0	261	74	15	2.8	0	261	40
教育学	254	43.4	5	3 554	2 385	139	22.1	2	1 905	1 058
统计学	6	0.7	0	16	54	4	0.4	0	16	22
心理学	5	0.7	0	22	30	4	0.6	0	22	14
体育学	22	4.9	0	164	52	7	1.2	0	112	31

应用研究					实验与发展				
课题数	当年投入人数（人年）	其中：研究生	当年拨入经费（千元）	当年支出经费（千元）	课题数	当年投入人数（人年）	其中：研究生	当年拨入经费（千元）	当年支出经费（千元）
L11	L12	L13	L14	L15	L16	L17	L18	L19	L20
1 678	374.7	77	38 275	31 864	4	0.5	0	0	15
100	23.3	4	1 654	3 336	0	0	0	0	0
17	3.5	0	163	19	0	0	0	0	0
0	0	0	0	0	0	0	0	0	0
0	0	0	0	0	0	0	0	0	0
3	1.2	0	30	0	0	0	0	0	0
171	44.7	8	6 247	3 154	0	0	0	0	0
29	5.3	1	496	2 581	0	0	0	0	0
4	0.7	0	0	3	0	0	0	0	0
161	38.5	9	1 853	2 297	1	0.2	0	0	0
1	0.1	0	0	0	0	0	0	0	0
0	0	0	0	0	0	0	0	0	0
35	5	1	1 431	637	0	0	0	0	0
59	13.5	1	582	419	0	0	0	0	0
15	3.5	1	180	213	0	0	0	0	0
22	4.9	0	182	128	0	0	0	0	0
4	0.4	0	100	61	0	0	0	0	0
920	203.9	49	23 657	17 602	2	0.1	0	0	0
5	1	0	0	34	0	0	0	0	0
115	21.3	3	1 648	1 327	0	0	0	0	0
1	0.1	0	0	17	1	0.2	0	0	15
1	0.1	0	0	16	0	0	0	0	0
15	3.7	0	52	20	0	0	0	0	0

18. 教育部直属财经院校人文、社会科学研究课题情况表

学科门类	总数					基础研究				
	课题数	当年投入人数（人年）	其中：研究生	当年拨入经费（千元）	当年支出经费（千元）	课题数	当年投入人数（人年）	其中：研究生	当年拨入经费（千元）	当年支出经费（千元）
	L01	L02	L03	L04	L05	L06	L07	L08	L09	L10
合计	7 248	1 698.7	503	249 438	187 300	1 866	394.3	101	48 272	50 159
管理学	2 215	565.7	185	89 486	64 447	397	97.7	29	16 252	15 691
马克思主义	195	42.5	8	1 438	1 227	127	25.7	5	338	562
哲学	112	21.2	3	3 433	2 158	76	10.2	2	1 915	1 257
逻辑学	4	0	0	0	108	3	0	0	0	108
宗教学	2	0.3	0	0	73	1	0.3	0	0	73
语言学	128	32.4	5	2 918	905	68	15.1	3	642	373
中国文学	59	15.5	10	2 137	2 170	48	9.8	5	1 333	1 251
外国文学	35	5.4	0	563	596	28	4.8	0	544	507
艺术学	20	3.5	1	0	357	6	0.7	0	0	62
历史学	22	2.5	0	391	187	19	1.6	0	391	177
考古学	0	0	0	0	0	0	0	0	0	0
经济学	2 743	641.7	190	102 194	83 175	635	131.9	28	18 298	21 906
政治学	54	11.1	1	1 243	801	15	2.7	0	162	124
法学	809	170.9	51	21 480	14 711	165	32.6	11	2 532	2 347
社会学	142	21.1	7	981	1 677	35	7.6	2	358	530
民族学与文化学	3	1.6	0	0	39	1	0	0	0	1
新闻学与传播学	68	18.7	3	3 305	1 750	24	4.3	1	245	196
图书馆、情报与文献学	38	5	0	3 545	1 096	3	0.4	0	0	0
教育学	225	39.7	11	4 445	3 485	89	19	6	367	664
统计学	300	86.1	25	11 434	7 218	112	25.8	8	4 600	3 968
心理学	24	6.6	1	239	415	7	2.5	0	220	240
体育学	50	7.2	2	206	705	7	1.6	1	75	122

应用研究					实验与发展				
课题数	当年投入人数（人年）	其中：研究生	当年拨入经费（千元）	当年支出经费（千元）	课题数	当年投入人数（人年）	其中：研究生	当年拨入经费（千元）	当年支出经费（千元）
L11	L12	L13	L14	L15	L16	L17	L18	L19	L20
5 378	1 303.1	401	201 166	137 094	4	1.3	0	0	51
1 814	466.7	156	73 234	48 705	4	1.3	0	0	51
68	16.8	3	1 100	664	0	0	0	0	0
36	11	1	1 518	902	0	0	0	0	0
1	0	0	0	0	0	0	0	0	0
1	0	0	0	0	0	0	0	0	0
60	17.3	2	2 276	532	0	0	0	0	0
11	5.7	4	805	920	0	0	0	0	0
7	0.6	0	19	89	0	0	0	0	0
14	2.8	1	0	295	0	0	0	0	0
3	0.9	0	0	10	0	0	0	0	0
0	0	0	0	0	0	0	0	0	0
2 108	509.8	162	83 896	61 270	0	0	0	0	0
39	8.4	1	1 081	677	0	0	0	0	0
644	138.3	40	18 948	12 364	0	0	0	0	0
107	13.5	4	623	1 147	0	0	0	0	0
2	1.6	0	0	38	0	0	0	0	0
44	14.4	2	3 060	1 554	0	0	0	0	0
35	4.6	0	3 545	1 096	0	0	0	0	0
136	20.7	5	4 078	2 821	0	0	0	0	0
188	60.3	18	6 833	3 250	0	0	0	0	0
17	4.1	1	19	176	0	0	0	0	0
43	5.6	1	131	584	0	0	0	0	0

19. 教育部直属政法院校人文、社会科学研究课题情况表

学科门类	总数					基础研究				
	课题数	当年投入人数（人年）	其中：研究生	当年拨入经费（千元）	当年支出经费（千元）	课题数	当年投入人数（人年）	其中：研究生	当年拨入经费（千元）	当年支出经费（千元）
	L01	L02	L03	L04	L05	L06	L07	L08	L09	L10
合计	2 888	306.7	18	69 011	41 846	579	85.9	2	10 399	6 769
管理学	134	18.7	2	1 671	1 976	22	3.6	0	253	346
马克思主义	60	8.2	0	784	317	17	2.1	0	481	80
哲学	39	3.5	0	1 353	538	26	2.1	0	765	294
逻辑学	0	0	0	0	0	0	0	0	0	0
宗教学	5	0.4	0	0	15	3	0.4	0	0	4
语言学	96	14.1	0	579	568	28	6.9	0	297	235
中国文学	15	3.3	0	357	162	8	1.4	0	357	142
外国文学	10	1.7	0	290	25	7	1.6	0	290	25
艺术学	14	1.7	0	30	57	2	0.4	0	0	7
历史学	35	3.3	0	254	180	21	2.7	0	140	32
考古学	1	0	0	0	0	1	0	0	0	0
经济学	97	15.4	0	2 251	1 800	16	6.5	0	300	416
政治学	134	19.9	1	3 529	3 247	53	11	1	1 588	1 239
法学	2 027	183.2	14	54 147	30 196	325	33.8	1	4 968	3 172
社会学	47	7.6	1	1 235	784	12	2.3	0	356	129
民族学与文化学	1	0.4	0	10	10	1	0.4	0	10	10
新闻学与传播学	114	13.7	0	1 608	1 209	12	4	0	192	208
图书馆、情报与文献学	8	1.6	0	170	233	2	0.4	0	75	98
教育学	39	8.4	0	377	365	19	5.8	0	297	274
统计学	4	0.9	0	324	42	0	0	0	0	0
心理学	4	0.2	0	12	54	1	0	0	0	0
体育学	4	0.5	0	30	68	3	0.5	0	30	58

应用研究					实验与发展				
课题数	当年投入人数（人年）	其中：研究生	当年拨入经费（千元）	当年支出经费（千元）	课题数	当年投入人数（人年）	其中：研究生	当年拨入经费（千元）	当年支出经费（千元）
L11	L12	L13	L14	L15	L16	L17	L18	L19	L20
2 303	220	16	58 592	35 045	6	0.8	0	20	33
112	15.1	2	1 418	1 630	0	0	0	0	0
43	6.1	0	303	236	0	0	0	0	0
13	1.4	0	588	243	0	0	0	0	0
0	0	0	0	0	0	0	0	0	0
2	0	0	0	11	0	0	0	0	0
67	7	0	282	333	1	0.2	0	0	0
7	1.9	0	0	20	0	0	0	0	0
3	0.1	0	0	0	0	0	0	0	0
12	1.3	0	30	50	0	0	0	0	0
14	0.6	0	114	148	0	0	0	0	0
0	0	0	0	0	0	0	0	0	0
81	8.9	0	1 951	1 384	0	0	0	0	0
81	8.9	0	1 941	2 009	0	0	0	0	0
1 699	149.4	13	49 179	27 024	3	0	0	0	0
34	5	1	879	651	1	0.3	0	0	5
0	0	0	0	0	0	0	0	0	0
102	9.7	0	1 416	1 000	0	0	0	0	0
6	1.2	0	95	136	0	0	0	0	0
19	2.3	0	60	64	1	0.3	0	20	28
4	0.9	0	324	42	0	0	0	0	0
3	0.2	0	12	54	0	0	0	0	0
1	0	0	0	10	0	0	0	0	0

20. 教育部直属艺术院校人文、社会科学研究课题情况表

学科门类	总数					基础研究				
	课题数	当年投入人数（人年）	其中：研究生	当年拨入经费（千元）	当年支出经费（千元）	课题数	当年投入人数（人年）	其中：研究生	当年拨入经费（千元）	当年支出经费（千元）
	L01	L02	L03	L04	L05	L06	L07	L08	L09	L10
合计	280	160.4	31	25 609	22 487	212	120.7	24	14 688	9 917
管理学	1	0.3	0	0	0	1	0.3	0	0	0
马克思主义	1	0.3	0	0	0	1	0.3	0	0	0
哲学	0	0	0	0	0	0	0	0	0	0
逻辑学	0	0	0	0	0	0	0	0	0	0
宗教学	0	0	0	0	0	0	0	0	0	0
语言学	2	0.4	0	0	0	1	0.2	0	0	0
中国文学	0	0	0	0	0	0	0	0	0	0
外国文学	0	0	0	0	0	0	0	0	0	0
艺术学	267	156.8	31	25 601	22 479	201	117.5	24	14 680	9 909
历史学	0	0	0	0	0	0	0	0	0	0
考古学	0	0	0	0	0	0	0	0	0	0
经济学	0	0	0	0	0	0	0	0	0	0
政治学	2	0.6	0	0	0	2	0.6	0	0	0
法学	0	0	0	0	0	0	0	0	0	0
社会学	0	0	0	0	0	0	0	0	0	0
民族学与文化学	0	0	0	0	0	0	0	0	0	0
新闻学与传播学	0	0	0	0	0	0	0	0	0	0
图书馆、情报与文献学	1	0.7	0	0	0	1	0.7	0	0	0
教育学	3	0.7	0	8	8	3	0.7	0	8	8
统计学	0	0	0	0	0	0	0	0	0	0
心理学	1	0.2	0	0	0	0	0	0	0	0
体育学	2	0.4	0	0	0	2	0.4	0	0	0

应用研究					实验与发展				
课题数	当年投入人数（人年）	其中：研究生	当年拨入经费（千元）	当年支出经费（千元）	课题数	当年投入人数（人年）	其中：研究生	当年拨入经费（千元）	当年支出经费（千元）
L11	L12	L13	L14	L15	L16	L17	L18	L19	L20
68	39.7	7	10 921	12 570	0	0	0	0	0
0	0	0	0	0	0	0	0	0	0
0	0	0	0	0	0	0	0	0	0
0	0	0	0	0	0	0	0	0	0
0	0	0	0	0	0	0	0	0	0
0	0	0	0	0	0	0	0	0	0
1	0.2	0	0	0	0	0	0	0	0
0	0	0	0	0	0	0	0	0	0
0	0	0	0	0	0	0	0	0	0
66	39.3	7	10 921	12 570	0	0	0	0	0
0	0	0	0	0	0	0	0	0	0
0	0	0	0	0	0	0	0	0	0
0	0	0	0	0	0	0	0	0	0
0	0	0	0	0	0	0	0	0	0
0	0	0	0	0	0	0	0	0	0
0	0	0	0	0	0	0	0	0	0
0	0	0	0	0	0	0	0	0	0
0	0	0	0	0	0	0	0	0	0
0	0	0	0	0	0	0	0	0	0
0	0	0	0	0	0	0	0	0	0
0	0	0	0	0	0	0	0	0	0
1	0.2	0	0	0	0	0	0	0	0
0	0	0	0	0	0	0	0	0	0

21. 其他部委院校人文、社会科学研究课题情况表

学科门类	总数					基础研究				
	课题数	当年投入人数（人年）	其中：研究生	当年拨入经费（千元）	当年支出经费（千元）	课题数	当年投入人数（人年）	其中：研究生	当年拨入经费（千元）	当年支出经费（千元）
	L01	L02	L03	L04	L05	L06	L07	L08	L09	L10
合计	15 258	4 131.1	483	433 900	354 633	8 238	2 366.5	248	246 411	208 460
管理学	3 064	807.9	99	124 053	111 916	1 174	357.3	43	57 286	53 260
马克思主义	783	180.3	17	13 536	12 196	586	135.5	15	10 895	9 836
哲学	186	49.5	2	2 890	2 667	152	43.8	2	2 552	2 520
逻辑学	2	0.3	0	20	12	2	0.3	0	20	12
宗教学	96	34.2	4	2 602	1 886	75	29.2	3	2 246	1 595
语言学	1 023	353.8	34	19 227	17 864	725	257.7	23	15 820	15 443
中国文学	473	102.4	6	15 380	10 632	417	92.3	5	13 907	9 925
外国文学	201	54.8	3	2 021	2 596	156	43	2	1 700	2 085
艺术学	654	186.2	26	12 788	10 282	334	98.7	10	4 691	4 653
历史学	321	92.7	10	11 622	8 705	277	84.8	9	10 424	7 990
考古学	86	38	24	8 340	4 472	54	24.6	14	7 020	3 983
经济学	1 575	392.3	34	61 091	51 848	706	181.1	11	25 437	23 474
政治学	411	105.1	9	9 896	10 519	269	66.4	6	7 724	8 329
法学	1 936	528.2	69	47 069	29 648	1 102	329.6	46	25 317	19 597
社会学	909	206.6	23	22 744	16 214	440	108.3	9	13 906	10 255
民族学与文化学	771	255.9	21	21 652	12 360	428	159.2	8	14 108	7 747
新闻学与传播学	529	140	22	14 050	11 342	318	90.5	16	10 488	8 286
图书馆、情报与文献学	296	117.7	23	8 400	5 688	169	62.8	10	5 345	3 613
教育学	1 068	243.1	18	13 115	14 771	516	121	7	7 310	7 985
统计学	78	15.7	1	2 108	2 096	37	5.8	0	1 006	930
心理学	54	19	1	1 449	671	28	12.5	1	740	436
体育学	742	207.4	37	19 847	16 248	273	62.1	8	8 469	6 506

应用研究					实验与发展				
课题数	当年投入人数（人年）	其中：研究生	当年拨入经费（千元）	当年支出经费（千元）	课题数	当年投入人数（人年）	其中：研究生	当年拨入经费（千元）	当年支出经费（千元）
L11	L12	L13	L14	L15	L16	L17	L18	L19	L20
6 946	1 745.5	231	185 622	144 527	74	19.1	2	1 868	1 651
1 879	448.3	56	66 767	58 648	11	2.3	0	0	9
194	44.5	3	2 640	2 360	3	0.3	0	0	0
34	5.7	0	338	148	0	0	0	0	0
0	0	0	0	0	0	0	0	0	0
21	5	0	357	291	0	0	0	0	0
293	93.9	11	3 317	2 361	5	2.2	0	90	61
56	10.1	0	1 473	708	0	0	0	0	0
45	11.8	1	322	512	0	0	0	0	0
320	87.5	16	8 097	5 629	0	0	0	0	0
44	7.9	1	1 198	715	0	0	0	0	0
32	13.4	10	1 320	489	0	0	0	0	0
865	209.9	23	35 454	28 142	4	1.3	0	200	232
140	38.1	3	2 171	2 190	2	0.6	0	0	0
828	196.7	22	21 748	10 048	6	1.9	0	4	3
466	98	14	8 838	5 959	3	0.3	0	0	0
342	96.3	13	7 541	4 567	1	0.4	0	3	46
211	49.5	6	3 562	3 056	0	0	0	0	0
125	54.1	13	3 055	2 073	2	0.8	0	0	2
539	118.6	11	5 759	6 726	13	3.5	0	45	60
40	9.6	1	832	1 058	1	0.3	0	270	108
25	6.1	0	710	236	1	0.4	0	0	0
447	140.5	27	10 123	8 611	22	4.8	2	1 256	1 130

22. 地方院校人文、社会科学研究课题情况表

学科门类	总数					基础研究				
	课题数	当年投入人数（人年）	其中：研究生	当年拨入经费（千元）	当年支出经费（千元）	课题数	当年投入人数（人年）	其中：研究生	当年拨入经费（千元）	当年支出经费（千元）
	L01	L02	L03	L04	L05	L06	L07	L08	L09	L10
合计	334 210	82 030.7	3 784	5 196 086	4 331 344	173 189	41 800.2	1 916	2 300 267	1 914 691
管理学	60 046	14 431.5	932	1 182 227	1 010 102	23 149	5 409.1	314	362 395	324 147
马克思主义	14 703	3 721.5	156	168 970	138 566	9 616	2 402.2	114	115 931	96 612
哲学	3 846	992.8	60	58 192	44 786	3 097	802.2	53	48 736	37 871
逻辑学	176	42.3	0	2 610	2 037	123	28.8	0	1 820	1 433
宗教学	643	186	4	9 681	9 021	495	142.1	4	7 108	6 841
语言学	20 319	5 389.1	162	239 212	193 650	13 459	3 591.2	122	164 178	134 785
中国文学	11 582	2 868.2	129	172 892	136 490	9 545	2 374.3	118	147 613	115 366
外国文学	5 001	1 259.4	36	48 405	39 959	3 807	983.7	27	38 029	29 890
艺术学	33 016	7 875	296	674 552	565 317	18 251	4 242.3	159	275 795	231 468
历史学	7 316	1 803	102	184 619	136 931	6 050	1 494.6	87	139 009	103 277
考古学	735	141.4	10	54 799	46 417	439	93.8	9	22 461	15 369
经济学	41 270	9 859.9	599	702 224	610 634	15 444	3 716.6	215	232 492	200 365
政治学	6 642	1 646	84	74 374	67 025	4 070	964.4	50	45 482	41 239
法学	16 312	3 685.4	227	258 994	224 513	9 066	2 012.7	128	128 011	109 455
社会学	18 178	4 417.3	184	307 731	238 268	8 503	1 977.3	89	102 245	88 214
民族学与文化学	6 150	1 707.4	59	97 364	82 452	3 952	1 052.7	38	60 444	47 789
新闻学与传播学	6 994	1 624.7	67	112 906	96 449	3 968	893.8	43	52 253	44 343
图书馆、情报与文献学	4 841	1 241.6	26	41 395	37 557	2 711	689	16	25 994	23 056
教育学	56 963	14 165.6	352	548 236	427 955	27 524	6 481	210	232 716	179 186
统计学	2 443	599.8	63	58 885	50 122	954	211.9	17	18 492	14 255
心理学	3 763	940.7	48	45 332	38 115	2 025	513.4	30	23 808	20 773
体育学	13 271	3 432.1	188	152 486	134 978	6 941	1 723.1	73	55 255	48 957

应用研究					实验与发展				
课题数	当年投入人数（人年）	其中：研究生	当年拨入经费（千元）	当年支出经费（千元）	课题数	当年投入人数（人年）	其中：研究生	当年拨入经费（千元）	当年支出经费（千元）
L11	L12	L13	L14	L15	L16	L17	L18	L19	L20
160 037	39 960	1 857	2 874 210	2 399 111	984	270.5	11	21 611	17 543
36 712	8 970.7	616	810 863	678 793	185	51.7	3	8 970	7 163
5 078	1 317.9	43	53 034	41 927	9	1.4	0	5	27
747	190.2	7	9 360	6 874	2	0.4	0	96	41
53	13.5	0	790	604	0	0	0	0	0
148	43.9	0	2 573	2 180	0	0	0	0	0
6 836	1 789.9	40	73 341	57 402	24	8	0	1 693	1 463
2 034	493.1	10	25 248	21 108	3	0.8	0	32	17
1 190	275.2	8	10 334	10 037	4	0.5	0	42	32
14 663	3 604.5	136	397 146	332 380	102	28.2	2	1 610	1 469
1 262	306.5	15	45 110	33 415	4	1.9	0	500	240
294	47.3	1	32 110	30 942	2	0.3	0	228	105
25 660	6 094.7	381	465 291	407 619	166	48.6	3	4 441	2 650
2 565	679.7	33	28 815	25 701	7	1.9	0	77	85
7 216	1 667.2	99	130 558	114 910	30	5.5	0	426	147
9 607	2 423.4	96	204 788	149 597	68	16.6	0	698	457
2 186	653.2	21	36 850	34 621	12	1.5	0	70	42
3 005	726.4	24	60 400	51 883	21	4.5	0	253	223
2 115	549.3	10	15 292	14 437	15	3.3	0	108	64
29 219	7 620.1	140	314 045	246 558	220	64.5	1	1 475	2 212
1 479	385.6	46	40 359	35 760	10	2.3	0	35	106
1 706	417.9	17	21 310	17 061	32	9.4	1	214	281
6 262	1 689.8	114	96 593	85 302	68	19.2	1	638	719

23. 综合院校人文、社会科学研究课题情况表

学科门类	总数					基础研究				
	课题数	当年投入人数（人年）	其中：研究生	当年拨入经费（千元）	当年支出经费（千元）	课题数	当年投入人数（人年）	其中：研究生	当年拨入经费（千元）	当年支出经费（千元）
	L01	L02	L03	L04	L05	L06	L07	L08	L09	L10
合计	147 596	32 899.2	2 551	3 716 276	3 050 100	77 678	17 734.5	1 213	1 715 289	1 382 103
管理学	27 233	5 860	596	955 968	790 221	9 915	2 285.4	196	355 164	285 706
马克思主义	6 397	1 584.4	112	126 145	110 203	4 419	1 104.6	83	90 543	79 804
哲学	3 159	642.4	60	101 182	82 832	2 679	547.3	54	68 996	56 136
逻辑学	102	21.1	1	1 723	1 770	63	16.5	1	963	1 640
宗教学	577	124.5	8	14 298	11 026	472	100.7	8	11 854	8 741
语言学	8 478	2 145	97	135 711	107 047	5 959	1 543.4	68	103 882	81 466
中国文学	5 869	1 292.5	85	120 156	97 477	5 065	1 114.9	72	102 987	82 375
外国文学	2 233	540.7	24	35 243	25 801	1 791	441.1	19	27 528	20 337
艺术学	9 839	2 343.2	115	211 323	169 492	5 150	1 264.6	53	74 924	64 124
历史学	5 457	1 168.1	92	165 531	123 622	4 632	994.1	77	128 229	100 491
考古学	1 522	217.8	44	146 655	126 118	796	123.3	26	59 561	46 379
经济学	20 190	4 313.8	464	551 622	452 985	7 732	1 685.6	141	195 965	155 938
政治学	4 387	943.4	95	97 843	75 896	2 611	554.1	51	62 004	46 630
法学	9 020	1 864.8	213	238 605	197 390	4 653	1 015.3	103	101 737	82 363
社会学	8 934	1 866.8	162	191 799	167 369	3 958	822.4	64	67 308	60 821
民族学与文化学	2 914	770.9	41	69 580	63 636	1 728	431.8	20	33 615	30 530
新闻学与传播学	4 289	864.9	65	112 863	93 375	2 321	497.4	38	60 517	50 250
图书馆、情报与文献学	3 061	694.4	77	79 469	65 507	1 648	383.1	40	33 330	28 310
教育学	17 732	4 208.1	121	234 083	201 947	8 785	2 002.1	60	95 839	66 214
统计学	886	160.7	19	56 437	29 126	334	66.5	9	5 755	4 857
心理学	1 357	313.6	26	22 529	18 413	669	168.7	16	9 825	8 432
体育学	3 960	958.1	34	47 511	38 847	2 298	571.6	14	24 763	20 559

应用研究					实验与发展				
课题数	当年投入人数（人年）	其中：研究生	当年拨入经费（千元）	当年支出经费（千元）	课题数	当年投入人数（人年）	其中：研究生	当年拨入经费（千元）	当年支出经费（千元）
L11	L12	L13	L14	L15	L16	L17	L18	L19	L20
69 403	15 064.7	1 332	1 995 196	1 662 652	515	100	5	5 790	5 343
17 192	3 552.3	397	600 109	503 493	126	22.3	2	695	1 022
1 976	479.5	29	35 597	30 399	2	0.3	0	5	0
479	95.1	6	32 170	26 683	1	0	0	16	13
39	4.6	0	760	130	0	0	0	0	0
105	23.8	0	2 443	2 285	0	0	0	0	0
2 509	599.4	29	31 568	25 501	10	2.2	0	260	80
802	177.2	13	17 138	15 084	2	0.4	0	32	17
441	99.6	6	7 695	5 454	1	0	0	20	10
4 660	1 072.6	62	135 572	104 649	29	6	0	827	720
824	173.3	15	37 302	23 130	1	0.7	0	0	0
721	93.8	17	87 054	79 572	5	0.7	0	40	166
12 344	2 607.1	320	353 972	295 814	114	21.1	3	1 685	1 233
1 775	388.9	44	35 840	29 252	1	0.4	0	0	13
4 352	847.3	110	136 839	114 994	15	2.2	0	29	32
4 911	1 032.3	98	124 110	106 335	65	12.1	0	380	213
1 177	338	21	35 960	33 071	9	1.1	0	5	36
1 952	364.8	28	52 283	43 039	16	2.7	0	63	86
1 401	308.4	36	45 012	36 223	12	2.9	0	1 127	974
8 884	2 191.5	61	138 010	135 261	63	14.5	0	234	473
538	92.3	10	50 537	24 269	14	1.9	0	145	0
673	140.1	10	12 486	9 788	15	4.8	0	218	193
1 648	382.8	20	22 739	18 226	14	3.7	0	9	62

24. 理工农医院校人文、社会科学研究课题情况表

学科门类	总数					基础研究				
	课题数	当年投入人数（人年）	其中：研究生	当年拨入经费（千元）	当年支出经费（千元）	课题数	当年投入人数（人年）	其中：研究生	当年拨入经费（千元）	当年支出经费（千元）
	L01	L02	L03	L04	L05	L06	L07	L08	L09	L10
合计	130 542	31 131.4	2 433	2 494 979	2 098 265	57 440	13 372.3	974	872 180	730 306
管理学	34 797	8 103.8	972	969 104	815 140	13 041	2 949.6	341	292 694	237 615
马克思主义	6 969	1 687.9	105	81 937	62 261	4 387	1 043.9	77	55 972	43 125
哲学	1 557	380	28	23 711	19 237	1 169	294	22	16 978	14 766
逻辑学	72	15.1	1	1 988	1 455	43	10.4	1	1 301	943
宗教学	132	32.9	1	1 590	1 744	92	22.8	1	1 367	1 457
语言学	7 315	1 933.5	68	62 407	53 991	4 380	1 154.8	43	35 626	30 633
中国文学	2 251	525.3	10	23 777	19 462	1 532	363.9	8	17 524	14 089
外国文学	1 707	410.7	14	10 015	10 357	1 228	303.6	11	7 632	7 403
艺术学	10 870	2 490.2	206	287 064	237 712	4 285	899.9	48	77 199	71 330
历史学	1 357	328	29	34 520	27 635	1 002	247.8	25	25 544	19 060
考古学	184	53.1	22	10 448	5 038	71	26.4	12	7 325	3 599
经济学	15 238	3 591.6	381	361 163	306 881	5 301	1 224.7	130	109 915	89 287
政治学	2 155	512.3	35	31 299	30 600	1 077	235.2	16	14 367	11 606
法学	5 413	1 280.1	169	96 943	81 313	2 509	579.4	70	38 846	31 937
社会学	8 451	2 046.6	123	165 865	140 246	3 581	812.6	40	50 201	44 104
民族学与文化学	1 555	405.5	12	16 171	14 081	867	211.2	6	8 602	6 730
新闻学与传播学	2 244	506.7	53	55 927	44 189	1 038	228.1	29	14 471	11 661
图书馆、情报与文献学	2 051	580.5	44	21 368	20 553	950	269.1	15	8 587	7 902
教育学	20 536	4 866.4	102	169 770	146 059	8 184	1 854.5	50	57 769	55 931
统计学	717	190.3	22	20 738	18 042	309	80	11	9 797	9 056
心理学	1 453	380.1	21	16 768	14 465	675	183.7	11	8 256	7 647
体育学	3 518	810.8	15	32 406	27 804	1 719	376.7	7	12 207	10 425

应用研究					实验与发展				
课题数	当年投入人数（人年）	其中：研究生	当年拨入经费（千元）	当年支出经费（千元）	课题数	当年投入人数（人年）	其中：研究生	当年拨入经费（千元）	当年支出经费（千元）
L11	L12	L13	L14	L15	L16	L17	L18	L19	L20
72 635	17 641	1 440	1 607 527	1 355 809	467	118.1	18	15 273	12 149
21 629	5 122.8	627	671 218	572 348	127	31.4	4	5 192	5 176
2 575	642.8	28	25 965	19 110	7	1.2	0	0	27
387	85.6	6	6 653	4 443	1	0.4	0	80	28
29	4.7	0	687	512	0	0	0	0	0
40	10.1	0	223	288	0	0	0	0	0
2 922	774.3	24	26 651	23 259	13	4.4	0	130	99
719	161.4	2	6 253	5 373	0	0	0	0	0
477	106.6	3	2 361	2 932	2	0.5	0	22	22
6 555	1 585.3	158	209 554	166 028	30	5	0	310	354
354	79.6	5	8 976	8 575	1	0.6	0	0	0
113	26.7	10	3 123	1 439	0	0	0	0	0
9 853	2 344	246	248 944	215 515	84	22.9	5	2 305	2 078
1 077	276.7	19	16 912	18 975	1	0.4	0	20	20
2 897	699.4	99	58 050	49 327	7	1.3	0	47	49
4 808	1 217.8	77	113 714	94 480	62	16.2	6	1 950	1 661
685	193.5	6	7 554	7 345	3	0.8	0	15	7
1 202	277	24	41 296	32 421	4	1.6	0	160	106
1 096	309.6	29	12 765	12 626	5	1.8	0	16	25
12 270	2 991.3	52	107 422	88 105	82	20.6	0	4 580	2 023
401	108.3	10	10 911	8 881	7	2	1	30	105
760	192.2	8	8 148	6 508	18	4.2	2	364	310
1 786	431.3	7	20 147	17 319	13	2.8	0	52	59

25. 师范院校人文、社会科学研究课题情况表

学科门类	总数					基础研究				
	课题数	当年投入人数（人年）	其中：研究生	当年拨入经费（千元）	当年支出经费（千元）	课题数	当年投入人数（人年）	其中：研究生	当年拨入经费（千元）	当年支出经费（千元）
	L01	L02	L03	L04	L05	L06	L07	L08	L09	L10
合计	74 044	18 005.4	1 483	1 597 561	1 333 331	51 480	12 435.5	1 066	970 875	811 880
管理学	6 602	1 434.9	118	172 726	145 315	3 707	770.7	62	72 708	64 686
马克思主义	3 357	848.5	58	49 521	41 344	2 624	674.4	51	35 988	31 433
哲学	1 200	311.3	38	26 898	24 476	1 043	275.1	33	24 460	22 024
逻辑学	44	5.5	0	655	265	38	5.1	0	601	248
宗教学	227	71.3	4	4 072	4 630	191	60.8	4	3 460	4 130
语言学	4 893	1 341.8	82	88 527	72 533	3 764	1 053.7	70	63 211	55 536
中国文学	4 818	1 247.6	106	93 340	76 323	4 324	1 114.9	100	83 883	67 465
外国文学	1 331	378.7	21	19 400	16 136	1 180	346.7	21	17 443	14 494
艺术学	6 903	1 683.9	95	136 019	104 153	4 955	1 204.4	68	79 730	57 732
历史学	3 739	867.1	95	111 006	94 472	3 229	761	84	87 834	76 552
考古学	210	50.1	6	13 113	7 629	133	32.6	5	6 009	3 968
经济学	5 727	1 356	109	107 645	108 404	3 253	749.4	61	43 046	47 751
政治学	2 124	551.6	69	29 103	28 917	1 562	396.6	47	18 488	18 720
法学	2 234	533.4	51	43 432	39 965	1 478	348	34	20 550	21 670
社会学	4 010	968.2	149	80 719	68 885	2 427	588.3	85	44 319	38 353
民族学与文化学	1 508	395	26	26 611	20 309	1 145	291.3	19	19 825	14 033
新闻学与传播学	1 782	414.9	16	37 144	30 312	1 202	267.7	11	14 652	13 608
图书馆、情报与文献学	1 034	261.9	12	12 902	13 121	751	187.6	10	10 402	10 238
教育学	16 887	4 023.1	333	420 987	335 437	10 880	2 470.6	233	255 767	204 165
统计学	292	62.8	6	8 936	7 435	185	40.7	4	6 859	5 221
心理学	1 650	350	48	66 909	55 665	1 068	230.3	35	36 759	18 690
体育学	3 472	847.8	41	47 896	37 605	2 341	565.6	29	24 881	21 163

应用研究					实验与发展				
课题数	当年投入人数（人年）	其中：研究生	当年拨入经费（千元）	当年支出经费（千元）	课题数	当年投入人数（人年）	其中：研究生	当年拨入经费（千元）	当年支出经费（千元）
L11	L12	L13	L14	L15	L16	L17	L18	L19	L20
22 406	5 519.7	413	619 386	515 119	158	50.2	3	7 300	6 333
2 875	658.3	56	94 798	76 807	20	5.9	0	5 221	3 822
733	174.1	7	13 533	9 911	0	0	0	0	0
157	36.2	5	2 438	2 452	0	0	0	0	0
6	0.4	0	54	17	0	0	0	0	0
36	10.5	0	612	500	0	0	0	0	0
1 124	287.1	12	25 236	16 969	5	1	0	80	29
493	132.3	6	9 457	8 857	1	0.4	0	0	0
150	32	0	1 957	1 642	1	0	0	0	0
1 937	475.3	25	56 229	46 379	11	4.2	2	60	43
509	106.1	11	22 672	17 680	1	0	0	500	240
77	17.5	1	7 104	3 661	0	0	0	0	0
2 453	599.8	48	64 279	60 399	21	6.8	0	320	255
558	154	22	10 588	10 175	4	1	0	27	22
755	185.3	17	22 881	18 285	1	0.1	0	0	10
1 575	378	64	36 365	30 512	8	1.9	0	35	21
363	103.7	7	6 786	6 276	0	0	0	0	0
579	147.1	5	22 447	16 629	1	0.1	0	45	75
282	73.6	2	2 501	2 882	1	0.7	0	0	0
5 945	1 532.6	100	164 603	129 961	62	19.9	0	617	1 311
107	22.1	1	2 077	2 213	0	0	0	0	0
575	116.9	13	30 069	36 825	7	2.8	1	80	150
1 117	276.8	11	22 700	16 087	14	5.4	0	315	355

26. 语言院校人文、社会科学研究课题情况表

学科门类	总数					基础研究				
	课题数	当年投入人数（人年）	其中：研究生	当年拨入经费（千元）	当年支出经费（千元）	课题数	当年投入人数（人年）	其中：研究生	当年拨入经费（千元）	当年支出经费（千元）
	L01	L02	L03	L04	L05	L06	L07	L08	L09	L10
合计	13 647	3 003.6	201	220 008	139 513	7 919	1 694.8	92	122 017	63 094
管理学	1 527	340.1	20	23 401	15 666	762	169.6	8	12 620	5 973
马克思主义	354	70.3	3	2 320	1 322	234	39.8	3	1 550	954
哲学	81	17.2	0	907	740	54	12.4	0	676	532
逻辑学	4	0.9	0	9	25	3	0.3	0	9	3
宗教学	15	4.3	0	445	140	11	3.1	0	415	140
语言学	2 637	566	35	42 106	27 522	1 972	402.8	20	29 191	20 047
中国文学	574	119.1	5	14 563	6 492	460	94.5	4	12 431	3 377
外国文学	704	126.7	4	6 184	4 553	612	110.1	4	5 436	4 248
艺术学	820	217.9	13	16 812	8 869	446	118.8	4	11 801	4 275
历史学	94	18.5	0	2 306	1 120	73	15.8	0	2 224	1 110
考古学	3	0.8	0	0	16	3	0.8	0	0	16
经济学	1 117	262.6	21	23 486	16 224	475	113.8	9	4 252	3 381
政治学	483	109.7	10	6 423	3 481	341	74.3	7	4 972	2 262
法学	368	64.5	4	7 972	6 036	190	36.4	3	2 229	1 816
社会学	531	104.2	4	4 822	4 714	250	46.7	1	3 247	2 329
民族学与文化学	102	31	0	530	860	79	23.4	0	261	654
新闻学与传播学	1 858	397.7	71	46 368	23 965	787	160.4	21	20 542	4 812
图书馆、情报与文献学	124	25.4	0	768	493	70	15.8	0	709	359
教育学	1 939	459.4	11	18 949	16 047	931	223.7	8	8 279	6 112
统计学	39	6.2	0	392	391	25	4.3	0	351	321
心理学	62	11.1	0	152	148	35	5.9	0	81	87
体育学	211	50	0	1 093	689	106	22.1	0	741	286

应用研究					实验与发展				
课题数	当年投入人数（人年）	其中：研究生	当年拨入经费（千元）	当年支出经费（千元）	课题数	当年投入人数（人年）	其中：研究生	当年拨入经费（千元）	当年支出经费（千元）
L11	L12	L13	L14	L15	L16	L17	L18	L19	L20
5 718	1 304.4	110	97 990	76 383	10	4.4	0	0	32
763	170.1	12	10 781	9 691	2	0.4	0	0	2
120	30.5	0	769	368	0	0	0	0	0
27	4.8	0	231	208	0	0	0	0	0
1	0.6	0	0	22	0	0	0	0	0
4	1.2	0	30	0	0	0	0	0	0
664	161.4	15	12 914	7 472	1	1.8	0	0	2
114	24.6	1	2 133	3 115	0	0	0	0	0
92	16.6	0	748	305	0	0	0	0	0
373	98.9	9	5 011	4 594	1	0.2	0	0	0
21	2.7	0	82	10	0	0	0	0	0
0	0	0	0	0	0	0	0	0	0
642	148.8	12	19 234	12 843	0	0	0	0	0
142	35.4	3	1 450	1 219	0	0	0	0	0
178	28.1	1	5 743	4 220	0	0	0	0	0
281	57.5	3	1 575	2 384	0	0	0	0	0
23	7.6	0	269	206	0	0	0	0	0
1 069	237.2	50	25 826	19 153	2	0.1	0	0	0
54	9.6	0	58	134	0	0	0	0	0
1 005	234	4	10 670	9 922	3	1.7	0	0	13
13	1.7	0	42	54	1	0.2	0	0	15
27	5.2	0	72	60	0	0	0	0	0
105	27.9	0	352	403	0	0	0	0	0

27. 财经院校人文、社会科学研究课题情况表

学科门类	总数					基础研究				
	课题数	当年投入人数（人年）	其中：研究生	当年拨入经费（千元）	当年支出经费（千元）	课题数	当年投入人数（人年）	其中：研究生	当年拨入经费（千元）	当年支出经费（千元）
	L01	L02	L03	L04	L05	L06	L07	L08	L09	L10
合计	50 538	12 203	1 062	974 701	746 319	17 125	3 965.1	229	242 329	209 116
管理学	14 599	3 570.5	409	352 425	273 106	4 205	997.6	74	73 976	66 010
马克思主义	1 558	379.2	20	15 293	11 674	852	195.4	11	7 858	5 986
哲学	369	81.4	4	5 097	3 595	245	47.1	3	2 977	2 307
逻辑学	43	12.5	0	1 311	1 016	31	9.2	0	1 307	1 009
宗教学	33	7.7	0	703	560	25	5	0	313	197
语言学	1 678	423.4	8	12 113	8 129	850	198.3	4	4 974	3 643
中国文学	651	147.4	12	6 336	6 325	436	93.9	6	4 408	3 976
外国文学	384	107.5	4	1 968	3 158	187	51	2	1 538	1 428
艺术学	1 338	325.2	6	12 373	11 178	481	115.1	1	3 261	3 039
历史学	261	62.5	2	4 637	3 361	170	37.9	1	3 363	1 996
考古学	15	3.4	0	88	112	4	0.7	0	1	34
经济学	14 670	3 447.9	384	317 415	257 142	4 032	986.4	73	75 190	65 965
政治学	510	128.2	5	6 538	4 060	253	56.2	2	3 038	2 024
法学	3 033	653.6	70	50 835	39 234	1 120	237.2	14	14 483	12 626
社会学	1 620	388.3	17	66 368	33 724	570	128.9	6	8 760	8 264
民族学与文化学	228	67.6	1	2 496	1 756	113	25.3	0	1 742	988
新闻学与传播学	591	143.6	15	10 317	7 570	198	47.4	5	2 296	1 702
图书馆、情报与文献学	458	115.2	3	7 316	4 224	165	40	0	1 458	1 610
教育学	6 055	1 510.3	25	42 830	30 272	2 275	485.1	9	12 893	11 746
统计学	1 488	381.5	72	52 475	40 402	509	105.7	16	16 194	12 110
心理学	224	59.2	1	1 353	1 517	92	26.6	0	862	942
体育学	732	186.9	4	4 414	4 204	312	75.1	2	1 437	1 514

应用研究					实验与发展				
课题数	当年投入人数（人年）	其中：研究生	当年拨入经费（千元）	当年支出经费（千元）	课题数	当年投入人数（人年）	其中：研究生	当年拨入经费（千元）	当年支出经费（千元）
L11	L12	L13	L14	L15	L16	L17	L18	L19	L20
33 300	8 195.6	833	729 550	535 941	113	42.3	0	2 821	1 264
10 352	2 558.5	335	277 784	206 672	42	14.4	0	666	424
706	183.8	9	7 434	5 688	0	0	0	0	0
124	34.3	2	2 120	1 288	0	0	0	0	0
12	3.3	0	4	7	0	0	0	0	0
8	2.7	0	390	363	0	0	0	0	0
828	225.1	4	7 139	4 486	0	0	0	0	0
215	53.5	6	1 928	2 350	0	0	0	0	0
197	56.5	2	429	1 730	0	0	0	0	0
855	209.8	5	8 962	7 989	2	0.3	0	150	150
90	24	2	1 274	1 365	1	0.6	0	0	0
11	2.7	0	88	77	0	0	0	0	0
10 607	2 448.3	310	240 703	190 604	31	13.2	0	1 522	574
257	72	3	3 500	2 036	0	0	0	0	0
1 908	414.6	55	36 162	26 608	5	1.8	0	190	0
1 044	256.2	11	57 513	25 439	6	3.2	0	95	21
115	42.3	1	754	768	0	0	0	0	0
393	96.2	10	8 021	5 868	0	0	0	0	0
291	74.9	3	5 858	2 614	2	0.3	0	0	0
3 761	1 018.8	16	29 819	18 485	19	6.4	0	118	41
976	274.8	56	36 276	28 291	3	1	0	5	1
131	32	1	444	528	1	0.6	0	47	47
419	111.3	2	2 948	2 685	1	0.5	0	28	6

28. 政法院校人文、社会科学研究课题情况表

学科门类	总数					基础研究				
	课题数	当年投入人数（人年）	其中：研究生	当年拨入经费（千元）	当年支出经费（千元）	课题数	当年投入人数（人年）	其中：研究生	当年拨入经费（千元）	当年支出经费（千元）
	L01	L02	L03	L04	L05	L06	L07	L08	L09	L10
合计	13 133	2 473.5	125	190 162	140 774	6 539	1 339	84	80 026	67 940
管理学	1 354	307.9	16	13 420	12 777	547	135.3	8	5 855	5 904
马克思主义	397	75.7	6	5 678	3 111	251	52.4	5	4 083	2 069
哲学	157	28	2	2 178	1 630	108	20.5	2	1 508	1 231
逻辑学	0	0	0	0	0	0	0	0	0	0
宗教学	26	8.4	1	456	440	18	7.7	1	246	358
语言学	356	67.8	1	2 552	1 735	195	37	1	1 601	749
中国文学	113	22.5	0	2 200	1 530	84	16.6	0	1 210	710
外国文学	40	6.8	0	376	129	25	4.9	0	365	98
艺术学	65	9.6	0	797	432	34	5.2	0	403	330
历史学	81	19.3	0	1 395	1 115	57	15.3	0	1 066	452
考古学	4	0.4	0	232	8	3	0.2	0	4	2
经济学	462	93.8	9	7 909	7 812	217	47.7	5	4 330	4 451
政治学	572	101.7	6	7 497	7 867	318	62.2	5	4 052	4 754
法学	6 629	1 152.9	74	118 276	78 922	3 249	646	51	42 283	34 850
社会学	855	163	5	13 547	10 865	406	74.5	2	6 907	6 763
民族学与文化学	55	14.4	0	464	537	34	9.2	0	294	344
新闻学与传播学	353	68.8	3	3 898	3 539	154	26.5	2	1 414	1 031
图书馆、情报与文献学	130	26.2	0	1 289	833	56	13.3	0	497	451
教育学	1 117	223	2	5 367	4 823	605	126.7	2	3 126	2 363
统计学	21	5.1	0	479	196	9	2.5	0	128	125
心理学	117	26.8	0	577	690	54	14.6	0	126	197
体育学	229	51.4	0	1 575	1 783	115	20.7	0	528	708

应用研究					实验与发展				
课题数	当年投入人数（人年）	其中：研究生	当年拨入经费（千元）	当年支出经费（千元）	课题数	当年投入人数（人年）	其中：研究生	当年拨入经费（千元）	当年支出经费（千元）
L11	L12	L13	L14	L15	L16	L17	L18	L19	L20
6 535	1 125.2	42	109 207	72 489	59	9.3	0	929	346
793	170.1	7	7 402	6 768	14	2.5	0	163	105
145	23.2	1	1 595	1 042	1	0.1	0	0	0
49	7.5	0	669	399	0	0	0	0	0
0	0	0	0	0	0	0	0	0	0
8	0.7	0	210	82	0	0	0	0	0
160	30.6	0	951	987	1	0.2	0	0	0
29	5.9	0	990	821	0	0	0	0	0
15	1.9	0	11	31	0	0	0	0	0
31	4.4	0	394	102	0	0	0	0	0
24	4	0	329	663	0	0	0	0	0
0	0	0	0	0	1	0.2	0	228	5
243	45.8	4	3 559	3 361	2	0.3	0	20	0
251	38.8	1	3 415	3 083	3	0.7	0	30	30
3 365	504.3	23	75 828	44 009	15	2.6	0	164	63
444	87.8	3	6 590	4 087	5	0.7	0	50	14
20	5.2	0	120	192	1	0	0	50	0
198	42.1	2	2 454	2 479	1	0.2	0	30	30
71	12.8	0	732	382	3	0.1	0	60	0
500	94.6	1	2 107	2 362	12	1.7	0	134	99
12	2.6	0	351	71	0	0	0	0	0
63	12.2	0	452	493	0	0	0	0	0
114	30.7	0	1 048	1 075	0	0	0	0	0

29. 艺术院校人文、社会科学研究课题情况表

学科门类	总数					基础研究				
	课题数	当年投入人数（人年）	其中：研究生	当年拨入经费（千元）	当年支出经费（千元）	课题数	当年投入人数（人年）	其中：研究生	当年拨入经费（千元）	当年支出经费（千元）
	L01	L02	L03	L04	L05	L06	L07	L08	L09	L10
合计	9 315	2 408	96	224 682	197 536	6 108	1 430.4	73	114 858	93 874
管理学	221	61.8	0	989	768	110	27.2	0	611	504
马克思主义	197	51.2	0	1 010	613	150	34.9	0	886	470
哲学	13	5.3	1	52	28	10	3.8	1	52	20
逻辑学	0	0	0	0	0	0	0	0	0	0
宗教学	2	0.4	0	10	7	0	0	0	0	0
语言学	123	27.7	0	305	254	74	14.6	0	204	141
中国文学	65	13.7	0	204	160	47	9.3	0	126	97
外国文学	32	13.1	0	40	32	15	7	0	21	3
艺术学	7 400	1 853.8	95	218 185	192 468	5 058	1 148.8	72	110 828	91 137
历史学	25	4.8	0	38	50	15	3.2	0	16	31
考古学	6	2	0	205	254	6	2	0	205	254
经济学	106	25	0	412	450	31	6.2	0	66	56
政治学	49	16.6	0	183	88	37	10.6	0	150	56
法学	34	7.7	0	67	81	24	5	0	57	70
社会学	61	13.7	0	122	75	26	5.8	0	17	24
民族学与文化学	59	18.1	0	148	272	36	10.9	0	85	169
新闻学与传播学	99	23.5	0	784	209	56	13.3	0	702	171
图书馆、情报与文献学	81	20.9	0	198	135	42	9.7	0	69	66
教育学	637	221	0	1 490	1 176	320	105.1	0	616	447
统计学	4	1	0	16	16	2	0.5	0	6	6
心理学	32	7.9	0	33	62	8	1.7	0	10	15
体育学	69	18.8	0	191	338	41	10.8	0	131	137

应用研究					实验与发展				
课题数	当年投入人数（人年）	其中：研究生	当年拨入经费（千元）	当年支出经费（千元）	课题数	当年投入人数（人年）	其中：研究生	当年拨入经费（千元）	当年支出经费（千元）
L11	L12	L13	L14	L15	L16	L17	L18	L19	L20
3 171	959.1	23	109 553	103 436	36	18.5	0	271	224
111	34.6	0	378	264	0	0	0	0	0
47	16.3	0	124	142	0	0	0	0	0
3	1.5	0	0	8	0	0	0	0	0
0	0	0	0	0	0	0	0	0	0
2	0.4	0	10	7	0	0	0	0	0
49	13.1	0	101	112	0	0	0	0	0
18	4.4	0	78	63	0	0	0	0	0
17	6.1	0	19	29	0	0	0	0	0
2 312	691.3	23	107 094	101 120	30	13.7	0	263	211
10	1.6	0	22	19	0	0	0	0	0
0	0	0	0	0	0	0	0	0	0
75	18.8	0	345	394	0	0	0	0	0
12	6	0	33	31	0	0	0	0	0
10	2.7	0	10	11	0	0	0	0	0
34	7.6	0	105	46	1	0.3	0	0	5
23	7.2	0	63	103	0	0	0	0	0
43	10.2	0	83	38	0	0	0	0	0
39	11.2	0	129	69	0	0	0	0	0
313	111.8	0	874	730	4	4.1	0	0	0
2	0.5	0	10	10	0	0	0	0	0
23	5.8	0	15	39	1	0.4	0	8	8
28	8	0	60	201	0	0	0	0	0

30. 民族院校人文、社会科学研究课题情况表

学科门类	总数					基础研究				
	课题数	当年投入人数（人年）	其中：研究生	当年拨入经费（千元）	当年支出经费（千元）	课题数	当年投入人数（人年）	其中：研究生	当年拨入经费（千元）	当年支出经费（千元）
	L01	L02	L03	L04	L05	L06	L07	L08	L09	L10
合计	6 849	2 069.6	124	140 476	95 719	3 854	1 219.1	60	93 822	62 992
管理学	685	167.6	8	10 834	8 114	220	55.3	2	3 866	3 219
马克思主义	300	76.9	2	4 129	2 994	205	48.7	1	3 136	2 381
哲学	83	26.2	1	1 324	728	74	24.4	1	1 250	660
逻辑学	2	1	0	0	2	2	1	0	0	2
宗教学	109	40.1	0	2 314	1 861	85	33.1	0	1 895	1 532
语言学	650	212.3	22	22 533	17 553	455	149.7	15	19 295	15 185
中国文学	369	106.7	4	9 164	6 491	310	92.5	4	8 710	6 062
外国文学	60	14.1	0	244	422	44	12.1	0	54	227
艺术学	496	139.7	11	7 325	5 499	257	83.4	7	4 713	3 534
历史学	184	52.5	1	6 407	3 572	154	46	1	5 615	3 301
考古学	37	10.7	2	1 910	1 185	30	8.3	0	1 490	1 161
经济学	724	211.3	12	10 915	6 584	207	67.6	3	2 701	1 490
政治学	117	37.7	1	1 403	1 500	75	26.4	1	872	763
法学	449	122.4	7	7 503	6 185	227	59.4	3	3 390	2 718
社会学	399	115	10	10 397	6 255	194	55.2	3	5 823	3 650
民族学与文化学	1 104	411	28	29 717	16 661	722	282.6	14	21 252	11 058
新闻学与传播学	205	55.4	4	4 462	3 292	107	26.7	1	2 710	1 813
图书馆、情报与文献学	145	40.7	2	2 576	1 440	107	34.3	2	2 545	1 234
教育学	513	155.3	7	4 383	3 321	267	74.5	1	2 569	1 641
统计学	37	11.5	1	551	406	7	1.7	0	237	103
心理学	22	9.8	0	128	134	16	7.8	0	89	106
体育学	159	51.7	1	2 257	1 520	89	28.4	1	1 610	1 152

应用理论研究					应用研究				
课题数	当年投入人数（人年）	其中：研究生	当年拨入经费（千元）	当年支出经费（千元）	课题数	当年投入人数（人年）	其中：研究生	当年拨入经费（千元）	当年支出经费（千元）
L11	L12	L13	L14	L15	L16	L17	L18	L19	L20
2 976	844.9	63	44 846	31 032	19	5.6	0	1 808	1 697
462	111.1	7	6 968	4 893	3	1.2	0	0	2
95	28.2	1	993	613	0	0	0	0	0
9	1.8	0	74	68	0	0	0	0	0
0	0	0	0	0	0	0	0	0	0
24	7	0	419	330	0	0	0	0	0
193	61.4	7	1 901	1 031	2	1.2	0	1 338	1 338
59	14.2	0	453	429	0	0	0	0	0
16	2	0	190	195	0	0	0	0	0
239	56.3	4	2 612	1 965	0	0	0	0	0
30	6.5	0	792	271	0	0	0	0	0
7	2.4	1	420	24	0	0	0	0	0
515	142.9	10	8 013	4 894	2	0.8	0	200	200
42	11.3	0	531	738	0	0	0	0	0
222	63	4	4 113	3 467	0	0	0	0	0
201	59.2	7	4 574	2 598	4	0.6	0	0	6
382	128.4	13	8 466	5 559	0	0	0	0	43
98	28.7	3	1 752	1 479	0	0	0	0	0
38	6.4	0	31	205	0	0	0	0	0
240	79.3	5	1 814	1 681	6	1.5	0	0	0
29	9.5	1	44	195	1	0.3	0	270	108
6	2	0	39	29	0	0	0	0	0
69	23.3	0	647	368	1	0	0	0	0

31. 体育院校人文、社会科学研究课题情况表

学科门类	总数					基础研究				
	课题数	当年投入人数（人年）	其中：研究生	当年拨入经费（千元）	当年支出经费（千元）	课题数	投入人数（人年）	其中：研究生	当年拨入经费（千元）	当年支出经费（千元）
	L01	L02	L03	L04	L05	L06	L07	L08	L09	L10
合计	4 364	1 279.2	193	71 331	71 207	1 518	400.7	55	16 314	15 552
管理学	116	24.7	0	1 159	1 373	30	6	0	80	231
马克思主义	125	26	1	840	1 047	57	10.2	1	234	245
哲学	13	7.6	0	207	118	6	4.1	0	20	6
逻辑学	0	0	0	0	0	0	0	0	0	0
宗教学	0	0	0	0	0	0	0	0	0	0
语言学	73	19.3	0	235	297	36	9.9	0	131	202
中国文学	11	2.3	0	17	5	3	0.7	0	11	2
外国文学	7	1.8	0	58	58	3	1	0	0	0
艺术学	45	13.5	0	248	97	18	2.5	0	22	12
历史学	5	0.9	0	26	71	3	0.5	0	26	26
考古学	0	0	0	0	0	0	0	0	0	0
经济学	19	3.4	0	631	329	4	0.9	0	410	97
政治学	8	1.4	0	285	265	6	0.7	0	283	255
法学	13	3.2	0	2	27	11	2.7	0	0	25
社会学	26	7.2	0	138	165	13	3.7	0	8	5
民族学与文化学	8	1.6	0	29	24	1	0	0	0	0
新闻学与传播学	139	36.5	3	332	411	61	15.4	2	57	122
图书馆、情报与文献学	39	13	1	104	153	16	4.7	0	4	17
教育学	339	91.7	6	1 223	1 223	105	30.3	2	516	468
统计学	14	3.3	1	95	54	8	2	0	22	38
心理学	50	18.4	1	355	439	30	8.6	1	80	149
体育学	3 314	1 003.4	180	65 347	65 051	1 107	296.8	49	14 410	13 652

应用研究					实验与发展				
课题数	当年投入人数（人年）	其中：研究生	当年拨入经费（千元）	当年支出经费（千元）	课题数	当年投入人数（人年）	其中：研究生	当年拨入经费（千元）	当年支出经费（千元）
L11	L12	L13	L14	L15	L16	L17	L18	L19	L20
2 783	863.4	136	53 258	54 025	63	15.1	3	1 758	1 636
84	18.2	0	1 060	1 121	2	0.5	0	20	22
65	15.5	0	606	803	3	0.3	0	0	0
7	3.5	0	187	112	0	0	0	0	0
0	0	0	0	0	0	0	0	0	0
0	0	0	0	0	0	0	0	0	0
37	9.4	0	104	96	0	0	0	0	0
8	1.6	0	6	4	0	0	0	0	0
4	0.8	0	58	58	0	0	0	0	0
26	11	0	226	85	1	0	0	0	0
2	0.4	0	0	45	0	0	0	0	0
0	0	0	0	0	0	0	0	0	0
14	2.2	0	23	35	1	0.3	0	198	198
2	0.7	0	2	10	0	0	0	0	0
2	0.5	0	2	2	0	0	0	0	0
13	3.5	0	130	160	0	0	0	0	0
6	1.2	0	26	22	1	0.4	0	3	3
78	21.1	2	275	289	0	0	0	0	0
23	8.3	1	100	135	0	0	0	0	0
230	60.2	3	661	713	4	1.2	0	45	42
6	1.3	1	72	17	0	0	0	0	0
20	9.8	1	275	290	0	0	0	0	0
2 156	694.2	128	49 445	50 028	51	12.4	3	1 492	1 371

1. 各类高等学校人文、社会科学学术交流情况表(一)

		国内学术会议			国际学术会议			国内受聘讲学		国外受聘讲学	
		参加人次	其中:赴境外人次	提交论文(篇)	参加人次	其中:赴境外人次	提交论文(篇)	派出人次	来校人次	派出人次	来校人次
	合计	126 877	0	73 208	35 824	11 425	21 492	24 311	38 127	4 548	11 381
按学校隶属关系划分	教育部直属院校	41 325	0	20 455	19 412	6 445	10 774	7 068	7 959	2 353	4 960
	其他部委院校	5 014	0	3 192	1 819	509	953	799	2 052	158	713
	地方院校	80 538	0	49 561	14 593	4 471	9 765	16 444	28 116	2 037	5 708
按学校规格划分	本科院校	118 623	0	69 215	35 143	11 202	21 238	22 658	35 428	4 474	11 152
	专科院校	8 254	0	3 993	681	223	254	1 653	2 699	74	229
按学校类型划分	综合大学	45 880	0	25 420	13 606	4 976	7 812	8 417	12 141	1 971	4 243
	理工农医院校	33 281	0	17 288	8 734	2 770	6 140	5 179	8 247	812	2 117
	高等师范院校	21 326	0	13 089	4 414	1 377	2 509	4 633	7 699	565	1 484
	语言院校	3 411	0	1 886	1 314	439	679	751	1 646	260	683
	财经院校	12 371	0	8 440	4 499	1 074	2 910	2 700	3 929	531	1 285
	政法院校	3 391	0	2 226	832	199	329	603	1 226	93	302
	体育院校	1 174	0	1 727	244	110	225	455	478	70	175
	艺术院校	4 078	0	1 796	1 525	295	435	1 074	1 443	179	842
	民族院校	1 965	0	1 336	656	185	453	499	1 318	67	250

国内社科考察		国外社科考察		国内进修学习		国外进修学习		国内合作研究		国外合作研究	
派出人次	来校人次	派出人次	来校人次	派出人次	来校人次	派出人次	来校人次	派出人次	来校人次	派出人次	来校人次
40 986	40 986	8 612	11 100	45 940	30 448	9 139	6 616	10 329	8 592	2 121	2 198
8 523	13 310	3 209	4 335	3 180	6 128	2 437	2 268	3 285	3 060	1 342	1 422
1 167	755	335	707	876	584	324	572	425	314	22	54
31 296	28 233	5 068	6 058	41 884	23 736	6 378	3 776	6 619	5 218	757	722
34 283	35 832	7 943	10 264	29 883	21 464	8 075	6 155	9 369	7 819	2 103	2 188
6 703	6 466	669	836	16 057	8 984	1 064	461	960	773	18	10
13 444	15 713	3 083	3 138	14 389	14 526	2 948	2 003	3 946	2 988	1 144	1 267
11 666	10 538	1 940	2 744	13 159	6 564	2 498	987	2 510	1 947	397	372
6 007	5 562	932	1 424	5 898	4 078	1 517	1 365	1 464	1 573	280	291
1 633	3 407	558	875	832	194	452	87	220	200	45	40
4 297	2 968	904	909	7 008	1 908	1 007	464	1 214	1 020	160	116
1 086	1 044	174	338	1 596	916	157	1 099	185	131	18	14
661	629	220	410	514	426	156	264	223	211	51	48
1 349	1 248	636	823	1 976	1 633	314	223	245	328	26	16
843	1 189	165	439	568	203	90	124	322	194	0	34

2. 各类高等学校人文、社会科学学术交流情况表(二)

		港澳台学术会议			港澳台受聘讲学	
		参加人次	其中:赴境外人次	提交论文(篇)	派出人次	来校人次
	合计	5 675	2 534	3 098	1 412	2 197
按学校隶属关系划分	教育部直属院校	2 657	1 266	1 397	629	880
	其他部委院校	385	126	201	72	140
	地方院校	2 633	1 142	1 500	711	1 177
按学校规格划分	本科院校	5 411	2 427	2 985	1 372	2 103
	专科院校	264	107	113	40	94
按学校类型划分	综合大学	2 968	1 377	1 486	746	1 077
	理工农医院校	764	371	446	150	328
	高等师范院校	916	324	534	237	346
	语言院校	114	46	80	33	32
	财经院校	470	212	333	116	189
	政法院校	128	62	58	49	73
	体育院校	78	40	57	22	44
	艺术院校	71	38	18	33	49
	民族院校	166	64	86	26	59

港澳台社科考察		港澳台进修学习		港澳台合作研究	
派出人次	来校人次	派出人次	来校人次	派出人次	来校人次
3 096	3 202	2 236	1 429	765	696
958	1 349	466	520	431	443
105	289	70	131	21	13
2 033	1 564	1 700	778	313	240
2 609	2 831	1 604	1 245	718	680
487	371	632	184	47	16
1 469	1 329	854	673	476	463
567	752	591	222	118	90
362	262	287	230	86	78
119	57	38	7	3	0
222	267	264	142	29	11
91	85	68	73	5	10
52	153	26	43	28	27
181	142	85	27	2	3
33	155	23	12	18	14

3. 各省、市、自治区高等学校人文、社会科学学术交流情况表(一)

	国内学术会议			国际学术会议			国内受聘讲学		国外受聘讲学	
	参加人次	其中:赴境外人次	提交论文(篇)	参加人次	其中:赴境外人次	提交论文(篇)	派出人次	来校人次	派出人次	来校人次
合计	126 877	0	73 208	35 824	11 425	21 492	24 311	38 127	4 548	11 381
北京市	19 361	0	8 314	9 455	2 437	2 892	2 944	3 459	774	1 931
天津市	3 221	0	1 166	1 289	267	802	490	637	143	290
河北省	1 928	0	1 514	263	72	284	346	1 165	32	134
山西省	1 793	0	754	117	57	66	206	777	17	59
内蒙古自治区	909	0	642	236	102	169	122	243	66	78
辽宁省	6 561	0	1 662	2 177	458	1 840	453	1 054	122	296
吉林省	2 766	0	1 535	709	248	466	558	837	123	137
黑龙江省	1 376	0	1 330	567	50	418	212	502	33	116
上海市	8 916	0	3 942	2 583	1 483	1 708	2 059	2 008	636	1 667
江苏省	10 972	0	8 388	1 814	779	1 423	2 039	3 259	232	925
浙江省	7 310	0	4 681	2 507	971	1 684	1 434	2 218	257	1 054
安徽省	4 523	0	3 119	592	175	308	1 358	1 842	181	280
福建省	4 492	0	4 034	959	450	825	1 048	1 187	130	337
江西省	2 974	0	1 895	550	138	459	692	1 103	147	267
山东省	6 286	0	4 146	1 769	373	834	1 532	1 947	171	323
河南省	3 006	0	2 714	507	131	515	711	1 554	53	131
湖北省	4 815	0	4 123	1 640	576	1 459	1 468	2 061	309	785
湖南省	4 852	0	2 482	957	228	498	965	1 381	181	384
广东省	9 541	0	4 738	1 820	892	1 130	1 633	2 619	321	771
广西壮族自治区	1 814	0	847	423	77	165	349	729	24	125
海南省	346	0	284	130	27	129	85	262	8	24
重庆市	2 882	0	2 466	621	247	518	706	1 307	198	258
四川省	7 054	0	3 787	2 271	596	1 598	1 315	2 528	144	395
贵州省	1 673	0	832	232	38	133	311	950	6	24
云南省	3 200	0	1 398	758	177	675	417	577	63	132
西藏自治区	110	0	51	7	7	7	3	28	0	0
陕西省	2 552	0	1 278	637	263	328	465	956	102	288
甘肃省	547	0	432	128	67	74	118	431	46	105
青海省	151	0	52	0	0	0	18	70	0	0
宁夏回族自治区	359	0	186	63	15	31	76	128	3	27
新疆维吾尔自治区	587	0	416	43	24	54	178	308	26	38

国内社科考察		国外社科考察		国内进修学习		国外进修学习		国内合作研究		国外合作研究	
派出人次	来校人次	派出人次	来校人次	派出人次	来校人次	派出人次	来校人次	派出人次	来校人次	派出人次	来校人次
40 986	42 298	8 612	11 100	45 940	30 448	9 139	6 616	10 329	8 592	2 121	2 198
4 134	5 717	1 188	2 400	1 859	1 963	687	679	1 070	1 386	354	401
592	653	247	257	1 019	507	284	103	250	225	40	28
1 018	670	105	162	1 037	552	120	498	116	129	3	9
375	120	13	7	1 261	181	82	23	172	87	7	0
283	96	89	67	396	12	59	17	11	0	6	0
825	528	213	211	2 505	584	225	123	220	165	34	45
473	545	158	166	971	699	183	217	237	285	88	80
349	294	79	95	617	74	158	3	21	18	1	3
2 358	4 615	1 218	1 227	1 357	1 448	911	848	525	453	352	274
3 002	2 451	641	806	4 002	2 155	870	676	1 037	963	104	106
2 564	3 458	750	1 263	3 332	3 857	835	866	528	347	122	195
2 138	1 450	247	201	2 085	1 104	503	137	437	351	72	57
1 540	1 185	213	310	1 670	312	198	126	403	314	138	129
1 014	750	156	134	1 172	643	194	99	307	268	60	39
1 855	1 662	445	404	2 149	1 056	503	167	420	341	106	100
1 799	1 536	193	157	1 595	739	252	93	423	330	51	37
2 270	2 015	391	444	2 291	1 571	639	461	628	457	123	153
2 428	2 083	334	457	2 351	1 851	411	302	485	397	37	53
2 960	3 122	656	458	4 255	1 242	505	319	931	613	115	130
865	708	57	100	1 063	1 072	88	17	144	101	13	6
536	204	38	28	635	64	37	16	4	6	3	2
1 397	1 011	294	310	1 265	1 611	187	221	205	159	74	83
2 975	3 051	308	738	2 690	1 651	480	208	1 158	628	91	108
713	585	102	130	866	586	144	42	49	58	13	7
966	2 550	147	245	997	213	149	138	171	209	65	100
18	20	0	0	32	18	0	0	15	12	0	0
973	870	229	254	841	671	284	86	65	73	32	35
199	72	57	52	552	3 732	43	90	88	67	2	3
51	42	6	0	156	10	6	2	16	12	0	0
41	68	14	12	337	92	7	4	108	52	1	0
275	167	24	5	582	178	95	35	85	86	14	15

4. 各省、市、自治区高等学校人文、社会科学学术交流情况表(二)

	港澳台学术会议			港澳台受聘讲学	
	参加人次	其中:赴境外人次	提交论文(篇)	派出人次	来校人次
合计	5 675	2 534	3 098	1 412	2 197
北京市	1 192	479	497	145	255
天津市	69	20	36	15	23
河北省	45	26	25	0	5
山西省	36	3	15	12	11
内蒙古自治区	16	0	10	9	9
辽宁省	87	53	51	20	26
吉林省	111	78	76	49	35
黑龙江省	12	9	8	4	7
上海市	554	168	231	162	227
江苏省	383	169	241	128	157
浙江省	283	219	138	41	54
安徽省	125	70	69	90	93
福建省	667	330	541	159	311
江西省	19	7	3	10	17
山东省	131	46	82	33	96
河南省	40	30	42	12	13
湖北省	281	119	209	60	125
湖南省	91	33	27	42	44
广东省	810	385	423	201	328
广西壮族自治区	17	15	3	2	30
海南省	9	9	8	3	4
重庆市	84	42	68	38	62
四川省	205	87	134	65	87
贵州省	30	5	16	2	4
云南省	179	60	67	40	47
西藏自治区	0	0	0	0	0
陕西省	140	46	55	49	88
甘肃省	42	26	16	21	39
青海省	0	0	0	0	0
宁夏回族自治区	10	0	5	0	0
新疆维吾尔自治区	7	0	2	0	0

港澳台社科考察		港澳台进修学习		港澳台合作研究	
派出人次	来校人次	派出人次	来校人次	派出人次	来校人次
3 096	3 202	2 236	1 429	765	696
312	655	176	160	60	76
43	59	22	10	11	11
18	18	9	11	0	0
4	5	4	6	0	0
7	7	6	3	0	0
43	50	29	17	20	10
88	26	53	12	24	26
0	0	33	0	0	0
265	294	204	293	142	151
170	212	339	72	35	25
136	213	157	23	28	50
121	89	107	73	53	30
365	468	278	264	101	77
19	19	8	4	3	2
197	75	167	118	29	28
22	17	27	15	5	4
114	130	92	62	45	52
59	123	62	34	2	3
630	308	267	83	123	47
6	11	7	0	0	0
16	4	0	0	1	2
58	41	15	18	7	6
149	223	38	27	15	22
54	25	14	10	11	11
120	17	53	35	36	49
0	0	0	0	0	0
59	104	59	42	12	12
11	9	8	37	2	2
6	0	0	0	0	0
0	0	0	0	0	0
4	0	2	0	0	0

5. 各省、市、自治区所属高等学校人文、社会科学学术交流情况表(一)

	国内学术会议			国际学术会议			国内受聘讲学		国外受聘讲学	
	参加人次	其中:赴境外人次	提交论文(篇)	参加人次	其中:赴境外人次	提交论文(篇)	派出人次	来校人次	派出人次	来校人次
合计	80 538	0	49 561	14 593	4 471	9 765	16 444	28 116	2 037	5 708
北京市	4 678	0	1 784	1 288	253	489	686	1 028	71	306
天津市	2 436	0	913	1 116	171	702	324	435	118	243
河北省	1 834	0	1 459	217	56	249	340	1 012	32	83
山西省	1 793	0	754	117	57	66	206	777	17	59
内蒙古自治区	909	0	642	236	102	169	122	243	66	78
辽宁省	4 639	0	1 341	855	166	345	302	877	53	227
吉林省	1 304	0	562	195	98	144	214	458	18	54
黑龙江省	994	0	966	109	24	98	173	423	0	15
上海市	2 752	0	1 624	847	466	477	878	845	165	654
江苏省	7 331	0	5 876	1 158	434	950	1 508	2 458	153	503
浙江省	5 686	0	3 896	1 302	446	866	1 285	1 966	120	796
安徽省	4 345	0	3 037	566	149	307	1 271	1 745	172	274
福建省	3 040	0	2 955	329	137	320	544	927	45	151
江西省	2 974	0	1 895	550	138	459	692	1 103	147	267
山东省	4 888	0	3 508	643	223	514	1 452	1 773	147	257
河南省	2 971	0	2 684	507	131	515	708	1 534	52	131
湖北省	2 135	0	1 617	474	133	371	494	962	68	226
湖南省	4 280	0	2 140	392	132	226	829	1 269	127	348
广东省	6 078	0	3 350	1 029	496	681	1 304	1 805	132	359
广西壮族自治区	1 814	0	847	423	77	165	349	729	24	125
海南省	346	0	284	130	27	129	85	262	8	24
重庆市	2 106	0	1 866	344	86	294	556	1 079	95	135
四川省	2 791	0	1 526	334	114	163	734	1 431	28	76
贵州省	1 673	0	832	232	38	133	311	950	6	24
云南省	3 200	0	1 398	758	177	675	417	577	63	132
西藏自治区	110	0	51	7	7	7	3	28	0	0
陕西省	1 863	0	834	314	82	157	282	706	68	98
甘肃省	521	0	306	45	17	14	103	263	13	13
青海省	151	0	52	0	0	0	18	70	0	0
宁夏回族自治区	309	0	146	33	10	26	76	73	3	12
新疆维吾尔自治区	587	0	416	43	24	54	178	308	26	38

国内社科考察		国外社科考察		国内进修学习		国外进修学习		国内合作研究		国外合作研究	
派出人次	来校人次	派出人次	来校人次	派出人次	来校人次	派出人次	来校人次	派出人次	来校人次	派出人次	来校人次
31 296	28 233	5 068	6 058	41 884	23 736	6 378	3 776	6 619	5 218	757	722
1 392	1 118	234	334	1 126	569	152	186	267	319	32	6
443	532	189	233	942	450	230	90	200	179	24	19
902	547	49	97	976	427	114	137	71	94	3	1
375	120	13	7	1 261	181	82	23	172	87	7	0
283	96	89	67	396	12	59	17	11	0	6	0
685	410	182	146	2 390	472	175	80	139	98	19	21
204	288	94	63	642	195	68	35	111	92	37	31
302	210	40	53	585	68	76	1	21	18	1	3
713	616	279	272	733	317	409	222	125	105	84	71
2 229	2 017	465	706	3 839	2 107	729	639	757	707	27	28
2 447	3 244	643	1 056	3 311	3 796	776	839	389	209	13	14
2 000	1 393	247	201	2 069	1 055	500	132	432	348	65	55
1 211	927	106	179	1 574	194	127	54	253	200	31	20
1 014	750	156	134	1 172	643	194	99	307	268	60	39
1 749	1 559	319	347	2 095	1 009	357	112	323	285	39	48
1 724	1 496	193	157	1 575	739	252	93	420	325	51	37
1 143	813	123	158	1 617	717	206	47	201	173	54	40
2 047	1 680	273	330	2 118	1 477	337	210	417	318	20	28
2 648	2 325	408	307	4 067	1 004	407	183	614	421	45	107
865	708	57	100	1 063	1 072	88	17	144	101	13	6
536	204	38	28	635	64	37	16	4	6	3	2
1 121	843	178	221	1 137	817	148	180	70	42	15	7
2 341	2 199	184	284	2 441	1 159	281	47	639	327	9	10
713	585	102	130	866	586	144	42	49	58	13	7
966	2 550	147	245	997	213	149	138	171	209	65	100
18	20	0	0	32	18	0	0	15	12	0	0
665	647	166	170	713	374	137	38	0	0	4	4
193	59	50	16	537	3 721	36	58	88	67	2	3
51	42	6	0	156	10	6	2	16	12	0	0
41	68	14	12	237	92	7	4	108	52	1	0
275	167	24	5	582	178	95	35	85	86	14	15

6. 各省、市、自治区所属高等学校人文、社会科学学术交流情况表(二)

	港澳台学术会议			港澳台受聘讲学	
	参加人次	其中:赴境外人次	提交论文(篇)	派出人次	来校人次
合计	2 633	1 142	1 500	711	1 177
北京市	141	76	79	11	39
天津市	49	9	23	11	18
河北省	20	6	15	0	2
山西省	36	3	15	12	11
内蒙古自治区	16	0	10	9	9
辽宁省	48	29	41	13	13
吉林省	24	18	20	5	5
黑龙江省	3	0	3	0	2
上海市	121	46	48	37	46
江苏省	306	117	183	97	117
浙江省	125	61	40	20	35
安徽省	122	69	69	90	92
福建省	318	128	293	82	217
江西省	19	7	3	10	17
山东省	102	46	61	30	91
河南省	40	30	42	12	13
湖北省	92	38	55	9	14
湖南省	79	33	26	34	27
广东省	578	274	319	120	220
广西壮族自治区	17	15	3	2	30
海南省	9	9	8	3	4
重庆市	8	8	8	14	34
四川省	25	19	10	6	16
贵州省	30	5	16	2	4
云南省	179	60	67	40	47
西藏自治区	0	0	0	0	0
陕西省	88	21	31	38	48
甘肃省	31	15	10	4	6
青海省	0	0	0	0	0
宁夏回族自治区	0	0	0	0	0
新疆维吾尔自治区	7	0	2	0	0

港澳台社科考察		港澳台进修学习		港澳台合作研究	
派出人次	来校人次	派出人次	来校人次	派出人次	来校人次
2 033	1 564	1 700	778	313	240
67	52	59	2	2	1
36	55	14	4	8	8
3	7	9	0	0	0
4	5	4	6	0	0
7	7	6	3	0	0
36	19	11	10	1	0
42	2	37	3	1	0
0	0	13	0	0	0
77	74	68	119	17	12
148	161	327	65	6	7
115	124	150	21	6	2
121	89	106	73	53	30
280	257	267	189	57	38
19	19	8	4	3	2
191	70	164	116	29	27
22	17	27	15	5	4
40	28	20	6	17	14
52	82	35	8	2	3
423	291	240	56	50	24
6	11	7	0	0	0
16	4	0	0	1	2
10	16	2	3	0	0
93	41	20	16	0	0
54	25	14	10	11	11
120	17	53	35	36	49
0	0	0	0	0	0
38	88	33	13	6	4
3	3	4	1	2	2
6	0	0	0	0	0
0	0	0	0	0	0
4	0	2	0	0	0

7. 国务院各部委所属高等学校人文、社会科学学术交流情况表(一)

	国内学术会议			国际学术会议			国内受聘讲学		国外受聘讲学	
	参加人次	其中:赴境外人次	提交论文(篇)	参加人次	其中:赴境外人次	提交论文(篇)	派出人次	来校人次	派出人次	来校人次
合计	5 014	0	3 192	1 819	509	953	799	2 052	158	713
中央办公厅	19	0	4	0	0	0	0	0	0	0
外交部	40	0	5	71	71	11	0	32	2	22
国家民族事务委员会	1 028	0	788	413	112	235	322	884	29	206
公安部	170	0	128	59	26	39	21	176	1	50
司法部	28	0	28	0	0	0	0	10	0	0
工业和信息化部	826	0	483	645	164	486	123	303	68	259
交通部	10	0	34	16	16	31	0	0	0	0
卫生部	350	0	0	200	0	0	0	0	0	0
海关总署	60	0	10	0	0	0	2	16	0	0
中国民用航空总局	64	0	46	33	25	15	18	85	0	4
中国地震局	8	0	3	0	0	0	0	2	0	0
国家林业局	17	0	15	0	0	0	0	0	0	0
国务院侨务办公室	1 456	0	618	101	36	60	157	300	32	71
国家安全生产监督管理总局	6	0	6	0	0	0	0	2	0	6
国家体育总局	170	0	830	80	20	65	120	136	7	73
中国科学院	418	0	10	156	28	6	17	17	9	6
中华全国总工会	196	0	111	0	0	0	0	3	0	1
共青团中央	26	0	23	2	2	2	5	53	7	9
中华全国妇女联合会	122	0	50	43	9	3	14	33	3	6

国内社科考察		国外社科考察		国内进修学习		国外进修学习		国内合作研究		国外合作研究	
派出人次	来校人次	派出人次	来校人次	派出人次	来校人次	派出人次	来校人次	派出人次	来校人次	派出人次	来校人次
1 167	755	335	707	876	584	324	572	425	314	22	54
0	0	4	0	0	0	0	0	0	0	0	0
50	0	11	0	1	0	9	0	0	0	0	0
318	248	64	238	249	118	51	63	212	92	0	34
177	166	58	64	55	154	11	363	64	48	0	0
0	2	1	0	15	0	1	0	0	0	0	0
165	104	108	105	75	140	157	31	48	60	1	0
0	0	0	0	2	0	7	0	0	0	0	0
0	0	0	0	0	0	0	0	0	0	0	0
0	0	0	0	0	0	0	0	0	0	0	0
28	19	20	0	105	5	2	0	5	12	6	0
3	0	0	0	6	0	0	0	0	0	0	0
0	0	0	0	0	0	0	0	0	0	0	0
189	107	19	9	83	70	32	14	19	14	4	10
25	0	0	5	18	0	0	4	0	0	0	8
55	70	43	280	40	65	40	90	55	83	0	0
93	27	0	0	1	31	3	5	5	3	7	2
0	0	0	0	170	0	0	0	0	0	0	0
12	7	4	3	5	1	3	2	0	0	0	0
52	5	3	3	51	0	8	0	17	2	4	0

8. 国务院各部委所属高等学校人文、社会科学学术交流情况表(二)

	港澳台学术会议			港澳台受聘讲学	
	参加人次	其中:赴境外人次	提交论文(篇)	派出人次	来校人次
合计	385	126	201	72	140
外交部	6	6	1	0	0
国家民族事务委员会	141	49	73	20	51
公安部	31	22	12	2	12
工业和信息化部	50	12	22	7	32
交通部	4	4	0	3	0
中国民用航空总局	2	0	2	2	0
国务院侨务办公室	71	23	29	31	22
国家体育总局	9	0	0	4	15
中国科学院	53	1	57	0	1
共青团中央	2	0	2	1	4
中华全国妇女联合会	16	9	3	2	3

港澳台社科考察		港澳台进修学习		港澳台合作研究	
派出人次	来校人次	派出人次	来校人次	派出人次	来校人次
105	289	70	131	21	13
2	0	1	0	0	0
21	146	15	12	12	9
18	14	0	15	0	0
5	2	24	2	0	1
0	0	2	0	0	0
0	0	3	0	0	0
22	20	13	69	6	3
22	105	6	33	0	0
0	0	1	0	0	0
1	0	1	0	0	0
14	2	4	0	3	0

9. 全国高等学校人文、社会科学学术交流情况表

学术交流类别		校办学术会议		学术会议			受聘讲学		社科考察		进修学习		合作研究		
		本校独办数	与外单位合办数	参加人次	其中:赴境外人次	提交论文(篇)	派出人次	来校人次	派出人次	来校人次	派出人次	来校人次	派出人次	来校人次	课题数(项)
	编号	L01	L02	L03	L04	L05	L06	L07	L08	L09	L10	L11	L12	L13	L14
合计	1	9 085	4 402	168 376	13 959	97 798	30 271	51 705	52 694	56 600	57 315	38 493	13 215	11 486	7 740
国际学术交流	2	1 435	965	35 824	11 425	21 492	4 548	11 381	8 612	11 100	9 139	6 616	2 121	2 198	931
国内学术交流	3	7 370	3 221	126 877	-	73 208	24 311	38 127	40 986	42 298	45 940	30 448	10 329	8 592	6 530
与港澳台地区学术交流	4	280	216	5 675	2 534	3 098	1 412	2 197	3 096	3 202	2 236	1 429	765	696	279

10. 本科院校人文、社会科学学术交流情况表

学术交流类别		校办学术会议		学术会议			受聘讲学		社科考察		进修学习		合作研究		
		本校独办数	与外单位合办数	参加人次	其中:赴境外人次	提交论文(篇)	派出人次	来校人次	派出人次	来校人次	派出人次	来校人次	派出人次	来校人次	课题数(项)
	编号	L01	L02	L03	L04	L05	L06	L07	L08	L09	L10	L11	L12	L13	L14
合计	1	8 476	4 172	159 177	13 629	93 438	28 504	48 683	44 835	48 927	39 562	28 864	12 190	10 687	7 262
国际学术交流	2	1 413	943	35 143	11 202	21 238	4 474	11 152	7 943	10 264	8 075	6 155	2 103	2 188	920
国内学术交流	3	6 805	3 022	118 623	-	69 215	22 658	35 428	34 283	35 832	29 883	21 464	9 369	7 819	6 067
与港澳台地区学术交流	4	258	207	5 411	2 427	2 985	1 372	2 103	2 609	2 831	1 604	1 245	718	680	275

11. 专科院校人文、社会科学学术交流情况表

学术交流类别		校办学术会议		学术会议			受聘讲学		社科考察		进修学习		合作研究		
		本校独办数	与外单位合办数	参加人次	其中:赴境外人次	提交论文(篇)	派出人次	来校人次	派出人次	来校人次	派出人次	来校人次	派出人次	来校人次	课题数(项)
	编号	L01	L02	L03	L04	L05	L06	L07	L08	L09	L10	L11	L12	L13	L14
合计	1	609	230	9 199	330	4 360	1 767	3 022	7 859	7 673	17 753	9 629	1 025	799	478
国际学术交流	2	22	22	681	223	254	74	229	669	836	1 064	461	18	10	11
国内学术交流	3	565	199	8 254	–	3 993	1 653	2 699	6 703	6 466	16 057	8 984	960	773	463
与港澳台地区学术交流	4	22	9	264	107	113	40	94	487	371	632	184	47	16	4

12. 教育部直属院校人文、社会科学学术交流情况表(一)

学术交流类别		校办学术会议		学术会议			受聘讲学		社科考察		进修学习		合作研究		
		本校独办数	与外单位合办数	参加人次	其中:赴境外人次	提交论文(篇)	派出人次	来校人次	派出人次	来校人次	派出人次	来校人次	派出人次	来校人次	课题数(项)
	编号	L01	L02	L03	L04	L05	L06	L07	L08	L09	L10	L11	L12	L13	L14
合计	1	3 317	1 478	63 394	7 711	32 626	10 050	13 799	12 690	18 994	6 083	8 916	5 058	4 925	3 381
国际学术交流	2	802	477	19 412	6 445	10 774	2 353	4 960	3 209	4 335	2 437	2 268	1 342	1 422	636
国内学术交流	3	2 390	915	41 325	–	20 455	7 068	7 959	8 523	13 310	3 180	6 128	3 285	3 060	2 629
与港澳台地区学术交流	4	125	86	2 657	1 266	1 397	629	880	958	1 349	466	520	431	443	116

13. 教育部直属院校人文、社会科学学术交流情况表(二)

	国内学术会议			国际学术会议			国内受聘讲学		国外受聘讲学	
	参加人次	其中:赴境外人次	提交论文(篇)	参加人次	其中:赴境外人次	提交论文(篇)	派出人次	来校人次	派出人次	来校人次
合计	41 325	0	20 455	19 412	6 445	10 774	7 068	7 959	2 353	4 960
北京大学	2 021	0	1 233	1 012	320	298	362	348	178	186
中国人民大学	4 284	0	1 465	1 770	362	487	484	564	104	265
清华大学	1 789	0	421	971	454	268	310	80	73	123
北京交通大学	428	0	241	192	35	45	32	67	24	40
北京科技大学	162	0	97	49	32	32	34	56	2	46
北京化工大学	68	0	19	21	5	12	0	0	0	7
北京邮电大学	77	0	56	26	20	26	10	14	6	7
中国农业大学	414	0	80	89	21	11	41	20	0	2
北京林业大学	134	0	120	33	20	16	15	39	4	3
北京中医药大学	19	0	4	2	2	0	13	5	7	0
北京师范大学	682	0	241	689	204	198	148	80	30	155
北京外国语大学	257	0	162	179	83	138	137	151	135	20
北京语言大学	190	0	80	132	30	97	73	93	15	72
中国传媒大学	66	0	73	28	28	25	33	40	5	15
中央财经大学	593	0	176	319	64	86	72	67	2	91
对外经济贸易大学	513	0	239	921	117	171	46	79	14	92
国际关系学院	185	0	36	21	7	6	36	28	5	11
中央音乐学院	132	0	60	85	11	12	40	41	13	72
中央美术学院	72	0	42	96	27	10	7	14	3	4
中央戏剧学院	50	0	20	95	40	12	39	26	3	52
中国政法大学	219	0	209	428	56	79	46	195	12	84
华北电力大学	45	0	28	30	28	18	8	15	14	18
南开大学	623	0	194	120	69	86	116	110	20	43
天津大学	126	0	30	30	10	6	32	28	5	4
大连理工大学	200	0	150	150	30	50	50	30	40	21
东北大学	1 610	0	92	1 140	240	1 410	25	66	21	20
吉林大学	972	0	886	296	93	280	236	278	76	67
东北师范大学	490	0	87	218	57	42	108	101	29	16
东北林业大学	97	0	92	2	2	1	24	18	0	12
复旦大学	855	0	475	190	142	132	475	295	47	200
同济大学	332	0	137	240	135	143	69	61	74	89
上海交通大学	321	0	322	167	167	168	20	80	17	78
华东理工大学	293	0	83	49	28	45	75	109	22	61
东华大学	110	0	110	50	50	50	79	60	10	5
华东师范大学	3 218	0	573	356	142	308	319	262	68	187
上海外国语大学	562	0	387	285	107	214	97	184	59	258
上海财经大学	413	0	221	399	246	171	45	96	174	135
南京大学	1 358	0	876	265	112	163	247	211	42	99

国内社科考察		国外社科考察		国内进修学习		国外进修学习		国内合作研究		国外合作研究	
派出人次	来校人次	派出人次	来校人次	派出人次	来校人次	派出人次	来校人次	派出人次	来校人次	派出人次	来校人次
8 523	13 310	3 209	4 335	3 180	6 128	2 437	2 268	3 285	3 060	1 342	1 422
499	913	80	144	35	289	63	176	148	255	35	102
373	332	156	194	35	406	73	23	272	221	113	113
629	2 394	180	566	9	70	9	9	67	130	50	92
26	14	13	64	17	121	27	67	1	4	4	5
69	88	18	20	7	6	8	0	0	0	0	0
12	0	8	0	30	0	7	0	0	0	0	0
62	20	1	6	14	0	3	1	3	1	0	0
219	0	1	0	30	0	5	0	9	0	3	0
18	12	1	2	18	8	8	3	10	0	0	0
32	8	0	0	6	6	2	2	10	5	0	0
96	137	60	173	1	87	27	30	54	252	61	41
86	124	97	333	3	0	3	0	0	0	0	0
2	0	4	0	18	30	3	0	1	2	0	0
12	9	15	23	13	8	15	11	12	8	7	7
103	65	5	14	23	18	29	1	30	23	15	25
11	20	43	14	13	1	24	0	8	1	18	1
27	18	0	5	48	0	5	0	8	3	0	0
40	82	18	32	17	45	8	3	0	0	0	0
45	91	15	11	14	78	6	10	0	0	0	0
22	74	41	108	32	0	24	2	5	6	0	0
6	6	23	2	6	71	17	12	2	5	1	2
10	8	24	10	4	10	30	8	20	13	10	7
98	74	46	19	19	31	22	3	27	23	16	9
30	35	3	5	45	21	30	10	18	16	0	0
30	70	20	50	20	30	14	20	20	20	5	9
110	48	11	15	79	82	22	23	45	39	10	15
59	71	37	34	180	142	82	70	49	51	25	29
210	186	27	69	149	362	33	112	77	142	26	20
33	59	2	0	32	6	5	0	0	0	0	0
247	295	255	250	380	285	200	85	105	182	170	85
102	95	90	78	48	49	93	75	92	85	49	32
45	56	78	32	0	0	27	31	0	0	0	0
55	64	13	20	8	7	10	0	0	0	0	0
315	302	65	257	30	12	25	6	0	0	0	0
258	302	47	44	28	563	19	281	185	55	23	60
562	2 810	286	195	21	3	93	17	18	26	26	26
61	75	105	79	81	212	35	131	0	0	0	0
150	106	52	20	26	10	27	2	79	78	34	53

	国内学术会议			国际学术会议			国内受聘讲学		国外受聘讲学	
	参加人次	其中:赴境外人次	提交论文(篇)	参加人次	其中:赴境外人次	提交论文(篇)	派出人次	来校人次	派出人次	来校人次
东南大学	643	0	473	55	55	69	24	31	0	18
中国矿业大学	279	0	270	50	8	35	20	35	4	9
河海大学	343	0	289	116	56	74	53	98	8	13
江南大学	319	0	324	27	21	20	57	156	14	199
南京农业大学	467	0	110	70	23	44	39	71	3	27
中国药科大学	58	0	38	3	3	2	29	18	0	8
浙江大学	1 624	0	785	1 205	525	818	149	252	137	258
合肥工业大学	110	0	72	0	0	0	70	80	0	0
厦门大学	1 077	0	711	584	299	465	442	207	65	164
山东大学	1 048	0	372	949	122	222	59	134	12	37
中国海洋大学	180	0	96	162	19	87	9	14	2	10
中国石油大学(华东)	170	0	170	15	9	11	12	26	10	19
武汉大学	620	0	596	268	141	264	366	318	125	204
华中科技大学	418	0	419	255	98	256	166	212	0	98
中国地质大学(武汉)	125	0	75	50	14	40	45	30	8	8
武汉理工大学	243	0	204	131	47	93	7	13	17	23
华中农业大学	356	0	314	75	32	69	69	127	32	77
华中师范大学	316	0	274	229	63	84	168	127	34	83
中南财经政法大学	382	0	404	80	24	204	83	152	17	39
湖南大学	524	0	304	545	86	264	119	77	52	29
中南大学	48	0	38	20	10	8	17	35	2	7
中山大学	2 007	0	874	474	250	268	168	461	147	324
华南理工大学	356	0	251	252	116	154	66	91	30	35
四川大学	2 092	0	559	675	248	405	242	361	31	109
重庆大学	153	0	141	95	72	86	26	45	68	61
西南交通大学	309	0	120	75	50	100	79	60	20	65
电子科技大学	62	0	60	84	17	80	11	21	8	9
西南大学	623	0	459	182	89	138	124	183	35	62
西南财经大学	1 560	0	1 357	1 021	154	794	169	249	55	97
西安交通大学	114	0	95	188	113	123	63	89	19	62
西安电子科技大学	72	0	31	25	13	13	13	15	1	1
长安大学	35	0	24	47	6	17	10	12	0	10
西北农林科技大学	144	0	95	0	0	0	9	11	1	2
陕西师范大学	243	0	172	31	17	18	70	89	10	57
兰州大学	0	0	0	43	43	40	0	0	33	28
中国矿业大学(北京)	30	0	25	5	0	3	7	5	0	0
中国石油大学(北京)	160	0	27	173	0	86	5	29	0	27
中国地质大学(北京)	35	0	10	8	6	4	0	14	0	21

续表

国内社科考察		国外社科考察		国内进修学习		国外进修学习		国内合作研究		国外合作研究	
派出人次	来校人次	派出人次	来校人次	派出人次	来校人次	派出人次	来校人次	派出人次	来校人次	派出人次	来校人次
14	13	8	8	7	0	10	1	2	12	2	0
60	25	12	12	15	9	16	0	0	0	1	0
96	86	26	16	26	19	12	11	77	62	12	9
200	69	58	19	0	0	19	23	22	2	26	5
150	73	11	13	18	2	35	0	38	31	2	11
25	14	2	6	18	8	6	0	15	11	0	0
117	214	107	207	21	61	59	27	139	138	109	181
45	30	0	0	15	18	0	0	0	0	0	0
291	208	99	122	26	53	56	63	143	108	104	104
64	47	91	21	27	29	107	25	46	23	24	21
19	19	4	1	17	4	5	1	9	2	2	0
23	37	31	35	10	14	34	29	42	31	41	31
167	147	20	19	26	159	134	44	68	67	9	51
251	38	13	75	62	26	1	15	69	22	27	14
60	60	19	12	6	2	10	4	78	26	9	8
37	16	25	3	29	0	26	0	27	16	0	0
163	157	24	26	129	102	32	13	7	9	0	0
243	614	113	88	349	468	192	298	56	97	14	29
115	92	42	48	48	75	20	18	51	37	10	11
291	358	57	122	221	365	67	88	36	51	13	20
90	45	4	5	12	9	7	4	32	28	4	5
126	692	211	128	69	202	50	97	260	152	63	18
25	48	15	23	42	31	31	34	45	27	0	0
328	605	35	193	106	387	66	143	351	169	35	29
38	49	29	11	25	503	10	1	10	5	1	2
53	55	28	25	31	2	49	1	15	9	6	9
26	24	6	5	9	15	11	2	14	15	0	0
238	119	87	78	103	291	29	40	125	112	58	74
97	80	32	37	33	48	70	14	63	73	41	26
58	49	17	7	32	12	34	19	30	25	23	27
15	0	3	0	30	0	12	0	0	0	0	0
71	16	8	22	6	0	14	0	0	0	0	0
79	11	0	0	24	64	16	0	0	0	0	0
68	129	25	24	24	81	49	29	35	48	5	4
0	0	4	36	0	0	2	0	0	0	0	0
16	8	3	0	0	0	0	0	5	6	0	0
0	0	0	0	23	0	4	0	0	0	0	0
0	0	0	0	2	0	9	0	0	0	0	0

14. 教育部直属院校人文、社会科学学术交流情况表(三)

	港澳台学术会议			港澳台受聘讲学	
	参加人次	其中:赴境外人次	提交论文(篇)	派出人次	来校人次
合计	2 657	1 266	1 397	629	880
北京大学	507	163	87	41	36
中国人民大学	158	80	56	22	60
清华大学	45	35	20	6	3
北京交通大学	0	0	0	0	0
北京科技大学	2	2	1	1	2
北京化工大学	0	0	0	0	0
北京邮电大学	6	3	6	0	0
中国农业大学	6	6	2	0	0
北京林业大学	0	0	0	0	0
北京中医药大学	2	2	0	2	0
北京师范大学	0	0	65	13	12
北京外国语大学	10	5	10	10	0
北京语言大学	5	0	3	7	2
中国传媒大学	11	0	8	0	8
中央财经大学	8	4	2	0	2
对外经济贸易大学	23	17	20	2	4
国际关系学院	1	1	0	0	0
中央音乐学院	16	3	2	2	4
中央美术学院	8	0	2	0	0
中央戏剧学院	0	0	0	0	1
中国政法大学	15	15	13	5	3
华北电力大学	10	0	10	4	5
南开大学	20	11	13	4	5
天津大学	0	0	0	0	0
大连理工大学	1	0	0	0	0
东北大学	30	20	10	4	7
吉林大学	51	24	47	41	12
东北师范大学	36	36	9	3	18
东北林业大学	0	0	0	0	0
复旦大学	66	0	33	47	57
同济大学	48	29	10	39	40
上海交通大学	20	20	20	3	13
华东理工大学	11	9	4	0	0
东华大学	0	0	0	0	0
华东师范大学	218	35	57	13	22
上海外国语大学	25	8	25	0	8
上海财经大学	45	21	34	23	41
南京大学	41	29	32	24	28

港澳台社科考察		港澳台进修学习		港澳台合作研究	
派出人次	来校人次	派出人次	来校人次	派出人次	来校人次
958	1 349	466	520	431	443
26	25	21	53	7	20
39	31	28	8	18	28
30	278	1	5	15	3
0	0	0	0	0	0
0	0	1	0	0	0
0	0	0	0	0	0
0	0	1	1	0	0
0	0	0	0	0	0
0	0	0	0	0	0
2	2	0	1	0	0
43	24	1	26	0	9
8	13	0	0	0	0
0	0	0	0	0	0
13	5	12	7	0	0
2	26	1	0	2	0
0	3	0	0	0	0
0	0	0	0	0	0
5	6	7	4	0	0
4	6	0	0	0	0
3	49	0	0	0	0
0	0	13	0	0	5
5	2	6	3	1	0
7	4	8	6	3	3
0	0	0	0	0	0
0	0	0	0	0	0
7	31	11	7	19	10
25	15	14	9	11	18
21	9	2	0	12	8
0	0	0	0	0	0
70	105	90	75	95	113
39	43	31	20	25	11
0	0	2	1	0	0
2	0	0	0	0	0
0	0	0	0	0	0
7	1	3	47	5	15
36	22	1	0	0	0
34	49	6	31	0	0
12	6	3	3	23	14

	港澳台学术会议			港澳台受聘讲学	
	参加人次	其中:赴境外人次	提交论文(篇)	派出人次	来校人次
东南大学	5	4	4	2	2
中国矿业大学	3	3	3	0	0
河海大学	8	0	4	3	2
江南大学	10	10	10	0	6
南京农业大学	4	2	1	0	0
中国药科大学	3	1	1	1	0
浙江大学	158	158	98	21	19
合肥工业大学	0	0	0	0	0
厦门大学	335	197	237	48	78
山东大学	0	0	0	0	4
中国海洋大学	8	0	0	0	0
中国石油大学(华东)	21	0	21	3	1
武汉大学	56	25	48	4	41
华中科技大学	19	19	19	1	6
中国地质大学(武汉)	3	0	3	0	0
武汉理工大学	0	0	0	0	0
华中农业大学	13	8	9	2	5
华中师范大学	26	15	13	14	21
中南财经政法大学	40	14	30	18	22
湖南大学	0	0	0	8	12
中南大学	12	0	1	0	5
中山大学	140	93	65	66	90
华南理工大学	33	0	19	11	12
四川大学	26	15	9	14	12
重庆大学	35	10	31	10	16
西南交通大学	21	6	10	7	8
电子科技大学	7	0	0	0	0
西南大学	41	24	29	14	12
西南财经大学	120	47	101	38	47
西安交通大学	21	21	18	5	16
西安电子科技大学	3	2	2	0	2
长安大学	0	0	0	0	1
西北农林科技大学	0	0	0	0	0
陕西师范大学	28	2	4	6	21
兰州大学	11	11	6	17	26
中国矿业大学(北京)	0	0	0	0	0
中国石油大学(北京)	1	0	0	0	0
中国地质大学(北京)	1	1	0	0	0

续表

港澳台社科考察		港澳台进修学习		港澳台合作研究	
派出人次	来校人次	派出人次	来校人次	派出人次	来校人次
1	1	1	0	0	0
0	0	0	0	0	0
7	6	5	4	2	1
0	38	2	0	4	3
2	0	1	0	0	0
0	0	0	0	0	0
21	89	7	2	22	48
0	0	0	0	0	0
70	191	2	6	38	36
0	0	0	0	0	0
0	1	0	0	0	1
6	4	3	2	0	0
15	38	26	15	9	18
4	0	0	0	2	9
2	2	2	2	0	0
0	0	0	0	0	0
5	8	4	2	0	0
19	21	23	21	6	9
26	28	17	16	11	2
0	35	9	18	0	0
7	6	18	8	0	0
200	17	18	15	57	16
0	0	5	12	16	7
17	9	2	1	0	7
36	12	2	6	0	0
6	6	10	0	10	8
0	0	0	0	0	0
12	13	11	9	7	6
33	47	6	10	5	7
10	8	15	10	6	8
0	0	0	0	0	0
0	0	0	0	0	0
0	0	0	0	0	0
11	8	11	19	0	0
8	6	3	35	0	0
0	0	0	0	0	0
0	0	0	0	0	0
0	0	0	0	0	0

15. 教育部直属综合大学人文、社会科学学术交流情况表

学术交流类别		校办学术会议		学术会议			受聘讲学		社科考察		进修学习		合作研究		
		本校独办数	与外单位合办数	参加人次	其中:赴境外人次	提交论文(篇)	派出人次	来校人次	派出人次	来校人次	派出人次	来校人次	派出人次	来校人次	课题数(项)
	编号	L01	L02	L03	L04	L05	L06	L07	L08	L09	L10	L11	L12	L13	L14
合计	1	1 783	889	33 139	4 417	17 303	5 604	7 499	5 854	7 017	2 970	4 628	3 285	3 099	2 148
国际学术交流	2	413	275	9 532	3 493	5 034	1 300	2 599	1 625	1 748	1 242	1 041	915	960	392
国内学术交流	3	1 301	548	21 838	–	11 415	3 874	4 310	3 614	4 576	1 415	3 287	2 045	1 789	1 678
与港澳台地区学术交流	4	69	66	1 769	924	854	430	590	615	693	313	300	325	350	78

16. 教育部直属理工农医院校人文、社会科学学术交流情况表

学术交流类别		校办学术会议		学术会议			受聘讲学		社科考察		进修学习		合作研究		
		本校独办数	与外单位合办数	参加人次	其中:赴境外人次	提交论文(篇)	派出人次	来校人次	派出人次	来校人次	派出人次	来校人次	派出人次	来校人次	课题数(项)
	编号	L01	L02	L03	L04	L05	L06	L07	L08	L09	L10	L11	L12	L13	L14
合计	1	575	213	13 865	1 594	7 443	1 873	2 450	3 509	5 447	1 417	988	880	741	629
国际学术交流	2	122	65	4 268	1 475	3 071	370	821	586	1 288	523	258	180	210	95
国内学术交流	3	441	146	9 344	–	4 227	1 458	1 575	2 845	3 820	844	691	635	493	508
与港澳台地区学术交流	4	12	2	253	119	145	45	54	78	339	50	39	65	38	26

17. 教育部直属师范院校人文、社会科学学术交流情况表

学术交流类别		校办学术会议		学术会议			受聘讲学		社科考察		进修学习		合作研究		
		本校独办数	与外单位合办数	参加人次	其中：赴境外人次	提交论文(篇)	派出人次	来校人次	派出人次	来校人次	派出人次	来校人次	派出人次	来校人次	课题数（项）
	编号	L01	L02	L03	L04	L05	L06	L07	L08	L09	L10	L11	L12	L13	L14
合计	1	443	165	6 780	571	2 145	1 033	1 251	1 248	1 829	911	2 424	559	789	342
国际学术交流	2	97	55	1 523	483	650	171	498	272	398	320	750	129	154	66
国内学术交流	3	326	103	4 949	–	1 347	813	659	875	1 368	551	1 561	407	594	271
与港澳台地区学术交流	4	20	7	308	88	148	49	94	101	63	40	113	23	41	5

18. 教育部直属语言院校人文、社会科学学术交流情况表

学术交流类别		校办学术会议		学术会议			受聘讲学		社科考察		进修学习		合作研究		
		本校独办数	与外单位合办数	参加人次	其中：赴境外人次	提交论文(篇)	派出人次	来校人次	派出人次	来校人次	派出人次	来校人次	派出人次	来校人次	课题数（项）
	编号	L01	L02	L03	L04	L05	L06	L07	L08	L09	L10	L11	L12	L13	L14
合计	1	96	47	1 750	261	1 222	571	851	1 121	3 534	182	76	64	69	55
国际学术交流	2	33	17	624	248	474	214	365	402	551	114	28	33	33	18
国内学术交流	3	57	29	1 075	–	702	340	468	662	2 943	55	41	31	36	37
与港澳台地区学术交流	4	6	1	51	13	46	17	18	57	40	13	7	0	0	0

19. 教育部直属财经院校人文、社会科学学术交流情况表

学术交流类别		校办学术会议		学术会议			受聘讲学		社科考察		进修学习		合作研究		
		本校独办数	与外单位合办数	参加人次	其中:赴境外人次	提交论文(篇)	派出人次	来校人次	派出人次	来校人次	派出人次	来校人次	派出人次	来校人次	课题数(项)
	编号	L01	L02	L03	L04	L05	L06	L07	L08	L09	L10	L11	L12	L13	L14
合计	1	338	136	6 437	708	4 010	758	1 213	709	677	406	575	254	206	189
国际学术交流	2	124	57	2 740	605	1 426	262	454	227	192	178	164	84	63	60
国内学术交流	3	197	70	3 461	–	2 397	415	643	387	332	198	354	152	134	122
与港澳台地区学术交流	4	17	9	236	103	187	81	116	95	153	30	57	18	9	7

20. 教育部直属政法院校人文、社会科学学术交流情况表

学术交流类别		校办学术会议		学术会议			受聘讲学		社科考察		进修学习		合作研究		
		本校独办数	与外单位合办数	参加人次	其中:赴境外人次	提交论文(篇)	派出人次	来校人次	派出人次	来校人次	派出人次	来校人次	派出人次	来校人次	课题数(项)
	编号	L01	L02	L03	L04	L05	L06	L07	L08	L09	L10	L11	L12	L13	L14
合计	1	61	22	869	79	343	104	321	56	31	89	83	11	15	16
国际学术交流	2	5	5	449	63	85	17	95	23	7	22	12	1	2	5
国内学术交流	3	55	16	404	–	245	82	223	33	24	54	71	10	8	11
与港澳台地区学术交流	4	1	1	16	16	13	5	3	0	0	13	0	0	5	0

21. 教育部直属艺术院校人文、社会科学学术交流情况表

学术交流类别		校办学术会议		学术会议			受聘讲学		社科考察		进修学习		合作研究		
		本校独办数	与外单位合办数	参加人次	其中:赴境外人次	提交论文(篇)	派出人次	来校人次	派出人次	来校人次	派出人次	来校人次	派出人次	来校人次	课题数(项)
	编号	L01	L02	L03	L04	L05	L06	L07	L08	L09	L10	L11	L12	L13	L14
合计	1	21	6	554	81	160	107	214	193	459	108	142	5	6	2
国际学术交流	2	8	3	276	78	34	19	128	74	151	38	15	0	0	0
国内学术交流	3	13	3	254	–	122	86	81	107	247	63	123	5	6	2
与港澳台地区学术交流	4	0	0	24	3	4	2	5	12	61	7	4	0	0	0

22. 其他部委院校人文、社会科学学术交流情况表

学术交流类别		校办学术会议		学术会议			受聘讲学		社科考察		进修学习		合作研究		
		本校独办数	与外单位合办数	参加人次	其中:赴境外人次	提交论文(篇)	派出人次	来校人次	派出人次	来校人次	派出人次	来校人次	派出人次	来校人次	课题数(项)
	编号	L01	L02	L03	L04	L05	L06	L07	L08	L09	L10	L11	L12	L13	L14
合计	1	306	112	7 218	635	4 346	1 029	2 905	1 607	1 751	1 270	1 287	468	381	197
国际学术交流	2	71	13	1 819	509	953	158	713	335	707	324	572	22	54	15
国内学术交流	3	224	92	5 014	–	3 192	799	2 052	1 167	755	876	584	425	314	179
与港澳台地区学术交流	4	11	7	385	126	201	72	140	105	289	70	131	21	13	3

23. 地方院校人文、社会科学学术交流情况表

学术交流类别		校办学术会议		学术会议			受聘讲学		社科考察		进修学习		合作研究		
		本校独办数	与外单位合办数	参加人次	其中:赴境外人次	提交论文(篇)	派出人次	来校人次	派出人次	来校人次	派出人次	来校人次	派出人次	来校人次	课题数(项)
	编号	L01	L02	L03	L04	L05	L06	L07	L08	L09	L10	L11	L12	L13	L14
合计	1	5 462	2 812	97 764	5 631	60 826	19 192	35 001	38 397	35 855	49 962	28 290	7 689	6 180	4 162
国际学术交流	2	562	475	14 593	4 471	9 765	2 037	5 708	5 068	6 058	6 378	3 776	757	722	280
国内学术交流	3	4 756	2 214	80 538	–	49 561	16 444	28 116	31 296	28 233	41 884	23 736	6 619	5 218	3 722
与港澳台地区学术交流	4	144	123	2 633	1 142	1 500	711	1 177	2 033	1 564	1 700	778	313	240	160

24. 综合院校人文、社会科学学术交流情况表

学术交流类别		校办学术会议		学术会议			受聘讲学		社科考察		进修学习		合作研究		
		本校独办数	与外单位合办数	参加人次	其中:赴境外人次	提交论文(篇)	派出人次	来校人次	派出人次	来校人次	派出人次	来校人次	派出人次	来校人次	课题数(项)
	编号	L01	L02	L03	L04	L05	L06	L07	L08	L09	L10	L11	L12	L13	L14
合计	1	3 437	2 020	62 454	6 368	34 718	11 134	17 461	17 996	20 180	18 191	17 202	5 566	4 718	3 276
国际学术交流	2	585	480	13 606	4 976	7 812	1 971	4 243	3 083	3 138	2 948	2 003	1 144	1 267	519
国内学术交流	3	2 700	1 402	45 880	–	25 420	8 417	12 141	13 444	15 713	14 389	14 526	3 946	2 988	2 578
与港澳台地区学术交流	4	152	138	2 968	1 377	1 486	746	1 077	1 469	1 329	854	673	476	463	179

25. 理工农医院校人文、社会科学学术交流情况表

学术交流类别		校办学术会议		学术会议			受聘讲学		社科考察		进修学习		合作研究		
		本校独办数	与外单位合办数	参加人次	其中:赴境外人次	提交论文(篇)	派出人次	来校人次	派出人次	来校人次	派出人次	来校人次	派出人次	来校人次	课题数(项)
	编号	L01	L02	L03	L04	L05	L06	L07	L08	L09	L10	L11	L12	L13	L14
合计	1	2 035	796	42 779	3 141	23 874	6 141	10 692	14 173	14 034	16 248	7 773	3 025	2 409	1 987
国际学术交流	2	272	144	8 734	2 770	6 140	812	2 117	1 940	2 744	2 498	987	397	372	176
国内学术交流	3	1 732	636	33 281	–	17 288	5 179	8 247	11 666	10 538	13 159	6 564	2 510	1 947	1 765
与港澳台地区学术交流	4	31	16	764	371	446	150	328	567	752	591	222	118	90	46

26. 师范院校人文、社会科学学术交流情况表

学术交流类别		校办学术会议		学术会议			受聘讲学		社科考察		进修学习		合作研究		
		本校独办数	与外单位合办数	参加人次	其中:赴境外人次	提交论文(篇)	派出人次	来校人次	派出人次	来校人次	派出人次	来校人次	派出人次	来校人次	课题数(项)
	编号	L01	L02	L03	L04	L05	L06	L07	L08	L09	L10	L11	L12	L13	L14
合计	1	1 344	627	26 656	1 701	16 132	5 435	9 529	7 301	7 248	7 702	5 673	1 830	1 942	1 060
国际学术交流	2	196	125	4 414	1 377	2 509	565	1 484	932	1 424	1 517	1 365	280	291	120
国内学术交流	3	1 106	476	21 326	–	13 089	4 633	7 699	6 007	5 562	5 898	4 078	1 464	1 573	909
与港澳台地区学术交流	4	42	26	916	324	534	237	346	362	262	287	230	86	78	31

27. 语言院校人文、社会科学学术交流情况表

学术交流类别		校办学术会议		学术会议			受聘讲学		社科考察		进修学习		合作研究		
		本校独办数	与外单位合办数	参加人次	其中：赴境外人次	提交论文（篇）	派出人次	来校人次	派出人次	来校人次	派出人次	来校人次	派出人次	来校人次	课题数（项）
	编号	L01	L02	L03	L04	L05	L06	L07	L08	L09	L10	L11	L12	L13	L14
合计	1	327	146	4 839	485	2 645	1 044	2 361	2 310	4 339	1 322	288	268	240	143
国际学术交流	2	73	36	1 314	439	679	260	683	558	875	452	87	45	40	23
国内学术交流	3	248	109	3 411	–	1 886	751	1 646	1 633	3 407	832	194	220	200	120
与港澳台地区学术交流	4	6	1	114	46	80	33	32	119	57	38	7	3	0	0

28. 财经院校人文、社会科学学术交流情况表

学术交流类别		校办学术会议		学术会议			受聘讲学		社科考察		进修学习		合作研究		
		本校独办数	与外单位合办数	参加人次	其中：赴境外人次	提交论文（篇）	派出人次	来校人次	派出人次	来校人次	派出人次	来校人次	派出人次	来校人次	课题数（项）
	编号	L01	L02	L03	L04	L05	L06	L07	L08	L09	L10	L11	L12	L13	L14
合计	1	1 093	463	17 340	1 289	11 683	3 347	5 403	5 423	4 144	8 279	2 514	1 403	1 147	842
国际学术交流	2	170	101	4 499	1 074	2 910	531	1 285	904	909	1 007	464	160	116	71
国内学术交流	3	889	337	12 371	–	8 440	2 700	3 929	4 297	2 968	7 008	1 908	1 214	1 020	756
与港澳台地区学术交流	4	34	25	470	212	333	116	189	222	267	264	142	29	11	15

29. 政法院校人文、社会科学学术交流情况表

学术交流类别		校办学术会议		学术会议			受聘讲学		社科考察		进修学习		合作研究		
		本校独办数	与外单位合办数	参加人次	其中:赴境外人次	提交论文(篇)	派出人次	来校人次	派出人次	来校人次	派出人次	来校人次	派出人次	来校人次	课题数（项）
	编号	L01	L02	L03	L04	L05	L06	L07	L08	L09	L10	L11	L12	L13	L14
合计	1	240	94	4 351	261	2 613	745	1 601	1 351	1 467	1 821	2 088	208	155	90
国际学术交流	2	26	15	832	199	329	93	302	174	338	157	1 099	18	14	10
国内学术交流	3	207	76	3 391	–	2 226	603	1 226	1 086	1 044	1 596	916	185	131	80
与港澳台地区学术交流	4	7	3	128	62	58	49	73	91	85	68	73	5	10	0

30. 艺术院校人文、社会科学学术交流情况表

学术交流类别		校办学术会议		学术会议			受聘讲学		社科考察		进修学习		合作研究		
		本校独办数	与外单位合办数	参加人次	其中:赴境外人次	提交论文(篇)	派出人次	来校人次	派出人次	来校人次	派出人次	来校人次	派出人次	来校人次	课题数（项）
	编号	L01	L02	L03	L04	L05	L06	L07	L08	L09	L10	L11	L12	L13	L14
合计	1	351	140	5 674	333	2 249	1 286	2 334	2 166	2 213	2 375	1 883	273	347	113
国际学术交流	2	77	50	1 525	295	435	179	842	636	823	314	223	26	16	7
国内学术交流	3	272	87	4 078	–	1 796	1 074	1 443	1 349	1 248	1 976	1 633	245	328	104
与港澳台地区学术交流	4	2	3	71	38	18	33	49	181	142	85	27	2	3	2

31. 民族院校人文、社会科学学术交流情况表

学术交流类别		校办学术会议		学术会议			受聘讲学		社科考察		进修学习		合作研究		
		本校独办数	与外单位合办数	参加人次	其中：赴境外人次	提交论文（篇）	派出人次	来校人次	派出人次	来校人次	派出人次	来校人次	派出人次	来校人次	课题数（项）
	编号	L01	L02	L03	L04	L05	L06	L07	L08	L09	L10	L11	L12	L13	L14
合计	1	156	88	2 787	249	1 875	592	1 627	1 041	1 783	681	339	340	242	166
国际学术交流	2	19	7	656	185	453	67	250	165	439	90	124	0	34	3
国内学术交流	3	137	81	1 965	–	1 336	499	1 318	843	1 189	568	203	322	194	159
与港澳台地区学术交流	4	0	0	166	64	86	26	59	33	155	23	12	18	14	4

32. 体育院校人文、社会科学学术交流情况表

学术交流类别		校办学术会议		学术会议			受聘讲学		社科考察		进修学习		合作研究		
		本校独办数	与外单位合办数	参加人次	其中：赴境外人次	提交论文（篇）	派出人次	来校人次	派出人次	来校人次	派出人次	来校人次	派出人次	来校人次	课题数（项）
	编号	L01	L02	L03	L04	L05	L06	L07	L08	L09	L10	L11	L12	L13	L14
合计	1	102	28	1 496	150	2 009	547	697	933	1 192	696	733	302	286	63
国际学术交流	2	17	7	244	110	225	70	175	220	410	156	264	51	48	2
国内学术交流	3	79	17	1 174	–	1 727	455	478	661	629	514	426	223	211	59
与港澳台地区学术交流	4	6	4	78	40	57	22	44	52	153	26	43	28	27	2

八、社科研究与发展成果

1. 各类高等学校人文、社会科学研究与发展成果情况表

		出版专著（部）	发表论文（篇）				研究与咨询报告	
			合计	国内学术刊物	国外学术刊物	港澳台刊物	合计	其中：被采纳数
	合计	17 584	350 769	336 751	13 399	619	17 749	8 613
按学校隶属关系划分	教育部直属院校	4 302	65 642	59 213	6 085	344	5 734	3 822
	其他部委院校	570	10 388	9 844	528	16	595	158
	地方院校	12 712	274 739	267 694	6 786	259	11 420	4 633
按学校规格划分	本科院校	16 543	287 181	273 463	13 126	592	15 456	7 932
	专科院校	1 041	63 588	63 288	273	27	2 293	681
按学校类型划分	综合大学	6 055	112 180	107 046	4 820	314	7 006	3 612
	理工农医院校	4 339	98 971	95 032	3 865	74	5 935	2 840
	高等师范院校	3 373	58 167	56 617	1 464	86	1 603	945
	语言院校	513	10 906	10 135	724	47	525	315
	财经院校	1 760	40 890	38 832	2 000	58	1 646	693
	政法院校	559	10 404	10 064	317	23	461	78
	体育院校	127	2 744	2 664	76	4	261	31
	艺术院校	502	11 559	11 500	48	11	143	24
	民族院校	356	4 948	4 861	85	2	169	75

2. 各省、市、自治区高等学校人文、社会科学研究与发展成果情况表

	出版专著（部）	发表论文（篇）				研究与咨询报告	
		合计	国内学术刊物	国外学术刊物	港澳台刊物	合计	其中：被采纳数
合计	17 584	350 769	336 751	13 399	619	17 749	8 613
北京市	2 128	30 923	28 905	1 897	121	822	321
天津市	327	7 278	6 672	593	13	231	128
河北省	591	11 590	11 405	180	5	390	117
山西省	366	5 530	5 474	55	1	81	40
内蒙古自治区	251	4 375	4 232	141	2	69	57
辽宁省	675	14 578	14 093	476	9	517	58
吉林省	419	8 831	8 569	260	2	365	175
黑龙江省	332	6 325	6 248	77	0	49	23
上海市	1 087	17 366	15 677	1 621	68	1 059	688
江苏省	1 076	29 044	28 003	1 007	34	2 499	1 228
浙江省	921	16 214	15 356	845	13	1 597	627
安徽省	378	10 146	9 952	167	27	197	129
福建省	368	10 624	10 035	515	74	928	718

续表

	出版专著(部)	发表论文(篇)				研究与咨询报告	
		合计	国内学术刊物	国外学术刊物	港澳台刊物	合计	其中:被采纳数
江西省	383	8 111	7 869	241	1	135	98
山东省	987	12 193	11 714	475	4	1 004	391
河南省	921	17 902	17 623	267	12	727	14
湖北省	1 051	18 241	17 472	732	37	841	661
湖南省	886	17 607	17 185	380	42	78	49
广东省	849	25 210	23 648	1 470	92	2 287	1 259
广西壮族自治区	349	7 776	7 720	54	2	43	32
海南省	144	3 074	3 023	50	1	55	33
重庆市	568	10 771	10 464	297	10	1 265	872
四川省	670	15 207	14 438	744	25	1 056	666
贵州省	289	7 023	6 975	42	6	260	59
云南省	431	9 621	9 404	208	9	257	64
西藏自治区	20	356	353	3	0	3	3
陕西省	626	14 416	13 899	511	6	707	38
甘肃省	278	5 114	5 073	39	2	70	38
青海省	27	324	322	2	0	9	4
宁夏回族自治区	88	1 551	1 522	29	0	128	14
新疆维吾尔自治区	98	3 448	3 426	21	1	20	9

3. 各省、市、自治区所属高等学校人文、社会科学研究与发展成果情况表

	出版专著(部)	发表论文(篇)				研究与咨询报告	
		合计	国内学术刊物	国外学术刊物	港澳台刊物	合计	其中:被采纳数
合计	12 712	274 739	267 694	6 786	259	11 420	4 633
北京市	481	7 556	7 347	197	12	109	27
天津市	184	4 871	4 457	412	2	106	20
河北省	560	11 135	10 950	180	5	364	115
山西省	366	5 530	5 474	55	1	81	40
内蒙古自治区	251	4 375	4 232	141	2	69	57
辽宁省	554	12 621	12 243	374	4	401	51
吉林省	254	5 830	5 648	180	2	200	11
黑龙江省	302	5 800	5 769	31	0	22	1
上海市	473	8 243	7 588	636	19	215	125
江苏省	740	22 908	22 426	458	24	1 998	865
浙江省	830	14 805	14 246	546	13	1 223	486
安徽省	362	9 820	9 638	155	27	176	111
福建省	244	8 188	7 948	232	8	724	545
江西省	383	8 111	7 869	241	1	135	98
山东省	852	10 808	10 464	341	3	901	342

续表

	出版专著（部）	发表论文（篇）				研究与咨询报告	
		合计	国内学术刊物	国外学术刊物	港澳台刊物	合计	其中：被采纳数
河南省	919	17 776	17 502	262	12	677	13
湖北省	532	11 090	10 894	191	5	269	158
湖南省	808	15 790	15 565	186	39	62	44
广东省	617	20 986	19 983	952	51	1 025	387
广西壮族自治区	349	7 776	7 720	54	2	43	32
海南省	144	3 074	3 023	50	1	55	33
重庆市	451	8 843	8 701	138	4	844	611
四川省	483	11 310	11 083	224	3	602	275
贵州省	289	7 023	6 975	42	6	260	59
云南省	431	9 621	9 404	208	9	257	64
西藏自治区	20	356	353	3	0	3	3
陕西省	440	11 943	11 714	228	1	463	18
甘肃省	212	3 554	3 525	27	2	49	18
青海省	27	324	322	2	0	9	4
宁夏回族自治区	56	1 224	1 205	19	0	58	11
新疆维吾尔自治区	98	3 448	3 426	21	1	20	9

4. 国务院各部委所属高等学校人文、社会科学研究与发展成果情况表

	出版专著（部）	发表论文（篇）				研究与咨询报告	
		合计	国内学术刊物	国外学术刊物	港澳台刊物	合计	其中：被采纳数
合计	570	10 388	9 844	528	16	595	158
中央办公厅	1	23	23	0	0	0	0
外交部	22	225	211	14	0	9	8
国防部	2	132	131	1	0	0	0
国家民族事务委员会	207	2 846	2 779	65	2	129	45
公安部	84	1 522	1 483	38	1	86	3
司法部	12	105	105	0	0	0	0
工业和信息化部	98	1 580	1 324	256	0	103	42
交通部	13	334	302	29	3	61	4
卫生部	1	34	32	2	0	0	0
海关总署	6	112	109	3	0	2	2
中国民用航空总局	3	424	423	0	1	11	3
中国地震局	1	26	26	0	0	0	0
国家林业局	3	141	123	18	0	2	0
国务院侨务办公室	58	1 431	1 351	74	6	169	51
国家安全生产监督管理总局	0	70	70	0	0	3	0
国家体育总局	24	640	623	17	0	0	0
中国科学院	6	164	157	7	0	4	0
中华全国总工会	10	297	295	0	2	0	0
共青团中央	13	144	141	2	1	5	0
中华全国妇女联合会	6	138	136	2	0	11	0

5. 全国高等学校人文、社会科学研究与发展成果情况表(一)

学科门类		出版著作(部)							古籍整理(部)	译著(部)
		合计	专著	被译成外文	编著教材	工具书参考书	皮书/发展报告	科普读物		
	编号	L01	L02	L03	L04	L05	L06	L07	L08	L09
合计	0	31 767	17 584	448	13 135	527	235	286	306	2 135
管理学	1	4 680	2 385	70	2 187	37	56	15	0	177
马克思主义	2	1 207	778	9	404	9	7	9	2	17
哲学	3	703	522	12	174	1	0	6	21	102
逻辑学	4	31	16	1	13	1	0	1	0	3
宗教学	5	82	52	1	29	0	0	1	4	10
语言学	6	3 153	1 395	80	1 621	107	8	22	12	367
中国文学	7	2 207	1 469	28	664	29	2	43	98	142
外国文学	8	650	394	25	233	15	3	5	2	436
艺术学	9	4 248	2 147	48	1 906	127	5	63	8	148
历史学	10	1 215	856	16	311	19	9	20	114	88
考古学	11	91	56	0	34	0	0	1	0	8
经济学	12	3 448	1 950	43	1 409	28	50	11	0	124
政治学	13	628	381	19	214	7	25	1	0	49
法学	14	2 054	1 303	21	693	30	7	21	6	122
社会学	15	791	519	13	232	5	21	14	1	55
民族学与文化学	16	395	262	6	113	4	7	9	2	19
新闻学与传播学	17	688	414	16	248	9	4	13	0	59
图书馆、情报与文献学	18	343	186	1	133	17	3	4	29	17
教育学	19	3 210	1 412	26	1 690	67	20	21	7	124
统计学	20	161	77	1	78	2	2	2	0	4
心理学	21	299	143	4	152	0	1	3	0	37
体育学	22	1 483	867	8	597	13	5	1	0	27

发表译文(篇)	电子出版物(件)	发表论文(篇)				获奖成果数(项)				研究与咨询报告	
		合计	国内学术刊物	国外学术刊物	港澳台刊物	合计	国家级奖	部级奖	省级奖	合计	其中:被采纳数
L10	L11	L12	L13	L14	L15	L16	L17	L18	L19	L20	L21
1 312	278	350 769	336 751	13 399	619	2 471	0	116	2 355	17 749	8 613
208	24	54 053	49 796	4 210	47	403	0	17	386	4 767	2 476
32	6	15 936	15 796	130	10	135	0	2	133	476	170
52	0	6 635	6 466	133	36	101	0	6	95	73	18
0	1	318	303	14	1	3	0	0	3	6	2
8	1	677	632	26	19	9	0	1	8	23	14
196	5	26 537	25 050	1 435	52	119	0	3	116	466	162
65	4	17 144	16 853	223	68	203	0	1	202	176	51
97	2	7 647	7 169	449	29	41	0	0	41	54	9
136	96	41 199	40 611	544	44	110	0	2	108	1 044	318
55	13	8 264	8 014	195	55	150	0	3	147	154	79
3	17	876	828	45	3	8	0	1	7	39	25
85	17	37 826	35 442	2 329	55	409	0	40	369	3 182	1 643
26	9	6 882	6 649	195	38	61	0	0	61	872	619
118	2	16 887	16 354	468	65	170	0	10	160	1 282	793
15	15	10 021	9 615	389	17	101	0	7	94	1 315	633
11	6	3 724	3 623	90	11	69	0	9	60	311	90
21	10	9 097	8 864	210	23	58	0	5	53	742	510
14	10	9 178	9 008	163	7	35	0	0	35	250	78
92	27	55 910	55 104	782	24	216	0	8	208	1 758	635
18	4	1 948	1 607	337	4	5	0	0	5	109	68
5	2	3 983	3 413	569	1	21	0	1	20	99	41
55	7	16 027	15 554	463	10	44	0	0	44	551	179

6. 全国高等学校人文、社会科学研究与发展成果情况表(二)

课题来源	编号	出版著作(部) 合计	专著	被译成外文	编著教材	工具书参考书	皮书/发展报告	科普读物
		L01	L02	L03	L04	L05	L06	07
合计	0	15 233	10 032	214	4 772	167	148	114
国家社科基金项目	1	2 156	1 736	36	371	14	26	9
国家社科基金单列学科项目	2	175	130	3	35	9	1	0
教育部人文社科研究项目	3	1 482	1 170	21	273	12	17	10
高校古籍整理研究项目	4	33	19	0	13	1	0	0
国家自然科学基金项目	5	364	287	10	66	3	4	4
中央其他部门社科专门项目	6	699	445	8	229	13	9	3
省、市、自治区社科基金项目	7	2 455	1 871	32	548	10	19	7
省教育厅社科项目	8	1 790	1 128	23	620	16	15	11
地、市、厅、局等政府部门项目	9	1 678	997	12	631	17	17	16
国际合作研究项目	10	44	28	8	15	0	1	0
与港、澳、台合作研究项目	11	8	6	1	2	0	0	0
企事业单位委托项目	12	921	428	15	431	25	22	15
学校社科项目	13	2 629	1 404	30	1 149	33	12	31
外资项目	14	21	14	2	5	0	2	0
其他项目	15	778	369	13	384	14	3	8

古籍整理（部）	译著（部）	发表译文（篇）	电子出版物（件）	发表论文（篇）				研究与咨询报告	
				合计	国内学术刊物	国外学术刊物	港澳台刊物	合计	其中:被采纳数
L08	L09	L10	L11	L12	L13	L14	L15	L16	L17
176	733	625	144	186 936	178 744	7 945	247	15 447	7 213
44	111	136	6	25 988	24 826	1 080	82	612	389
1	8	6	0	1 596	1 544	49	3	23	17
4	54	44	5	12 367	11 683	663	21	390	273
26	0	1	0	104	103	1	0	0	0
0	12	53	6	8 784	6 671	2 107	6	125	34
23	32	44	2	5 109	4 823	277	9	445	242
16	72	64	11	26 824	25 926	870	28	1 088	521
8	87	53	6	30 112	29 536	562	14	549	145
8	79	91	29	25 303	24 694	594	15	3 453	1 013
1	9	3	1	291	193	96	2	21	16
0	0	0	0	63	51	9	3	8	2
33	88	40	41	8 816	8 394	402	20	7 527	4 192
6	125	71	34	35 082	33 964	1 077	41	990	257
0	6	7	0	71	49	22	0	7	4
6	50	12	3	6 426	6 287	136	3	209	108

7. 本科院校人文、社会科学研究与发展成果情况表

学科门类		出版著作(部)							古籍整理(部)	译著(部)
		合计	专著	被译成外文	编著教材	工具书参考书	皮书/发展报告	科普读物		
	编号	L01	L02	L03	L04	L05	L06	L07	L08	L09
合计	0	27 248	16 543	435	9 806	436	224	239	301	2 039
管理学	1	3 862	2 252	70	1 515	30	55	10	0	166
马克思主义	2	1 076	745	9	306	9	7	9	2	16
哲学	3	686	513	11	166	1	0	6	21	102
逻辑学	4	26	16	1	8	1	0	1	0	3
宗教学	5	78	48	1	29	0	0	1	3	10
语言学	6	2 689	1 301	78	1 265	95	8	20	12	337
中国文学	7	2 039	1 400	28	567	29	2	41	96	139
外国文学	8	610	386	23	201	15	3	5	2	431
艺术学	9	3 703	2 006	45	1 554	105	4	34	8	144
历史学	10	1 184	837	16	299	19	9	20	113	88
考古学	11	91	56	0	34	0	0	1	0	8
经济学	12	2 786	1 844	42	856	27	49	10	0	119
政治学	13	564	364	19	167	7	25	1	0	47
法学	14	1 952	1 258	21	637	29	7	21	6	122
社会学	15	693	483	13	172	4	20	14	1	54
民族学与文化学	16	360	241	4	101	4	7	7	2	17
新闻学与传播学	17	654	404	16	227	9	4	10	0	57
图书馆、情报与文献学	18	311	172	1	115	17	3	4	29	17
教育学	19	2 201	1 201	24	948	21	13	18	6	102
统计学	20	141	72	1	63	2	2	2	0	4
心理学	21	224	131	4	89	0	1	3	0	35
体育学	22	1 318	813	8	487	12	5	1	0	21

发表译文（篇）	电子出版物（件）	发表论文（篇）				获奖成果数（项）				研究与咨询报告	
		合计	国内学术刊物	国外学术刊物	港澳台刊物	合计	国家级奖	部级奖	省级奖	合计	其中：被采纳数
L10	L11	L12	L13	L14	L15	L16	L17	L18	L19	L20	L21
1 271	258	287 181	273 463	13 126	592	2 439	0	115	2 324	15 456	7 932
207	21	45 082	40 891	4 149	42	398	0	17	381	4 265	2 291
30	5	13 819	13 686	125	8	134	0	2	132	431	160
52	0	6 325	6 157	132	36	101	0	6	95	72	18
0	1	267	252	14	1	3	0	0	3	5	2
8	1	650	605	26	19	9	0	1	8	22	13
186	4	22 528	21 071	1 406	51	119	0	3	116	404	141
63	4	15 529	15 243	220	66	202	0	1	201	150	42
92	2	6 890	6 415	447	28	40	0	0	40	50	9
133	89	34 189	33 634	514	41	107	0	2	105	834	273
55	13	8 046	7 796	195	55	150	0	3	147	145	77
3	17	857	809	45	3	8	0	1	7	38	25
81	17	31 418	29 062	2 303	53	406	0	40	366	2 791	1 514
26	8	5 975	5 743	194	38	61	0	0	61	845	610
118	2	15 763	15 232	466	65	169	0	10	159	1 247	780
14	15	8 201	7 802	383	16	101	0	7	94	1 162	587
11	6	3 191	3 093	87	11	67	0	9	58	245	77
21	10	8 551	8 325	204	22	58	0	5	53	721	508
14	10	7 997	7 830	162	5	35	0	0	35	216	73
79	23	33 702	32 980	705	17	202	0	7	195	1 151	478
18	4	1 704	1 366	334	4	5	0	0	5	101	65
5	2	3 281	2 715	565	1	21	0	1	20	80	33
55	4	13 216	12 756	450	10	43	0	0	43	481	156

8. 专科院校人文、社会科学研究与发展成果情况表

学科门类	编号	出版著作(部) 合计	专著	被译成外文	编著教材	工具书参考书	皮书/发展报告	科普读物	古籍整理(部)	译著(部)
	编号	L01	L02	L03	L04	L05	L06	L07	L08	L09
合计	0	4 519	1 041	13	3 329	91	11	47	5	96
管理学	1	818	133	0	672	7	1	5	0	11
马克思主义	2	131	33	0	98	0	0	0	0	1
哲学	3	17	9	1	8	0	0	0	0	0
逻辑学	4	5	0	0	5	0	0	0	0	0
宗教学	5	4	4	0	0	0	0	0	1	0
语言学	6	464	94	2	356	12	0	2	0	30
中国文学	7	168	69	0	97	0	0	2	2	3
外国文学	8	40	8	2	32	0	0	0	0	5
艺术学	9	545	141	3	352	22	1	29	0	4
历史学	10	31	19	0	12	0	0	0	1	0
考古学	11	0	0	0	0	0	0	0	0	0
经济学	12	662	106	1	553	1	1	1	0	5
政治学	13	64	17	0	47	0	0	0	0	2
法学	14	102	45	0	56	1	0	0	0	0
社会学	15	98	36	0	60	1	1	0	0	1
民族学与文化学	16	35	21	2	12	0	0	2	0	2
新闻学与传播学	17	34	10	0	21	0	0	3	0	2
图书馆、情报与文献学	18	32	14	0	18	0	0	0	0	0
教育学	19	1 009	211	2	742	46	7	3	1	22
统计学	20	20	5	0	15	0	0	0	0	0
心理学	21	75	12	0	63	0	0	0	0	2
体育学	22	165	54	0	110	1	0	0	0	6

发表译文（篇）	电子出版物（件）	发表论文（篇）				获奖成果数（项）				研究与咨询报告	
		合计	国内学术刊物	国外学术刊物	港澳台刊物	合计	国家级奖	部级奖	省级奖	合计	其中：被采纳数
L10	L11	L12	L13	L14	L15	L16	L17	L18	L19	L20	L21
41	20	63 588	63 288	273	27	32	0	1	31	2 293	681
1	3	8 971	8 905	61	5	5	0	0	5	502	185
2	1	2 117	2 110	5	2	1	0	0	1	45	10
0	0	310	309	1	0	0	0	0	0	1	0
0	0	51	51	0	0	0	0	0	0	1	0
0	0	27	27	0	0	0	0	0	0	1	1
10	1	4 009	3 979	29	1	0	0	0	0	62	21
2	0	1 615	1 610	3	2	1	0	0	1	26	9
5	0	757	754	2	1	1	0	0	1	4	0
3	7	7 010	6 977	30	3	3	0	0	3	210	45
0	0	218	218	0	0	0	0	0	0	9	2
0	0	19	19	0	0	0	0	0	0	1	0
4	0	6 408	6 380	26	2	3	0	0	3	391	129
0	1	907	906	1	0	0	0	0	0	27	9
0	0	1 124	1 122	2	0	1	0	0	1	35	13
1	0	1 820	1 813	6	1	0	0	0	0	153	46
0	0	533	530	3	0	2	0	0	2	66	13
0	0	546	539	6	1	0	0	0	0	21	2
0	0	1 181	1 178	1	2	0	0	0	0	34	5
13	4	22 208	22 124	77	7	14	0	1	13	607	157
0	0	244	241	3	0	0	0	0	0	8	3
0	0	702	698	4	0	0	0	0	0	19	8
0	3	2 811	2 798	13	0	1	0	0	1	70	23

9. 教育部直属院校人文、社会科学研究与发展成果情况表

学科门类	编号	出版著作(部) 合计	专著	被译成外文	编著教材	工具书参考书	皮书/发展报告	科普读物	古籍整理(部)	译著(部)
		L01	L02	L03	L04	L05	L06	L07	L08	L09
合计	0	7 134	4 302	176	2 504	148	86	94	148	809
管理学	1	963	588	26	327	13	27	8	0	83
马克思主义	2	245	170	6	64	3	3	5	0	10
哲学	3	358	265	9	87	1	0	5	12	67
逻辑学	4	7	4	1	3	0	0	0	0	2
宗教学	5	32	18	0	14	0	0	0	1	5
语言学	6	690	297	22	349	30	3	11	5	63
中国文学	7	602	362	7	214	7	0	19	39	66
外国文学	8	157	95	6	44	13	0	5	0	150
艺术学	9	448	265	9	174	5	1	3	0	48
历史学	10	478	319	10	141	10	1	7	69	47
考古学	11	59	44	0	14	0	0	1	0	6
经济学	12	769	525	21	214	14	13	3	0	48
政治学	13	260	158	14	82	4	16	0	0	31
法学	14	736	451	16	262	16	1	6	3	76
社会学	15	244	170	6	57	3	9	5	0	23
民族学与文化学	16	48	25	1	18	0	3	2	0	6
新闻学与传播学	17	265	143	10	114	5	1	2	0	15
图书馆、情报与文献学	18	103	57	1	28	12	3	3	17	5
教育学	19	478	241	9	218	9	4	6	2	37
统计学	20	31	11	0	15	2	1	2	0	1
心理学	21	50	33	1	16	0	0	1	0	15
体育学	22	111	61	1	49	1	0	0	0	5

发表译文（篇）	电子出版物（件）	发表论文（篇）				获奖成果数（项）				研究与咨询报告	
		合计	国内学术刊物	国外学术刊物	港澳台刊物	合计	国家级奖	部级奖	省级奖	合计	其中：被采纳数
L10	L11	L12	L13	L14	L15	L16	L17	L18	L19	L20	L21
460	121	65 642	59 213	6 085	344	526	0	47	479	5 734	3 822
88	14	11 653	9 446	2 185	22	93	0	3	90	1 726	954
19	0	3 546	3 524	19	3	30	0	0	30	121	51
30	0	3 048	2 930	92	26	36	0	4	32	37	11
0	0	72	59	12	1	1	0	0	1	1	1
4	1	280	246	19	15	0	0	0	0	11	6
37	1	3 765	3 254	470	41	22	0	0	22	70	42
19	1	3 758	3 651	80	27	31	0	0	31	23	12
34	1	1 417	1 254	151	12	9	0	0	9	15	5
35	9	3 380	3 274	93	13	7	0	0	7	76	33
35	12	3 138	2 986	111	41	35	0	2	33	59	37
0	17	505	463	41	1	3	0	1	2	26	17
40	3	9 322	8 010	1 289	23	111	0	26	85	1 036	681
13	5	2 418	2 233	148	37	25	0	0	25	557	468
59	0	5 094	4 855	207	32	43	0	4	39	518	422
8	13	2 365	2 119	238	8	26	0	3	23	478	318
3	5	553	512	33	8	4	0	0	4	30	17
16	9	2 709	2 576	116	17	16	0	2	14	476	427
6	9	2 047	1 964	80	3	7	0	0	7	70	42
4	18	4 254	4 060	189	5	23	0	2	21	324	228
2	3	527	335	188	4	1	0	0	1	26	18
2	0	882	626	255	1	2	0	0	2	22	18
6	0	909	836	69	4	1	0	0	1	32	14

10. 教育部直属综合大学人文、社会科学研究与发展成果情况表

学科门类		出版著作(部)							古籍整理(部)	译著(部)
		合计	专著	被译成外文	编著教材	工具书参考书	皮书/发展报告	科普读物		
	编号	L01	L02	L03	L04	L05	L06	L07	L08	L09
合计	0	3 701	2 341	113	1 235	54	44	27	100	462
管理学	1	464	285	19	160	2	16	1	0	52
马克思主义	2	117	85	4	27	0	1	4	0	8
哲学	3	252	182	5	68	1	0	1	9	40
逻辑学	4	7	4	1	3	0	0	0	0	2
宗教学	5	30	16	0	14	0	0	0	1	4
语言学	6	296	134	9	153	7	1	1	2	22
中国文学	7	356	230	6	119	2	0	5	31	31
外国文学	8	75	48	3	18	6	0	3	0	109
艺术学	9	169	102	3	67	0	0	0	0	17
历史学	10	295	186	7	96	7	1	5	44	33
考古学	11	58	43	0	14	0	0	1	0	5
经济学	12	386	289	14	87	2	7	1	0	18
政治学	13	177	108	12	57	3	9	0	0	25
法学	14	439	270	15	157	7	1	4	2	49
社会学	15	127	91	4	30	2	4	0	0	11
民族学与文化学	16	31	17	1	12	0	2	0	0	5
新闻学与传播学	17	133	76	5	53	2	1	1	0	5
图书馆、情报与文献学	18	72	40	1	20	11	1	0	9	4
教育学	19	151	101	3	50	0	0	0	2	11
统计学	20	17	3	0	13	1	0	0	0	1
心理学	21	18	12	0	6	0	0	0	0	6
体育学	22	31	19	1	11	1	0	0	0	4

发表译文（篇）	电子出版物（件）	发表论文（篇）				获奖成果数（项）				研究与咨询报告	
		合计	国内学术刊物	国外学术刊物	港澳台刊物	合计	国家级奖	部级奖	省级奖	合计	其中：被采纳数
L10	L11	L12	L13	L14	L15	L16	L17	L18	L19	L20	L21
236	60	34 681	31 518	2 938	225	325	0	13	312	3 289	2 199
65	3	5 099	4 151	937	11	50	0	1	49	1 026	542
7	0	2 011	1 998	10	3	14	0	0	14	58	32
20	0	2 074	2 001	59	14	28	0	2	26	15	5
0	0	63	52	10	1	1	0	0	1	0	0
1	1	229	201	15	13	0	0	0	0	9	5
13	1	1 626	1 370	239	17	12	0	0	12	29	13
10	0	2 589	2 510	59	20	26	0	0	26	16	8
10	1	761	671	83	7	6	0	0	6	1	1
14	8	1 234	1 203	28	3	3	0	0	3	44	19
18	12	2 125	2 009	80	36	23	0	1	22	50	34
0	17	462	421	40	1	2	0	1	1	26	17
36	0	5 007	4 423	567	17	66	0	5	61	560	418
2	4	1 467	1 334	97	36	19	0	0	19	311	258
22	0	2 951	2 818	111	22	26	0	0	26	341	278
4	3	1 402	1 229	167	6	20	0	3	17	242	135
2	2	326	300	22	4	4	0	0	4	17	8
3	2	1 406	1 331	65	10	10	0	0	10	278	243
5	3	1 510	1 448	60	2	7	0	0	7	41	23
1	3	1 505	1 455	48	2	7	0	0	7	187	137
2	0	154	107	47	0	0	0	0	0	1	0
0	0	394	227	167	0	1	0	0	1	15	14
1	0	286	259	27	0	0	0	0	0	22	9

11. 教育部直属理工农医院校人文、社会科学研究与发展成果情况表

学科门类	编号	出版著作(部) 合计	专著	被译成外文	编著教材	工具书参考书	皮书/发展报告	科普读物	古籍整理(部)	译著(部)
		L01	L02	L03	L04	L05	L06	L07	L08	L09
合计	0	1 225	819	25	345	12	18	31	16	92
管理学	1	296	205	6	76	5	4	6	0	20
马克思主义	2	86	55	1	25	3	2	1	0	1
哲学	3	57	49	2	6	0	0	2	0	11
逻辑学	4	0	0	0	0	0	0	0	0	0
宗教学	5	1	1	0	0	0	0	0	0	0
语言学	6	115	61	6	52	1	1	0	3	14
中国文学	7	54	41	0	11	0	0	2	4	7
外国文学	8	18	10	1	8	0	0	0	0	11
艺术学	9	93	55	4	36	0	0	2	0	6
历史学	10	44	35	1	7	1	0	1	7	3
考古学	11	0	0	0	0	0	0	0	0	0
经济学	12	113	74	1	34	1	2	2	0	7
政治学	13	21	10	0	8	0	3	0	0	0
法学	14	106	80	0	25	0	0	1	1	3
社会学	15	66	42	1	16	1	3	4	0	1
民族学与文化学	16	5	1	0	1	0	1	2	0	1
新闻学与传播学	17	40	30	0	9	0	0	1	0	1
图书馆、情报与文献学	18	15	10	0	1	0	1	3	1	1
教育学	19	40	29	1	10	0	0	1	0	1
统计学	20	6	3	0	0	0	1	2	0	0
心理学	21	8	6	1	1	0	0	1	0	3
体育学	22	41	22	0	19	0	0	0	0	1

发表译文（篇）	电子出版物（件）	发表论文（篇）				获奖成果数（项）				研究与咨询报告	
		合计	国内学术刊物	国外学术刊物	港澳台刊物	合计	国家级奖	部级奖	省级奖	合计	其中：被采纳数
L10	L11	L12	L13	L14	L15	L16	L17	L18	L19	L20	L21
41	56	14 226	12 520	1 680	26	61	0	7	54	1 598	1 104
8	11	4 828	3 897	923	8	24	0	1	23	612	375
0	0	979	973	6	0	9	0	0	9	44	18
5	0	458	444	12	2	3	0	1	2	12	4
0	0	7	6	1	0	0	0	0	0	1	1
0	0	10	8	2	0	0	0	0	0	1	1
3	0	884	756	126	2	2	0	0	2	14	6
2	0	264	254	8	2	0	0	0	0	2	2
7	0	240	209	31	0	0	0	0	0	1	0
0	0	824	773	49	2	0	0	0	0	15	6
4	0	256	252	4	0	1	0	0	1	3	2
0	0	17	16	1	0	0	0	0	0	0	0
4	3	1 844	1 509	335	0	8	0	3	5	276	179
0	0	202	191	11	0	2	0	0	2	93	87
1	0	875	848	24	3	3	0	0	3	133	117
1	10	552	513	39	0	3	0	0	3	213	172
0	3	51	49	1	1	0	0	0	0	7	6
2	7	531	509	21	1	3	0	1	2	72	60
0	6	253	237	15	1	0	0	0	0	27	19
1	13	674	651	22	1	2	0	1	1	40	28
0	3	117	95	22	0	0	0	0	0	20	14
1	0	60	45	15	0	0	0	0	0	5	4
2	0	300	285	12	3	1	0	0	1	7	3

12. 教育部直属师范院校人文、社会科学研究与发展成果情况表

学科门类	编号	出版著作(部) 合计	专著	被译成外文	编著教材	工具书参考书	皮书/发展报告	科普读物	古籍整理(部)	译著(部)
	编号	L01	L02	L03	L04	L05	L06	L07	L08	L09
合计	0	1 148	618	20	474	20	13	23	32	100
管理学	1	67	37	1	23	3	3	1	0	2
马克思主义	2	23	18	1	5	0	0	0	0	1
哲学	3	38	26	2	10	0	0	2	3	12
逻辑学	4	0	0	0	0	0	0	0	0	0
宗教学	5	1	1	0	0	0	0	0	0	1
语言学	6	93	30	3	57	5	0	1	0	11
中国文学	7	148	70	1	67	0	0	11	4	17
外国文学	8	28	19	0	8	0	0	1	0	8
艺术学	9	81	43	0	36	0	1	1	0	7
历史学	10	124	89	2	33	2	0	0	18	6
考古学	11	1	1	0	0	0	0	0	0	1
经济学	12	73	57	3	16	0	0	0	0	4
政治学	13	22	13	0	6	0	3	0	0	3
法学	14	31	23	0	8	0	0	0	0	2
社会学	15	40	29	1	9	0	1	1	0	3
民族学与文化学	16	10	6	0	4	0	0	0	0	0
新闻学与传播学	17	28	16	1	11	1	0	0	0	2
图书馆、情报与文献学	18	14	7	0	5	1	1	0	7	0
教育学	19	267	99	5	151	8	4	5	0	18
统计学	20	4	3	0	1	0	0	0	0	0
心理学	21	22	14	0	8	0	0	0	0	2
体育学	22	33	17	0	16	0	0	0	0	0

发表译文（篇）	电子出版物（件）	发表论文（篇）				获奖成果数（项）				研究与咨询报告	
		合计	国内学术刊物	国外学术刊物	港澳台刊物	合计	国家级奖	部级奖	省级奖	合计	其中：被采纳数
L10	L11	L12	L13	L14	L15	L16	L17	L18	L19	L20	L21
37	2	7 673	7 277	366	30	77	0	5	72	321	198
0	0	363	323	40	0	15	0	0	15	22	14
1	0	299	299	0	0	6	0	0	6	4	0
2	0	383	354	21	8	4	0	1	3	10	2
0	0	2	1	1	0	0	0	0	0	0	0
3	0	32	30	2	0	0	0	0	0	1	0
1	0	461	431	25	5	5	0	0	5	7	3
3	0	649	639	7	3	5	0	0	5	1	0
1	0	106	102	1	3	2	0	0	2	4	3
5	0	514	508	4	2	0	0	0	0	9	2
7	0	668	646	18	4	11	0	1	10	6	1
0	0	25	25	0	0	1	0	0	1	0	0
0	0	458	430	28	0	5	0	1	4	31	22
4	1	248	241	7	0	1	0	0	1	70	43
1	0	259	255	4	0	4	0	1	3	13	10
0	0	297	285	11	1	1	0	0	1	22	11
0	0	54	53	1	0	0	0	0	0	6	3
3	0	173	171	0	2	1	0	0	1	25	24
1	0	246	241	5	0	0	0	0	0	2	0
1	1	1 756	1 656	100	0	14	0	1	13	83	58
0	0	48	46	2	0	1	0	0	1	0	0
1	0	405	335	69	1	1	0	0	1	2	0
3	0	227	206	20	1	0	0	0	0	3	2

13. 教育部直属语言院校人文、社会科学研究与发展成果情况表

学科门类		出版著作(部)							古籍整理(部)	译著(部)
		合计	专著	被译成外文	编著教材	工具书参考书	皮书/发展报告	科普读物		
	编号	L01	L02	L03	L04	L05	L06	L07	L08	L09
合计	0	401	180	12	184	20	7	10	0	68
管理学	1	24	11	0	10	0	3	0	0	5
马克思主义	2	2	0	0	2	0	0	0	0	0
哲学	3	5	3	0	2	0	0	0	0	1
逻辑学	4	0	0	0	0	0	0	0	0	0
宗教学	5	0	0	0	0	0	0	0	0	0
语言学	6	166	62	4	79	15	1	9	0	14
中国文学	7	26	10	0	14	2	0	0	0	5
外国文学	8	22	13	1	7	1	0	1	0	18
艺术学	9	35	22	0	13	0	0	0	0	4
历史学	10	10	7	0	3	0	0	0	0	4
考古学	11	0	0	0	0	0	0	0	0	0
经济学	12	8	5	1	2	0	1	0	0	1
政治学	13	22	15	2	6	0	1	0	0	1
法学	14	8	6	0	2	0	0	0	0	2
社会学	15	3	2	0	0	0	1	0	0	6
民族学与文化学	16	2	1	0	1	0	0	0	0	0
新闻学与传播学	17	52	14	4	36	2	0	0	0	4
图书馆、情报与文献学	18	0	0	0	0	0	0	0	0	0
教育学	19	12	7	0	5	0	0	0	0	2
统计学	20	1	1	0	0	0	0	0	0	0
心理学	21	0	0	0	0	0	0	0	0	1
体育学	22	3	1	0	2	0	0	0	0	0

发表译文（篇）	电子出版物（件）	发表论文（篇）				获奖成果数（项）				研究与咨询报告	
		合计	国内学术刊物	国外学术刊物	港澳台刊物	合计	国家级奖	部级奖	省级奖	合计	其中：被采纳数
L10	L11	L12	L13	L14	L15	L16	L17	L18	L19	L20	L21
75	0	2 940	2 713	196	31	8	0	1	7	229	213
10	0	180	157	23	0	0	0	0	0	2	0
9	0	54	54	0	0	1	0	0	1	1	1
1	0	14	14	0	0	0	0	0	0	0	0
0	0	0	0	0	0	0	0	0	0	0	0
0	0	7	7	0	0	0	0	0	0	0	0
12	0	616	548	52	16	3	0	0	3	20	20
4	0	152	148	3	1	0	0	0	0	4	2
14	0	245	217	26	2	1	0	0	1	9	1
6	0	295	291	2	2	1	0	0	1	8	6
5	0	60	53	6	1	0	0	0	0	0	0
0	0	0	0	0	0	0	0	0	0	0	0
0	0	113	105	6	2	0	0	0	0	3	3
2	0	315	298	17	0	0	0	0	0	78	77
3	0	70	69	1	0	0	0	0	0	0	0
0	0	36	21	15	0	0	0	0	0	0	0
1	0	117	105	9	3	0	0	0	0	0	0
7	0	505	481	22	2	2	0	1	1	100	99
0	0	4	4	0	0	0	0	0	0	0	0
1	0	121	116	3	2	0	0	0	0	4	4
0	0	19	10	9	0	0	0	0	0	0	0
0	0	2	0	2	0	0	0	0	0	0	0
0	0	15	15	0	0	0	0	0	0	0	0

14. 教育部直属财经院校人文、社会科学研究与发展成果情况表

学科门类		出版著作(部)							古籍整理(部)	译著(部)
		合计	专著	被译成外文	编著教材	工具书参考书	皮书/发展报告	科普读物		
	编号	L01	L02	L03	L04	L05	L06	L07	L08	L09
合计	0	468	233	4	189	42	4	0	0	56
管理学	1	103	46	0	53	3	1	0	0	4
马克思主义	2	14	9	0	5	0	0	0	0	0
哲学	3	6	5	0	1	0	0	0	0	3
逻辑学	4	0	0	0	0	0	0	0	0	0
宗教学	5	0	0	0	0	0	0	0	0	0
语言学	6	19	9	0	8	2	0	0	0	1
中国文学	7	15	9	0	3	3	0	0	0	5
外国文学	8	14	5	1	3	6	0	0	0	4
艺术学	9	5	0	0	0	5	0	0	0	2
历史学	10	4	2	0	2	0	0	0	0	0
考古学	11	0	0	0	0	0	0	0	0	0
经济学	12	181	95	2	72	11	3	0	0	18
政治学	13	8	4	0	3	1	0	0	0	1
法学	14	76	35	1	32	9	0	0	0	6
社会学	15	5	4	0	1	0	0	0	0	2
民族学与文化学	16	0	0	0	0	0	0	0	0	0
新闻学与传播学	17	6	3	0	3	0	0	0	0	2
图书馆、情报与文献学	18	0	0	0	0	0	0	0	0	0
教育学	19	6	5	0	0	1	0	0	0	5
统计学	20	3	1	0	1	1	0	0	0	0
心理学	21	2	1	0	1	0	0	0	0	3
体育学	22	1	0	0	1	0	0	0	0	0

发表译文（篇）	电子出版物（件）	发表论文（篇）				获奖成果数（项）				研究与咨询报告	
		合计	国内学术刊物	国外学术刊物	港澳台刊物	合计	国家级奖	部级奖	省级奖	合计	其中：被采纳数
L10	L11	L12	L13	L14	L15	L16	L17	L18	L19	L20	L21
6	2	4 658	3 835	805	18	43	0	21	22	287	98
3	0	1 092	850	239	3	4	0	1	3	63	22
0	0	169	168	1	0	0	0	0	0	14	0
1	0	94	92	0	2	1	0	0	1	0	0
0	0	0	0	0	0	0	0	0	0	0	0
0	0	2	0	0	2	0	0	0	0	0	0
0	0	142	117	25	0	0	0	0	0	0	0
0	1	88	85	3	0	0	0	0	0	0	0
1	0	56	49	7	0	0	0	0	0	0	0
0	0	32	27	5	0	0	0	0	0	0	0
0	0	22	21	1	0	0	0	0	0	0	0
0	0	1	1	0	0	0	0	0	0	0	0
0	0	1 853	1 496	353	4	31	0	17	14	166	59
0	0	76	61	14	1	1	0	0	1	4	2
0	0	448	432	15	1	5	0	3	2	24	10
0	0	60	56	4	0	1	0	0	1	1	0
0	0	1	1	0	0	0	0	0	0	0	0
1	0	61	54	6	1	0	0	0	0	0	0
0	0	21	21	0	0	0	0	0	0	0	0
0	1	164	152	12	0	0	0	0	0	10	1
0	0	189	77	108	4	0	0	0	0	5	4
0	0	21	19	2	0	0	0	0	0	0	0
0	0	66	56	10	0	0	0	0	0	0	0

15. 教育部直属政法院校人文、社会科学研究与发展成果情况表

学科门类		出版著作(部)							古籍整理(部)	译著(部)
		合计	专著	被译成外文	编著教材	工具书参考书	皮书/发展报告	科普读物		
	编号	L01	L02	L03	L04	L05	L06	L07	L08	L09
合计	0	126	68	0	55	0	0	3	0	19
管理学	1	9	4	0	5	0	0	0	0	0
马克思主义	2	3	3	0	0	0	0	0	0	0
哲学	3	0	0	0	0	0	0	0	0	0
逻辑学	4	0	0	0	0	0	0	0	0	0
宗教学	5	0	0	0	0	0	0	0	0	0
语言学	6	1	1	0	0	0	0	0	0	0
中国文学	7	3	2	0	0	0	0	1	0	1
外国文学	8	0	0	0	0	0	0	0	0	0
艺术学	9	0	0	0	0	0	0	0	0	1
历史学	10	1	0	0	0	0	0	1	0	1
考古学	11	0	0	0	0	0	0	0	0	0
经济学	12	8	5	0	3	0	0	0	0	0
政治学	13	10	8	0	2	0	0	0	0	1
法学	14	76	37	0	38	0	0	1	0	14
社会学	15	3	2	0	1	0	0	0	0	0
民族学与文化学	16	0	0	0	0	0	0	0	0	0
新闻学与传播学	17	6	4	0	2	0	0	0	0	1
图书馆、情报与文献学	18	2	0	0	2	0	0	0	0	0
教育学	19	2	0	0	2	0	0	0	0	0
统计学	20	0	0	0	0	0	0	0	0	0
心理学	21	0	0	0	0	0	0	0	0	0
体育学	22	2	2	0	0	0	0	0	0	0

发表译文（篇）	电子出版物（件）	发表论文（篇）				获奖成果数（项）				研究与咨询报告	
		合计	国内学术刊物	国外学术刊物	港澳台刊物	合计	国家级奖	部级奖	省级奖	合计	其中：被采纳数
L10	L11	L12	L13	L14	L15	L16	L17	L18	L19	L20	L21
54	0	963	858	95	10	9	0	0	9	10	10
2	0	91	68	23	0	0	0	0	0	1	1
2	0	33	31	2	0	0	0	0	0	0	0
1	0	25	25	0	0	0	0	0	0	0	0
0	0	0	0	0	0	0	0	0	0	0	0
0	0	0	0	0	0	0	0	0	0	0	0
8	0	29	25	3	1	0	0	0	0	0	0
0	0	16	15	0	1	0	0	0	0	0	0
1	0	8	5	3	0	0	0	0	0	0	0
0	0	6	6	0	0	0	0	0	0	0	0
1	0	7	5	2	0	0	0	0	0	0	0
0	0	0	0	0	0	0	0	0	0	0	0
0	0	44	44	0	0	1	0	0	1	0	0
5	0	110	108	2	0	2	0	0	2	1	1
32	0	491	433	52	6	5	0	0	5	7	7
2	0	18	15	2	1	1	0	0	1	0	0
0	0	4	4	0	0	0	0	0	0	0	0
0	0	33	30	2	1	0	0	0	0	1	1
0	0	4	4	0	0	0	0	0	0	0	0
0	0	32	28	4	0	0	0	0	0	0	0
0	0	0	0	0	0	0	0	0	0	0	0
0	0	0	0	0	0	0	0	0	0	0	0
0	0	12	12	0	0	0	0	0	0	0	0

16. 教育部直属艺术院校人文、社会科学研究与发展成果情况表

学科门类		出版著作(部)							古籍整理(部)	译著(部)
		合计	专著	被译成外文	编著教材	工具书参考书	皮书/发展报告	科普读物		
	编号	L01	L02	L03	L04	L05	L06	L07	L08	L09
合计	0	65	43	2	22	0	0	0	0	12
管理学	1	0	0	0	0	0	0	0	0	0
马克思主义	2	0	0	0	0	0	0	0	0	0
哲学	3	0	0	0	0	0	0	0	0	0
逻辑学	4	0	0	0	0	0	0	0	0	0
宗教学	5	0	0	0	0	0	0	0	0	0
语言学	6	0	0	0	0	0	0	0	0	1
中国文学	7	0	0	0	0	0	0	0	0	0
外国文学	8	0	0	0	0	0	0	0	0	0
艺术学	9	65	43	2	22	0	0	0	0	11
历史学	10	0	0	0	0	0	0	0	0	0
考古学	11	0	0	0	0	0	0	0	0	0
经济学	12	0	0	0	0	0	0	0	0	0
政治学	13	0	0	0	0	0	0	0	0	0
法学	14	0	0	0	0	0	0	0	0	0
社会学	15	0	0	0	0	0	0	0	0	0
民族学与文化学	16	0	0	0	0	0	0	0	0	0
新闻学与传播学	17	0	0	0	0	0	0	0	0	0
图书馆、情报与文献学	18	0	0	0	0	0	0	0	0	0
教育学	19	0	0	0	0	0	0	0	0	0
统计学	20	0	0	0	0	0	0	0	0	0
心理学	21	0	0	0	0	0	0	0	0	0
体育学	22	0	0	0	0	0	0	0	0	0

发表译文（篇）	电子出版物（件）	发表论文（篇）				获奖成果数（项）				研究与咨询报告	
		合计	国内学术刊物	国外学术刊物	港澳台刊物	合计	国家级奖	部级奖	省级奖	合计	其中：被采纳数
L10	L11	L12	L13	L14	L15	L16	L17	L18	L19	L20	L21
11	1	501	492	5	4	3	0	0	3	0	0
0	0	0	0	0	0	0	0	0	0	0	0
0	0	1	1	0	0	0	0	0	0	0	0
0	0	0	0	0	0	0	0	0	0	0	0
0	0	0	0	0	0	0	0	0	0	0	0
0	0	0	0	0	0	0	0	0	0	0	0
0	0	7	7	0	0	0	0	0	0	0	0
0	0	0	0	0	0	0	0	0	0	0	0
0	0	1	1	0	0	0	0	0	0	0	0
10	1	475	466	5	4	3	0	0	3	0	0
0	0	0	0	0	0	0	0	0	0	0	0
0	0	0	0	0	0	0	0	0	0	0	0
0	0	3	3	0	0	0	0	0	0	0	0
0	0	0	0	0	0	0	0	0	0	0	0
0	0	0	0	0	0	0	0	0	0	0	0
1	0	0	0	0	0	0	0	0	0	0	0
0	0	0	0	0	0	0	0	0	0	0	0
0	0	0	0	0	0	0	0	0	0	0	0
0	0	9	9	0	0	0	0	0	0	0	0
0	0	2	2	0	0	0	0	0	0	0	0
0	0	0	0	0	0	0	0	0	0	0	0
0	0	0	0	0	0	0	0	0	0	0	0
0	0	3	3	0	0	0	0	0	0	0	0

17. 其他部委院校人文、社会科学研究与发展成果情况表

学科门类		出版著作(部)							古籍整理(部)	译著(部)
		合计	专著	被译成外文	编著教材	工具书参考书	皮书/发展报告	科普读物		
	编号	L01	L02	L03	L04	L05	L06	L07	L08	L09
合计	0	1 037	570	18	431	17	9	10	24	67
管理学	1	174	91	3	78	3	2	0	0	3
马克思主义	2	32	25	1	6	0	0	1	1	0
哲学	3	11	7	1	4	0	0	0	0	3
逻辑学	4	0	0	0	0	0	0	0	0	0
宗教学	5	2	2	0	0	0	0	0	0	1
语言学	6	136	47	4	83	6	0	0	1	16
中国文学	7	47	33	1	10	4	0	0	13	3
外国文学	8	34	18	4	16	0	0	0	0	10
艺术学	9	61	36	0	24	1	0	0	0	5
历史学	10	42	21	1	18	1	0	2	5	5
考古学	11	0	0	0	0	0	0	0	0	0
经济学	12	78	58	1	18	0	2	0	0	0
政治学	13	27	19	2	8	0	0	0	0	3
法学	14	167	103	0	59	1	1	3	0	6
社会学	15	33	17	0	14	0	2	0	0	0
民族学与文化学	16	32	24	0	4	1	0	3	0	0
新闻学与传播学	17	28	14	0	11	0	2	1	0	6
图书馆、情报与文献学	18	17	8	0	9	0	0	0	4	4
教育学	19	56	26	0	30	0	0	0	0	1
统计学	20	3	1	0	2	0	0	0	0	0
心理学	21	3	1	0	2	0	0	0	0	1
体育学	22	54	19	0	35	0	0	0	0	0

发表译文（篇）	电子出版物（件）	发表论文（篇）				获奖成果数（项）				研究与咨询报告	
		合计	国内学术刊物	国外学术刊物	港澳台刊物	合计	国家级奖	部级奖	省级奖	合计	其中：被采纳数
L10	L11	L12	L13	L14	L15	L16	L17	L18	L19	L20	L21
53	6	10 388	9 844	528	16	51	0	15	36	595	158
5	2	1 649	1 477	169	3	5	0	0	5	167	73
0	0	479	475	3	1	1	0	0	1	23	2
1	0	156	154	2	0	0	0	0	0	2	0
0	0	2	2	0	0	0	0	0	0	0	0
0	0	36	34	2	0	1	0	1	0	3	3
6	0	857	802	54	1	0	0	0	0	7	1
8	0	411	404	6	1	7	0	0	7	11	1
4	1	191	170	21	0	0	0	0	0	4	0
3	2	431	424	7	0	1	0	0	1	16	1
0	0	273	263	5	5	0	0	0	0	5	0
0	0	42	41	1	0	0	0	0	0	0	0
3	0	1 040	917	123	0	7	0	2	5	74	13
2	0	266	258	8	0	2	0	0	2	20	7
5	1	1 641	1 584	53	4	7	0	2	5	74	24
2	0	410	404	5	1	8	0	2	6	54	6
5	0	306	302	4	0	8	0	8	0	55	10
0	0	455	449	6	0	4	0	0	4	24	0
0	0	258	246	12	0	0	0	0	0	17	6
1	0	630	624	6	0	0	0	0	0	34	8
0	0	52	41	11	0	0	0	0	0	2	2
0	0	55	53	2	0	0	0	0	0	1	0
8	0	748	720	28	0	0	0	0	0	2	1

18. 地方院校人文、社会科学研究与发展成果情况表

学科门类		出版著作(部)							古籍整理(部)	译著(部)
		合计	专著	被译成外文	编著教材	工具书参考书	皮书/发展报告	科普读物		
	编号	L01	L02	L03	L04	L05	L06	L07	L08	L09
合计	0	23 596	12 712	254	10 200	362	140	182	134	1 259
管理学	1	3 543	1 706	41	1 782	21	27	7	0	91
马克思主义	2	930	583	2	334	6	4	3	1	7
哲学	3	334	250	2	83	0	0	1	9	32
逻辑学	4	24	12	0	10	1	0	1	0	1
宗教学	5	48	32	1	15	0	0	1	3	4
语言学	6	2 327	1 051	54	1 189	71	5	11	6	288
中国文学	7	1 558	1 074	20	440	18	2	24	46	73
外国文学	8	459	281	15	173	2	3	0	2	276
艺术学	9	3 739	1 846	39	1 708	121	4	60	8	95
历史学	10	695	516	5	152	8	8	11	40	36
考古学	11	32	12	0	20	0	0	0	0	2
经济学	12	2 601	1 367	21	1 177	14	35	8	0	76
政治学	13	341	204	3	124	3	9	1	0	15
法学	14	1 151	749	5	372	13	5	12	3	40
社会学	15	514	332	7	161	2	10	9	1	32
民族学与文化学	16	315	213	5	91	3	4	4	2	13
新闻学与传播学	17	395	257	6	123	4	1	10	0	38
图书馆、情报与文献学	18	223	121	0	96	5	0	1	8	8
教育学	19	2 676	1 145	17	1 442	58	16	15	5	86
统计学	20	127	65	1	61	0	1	0	0	3
心理学	21	246	109	3	134	0	1	2	0	21
体育学	22	1 318	787	7	513	12	5	1	0	22

发表译文（篇）	电子出版物（件）	发表论文（篇）				获奖成果数（项）				研究与咨询报告	
		合计	国内学术刊物	国外学术刊物	港澳台刊物	合计	国家级奖	部级奖	省级奖	合计	其中：被采纳数
L10	L11	L12	L13	L14	L15	L16	L17	L18	L19	L20	L21
799	151	274 739	267 694	6 786	259	1 894	0	54	1 840	11 420	4 633
115	8	40 751	38 873	1 856	22	305	0	14	291	2 874	1 449
13	6	11 911	11 797	108	6	104	0	2	102	332	117
21	0	3 431	3 382	39	10	65	0	2	63	34	7
0	1	244	242	2	0	2	0	0	2	5	1
4	0	361	352	5	4	8	0	0	8	9	5
153	4	21 915	20 994	911	10	97	0	3	94	389	119
38	3	12 975	12 798	137	40	165	0	1	164	142	38
59	0	6 039	5 745	277	17	32	0	0	32	35	4
98	85	37 388	36 913	444	31	102	0	2	100	952	284
20	1	4 853	4 765	79	9	115	0	1	114	90	42
3	0	329	324	3	2	5	0	0	5	13	8
42	14	27 464	26 515	917	32	291	0	12	279	2 072	949
11	4	4 198	4 158	39	1	34	0	0	34	295	144
54	1	10 152	9 915	208	29	120	0	4	116	690	347
5	2	7 246	7 092	146	8	67	0	2	65	783	309
3	1	2 865	2 809	53	3	57	0	1	56	226	63
5	1	5 933	5 839	88	6	38	0	3	35	242	83
8	1	6 873	6 798	71	4	28	0	0	28	163	30
87	9	51 026	50 420	587	19	193	0	6	187	1 400	399
16	1	1 369	1 231	138	0	4	0	0	4	81	48
3	2	3 046	2 734	312	0	19	0	1	18	76	23
41	7	14 370	13 998	366	6	43	0	0	43	517	164

19. 综合院校人文、社会科学研究与发展成果情况表

学科门类		出版著作(部)							古籍整理(部)	译著(部)
		合计	专著	被译成外文	编著教材	工具书参考书	皮书/发展报告	科普读物		
	编号	L01	L02	L03	L04	L05	L06	L07	L08	L09
合计	0	10 264	6 055	189	3 860	144	96	109	170	767
管理学	1	1 298	694	31	571	6	24	3	0	69
马克思主义	2	377	246	5	119	3	3	6	0	9
哲学	3	384	270	7	112	1	0	1	15	51
逻辑学	4	12	7	1	4	1	0	0	0	3
宗教学	5	43	26	0	17	0	0	0	3	5
语言学	6	938	464	23	446	20	4	4	4	77
中国文学	7	855	566	12	258	12	2	17	49	56
外国文学	8	229	151	11	66	7	2	3	0	183
艺术学	9	1 066	578	13	455	10	1	22	1	34
历史学	10	608	411	10	171	10	5	11	73	40
考古学	11	83	50	0	32	0	0	1	0	6
经济学	12	1 073	659	23	382	9	19	4	0	37
政治学	13	306	186	12	104	5	10	1	0	26
法学	14	665	415	16	233	9	2	6	2	64
社会学	15	270	185	5	70	2	8	5	0	20
民族学与文化学	16	185	117	5	61	2	3	2	1	11
新闻学与传播学	17	273	160	7	94	3	4	12	0	19
图书馆、情报与文献学	18	150	86	1	50	12	1	1	18	5
教育学	19	923	482	6	397	30	5	9	4	33
统计学	20	34	7	0	26	1	0	0	0	1
心理学	21	80	48	0	30	0	1	1	0	11
体育学	22	412	247	1	162	1	2	0	0	7

发表译文（篇）	电子出版物（件）	发表论文（篇）				获奖成果数（项）				研究与咨询报告	
		合计	国内学术刊物	国外学术刊物	港澳台刊物	合计	国家级奖	部级奖	省级奖	合计	其中：被采纳数
L10	L11	L12	L13	L14	L15	L16	L17	L18	L19	L20	L21
399	101	112 180	107 046	4 820	314	1 081	0	22	1 059	7 006	3 612
71	6	15 248	13 879	1 352	17	147	0	3	144	1 838	945
14	0	5 252	5 219	28	5	54	0	0	54	158	54
29	0	3 495	3 402	75	18	62	0	3	59	29	9
0	1	121	110	10	1	2	0	0	2	2	0
1	1	382	350	17	15	3	0	0	3	11	7
59	3	7 928	7 409	502	17	52	0	1	51	128	43
23	0	6 932	6 786	117	29	108	0	0	108	74	19
36	1	2 554	2 346	191	17	19	0	0	19	12	2
23	27	10 778	10 628	138	12	30	0	0	30	281	86
21	12	4 211	4 047	118	46	82	0	1	81	92	58
3	17	662	619	41	2	4	0	1	3	32	19
40	1	12 667	11 779	863	25	153	0	6	147	1 287	719
8	7	2 926	2 768	121	37	39	0	0	39	450	328
27	0	5 379	5 193	153	33	87	0	2	85	549	372
7	5	3 511	3 276	228	7	51	0	3	48	533	252
2	3	1 402	1 351	45	6	34	0	0	34	122	43
3	2	3 539	3 421	105	13	36	0	1	35	386	272
9	3	3 757	3 677	77	3	22	0	0	22	105	35
19	6	15 897	15 682	205	10	73	0	1	72	716	270
2	0	353	289	64	0	0	0	0	0	12	5
0	2	1 135	891	244	0	8	0	0	8	48	23
2	4	4 051	3 924	126	1	15	0	0	15	141	51

20. 理工农医院校人文、社会科学研究与发展成果情况表

学科门类	编号	出版著作(部) 合计	专著	被译成外文	编著教材	工具书参考书	皮书/发展报告	科普读物	古籍整理(部)	译著(部)
		L01	L02	L03	L04	L05	L06	L07	L08	L09
合计	0	8 323	4 339	102	3 793	92	37	62	25	441
管理学	1	1 682	914	26	731	17	13	7	0	44
马克思主义	2	456	275	1	172	4	3	2	1	6
哲学	3	135	113	2	19	0	0	3	2	17
逻辑学	4	4	1	0	2	0	0	1	0	0
宗教学	5	6	5	0	0	0	0	1	0	2
语言学	6	918	367	26	524	20	1	6	4	131
中国文学	7	313	219	4	90	1	0	3	5	15
外国文学	8	134	81	7	53	0	0	0	0	84
艺术学	9	1 112	516	11	569	16	0	11	0	22
历史学	10	143	112	1	26	3	0	2	8	9
考古学	11	2	1	0	1	0	0	0	0	0
经济学	12	955	478	5	467	3	4	3	0	26
政治学	13	91	44	1	43	1	3	0	0	5
法学	14	416	283	1	125	5	1	2	1	8
社会学	15	263	166	4	81	2	8	6	0	12
民族学与文化学	16	45	30	0	11	1	1	2	0	6
新闻学与传播学	17	136	85	2	48	2	0	1	0	10
图书馆、情报与文献学	18	101	49	0	46	2	1	3	2	5
教育学	19	808	284	6	507	11	1	5	2	23
统计学	20	34	15	0	16	0	1	2	0	0
心理学	21	110	37	3	71	0	0	2	0	6
体育学	22	459	264	2	191	4	0	0	0	10

发表译文（篇）	电子出版物（件）	发表论文（篇）				获奖成果数（项）				研究与咨询报告	
		合计	国内学术刊物	国外学术刊物	港澳台刊物	合计	国家级奖	部级奖	省级奖	合计	其中：被采纳数
L10	L11	L12	L13	L14	L15	L16	L17	L18	L19	L20	L21
143	94	98 971	95 032	3 865	74	395	0	28	367	5 935	2 840
24	16	22 130	20 248	1 860	22	107	0	5	102	1 961	1 074
3	6	5 227	5 196	28	3	28	0	1	27	210	77
6	0	1 293	1 267	23	3	16	0	2	14	22	6
0	0	83	82	1	0	0	0	0	0	1	1
0	0	64	62	2	0	2	0	0	2	3	3
33	2	8 141	7 790	347	4	13	0	1	12	166	43
5	1	2 426	2 397	24	5	12	0	0	12	39	9
14	1	1 887	1 787	99	1	3	0	0	3	11	1
6	13	10 064	9 825	233	6	20	0	2	18	465	145
6	0	842	829	13	0	8	0	0	8	29	9
0	0	69	67	2	0	0	0	0	0	0	0
14	7	10 438	9 813	625	0	82	0	10	72	976	440
0	0	1 234	1 220	14	0	7	0	0	7	165	125
6	1	3 124	3 055	56	13	23	0	0	23	319	237
1	10	3 276	3 201	72	3	14	0	2	12	535	281
0	3	565	560	4	1	5	0	0	5	73	9
3	7	1 811	1 772	37	2	11	0	3	8	122	73
1	7	2 655	2 598	55	2	9	0	0	9	98	37
12	17	17 589	17 435	148	6	25	0	1	24	546	178
0	3	503	451	52	0	0	0	0	0	48	30
1	0	1 024	969	55	0	2	0	1	1	28	10
8	0	4 526	4 408	115	3	8	0	0	8	118	52

21. 师范院校人文、社会科学研究与发展成果情况表

学科门类		出版著作(部)							古籍整理(部)	译著(部)
		合计	专著	被译成外文	编著教材	工具书参考书	皮书/发展报告	科普读物		
	编号	L01	L02	L03	L04	L05	L06	L07	L08	L09
合计	0	5 448	3 373	82	1 891	81	38	65	75	354
管理学	1	315	171	7	126	4	11	3	0	14
马克思主义	2	176	131	2	44	0	1	0	0	2
哲学	3	118	90	2	26	0	0	2	4	19
逻辑学	4	4	3	0	1	0	0	0	0	0
宗教学	5	23	11	0	12	0	0	0	0	1
语言学	6	480	270	13	188	21	0	1	3	76
中国文学	7	734	496	10	214	2	0	22	23	33
外国文学	8	143	88	1	54	0	0	1	1	68
艺术学	9	781	438	15	308	21	2	12	5	25
历史学	10	391	285	4	92	5	4	5	29	25
考古学	11	4	3	0	1	0	0	0	0	2
经济学	12	314	229	4	78	0	6	1	0	10
政治学	13	84	61	2	20	0	3	0	0	5
法学	14	173	124	0	40	1	0	8	0	6
社会学	15	120	88	2	28	0	1	3	0	8
民族学与文化学	16	83	64	1	16	0	2	1	1	2
新闻学与传播学	17	95	64	2	29	2	0	0	0	2
图书馆、情报与文献学	18	57	33	0	21	2	1	0	8	2
教育学	19	1 010	495	13	482	21	6	6	1	39
统计学	20	7	3	0	3	0	1	0	0	0
心理学	21	71	44	1	27	0	0	0	0	10
体育学	22	265	182	3	81	2	0	0	0	5

发表译文(篇)	电子出版物(件)	发表论文(篇)				获奖成果数(项)				研究与咨询报告	
		合计	国内学术刊物	国外学术刊物	港澳台刊物	合计	国家级奖	部级奖	省级奖	合计	其中:被采纳数
L10	L11	L12	L13	L14	L15	L16	L17	L18	L19	L20	L21
139	22	58 167	56 617	1 464	86	546	0	16	530	1 603	945
1	0	3 695	3 536	158	1	51	0	3	48	266	175
1	0	2 701	2 685	14	2	38	0	0	38	38	25
4	0	1 189	1 153	25	11	19	0	1	18	12	2
0	0	23	21	2	0	1	0	0	1	0	0
5	0	129	124	3	2	1	0	0	1	6	1
19	0	4 286	4 126	153	7	31	0	1	30	82	50
15	2	5 581	5 516	41	24	67	0	0	67	35	15
12	0	1 756	1 694	54	8	12	0	0	12	10	5
12	17	8 009	7 907	90	12	38	0	0	38	129	51
22	0	2 617	2 561	49	7	57	0	2	55	29	12
0	0	108	106	1	1	3	0	0	3	5	5
4	0	3 239	3 122	116	1	38	0	1	37	268	178
5	2	1 204	1 191	13	0	8	0	0	8	111	58
2	0	1 462	1 447	14	1	15	0	1	14	57	34
0	0	1 473	1 434	38	1	19	0	0	19	104	62
1	0	878	861	16	1	9	0	1	8	40	20
4	0	1 434	1 416	15	3	6	0	0	6	61	52
2	0	1 465	1 451	14	0	4	0	0	4	15	4
17	1	12 135	11 863	271	1	107	0	6	101	242	142
0	0	113	101	12	0	1	0	0	1	3	3
4	0	1 445	1 181	263	1	11	0	0	11	17	7
9	0	3 225	3 121	102	2	10	0	0	10	73	44

22. 语言院校人文、社会科学研究与发展成果情况表

学科门类	编号	出版著作(部) 合计	专著	被译成外文	编著教材	工具书参考书	皮书/发展报告	科普读物	古籍整理(部)	译著(部)
		L01	L02	L03	L04	L05	L06	L07	L08	L09
合计	0	1 229	513	20	630	39	29	18	1	199
管理学	1	106	39	0	61	2	4	0	0	11
马克思主义	2	13	9	0	4	0	0	0	0	0
哲学	3	13	8	0	5	0	0	0	0	4
逻辑学	4	0	0	0	0	0	0	0	0	0
宗教学	5	1	1	0	0	0	0	0	1	0
语言学	6	393	119	8	233	27	3	11	0	41
中国文学	7	83	38	0	40	5	0	0	0	12
外国文学	8	73	27	1	43	2	0	1	0	57
艺术学	9	143	57	0	80	1	0	5	0	12
历史学	10	12	8	0	4	0	0	0	0	8
考古学	11	0	0	0	0	0	0	0	0	0
经济学	12	91	55	4	26	0	9	1	0	5
政治学	13	58	35	2	16	0	7	0	0	4
法学	14	36	23	0	11	0	2	0	0	2
社会学	15	22	14	1	7	0	1	0	0	9
民族学与文化学	16	3	2	0	1	0	0	0	0	0
新闻学与传播学	17	79	32	4	45	2	0	0	0	23
图书馆、情报与文献学	18	6	6	0	0	0	0	0	0	0
教育学	19	72	29	0	40	0	3	0	0	9
统计学	20	2	2	0	0	0	0	0	0	0
心理学	21	4	1	0	3	0	0	0	0	2
体育学	22	19	8	0	11	0	0	0	0	0

发表译文(篇)	电子出版物(件)	发表论文(篇)				获奖成果数(项)				研究与咨询报告	
		合计	国内学术刊物	国外学术刊物	港澳台刊物	合计	国家级奖	部级奖	省级奖	合计	其中:被采纳数
L10	L11	L12	L13	L14	L15	L16	L17	L18	L19	L20	L21
114	1	10 906	10 135	724	47	49	0	2	47	525	315
12	0	1 124	1 046	78	0	2	0	1	1	58	15
9	0	331	321	10	0	3	0	0	3	10	4
4	0	85	84	1	0	0	0	0	0	1	0
0	0	6	6	0	0	0	0	0	0	0	0
0	0	12	12	0	0	0	0	0	0	0	0
29	0	2 294	1 962	310	22	16	0	0	16	57	23
14	0	489	474	9	6	5	0	0	5	16	3
17	0	704	627	74	3	6	0	0	6	15	1
7	1	1 057	1 048	6	3	3	0	0	3	11	6
5	0	103	92	10	1	0	0	0	0	0	0
0	0	4	3	1	0	0	0	0	0	0	0
0	0	849	786	61	2	4	0	0	4	64	39
3	0	505	481	24	0	2	0	0	2	83	81
3	0	237	229	8	0	3	0	0	3	36	33
1	0	261	240	21	0	0	0	0	0	12	2
1	0	138	126	9	3	0	0	0	0	0	0
8	0	831	802	26	3	3	0	1	2	120	101
0	0	132	131	1	0	0	0	0	0	3	0
1	0	1 488	1 430	54	4	2	0	0	2	36	7
0	0	38	29	9	0	0	0	0	0	0	0
0	0	30	27	3	0	0	0	0	0	0	0
0	0	188	179	9	0	0	0	0	0	3	0

23. 财经院校人文、社会科学研究与发展成果情况表

学科门类		出版著作(部)							古籍整理(部)	译著(部)
		合计	专著	被译成外文	编著教材	工具书参考书	皮书/发展报告	科普读物		
	编号	L01	L02	L03	L04	L05	L06	L07	L08	L09
合计	0	3 715	1 760	29	1 841	72	29	13	9	213
管理学	1	1 112	469	3	630	7	4	2	0	37
马克思主义	2	116	70	0	45	1	0	0	0	0
哲学	3	29	24	1	5	0	0	0	0	8
逻辑学	4	6	3	0	3	0	0	0	0	0
宗教学	5	3	3	1	0	0	0	0	0	1
语言学	6	257	101	7	144	12	0	0	0	23
中国文学	7	123	88	2	29	6	0	0	7	12
外国文学	8	56	35	5	14	6	1	0	1	30
艺术学	9	173	68	0	88	7	2	8	0	5
历史学	10	26	18	0	7	1	0	0	0	2
考古学	11	0	0	0	0	0	0	0	0	0
经济学	12	951	482	6	440	16	11	2	0	45
政治学	13	45	22	0	20	1	2	0	0	5
法学	14	243	136	2	95	10	1	1	0	8
社会学	15	56	31	0	23	1	1	0	1	5
民族学与文化学	16	18	8	0	10	0	0	0	0	0
新闻学与传播学	17	35	23	0	12	0	0	0	0	3
图书馆、情报与文献学	18	7	5	0	2	0	0	0	0	1
教育学	19	268	76	1	184	3	5	0	0	19
统计学	20	81	48	1	32	1	0	0	0	3
心理学	21	20	5	0	15	0	0	0	0	5
体育学	22	90	45	0	43	0	2	0	0	1

发表译文（篇）	电子出版物（件）	发表论文（篇）				获奖成果数（项）				研究与咨询报告	
		合计	国内学术刊物	国外学术刊物	港澳台刊物	合计	国家级奖	部级奖	省级奖	合计	其中：被采纳数
L10	L11	L12	L13	L14	L15	L16	L17	L18	L19	L20	L21
340	23	40 890	38 832	2 000	58	294	0	30	264	1 646	693
92	2	10 092	9 394	692	6	88	0	5	83	558	252
3	0	1 429	1 384	45	0	10	0	0	10	32	6
3	0	304	293	7	4	4	0	0	4	1	0
0	0	27	27	0	0	0	0	0	0	3	1
2	0	17	15	0	2	0	0	0	0	0	0
39	0	2 463	2 396	67	0	6	0	0	6	18	2
2	1	986	959	25	2	3	0	0	3	8	4
15	0	593	567	26	0	1	0	0	1	3	0
47	6	2 206	2 165	40	1	2	0	0	2	42	9
0	0	218	214	3	1	1	0	0	1	0	0
0	0	3	3	0	0	0	0	0	0	2	1
24	9	9 804	9 137	640	27	127	0	21	106	548	259
2	0	478	459	18	1	3	0	0	3	25	8
25	0	1 713	1 636	75	2	25	0	4	21	96	54
1	0	743	722	18	3	8	0	0	8	68	24
1	0	212	203	9	0	2	0	0	2	12	2
3	1	697	683	13	1	1	0	0	1	13	5
1	0	657	646	9	2	0	0	0	0	6	1
41	3	5 939	5 856	81	2	7	0	0	7	147	31
16	1	878	676	198	4	4	0	0	4	41	28
0	0	210	207	3	0	0	0	0	0	3	1
23	0	1 221	1 190	31	0	2	0	0	2	20	5

24. 政法院校人文、社会科学研究与发展成果情况表

学科门类	编号	出版著作(部) 合计	专著	被译成外文	编著教材	工具书参考书	皮书/发展报告	科普读物	古籍整理(部)	译著(部)
		L01	L02	L03	L04	L05	L06	L07	L08	L09
合计	0	934	559	10	352	13	2	8	3	71
管理学	1	92	55	1	36	1	0	0	0	2
马克思主义	2	34	22	0	10	1	0	1	0	0
哲学	3	15	12	0	3	0	0	0	0	2
逻辑学	4	3	2	0	1	0	0	0	0	0
宗教学	5	1	1	0	0	0	0	0	0	0
语言学	6	40	21	3	17	2	0	0	0	9
中国文学	7	20	10	0	9	0	0	1	0	8
外国文学	8	2	2	0	0	0	0	0	0	0
艺术学	9	14	10	1	4	0	0	0	0	1
历史学	10	5	3	0	0	0	0	2	0	2
考古学	11	0	0	0	0	0	0	0	0	0
经济学	12	26	19	0	7	0	0	0	0	1
政治学	13	27	19	1	8	0	0	0	0	4
法学	14	490	299	2	182	4	1	4	3	33
社会学	15	39	22	1	16	0	1	0	0	1
民族学与文化学	16	1	1	0	0	0	0	0	0	0
新闻学与传播学	17	27	23	1	4	0	0	0	0	1
图书馆、情报与文献学	18	9	2	0	7	0	0	0	0	4
教育学	19	40	13	0	26	1	0	0	0	0
统计学	20	2	2	0	0	0	0	0	0	0
心理学	21	13	7	0	6	0	0	0	0	3
体育学	22	34	14	0	16	4	0	0	0	0

发表译文（篇）	电子出版物（件）	发表论文（篇）				获奖成果数（项）				研究与咨询报告	
		合计	国内学术刊物	国外学术刊物	港澳台刊物	合计	国家级奖	部级奖	省级奖	合计	其中：被采纳数
L10	L11	L12	L13	L14	L15	L16	L17	L18	L19	L20	L21
94	1	10 404	10 064	317	23	25	0	3	22	461	78
3	0	988	928	59	1	3	0	0	3	56	5
2	0	425	422	3	0	1	0	0	1	11	0
5	0	159	157	2	0	0	0	0	0	6	1
0	0	50	50	0	0	0	0	0	0	0	0
0	0	16	16	0	0	0	0	0	0	0	0
14	0	498	471	26	1	0	0	0	0	8	0
2	0	179	176	2	1	1	0	0	1	1	0
1	0	59	55	4	0	0	0	0	0	0	0
0	0	132	132	0	0	0	0	0	0	2	0
1	0	57	55	2	0	0	0	0	0	2	0
0	0	4	4	0	0	0	0	0	0	0	0
0	0	310	299	11	0	1	0	0	1	13	1
7	0	397	393	4	0	2	0	0	2	26	9
54	1	4 677	4 502	159	16	15	0	3	12	208	50
3	0	441	435	4	2	1	0	0	1	37	4
0	0	42	42	0	0	0	0	0	0	2	0
0	0	278	269	8	1	0	0	0	0	20	6
0	0	175	168	7	0	0	0	0	0	17	1
1	0	943	933	9	1	1	0	0	1	39	1
0	0	31	31	0	0	0	0	0	0	1	0
0	0	70	69	1	0	0	0	0	0	0	0
1	0	473	457	16	0	0	0	0	0	12	0

25. 艺术院校人文、社会科学研究与发展成果情况表

学科门类	编号	出版著作(部) 合计	专著	被译成外文	编著教材	工具书参考书	皮书/发展报告	科普读物	古籍整理(部)	译著(部)
		L01	L02	L03	L04	L05	L06	L07	L08	L09
合计	0	1 026	502	8	446	72	0	6	4	51
管理学	1	16	4	0	12	0	0	0	0	0
马克思主义	2	8	6	0	2	0	0	0	1	0
哲学	3	2	2	0	0	0	0	0	0	1
逻辑学	4	0	0	0	0	0	0	0	0	0
宗教学	5	1	1	0	0	0	0	0	0	0
语言学	6	18	11	0	7	0	0	0	0	3
中国文学	7	16	6	0	10	0	0	0	0	1
外国文学	8	1	1	0	0	0	0	0	0	0
艺术学	9	881	438	8	368	70	0	5	2	46
历史学	10	3	2	0	1	0	0	0	1	0
考古学	11	1	1	0	0	0	0	0	0	0
经济学	12	6	0	0	6	0	0	0	0	0
政治学	13	4	3	0	1	0	0	0	0	0
法学	14	1	0	0	1	0	0	0	0	0
社会学	15	2	0	0	2	0	0	0	0	0
民族学与文化学	16	2	2	0	0	0	0	0	0	0
新闻学与传播学	17	20	11	0	9	0	0	0	0	0
图书馆、情报与文献学	18	4	1	0	2	1	0	0	0	0
教育学	19	29	7	0	20	1	0	1	0	0
统计学	20	0	0	0	0	0	0	0	0	0
心理学	21	0	0	0	0	0	0	0	0	0
体育学	22	11	6	0	5	0	0	0	0	0

发表译文（篇）	电子出版物（件）	发表论文（篇）				获奖成果数（项）				研究与咨询报告	
		合计	国内学术刊物	国外学术刊物	港澳台刊物	合计	国家级奖	部级奖	省级奖	合计	其中：被采纳数
L10	L11	L12	L13	L14	L15	L16	L17	L18	L19	L20	L21
42	31	11 559	11 500	48	11	19	0	0	19	143	24
2	0	280	280	0	0	0	0	0	0	3	2
0	0	196	196	0	0	0	0	0	0	0	0
0	0	38	38	0	0	0	0	0	0	0	0
0	0	0	0	0	0	0	0	0	0	0	0
0	0	1	1	0	0	0	0	0	0	0	0
0	0	238	237	1	0	0	0	0	0	2	0
0	0	162	162	0	0	0	0	0	0	2	0
0	0	22	22	0	0	0	0	0	0	0	0
38	30	8 454	8 409	35	10	17	0	0	17	108	20
0	1	38	38	0	0	0	0	0	0	1	0
0	0	8	8	0	0	0	0	0	0	0	0
0	0	97	97	0	0	0	0	0	0	6	0
0	0	39	38	1	0	0	0	0	0	1	0
0	0	18	18	0	0	1	0	0	1	1	0
1	0	57	53	3	1	0	0	0	0	3	0
0	0	38	37	1	0	1	0	0	1	0	0
0	0	223	220	3	0	0	0	0	0	8	1
1	0	159	159	0	0	0	0	0	0	0	0
0	0	1 218	1 214	4	0	0	0	0	0	7	1
0	0	2	2	0	0	0	0	0	0	0	0
0	0	34	34	0	0	0	0	0	0	0	0
0	0	237	237	0	0	0	0	0	0	1	0

26. 民族院校人文、社会科学研究与发展成果情况表

学科门类		出版著作(部)							古籍整理(部)	译著(部)
		合计	专著	被译成外文	编著教材	工具书参考书	皮书/发展报告	科普读物		
	编号	L01	L02	L03	L04	L05	L06	L07	L08	L09
合计	0	564	356	6	190	11	3	4	19	33
管理学	1	55	36	2	19	0	0	0	0	0
马克思主义	2	16	10	1	6	0	0	0	0	0
哲学	3	6	2	0	4	0	0	0	0	0
逻辑学	4	2	0	0	2	0	0	0	0	0
宗教学	5	4	4	0	0	0	0	0	0	1
语言学	6	94	41	0	49	4	0	0	1	7
中国文学	7	63	46	0	14	3	0	0	14	4
外国文学	8	11	9	0	2	0	0	0	0	14
艺术学	9	70	40	0	28	2	0	0	0	3
历史学	10	24	14	1	10	0	0	0	3	2
考古学	11	1	1	0	0	0	0	0	0	0
经济学	12	32	28	1	3	0	1	0	0	0
政治学	13	13	11	1	2	0	0	0	0	0
法学	14	28	23	0	4	1	0	0	0	1
社会学	15	16	11	0	4	0	1	0	0	0
民族学与文化学	16	58	38	0	14	1	1	4	0	0
新闻学与传播学	17	11	6	0	5	0	0	0	0	0
图书馆、情报与文献学	18	8	3	0	5	0	0	0	1	0
教育学	19	36	20	0	16	0	0	0	0	1
统计学	20	0	0	0	0	0	0	0	0	0
心理学	21	0	0	0	0	0	0	0	0	0
体育学	22	16	13	0	3	0	0	0	0	0

发表译文（篇）	电子出版物（件）	发表论文（篇）				获奖成果数（项）				研究与咨询报告	
		合计	国内学术刊物	国外学术刊物	港澳台刊物	合计	国家级奖	部级奖	省级奖	合计	其中：被采纳数
L10	L11	L12	L13	L14	L15	L16	L17	L18	L19	L20	L21
27	2	4 948	4 861	85	2	53	0	15	38	169	75
3	0	447	437	10	0	5	0	0	5	20	8
0	0	285	284	1	0	1	0	1	0	1	1
0	0	67	67	0	0	0	0	0	0	0	0
0	0	8	7	1	0	0	0	0	0	0	0
0	0	56	52	4	0	3	0	1	2	3	3
2	0	579	552	26	1	1	0	0	1	4	1
4	0	377	371	5	1	7	0	1	6	1	1
1	0	64	63	1	0	0	0	0	0	0	0
2	2	429	427	2	0	0	0	0	0	2	1
0	0	173	173	0	0	2	0	0	2	1	0
0	0	18	18	0	0	1	0	0	1	0	0
3	0	408	397	11	0	4	0	2	2	19	7
1	0	89	89	0	0	0	0	0	0	10	10
1	0	275	272	3	0	1	0	0	1	15	13
1	0	232	227	5	0	8	0	2	6	20	8
6	0	448	442	6	0	18	0	8	10	62	16
0	0	186	186	0	0	1	0	0	1	1	0
0	0	145	145	0	0	0	0	0	0	2	0
0	0	430	427	3	0	1	0	0	1	6	4
0	0	18	16	2	0	0	0	0	0	2	2
0	0	13	13	0	0	0	0	0	0	0	0
3	0	201	196	5	0	0	0	0	0	0	0

27. 体育院校人文、社会科学研究与发展成果情况表

学科门类	编号	出版著作(部) 合计	专著	被译成外文	编著教材	工具书/参考书	皮书/发展报告	科普读物	古籍整理(部)	译著(部)
		L01	L02	L03	L04	L05	L06	L07	L08	L09
合计	0	264	127	2	132	3	1	1	0	6
管理学	1	4	3	0	1	0	0	0	0	0
马克思主义	2	11	9	0	2	0	0	0	0	0
哲学	3	1	1	0	0	0	0	0	0	0
逻辑学	4	0	0	0	0	0	0	0	0	0
宗教学	5	0	0	0	0	0	0	0	0	0
语言学	6	15	1	0	13	1	0	0	0	0
中国文学	7	0	0	0	0	0	0	0	0	1
外国文学	8	1	0	0	1	0	0	0	0	0
艺术学	9	8	2	0	6	0	0	0	0	0
历史学	10	3	3	0	0	0	0	0	0	0
考古学	11	0	0	0	0	0	0	0	0	0
经济学	12	0	0	0	0	0	0	0	0	0
政治学	13	0	0	0	0	0	0	0	0	0
法学	14	2	0	0	2	0	0	0	0	0
社会学	15	3	2	0	1	0	0	0	0	0
民族学与文化学	16	0	0	0	0	0	0	0	0	0
新闻学与传播学	17	12	10	0	2	0	0	0	0	1
图书馆、情报与文献学	18	1	1	0	0	0	0	0	0	0
教育学	19	24	6	0	18	0	0	0	0	0
统计学	20	1	0	0	1	0	0	0	0	0
心理学	21	1	1	0	0	0	0	0	0	0
体育学	22	177	88	2	85	2	1	1	0	4

发表译文（篇）	电子出版物（件）	发表论文（篇）				获奖成果数（项）				研究与咨询报告	
		合计	国内学术刊物	国外学术刊物	港澳台刊物	合计	国家级奖	部级奖	省级奖	合计	其中：被采纳数
L10	L11	L12	L13	L14	L15	L16	L17	L18	L19	L20	L21
14	3	2 744	2 664	76	4	9	0	0	9	261	31
0	0	49	48	1	0	0	0	0	0	7	0
0	0	90	89	1	0	0	0	0	0	16	3
1	0	5	5	0	0	0	0	0	0	2	0
0	0	0	0	0	0	0	0	0	0	0	0
0	0	0	0	0	0	0	0	0	0	0	0
1	0	110	107	3	0	0	0	0	0	1	0
0	0	12	12	0	0	0	0	0	0	0	0
1	0	8	8	0	0	0	0	0	0	3	0
1	0	70	70	0	0	0	0	0	0	4	0
0	0	5	5	0	0	0	0	0	0	0	0
0	0	0	0	0	0	0	0	0	0	0	0
0	0	14	12	2	0	0	0	0	0	1	0
0	0	10	10	0	0	0	0	0	0	1	0
0	0	2	2	0	0	0	0	0	0	1	0
0	0	27	27	0	0	0	0	0	0	3	0
0	0	1	1	0	0	0	0	0	0	0	0
0	0	98	95	3	0	0	0	0	0	11	0
0	0	33	33	0	0	0	0	0	0	4	0
1	0	271	264	7	0	0	0	0	0	19	1
0	0	12	12	0	0	0	0	0	0	2	0
0	0	22	22	0	0	0	0	0	0	3	0
9	3	1 905	1 842	59	4	9	0	0	9	183	27

28. 各类高等学校人文、社会科学研究与发展成果获奖情况表

单位:项

		合计	国家级奖	部级奖	省级奖
	合计	2 471	0	116	2 355
按学校隶属关系划分	教育部直属院校	526	0	47	479
	其他部委院校	51	0	15	36
	地方院校	1 894	0	54	1 840
按学校规格划分	本科院校	2 439	0	115	2 324
	专科院校	32	0	1	31
按学校类型划分	综合大学	1 081	0	22	1 059
	理工农医院校	395	0	28	367
	高等师范院校	546	0	16	530
	语言院校	49	0	2	47
	财经院校	294	0	30	264
	政法院校	25	0	3	22
	体育院校	9	0	0	9
	艺术院校	19	0	0	19
	民族院校	53	0	15	38

29. 各省、市、自治区高等学校人文、社会科学研究与发展成果获奖情况表

单位：项

	合计	国家级奖	部级奖	省级奖
合计	2 471	0	116	2 355
北京市	195	0	27	168
天津市	0	0	0	0
河北省	0	0	0	0
山西省	0	0	0	0
内蒙古自治区	197	0	1	196
辽宁省	193	0	2	191
吉林省	263	0	1	262
黑龙江省	0	0	0	0
上海市	55	0	16	39
江苏省	5	0	5	0
浙江省	197	0	17	180
安徽省	3	0	3	0
福建省	3	0	3	0
江西省	255	0	4	251
山东省	231	0	4	227
河南省	240	0	1	239
湖北省	10	0	4	6
湖南省	94	0	0	94
广东省	228	0	8	220
广西壮族自治区	7	0	4	3
海南省	83	0	0	83
重庆市	3	0	2	1
四川省	20	0	6	14
贵州省	2	0	2	0
云南省	169	0	0	169
西藏自治区	9	0	0	9
陕西省	1	0	1	0
甘肃省	0	0	0	0
青海省	0	0	0	0
宁夏回族自治区	6	0	3	3
新疆维吾尔自治区	2	0	2	0

30. 各省、市、自治区所属高等学校人文、社会科学研究与发展成果获奖情况表

单位:项

	合计	国家级奖	部级奖	省级奖
合计	1 894	0	54	1 840
北京市	45	0	6	39
天津市	0	0	0	0
河北省	0	0	0	0
山西省	0	0	0	0
内蒙古自治区	197	0	1	196
辽宁省	180	0	0	180
吉林省	125	0	0	125
黑龙江省	0	0	0	0
上海市	12	0	0	12
江苏省	3	0	3	0
浙江省	157	0	16	141
安徽省	3	0	3	0
福建省	0	0	0	0
江西省	255	0	4	251
山东省	172	0	4	168
河南省	239	0	1	238
湖北省	5	0	1	4
湖南省	81	0	0	81
广东省	127	0	4	123
广西壮族自治区	7	0	4	3
海南省	83	0	0	83
重庆市	3	0	2	1
四川省	14	0	0	14
贵州省	2	0	2	0
云南省	169	0	0	169
西藏自治区	9	0	0	9
陕西省	1	0	1	0
甘肃省	0	0	0	0
青海省	0	0	0	0
宁夏回族自治区	3	0	0	3
新疆维吾尔自治区	2	0	2	0

31. 国务院各部委所属高等学校人文、社会科学研究与发展成果获奖情况表

单位：项

	合计	国家级奖	部级奖	省级奖
合计	51	0	15	36
外交部	1	0	0	1
国家民族事务委员会	16	0	13	3
公安部	4	0	2	2
国务院侨务办公室	28	0	0	28
共青团中央	2	0	0	2

32. 教育部直属院校人文、社会科学研究与发展成果获奖情况表

单位：项

	合计	国家级奖	部级奖	省级奖
合计	526	0	47	479
北京大学	27	0	0	27
中国人民大学	23	0	1	22
清华大学	19	0	4	15
北京交通大学	3	0	0	3
北京科技大学	1	0	0	1
北京化工大学	0	0	0	0
北京邮电大学	0	0	0	0
中国农业大学	4	0	3	1
北京林业大学	0	0	0	0
北京中医药大学	0	0	0	0
北京师范大学	21	0	1	20
北京外国语大学	3	0	0	3
北京语言大学	2	0	0	2
中国传媒大学	3	0	1	2
中央财经大学	12	0	6	6
对外经济贸易大学	9	0	1	8
国际关系学院	1	0	0	1
中央音乐学院	2	0	0	2
中央美术学院	1	0	0	1

续表

	合计	国家级奖	部级奖	省级奖
中央戏剧学院	0	0	0	0
中国政法大学	8	0	0	8
华北电力大学	0	0	0	0
南开大学	0	0	0	0
天津大学	0	0	0	0
大连理工大学	0	0	0	0
东北大学	11	0	0	11
吉林大学	90	0	0	90
东北师范大学	48	0	1	47
东北林业大学	0	0	0	0
复旦大学	5	0	1	4
同济大学	3	0	0	3
上海交通大学	7	0	0	7
华东理工大学	0	0	0	0
东华大学	0	0	0	0
华东师范大学	8	0	3	5
上海外国语大学	0	0	0	0
上海财经大学	20	0	12	8
南京大学	2	0	2	0
东南大学	0	0	0	0
中国矿业大学	0	0	0	0
河海大学	0	0	0	0
江南大学	0	0	0	0
南京农业大学	0	0	0	0
中国药科大学	0	0	0	0
浙江大学	40	0	1	39
合肥工业大学	0	0	0	0
厦门大学	3	0	3	0
山东大学	51	0	0	51
中国海洋大学	5	0	0	5

续表

	合计	国家级奖	部级奖	省级奖
中国石油大学(华东)	3	0	0	3
武汉大学	2	0	0	2
华中科技大学	0	0	0	0
中国地质大学(武汉)	0	0	0	0
武汉理工大学	0	0	0	0
华中农业大学	0	0	0	0
华中师范大学	0	0	0	0
中南财经政法大学	0	0	0	0
湖南大学	13	0	0	13
中南大学	0	0	0	0
中山大学	53	0	4	49
华南理工大学	20	0	0	20
四川大学	1	0	1	0
重庆大学	0	0	0	0
西南交通大学	0	0	0	0
电子科技大学	0	0	0	0
西南大学	0	0	0	0
西南财经大学	2	0	2	0
西安交通大学	0	0	0	0
西安电子科技大学	0	0	0	0
长安大学	0	0	0	0
西北农林科技大学	0	0	0	0
陕西师范大学	0	0	0	0
兰州大学	0	0	0	0
中国矿业大学(北京)	0	0	0	0
中国石油大学(北京)	0	0	0	0
中国地质大学(北京)	0	0	0	0

33. 各省、市、自治区高等学校专利情况表

	专利申请数(件)	其中:发明专利	专利授权数(件)	其中:发明专利
合计	11 106	921	6 522	411
北京市	25	15	82	10
天津市	455	16	265	3
河北省	449	40	296	14
山西省	78	2	73	2
内蒙古自治区	5	0	4	0
辽宁省	220	43	158	24
吉林省	53	2	27	2
黑龙江省	52	0	44	0
上海市	277	18	97	4
江苏省	2 349	288	954	174
浙江省	107	1	97	1
安徽省	1 445	214	755	47
福建省	337	21	187	0
江西省	924	17	879	17
山东省	246	37	216	17
河南省	565	42	431	19
湖北省	165	18	149	13
湖南省	1 035	63	783	34
广东省	359	29	213	14
广西壮族自治区	83	8	63	6
海南省	10	0	6	0
重庆市	302	12	194	3
四川省	191	4	169	0
贵州省	63	5	54	5
云南省	137	9	75	1
西藏自治区	0	0	0	0
陕西省	833	8	35	0
甘肃省	320	9	199	1
青海省	0	0	0	0
宁夏回族自治区	2	0	2	0
新疆维吾尔自治区	19	0	15	0

有效发明专利数（件）	专利所有权转让及许可数（件）	专利所有权转让及许可收入（千元）	集成电路布图设计登记数（件）	植物新品种权授予数（项）	形成国家或行业标准数（项）
1 257	43	771	18	4	8
35	0	0	0	0	0
1	0	0	0	0	0
272	0	0	0	0	0
2	0	0	0	0	0
4	0	0	0	0	0
91	3	6	0	0	3
11	0	0	0	0	0
0	0	0	0	0	0
26	0	0	0	0	0
138	0	50	0	0	0
18	0	0	0	0	2
104	23	246	16	4	0
3	0	0	0	0	0
54	0	0	1	0	0
54	0	0	1	0	2
141	1	100	0	0	0
19	0	0	0	0	0
168	0	0	0	0	0
53	1	6	0	0	1
2	0	0	0	0	0
0	0	0	0	0	0
2	2	360	0	0	0
1	0	0	0	0	0
5	0	0	0	0	0
9	0	0	0	0	0
0	0	0	0	0	0
7	0	0	0	0	0
37	13	3	0	0	0
0	0	0	0	0	0
0	0	0	0	0	0
0	0	0	0	0	0

郑重声明